2018

湖南统计年鉴

HUNAN STATISTICAL YEARBOOK

湖南省统计局
国家统计局湖南调查总队 编

Compiled by
Hunan Provincial Bureau of Statistics
Survey Office of the National Bureau
of Statistics in Hunan

（总第36期 NO.36）

中国统计出版社
China Statistics Press

地区生产总值（亿元）

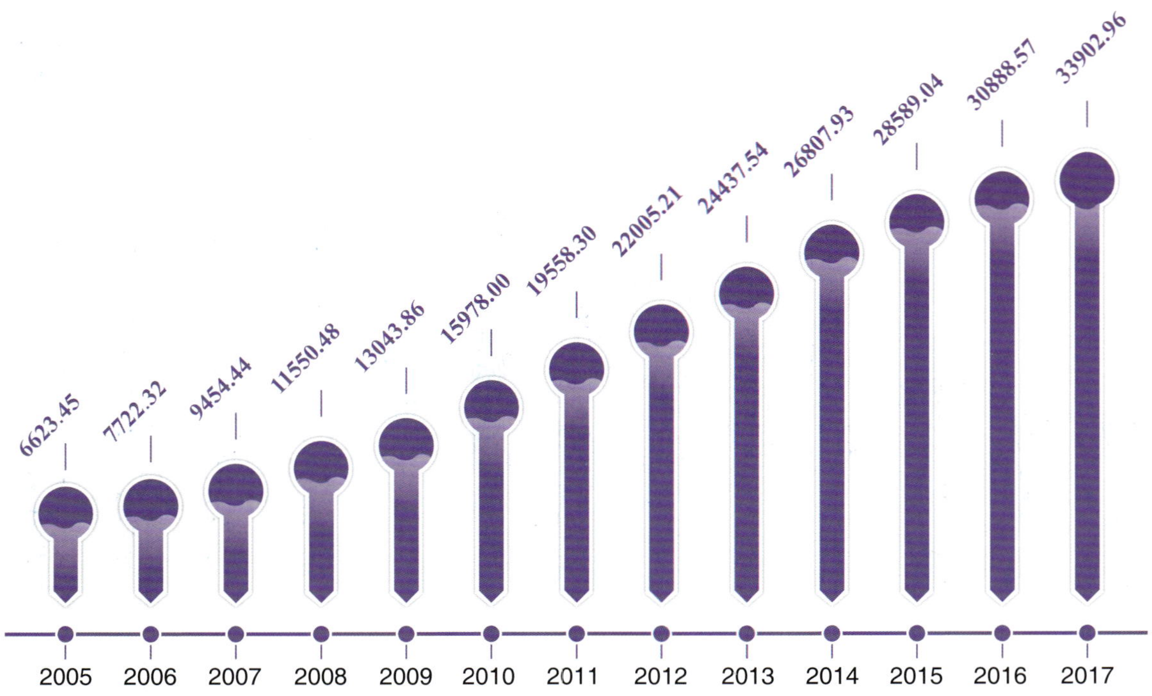

三次产业增加值（亿元）

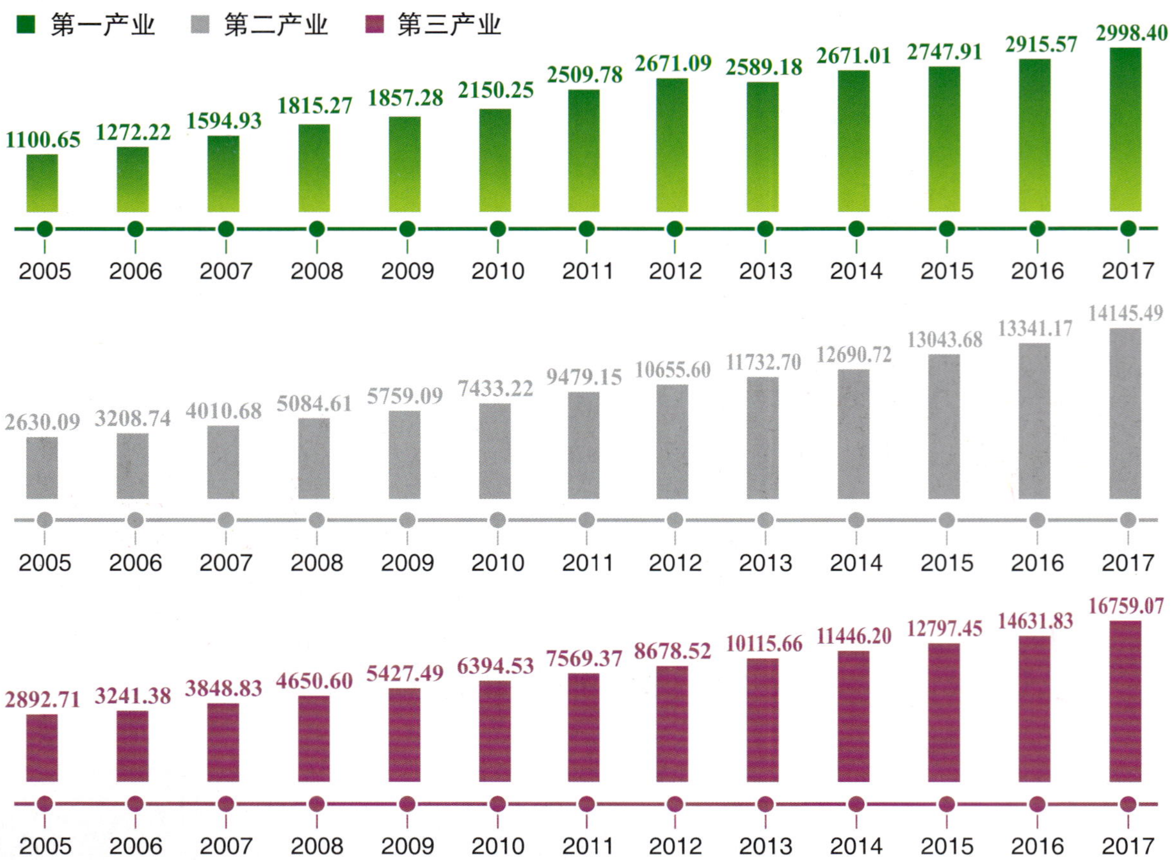

人均生产总值（元）

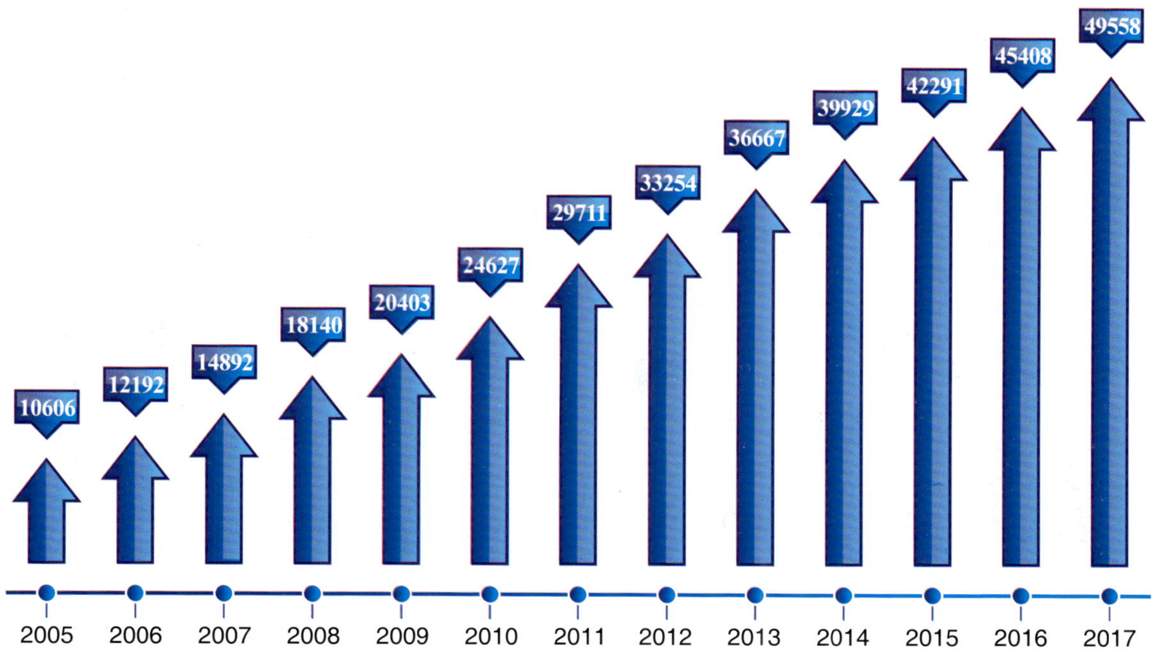

工业增加值增速（%）

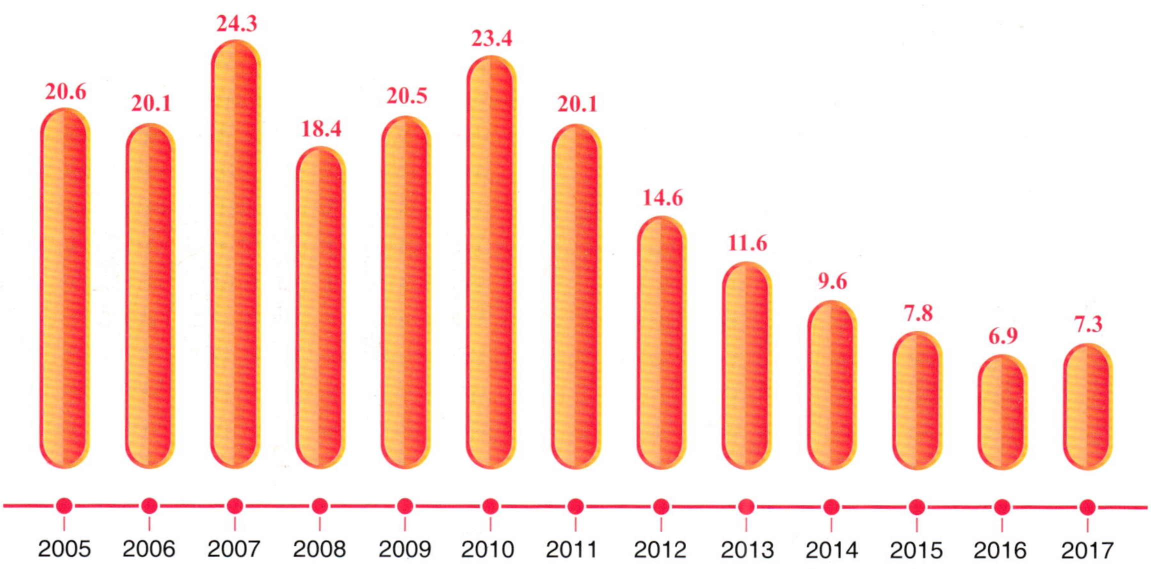

年末总人口（万人）

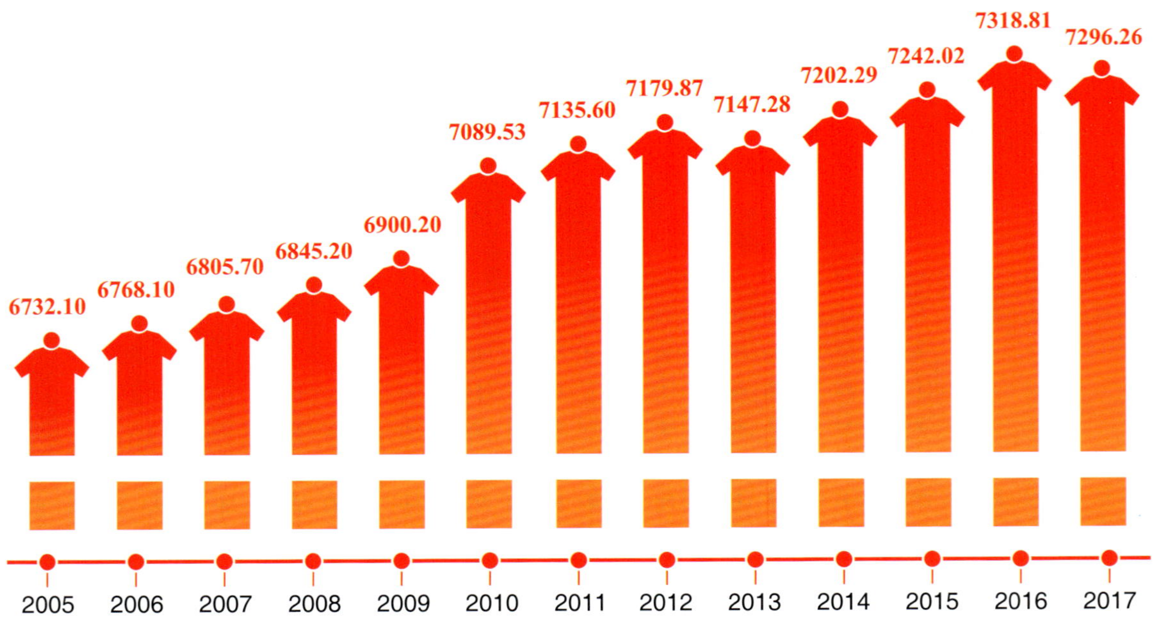

城镇化率 (%)

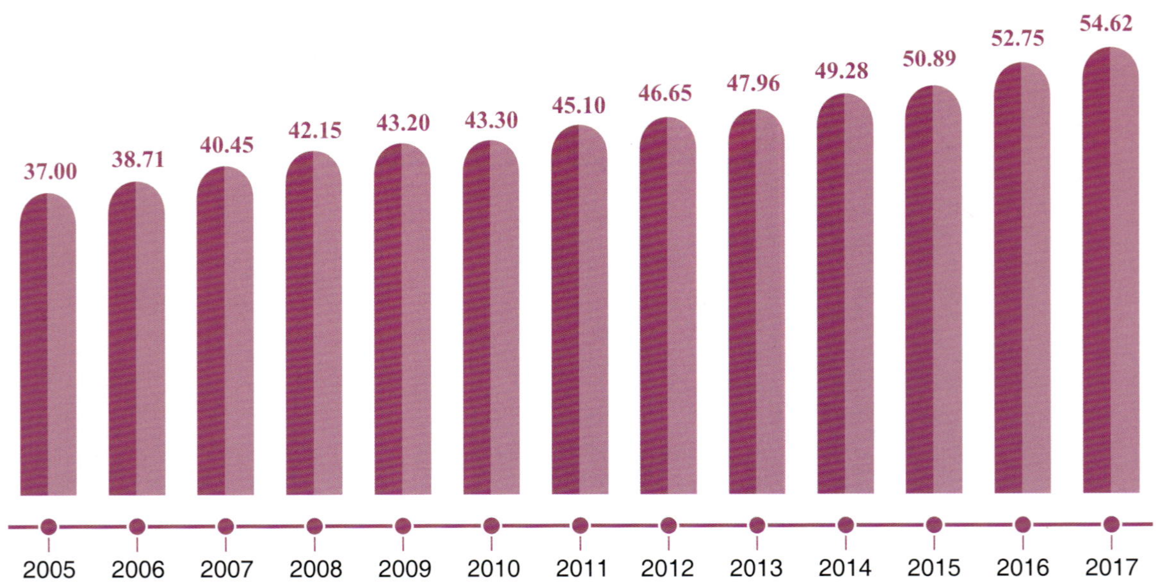

三次产业从业人口（万人）

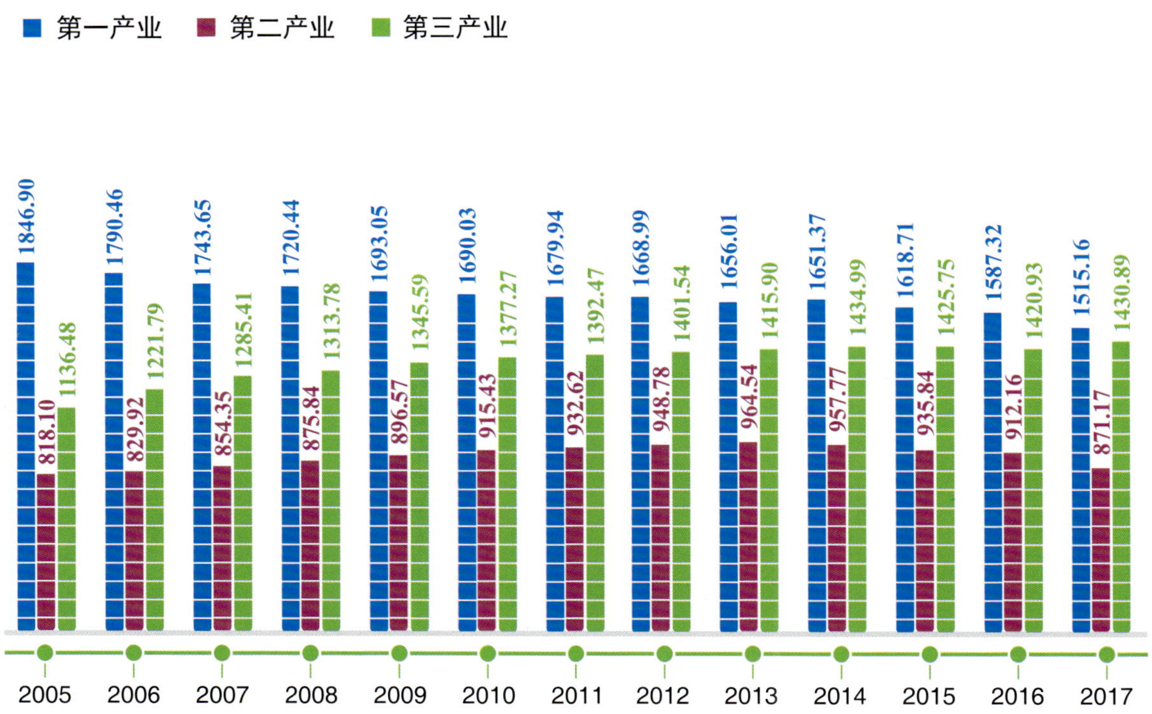

财政收支（亿元）

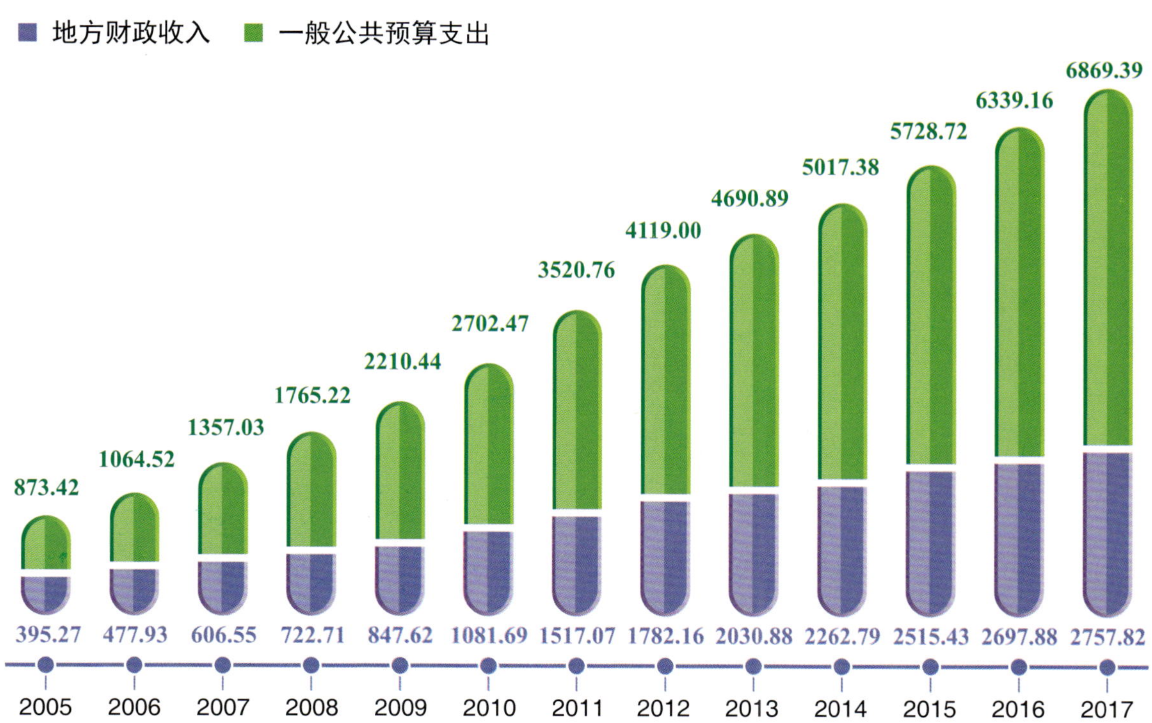

固定资产投资（亿元）

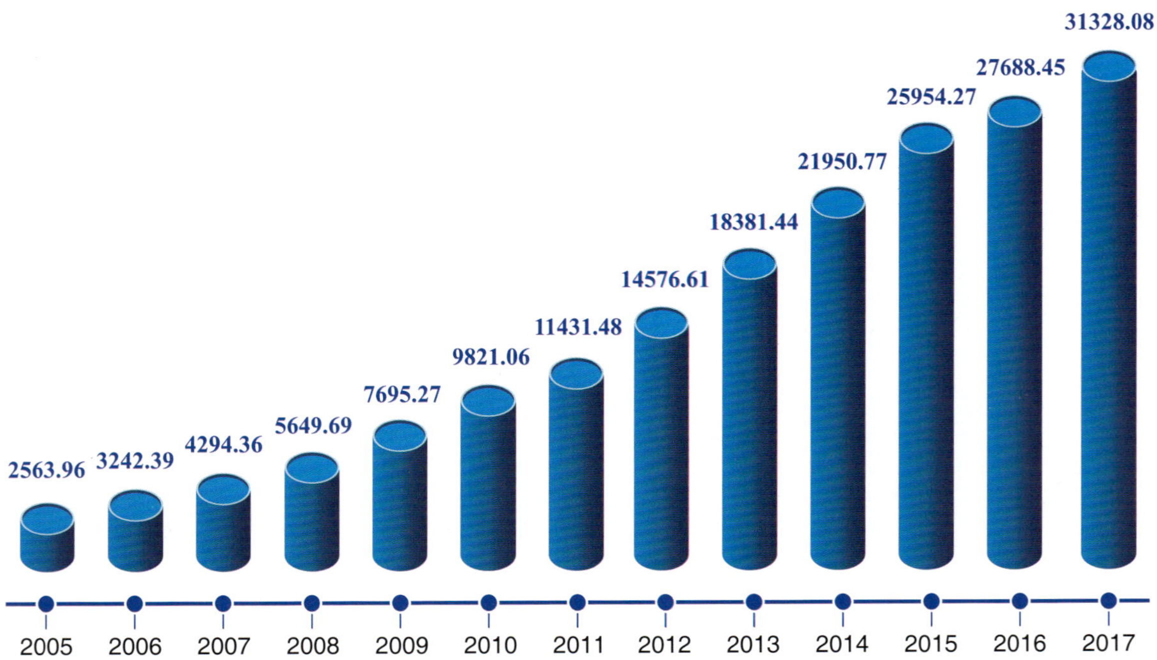

社会消费品零售总额（亿元）

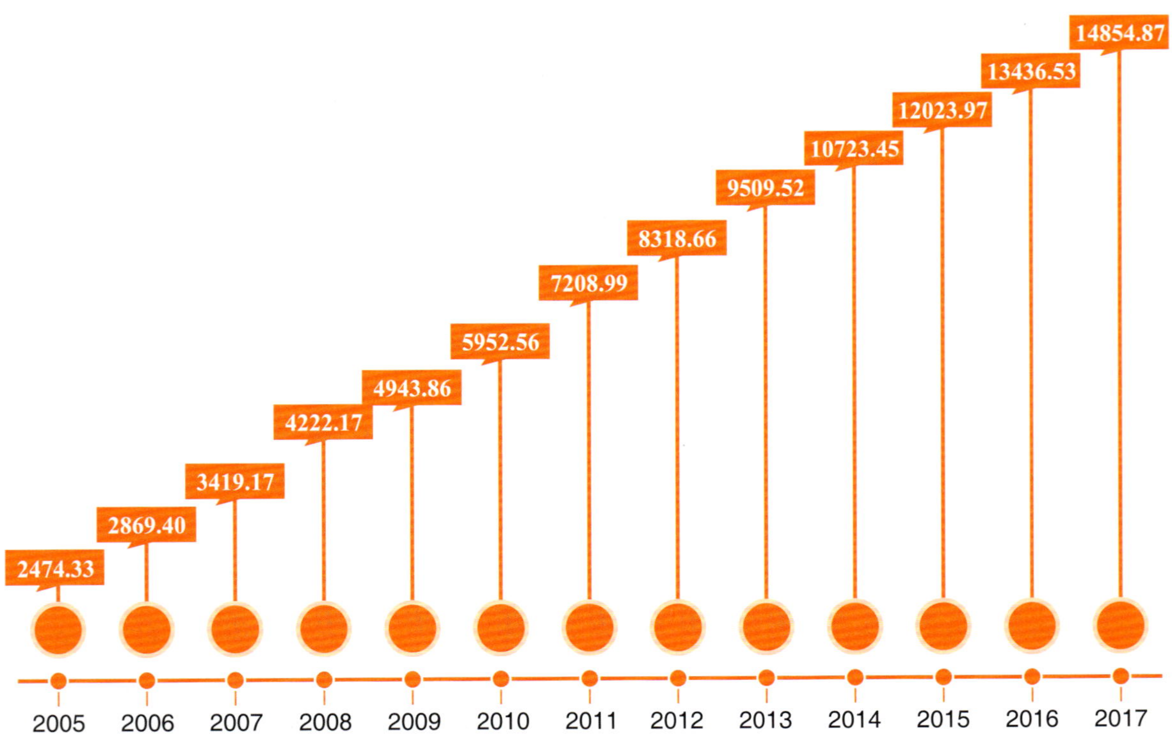

> 进出口总额（亿美元）

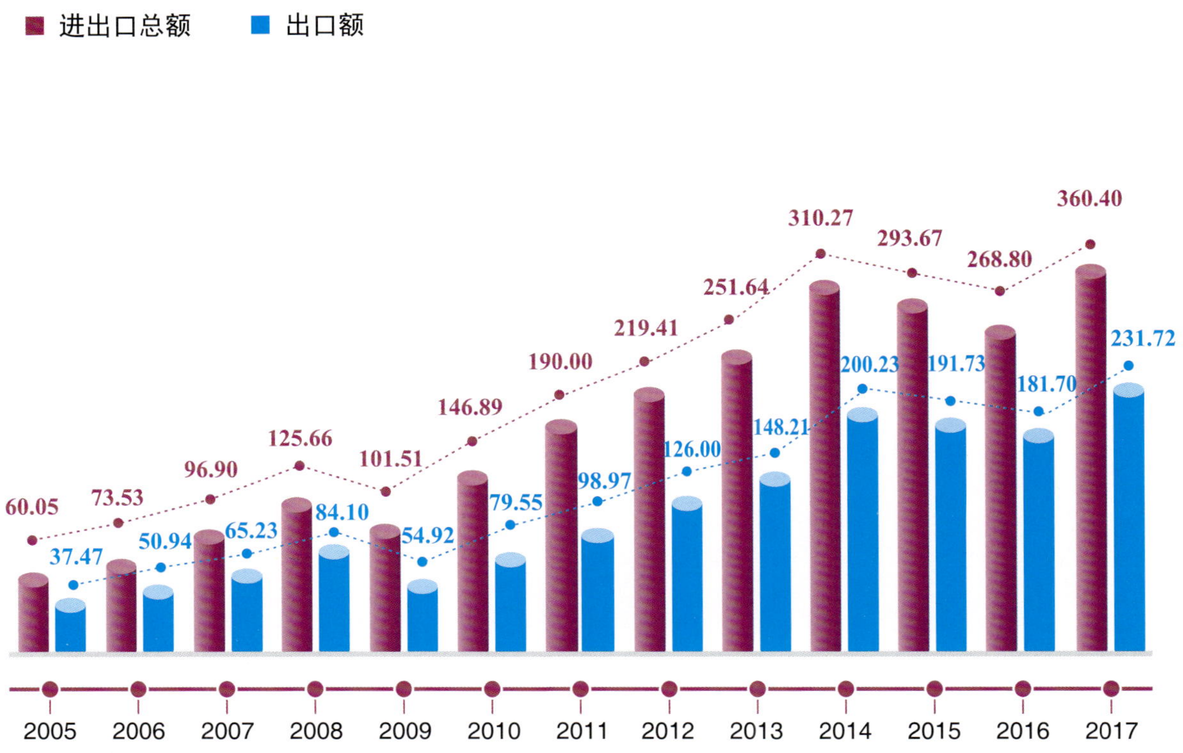

> 实际利用外商直接投资（亿美元）

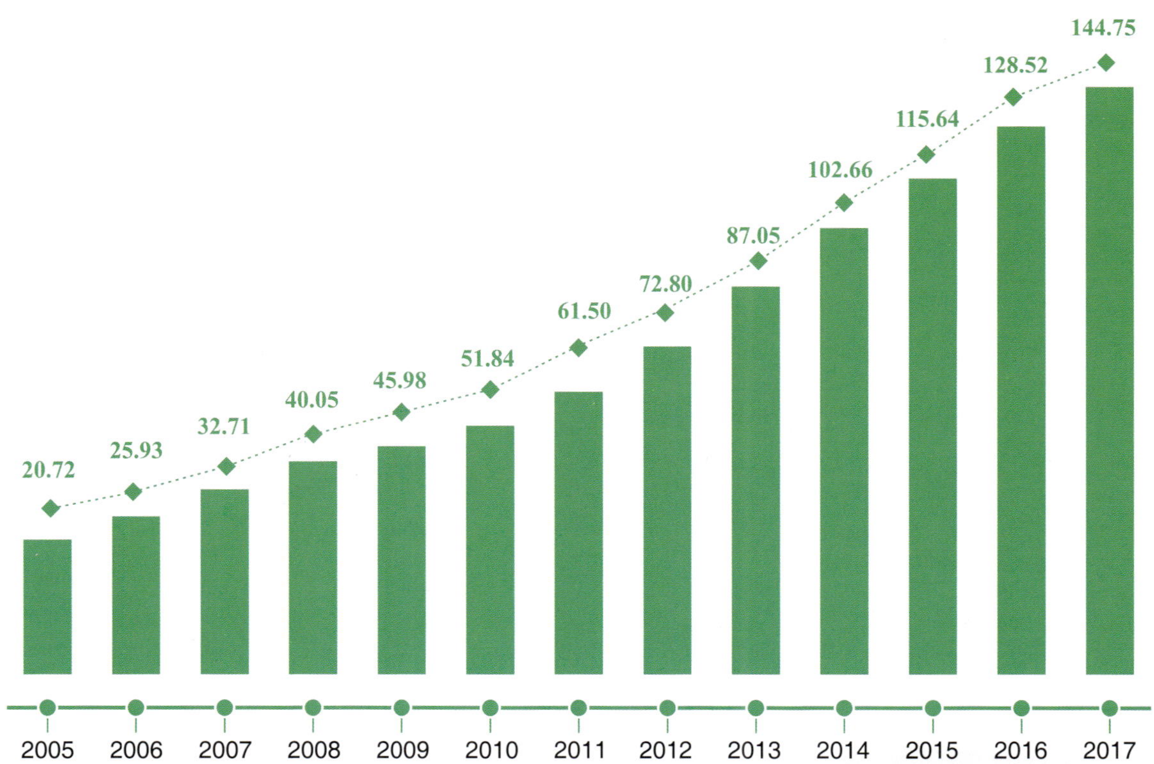

在岗职工年平均工资（元）

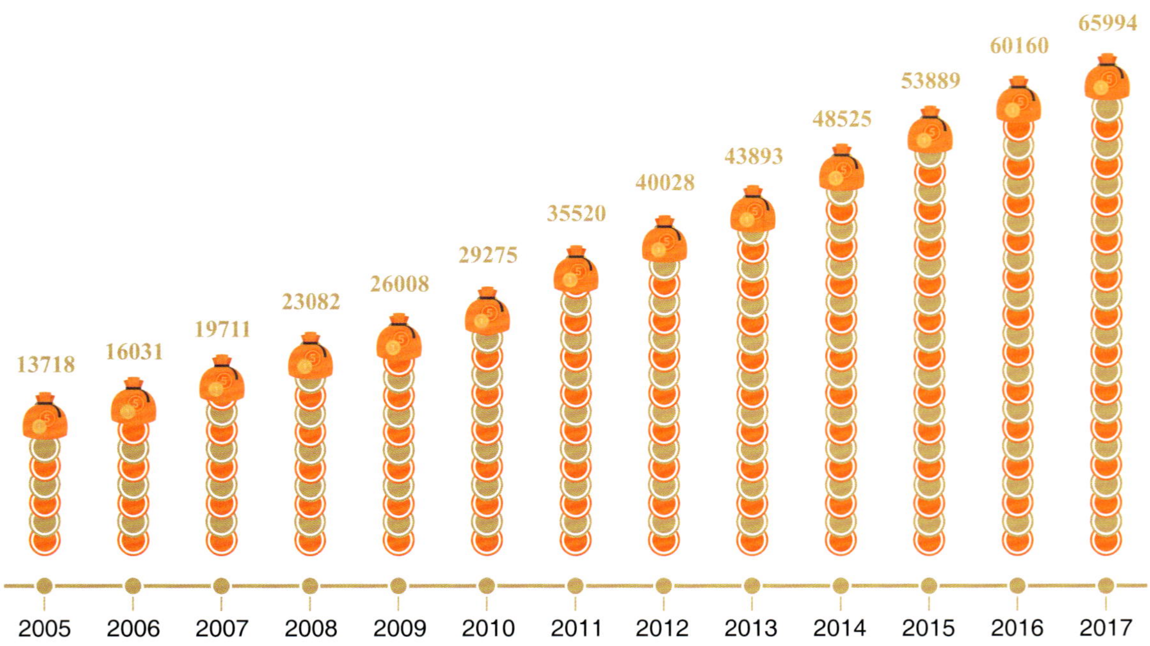

城乡居民人均可支配收入（元）

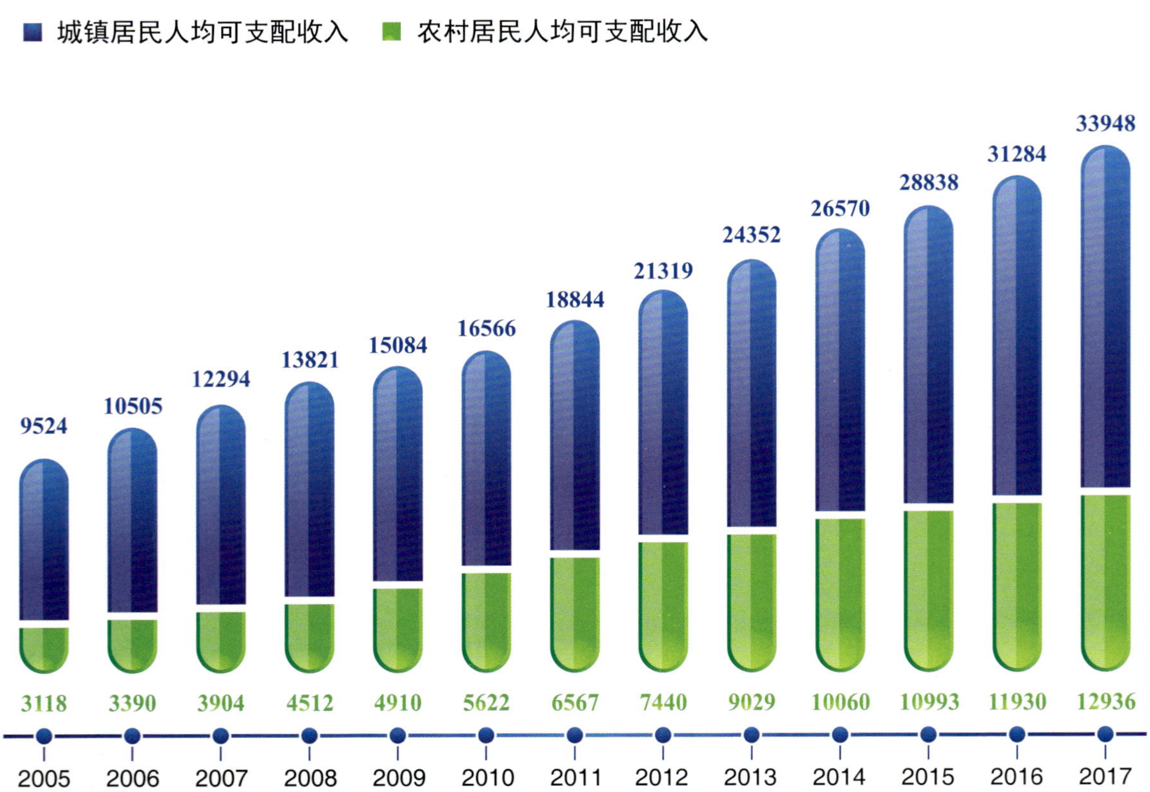

> 城乡居民人均消费支出（元）

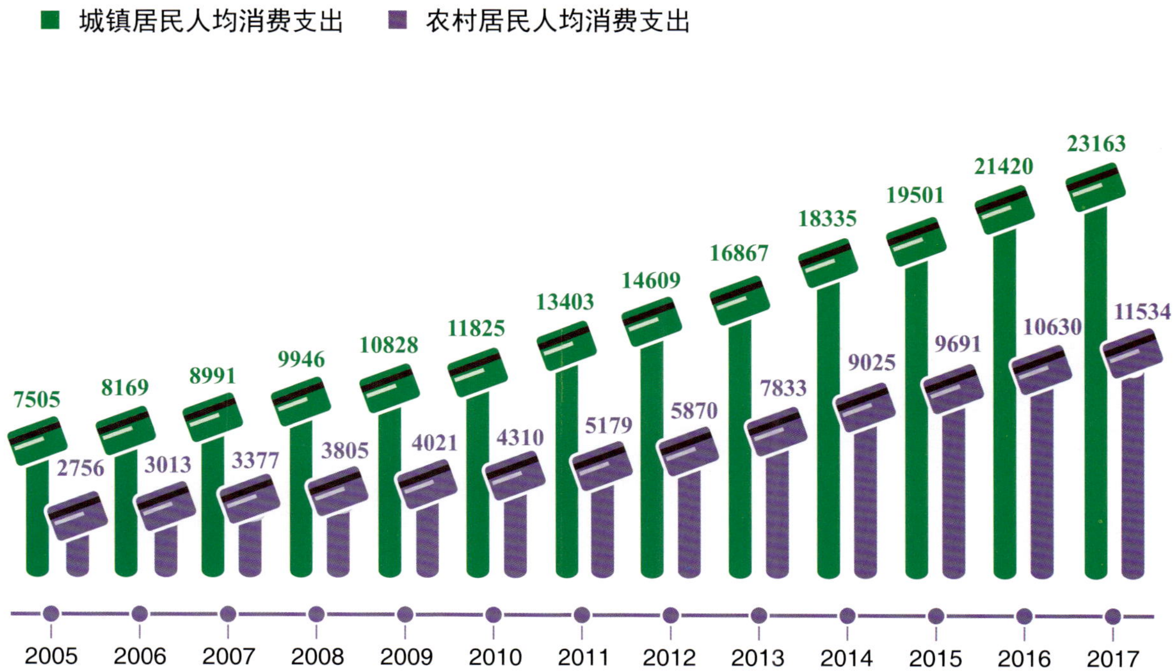

> 汽车拥有量（万辆）

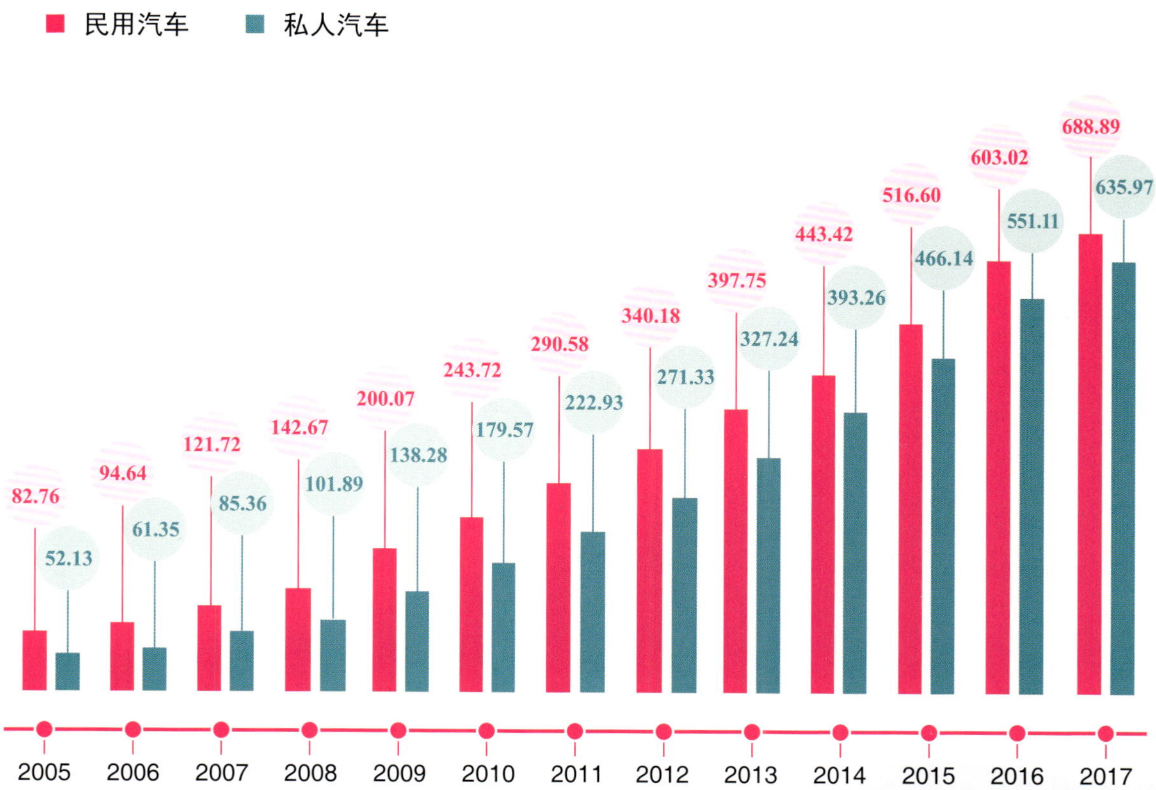

卫生技术人员与医生数（万人）

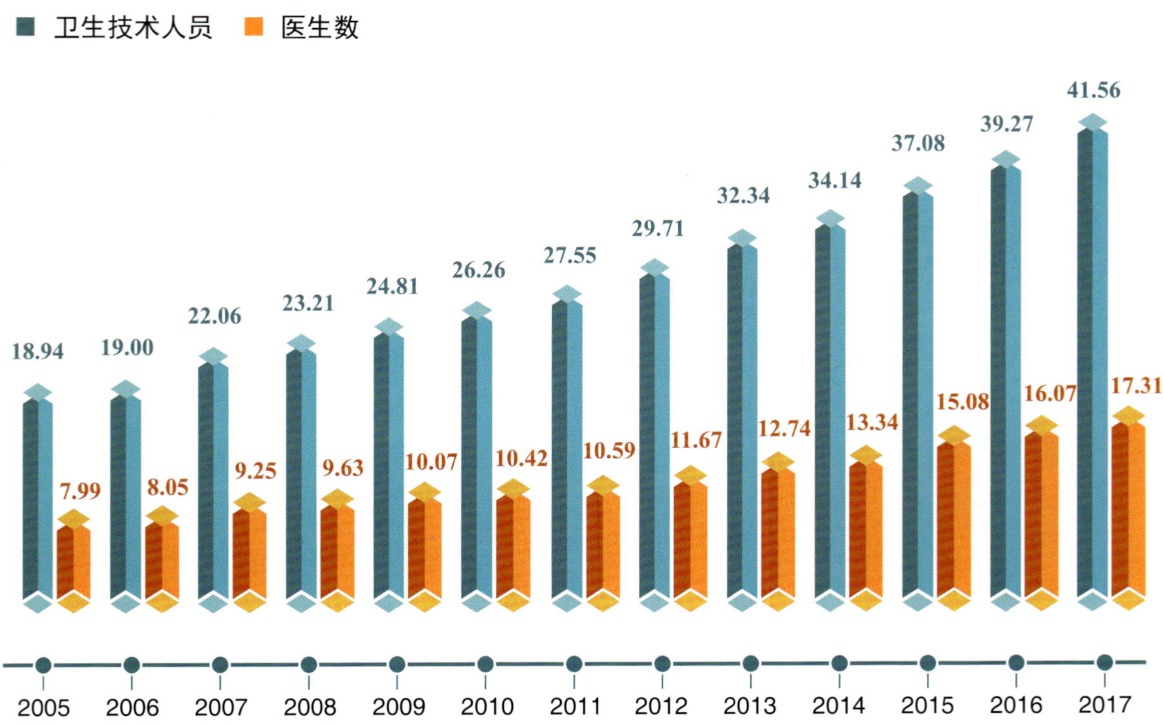

高等学校毕业生数（万人）

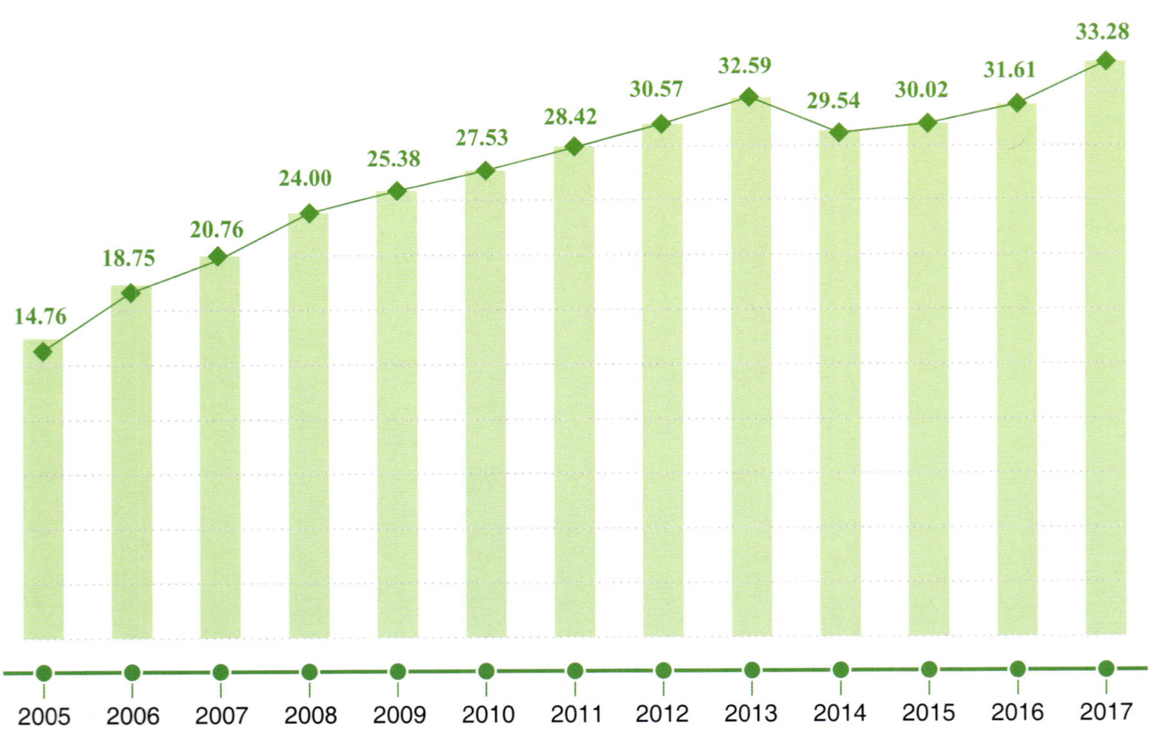

湖南的一天

指　标		Item		2000	2005	2016	2017
全省每天创造的财富		**Daily Production**					
地区生产总值	（亿元）	Gross Domestic Product	(100 million yuan)	9.73	18.15	86.44	92.88
农业总产值	（亿元）	Gross Output Value of Agriculture	(100 million yuan)	3.43	5.63	13.86	14.28
地方财政收入	（万元）	Public Budgetary Revenue	(10 000 yuan)	4850.40	10829.18	73914.62	75556.75
布	（万米）	Cloth	(10 000 m)	93.42	98.98	109.74	90.58
机制纸及纸板	（吨）	Machine-made Paper and Paperboard	(ton)	1919.73	4673.70	11565.17	11021.39
原煤	（万吨）	Coal	(10 000 tons)	4.08	9.99	7.11	5.10
发电量	（万度）	Electricity	(10 000 kw.h)	9710.14	17268.08	35197.53	36964.33
原油加工量	（吨）	Machining Crude Oil	(ton)	14422.47	16189.52	23029.32	21074.85
粗钢	（吨）	Crude Steel	(ton)	8331.51	26717.09	50077.33	55929.15
钢材	（吨）	Steel	(ton)	8193.15	26335.95	54758.66	60551.93
水泥	（万吨）	Cement	(10 000 tons)	6.56	9.78	33.36	32.66
粮食	（万吨）	Grain	(10 000 tons)	7.88	7.83	8.36	8.42
棉花	（吨）	Cotton	(ton)	469.32	508.49	345.75	300.00
油料	（吨）	Oil-bearing Crops	(ton)	3817.81	3862.47	6060.74	6193.93
苎麻	（吨）	Ramie	(ton)	181.37	358.08	11.94	10.63
烤烟	（吨）	Flue-cured Tobacco	(ton)	426.03	558.63	576.96	560.50
茶叶	（吨）	Tea	(ton)	156.99	197.26	497.50	540.09
柑桔	（吨）	Oranges	(ton)	3449.86	5630.41	13050.83	13723.35
猪牛羊肉	（吨）	Pork, Beef and Mutton	(ton)	11959.18	14957.26	12764.21	13172.33
水产品	（吨）	Aquatic Products	(ton)	3649.59	4910.14	6530.01	6638.71
进出口总额	（万美元）	Total Imports and Exports	(USD 10 000)	688.49	1645.16	7364.30	9873.84
进口额	（万美元）	# Total Imports	(USD 10 000)	235.62	618.68	2386.21	3525.41
出口额	（万美元）	Total Exports	(USD 10 000)	452.88	1026.48	4978.09	6348.42
其他经济活动		**Other Daily Economic Activities**					
邮政业务总量	（万元）	Business Volume of Postal Services	(10 000 yuan)	250.96	610.41	3927.95	5277.81
电信业务总量	（万元）	Business Volume of Telecommunications Services	(10 000 yuan)	3609.86	9587.95	33313.97	25438.36
出版图书	（万册）	Books Published	(10 000 copies)	68.07	91.06	141.65	125.76
出版杂志	（万册）	Magazines Published	(10 000 copies)	28.78	32.08	38.26	32.01
出版报纸	（万份）	Newspaper Published	(10 000 pieces)	228.68	291.58	269.66	254.56
邮寄函件	（万份）	Post Letters	(10 000 pieces)	58.23	31.07	8.33	6.97
全省每天人口变动和婚姻		**Daily Population Changes and Marriages**					
出生	（人）	Births	(person)	2054	2195	2529	2487
死亡	（人）	Deaths	(person)	1218	1245	1307	1327
结婚	（对）	Marriages	(couples)	1050	1259	1368	1254
离婚	（对）	Divorces	(couples)	177	227	583	664

图书在版编目（CIP）数据

湖南统计年鉴. 2018 : 汉英对照 / 湖南省统计局，国家统计局湖南调查总队编。 -- 北京 : 中国统计出版社，2018.12

ISBN 978-7-5037-8517-7

Ⅰ. ①湖… Ⅱ. ①湖… ②国… Ⅲ. ①统计资料－湖南－2018－年鉴－汉、英 Ⅳ. ①C832.64-54

中国版本图书馆CIP数据核字(2018)第160916号

湖南统计年鉴 – 2018

作　　者 / 湖南省统计局　国家统计局湖南调查总队
责任编辑 / 钟　钰
装帧设计 / 徐　林　王　艳
出版发行 / 中国统计出版社
地　　址 / 北京市丰台区西三环南路甲 6 号　邮政编码 / 100073
电　　话 / 邮购（010）63376909　书店（010）68783171
网　　址 / http://www.zgtjcbs.com
印　　刷 / 湖南雅嘉彩色印刷有限公司
经　　销 / 新华书店
开　　本 / 890mm×1240mm　1/16
字　　数 / 1250 千字
印　　张 / 50.25　0.75 彩页
版　　别 / 2018 年 12 月第 1 版
版　　次 / 2018 年 12 月第 1 次印刷
定　　价 / 350.00 元

本书附同版本 CD-ROM 一张，光盘内容以书面文字为准。
如有印装差错，由本社发行部调换。

《湖南统计年鉴—2018》

编辑委员会和编辑工作人员

编辑委员会

主　　　任： 刘崇斌　胡国亮

副　主　任：（以姓氏笔画为序）

王建春　刘红旗　李绍文　张福坤　欧阳美嫔　岳忠诚

高　勇　梁己香　黎雁南　颜宏晖　戴乐平

委　　　员：（以姓氏笔画为序）

马爱霞　王书华　王晓华　龙立珍　匡浩堂　朱继无

朱敏丽　向延华　刘明亮　刘振宇　李　波　李生春

李志民　李挺程　李跃辉　杨畅文　张国强　张昭红

陈　志　陈　浩　陈　梗　陈　晖　陈智勇　林定春

周志强　周碧红　郑红梅　赵　菲　钮心敏　郭文峰

唐素芳　唐根深　黄雅娟　梁乃文　彭会林　彭建霞

彭积龙　董碧波　曾斌求　蔡　铨　蔡冬娥　廖伟雄

潘　宁

编辑工作人员

总　编　辑： 黎雁南

编辑部主任： 朱继无

编辑部副主任： 徐　林　伍春阳

执 行 编 辑： 徐　林　廖闻菲　汪　涛

英 文 翻 译： 杨剑青

《Hunan Statistical Yearbook-2018》

Editorial Board and Editorial Staff

编辑说明

一、《湖南统计年鉴—2018》系统收录了全省及各市、州、县2017年经济和社会发展方面的大量统计数据，以及重要历史年份的全省主要统计数据，是一部全面反映湖南省经济和社会发展情况的资料性年刊。

二、全书分为首卷和统计资料。首卷为特载《2018年湖南省政府工作报告》和《2017年湖南省国民经济和社会发展统计公报》。统计资料分为22个章节，即：1.综合；2.国民经济核算；3.人口；4.就业人员和工资；5.价格；6.人民生活；7.固定资产投资；8.对外经济和旅游；9.能源；10.财政、金融和保险；11.城市建设和环境保护；12.农业；13.工业；14.建筑业；15.交通运输、邮电和其他服务业；16.批发和零售业、住宿和餐饮业；17.教育和科技；18.文化、体育和卫生；19.党群、政法和社会服务；20.区域经济；21.各市、州主要经济和社会统计指标；22.各县（市、区）主要经济和社会统计指标。为方便读者使用，各篇章篇末附有《主要统计指标解释》。

三、与2017年版《湖南统计年鉴》比较，本年鉴在内容和篇章结构上主要做了如下修订和补充：新增了“价格”和“人民生活”两章（分别为第5章、第6章），并在第21章、第22章新增了市州、县市区价格、人民生活有关数据表。依据第三次全国农业普查全面调查资料，对2016年的地区生产总值、第一产业增加值数据进行了重新核算，对“国民经济核算”2006年以来的相关数据进行了修订；对“农业”相关指标历史年份的数据进行了修订。删减了湖南产业园区、省级和国家级开发区、工业集中区有关数据表、按全省人口平均的主要农产品产量表、分县市区的主要农业机械年末拥有量表、分县市区的规模工业增加值能耗情况表。根据专业和部门报表调整情况，本《年鉴》对有关指标进行了增减和调整，并对有关统计资料进行了不同程度的充实。

四、本年鉴中价值指标均按当年价格计算，指数均按可比价格计算。如有变化，表后附有说明。本年鉴数据均为电脑合成，由于单位取舍按四舍五入处理产生的计算误差，均未作机械调整。

五、本年鉴按照《中国统计年鉴》大体框架和规范要求编辑。统一使用《中国统计年鉴》指标解释，统一采用国际度量衡标准计量单位，统一使用《中国统计年鉴》规范符号。

六、本年鉴中特载《2018年湖南省政府工作报告》《2017年湖南省国民经济和社会发展统计公报》使用的数据为快报数或初步统计数。

七、本年鉴表中的符号使用说明：“#”表示其中的主要项；“空格”表示指标数据不详、无该项统计数据或数据不足最小计量单位。

八、本年鉴编辑中如有不足之处，恳请广大读者批评指正。

EDITOR'S NOTES

Ⅰ. *Hunan Statistical Yearbook-2018* is an annual statistical publication, which reflects comprehensively the economic and social development of Hunan. It covers data for 2017 and key statistical data in some historically important years at provincial level and local levels of cities, prefecture and counties.

Ⅱ. *Hunan Statistical Yearbook-2018* includes a special issue and statistical figures. The special issue are Government Work Report and Statistical Communiqué of Hunan Province on the 2017 National Economic and Social Development. The statistical data contain the following 22 parts: 1. General Survey; 2. National Accounts; 3. Population; 4. Employment and Wages; 5.Price;6. People's life; 7.Investment in Fixed Assets; 8. Foreign Economy and Tourism; 9. Energy ; 10. Finance, Banking and Insurance; 11. Construction of Cities and Environmental Protection; 12. Agriculture; 13. Industry; 14. Construction; 15. Transportation, Post , Telecommunication and Other Services; 16. Wholesale and Retail Trades, Hotels, Catering Services; 17. Education, Science and Technology; 18. Culture, Sports and Public Health; 19.Party and Mass, Politics and Law, Social Service; 20. Regional Economy; 21. Main Economic and Social Statistics Indicators of Cities and Prefecture; 22. Main Economic and Social Statistics Indicators of Counties and Cities (districts). To facilitate readers, at the end of each chapter, Explanatory Notes on Main Statistical Indicators are included.

Ⅲ. In comparison with Hunan Statistical Yearbook-2017, following revisions have been made in this new version in terms of the statistical contents and in editing: Two chapters on “price” and “people's life” (Chapters 5 and 6 respectively) have been added, and in the 21st and 22nd chapters, data sheets on city and county prices and people's lives have been added. According to the comprehensive survey data of the third national agricultural census, the data of regional GDP and primary industry added value in 2016 were re-calculated, and the relevant data of “national economic accounting” since 2006 was revised; The data for the historical year of the relevant indicator has been revised. Deleted the relevant data tables of Hunan Industrial Park, provincial and national development zones and industrial concentration zones, the main agricultural product output table according to the province's population average, the table of major agricultural machinery at the end of the year and the scale of industrial added value of energy consumption by county and city.Adjust the Situation according to the professional and departmental report,relevant statistics are increased or adjusted to enrich relative statistical indicators in different degree.

Ⅳ. All of the value indicators in this book are calculated by the same year’s prices. All of the indices are calculated by the constant price. Explanatory notes are provided behind the list in which if there are changes. Data of the book are composed by computers.

Ⅴ. The book is edited according to the frame and standard of China Statistical Yearbook. The indicator explanatory notes are edited according to China Statistical Yearbook, and the units of measurement are internationally standard measurement units. The notations are standard notations of China Statistical Yearbook.

Ⅵ. Figures in Government Work Report, and the communiqué are preliminary statistics.

Ⅶ. Notations used in the yearbook: “#” indicates the major items of the total; "(blank)" indicates that data are not available or the figure is not large enough to be measured with the smallest unit in the table.

Ⅷ. Based on our limited level, perhaps there are some mistakes in the book, we welcome all candid comments and criticism from our readers.

目　　录

CONTENTS

特　载

SPECIAL ISSUE

统计资料

STATISTICAL DATA

一、综合

General Survey

二、国民经济核算

National Accounts

三、人口

Population

四、就业人员和工资

Employment and Wages

五、价格

Price

六、人民生活

People's life

七、固定资产投资

Investment in Fixde Assets

八、对外经济和旅游

Foreign Economy and Tourism

九、能源

Energy

十、财政、金融和保险

Government Finance, Banking and Insurance

十一、城市建设和环境保护

Construction of Cities and Environmental Protection

十二、农业

Agriculture

十三、工业

Industry

十四、建筑业

Construction

十五、交通运输、邮电和其他服务业

Transportation, Postal, Telecommunication and Other Services

十六、批发和零售业、住宿和餐饮业

Wholesale and Retail Trades, Hotels and Catering Services

十七、教育和科技

Education, Science and Technology

十八、文化、体育和卫生

Culture, Sports and Public Health

十九、党群、政法和社会服务

Party and Mass, Politics and Law, Social Service

二十、区域经济

Regional Economy

二十一、各市、州主要经济和社会统计指标

Main Economic and Social Statistics Indicators of Cities and Prefecture

二十二、各县（市、区）主要经济和社会统计指标

Main Economic and Social Statistics Indicators of Counties and Cities (Districts)

2018 年湖南省政府工作报告

湖南省人民政府省长　许达哲

——2018 年 1 月 24 日在湖南省第十三届人民代表大会第一次会议上

各位代表：

现在，我代表省人民政府向大会作政府工作报告，请予审议，并请各位政协委员提出意见。

一、本届政府工作回顾

过去五年，我们坚持以习近平新时代中国特色社会主义思想为指导，在党中央、国务院的坚强领导下，把握“一带一部”定位，按照“三个着力”要求，落实省委决策部署，主动适应经济发展新常态，大力实施创新引领开放崛起战略，加快建设“四大体系”“五大基地”，推动速度换挡、结构优化、动力转换，圆满完成了本届政府主要目标任务，迈出了建设“五个强省”的坚定步伐，奠定了决胜全面建成小康社会的坚实基础。

*一是经济实力明显提升。*经济规模不断扩大，地区生产总值跨上 3 万亿元台阶，达到 3.46 万亿元，五年年均增长 8.8%。三次产业结构由 2012 年的 13.4 ∶ 47.7 ∶ 38.9 调整为 10.7 ∶ 40.9 ∶ 48.4. 区域发展呈现新格局，长株潭地区生产总值占全省比重达 41.5%，洞庭湖生态经济区加快建设，湘南地区承接产业转移示范效应加速显现，大湘西地区基础设施大幅改善。发展动能不断增强，非公有制经济增加值达 2.08 万亿元；工业和服务业增加值分别达 1.19 万亿元、1.68 万亿元；“四上”企业达 3.7 万家；移动互联网企业达 3.2 万家；旅游总收入达 7172.6 亿元。2017 年末贷款余额比 2012 年末增长 104%; 五年新增上市公司 35 家，总数达 116 家。发展效益不断提高，一般公共预算收入达 4565.7 亿元，年均增长 9.2%; 城乡居民收入年均分别增长 8.7%、9.4%。

*二是创新开放步伐加快。*长株潭国家自主创新示范区建设成效显著。五年科技进步贡献率提高 3.6 个百分点，共获国家科学技术奖 94 项；超级计算机、超级杂交稻、高铁动力与控制系统、中低速磁浮等科技成果达到世界先进水平。首个外国领事馆——老挝领事馆设立，国际友好城市达 80 对；中国旅法勤工俭学蒙达尔纪纪念馆建成开馆；长沙国际会展中心投入使用；开通直飞美洲、欧洲、大洋洲的民航航线和中欧班列—湘欧快线；长沙临空经济示范区，湘潭、岳阳综保区及长沙跨境贸易电子商务服务试点，岳阳城陵矶港启运港退税政策试点等获批；长沙、衡阳、郴州综保区封关运行。“135”工程有力促进了招商引资，共引进企业 6000 多家。在湘投资的“世界 500 强”达到 167 家。全省进出口总额年均增长 10%。

*三是各项改革深入推进。*全面完成长株潭两型社会建设综合配套改革试验区第二阶段改革任务。供给侧结构性改革加快推进，共化解钢铁产能 50 万吨、煤炭产能 4180 万吨，减少烟花爆竹生产企业 1180 家；置换存量政府性债务 5457.4 亿元。全面完成省市县三级政府机构改革、撤乡并村、事业单位清理规范和分类、湘江新区、旅游发展委员会体制改革等任务，有序推进南山国家公园体制试点。“放管服”和商事制度改革成效明显，大幅精简省市行政审批事项，省本级取消行政许可事项 307 项、行政审批中介服务事项 129 项，减少省本级行政权力 1476 项，非行政许可审批全部取消；“多证合一、一照一码”全面实施。省级财政专项减少到 78 项。国有企业整合重组、公司制改制、混合所有制改革等力度加大，省属监管企业管理层级控制在 3 级以内。营改增试点顺利完成，资源税改革试点稳步推进，城乡工商业实现用电同价。医疗、医保、医药联动改革成效显著，公立医院综合改革实现全覆盖。国有林场、集体林权、水利综合

改革试点和供销合作社改革基本完成。

*四是基础设施日臻完善。*综合交通枢纽体系基本形成，高速铁路、高速公路通车里程分别达到 1397 公里、6419 公里；沪昆高铁、石长铁路复线及二广高速湖南段、平汝高速、杭瑞高速湖南段等项目建成通车，长株潭城际铁路全线贯通，首条地铁线和中低速磁浮线开通运营，常益长、黔张常、张吉怀、怀邵衡、蒙华铁路湖南段等铁路和长益（扩容）等高速公路项目开工建设。新改建干线公路 5221 公里。全省民用通航机场达 7 个，黄花机场旅客年吞吐量突破 2300 万人次。新增电力装机容量 1195 万千瓦，酒泉—湖南 ±800 千伏特高压直流输电工程投入运行，"气化湖南"覆盖 9 市 33 县（市、区）。数字湖南建设加快，14 个市州城区实现光纤宽带网全覆盖，城镇区域实现 4G 网络全覆盖。新型城镇化建设加速，城镇化率提高到 54.6%。

五是农业农村兴旺发展。"百千万"工程取得积极进展，粮食等主要农产品生产稳定，农产品加工业销售收入年均增长 15%，休闲农业经营收入年均增长 20%。完成永久基本农田划定，不动产统一登记制度改革全面落地。实现农村广播电视"村村响"和"户户通"，建设农村公办幼儿园 1456 所、合格学校 7262 所，89 个县域城乡义务教育均衡发展评估通过国家验收。新改建农村公路 3.4 万公里，除险加固病险水库 8174 座，新增 2.2 万个行政村通光纤宽带网，解决 2366 万农村人口饮水安全问题，洞庭湖 24 个蓄洪垸堤防防洪标准全面提升。益阳现代农业改革试验取得阶段性成果。

*六是脱贫攻坚成效明显。*五年减少农村建档立卡贫困人口 551 万人，贫困发生率由 13.43% 下降到 3.86%，51 个贫困县人均地方财政收入增长 47%，2 个贫困县已按计划脱贫摘帽，12 个贫困县正在接受脱贫摘帽考核验收，"精准扶贫"首倡地自治州十八洞村整村脱贫。"四跟四走"产业扶贫、"无抵押、无担保、基准利率"小额信贷、"114"劳务协作等精准扶贫模式在全国推广。中央和省级财政五年投入专项扶贫资金 210.9 亿元，年均增长 40.3%; 扶贫贷款余额达到 1970.2 亿元。

*七是生态质量持续改善。*五年完成生态环境投资 5104.5 亿元，是前五年的 4.1 倍。绿色发展指数位列全国第 8 位。节能减排目标全面实现。湘江保护和治理效果明显，全省地表水 419 个省控断面水质总体为优，Ⅰ～Ⅲ类水质断面占 90.2%，比 2012 年提高 3 个百分点；全省 14 个市州城市空气质量平均优良天数比例达 81.5%; 湿地保护率达 75.44%，森林覆盖率达 59.68%。县以上城镇污水和垃圾无害化处理率分别达 95.35% 和 99.6%。农村环境综合整治覆盖全省，完成 7000 多个行政村人居环境整治。黄标车淘汰任务全面完成。常德市国家海绵城市试点和株洲市清水塘老工业区搬迁改造取得重大进展。

*八是社会事业全面进步。*中国梦和社会主义核心价值观深入人心，群众性精神文明创建活动扎实开展。覆盖城乡的公共文化服务网络初步形成。省博物馆新馆建成开馆，省图书馆新馆开工建设。永顺老司城申遗成功。坚持每年办重点民生实事。累计新增城镇就业 392.5 万人，建设保障性住房和改造各类棚户区 215 万套，改造农村危房 97 万户。全省学前教育毛入园率和高等教育毛入学率五年分别提高 22 个和 15 个百分点。继长沙、常德、株洲、岳阳之后，湘潭和韶山成功创建全国文明城市。平安湖南、法治湖南建设深入推进，安全生产得到加强，食品药品等质量安全形势总体平稳。

*九是政府建设不断加强。*认真贯彻全面从严治党要求，深入开展党的群众路线教育实践活动、"三严三实"专题教育和"两学一做"学习教育。坚决执行中央八项规定精神和省委实施意见，落实优化经济发展环境十条禁止性规定，扎实推进纠"四风"、治陋习和"雁过拔毛"式腐败专项整治，严肃查处一批违纪违法案件。办公性行政经费、"三公"经费实现零增长。自觉接受省人大及其常委会的法律监督、工作监督和省政协的民主监督，认真办理人大代表建议和政协委员提案。向省人大常委会提请审议出台地方性法规 32 部，出台规章 31 部，废止规章 38 部，清理规范性文件 2.5 万余件。完善政府部门权力清单、责任清单管理和动态调整，编制公布政府部门公共服务事项目录。"互联网＋政务服务"上线运行，"互

联网＋监督”作用明显。设立省电子政务中心、公共资源交易中心。村级换届全面完成。

五年来，我们注重经济建设和国防建设协调发展，积极支持国防和军队改革，扎实做好国防动员和后备力量建设，加强国防教育、人民防空、军事设施保护和双拥优抚安置工作，军政军民更加团结，军民融合深入推进。驻湘部队和武警官兵为全省改革发展稳定大局作出了积极贡献。

各位代表！2017年，我们坚决贯彻新发展理念，全面做好稳增长、促改革、调结构、惠民生、防风险工作，集中力量打好脱贫攻坚、转型升级、环境治理战役，脱贫攻坚精准度大幅提高，环境治理力度空前加大，产业发展氛围更加浓厚，经济发展质量和安全发展水平明显提升，保持了稳中向好、稳中趋优的发展态势。全省地区生产总值增长8%，长沙市经济总量首次突破万亿；全省一般公共预算收入增长7.4%，进出口增长39.8%。着重抓了八个方面的工作。

*一是以创新为动力着力提升发展质量。*围绕建设以长株潭国家自主创新示范区为核心的科技创新基地，实施长株潭国家自主创新示范区建设三年行动计划，打造“创新谷”“动力谷”“智造谷”。加大创新投入，出台财政奖补等优惠政策，引导企业和科研机构增加研发投入。积极承担“两机”专项等国家重大科技项目，采用涡桨6型发动机的鲲龙—600成功首飞。常德高新区成功创建国家级高新区，新增省级高新区11家和省级科技企业孵化器、众创空间等双创服务载体125家，湘江新区等国家双创示范基地、岳麓山国家大学科技城建设加快。在湘四所高校入选“双一流”建设计划。实施“芙蓉人才行动计划”，落实科研人员创业激励政策。采取坚决有力措施提升财税质量，非税占比下降6.3个百分点。

*二是以转型升级为方向振兴实体经济和产业。*狠抓重点园区、重点产业和重点项目，“一业一策”支持产业发展，20个工业新兴优势产业链加快培育，株洲国家通用航空产业示范园、湘潭新松机器人产业园、彩虹邵阳特种玻璃项目相继开工。狠抓制造强省建设，加快长株潭衡“中国制造2025”试点示范城市群建设，在7个传统制造业领域实施“＋互联网”行动，建成一批智能制造示范企业和车间。狠抓军民融合发展，与军队科研院所、军工央企的对接合作全面加强，军民融合产业园和重点项目建设加快，新组建的湘电动力有限公司承担的国家重大装备研制进展顺利。狠抓一二三产业融合，建设以精细农业为特色的优质农副产品供应基地，发展农村电商平台，畅通从田间到舌尖的通道。建设以“锦绣潇湘”为品牌的全域旅游基地，创建国家全域旅游示范区31个，旅游厕所建设超额完成三年目标任务。马栏山视频文创产业园等文化创意基地开工建设，文化创意产业增加值占GDP的比重达6.2%。促进消费结构升级，共享经济等新消费、新业态迅速壮大。狠抓政策保障，出台实施省级科研项目经费管理“二十条”等振兴实体经济系列政策，鼓励企业加强质量管理、品牌建设和新品研发。全省规模工业增加值过一万亿，新增规模工业企业过一千家，汽车年产量过一百万辆。规模工业制造业增长8.3%，高加工度工业增加值占规模工业比重达到38%。

*三是以供给侧结构性改革为主线全面深化改革。*围绕落实“三去一降一补”任务，取缔“地条钢”生产企业，化解煤炭行业过剩产能，加快危险化学品、烟花爆竹落后企业关闭退出，整治、规范房地产市场开发和经营行为，清理涉企收费，降低企业用能、物流成本。围绕增强市场活力，加大省属国企整合重组和“僵尸企业”处置力度，实施高速公路管理体制改革。开展“两权”抵押贷款等试点，统筹推进农村土地制度改革三项试点，基本完成农村承包地确权登记颁证工作。围绕增进民生福祉，深化城乡义务教育体制改革，完成国家十项医改任务，实施水、电、天然气、医疗服务和交通运输等领域价格改革。

*四是以打造内陆开放高地为目标大力实施开放崛起五大专项行动。*出台开放崛起“3+5”行动方案，着力营造良好营商环境。开展“迎老乡、回故乡、建家乡”行动，成功举办港洽周、湘台会、湘商会、央企湘企产能合作对接、“9+2”泛珠三角区域行政首长联席会议和泛珠论坛等重大活动，推动湘企出海、湘品出境。建成长沙航空口岸国际快件中心、张家界航空口岸国际货站，开通长沙、郴州“跨境一锁通”

及常德—岳阳—上海“五定班轮”航线，永州国家级出口食品农产品质量安全示范市获批。全年利用外资增长12.6%，民间投资增长14.5%。

五是以“一湖四水”为主战场狠抓环境治理。落实长江经济带“共抓大保护，不搞大开发”的要求，实行河长制和最严格水资源管理制度，继续实施湘江保护和治理“一号重点工程”，狠抓洞庭湖水环境综合整治五大专项行动。强力推动中央环保督察反馈问题整改，开展环境治理战役“夏季攻势”，强化重点区域治理、重点项目实施和重化企业搬迁退出，全面整治采砂运砂船只，关停自然保护区砂石码头，清除洞庭湖矮围网围，禁止天然水域投肥投饵养殖，退出禁养区畜禽养殖，清除湿地黑杨7.99万亩。完成地级城市建成区黑臭水体整治130处，完成省级工业园区污水集中处理设施建设130个。

六是以脱贫攻坚为重点保障和改善民生。全面排查和整改扶贫领域存在的突出问题，精准识别贫困人口、低保和易地扶贫搬迁对象。全面实施脱贫攻坚“七大行动”，集中力量推动深度贫困地区脱贫。扎实推进“万企帮万村”“千侨帮千户”等社会扶贫行动。着力保障和改善民生，完成或超额完成10项14件重点民生实事。城乡居民养老保险基础养老金最低标准提高到每人每月85元，居民医保补助标准提高到450元，参保对象跨省异地就医直接结算实现全覆盖。学生营养改善计划试点覆盖所有贫困县。战胜特大洪涝灾害，最大限度保障了人民群众生命财产安全，3.6万户因灾损毁住户春节前可全部搬进新居。

七是以确保安全发展为底线防范和化解各种风险。有序推进存量政府性债务置换，整治平台公司违规举债、变相融资、置换债券资金使用不规范等问题，强化新型金融业态监管。深入开展重点领域安全生产大检查和专项整治，推行重大事故隐患治理“一单四制”，安全生产事故、交通事故起数分别下降52.5%、24.9%。加强社会治安防控立体化建设，完善群众诉求表达、处理机制，促进社会和谐稳定。

八是以强化责任落实为导向增强抓落实的本领。把抓落实作为增强党性和树立正确政绩观的主要标志。抓工作落实，细化重点任务，明确时限和进度，明确责任部门和人员；加强行政监察和审计监督，强化督查督办，完善纠错问责和奖惩激励机制；发挥考核指挥棒作用，加大产业投资、规模工业、财政质量、环境治理的考核权重。抓政策落细，围绕全面深化改革、创新引领开放崛起，制定系列政策和措施。抓项目落地，着力解决土地、资金、政策、行政审批等问题，突出产业项目、敲实签约项目、加快在建项目、确保竣工项目。

各位代表！过去五年，我们砥砺奋进、扎实工作，积累了宝贵的经验。主要是：始终坚持党对一切工作的领导，坚决贯彻党中央、国务院决策部署；始终坚持以人民为中心的发展思想，把增进民生福祉作为一切工作的出发点和落脚点；始终坚持贯彻落实新发展理念，把创新、协调、绿色、开放、共享理念贯穿于发展全过程和工作各方面，实施创新引领开放崛起战略，着力增强发展动力与活力；始终坚持发展第一要务，努力实现更高质量、更有效率、更加公平、更可持续的发展；始终坚持底线思维，积极防范和化解各种重大风险。

各位代表，过去五年取得的历史性成就和变革，是坚决贯彻以习近平同志为核心的党中央一系列重大决策部署的结果，是全省上下不懈努力、奋勇拼搏的结果。在此，我代表省人民政府，向全省各族人民，向各民主党派、各人民团体和各界人士，向所有关心支持湖南改革发展的同志们，表示衷心的感谢！向驻湘人民解放军指战员、武警官兵、政法干警和民兵预备役人员，表示崇高的敬意！向港澳台同胞、广大侨胞和海内外朋友，表示诚挚的谢意！

我们必须清醒地看到，经济社会发展仍存在不少短板和困难。主要是：经济向好的基础还不牢固，发展质量和效益有待提升，产业发展成效还不够明显，实体经济特别是中小微企业困难较多；创新动力不足，研发投入占比不高，新旧动能转换亟需加快；发展中的风险和隐患不少，政府性债务规模偏大，安全生产、防灾减灾仍存在薄弱环节；民生改善和环境保护任务繁重，深度贫困地区脱贫攻坚任务艰巨，就学、就医、社保、住房等方面尚不能完全满足人民群众需求；干部改革创新、狠抓落实、服务群众的本领有待增强，投资环境仍需进一步优化，等等。我们要高度重视，下大力气解决。

二、2018 年工作

未来五年，是全面建成小康社会和开启全面建设社会主义现代化国家新征程的历史交汇期，也是我省转型升级、爬坡过坎的攻关期。

我省发展面临着总体有利的宏观形势。世界经济有望继续复苏，我国经济发展进入新时代，我省具备了高质量发展的基础和潜力。我们要深刻认识我国经济进入高质量发展阶段的重大意义，坚持稳中求进工作总基调，发挥“一带一部”区位优势，抢抓中部崛起机遇，牢牢把握工作主线，坚定不移推进供给侧结构性改革；牢牢把握基本路径，扎实推动质量变革、效率变革、动力变革；牢牢把握着力点，加快建设实体经济、科技创新、现代金融、人力资源协同发展的产业体系；牢牢把握制度保障，努力构建市场机制有效、微观主体有活力、宏观调控有度的经济体制。我们要紧紧围绕推动高质量发展这个要求，坚持质量第一、效益优先、安全至上、创新为要，转变发展方式、优化经济结构、转换增长动力；要紧紧围绕实现人民对美好生活的向往这个目标，促进经济社会全面繁荣、基础设施全面提质、生态环境全面改善、发展成果全面共享，让人民群众有更多的获得感、幸福感、安全感；要紧紧围绕建设富饶美丽幸福新湖南这个愿景，推进经济强省、科教强省、文化强省、生态强省、开放强省建设，奋力走在中部崛起前列。

2018 年，是贯彻党的十九大精神的开局之年，是改革开放 40 周年，是贯彻省第十一次党代会精神、决胜全面建成小康社会、实施“十三五”规划承上启下的关键一年。必须全面贯彻党的十九大精神，以习近平新时代中国特色社会主义思想为指导，坚持党对一切工作的领导，坚持稳中求进工作总基调，坚持新发展理念，紧扣社会主要矛盾变化，按照高质量发展的要求，统筹推进“五位一体”总体布局，协调推进“四个全面”战略布局，推进“三个着力”，坚持以推进供给侧结构性改革为主线，深入实施创新引领开放崛起战略，突出发展产业、转型升级，统筹做好稳增长、促改革、调结构、惠民生、防风险各项工作，在打好防范化解重大风险、精准脱贫、污染防治的攻坚战方面取得扎实进展，推动经济社会持续健康发展。

今年主要预期目标是：地区生产总值增长 8% 左右，投资增长 11.5%，规模工业增加值增长 7.5%，一般公共预算收入增长 6.5% 以上，社会消费品零售总额增长 10.5%，城镇调查失业率和登记失业率分别控制在 5.5% 和 4.5% 以下，居民消费价格涨幅控制在 3% 以内，全体居民人均可支配收入增长 8% 以上，万元 GDP 能耗下降 3% 以上。

实现以上目标，重点要抓好以下工作：

（一）着力振兴实体经济，提高发展质量和效益

深化供给侧结构性改革。继续做好“三去一降一补”重点工作。推进煤炭行业去产能，严防“地条钢”等违规产能死灰复燃；出台去杠杆“1+2”政策体系、降低实体经济企业成本、补短板专项实施方案。支持企业加大产品、技术、服务与商业模式创新，深入开展“增品种、提品质、创品牌”活动，新增 10 个左右国家地理标志产品，培育具有市场竞争优势的品牌，打造细分领域行业冠军。引导企业开展对标、达标、提标和创标活动，支持优势企业将核心技术转化为国家标准、国际标准，建立完善北斗卫星应用、轨道交通、工程机械、食品加工、烟花爆竹产业标准体系。建设中国计量院长沙基地、国家级质检中心和检验检测平台。

扎实推进产业项目建设。抓好“产业项目建设年”，实行“一个项目、一名领导、一套班子、一个方案、一抓到底”的工作机制，加大政策支持、督促检查和考核奖惩力度。着力抓好 100 个重大产业建设项目、100 个科技创新项目、100 个重大产品的创新，引进 100 个 500 强企业、100 个科技创新人才。按照立项一批、开工一批、建成一批、投产一批、储备一批的思路，重点推进磁浮装备产业园、IGBT 研发及产业化、水

稻分子育种中心、新能源材料产业基地、新能源汽车生产基地、水口山铜铅锌产业基地、云计算大数据产业园、家居智造产业园等项目建设。

持续推动转型升级。加快实施建设制造强省五年行动计划，重点推进长株潭衡“中国制造 2025”试点示范城市群建设，着力推动信息化与制造业融合，打造以中国智能制造示范引领区为目标的现代制造业基地。培育战略性新兴产业，继续实施 20 个工业新兴优势产业链行动计划，发挥新兴产业投资引导基金作用，支持企业攻克核心技术，加快关键零部件进口替代，创建国家级和省级制造业创新中心，在先进储能材料、电动汽车等产业链培育上取得突破。发展壮大优势产业，做强做大轨道交通、工程机械等领先优势产业，加快发展航空航天、电力装备、生物医药等比较优势产业，培育壮大数控机床和机器人、海工装备、农业机械等潜在优势产业。提质升级钢铁、有色等传统产业，加大企业技术改造力度，继续实施“+ 互联网”行动，推广网络协同制造、流程制造、个性化定制等模式。积极利用工业互联网、云服务、大数据技术，打造一批智能制造示范企业、示范车间和绿色园区、绿色工厂、绿色产品。

依托园区集聚和培育骨干企业。积极吸引各类社会主体参与园区开发建设，加快园区基础设施配套升级，支持园区参与电力市场交易。鼓励园区依托本地优势资源和产业基础开展招商引资、发展特色产业，加强对园区产业发展、创新能力、节约集约用地和环保设施建设等质量效益指标的考核。继续开展百户骨干企业精准帮扶，落实新进“中国 500 强”和“中国民营企业 500 强”盈利企业管理团队奖励、规模工业企业培育发展奖励政策，力争培育 2—3 家优势龙头骨干企业、200 家以上“专精特新”企业、1000 家以上规模工业企业。弘扬企业家精神，打造勇于创新、致富思源、守法诚信的企业家队伍。

增强经济发展驱动力。提高现代服务业发展水平，推进国家服务业综合改革试点，实施服务业集聚区提升工程和“双百”工程，发展生产性服务业和信息服务、绿色快递、智慧物流、会展等新兴服务业，实施一批平台经济、分享经济、体验经济、创意经济示范项目，促进工业和服务业共同带动经济发展。增强消费对经济发展的基础性作用，培育健康养老、文化旅游、网络信息等消费热点，推广信用、绿色、品质等新兴消费方式；深入实施“优供促销”，推进“互联网 + 商贸流通”、“湘品出湘”、商贸企业培育等重点工作，推动生产和流通、线上和线下、内贸和外贸融合发展。建设以“锦绣潇湘”为品牌的全域旅游基地，推进韶山等红色旅游基地建设，创建张家界等一批国家全域旅游示范区。增强金融服务实体经济能力，充分发挥信贷资金主渠道作用，大力发展普惠金融，不断完善多层次资本市场，着力发展直接融资，加快引进保险资金，切实保障重大战略、重点产业、重点项目和小微企业资金需求。建设湘江新区金融中心和基金小镇，加快实现农村商业银行、村镇银行县域全覆盖，构建竞争有序、功能互补的金融机构组织体系。健全地方金融监管体制。构建房地产市场长效机制，加快建立多主体供给、多渠道保障、租购并举的住房制度。大力发展绿色建筑，推动装配式建筑产业发展。

（二）增强创新引领能力，培育经济发展新动能

加快创新高地建设。推进以长株潭国家自主创新示范区为核心的科技创新基地建设，完善自主创新示范区空间规划，构建“一区三谷多园”格局，打造自主创新策源地、科技成果转化地和高端人才集聚地。开展创新型县（市、区）试点，培育 15 个左右科技成果转移转化示范县，支持 8 个左右省级产业园区转型为高新区。积极承担种业创新、航空航天、新材料等国家重大科技项目。依托岳麓山国家大学科技城创建国家实验室，培育一批国家级企业技术创新平台，推动各类重点实验室、工程技术研究中心的建设和共享。聚焦重点产业领域和关键环节，部署一批科技创新项目，攻克一批关键核心技术和共性技术，形成若干战略性新技术、新产品。大力推动军民融合发展，加快建设省军民融合科技创新产业园，组建智能化技术、惯性技术、北斗导航等一批军民协同创新中心。

强化企业创新主体地位。完善高新技术企业发展政策，支持领军企业牵头组建产业技术创新联盟、

研发平台和机构，牵头组织实施重大科技产业化项目，鼓励园区、企业和高等院校、科研院所开展产学研用协同创新，着力培育创新型中小科技企业，新增高新技术企业800家以上。鼓励民企参与军品研制和军工企业股份制改造，加快军民融合成果转化。大力发展众创空间、星创天地和科技孵化器、加速器，建设潇湘科技要素市场和科技金融服务中心。

完善创新激励机制。改革科研项目组织实施机制，完善跨区域、跨部门、跨系统协同推进和财政科技资金整合投入的新模式。实施全社会研发经费投入三年行动计划，完善和落实企业研发费用加计扣除、新增研发投入奖补、仪器设备折旧等政策，提高全社会研发经费支出占地区生产总值的比重。完善技术需求、科技成果清单制度，以及科技成果评估、归属和利益分享机制。建立创新型经济评价体系和监测评估机制。加强知识产权创造、运用和保护。加速科技成果转移转化，提高全省科技进步贡献率。健全人才评价、流动、激励机制。实施“芙蓉人才行动计划”，深入推进“百人计划”、长株潭高层次人才聚集工程，加大创新型企业家、青年科技人才和高技能人才培养力度，有针对性地加强对科技人才的服务联系，引进一批高端创新人才和团队。

（三）深化关键领域改革，激发市场主体活力

大力推进国企国资改革。以管资本为主加强国有资产监管，持续推进国有资本布局结构调整与企业整合重组，积极稳妥推进混合所有制改革。进一步加大“僵尸企业”处置力度。探索市场化选聘经营管理者和职业经理人，深化企业劳动人事分配三项制度改革。推进省直行政事业单位国有资产管理改革，完成省属企业以及省直机关行政事业单位职工住宅区“三供一业”分离。

加快“放管服”改革。继续精简审批事项，全面实施市场准入负面清单管理制度，推动投资项目、工程建设、民生服务等领域关联事项整合和“全链条”下放，赋予市县政府、园区更多自主权，营造稳定公平透明、可预期的营商环境。大力推进“多证合一”、“证照分离”、电子执照等商事制度改革，深化“最多跑一次”改革。加强事中事后监管，全面推行“双随机、一公开”机制。强化社会信用监管、信息共享和公示，实现“一处失信、处处受限”。

稳步推进财税改革。落实中央税制改革部署，做好增值税等配套改革工作。扎实推进预算制度改革，加强全口径预算统筹，推进预算公开和专项资金实质性整合。探索财政事权与支出责任划分改革，完善省对下转移支付制度，实行财政收入质量与转移支付分配挂钩机制，加大对人均财力较低地区的均衡性转移支付力度，构建保运转、惠民生、促发展的县级财力保障机制。

加快农村改革。推进农村土地所有权、承包权、经营权三权分置，全面完成农村承包地确权登记颁证，严格落实农村土地承包经营权延期30年的政策。稳步开展“两权”抵押贷款试点，探索农户以宅基地使用权和农房财产权入股发展农宅合作社。发展壮大村级集体经济，深化农村集体产权制度改革，抓好农村集体资产清产核资、产权登记和管理，推进经营性资产折股量化。

坚持“两个毫不动摇”。落实国务院促进民间投资“26条”，实施促进民间投资“六大行动”，鼓励民间资本参与盘活存量资产、国企改革和混合所有制改革。全面清理规范涉企收费，清理整顿行政审批中介服务，加强对企业负担情况动态监测。加快构建“亲”“清”新型政商关系，完善政企沟通机制，规范政商交流行为，保护企业家合法权益。

（四）加快开放崛起步伐，推动形成全面开放新格局

对接500强，对接新丝路，对接自贸区，对接湘商会，对接北上广，确保进出口增长15%，实际利用外资增长10%。

高质量走出去。积极响应国家“一带一路”倡议，加强与东盟、非洲、拉美等国家和地区的经贸合作，落实推进国际产能和装备制造合作三年行动计划，鼓励优势企业开展海外并购，扎实推进湖南·埃塞工

业园等境外园区建设。支持优势产品开拓国际市场，推动加工贸易、服务贸易创新发展，完善“订单融资”“退税融资”“保单融资”方式，建立外贸融资担保平台。强化涉外商事服务，深化拓展国际友城合作。

高水平引进来。探索股权招商、基金招商等新型招商模式，引进龙头项目和战略投资者，提高招商项目的投入产出比、税收贡献率和就业带动力。抓好实体经济、优势产业的招大引强，吸引“中国民营企业500强”等各类投资者来湘投资，支持市县、园区开展特色产业链专题招商，办好沪洽周、湘台会等重大经贸活动。吸引湘籍人才回湘投资创业，推进湘商回归项目建设。

完善开放平台。加快跨境电商综合试验区申报建设，争取市场采购贸易试点、中非经贸合作博览会、汽车平行进口等开放平台落地。建设好永州国家级出口食品农产品质量安全示范市。增强工业园区、综合保税区、口岸等平台服务功能，大力发展临空、临港经济。加快推进国际物流大通道建设，支持发展国际铁路快线、国际航空货运、国际水运和国际多式联运。

优化开放环境。复制推广自贸区模式，深化以负面清单为核心的外商投资管理制度改革，推动服务业领域有序开放。促进口岸通关便利化，深化国际贸易“单一窗口”和口岸信息化建设，整合规范进出口环节经营性服务和收费。坚持诚信招商、守信合作、互信双赢，坚决杜绝失信行为，让各类投资者放心投资、安心发展。

（五）实施乡村振兴战略，促进农业农村优先发展

把解决“三农”问题放到重中之重的战略地位，建立市县党政领导班子和领导干部推进乡村振兴战略的实绩考核机制，落实“产业兴旺、生态宜居、乡风文明、治理有效、生活富裕”要求，推进农业供给侧结构性改革，推动农业由增产导向转向提质导向，继续实施“百千万”工程，打造以精细农业为特色的优质农副产品供应基地。

推进农村产业兴旺。增强农业综合生产能力。坚持藏粮于地、藏粮于技，严守耕地红线，加强土地整治和中低产田改造，新建高标准农田364万亩，新增高效节水灌溉面积33万亩，稳定粮食等主要大宗农产品生产。推进产业强农。重点打造10个现代农业特色产业集聚区；发展多形式的适度规模经营，培育种养大户、家庭农场、合作社等新型农业经营主体，推广代耕代种、联耕联种、统防统治等社会化服务。促进农村一二三产业融合发展，提高农产品精深加工水平，培育农产品加工龙头企业，积极发展林下经济和休闲农业、森林康养、乡村旅游。推进质量强农。建设南繁科研育种园，加强超级稻研究协作攻关与示范推广。支持发展“三品一标”农产品，加快培育“十大农业区域公用品牌”“十大农业企业品牌”，大力实施“湖南优质粮油”工程。深入开展化肥农药使用量零增长和有机肥替代化肥行动，提高畜禽养殖废弃物资源化利用水平，推进农作物秸秆综合利用。全程监管农产品质量安全。推进互联网强农。实施“互联网+现代农业”，打造本土电商平台，扶持10个县级电商服务示范中心，推广“益村平台”模式，健全村级电商服务体系。推进快递下乡。

完善农村水利设施。加快涔天河水库扩建灌区工程、莽山水库、毛俊水库、黄盖湖防洪治理等重点水利设施建设，以及农村灾后水利薄弱环节治理，做好洞庭湖北部补水工程及重要堤防加固工程、椒花水库等项目前期工作。

建设美丽宜居乡村。实施农村人居环境整治三年行动计划，加强对农村建房的规划和管理，推进村容村貌整治全覆盖，加强农村生活垃圾污染整治，农户厕所污水处理或资源化利用率提高10个百分点以上。加强景边、山边、水边生态环境修复，创建300个美丽乡村示范村，完成3000个行政村环境综合治理，让农村好山好水转化成农民的“聚宝盆”。加强城边、路边环境治理，实施农村“双改”三年行动计划。

健全城乡融合发展体制机制。加强乡村振兴规划引领，编制城乡融合发展专项规划，保护乡村风貌，保留乡土味道，让农村成为安居乐业的美丽家园。加快形成工农互促、城乡互补、全面融合、共同繁荣

的新型工农城乡关系，推进涉农资金整合，发挥财政资金撬动作用，引导保险、金融、民间资金投入乡村振兴。建立健全城乡要素合理流动机制，实行新增耕地指标和增减挂钩节余指标跨地域调剂，打通进城、下乡平等交换渠道，引导市民下乡、能人回乡、企业兴乡。

加强农村基层基础工作。建立健全全民覆盖、普惠共享、城乡一体的基本公共服务体系，推动城镇和乡村基础设施互联互通共享，推动教育、医疗、文化等新增资源重点向农村倾斜。加强农村精神文明建设，培育文明乡风、良好家风、淳朴民风。健全自治、法治、德治相结合的乡村治理体系。加强村级组织建设，培养造就懂农业、爱农村、爱农民的农村工作队伍。

（六）统筹区域协调发展，整体提升区域发展水平

分类指导区域发展。加强区域合作，全面融入长江经济带建设，对接长三角和粤港澳大湾区。推动长株潭一体化发展，突出抓好规划、交通、公共服务、环境治理等重点工作和特色产业园建设，推进株洲、湘潭老工业基地调整改造。抓好洞庭湖生态经济区建设，打造更加秀美富饶的大湖经济区。促进大湘南开放发展，抢抓加工贸易向中部梯度转移机遇，加快承接产业转移示范区建设。推动大湘西地区发挥生态优势、资源优势，着力发展农林产品加工、文化生态旅游、生物医药、商贸物流产业。实行“一县一特”，支持县域产业发展，加大财政、金融、土地扶持力度，引导资金、技术、人才、管理等要素向县域流动，发展壮大县域经济。

提高城镇化质量。加快构建新型城镇体系，加大国家新型城镇化试点工作力度，增强市州中心城市辐射带动作用，推进县域产城融合发展，培育发展特色小镇。在全省县以上城市实施“双修”十大工程，加快建设海绵城市、智慧城市、地下综合管廊，完善非机动车道、人行道、过街通道等便民设施，以及智能停车场、充电基础设施等新型市政设施，治理交通拥堵、内涝等“城市病”。加强历史文化名城、街区和历史建筑物保护。推进城区老工业区和独立工矿区改造搬迁，综合治理采煤沉陷区，推动娄底、郴州、衡阳等资源型城市转型发展。完善农业转移人口市民化政策，扩大对居住证持有人的公共服务。

完善区域基础设施。交通方面，围绕构建综合交通枢纽体系，瞄准市市通高铁、县县通高速、村村通硬化路目标，加快黔张常、蒙华铁路湖南段、渝怀复线、张吉怀、常益长等铁路项目建设，确保怀邵衡铁路建成通车；高速公路建成通车300公里以上，干线公路新改建1000公里以上；力争岳阳机场通航，开工建设湘西、郴州机场；加快推进湘江、沅水及洞庭湖区高等级航道建设；实施自然村通硬化路三年行动计划，建好、管好、护好、运营好农村公路。能源方面，深入推进“气化湖南”工程，加快新疆煤制气外输管道湖南段、西气东输三线长沙支线等项目建设。信息方面，加快“数字湖南”建设，继续推进4G网络、蜂窝物联网、带宽扩容、下一代互联网、云计算以及“无线城市”等项目建设。物流方面，加快完善城市和县乡村三级物流配送体系。

（七）打好污染防治攻坚战，推进生态文明建设

打赢蓝天保卫战。出台实施蓝天保卫战行动方案，完成碳强度下降目标，重点打赢长株潭地区蓝天保卫战。进一步调整能源产业结构，坚决关闭“小散乱污”企业，严格企业限期改造达标，坚决关停不达标企业，加强城市扬尘等污染管控，确保14个市州城市空气质量平均优良天数逐年增加。推进老旧小区节能改造。

加强水污染防治。全面落实五级河长制，强化河湖管理和保护，推动全省流域水环境综合整治，确保四水干流及一级支流出境断面水质总体为优。完成湘江保护和治理“一号重点工程”第二个三年行动计划，加大园区污水处理力度。实施洞庭湖生态环境专项整治，加强湘资沅澧源头保护，深入推进黑臭水体整治、畜禽水产养殖污染治理、沟渠塘坝清淤、湿地功能修复全覆盖，提高城乡生活污水及垃圾处理率、农村自来水普及率。

推动土壤污染防治。实施62个土壤污染防治重点项目，开展长株潭耕地修复治理及农作物种植结构调整，实现结构调整、修复治理、休耕100万亩以上。推进矿山植被恢复，实施尾矿库环境污染和安全整治。

加大生态建设力度。杜绝欠新账、逐步还旧账，解决一批人民群众反映强烈的突出环境问题。推广运用绿色GDP评价，加大节能减排督查考核力度，推动绿色消费、绿色生活，引导企业运用清洁生产技术，推动火电、水泥等重点行业脱硫脱硝和超低排放改造；以重大污染治理项目为抓手，建设一批环保产业基地和集聚区，加快环保科技成果转化，推动节能环保产业发展。科学划定“三区三线”，着力推进国土绿化和石漠化、水土流失治理。加大长株潭绿心生态保护力度，完善天然林保护机制，继续实施森林禁伐减伐行动，抓好森林防火和林业有害生物防治，推进森林城市建设。开展领导干部自然资源资产离任审计。实施省以下环保监测监察垂直管理改革。

（八）打好脱贫攻坚战，走精准、特色、可持续发展之路

制定实施精准脱贫三年行动计划，在现行脱贫标准下，实现130万以上农村建档立卡贫困人口脱贫、2200个左右贫困村脱贫出列、16个贫困县脱贫摘帽。

深入推进脱贫攻坚“七大行动”。建立县级脱贫攻坚项目库，推广“四跟四走”产业扶贫模式，推进电商、旅游、光伏扶贫。促进贫困劳动力稳定就业，完成9.1万名贫困家庭子女职业教育和职业技能培训。实现28万人易地扶贫搬迁。健全医疗兜底保障机制。

向深度贫困聚焦发力。加大对深度贫困地区的支持力度，强化贫困老年人、残疾人、重病患者等特定贫困群众的精准帮扶。在深度贫困县开展农村建档立卡贫困人口医疗救助试点，在14个集中连片贫困县建设“芙蓉学校”。

激发贫困人口内生动力。建立生产奖补、以工代赈、劳务奖补等正向激励机制，把扶贫与扶志、扶智结合起来，把救急纾困和内生脱贫结合起来，把发展短平快项目和培育特色产业结合起来，推进驻村帮扶、结对帮扶、社会帮扶、企业帮扶和地区对口协作。

着力提升脱贫质量。聚焦“两不愁、三保障”，严格扶贫成效考核督查和脱贫退出验收，建立稳定脱贫长效机制，对已脱贫对象回头看、回头查、回头帮，巩固脱贫成果。

（九）坚持在发展中保障和改善民生，让改革发展成果惠及全体人民

优先发展教育事业。推动城乡义务教育一体化发展。促进学前教育发展。开展规范中小学办学行为专项整治。完善职业教育和培训体系，加强技工人才培养，深化产教融合、校企合作，重点在10个县推进农村中等职业教育攻坚。扩大和落实高校办学自主权，实施高校“双一流”建设计划，启动高校基础能力建设。深化教育体制机制改革，积极稳妥推进高考改革。加强师德师风建设，打造高素质教师队伍，农村教师公费定向师范生招生规模扩大到1万人以上，依法保障和提高教师待遇。加大家庭经济困难学生资助力度，进一步提高各类教育生均经费水平。支持和规范社会力量兴办教育。

提高就业质量和居民收入水平。实施高校毕业生就业创业促进计划，促进以高校毕业生为重点的青年群体和农民工多渠道就业，稳妥分流安置结构调整企业职工，大力援助残疾人、低保对象、零就业家庭等困难群体就业。实施“创业兴湘乐业富民”工程，抓好19个县（市、区）支持农民工等人员返乡创业国家试点工作，创建10个创新创业带动就业示范县（市、区）、20个示范基地、50个示范乡镇（街道）、100个示范社区（村）。完善企业工资正常增长和支付保障机制，健全机关事业单位收入分配制度。保障农民工工资足额按时发放。

完善社会保障体系。健全养老保险制度，完善企业养老保险基金征缴目标管理和财政补助机制，划转部分国有资本充实社保基金，继续提高退休人员基本养老金水平和城乡居民月人均基础养老金标准。完善医疗保险制度，提高城乡居民医保财政补助标准，改革城镇职工基本医疗保险个人账户制度，深入

推进生育保险和基本医疗保险合并试点，开展长期护理保险制度试点，全面推进以病种付费为主的医保支付方式改革。推动工伤保险基金省级统筹，做好补充工伤保险试点工作。把保障困难群众基本生活放在优先位置，完善最低生活保障制度，确保农村低保标准不低于国家扶贫标准。做好城市困难职工脱困解困工作。加强临时救助工作，完善残疾康复服务，帮助3000名0—6岁脑瘫儿童实施抢救性康复，为1.8万名智力、精神和重度肢体残疾人提供托养服务。

推进健康湖南建设。坚持医疗、医保、医药联动，健全医联体分工协作机制和现代医院管理制度，巩固破除“以药补医”成果，加快建立符合行业特点的人事薪酬制度。加强县级医院综合能力建设和乡镇卫生院、村卫生室规范化建设，大力培养全科医生。完善短缺药品供应保障机制，推行高值医用耗材阳光采购，推进“两票制”政策落地见效。强化急性传染病联防联控，加大血吸虫病、慢性病防治工作力度，救治救助8000名无责任主体的农民工尘肺病患者。深入开展爱国卫生运动，加强健康教育和健康促进工作。传承发展中医药事业。大力发展健康产业，加快湖南健康产业园建设。积极推进医养结合，使每千名老年人口养老床位数达到32张。持续降低出生人口性别比和出生缺陷发生率，加强生育全程基本医疗保健服务。完善全民健身公共服务体系，推进县域中小型全民健身中心建设。办好第十三届省运会，积极申办第十五届全运会。

持续办好重点民生实事。多想群众的操心事，多解群众的烦心事，切实抓好12件重点民生实事：1、新增城镇就业70万人；2、实现自然村通水泥(沥青)路2万公里、提质改造农村公路8000公里；3、开展322个县级饮用水水源地环境整治；4、农村饮水安全巩固提升120万人；5、改造和完善行政村10千伏及以下配电网；6、农村危房改造10万户，城镇棚户区改造27.76万套；7、完成城镇150个黑臭水体整治；8、基本消除义务教育超大班额；9、农村适龄妇女“两癌”免费检查100万人；10、孕产妇免费产前筛查50万人；11、困难残疾人生活补贴和重度残疾人护理补贴发放标准提高到每人每月55元；12、提高城乡低保标准和救助水平。

（十）推动文化繁荣兴盛，增强文化创新创造力

提高社会文明程度。加强爱国主义、集体主义、社会主义教育，深化群众性精神文明创建活动。传承中华优秀传统文化，发展社会主义先进文化。传承红色基因，加强革命历史类纪念设施遗址和爱国主义教育基地建设。加强未成年人思想道德建设和大学生思想政治工作，推进社会公德、职业道德、家庭美德、个人品德建设，培育良好家风、行风、政风。开展移风易俗、弘扬时代新风行动。加强网络空间治理和内容建设，培育积极健康的网络文化。

构建现代公共文化服务体系。加快省美术馆、省体育馆、省图书馆新馆建设，推进基层综合文化服务中心和市县级文化场馆达标。丰富公共文化产品，实施哲学社会科学创新和文艺精品创作、文化名家工程，引导和鼓励社会力量参与公共文化服务。推动文物保护和利用，加强非物质文化遗产挖掘和传承，推进侗族村寨等项目申报世界文化遗产。做好地方志编修工作。扩大对外文化交流，增强湖湘文化影响力。

推动文化产业发展。建设以影视出版为重点的文化创意基地，坚持文化创意与制造、旅游产业融合，传统媒体与新兴媒体融合，发展网络视听、创意设计、动漫游戏、数字出版等新型文化业态，加快建设马栏山视频文创产业园、中南国家数字出版基地、长沙国家级文化和科技融合示范基地等集聚区，培育竞争力强的文化企业。

深化文化体制改革。做强做大做优文化产业集团，改革完善国有文化企业集团和公共文化机构法人治理结构。推动以县级图书馆、文化馆为中心的总分馆制建设。深化文化市场综合执法改革，加强基层执法机构和执法队伍建设。完善文化产权交易机制。

（十一）打好防范化解重大风险攻坚战，提高社会治理能力和水平

守住金融债务风险底线。坚持遏制总量、化解存量，建立完善政府性债务管控、风险预警、信息披露、化解和应急处置机制，大力开展政府性债务清理核查，完成存量债务置换工作。加快清理整合政府融资平台，严格依规实施政府购买服务、政府投资基金等项目，严禁以任何名义、任何方式违规举债融资，确保风险总体可控、风险等级逐年下降。健全金融风险应急处置预案，继续开展互联网金融风险专项整治、交易场所清理整顿，严厉打击非法集资等违法违规金融活动。

守住安全生产风险底线。深入开展"落实企业安全生产主体责任年"活动，强力推进煤矿和非煤矿山、危险化学品和烟花爆竹、道路和水上交通等重点行业领域专项整治，落实重大事故隐患治理"一单四制"，坚决防范和遏制重特大事故发生。

守住自然灾害风险底线。健全防灾减灾救灾体制机制和应急管理、救援保障体系，继续开展调查评价、监测预警、搬迁避让、灾害治理、能力建设五大工程，加快实施矿山地质环境综合整治。完成洞庭湖区烂泥湖垸资江大堤、沙田垸、民主垸等重点险情隐患处置，加快14个市州和89个县级城市防洪保护圈建设。

加强和创新社会治理。建立健全社会治理领域权力清单和责任追究制度，完善社会矛盾排查预警、重大决策社会稳定风险评估、矛盾纠纷多元化解机制，引导社会组织广泛参与城乡、社区平安建设。开展信访工作"法治建设年"活动，依法及时就地解决群众合理诉求。进一步加强法律援助，保障困难弱势群体的合法权益。完善社会治安防控体系，深化网格化、法治化、信息化、实名制管理，抓好综治中心标准化和"雪亮工程"建设、"十大平安系列"创建等基础性工作，加大扫黑除恶力度，严厉打击和惩治黄赌毒黑拐骗等违法犯罪活动。贯彻党的民族宗教政策，积极引导宗教与社会主义社会相适应。实施食品药品安全战略，健全质量安全监管、追溯、召回体系，强化源头严防、过程严管、风险严控，把住食品药品安全的每一道防线。

支持国防和军队现代化建设。贯彻落实习近平强军思想，实施军民融合深度发展战略，统筹经济建设和国防建设，深化国防科技工业改革，形成军民融合深度发展格局。完善和落实军人荣誉制度体系，加强退役军人管理保障，加强军事设施保护，维护军人军属合法权益，进一步做好双拥共建工作，在全省形成支持军队建设、尊崇军人职业的浓厚氛围。加强新形势下全民国防教育，完善国防动员体系，加强新时代国防动员和后备力量建设，做好民兵预备役和人民防空等工作。

三、全面加强政府自身建设

增强"四个意识"，坚定"四个自信"，把贯彻落实习近平新时代中国特色社会主义思想和党的十九大精神作为首要政治任务，自觉在思想上政治上行动上同以习近平同志为核心的党中央保持高度一致，做到信念过硬、政治过硬、责任过硬、能力过硬、作风过硬，做好新时代的答卷人。

一要加强政府系统党的建设。坚持党对一切工作的领导，把全面从严治党贯穿于政府建设始终，严格遵守政治纪律和政治规矩，以实际行动坚决贯彻落实党的基本理论、基本路线、基本方略。严格执行新形势下党内政治生活若干准则，营造风清气正的政治生态，保障经济社会持续健康发展。深入开展"不忘初心、牢记使命"主题教育，永葆共产党人政治本色。把对党忠诚、为党分忧、为党尽职、为民造福作为根本政治担当，着力建设为民务实清廉的公务员队伍。

二要加强法治政府建设。大力弘扬宪法精神，维护宪法权威，保证宪法实施，强化政府公职人员法治意识，推动全社会尊法学法守法用法。自觉接受人大法律监督、工作监督和政协的民主监督，政府重大决策出台前向本级人大报告，认真听取民主党派、工商联、无党派人士、各人民团体、社会各方面的意见。坚决执行民主集中制，坚持科学民主依法决策。落实重大行政决策程序和目录化管理制度，发挥院士专家咨询委员会和省政府参事室等各类智库的作用。推进依法行政，深化行政执法体制改革，推进执法重心向市县两级政府下移，相对集中行政执法权，推进行政执法公示、执法全过程记录和重大执法决定法

制审查改革，实现行政执法和刑事司法无缝对接。

*三要增强政务服务能力。*不断提高适应新时代、实现新目标、落实新部署的能力，不断增强推动高质量发展和建设现代化经济体系的本领。深化机构和行政体制改革，整合公共行政资源，推进职能部门信息、数据共享互认，完善政府部门权责清单，增强政府的执行能力。基本完成生产经营类事业单位改革，巩固和深化行政类、公益类事业单位改革成果。强化事业单位公益属性，理顺公益类事业单位与主管部门的关系，探索政事分开、管办分离的有效实现形式。运用大数据开展政务服务，加快推进“互联网＋政务服务”，完善线上线下服务功能，推行“一号申请”“一窗受理”“一网通办”。发挥绩效考核指挥棒作用，强化过程控制和结果运用，将考评结果与绩效奖金、评先评优、干部任用、行政问责挂钩。做好“十三五”规划中期调整和第四次全国经济普查。

*四要加强队伍作风建设。*坚持把纪律和规矩挺在前面，落实中央八项规定精神和省委实施意见，严防“四风”反弹回潮，以过硬措施坚决杜绝形式主义、官僚主义。以制度管权、管事、管人，严格财经纪律，严控“三公”经费。落实党风廉政建设主体责任和“一岗双责”，严肃整治行业不正之风，惩治群众身边“微腐败”，扎牢不能腐的笼子，增强不想腐的自觉。坚持“三严三实”，弘扬求真务实作风，健全督查激励与问责机制，严厉整肃庸政懒政怠政，对假数据、假政绩、瞒报浮夸等行为零容忍。健全基层组织，支持基层工作，关心基层干部，为敢于担当者担当，为脚踏实地者鼓劲，为廉洁奉公者撑腰。

各位代表！

使命呼唤担当，奋斗创造幸福。让我们更加紧密地团结在以习近平同志为核心的党中央周围，落实省委决策部署，求真务实、开拓进取，加快建设富饶美丽幸福新湖南，为实现“两个一百年”奋斗目标、实现中华民族伟大复兴的中国梦作出新的更大贡献！

（2018 年 1 月 30 日省第十三届人大第一次会议审议通过）

湖南省2017年国民经济和社会发展统计公报[1]

湖南省统计局　国家统计局湖南调查总队

2018年3月12日

2017年，面对错综复杂的国内外形势和较大的经济下行压力，在省委省政府的坚强领导下，全省上下坚持以习近平新时代中国特色社会主义思想为指导，坚持稳中求进，贯彻新发展理念，坚持以提高发展质量和效益为中心，以推进供给侧结构性改革为主线，按照“三个着力”要求，围绕建设“五个强省”，大力实施创新引领开放崛起战略，全省经济发展稳中向好、稳中趋优，圆满完成了全年主要经济工作目标任务。

一、综　合

初步核算，全省地区生产总值[2]34590.6亿元，比上年增长8.0%。其中，第一产业增加值3690.0亿元，增长3.6%；第二产业增加值14145.5亿元，增长6.7%；第三产业增加值16755.1亿元，增长10.3%。按常住人口计算，人均地区生产总值50563元，增长7.4%。

全省三次产业结构为10.7 ：40.9 ：48.4. 规模以上服务业实现营业收入3199.0亿元，比上年增长20.7%；实现利润总额315.5亿元，增长35.0%。第三产业占地区生产总值的比重比上年提高2.0个百分点；工业增加值占地区生产总值的比重为34.3%，比上年下降1.6个百分点；高新技术产业增加值占地区生产总值的比重为23.5%，比上年提高1.8个百分点；非公有制经济增加值20547.8亿元，增长8.4%，占地区生产总值的比重为59.4%;战略性新兴产业增加值3914.7亿元，增长10.1%，占地区生产总值的比重为11.3%，比上年提高0.7个百分点。第一、二、三产业对经济增长的贡献率分别为4.9%、37.0%和58.1%。其中，工业增加值对经济增长的贡献率为33.0%，生产性服务业增加值对经济增长的贡献率为23.7%。资本形成总额、最终消费支出、货物和服务净流出对经济增长的贡献率分别为48.6%、53.4%和-2.0%。

图1　2012-2017年地区生产总值及其增长速度

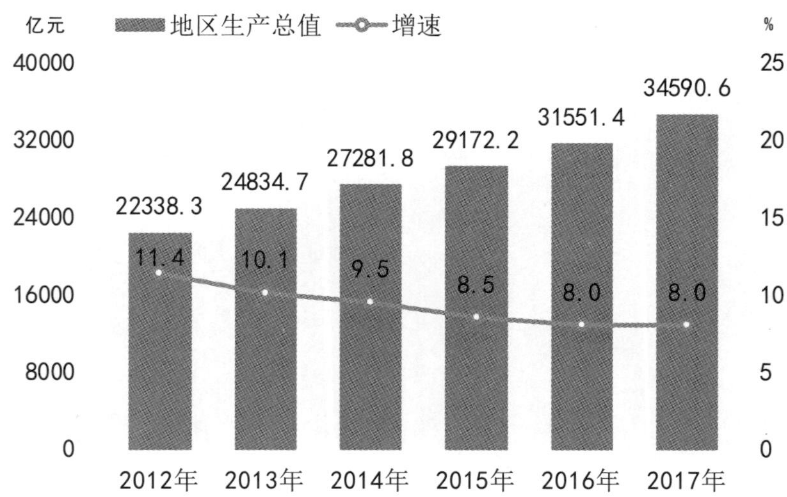

分区域看，长株潭地区[3]生产总值15171.7亿元，比上年增长8.7%；湘南地区生产总值7198.7亿元，增长8.3%；大湘西地区生产总值5865.5亿元，增长8.1%；洞庭湖地区生产总值8161.6亿元，增长7.8%。

二、农　业

全省第一产业中，农业实现增加值 2381.0 亿元，比上年增长 3.1%；林业增加值 241.2 亿元，增长 9.0%；牧业增加值 782.0 亿元，增长 2.6%；渔业增加值 285.7 亿元，增长 6.5%。

全年粮食种植面积 4862.4 千公顷，比上年减少 28.2 千公顷。其中，早稻面积 1383.1 千公顷，减少 37.4 千公顷；中稻面积 1233.1 千公顷，增加 26.9 千公顷；晚稻面积 1432.6 千公顷，减少 26.2 千公顷。粮食产量 2984.0 万吨，比上年增产 1.0%。其中，夏粮 61.5 万吨，增产 12.6%；早稻 808.5 万吨，减产 3.1%；秋粮 2114.0 万吨，增产 2.4%。

图 2　2012-2017 年湖南粮食产量

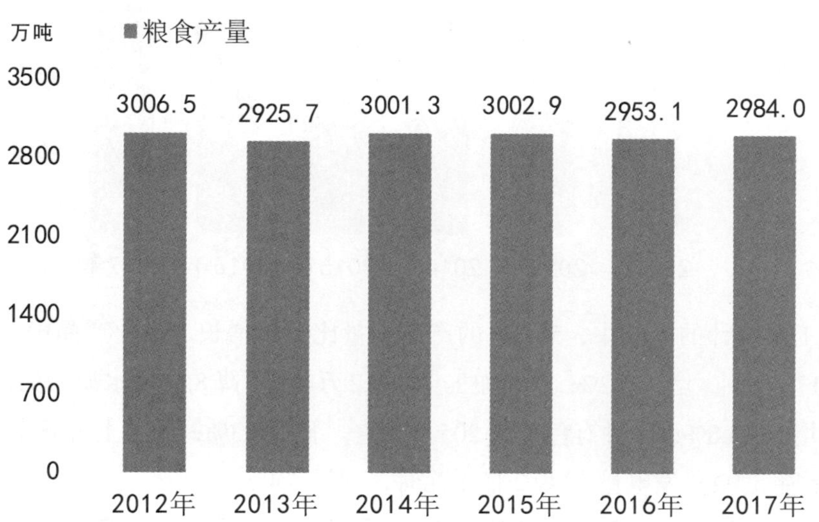

全年棉花种植面积 92.9 千公顷，减少 10.7 千公顷。糖料种植面积 13.8 千公顷，增加 0.4 千公顷；油料种植面积 1448.9 千公顷，增加 10.8 千公顷；蔬菜种植面积 1475.4 千公顷，增加 55.2 千公顷。棉花产量 10.6 万吨，比上年减产 13.6%；油料 247.6 万吨，增产 2.0%；烤烟 22.1 万吨，减产 1.8%；茶叶 20.1 万吨，增产 7.9%；蔬菜 4400.3 万吨，增产 4.9%。

全年猪、牛、羊肉类总产量 479.0 万吨，比上年增长 3.3%。其中，猪肉 449.6 万吨，增长 3.4%；牛肉 17.0 万吨，增长 0.5%；羊肉 12.4 万吨，增长 3.6%。年末生猪存栏 3968.1 万头，增长 0.8%；生猪出栏 6116.3 万头，增长 3.3%。禽肉产量 59.2 万吨，减产 1.2%；禽蛋产量 103.2 万吨，减产 1.4%；牛奶产量 9.6 万吨，减产 5.0%；水产品 272.0 万吨，增产 0.1%。

全年新增农田有效灌溉面积 2.1 万公顷，新增节水灌溉面积 1.1 万公顷；开工各类水利工程 9.1 万处，投入资金 368.0 亿元，完成水利工程土石方 12.2 亿立方米；提质改造农村公路 12417 公里。

三、工业和建筑业

全省全部工业增加值 11875.9 亿元，比上年增长 7.0%。其中，规模以上工业增加值增长 7.3%。在规模以上工业中，非公有制企业增加值增长 7.7%，占规模以上工业的比重为 76.2%。高加工度工业和高技术制造业[4]增加值分别增长 12.2% 和 15.9%；占规模以上工业的比重分别为 38.0% 和 11.3%。装备制造业[5]增加值增长 14.2%，占规模以上工业的比重为 29.8%。省级及以上产业园区工业增加值增长 10.3%，占规模以上工业的比重为69.7%，比上年提高4个百分点。六大高耗能行业增加值增长1.8%，占规模以上工业的比重为30.3%，比上年下降0.3个百分点。分区域看，长株潭地区规模工业增加值增长8.1%，湘南地区规模工业增加值增长7.2%，大湘西地区规模工业增加值增长7.5%，洞庭湖地区规模工业增加值增长6.5%。

图3　2012-2017年全部工业增加值及期增长速度

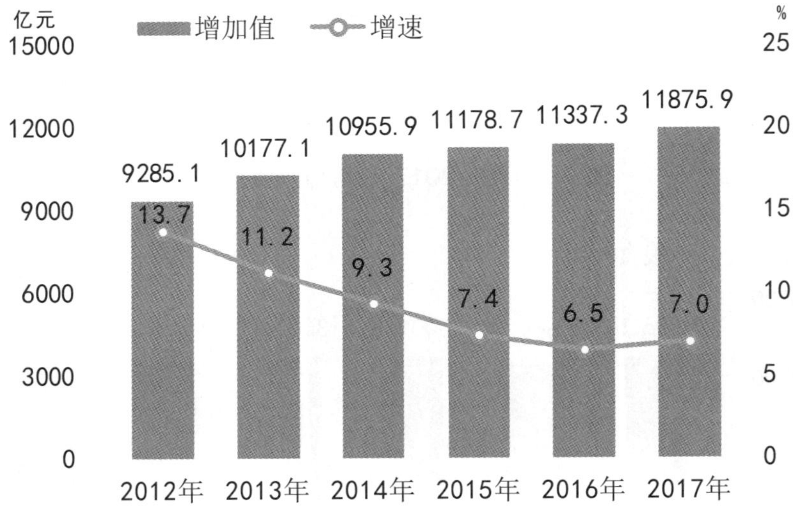

全省规模以上工业统计的产品中，58.3%的产品产量比上年增长。主要产品中，大米1487.5万吨，增长9.8%；饲料1717.1万吨，增长5.2%；原油加工量769.2万吨，下降8.5%；水泥11920.4万吨，增长0.6%；钢材2210.2万吨，增长13.8%；十种有色金属205.8万吨，下降5.3%；混凝土机械4.4万台，增长8.7%；汽车[6]67.1万辆，下降5.5%；发电量1349.2亿千瓦时，增长4.4%。

表1　2017年规模以上工业主要产品产量及其增长速度

产品名称	计量单位	产　量	比上年增长（%）
原煤	万吨	1860.5	–26.1
原盐	万吨	308.1	9.0
大米	万吨	1487.5	9.8
饲料	万吨	1717.1	5.2
精制食用植物油	万吨	311.1	–13.4
卷烟	亿支	1678.0	–1.0
机制纸及纸板	万吨	402.3	–5.1
原油加工量	万吨	769.2	–8.5
硫酸（折100%）	万吨	195.9	–1.9
烧碱（折100%）	万吨	42.8	–0.4
合成氨	万吨	49.8	–33.0
化肥（折纯）	万吨	85.0	–17.3
水泥	万吨	11920.4	0.6
平板玻璃	万重量箱	2560.8	–6.5
生铁	万吨	1789.9	–0.1
粗钢	万吨	2041.4	11.6

表1　续

产品名称	计量单位	产　量	比上年增长（%）
钢材	万吨	2210.2	13.8
十种有色金属	万吨	205.8	-5.3
白银	吨	8284.4	14.6
起重机	万吨	76.2	34.9
混凝土机械	万台	4.4	8.7
汽车	万辆	67.1	-5.5
其中：轿车	万辆	31.2	8.2
运动型多用途乘用车（SUV）	万辆	29.2	-3.2
发电设备	万千瓦	132.8	-15.2
交流电动机	万千瓦	1445.7	4.9
变压器	万千伏安	7713.0	-13.7
发电量	亿千瓦时	1349.2	4.4
其中：火电	亿千瓦时	786.0	8.6
水电	亿千瓦时	516.8	-3.4

规模以上工业企业实现利润总额 1930.9 亿元，比上年增长 24.3%。分经济类型看，国有企业 121.5 亿元，增长 12.6%；集体企业 7.4 亿元，下降 6.4%；股份合作制企业 1.4 亿元，下降 10.5%；股份制企业 1549.0 亿元，增长 27.7%；外商及港澳台商投资企业 174.4 亿元，增长 25.2%；其他内资企业 77.2 亿元，下降 8.4%。利润总额居前五位的大类行业中，非金属矿物制品业 172.0 亿元，增长 20.9%；化学原料和化学制品制造业 162.1 亿元，增长 34.0%；农副食品加工业 150.9 亿元，增长 16.7%；专用设备制造业 144.1 亿元，增长 1.96 倍；烟草制品业 96.7 亿元，增长 7.0%。规模以上工业企业每百元主营业务收入中的成本为 83.67 元，下降 0.38 元。年末规模以上工业企业资产负债率为 49.75%，下降 2.04 个百分点。

全省建筑业增加值 2282.7 亿元，比上年增长 5.1%。具有资质等级的总承包和专业承包建筑企业实现利润总额 252.1 亿元，增长 9.3%。房屋建筑施工面积 54603.9 万平方米，增长 8.5%。房屋建筑竣工面积 19840.3 万平方米，增长 6.5%。

图 4　2012-2017 年建筑业增加值及其增长速度

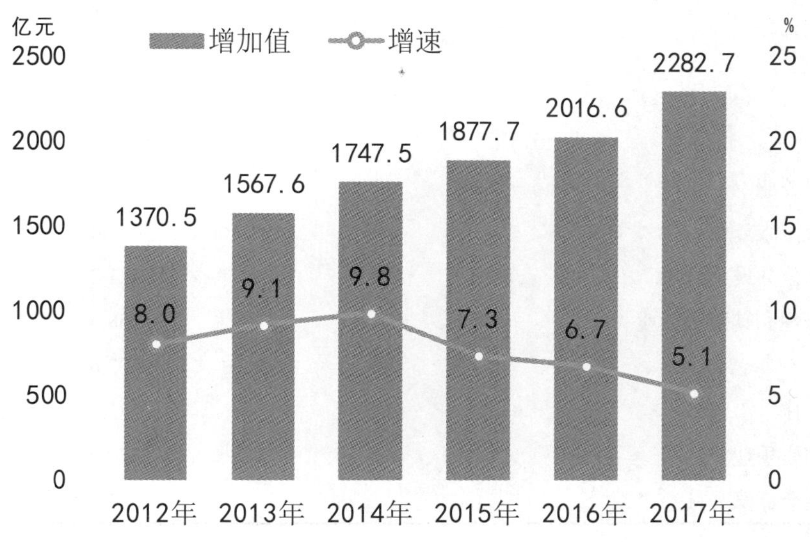

四、固定资产投资

全省固定资产投资（不含农户）31328.1 亿元，比上年增长 13.1%。其中，民间投资 18759.6 亿元，增长 14.5%，占全部投资的比重为 59.9%，比上年提高 0.7 个百分点。分经济类型看，国有投资 10395.0 亿元，增长 12.3%；非国有投资 20933.0 亿元，增长 13.6%。分投资方向看，民生投资 3015.9 亿元，增长 12.8%；生态投资 1402.5 亿元，增长 12.5%；基础设施投资 8517.4 亿元，增长 15.9%；高新技术产业投资 2213.0 亿元，增长 24.7%；工业技改投资 6130.2 亿元，增长 3.9%；战略性新兴产业投资 7258.4 亿元，增长 13.5%。分区域看，长株潭地区投资 12395.3 亿元，增长 13.2%；湘南地区投资 7110.4 亿元，增长 13.5%；大湘西地区投资 5232.7 亿元，增长 13.8%；洞庭湖地区投资 6429.4 亿元，增长 14.0%。

全省施工项目共有 58178 个，比上年增长 16.4%。其中，本年新开工项目 43966 个，增长 7.5%。本年投产项目 42862 个，增长 28.4%。

全省房地产开发投资 3426.1 亿元，比上年增长 15.9%。其中，住宅投资 2194.4 亿元，增长 17.3%。商品房销售面积 8532.3 万平方米，增长 5.5%。其中，住宅销售面积 7368.3 万平方米，增长 2.5%。商品房销售额 4460.7 亿元，增长 18.9%。其中，住宅销售额 3570.8 亿元，增长 14.7%。年末商品房待售面积 2015.5 万平方米，下降 30.5%，比上年末减少 886.0 万平方米。

表 2　2017 年固定资产投资及其增长速度

指　标	投资额（亿元）	比上年增长（%）
固定资产投资（不含农户）	31328.1	13.1
第一产业	1251.6	25.1
第二产业	11370.1	7.6
其中：采矿业	437	-12.5
制造业	9469.9	7.3
电力、热力、燃气及水生产和供应业	1131.1	19
建筑业	355.7	11.6
第三产业	18706.4	16
其中：交通运输、仓储和邮政业	2104.4	8.2
信息传输、软件和信息技术服务业	388.7	30.3
批发和零售业	1320.3	19.5
住宿和餐饮业	353.3	20.2
金融业	60.9	-22.5
房地产业	4849.7	11
租赁和商务服务业	897.8	24.1
科学研究和技术服务业	434.4	21.3
水利、环境和公共设施管理	5421.3	19.8
居民服务、修理和其他服务业	158.3	20.8
教育	692.6	21.9
卫生和社会工作	483.9	16.8
文化、体育和娱乐业	650.2	26.8
公共管理、社会保障和社会组织	622.6	15.3

五、国内贸易和物价

全省社会消费品零售总额 14854.9 亿元，比上年增长 10.6%。分经营地看，城镇消费品零售总额 13411.4 亿元，增长 10.4%；乡村消费品零售总额 1443.4 亿元，增长 11.9%。分消费类型看，商品零售额 13013.3 亿元，增长 10.4%；餐饮收入额 1841.6 亿元，增长 11.8%。分区域看，长株潭地区消费品零售总额 6231.1 亿元，增长 10.5%；湘南地区消费品零售总额 2901.1 亿元，增长 10.6%；大湘西地区消费品零售总额 2583.7 亿元，增长 10.7%；洞庭湖地区消费品零售总额 3139.0 亿元，增长 10.4%。

表 3　2017 年社会消费品零售额及其增长速度

指　　标	零售额（亿元）	比上年增长（%）
社会消费品零售总额	14854.9	10.6
按经营地分		
其中：城镇	13411.4	10.4
乡村	1443.4	11.9
限额以上法人批发和零售业商品零售额	5251.4	11.4
其中：粮油、食品类	523.5	15.8
饮料类	92.8	15.8
烟酒类	125.1	10.3
服装、鞋帽、针纺织品类	358.3	8.2
化妆品类	49.2	6.0
金银珠宝类	80.7	8.1
日用品类	157.9	10.2
五金、电料类	55.6	9.6
体育、娱乐用品类	12.3	10.8
书报杂志类	39.1	0.0
电子出版物及音像制品类	4.1	1.8
家用电器和音像器材类	365.4	12.4
中西药品类	322.9	12.3
文化办公用品类	82.6	21.7
家具类	48.3	26.6
通讯器材类	60.8	8.9
石油及制品类	869.6	12.3
建筑及装潢材料类	95.5	29.0
机电产品及设备类	55.6	11.7
汽车类	1682.5	9.3

限额以上法人批发和零售业商品零售额 5251.4 亿元，比上年增长 11.4%。其中，文化娱乐体育健康类零售额增长 12.6%；网上零售额 1107.5 亿元，增长 41.8%。分商品类别看，粮油、食品类零售额增长 15.8%，家用电器和音像器材类增长 12.4%，文化办公用品类增长 21.7%，家具类增长 26.6%，石油及制品类增长 12.3%，建筑及装潢材料类增长 29.0%，汽车类增长 9.3%。

全省居民消费价格比上年上涨 1.4%。其中，城市上涨 1.6%，农村上涨 1.1%。商品零售价格上涨 1.3%。

工业生产者出厂价格上涨 5.8%，工业生产者购进价格上涨 7.2%。固定资产投资价格上涨 5.7%。农产品生产者价格下降 2.0%，农业生产资料价格上涨 1.0%。

表 4　2017 年居民消费价格比上年涨跌幅度

指　标	涨跌幅度（%）	按城乡分	
		城市	农村
居民消费价格	1.4	1.6	1.1
其中：食品烟酒	–0.7	–0.7	–0.9
衣着	1.0	1.2	0.5
居住	3.5	3.6	3.3
生活用品及服务	0.7	0.8	0.6
交通和通信	1.9	1.6	2.6
教育文化及娱乐	1.5	1.9	0.7
医疗保健	5.0	6.3	2.9
其他用品和服务	1.1	1.0	1.3

六、对外经济

全省进出口总额[7]2434.3 亿元，比上年增长 39.8%。其中，出口 1565.5 亿元，增长 33.3%；进口 868.8 亿元，增长 53.3%。分贸易方式看，一般贸易出口 1125.5 亿元，增长 28.5%；加工贸易出口 431.7 亿元，增长 47.7%。出口额居前五位的商品中，服装及衣着附件出口 98.9 亿元，增长 29.0%；鞋类 69.3 亿元，增长 29.5%；扬声器 61.3 亿元，增长 1.03 倍；钢材 53.8 亿元，增长 8.6%；箱包及类似容器 46.5 亿元，增长 14.8%。分产销国别（地区）看，出口香港 367.6 亿元，增长 28.6%；出口美国 227.4 亿元，增长 30.5%；出口欧盟 203.9 亿元，增长 31.5%；出口东盟 219.0 亿元，增长 47.6%。

表 5　2017 年进出口总额及其增长速度

指　标	绝对数（亿元）	比上年增长（%）
进出口总额	2434.3	39.8
出口额	1565.5	33.3
按贸易方式分		
其中：一般贸易	1125.5	28.5
加工贸易	431.7	47.7
按重点商品分		
其中：机电产品	735.5	37.9
高新技术产品	226.8	44.7
农产品	79.2	14.3
进口额	868.8	53.3
按贸易方式分		
其中：一般贸易	571.6	48.7
加工贸易	269.1	60.4

表 5 续

指　标	绝对数（亿元）	比上年增长（%）
按重点商品分		
其中：机电产品	390.3	51.1
高新技术产品	160.5	69.8
农产品	63.2	94.8

全省实际使用外商直接投资 144.7 亿美元，比上年增长 12.6%。其中，第一产业 5.3 亿美元，下降 15.5%；第二产业 74.6 亿美元，增长 8.8%；第三产业 64.8 亿美元，增长 20.8%。实际到位资金 3000 万美元以上外资项目 8 个。年末在湘投资的世界 500 强企业达到 193 家，年内世界 500 强企业在湘新投资项目 25 个。实际到位境内省外资金 5097.9 亿元，增长 16.9%。其中，第一产业 403.7 亿元，增长 39.0%；第二产业 2582.7 亿元，增长 17.2%；第三产业 2111.5 亿元，增长 13.0%。引进 2 亿元以上境内省外项目 512 个，增长 20.8%；实际到位资金 1798.2 亿元，增长 15.0%。

全省新签对外承包工程、劳务合作和设计咨询合同金额 76.0 亿美元，比上年增长 15.2%；实现营业额 70.5 亿美元，增长 11.7%；外派劳务 10.9 万人，增长 12.6%。对外合同投资额 23.5 亿美元，下降 49.9%。其中，中方合同投资额 20.1 亿美元，下降 40.1%。对外实际投资额 13.5 亿美元，下降 18.1%。

七、交通、邮电和旅游

全省客货运输换算周转量 5367.0 亿吨公里，比上年增长 6.2%。货物周转量 4318.6 亿吨公里，增长 6.1%。其中，铁路周转量 815.6 亿吨公里，增长 8.8%；公路周转量 2990.6 亿吨公里，增长 11.3%。旅客周转量 1682.7 亿人公里，增长 1.8%。其中，铁路周转量 981.5 亿人公里，增长 7.5%；公路周转量 526.6 亿人公里，下降 8.7%；民航周转量 171.1 亿人公里，增长 7.6%。

年末全省公路通车里程 24.0 万公里，比上年末增长 0.6%。其中，高速公路通车里程 6418.5 公里，比上年末增加 338.5 公里。年末铁路营业里程 4697.6 公里，其中高速铁路 1396.4 公里。年末民用汽车保有量 688.9 万辆，增长 14.2%；私人汽车保有量 636.0 万辆，增长 15.4%；轿车保有量 378.1 万辆，增长 15.2%。

表 6　2017 年各种运输方式完成客货运输量及其增长速度

指　标	计量单位	绝对数	比上年增长（%）
货运量	万吨	226331.6	9.1
其中：铁路	万吨	4004.8	1.2
公路	万吨	198805.8	11.1
水运	万吨	22559.9	-3.8
民航	万吨	7.0	8.6
管道	万吨	954.1	-6.5
客运量	万人	116117.3	-5.4
其中：铁路	万人	12811.7	11.9
公路	万人	100390.2	-7.6
水运	万人	1674.0	3.7
民航	万人	1241.4	13.8

全省邮政业务总量（2010 年不变价）192.6 亿元，比上年增长 34.4%；电信业务总量（2015 年不变价）928.5 亿元，增长 67.0%。年末固定电话用户 674.4 万户，下降 1.2%；移动电话用户 5683.4 万户，增长 13.8%。年末互联网宽带用户 1315.5 万户，增长 23.3%。

全省国内游客 6.7 亿人次，比上年增长 18.3%；入境游客 322.7 万人次，增长 8.6%。旅游总收入[8]7172.6 亿元，增长 31.3%。其中，国内旅游收入 7085.2 亿元，增长 31.4%；国际旅游收入 13.0 亿美元，增长 11.7%。

八、财政、金融和保险

全省一般公共预算收入 4565.7 亿元，比上年增长 7.4%，其中，地方收入[9]2756.7 亿元，同口径增长 4.9%。地方收入中，税收收入 1758.8 亿元，增长 18.7%；非税收入 997.9 亿元，下降 13.0%。上划中央“两税”1366.3 亿元，增长 12.8%；上划中央所得税 437.8 亿元，增长 18.0%。一般公共预算支出 6857.7 亿元，增长 8.2%。其中，社会保障和就业支出 1022.7 亿元，增长 17.0%；城乡社区事务支出 733.7 亿元，增长 14.5%；科学技术支出 90.2 亿元，增长 26.3%；住房保障支出 252.1 亿元，下降 17.4%。

表 7　2017 年一般公共预算收支及其增长速度

指　标	绝对数（亿元）	比上年增长（%）
一般公共预算收入	4565.7	7.4
其中：地方收入	2756.7	4.9
其中：税收收入	1758.8	18.7
非税收入	997.9	−13.0
上划中央“两税”	1366.3	12.8
上划中央所得税	437.8	18.0
一般公共预算支出	6857.7	8.2
其中：一般公共服务	738.6	9.3
教育	1110.3	7.6
科学技术	90.2	26.3
文化体育与传媒	148.7	5.7
社会保障和就业	1022.7	17.0
医疗卫生与计划生育	581.9	6.5
节能环保	174.6	2.2
城乡社区事务	733.7	14.5
农林水事务	774.1	6.1
住房保障	252.1	−17.4

年末全省金融机构本外币各项存款余额 46729.3 亿元，比上年末增长 11.3%。其中，住户存款余额 23371.6 亿元，增长 10.0%；非金融企业存款余额 13839.8 亿元，增长 12.8%。本外币各项贷款余额 31850.0 亿元，增长 15.7%。其中，住户贷款余额 10904.2 亿元，增长 19.5%；非金融企业及机关团体贷款余额 20851.8 亿元，增长 13.7%。

表 8 2017 年末金融机构本外币存贷款余额及其新增额

指 标	年末余额（亿元）	比年初新增额（亿元）
各项存款	46729.3	4732.6
其中：境内存款	46704.4	4728.6
#住户存款	23371.6	2127.5
活期存款	9235.2	850.4
定期及其他存款	14136.4	1277.1
非金融企业存款	13839.8	1568.8
活期存款	8683.0	1360.6
定期及其他存款	5156.7	208.2
非银行业金融机构存款	1522.5	328.5
境外存款	24.9	3.9
各项贷款	31850.0	4317.7
其中：境内贷款	31759.4	4292.4
#住户贷款	10904.2	1778.7
短期贷款	2651.4	452.5
中长期贷款	8252.8	1326.2
非金融企业及机关团体贷款	20851.8	2510.7
短期贷款	4494.4	172.5
中长期贷款	15614.0	2885.2
境外贷款	90.6	25.3

年末全省上市公司 116 家，年内新增境内 A 股上市公司 17 家。其中，境内上市公司 101 家，境外上市公司 15 家。全年直接融资总额 3444.6 亿元，比上年增长 9.5%。其中，通过发行、配售股票共筹集资金 612.8 亿元。年末证券公司营业部 410 家，证券交易额 66809.7 亿元。年末辖区共有期货公司 3 家，成交金额 18536.0 亿元。

全年保险公司原保险保费收入 1110.2 亿元，比上年增长 25.2%。其中，寿险保费收入 634.3 亿元，增长 27.9%；健康险保费收入 134.3 亿元，增长 40.7%；人身意外伤害险保费收入 27.5 亿元，增长 23.4%；财产险保费收入 314.2 亿元，增长 15.1%。原保险赔付支出 376.8 亿元，增长 10.8%。

九、教育和科学技术

年末全省有普通高校 109 所。普通高等教育研究生毕业生 1.9 万人，本专科毕业生 33.3 万人，中等职业教育毕业生 19.5 万人，普通高中毕业生 34.4 万人，初中学校毕业生 73.3 万人，普通小学毕业生 78.1 万人。在园幼儿 229.0 万人，比上年增长 1.8%。小学适龄儿童入学率[10]99.98%，高中阶段教育毛入学率[11]91.5%。各类民办学校 12907 所，在校学生 282.1 万人。发放高校国家奖学金、助学金 9.3 亿元，资助高校学生 53.4 万人次。发放中职国家助学金 3.5 亿元，资助中职学生 34.9 万人次；落实中职免学费资金 12.2 亿元，资助中职学生 101.5 万人次。落实义务教育保障资金 88.8 亿元，发放普通高中国家助学金 4.4 亿元。

表 9　2017 年各级学校招生、在校及毕业生人数及其增长速度

指　标	招生人数		在校（学）人数		毕业人数	
	绝对数（万人）	比上年增长（%）	绝对数（万人）	比上年增长（%）	绝对数（万人）	比上年增长（%）
研究生教育	2.8	24.0	7.8	10.8	1.9	1.7
普通高等教育	39.2	4.1	127.3	3.9	33.3	5.1
成人高等教育	14.0	25.9	27.8	20.3	11.4	-3.8
中等职业教育	25.0	-0.4	68.6	3.9	19.5	-2.3
普通高中	39.8	1.1	114.6	3.4	34.4	0.6
初中学校	79.2	1.5	229.6	2.0	73.3	-1.0
普通小学	88.4	-1.7	511.7	2.0	78.1	1.5
特殊教育	0.6	15.6	3.1	21.2	0.3	-7.8

年末全省有国家工程研究中心 4 个，省级工程研究中心 100 个。国家（国家地方联合）工程研究中心 18 个，国家（国家地方联合）工程实验室 34 个。国家认定企业技术中心 45 个。国家工程技术研究中心 14 个，省级工程技术研究中心 285 个。国家级重点实验室 18 个，省级重点实验室 204 个。签订技术合同 5723 项，技术合同成交金额 203.11 亿元。登记科技成果 704 项。获得国家科技进步奖励成果 16 项、国家自然科学奖 1 项。第三代杂交水稻育种、虚拟轨道列车、1000 千伏现场组装式变压器、首颗微重力化学卫星“陈家铺一号星”等成果不断涌现。积极承担“两机”专项等国家重大科技项目，采用涡桨 6 型发动机的鲲龙—600 成功首飞。专利申请量 77934 件，比上年增长 27.8%。其中，发明专利申请量 31365 件，增长 41.9%。专利授权量 37916 件，增长 9.6%。其中，发明专利授权量 7909 件，增长 10.0%。工矿企业、大专院校和科研单位专利申请量分别为 41272 件、12428 件和 708 件，专利授权量分别为 18049 件、7308 件和 369 件。高新技术产业增加值 8119.95 亿元，增长 14.7%。

图 5　2012-2017 年专利申请量和授权量

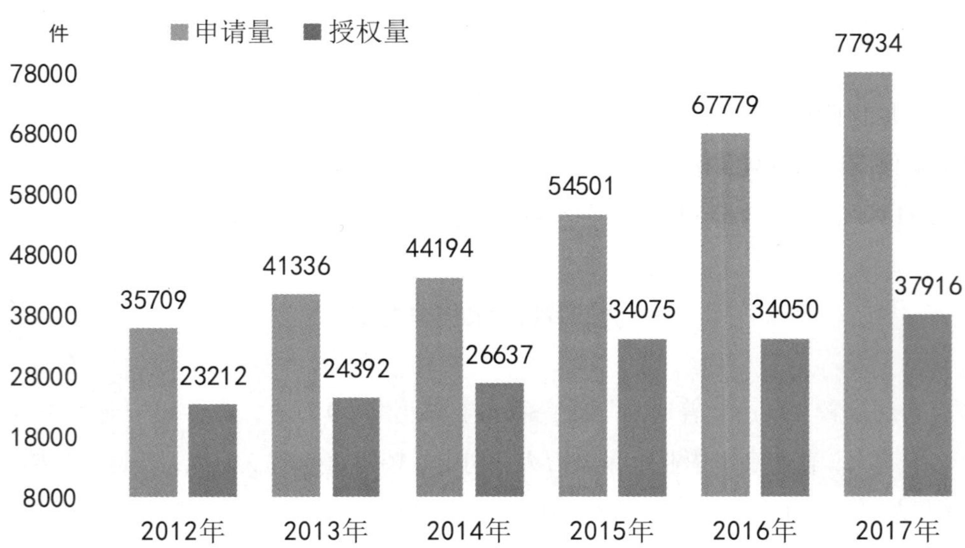

年末全省有检验检测机构 1460 个，其中国家产品质量监督检验中心 24 个。法定计量检定机构 103 个。特种设备生产单位 1768 家，特种设备 31.5 万台。重点工业产品质量监督抽查 6733 批次，抽查合格

率 96.3%。参与制定国际标准 13 项，参与制定国家标准 42 项，组织制定地方标准 224 项。国土资源部门公开出版地图 109 种，天地图用户访问量 62.3 万次，提供地理空间数据成果 51.8 万幅。

十、文化、卫生和体育

年末全省有艺术表演团体 439 个，群众艺术馆、文化馆 143 个，公共图书馆 137 个，博物馆、纪念馆 115 个。广播电台 13 座，电视台 15 座。有线电视用户 1215.3 万户。广播综合人口覆盖率 98.49%，比上年提高 3.81 个百分点；电视综合人口覆盖率 99.30%，比上年提高 1.04 个百分点。国家级非物质文化遗产保护目录 118 个，省级非物质文化遗产保护目录 324 个。出版图书 11942 种、期刊 250 种、报纸 48 种，图书、期刊、报纸出版总印数分别为 4.6 亿册、1.4 亿册和 9.4 亿份。

年末全省共有卫生机构 58722 个。其中，医院 1312 个，妇幼保健院（所、站）137 个，专科疾病防治院（所、站）84 个，乡镇卫生院 2229 个，社区卫生服务中心（站）746 个，诊所、卫生所、医务室 10782 个，村卫生室 42187 个。卫生技术人员 41.6 万人，比上年增长 5.9%。其中，执业医师和执业助理医师 17.4 万人，增长 8.0%；注册护士 17.2 万人，增长 6.7%。医院拥有床位 31.9 万张，增长 6.7%；乡镇卫生院拥有床位 10.1 万张，增长 4.6%。

全省经常参加体育锻炼人数 2399.8 万人，开展全民健身项目 2623 项次。新建农民体育健身工程的行政村 400 个。全年获得 2 个世界冠军、6 个亚洲冠军和 56 个全国冠军。体育场地 106405 个。其中，体育馆 245 座，运动场 7493 个，游泳池 615 个，各种训练房 5487 个。

十一、人口、人民生活和社会保障

年末全省常住人口[12]6860.2 万人。其中，城镇人口 3747.0 万人，城镇化率 54.62%，比上年末提高 1.87 个百分点。全年出生人口 90.8 万人，出生率 13.27‰；死亡人口 48.4 万人，死亡率 7.08‰；人口自然增长率 6.19‰。0—15 岁（含不满 16 周岁）人口占常住人口的比重为 19.74%，比上年末提高 0.03 个百分点；16—59 岁（含不满 60 周岁）人口比重为 62.10%，下降 0.58 个百分点；60 岁及以上人口比重为 18.16%，提高 0.56 个百分点。

表 10　2017 年末常住人口数及构成

指　　标	年末数（万人）	比重（%）
常住人口	6860.2	100
其中：城镇	3747.0	54.62
乡村	3113.1	45.38
其中：男性	3534.8	51.53
女性	3325.4	48.47
其中：0-15 岁（含不满 16 周岁）[13]	1353.9	19.74
16-59 岁（含不满 60 周岁）	4260.4	62.10
60 岁及以上	1245.9	18.16
其中：65 岁及以上	832.9	12.28

全省全体居民人均可支配收入 23103 元，比上年增长 9.4%，扣除价格因素实际增长 7.9%；人均可支配收入中位数 19628 元，增长 8.5%。城镇居民人均可支配收入 33948 元，增长 8.5%，扣除价格因素实际增长 6.8%；城镇居民人均可支配收入中位数 31600 元，增长 8.7%。农村居民人均可支配收入[14]12936 元，增长 8.4%，扣除价格因素实际增长 7.2%；农村居民人均可支配收入中位数 11877 元，增长 7.6%。城乡居民收入比为 2.62:1，与上年持平。分区域看，长株潭地区居民人均可支配收入 36162 元，增长 8.8%；湘南地区居民人均可支配收入 21457 元，增长 8.9%；大湘西地区居民人均可支配收入 15674 元，增长 10.4%；洞庭湖地区居民人均可支配收入 21005 元，增长 9.3%。贫困地区[15]农村居民人均可支配收入 9268 元，增长 10.7%。外出农民工人均月收入 3844 元，增长 6.9%。

图 6　2012-2017 年城镇居民人均可支配收入及其实际增长速度

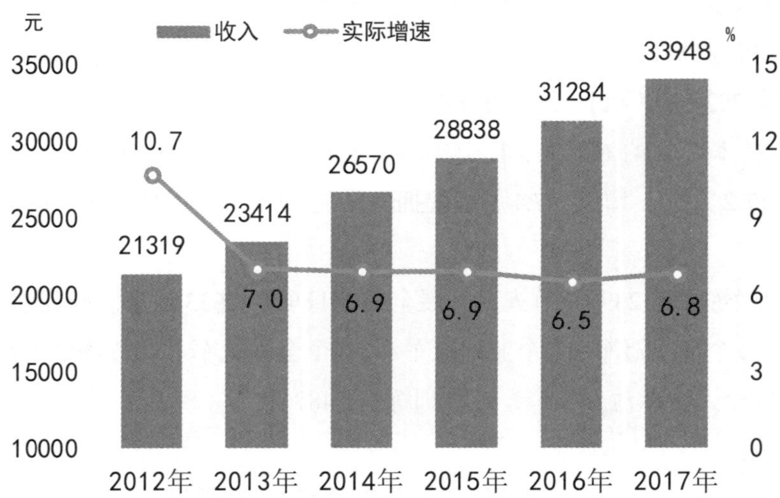

图 7　2012-2017 年农村居民人均可支配收入及其实际增长速度

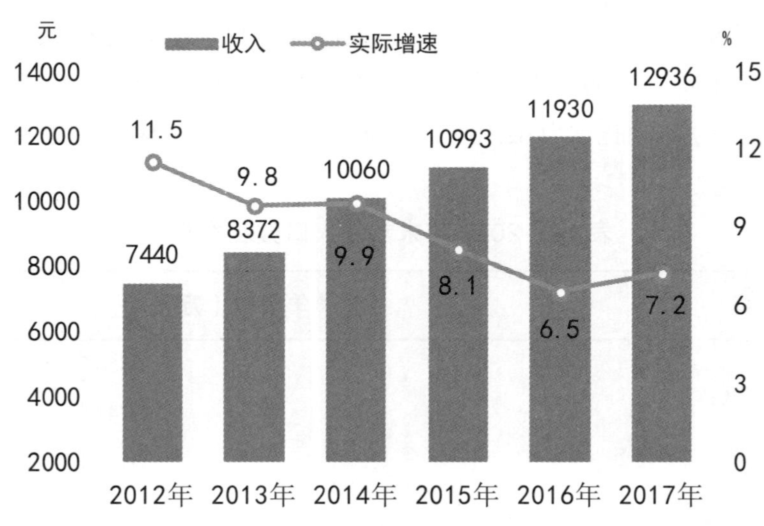

全省居民人均消费支出 17160 元，比上年增长 9.0%，扣除价格因素实际增长 7.5%。城镇居民人均消费支出 23163 元，增长 8.1%，扣除价格因素实际增长 6.4%；农村居民人均生活消费支出 11534 元，增长 8.5%，扣除价格因素实际增长 7.3%。恩格尔系数为 29.2%，比上年降低 1.4 个百分点，其中城镇为 28.4%，农村为 30.5%。

全省新增城镇就业人员 75.1 万人。农民工总量 1776.4 万人，比上年增长 1.8%。年末参加城镇基本养老保险职工人数 1279.4 万人，比上年末增加 75.5 万人。其中，参保职工 856.6 万人，参保离退休人员 422.8 万人。参加城乡基本医疗保险人数 6906.3 万人。其中，参加城镇职工基本医疗保险人数 867.2 万人，参加城乡居民基本医疗保险人数 6039.1 万人。参加失业保险职工人数 563.8 万人，增加 26.3 万人。参加工伤保险职工人数 782.8 万人。参加生育保险职工人数 561.9 万人。年末领取失业保险金职工人数 14.6 万人。获得政府最低生活保障的城镇居民 76.6 万人，发放最低生活保障经费 34.8 亿元；获得政府最低生活保障的农村居民 124.9 万人，发放最低生活保障经费 37.8 亿元。年末各类收养性社会福利单位床位 29.1 万张，收养各类人员 15.8 万人。城镇建立各种社区服务设施 15195 个，其中，综合性社区服务中心 6565 个。全年销售社会福利彩票 89.0 亿元，筹集福彩公益金 25.0 亿元。农村危房改造 23.1 万户，农村饮水安全巩固提升 153.1 万人，特困移民解困避险搬迁安置 3.2 万人。

十二、资源、环境和安全生产

全省已发现矿种 144 种，探明资源储量矿种 109 种。其中，能源矿产 7 种，金属矿产 39 种，非金属矿产 61 种，水气矿产 2 种。实施地质勘查项目（含续作项目）175 个，新发现大中型矿产地 5 处。国家地质公园 12 个。实施省以上土地综合整治项目 360 个，整治土地 9.8 万公顷。

全省 14 个市州城市空气平均优良天数比例为 81.5%，同比上升 0.2 个百分点。监测的 345 个地表水断面中，达到 III 类标准的比重为 93.6%。已批准建设自然保护区 163 个，面积 135.6 万公顷。其中，国家级自然保护区 22 个，省级自然保护区 27 个。全年完成造林面积 34.3 万公顷，年末实有封山（沙）育林面积 131.6 万公顷，活立木蓄积 5.5 亿立方米，森林覆盖率 59.68%。

初步核算，全省规模工业综合能源消费量 6040.5 万吨标准煤，比上年增长 1.7%。其中，六大高耗能行业综合能源消费量 4800.8 万吨标准煤，增长 1.9%。主要污染物中，化学需氧量排放量比上年削减 5.56 %，二氧化硫削减 6.65%，氨氮削减 3.04%，氮氧化物削减 5.07%。

全省全年发生各类生产经营性安全事故 1043 起，生产经营性安全事故死亡人数 864 人。亿元地区生产总值事故死亡人数 0.02 人，工矿商贸从业人员十万人事故死亡人数 1.43 人，煤矿百万吨死亡人数 1.39 人。全年发生道路交通事故（不含简易程序处理的事故）5649 起，下降 24.8%；道路交通死亡率 1.01 人 / 万辆，减少 0.53 人 / 万辆。

注释：

[1] 本公报数据均为初步统计数，部分数据因四舍五入的原因，存在与分项合计不等情况。

[2] 地区生产总值、各产业增加值、人均地区生产总值绝对数按现价计算，增长速度按不变价计算。

[3] 长株潭地区是指长沙、株洲和湘潭 3 市，湘南地区是指衡阳、郴州和永州 3 市，大湘西地区是指邵阳、张家界、怀化、娄底和湘西自治州 5 市（州），洞庭湖地区是指岳阳、常德和益阳 3 市。

[4] 高技术制造业包括医药制造业，航空、航天器及设备制造业，电子及通信设备制造业，计算机及办公设备制造业，医疗仪器设备及仪器仪表制造业，信息化学品制造业。

[5] 装备制造业包括金属制品业，通用设备制造业，专用设备制造业，汽车制造业，铁路、船舶、航空航天和其他运输设备制造业，电气机械和器材制造业，计算机、通信和其他电子设备制造业，仪器仪表制造业。

[6] 根据国家统计制度，汽车产量统计未包括上汽大众汽车有限公司长沙分公司等。

[7] 根据有关规定，对外贸易采用人民币计价。

[8] 按国家旅游局《旅游统计调查制度》要求，根据《湖南省旅游统计调查制度》规定，2017 年度全省各市州开展了旅游统计调查方式改革和住宿单位核查，规范了旅游统计数据核算基础和方法，认真核算了 2017 年全省及各市州旅游统计数据，并对 2016 年旅游统计相关数据同进行了追溯调整。因此，2017 年全省旅游总收入数据，与上年度发布的旅游总收入数据有大幅增加且不可比。

[9] 据财政部解释，“地方收入”同口径增速为根据全面推开营改增试点后中央与地方收入划分办法，对同期基数中国内增值税（含改征增值税）、营业税按中央与地方 50:50 的分享比例进行调整后计算的增速。

[10] 小学适龄儿童入学率指调查范围内已入小学学习的学龄儿童占校内外学龄儿童总数的百分比。

[11] 高中阶段教育毛入学率主要反映高中阶段教育覆盖面，是指高中阶段在校生总数占 15−17 岁学龄人口数的百分比。

[12] 常住人口是指实际经常居住在某地区一定时间的人口。按人口普查和抽样调查规定，主要包括：居住在本乡镇街道、户口在本乡镇街道或户口待定的人，居住在本乡镇街道、离开户口所在的乡镇街道半年以上的人，户口在本乡镇街道、外出不满半年或在境外工作学习的人。

[13]2017 年末，全省 0−14 岁（含不满 15 周岁）人口为 1278.2 万人，15−59 岁（含不满 60 周岁）人口为 4336.1 万人。

[14] 2014 年起，指标由农村居民人均纯收入改为农村居民人均可支配收入。

[15] 贫困地区，包括集中连片特困地区、片区外的国家扶贫开发工作重点县和省级扶贫开发重点县，共 51 个县。

资料来源：

本公报中财政数据来自省财政厅；铁路客货运输量、周转量，铁路里程数据来自石长铁路有限责任公司、广州铁路（集团）公司和南昌铁路局；公路客货运输量、周转量，水路客货运输量、公路里程数据来自省交通运输厅；民航客货运输量、周转量数据来自省机场管理集团有限公司；管道货运量数据来自中国石化集团资产经营管理有限公司长岭分公司、中国石化集团资产经营管理有限公司巴陵石化分公司、中国石化股份有限公司长岭分公司、中国石化销售有限公司华中分公司湖南输油管理处、长沙新奥燃气有限公司；汽车保有量、道路交通事故数据来自省公安厅；电信业务量、移动电话用户数、固定电话用户数、互联网宽带用户数来自省电信公司、省移动公司、省联通公司和省铁通公司；邮政业务量来自省邮政管理局；旅游数据来自省旅游发展委员会；存贷款数据来自中国人民银行长沙中心支行；上市公司数据来自省人民政府金融工作办公室；证券数据来自中国证券监督管理委员会湖南监管局；保险业数据来自中国保险监督管理委员会湖南监管局；教育数据来自省教育厅；科技数据来自省科技厅；专利数据来自省知识产权局；质量检测、行业标准数据来自省质量技术监督局；测绘、矿产资源、地质公园遗迹、土地数据来自省国土资源厅；艺术表演团体、博物馆、公共图书馆、文化馆、非物质文化遗产保护数据来自省文化厅；广播、电视、报纸、期刊、图书数据来自省新闻出版广电局；卫生数据来自省卫生和计划生育委员会；体育数据来自省体育局；城镇新增就业、社会保险数据来自省人力资源和社会保障厅；城乡低保、社会福利、社区服务、敬老院数据来自省民政厅；农村危房改造、保障房建设、污水和垃圾处理数据来自省住房和城乡建设厅；自然保护区、造林、育林、活立木、森林覆盖率数据来自省林业厅；地表水质量、污染物排放数据来自省环境保护厅；安全生产数据来自省安全生产监督管理局；其他数据来自省统计局和国家统计局湖南调查总队。

Hunan Province Statistical Communiqué for the 2017 National Economic and Social Development[1]

Hunan Bureau of Statistics

March 12, 2018

In 2017, in face of the complex economic circumstance and downward pressure on the economy, under the leadership of Hunan Provincial Committee and Hunan Provincial Government, Hunan adhered to Xi Jinping Thought on Socialism with Chinese Characteristics for a New Era, followed general work guideline of making progress while maintaining stability, fully implemented new development strategy, adhered to gave particular emphasis to economic performance and benefits and focused on structural reform on the supply side. According to the requirements of Three Efforts, Hunan gave priority to Five Progress Strategy and implemented Innovation and Opening-up Policy. With these efforts, the economic development was stable and growing, leading to an accomplishment of the main economic tasks for the year.

I. General Outlook

In 2017, after preliminary accounting, Hunan's gross domestic product (GDP) [2] for the year was 3,459.06 billion Yuan, up by 8.0% over the previous year. Out of this total, the added value of the primary industry was 369.00 billion Yuan, up by 3.6%, that of the secondary industry was 1,414.55 billion Yuan, up by 6.7% and the tertiary industry was 1,675.51 billion Yuan, up by 10.3%. Calculated over permanent population, the Per Capita GDP turned out to be 50,563 Yuan, up by 7.4%.

The proportion of the three industries in Hunan Province was calculated as 10.7:40.9:48.4. The operation revenue of service industry above designated size was 319.90 billion Yuan, up by 20.7% over the previous year, and its profits was 31.55 billion Yuan, up by 35.0%. The tertiary industrial proportion increased by 2.0 percentage points over the previous year. The added value of the secondary industry accounted for 34.3% of Hunan's GDP, down by 1.6 percentage points over the preceding year. The added value of the high and new technology industry accounted for 23.5%, up by 1.8 percentage points over the preceding year. The added value of non-public sectors of the economy was 2,054.78 billion Yuan, up by 8.4%, accounting for 59.4% of Hunan's GDP. The added value of strategic emerging industry was 391.47 billion Yuan, up by 10.1%, accounting for 11.3% of Hunan's GDP, 0.7 percentage points higher than the previous year. The contribution rate of the primary, secondary and tertiary industry to economic growth was 4.9%, 37.0% and 58.1% respectively. The contribution rate of industrial added value to economic growth was 33.0%, and that of the added value of product services to economic growth was 23.7%. The contribution rate of the gross capital formation, final consumption expenditure and net outflow of goods and services to economic growth was 48.6%, 53.4% and -2.0% respectively.

Figure 1:Gross Domestic Product and the Growth Rates,2012-2017

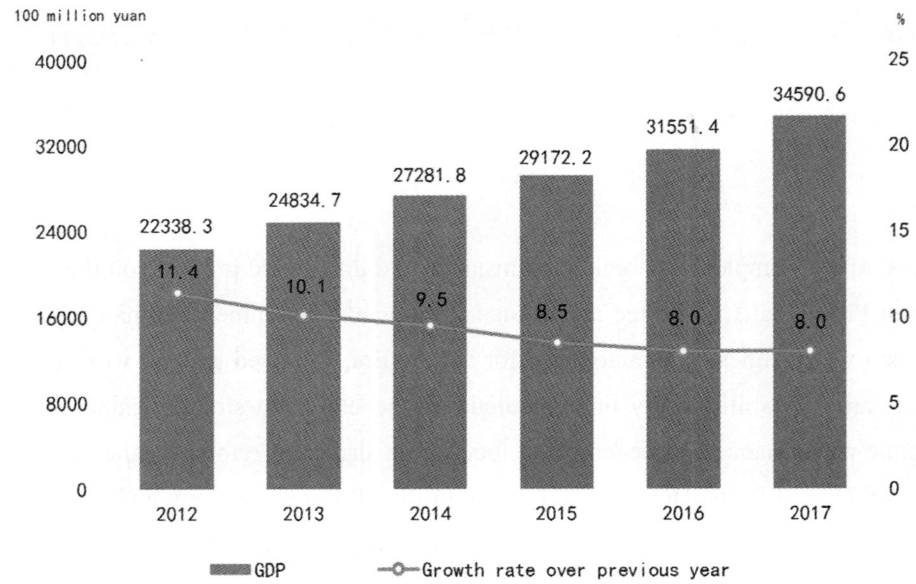

Looking from regions, the GDP of Changsha-Zhuzhou-Xiangtan (CZT) [3] region was 1,517.17 billion Yuan, up by 8.7% over the previous year; The GDP of south Hunan was 719.87 billion Yuan, up by 8.3%; The GDP of large western Hunan was 586.55 billion Yuan, up by 8.1%; The GDP of Dongting Lake areas was 816.16 billion Yuan, up by 7.8%.

II. Agriculture

In primary industry, the added value of farming was 238.10 billion Yuan, up by 3.1%; that of forestry was 24.12 billion Yuan, up by 9.0%; that of animal husbandry was 78.20 billion Yuan, up by 2.6%; and that of fishery was 28.57 billion Yuan, up by 6.5%.

The sown grain area was 4,862,400 hectares, a decrease of 28,200 hectares compared with that in the previous year, of which early season rice was 1,383,100 hectares, a decrease of 37,400 hectares, of which mid season rice was 1,233,100 hectares, an increase of 26,900 hectares, of which late season rice was 1,432,600 hectares, a decrease of 26,200 hectares. The total output of grain was 29,840,000 tons, up by 1.0% over the previous year, of which summer grains was 615,000 ton, up by 12.6%, of which early season rice was 8,085,000 ton, down by 3.1%, of which autumn grains was 21,140,000 ton, up by 2.4%.

Figure 2:The Total Output of Grain,2012-2017

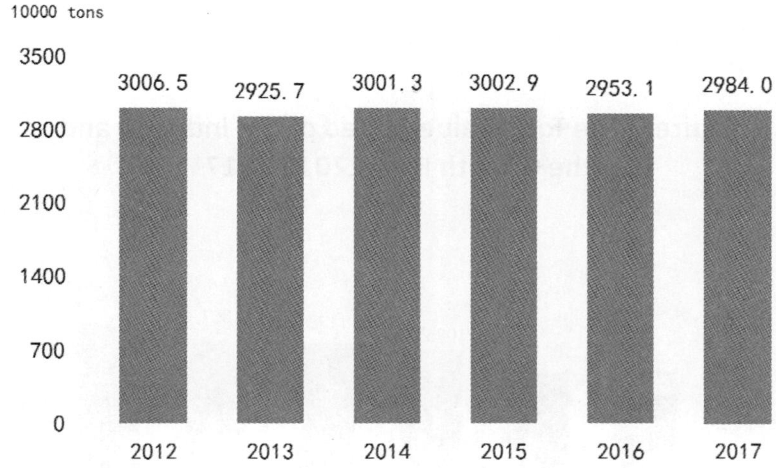

For cotton the area was 929,000 hectares, down by 107,000 hectares; sugar crops was 138,000 hectares, an increase of 4,000 hectares; oil-bearing crops was 14,489,000 hectares, up by 108,000 hectares; the sown area of vegetables was 14,754,000 hectares, up by 552,000 hectares. The output of cotton decreased by 13.6% to 106,000 ton; that of oil-bearing crops increased by 2.0% to 2,476,000 ton, that of flue-cured tobacco drop by 1.8% to 221,000 ton; that of tea and vegetables increased by 7.9% and 4.9% to 201,000 and 44,003,000 ton respectively.

Meat increased by 3.3% to 4,790,000 ton, of which pork increased by 3.4% to 4,496,000 ton, of which beef increased by 0.5% to 170,000 ton, of which lamb increased by 3.6% to 124,000 ton. At the end of 2017, pig stock was 39,681,000, up by 0.8%; pig slaughter was 61,163,000, up by 3.3%. poultry decreased by 1.2% to 592,000 ton; egg decreased by 1.4% to 1,032,000 ton; milk decreased by 5.0% to 96,000 ton; aquatic products increased by 0.1% to 2,720,000 ton.

Over 21,000 hectares of farmland owing to effective irrigation systems was increased; additional 11,000 hectares of farmland was guaranteed by water-saving irrigation systems; there were 91,000 water conservancy projects under construction with an investment of 36.80 billion Yuan, while a total area of 1.22 billion cubic meters of earth and stone was covered; and 12,417 kilometers of rural highway was built.

III. Industry and Construction

The total added value of the industry sector was 1,187.59 billion Yuan, a year-on-year increase of 7.0%. The value added of industrial enterprise above designated size grew by 7.3%. The output value for new products of industrial enterprise above designated size increased by 7.7%, taking up 76.2% of industrial total value. The added value of high-processing industries and high-tech manufacturing industries[4] rose by 12.2% and 15.9%, taking up 38.0% and 11.3% of the above-scale industrial added value respectively. That of equipment manufacturing industry[5] rose by 14.2%, accounting for 29.8% of that of industrial enterprise above designated size. That of industrial parks increased by 10.3%, accounting for 69.7% of that of industrial enterprise above designated size, 4 percentage points higher than the previous year. The growth of the added value for six major high energy consuming industries was 1.8%, accounting for 30.3% of industrial enterprise above designated size, 0.3 percentage points lower than that of the previous year. In terms of regions, the value added of industrial enterprise above designated size in Changsha-Zhuzhou-Xiangtan(CZT) areas, southern Hunan, western Hunan and Dongting Lake areas grew by 8.1%, 7.2%, 7.5% and 6.5% respectively.

Figure 3:The Total Value Added of the Industry and the Growth Rates,2012-2017

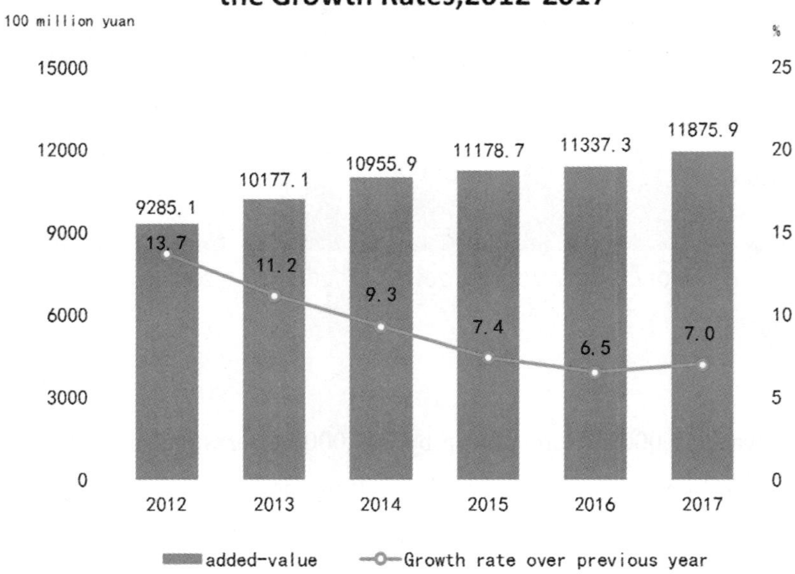

In the statistics about products of the industrial enterprises above designated size, 58.3% of industrial products increased. In terms of the main products, the output of rice was 14.875 million tons, up by 9.8%; the output of fodder was 17.171 million tons, up by 5.2%; the output of crude processing volume was 7.692 million tons, an decrease of 8.5%; the output of cement reached 119.204 million tons, an increase of 0.6%; the output of rolled steel was 22.102 million tons, up by 13.8%; the output of ten kinds of non-ferrous metal was 2.058 million tons, a decrease of 5.3%; the output of concrete machineries totaled 44 thousand, up by 8.7%; the output of cars[6] was 671 thousand, down by 5.5%; and the electric energy production was 134.92 billion kilowatt-hours, an increase of 4.4%.

Table 1: Outputs and Growth rates of Major Products in Industries above Designated Size, 2017

Product	Unit	Output	Increase over 2016 (%)
Crude Coal	10,000 tons	1860.5	-26.1
Crude Salt	10,000 tons	308.1	9.0
Rice	10,000 tons	1487.5	9.8
Feedstuff	10,000 tons	1717.1	5.2
Edible Vegetable Oil	10,000 tons	311.1	-13.4
Cigarette	100 million	1678.0	-1.0
Machine-made Paper and Paperboard	10,000 tons	402.3	-5.1
Crude Processing Volume	10,000 tons	769.2	-8.5
Sulfuric Acid (converted into 100%)	10,000 tons	195.9	-1.9
Caustic Soda (converted into 100%)	10,000 tons	42.8	-0.4

Table 1 continued

Product	Unit	Output	Increase over 2016 (%)
Synthetic Ammonia	10,000 tons	49.8	-33.0
Fertilizers (converted into pure)	10,000 tons	85.0	-17.3
Cement	10,000 tons	11920.4	0.6
Plate Glass	10,000 weight cases	2560.8	-6.5
Pig iron	10,000 tons	1789.9	-0.1
Crude Steel	10,000 tons	2041.4	11.6
Rolled Steel	10,000 tons	2210.2	13.8
Ten kinds of Nonferrous Metals	10,000 tons	205.8	-5.3
Silver	tons	8284.4	14.6
Jack-up Equipment	10,000 tons	76.2	34.9
Concrete Machinery	10,000 units	4.4	8.7
Motor Vehicles	10,000 units	67.1	-5.5
Of which: Car	10,000 units	31.2	8.2
SUV	10,000 units	29.2	-3.2
Power Generating Equipment	10,000 kilowatts	132.8	-15.2
AC Electric Motor	10,000 kilowatts	1445.7	4.9
Transformer	10,000 KVA	7713.0	-13.7
Electricity	100 million kilowatt-hours	1349.2	4.4
Of which: Thermal power	100 million kilowatt-hours	786.0	8.6
Hydropower	100 million kilowatt-hours	516.8	-3.4

The total profit of industrial enterprises above designated size was 193.09 billion Yuan, up by 24.3% compared with last year. Grouped by ownership, the profits of the state-owned enterprises were 12.15 billion Yuan, a decrease of 12.6%; those of the collective enterprises were 0.74 billion Yuan, down by 6.4%; those of the share collaboration enterprises were 0.14 billion Yuan, down by 10.5%; those of the share-holding enterprises were 154.90 billion Yuan, an increase of 27.7%; those of the enterprises by foreign investors and investors from Hong Kong, Macao and Taiwan was 17.44 billion Yuan, up by 25.2%; those of other domestic-funded enterprises were 7.72 billion Yuan, down by 8.4%. Among the industrial sectors whose profits was in the top five, the profits of manufacture of non-metallic mineral products were 17.20 billion Yuan, up by 20.9%; the profits of manufacture of raw chemical materials and chemical products were 16.21 billion Yuan, up by 34.0%; the profits of agricultural food processing industry were 15.09 billion Yuan, up by 16.7%; the profits of Special Equipment were 14.41 billion Yuan, 2.96 times of the previous year; the profits of manufacture of cigarette were 9.67 billion Yuan, up by 7.0%; the cost in industrial enterprises above designated size drop 0.38 Yuan to 83.67 Yuan per 100 prime operating revenue. And the asset-liability ratio was 49.75% at the end of the year, down by 2.04 percentage points.

The added value of construction enterprises was 228.27 billion Yuan, up by 5.1% over last year. The profits made by general contracting and specialized contracting construction enterprises with qualification reached 25.21 billion Yuan, up by 9.3%. The floor space of building under construction was 546.039 million square meters, up by 8.5%. The floor space of building completed was 198.403 million square meters, up by 6.5%.

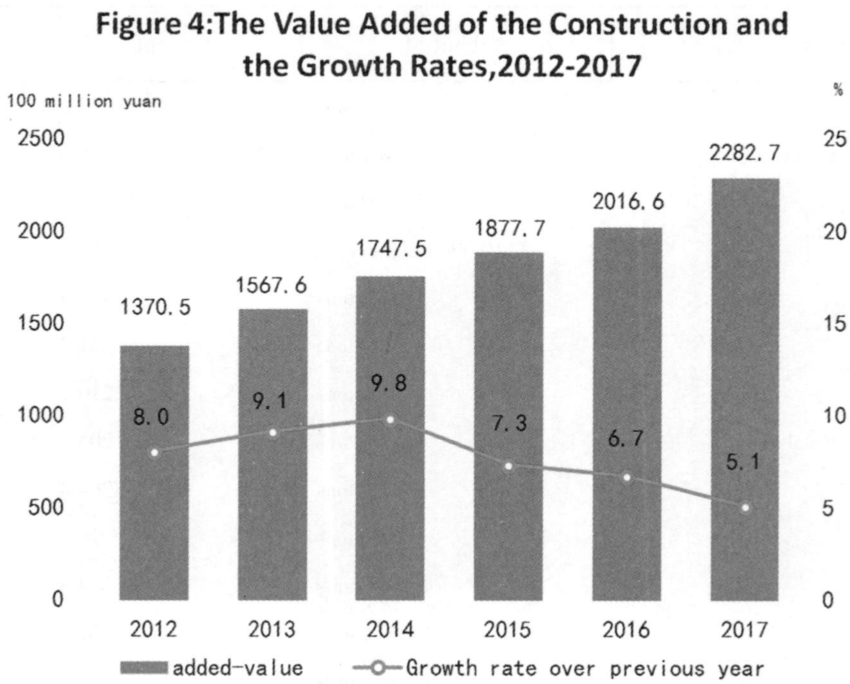

IV. Investment in Fixed Assets

The provincial investment in fixed assets (excluding rural households) increased by 13.1% to 3,132.81 billion Yuan. Of the total, private investment in Hunan totaled 1,875.96 billion Yuan with a year-on-year growth of 14.5%, accounting for 59.9% of the provincial investment in fixed assets. Grouped by ownership, the investment of state-owned units was 1,039.50 billion Yuan, up by 12.3%, and the investment of non-state-owned units was 2,093.30 billion Yuan, up by 13.6%. Grouped by investment orientation, the investment for people's livelihood was 301.59 billion Yuan, up by 12.8%; that of ecology was 140.25 billion Yuan, up by 12.5%; that of infrastructure was 851.74 billion Yuan, up by 15.9%; that of high and new technology industries was 221.30 billion Yuan, up by 24.7%; that of technical innovation was 613.02 billion Yuan, down by 3.9%; and that of strategic emerging industries was 725.84 billion Yuan, up by 13.5%. Grouped by region, the investment of Changsha-Zhuzhou-Xiangtan areas, southern Hunan, western Hunan and Dongting Lake areas was 1,239.53 billion Yuan, 711.04 billion Yuan, 523.27 billion Yuan and 642.94 billion Yuan respectively, and grew by 13.5%, 13.2%, 13.5% and 14.0% respectively.

The province's total number of construction projects was 58,178, up by 16.4%; the number of the projects that were undertaken this year was 43,966, up by 7.5%; and the number of the projects that were put into operation this year was 42,862, up by 28.4%.

The investment in province’s real estate development was 342.61 billion Yuan, up by 15.9% compared with the previous year. Of this total, the investment in residential buildings was 219.44 billion Yuan, up by 17.3%. The floor space of commercialized buildings sold was 85.323 million square meters, an increase of 5.5%. Of which, the floor space of residential buildings sold was 73.683 million square meters, an increase of 2.5%. The total sale of commercialized buildings was 446.07 billion Yuan, up by 18.9%. Of which, the sale of residential buildings was 357.08 billion Yuan, up by 14.7%. Commercial house area for sale was 20.155 million square meters, down by 30.5%, a decrease of 8.860 million square meters over the previous year.

Table 2: Fixed Assets Investments and Growth Rates, 2017

Index	Investment (100 million Yuan)	Increase over 2016 (%)
Fixed Assets Investment (Excluding Rural Households)	31328.1	13.1
Primary Industry	1251.6	25.1
Secondary Industry	11370.1	7.6
Of which: Mining Industry	437.0	−12.5
Manufacturing Industry	9469.9	7.3
Production and Supply of Electricity, Heat, Gas and Water	1131.1	19.0
Construction Industry	355.7	11.6
Tertiary Industry	18706.4	16.0
Of which: Transportation, warehousing and postal service	2104.4	8.2
Information Transmission, Software and IT Service	388.7	30.3
Wholesale and Retail Sale	1320.3	19.5
Hotels and Catering Service	353.3	20.2
Financial Industry	60.9	−22.5
Real Estate	4849.7	11.0
Leasing and Commercial Service	897.8	24.1
Scientific Research and Technological Service	434.4	21.3
Management of Water Conservancy, Environment and Public Facilities	5421.3	19.8
Residents Service, Repair and Other Services	158.3	20.8
Education	692.6	21.9
Sanitation and Social Work	483.9	16.8
Culture, Sport and Entertainment	650.2	26.8
Public Management, Social Security and Social Organization	622.6	15.3

V. Domestic Trade and Price

In 2017, Hunan's total retail sales of consumer goods reached 1,485.49 billion Yuan, a growth of 10.6% over the previous year. An analysis of several areas showed that the retail sales of consumer goods in urban areas stood at 1,341.14 billion Yuan, up by 10.4%, and that in rural areas reached 144.34 billion Yuan, up by 11.9%. Retail sale reached 1,301.33 billion Yuan, up by 10.4%. The revenue of catering industry was 184.16 billion Yuan, up by 11.8%. In terms of regions, the total retail sales of consumer goods in Changsha-Zhuzhou-Xiangtan (CZT) zone, southern Hunan, western Hunan and Dongting Lake areas was 623.11 billion Yuan, 290.11 billion Yuan, 258.37 billion Yuan and 313.90 billion Yuan respectively, a year-on-year growth of 10.5%, 10.6%, 10.7% and 10.4%.

Table 3: Retail Sales and Growth Rates of Social Consumer Goods, 2017

Index	Retail Sale (100 million Yuan)	Increase over 2016 (%)
Total Retail Sale of Consumer Goods	14854.9	10.6
Grouped by Location		
Of which: Town	13411.4	10.4
Village	1443.4	11.9
Retail Sale of Above-norm Corporate Wholesale and Retailing Merchandise	5251.4	11.4
Of which: Grain and Oils, and Food	523.5	15.8
Beverages and Alcohols	92.8	15.8
Tobaccos	125.1	10.3
Clothing, Shoes, Hats, Textiles	358.3	8.2
Cosmetics	49.2	6.0
Silver and Jewelry	80.7	8.1
Daily Commodity	157.9	10.2
Hardware and Electrical Materials	55.6	9.6
Sports and Recreation Articles	12.3	10.8
Newspapers and Magazines	39.1	0.0
Electronic Publications and Audio and Video Products	4.1	1.8
Household Appliances and Audio and Video Accessories	365.4	12.4
Traditional Chinese and Western Medicines	322.9	12.3
Culture and Office Articles	82.6	21.7
Furniture	48.3	26.6
Communication Appliances	60.8	8.9
Petroleum and Related Products	869.6	12.3
Building and Decoration Materials	95.5	29.0
Mechanical and Electrical Products	55.6	11.7
Automobiles	1682.5	9.3

The retail sales of the legal entities' wholesale and retail industry above designated size was 525.14 billion Yuan, up by 11.4% over the previous year. Of that total, the retail sales of cultural, recreational, sporting and healthy merchandise increased by 12.6%. Online retail sale reached 110.75 billion Yuan, up by 41.8%. By types of commodity, the retail sales of grain, oil, and food increased by 15.8%; that of household appliances and audiovisual equipment increased by 12.4%; that of cultural and official goods increased by 21.7%; that of Furnisher increased by 26.6%; that of Petroleum and Related Products increased by 12.3%; that of Building and Decoration Materials increased by 29.0%; and that of cars increased by 9.3%.

The consumer prices index (CPI) of household in Hunan was 1.4% higher than the previous year, of the which in urban area grew by 1.6%, while in rural area grew by 1.1%. The retail prices of commodities increased by 1.3%. The producer price index (PPI) rose by 5.8% and IPI rose by 7.2%. The prices for investment in fixed assets grew by 5.7%. The producer prices of farm products drop by 2.0%. The prices for means of agricultural production grew by 1.0%.

Table 4: The Change Rate of Consumer Prices compared with the previous year, 2017

Index	Increase over 2016 (%)	Region	
		Urban	Rural
CPI (Consumer Price Index)	1.4	1.6	1.1
Of which: Food and Tobacco	−0.7	−0.7	−0.9
Clothing Articles	1.0	1.2	0.5
Residence	3.5	3.6	3.3
Household Appliances	0.7	0.8	0.6
And Services	0.7	0.8	0.6
Traffic and Telecommunications	1.9	1.6	2.6
Recreation, Education and Cultural Articles and Services	1.5	1.9	0.7
Health Care and Personal Items	5.0	6.3	2.9
Other Products And Service	1.1	1.0	1.3

VI. International Economics / Trade

Hunan's total imports and exports[7] were worth 243.43 billion Yuan, an increase of 39.8% compared with the previous year. Of the total, the exports were 156.55 billion Yuan, up by 33.3% and the imports were 86.88 billion Yuan, up by 53.3%. In terms of types of trade, the exports of general trade were 112.55 billion Yuan, up by 28.5%, and the exports of processing trade totaled 43.17 billion Yuan, up by 47.7%. By the types of commodities, the exports of garments and accessories were 9.89 billion Yuan, up by 29.0%; that of shoes were 6.93 billion Yuan, up by 29.5%; that of loudspeaker were 6.13 billion Yuan, 2.03 times of the previous year; that of steel were 5.38 billion Yuan, up by 8.6%; that of bags and suitcases were 4.65 billion Yuan, up by 14.8%. In terms of region, the exports to Hong Kong reached 36.76 billion Yuan, up by 28.6%; the exports to America reached 22.74 billion Yuan, up by 30.5%; the exports to European Union were 20.39 billion Yuan, up by 31.5%; and the exports to ASEAN were 21.90 billion Yuan, up by 47.6%.

Table 5: Total Exports and Imports and Growth Rate, 2017

Index	Absolute Number (100 million Yuan)	Increase over 2016 (%)
Total Imports and Exports	2434.3	39.8
Exports	1565.5	33.3
Grouped by Mode of Trade		
Of which: Original Trade	1125.5	28.5
Processing Trade	431.7	47.7
Grouped by Main Commodity		
Of which: Electromechanical Products	735.5	37.9
High-tech Products	226.8	44.7
Agricultural Products	79.2	14.3

Table 5 continued

Index	Absolute Number (100 million Yuan)	Increase over 2016 (%)
Imports	868.8	53.3
Grouped by Mode of Trade		
Of which: Original Trade	571.6	48.7
Processing Trade	269.1	60.4
Grouped by Main Commodity		
Of which: Electromechanical Products	390.3	51.1
High-tech Products	160.5	69.8
Agricultural Products	63.2	94.8

The foreign capital actually utilized was 14.47 billion dollars, up by 12.6%. Of which, the foreign capital in the primary industry was 0.53 billion dollars, down by 15.5%; the foreign capital in the secondary industry was 7.46 billion dollars, up by 8.8%; and the foreign capital in the tertiary industry was 6.48 billion dollars, up by 20.8%. There were 8 foreign-funded projects whose actually installed capital was over 30 million dollars approved. The number the world top 500 reached 193 in Hunan by the end of 2017. The actually utilized capital out of the province and inside China was 509.79 billion Yuan, up by 16.9%. Of which, the actually utilized capital of the primary industry, the secondary industry and tertiary industry was 40.37 billion Yuan (up by 39.0%), 258.27 billion Yuan (up by 17.2%) and 211.15 billion Yuan (up by 13.0%) respectively. There were 512 projects above 200 million Yuan, up by 20.8%, and the actually installed capital was 179.82 billion Yuan, up by 15.0%.

The value in new contracts signed through contracted projects, labor contracts and design consultation contracts reached 7.60 billion dollars, up by 15.2%. The accomplished turnover was 7.05 billion dollars, up by 11.7%. Employees exported reached 109,000, up by 12.6%. The investment in contracts were 2.35 billion US dollars, down by 49.9%. Of which domestic side were 2.01 billion US dollars, down by 40.1%. Foreign actual investment were 1.35 billion US dollars, down by 18.1%.

VII. Transportation, Post and Telecommunications and Tourism

Hunan's converted turnover volume of passenger and freight transportation reached 536.70 billion ton-km, an increase of 6.2%. The total turnover volume of freight transport was 431.86 billon ton-km, a year-on-year increase of 6.1%. Of the total, goods transported via rail were 81.56 billion ton-km, an increase of 8.8%, and that by road was 299.06 billion ton-km, increasing by 11.3%. The total turnover volume of passenger traffic was 168.27 billion person-km, a 1.8% increase. Of the total, passengers travelling by rail increased to 98.15 billion person-km, 7.5% higher than the previous year; passengers travelling by road were 52.66 billion person-km, down by 8.7%; and that utilizing civil aviation reached 17.11 billion person-km, increasing by 7.6%.

At the end of the year, the province's mileage in highway open to traffic reached 240 thousand kilometers, up by 0.6%. Of the total, the mileage in expressway open to traffic was 6,418.5 kilometers, an increase of 338.5 kilometers. The length of railway in operation reached 4,697.6 kilometers. Of which, express railway measured 1,396.4 kilometers long. The total number of the civil automobile in province reached 6.889 million by the end of 2017, up by 14.2%. The number of private vehicles was 6.360 million, up by 15.4%. The number of cars was 3.781 million, up by 15.2%.

Table 6: Volume of Passenger and Freight Transportation by Various Means and Growth Rate, 2017

Index	Unit	Absolute Number	Increase over 2016 (%)
Volume of Freight Traffic	10,000 tons	226331.6	9.1
Of which: Railway	10,000 tons	4004.8	1.2
Highway	10,000 tons	198805.8	11.1
Waterway	10,000 tons	22559.9	-3.8
Civil Aviation	10,000 tons	7.0	8.6
Pipeline	10,000 tons	954.1	-6.5
Volume of Passenger Traffic	10,000 people	116117.3	-5.4
Of which: Railway	10,000 people	12811.7	11.9
Highway	10,000 people	100390.2	-7.6
Waterway	10,000 people	1674.0	3.7
Civil Aviation	10,000 people	1241.4	13.8

The total value of post and telecommunications amounted to 19.26 billion Yuan (2010 equivalent), up by 34.4% compared with the previous year. Among them, the value of mail service totaled 92.85 billion Yuan (2015 equivalent), up by 67.0%. The number of fixed telephones and mobile phone users was 6.744 million (a decrease of 1.2%) and 56.834 million (an increase of 13.8%) respectively by the end of the year. The Internet broadband users totaled 13.155 million, an increase of 23.3%.

As for tourism, Hunan received 670 million domestic tourists (a 18.3% increase) and 3.227 million inbound tourists (a 8.6% increase) respectively. The total revenue of tourism[8] was 717.26 billion Yuan, increasing by 31.3%. Of the total, domestic revenue, marking a 31.4% growth, reached 708.52 billion Yuan, while foreign exchange earnings, marking a 11.7% increase, grew to 1.30 billion dollars.

VIII. Finance and Insurance

Hunan's total revenue of general public budget reached 456.57 billion Yuan, up by 7.4% compared with the previous year. Local revenue[9] was 275.67 billion Yuan, up by 4.9%. Of the total, tax revenue and nontax revenue reached 175.88 and 99.79 billion Yuan, up by 18.7% and down by 13.0% respectively. Value-added tax and consumption tax revenue turned over to central government was 136.63 billion Yuan, up by 12.8% compared to the previous year. Income tax revenue turned over to central government was 43.78 billion Yuan, up by 18.0%. The total expenditure of general public budget totaled 685.77 billion Yuan, up by 8.2%, including that on social security and employment (102.27 billion Yuan, up by 17.0%), that on Urban and rural community affairs(73.37 billion Yuan, up by 14.5%), that on science and technology (9.02 billion Yuan, up by 26.3%), and that on housing security (25.21 billion Yuan, down by 17.4%).

Table 7: Revenue and Expenditure of Public Finance and Growth Rate, 2017

Index	Absolute Number (100 million Yuan)	Increase over 2016 (%)
Revenue of General Public Budget	4565.7	7.4
Of which: Local Revenue	2756.7	4.9
Of which: Tax Revenue	1758.8	18.7
Nontax Revenue	997.9	-13.0
Value-added tax and consumption tax revenue turned over to Central Government	1366.3	12.8
Income Tax revenue turned over to Central Government	437.8	18.0
Expenditure of General Public Budget	6857.7	8.2
Of which: General Public Service	738.6	9.3
Education	1110.3	7.6
Science and Technology	90.2	26.3
Culture, Sports and Media	148.7	5.7
Social Security and Employment	1022.7	17.0
Medical Service and Birth Control	581.9	6.5
Energy Conservation and Environment Protection	174.6	2.2
Urban and Rural Community Affair	733.7	14.5
Agriculture, Forestry and Water	774.1	6.1
Housing Security	252.1	-17.4

By the end of the year, deposit balances in RMB and other currencies reached 4,672.93 billion Yuan, up by 11.3%. Of the total, deposit balances of household and non-financial enterprise were 2,337.16 billion Yuan and 1,383.98 billion Yuan, up by 10.0% and 12.8% respectively. Loan balances in RMB and other currencies reached 3,185.00 billion Yuan, up to 15.7%. Of the total, loan balances of household and non-financial enterprise were 1,090.42 billion Yuan and 2,085.18 billion Yuan, up by 19.5% and 13.7% respectively.

Table 8: Deposit and loan Balances of RMB and Overseas Currencies in Financial Institutions and Added Balances, At the End of 2017

Index	Balances (100 million Yuan)	Added Balances over the beginning of 2017 (100 million Yuan)
Total Deposit Balances	46729.3	4732.6
Of which: Domestic Deposits	46704.4	4728.6
Household	23371.6	2127.5
Current Deposits	9235.2	850.4
Time Deposits and Other Deposits	14136.4	1277.1
Non-financial Enterprise	13839.8	1568.8
Current Deposits	8683.0	1360.6
Time Deposits and Other Deposits	5156.7	208.2
Non-banking Financial Institution	1522.5	328.5
Overseas Deposits	24.9	3.9

Table 8 continued

Index	Balances (100 million Yuan)	Added Balances over the beginning of 2017 (100 million Yuan)
Total Loan Balances	31850.0	4317.7
Of which: Domestic Loans	31759.4	4292.4
Household	10904.2	1778.7
Short-term Loans	2651.4	452.5
Medium and Long-term Loans	8252.8	1326.2
Non-financial Enterprise and Government Organization	20851.8	2510.7
Short-term Loans	4494.4	172.5
Medium and Long-term Loans	15614.0	2885.2
Overseas Loans	90.6	25.3

At the end of the year, the number of listed companies reached 116, with 17 new added during the whole year. Of the total, the domestic and the oversea listed companies was 101 and 15 respectively. The total amount of direct financing reached 344.46 billion Yuan, up by 9.5%. Of the total, the capital raised from share issuances and share placements totaled 61.28 billion Yuan. At the end of this year, there were 410 business departments of security companies in the province and 3 futures companies in the area under jurisdiction, whose turnover was 6,680.97 billion Yuan and 1,853.60 billion Yuan respectively.

The annual original premium incomes, marking a 25.2% increase, reached 111.02 billion Yuan. Of the total, incomes from life insurances, health insurances, life accident insurances and property insurances were 63.43 billion Yuan(a 27.9% increase), 13.43 billion Yuan(an increase of 40.7%), 2.75 billion Yuan(an increase of 23.4%) and 31.42 billion Yuan(an increase of 15.1%) respectively. Meanwhile, the total payment of original insurances was 37.68 billion, a growth of 10.8%.

IX. Education, Science and Technology

There were 109 regular institutions of higher learning at the end of the year. The number of graduates with a master degree associated with regular higher education was 19 thousand; that of graduates from university and specialized colleges was 333 thousand; and that of graduates from secondary technical schools was 195 thousand. The number of regular high school graduates, middle school graduates and regular primary school graduates was 344 thousand, 733 thousand and 781 thousand respectively. Enrollment of children in kindergarten totaled 2.290 million, a year-on-year increase of 1.8%. Enrolment rate[10] of children in primary school hit 99.98%. Gross enrollment rate[11] of teenagers in senior high school was 91.5%. As for the 12,907 non-government colleges and schools, the enrolled students were 2.821 million. There were 534 thousand college students funded by 0.93 billion Yuan state scholarships and grants for colleges and universities, 349 thousand vocational students supported by 350 million Yuan state grants for secondary vocational school, 1,015 thousand vocational students subsidized by 1.22 billion Yuan tuition-free grants for secondary vocational school. 8.88 billion Yuan were collected for the compulsory education guarantee fund and 0.44 billion Yuan were granted to regular high school students.

Table 9: Number of New Students Enrollment, Students Enrollment and Graduates in Schools at Different Levels and Growth rates, 2017

Index	New Students Enrollment		Students Enrollment		Graduates	
	Absolute Number (10,000 people)	Increase over 2016 (%)	Absolute Number (10,000 people)	Increase over 2016 (%)	Absolute Number (10,000 people)	Increase over 2016 (%)
Post-graduate Education	2.8	24.0	7.8	10.8	1.9	1.7
Regular Higher Education	39.2	4.1	127.3	3.9	33.3	5.1
Adult Higher Education	14.0	25.9	27.8	20.3	11.4	-3.8
Secondary Vocational Education	25.0	-0.4	68.6	3.9	19.5	-2.3
Regular Senior Secondary School	39.8	1.1	114.6	3.4	34.4	0.6
Junior Middle Schools	79.2	1.5	229.6	2.0	73.3	-1.0
Regular Primary School	88.4	-1.7	511.7	2.0	78.1	1.5
Special Education	0.6	15.6	3.1	21.2	0.3	-7.8

In 2017, there were 4 national engineering research centers and 100 provincial engineering research centers. There were 18 national(combined with the local) engineering research centers and 34 national(combined with the local) engineering laboratories. The number of state validated enterprise technical centers reached 45. There were 14 national engineering technology research centers, 285 provincial engineering technology research centers, 18 national key laboratories, 204 provincial key laboratories. A total of 5,723 technology transfer contracts were signed, representing 20.311 billion Yuan in value. The number of registered scientific and technological achievements was 704, with 16 National Scientific and Technological Advancement Awards and 1 Natural Science Award. The third generation hybrid rice breeding, virtual track train, 1000 KV Field packaged transformer, the first Microgravity chemical satellites "The First Chen Jiayong" were developed. Hunan took an active part in major national science and technology projects such as "Two Airplanes", which made the maiden flight of KunLong-600 equipped with turboprop 6 engine. The number of patent applications was 77,934, a year-on-year rise of 27.8%. Of this total, 31,365 patent applications for original inventions were accepted, up by 41.9%. The number of authorized patents was 37,916, a year-on-year rise of 9.6%. Of which, there were 7,909 authorized patents for original inventions, up by 10.0%. The number of patent applications in industrial and mining enterprises, universities and colleges, and scientific research institutes reached 41,272, 12,428 and 708, while the number of patents authorized were 18,049, 7,308 and 369. The added value of new and high technology industries was 811.995 billion Yuan, up by 14.7%.

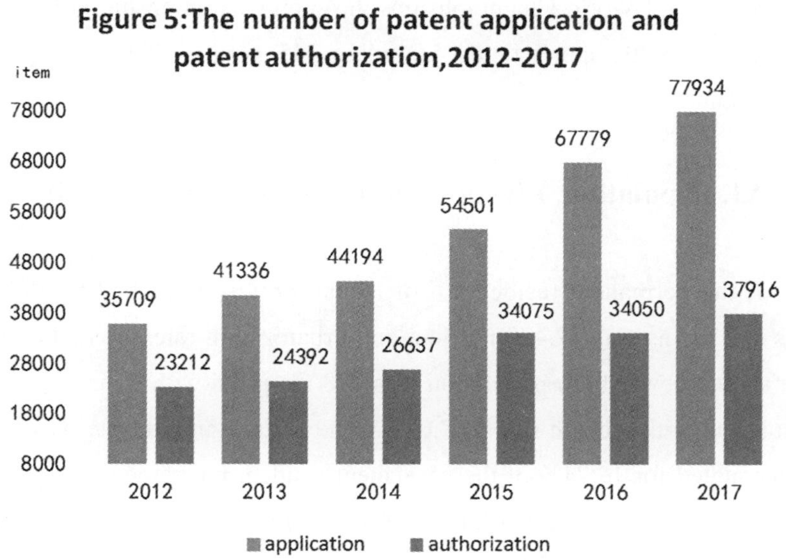

There were 1,460 testing and inspection agencies, and 24 of them were national product quality supervision and inspection centers. The number of authorized measurement institutions totaled 103. Production units for special equipment reached 1,768 with 315 thousand special equipment available. There were 6,733 batches of key industrial products checked, and 96.3% met the standard. A total of 13 international standard, 42 national standards and 224 local standards were developed respectively in the year. Land and resources departments published 109 types of maps and provided 518,000 achievements of geospatial data. And total visits to Map World reached 623,000.

X. Culture, Public Health and Sport

By the end of 2017, there were 439 art-performing groups, 143 mass art centers and culture centers, 137 public libraries, 115 museums and memorials, 13 radio broadcasting stations, and 15 television stations. The users of CATV reached 12.153 million. Broadcasting and television coverage rates were 98.49% and 99.30%, up by 3.81% and 1.04%. There were 118 state-level intangible cultural heritage protection projects and 324 provincial level protection projects in the province. All sorts of books were issued under 11,942 categories, with 250 types of magazines and 48 styles of newspapers. A total of 460 million copies of books were published, 140 million copies of magazines and 940 million copies of newspapers were issued.

By the end of 2017, there were 58,722 health institutions in the province, including 1,312 hospitals, 137 maternal and child health-care institutions, 84 specialized health institutions, 2,229 township hospitals, 746 community health service centers, 10,782 clinics and infirmaries, and 42,187 village clinics. There were 416 thousand health workers were installed, up by 5.9%. Among these health workers, there were 174 thousand practicing doctors and assistant practicing doctors, up by 8.0%; and 172 thousand registered nurses, up by 6.7%. The total of beds in hospitals was 319 thousand, up by 6.7%. And the total of beds in township hospitals was 101 thousand, up by 4.6%.

The province carried out 2,623 fitness programs for all people throughout the province with a participation of 23.998 million. The number of newly built administrative village of farmer sports fitness projects was 400. The athletes of Hunan province won 2 World Championships, 6 Asian Championship gold medals and 56 National Championships. There were 106,405 sports fields, including 245 gyms, 7,493 sports grounds, 615 swimming pools, and 5,487 training rooms.

XI. Population, Living Conditions and Social Security

By the end of 2017, the permanent residents[12] of Hunan province reached 68.602 million. Of the total, the population in cities and towns was 37.470 million, and urbanization rates was 54.62%, an increase of 1.87 percentage points. The annual newly-born population was 908 thousand with a birth rate of 13.27 ‰, and dead population was 484 thousand with a death rate of 7.08‰. The natural growth rate was 6.19‰. The population aged 0-15 (under 16) accounted for 19.74% of the permanent resident population, up by 0.03 percentage points; the population aged 16-59(under 60) accounted for 62.10%, down by 0.58 percentage points; and the population aged 60 and above accounted for 18.16%, up by 0.56 percentage points.

Table 10: Resident Population and its Composition, At the End of 2017

Index	Number (10,000 people)	Proportion (%)
Resident Population	6860.2	100
Of which: Town	3747.0	54.62
Village	3113.1	45.38
Of which: Male	3534.8	51.53
Female	3325.4	48.47
Of which: Aged 0–15 (under 16) [13]	1353.9	19.74
Aged 16–59 (under 60)	4260.4	62.10
Aged 60 and Above	1245.9	18.16
Of which: Aged 65 and Above	832.9	12.28

The province's per capita disposable income reached 23,103 Yuan, up by 9.4%, or a real increase of 7.9% over the previous year after deducting price factors, of which the median was 19,628 Yuan, up by 8.5%. Of the total, the per capita disposable income for urban dwellers was 33,948 Yuan, up by 8.5%, or a real increase of 6.8% after deducting price factors, of which the median was 31,600 Yuan, up by 8.7%; and that for rural residents[14] was 12,936, up by 8.4%, or a real increase of 7.2% after deducting price factors, of which the median was 11,877, up by 7.6%. Moreover, the urban-rural income ratio remained 2.62:1, the same with the previous year. In terms of region, the per capita disposable income in Changsha-Zhuzhou-Xiangtan areas, southern Hunan, western Hunan and Dongting Lake areas was 36,162 Yuan, 21,457 Yuan, 15,674 Yuan and 21,005 Yuan respectively, up by 8.8%, 8.9%, 10.4% and 9.3%. The disposable income of rural residents in poor regions[15] was 9,268 Yuan, up by 10.7%. The income of migrant workers was 3,844 Yuan per month, up by 6.9%.

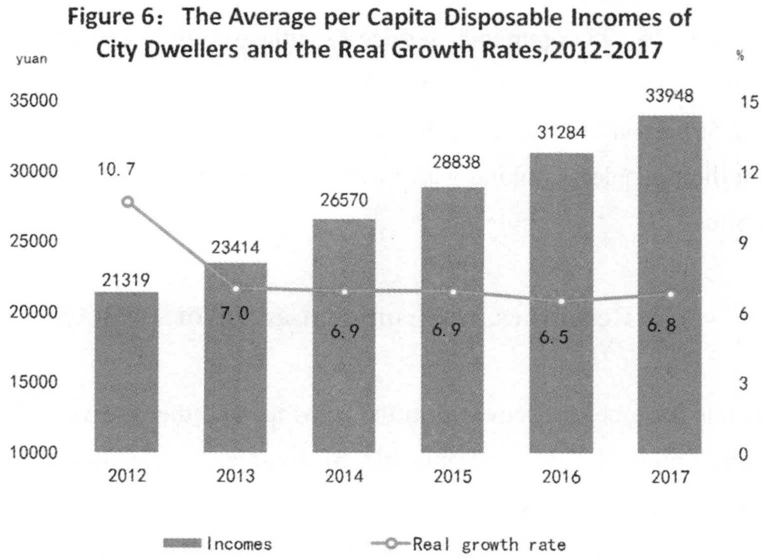

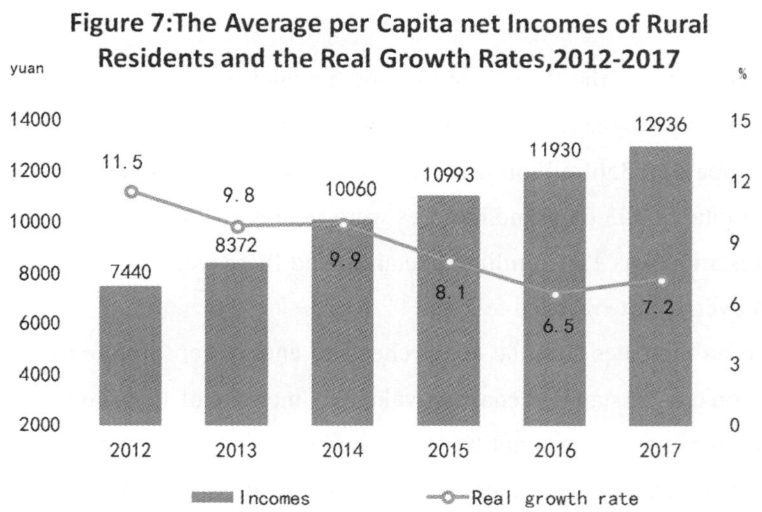

The province's per capita consumption expenditure reached 17,160 Yuan, up by 9.0%. That for urban dwellers and rural residents reached 23,163 Yuan and 11,534 Yuan respectively, up by 8.1% and 8.5% over the previous year, or a real increase of 6.4% and 7.3% after deducting price factors. The proportion of expenditure on food to the total expenditure was 29.2%, down by 1.4 percentage points, of which 28.4% for urban dwellers and 30.5% for rural residents.

The newly-added employed people in urban areas were 751 thousand. At the end of 2017, a total of 17.764 million people participated in urban basic endowment insurance, a year-on-year increase of 755 thousand. Of the total, the insured employees and retirees was 8.566 million and 4.228 million respectively. A total of 69.063 million people participated in urban basic health insurance. Of the total, the number of insured staff and workers was 8.672 million, and that of the insured residents was 60.391 million. A total of 5.638 million staff and workers participated in unemployment insurance, an increase of 263 thousand. A total of 7.828 million staff and workers participated in work-related injury insurance and 5.619 million in maternity insurance. At the end of the year, a total of 146 thousand staff and workers received the unemployment insurance payments. A total of 3.48 billion Yuan was dispensed for urban minimum subsistence allowance and 3.78 billion Yuan was dispensed for rural minimum subsistence allowance, supporting 0.766 million urban residents and 1.249 million rural residents respectively. Various types of Adopting Social Welfare Institutions provided 291 thousand beds, accepting 158 thousand inmates. There were 15,195 community service facilities set up in urban areas. Of them, the number of comprehensive community service centers was 6,565. A total of 8.90 billion Yuan worth of social welfare lottery was sold, raising 2.50 billion Yuan of social welfare funds. 231 thousand dilapidated houses in rural areas were renovated, 1,531 million people's drinking water was improved, and 32 thousand residents in poor, urban shantytowns were transformed.

XII. Resources, Environment and Work Safety

A total of 144 minerals have been discovered in the province and the reserves of 109 minerals have been explored, including 7 energy minerals, 39 metal minerals, 61 non-metal minerals and 2 water and gas minerals. Implementation of geological explorations projects (including continue projects) were 175. A total of 5 new mineral deposits in large or medium size were discovered. There were 12 National Geology Park. Implementation of comprehensive land consolidation projects above province level were 360, and 98 thousand hectares of land was regulated.

In 14 cities, 81.5% of days of the year were in good air quality, up by 0.2 percentage points. The rate of 345 actual surface water monitoring across sections which met the Grade III standard was 93.6%. A total of 163 natural reserves with an area of 1,356 million hectares was approved, including 22 state-level and 27 provincial-level reserves. In 2017, a total of 343 thousand hectares were reforested. At the end of the year, the area of closing hillsides to facilitate forestation was 1,316 million hectares. And there were 550 million cubic meters of standing forest stock. The forest coverage rate reached 59.68%.

Preliminary estimation indicated that the comprehensive energy consumption of designed size enterprises amounted to 60.405 million tons of standard coal equivalent, an increase of 1.7% compared with the previous year. Of which, the comprehensive energy consumption for the major six high energy consuming industries was 48.008 million tons of standard coal equivalent, an increase of 1.9%. Among main pollutants, Chemical oxygen demand was 5.56 percent down on last year. And the emission of sulfur dioxide, ammonia nitrogen and nitrogen oxide also decreased by 6.65%, 3.04% and 5.07% respectively.

In 2017, a total of 1,043 accidents of the production and business were reported in the province. The death toll due to commercial production safety accidents amounted to 864. The death toll from work accidents every 100 million Yuan worth of GDP was 0.02 people. Work accidents in industrial, mining and commercial enterprises caused 1.43 deaths out of every 100 thousand employees. The death toll in coalmines while producing one million tons of coal was 1.39. The year 2017 witnessed 5,649 traffic accidents (summary procedure excluded), down by 24.8%. The road traffic death toll per 10 thousand vehicles was 1.01, a decrease of 0.53 compared with last year.

Notes:

[1] All figures in this Communiqué are preliminary statistics. There may be slight discrepancy between the sum of individual items and the total owing to rounding.

[2] Gross domestic product (GDP) and industrial added value as quoted in this Communiqué are calculated at current prices, whereas their growth rates are calculated at constant prices.

[3] Changsha-Zhuzhou-Xiangtan (CZT) region refers to Changsha, Zhuzhou and Xiangtan; southern Hunan refers to Hengyang, Chenzhou and Yongzhou; western Hunan refers to Shaoyang, Zhangjiajie, Huaihua, Loudi and Xiangxi autonomous prefecture; Dongting Lake areas refers to Yueyang, Changde and Yiyang.

[4] The high-tech manufacturing industries include the manufacturing of medicine, aerospace, electronic and telecommunication equipment, computer and office equipment, medical equipment and instrumentation, and chemicals used in information store.

[5] Equipment manufacturing industry includes Metal Product Manufacturing, Ordinarily Machinery Manufacturing, Special Equipment Manufacturing, Automobile Manufacturing; Railway, Shipbuilding, Aerospace And Other Transportation Equipment Manufacturing, Electrical Machinery And Equipment Manufacturing, Computer Communications And Other Electronic Equipment Manufacturing, Instrument Manufacturing.

[6] According to relevant state statistics regulations, vehicle output does not include Changsha Branch of Shanghai Volkswagen Automotive.

[7] According to relevant regulations, the foreign trades are accounted in RMB.

[8] According to Tourism Statistics Regulations by National Bureau of Tourism and Hunan Tourism Statistics Regulations, a Tourism Statistics Reform was carried out by each city administration in Hunan. The dictionary of Accommodation was modified and the foundation and methods were Standardize. Therefore, the total revenue of Tourism in 2017 increased dramatically, which caused the statistical caliber incomparable with 2016.

[9] According to the explanation from Ministry of Finance, "Local Revenue" in the same caliber was the adjusted revenue which was deducted by 50% of added-value tax and business tax, accroding to the regulation of revenue partition between central and local government.

[10] The enrollment rate for elementary-age kids refers to the percentage of school-age children in primary school to the total number inside and outside of the school within the scope of investigation.

[11] The secondary gross enrollment ratio mainly reflects the coverage of senior secondary education, referring to the percentage of the total number of high school students to population aged 15-17.

[12] Resident population refers to the population of often living actually in a certain area in a certain time. According to the census and sampling requirements, it mainly includes people who live in the current townships and whose household registration are located or whose household registration is to be settled; people who live in the current townships and leave the townships of their household registration over 6 months; people who leave the townships of their household registration for less than 6 months or work or study overseas, with their household registration located in the current townships.

[13] At the end of 2017, the population aged 0-14 (under 15) was 12.782 million; the population aged 15-59 (under 60) was 43.361 million.

[14] Since 2014, per capita net income of rural residents had been changed to Per capita disposable income of rural residents.

[15]Poor regions include the counties in National Concentrative poor Regions and the officially designated poor counties out of National Concentrative poor Regions, of which the number are 51 in total.

Source:

In this communique,fiscal data are from the Hunan Financial Department; data about rail mileage are from Shichang Railway Co, Ltd, Guangzhou Railway (group) Company and Nanchang Railway Administration; data about the traffic volume and the turnover volume of passengers and cargo in highway, turnover volume of passengers and cargo in waterway and highway mileage are from Hunan Road Transport Bureau; data about the traffic volume and the turnover volume of passengers and cargo in civil aviation are from Hunan Airport Management Co, Ltd; data about volume of freight traffic by pipeline are from Changling Branch and Baling Branch of China Petrochemical Group Assets Management co, LTD, Changling branch of China Petrochemical co, LTD, Hunan Oil Transportation Management Department of China Petrochemical Marketing co, LTD central-China Branch, and Changsha Xinao Gas co, LTD; data about car ownership and road traffic accident are from Provincial Public Security Bureau; data about telecommunications business, mobile phone users, fixed telephone users, broadband Internet users are from Hunan telecommunications company, Hunan Mobile Company, Hunan Unicom Company, Hunan Tietong Company; Data about postal business are from Hunan Postal Service Administration; Travel data are from Hunan Tourism Bureau; The financial data are from Changsha Central Sub-branch of the People's Bank of China; data about listed company are from Hunan Financial Affairs Office; stock data are from Hunan authority of China Securities Regulatory Commission; Insurance data are from the Hunan Authority of China Insurance Regulatory Commission; Education data are from Hunan Education Department; Data about science and technology are from Hunan Science and Technology Department; Patent data from Hunan Intellectual Property Office; data about quality inspection, industry standard are from Hunan Quality and Technical Supervision Bureau; data about mapping, mineral resources, geological parks and land are from Hunan Land and Resources Ministry; data about art performing groups, museums, public libraries, cultural centers, non-material cultural heritage protection are from the Cultural Department of Hunan; data are from the Bureau Radio and Television of Hunan Province; data about radio, television, newspapers, periodicals and book are from the Press and Publication of Hunan; data about hygiene and new rural cooperative medical service are from the Hygiene Bureau and Family Planning Committee of Hunan; data about sports are from the Sports Bureau of Hunan; data about newly-added urban jobs and social security are from Human Resources and Social Security Department; data about social security for urban and rural low-income people, social welfare, community services, nursing homes and social donation are from the Department of Civil Affairs of Hunan; data about rehabilitation of rural dilapidated housing, construction of security housing and disposal of sewage and garbage are from the Housing and Construction Department of Hunan; data about nature reserve, forestation, standing tree and coverage of forest are from Hunan Forestry Department; data about the quality of surface water and pollutant emission are from the Environmental Protection Bureau of Hunan Province; data about safe production are from the Work safety Administration of Hunan; all the other data are from Hunan Bureau of Statistics and Hunan Survey Organization of National Bureau of Statistics of China.

1

综　合

General Survey

资料整理人员：唐双全　周　玲　欧阳普　赵　宏　张　驰　李培楚　田杰平　谢　凡　贺淑贞　郑石明　孟　强　陈　慧　段嘉欣　杨　耒　宋　超　杨柬燊　何　达　廖闻菲　彭开吾　刘　杰　陈晗文　易　贝　肖　鹏　陈　婷　汤炼坤　田　原　凌　骞　殷梓晴　韩建芳　蔡冬娥　肖首雄　贺　震　赵莉淇　郭开金　周哲煊

1-1 行政区划
Administrative Divisions

单位：个 (unit)

年 份 Year	市 州 Cities and A.P	地州数 Number of Prefecture and A.P	地级市 Number of Cities at Prefectural Level	县级市 Number of Cities at County Level	县 数 Number of Counties	市辖区数 Districts Under the Jurisdiction of Cities at Prefectural Level	镇 数 Number of Towns	乡 数 Number of Township
1978		12	3	7	90	13	154	3295
1980		12	5	9	90	22	155	3321
1985		9	6	14	84	27	544	3011
1986		7	6	16	82	27	581	2895
1987		7	6	18	80	26	585	2903
1988		6	8	17	78	30	596	2889
1989		6	8	17	78	30	621	2807
1990		6	8	18	78	29	628	2801
1991		6	8	18	78	29	639	2784
1992		6	8	19	77	26	663	2773
1993		6	8	20	76	26	748	2689
1994		5	9	20	74	28	769	2658
1995		4	10	19	73	30	899	1406
1996		3	11	17	73	32	950	1360
1997		3	11	18	72	32	979	1327
1998		2	12	17	72	33	1001	1350
1999		1	13	16	72	34	1023	1330
2000		1	13	16	72	34	1055	1310
2001		1	13	16	72	34	1087	1275
2002		1	13	16	72	34	1097	1257
2003		1	13	16	72	34	1098	1264
2004		1	13	16	72	34	1098	1244
2005		1	13	16	72	34	1089	1087
2006		1	13	16	72	34	1091	1085
2007		1	13	16	72	34	1095	1071
2008		1	13	16	72	34	1101	1063
2009		1	13	16	72	34	1106	959
2010		1	13	16	72	34	1109	1052
2011		1	13	16	71	35	1121	1038
2012		1	13	16	71	35	1131	952
2013		1	13	16	71	35	1138	828
2014		1	13	16	71	35	1153	805
2015		1	13	16	71	35	1119	417
2016		1	13	16	71	35	1135	401
2017		1	13	17	70	35	1134	398
长沙市	Changsha City			2	1	6	68	6
株洲市	Zhuzhou City			1	4	4	61	7
湘潭市	Xiangtan City			2	1	2	35	10
衡阳市	Hengyang City			2	5	5	115	32
邵阳市	Shaoyang City			1	8	3	110	57
岳阳市	Yueyang City			2	4	3	89	14
常德市	Changde City			1	6	2	107	20
张家界市	Zhangjiajie City				2	2	34	30
益阳市	Yiyang City			1	3	2	70	11
郴州市	Chenzhou City			1	8	2	100	37
永州市	Yongzhou City				9	2	111	40
怀化市	Huaihua City			1	10	1	103	90
娄底市	Loudi City			2	2	1	56	14
湘西土家族苗族自治州	West Hunan Tujia and Miao A.P			1	7		75	30

1-1 续表 continued

长沙市	Changsha City
芙蓉区 (Furong District)、天心区 (Tianxin District)、岳麓区 (Yuelu District)、开福区 (Kaifu District)、雨花区 (Yuhua District)、望城区 (Wangcheng District)、浏阳市 (Liuyang City)、长沙县 (Changsha County)、宁乡市 (Ningxiang City)	
株洲市	**Zhuzhou City**
荷塘区 (Hetang District)、石峰区 (Shifeng District)、芦淞区 (LuSong District)、天元区 (Tianyuan District)、醴陵市 (Liling City)、株洲县 (Zhuzhou County)、攸县 (You County)、茶陵县 (Chaling County)、炎陵县 (Yanling County)	
湘潭市	**Xiangtan City**
雨湖区 (Yuhu District)、岳塘区 (Yuetang District)、湘乡市 (Xiangxiang City)、韶山市 (Shaoshan City)、湘潭县 (Xiangtan County)	
衡阳市	**Hengyang City**
珠晖区 (zhuhui District)、雁峰区 (yanfeng District)、石鼓区 (shigu District)、蒸湘区 (zhengxiang District)、南岳区 (Nanyue District)、耒阳市 (Leiyang City)、常宁市 (Changning City)、衡阳县 (Hengyang County)、衡南县 (Hengnan County)、衡山县 (Hengshan County)、衡东县 (Hengdong County)、祁东县 (Qidong County)	
邵阳市	**Shaoyang City**
双清区 (Shuangqing District)、大祥区 (Daxiang District)、北塔区 (Beita District)、武冈市 (Wugang City)、邵东县 (Shaodong County)、新邵县 (Xinshao County)、邵阳县 (Shaoyang County)、隆回县 (Longhui County)、洞口县 (Dongkou County)、新宁县 (Xinning County)、绥宁县 (Suining County)、城步苗族自治县 (Chengbu Miao Autonomous County)	
岳阳市	**Yueyang City**
岳阳楼区 (Yueyanglou District)、云溪区 (Yunxi District)、君山区 (Junshan District)、汨罗市 (Miluo City)、临湘市 (Linxiang City)、岳阳县 (Yueyang County)、平江县 (Pingjiang County)、湘阴县 (Xiangyin County)、华容县 (Huarong County)	
常德市	**Changde City**
武陵区 (Wuling District)、鼎城区 (Dingcheng District)、津市市 (Jinshi City)、安乡县 (Anxiang County)、汉寿县 (Hanshou County)、澧县 (Li County)、临澧县 (Linli County)、桃源县 (Taoyuan County)、石门县 (Shimen County)	
张家界市	**Zhangjiajie City**
永定区 (Yongding District)、武陵源区 (Wulingyuan District)、慈利县 (Cili County)、桑植县 (Sangzhi County)	
益阳市	**Yiyang City**
资阳区 (Ziyang District)、赫山区 (Heshan District)、沅江市 (Yuanjiang City)、南县 (Nan County)、桃江县 (Taojiang County)、安化县 (Anhuan County)	
郴州市	**Chenzhou City**
北湖区 (Beihu District)、苏仙区 (Suxian District)、资兴市 (Zixing City)、桂阳县 (Guiyang County)、永兴县 (Yongxing County)、宜章县 (Yizhang County)、嘉禾县 (Jiahe County)、临武县 (Linwu County)、汝城县 (Rucheng County)、桂东县 (Guidong County)、安仁县 (Anren County)	
永州市	**Yongzhou City**
零陵区 (Lingling District)、冷水滩区 (Lengshuitan District)、东安县 (Dongan County)、道县 (Dao County)、宁远县 (Ningyuan County)、江永县 (Jiangyong County)、江华瑶族自治县 (Jianghua Yao Autonomous County)、蓝山县 (Lanshan County)、新田县 (Xintian County)、双牌县 (Shuangpai County)、祁阳县 (Qiyang County)	
怀化市	**Huaihua City**
鹤城区 (Hecheng District)、洪江市 (Hongjiang City)、中方县 (Zhongfang County)、沅陵县 (Yuanling County)、辰溪县 (Chenxi County)、溆浦县 (Xupu County)、麻阳苗族自治县 (Mayang Miao Autonomous County)、会同县 (Huitong County)、新晃侗族自治县 (Xinhuang Tong Autonomous County)、芷江侗族自治县 (Zhijiang Tong Autonomous County)、靖州苗族侗族自治县 (Jingzhou Miao and Tong Autonomous County)、通道侗族自治县 (Tongdao Tong Autonomous County)	
娄底市	**Loudi City**
娄星区 (Louxing District)、冷水江市 (Lengshuijiang City)、涟源市 (Lianyuan City)、双峰县 (Shuangfeng County)、新化县 (Xinhua County)	
湘西土家族苗族自治州	**West Hunan Tujia and Miao Autonomous Prefecture**
吉首市 (Jishou City)、泸溪县 (Luxi County)、凤凰县 (Fenghuang County)、花垣县 (Huayuan County)、保靖县 (Baojing County)、古丈县 (Guzhang County)、永顺县 (Yongshun County)、龙山县 (Longshan County)	

1-2 人口和自然资源
Population and Natural Resources

项　目		Item		2017
人口		**Population**		
年底户籍人口数	（万人）	Household Population at the Year-end	(10 000 persons)	7296.26
土地		**Land**		
土地面积	（万平方公里）	Area of Land	(10 000 sq.km)	21.18
耕地面积	（万公顷）	Area of Cultivated Land	(10 000 hectares)	415.10
气候		**Climate**		
年平均降水量	（毫米）	Annual Average Precipitation	(mm)	1439
年降水总量	（亿立方米）	Annual Total Precipitation	(100 million cu.m)	3048
森林		**Forest**		
有林地面积	（万公顷）	Area with woodland	(10 000 hectares)	1110.85
	（万亩）	Area of Forest	(10 000 mu)	16662.75
森林覆盖率	(%)	Forest Coverage Rate	(%)	59.68
活立木总蓄积量	（万立方米）	Stock Volume of the Forest	(10 000 cu.m)	54827.72
水文、水利		**Water**		
5 公里以上河流	（条）	Rivers Over 5 km	(unit)	5341
5 公里以上河流长度	（万公里）	Total Length of Rivers Over 5 km	(10 000 km)	8.50
天然水资源总量	（亿立方米）	Natural Water Volume	(100 million cu.m)	1912.00
地表水资源总量	（亿立方米）	Surface Water Volume	(100 million cu.m)	1906.00
地下（浅层）水量	（亿立方米）	Shallow Ground Water Volume	(100 million cu.m)	436.80
矿产资源保有储量（截至 2017 年底）		**Mineral Resources Ensured Resources**	**(at the 2017 year-end)**	
煤炭	（亿吨）	Coal	(100 million tons)	34.46
铁矿石	（亿吨）	Iron Ore	(100 million tons)	13.81
磷矿石	（亿吨）	Phosphate Ore	(100 million tons)	19.88
岩盐	（亿吨）	Salt	(100 million tons)	26.26

注：耕地面积是指年末耕地总资源面积，包括常用耕地和临时性耕地。由国土部门提供（后同）。

The data of cultivated land is actual cultivated land total resources(year end),including common cultivated land and temporary cultivated land. The date came from Hunan Province Territory Resource Burear.The same as in the following table.

1–3 主要山脉基本情况
Major Mountain Ranges

名 称	Name	平均高度（米） AverageHeight(m)	最高峰（米） Heightest Peak(m)	
雪峰山	Xuefeng Mountain Range	1500	2021 （城步县二宝顶）	Erbao Peak in Chengbu County
武陵山	Wuling Mountain Range	500–1200	2098.7 （石门县壶瓶山）	Huping Mountain in Shimen County
南岭山脉 （指大庾岭、骑田岭、萌渚岭、都庞岭、越城岭）	Nanling Mountain Range (Dayu Peak,Qitian Peak, Mengzhu Peak, DuPang Peak, Yuecheng Peak)		2009 （道县韭菜岭）	Jiucai Peak in Dao County
幕阜山—罗霄山	Mofu Mountain—Luoxiao Mountain Range	1000	2052 （炎陵县斗笠顶）	Douli Peak in Yanling County
			2041.1 （桂东县八面山）	Bamian Mountain in Guidong County

1–4 主要河流基本情况
Major Rivers

名 称	Item	河长（公里） Length of River (km)	#省内 #In Province	河流条数（条） Number of River (unit)	流域面积（平方公里） Drainage Area (sq.km)	#省内 #In Province	省内年径流量（亿立方米） Annual Flow in Province (100 million cu.m)	水力资源蕴藏量（万千瓦） Hydro-power Resources (10 000 kw)	#可开发量 Develop-able Resources
总 计	**Total**			**5341**		**211829**	**2560.00**	**1532.45**	**1083.84**
湘 江	Xiangjiang River	856	670	2157	94660	85383	1059.62	470.70	318.29
资 水	Zishui River	713	630	771	28142	26738	319.96	201.03	147.71
沅 江	Yuanjiang River	1033	568	1491	89163	51066	609.49	537.51	460.21
澧 水	Lishui River	388	388	326	18496	15505	190.55	152.46	137.11
洞庭湖水系	Water System of Dongting Lake			432		27269	299.71	140.20	13.65
鄱阳湖水系	Water System of Poyang Lake			16		683	10.79	3.12	0.58
珠江水系	Water System of Zhujiang River			148		5185	69.88	27.43	6.29

注：1. 河流条数指河长5公里以上的河流数，河长共9万公里。

2. 资水河长以夫夷水作水源计算。

3. 据1986年勘定，洞庭湖面积为2691平方公里。

a. Rivers refer to those which are more than 5 km long, and the total length of the rivers are 90 000 km.

b. The length of Zishui River refers to that of Fuyi River.

c. The figure on the area of Dongting Lake was taken from the survey in 1986.

1—5 主要城市平均气温 (2017年)

Monthly Average Temperature of Major Cities (2017)

单位：摄氏度 (℃)

城 市	City	1月 January	2月 February	3月 March	4月 April	5月 May	6月 June	7月 July
长沙市	Changsha	7.4	8.2	11.1	18.3	22.7	23.9	29.6
株洲市	Zhuzhou	8.4	9.1	11.8	19.0	23.5	24.3	30.2
湘潭市	Xiangtan	8.0	8.7	11.6	18.8	23.2	24.3	30.1
衡阳市	Hengyang	9.4	9.9	12.2	19.8	24.3	25.1	30.3
邵阳市	Shaoyang	7.9	8.3	10.7	18.3	22.5	23.4	28.3
岳阳市	Yueyang	7.7	8.9	12.1	18.8	23.5	24.8	30.6
常德市	Changde	7.1	7.8	11.2	17.8	22.4	23.7	29.9
张家界市	Zhangjiajie	8.0	8.4	11.9	18.3	22.5	24.4	30.5
益阳市	Yiyang	7.9	8.8	11.8	19.0	23.7	24.7	31.2
郴州市	Chenzhou	8.6	9.0	11.2	18.9	22.6	24.2	27.5
永州市	Yongzhou	9.3	9.7	11.7	19.6	23.4	24.7	29.0
怀化市	Huaihua	7.6	7.9	10.9	18.3	22.5	23.8	29.5
娄底市	Loudi	8.0	8.8	11.0	18.5	22.9	23.6	29.6
吉首市	Jishou	7.7	7.6	11.0	17.4	21.4	23.3	29.1

1—5 续表 continued

城 市	City	8月 August	9月 September	10月 October	11月 November	12月 December	全年平均 Annual Average	上年平均 Annual Average Preceding Year
长沙市	Changsha	28.7	24.7	17.4	12.8	8.1	17.7	18.0
株洲市	Zhuzhou	29.8	26.0	18.9	13.9	8.9	18.7	18.4
湘潭市	Xiangtan	29.6	25.6	18.0	13.1	8.2	18.3	18.1
衡阳市	Hengyang	30.2	27.5	19.6	14.2	9.9	19.4	19.4
邵阳市	Shaoyang	28.0	25.2	17.9	13.0	8.5	17.7	17.6
岳阳市	Yueyang	29.2	24.6	17.6	13.6	8.6	18.3	18.2
常德市	Changde	28.2	23.4	16.6	12.6	8.3	17.4	17.3
张家界市	Zhangjiajie	29.2	24.3	17.6	13.1	8.6	18.1	18.1
益阳市	Yiyang	29.3	25.0	17.6	13.4	8.7	18.4	18.3
郴州市	Chenzhou	28.1	25.6	17.6	12.9	8.5	17.9	17.8
永州市	Yongzhou	29.2	27.1	19.2	13.7	9.4	18.8	18.9
怀化市	Huaihua	29.0	24.5	17.5	12.5	8.0	17.7	17.7
娄底市	Loudi	28.8	25.4	18.2	13.2	8.5	18.0	17.8
吉首市	Jishou	28.1	23.6	17.0	12.4	7.9	17.2	17.2

1-6　主要城市降水量 (2017年)
Monthly Precipitation in Major Cities (2017)

单位：毫米　　(millimeter)

城　市	City	1月 January	2月 February	3月 March	4月 April	5月 May	6月 June	7月 July
长沙市	Changsha	46.4	61.2	239.8	131.8	121.4	434.9	246.5
株洲市	Zhuzhou	44.8	60.6	273.4	85.0	162.0	451.6	192.1
湘潭市	Xiangtan	38.6	70.5	262.8	67.3	171.8	441.2	169.0
衡阳市	Hengyang	67.7	71.5	223.0	60.7	129.4	275.5	98.6
邵阳市	Shaoyang	49.9	57.1	173.9	58.2	132.5	352.0	109.1
岳阳市	Yueyang	58.2	66.2	218.6	165.0	170.6	377.3	87.8
常德市	Changde	39.2	64.2	184.3	132.9	165.5	271.3	98.1
张家界市	Zhangjiajie	34.5	69.6	140.2	147.6	169.2	257.1	11.3
益阳市	Yiyang	38.1	55.9	266.6	142.9	148.1	370.5	87.9
郴州市	Chenzhou	65.6	61.8	235.9	117.3	166.2	290.3	94.9
永州市	Yongzhou	75.5	86.2	340.5	121.0	133.2	323.8	203.2
怀化市	Huaihua	28.6	93.4	136.3	86.1	130.4	461.3	31.0
娄底市	Loudi	47.0	60.1	243.8	72.7	146.5	359.1	128.9
吉首市	Jishou	39.9	62.6	75.4	150.3	174.5	462.7	16.4

1-6　续表　continued

城　市	City	8月 August	9月 September	10月 October	11月 November	12月 December	全年平均 Annual Average	上年平均 Annual Average Preceding Year
长沙市	Changsha	152.9	65.4	31.2	60.9	26.7	1619.1	1617.2
株洲市	Zhuzhou	69.6	42.2	29.7	81.1	34.8	1526.9	2028.2
湘潭市	Xiangtan	64.0	46.6	31.3	81.3	30.3	1474.7	1749.7
衡阳市	Hengyang	126.5	18.0	31.4	78.4	37.0	1217.7	1281.4
邵阳市	Shaoyang	129.0	31.4	28.5	59.7	28.9	1210.2	1501.9
岳阳市	Yueyang	213.7	62.1	45.2	52.9	16.4	1534.0	1278.3
常德市	Changde	233.2	120.0	54.2	57.0	7.4	1427.3	1696.1
张家界市	Zhangjiajie	123.3	179.1	37.4	37.5	5.4	1212.2	1526.8
益阳市	Yiyang	177.4	92.2	69.5	67.0	25.7	1541.8	1836.2
郴州市	Chenzhou	100.5	50.1	123.8	154.4	40.6	1501.4	2035.8
永州市	Yongzhou	193.1	13.9	39.8	59.4	32.5	1622.1	1416.5
怀化市	Huaihua	120.7	143.6	47.6	19.5	18.3	1316.8	1524.4
娄底市	Loudi	123.0	15.9	22.2	45.0	32.5	1296.7	1556.5
吉首市	Jishou	342.2	241.7	41.4	29.4	8.4	1644.9	1517.2

1-7 主要城市日照时数(2017年)
Monthly Sunshine Hours in Major Cities (2017)

单位：小时 (hour)

城 市	City	1月 January	2月 February	3月 March	4月 April	5月 May	6月 June	7月 July
长沙市	Changsha	72	100	54	115	161	68	278
株洲市	Zhuzhou	68	87	40	138	176	59	251
湘潭市	Xiangtan	69	95	46	130	190	63	252
衡阳市	Hengyang	55	75	39	126	149	39	217
邵阳市	Shaoyang	32	78	38	105	157	42	222
岳阳市	Yueyang	47	107	83	166	196	103	260
常德市	Changde	53	83	53	137	179	96	250
张家界市	Zhangjiajie	50	76	52	137	174	112	268
益阳市	Yiyang	42	81	47	140	189	70	240
郴州市	Chenzhou	72	75	46	139	160	56	234
永州市	Yongzhou	54	63	35	117	172	33	207
怀化市	Huaihua	30	66	31	116	185	75	269
娄底市	Loudi	54	83	42	125	172	64	271
吉首市	Jishou	36	58	31	88	153	59	262

1-7 续表 continued

城 市	City	8月 August	9月 September	10月 October	11月 November	12月 December	全年平均 Annual Average	上年平均 Annual Average Preceding Year
长沙市	Changsha	223	109	86	79	136	1481	1234
株洲市	Zhuzhou	235	132	98	82	124	1489	1553
湘潭市	Xiangtan	236	134	84	66	125	1492	1481
衡阳市	Hengyang	178	152	80	62	114	1285	1329
邵阳市	Shaoyang	169	108	88	67	115	1221	1238
岳阳市	Yueyang	199	134	95	91	133	1614	1475
常德市	Changde	177	109	54	93	137	1420	1427
张家界市	Zhangjiajie	190	97	74	88	106	1422	1386
益阳市	Yiyang	181	116	53	72	118	1348	1454
郴州市	Chenzhou	230	165	92	61	111	1442	1333
永州市	Yongzhou	191	138	68	55	99	1232	1266
怀化市	Huaihua	213	116	83	71	95	1351	1358
娄底市	Loudi	203	112	87	74	114	1399	1320
吉首市	Jishou	180	67	58	73	93	1159	1117

1-8 国民经济和社会发展总量指标
Principal Indicators of National Economy and Social Development

指 标	Item	总量指标 Aggregate Data 2000	2005	2016	2017
人口与就业	**Population and Employment**				
人口 （万人）	**Population (10 000 persons)**				
年底户籍人口	Household population at the Year-end	6562.05	6732.10	7318.81	7296.26
城镇人口	Urban	1952.21	2490.88	2187.82	2446.87
乡村人口	Rural	4609.84	4241.22	5130.99	4849.39
男性人口	Male	3422.77	3490.59	3797.57	3781.75
女性人口	Female	3139.28	3241.51	3521.24	3514.51
就业 （万人）	**Employmen (10 000 persons)**				
从业人员数	Employees	3577.58	3801.48	3920.41	3817.22
在岗职工数	Staff and Workers on the Job	580.82	451.80	523.97	520.37
宏观经济	**Macro-economy**				
国民经济核算 （亿元）	**National Accounting (100 million yuan)**				
地区生产总值	Gross Domestic Products	3551.49	6623.45	30888.57	33902.96
第一产业	Primary Industry	784.92	1100.65	2915.57	2998.40
第二产业	Secondary Industry	1293.18	2630.09	13341.17	14145.49
第三产业	Tertiary Industry	1473.39	2892.71	14631.83	16759.07
人均地区生产总值 （元）	Per Capita Gross Regional Product (yuan)	5425	10606	45408	49558
支出法地区生产总值	Gross Regional Product by Expenditure Approach	3551.49	6623.45	30888.57	33902.96
最终消费	Final Consumption	2471.77	4022.83	16122.55	18075.98
居民消费	Households Consumption	1928.94	3092.25	11897.7	13283.88
政府消费	Government Consumption	542.83	930.58	4224.85	4792.10
资本形成总额	Gross Capital Formation	1046.05	2606.71	16074.47	17585.44
固定资本形成	Gross Fixed Capital Formation	1082.00	2550.92	15814.56	17159.52
固定资产投资 （亿元）	**Investment in Fixed Assets (100 million yuan)**				
固定资产投资总额	Total Investment in Fixed Assets	1066.70	2563.96	27688.45	31328.08
国有投资	State Investment	574.12	1000.96	9253.52	10395.04
非国有投资	Non-state Investment	492.58	1563.00	18434.93	20933.04
财政 （亿元）	**Public Finance (100 million yuan)**				
地方财政收入	Public Budgetary Revenue	177.04	395.27	2697.88	2757.82
一般公共预算支出	Public Budgetary Expenditure	347.83	873.42	6339.16	6869.39
物价总指数 （上年＝100）	**Price Index (preceding year=100)**				
居民消费价格总指数	General Consumer Price Index	101.4	102.3	101.9	101.4
商品零售价格总指数	General Retail Price Index	99.3	102.3	101.0	101.3
农产品生产者价格指数	Producer Price Indices of Farm Products	96.8	99.5	104.7	98.0
利用外资 （万美元）	**Utilization of Foreign Capital (USD 10 000)**				
实际利用外商直接投资	Foreign Direct Investment	110843	207235	1285209	1447489
产业	**Industry**				
农业	**Agriculture**				
耕地面积 （千公顷）	Cultivated Areas (1 000 hectares)	3921.60	3815.98	4148.76	4151.01
农林牧渔业从业人员 （万人）	Number of Persons Engaged in Farming, Forestry, Animal Husbandry and Fishery (10 000 persons)	2065.92	1951.90	1696.81	1686.30

1-8 续表 1 continued

指 标	Item	总量指标 Aggregate Data			
		2000	2005	2016	2017
农林牧渔业总产值（亿元）	Gross Output Value of Farming, Forestry, Animal Husbandry and Fishery (100 million yuan)	1251.89	2056.24	5057.52	5213.48
农业	Planting	633.84	947.72	2485.49	2597.63
林业	Forestry	51.01	100.96	321.60	325.01
牧业	Animal Husbandry	486.13	834.52	1549.59	1505.78
渔业	Fishery	80.91	138.37	354.95	393.06
主要农产品产量（万吨）	Output of Major Farm Products (10 000 tons)				
粮食	Grain	2874.97	2856.55	3052.3	3073.6
棉花	Cotton	17.13	18.56	12.62	10.95
油料	Oil-bearing Crops	139.35	140.98	221.22	226.08
黄红麻（熟麻）	Jute and Ambary Hemp	0.23	0.06	0.02	0.02
苎麻	Ramie	6.62	13.07	0.44	0.39
烤烟	Fluecured Tobacco	15.55	20.39	21.06	20.46
茶叶	Tea	5.73	7.20	18.16	19.71
柑桔	Citrus	125.92	205.51	476.36	500.90
猪牛羊肉	Pork, Beef and Mutton	391.40	466.80	471.50	480.79
水产品	Aquatic Products	133.21	179.22	238.35	242.31
工业	**Industry**				
主要工业产品产量	Output of Major Industrial Products				
布（亿米）	Cloth (100 million m)	3.41	3.61	4.01	3.31
机制纸及纸板（万吨）	Machine-made Paper and Paperboards (10 000 tons)	70.07	170.59	422.13	402.28
成品糖（万吨）	Sugar (10 000 tons)	4.44	2.10	5.79	
合成洗涤剂（万吨）	Synthetic Detergents (10 000 tons)	8.12	32.06	42.31	43.76
原煤（万吨）	Coal (10 000 tons)	1490.81	3646.51	2595.54	1860.51
发电量（亿千瓦小时）	Electricity (100 million kw.h)	354.42	630.29	1284.71	1349.20
粗钢（万吨）	Crude Steel (10 000 tons)	304.13	975.17	1827.82	2041.41
钢材（万吨）	Steel (10 000 tons)	299.05	961.26	1998.69	2210.15
水泥（万吨）	Cement (10 000 tons)	2395.72	3571.07	12177.65	11920.40
规模工业企业财务指标	Principal Financial Item of Industrial Enterprises above Designated Size				
年底固定资产原价（亿元）	Original Value of Fixed Assets (100 million yuan)	1947.23	2932.81	15453.45	16176.95
利润总额（亿元）	Total Profits (100 million yuan)	34.48	189.25	1953.67	2093.98
建筑业	**Construction**				
建筑业企业人数（万人）	Number of Employed Persons (10 000 persons)	76.30	118.61	229.17	267.57
建筑业总产值（亿元）	Gross Output Value of Construction (100 million yuan)	354.29	1219.35	7304.22	8423.00
施工房屋面积（万平方米）	Floor Space of Buildings Under Construction (10 000 m^2)	5087.93	13774.87	50329.04	54593.66
#竣工房屋面积	Floor Space of Buildings Completed	2603.03	6846.04	18629.18	19840.34
交通运输	**Transportation**				
货运量（万吨）	Freight Traffic (10 000 tons)	51228	76876	207364	226522
铁路	Railways	4676	5218	3925	4185
公路	Highways	42868	67040	178968	198806
水运	Waterways	3406	4615	23445	22560
客运量（万人）	Passenger Traffic (10 000 persons)	87462	116457	122702	116178
铁路	Railways	5233	5423	11369	12872
公路	Highways	81005	109728	108627	100390
水运	Waterways	1094	702	1615	1674

注：2013 年开始，公路水路客货运输数据，源自交通运输业经济统计专项调查，统计口径有所调整（下表同）。2016 年、2017 年农林牧渔业总产值主要农产品产量根据第三次全国农业普查结果进行了修正（下表同）。

Beginning in 2013,highway and waterway freignt volume data,from traffic transportation economic statistics,special inrestigation,statistical adjustments(the same below).The main agricultural output of agriculture, forestry, animal husbandry and fishery in 2016 and 2017 was revised according to the results of the third national agricultural census (The same below).

1-8 续表 2 continued

指 标	Item	总量指标 Aggregate Data 2000	2005	2016	2017
邮电通信业	**Postal and Telecommunications Services**				
邮政业务总量 (亿元)	Total Postal Services (10 000 yuan)	9.16	22.28	143.37	192.64
函件 (万件)	Number of Letters Delivered (10 000 pieces)	21255.00	11338.80	3040.08	2542.50
报刊期发数 (万份)	Newspapers and Magazines Distributed (10 000 copies)	1042.72	582.89	559.85	516.40
快递业务量 (万件)	Express Business (10 000 pieces)			48603.48	59181.60
电信业务总量 (亿元)	Total Telecommunications Services (10 000 yuan)	131.76	349.96	1215.96	928.50
固定电话用户数 (万户)	Local Telephone Subscribers (10 000 households)	638.48	1214.98	720.02	674.36
移动电话用户数 (万户)	Mobile Telephone Subscribers (10 000 households)	279.00	1231.62	4993.63	5683.43
固定互联网用户数(万户)	Number of Local Internet Users (10 000 households)		129.74	1066.88	1315.48
移动互联网用户数(万户)	Number of Mobile Internet Users (10 000 households)			4351.00	4922.45
国内商业 (亿元)	**Domestic Trade (100 million yuan)**				
社会消费品零售总额	Total Retail Sales of Consumer Goods	1383.72	2459.12	13436.53	14854.87
对外经济贸易和旅游	**Foreign Trade and Tourism**				
进出口总额 (亿美元)	Total Exports and Imports (USD 100 million)	25.13	60.05	268.80	360.40
进口额	Imports	8.60	22.58	87.10	128.68
出口额	Exports	16.53	37.47	181.70	231.72
国际旅游	International Tourism				
来湘旅游人数 (万人次)	Tourism to Hunan (10 000 person-times)	45.40	71.98	240.81	322.68
旅游外汇收入 (亿美元)	Foreign Exchange Earnings from Tourism (USD 100 million)	2.21	3.90	10.05	12.95
金融保险 (亿元)	**Finance and Insurance (100 million yuan)**				
金融机构人民币存款余额	Total Saving Depositot of F inancial Institutions	2874.75	6498.23	41694.54	46437.72
金融机构人民币贷款余额	Total Loan Balances of F inancial Institutions	2403.39	4509.09	27215.51	31532.69
财产险保费收入	Premium Income from Property Insurance	13.12	31.50	296.49	314.19
人身险保费收入	Premium Income from Life Insurance	46.78	95.68	589.97	634.29
教育、科技、文化	**Education, Science and Technology, Culture**				
教育	**Education**				
专任教师数 (万人)	Full-time Teachers (10 000 persons)				
普通高等学校	Institutions of Higher Education	2.03	4.53	6.87	7.02
中等职业学校	Specialized Secondary Schools	1.08	2.60	2.56	2.70
普通中学	Secondary Schools	22.37	26.14	24.15	24.74
小学	Primary Schools	30.64	24.61	25.37	26.59
在校学生 (万人)	Students Enrollment (10 000 persons)				
普通高等学校	Institutions of Higher Education	25.31	74.24	122.47	127.32
中等职业学校	Specialized Secondary Schools	25.83	70.56	66.09	68.65
普通中学	Secondary Schools	391.73	429.11	335.96	344.26
小学	Primary Schools	663.93	419.83	501.81	511.66
国家财政性教育经费(亿元)	State Fiscal Funding on Education (100 million yuan)	85.77	166.91	1083.64	1185.40
科技	**Science and Technology**				
各类专业技术人员数(万人)	Scientific and Technical Personnel (10 000 person)	109.34	122.91	96.61	97.56
科技拨款 (亿元)	Funding for Scientific and Technical Activities (100 million yuan)	5.55	10.77	71.44	91.42
技术市场技术交易成交额 (亿元)	Transaction Value in Technical Market (100 million yuan)	10.95	20.70	50.15	125.60
文化	**Culture**				
出版数量	Publications				
图书 (万册)	Number of Books (10 000 copies)	24844	33238	51704	45901
杂志 (万册)	Number of Magazines (10 000 copies)	10504	11708	13966	11684
报纸 (万份)	Number of Newspapers Issue (10 000 copies)	83467	106428	98425	92913
电视节目每周播出时间 (小时)	Time for TV Programs Telecasting (hour)	2338	13210	14629	14558

注：对外贸易中的进出口总额，统一按海关统计数据。电信业务总量2017年起执行2015年不变价。邮政业务总量2010年起执行2010年不变价。

Figures on total imports and exports from foreign trade are obtained from the customs statistics.From 2017,the Revenue of Telecommunication Business application 2015's constant price. From 2010,the total amount of Postal Services application 2010's constant price.

1-8 续表 3 continued

指 标	Item	总量指标 Aggregate Data			
		2000	2005	2016	2017
家庭、生活、环境	**Family, People's Livelihood and Environment**				
家庭	**Family**				
城镇居民户均家庭人口 （人）	Average Household Size in Urban Areas (person)	3.09	2.93	3.10	3.03
农村居民户均常住人口 （人）	Average Household Size in Rural Areas (person)	3.97	3.94	3.22	3.18
婚姻 （万对）	**Marriages and Divorces (10 000 couples)**				
结婚数	Number of Marriages	38.31	45.97	49.94	45.78
离婚数	Number of Divorces	6.45	8.30	21.29	24.25
居住 （平方米/人）	**Housing (sq.m/person)**				
城市居民人均居住面积	Per Capita Floor Space of Urban Residents	11.75	22.03	44.04	46.48
农村居民人均住房面积	Per Capita Floor Space of Rural Residents	30.92	38.38	60.63	63.52
生活	**People's Livelihood**				
城镇居民人均可支配收入 （元）	Disposable Income of Urban Households (yuan)	6219	9524	31284	33948
农村居民人均可支配收入 （元）	Disposable Income of Rural Households (yuan)	2197	3118	11930	12936
城镇居民人均消费支出 （元）	Per Capita Consumption Expenditure of Urban Households (yuan)			21420	23163
农村居民人均消费支出 （元）	Per Capita Consumption Expenditure of Rural Households (yuan)			10630	11534
工资福利	**Wages and Welfare**				
在岗职工工资总额 （亿元）	Total Wages on the Job (100 million yuan)	377.19	616.86	3111	3376
在岗职工平均工资 （元）	Average Wage of Staff and Workers on the Job (yuan)	6515	13718	60160	65994
卫生	**Health Care**				
医院与卫生院 （个）	Number of Hospitals (unit)	3339	4097	3534	3542
执业（助理）医师 （万人）	Number of Doctors (10 000 persons)	8.87	7.99	16.07	17.31
医院床位数 （万张）	Number of Hospital Beds (10 000 units)	9.32	15.22	29.93	31.94
市政建设	**City Construction**				
供水总量 （亿立方米）	Volume of Tap Water Supply (100 million tons)	28.24	26.78	21.54	19.48
排水管道长度 （公里）	Length of Sewer Pipelines (km)	3754.00	5593.83	13845.74	16478.83
城市煤气供气量 （万立方米）	Volume of Coal Gas Supply in Urban Areas (10 000 cu.m)	60375	44064	3032	
液化石油气用量 （万吨）	Volume of Liquefied Petroleum Gas (10 000 tons)	20.20	29.47	24.39	20.30
天然气供气量 （万立方米）	Volume of Natural Gas (10 000 cu.m)			22.56	23.63
公共汽车总数 （辆）	Total Number of Public Buses (unit)	9083	9611	24483	27072
公交客运总量 （万人次）	Total Passenger Traffic of Public Transportation (10 000 person-times)	106227	212507	319743	295202
环境、灾害	**Environment and Disaster**				
火灾发生数 （次）	Number of Fire Disasters (times)	3440	5223	15091	8858
火灾经济损失 （万元）	Loss of Fire Accidents (10 000 yuan)	4799	4862	18212	14811
交通事故发生数 （次）	Number of Traffic Accidents (times)	23938	15013	7505	6865
交通事故经济损失 （万元）	Loss of Traffic Accidents (10 000 yuan)	9662	7131	6440	5334

注：2002年起，医生数是指执业医生数。2000年起，城镇居民人均居住面积由建设厅提供。2006年劳动厅取消有关离退休人员人数、劳保福利费等统计指标。2007年起，卫生部网络直报数据包含了诊所、医务室、卫生所、社区服务站；而2007年前是没有包括的。

Data of doctors are doctors and assistant doctors since 2002. Data on living floor space of urban residents came from Constructional Bureau of Hunan Province since 2000. The statistical indicators on retired staff and workers have been canceled in 2006.The data submitted directly by network of Ministry of Health has included clinics,health service stations,health service centers for community from 2007, but before 2007, has not included.

1-9 国民经济和社会发展速度指标

Develop Speed of National Economy and Social Development

单位：%　　　　(%)

指　标	Item	发展速度(以上年为100) Growth Rate (Preceding year=100)			
		2000	2005	2016	2017
人口与就业	**Population and Employment**				
人口	**Population**				
年底户籍人口	Household Population at the Year-end	100.5	100.5	100.6	99.7
城镇人口	Urban	113.2	104.8	104.3	111.8
乡村人口	Rural	95.9	98.2	96.8	94.5
男性人口	Male	101.0	100.6	100.6	99.6
女性人口	Female	99.9	100.5	100.5	99.8
就业	**Employment**				
从业人员数	Employees	99.3	101.5	98.5	97.4
在岗职工人数	Staff and Workers on the Job	98.3	95.9	98.0	99.3
宏观经济	**Macro-economy**				
国民经济核算	**National Accounting**				
地区生产总值	Gross Domestic Products	109.0	112.2	108.0	108.0
第一产业	Primary Industry	103.9	105.7	103.3	103.6
第二产业	Secondary Industry	110.6	112.9	106.5	106.7
第三产业	Tertiary Industry	110.9	113.8	110.6	110.3
人均地区生产总值	Per Capita Gross Regional Product	108.5	110.6	107.4	107.4
支出法地区生产总值	Gross Regional Product by Expenditure Approach	109.0	112.2	108.0	108.0
最终消费	Final Consumption	106.7	110.3	108.3	108.2
居民消费	Households Consumption	105.6	111.3	108.7	108.6
政府消费	Government Consumption	110.8	107.3	107.3	107.2
资本形成总额	Gross Capital Formation	104.3	116.7	107.5	107.6
固定资本形成	Gross Fixed Capital Formation	110.9	122.0	109.1	107.4
固定资产投资	**Investment in Fixed Assets**				
固定资产投资总额	Total Investment in Fixed Assets	113.0	129.4	113.8	113.1
国有投资	State Investment	109.8	113.8	123.9	112.3
非国有投资	Non-state Investment	117.0	141.9	109.4	113.6
财政	**Pubic Finance**				
地方财政收入	Public Budgetary Revenue	106.3	123.3	107.3	104.9
一般公共预算支出	Public Budgetary Expenditure	111.1	121.4	110.7	108.4
物价总指数　(上年=100)	**Price Index　(preceding year=100)**				
居民消费价格总指数	General Consumer Price Index	101.4	102.3	101.9	101.4
商品零售价格总指数	General Retail Price Index	99.3	102.3	101.0	101.3
农产品生产者价格指数	Producer Price Indices of Farm Products	96.8	99.5	104.7	98.0
利用外资	**Utilization of Foreign Capital**				
实际利用外商直接投资	Foreign Direct Investment	103.6	146.1	111.1	112.6
产业	**Industry**				
农业	**Agriculture**				
耕地面积	Cultivated Areas	122.1	100.0	99.9	100.1
农林牧渔业从业人员	Number of Persons Engaged in Farming, Forestry, Animal Husbandry and Fishery	99.6	98.8	96.3	99.4

1-9 续表 1 continued

单位：% (%)

指 标	Item	发展速度（以上年为 100） Growth Rate (Preceding year=100)			
		2000	2005	2016	2017
农林牧渔业总产值	Gross Output Value of Farming, Forestry,Animal Husbandry and Fishery	104.3	105.8	103.6	104.0
农业	Farming	103.1	104.5	103.8	103.0
林业	Forestry	104.3	109.8	108.3	109.1
牧业	Animal Husbandry	103.9	106.3	100.5	103.0
渔业	Fishery	111.5	109.6	106.4	106.4
主要农产品产量	Output of Major Farm Products				
粮食	Grain	106.5	101.5	98.3	101.0
棉花	Cotton	89.3	97.5	84.8	86.4
油料	Oil-bearing Crops	107.1	131.8	99.1	102.2
黄红麻（熟麻）	Jute and Ambary Hemp	100.0	85.7	44.0	101.2
苎麻	Ramie	173.3	109.0	79.9	89.0
烤烟	Fluecured Tobacco	125.4	113.6	101.9	97.1
茶叶	Tea	101.8	108.1	104.5	108.6
柑桔	Citrus	84.1	112.8	106.4	105.2
猪牛羊肉	Pork, Beef and Mutton	102.1	102.4	96.7	103.3
水产品	Aquatic Products	107.0	107.2	104.0	101.7
工业	**Industry**				
主要规模工业产品产量	Output of Major Industrial Products above Designated Size				
布	Cloth	118.8	86.4	104.8	87.3
机制纸及纸板	Machine-made Paper and Paperboards	132.1	101.6	95.1	94.9
成品糖	Refined Sugar	43.8	95.5	186.9	
合成洗涤剂	Synthetic Detergents	119.6	126.8	94.7	109.5
原煤	Coal	104.0	120.1	89.0	73.9
发电量	Electricity	106.6	104.1	104.5	104.4
粗钢	Crude Steel	98.4	121.3	100.9	111.6
钢材	Steel	103.6	119.8	103.6	113.8
水泥	Cement	105.4	106.3	103.9	100.6
规模工业企业财务指标	Principal Financial Item of Industrial Enterprises above Designated Size				
年底固定资产原价	Original Value of Fixed Assets	108.2	106.4	108.3	104.7
利润总额	Total Profits	212.7	122.0	108.0	107.2
建筑业	**Construction**				
建筑业企业人数	Number of Employed Persons	98.9	102.8	103.6	116.8
建筑业总产值	Gross Output Value of Construction	106.1	118.6	110.2	115.3
施工房屋面积	Floor Space of Buildings Under Construction	97.8	110.0	105.9	108.5
竣工房屋面积	Floor Space of Buildings Completed	97.1	109.5	107.1	106.5
交通运输	**Transportation**				
货运量	Freight Traffic	100.1	110.3	103.4	109.1
铁路	Railways	104.9	96.6	93.8	101.7
公路	Highways	99.0	111.2	103.9	111.1
水运	Waterways	107.2	115.8	101.7	96.2
客运量	Passenger Traffic	99.6	109.5	92.9	94.6
铁路	Railways	104.5	101.8	109.6	111.8
公路	Highways	99.2	109.8	91.1	92.4
水运	Waterways	109.2	90.9	105.3	103.7

1-9 续表 2 continued

单位：% (%)

指 标		Item		发展速度(以上年为 100) Growth Rate (Preceding year=100) 2000	2005	2016	2017
邮电通信业		**Postal and Telecommunications Services**					
邮政业务总量	(亿元)	Total Postal Services	(10 000 yuan)		116.6	137.7	134.4
函件	(万件)	Number of Letters Delivered	(10 000 pieces)	83.8	71.9	66.8	83.6
报刊期发数	(万份)	Newspapers and Magazines Distributed	(10 000 copies)	65.1	88.2	104.5	92.2
快递业务量	(万件)	Express Business	(10 000 pieces)			152.9	121.8
电信业务总量	(亿元)	Total Telecommunications Services	(10 000 yuan)		144.7	152.0	167.0
固定电话用户数	(万户)	Local Telephone Subscribers	(10 000 households)		111.9	91.5	93.7
移动电话用户数	(万户)	Mobile Telephone Subscribers	(10 000 households)		118.9	102.2	113.8
固定互联网用户数	(万户)	Number of Local Internet Users	(10 000 households)			118.8	123.3
移动互联网用户数	(万户)	Number of Mobile Internet Users	(10 000 households)			119.6	113.1
国内商业		**Domestic Trade**					
社会消费品零售总额		Total Retail Sales of Consumer Goods		111.0	114.4	111.7	110.6
对外经济贸易和旅游		**Foreign Trade and Tourism**					
进出口总额		Total Exports and Imports		128.5	110.4	91.7	134.1
进口额		Imports		127.6	96.5	85.7	147.7
出口额		Exports		128.9	120.9	94.9	127.5
国际旅游		International Tourism					
来湘旅游人数		Number of Tourism to Hunan		117.7	130.1	106.5	134.0
旅游外汇收入		Foreign Exchange Earnings from Tourism		119.2	124.6	117.1	128.9
金融保险		**Finance and Insurance**					
金融机构人民币存款余额		Total Saving Depositot of F inancial Institutions		113.2	118.1	115.8	111.4
金融机构人民币贷款余额		Total Loan Balances of F inancial Institutions		99.8	105.9	114.6	115.9
财产险保费收入		Premium Income from Property Insurance		102.0	119.3	114.4	115.1
人身险保费收入		Premium Income from Life Insurance		159.0	117.0	130.2	127.9
教育、科技、文化		**Education, Science and Technology, Culture**					
教育		**Education**					
专任教师数		Full-time Teachers		112.9	118.3	103.1	102.3
普通高等学校		Institutions of Higher Education				98.3	105.5
中等职业学校		Specialized Secondary Schools		105.3	100.2	101.4	102.4
普通中学		Secondary Schools		99.7	99.1	101.8	104.8
小学		Primary Schools					
在校学生		Students Enrollment		140.7	118.7	103.8	104.0
普通高等学校		Institutions of Higher Education				102.0	103.9
中等职业学校		Specialized Secondary Schools		124.7	90.9	101.9	102.5
普通中学		Secondary Schools		92.0	97.1	102.6	102.0
小学		Primary Schools		107.1	118.4	113.6	109.4
国家财政性教育经费		State Fiscal on Education					
科技		**Science and Technology**		101.8	102.1	97.1	101.0
各类专业技术人员数		Number of Scientific and Technical Personnel		126.1	121.1	107.8	128.0
科技拨款		Funding for Scientific and Technical Activities		153.2	123.9	101.7	250.4
技术市场技术交易成交额		Transaction Value in Technical Market					
文化		**Culture**					
出版数量		Publications					
图书		Number of Books		80.8	108.9	106.5	88.8

注：对外贸易中的进出口总额，统一按海关统计数据。

Figures on total imports and exports from foreign trade are obtained from the customs statistics.

1-9 续表 3 continued

单位：% (%)

指 标	Item	发展速度(以上年为 100) Growth Rate (Preceding year=100)			
		2000	2005	2016	2017
杂志	Number of Magazines	84.5	61.2	99.1	83.7
报纸	Number of Newspapers Issue	98.2	102.2	73.7	94.4
电视节目每周播出时间	Time for TV Programs Telecasting	107.7	114.2	100.4	99.5
家庭、生活、环境	**Family, People's Livelihood and Environment**				
家庭	**Family**				
城镇居民平均每户家庭人口	Average Household Size in Urban Areas	100.3	98.0	103.3	97.7
农村居民平均每户常住人口	Average Household Size in Rural Areas	101.0	101.3	101.3	98.8
婚姻	**Marriages and Divorces**				
结婚数	Number of Marriages	94.6	108.0	92.0	91.7
离婚数	Number of Divorces	113.8	102.6	119.9	113.9
居住	**Housing**				
城市居民人均自有现住房面积	Per Capita Floor Space of Urban Residents	104.5	86.8	107.3	105.6
农村居民人均自有现住房面积	Per Capita Floor Space of Rural Residents	103.5	105.0	105.8	104.8
生活	**People's Livelihood**				
城镇居民人均可支配收入	Disposable Income of Urban Households	106.9	110.5	108.5	108.5
农村居民人均可支配收入	Disposable Income of Rural Households	102.3	109.9	108.5	108.4
城镇居民人均消费支出	Per Capita Consumption Expenditure of Urban Households	108.7	109.0	109.8	108.1
农村居民人均消费支出	Per Capita Consumption Expenditure of Rural Households	101.2	111.5	109.7	108.5
工资福利	**Wages and Welfare**				
在岗职工工资总额	Total Wages on the Job	108.1	113.4	108.5	108.5
在岗职工平均工资	Average Wage of Staff and Workers on the Job	108.3	119.7	111.6	109.7
卫生	**Health Care**				
医院与卫生院	Number of Hospitals	99.4	101.4	101.8	100.2
执业(助理)医师	Number of Doctors	104.5	100.0	106.6	107.7
医院床位数	Number of Hospital Beds	106.5	103.0	108.5	106.7
市政建设	**City Construction**				
供水总量	Volume of Tap Water Supply	99.7	112.6	108.9	90.4
排水管道长度	Length of Sewer Pipelines	76.3	113.1	104.9	119.0
城市煤气供气量	Volume of Coal Gas Supply in Urban Areas	81.0	99.9	109.6	
液化石油气用量	Volume of Liquefied Petroleum Gas	106.5	98.1	101.0	83.2
天然气供气量	Volume of Natural Gas			104.7	104.7
公共汽车总数	Total Number of Public Buses	102.2	102.9	111.1	110.6
公交客运总量	Total Passenger Traffic of Public Transportation	115.7	121.3	94.7	92.3
环境、灾害	**Environment and Disaster**				
火灾发生数	Number of Fire Disasters	119.8	138.8	97.5	58.7
火灾经济损失	Loss of Fire Accidents	57.7	158.0	79.6	81.3
交通事故发生数	Number of Traffic Accidents	156.1	64.6	83.1	91.5
交通事故经济损失	Loss of Traffic Accidents	116.2	69.4	89.1	82.8

1-10 国民经济和社会发展效益指标
Beneficial Indicators of National Economy and Social Development

指 标	Item	2000	2005	2016	2017
人口与就业	**Population and Employment**				
人口出生率 (‰)	Birth Rate (‰)	11.45	11.90	13.57	13.27
人口死亡率 (‰)	Death Rate (‰)	6.79	6.75	7.01	7.08
人口自然增长率 (‰)	Natural Growth Rate (‰)	4.66	5.15	6.56	6.19
就业者负担人口 (人)	Dependency Rate (person)	1.83	1.77	1.74	1.80
宏观经济	**Macro Economy**				
全社会劳动生产率 (元/年人)	Overall Labor Productivity (yuan/person year)	9894	17549	78192	87631
第一产业	Primary Industry	3785	5899	18188	19329
第二产业	Secondary Industry	15399	32410	144385	158641
第三产业	Tertiary Industry	21791	26374	102799	117532
人均地区生产总值 (元)	Per Capita Gross Regional Product (yuan)	5425	10606	45408	49558
固定资产投资相当于生产总值 (%)	Proportion of Investment in Fixed Assets to GDP (%)	30.0	38.7	87.8	92.4
国有经济项目投产率 (%)	Rate of Projects Completed and Put into Use in State-owned Economic (%)	62.3	56.1	61.2	68.3
国有经济固定资产交付使用率 (%)	Rate of Fixed Assets Completed and Put into Use in State-owned Economic (%)	69.8	56.2	53.3	63.9
地方财政收入相当于生产总值 (%)	Proportion of Public Budgetary Revenue to GDP (%)	5.0	6.0	8.7	8.1
一般公共预算支出相当于生产总值 (%)	Proportion of Public Budgetary Expenditure to GDP (%)	9.8	13.2	20.5	20.3
产业	**Industry**				
人均耕地面积 (公顷)	Per Capita Cultivated Land (hectare)	0.06	0.06	0.06	0.06
农业从业者人均耕地面积 (公顷)	Cultivated Land per Agricultural Laborer (hectare)	0.19	0.20	0.24	0.25
农业从业者人均农业总产值 (元)	Agricultural Output Value per Agricultural Laborer (yuan)	6060	10535	14648	15404
每公顷耕地农业机械总动力 (千瓦)	Total Power of Agricultural Machinery per Hectare Cultivated Land (kw)	5.63	8.36	9.70	9.80
每公顷耕地用电量 (千瓦小时)	Electric Power Consumption per Hectare Cultivated Land (kw.h)	1135.00	1709.55	3054.01	3097.01
每公顷播种面积化肥施用量 (公斤)	Chemical Fertilizer Consumption per Hectare Sown Area (kg)	228.00	251.75	297.21	296.56
每公顷耕地生产的农业产值 (元)	Agricultural Output Value per Hectare Cultivated Land (yuan)	31923	53885	59909	62578
每一农业从业者农产品产量	Output of Farm Products per Agricultural Laborer				
油料 (公斤)	Oil-bearing Crops (kg)	67.32	72.23	130.37	134.07
水产品 (公斤)	Aquatic Products (kg)	64.35	91.82	160.20	162.40
每公顷播种面积农产品产量	Output of Farm Products per Hectare Sown Area				
粮食 (公斤)	Grain (kg)	5716	5477	6092	6474
棉花 (公斤)	Cotton (kg)	1173	1395	1185	1145
油料 (公斤)	Oil-bearing Crops (kg)	1490	1569	1702	1724
规模以上工业企业效益	Economic Efficiency of Industrial Enterprises above Designated				
资产负债率 (%)	Size Ratio of Asset-liability (%)	67.60	61.89	52.29	49.50

1-10 续表 continued

指 标	Item	2000	2005	2016	2017
成本费用利润率 (%)	Ratio of Cost Profit (%)	2.4	4.6	5.6	5.8
百元销售收入实现利润 (元)	Profits per 100 Yuan Sales Revenue (yuan)	2.2	4.1	5.1	5.4
工业产品销售率 (%)	Proportion of Industrial Products Sold (%)	99.3	99.5	99.0	97.1
建筑业技术装备率 (元/人)	Value of Machinery in Construction per Laborer (yuan/person)	5428	8051	17076	10985
建筑业动力装备率 (千瓦/人)	Power of Machinery per Laborer (kw/person)	4.7	4.9	4.6	3.8
建筑业产值利税率 (%)	Ratio of Per-tax Profits to Gross Output Value (%)	4.3	6.0	5.9	6.5
建筑业全员劳动生产率 (元/人)	Overall Labor Productivity (yuan/person-year)	46436	105740	318730	314791
运输业铁路网密度(公里/万平方公里)	Railway Density in Transportation (km/10 000 sq.km)	138.07	132.29	222.66	221.79
运输业公路网密度(公里/万平方公里)	Highway Density in Transportation (km/10 000 sq.km)	2872.90	4164.31	11249.91	11318.40
全省人均消费品零售额 (元)	Per Capita Retail Sales of Consumer Goods (yuan)	2113.51	3652.83	19752.27	21714.20
进出口总额相当于生产总值 (%)	Proportion of Total Imports and Exports to GDP (%)	5.63	7.47	5.65	7.04
每一来湘旅游客人次支出 (美元)	Expenditure per International Tourist in Hunan (USD)	486.92	541.82	417.17	401.43
教育、科技、文化	**Education, Science and Technology , Culture**				
学龄儿童入学率 (%)	Rate of School-age Children Enrollment (%)	98.42	99.03	99.99	99.98
小学升学率 (%)	Rate of Graduates of Primary Schools Entering Junior Secondary Schools (%)	97.04	99.66	101.35	101.31
初中升学率 (%)	Rate of Graduates of Junior Secondary Schools Entering Senior Secondary Schools (%)	51.15	60.82	92.09	92.51
学校每一专任教师负担学生人数	Number of Students Supported by Each Fulltime Teacher				
#高等学校 (人)	Institutions of Higher Education (person)	12.50	16.40	20.20	20.86
普通中学 (人)	Secondary Schools (person)	17.50	16.41	13.91	13.92
小学学校 (人)	Primary Schools (person)	21.70	17.06	19.78	19.24
国家财政性教育经费占 GDP 比例 (%)	Proportion of State Fiscal Funding on Education to GDP (%)	2.42	2.53	3.51	3.50
科技拨款相当于生产总值 (%)	Proportion of Funding for Scientific and Technical (%) Activities to GDP (%)	0.15	0.17	0.23	0.27
每百万人有艺术表演团体 (个)	Number of Troupes per Million Persons (unit)	1.39	1.35	6.44	7.78
每百万人有公共图书馆 (个)	Number of Public Libraries per Million Persons (unit)	1.75	1.78	2.01	2.03
家庭、生活、环境	**Family , People's Livelihood and Environment**				
离婚率 (‰)	Divorce Rate (‰)	1.97	2.50	3.13	3.53
每万人口中医院卫生院数 (个)	Number of Hospitals per 10 000 persons (unit)	0.51	0.61	0.52	0.52
每万人口中执业(助理)医师数 (人)	Number of Doctors per 10 000 persons (person)	13.52	11.87	23.56	25.23
每万人口中医院床位数 (张)	Number of Hospital Beds per 10 000 persons (unit)	14.20	22.61	43.87	46.56
医院病床使用率 (%)	Utilization Rate of Hospital Beds (%)	45.59	68.20	85.97	85.17
城市用水普及率 (%)	Percentage of Households with Access to Tap Water (%)	97.50	91.11	96.81	96.52
城市燃气普及率 (%)	Percentage of Households with Access to Natural Gas (%)	78.35	75.43	93.28	93.5
人均公园绿地面积 (平方米)	Park Green Land Per Capita (sq.m)	5.10	6.87	10.57	9.99
每起火灾经济损失 (万元)	Average Loss of per Fire Disaster (10 000 yuan)	1.40	0.93	1.21	1.67
每起交通事故经济损失 (万元)	Average Loss of per Traffic Accident (10 000 yuan)	0.40	0.48	0.86	0.78

注：自 2010 年起艺术表演团体含民间职业剧团，此前为文化部门专业剧团数据。

Since 2010, arts performance troupes included folk troupes. And before that, arts performance troupes included professional troupes of cultural department only.

1-11 国民经济主要比例关系

Main Proportional Relations of National Economy

单位：% (%)

指　标	Item	2000	2005	2016	2017
地区生产总值（生产法）	**Ratio of Gross Domestic Products**				
第一产业	Primary Industry	22.1	16.6	9.4	8.8
第二产业	Secondary Industry	36.4	39.7	43.2	41.7
第三产业	Tertiary Industry	41.5	43.7	47.4	49.5
地区生产总值（支出法）	**Ratio of Gross National Expenditure**				
资本形成总额	Gross Capital Formation	29.5	39.4	52.0	51.9
#固定资本形成总额	# Fixed Capital Formation	103.4	97.9	98.4	97.6
存货增加	Changes in Inventories	-3.4	2.1	1.6	2.4
最终消费	Final Consumption Expenditure	69.6	60.7	52.2	53.3
#居民消费	#Resident Consumption	78.0	76.9	73.8	73.5
#农村居民	#Rural Household	46.7	36.9	28.8	27.4
城镇居民	Urban Household	53.3	63.1	71.2	72.6
政府消费	Government Consumption	22.0	23.1	26.2	26.5
固定资产投资的资金来源	**Ratio of Investment in Fixed Assets by Source of Finance**				
国家预算内投资	State Budgetary Appropriation	7.2	3.3	5.1	5.2
国内贷款	Domestic Loans	20.0	13.5	9.2	9.0
债券	Bunds	0.2	0.3	0.2	0.2
利用外资	Foreign Investment	2.1	2.5	0.2	0.4
自筹投资	Fundraising	58.5	66.0	72.7	71.5
其他投资	Others	12.1	14.4	12.5	13.7
国有经济投资中各行业比例	**Ratio of Investment in Fixed Assets by Sector**				
（国有经济）	(State-owned Economic)				
农、林、牧、渔业	Agriculture, Forestry, Animal Husbandry and Fishery	0.8	2.2	2.9	2.3
工业	Industry	23.7	25.5	11.2	12.1
地方财政收入比例	**Ratio of Public Budgetary Revenue**				
企业所得税	Income Tax of Enterprises	6.77	5.50	6.39	7.32
国有企业亏损补贴	Subsidies to Loss-suffering State-owned Enterprises	-2.78	-0.95	-0.06	-0.05

注：从 2013 年执行新的三次产业划分规定，即第一产业不含农林牧渔服务业；第二产业不含采矿业的开采辅助活动和制造业的金属制品、机械和设备修理业，因此第二产业不等于工业加建筑业，下表同。

Since 2013,the rules of the new division of three industries has been excuted.That is the first industry exclude agriculture,forestry,animal musbandry and fishery services,the secondary industry exclude mining auxiliary activities in mining industry and metal products, machinery and equipment repair in manufacturing industry. So the secondary industry is not equal to the industry and the construction industry.The same applies to the relvant tables following.

1-11 续表 continued

单位：% (%)

指 标	Item	2000	2005	2016	2017
农业总产值中农林牧渔比例	**Ratio of Agricultural Output Value**				
农业	Agriculture	50.6	46.1	49.1	49.8
林业	Forestry	4.1	4.9	6.4	6.2
牧业	Animal Husbandry	38.8	40.6	30.6	28.9
渔业	Fishery	6.5	6.7	7.0	7.5
客运量比例	**Ratio of Total Passenger Traffic**				
铁路	Railways	6.0	4.7	9.3	11.1
公路	Highways	92.6	94.2	88.5	86.4
水运	Waterways	1.3	0.6	1.3	1.4
民用航空	Civil Aviation	0.2	0.5	0.9	1.1
货运量比例	**Ratio of Total Freight Traffic**				
铁路	Railways	9.2	6.8	1.9	1.8
公路	Highways	83.7	87.2	86.3	87.8
水运	Waterways	6.6	6.0	11.3	10.0
货物周转量比例	**Ratio of Total Freight Ton-kilometers**				
铁路	Railways	58.8	56.0	17.8	18.8
公路	Highways	27.7	32.4	66.4	69.3
水运	Waterways	13.4	11.5	15.3	11.5
全社会消费品零售总额比例	**Ratio of Total Retail Sales of Consumer Goods**				
城镇	Urban			90.4	90.3
其中：城区	City Proper			58.1	57.4
乡村	Rural			9.6	9.7

注：从2010年起，社会消费品零售总额统计采用新的分组，即将经营单位所在地分组由“市”、“县”、“县以下”改为“城镇”、“乡村”。

From 2010, new grouping method is adopted for the statistics on the total retail sales of consumer goods: grouping according to operation location changes from city, county and below county level to urban and rural areas.

1-12 平均每天主要社会经济活动
Selected Indicators of Average Daily Social and Economic Activities

指 标		Item		2000	2005	2016	2017
全省每天创造的财富		**Daily Production**					
地区生产总值	(亿元)	Gross Domestic Product	(100 million yuan)	9.73	18.15	86.44	92.88
农业总产值	(亿元)	Gross Output Value of Agriculture	(100 million yuan)	3.43	5.63	13.86	14.28
地方财政收入	(万元)	Public Budgetary Revenue	(10 000 yuan)	4850.40	10829.18	73914.62	75556.75
布	(万米)	Cloth	(10 000 m)	93.42	98.98	109.74	90.58
机制纸及纸板	(吨)	Machine-made Paper and Paperboard	(ton)	1919.73	4673.70	11565.17	11021.39
原煤	(万吨)	Coal	(10 000 tons)	4.08	9.99	7.11	5.10
发电量	(万度)	Electricity	(10 000 kw.h)	9710.14	17268.08	35197.53	36964.33
原油加工量	(吨)	Machining Crude Oil	(ton)	14422.47	16189.52	23029.32	21074.85
粗钢	(吨)	Crude Steel	(ton)	8331.51	26717.09	50077.33	55929.15
钢材	(吨)	Steel	(ton)	8193.15	26335.95	54758.66	60551.93
水泥	(万吨)	Cement	(10 000 tons)	6.56	9.78	33.36	32.66
粮食	(万吨)	Grain	(10 000 tons)	7.88	7.83	8.36	8.42
棉花	(吨)	Cotton	(ton)	469.32	508.49	345.75	300.00
油料	(吨)	Oil-bearing Crops	(ton)	3817.81	3862.47	6060.74	6193.93
苎麻	(吨)	Ramie	(ton)	181.37	358.08	11.94	10.63
烤烟	(吨)	Flue-cured Tobacco	(ton)	426.03	558.63	576.96	560.50
茶叶	(吨)	Tea	(ton)	156.99	197.26	497.50	540.09
柑桔	(吨)	Oranges	(ton)	3449.86	5630.41	13050.83	13723.35
猪牛羊肉	(吨)	Pork, Beef and Mutton	(ton)	11959.18	14957.26	12764.21	13172.33
水产品	(吨)	Aquatic Products	(ton)	3649.59	4910.14	6530.01	6638.71
进出口总额	(万美元)	Total Imports and Exports	(USD 10 000)	688.49	1645.16	7364.30	9873.84
进口额	(万美元)	#Total Imports	(USD 10 000)	235.62	618.68	2386.21	3525.41
出口额	(万美元)	Total Exports	(USD 10 000)	452.88	1026.48	4978.09	6348.42
其他经济活动		**Other Daily Economic Activities**					
邮政业务总量	(万元)	Business Volume of Postal Services	(10 000 yuan)	250.96	610.41	3927.95	5277.81
电信业务总量	(万元)	Business Volume of Telecommunications Services	(10 000 yuan)	3609.86	9587.95	33313.97	25438.36
出版图书	(万册)	Books Published	(10 000 copies)	68.07	91.06	141.65	125.76
出版杂志	(万册)	Magazines Published	10 000 copies)	28.78	32.08	38.26	32.01
出版报纸	(万份)	Newspaper Published	(10 000 pieces)	228.68	291.58	269.66	254.56
邮寄函件	(万份)	Post Letters	(10 000 pieces)	58.23	31.07	8.33	6.97
全省每天人口变动和婚姻		**Daily Population Changes and Marriages**					
出生	(人)	Births	(person)	2054	2195	2529	2487
死亡	(人)	Deaths	(person)	1218	1245	1307	1327
结婚	(对)	Marriages	(couples)	1050	1259	1368	1254
离婚	(对)	Divorces	(couples)	177	227	583	664

注：电信业务总量从2017年起，由2010年不变价调整为2015年不变价；邮政业务总量从2010年起，由2000年不变价调整为2010年不变价。出生、死亡人口数从2014年起为常住人口口径。

The total volume of telecommunication services has been adjusted from the constant price in 2010 to the constant price in 2015 since 2017; the total amount of postal services has been adjusted from the constant price in 2000 to the constant price in 2010 since 2010. From 2014, birth and death of the population for the resident population caliber.

1-13 人均主要工农业产品产量

Per Capita Output of Major Agricultural and Industrial Products

指 标		Item		2000	2005	2016	2017
甘蔗	（公斤）	Sugarcane	(kg)	17.70	14.95	4.58	4.84
烤烟	（公斤）	Flue-cured Tobacco	(kg)	2.40	3.03	3.09	2.98
茶叶	（公斤）	Tea	(kg)	0.90	1.07	2.66	2.87
水果	（公斤）	Fruit	(kg)	23.00	80.26	82.29	85.48
#柑桔	（公斤）	#Oranges	(kg)	19.20	30.60	69.83	73.02
水产品	（公斤）	Aquatic Products	(kg)	20.30	26.70	34.74	35.34
纱（混合数）	（公斤）	Yarn	(kg)	2.53	3.88	15.41	14.72
布（混合数）	（米）	Cloth	(meter)	5.19	5.38	5.87	4.82
机制纸及纸板	（公斤）	Machine-made Paper and Paperboard	(kg)	10.68	25.40	61.88	58.64
合成洗涤剂	（公斤）	Synthetic Detergents	(kg)	1.24	4.77	6.20	6.38
原盐	（公斤）	Salt	(kg)	11.11	17.67	41.42	44.90
成品糖	（公斤）	Sugar	(kg)	0.68	0.31	0.85	
卷烟	（箱/百人）	Cigarettes	(cases/100 persons)	3.51	4.31	4.97	4.89
原煤	（吨）	Coal	(ton)	0.23	0.54	0.38	0.27
原油加工量	（公斤）	Machining Crude Oil	(kg)	80.22	88.00	123.57	112.13
发电量	（千瓦小时）	Electricity	(kw.h)	540.11	938.64	1888.58	1966.72
生铁	（公斤）	Pig Iron	(kg)	50.70	143.17	262.58	260.92
粗钢	（公斤）	Crude Steel	(kg)	46.35	145.23	267.93	297.58
钢材	（公斤）	Steel	(kg)	45.57	143.15	292.98	322.17
水泥	（吨）	Cement	(ton)	0.37	0.53	1.79	1.74
合成氨	（公斤）	Synthetic Ammonia	(kg)	25.49	28.84	10.90	7.26
农用化肥（折纯量）	（公斤）	Chemical Fertilizers	(kg)	21.60	38.35	15.06	12.39
#氮肥	（公斤）	#Nitrogen Fertilizers	(kg)	17.21	34.09	9.02	10.65
化学农药原药	（公斤）	Chemical Pesticide	(kg)	0.70	1.34	0.73	0.83
汽车	（辆/万人）	Motor Vehicles	(unit/10 000 persons)	2.68	13.79	108.65	97.85
摩托车	（辆/万人）	Motorcycles	(unit/10 000 persons)	21.72	43.99	18.14	22.25

1-14 贫困市县基本情况(2017年)
Basic Statistics on Poverty Counties and Cities (2017)

市 县	Counties and Cities	常住人口 (万人) Total Population (10 000 persons)	地区生产总值 (万元) Gross Regional Products (10 000 yuan)	第一产业增加值 (万元) Added Value of Primary Industry (10 000 yuan)	工业增加值 (万元) Added Value of Industry (10 000 yuan)	一般公共预算收入 (万元) General Public Budget Revenue (10 000 yuan)	粮食产量 (吨) Total Output of Grain (ton)	农民人均可支配收入 (元) Per Capita Annual Net Income of Rural Households (yuan)
武陵山片区		**Wuling Mountainous Area**						
新邵县	Xinshao County	78.23	1321038	264632	413518	119136	303447	10020
邵阳县	Shaoyang County	93.69	1420867	319222	394048	96726	445601	9714
隆回县	Longhui County	114.46	1685228	352676	351335	120730	479876	9174
洞口县	Dongkou County	80.66	1583286	448875	395943	93125	472850	9709
绥宁县	Suining County	36.46	877354	191755	360233	54555	142714	9211
新宁县	Xinning County	58.73	1002469	241949	181876	81569	289239	9109
城步县	Chengbu County	27.29	382389	89937	120819	47010	76873	7160
武冈市	Wugang City	77.63	1371055	406553	222698	102829	446073	10779
石门县	Shimen County	60.10	2517601	374765	839676	136635	286899	10561
慈利县	Cili County	61.45	1821354	269404	462443	123564	294165	9734
桑植县	Sangzhi County	38.96	909230	111364	141553	60513	138800	7210
安化县	Anhua County	86.26	2144232	368204	734259	137485	229205	8138
中方县	Zhongfang County	25.20	1072351	130509	557309	63685	112819	10165
沅陵县	Yuanling County	61.14	1556827	221660	720949	131805	224063	8583
辰溪县	Chenxi County	47.00	1058903	165726	249686	83497	185100	9030
溆浦县	Xupu County	76.20	1431460	320437	309389	76572	330716	10202
会同县	Huitong County	33.55	720140	120090	135314	54414	122124	9015
麻阳县	Mayang County	35.53	761057	153839	205177	49831	111495	7650
新晃县	Xinhuang County	25.53	519384	77492	186318	45705	77464	7663
芷江县	Zhijiang County	35.21	906923	166300	314378	65114	209962	8086
靖州县	Jingzhou County	25.96	799431	119252	258803	46613	122553	8769
通道县	Tongdao County	21.08	401270	64826	117332	39998	82874	6887
新化县	Xinhua County	114.41	2270321	434849	556871	127980	456277	7920
涟源市	Lianyuan City	98.31	2642749	367258	1028380	121116	386651	9096
泸溪县	Luxi County	29.32	562760	79927	252963	52215	73768	7518
凤凰县	Fenghuang County	32.99	777398	85510	56060	120553	120059	9142
花垣县	Huayuan County	29.76	673729	65270	337219	121502	87411	7859
保靖县	Baojing County	29.66	520926	81904	156293	43473	84132	8658
古丈县	Guzhang County	13.40	250190	48698	51903	32693	31016	6932
永顺县	Yongshun County	44.64	649822	157186	93306	65376	208326	7168
龙山县	Longshan County	49.28	786620	179380	94066	81155	176905	8494
罗霄山片区		**Luoxiao Mountainous Area**						
茶陵县	Chaling County	59.07	1707559	284324	450589	144948	293915	8740
炎陵县	Yanling County	20.42	692665	98762	246732	107211	83812	8116
宜章县	Yizhang County	59.48	2192350	198235	826757	117582	255920	8772
汝城县	Rucheng County	35.08	614380	120055	176450	73558	143645	9107
桂东县	Guidong County	23.40	344382	47113	68842	37822	63748	8761
安仁县	Anren County	39.73	896618	176129	264097	56571	285906	9994
片区外国扶县		**Other State Aided Counties**						
平江县	Pingjiang County	98.48	2578479	396573	1002388	127597	413607	8690
新田县	Xintian County	34.46	778951	166179	178856	64846	152860	8504
江华县	Jianghua County	43.88	1126840	228086	298989	114760	226413	9589
片区外省扶县		**Other Province Aided Counties**						
祁东县	Qidong County	98.87	2719626	439978	946958	114836	460030	13005
永定区	Yongding Distract	46.57	2236632	178700	333712	121936	144179	9099
武陵源区	Wulingyuan Distract	6.18	560103	16992	2339	59367	14034	12029
双牌县	Shuangpai County	20.08	586644	144247	204365	54655	70218	8194
江永县	Jiangyong County	23.94	634804	192156	133968	49523	122768	9357
宁远县	Ningyuan County	72.73	1496684	271263	370056	164637	300149	13120
双峰县	Shuangfeng County	82.53	2122106	459259	772448	103719	483687	10808
吉首市	Jishou City	34.77	1534070	69116	374741	130399	47415	9720

1-15 城乡私营企业基本情况 (2017年)
Basic Statistics on Private Enterprises in Urban and Rural Areas (2017)

项 目	Item	户 数（户）Number of Enterprises (unit)	投资者（人）Employers (person)	雇工人数（人）Number of Employed Persons (person)	注册资金（万元）Registered Capital (10 000 yuan)
总计	**Total**	**638697**	**1260961**	**2485095**	**386501666**
#城镇	#Urban	531862	1052625	192690	340876459
独资企业	Private-funded Enterprises	65487	64586	674826	4835811
合伙企业	Private Partnership Enterprises	15090	71090	211874	47866675
有限责任公司	Private Limited Liability Corporations	552466	1100198	1515534	318270518
股份有限公司	Private Share-holding Corporations Ltd.	5654	25087	82861	15528663

注：本表资料由湖南省工商行政管理局提供。

Data in the table were obtained from the Administrative Bureau for Industry and Commerce of Hunan Province.

1-16 城乡个体工商业基本情况 (2017年)
Basic Statistics on Individuals and Commerce in Urban and Rural Areas (2017)

项 目	Item	期末户数		期末从业人员		期末注册	
		（户）Number of Enterprise (household)	#城镇 Urban	（人）Number of Employees (person)	#城镇 Urban	资金（万元）Registered Capital (10 000yuan)	#城镇 Urban
总计	**Total**	**2569457**	**2073292**	**4252592**	**4001081**	**25695867**	**19509283**
农、林、牧、渔业	Farming, Forestry, Animal Husbandry and Fishery	50939	18820	92389	52115	2052682	627543
采矿业	Mining and Quarrying	1376	709	3280	3280	90015	38649
制造业	Manufacturing	116899	85043	248009	248009	1907347	1050781
电力、热力、燃气及水生产和供应业	Production and Distribution of Electricity, Heat,Gas and Water	2460	889	4386	2402	166228	49000
建筑业	Construction	6061	4395	12458	12458	121049	75934
批发和零售业	Wholesale and Retail Trades	1648300	1346051	2197402	2197402	13084592	11079876
交通运输、仓储和邮政业	Transport, Storage and Post	97899	57898	106529	78443	1385727	664356
住宿和餐饮业	Hotels and Catering Trades	315323	275793	774082	774082	3649852	3117363
信息传输、软件和信息技术服务业	Information Transfer, Computer Services and Software	24334	16052	26365	26365	166696	115135
金融业	Financial Intermediation	145	123	290		2090	1747
房地产业	Real Estate Trade	2522	2461	7688	6043	24477	23292
租赁和商务服务业	Tenancy and Business Services	39217	35365	77418	77418	536028	457829
科学研究和技术服务业	Scientific Research, Technical Services	5850	5032	10740	10740	42915	38319
水利、环境和公共设施管理业	Management of water conservancy, environment and public facilities	497	346	871	791	11318	7400
居民服务、修理和其他服务业	Resident Services Repair and Other Services	231861	201281	613584	434856	1885200	1651958
教育	Education	2452	2101	8260	7984	56542	47900
卫生和社会工作	Health and Social Service	8814	8152	18320	18320	90163	84536
文化、体育和娱乐业	Culture,Sports and Entertainment	14440	12757	50320	50320	421616	377415
其他	Others	68	24	201	53	1331	249

注：本表资料由湖南省工商行政管理局提供。

Data in the table were obtained from the Administrative Bureau for Industry and Commerce of Hunan Province.

1-17 “三资”企业投资基本情况(2017年)
Basic Statistics on Investment of "Three Types of Capital" Enterprises (2017)

类 别	Item	本期实际投资(万美元) Used Value (USD 10 000)	年末实有企业数(个) Number of Registered Enterprises (unit)	#本年新增企业 Newly Increase this Year
总计	**Total**	**10641717**	**7733**	**1056**
中外合资	Sino-foreign Joint Ventures	10234990	990	29
中外合作(法人)	Sino-foreign Cooperative Enterprises	93565	104	-8
中外合作(非法人)	Unincorporated Sino-foreign Cooperative Enterprises			
外资企业	Foreign Enterprises	310010	1251	83
外商投资股份有限公司	Companies Limited by Shares with Foreign Investment	3152	32	3
其他外商投资企业	Other Kinds of Foreign-invested Enterprises		17	4
合伙企业	Partnerships		17	4
普通合伙企业	General Partnerships		5	
特殊的普通合伙企业	#Special General Partnerships			
有限合伙企业	Limited Partnerships		12	4
其他企业	Others			
外商投资企业分支机构	Branches of Foreign-invested Enterprises		5339	945
按国民经济行业分组	**By Economic Sector**			
农、林、牧、渔业	Agriculture, Forestry, Animal Husbandry and Fishery	16204	159	-2
采矿业	Mining		16	-3
制造业	Manufacturing	136065	1079	-36
电力、热力、燃气及水生产和供应业	Production and Distribution of Electricity, Heat, Gas and Water	33415	344	-2
建筑业	Construction	136460	65	6
批发和零售业	Wholesale and Retail Trade	53749	3338	832
交通运输、仓储和邮政业	Transportation, Storage and Post	25765	126	2
住宿和餐饮业	Hotel and Restaurants	385	594	64
信息传输、软件和信息技术服务业	Information Transmission, Software and Information Technology	4035	572	28
金融业	Financial Intermediation	1028	258	29
房地产业	Real Estate Trade	10082760	283	2
租赁和商务服务业	Tenancy and Business Services	65535	542	80
科学研究和技术服务业	Scientific Research, Technical Services,	80920	166	37
水利、环境和公共设施管理业	Management of Water Conservancy, Environment and Public Facilities	474	37	2
居民服务、修理和其他服务业	Services to Households, Repair and Other Services	158	71	4
教育	Education	65	6	2
卫生和社会工作	Health and Social Service		7	
文化、体育和娱乐业	Culture, Sports and Entertainment	4700	70	11

注：本表年末实有企业数由湖南省工商行政管理局提供。

Figures on Number of Registered Enterprises were obtained from the Administrative Bureau for Indestry and Commerce of Hunan Province.

1-17 续表 continued

类 别	Item	本期实际投资（万美元）Used Value (USD 10 000)	年末实有企业数（个）Number of Registered Enterprises (unit)	#本年新增企业 Newly Increase this Year
按国别（地区）分组	**By Country (Territory)**			
亚洲	Asian	10552739	1792	85
香港	Hong Kong	10513873	1222	27
澳门	Macao	1051	35	6
台湾	Taiwan	24540	299	38
日本	Japan	1915	60	2
韩国	Republic of Korea	323	46	3
亚洲其他国家（地区）	Other Asian Countries(region)	11036	130	9
非洲	Africa	149	38	5
欧洲	Europe	3129	156	21
德国	Federal Republic of Germany	791	32	
法国	France	633	12	1
英国	United Kingdom	2	25	
欧洲其他国家（地区）	Other European Countries(region)	1672	86	19
拉丁美洲	Latin America	127	131	-7
维尔京群岛	Virgin Islands	95	107	-5
北美洲	North America	8585	189	-9
加拿大	Canada	159	48	
美国	United States	8427	128	-9
大洋洲	Oceanic	66329	59	7
澳大利亚	Australia	59071	27	6
新西兰	New Zealand	79	2	1

1–18 非公有制经济指标 (2017年)
Principal Indicators of Non-public Economy (2017)

指 标		Item		总量指标 Aggregate Date	发展速度 (%) (以上年为 100) Growth Rate (precending year=100)	人均增加值 (元) Per Capita Value Added (yuan)
总计	**(亿元)**	**Total Value Added**	**(100 million yuan)**	**20547.76**	**108.4**	**30036**
农林牧渔业		Agriculture, Forestry, Animal Husbandry and Fishery		951.90	103.9	
工业		Industry		9250.61	107.3	
建筑业		Construction		1207.54	105.9	
批发和零售业		Wholesale and Retail Trades		2454.76	106.3	
交通运输、仓储和邮政业		Transport, Storage and Post		731.04	105.3	
住宿和餐饮业		Hotels and Catering Trades		681.18	107.5	
金融业		Financial Intermediation		171.05	113.0	
房地产业		Real Estate		934.62	104.3	
其他服务业		Others		4165.07	116.0	
第一产业		Primary Industry		788.98	102.9	
第二产业		Secondary Industry		10445.05	107.1	
第三产业		Tertiary Industry		9313.73	110.5	
实缴税金	(亿元)	Tax	(100 million yuan)	2040.26	123.1	
第二、三产业从业人员数	(万人)	Employed Persons in Secondary and Tertiary Industry	(10 000 person)			
增加值按市州分列	(亿元)	Cities and Prefecture	(100 million yuan)			
长沙市		Changsha City		6811.30	109.1	87530
株洲市		Zhuzhou City		1464.18	107.6	36432
湘潭市		Xiangtan City		1347.64	108.8	47367
衡阳市		Hengyang City		1978.67	108.6	27309
邵阳市		Shaoyang City		1113.87	108.3	15158
岳阳市		Yueyang City		2098.36	107.7	36767
常德市		Changde City		1838.51	109.7	31457
张家界市		Zhangjiajie City		344.40	111.0	22505
益阳市		Yiyang City		1132.48	108.7	25667
郴州市		Chenzhou City		1566.13	108.3	33171
永州市		Yongzhou City		943.82	108.3	17247
怀化市		Huaihua City		862.49	108.1	17459
娄底市		Loudi City		697.13	107.8	17848
湘西土家族苗族自治州		West Hunan Tujia and Miao A.P		421.50	108.3	15984

1–19 按登记注册类型分产业法人单位数 (2017年)

Corporate Units by Registration Type and Industry (2017)

单位：个 (unit)

指 标	Item	合计 Total	第一产业 Primary Industry	第二产业 Secondary Industry	第三产业 Tertiary Industry
总计	**Total**	**685024**	**76768**	**117515**	**490741**
内资	Internal-invested	682874	76711	116470	489693
国有	State-owned	58826	910	1151	56765
集体	Collective-owned	8692	754	1854	6084
股份合作	Cooperated by Joint-stock	1169	58	344	767
联营	Cooperative	733	48	168	517
国有联营	State-owned Cooperative	110	6	26	78
集体联营	Collective-owned Cooperative	317	24	85	208
国有与集体联营	State-owned and Collective-owned Cooperative	62	3	13	46
其他联营	Other Cooperative	244	15	44	185
有限责任公司	Limited Liability Company	68654	1720	12991	53943
国有独资公司	Wholly State-owned Cooperative Company	2154	41	555	1558
其他有限责任公司	Other Limited Liability Company	66500	1679	12436	52385
股份有限公司	Company Limited by Shares	7438	269	1865	5304
私营	Individual-owned	387510	22816	92359	272335
私营独资	Wholly Individual-owned	91221	7476	21970	61775
私营合伙	Individual-owned Partnership	21314	1120	8115	12079
私营有限责任公司	Individual-owned Limited Liability Company	264858	13593	59239	192026
私营股份有限公司	Individual-owned Company Limited by Shares	10117	627	3035	6455
其他内资	Other Internal-invested	149852	50136	5738	93978
港澳台商投资	Enterprises Funded by Entrepreneurs From Hong Kong, Macao and Taiwan	1221	37	605	579
与港澳台商合资经营	Uoint Venture with Entrepreneurs From Hong Kong, Macao and Taiwan	527	11	270	246
与港澳台商合作经营	Cooperative Venture with Entrepreneurs From Hong Kong,Macao and Taiwan	54	4	22	28
港澳台商独资	Wholly Entrepreneurs-owned From Hong Kong, Macao and Taiwan	557	20	282	255
港澳台商投资股份有限公司	Enterprises Limited by Shares Funded by Entrepreneurs From Hong Kong,Macao and Taiwan	45	2	17	26
其他港、澳、台商投资	Other Enterprises Funded by Entrepreneurs From Hong Kong, Macao and Taiwan	38		14	24
外商投资	Enterprises Funded by Foreigners	929	20	440	469
中外合资经营	Sino-foreign Joint Equity	381	7	222	152
中外合作经营	Sino-foreign Cooperative Ventures	37	1	17	19
外资企业	Foreign-funded Enterprise	413	7	172	234
外商投资股份有限公司	Enterprises Limited by Shares Funded by Foreigners	49	1	14	34
其他外商投资	Other Enterprises Funded by Foreigners	49	4	15	30

1-20 按登记注册类型分机构类型法人单位数(2017年)
Corporate Units by Registration Type and Organization Type (2017)

单位：个 (unit)

指 标	Item	合计 Total	企 业 Enterprises	事业单位 Public Institution	机 关 Government Department	社会团体 Social Organization
总计	**Total**	**685024**	**502983**	**42006**	**12686**	**9830**
内资	Internal-invested	682874	500847	42006	12686	9825
国有	State-owned	58826	4462	37728	12686	2720
集体	Collective-owned	8692	4218	1402		268
股份合作	Cooperated by Joint-stock	1169	994	20		14
联营	Cooperative	733	481	74		56
国有联营	State-owned Cooperative	110	66	35		4
集体联营	Collective-owned Cooperative	317	233	22		18
国有与集体联营	State-owned and Collective-owned Cooperative	62	42	9		2
其他联营	Other Cooperative	244	140	8		32
有限责任公司	Limited Liability Company	68654	68484			31
国有独资公司	Wholly State-owned Cooperative Company	2154	2141			7
其他有限责任公司	Other Limited Liability Company	66500	66343			24
股份有限公司	Company Limited by Shares	7438	7394			15
私营	Individual-owned	387510	382288			158
私营独资	Wholly Individual-owned	91221	87402			76
私营合伙	Individual-owned Partnership	21314	20294			46
私营有限责任公司	Individual-owned Limited Liability Company	264858	264520			34
私营股份有限公司	Individual-owned Company Limited by Shares	10117	10072			2
其他内资	Other Internal-invested	149852	32526	2782		6563
港澳台商投资	Enterprises Funded by Entrepreneurs From Hong Kong, Macao and Taiwan	1221	1214			2
与港澳台商合资经营	Uoint Venture with Entrepreneurs From Hong Kong,Macao and Taiwan	527	524			1
与港澳台商合作经营	Cooperative Venture with Entrepreneurs From Hong Kong,Macao and Taiwan	54	54			
港澳台商独资	Wholly Entrepreneurs-owned From Hong Kong, Macao and Taiwan	557	553			1
港澳台商投资股份有限公司	Enterprises Limited by Shares Funded by Entrepreneurs From Hong Kong, Macao and Taiwan	45	45			
其他港、澳、台商投资	Other Enterprises Funded by Entrepreneurs From Hong Kong, Macao and Taiwan	38	38			
外商投资	Enterprises Funded by Foreigners	929	922			3
中外合资经营	Sino-foreign Joint Equity	381	380			1
中外合作经营	Sino-foreign Cooperative Ventures	37	37			
外资企业	Foreign-funded Enterprise	413	412			1
外商投资股份有限公司	Enterprises Limited by Shares Funded by Foreigners	49	49			
其他外商投资	Other Enterprises Funded by Foreigners	49	44			1

1-20 续表 continued

单位：个 (unit)

指 标	Item	民办非企业单位 Private Non-enterprise Units	基金会 Foundation	居委会 Neighborhood Committee	村委会 Village Committee	农民专业合作社 Farmer Specialized Cooperative	其他组织机构 Other Organization
总计	**Total**	**12759**	**110**	**4435**	**37464**	**47251**	**15500**
内资	Internal-invested	12758	110	4435	37464	47251	15492
国有	State-owned	403	27				800
集体	Collective-owned	514	2				2288
股份合作	Cooperated by Joint-stock	114					27
联营	Cooperative	47					75
国有联营	State-owned Cooperative	1					4
集体联营	Collective-owned Cooperative	20					24
国有与集体联营	State-owned and Collective-owned ooperative	5					4
其他联营	Other Cooperative	21					43
有限责任公司	Limited Liability Company	96	1				42
国有独资公司	Wholly State-owned Cooperative Company	1					5
其他有限责任公司	Other Limited Liability Company	95	1				37
股份有限公司	Company Limited by Shares	17					12
私营	Individual-owned	3676					1388
私营独资	Wholly Individual-owned	2771					972
私营合伙	Individual-owned Partnership	641					333
私营有限责任公司	Individual-owned Limited Liability Company	237					67
私营股份有限公司	Individual-owned Company Limited by Shares	27					16
其他内资	Other Internal-invested	7891	80	4435	37464	47251	10860
港澳台商投资	Enterprises Funded by Entrepreneurs From Hong Kong,Macao and Taiwan	1					4
与港澳台商合资经营	Uoint Venture with Entrepreneurs From Hong Kong,Macao and Taiwan						2
与港澳台商合作经营	Cooperative Venture with Entrepreneurs From Hong Kong,Macao and Taiwan						
港澳台商独资	Wholly Entrepreneurs-owned From Hong Kong, Macao and Taiwan	1					2
港澳台商投资股份有限公司	Enterprises Limited by Shares Funded by Entrepreneurs From Hong Kong, Macao and Taiwan						
其他港、澳、台商投资	Other Enterprises Funded by Entrepreneurs From Hong Kong,Macao and Taiwan						
外商投资	Enterprises Funded by Foreigners						4
中外合资经营	Sino-foreign Joint Equity						
中外合作经营	Sino-foreign Cooperative Ventures						
外资企业	Foreign-funded Enterprise						
外商投资股份有限公司	Enterprises Limited by Shares Funded by Foreigners						
其他外商投资	Other Enterprises Funded by Foreigners						4

1-21 按登记注册类型分行业法人单位数(2017年)
Corporate Units by Registration Type and Sector (2017)

单位：个 (unit)

指 标	Item	合计 Total	农、林、牧、渔业 Agriculture, Forestry, Animal Husbandry and Fishing	采矿业 Mining	制造业 Manufacturing	电力、燃气及水的生产和供应业 Production and Supply of Electricity, Gas and Water	建筑业 Construction
总计	**Total**	**685024**	**76768**	**7413**	**75769**	**7490**	**28508**
内资	Internal-invested	682874	76711	7397	74840	7411	28482
国有	State-owned	58826	910	57	369	546	224
集体	Collective-owned	8692	754	197	942	582	241
股份合作	Cooperated by Joint-stock	1169	58	45	194	76	39
联营	Cooperative	733	48	14	92	54	12
有限责任公司	Limited Liability Company	68654	1720	460	7240	872	4562
股份有限公司	Company Limited by Shares	7438	269	101	1195	140	460
私营	Individual-owned	387510	22816	6073	61160	4742	21585
其他内资	Other Internal-invested	149852	50136	450	3648	399	1359
港澳台商投资	Enterprises Funded by Entrepreneurs From Hong Kong,Macao and Taiwan	1221	37	7	530	54	17
与港澳台商合资经营	Uoint Venture with Entrepreneurs From Hong Kong,Macao and Taiwan	527	11	5	227	31	10
与港澳台商合作经营	Cooperative Venture with Entrepreneurs From Hong Kong,Macao and Taiwan	54	4		19	3	
港澳台商独资	Wholly Entrepreneurs-owned From Hong Kong, Macao and Taiwan	557	20	1	260	18	3
港澳台商投资股份有限公司	Enterprises Limited by Shares Funded by Entrepreneurs From Hong Kong,Macao and Taiwan	45	2	1	16		
其他港、澳、台商投资	Other Enterprises Funded by Entrepreneurs From Hong Kong, Macao and Taiwan	38			8	2	4
外商投资	Enterprises Funded by Foreigners	929	20	9	399	25	9
中外合资经营	Sino-foreign Joint Equity	381	7	4	200	15	3
中外合作经营	Sino-foreign Cooperative Ventures	37	1	2	15		
外资企业	Foreign-funded Enterprise	413	7	1	161	7	4
外商投资股份有限公司	Enterprises Limited by Shares Funded by Foreigners	49	1	1	12	2	
其他外商投资	Other Enterprises Funded by Foreigners	49	4	1	11	1	2

1-21 续表 1 continued

单位：个 (unit)

指 标	Item	批发和零售业 Wholesale and Retail Trade	交通运输、仓储和邮政业 Transport, Storage and Post	住宿和餐饮业 Lodging and Catering Services	信息传输、计算机服务和软件业 Information Transmission, Computer Services and Software	金融业 Banking	房地产业 Real Estate	租赁和商务服务业 Leasing and Business Services
总计	**Total**	**161068**	**13482**	**12954**	**22548**	**3570**	**19686**	**62762**
内资	Internal-invested	160784	13429	12840	22486	3523	19453	62641
国有	State-owned	825	657	221	327	154	321	1592
集体	Collective-owned	818	212	77	48	34	121	364
股份合作	Cooperated by Joint-stock	177	21	56	24	62	34	124
联营	Cooperative	105	29	20	8	9	7	49
有限责任公司	Limited Liability Company	19676	1897	1538	4315	698	5125	12093
股份有限公司	Company Limited by Shares	1741	240	144	292	725	514	854
私营	Individual-owned	125421	9671	9920	16278	1649	12750	43505
其他内资	Other Internal-invested	12021	702	864	1194	192	581	4060
港澳台商投资	Enterprises Funded by Entrepreneurs From Hong Kong,Macao and Taiwan	136	31	59	28	9	173	65
与港澳台商合资经营	Uoint Venture with Entrepreneurs From Hong Kong,Macao and Taiwan	46	13	29	12	2	70	31
与港澳台商合作经营	Cooperative Venture with Entrepreneurs From Hong Kong,Macao and Taiwan	6	6	1		1	8	3
港澳台商独资	Wholly Entrepreneurs-owned From Hong Kong, Macao and Taiwan	69	10	18	13	5	87	24
港澳台商投资股份有限公司	Enterprises Limited by Shares Funded by Entrepreneurs From Hong Kong,Macao and Taiwan	12		2	3	1	1	4
其他港、澳、台商投资	Other Enterprises Funded by Entrepreneurs From Hong Kong, Macao and Taiwan	3	2	9			7	3
外商投资	Enterprises Funded by Foreigners	148	22	55	34	38	60	56
中外合资经营	Sino-foreign Joint Equity	52	3	10	10	11	29	15
中外合作经营	Sino-foreign Cooperative Ventures	5	8	1			1	2
外资企业	Foreign-funded Enterprise	72	9	39	16	20	24	32
外商投资股份有限公司	Enterprises Limited by Shares Funded by Foreigners	7	2	3	7	6	4	1
其他外商投资	Other Enterprises Funded by Foreigners	12		2	1	1	2	6

1-21 续表 2 continued

单位：个 (unit)

指 标	Item	科学研究和技术服务业 Scientific Research, Technical Service and Geologic Perambulation	水利、环境和公共设施管理业 Water Conservancy, Environment and Public Facilities Management	居民服务、修理和其他服务业 Services to Households and Other Services	教育 Education	卫生和社会工作 Sanitation, Social Security and Social Welfare	文化、体育和娱乐业 Culture, Sports and Entertainment	公共管理、社会保障和社会组织 Public Management and Social Organization	国际组织 International Organization
总计	**Total**	**28849**	**6036**	**14930**	**23726**	**16501**	**19582**	**83382**	
内资	Internal-invested	28806	6025	14905	23719	16495	19550	83377	
国有	State-owned	3559	2210	242	8639	5593	1841	30539	
集体	Collective-owned	222	142	79	274	2993	106	486	
股份合作	Cooperated by Joint-stock	30	7	15	122	45	26	14	
联营	Cooperative	33	9	14	49	72	22	87	
有限责任公司	Limited Liability Company	4181	730	1478	513	243	1274	39	
股份有限公司	Company Limited by Shares	301	69	127	71	34	145	16	
私营	Individual-owned	15297	2386	11754	6721	1885	13647	250	
其他内资	Other Internal-invested	5183	472	1196	7330	5630	2489	51946	
港澳台商投资	Enterprises Funded by Entrepreneurs From Hong Kong,Macao and Taiwan	24	6	17	2	4	20	2	
与港澳台商合资经营	Uoint Venture with Entrepreneurs From Hong Kong,Macao and Taiwan	13	3	9		2	12	1	
与港澳台商合作经营	Cooperative Venture with Entrepreneurs From Hong Kong,Macao and Taiwan			1	1		1		
港澳台商独资	Wholly Entrepreneurs-owned From Hong Kong, Macao and Taiwan	9	3	7	1	2	6	1	
港澳台商投资股份有限公司	Enterprises Limited by Shares Funded by Entrepreneurs From Hong Kong,Macao and Taiwan	2					1		
其他港、澳、台商投资	Other Enterprises Funded by Entrepreneurs From Hong Kong, Macao and Taiwan								
外商投资	Enterprises Funded by Foreigners	19	5	8	5	2	12	3	
中外合资经营	Sino-foreign Joint Equity	9	2	1	3	1	5	1	
中外合作经营	Sino-foreign Cooperative Ventures	1					1		
外资企业	Foreign-funded Enterprise	6	2	6	1		5	1	
外商投资股份有限公司	Enterprises Limited by Shares Funded by Foreigners	2	1						
其他外商投资	Other Enterprises Funded by Foreigners	1		1	1	1	1	1	

主要统计指标解释

行政区划 指国家对行政区域的划分。根据宪法规定，我国的行政区域划分如下：(1)全国分为省、自治区、直辖市；(2)省、自治区分为自治州、县、自治县、市；(3)自治州分为县、自治县、市；(4)县、自治县分为乡、民族乡、镇；(5)直辖市和较大的市分为区、县；(6)国家在必要时设立的特别行政区。

国民经济行业分类 自2012年定期报表开始使用新的《国民经济行业分类》（GB/T4754-2011）。该分类是由国家统计局组织修订，国家质量监督检验检疫总局和中国国家标准化管理委员会于2011年4月29日发布。这次修订是在2002年分类标准的基础上，参照联合国《全部经济活动的国际标准产业分类》（ISIC/Rev.4）进行的。修订后的《国民经济行业分类》（GB/T4754-2012）共有门类20个，大类96个，中类432个，小类1094个。

企业（单位）登记注册类型 是以在工商行政管理机关登记注册的各类企业为划分对象，以工商行政管理部门对企业登记注册的类型为依据，将企业登记注册类型分为内资企业、港澳台商投资企业和外商投资企业三大类。内资企业包括国有企业、集体企业、股份合作企业、联营企业、有限责任公司、股份有限公司、私营企业和其他企业；港澳台商投资企业和外商投资企业分别包括合资经营企业、合作经营企业、独资经营企业和股份有限公司等。对不在工商行政管理部门进行登记注册的行政机关、事业单位和社会团体，主要按其经费来源和管理方式进行划分。

国有企业 指企业全部资产归国家所有，并按《中华人民共和国企业法人登记管理条例》规定登记注册的非公司制的经济组织。不包括有限责任公司中的国有独资公司。

集体企业 指企业资产归集体所有，并按《中华人民共和国企业法人登记管理条例》规定登记注册的经济组织。

股份合作企业 指以合作制为基础，由企业职工共同出资入股，吸收一定比例的社会资产投资组建，实行自主经营，自负盈亏，共同劳动，民主管理，按劳分配与按股分红相结合的一种集体经济组织。

联营企业 指两个及两个以上相同或不同所有制性质的企业法人或事业单位法人，按自愿、平等、互利的原则，共同投资组成的经济组织。联营企业包括国有联营企业、集体联营企业、国有与集体联营企业和其他联营企业。

有限责任公司 指根据《中华人民共和国公司登记管理条例》规定登记注册，由两个以上、五十个以下的股东共同出资，每个股东以其所认缴的出资额对公司承担有限责任，公司以其全部资产对其债务承担责任的经济组织。有限责任公司包括国有独资公司以及其他有限责任公司。

股份有限公司 指根据《中华人民共和国公司登记管理条例》规定登记注册，其全部注册资本由等额股份构成并通过发行股票筹集资本，股东以其认购的股份对公司承担有限责任，公司以其全部资产对其债务承担责任的经济组织。

私营企业 指由自然人投资设立或由自然人控股，以雇佣劳动为基础的营利性经济组织。包括按照《公司法》、《合伙企业法》、《私营企业暂行条例》规定登记注册的私营有限责任公司、私营股份有限公司、私营合伙企业和私营独资企业。

其他企业 指上述企业之外的其他内资经济组织。

合资经营企业（港或澳、台资） 指港澳台地区投资者与内地企业依照《中华人民共和国中外合资经营企业法》及有关法律的规定，按合同规定的比例投资设立、分享利润和分担风险的企业。

合作经营企业（港或澳、台资） 指港澳台地区投资者与内地企业依照《中华人民共和国中外合作经营企业法》及有关法律的规定，依照合作合同的约定进行投资或提供条件设立、分配利润和分担风险的企业。

港澳台商独资经营企业 指依照《中华人民共和国外资企业法》及有关法律的规定，在内地由港澳台地区投资者全额投资设立的企业。

港澳台商投资股份有限公司 指根据国家有关规定，经原外经贸部依法批准设立，其中港、澳、台商的股本占公司注册资本的比例达25%以上的股份有限公司。凡其中港、澳、台商的股本占公司注册资本的比例小于25%的，属于内资企业中的股份有限公司。

中外合资经营企业 指外国企业或外国人与中国内地企业依照《中华人民共和国中外合资经营企业法》及有关法律的规定，按合同规定的比例投资设立、分享利润和分担风险的企业。

中外合作经营企业 指外国企业或外国人与中国内地企业依照《中华人民共和国中外合作经营企业法》及有关法律的规定，依照合作合同的约定进行投资或提供条件设立、分配利润和分担风险的企业。

外资企业 指依照《中华人民共和国外资企业法》及有关法律的规定，在中国内地由外国投资者全额投资设立的企业。

外商投资股份有限公司 指根据国家有关规定，经原外经贸部依法批准设立，其中外资的股本占公司注册资本的比例达25%以上的股份有限公司。凡其中外资股本占公司注册资本的比例小于25%的，属于内资企业中的股份有限公司。

行政机关、事业单位和社会团体 参照企业登记注册类型，主要按其经费来源和管理方式划分。具体规定如下：

（1）行政机关：包括国家机关和政党机关，原则上均列为“国有”。但有特殊规定的，如供销社等，则列为“集体”。

（2）事业单位：包括经国家机构编制部门和有关业务主管部门批准成立的各类事业单位，不包括实行企业化管理的事业单位。事业单位的划分办法如下：

①由国家财政预算拨款或列入财政预算外资金管理以及经费主要来源于国有主管部门或国有上级单位的事业单位，列为“国有”。

②经费主要来源于集体单位的事业单位，列为“集体”。

③公民个人（或个人合伙）开办的事业单位，列为“私营”。

④上述以外的其他事业单位，如果其经费来源不明确，按管理方式进行归类。

（3）社会团体：包括经民政部门批准成立以及未纳入社会团体管理条例范围的工会、妇联等各类社会团体。社会团体的划分办法如下：

①未纳入民政部社会团体管理条例范围的工会、妇联、共青团、青联、工商联、科协、侨联等社会团体，国家拨款设立的基金会或基金管理组织以及经费主要来源于国有业务主管部门或国有上级单位的社会团体，列为“国有”。

②经费主要来源于集体单位的社会团体，列为“集体”。

③公民个人（或个人合伙）开办的社会团体，划为“私营”。

④上述以外的其他社会团体，如果其经费来源不明确，改按管理方式进行归类。

Explanatory Notes on Main Statistical Indicators

Divisions of Administrative Areas refers to the division of administrative areas by the state. The Constitution of the People Republic of China stipulates that the administrative areas in China are divided as: 1) The whole country is divided into provinces, autonomous regions and municipalities directly under the central government; 2) Provinces and autonomous regions are divided into autonomous prefectures, counties, autonomous counties and cities; 3) Autonomous prefectures are divided into counties, autonomous counties and cities; 4) Counties and autonomous counties are divided into townships, nationality townships and towns; 5) Municipalities and large cities are divided into districts and counties, 6) The state shall, when necessary, establish special administrative regions.

Industrial Classification of the National Economy The new Industrial Classification of the National Economy (GB/T 4754-2011) is introduced starting from the compilation of 2012 annual statistics. The revision, based on the 2002 classification, was organized by the National Bureau of Statistics taking into consideration of the International Standards of the Industrial Classification of All Economic Activities (ISIC/Rev.4) of the United Nations. The new Classification was promulgated by the National Administration of Quality Supervision, Inspection and Quarantine and the Standardization Administration of the People's Republic of China on April 29, 2011. The revised version of the Industrial Classification of the National Economy (GB/T 4754-2012) is composed of 20 sections, 96 divisions, 432 groups and 1094 classes.

Registration Status of Enterprises (Units) Enterprises are classified into 3 categories, namely domestic-funded enterprises, enterprises with investment from Hong Kong, Macao and Taiwan, and enterprises with foreign investment, according to the registration status of an enterprise in industrial and commercial administration agencies. Domestic-funded enterprises include State-owned enterprises, collective-owned enterprises, cooperative enterprises, joint ownership enterprises, limited liability corporations, share-holding corporations Ltd, private enterprises and other enterprises. Included in the enterprises with investment from Hong Kong, Macao and Taiwan and enterprises with foreign investment are joint-venture enterprises, cooperative enterprises, sole investment enterprises and share-holding corporations Ltd. For government agencies, institutions and social organizations which are not registered in industrial and commercial administration agencies, they are classified mainly by their sources of funding and manner of management.

State-owned Enterprises refer to non-corporation economic units where the entire assets are owned by the state and which have registered in accordance with the Regulation of the People's Republic of China on the Management of Registration of Corporate Enterprises. Excluded from this category are sole state-funded corporations in the limited liability corporations.

Collective-owned Enterprises refer to economic units where the assets are owned collectively and which have registered in accordance with the Regulation of the People's Republic of China on the Management of Registration of Corporate Enterprises.

Cooperative Enterprises refer to a form of collective economic units (enterprises) where capitals come mainly from employees as their shares, with certain proportion of capital from the outside, where production is organized on the basis of independent operation, independent accounting for profits and losses, joint work, democratic management, and a distribution system that integrates remuneration according to work with dividend according to capital share.

Joint Ownership Enterprises refer to economic units established by two or more corporate enterprises or corporate institutions of the same or different ownership, through joint investment on the basis of equality, voluntary participation and mutual benefits. They include state joint ownership enterprises, collective joint ownership enterprises, joint state-collective enterprises, other joint ownership enterprises.

Limited Liability Corporation refer to economic units established with investment from 2-50 investors and registered in accordance with the Regulation of the People's Republic of China on the Management of Registration of Corporations, each investor bearing limited liability to the corporation depending on its share of investment, and the corporation bearing liability to its debt to the maximum of its total assets. Limited liability corporations include exclusive state-funded limited liability corporations and other limited liability corpo- rations.

Share-holding Corporations Ltd. refer to economic units registered in accordance with the Regulation of the People's Republic of China on the Management of Registration of Corporations, with total registered capitals divided into equal shares and raised through issuing stocks. Each investor bears limited liability to the corporation depending on the holding of shares, and the corporation bears liability to its debt to the maximum of its total assets.

Private Enterprises refer to profit-making economic units invested and established by natural persons, or controlled by natural persons using employed labour. Included in this category are private limited liability corporations, private share-holding corporations Ltd, private partnership enterprises and private-funded enterprises registered in accordance with the Corporation Law, Partnership Enterprises Law and Interim Regulations on Private Enterprises.

Other Domestic-funded Enterprises refer to domestic-funded economic units other than those mentioned above.

Joint Venture Enterprises(Funds are from Hong Kong, Macao or Taiwan.) are enterprises established by investors from Hong Kong, Macao and Taiwan with enterprises in the mainland of China in accordance with the Law of the People's Republic of China on Sino-foreign Equity Joint Ventures and other relevant laws, where the establishment of the investment and the sharing of profits and risks are stipulated under joint venture contracts.

Cooperative Enterprises(Funds are from Hong Kong, Macao or Taiwan.) established by investors from Hong Kong, Macao and Taiwan with enterprises in the mainland of China in accordance with the Law of the People's Republic of China on Sino-foreign Contractual Joint Venture and other relevant laws, where the investment or provision of facilities and the sharing of profits and risks are stipulated under cooperative contracts.

Enterprises with Sole (exclusive) Investment from Hong Kong, Macao and Taiwan refer to enterprises established in the mainland of China with exclusive investment from investors from Hong Kong, Macao and Taiwan in accordance with the Law of the People's Republic of China on Wholly Foreign-owned Enterprises and other relevant laws.

Share-holding Corporations Ltd. with Investment from Hong Kong, Macau and Taiwan refer to share-holding corporations Ltd. established with the approval from the former Ministry of Foreign Trade and Economic Relations in line with relevant state regulations, where the share of investment from Hong Kong, Macau or Taiwan businessmen exceeds 25% of the total registered capital of the corporation. In case the share of investment from Hong Kong, Macau or Taiwan is less than 25% of the total registered capital, the enterprise is to be classified as domestic-funded share-holding corporation Ltd.

Joint-venture Enterprises with Foreign Investment refer to enterprises jointly established by foreign enterprises or foreigners with enterprises in the mainland of China in accordance with the Law of the People's Republic of China on Sino-foreign Joint Venture Enterprises and other relevant laws, where the share of investment, profits and risks is stipulated in the contract.

Cooperation Enterprises with Foreign Investment refer to enterprises jointly established by foreign enterprises or foreigners with enterprises in the mainland of China in accordance with the Law of the People's Republic of China on Sino-foreign Cooperative Enterprises and other relevant laws, where the investment or provision of facilities, and the share of profits and risks is stipulated in the cooperative contract.

Enterprises with Sole (exclusive) Foreign Investment refer to enterprises established in the mainland of China with exclusive investment from foreign investors in accordance with the Law of the People's Republic of China on Foreign-Funded Enterprises and other relevant laws.

Share-holding Corporations Ltd. with Foreign Investment refer to share-holding corporations Ltd. estab-lished with the approval from the Ministry of Foreign Trade and Economic Relations in line with relevant state regulations, where the share of investment from foreign investors exceeds 25% of the total registered capital of the corporation. In case the share of foreign investment is less than 25% of the total registered capital, the enterprise is to be classified as domestic-funded share-holding corporation Ltd.

Government Agencies, Institutions and Social Organizations are classified into following categories by source of funds and way of management taking reference of the registration status of enterprises:

(1) Government agencies: include state and party agencies, classified in principle as state-owned. There are exceptions, such as supply and marketing cooperatives which are classified as collective-owned.

(2) Institutions: include institutions of various types established with the approval by organization and staffing departments of the government, but exclude institutions where enterprise management system is introduced. Institutions are further classified as follows:

(a) Institutions whose main budget is listed in the government budget appropriations or extra-budget funds, or allocated from the budget of their competent government agencies. Such institutions are classified as state-owned.

(b) Institutions whose budget mainly comes from collective units. Such institutions are classified as collective-owned.

(c) Institutions other than those mentioned above whose source of budget is not clear. Such institutions are classified by way of management.

(3) Social organizations: include social organizations established with the approval from the Ministry of Civil Affairs, and organizations that are not covered by social organization management regulations such as trade unions, women's federations etc. Social organizations are further classified as follows:

(a) Social organizations that are not covered by social organization management regulations of the Ministry of Civil Affairs such as trade unions, women's federations, communist youth leagues, youth associations, industrial and commerce associations, scientists associations, overseas Chinese associa-tions, etc, foundations and fund management organizations established with funds from the state, and social organizations whose funds mainly come from the budget of their competent government agencies. Such institutions are classified as state owned.

(b) Social organizations whose budget mainly comes from collective units. Such institutions are classified as collective-owned.

(c) Social organizations established by individual or a group of citizens, which are classified as private.

(d) Social organizations other than those mentioned above whose source of budget is not clear. Such organizations are classified by way of management.

2

国民经济核算

National Accounts

资料整理人员：唐双全　　周　玲

2-1 总产出
Gross Output

单位：亿元 (100 million yuan)

年份 Year	总产出 Gross Output	第一产业 Primary Industry	第二产业 Secondary Industry	第三产业 Tertiary Industry
1952	39.34	23.79	9.09	6.46
1955	49.24	25.83	14.47	8.94
1960	113.37	27.78	62.58	23.01
1965	107.35	42.70	45.55	19.10
1970	162.14	58.22	78.40	25.52
1975	234.10	76.06	120.60	37.44
1978	289.79	81.91	160.32	47.56
1979	347.74	109.18	186.04	52.52
1980	376.14	111.14	206.57	58.43
1981	408.13	126.36	214.61	67.16
1982	449.11	142.71	235.37	71.03
1983	498.03	158.16	261.66	78.21
1984	562.67	171.26	299.00	92.41
1985	698.36	198.44	372.89	127.03
1986	810.42	222.68	437.15	150.59
1987	980.08	253.39	540.92	185.77
1988	1239.59	303.01	690.19	246.39
1989	1390.89	337.48	768.85	284.56
1990	1571.34	397.42	809.86	364.06
1991	1777.40	425.58	928.67	423.15
1992	2210.80	471.22	1147.44	592.14
1993	2784.91	563.47	1472.01	749.43
1994	3532.16	792.90	1720.94	1018.32
1995	4247.69	1046.97	1982.36	1218.36
1996	5211.98	1226.32	2635.35	1350.31
1997	5927.87	1322.26	2939.06	1666.55
1998	6412.42	1262.46	3267.33	1882.63
1999	6883.16	1200.94	3484.59	2197.63
2000	7486.38	1251.89	3837.54	2396.95
2001	8263.96	1313.23	4209.32	2741.41
2002	9068.02	1349.92	4576.36	3141.74
2003	10272.43	1425.44	5319.03	3527.96
2004	12056.13	1723.31	6484.28	3848.54
2005	14476.75	1819.75	8064.51	4592.49
2006	16924.36	1991.81	9817.69	5114.86
2007	21197.82	2584.00	12558.50	6055.32
2008	27278.24	3010.72	16696.49	7571.03
2009	30841.92	3035.20	18815.07	8991.65
2010	38457.77	3518.10	24418.59	10521.08
2011	48446.39	4111.04	31922.50	12412.85
2012	53882.51	4390.34	35260.42	14231.75
2013	59764.28	4172.76	38833.14	16758.38
2014	65700.09	4295.62	42411.51	18992.96
2015	68577.16	4379.79	43382.10	20815.27
2016	75804.65	4711.62	47129.95	23963.08
2017	82097.65	4821.50	49994.74	27281.41

注：从2013年执行新的三次产业划分规定，即第一产业不含农林牧渔服务业；第二产业不含采矿业的开采辅助活动和制造业的金属制品、机械和设备修理业，因此第二产业不等于工业加建筑业，下表同。

Since 2013,the rules of the new division of three industries has been excuted.That is the first industry exclude agriculture,forestry,animal musbandry and fishery services ,the secondary industry exclude mining auxiliary activities in mining industry and metal products, machinery and equipment repair in manufacturing industry. So the secondary industry is not equal to the industry and the construction industry.The same applies to the relvant tables following.

2-2 总产出构成
Composition of Gross Output

单位：%　　(以总产出为 100) (Gross Output=100)　　(%)

年份 Year	总产出 Gross Output	第一产业 Primary Industry	第二产业 Secondary Industry	第三产业 Tertiary Industry
1952	100.0	60.5	23.1	16.4
1955	100.0	52.5	29.4	18.1
1960	100.0	24.5	55.2	20.3
1965	100.0	39.8	42.4	17.8
1970	100.0	35.9	48.4	15.7
1975	100.0	32.5	51.5	16.0
1978	100.0	28.3	55.3	16.4
1979	100.0	31.4	53.5	15.1
1980	100.0	29.5	54.9	15.6
1981	100.0	31.0	52.6	16.4
1982	100.0	31.8	52.4	15.8
1983	100.0	31.8	52.5	15.7
1984	100.0	30.4	53.1	16.5
1985	100.0	28.4	53.4	18.2
1986	100.0	27.5	53.9	18.6
1987	100.0	25.9	55.2	18.9
1988	100.0	24.4	55.7	19.9
1989	100.0	24.3	55.3	20.4
1990	100.0	25.3	51.5	23.2
1991	100.0	23.9	52.2	23.9
1992	100.0	21.3	51.9	26.8
1993	100.0	20.2	52.9	26.9
1994	100.0	22.4	48.7	28.9
1995	100.0	24.6	46.7	28.7
1996	100.0	23.5	50.6	25.9
1997	100.0	22.3	49.6	28.1
1998	100.0	19.7	51.0	29.3
1999	100.0	17.4	50.6	32.0
2000	100.0	16.7	51.3	32.0
2001	100.0	15.9	50.9	33.2
2002	100.0	14.9	50.5	34.6
2003	100.0	13.9	51.8	34.3
2004	100.0	14.3	53.8	31.9
2005	100.0	12.6	55.7	31.7
2006	100.0	11.8	58.0	30.2
2007	100.0	12.2	59.2	28.6
2008	100.0	11.0	61.2	27.8
2009	100.0	9.8	61.0	29.2
2010	100.0	9.1	63.5	27.4
2011	100.0	8.5	65.9	25.6
2012	100.0	8.2	65.4	26.4
2013	100.0	7.0	65.0	28.0
2014	100.0	6.5	64.6	28.9
2015	100.0	6.4	63.3	30.3
2016	100.0	6.2	62.2	31.6
2017	100.0	5.9	60.9	33.2

2-3 总产出发展速度
Growth Rate of Gross Output

单位：% (以总产出为 100) (Gross Output=100) (%)

年份 Year	总产出 Gross Output	第一产业 Primary Industry	第二产业 Secondary Industry	第三产业 Tertiary Industry
1952	100.0	121.3	151.9	100.0
1955	115.1	118.5	111.8	110.2
1960	105.2	84.7	117.1	105.3
1965	115.5	104.4	126.1	112.2
1970	124.3	105.0	142.3	100.9
1975	117.4	104.6	128.4	112.9
1978	114.8	110.2	117.0	115.8
1979	110.4	106.3	112.9	108.7
1980	105.8	98.1	109.8	104.8
1981	105.6	106.1	103.2	112.9
1982	108.7	110.1	109.2	104.4
1983	108.9	105.0	111.4	108.2
1984	110.7	105.7	112.2	115.1
1985	114.5	104.9	116.1	125.9
1986	110.6	105.4	112.1	113.6
1987	113.3	103.3	116.2	117.8
1988	111.0	100.5	114.6	112.6
1989	104.3	105.1	103.1	107.2
1990	103.9	101.9	104.7	103.8
1991	109.5	103.9	111.9	110.5
1992	112.6	103.8	116.3	113.6
1993	115.4	105.3	119.0	116.5
1994	113.5	106.4	116.0	113.7
1995	113.9	120.5	113.6	109.4
1996	119.4	108.4	126.3	111.8
1997	113.0	108.3	114.8	111.9
1998	111.1	101.5	113.3	112.8
1999	109.6	103.4	109.5	114.3
2000	110.7	104.3	111.2	113.3
2001	109.5	104.0	110.0	111.7
2002	110.0	100.2	110.7	113.5
2003	111.2	103.7	114.3	109.5
2004	111.4	107.5	114.2	108.6
2005	115.5	105.8	117.8	115.3
2006	114.0	104.9	116.8	112.6
2007	117.2	104.0	121.3	114.8
2008	116.2	105.3	118.1	116.2
2009	115.2	105.2	118.6	111.6
2010	116.6	104.3	120.8	111.4
2011	114.4	104.3	117.4	110.9
2012	112.2	102.9	113.4	112.1
2013	110.6	102.5	111.1	111.4
2014	109.7	104.5	109.6	111.0
2015	108.5	103.4	107.8	111.5
2016	108.4	103.3	107.6	111.1
2017	108.0	103.7	107.0	110.7

2-4 总产出指数
Indices of Gross Output

单位：% (1952年=100) (%)

年份 Year	总产出 Gross Output	第一产业 Primary Industry	第二产业 Secondary Industry	第三产业 Tertiary Industry
1952	100.0	100.0	100.0	100.0
1955	126.2	108.7	175.7	132.4
1960	260.8	103.1	773.1	320.5
1965	213.6	116.7	541.0	248.7
1970	341.1	151.4	1015.3	350.7
1975	494.8	186.5	1573.9	532.0
1978	622.9	209.5	2104.0	675.6
1979	687.6	222.7	2375.4	734.3
1980	727.5	218.4	2608.1	769.6
1981	768.2	231.6	2691.6	868.8
1982	835.1	255.1	2939.3	907.1
1983	909.4	267.9	3274.3	981.5
1984	1006.7	283.1	3673.8	1129.7
1985	1152.7	297.0	4265.3	1422.2
1986	1274.9	313.2	4781.4	1615.7
1987	1444.4	323.5	5556.6	1903.3
1988	1603.3	325.2	6367.2	2143.1
1989	1672.3	341.8	6564.5	2297.4
1990	1737.5	348.3	6873.1	2384.7
1991	1902.6	361.9	7691.0	2635.1
1992	2142.3	375.6	8944.6	2993.5
1993	2472.2	395.5	10644.1	3487.4
1994	2805.9	420.8	12347.2	3965.2
1995	3195.9	507.1	14026.4	4337.9
1996	3815.9	549.7	17715.3	4849.8
1997	4312.0	595.3	20337.2	5426.9
1998	4790.6	604.2	23042.0	6121.5
1999	5250.5	624.7	25231.0	6996.9
2000	5812.3	651.6	28056.9	7927.5
2001	6364.5	677.7	30862.6	8855.0
2002	7001.0	679.1	34164.9	10050.4
2003	7785.1	704.2	39050.5	11005.2
2004	8672.6	757.0	44595.7	11951.6
2005	10016.9	800.9	52533.7	13780.2
2006	11419.3	840.1	61359.4	15516.5
2007	13383.4	873.7	74428.9	17812.9
2008	15551.5	920.0	87900.5	20698.6
2009	17915.3	967.8	104250.0	23099.6
2010	20889.2	1009.4	125934.0	25733.0
2011	23897.2	1052.8	147846.6	28537.9
2012	26812.8	1083.3	167658.0	31991.0
2013	29654.9	1110.6	186268.0	35638.0
2014	32531.5	1160.5	204149.8	39558.2
2015	35296.6	1200.0	220073.5	44107.4
2016	38261.6	1239.6	236799.0	49003.3
2017	41322.5	1285.4	253375.0	54246.7

2-5 按产业分的地区生产总值
Gross Domestic Product by Industry

单位：亿元 (100 million yuan)

年份 Year	地区生产总值 Gross Domestic Product	第一产业 Primary Industry	第二产业 Secondary Industry	第三产业 Tertiary Industry	人均地区生产总值(元) Per Capita Gross Domestic Product(yuan)
1952	27.81	18.72	3.43	5.66	86
1953	30.29	18.48	4.28	7.53	91
1954	30.51	17.03	5.13	8.35	90
1955	35.83	21.13	5.76	8.94	104
1956	37.93	20.56	6.57	10.80	109
1957	45.20	26.41	7.45	11.34	127
1958	55.85	26.65	16.63	12.57	154
1959	61.95	23.60	21.57	16.78	168
1960	64.07	20.58	25.47	18.02	176
1961	46.64	20.78	11.69	14.17	132
1962	51.19	27.17	10.59	13.43	144
1963	48.08	25.11	11.37	11.60	131
1964	57.36	30.41	15.60	11.35	153
1965	65.32	34.00	19.17	12.15	170
1966	72.73	37.30	22.16	13.27	184
1967	73.51	40.07	19.89	13.55	181
1968	75.67	44.85	17.31	13.51	181
1969	81.26	44.08	21.98	15.20	189
1970	93.05	44.62	31.98	16.45	211
1971	99.10	46.31	35.33	17.46	218
1972	107.01	47.73	39.91	19.37	230
1973	115.80	51.91	43.35	20.54	244
1974	108.17	53.17	34.87	20.13	223
1975	118.40	54.97	41.96	21.47	239
1976	118.53	55.07	41.47	21.99	236
1977	129.17	55.95	49.59	23.63	254

2-5 续表 continued

单位：亿元 (100 million yuan)

年份 Year	地区生产总值 Gross Domestic Product	第一产业 Primary Industry	第二产业 Secondary Industry	第三产业 Tertiary Industry	人均地区生产总值(元) Per Capita Gross Domestic Product(yuan)
1978	146.99	59.83	59.82	27.34	286
1979	178.01	79.40	68.42	30.19	343
1980	191.72	81.14	76.99	33.59	365
1981	209.68	93.29	77.78	38.61	394
1982	232.52	107.99	82.51	42.02	430
1983	257.43	117.79	93.37	46.27	470
1984	287.29	128.28	104.34	54.67	519
1985	349.95	147.72	127.08	75.15	626
1986	397.68	165.28	143.31	89.09	703
1987	469.44	187.09	172.45	109.90	818
1988	584.07	217.03	221.28	145.76	999
1989	640.80	234.31	238.15	168.34	1074
1990	744.44	279.09	249.98	215.37	1228
1991	833.30	301.02	281.95	250.33	1357
1992	986.98	323.91	337.17	325.90	1595
1993	1244.71	383.68	470.05	390.98	1997
1994	1650.02	532.89	589.72	527.41	2630
1995	2132.13	685.30	770.67	676.16	3359
1996	2540.13	793.98	920.06	826.09	3963
1997	2849.27	855.75	1041.79	951.73	4420
1998	3025.53	828.31	1123.08	1074.14	4667
1999	3214.54	778.25	1192.99	1243.30	4933
2000	3551.49	784.92	1293.18	1473.39	5425
2001	3831.90	825.73	1412.82	1593.35	6120
2002	4151.54	847.25	1523.50	1780.79	6734
2003	4659.99	886.47	1777.74	1995.78	7589
2004	5664.37	1041.10	2204.45	2418.82	9202
2005	6623.45	1100.65	2630.09	2892.71	10606
2006	7722.34	1272.22	3208.74	3241.38	12192
2007	9454.44	1594.93	4010.68	3848.83	14892
2008	11550.48	1815.27	5084.61	4650.60	18140
2009	13043.86	1857.28	5759.09	5427.49	20403
2010	15978.00	2150.25	7433.22	6394.53	24627
2011	19558.30	2509.78	9479.15	7569.37	29711
2012	22005.21	2671.09	10655.60	8678.52	33254
2013	24437.54	2589.18	11732.70	10115.66	36667
2014	26807.93	2671.01	12690.72	11446.20	39929
2015	28589.04	2747.91	13043.68	12797.45	42291
2016	30888.57	2915.57	13341.17	14631.83	45408
2017	33902.96	2998.40	14145.49	16759.07	49558

2–6 分行业增加值
Value Added by Sector

单位：亿元 (100 million yuan)

年份 Year	农、林、牧、渔业 Agriculture, Forestry, Animal Husbandry and Fishery	工业 Industry	建筑业 onstruction	批发和零售业 Wholesale and Retail Trade	交通运输、仓储和邮政业 Traffic, Transport, Storage and Post	金融业 Finance	房地产业 Real Estate
1952	18.72	2.94	0.49	2.50	1.10		
1953	18.48	3.53	0.75	3.54	1.64		
1954	17.03	4.22	0.91	3.98	1.77		
1955	21.13	4.25	1.51	3.83	2.07		
1956	20.56	5.19	1.38	4.83	2.38		
1957	26.41	5.94	1.51	4.51	2.71		
1958	26.65	12.40	4.23	4.58	3.51		
1959	23.60	16.57	5.00	6.04	5.45		
1960	20.58	19.22	6.25	6.60	5.42		
1961	20.78	10.25	1.44	4.95	3.20		
1962	27.17	9.46	1.13	4.93	2.73		
1963	25.11	10.31	1.06	2.82	3.25		
1964	30.41	13.50	2.10	3.45	2.57		
1965	34.00	16.86	2.31	3.68	2.98		
1966	37.30	19.67	2.49	4.41	3.14		
1967	40.07	17.46	2.43	4.54	3.03		
1968	44.85	15.03	2.28	4.22	2.92		
1969	44.08	19.39	2.59	5.20	3.37		
1970	44.62	28.83	3.15	5.67	3.96		
1971	46.31	30.35	4.98	5.63	4.34		
1972	47.73	34.31	5.60	6.68	4.89		
1973	51.91	37.92	5.43	7.23	5.01		
1974	53.17	29.21	5.66	6.98	4.34		
1975	54.97	35.58	6.38	7.29	4.92		
1976	55.07	34.95	6.52	7.17	4.83		
1977	55.95	43.41	6.45	8.06	5.33		

2-6 续表 continued

单位：亿元 (100 million yuan)

年份 Year	农、林、牧、渔业 Agriculture, Forestry, Animal Husbandry and Fishery	工业 Industry	建筑业 onstruction	批发和零售业 Wholesale and Retail Trade	交通运输、仓储和邮政业 Traffic, Transport, Storage and Post	金融业 Finance	房地产业 Real Estate
1978	59.83	51.94	7.88	9.71	5.91	2.55	2.03
1979	79.40	59.23	9.19	10.85	6.47	2.50	2.10
1980	81.14	65.31	11.68	11.73	6.77	2.70	2.32
1981	93.29	67.19	10.59	13.42	6.93	3.60	3.56
1982	107.99	71.31	11.20	12.81	7.61	5.02	3.96
1983	117.79	78.84	14.53	12.56	8.16	5.66	5.18
1984	128.28	90.79	13.55	15.40	9.30	6.53	5.76
1985	147.72	110.05	17.03	22.94	13.23	8.85	7.84
1986	165.28	124.30	19.01	27.60	15.00	12.55	7.93
1987	187.09	149.67	22.78	34.56	20.13	15.94	8.53
1988	217.03	190.40	30.88	46.61	24.12	20.91	9.96
1989	234.31	212.21	25.94	45.48	26.81	26.94	11.00
1990	279.09	220.69	29.29	62.94	32.27	31.01	16.25
1991	301.02	242.96	38.99	73.91	41.68	38.26	17.73
1992	323.91	284.66	52.51	104.96	51.29	49.01	20.57
1993	383.68	399.58	70.47	123.52	72.71	47.53	26.45
1994	532.89	499.97	89.75	167.24	100.30	54.07	34.13
1995	685.30	658.67	112.00	210.40	133.71	64.96	44.43
1996	793.98	790.19	129.87	244.45	171.14	74.32	64.06
1997	855.75	903.90	137.89	268.06	198.66	82.66	75.47
1998	828.31	960.70	162.38	289.06	220.86	85.44	89.28
1999	778.25	1010.53	182.46	311.68	246.08	86.57	105.50
2000	784.92	1094.76	198.42	342.30	288.16	88.88	131.58
2001	825.73	1180.43	232.39	377.18	303.88	91.71	138.41
2002	847.25	1265.72	257.78	416.15	333.51	92.43	165.29
2003	886.47	1484.98	292.76	458.07	373.27	99.35	186.49
2004	1041.10	1837.65	366.80	495.72	333.92	118.64	191.50
2005	1100.65	2212.45	417.64	587.21	387.33	162.37	215.63
2006	1272.22	2728.90	479.84	634.69	441.32	204.72	254.81
2007	1594.93	3430.22	580.46	771.73	518.04	260.14	301.80
2008	1815.27	4365.34	719.27	975.46	625.08	334.32	340.07
2009	1857.28	4888.37	870.72	1221.20	707.20	402.57	400.11
2010	2150.25	6392.17	1041.05	1434.68	834.66	463.16	464.21
2011	2509.78	8237.32	1241.83	1662.34	950.80	501.09	518.04
2012	2671.09	9285.11	1370.49	1849.04	1079.67	579.76	568.52
2013	2702.12	10177.10	1567.56	2031.81	1174.29	758.90	642.19
2014	2793.05	10955.87	1747.53	2211.82	1259.55	950.04	673.38
2015	2878.86	11178.67	1877.70	2323.67	1292.83	1153.26	751.81
2016	3063.10	11337.28	2016.59	2487.80	1356.56	1272.71	879.62
2017	3165.28	11879.94	2278.65	2666.71	1496.01	1610.31	1019.35

2-7 地区生产总值构成
Composition of GDP

单位：% (GDP=100) (%)

年份 Year	总产出 Gross Output	第一产业 Primary Industry	第二产业 Secondary Industry	第三产业 Tertiary Industry
1952	100.0	67.3	12.3	20.4
1953	100.0	61.0	14.1	24.9
1954	100.0	55.8	16.8	27.4
1955	100.0	59.0	16.1	25.0
1956	100.0	54.2	17.3	28.5
1957	100.0	58.4	16.5	25.1
1958	100.0	47.7	29.8	22.5
1959	100.0	38.1	34.8	27.1
1960	100.0	32.1	39.8	28.1
1961	100.0	44.6	25.1	30.4
1962	100.0	53.1	20.7	26.2
1963	100.0	52.2	23.6	24.1
1964	100.0	53.0	27.2	19.8
1965	100.0	52.1	29.3	18.6
1966	100.0	51.3	30.5	18.2
1967	100.0	54.5	27.1	18.4
1968	100.0	59.3	22.9	17.9
1969	100.0	54.2	27.0	18.7
1970	100.0	48.0	34.4	17.7
1971	100.0	46.7	35.7	17.6
1972	100.0	44.6	37.3	18.1
1973	100.0	44.8	37.4	17.7
1974	100.0	49.2	32.2	18.6
1975	100.0	46.4	35.4	18.1
1976	100.0	46.5	35.0	18.6
1977	100.0	43.3	38.4	18.3

2-7 续表 continued

单位：亿元 (100 million yuan)

年份 Year	总产出 Gross Output	第一产业 Primary Industry	第二产业 Secondary Industry	第三产业 Tertiary Industry
1978	100.0	40.7	40.7	18.6
1979	100.0	44.6	38.4	17.0
1980	100.0	42.3	40.2	17.5
1981	100.0	44.5	37.1	18.4
1982	100.0	46.4	35.5	18.1
1983	100.0	45.8	36.3	17.9
1984	100.0	44.7	36.3	19.0
1985	100.0	42.2	36.3	21.5
1986	100.0	41.6	36.0	22.4
1987	100.0	39.9	36.7	23.4
1988	100.0	37.2	37.9	24.9
1989	100.0	36.6	37.2	26.2
1990	100.0	37.5	33.6	28.9
1991	100.0	36.1	33.8	30.1
1992	100.0	32.8	34.2	33.0
1993	100.0	30.8	37.8	31.4
1994	100.0	32.3	35.7	32.0
1995	100.0	32.1	36.1	31.8
1996	100.0	31.3	36.2	32.5
1997	100.0	30.0	36.6	33.4
1998	100.0	27.4	37.1	35.5
1999	100.0	24.2	37.1	38.7
2000	100.0	22.1	36.4	41.5
2001	100.0	21.5	36.9	41.6
2002	100.0	20.4	36.7	42.9
2003	100.0	19.0	38.1	42.9
2004	100.0	18.4	38.9	42.7
2005	100.0	16.6	39.7	43.7
2006	100.0	16.5	41.5	42.0
2007	100.0	16.9	42.4	40.7
2008	100.0	15.7	44.0	40.3
2009	100.0	14.2	44.2	41.6
2010	100.0	13.5	46.5	40.0
2011	100.0	12.8	48.5	38.7
2012	100.0	12.1	48.4	39.5
2013	100.0	10.6	48.0	41.4
2014	100.0	10.0	47.3	42.7
2015	100.0	9.6	45.6	44.8
2016	100.0	9.4	43.2	47.4
2017	100.0	8.8	41.7	49.5

2-8 地区生产总值发展速度
Growth Rate of GDP

单位：%　　　　(以上年为 100) (precending year=100)　　　　(%)

年份 Year	地区生产总值 Gross Domestic Product	第一产业 Primary Industry	第二产业 Secondary Industry	第三产业 Tertiary Industry	人均地区生产总值 Per Capita Gross Domestic Product
1978	116.4	111.7	121.8	115.5	115.1
1979	109.1	106.8	111.4	109.0	107.9
1980	105.2	98.9	111.0	105.5	104.1
1981	105.5	107.0	100.2	113.3	104.1
1982	109.4	113.0	106.0	107.5	107.7
1983	109.2	103.7	116.7	108.2	107.7
1984	109.4	106.6	109.7	115.6	108.3
1985	112.0	103.7	113.6	127.2	110.9
1986	108.1	105.2	107.7	114.1	106.8
1987	109.3	102.9	112.8	114.0	107.8
1988	108.2	97.7	115.0	112.6	106.0
1989	103.6	105.7	101.2	105.0	101.6
1990	104.0	103.2	104.6	103.8	102.3
1991	107.9	105.6	108.5	110.5	106.6
1992	111.1	103.5	117.3	114.1	110.3
1993	112.4	104.3	118.2	116.0	111.7
1994	110.6	105.4	115.4	111.0	109.8
1995	110.3	106.5	113.5	110.6	109.1
1996	112.1	106.2	116.3	112.9	111.0
1997	110.6	106.1	113.3	111.6	110.0
1998	108.5	100.9	111.5	111.5	107.8
1999	108.4	103.3	109.3	111.4	107.8
2000	109.0	103.9	110.6	110.9	108.5
2001	109.0	104.0	110.3	110.6	110.6
2002	109.0	102.6	110.9	110.5	110.7
2003	109.6	103.6	112.5	109.7	110.0
2004	112.1	107.4	116.1	110.5	111.8
2005	112.2	105.7	112.9	113.8	110.6
2006	112.8	104.7	117.1	112.0	111.2
2007	115.1	103.9	118.7	115.6	114.8
2008	114.1	105.2	115.5	115.5	113.7
2009	113.9	105.0	119.0	111.4	113.4
2010	114.6	104.3	120.2	111.7	112.9
2011	112.8	104.2	117.0	111.0	111.2
2012	111.4	103.0	113.0	112.2	110.9
2013	110.1	102.7	110.9	111.2	109.4
2014	109.5	104.5	109.4	111.0	108.7
2015	108.5	103.6	107.4	111.1	107.8
2016	108.0	103.3	106.5	110.6	107.4
2017	108.0	103.6	106.7	110.3	107.4

2-9 主要行业增加值发展速度
Growth Rate of Value Added by Sector

单位：% （以上年为 100）(precending year=100) (%)

年份 Year	农、林、牧、渔业 Agriculture, Forestry, Animal Husbandry and Fishery	工业 Industry	建筑业 Construction	批发和零售业 Wholesale and Retail Trade	交通运输、仓储和邮政业 Traffic, Transport, Storage and Post	金融业 Finance	房地产业 Real Estate
1978	111.7	121.6	123.3	120.4	110.7	115.3	104.0
1979	106.8	111.3	112.1	110.1	109.3	96.5	101.7
1980	98.9	109.7	119.9	102.5	104.5	97.8	110.4
1981	107.0	101.4	92.7	112.6	102.6	131.0	146.4
1982	113.0	106.1	105.0	94.0	109.6	137.3	110.3
1983	103.7	114.8	130.2	95.8	107.2	110.1	128.5
1984	106.6	113.0	89.8	119.3	113.9	111.9	110.0
1985	103.7	114.3	108.7	134.8	140.6	122.1	128.4
1986	105.2	108.5	101.6	114.6	112.6	135.3	100.9
1987	102.9	113.3	108.6	113.8	127.1	114.9	105. 0
1988	97.7	115.3	112.6	108.9	120.4	104.6	109.5
1989	105.7	103.0	79.3	90.6	97.3	150.6	86.7
1990	103.2	104.5	106.1	83.7	113.7	109.0	109.0
1991	105.6	107.4	116.7	112.0	118.6	115.5	106.1
1992	103.5	116.8	120.4	110.0	112.8	130.3	110.6
1993	104.3	120.0	105.5	110.8	125.2	121.3	124.0
1994	105.4	115.9	111.7	109.0	110.6	105.7	112.0
1995	106.5	113.4	114.6	109.1	116.3	106.0	114.7
1996	106.2	116.8	112.3	109.0	117.8	110.6	117.1
1997	106.1	114.3	104.4	109.5	115.0	110.3	110.2
1998	100.9	111.2	114.1	110.3	113.4	105.2	113.3
1999	103.3	109.0	111.7	110.5	108.0	105.1	117.3
2000	103.9	110.5	111.5	111.4	114.5	106.0	109.2
2001	104.0	109.9	112.3	111.3	110.2	103.5	109.3
2002	102.6	111.0	110.3	111.5	109.9	103.2	111.2
2003	103.6	112.7	111.2	109.6	110.3	105.4	109.0
2004	107.4	115.9	117.3	108.9	113.9	102.1	105.8
2005	105.7	113.6	109.2	117.1	113.1	112.6	107.4
2006	104.7	118.2	111.1	111.7	111.3	115.2	111.6
2007	103.9	119.8	112.4	116.7	116.2	120.9	110.0
2008	105.2	116.3	110.3	118.7	116.3	118.1	106.9
2009	105.0	118.6	121.5	114.9	107.0	118.0	110.0
2010	104.3	121.2	114.1	111.7	113.2	109.1	109.3
2011	104.2	118.2	109.5	108.3	112.5	105.6	104.1
2012	103.0	113.7	108.0	108.0	111.4	113.6	106.9
2013	102.8	111.2	109.1	108.0	105.9	118.7	108.4
2014	104.6	109.3	109.8	107.6	104.8	123.8	102.9
2015	103.5	107.4	107.3	105.1	105.0	114.8	112.2
2016	103.5	106.5	106.7	106.0	102.9	107.6	109.0
2017	103.9	107.0	105.1	105.9	106.3	110.8	104.0

2-10 地区生产总值指数

Indices of Gross Domestic Product

单位：% (1952 年 =100) (%)

年份 Year	地区生产总值 Gross Domestic Product	第一产业 Primary Industry	第二产业 Secondary Industry	第三产业 Tertiary Industry	人均地区生产总值 Per Capita Gross Domestic Product
1952	100.0	100.0	100.0	100.0	100.0
1953	108.4	99.9	131.5	128.1	105.8
1954	106.4	89.8	157.9	141.1	101.5
1955	126.1	110.3	190.0	150.4	118.1
1956	132.9	106.4	226.8	181.6	123.2
1957	153.0	129.2	253.3	187.8	139.2
1958	183.4	130.8	522.4	207.0	163.0
1959	199.5	113.4	660.9	277.9	175.2
1960	197.5	90.4	765.8	292.1	175.9
1961	127.4	82.8	332.0	189.1	116.4
1962	131.3	101.7	284.3	167.7	119.4
1963	126.5	92.7	306.7	163.0	111.9
1964	150.3	107.1	432.6	167.9	129.7
1965	170.1	111.7	558.4	186.1	143.1
1966	191.9	121.9	669.8	203.2	156.8
1967	192.5	130.9	610.1	206.9	153.0
1968	189.8	142.2	512.0	205.6	146.7
1969	210.0	138.2	684.2	231.5	157.8
1970	247.0	139.5	1005.8	245.9	180.5
1971	261.0	140.3	1122.5	252.7	185.6
1972	281.8	142.8	1283.9	280.0	195.8
1973	300.9	154.2	1361.2	295.4	204.4
1974	278.8	157.9	1071.5	290.6	185.4
1975	307.6	162.4	1325.9	309.9	200.8
1976	306.0	162.5	1290.1	316.9	196.6
1977	335.3	165.0	1562.0	340.0	212.9

2-10 续表 1 continued

单位：% (1952 年 =100) (%)

年份 Year	地区生产总值 Gross Domestic Product	第一产业 Primary Industry	第二产业 Secondary Industry	第三产业 Tertiary Industry	人均地区生产总值 Per Capita Gross Domestic Product
1978	390.3	184.3	1903.0	392.8	245.2
1979	425.7	196.8	2119.1	428.2	264.6
1980	448.0	194.6	2352.0	451.9	275.4
1981	472.4	208.3	2357.8	512.1	286.7
1982	516.7	235.4	2498.9	550.6	308.8
1983	564.4	244.2	2917.3	595.9	332.6
1984	617.4	260.2	3198.9	688.9	360.2
1985	691.8	269.9	3634.5	875.9	399.4
1986	748.1	284.0	3916.1	999.7	426.6
1987	817.8	292.2	4418.7	1139.2	459.9
1988	884.9	285.5	5081.5	1282.7	487.4
1989	916.8	301.8	5142.5	1346.8	495.2
1990	953.1	311.6	5380.0	1397.9	506.6
1991	1028.4	329.0	5837.3	1544.7	540.1
1992	1142.6	340.5	6847.2	1762.5	595.7
1993	1284.3	355.1	8093.4	2044.5	665.4
1994	1420.4	374.3	9339.8	2269.4	730.6
1995	1566.7	398.6	10600.7	2510.0	797.1
1996	1756.3	423.3	12328.6	2833.8	884.8
1997	1942.5	449.1	13968.3	3162.5	973.3
1998	2107.6	453.1	15574.7	3526.2	1049.2
1999	2284.6	468.1	17023.1	3928.2	1131.0
2000	2490.2	486.4	18827.5	4356.4	1227.1
2001	2714.3	505.9	20766.7	4818.2	1357.2
2002	2958.6	519.1	23030.3	5324.1	1502.4
2003	3242.6	537.8	25909.1	5840.5	1652.6
2004	3635.0	577.6	30080.5	6453.8	1847.6
2005	4078.5	610.5	33960.9	7344.4	2043.4
2006	4600.5	639.2	39768.2	8225.7	2272.3
2007	5295.2	664.1	47204.9	9508.9	2608.6
2008	6041.8	698.7	54521.7	10982.8	2966.0
2009	6881.6	733.6	64880.8	12234.8	3363.4
2010	7886.3	765.1	77986.7	13666.3	3797.2
2011	8895.7	797.3	91244.4	15169.6	4222.5
2012	9909.8	821.2	103106.2	17020.3	4682.8
2013	10910.7	843.4	114344.8	18926.6	5123.0
2014	11947.2	881.3	125093.2	21008.5	5568.7
2015	12962.7	913.0	134350.1	23340.5	6003.0
2016	13999.7	943.2	143082.9	25814.6	6447.2
2017	15120.0	977.1	152669.3	28473.5	6924.3

2–10 续表 2 continued

单位：% (1978 年 =100) (%)

年份 Year	地区生产总值 Gross Domestic Product	第一产业 Primary Industry	第二产业 Secondary Industry	第三产业 Tertiary Industry	人均地区生产总值 Per Capita Gross Domestic Product
1978	100.0	100.0	100.0	100.0	100.0
1979	109.1	106.8	111.4	109.0	107.9
1980	114.8	105.6	123.6	115.0	112.3
1981	121.0	113.0	123.9	130.4	116.9
1982	132.4	127.7	131.3	140.2	125.9
1983	144.6	132.5	153.3	151.7	135.6
1984	158.2	141.2	168.1	175.4	146.9
1985	177.2	146.4	191.0	223.0	162.9
1986	191.7	154.1	205.8	254.5	174.0
1987	209.5	158.5	232.2	290.0	187.6
1988	226.7	154.9	267.0	326.6	198.9
1989	234.9	163.8	270.2	342.9	202.1
1990	244.3	169.1	282.7	355.9	206.7
1991	263.6	178.5	306.7	393.3	220.3
1992	292.9	184.8	359.8	448.7	243.0
1993	329.2	192.7	425.3	520.5	271.4
1994	364.1	203.1	490.8	577.8	298.0
1995	401.6	216.3	557.1	639.0	325.1
1996	450.2	229.7	647.9	721.4	360.9
1997	497.9	243.7	734.1	805.1	397.0
1998	540.2	245.9	818.5	897.7	428.0
1999	585.6	254.0	894.6	1000.0	461.4
2000	638.3	263.9	989.4	1109.0	500.6
2001	695.7	274.5	1091.3	1226.6	553.7
2002	758.3	281.6	1210.3	1355.4	612.9
2003	831.1	291.7	1361.6	1486.9	674.2
2004	931.7	313.3	1580.8	1643.0	753.8
2005	1045.4	331.2	1784.7	1869.7	833.7
2006	1179.2	346.8	2089.9	2094.1	927.1
2007	1357.3	360.3	2480.7	2420.8	1064.3
2008	1548.7	379.0	2865.2	2796.0	1210.1
2009	1764.0	398.0	3409.6	3114.7	1372.3
2010	2021.5	415.1	4098.3	3479.1	1549.3
2011	2280.3	432.5	4795.0	3861.8	1722.8
2012	2540.3	445.5	5418.4	4332.9	1910.6
2013	2796.9	457.5	6009.0	4818.2	2090.2
2014	3062.6	478.1	6573.8	5348.3	2272.0
2015	3322.9	495.3	7060.3	5941.9	2449.2
2016	3588.7	511.7	7519.2	6571.7	2630.5
2017	3875.6	530.1	8023.0	7248.6	2825.1

2-11 主要行业增加值指数
Indices of Value Added by Sector

单位：% (以 1978=100) (%)

年份 Year	农、林、牧、渔业 Agriculture, Forestry, Animal Husbandry and Fishery	工业 Industry	建筑业 onstruction	批发和零售业 Wholesale and Retail Trade	交通运输、仓储和邮政业 Traffic, Transport, Storage and Post	金融业 Finance	房地产业 Real Estate
1978	100.0	100.0	100.0	100.0	100.0	100.0	100.0
1979	106.8	111.3	112.1	110.1	109.3	96.5	101.7
1980	105.6	122.1	134.4	112.9	114.2	94.4	112.3
1981	113.0	123.8	124.6	127.1	117.2	123.6	164.4
1982	127.7	131.4	130.8	119.4	128.4	169.7	181.3
1983	132.5	150.8	170.3	114.4	137.7	186.9	233.0
1984	141.2	170.4	153.0	136.5	156.8	209.1	256.3
1985	146.4	194.7	166.3	184.0	220.5	255.4	329.1
1986	154.1	211.3	168.9	210.9	248.3	345.5	332.0
1987	158.5	239.4	183.5	240.0	315.6	397.0	348.6
1988	154.9	276.1	206.6	261.4	379.9	415.2	381.7
1989	163.8	284.3	163.8	236.8	369.1	625.3	331.0
1990	169.1	297.1	173.8	198.2	420.3	681.6	360.8
1991	178.5	319.1	202.8	222.0	498.5	787.2	382.8
1992	184.8	372.7	244.2	244.2	562.3	1025.7	423.4
1993	192.7	447.2	257.6	270.6	704.0	1244.2	525.0
1994	203.1	518.3	287.7	295.0	778.6	1315.1	588.0
1995	216.3	587.8	329.7	321.8	905.5	1394.0	674.4
1996	229.7	686.6	370.3	350.8	1066.7	1541.8	789.7
1997	243.7	784.8	386.6	384.1	1226.7	1700.6	870.2
1998	245.9	872.7	441.1	423.7	1391.1	1789.0	985.9
1999	254.0	951.2	492.7	468.2	1502.4	1880.2	1156.5
2000	263.9	1051.1	549.4	521.6	1720.2	1993.0	1262.9
2001	274.5	1155.2	617.0	580.5	1895.7	2062.8	1380.3
2002	281.6	1282.3	680.6	647.3	2083.4	2128.8	1534.9
2003	291.7	1445.2	756.8	709.4	2298.0	2243.8	1673.0
2004	313.3	1675.0	887.7	772.5	2617.4	2290.9	1770.0
2005	331.2	1902.8	969.4	904.6	2960.3	2579.6	1901.0
2006	346.8	2249.1	1077.0	1010.4	3294.8	2971.7	2121.5
2007	360.3	2694.4	1210.6	1179.2	3828.6	3592.8	2333.7
2008	379.0	3133.6	1335.2	1399.7	4452.6	4243.1	2494.7
2009	398.0	3716.5	1622.3	1608.2	4764.3	5006.8	2744.2
2010	415.1	4504.4	1851.1	1796.4	5393.2	5462.5	2999.4
2011	432.5	5324.2	2026.9	1945.5	6067.4	5768.4	3122.3
2012	445.5	6053.6	2189.1	2101.1	6759.0	6552.8	3337.8
2013	458.0	6731.6	2388.3	2269.2	7157.8	7778.2	3618.2
2014	479.0	7357.6	2622.3	2441.7	7501.4	9629.4	3723.1
2015	495.8	7902.1	2813.7	2566.2	7876.5	11054.6	4177.3
2016	513.2	8415.7	3002.3	2720.2	8104.9	11894.8	4553.3
2017	533.2	9004.8	3155.4	2880.7	8615.5	13179.4	4735.4

2-12 地区生产总值构成项目表
Structure of Gross Domestic Product

单位：亿元 (100 million yuan)

指 标	Item	2016	2017
地区生产总值	**Gross Domestic Product**	**30888.57**	**33902.96**
劳动者报酬	Compensation of Laborers	15315.90	16911.81
生产税净额	Net Taxes on Production	4882.67	5311.98
固定资产折旧	Depreciation of Fixed Assets	3253.13	3521.40
营业盈余	Operating Surplus	7436.87	8157.77
农林牧渔业增加值	**Added Value of Farming, Forestry, Animal Husbandry and Fishery**	**3063.10**	**3165.28**
劳动者报酬	Compensation of Laborers	2991.00	3100.17
生产税净额	Net Taxes on Production	9.88	8.88
固定资产折旧	Depreciation of Fixed Assets	62.22	56.23
营业盈余	Operating Surplus		
工业增加值	**Added Value of Industry**	**11337.28**	**11879.94**
劳动者报酬	Compensation of Laborers	3460.83	3712.54
生产税净额	Net Taxes on Production	3253.26	3478.19
固定资产折旧	Depreciation of Fixed Assets	1184.02	1220.52
营业盈余	Operating Surplus	3439.17	3468.69
建筑业增加值	**Added Value of Construction**	**2016.59**	**2278.65**
劳动者报酬	Compensation of Laborers	1316.35	1487.89
生产税净额	Net Taxes on Production	327.65	370.00
固定资产折旧	Depreciation of Fixed Assets	54.64	61.54
营业盈余	Operating Surplus	317.95	359.22
批发和零售业增加值	**Added Value of Wholesale and Retail Trade**	**2487.80**	**2666.71**
劳动者报酬	Compensation of Laborers	841.72	905.06
生产税净额	Net Taxes on Production	623.99	670.60
固定资产折旧	Depreciation of Fixed Assets	127.59	134.90
营业盈余	Operating Surplus	894.50	956.15
交通运输仓储邮政业增加值	**Added Value of Transport, Storage and Post**	**1356.56**	**1496.01**
劳动者报酬	Compensation of Laborers	831.06	934.89
生产税净额	Net Taxes on Production	70.98	75.99
固定资产折旧	Depreciation of Fixed Assets	212.69	219.23
营业盈余	Operating Surplus	241.83	265.90
住宿和餐饮业增加值	**Added Value of Hotel and Restaurants**	**666.12**	**705.38**
劳动者报酬	Compensation of Laborers	398.74	422.99
生产税净额	Net Taxes on Production	71.87	76.14
固定资产折旧	Depreciation of Fixed Assets	103.03	107.72
营业盈余	Operating Surplus	92.48	98.53

2-12 续表 1 continued

单位：亿元 (100 million yuan)

指 标	Item	2016	2017
信息传输、软件和信息技术服务业增加值	**Added Value of Information Transfer,Software Technology Service**	**768.84**	**921.65**
劳动者报酬	Compensation of Laborers	138.18	167.07
生产税净额	Net Taxes on Production	49.10	59.47
固定资产折旧	Depreciation of Fixed Assets	272.21	322.44
营业盈余	Operating Surplus	309.35	372.67
金融业增加值	**Added Value of Financial Intermediation**	**1272.71**	**1610.31**
劳动者报酬	Compensation of Laborers	360.83	444.84
生产税净额	Net Taxes on Production	133.38	164.28
固定资产折旧	Depreciation of Fixed Assets	27.70	33.94
营业盈余	Operating Surplus	750.80	967.25
房地产业增加值	**Added Value of Real Estate**	**879.62**	**1019.35**
劳动者报酬	Compensation of Laborers	141.41	158.73
生产税净额	Net Taxes on Production	138.17	165.22
固定资产折旧	Depreciation of Fixed Assets	470.13	538.83
营业盈余	Operating Surplus	129.91	156.57
租赁和商务服务业增加值	**Added Value of Leasing and Business Services**	**764.30**	**922.99**
劳动者报酬	Compensation of Laborers	283.75	343.28
生产税净额	Net Taxes on Production	56.58	68.46
固定资产折旧	Depreciation of Fixed Assets	90.20	107.81
营业盈余	Operating Surplus	333.77	403.44
科学研究和技术服务业增加值	**Added Value of Scientific Research, and Technical Services**	**387.77**	**420.69**
劳动者报酬	Compensation of Laborers	165.48	187.00
生产税净额	Net Taxes on Production	19.13	21.94
固定资产折旧	Depreciation of Fixed Assets	68.10	64.89
营业盈余	Operating Surplus	135.06	146.86
水利、环境和公共设施管理业增加值	**Added Value of Management of Water Conse-rvancy, Environment and Public Facilities**	**165.76**	**189.36**
劳动者报酬	Compensation of Laborers	88.98	101.80
生产税净额	Net Taxes on Production	6.31	6.96
固定资产折旧	Depreciation of Fixed Assets	29.83	34.14
营业盈余	Operating Surplus	40.64	46.46
居民服务、修理和其他服务业增加值	**Added Value of Resident Services and Other Services**	**1530.49**	**1853.74**
劳动者报酬	Compensation of Laborers	1249.35	1510.91
生产税净额	Net Taxes on Production	40.39	48.92
固定资产折旧	Depreciation of Fixed Assets	93.58	113.35
营业盈余	Operating Surplus	147.17	180.56

2-12 续表 2 continued

单位：亿元 (100 million yuan)

指 标	Item	2016	2017
教育增加值	**Added Value of Education**	**1080.58**	**1214.33**
劳动者报酬	Compensation of Laborers	845.29	968.68
生产税净额	Net Taxes on Production	7.25	8.27
固定资产折旧	Depreciation of Fixed Assets	133.21	140.19
营业盈余	Operating Surplus	94.83	97.19
卫生和社会工作增加值	**Added Value of Health and Social Work**	**637.30**	**726.25**
劳动者报酬	Compensation of Laborers	448.88	483.11
生产税净额	Net Taxes on Production	5.86	6.69
固定资产折旧	Depreciation of Fixed Assets	57.51	63.78
营业盈余	Operating Surplus	125.05	172.67
文化、体育和娱乐业增加值	**Added Value of Culture, Sports and Entertainment**	**769.22**	**925.76**
劳动者报酬	Compensation of Laborers	348.30	419.88
生产税净额	Net Taxes on Production	59.09	71.06
固定资产折旧	Depreciation of Fixed Assets	85.54	103.13
营业盈余	Operating Surplus	276.29	331.69
公共管理、社会保障和社会组织增加值	**Added Value of Public Management and Social Organization**	**1704.53**	**1906.56**
劳动者报酬	Compensation of Laborers	1405.75	1562.97
生产税净额	Net Taxes on Production	9.78	10.91
固定资产折旧	Depreciation of Fixed Assets	180.93	198.76
营业盈余	Operating Surplus	108.07	133.92
第一产业	**Primary Industry**	**2915.57**	**2998.40**
劳动者报酬	Compensation of Laborers	2843.99	2933.70
生产税净额	Net Taxes on Production	9.88	8.88
固定资产折旧	Depreciation of Fixed Assets	61.70	55.82
营业盈余	Operating Surplus		
第二产业	**Secondary Industry**	**13341.17**	**14145.49**
劳动者报酬	Compensation of Laborers	4771.02	5193.73
生产税净额	Net Taxes on Production	3579.88	3847.34
固定资产折旧	Depreciation of Fixed Assets	1236.15	1279.41
营业盈余	Operating Surplus	3754.12	3825.01
第三产业	**Tertiary Industry**	**14631.83**	**16759.07**
劳动者报酬	Compensation of Laborers	7700.89	8784.38
生产税净额	Net Taxes on Production	1292.91	1455.76
固定资产折旧	Depreciation of Fixed Assets	1955.28	2186.17
营业盈余	Operating Surplus	3682.75	4332.76

2-13 支出法地区生产总值
Gross Domestic Product by Expenditure Approach

单位：亿元 (100 million yuan)

年份 Year	地区生产总值 GDP by Expenditure Approach	最终消费 Final Consumption Expenditures	居民消费 Household Consumption Expenditures	农村居民 Rural Household	城镇居民 Urban Household	政府消费 Government Consumption Expenditures
1952	27.81	24.87	24.12	20.98	3.14	0.75
1953	30.29	26.30	25.44	21.61	3.83	0.86
1954	30.51	26.61	25.46	21.43	4.03	1.15
1955	35.83	29.84	28.52	24.26	4.26	1.32
1956	37.93	32.23	30.56	25.28	5.28	1.67
1957	45.20	34.18	32.42	26.31	6.11	1.76
1958	55.85	36.98	35.16	27.57	7.59	1.82
1959	61.95	37.16	34.76	24.93	9.83	2.40
1960	64.07	37.96	35.47	24.92	10.55	2.49
1961	46.64	41.38	39.12	28.36	10.76	2.26
1962	51.19	45.28	43.51	33.32	10.19	1.77
1963	48.08	40.92	39.32	28.50	10.82	1.60
1964	57.36	43.61	41.32	30.59	10.73	2.29
1965	65.32	47.29	45.18	33.84	11.34	2.11
1966	72.73	51.61	49.26	37.93	11.33	2.35
1967	73.51	54.81	52.56	40.95	11.61	2.25
1968	75.67	55.30	53.27	41.60	11.67	2.03
1969	81.26	55.90	53.52	42.09	11.43	2.38
1970	93.05	58.04	55.60	43.54	12.06	2.44
1971	99.10	62.19	59.04	45.36	13.68	3.15
1972	107.01	67.40	63.76	47.81	15.95	3.64
1973	115.80	71.30	67.28	50.71	16.57	4.02
1974	108.17	74.50	69.54	51.98	17.56	4.96
1975	118.40	76.87	72.16	53.89	18.27	4.71
1976	118.53	78.41	73.13	53.94	19.19	5.28
1977	129.17	86.16	79.74	60.13	19.61	6.42

2-13 续表 1 continued

单位：亿元 (100 million yuan)

年份 Year	地区生产总值 GDP by Expenditure Approach	最终消费 Final Consumption Expenditures	居民消费 Household Consumption Expenditures	农村居民 Rural Household	城镇居民 Urban Household	政府消费 Government Consumption Expenditures
1978	146.99	100.83	93.93	70.87	23.06	6.90
1979	178.01	118.77	109.67	83.37	26.30	9.10
1980	191.72	136.94	125.42	93.15	32.27	11.52
1981	209.68	155.72	142.77	107.33	35.44	12.95
1982	232.52	174.68	159.45	121.93	37.52	15.23
1983	257.43	195.09	178.56	137.91	40.65	16.53
1984	287.29	218.09	199.24	152.95	46.29	18.85
1985	349.95	263.11	240.71	182.85	57.86	22.40
1986	397.68	290.14	265.54	196.12	69.42	24.60
1987	469.44	328.34	298.85	218.93	79.92	29.49
1988	584.07	399.15	364.37	256.19	108.18	34.78
1989	640.80	439.54	393.49	270.81	122.68	46.05
1990	744.44	564.70	454.90	314.05	140.85	109.80
1991	833.30	621.93	500.84	340.27	160.57	121.09
1992	986.98	725.60	582.91	379.23	203.68	142.69
1993	1244.71	885.88	709.62	434.49	275.13	176.26
1994	1650.02	1188.55	964.13	565.53	398.60	224.42
1995	2132.13	1492.01	1214.61	688.72	525.89	277.40
1996	2540.13	1789.60	1462.70	859.46	603.24	326.90
1997	2849.27	1975.57	1585.43	887.73	697.70	390.14
1998	3025.53	2089.53	1662.14	906.18	755.96	427.39
1999	3214.54	2267.40	1789.71	901.12	888.59	477.69
2000	3551.49	2471.77	1928.94	900.05	1028.89	542.83
2001	3831.90	2638.39	2030.06	883.45	1146.61	608.33
2002	4151.54	2754.62	2075.13	889.53	1185.60	679.49
2003	4659.99	3046.50	2290.01	912.18	1377.83	756.49
2004	5664.37	3549.18	2680.61	1038.65	1641.96	868.57
2005	6623.45	4022.83	3092.25	1139.63	1952.62	930.58
2006	7722.34	4605.06	3488.56	1212.84	2275.72	1116.50
2007	9454.44	5270.90	3970.53	1317.86	2652.67	1300.37
2008	11550.48	5982.82	4554.12	1462.38	3091.74	1428.70
2009	13043.86	6637.68	5069.09	1522.26	3546.83	1568.59
2010	15978.00	7596.32	5818.53	1744.48	4074.05	1777.79
2011	19558.30	8978.66	6840.45	2178.78	4661.67	2138.21
2012	22005.21	10072.87	7683.66	2449.90	5233.76	2389.21
2013	24437.54	11208.79	8544.29	2672.83	5871.46	2664.50
2014	26807.93	12942.73	9617.99	3003.17	6614.82	3324.74
2015	28589.04	14456.64	10717.77	3246.04	7471.73	3738.87
2016	30888.57	16122.55	11897.70	3428.32	8469.38	4224.85
2017	33902.96	18075.98	13283.88	3644.88	9639.00	4792.10

2-13 续表 2 continued

单位：亿元 (100 million yuan)

年份 Year	资本形成总额 Gross Capital Formation	固定资本 Fixed Capital	存货增加 Changes in Inventories	货物和服务净流出 Net Export of Goods&Services	资本形成率(投资率)(%) Rate of Capital Formation (%)	最终消费率(消费率)(%) Rate of Final Consumption(%)
1952	1.63	1.24	0.39	1.31	5.9	89.4
1953	2.69	1.93	0.76	1.30	8.9	86.8
1954	3.10	2.41	0.69	0.80	10.2	87.2
1955	5.36	1.93	3.43	0.63	15.0	83.3
1956	5.09	3.28	1.81	0.61	13.4	85.0
1957	7.99	3.81	4.18	3.03	17.7	75.6
1958	18.84	14.06	4.78	0.03	33.7	66.2
1959	24.54	16.43	8.11	0.25	39.6	60.0
1960	21.39	17.98	3.41	4.72	33.4	59.2
1961	3.69	4.62	-0.93	1.57	7.9	88.7
1962	0.89	2.73	-1.84	5.02	1.7	88.5
1963	6.83	3.91	2.92	0.33	14.2	85.1
1964	11.39	8.46	2.93	2.36	19.9	76.0
1965	12.69	9.39	3.30	5.34	19.4	72.4
1966	16.31	11.20	5.11	4.81	22.4	71.0
1967	13.93	9.41	4.52	4.77	18.9	74.6
1968	12.69	7.52	5.17	7.68	16.8	73.1
1969	16.78	10.81	5.97	8.58	20.6	68.8
1970	27.05	18.54	8.51	7.96	29.1	62.4
1971	33.51	22.12	11.39	3.40	33.8	62.8
1972	28.60	18.23	10.37	11.01	26.7	63.0
1973	28.24	19.00	9.24	16.26	24.4	61.6
1974	24.50	19.32	5.18	9.17	22.6	68.9
1975	26.36	21.31	5.05	15.17	22.3	64.9
1976	24.80	19.33	5.47	15.32	20.9	66.2
1977	28.00	17.83	10.17	15.01	21.7	66.7

2-13 续表 3 continued

单位：亿元 (100 million yuan)

年份 Year	资本形成总额 Gross Capital Formation	固定资本 Fixed Capital	存货增加 Changes in Inventories	货物和服务净流出 Net Export of Goods&Services	资本形成率(投资率)(%) Rate of Capital Formation (%)	最终消费率(消费率)(%) Rate of Final Consumption(%)
1978	42.41	27.68	14.73	3.75	28.9	68.6
1979	41.82	29.81	12.01	17.42	23.5	66.7
1980	40.02	32.76	7.26	14.76	20.9	71.4
1981	41.19	27.95	13.24	12.77	19.6	74.3
1982	50.53	34.07	16.46	7.31	21.7	75.1
1983	56.63	43.89	12.74	5.71	22.0	75.8
1984	59.06	42.15	16.91	10.14	20.6	75.9
1985	92.19	58.14	34.05	-5.35	26.3	75.2
1986	115.02	75.57	39.45	-7.48	28.9	73.0
1987	139.84	91.79	48.05	1.26	29.8	69.9
1988	184.75	114.73	70.02	0.17	31.6	68.3
1989	169.41	83.19	86.22	31.85	26.4	68.6
1990	184.12	122.82	61.30	-4.38	24.7	75.9
1991	224.80	160.49	64.31	-13.43	27.0	74.6
1992	291.04	228.29	62.75	-29.66	29.5	73.5
1993	380.33	330.54	49.79	-21.50	30.6	71.2
1994	462.19	422.61	39.58	-0.72	28.0	72.0
1995	641.80	534.12	107.68	-1.68	30.1	70.0
1996	751.93	678.32	73.61	-1.40	29.6	70.5
1997	858.31	725.73	132.58	15.39	30.1	69.3
1998	919.50	846.37	73.13	16.50	30.4	69.1
1999	963.53	956.10	7.43	-16.39	30.0	70.5
2000	1046.05	1082.00	-35.95	33.67	29.5	69.6
2001	1190.12	1233.17	-43.05	3.39	31.1	68.9
2002	1391.46	1380.89	10.57	5.46	33.5	66.4
2003	1599.06	1613.12	-14.06	14.43	34.3	65.4
2004	2198.85	2003.61	195.24	-83.66	38.8	62.7
2005	2606.71	2550.92	55.79	-6.09	39.4	60.7
2006	3287.70	3196.39	91.31	-170.42	42.6	59.6
2007	4303.45	4214.15	89.30	-119.91	45.5	55.8
2008	5656.93	5573.18	83.75	-89.27	49.0	51.8
2009	6764.58	6658.03	106.55	-358.40	51.9	50.9
2010	8728.01	8516.02	211.99	-346.33	54.6	47.5
2011	10809.81	10383.64	426.17	-230.17	55.3	45.9
2012	12348.35	11850.16	498.19	-416.01	56.1	45.8
2013	13943.28	13515.50	427.78	-714.53	57.1	45.9
2014	14637.45	14156.28	481.17	-772.25	54.6	48.3
2015	15249.90	14779.84	470.06	-1117.50	53.3	50.6
2016	16074.47	15814.56	259.91	-1308.45	52.0	52.2
2017	17585.44	17159.52	425.92	-1758.46	51.9	53.3

2–14 最终消费发展速度及指数
Growth Rate and Indices of Final Consumption Expenditure

单位：% (%)

年份 Year	以上年为 100 (preceding year=100)					以 1952 年为 100 (year of 1952 =100)				
	最终消费 Final Consumption Expenditures	居民消费 Household Consumption	农村居民 Rural Household	城镇居民 Urban Household	政府消费 Government Consumption	最终消费 Final Consumption Expenditures	居民消费 Household Consumption	农村居民 Rural Household	城镇居民 Urban Household	政府消费 Government Consumption
1978	112.5	112.9	111.0	118.7	107.7	258.5	246.2	211.6	490.9	677.9
1979	112.3	110.8	110.3	112.2	131.4	290.3	272.8	233.4	550.8	890.8
1980	108.9	108.5	109.2	106.5	112.8	316.2	296.0	254.8	586.6	1004.8
1981	111.2	111.3	113.0	106.5	109.9	351.6	329.4	288.0	624.8	1104.3
1982	111.8	111.3	113.4	105.0	116.5	393.0	366.6	326.5	656.0	1286.5
1983	107.5	107.7	108.8	104.2	104.7	422.5	394.8	355.3	683.5	1347.0
1984	108.9	108.8	108.3	110.2	110.6	460.1	429.6	384.8	753.3	1489.8
1985	108.3	108.4	107.6	111.3	106.6	498.3	465.7	414.0	838.4	1588.1
1986	104.5	104.5	101.8	113.3	104.3	520.7	486.6	421.5	949.9	1656.4
1987	102.3	102.1	101.2	104.5	104.5	532.7	496.9	426.5	992.6	1730.9
1988	98.3	98.2	95.6	105.4	99.4	523.7	487.9	407.7	1046.2	1720.5
1989	97.7	96.8	97.0	96.2	107.9	511.6	472.3	395.5	1006.5	1856.5
1990	105.9	105.0	101.7	113.8	114.0	541.8	495.9	402.2	1145.4	2116.4
1991	105.4	105.3	104.1	108.0	106.0	571.1	522.2	418.7	1237.0	2243.4
1992	103.9	103.5	101.4	108.3	105.4	593.3	540.5	424.6	1339.7	2364.5
1993	105.5	104.7	100.7	112.2	108.9	625.9	565.9	427.6	1503.1	2574.9
1994	106.1	106.2	100.6	115.5	105.6	664.1	601.0	430.2	1736.1	2719.1
1995	108.6	109.0	105.4	114.2	107.0	721.2	655.1	453.4	1982.6	2909.4
1996	108.6	108.2	113.2	101.5	109.9	783.2	708.8	513.2	2012.3	3197.4
1997	106.7	105.2	100.8	111.7	113.7	835.7	745.7	517.3	2247.7	3635.4
1998	105.7	105.5	103.8	107.7	106.8	883.3	786.7	537.0	2420.8	3882.6
1999	106.7	106.2	99.5	115.1	108.7	942.5	835.5	534.3	2786.3	4220.4
2000	106.7	105.6	98.9	113.2	110.8	1005.6	882.3	528.4	3154.1	4676.2
2001	107.7	106.1	98.3	112.9	113.6	1083.0	936.1	519.4	3561.0	5312.2
2002	104.7	102.3	100.7	103.6	112.8	1133.9	957.6	523.0	3689.2	5992.2
2003	108.8	108.6	100.5	114.5	109.5	1233.7	1040.0	525.6	4224.1	6561.5
2004	110.2	109.9	103.5	114.1	110.9	1359.5	1143.0	544.0	4819.7	7276.7
2005	110.3	111.3	107.3	113.6	107.3	1499.6	1272.1	583.7	5475.2	7807.9
2006	109.6	109.3	103.5	112.7	110.6	1643.5	1390.4	604.1	6170.5	8635.5
2007	112.3	111.6	104.8	115.3	114.6	1845.7	1551.7	633.1	7114.6	9896.3
2008	110.8	109.3	103.7	112.0	115.6	2045.0	1696.0	656.6	7968.4	11440.2
2009	109.8	109.4	104.0	111.8	111.1	2245.4	1855.4	682.8	8908.6	12710.0
2010	110.9	110.8	105.8	112.8	111.3	2490.2	2055.8	722.4	10048.9	14146.2
2011	110.8	111.2	110.2	111.6	109.5	2759.1	2286.1	796.1	11214.6	15490.1
2012	109.6	109.8	108.6	110.3	109.0	3024.0	2510.1	864.6	12369.7	16884.3
2013	108.7	108.8	106.8	109.7	108.3	3287.1	2731.0	923.4	13569.6	18285.6
2014	109.2	110.2	109.0	110.6	105.8	3589.5	3009.6	1006.5	15008.0	19346.2
2015	109.0	108.6	105.2	109.9	110.4	3912.5	3268.4	1058.8	16493.8	21358.2
2016	108.3	108.7	103.6	110.9	107.3	4237.3	3552.8	1096.9	18291.6	22917.4
2017	108.2	108.6	103.4	110.6	107.2	4584.8	3858.3	1134.2	20230.5	24567.5

2-15 居民消费水平
Household Consumption

年份 Year	按当年价计算 (At Current Prices)			以上年为100 (Preceding Year=100)			以1952年为100 (year of 1952 =100)		
	居民消费水平(元) Household Consump-tion Level (yuan)	农村居民 Rural Household	城镇居民 Urban Household	居民消费水平(元) Household Consump-tion Level (yuan)	农村居民 Rural Household	城镇居民 Urban Household	居民消费水平(元) Household Consump-tion Level (yuan)	农村居民 Rural Household	城镇居民 Urban Household
1978	183	154	427	111.7	110.0	115.4	153.4	134.7	252.9
1979	211	181	454	109.6	110.0	104.5	168.2	148.2	264.3
1980	239	201	523	107.3	108.8	100.1	180.4	161.2	264.6
1981	268	229	552	109.9	112.0	102.4	198.3	180.6	270.9
1982	295	257	567	109.5	111.8	101.7	217.2	201.9	275.5
1983	326	287	603	106.2	107.4	102.4	230.6	216.8	282.1
1984	360	317	650	107.7	108.0	104.3	248.4	234.2	294.3
1985	430	379	751	107.3	107.6	102.9	266.5	252.0	302.8
1986	469	404	866	103.3	101.1	108.9	275.3	254.7	329.8
1987	521	446	969	100.7	100.0	101.6	277.2	254.7	335.0
1988	623	514	1256	96.4	94.2	101.0	267.2	239.9	338.4
1989	660	534	1372	100.0	103.6	91.8	267.2	248.6	310.6
1990	750	611	1533	103.6	100.0	111.9	276.9	248.6	347.6
1991	816	654	1714	104.0	102.9	105.9	288.0	255.8	368.1
1992	942	726	2106	102.7	101.1	104.9	295.8	258.6	386.1
1993	1134	849	2598	103.9	100.8	106.6	307.3	260.7	411.6
1994	1408	1027	3260	105.0	100.8	109.6	322.7	262.8	451.1
1995	1752	1294	3884	107.8	109.0	103.2	347.9	286.5	465.5
1996	2199	1710	4395	113.0	119.9	100.1	393.1	343.5	466.0
1997	2390	1851	4746	105.6	105.7	104.3	415.1	363.1	486.0
1998	2471	1921	4813	104.3	105.6	100.8	432.9	383.4	489.9
1999	2594	1945	5290	104.0	101.3	107.6	450.2	388.4	527.1
2000	3034	1969	5770	103.2	100.8	105.5	464.6	391.5	556.1
2001	3242	2024	6050	107.7	103.0	106.2	500.4	403.2	590.6
2002	3366	2103	6126	103.9	103.9	101.4	519.9	418.9	598.9
2003	3729	2209	6851	109.0	103.0	110.2	566.7	431.5	660.0
2004	4355	2576	7731	109.7	106.0	108.1	621.7	457.4	713.5
2005	4952	2863	8623	109.7	108.7	106.5	682.0	497.2	759.8
2006	5508	3081	9491	107.8	104.7	106.4	735.2	520.6	808.5
2007	6254	3436	10557	111.4	107.6	110.0	819.0	560.1	889.3
2008	7152	3913	11756	109.0	106.4	107.0	892.7	596.0	951.6
2009	7929	4154	13000	108.9	106.1	107.7	972.1	632.3	1024.8
2010	8968	4738	14518	109.1	105.3	109.7	1060.6	665.8	1124.2
2011	10391	5932	16021	109.6	110.5	107.6	1162.4	735.7	1209.7
2012	11612	6841	17240	109.2	111.4	105.7	1269.4	819.6	1278.6
2013	12820	7611	18622	108.1	109.0	105.6	1372.2	893.4	1350.2
2014	14325	8706	20263	109.4	111.0	106.8	1501.2	991.6	1442.1
2015	15854	9620	22067	107.8	107.6	105.9	1618.2	1067.0	1527.1
2016	17490	10461	24025	108.0	106.7	106.5	1747.7	1138.5	1626.4
2017	19418	11504	26244	108.0	107.0	106.2	1887.5	1218.2	1727.2

2-16 支出法地区生产总值构成

Composition of Gross Domestic Product by Expenditure Approach

单位：%　　(%)

年份 Year	以地区生产总值为 100 (GDP=100)			以最终消费为 100 (Final Consumption Expenditure=100)		以居民消费为 100 (Household Consumption=100)	
	最终消费 Final Consumption Expenditures	资本形成总额 Gross Capital Formation	货物和服务净流出 Net Export of Good and Services	居民消费 Household Consumption Expenditures	政府消费 Government Consumption Expenditures	农村居民 Rural Household	城镇居民 Urban Household
1978	68.6	28.9	2.5	93.2	6.8	75.4	24.6
1979	66.7	23.5	9.8	92.3	7.7	76.0	24.0
1980	71.4	20.9	7.7	91.6	8.4	74.3	25.7
1981	74.3	19.6	6.1	91.7	8.3	75.2	24.8
1982	75.1	21.7	3.2	91.3	8.7	76.5	23.5
1983	75.8	22.0	2.2	91.5	8.5	77.2	22.8
1984	75.9	20.6	3.5	91.4	8.6	76.8	23.2
1985	75.2	26.3	-1.5	91.5	8.5	76.0	24.0
1986	73.0	28.9	-1.9	91.5	8.5	73.9	26.1
1987	69.9	29.8	0.3	91.0	9.0	73.3	26.7
1988	68.3	31.6	0.1	91.3	8.7	70.3	29.7
1989	68.6	26.4	5.0	89.5	10.5	68.8	31.2
1990	75.9	24.7	-0.6	80.6	19.4	69.0	31.0
1991	74.6	27.0	-1.6	80.5	19.5	67.9	32.1
1992	73.5	29.5	-3.0	80.3	19.7	65.1	34.9
1993	71.2	30.6	-1.8	80.1	19.9	61.2	38.8
1994	72.0	28.0		81.1	18.9	58.7	41.3
1995	70.0	30.1	-0.1	81.4	18.6	56.7	43.3
1996	70.5	29.6	-0.1	81.7	18.3	58.8	41.2
1997	69.3	30.1	0.6	80.3	19.7	56.0	44.0
1998	69.1	30.4	0.5	79.5	20.5	54.5	45.5
1999	70.5	30.0	-0.5	78.9	21.1	50.4	49.6
2000	69.6	29.5	0.9	78.0	22.0	46.7	53.3
2001	68.9	31.1		76.9	23.1	43.5	56.5
2002	66.4	33.5	0.1	75.3	24.7	42.9	57.1
2003	65.4	34.3	0.3	75.2	24.8	39.8	60.2
2004	62.7	38.8	-1.5	75.5	24.5	38.7	61.3
2005	60.7	39.4	-0.1	76.9	23.1	36.9	63.1
2006	59.6	42.6	-2.2	75.8	24.2	34.8	65.2
2007	55.8	45.5	-1.3	75.3	24.7	33.2	66.8
2008	51.8	49.0	-0.8	76.1	23.9	32.1	67.9
2009	50.9	51.9	-2.8	76.4	23.6	30.0	70.0
2010	47.6	54.6	-2.2	76.6	23.4	30.0	70.0
2011	45.9	55.3	-1.2	76.2	23.8	31.9	68.1
2012	45.8	56.1	-1.9	76.3	23.7	31.9	68.1
2013	45.9	57.1	-3.0	76.2	23.8	31.3	68.7
2014	48.3	54.6	-2.9	74.3	25.7	31.2	68.8
2015	50.6	53.3	-3.9	74.1	25.9	30.3	69.7
2016	52.2	52.0	-4.2	73.8	26.2	28.8	71.2
2017	53.3	51.9	-5.2	73.5	26.5	27.4	72.6

2-17 资本形成总额发展速度及指数
Growth Rate and Indices of Gross Capital Formation

单位：% (%)

年份 Year	以上年为 100 (Preceding year=100) 资本形成总额 Gross Capital Formation	固定资本 Fixed Capital	存货增加 Changes in Inventories	以 1952 年为 100 (year of 1952 =100) 资本形成总额 Gross Capital Formation	固定资本 Fixed Capital	存货增加 Changes in Inventories
1952				100.0	100.0	100.0
1955	172.8	84.5	514.0	322.3	170.1	860.5
1960	86.5	106.0	40.0	1351.5	1610.6	762.6
1965	119.4	120.8	114.1	752.8	825.8	631.5
1970	169.6	177.2	149.1	1705.4	1783.3	1751.5
1975	113.5	115.8	99.6	1761.3	2102.2	1014.7
1978	154.2	156.3	148.0	2708.0	2749.5	2992.9
1979	98.0	106.2	75.9	2653.9	2920.0	2270.6
1980	96.1	105.9	58.4	2550.4	3092.3	1327.0
1981	95.8	84.2	176.5	2443.2	2603.7	2342.7
1982	122.7	122.4	123.7	2997.9	3186.9	2898.9
1983	113.5	125.0	75.4	3402.6	3983.6	2186.4
1984	99.6	93.9	130.4	3389.0	3740.6	2850.1
1985	138.0	125.6	185.8	4676.8	4698.2	5295.1
1986	119.7	123.6	110.1	5598.1	5807.0	5828.1
1987	113.7	113.7	113.3	6365.0	6602.6	6602.0
1988	114.1	109.7	127.4	7262.5	7243.0	8409.8
1989	81.2	68.6	113.3	5897.1	4968.7	9525.7
1990	88.1	90.9	86.0	5195.4	4516.6	8192.1
1991	115.4	121.4	103.4	5995.5	5483.2	8470.6
1992	112.3	122.1	89.1	6732.9	6694.9	7547.3
1993	119.8	123.2	91.7	8066.0	8248.1	6920.9
1994	115.3	112.6	144.9	9300.1	9287.4	10028.4
1995	121.6	114.5	182.9	11308.9	10634.1	18341.9
1996	118.1	124.5	83.8	13355.8	13239.5	15370.5
1997	114.2	105.1	187.4	15252.3	13914.7	28804.3
1998	104.1	113.9	60.1	15877.6	15848.8	17311.4
1999	102.0	112.7	11.2	16195.2	17861.6	1938.9
2000	104.3	110.9		16891.6	19808.5	
2001	112.9	113.1		19070.6	22403.4	
2002	116.6	111.6		22236.3	25002.2	
2003	111.7	113.6		24837.9	28402.5	
2004	125.0	116.2		31047.4	33003.7	
2005	116.7	122.0	37.2	36232.3	40264.5	
2006	118.0	117.2	155	42754.1	47190.0	
2007	120.9	121.5	100.4	51689.7	57335.8	
2008	118.9	119.9	75.0	61459.1	68757.1	
2009	119.9	119.9	116.6	73689.4	82439.8	
2010	119.2	118.5	166.6	87837.8	97691.2	
2011	114.8	114.1	141.0	100837.8	111465.6	
2012	113.0	113.0	112.8	113946.7	125956.2	
2013	111.4	112.0	92.4	126936.6	141070.9	
2014	110.0	110.0	111.2	139630.3	155178.0	
2015	108.4	108.6	99.7	151359.3	168523.3	
2016	107.5	109.1	56.4	162711.2	183858.9	
2017	107.6	107.4	124.1	175077.3	197464.5	

2-18 三次产业对地区生产总值增长的贡献率和拉动
Contribution Share and Contribution of the Three Strata of Industry to the Growth of GDP

本表按不变价格计算　　Data in this table are calculated at constant prices

年份 Year	贡献率 (%) Contribution Share (%)				拉动(百分点) Contribution (percentage points)				
	第一产业 Primary Industry	第二产业 Secondary Industry	第三产业 Tertiary Industry	#工业 Industry	地区生产总值 Gross Regional Product	第一产业 Primary Industry	第二产业 Secondary Industry	第三产业 Tertiary Industry	#工业 Industry
1990	26.3	48.8	24.9	43.5	4.0	1.1	1.9	1.0	1.7
1991	27.5	35.6	36.9	25.2	7.9	2.2	2.8	2.9	2.0
1992	20.6	34.9	44.5	69.2	11.1	2.3	3.9	4.9	7.7
1993	12.8	49.2	37.9	47.4	12.4	1.6	6.1	4.7	5.9
1994	17.4	51.1	31.5	46.8	10.6	1.9	5.4	3.3	5.0
1995	20.6	48.1	31.3	42.6	10.3	2.1	5.0	3.2	4.4
1996	16.2	51.1	32.7	47.0	12.1	2.0	6.2	3.9	5.7
1997	17.2	49.1	33.6	47.4	10.6	1.8	5.2	3.6	5.0
1998	3.2	54.6	42.2	48.2	8.5	0.3	4.6	3.6	4.1
1999	10.6	45.9	43.6	40.2	8.4	0.9	3.8	3.7	3.4
2000	11.1	49.2	39.8	43.8	9.0	1.0	4.4	3.6	3.9
2001	9.8	41.4	48.8	33.8	9.0	0.9	3.7	4.4	3.0
2002	6.1	44.7	49.2	38.2	9.0	0.6	4.0	4.4	3.4
2003	1.7	52.1	46.2	44.8	9.6	0.2	5.0	4.4	4.3
2004	9.9	50.9	39.2	42.5	12.1	1.2	6.2	4.7	5.1
2005	7.3	41.9	50.8	37.4	12.2	0.9	5.1	6.2	4.6
2006	6.2	53.0	40.8	47.6	12.8	0.8	6.8	5.2	6.1
2007	4.0	51.1	44.9	46.0	15.1	0.6	7.7	6.8	6.9
2008	5.2	46.8	48.0	42.3	14.1	0.7	6.6	6.8	6.0
2009	4.7	59.0	36.3	49.9	13.9	0.7	8.2	5.0	6.9
2010	3.5	62.1	34.4	56.1	14.6	0.5	9.1	5.0	8.2
2011	4.3	61.5	34.2	56.6	12.8	0.5	7.9	4.4	7.2
2012	3.3	54.7	42.0	50.3	11.4	0.4	6.2	4.8	5.7
2013	2.9	52.1	45.0	47.1	10.1	0.3	5.3	4.5	4.8
2014	4.8	48.4	46.8	42.2	9.5	0.5	4.6	4.4	4.0
2015	4.1	42.5	53.4	37.4	8.5	0.4	3.6	4.5	3.2
2016	3.9	37.1	59.0	31.6	8.0	0.3	3.0	4.7	2.5
2017	4.2	37.4	58.4	33.3	8.0	0.3	3.0	4.7	2.7

2-19 三大需求对地区生产总值增长的贡献率和拉动
Contribution Share and Contribution of the Three Components of GDP to the Growth of GDP

本表按不变价格计算　　Data in this table are calculated at constant prices

年份 Year	最终消费支出 Final Consumption Expenditure		资本形成总额 Gross Capital Formation		货物和服务净流出 Net Exports of Goods and Services	
	贡献率 (%) Contribution Share (%)	拉动 (百分点) Contribution (percentage points)	贡献率 (%) Contribution Share (%)	拉动 (百分点) Contribution (percentage points)	贡献率 (%) Contribution Share (%)	拉动 (百分点) Contribution (percentage points)
2000	68.7	6.2	23.1	2.1	8.2	0.7
2001	56.3	5.0	43.1	3.9	0.6	0.1
2002	53.2	4.8	46.3	4.2	0.5	0.0
2003	47.0	4.5	52.8	5.1	0.2	0.0
2004	41.7	5.1	59.8	7.2	−1.5	−0.2
2005	53.7	6.6	50.9	6.2	−4.6	−0.6
2006	45.6	5.8	55.4	7.1	−1.0	−0.1
2007	48.3	7.3	57.0	8.6	−5.3	−0.8
2008	44.2	6.2	58.2	8.2	−2.4	−0.3
2009	39.5	5.5	64.6	9.0	−4.1	−0.6
2010	40.1	5.9	62.2	9.1	−2.3	−0.4
2011	39.9	5.1	62.9	8.1	−2.8	−0.4
2012	39.2	4.5	63.2	7.2	−2.4	−0.3
2013	39.4	4.0	63.2	6.4	−2.6	−0.3
2014	43.5	4.2	60.1	5.7	−3.6	−0.4
2015	47.4	4.0	56.4	4.8	−3.8	−0.3
2016	52.3	4.2	49.7	4.0	−2.0	−0.2
2017	51.8	4.1	50.4	4.0	−2.2	−0.1

主要统计指标解释

国内生产总值（GDP） 指一个国家（或地区）所有常住单位在一定时期内生产活动的最终成果。国内生产总值有三种表现形态，即价值形态、收入形态和产品形态。从价值形态看，它是所有常住单位在一定时期内生产的全部货物和服务价值超过同期中间投入的全部非固定资产货物和服务价值的差额，即所有常住单位的增加值之和；从收入形态看，它是所有常住单位在一定时期内创造并分配给常住单位和非常住单位的初次收入分配之和；从产品形态看，它是所有常住单位在一定时期内最终使用的货物和服务价值与货物和服务净出口价值之和。在实际核算中，国内生产总值有三种计算方法，即生产法、收入法和支出法。三种方法分别从不同的方面反映国内生产总值及其构成。

三次产业 三产业的划分是世界上较为常用的产业结构分类，但各国的划分不尽一致。根据《国民经济行业分类》（GB/T 4754—2011），我国的三次产业划分是：

第一产业是指农、林、牧、渔业（不含农、林、牧、渔服务业）。

第二产业是指采矿业（不含开采辅助活动），制造业（不含金属制品、机械和设备修理业），电力、热力、燃气及水生产和供应业，建筑业。

第三产业即服务业，是指除第一产业、第二产业以外的其他行业。

劳动者报酬 指劳动者从事生产活动应获得的全部报酬，既包括货币形式的报酬，也包括实物形式的报酬。主要包括工资、奖金、津贴和补贴，单位为其员工交纳的社会保险费、补充社会保险费和住房公积金、行政事业单位职工的离退休金、单位为其员工提供的其他各种形式的福利和报酬等。

生产税净额 指生产税减生产补贴后的差额。其中，生产税指政府对生产单位从事生产、销售和经营活动，以及因从事生产活动使用某些生产要素（如固定资产和土地等）所征收的各种税收、附加费和其他规费。生产税分为产品税和其他生产税，产品税主要有：增值税、消费税、进口关税、出口税等；其他生产税主要有：房产税、车船使用税、城镇土地使用税等。生产补贴则相反，它是政府为影响生产单位的生产、销售及定价等生产活动而对其提供的无偿支付，包括农业生产补贴、政策亏损补贴、进口补贴等。生产补贴作为负生产税处理。

固定资产折旧 指由于自然退化、正常淘汰或损耗而导致的固定资产价值下降，用以代表固定资产通过生产过程被转移到其产出中的价值。原则上，固定资产折旧应按照固定资产的重置价值计算。

营业盈余 是指常住单位创造的增加值扣除劳动者报酬、生产税净额和固定资产折旧后的余额。它相当于企业的营业利润加上生产补贴，但要扣除从利润中开支的工资和福利等。

支出法国内生产总值 是从最终使用的角度反映一个国家（或地区）一定时期内生产活动最终成果的一种方法，包括最终消费支出、资本形成总额及货物和服务净出口三部分。计算公式为：

支出法国内生产总值 = 最终消费支出 + 资本形成总额 + 货物和服务净出口

最终消费支出 指常住单位为满足物质、文化和精神生活的需要，从本国经济领土和国外购买的货物和服务的支出。它不包括非常住单位在本国经济领土内的消费支出。最终消费支出分为居民消费支出和政府消费支出。

居民消费支出 指常住住户在一定时期内对于货物和服务的全部最终消费支出。居民消费支出除了直接以货币形式购买的货物和服务的消费支出外，还包括以其他方式获得的货物和服务的消费支出，即所谓的虚拟消费支出。居民虚拟消费支出包括如下几种类型：单位以实物报酬及实物转移的形式提供给劳动者的货物和服务；住户生产并由本住户消费了的货物和服务，其中的服务仅指住户的自有住房服务和付酬的家庭雇员提供的家庭和个人服务；金融机构提供的金融媒介服务。

政府消费支出 指政府部门为全社会提供的公共服务的消费支出和免费或以较低的价格向居民住户提供的货物和服务的净支出，前者等于政府服务的产出价值减去政府单位所获得的经营收入的价值，后者等于政府部门免费或以较低价格向居民住户提供的货物和服务的市场价值减去向住户收取的价值。

资本形成总额 指常住单位在一定时期内获得减去处置的固定资产和存货的净额，包括固定资本形成总额和存货增加两部分。

固定资本形成总额 指常住单位在一定时期内获得的固定资产减处置的固定资产的价值总额。固定资产是通过生产活动生产出来的，且其使用年限在一年以上、单位价值在规定标准以上的资产，不包括自然资产、耐用消费品、小型工器具。固定资本形成总额包括住宅、其他建筑和构筑物、机器和设备、培育性生物资源、知识产权产品（研发支出、矿藏的勘探、计算机软件）的价值获得减处置。

存货变动 指常住单位在一定时期内存货实物量变动的市场价值，即期末价值减期初价值的差额，再扣除当期由于价格变动而产生的持有收益。存货变动可以是正值，也可以是负值，正值表示存货上升，负值表示存货下降。存货包括生产单位购进的原材料、燃料和储备物资等存货，以及生产单位生产的产成品、在制品和半成品等存货。

货物和服务净流出 指货物和服务流出减货物和服务流入的差额。流出包括常驻单位向非常住单位出售或无偿转让的各种货物和服务的价值。流入包括常住单位从非常住单位购买或无偿得到的各种货物和服务价值。地区核算净流出，除包括本地区对外贸易及国外非贸易往来的净出口额，还包括地区间货物和服务流出减流入的净额。

当年价格 指报告期的实际价格，如工业品的出厂价格，农产品的收购价格，商业的零售价格等。按当年价格计算，是指一些以货币表现的物量指标，如工农业总产值、国内生产总值等，按照当年的实际价格来计算总量。使用当年价格计算的数字，是为了使国民经济各项指标互相衔接，便于考察当年社会经济效益，便于对生产流通、生产和分配、生产和消费进行经济核算和综合平衡。

按当年价格计算的价值指标，在不同年份之间进行对比时，因为包含有各年间价格变动的因素，不能确切地反映实物量的增减变动。必须消除价格变动因素后，才能真实反映经济发展动态。因此，在计算增长速度时都使用按可比价格计算的数字。

可比价格 指计算各种总量指标所采用的扣除了价格变动因素的价格，可进行不同时期总量指标的对比。按可比价格计算总量指标有两种方法：一种是直接用产品产量乘某一年的不变价格计算；另一种是用价格指数进行换算。

Explanatory Notes on Main Statistical Indicators

Gross Domestic Product (GDP) refers to the final products produced by all resident units in a country during a certain period of time. Gross domestic product is expressed in three different perspectives, namely value, income, and products respectively. GDP in its value perspective refers to the balance of total value of all goods and services produced by all resident units during a certain period of time, minus the total value of input of goods and services of the nature of non-fixed assets; in other words, it is the sum of the value-added of all resident units. GDP from the perspective of income refers to the sum of all kinds of revenue, including Compensation of Employees, Net Taxes on Production, Depreciation of Fixed Assets, and Operating Surplus. GDP from the perspective of products refers to the value of all goods and services for final demand by all resident units plus the net exports of goods and services during a given period of time. In the practice of national accounting, gross domestic product is calculated from three approaches, namely production approach, income approach and expenditure approach, which reflect gross domestic product and its composition from different angles.

Three Strata of Industry Classification of economic activities into three strata of industry is a common practice in the world, although the grouping varies to some extent from country to country. In China, according to Industrial classify-cation for National Economic Activities (GB/T 4754- 2011), economic activities are categorized into the following three strata of industry:

Primary industry refers to agriculture, forestry, animal husbandry and fishery industries (not including services in support of agriculture, forestry, animal husbandry and fishery industries).

Secondary industry refers to mining and quarrying (not including support activities for mining), manufacturing (not including repair service of metal products, machinery and equipment), production and supply of electricity, heat, gas and water, and construction.

Tertiary industry refers to all other economic activities not included in the primary or secondary industries.

Compensation of Employees refers to the total payment of various forms to employees for the productive activities they are engaged in. It includes the employees earn in cash or in kind. It mainly include: wages, bonuses and allo- wances, subsidies, social insurance paid by company or unit for its staff, supplementary social insurance, housing fund, the pension for the employees of the administrative institution, other forms of welfare and remuneration provide by the units for its employees.

Net Taxes on Production refers to taxes on production less subsidies on production. The taxes on production refers to the various taxes, extra charges and fees levied on the production units on their production, sale and business activities as well as on the use of some factors of production, such as fixed assets, land etc. in the production activities they are engaged in. Taxes on production are divided into product tax and other kinds of taxes on production, product tax mainly includes: value-added tax, consumption tax, import duty, export duty; other taxes on production mainly include: House Property Tax, Tax on Vehicles and Boat Operation, Urban Land Use Tax, etc. In contrast to taxes on production, subsidies on production refer to the payment by the government for free to the production units to influence production activities of production units such as production, sales and pricing, which include agricultural production subsidies, subsidies for policy losses, import subsidies, etc. Subsidies on production are therefore regarded as negative taxes on production.

Depreciation of Fixed Assets refers to the decline of the value of fixed assets due to natural deterioration, normal elimination or loss, it reflects the value of transfer of the fixed assets in the production of the current period. In principle, the depreciation of fixed assets should be calculated on the basis of the re-purchased value of the fixed assets.

Operating Surplus refers to the balance of the value added created by the resident units deducting the laborers' remuneration, net taxes on production and the depreciation of fixed assets. It is equivalent to the business profit of the enterprises plus subsidies on production, but the wages and welfare expenses paid from the profits should be deducted.

GDP by Expenditure Approach refers to the method of measuring the final results of production activities of a country (region) during a given period from the perspective of final uses. It includes final consumption expenditure, gross capital formation and net export of goods and services. The formula for computation is.:

GDP by expenditure approach = final consumption expenditure + gross capital formation + net export of goods and services

Final Consumption Expenditure refers to the total expenditure of resident units for purchases of goods and services from both the domestic economic territory and abroad to meet the needs of material, cultural and spiritual life. It does not include the expenditure of non-resident units on consumption in the economic territory of the country. The final consumption expenditure is broken down into household consumption expenditure and government consumption expenditure.

Household Consumption Expenditure refers to the total expenditure of resident households on the final consumption of goods and services. In addition to the consumption of goods and services bought by the households directly with money, the household consumption expenditure also includes expenditure on goods and services obtained by the households in other ways, i.e. the so-called imputed consumption expenditure, which includes the following: (a) the goods and services provided to households by employers in the form of payment in kind and transfer in kind; (b) goods and services produced and consumed by the households themselves, in which the services refer to the owner-occupied housing and services offered by paid family employees; (c) financial intermediate services provided by financial institution.

Government Consumption Expenditure refers to the consumption expenditure spent for the provision of public services provided by the government to the whole country and the net expenditure on the goods and services provided by the government to households free of charge or at reduced prices. The former equals to the output value of the government services minus the value of operating income obtained by the government departments. The latter equals to the market value of the goods and services provided by the government free of charge or at reduced prices to the households minus the value received by the government from the households.

Gross Capital Formation refers to the fixed assets acquired less disposals and the net value of inventory, thus including gross fixed capital formation and changes in inventories.

Gross Fixed Capital Formation refers to the value of acquisitions less those disposals of fixed assets during a given period. Fixed assets are the assets produced through production activities with unit value above a specified amount and which could be used for over one year. Natural assets, consumer durables, small instruments are not included. Gross Fixed Capital Formation includes the value of housing, other buildings and structure, equipment and machinery, breeding biological resources, intellectual property right product (expenditure for R&D, the prospecting of minerals and the acquisition of computer software) minus the disposal of them.

Changes in Inventories refers to the market value of the change in the physical volume of inventory of resident units during a given period, i.e. the difference between the values at the beginning and at the end of the period minus the gains due to the change in prices. The changes in inventories can have a positive or a negative value. A positive value indicates an increase in inventory while a negative value indicates a decrease in inventory. The inventory includes raw materials, fuels and reserve materials purchased by the production units as well as the inventory of finished products, semi-finished products and work-in-progress.

Net exports of goods and services is the value of exports minus the value of imports. Exports consists of the nonresident units' various goods and services sold or trans- ferred without compensation from the resident units. Imports consists of resident units' various goods and services bought or got without compensation from he nonresident units. Area accounting net exports, comes from including local foreign trade and foreign nontrade, also comes from net exports bet- ween regions .

Current Price refers to the actual price during the reporting period, such as Ex-factory Price of Industrial Products, purchasing price of agricultural produces and retail price. Some indicators calculated at current price are volume indicators in the value form, such as total value of output of industrial and agricultural industries and GDP, etc. Data calculated at current price are useful when it comes to evaluating the economic development and analyzing different aspects of economy, such as production, circulation, distribution and consumption.

When the different indicators calculated at current price are compared, it is in evitable that price changes will affect the comparison. Therefore, the change in volume cannot be showed. In order to eliminate the effect of price and reflect economic development, growth rate is calculated at current price.

Constant Price refers to the price without the effect of price change. By using constant price, total amount indices of different periods can be compared. There are two methods in which total amount indices are obtained, one using current price of some year to multiply the physical volume of certain products and the other using price index.

3

人　口

Population

资料整理人员：赵　宏　　张　驰

3-1 户籍人口数
Household population

年份 Year	总户数(万户) Households (10 000 households)	总人口(万人) Total Population (10 000 persons)	男 Male	女 Female	市镇 Urban	乡村 Rural
1949	689.40	2986.83	1558.45	1428.38	235.95	2750.88
1950	683.75	3074.34	1601.97	1472.37	245.79	2828.55
1951	743.32	3190.67	1664.24	1526.43	255.57	2935.10
1952	830.46	3271.20	1707.79	1563.41	259.08	3012.12
1953	836.11	3349.70	1751.22	1598.48	260.55	3089.15
1954	844.34	3429.02	1807.89	1621.13	277.21	3151.81
1955	855.56	3472.83	1831.58	1641.25	327.94	3144.89
1956	870.53	3507.43	1836.26	1671.17	329.02	3178.41
1957	883.15	3603.24	1887.55	1715.69	314.67	3288.57
1958	881.54	3672.72	1919.61	1753.11	352.78	3319.94
1959	874.96	3691.95	1933.47	1758.48	494.52	3197.43
1960	891.98	3569.37	1857.07	1712.30	404.63	3164.74
1961	932.08	3507.98	1819.55	1688.43	477.73	3030.25
1962	928.07	3600.26	1870.89	1729.37	384.66	3215.60
1963	920.52	3715.20	1926.81	1788.39	375.34	3339.86
1964	920.20	3785.13	1965.75	1819.38	429.54	3355.59
1965	934.09	3901.47	2022.78	1878.69	405.64	3495.83
1966	939.30	4009.65	2079.48	1930.17	411.87	3597.78
1967	953.11	4122.56	2138.25	1984.31	429.40	3693.16
1968	967.12	4238.65	2198.68	2039.97	446.93	3791.72
1969	981.34	4358.01	2260.82	2097.19	464.46	3893.55
1970	995.77	4480.76	2324.73	2156.03	481.97	3998.79
1971	1044.49	4598.27	2384.91	2213.36	470.86	4127.41
1972	1055.62	4700.56	2438.55	2262.01	489.75	4210.81
1973	1069.65	4809.79	2497.79	2312.00	506.49	4303.30
1974	1082.86	4900.86	2545.64	2355.22	522.34	4378.52
1975	1102.82	4991.36	2594.18	2397.18	531.82	4459.54

注：1995年以前的人口数均为年报数；2000年和2010年的人口数根据人口普查有关数据推算，其余各年人口数均根据人口变动抽样调查资料推算。2015年起，为公安户籍统计数据。

The data on the total population are collected from the year-reports before 1995. The data on the total population in 2000 and 2010 are collected from population surveys. The data of other years are estimated on the basis of the data collected from the sample surveys on population changes. Since 2015, data of population at the year-end were provied by Public Security Bureau.

3-1 续表 continued

年份 Year	总户数(万户) Households (10 000 households)	总人口(万人) Total Population (10 000 persons)	男 Male	女 Female	市镇 Urban	乡村 Rural
1976	1125.37	5056.81	2629.85	2426.96	544.71	4512.10
1977	1149.83	5111.83	2657.88	2453.95	561.21	4550.62
1978	1167.53	5165.91	2684.80	2481.11	593.86	4572.05
1979	1184.84	5223.05	2712.32	2510.73	639.60	4583.45
1980	1197.88	5280.95	2740.40	2540.55	671.05	4609.90
1981	1228.84	5360.05	2783.12	2576.93	694.72	4665.33
1982	1251.33	5452.12	2831.03	2621.09	774.75	4677.37
1983	1273.06	5509.43	2864.09	2645.34	794.46	4714.97
1984	1299.34	5561.32	2893.92	2667.40	857.56	4703.76
1985	1334.54	5622.49	2928.44	2694.05	915.90	4706.59
1986	1407.45	5695.73	2966.85	2728.88	963.15	4732.58
1987	1485.85	5782.61	3012.59	2770.02	1003.28	4779.33
1988	1562.45	5915.68	3079.65	2836.03	1044.12	4871.56
1989	1623.00	6013.62	3130.76	2882.86	1049.25	4964.37
1990	1661.65	6110.89	3178.31	2932.58	1072.46	5038.43
1991	1697.69	6166.33	3208.42	2957.91	1147.86	5018.47
1992	1725.72	6207.78	3231.73	2976.05	1217.74	4990.04
1993	1745.47	6245.58	3249.20	2996.38	1205.95	5039.63
1994	1765.67	6302.58	3279.07	3023.51	1356.56	4946.02
1995	1796.19	6392.00	3322.27	3069.73	1550.99	4841.01
1996	1799.97	6428.00	3339.25	3088.75	1606.95	4821.05
1997	1798.83	6465.00	3356.43	3108.57	1629.00	4836.00
1998	1809.00	6502.00	3374.33	3127.67	1684.00	4818.00
1999	1814.64	6532.00	3389.32	3142.68	1724.00	4808.00
2000	1874.87	6562.05	3422.77	3139.28	1952.21	4609.84
2001	1884.47	6595.85	3409.72	3186.13	2031.52	4564.33
2002	1899.30	6628.50	3433.56	3194.94	2121.12	4507.38
2003	1929.59	6662.80	3453.33	3209.47	2232.04	4430.76
2004	1991.34	6697.70	3470.75	3226.95	2377.68	4320.02
2005	2031.01	6732.10	3490.59	3241.51	2490.88	4241.22
2006	2048.17	6768.10	3513.35	3254.75	2619.93	4148.17
2007	2085.91	6805.70	3533.87	3271.83	2752.91	4052.79
2008	2113.88	6845.20	3549.30	3295.90	2885.25	3959.95
2009	2126.05	6900.20	3583.24	3316.96	2980.89	3919.31
2010	2152.90	7089.53	3674.49	3415.04	3069.77	4019.76
2011	2186.60	7135.60	3699.10	3436.50	3218.16	3917.44
2012	2224.69	7179.87	3725.63	3454.24	3349.41	3830.46
2013	2286.57	7147.28	3712.32	3434.96	3427.84	3719.44
2014	2313.58	7202.29	3740.97	3461.32	3549.29	3653.00
2015	2330.12	7242.02	3761.09	3480.93	2037.29	5204.73
2016	2353.70	7318.81	3797.57	3521.24	2187.82	5130.99
2017	2363.83	7296.26	3781.75	3514.51	2446.87	4849.39

3-2 人口出生率、死亡率、自然增长率
Birth Rate, Death Rate and Natural Growth Rate of Population

年份 Year	出生率(‰) Birth Rate(‰)	死亡率(‰) Death Rate(‰)	自然增长率(‰) Natural Growth Rate(‰)	出生人口数(万人) Population of Birth(10000 persons)	死亡人口数(万人) Population of Death(10000 persons)	自然增长人数(万人) Population of Natural Growth(10000 persons)
1950	37.00	20.00	17.00	112.13	60.61	51.52
1951	37.00	19.00	18.00	115.90	59.52	56.39
1952	37.00	19.00	18.00	119.54	61.39	58.16
1953	36.00	17.00	19.00	119.18	56.28	62.90
1954	37.85	17.54	20.31	128.29	59.45	68.84
1955	31.10	16.36	14.74	107.32	56.46	50.87
1956	29.59	11.51	18.08	103.27	40.17	63.10
1957	33.47	10.41	23.06	119.00	37.01	81.99
1958	29.96	11.65	18.32	108.99	42.38	66.61
1959	24.00	12.99	11.00	88.38	47.83	40.54
1960	19.49	29.42	-9.93	70.76	106.81	-36.05
1961	12.51	17.48	-4.97	44.27	61.86	-17.59
1962	41.40	10.23	31.16	147.14	36.36	110.78
1963	47.29	10.26	37.03	172.97	37.53	135.45
1964	42.20	12.88	29.31	158.26	48.30	109.95
1965	42.25	11.19	31.06	162.38	43.01	119.37
1966	37.23	10.15	27.08	147.27	40.15	107.12
1967	35.61	9.89	25.72	144.79	40.21	104.58
1968	33.99	9.63	24.36	142.10	40.26	101.84
1969	32.37	9.37	23.00	139.14	40.28	98.86
1970	30.75	9.11	21.64	135.90	40.26	95.64
1971	29.13	8.86	20.26	132.24	40.22	92.02
1972	29.93	9.01	20.91	139.16	41.89	97.27
1973	29.21	8.05	21.15	138.90	38.28	100.62
1974	27.11	8.67	18.44	131.63	42.10	89.53
1975	25.04	8.34	16.70	123.85	41.25	82.60
1976	20.07	7.70	12.36	100.83	38.69	62.15
1977	18.61	7.79	10.82	94.62	39.61	55.01
1978	17.40	7.01	10.39	89.42	36.02	53.39
1979	17.84	7.12	10.72	92.67	36.98	55.68
1980	17.68	6.88	10.80	92.86	36.13	56.72

3-2 续表 continued

年份 Year	出生率 (‰) Birth Rate (‰)	死亡率 (‰) Death Rate (‰)	自然增长率 (‰) Natural Growth Rate (‰)	出生人口数 (万人) Population of Birth (10000 persons)	死亡人口数 (万人) Population of Death (10000 persons)	自然增长人数 (万人) Population of Natural Growth (10000 persons)
1981	21.11	7.03	14.08	112.32	37.40	74.91
1982	21.98	6.77	15.21	118.83	36.60	82.23
1983	16.48	6.79	9.69	90.32	37.21	53.11
1984	16.66	7.20	9.46	92.22	39.85	52.36
1985	18.16	6.47	11.69	101.55	36.18	65.37
1986	19.90	6.30	13.60	112.62	35.65	76.96
1987	23.62	7.07	16.55	135.56	40.58	94.98
1988	23.32	6.82	16.50	136.40	39.89	96.51
1989	22.91	7.07	15.84	136.65	42.17	94.48
1990	23.93	7.23	16.70	145.07	43.83	101.24
1991	20.50	7.30	13.20	125.84	44.81	81.03
1992	16.70	7.30	9.40	103.32	45.17	58.16
1993	14.08	7.13	6.95	87.67	44.40	43.28
1994	13.88	7.03	6.85	87.08	44.11	42.98
1995	13.02	7.15	5.87	82.64	45.38	37.26
1996	12.81	7.20	5.61	82.11	46.15	35.96
1997	12.59	6.99	5.60	81.16	45.06	36.10
1998	12.31	7.10	5.21	79.81	46.03	33.78
1999	11.72	7.12	4.60	76.38	46.40	29.98
2000	11.45	6.79	4.66	74.96	44.45	30.51
2001	11.80	6.72	5.08	77.63	44.21	33.42
2002	11.56	6.70	4.86	76.44	44.30	32.14
2003	11.82	6.87	4.95	78.55	45.66	32.90
2004	11.89	6.80	5.09	79.43	45.43	34.00
2005	11.90	6.75	5.15	79.91	45.33	34.58
2006	11.92	6.73	5.19	80.46	45.43	35.03
2007	11.96	6.71	5.25	81.17	45.54	35.63
2008	12.68	7.28	5.40	86.55	49.69	36.86
2009	13.05	6.94	6.11	89.69	47.70	41.99
2010	13.10	6.70	6.40	91.63	46.87	44.77
2011	13.35	6.80	6.55	94.95	48.37	46.59
2012	13.58	7.01	6.57	97.20	50.17	47.03
2013	13.50	6.96	6.54	96.71	49.86	46.85
2014	13.52	6.89	6.63	90.77	46.26	44.51
2015	13.58	6.86	6.72	91.80	46.37	45.43
2016	13.57	7.01	6.56	92.31	47.69	44.62
2017	13.27	7.08	6.19	90.78	48.43	42.35

3-3 第1-4次全国人口普查基本情况
Basic Statistics on National Population of 1st-4th Censuses

单位：万人　　　　(10 000 persons)

指　标	Item	第一次 1953 First	第二次 1964 Second	第三次 1982 Third	第四次 1990 Fourth
总户数　（万户）	**Total Households　(10 000 households)**	**836.11**	**916.20**	**1233.88**	**1573.79**
家庭户	Family Households			1227.89	1564.88
集体户	Non-Family Households			5.99	8.91
总人口	**Total Population**	**3322.69**	**3718.23**	**5401.05**	**6065.80**
男性人口	Male	1752.64	1931.70	2805.23	3149.76
女性人口	Female	1570.05	1786.53	2595.82	2916.04
#育龄妇女 (15—49岁)	#Women at Childbearing Age(Age 15-49)	750.73	819.43	1301.08	1607.99
各年龄组人口	**Population by Age**				
0—6岁	Age 0-6	669.02	706.05	701.81	869.47
7—14岁	Age 7-14	519.19	768.91	1131.16	826.93
劳动年龄人口	Population within Working Age	1720.75	1878.68	2936.91	3618.26
男60、女55岁以上人口	Males Age 60 and Females Age 55 and Over	319.57	285.00	503.39	628.16
民族人口	**Population by Nationality**				
汉族	Han Nationality	3254.67	3589.80	5180.92	5583.42
少数民族	Minority Nationalities	68.02	128.43	220.13	482.38
15岁以上婚姻人口	**Marital Status of Population Aged 15 and Over**				
未婚	Unmarried			1009.86	1099.89
有配偶	Married			2271.76	2963.86
丧偶	Widowed			262.16	278.87
离婚	Divorced			24.31	26.77
6岁以上文化程度人口	**Population Aged 6 and Over by Educational Level**				
大学本科	University		9.77	24.56	20.72
大学专科	Three Years College				48.27
中专	Specialized Secondary School		40.99	353.64	81.82
高中	Senior Secondary School				404.79
初中	Junior Secondary School		160.27	932.53	1370.42
小学	Primary School		1256.03	2325.78	2552.16
不识字或识字很少	Illiterate and Semi-Illiterate		1255.57	1173.52	822.76
#文盲、半文盲人口	#Illiterate and Semi-Illiterate Aged 15 and Over		1255.57	943.97	742.56
在业人口	**Employed Population**			**2827.75**	**3489.74**
不在业人口	**Unemployed Population**			**740.34**	**879.65**
市镇县人口	**Population of Cities,Towns and Counties**				
市	Cities	134.97	161.31	507.43	765.62
镇	Towns	157.57	160.79	260.00	328.20
县	Counties	3030.15	3396.13	4633.62	4971.98

注：1. 劳动年龄人口指男16-59岁，女16-54岁人口。

2. 各年龄组人口缺15岁人口和年龄不详人口，加总不等于总人口。

3. 由于四次普查所设指标不同，故此表空栏处均表示该年度普查无此调查项目。

4.1964年人口普查时，6-12岁不在校儿童没有调查其相当的文化程度，故各项文化程度人口加总不等于6周岁及以上人口数。

a. Working age range refers to 16-59 years for men and 16-54 years for women.

b. The sum of the population of the age group is not equal to the total population, because the population aged 15 is not shown and there is population whose true age is unknown.

c. Since the quota in the four population censuses were set differently, the blank space indicates the absence of this item of the year.

d. Data in 1964 excludes the children in school aged from 6-12, thus the sum of the population at all education levels does not equal to the population aged above six.

3-4 第五次全国人口普查基本情况
Basic Statistics on National Population of Fifth Censuses

指 标		Item		数量 Volume
总户数	**（万户）**	**Number of Households**	**(10 000 households)**	**1800.38**
家庭户		Family Households		1766.21
集体户		Non-Family Households		34.17
总人口	**（万人）**	**Total Population**	**(10 000 persons)**	**6327.42**
家庭户人口		Population of Family Households		6106.15
集体户人口		Population of Non-Family Households		221.27
平均家庭户规模	**（人/户）**	**Average Family Size**	**(person/household)**	**3.46**
总人口中：男性人口	（万人）	**In Total:** Male	(10 000 persons)	3299.37
女性人口	（万人）	Female	(10 000 persons)	3028.05
性别比		Sex Ratio		108.96
总人口中：汉族人口	（万人）	**In Total:** Han Nationality	(10 000 persons)	5686.35
少数民族人口	（万人）	Minority Nationalities	(10 000 persons)	641.07
少数民族人口比重	(%)	Percentage of Minonrity Nationalities Population	(%)	10.13
总人口中：市镇人口	（万人）	**In Total:** Urban Population	(10 000 persons)	1915.92
乡村人口	（万人）	Rural Population	(10 000 persons)	4524.15
总人口中：0—5岁人口	（万人）	**In Total:** Age 0–5	(10 000 persons)	387.71
6—14岁人口	（万人）	Age 6–14	(10 000 persons)	1012.25
15—64岁人口	（万人）	Age 15–64	(10 000 persons)	4454.80
65岁以上人口	（万人）	Aged 65 and Over	(10 000 persons)	472.66
6周岁及以上人口	**（万人）**	**Population Aged 6 and Over by Educational Level**	**(10 000 persons)**	**5939.70**
未上过学	（万人）	Unschool	(10 000 persons)	298.22
扫盲班	（万人）	Literacy Courses	(10 000 persons)	67.69
小学	（万人）	Primary School	(10 000 persons)	2421.99
初中	（万人）	Junior Secondary School	(10 000 persons)	2259.38
高中和中专	（万人）	Senior and Specialized Secondary School	(10 000 persons)	707.25
大专及以上	（万人）	College and Over	(10 000 persons)	185.17
每十万人口中：小学文化	（人）	**Per 100000 Population:** Primary School	(person)	38278
初中文化	（人）	Junior Secondary School	(person)	35708
高中和中专	（人）	Senior and Specialized Secondary School	(person)	11177
大专及以上	（人）	College and Over	(persons)	2926
文盲、半文盲人口	**（万人）**	**Population of Illiterate and Semi Literate**	**(10 000 persons)**	**294.96**
文盲率	**(%)**	**Illiterate Rate**	**(%)**	**5.99**
普查年度出生率	**(‰)**	**Birth Rate in Census Year**	**(‰)**	**11.45**
普查年度死亡率	**(‰)**	**Death Rate in Census Year**	**(‰)**	**6.79**
普查年度自然增长率	**(‰)**	**Natural Growth Rate in Census Year**	**(‰)**	**4.66**

注：1. 表中的各项数据均按普查登记的口径计算，不包括本省外出的人口，包括外省来本省的人口。

2. 普查年度是指1999年11月1日0时至2000年10月31日24时。

3. 城乡人口是按国家统计局1999年发布的《关于统计上划分城乡的规定（试行）》计算。

a. The data in table are calculated according to the approach of censuses. The data excluded the population of going to other provinces and included the population from other provinces.

b. The censuses year is 1999–11–1 zero o'clock to 2000–10–31 24 o'clock.

c. The urban population and rural population are calculated according to the 《regulations concerning plot out urban and rural in the statistical (test run)》promulgated in 1999.

3–5 第六次全国人口普查基本情况

Basic Statistics on National Population of Sixth Censuses

指 标		Item		数量 Volume
家庭户	**（万户）**	**Number of Households**	**(10 000 households)**	**1862.57**
总人口	**（万人）**	**Total Population**	**(10 000 persons)**	**6570.08**
家庭户人口		Population of Family Households		6191.14
集体户人口		Population of Non–Family Households		378.93
平均家庭户规模	**（人/户）**	**Average Family Size**	**(person/household)**	**3.32**
总人口中：		**In Total**		
男性人口	（万人）	Male	(10 000 persons)	3377.65
女性人口	（万人）	Female	(10 000 persons)	3192.43
性别比		Sex Ratio		105.80
总人口中：		**In Total**		
0–14 岁人口	（万人）	Age 0–14	(10 000 persons)	1157.65
15–64 岁人口	（万人）	Age 15–64	(10 000 persons)	4770.49
65 岁以上人口	（万人）	Aged 65 and Over	(10 000 persons)	641.94
0–14 岁人口比重	(%)	Proportion of age 0–14	(%)	17.62
15–64 岁人口比重	(%)	Proportion of age 15–64	(%)	72.61
65 岁以上人口比重	(%)	Proportion of aged 65 and over	(%)	9.77
受教育程度		**Population Aged 6 and Over by Educational Level**		
小 学	（万人）	Primary School	(10 000 persons)	1760.09
初 中	（万人）	Junior Secondary School	(10 000 persons)	2597.71
高中和中专	（万人）	Senior and Specialized Secondary School	(10 000 persons)	1013.39
大专及以上	（万人）	College and Over	(10 000 persons)	499.19
每十万人口中：		**Per 100000 Population**		
小学文化	（人）	Primary School	(person)	26790
初中文化	（人）	Junior Secondary School	(person)	39539
高中和中专	（人）	Senior and Specialized Secondary Schoo	(person)	15425
大专及以上	（人）	College and Over	(persons)	7598
文盲、半文盲人口	**（万人）**	**Population of Illiterate and Semi Literate**	**(10 000 persons)**	**175.43**
文盲率	**(%)**	**Illiterate Rate**	**(%)**	**3.24**

注：1. 以上数据均为 2010 年人口普查机器汇总数。

2. 普查登记的对象是指普查标准时点在中华人民共和国境内的自然人以及在中华人民共和国境外但未定居的中国公民，不包括在中华人民共和国境内短期停留的境外人员。

3. 各市州的人口，是普查登记的 2010 年 11 月 1 日零时的常住人口。常住人口包括，居住在本乡镇街道、户口在本乡镇街道或户口待定的人；居住在本乡镇街道、离开户口所在的乡镇街道半年以上的人；户口在本乡镇街道、外出不满半年或在境外工作学习的人。

4. 家庭户是指以家庭成员关系为主、居住一处共同生活的人组成的户。

5. 文盲率是指全省常住人口中 15 岁及以上不识字人口所占比重。

a. All figures above are machine results of the 2010 Population Census.

b. The population census covers all natural persons residing in the territory of the People's Republic of China and the Chinese citizens residing outside but not permanently settled down in locations beyond the territory of the People' s Republic of China at the census reference time, excluding foreigners temporarily staying in the territory of the People' s Republic of China.

c. The population of each city and the XiangXi autonomous prefecture is the resident population, which was registered on zero hour of November 1, 2010.Resident population of a given town/street include: people living in the current town/street where their household registration is located or with their household registration to be settled; people living in the current town/street and leaving the town/street of their household registration for over 6 months; people leaving the town/street of their household registration for less than 6 months or working or studying overseas, with their household registration located in the current town/street.

d. Population of family households refer to households consists of persons, bonded by family relations, staying under the same roof and sharing living arrangement.

e. Illiterate rate refers to the population over 15 years of age who cannot read divided by the Resident population of the Whole province.

主要统计指标解释

人口数 指一定时点、一定地区范围内有生命的个人总和。

年度统计的年末人口数指每年 12 月 31 日 24 时的人口数。年度统计的全国人口总数内未包括香港、澳门特别行政区和台湾省以及海外华侨人数。

城镇人口和乡村人口 城镇人口是指居住在城镇范围内的全部常住人口；乡村人口是除上述人口以外的全部人口。

出生率（又称粗出生率） 指在一定时期内（通常为一年）一定地区的出生人数与同期内平均人数（或期中人数）之比，用千分率表示。本资料中的出生率指年出生率，其计算公式为：

$$出生率=\frac{年出生人数}{年平均人数}\times1000‰$$

式中：出生人数指活产婴儿，即胎儿脱离母体时（不管怀孕月数），有过呼吸或其他生命现象。年平均人数指年初、年底人口数的平均数，也可用年中人口数代替。

$$死亡率=\frac{年死亡人数}{年平均人数}\times1000‰$$

死亡率（又称粗死亡率） 指在一定时期内（通常为一年）一定地区的死亡人数与同期内平均人数（或期中人数）之比，用千分率表示。本资料中的死亡率指年死亡率，其计算公式为：

人口自然增长率 指在一定时期内（通常为一年）人口自然增加数（出生人数减死亡人数）与该时期内平均人数（或期中人数）之比，用千分率表示。计算公式为：

$$人口自然增长率=\frac{本年出生人数-本年死亡人数}{年平均人数}\times1000‰$$
$$=人口出生率-人口死亡率$$

Explanatory Notes on Main Statistical Indicators

Total Population refers to the total number of people alive at a certain point of time within a given area.

The annual statistics on total population is taken at midnight, the 31st of December, not including residents in Taiwan province, Hong Kong SAR and Macao SAR and Chinese national residing abroad.

Urban Population and Rural Population Urban population refers to all people residing in cities and towns, while rural population refers to population other than urban population.

Birth Rate (or Crude Birth Rate) refers to the ratio of the number of births to the average population (or mid-period population) during a certain period of time (usually a year), expressed in ‰. Birth rate in the chapter refers to annual birth rate. The following formula is used:

$$\text{Birth Rate}=\frac{\text{Number of Births}}{\text{Annual Average Population}}\times1000‰$$

Number of births in the formula refers to live births, i.e. when a baby has breathed or showed any vital phenomena regardless of the length of pregnancy.

Annual average population is the average of the number of population at the beginning of the year and that at the end of the year. Sometimes it is substituted by the mid-year population.

Death Rate (or Crude Death Rate) refers to the ratio of the number of deaths to the average population (or mid-period population) during a certain period of time (usually a year), expressed in ‰. Death rate in the chapter refers to annual death rate. The following formula is used:

$$\text{Death Rate}=\frac{\text{Number of Deaths}}{\text{Annual Average Population}}\times1000‰$$

Natural Growth Rate of Population refers to the ratio of natural increase in population (number of births minus number of deaths) in a certain period of time (usually a year) to the average population (or mid-period population) of the same period, expressed in ‰. The following formula is applied:

$$\text{Natural Growth Rate of Population}=\frac{\text{Number of Births - Number of Deaths}}{\text{Annual Average Population}}\times1000‰$$

Natural Growth Rate of Population = Birth Rate-Death Rate

4

就业人员和工资

Employment and Wages

资料整理人员：欧阳普

4-1 年末从业人员人数

Number of Employed Persons at the Year-end

单位：万人 (10 000 persons)

年份 Year	从业人员人数 Number of Employed Persons	在岗职工人数 Number of Staff and Workers on the Job	国有经济 State-owned Economic Units	城镇集体经济 Urban Collective-owned Economic Units	其他经济类型 Economic Units of Other Types	城镇个体私营企业从业人员 Employees in Urban Private Enterprises and Self-Employed Individuals	农村从业人员 Employees in Rural
1950	1107.76	40.67	22.81	0.18	17.68	38.93	1028.16
1951	1147.20	52.01	33.55	0.37	18.09	42.71	1052.48
1952	1188.76	69.25	48.87	0.77	19.61	46.70	1072.81
1953	1213.15	76.15	53.12	2.32	20.71	50.68	1086.32
1954	1223.84	80.68	54.61	8.56	17.51	42.92	1100.24
1955	1250.49	90.26	60.67	14.10	15.49	31.45	1128.78
1956	1271.31	121.24	73.66	35.78	11.80	7.62	1142.45
1957	1353.51	130.24	81.84	36.62	11.78	2.00	1221.27
1958	1461.08	226.98	190.02	30.49	6.47		1234.10
1959	1466.09	218.08	174.09	36.76	7.23		1248.01
1960	1508.04	242.89	182.44	54.05	6.40		1265.15
1961	1302.48	234.40	163.50	70.90		3.92	1064.16
1962	1401.22	201.97	135.76	66.21		5.62	1193.63
1963	1443.01	191.19	129.40	61.79		3.11	1248.71
1964	1508.43	192.88	130.34	62.54		4.99	1310.56
1965	1551.93	206.96	139.24	67.72		3.91	1341.06
1966	1607.49	211.73	144.17	67.56		3.41	1392.35
1967	1668.06	215.65	148.25	67.40		2.97	1449.44
1968	1728.41	216.95	149.71	67.24		2.59	1508.87
1969	1795.01	222.02	154.93	67.09		2.26	1570.73
1970	1880.85	243.75	176.81	66.94		1.97	1635.13
1971	1975.89	272.00	205.21	66.79		1.72	1702.17
1972	2056.50	285.73	219.04	66.69		1.50	1769.27
1973	2089.11	285.65	218.99	66.66		1.32	1802.14
1974	2117.00	291.53	223.43	68.10		1.10	1824.37
1975	2152.00	304.17	232.56	71.61		0.32	1847.51
1976	2183.24	313.31	238.79	74.52		0.26	1869.67
1977	2216.19	321.24	242.64	78.60		0.37	1894.58

注：1. 全省从业人员人数及分三次产业从业人数根据劳动力抽样调查资料推算。
2. 从 2011 年起，"职工人数"指标更改为"在岗职工人数"指标。

a. The data of total employees and employees by type of industry are estimated on the data collected from the sample surveys on labor.

b. From 2011,the index of "Staff and Workers "changed into"Staff and Workers of the Job" .

4-1 续表 continued

单位：万人 (10 000 persons)

年份 Year	从业人员人数 Number of Employed Persons	在岗职工人数 Number of Staff and Workers on the Job	国有经济 State-owned Economic Units	城镇集体经济 Urban Collective-owned Economic Units	其他经济类型 Economic Units of Other Types	城镇个体私营企业从业人员 Employees in Urban Private Enterprises and Self-Employed Individuals	农村从业人员 Employees in Rural
1978	2280.05	363.78	282.06	81.72		0.35	1915.92
1979	2328.12	388.16	299.36	88.80		0.32	1939.64
1980	2399.95	409.16	316.80	92.36		1.81	1988.98
1981	2449.46	426.88	332.46	94.42		3.43	2019.15
1982	2541.05	441.48	344.41	97.07		5.21	2094.36
1983	2594.37	447.81	348.97	98.84		9.72	2136.84
1984	2672.86	460.71	340.94	119.75	0.02	13.18	2198.97
1985	2728.71	475.15	352.73	122.34	0.08	16.19	2237.37
1986	2808.87	492.79	367.31	125.25	0.23	18.44	2297.64
1987	2904.10	515.22	386.34	128.60	0.28	24.72	2364.16
1988	2998.64	530.20	401.75	128.14	0.31	30.75	2437.69
1989	3091.37	536.64	411.34	124.81	0.49	30.43	2524.30
1990	3158.42	551.03	422.28	128.07	0.68	31.94	2575.45
1991	3222.43	567.07	435.66	130.35	1.06	32.52	2622.84
1992	3278.83	579.74	447.88	130.43	1.43	39.93	2659.16
1993	3345.61	588.87	454.26	126.70	7.91	60.42	2675.75
1994	3400.29	589.48	459.14	121.57	8.77	106.51	2685.54
1995	3467.31	597.50	466.00	119.13	12.37	133.86	2717.38
1996	3514.16	596.84	471.55	114.47	10.82	166.21	2732.35
1997	3560.29	597.48	471.52	110.48	15.48	200.36	2744.33
1998	3603.17	594.16	461.65	101.21	31.30	222.46	2772.59
1999	3601.39	590.75	461.83	96.01	32.91	210.29	2784.00
2000	3577.58	580.82	456.28	90.33	34.21	148.54	2832.04
2001	3607.96	534.22	407.55	70.95	55.72	199.76	2856.70
2002	3644.52	525.28	398.42	66.19	60.67	231.87	2870.32
2003	3694.78	500.27	379.72	56.55	64.00	335.94	2836.36
2004	3747.10	471.07	353.36	49.38	68.33	457.18	2792.67
2005	3801.48	451.80	293.79	40.12	117.89	547.83	2776.76
2006	3842.17	450.89	290.67	37.72	122.50	603.29	2762.41
2007	3883.41	460.03	283.72	37.50	138.81	635.94	2762.07
2008	3910.06	460.31	276.11	34.83	149.37	654.57	2761.85
2009	3935.21	474.43	268.57	29.21	176.65	665.17	2769.94
2010	3982.73	531.00	287.13	33.24	210.63	698.48	2753.25
2011	4005.03	514.73	258.99	23.92	231.82	894.18	2596.12
2012	4019.31	523.27	261.12	24.60	237.56	951.90	2544.14
2013	4036.45	554.44	249.67	20.92	283.85	1018.02	2463.99
2014	4044.13	552.81	245.28	19.53	288.00	1114.06	2377.26
2015	3980.30	534.77	229.95	16.14	288.68	1156.56	2288.97
2016	3920.41	523.97	228.35	16.78	278.84	1209.58	2186.86
2017	3817.22	520.37	219.75	14.83	285.79	1272.86	2023.99

4-2 按三次产业分的年末从业人员
Employees by Type of Industry at the Year-end

年份 Year	年末从业人员（万人） Employees at the Year-end (10 000 persons)	第一产业 Primary Industry	第二产业 Secondary Industry	第三产业 Tertiary Industry	构成（以合计为100） Composition in Percentage (total=100)	第一产业 Primary Industry	第二产业 Secondary Industry	第三产业 Tertiary Industry
1950	1107.76	980.83	54.86	72.07	100.0	88.5	5.0	6.5
1951	1147.20	1001.38	64.12	81.70	100.0	87.3	5.6	7.1
1952	1188.76	989.38	76.72	122.66	100.0	83.2	6.5	10.3
1953	1213.15	1014.03	90.34	108.78	100.0	83.6	7.5	9.0
1954	1223.84	982.69	89.39	151.76	100.0	80.3	7.3	12.4
1955	1250.49	1061.22	74.72	114.55	100.0	84.9	6.0	9.2
1956	1271.31	1055.72	101.21	114.38	100.0	83.0	8.0	9.0
1957	1353.51	1134.13	93.05	126.33	100.0	83.8	6.9	9.3
1958	1461.08	898.17	251.10	311.81	100.0	61.5	17.2	21.3
1959	1466.09	861.58	258.27	346.24	100.0	58.8	17.6	23.6
1960	1508.04	1023.93	199.05	285.06	100.0	67.9	13.2	18.9
1961	1302.48	1053.45	128.89	120.14	100.0	80.9	9.9	9.2
1962	1401.22	1180.33	98.04	122.85	100.0	84.2	7.0	8.8
1963	1443.01	1222.67	111.47	108.87	100.0	84.7	7.7	7.5
1964	1508.43	1274.86	116.73	116.84	100.0	84.5	7.7	7.8
1965	1551.93	1305.83	124.66	121.44	100.0	84.1	8.0	7.8
1966	1607.49	1355.48	129.72	122.29	100.0	84.3	8.1	7.6
1967	1668.06	1405.14	135.05	127.87	100.0	84.2	8.1	7.7
1968	1728.41	1456.39	140.79	131.23	100.0	84.3	8.2	7.6
1969	1795.01	1511.41	151.70	131.90	100.0	84.2	8.5	7.4
1970	1880.85	1564.21	179.69	136.95	100.0	83.2	9.6	7.3
1971	1975.89	1624.30	206.63	144.96	100.0	82.2	10.5	7.3
1972	2056.50	1683.60	227.31	145.59	100.0	81.9	11.1	7.1
1973	2089.11	1718.66	226.17	144.28	100.0	82.3	10.8	6.9
1974	2117.00	1732.28	236.13	148.59	100.0	81.8	11.2	7.0
1975	2152.00	1742.28	257.39	152.33	100.0	81.0	12.0	7.1
1976	2183.24	1759.48	266.42	157.34	100.0	80.6	12.2	7.2
1977	2216.19	1775.31	273.17	167.71	100.0	80.1	12.3	7.6

注：全省从业人员人数及分三次产业从业人数根据劳动力抽样调查资料推算。
The data of total employees and employees by type of industry are estimated on the data collected from the sample surveys on labor.

4–2 续表 continued

年份 Year	年末从业人员(万人) Employees at the Year-end (10 000 persons)	第一产业 Primary Industry	第二产业 Secondary Industry	第三产业 Tertiary Industry	构成(以合计为100) Composition in Percentage (total=100)	第一产业 Primary Industry	第二产业 Secondary Industry	第三产业 Tertiary Industry
1978	2280.05	1788.17	305.37	186.51	100.0	78.4	13.4	8.2
1979	2328.12	1798.27	325.70	204.15	100.0	77.2	14.0	8.8
1980	2399.95	1846.46	339.06	214.43	100.0	77.0	14.1	8.9
1981	2449.46	1887.54	339.52	222.40	100.0	77.0	13.9	9.1
1982	2541.05	1955.49	350.79	234.77	100.0	77.0	13.8	9.2
1983	2594.37	1966.48	361.77	266.12	100.0	75.8	13.9	10.3
1984	2672.86	1971.93	414.00	286.93	100.0	73.8	15.5	10.7
1985	2728.71	1946.85	458.68	323.18	100.0	71.4	16.8	11.8
1986	2808.87	1969.64	494.51	344.72	100.0	70.1	17.6	12.3
1987	2904.10	2011.35	531.70	361.05	100.0	69.3	18.3	12.4
1988	2998.64	2050.72	550.38	397.54	100.0	68.4	18.4	13.2
1989	3091.37	2104.60	550.26	436.51	100.0	68.1	17.8	14.1
1990	3158.42	2176.70	553.83	427.89	100.0	68.9	17.5	13.6
1991	3222.43	2219.82	570.35	432.26	100.0	68.9	17.7	13.4
1992	3278.83	2213.42	613.57	451.84	100.0	67.5	18.7	13.8
1993	3345.61	2140.76	679.22	525.63	100.0	64.0	20.3	15.7
1994	3400.29	2076.14	731.01	593.14	100.0	61.1	21.5	17.4
1995	3467.31	2071.61	756.54	639.16	100.0	59.8	21.8	18.4
1996	3514.16	1994.90	810.38	708.88	100.0	56.8	23.0	20.2
1997	3560.29	1998.59	802.25	759.45	100.0	56.1	22.5	21.4
1998	3603.17	2002.51	822.49	778.17	100.0	55.6	22.8	21.6
1999	3601.39	2026.09	839.09	736.21	100.0	56.3	23.3	20.4
2000	3577.58	2120.98	840.52	616.08	100.0	59.3	23.5	17.2
2001	3607.96	2078.36	748.90	780.70	100.0	57.6	20.8	21.6
2002	3644.52	2034.04	757.26	853.22	100.0	55.8	20.8	23.4
2003	3694.78	1961.93	790.68	942.17	100.0	53.1	21.4	25.5
2004	3747.10	1885.06	804.91	1057.13	100.0	50.3	21.5	28.2
2005	3801.48	1846.90	818.10	1136.48	100.0	48.6	21.5	29.9
2006	3842.17	1790.46	829.92	1221.79	100.0	46.6	21.6	31.8
2007	3883.41	1743.65	854.35	1285.41	100.0	44.9	22.0	33.1
2008	3910.06	1720.44	875.84	1313.78	100.0	44.0	22.4	33.6
2009	3935.21	1693.05	896.57	1345.59	100.0	43.0	22.8	34.2
2010	3982.73	1690.03	915.43	1377.27	100.0	42.4	23.0	34.6
2011	4005.03	1679.94	932.62	1392.47	100.0	41.9	23.3	34.8
2012	4019.31	1668.99	948.78	1401.54	100.0	41.5	23.6	34.9
2013	4036.45	1656.01	964.54	1415.90	100.0	41.0	23.9	35.1
2014	4044.13	1651.37	957.77	1434.99	100.0	40.8	23.7	35.5
2015	3980.30	1618.71	935.84	1425.75	100.0	40.7	23.5	35.8
2016	3920.41	1587.32	912.16	1420.93	100.0	40.5	23.3	36.2
2017	3817.22	1515.16	871.17	1430.89	100.0	39.7	22.8	37.5

4–3　年末城镇从业人员

Number of Employed Persons in Urban Areas at the Year-end

年份 Year	城镇从业人员合计(万人) Number of Employed Persons in Urban Areas (10 000 persons)	国有经济 State-owned Economic	城镇集体经济 Urban Collective-owned Economic	其他经济 Economic Units of Other Types	内资经济 Domestic Funded Economic	港澳台投资经济 Economioc With Funded From H.K, Macao and Taiwan	外商投资经济 Economic With Funded Foreign	城镇私营经济 Urban Private Economic	城镇个体经济 Urban Individuals Economic
1978	364.13								
1979	388.48								
1980	410.97								
1981	430.31								
1982	446.69								
1983	457.53								
1984	473.89								
1985	491.34								
1986	511.23								
1987	539.94								
1988	560.95								
1989	567.07								
1990	582.97								
1991	599.59								
1992	619.67								
1993	669.86								
1994	714.75								
1995	749.93	482.68	120.83	12.56	6.62	2.73	3.21	17.60	116.26
1996	781.81	487.94	116.61	11.05	5.12	2.59	3.34	22.80	143.41
1997	815.96	486.58	113.19	15.83	9.23	2.96	3.64	26.94	173.42
1998	830.58	472.37	103.56	32.19	25.21	3.20	3.78	36.89	185.57
1999	817.39	474.23	98.95	33.92	27.54	3.19	3.19	34.52	175.77
2000	745.54	467.98	92.99	36.04	29.81	3.07	3.16	33.54	114.99
2001	751.26	419.71	73.62	58.17	52.35	3.15	2.67	44.43	155.33
2002	774.20	410.13	68.73	63.47	56.88	3.51	3.08	65.63	166.24
2003	858.42	395.39	59.65	67.45	60.04	3.50	3.90	87.56	248.38
2004	954.43	370.64	52.86	73.75	65.62	4.31	3.82	143.11	314.07
2005	1024.72	306.70	43.43	126.76	111.93	8.29	6.54	165.80	382.03
2006	1079.76	302.73	40.96	132.78	116.28	8.50	8.00	214.19	389.10
2007	1121.34	294.47	40.63	150.30	131.93	9.13	9.24	223.33	412.61
2008	1148.21	291.65	37.73	164.26	144.57	9.90	9.79	218.99	435.58
2009	1175.27	283.50	32.48	194.13	170.51	11.02	12.60	227.67	437.49
2010	1229.48	287.13	33.24	210.63	186.38	11.91	12.34	234.04	464.44
2011	1408.91	275.01	27.84	248.58	218.97	16.16	13.45	260.62	596.86
2012	1475.17	282.57	27.46	257.45	225.47	18.64	13.34	291.65	616.03
2013	1572.46	265.99	23.69	311.47	274.36	21.64	15.47	311.84	659.47
2014	1666.87	261.52	22.07	314.31	277.58	22.04	14.69	334.81	734.16
2015	1691.33	244.57	18.53	316.04	281.97	20.29	13.78	364.53	747.66
2016	1733.55	242.25	19.24	306.92	269.67	23.57	13.68	385.30	779.84
2017	1793.23	232.85	17.19	315.70	275.93	26.17	13.60	406.29	821.20

4-4 按类型分的年末从业人员
Employees by Type at the Year-end

单位：万人 (10 000 persons)

类别	Item	2016 合计 Total	2016 #城镇 Urban	2017 合计 Total	2017 #城镇 Urban
从业人员总计	**Total Number of Employed Persons**	**3920.41**	**1733.55**	**3817.22**	**1793.23**
按就业身份分	**By Status**				
在岗职工	Staff and Workers on the Job	523.97	523.97	520.37	520.37
私营业主	Private Enterprises Owner	89.85	17.50	126.09	105.26
私营企业和个体从业人员	Number of Employees in Private Enterprises and Self-Employed Individuals	813.95	149.03	769.37	627.40
农村劳动力	Laborer in Rural	2020.33		1861.19	
其他从业人员	Others	305.78	305.78	540.20	540.20
按经济类型分	**By Economic Types**				
国有经济	State-owned Economy	242.25	242.25	232.85	232.82
集体经济	Collective-owned Economy	2039.57	19.24	1878.38	17.19
私营经济	Private Enterprises	484.44	385.30	469.86	406.29
个体经济	Self-Employed Individuals	847.23	779.84	920.43	821.20
联营经济	Joint Ownership Enterprises	1.08	1.08	0.72	0.72
股份制经济	Share-holding Corporations Enterprises	252.93	252.93	259.83	259.83
外商投资经济	Enterprises With Foreign Investment	13.68	13.68	13.60	13.60
港、澳、台投资经济	Enterprises With Investment from Hong Kong, Macao and Taiwan	23.57	23.57	26.17	26.17
其他经济类型	Enterprises of Other Types of Ownership	15.66	15.66	15.38	15.38
按国民经济行业分	**By Sector**				
农、林、牧、渔业	Agriculture,Forestry,Farming of Animals and Fishing	1587.32	41.54	1515.16	37.97
采矿业	Mining	63.01	27.42	34.27	20.54
制造业	Manufacturing	525.09	324.19	496.07	310.45
电力、热力、燃气及水生产和供应业	Production and Distribution of Electricity,Heat,Gas and Water	33.69	27.02	39.73	33.79
建筑业	Construction	290.37	186.76	301.10	208.64
批发和零售业	Wholesale and Retail Trade	376.23	294.27	373.27	292.41
交通运输、仓储和邮政业	Traffic,Transport, Storage and Post	167.71	116.54	176.49	130.41
住宿和餐饮业	Accommodation and and catering	173.05	104.24	174.23	124.02
信息传输、软件和信息技术服务业	Information Transfer,Software and Information technology Services	65.60	53.68	76.48	66.07
金融业	Finance	45.54	41.28	52.05	48.09
房地产业	Real Estate Trade	43.63	36.88	36.55	31.10
租赁和商务服务业	Tenancy and Business Services	83.62	73.68	85.08	80.35
科学研究和技术服务业	Scientific Research and Technical Services	32.25	29.12	26.73	26.22
水利、环境和公共设施管理业	Management of Water Conservancy ,Environment and Public Establishment	13.38	11.14	16.46	14.94
居民服务、修理和其他服务业	Resident Services , Repair and Other Services	96.34	87.53	98.03	91.84
教育	Education	106.77	91.14	107.46	94.41
卫生和社会工作	Sanitation and Social Work	70.22	58.70	74.18	61.65
文化、体育和娱乐业	Culture,Sports and Entertainment	51.55	46.94	45.78	39.68
公共管理、社会保障和社会组织	Public Management, Social Security and Social Organization	95.04	81.48	88.10	80.65

4–5 各行业年末从业人员及构成 (2017年)
Number of Employees and Its Composition by Sector at the Year-end (2017)

行业	Item	从业人员 Employees	在岗职工 Staff and Workers on the Job	城镇个体私营企业 Urban Private and Individuals	农村从业人员 Employees in Rural	其他从业人员 Other Employees
总计 （绝对数，万人）	**Total (ABS,10 000 persons)**	**3817.22**	**520.37**	**1227.49**	**2023.99**	**45.37**
农、林、牧、渔业	Agriculture,Forestry,Farming of Animals and Fishing	1515.16	2.40	35.43	1477.19	0.14
采矿业	Mining	34.27	6.93	13.39	13.73	0.22
制造业	Manufacturing	496.07	106.52	201.41	185.62	2.52
电力、热力、燃气及水生产和供应业	Production and Distribution of Electricity, Heat.Gas and Water	39.73	15.39	18.05	5.94	0.35
建筑业	Construction	301.1	88.98	97.43	92.46	22.22
批发和零售业	Wholesale and Retail Trade	373.27	18.51	273.07	80.86	0.83
交通运输、仓储和邮政业	Traffic,Transport, Storage and Post	176.49	22.34	106.96	46.08	1.11
住宿和餐饮业	Accommodation and and catering	174.23	6.63	117.20	50.21	0.20
信息传输、软件和信息技术服务业	Information Transfer,Software and Information technology Services	76.48	6.61	59.14	10.41	0.32
金融业	Finance	52.05	19.60	21.37	3.96	7.12
房地产业	Real Estate Trade	36.55	12.03	18.44	5.45	0.63
租赁和商务服务业	Tenancy and Business Services	85.08	9.97	70.02	4.73	0.36
科学研究和技术服务业	Scientific Research and Technical Services	26.73	10.63	14.80	0.51	0.79
水利、环境和公共设施管理业	Management of Water Conservancy, Environment and Public Establishment	16.46	6.23	7.61	1.52	1.10
居民服务、修理和其他服务业	Resident Services, Repair and Other Services	98.03	1.47	90.34	6.19	0.04
教育	Education	107.46	63.94	27.47	13.05	3.00
卫生和社会工作	Sanitation and Social Work	74.18	39.00	21.35	12.53	1.30
文化、体育和娱乐业	Culture, Sports and Entertainment	45.78	5.32	34.02	6.10	0.35
公共管理、社会保障和社会组织	Public Management, Social Security and Social	88.1	77.86		7.45	2.80
构成 （以合计为100）	**Composition in Percentage (total=100)**					
农、林、牧、渔业	Agriculture,Forestry,Farming of Animals and Fishing	39.69	0.5	2.9	73.0	0.3
采矿业	Mining	0.90	1.3	1.1	0.7	0.5
制造业	Manufacturing	13.00	20.5	16.4	9.2	5.5
电力、热力、燃气及水生产和供应业	Production and Distribution of Electricity, Heat. Gas and Water	1.04	3.0	1.5	0.3	0.8
建筑业	Construction	7.89	17.1	7.9	4.6	49.0
批发和零售业	Wholesale and Retail Trade	9.78	3.6	22.2	4.0	1.8
交通运输、仓储和邮政业	Traffic,Transport, Storage and Post	4.62	4.3	8.7	2.3	2.5
住宿和餐饮业	Accommodation and and catering	4.56	1.3	9.5	2.5	0.4
信息传输、软件和信息技术服务业	Information Transfer, Software and Information technology Services	2.00	1.3	4.8	0.5	0.7
金融业	Finance	1.36	3.8	1.7	0.2	15.7
房地产业	Real Estate Trade	0.96	2.3	1.5	0.3	1.4
租赁和商务服务业	Tenancy and Business Services	2.23	1.9	5.7	0.2	0.8
科学研究和技术服务业	Scientific Research and Technical Services	0.70	2.0	1.2		1.7
水利、环境和公共设施管理业	Management of Water Conservancy,Environment and Public Establishment	0.43	1.2	0.6	0.1	2.4
居民服务、修理和其他服务业	Resident Services, Repair and Other Services	2.57	0.3	7.4	0.3	0.1
教育	Education	2.82	12.3	2.2	0.6	6.6
卫生和社会工作	Sanitation and Social Work	1.94	7.5	1.7	0.6	2.9
文化、体育和娱乐业	Culture, Sports and Entertainment	1.20	1.0	2.8	0.3	0.8
公共管理、社会保障和社会组织	Public Management, Social Security and Social Organization	2.31	15.0		0.4	6.2

4–6 年末城乡劳动力资源与分配
Resources and Distribution of Labor Force in Urban and Rural Areas at theYear-end

单位：万人 (10 000 persons)

类 别	Item	合计 Total		城 镇 Urban		乡 村 Rural	
		2016	2017	2016	2017	2016	2017
总计	**Total**	**5477.25**	**5506.27**	**2889.25**	**3007.52**	**2588.00**	**2498.75**
经济活动人口	Economy Active Population	4007.09	3903.69	1820.23	1879.7	2186.86	2023.99
从业人员	Employees	3920.41	3817.22	1733.55	1793.23	2186.86	2023.99
失业人员	Unemployment	86.68	86.47	86.68	86.47		
非经济活动人口	Non–Economy Active Population	1470.16	1602.58	1069.02	1127.82	401.14	474.76

4–7 年末城镇非私营单位按行业分组的女性从业人员 (2017 年)
Number of Female Employees in Urban Non Private Units at the Year-end by Sector(2017)

单位：万人 (10 000 persons)

行 业	Item	各单位女性从业人员 Number of Female Employees in Units	国有经济 State–owned Economic Units	城镇集体 Urban Collective–owned Economic Units	其他经济 Economic Units of Other Types
总 计	**Total**	**201.82**	**94.98**	**3.98**	**102.85**
农、林、牧、渔业	Agriculture, Forestry, Farming of Animals and Fishing	0.81	0.40	0.03	0.39
采矿业	Mining	0.97	0.05	0.14	0.77
制造业	Manufacturing	40.75	0.73	0.60	39.42
电力、热力、燃气及水生产和供应业	Production and Distribution of Electricity, Heat, Gas and Water	4.57	2.81	0.09	1.68
建筑业	Construction	11.38	0.82	1.02	9.53
批发和零售业	Wholesale and Retail Trade	10.26	0.85	0.21	9.20
交通运输、仓储和邮政业	Information Transfer,Computer Services and Software	6.65	3.54	0.11	3.00
住宿和餐饮业	Accommodation and and catering	4.23	0.56	0.04	3.63
信息传输、软件和信息技术服务业	Information Transfer, Software and Information technology Services	2.73	0.08		2.65
金融业	Finance	15.19	0.55	0.14	14.49
房地产业	Real Estate Trade	4.76	0.24	0.02	4.51
租赁和商务服务业	Tenancy and Business Services	3.51	0.40	0.11	3.00
科学研究和技术服务业	Scientific Research and Technical Services	3.37	1.50	0.01	1.86
水利、环境和公共设施管理业	Management of Water Conservancy, Environment and Public Establishment	2.85	2.52	0.04	0.29
居民服务、修理和其他服务业	Resident Services , Repair and Other Services	0.67	0.07		0.60
教育	Education	35.76	31.21	0.34	4.21
卫生和社会工作	Sanitation and Social Work	26.50	23.14	1.07	2.29
文化、体育和娱乐业	Culture,Sports and Entertainment	2.61	1.41	0.01	1.19
公共管理、社会保障和社会组织	Public Management, Social Security and Social Organization	24.24	24.11		0.13

4–8 各行业年末在岗职工 (2017年)
Total Number of Staff and Workers on the Job by Sector at the Year-end (2017)

单位：万人 (10 000 persons)

行 业	Item	全部在岗职工 Number of Staff and Workers on the Job	国有经济 State-owned Economic	城镇集体 Urban Collective-owned Economic
总计	**Total**	**520.37**	**219.75**	**14.83**
农、林、牧、渔业	**Agriculture, Forestry, Farming of Animals and Fishing**	**2.40**	**1.26**	**0.07**
农业	Agriculture	0.55	0.15	
林业	Forestry	1.05	0.75	0.04
畜牧业	Farming of animals	0.17	0.02	
渔业	Fishing	0.20	0.11	0.01
农、林、牧、渔服务业	Service Activities for Agriculture, Forestry, Farming of Animals and Fishing	0.43	0.25	0.02
采矿业	**Mining**	**6.93**	**0.41**	**0.93**
煤炭开采和洗选业	Mining and Washing of Coal	3.81	0.38	0.81
石油和天然气开采业	Petroleum and Natural Gas Extraction			
黑色金属矿采选业	Mining of Ferrous Metal Ores	0.16		0.02
有色金属矿采选业	Mining of Non-ferrous Metal Ores	1.83	0.03	0.04
非金属矿采选业	Mining and Processing of Nonmetal Ores	1.14		0.06
开采辅助活动	Mining auxiliary activities			
其他采矿业	Mining of Other Mineral			
制造业	**Manufacturing**	**106.52**	**2.36**	**1.68**
农副食品加工业	Processing of Food from Agricultural Products	5.50	0.24	0.04
食品制造业	Manufacture of Foods	3.26	0.06	
酒、饮料和精制茶制造业	Manufacture of Beverage，drink and tea	2.64		
烟草制品业	Manufacture of Tobacco	1.31	0.89	
纺织业	Manufacture of Textile	1.82	0.02	
纺织服装、服饰业	Manufacture of Textile Wearing Apparel	1.17		0.03
皮革、毛皮、羽毛及其制品和制鞋业	Leather,Fur,Feather and Its Products and Footwear Products	5.38		
木材加工和木、竹、藤、棕、草制品业	Processing of Timbers, Manufacture of Wood, Bamboo, Rattan,Palm and Straw Products	1.08	0.04	0.02
家具制造业	Manufacture of Furniture	0.29		
造纸和纸制品业	Manufacture of Paper and Paper Products	1.75		0.03
印刷和记录媒介复制业	Printing,Reproduction of Recording Media	1.21	0.02	0.21
文教、工美、体育和娱乐用品制造业	Manufacture of Articles for Culture,Education and Sport Activity	1.27		0.05
石油加工、炼焦和核燃料加工业	Processing of Petroleum,Coking,Processing of Nucleus Fuel	0.98		
化学原料和化学制品制造业	Manufacture of Chemical Raw Material and Chemical Products	7.65	0.14	0.13
医药制造业	Manufacture of Medicines	3.27		0.06
化学纤维制造业	Manufacture of Chemical Fiber	0.20		
橡胶和塑料制品业	Manufacture of Rubber and plastic	1.60	0.03	0.14
非金属矿物制品业	Manufacture of Non-metallic Mineral Products	10.23	0.24	0.40
黑色金属冶炼和压延加工业	Manufacture and Processing of Ferrous Metals	4.23	0.02	0.11
有色金属冶炼和压延加工业	Manufacture and Processing of Non-ferrous Metals	5.13	0.08	0.08
金属制品业	Manufacture of Metal Products	2.64		0.02
通用设备制造业	Manufacture of General Purpose Machinery	3.91	0.09	0.06
专用设备制造业	Manufacture of Special Purpose Machinery	5.22	0.03	0.03
汽车制造业	Automobile Industry	7.00	0.21	0.09

4-8 续表 1 continued

单位：万人 (10 000 persons)

行 业	Item	全部在岗职工 Number of Staff and Workers on the Job	国有经济 State-owned Economic	城镇集体 Urban Collective-owned Economic
铁路、船舶、航空航天和其他运输设备制造业	Manufacture of Railway,Marine,Aerospace and Other Transport Equipment	4.51	0.22	0.03
电气机械和器材制造业	Manufacture of Electrical Machinery and Equipment	5.89	0.01	0.05
计算机、通信和其他电子设备制造业	Manufacture of Communication Equipment, Computer and Other Electronic Equipment	15.45		
仪器仪表制造业	Manufacture of Measuring Instrument	1.29		0.02
其他制造业	Other Manufacture N.E.C	0.20		
废弃资源综合利用业	Recycling and Disposal of Waste	0.37	0.02	0.09
金属制品、机械和设备修理业	Mental Products,Machine and Equipment Repair	0.08		
电力、热力、燃气及水生产和供应业	**Production and Distribution of Electricity,Gas and Water**	**15.39**	**9.97**	**0.17**
电力、热力生产和供应业	Production and Supply of Electric Power and Heat Power	12.27	8.46	0.10
燃气生产和供应业	Production and Distribution of Gas	0.53	0.01	
水的生产和供应业	Production and Distribution of Water	2.59	1.49	0.07
建筑业	**Construction**	**88.98**	**4.53**	**7.85**
房屋建筑业	Construction of Building	63.06	1.99	5.66
土木工程建筑业	Construction of Civil Engineering	18.65	2.26	2.09
建筑安装业	Architectural Installation	3.84	0.13	0.07
建筑装饰和其他建筑业	Architectural Decoration and Other Construction	3.44	0.15	0.03
批发和零售业	**Wholesale and Retail Trade**	**18.51**	**2.43**	**0.49**
批发业	Wholesale	6.08	1.72	0.06
零售业	Retail Trade	12.44	0.72	0.43
交通运输、仓储和邮政业	**Traffic,Transport,Storage and Post**	**22.34**	**13.00**	**0.43**
铁路运输业	Transport Via Railway	7.61	7.40	0.01
道路运输业	Transport Via Road	9.67	2.83	0.27
水上运输业	Water Transport	0.26	0.01	0.02
航空运输业	Air Transport	0.91	0.01	
管道运输业	Pipeline Transportation Industry	0.02		
装卸搬运和运输代理业	Loading,Unloading,Portage and Other Transport Services	0.56	0.05	0.11
仓储业	Storage	0.42	0.28	0.01
邮政业	Post	2.89	2.41	
住宿和餐饮业	**Accommodation and Restaurants**	**6.63**	**0.83**	**0.07**
住宿业	Accommodation	4.46	0.74	0.06
餐饮业	Restaurants	2.17	0.09	0.01
信息传输、软件和信息技术服务业	**Information Transfer,Software and Information Technology Service**	**6.61**	**0.23**	
电信、广播电视和卫星传输服务	Telecom, Broadcasting and Satellite Transmission Service	5.41	0.19	
互联网和相关服务	The Internet and Related Services	0.24		
软件和信息技术服务业	Software and Information Technology Service	0.96	0.04	
金融业	**Finance**	**19.60**	**1.23**	**0.30**
货币金融服务	Monetary and Financial Services	12.65	1.17	0.30
资本市场服务	Capital Markets Services	1.05	0.02	
保险业	Insurance	5.82	0.04	
其他金融业	Other Financial Activities	0.08		
房地产业	**Real Estate**	**12.03**	**0.60**	**0.03**
房地产开发经营	Real Estate Exploitation Management	6.91	0.25	0.01
物业管理	Management Concerning Dwelling	4.43	0.14	0.01
房地产中介服务	Real Estate Agency Service	0.37		
租赁和商务服务业	**Tenancy and Business Services**	**9.97**	**1.27**	**0.43**
租赁业	Tenancy	0.21		

4-8 续表 2 continued

单位：万人 (10 000 persons)

行业	Item	全部在岗职工 Number of Staff and Workers on the Job	国有经济 State-owned Economic	城镇集体 Urban Collective-owned Economic
商务服务业	Business Service	9.75	1.26	0.43
科学研究和技术服务业	**Scientific Research,Technical Service**	**10.63**	**4.67**	**0.04**
研究和试验发展	Research and Experimental Development	1.25	0.86	
专业技术服务业	Professional Technique Services	6.48	3.29	0.04
科技推广和应用服务业	Services of S&T Intercommunion and Generalization	2.91	0.51	
水利、环境和公共设施管理业	**Management of Water Conservancy,** Environment and Public Establishment	**6.23**	**5.34**	**0.11**
水利管理业	Management of Water Conservancy	1.67	1.52	0.06
生态保护和环境治理业	Environmental Management	0.25	0.07	
公共设施管理业	Management of Public Establishment	4.31	3.75	0.04
居民服务、修理和其他服务业	**Resident Services and Other Services**	**1.47**	**0.17**	**0.01**
居民服务业	Resident Services	0.83	0.15	
机动车、电子产品和日用产品修理业	Motor,Electronic Products and Daily Products Repair Service	0.13		0.01
其他服务业	Other Services	0.51	0.02	
教育	**Education**	**63.94**	**56.78**	**0.58**
初等教育	Primary Education	17.29	16.16	0.22
中等教育	Secondary Education	34.48	31.14	0.27
高等教育	Higher Education	7.99	7.26	
卫生和社会工作	**Health and Social Work**	**39.00**	**34.16**	**1.58**
卫生	Health	38.30	33.69	1.56
社会工作	Social Work	0.70	0.47	0.02
文化、体育和娱乐业	**Culture, Sports and Entertainment**	**5.32**	**3.03**	**0.02**
新闻和出版业	Journalism and Publishing Activities	0.78	0.41	
广播、电视、电影和影视录音制作业	Broadcasting,Movies,Television and Audiovisual Activities	2.12	1.44	
文化艺术业	Culture and Art	1.53	0.99	0.02
体育	Sports Activities	0.28	0.12	
娱乐业	Entertainment	0.60	0.06	
公共管理、社会保障和社会组织	**Public Management and Social Organization**	**77.86**	**77.49**	**0.01**
中国共产党机关	Organ of Communist Party of China	2.74	2.74	
国家机构	Organ of State	72.78	72.78	
人民政协、民主党派	People's Political Consultative Conference and Democratic Party	0.38	0.38	
社会保障	Social Insurance	0.85	0.85	
群众团体、社会团体和其他成员组织	Mass Community,Social Community and Religion Organizations	1.11	0.75	0.01

4-9 在岗职工工资总额及年平均工资
Total Wages and Average Annual Wage of Staff and Workers on the Job

年份 Year	在岗职工工资总额（亿元）				在岗职工年平均工资（元）			
	Totel Wages of Staff and Workers on the Job (100 million yuan)	国有经济 State-owned Economic	城镇集体经济 Urban Collective-owned Economic	其他经济 Economic Units of Other Types	Average Annual Wages of Staff and Workers on the Job (yuan)	国有经济 State-owned Economic	城镇集体经济 Urban Collective-owned Economic	其他经济 Economic Units of Other Types
1978	20.33	16.29	4.04		563	589	474	
1979	23.39	18.50	4.89		628	644	580	
1980	28.73	23.09	5.64		718	746	625	
1981	30.09	24.17	5.92		725	748	643	
1982	32.46	26.13	6.33		750	772	670	
1983	34.48	27.71	6.77		780	803	700	
1984	41.69	32.28	9.41		922	965	800	
1985	49.30	38.36	10.93	0.01	1059	1111	912	1270
1986	58.80	45.97	12.81	0.02	1220	1281	1043	1078
1987	70.14	55.16	14.94	0.04	1400	1470	1190	1483
1988	87.38	69.78	17.54	0.06	1688	1777	1407	1966
1989	96.78	78.66	18.02	0.10	1836	1945	1475	2125
1990	108.97	88.92	19.91	0.14	2014	2141	1593	2089
1991	119.67	97.57	21.91	0.19	2152	2278	1727	2361
1992	143.69	118.37	24.96	0.36	2526	2686	1966	2852
1993	181.84	148.64	29.51	3.69	3142	3324	2379	4970
1994	238.22	198.56	34.76	4.90	4104	4388	2910	5762
1995	282.05	233.48	41.12	7.45	4797	5082	3525	6259
1996	299.57	251.74	41.59	6.24	5100	5412	3724	5897
1997	314.91	265.53	40.70	8.68	5326	5683	3736	5733
1998	323.76	269.17	35.94	18.65	5473	5849	3585	5994
1999	349.06	293.70	34.55	20.81	5939	6385	3627	6403
2000	377.19	318.62	34.21	24.36	6515	6999	3800	7217
2001	407.58	335.75	29.00	42.83	7698	8295	4146	7825
2002	458.53	374.41	30.05	54.07	8734	9403	4522	8958
2003	494.42	400.01	29.04	65.37	9855	10484	5108	10327
2004	543.76	432.98	31.20	79.58	11463	12173	6228	11602
2005	616.86	426.50	33.17	157.19	13718	14521	8355	13522
2006	715.23	488.02	36.31	190.90	16031	16898	9792	15874
2007	898.65	600.05	47.05	251.55	19711	21173	12921	18482
2008	1057.07	688.10	53.73	315.24	23082	24939	15529	21379
2009	1225.42	755.58	51.98	417.86	26008	28202	17867	23994
2010	1434.62	845.54	60.02	529.06	29275	31343	20221	27757
2011	1797.05	942.06	65.43	789.52	35520	36654	27034	35139
2012	2076.46	1080.35	72.93	923.18	40028	41628	30204	39270
2013	2407.62	1127.78	69.09	1210.75	43893	45342	33919	43330
2014	2665.89	1219.28	72.94	1373.67	48525	49784	37487	48196
2015	2866.49	1311.08	65.53	1489.88	53889	57308	41324	51860
2016	3111.00	1506.02	69.86	1535.12	60160	66349	42684	56073
2017	3375.91	1648.07	65.67	1662.17	65994	75394	45651	59668

注：从2011年起，“职工工资总额”及“职工年平均工资”指标更改为“在岗职工工资总额”及“在岗职工年平均工资”指标。

Form 2011,Index of "Wages of Saff and Workers"and "Average Annual Wages of Staff and Workers" Changed into"Wages of Saff and Workers on the Job"and "Average Annual Wages of Staff and Workers on the Jobs".

4-10 各行业在岗职工工资总额(2017年)
Total Wages of Staff and Workers on the Job by Sector (2017)

单位：万元 (10 000 yuan)

行 业	Item	全部在岗职工 Number of Staff and Workers on the Job	国有经济 State-owned Economic	城镇集体 Urban Collective-owned Economic
总计	**Total**	**33759139**	**16480729**	**656704**
农、林、牧、渔业	**Agriculture, Forestry, Farming of Animals and Fishing Farming of Animals and Fishing**	**93049**	**56345**	**2048**
农业	Agriculture	16821	4317	157
林业	Forestry	43944	35706	1062
畜牧业	Farming of animals	6870	908	22
渔业	Fishing	8613	5412	172
农、林、牧、渔服务业	Service Activities for Agriculture,Forestry, Farming of Animals and Fishing	16801	10001	635
采矿业	**Mining**	**329544**	**18895**	**38975**
煤炭开采和洗选业	Mining and Washing of Coal	169091	17647	34109
石油和天然气开采业	Petroleum and Natural Gas Extraction			
黑色金属矿采选业	Mining of Ferrous Metal Ores	6203	71	750
有色金属矿采选业	Mining of Non-ferrous Metal Ores	106100	1005	1648
非金属矿采选业	Mining and Processing of Nonmetal Ores	47978		2468
开采辅助活动	Mining auxiliary activities			
其他采矿业	Mining of Other Mineral	173	173	
制造业	**Manufacturing**	**6185613**	**304874**	**74670**
农副食品加工业	Processing of Food from Agricultural Products	247128	9538	1305
食品制造业	Manufacture of Foods	135709	2009	230
酒、饮料和精制茶制造业	Manufacture of Beverage， drink and tea	116858	37	65
烟草制品业	Manufacture of Tobacco	249313	228052	
纺织业	Manufacture of Textile	72442	1146	23
纺织服装、服饰业	Manufacture of Textile Wearing Apparel	61272	29	972
皮革、毛皮、羽毛及其制品和制鞋业	Leather,Fur,Feather and Its Products and Footwear	216571	51	18
木材加工和木、竹、藤、棕、草制品业	Processing of Timbers, Manufacture of Wood, Bamboo, Rattan, Palm and Straw Products	45428	1108	622
家具制造业	Manufacture of Furniture	12894		
造纸和纸制品业	Manufacture of Paper and Paper Products	84255		1314
印刷和记录媒介复制业	Printing,Reproduction of Recording Media	62409	631	10278
文教、工美、体育和娱乐用品制造业	Manufacture of Articles for Culture,Education and Sport Activity	57674		1524
石油加工、炼焦和核燃料加工业	Processing of Petroleum, Coking, Processing of Nucleus Fuel	91425		
化学原料和化学制品制造业	Manufacture of Chemical Raw Material and Chemical Products	361747	4852	4803
医药制造业	Manufacture of Medicines	177320	46	1851
化学纤维制造业	Manufacture of Chemical Fiber	10965		
橡胶和塑料制品业	Manufacture of Rubber and plastic	74620	1373	8283
非金属矿物制品业	Manufacture of Non-metallic Mineral Products	482450	10844	15814
黑色金属冶炼和压延加工业	Manufacture and Processing of Ferrous Metals	301346	257	5966
有色金属冶炼和压延加工业	Manufacture and Processing of Non-ferrous Metals	290460	3112	2981
金属制品业	Manufacture of Metal Products	136892		978
通用设备制造业	Manufacture of General Purpose Machinery	216662	7308	2513
专用设备制造业	Manufacture of Special Purpose Machinery	359917	2569	1145
汽车制造业	Automobile Industry	502990	14924	4615
铁路、船舶、航空航天和其他运输设备制造业	Manufacture of Railway,Marine,Aerospace and Other Transport Equipment	446810	15321	662
电气机械和器材制造业	Manufacture of Electrical Machinery and Equipment	342201	592	2719

4-10 续表 1 continued

单位：万元 (10 000 yuan)

行 业	Item	全部在岗职工 Number of Staff and Workers on the Job	国有经济 State-owned Economic	城镇集体 Urban Collective-owned Economic
计算机、通信和其他电子设备制造业	Manufacture of Communication Equipment, Computer and Other Electronic Equipment	906760	115	28
仪器仪表制造业	Manufacture of Measuring Instrument	76621		1255
其他制造业	Other Manufacture N.E.C	13691		
废弃资源综合利用业	Recycling and Disposal of Waste	23370	962	4610
金属制品、机械和设备修理业	Mental Products,Machine and Equipment Repair	7414		98
电力、热力、燃气及水生产和供应业	**Production and Distribution of Electricity,Gas and Water**	**1080549**	**703075**	**6974**
电力、热力生产和供应业	Production and Supply of Electric Power and Heat Power	888302	615307	3996
燃气生产和供应业	Production and Distribution of Gas	34825	968	
水的生产和供应业	Production and Distribution of Water	157422	86800	2978
建筑业	**Construction**	**4085252**	**210979**	**308427**
房屋建筑业	Construction of Building	2785217	78029	223475
土木工程建筑业	Construction of Civil Engineering	984941	120829	81340
建筑安装业	Architectural Installation	182301	4903	2100
建筑装饰和其他建筑业	Architectural Decoration and Other Construction	132793	7217	1512
批发和零售业	**Wholesale and Retail Trade**	**1021021**	**244088**	**16160**
批发业	Wholesale	462470	210493	3131
零售业	Retail Trade	558551	33595	13029
交通运输、仓储和邮政业	**Traffic,Transport,Storage and Post**	**1620902**	**1103250**	**11613**
铁路运输业	Transport Via Railway	764887	744879	543
道路运输业	Transport Via Road	461361	137492	6224
水上运输业	Water Transport	13794	696	823
航空运输业	Air Transport	100228	532	
管道运输业	Pipeline Transportation Industry	1389		
装卸搬运和运输代理业	Loading,Unloading,Portage and Other Transport Services	26721	2780	3547
仓储业	Storage	22606	17800	477
邮政业	Post	229917	199070	
住宿和餐饮业	**Accommodation and Restaurants**	**261620**	**40841**	**2440**
住宿业	Accommodation	181908	36690	2154
餐饮业	Restaurants	79711	4151	287
信息传输、软件和信息技术服务业	**Information Transfer,Software and Information Technology Service**	**547624**	**16604**	**117**
电信、广播电视和卫星传输服务	Telecom, Broadcasting and Satellite Transmission Service	442493	13961	117
互联网和相关服务	The Internet and Related Services	15119	152	
软件和信息技术服务业	Software and Information Technology Service	90012	2491	
金融业	**Finance**	**2404531**	**130427**	**24628**
货币金融服务	Monetary and Financial Services	1724662	125602	24628
资本市场服务	Capital Markets Services	214988	1145	
保险业	Insurance	454802	3423	
其他金融业	Other Financial Activities	10080	257	
房地产业	**Real Estate**	**674225**	**42352**	**1451**
房地产开发经营	Real Estate Exploitation Management	464350	15737	316
物业管理	Management Concerning Dwelling	161065	10724	389
房地产中介服务	Real Estate Agency Service	27025	80	53
租赁和商务服务业	**Tenancy and Business Services**	**493504**	**76536**	**16742**
租赁业	Tenancy	8280	98	
商务服务业	Business Service	485224	76438	16742
科学研究和技术服务业	**Scientific Research,Technical Service&Geologic Perambulation**	**773012**	**372123**	**1758**

4-10 续表 2 continued

单位：万元 (10 000 yuan)

行 业	Item	全部在岗职工 Number of Staff and Workers on the Job	国有经济 State-owned Economic	城镇集体 Urban Collective-owned Economic
研究和试验发展	Research and Experimental Development	121797	76673	
专业技术服务业	Professional Technique Services	545474	266223	1640
科技推广和应用服务业	Services of S&T Intercommunion and Generalization	105740	29226	118
水利、环境和公共设施管理业	**Management of Water Conservancy, Environment and Public Establishment**	**318817**	**267842**	**5789**
水利管理业	Management of Water Conservancy	87241	78972	3229
生态保护和环境治理业	Environmental Management	17689	4455	86
公共设施管理业	Management of Public Establishment	213887	184415	2474
居民服务、修理和其他服务业	**Resident Services and Other Services**	**70401**	**11941**	**534**
居民服务业	Resident Services	47632	10767	116
机动车、电子产品和日用产品修理业	Motor, Electronic Products and Daily Products Repair Service	5638	6	344
其他服务业	Other Services	17131	1167	73
教育	**Education**	**4817849**	**4411679**	**45991**
初等教育	Primary Education	1140459	1072062	15933
中等教育	Secondary Education	2507818	2293994	24656
高等教育	Higher Education	929924	885026	
卫生和社会工作	**Health and Social Work**	**3435464**	**3106290**	**96429**
卫生	Health	3397619	3079072	95553
社会工作	Social Work	37845	27219	876
文化、体育和娱乐业	**Culture, Sports and Entertainment**	**421225**	**253824**	**1616**
新闻和出版业	Journalism and Publishing Activities	64871	31755	411
广播、电视、电影和影视录音制作业	Broadcasting, Movies, Television and Audiovisual Activities	220459	144248	37
文化艺术业	Culture and Art	92024	64042	1017
体育	Sports Activities	15354	8326	151
娱乐业	Entertainment	28517	5453	
公共管理、社会保障和社会组织	**Public Management and Social Organization**	**5124938**	**5108767**	**342**
中国共产党机关	Organ of Communist Party of China	194143	194143	
国家机构	Organ of State	4779741	4779741	
人民政协、民主党派	People's Political Consultative Conference and Democratic Party	31451	31451	
社会保障	Social Insurance	53862	53862	
群众团体、社会团体和其他成员组织	Mass Community,Social Community and Religion Organizations	65650	49479	342
国家机构	Organ of State	72.78	72.78	
人民政协、民主党派	People's Political Consultative Conference and Democratic Party	0.38	0.38	
社会保障	Social Insurance	0.85	0.85	
群众团体、社会团体和其他成员组织	Mass Community,Social Community and Religion Organizations	1.11	0.75	0.01

4-11 各行业在岗职工年平均工资 (2017年)
Average Annual Wage of Staff and Workers on the Job by Sector (2017)

单位：元 (yuan)

行业	Item	全部在岗职工 Number of Staff and Workers on the Job	国有经济 State-owned Economic	城镇集体 Urban Collective-owned Economic
总计	**Total**	**65994**	**75394**	**45651**
农、林、牧、渔业	**Agriculture, Forestry, Farming of Animals and Fishing Farming of Animals and Fishing**	**38944**	**44775**	**27312**
农业	Agriculture	30779	29368	40256
林业	Forestry	41681	47519	24311
畜牧业	Farming of animals	40745	55384	54250
渔业	Fishing	44372	51248	27726
农、林、牧、渔服务业	Service Activities for Agriculture, Forestry, Farming of Animals and Fishing	39458	42023	30548
采矿业	**Mining**	**47779**	**45074**	**42651**
煤炭开采和洗选业	Mining and Washing of Coal	44828	45387	42926
石油和天然气开采业	Petroleum and Natural Gas Extraction			
黑色金属矿采选业	Mining of Ferrous Metal Ores	40756	41765	37109
有色金属矿采选业	Mining of Non-ferrous Metal Ores	57594	36949	48911
非金属矿采选业	Mining and Processing of Nonmetal Ores	42484		37792
开采辅助活动	Mining auxiliary activities			
其他采矿业	Mining of Other Mineral	115067	115067	
制造业	**Manufacturing**	**59160**	**130349**	**43595**
农副食品加工业	Processing of Food from Agricultural Products	45554	40108	30424
食品制造业	Manufacture of Foods	44432	35559	59000
酒、饮料和精制茶制造业	Manufacture of Beverage, drink and tea	45389	36600	26000
烟草制品业	Manufacture of Tobacco	194882	251104	
纺织业	Manufacture of Textile	40136	43912	56250
纺织服装、服饰业	Manufacture of Textile Wearing Apparel	53456	28800	34605
皮革、毛皮、羽毛及其制品和制鞋业	Leather,Fur,Feather and Its Products and Footwear	39804	46636	44750
木材加工和木、竹、藤、棕、草制品业	Processing of Timbers, Manufacture of Wood, Bamboo, Rattan, Palm and Straw Products	42607	29153	27644
家具制造业	Manufacture of Furniture	44617		
造纸和纸制品业	Manufacture of Paper and Paper Products	47543		40428
印刷和记录媒介复制业	Printing,Reproduction of Recording Media	51796	32214	49154
文教、工美、体育和娱乐用品制造业	Manufacture of Articles for Culture, Education and Sport Activity	47970		33275
石油加工、炼焦和核燃料加工业	Processing of Petroleum, Coking, Processing of Nucleus Fuel	92051		
化学原料和化学制品制造业	Manufacture of Chemical Raw Material and Chemical Products	48180	38114	39369
医药制造业	Manufacture of Medicines	54869	46100	31914
化学纤维制造业	Manufacture of Chemical Fiber	55549		
橡胶和塑料制品业	Manufacture of Rubber and plastic	46707	52408	58451
非金属矿物制品业	Manufacture of Non-metallic Mineral Products	47666	46719	39953
黑色金属冶炼和压延加工业	Manufacture and Processing of Ferrous Metals	70471	17113	38740
有色金属冶炼和压延加工业	Manufacture and Processing of Non-ferrous Metals	53866	41219	37544
金属制品业	Manufacture of Metal Products	52387		47000
通用设备制造业	Manufacture of General Purpose Machinery	55438	78661	42807
专用设备制造业	Manufacture of Special Purpose Machinery	68355	91106	45429
汽车制造业	Automobile Industry	72878	77044	53660
铁路、船舶、航空航天和其他运输设备制造业	Manufacture of Railway, Marine, Aerospace and Other Transport Equipment	100894	68335	33105
电气机械和器材制造业	Manufacture of Electrical Machinery and Equipment	60337	49342	53619

4-11 续表 1 continued

单位：元 (yuan)

行 业	Item	全部在岗职工 Number of Staff and Workers on the Job	国有经济 State-owned Economic	城镇集体 Urban Collective-owned Economic
计算机、通信和其他电子设备制造业	Manufacture of Communication Equipment,Computer and Other Electronic Equipment	63645	32771	40429
仪器仪表制造业	Manufacture of Measuring Instrument	61385		54561
其他制造业	Other Manufacture N.E.C	69747		
废弃资源综合利用业	Recycling and Disposal of Waste	55788	53433	53795
金属制品、机械和设备修理业	Mental Products,Machine and Equipment Repair	92325		32667
电力、热力、燃气及水生产和供应业	**Production and Distribution of Electricity, Gas and Water**	**70186**	**70441**	**40924**
电力、热力生产和供应业	Production and Supply of Electric Power and Heat Power	72227	72499	39719
燃气生产和供应业	Production and Distribution of Gas	64876	84191	
水的生产和供应业	Production and Distribution of Water	61495	58550	42662
建筑业	**Construction**	**48596**	**49881**	**41570**
房屋建筑业	Construction of Building	47061	42141	42485
土木工程建筑业	Construction of Civil Engineering	53781	57582	39421
建筑安装业	Architectural Installation	54113	38158	33391
建筑装饰和其他建筑业	Architectural Decoration and Other Construction	41498	47764	45665
批发和零售业	**Wholesale and Retail Trade**	**55706**	**98268**	**33073**
批发业	Wholesale	76396	119428	49304
零售业	Retail Trade	45503	46569	30649
交通运输、仓储和邮政业	**Traffic, Transport, Storage and Post**	**72535**	**84796**	**27337**
铁路运输业	Transport Via Railway	100359	100545	82303
道路运输业	Transport Via Road	47674	48415	22631
水上运输业	Water Transport	53800	51585	36573
航空运输业	Air Transport	107196	65679	
管道运输业	Pipeline Transportation Industry	55763		
装卸搬运和运输代理业	Loading,Unloading,Portage and Other Transport Services	50656	57442	32747
仓储业	Storage	54237	62215	38427
邮政业	Post	79636	82729	
住宿和餐饮业	**Accommodation and Restaurants**	**39440**	**48759**	**34714**
住宿业	Accommodation	40482	48777	33491
餐饮业	Restaurants	37250	48601	47817
信息传输、软件和信息技术服务业	**Information Transfer,Software and Information Technology Service**	**83219**	**72760**	**33486**
电信、广播电视和卫星传输服务	Telecom, Broadcasting and Satellite Transmission Service	81975	74027	33486
互联网和相关服务	The Internet and Related Services	60963	69091	
软件和信息技术服务业	Software and Information Technology Service	96310	66591	
金融业	**Finance**	**123674**	**104887**	**83740**
货币金融服务	Monetary and Financial Services	136749	106118	83740
资本市场服务	Capital Markets Services	212166	51801	
保险业	Insurance	79217	97250	
其他金融业	Other Financial Activities	132452	98808	
房地产业	**Real Estate**	**56681**	**70246**	**41350**
房地产开发经营	Real Estate Exploitation Management	67866	62225	49313
物业管理	Management Concerning Dwelling	36977	77538	40124
房地产中介服务	Real Estate Agency Service	73001	42316	41000
租赁和商务服务业	**Tenancy and Business Services**	**50184**	**60014**	**39282**
租赁业	Tenancy	39599	22159	
商务服务业	Business Service	50414	60145	39282
科学研究和技术服务业	**Scientific Research,Technical Service&Geologic Perambulation**	**74014**	**80684**	**43838**

4-11 续表 2 continued

单位：元 (yuan)

行业	Item	全部在岗职工 Number of Staff and Workers on the Job	国有经济 State-owned Economic	城镇集体 Urban Collective-owned Economic
研究和试验发展	Research and Experimental Development	97274	88835	
专业技术服务业	Professional Technique Services	85718	81950	45187
科技推广和应用服务业	Services of S&T Intercommunion and Generalization	37384	58405	30947
水利、环境和公共设施管理业	**Management of Water Conservancy, Environment and Public Establishment**	**51790**	**50791**	**53258**
水利管理业	Management of Water Conservancy	52293	52000	52171
生态保护和环境治理业	Environmental Management	71499	63734	50294
公共设施管理业	Management of Public Establishment	50443	50047	54860
居民服务、修理和其他服务业	**Resident Services and Other Services**	**47885**	**70738**	**41062**
居民服务业	Resident Services	56955	74002	40034
机动车、电子产品和日用产品修理业	Motor,Electronic Products and Daily Products Repair Service	44326	1730	45316
其他服务业	Other Services	33809	59531	29320
教育	**Education**	**75668**	**77895**	**79322**
初等教育	Primary Education	66145	66459	73834
中等教育	Secondary Education	72960	73824	91932
高等教育	Higher Education	117305	122620	
卫生和社会工作	**Health and Social Work**	**89326**	**92196**	**61186**
卫生	Health	89977	92681	61504
社会工作	Social Work	54172	57887	39112
文化、体育和娱乐业	**Culture, Sports and Entertainment**	**78897**	**83967**	**67882**
新闻和出版业	Journalism and Publishing Activities	82313	76702	102675
广播、电视、电影和影视录音制作业	Broadcasting, Movies, Television and Audiovisual Activities	104015	99798	28154
文化艺术业	Culture and Art	59970	64978	64796
体育	Sports Activities	55974	67914	53929
娱乐业	Entertainment	45811	98611	
公共管理、社会保障和社会组织	**Public Management and Social Organization**	**66007**	**66108**	**34878**
中国共产党机关	Organ of Communist Party of China	71626	71626	
国家机构	Organ of State	65846	65846	
人民政协、民主党派	People's Political Consultative Conference and Democratic Party	82310	82310	
社会保障	Social Insurance	63449	63449	
群众团体、社会团体和其他成员组织	Mass Community, Social Community and Religion Organizations	59144	66255	34878

4-12 社会保险参保人员情况
Basic Indicators of Staff and Workers Participated in Social Security System

单位：万人 (10 000 persons)

年份 Year	养老保险参保人数 Persons in Pension Insurance	机关事业单位 Agencies and Institutions	企业单位 Enter-prises	离退休人员 Lay-off Workers	城乡居民 Rural Residents	医疗保险参保人数 Persons in Health Programs	城镇职工 Urban Workers	城乡居民 Rural Residents	失业保险参保人数 Persons in Unemploy-ment Programs	工伤保险参保人数 Persons in Injury Insurance	生育保险参保人数 Persons in Maternity Insurance
1999	419.46		314.36	105.10		35.00	35.00		345.60		
2000	568.07	133.24	323.33	111.50		127.30	127.30		346.48		
2001	603.41	140.79	314.62	148.00		351.60	351.60		351.99		
2002	616.36	145.48	313.18	157.70		398.13	398.13		326.61		3.37
2003	636.19	151.25	317.44	167.51		423.50	423.50		347.50	8.59	3.28
2004	691.70	152.50	353.80	185.40		476.97	476.97		380.46	203.33	212.92
2005	718.65	154.26	369.15	195.24		503.35	503.35		382.67	228.22	250.24
2006	751.65	155.63	386.14	209.88		560.47	560.47		386.30	280.1	308.53
2007	783.98	155.89	400.77	227.32		724.47	620.57	103.90	388.97	342.44	369.34
2008	829.06	157.13	436.59	235.34		1348.51	682.02	666.49	390.12	403.53	431.55
2009	879.07	157.47	475.46	246.14		1831.93	746.40	1085.53	392.01	472.08	502.43
2010	937.66	155.97	516.88	264.81		1894.47	777.32	1117.15	399.50	515.97	527.13
2011	988.19	156.14	554.15	277.90		1941.21	789.52	1151.70	429.70	635.48	538.77
2012	1048.08	156.40	591.22	300.46		2341.90	797.60	1544.30	449.90	693.83	546.00
2013	1091.73	156.55	605.67	329.51		2316.19	799.25	1516.94	461.66	731.15	535.96
2014	1118.89	156.82	613.03	349.04		2300.70	807.89	1492.81	509.50	747.97	537.59
2015	1160.06	156.57	634.50	368.99		2662.40	818.80	1843.60	521.00	777.98	544.00
2016	1204.00	154.00	662.00	388.00		2647.00	830.00	1817.00	538.00	773.00	543.00
2017	4595.23	170.36	685.00	417.86	3322.01	6906.27	867.15	6039.12	563.00	782.82	561.91

主要统计指标解释

经济活动人口 指在16周岁及以上，有劳动能力，参加或要求参加社会经济活动的人口。包括就业人员和失业人员。

就业人员 指在16周岁及以上，从事一定社会劳动并取得劳动报酬或经营收入的人员。这一指标反映了一定时期内全部劳动力资源的实际利用情况，是研究我国基本国情国力的重要指标。

单位就业人员 指在各级国家机关、政党机关、社会团体及企业、事业单位中工作，取得工资或其他形式的劳动报酬的全部人员。包括在岗职工、再就业的离退休人员、民办教师以及在各单位中工作的外方人员和港澳台方人员、兼职人员、借用的外单位人员和第二职业者。各单位的就业人员反映了各单位实际参加生产或工作的全部劳动力。

城镇私营和个体就业人员 城镇私营就业人员指在工商管理部门注册登记，其经营地址设在县城关镇（含县城关镇）以上的私营企业就业人员，包括私营企业投资者和雇工。城镇个体就业人员指在工商管理部门注册登记，并持有城镇户口或在城镇长期居住，经批准从事个体工商经营的就业人员，包括个体经营者和在个体工商户劳动的家庭帮工和雇工。

国有单位 指资产归国家所有的经济组织。包括按《中华人民共和国企业法人登记管理条例》规定登记注册的非公司制的经济组织，以及中央、地方各级国家机关、事业单位和社会团体。

集体单位 指生产资料归集体所有，并按《中华人民共和国企业法人登记管理条例》规定登记注册的经济组织。

其他单位 包括股份合作单位、联营单位、有限责任公司、股份有限公司、港澳台商投资单位以及外商投资单位等其他登记注册类型单位。

在岗职工 指在本单位工作并由单位支付工资的人员，以及有工作岗位，但由于学习、病伤产假等原因暂未工作，仍由单位支付工资的人员。

工资总额 指各单位在一定时期内直接支付给本单位全部就业人员的劳动报酬总额。工资总额的计算原则应以直接支付给就业人员的全部劳动报酬为根据。各单位支付给就业人员的劳动报酬以及其他根据有关规定支付的工资，不论是计入成本的还是不计入成本的，不论是按国家规定列入计征奖金税项目的，还是未列入计征奖金税项目的，不论是以货币形式支付的还是以实物形式支付的，均包括在工资总额内。

平均工资 指企业、事业、机关单位的就业人员在一定时期内平均每人所得的货币工资额。它表明一定时期职工工资收入的高低程度，是反映就业人员工资水平的主要指标。计算公式为：

$$\text{平均工资}=\frac{\text{报告期实际支付的全部就业人员工资总额}}{\text{报告期全部就业人员平均人数}}$$

平均工资指数 指报告期就业人员平均工资与基期就业人员平均工资的比率，是反映不同时期就业人员货币工资水平变动情况的相对数。计算公式为：

$$\text{平均工资指数}=\frac{\text{报告期就业人员平均工资}}{\text{基期就业人员平均工资}}\times100\%$$

平均实际工资指数 就业人员平均实际工资指扣除物价变动因素后的就业人员平均工资。就业人员平均实际工资指数是反映实际工资变动情况的相对数，表明就业人员实际工资水平提高或降低的程度。计算公式为：

$$\text{平均实际工资指数}=\frac{\text{报告期就业人员平均工资指数}}{\text{报告期城镇居民消费价格指数}}\times100\%$$

城镇登记失业人员 指有非农业户口，在一定的劳动年龄内（16周岁至退休年龄），有劳动能力，无业而要求就业，并在当地就业服务机构进行求职登记的人员。

城镇登记失业率 城镇登记失业人员与城镇就业人员和城镇登记失业人员之和的比。计算公式为：

$$\text{城镇登记失业率}=\frac{\text{城镇登记失业人数}}{\text{城镇就业人员}+\text{城镇登记失业人数}}\times100\%$$

Explanatory Notes on Main Statistical Indicators

Economically Active Population refers to the population aged 16 and over who are capable of working, are participating in or willing to participate in economic activities, including employed persons and unemployed persons.

Employed Persons refer to persons aged 16 and over who are engaged in gainful employment and thus receive remuneration payment or earn business income. This indicator reflects the actual utilization of total labour force during a certain period of time and is often used for the research on China's economic situation and national power.

Persons Employed in Various Units refer to all the persons working in government agencies of various levels, political and party organizations, social organizations, enterprises and institutions, and receiving wages or other forms of payment. They include fully-employed staff and workers, re-employed retirees, teachers in the schools run by the local people, foreigners and Chinese compatriots from Hong Kong, Macao, and Taiwan working in various units, part-time employees, employees of other units working temporarily at current posts, and employees holding the second job. This indicator reflects the total number of laborers actually engaged in production or other operations in various units.

Persons Employed in Private Enterprises and Self-Employed Individuals in Urban Areas Persons employed in private enterprises refer to the persons employed in the private enterprises which have been registered at the departments of industrial and commercial administration for which the business operation are situated at a county town (i.e. a town where the county government is located), or at urban areas with administrative hierarchy higher than a county town. The self-employed individuals in urban areas refer to persons who hold the certificates of residence in urban areas or have resided in the urban areas for a long time and have been registered at the departments of industrial and commercial administration and approved to be engaged in individual industrial or commercial business, including self-employed persons as well as helpers and hired labourers who work in individual households.

State-owned Units refer to economic units whose assets are owned by the state, including non-corporation units registered according to Regulation of the People's Republic of China on the Registration of Enterprises and Corporations, state organs, institutions and social organizations at the central-level and local levels.

Collective-owned Units refer to economic units registered according to Regulation of the People's Republic of China on the Registration of Enterprises and Corporations where the means of production are collectively owned.

Units of Other Types of Ownership refer to units registered with other types of ownership, including cooperative units, joint ownership units, limited liability corporations, share holding corporations, units funded by entrepreneurs from Hong Kong, Macao, and Taiwan, and foreign- funded units.

Employed Staff and Workers refer to persons who work in, and receive wages from their working units, including persons who have their work posts but are temporarily absent from work for reasons of study or on sick, injury or maternal leave and still receive wages from their working units.

Total Wage Bill refers to the total remuneration payment to employed persons in various units during a certain period of time. The calculation of total wage bill is based on the total remuneration payment to employed persons . Therefore, all the wages and salaries and other payments to employed persons are included in the total wage bill regardless of sources, reckoning the cost of production or not, category, listing as items of premium taxation or not, and forms, paying in cash or in kind.

Average Wage refers to the average wage in money terms per person during a certain period of time for employed persons in enterprises, institutions, and government agencies, which reflects the general level of wage income during a certain period of time and is calculated as follows:

$$\text{Average Wage} = \frac{\text{Total Wage Bill of Employed Persons at Reference Time}}{\text{Average Number of Persons Employed at Reference Time}}$$

Average Wage Indices refers to the ratio of average wage of employed persons the reference period to that at the base period, which reflects the change of wage of employed persons at the different period. It is calculated as follows:

$$\text{Average Wage Indices} = \frac{\text{Average Wage of Employed Persons at Reference Time}}{\text{Average Wage of Persons Employeds at Base Period}} \times 100\%$$

Average Real Wage Indices average real wage of employed persons refers to the average wage of employed persons after removing the effects of the price changes and average real wage indices of employed persons refers to the change of real wage, which reflects the relative increasing or decreasing level of real wage of employed persons ,which is calculated as follows:

$$\text{Average Real Wage Indices} = \frac{\text{Average Wage Indices of Employed Persons at the Reference Time}}{\text{Urban Consumer Price Indices at Reference Time}} \times 100\%$$

Registered Unemployed Persons in Urban Areas refer to the persons with non-agricultural household registration at certain working ages (16 years old to retirement age), who are capable of working, unemployed and willing to work, and have been registered at the local employment service agencies to apply for a job.

Registered Unemployment Rate in Urban Areas refers to the ratio of the number of the registered unemployed persons to the sum of the number of persons employed in various units and the registered unemployed persons in urban areas. The formula is as follows:

$$\text{Registered unemployment rate in urban areas} = \frac{\text{number of registered urban unemployed persons}}{\text{number of persons emnloved registered unemployed persons in urban areas}} \times 100\%$$

5

价　格

Price

资料整理人员：易立华　刘于惠　傅磊峰
王　璐　邵　羽　曾　郁
王湘杰

5-1 各种物价总指数
Various Price Indices

(上年=100)　　(Preceding=100)

年份 Year	居民消费价格指数 Consumer Price Index	商品零售价格指数 Retail Price Index	农产品生产者价格指数 Producer Price Indices for Farm Products	工业生产者购进价格指数 Producer Price Indices for Industrial Producers	工业品出厂价格指数 Producer Price Indices for Industrial Products	固定资产投资价格指数 Price Index for Investment in Fixed Assets
1985	110.9	111.1	111.6			105.2
1986	105.3	104.8	105.7			108.8
1987	109.8	110.6	110.2			109.1
1988	125.6	125.9	123.1			119.2
1989	118.2	118.1	106.8	122.5	118.1	105.7
1990	100.4	99.4	94.1	103.3	100.6	107.3
1991	104.4	104.1	94.3	110.4	104.7	108.1
1992	110.7	109.5	99.1	116.2	111.1	116.4
1993	116.8	115.1	114.7	139.7	128.9	129.5
1994	125.3	124.5	114.1	119.6	117.6	113.5
1995	119.0	115.5	117.2	117.6	121.4	109.5
1996	107.7	105.2	104.9	105.7	105.6	104.9
1997	102.8	100.3	95.3	100.1	99.2	101.8
1998	100.2	97.9	90.4	94.8	95.9	102.7
1999	100.5	97.6	91.1	96.2	98.5	100.5
2000	101.4	99.3	96.8	106.7	102.9	102.3
2001	99.1	98.8	100.9	101.1	99.8	101.3
2002	99.5	99.2	99.9	99.3	99.2	100.4
2003	102.4	100.6	106.8	106.7	102.6	102.8
2004	105.1	103.9	127.3	114.4	108.0	105.5
2005	102.3	102.3	99.5	109.4	106.0	103.6
2006	101.4	101.3	100.7	106.5	104.3	103.1
2007	105.6	104.3	130.6	106.1	106.1	105.8
2008	106.0	105.6	126.7	112.0	109.3	109.9
2009	99.6	98.5	90.6	92.6	94.3	99.7
2010	103.1	103.1	109.9	110.0	106.9	104.0
2011	105.5	105.5	121.9	110.8	108.5	107.2
2012	102.0	101.7	100.2	100.1	99.1	101.7
2013	102.5	101.7	102.1	98.4	98.5	101.3
2014	101.9	101.2	98.6	97.9	98.4	101.5
2015	101.4	99.9	104.1	94.5	96.3	100.4
2016	101.9	101.0	104.7	98.0	98.9	100.4
2017	101.4	101.3	98.0	107.2	105.8	105.7

注：1. 主要原材料、燃料、动力购进价格指数和工业品出厂价格指数以 1988 年为 100。
2. 固定资产投资价格指数以 1982 年为 100。
a.The main raw material, fuel and power purchase price index and industrial producer price index were 100 in 1988.
b.The investment price index of fixed assets was 100 in 1982.

5-1 续表 continued

(1978 年 =100) (year of 1978=100)

年份 Year	居民消费价格指数 Consumer Price Index	商品零售价格指数 Retail Price Index	农产品生产者价格指数 Producer Price Indices for Farm Products	工业生产者购进价格指数 Producer Price Indices for Industrial Producers	工业品出厂价格指数 Producer Price Indices for Industrial Products	固定资产投资价格指数 Price Index for Investment in Fixed Assets
1985	143.6	137.1	190.3			111.3
1986	151.2	143.7	201.1			121.0
1987	166.0	158.9	221.6			132.1
1988	208.5	200.1	272.8			157.4
1989	246.4	236.3	291.4	122.5	118.1	166.4
1990	247.4	234.9	274.2	126.5	118.8	178.5
1991	258.3	244.5	258.6	139.7	124.4	193.0
1992	285.9	267.7	256.3	162.3	138.2	224.6
1993	333.9	308.2	294.0	226.7	178.1	290.9
1994	418.4	383.6	335.5	271.1	209.4	330.2
1995	497.9	443.1	393.2	318.8	254.2	361.6
1996	536.2	466.1	412.5	337.0	268.4	379.3
1997	551.2	467.5	393.1	337.3	266.3	386.1
1998	552.3	457.7	355.4	319.8	255.4	396.5
1999	555.1	446.7	323.8	307.6	251.6	398.5
2000	562.9	443.6	313.4	328.2	258.9	407.7
2001	557.8	438.3	316.2	331.8	258.4	413.0
2002	555.0	434.8	315.9	329.5	256.3	414.6
2003	568.3	437.4	337.4	351.6	263.0	426.2
2004	597.3	454.5	429.5	402.2	284.0	449.7
2005	611.0	465.0	427.4	440.0	301.0	465.9
2006	619.6	471.0	430.4	468.6	313.9	480.3
2007	654.3	491.3	562.1	497.2	333.0	508.2
2008	693.6	518.8	712.2	556.9	364.0	558.5
2009	690.8	511.0	645.3	515.7	343.3	556.8
2010	712.2	526.8	654.3	567.3	367.0	579.1
2011	751.4	555.8	797.6	628.6	398.2	620.8
2012	766.4	565.2	799.2	629.2	394.6	631.3
2013	785.6	574.8	816.0	619.1	388.7	639.6
2014	800.5	581.7	804.6	606.1	382.5	649.1
2015	811.7	581.1	837.6	572.8	368.3	651.7
2016	827.1	586.9	877.0	561.3	364.3	654.4
2017	838.7	594.5	859.4	601.7	385.4	691.7

5-2 居民消费价格指数
Consumer Price Indices

年份 Year	居民消费价格指数（上年=100） Consumer Price Index (preceding year=100)	城 市 Urban Household	农 村 Rural Household	居民消费价格指数（1985年=100） Consumer Price Index (year of 1985=100)	城 市 Urban Household	农 村 Rural Household
1985	110.9	111.9	110.2	100	100	100
1986	105.3	105.4	105.3	105.3	105.4	105.3
1987	109.8	111.3	108.8	115.6	117.3	114.6
1988	125.6	125.7	125.4	145.2	147.5	143.7
1989	118.2	117.3	119.1	171.6	173.0	171.1
1990	100.4	100.6	100.2	172.3	174.0	171.4
1991	104.4	105.1	103.8	179.9	182.9	178.0
1992	110.7	113.5	107.9	199.2	207.6	192.0
1993	116.8	117.4	116.4	232.6	243.7	223.5
1994	125.3	124.8	125.6	291.5	304.1	280.7
1995	119.0	118.1	119.5	346.9	359.2	335.7
1996	107.7	107.2	108.2	373.6	385.1	363.2
1997	102.8	103.0	102.5	384.1	396.7	372.3
1998	100.2	100.5	100.1	384.9	398.7	372.7
1999	100.5	99.6	101.4	386.8	397.1	377.9
2000	101.4	101.3	101.4	392.2	402.3	383.2
2001	99.1	98.9	99.3	388.7	397.9	380.5
2002	99.5	99.6	99.4	386.8	396.3	378.2
2003	102.4	101.4	104.1	396.1	401.8	393.7
2004	105.1	104.1	105.7	416.3	418.3	416.2
2005	102.3	102.1	102.8	425.8	427.1	427.9
2006	101.4	101.6	101.2	431.8	433.9	433.0
2007	105.6	105.2	106.9	456.0	456.5	462.9
2008	106.0	105.8	107.4	483.4	483.0	497.2
2009	99.6	99.7	99.6	481.5	480.5	495.2
2010	103.1	103.1	103.2	496.4	495.4	511.1
2011	105.5	105.5	105.6	523.7	522.6	539.7
2012	102.0	102.2	101.6	534.2	534.1	548.3
2013	102.5	102.6	102.5	547.6	548.0	562.0
2014	101.9	102.1	101.4	558.0	559.5	569.9
2015	101.4	101.5	101.1	565.8	567.9	576.2
2016	101.9	101.9	101.9	576.6	578.7	587.1
2017	101.4	101.6	101.1	584.7	588.0	593.6

5-3 农村相关价格指数
Rural-related Price Indices

(上年 =100) (preceding year=100)

年份 Year	农村居民消费价格指数 Rural Consumer Price Index	农业生产资料价格指数 Price Index of Agricultural Production	农产品生产者价格指数 Producer Price Indices for Farm Products
1978	99.4	100.1	101.7
1979	103.3	100.0	127.1
1980	113.6	102.0	111.2
1981	102.6	100.1	107.3
1982	101.6	103.2	103.7
1983	102.7	104.1	105.4
1984	102.9	107.5	102.9
1985	110.2	108.0	111.6
1986	105.3	102.5	105.7
1987	108.8	114.6	110.2
1988	125.4	128.3	123.1
1989	119.1	124.4	106.8
1990	100.2	99.9	94.1
1991	103.8	101.2	94.3
1992	107.9	105.6	99.1
1993	116.4	114.6	114.7
1994	125.6	118.6	144.1
1995	119.5	129.3	117.2
1996	108.2	107.3	104.9
1997	102.5	97.9	95.3
1998	100.1	89.5	90.4
1999	101.4	95.3	91.1
2000	101.4	99.3	96.8
2001	99.3	98.4	100.9
2002	99.4	98.9	99.9
2003	104.1	102.6	106.8
2004	105.7	112.1	127.3
2005	102.8	111.2	99.5
2006	101.2	100.7	100.7
2007	106.9	113.0	130.6
2008	107.4	126.5	126.7
2009	99.6	95.0	90.6
2010	103.2	101.4	109.9
2011	105.6	110.9	121.9
2012	101.6	104.7	100.2
2013	102.5	102.3	102.1
2014	101.4	100.2	98.6
2015	101.1	104.1	104.1
2016	101.9	101.7	105.4
2017	101.1	101.0	98.0

5-4 居民消费价格分类指数 (2017年)
Consumer Price Indices by Category(2017)

(上年 =100)　　(preceding year=100)

项目名称	Item	合计 Total Indeces	城镇 Urban Household	农村 Rural Household
居民消费价格指数 (%)	**Consumer Price Index(%)**	**101.4**	**101.6**	**101.1**
服务项目价格指数	**Price indices for services**	**102.8**	**103.3**	**101.8**
工业品价格指数	**Industrial price index**	**102.0**	**101.9**	**102.4**
消费品价格指数	**Consumer Goods Price Index**	**100.7**	**100.7**	**100.8**
扣除食品和能源价格指数	**Core price index**	**102.0**	**102.1**	**101.6**
食品烟酒	**Food tabacoo and Liquor**	**99.3**	**99.3**	**99.1**
食品	Food	98.7	98.7	98.7
粮食	Grain	101.6	101.0	102.4
薯类	Tubers	97.8	96.1	99.5
豆类	Beans	99.7	99.9	99.5
食用油	Edible Oil and Fats	98.3	99.9	96.5
菜	Vegetables	94.3	92.5	97.9
畜肉类	Meat of Livestock	94.2	94.6	93.6
禽肉类	Meat of Poultry	100.1	99.3	101.5
水产品	Aquatic Products	106.1	107.0	104.2
蛋类	Eggs	98.4	97.8	99.1
奶类	Milk	101.0	100.4	102.2
干鲜瓜果类	Dried and Fresh Melons and Fruits	102.5	103.2	100.9
糖果糕点类	Candy and Cake	101.6	101.4	102.0
调味品	Falvoring	101.2	101.7	100.3
其他食品类	Other Foods	101.0	100.7	101.4
茶及饮料	Tea ang Beverages	100.4	100.6	100.1
烟酒	Tobacco and Liquor	101.0	101.2	100.8
在外餐饮	Dining Out	100.4	100.5	100.2
衣着	**Clothing**	**101.0**	**101.2**	**100.5**
服装	Garments	101.2	101.4	100.7
服装材料	Clothing materials	101.1	101.4	100.5
其他衣着及配件	Other Clothing and Parts	100.2	100.2	100.5
衣着加工服务费	Clothing Manufacturing Services	103.5	104.1	100.9
鞋类	Footware	100.3	100.4	100.1
居住	**Residence**	**103.5**	**103.6**	**103.3**
租赁房房租	Rent of Renral Housing	104.3	104.1	105.6
住房保养维修及管理	Housing Maintenance and Management	103.9	103.5	104.5
水电燃料	Water,Electrcity and Fuels	102.3	102.1	102.6
自有住房	Private Housing	103.9	104.4	102.9
生活用品及服务	**Articles for Daily Use and Services**	**100.7**	**100.8**	**100.6**
家具及室内装饰品	Funiture and Interior Decorations	101.1	101.5	100.4
家用器具	Home Appliances	100.3	100.3	100.2
家用纺织品	Home Textiles	100.4	100.5	100.2
家庭日用杂品	Daily Use Household Articles	101.0	101.3	100.6
个人护理用品	Personal-care Supplies	100.5	100.6	100.5
家庭服务	Household Services	101.2	100.3	104.4
交通和通信	**Transport and Communications**	**101.9**	**101.6**	**102.6**
交通	Transport	104.1	103.8	104.6
通信	Communications	98.4	98.1	99.1
教育文化和娱乐	**Education, Culture and Recreation**	**101.5**	**101.9**	**100.7**
教育	Education	101.1	101.4	100.7
文化娱乐	Culture and Recreation	102.2	102.7	100.6
医疗保健	**Health Care**	**105.0**	**106.3**	**102.9**
药品及医疗器具	Medicine and Medical Instrument	104.6	102.7	108.3
医疗服务	Medical Services	105.1	108.6	100.3
其他用品和服务	**Other Articles and Services**	**101.1**	**101.0**	**101.3**
其他用品类	Other Articles	101.4	101.3	101.5
其他服务类	Other Services	100.8	100.7	101.0

5-5 商品零售价格指数
Retail Price Index

年份 Year	上年=100 (preceding year=100)			1985年=100 (year of 1985=100)		
	商品零售价格指数 Retail Price Index	城市 Urban	农村 Rural	商品零售价格指数 Retail Price Index	城市 Urban	农村 Rural
1985	111.1	112.4	110.1	100.0	100.0	100.0
1986	104.8	105.2	104.4	104.8	105.2	104.4
1987	110.6	111.3	110.2	115.9	117.1	115.0
1988	125.9	126.0	125.8	145.9	147.5	144.7
1989	118.1	116.2	119.4	172.3	171.4	172.8
1990	99.4	99.2	99.6	171.3	170.1	172.1
1991	104.1	104.4	103.1	178.3	177.5	177.5
1992	109.5	111.4	106.6	195.3	197.8	189.2
1993	115.1	115.7	114.6	224.8	228.8	216.8
1994	124.5	121.7	126.5	279.8	278.5	274.2
1995	115.5	114.5	116.8	323.2	318.9	320.3
1996	105.2	105.2	105.1	340.0	335.5	336.6
1997	100.3	100.6	99.8	341.0	337.5	336.0
1998	97.9	98.3	97.4	333.9	331.7	327.2
1999	97.6	97.8	97.5	325.9	324.4	319.0
2000	99.3	99.8	98.4	323.6	323.8	313.9
2001	98.8	98.1	99.4	319.7	317.6	312.1
2002	99.2	99.1	99.3	317.1	314.8	309.9
2003	100.6	100.1	101.1	319.0	315.1	313.3
2004	103.9	103.0	105.0	331.4	324.5	328.9
2005	102.3	101.6	103.0	339.1	329.7	338.8
2006	101.3	101.2	101.4	343.5	333.7	343.6
2007	104.3	103.6	106.7	358.3	345.7	366.6
2008	105.6	104.5	108.7	378.4	361.3	398.5
2009	98.5	98.2	98.8	372.7	354.8	393.7
2010	103.1	102.9	103.3	384.2	365.2	406.7
2011	105.5	105.4	105.6	405.3	384.9	429.5
2012	101.7	101.7	101.8	412.2	391.4	437.2
2013	101.7	101.4	102.3	419.2	396.9	447.3
2014	101.2	101.3	101.1	424.2	402.0	452.2
2015	99.9	99.7	100.0	423.8	400.8	452.2
2016	101.0	101.0	101.1	428.0	404.8	457.2
2017	101.3	101.2	101.4	433.6	409.7	463.6

5-6 工业生产者出厂、购进价格指数

Producer Price Indices for Industrial Products、Producer Price Indices for Industrial Producers over the years

(上年 =100)　　(preceding year=100)

年份 Year	工业生产者出厂价格指数 Producer Price Indices for Industrial Products	工业生产者购进价格指数 Producer Price Indices for Industrial Producers
1989	118.1	122.5
1990	100.6	103.3
1991	104.7	110.4
1992	111.1	116.2
1993	128.9	139.7
1994	117.6	119.6
1995	121.4	117.6
1996	105.6	105.7
1997	99.2	100.1
1998	95.9	94.8
1999	98.5	96.2
2000	102.9	106.7
2001	99.8	101.1
2002	99.2	99.3
2003	102.6	106.7
2004	108.0	114.4
2005	106.0	109.4
2006	104.3	106.5
2007	106.1	106.1
2008	109.3	112.0
2009	94.3	92.6
2010	106.9	110.0
2011	108.5	110.8
2012	99.1	100.1
2013	98.5	98.4
2014	98.4	97.9
2015	96.3	94.5
2016	98.9	98.0
2017	105.8	107.2

5-7 工业生产者出厂价格分类指数
Producer Price Indices for Industrial Products by Category

(上年 =100) (preceding year=100)

类 别	Item	2011	2012	2013	2014	2015	2016	2017
总指数	**Total Price Indices**	**108.5**	**99.1**	**98.5**	**98.4**	**96.3**	**98.9**	**105.8**
生产资料	**Means of Production**	**109.1**	**98.3**	**97.7**	**97.9**	**95.2**	**98.4**	**107.3**
采掘工业	Mining & Quarrying Industry	116.3	99.3	94.4	96.1	91.8	98.8	122.9
原材料工业	Raw Materials Industry	113.0	97.2	96.4	97.8	93.3	96.9	111.5
加工工业	Processing Industry	106.5	98.7	98.7	98.1	96.4	98.9	104.9
生活资料	**Consumer Goods**	**106.2**	**101.8**	**101.3**	**100.6**	**100.4**	**100.2**	**101.1**
食品类	Food	107.6	102.5	101.6	100.9	100.8	100.9	101.1
衣着类	Clothing	107.6	99.8	101.7	100.2	100.2	100.6	99.1
一般日用品	Articles for Daily Use	103.5	100.8	100.9	99.9	99.4	99.9	102.3
耐用消费品	Durable Consumer Goods	102.1	101.3	99.7	100.5	99.8	97.2	99.9

5-8 工业生产者购进价格指数
Producer Price Indices for Industrial Producers

(上年 =100) (preceding year=100)

类 别	Item	2011	2012	2013	2014	2015	2016	2017
总指数	**General Index**	**110.8**	**100.1**	**98.4**	**97.9**	**94.5**	**98.0**	**107.2**
燃料动力类	Fuel and Power	111.6	106.8	97.9	97.4	87.9	94.3	112.3
黑色金属材料类	Ferrous Matals	107.8	93.4	95.7	95.3	91.0	99.2	114.9
有色金属材料及电线	Nonferrous Metals	115.9	93.2	95.1	96.2	93.6	96.4	115.9
化工原料类	Raw Chemical Materials	110.1	97.2	98.1	98.5	97.3	99.4	105.6
木材及纸浆类	Timber and Paper Pulp	106.9	101.2	100.6	100.0	99.5	100.4	104.8
建材及非金属矿	Building Materials	117.9	99.0	98.5	100.1	97.8	100.2	104.2
其他工业原料及半成品	Other Industrial Raw Materials and Semi-finished Products	107.4	99.8	98.8	98.0	98.5	98.7	101.2
农副产品类	Agricultural Products	113.4	103.7	102.8	99.1	99.2	98.6	100.3
纺织原料类	Textile Materials	106.5	97.3	99.2	98.3	93.3	99.3	106.3

5-9 住宅销售价格指数
Housing Price Index

(上年 =100) (preceding year =100)

项目名称	Item	2011	2012	2013	2014	2015	2016	2017
新建住宅	**New house**	**109.0**	**99.9**	**106.5**	**101.1**	**97.7**	**108.7**	**116.5**
新建商品住宅	**New commercial housing**	**109.8**	**100.2**	**107.0**	**101.3**	**97.7**	**108.9**	**116.8**
90 平方米以下	Less than 90 square meters	110.6	98.0	106.5	99.7	97.9	109.5	115.0
90 — 144 平方米	90–144 square meters	112.4	103.0	106.6	100.4	96.6	108.5	118.1
144 平方米以上	More than 144 square meters	104.7	95.9	108.2	103.9	99.6	109.6	114.1
二手住宅	**Secondhand residence**	**108.3**	**104.6**	**105.0**	**103.5**	**99.1**	**100.7**	**106.5**
90 平方米以下	Less than 90 square meters	108.3	105.7	106.3	103.8	99.4	102.3	107.6
90–144 平方米	90–144 square meters	108.6	102.9	103.1	103.0	98.6	100.6	105.4
144 平方米以上	More than 144 square meters	107.6	101.5	101.2	102.7	98.5	98.9	107.2

注：2011 年开始，国家执行新的房地产价格统计制度，取消非住宅价格调查，调整了有关指标分类。

Note: since 2011, the state has implemented the new real estate price statistics system, abolished the non residential price survey, and adjusted the classification of relevant indicators.

5-10 固定资产投资价格指数
Price Index for Investment in Fixed Assets over the Years

(上年 =100) (Preceding=100)

年份 Year	总指数 Total Index	建筑安装工程 Construction and Installation	人工费 Labor Costs	材料费 Material Costs	机械使用费 Mechanical Costs	设备、工器具购置 Purchase of Equipment and Instrunments	其他投资 Other Investment
1983	101.2	104.5	100.0	104.0		99.5	97.2
1984	104.5	108.9	103.0	106.0		100.2	99.2
1985	105.2	110.0	99.8	107.4		101.0	98.5
1986	108.7	112.2	111.8	111.3		101.4	101.0
1987	109.1	113.5	106.6	112.1		102.0	90.8
1988	119.2	121.4	109.5	123.9		103.6	110.1
1989	105.7	107.6	111.2	107.0		98.5	81.9
1990	107.3	113.6	145.9	110.3		102.1	90.1
1991	108.1	109.6	105.3	111.9		105.8	99.2
1992	116.4	119.9	127.5	123.3		109.7	108.4
1993	129.5	132.7	130.5	143.0		120.0	126.7
1994	113.5	111.8	120.2	113.1		113.0	146.8
1995	109.5	110.4	133.4	105.6		104.7	114.7
1996	104.9	108.2	113.1	101.7	112.3	99.3	96.2
1997	101.8	102.1	104.4	100.2	103.1	98.9	107.5
1998	102.7	104.2	108.8	100.6	104.1	97.1	105.5
1999	100.5	100.6	104.7	98.6	102.0	98.6	103.1
2000	102.3	103.3	105.6	101.3	106.4	99.0	101.4
2001	101.3	101.8	107.4	100.8	100.4	99.1	101.1
2002	100.4	100.9	104.3	99.6	101.6	99.0	99.1
2003	102.8	104.4	103.1	107.1	100.6	97.7	101.8
2004	105.5	107.9	103.9	113.2	101.6	99.1	103.4
2005	103.6	104.3	108.8	103.0	103.4	100.7	104.1
2006	103.1	103.4	112.1	100.6	102.4	100.4	105.2
2007	105.8	107.6	114.0	106.8	104.6	101.4	103.4
2008	109.9	112.3	116.4	112.3	109.5	104.7	105.1
2009	99.7	99.6	108.8	95.3	100.6	98.8	101.2
2010	104.0	104.8	109.4	103.3	104.4	101.7	103.3
2011	107.2	108.9	112.0	108.3	106.8	102.7	106.0
2012	101.7	102.2	109.8	99.0	103.1	99.6	102.0
2013	101.3	101.6	107.2	98.9	102.3	99.6	102.3
2014	101.5	101.5	105.4	99.7	101.9	100.0	103.4
2015	100.4	100.3	109.9	95.7	101.5	99.9	101.7
2016	100.4	100.7	103.4	99.1	101.4	99.4	100.7
2017	105.7	107.7	103.1	113.0	102.0	100.0	100.6

5-11 农产品生产者价格指数
Producer Price Indices for Farm Products

(上年=100) (preceding year=100)

指 标	Item	2011	2012	2013	2014	2015	2016	2017
合计	**Total**	**121.9**	**100.2**	**102.1**	**98.6**	**104.1**	**104.7**	**98.0**
农业产品	**Farm Products**	**116.1**	**103.1**	**101.1**	**100.0**	**101.5**	**96.2**	**107.4**
谷物(原粮)	Grain(Raw Grain)	117.7	104.9	98.1	101.4	102.2	96.2	101.7
稻谷	Rice	118.4	105.1	97.9	101.4	102.3	96.7	101.5
早籼稻	Early Indica Rice	117.1	107.7	98.0	101.6	100.0	100.3	99.2
晚籼稻	Late Indica Rice	119.2	103.1	97.7	102.3	104.3	93.9	103.2
中籼稻	Middle Indica Rice					101.5	95.1	102.7
玉米	Corn	104.3	107.0	102.7	99.7	100.1	85.7	106.7
薯类	Tubers	111.7	112.2	106.2	101.1	89.2	124.8	104.3
马铃薯	Potatoes	113.8	111.3	126.1	91.1	97.3	114.7	99.8
甘薯	Sweet potato					87.0	127.6	105.5
油料	Oil-bearing Crops	119.6	103.3	103.9	100.4	102.0	102.9	103.6
花生	Peanuts	107.6	109.2		97.9	100.0		
油菜籽	Rapeseeds	121.7	104.6	104.1	100.0	103.0	100.1	101.1
豆类	Legume	111.4	104.7	104.9	101.4	101.1	108.4	97.3
棉花(籽棉)	Cotton(Seed Cotton)	85.6	90.2	99.1	87.1	90.5	91.5	121.9
未加工烟草	Raw Tobacco					103.1	103.8	110.4
蔬菜及食用菌	Vegetables and Edible Fungus					101.6	101.6	98.8
蔬菜	Vegetables	107.5	106.5	109.5	98.0	101.6	101.6	98.8
叶菜类	Leaf Vegetables	105.2	114.4	100.8	100.8	101.7	107.5	77.4
白菜类	Chinese cabbage					102.2	110.7	88.8
甘蓝类	Cabbage					103.5	109.5	83.2
瓜菜类	Melon Vegetables	99.3	116.0	109.0	96.1	103.1	103.6	100.6
根茎类	Root Vegetables	114.7	90.9	110.1	109.9	97.7	97.2	103.6
茄果类	Solanum Vegetable	102.2	111.5	111.7	97.8	102.6	96.4	103.8
莴苣类	Lettuce					98.8	104.9	88.6
葱蒜类	Shallot and Garlic Vegetables	105.8	106.2	103.8	97.5	104.0	103.8	101.4
豆类(蔬菜)	Vegetable Legume	105.2	113.7	105.6	99.5	100.1	103.9	101.1
食用菌	Edible Fungus	116.8	109.7	102.1	106.6	103.0	102.4	95.5
水果	Fruits					111.3	82.1	122.8
梨	Pear					106.1	110.7	116.4
柑橘类水果	Orange					115.7	73.4	123.8
葡萄	Grape					94.4	96.3	96.8
瓜类水果	Melon Fruit	100.5	116.9	104.0		104.6	101.8	129.7
茶及饮料原料	Tea and Other Beverages	117.2	122.7	96.1	106.4	104.0	99.6	98.1
茶叶	Tea	117.2	122.7	96.1	106.4	104.0	99.6	98.1
中草药材	Chinese Herbs	101.1	91.7	93.4	100.1	105.5	95.1	105.3

5-11 续表 continued

(上年 =100) (preceding year =100)

项 目		2011	2012	2013	2014	2015	2016	2017
林业产品	**Forestry Products**	**107.2**	**104.1**	**111.5**	**104.9**	**96.3**	**93.0**	**91.9**
木材采伐产品	Wood	113.0	104.5	103.9	93.6	95.6	95.8	95.7
原木	Logs	113.0	104.5	106.0	93.6	95.6	95.8	95.7
竹材采伐产品	Bamboo-Wood	107.7	105.2	102.0	101.8	95.1	90.5	88.3
竹材	Bamboo					95.1	90.5	88.3
饲养动物及其产品	**Animal Husbandry**	**131.2**	**96.0**	**102.2**	**95.9**	**108.1**	**115.9**	**86.6**
活牲畜	Livestock	132.8	95.1	101.9	95.1	108.6	117.6	85.4
牛	Cow	108.2	107.2	116.6	105.6	100.4	96.5	104.1
羊	Sheep	117.3	104.7	108.4	104.9	94.8	88.0	90.5
猪	Pig	137.5	95.6	99.5	92.9	100.8	121.6	82.5
活家禽	Fowl	112.7	106.5	105.8	106.2	103.7	103.6	97.7
活鸡	Chickens	108.5	102.4	102.8	106.4	105.5	99.8	110.5
活鸭	Ducks	115.5	109.3	107.7	106.1	102.5	106.1	89.3
禽蛋	Eggs	113.7	106.2	105.8	102.8	101.8	89.4	98.8
鸡蛋	Henapple	118.5	109.2	104.8	103.9	102.8	84.4	107.2
鸭蛋	Duck Eggs	110.0	103.7	106.7	101.9	101.0	93.5	91.9
渔业产品	**Fishery Product**	**108.1**	**104.6**	**104.9**	**102.7**	**101.2**	**103.1**	**102.8**
淡水养殖产品	Freshwater aquaculture	108.1	104.6	104.9	102.7	101.2	103.1	102.8
养殖淡水鱼	Freshwater Fish	108.0	104.7	104.9	102.9	100.7	99.5	102.4
养殖淡水青鱼	Black Carp	100.1	103.4		103.5	101.3	106.6	98.5
养殖淡水草鱼	Grass Carp	108.7	105.0	103.1	106.7	101.1	100.0	108.5
养殖淡水鲤鱼	Common Carp	107.4	104.4	106.6	101.4	103.5	105.0	105.5
养殖淡水鲢鱼	Silver Carp	104.4	104.7	107.1	100.2	100.9	97.1	98.1
养殖淡水鲫鱼	Crucian Carp	116.2	102.9	103.6	98.6	99.9	102.1	102.9
养殖淡水鳙鱼	Bighead	100.2	105.5	99.5	101.3	101.2	100.3	105.0
养殖淡水鳊鲂	Bream					96.4		
养殖淡水鲶鱼	Catfish					96.0		
养殖淡水黄鳝	Monopterus Albus					96.4		
养殖淡水泥鳅	Loach					76.9		
淡水养殖蟹	Crab					97.6	82.8	114.0

5-12 农业生产资料价格分类指数
Price Index of Agricultural Production by Category

(上年 =100) (preceding year=100)

类 别	Item	2011	2012	2013	2014	2015	2016	2017
农业生产资料价格指数	**General Index**	**110.9**	**104.7**	**102.3**	**100.2**	**104.1**	**101.7**	**101.0**
农用手工工具	Farm Handtools	108.5	100.8	105.0	108.0	107.9	106.2	105.6
饲料	Forage	104.7	101.1	103.3	102.2	101.6	100.3	98.4
仔畜幼禽及产品畜	Newborn Animals & Poultry,and Commodity Animals	137.9	111.2	98.3	100.7	111.5	121.9	94.3
半机械化农具	Semi-mechanized Farm Tools	102.3	103.2	104.6	100.5	101.7	99.7	100.8
机械化农具	Mechanizred Farm Machiney	106.9	101.6	100.4	98.2	97.3	98.8	100.4
化学肥料	Chemical Fertilizer	112.6	106.7	101.6	96.1	104.6	101.2	104.1
农药及农药器械	Pesticide and Its Appliances	103.9	101.1	101.2	101.4	101.1	100.2	100.4
化学农药	Chenical Pesticide	103.9	100.9	101.1	101.6	101.3	100.3	100.4
农药器械	Pesticides Appliances	105.1	104.9	103.5	96.9	96.9	98.5	100.1
农机用油	Oil for Farm Machinery	104.6	106.1	102.6	98.6	87.8	96.8	112.1
其他农用生产资料	Other Means of Agricultural Production	107.0	106.6	102.7	100.2	101.8	99.4	102.6
农用种子	Agricultural Seeds	107.9	109.4	103.6	99.7	101.2	100.1	102.5
农业生产服务	Servie for Agricultural	108.3	104.4	106.9	104.5	106.3	102.3	101.4

5-13 农业生产资料价格分类指数 (2017年)
Price Index of Agricultural Production by Category(2017)

类 别	Item	以上年价格为 100 (preceding year=100)	以 2002 年价格为 100 (2002=100)	以 2005 年价格为 100 (2005=100)
农业生产资料价格指数	**General Index**	**101.0**	**225.8**	**176.6**
农用手工工具	Farm Handtools	105.6	271.1	224.6
饲料	Forage	98.4	207.9	173.3
仔畜幼禽及产品畜	Newborn Animals & Poultry,and Commodity Animals	94.3	437.9	287.6
半机械化农具	Semi-mechanized Farm Tools	100.8	157.2	141.1
机械化农具	Mechanizred Farm Machiney	100.4	136.3	131.2
化学肥料	Chemical Fertilizer	104.1	211.6	156.8
农药及农药器械	Pesticide and Its Appliances	100.4	150.9	141.7
化学农药	Chenical Pesticide	100.4	152.5	142.1
农药器械	Pesticides Appliances	100.1	134.8	132.1
农机用油	Oil for Farm Machinery	112.1	200.3	160.7
其他农用生产资料	Other Means of Agricultural Production	102.6	192.6	157.9
农用种子	Agricultural Seeds	102.5	215.3	175.6
农业生产服务	Servie for Agricultural	101.4	343.4	300.0

主要统计指标解释

居民消费价格指数 是反映一定时期内城乡居民所购买的生活消费品和服务项目价格变动趋势和程度的相对数，是对城市居民消费价格指数和农村居民消费价格指数进行综合汇总计算的结果。通过该指数可以观察和分析消费品的零售价格和服务项目价格变动对城乡居民实际生活费支出的影响程度。

城市居民消费价格指数 是反映一定时期内城市居民家庭所购买的生活消费品价格和服务项目价格变动趋势和程度的相对数。通过该指数可以观察和分析消费品的零售价格和服务项目价格变动对城镇居民收入和消费支出的影响。

农村居民消费价格指数 是反映一定时期内农村居民家庭所购买的生活消费品价格和服务项目价格变动趋势和程度的相对数。该指数可以观察农村消费品的零售价格和服务项目价格变动对农村居民收入和生活消费支出的影响。

商品零售价格指数 是反映一定时期内城乡商品零售价格变动趋势和程度的相对数。商品零售价格的变动与国家的财政收入、市场供需的平衡、消费与积累的比例关系有关。因此，该指数可以从一个侧面对上述经济活动进行观察和分析。

农业生产资料价格指数 指反映一定时期内农业生产资料价格变动趋势和程度的相对数。其编制目的是了解农业生产中投入物质资料价格的变动状况，服务于国民经济核算。1994 年以前，农业生产资料价格指数仅仅是商品零售价格指数的一个类别，此后，从商品零售价格指数中分离出来，单独编制。

农产品生产者价格指数 是反映一定时期内，农产品生产者出售农产品价格水平变动趋势及幅度的相对数。该指数可以客观反映全国农产品生产价格水平和结构变动情况，满足农业与国民经济核算需要。其中某代表品生产价格指数是通过对全部有出售该产品行为的调查单位的个体指数进行几何平均求得的，类价格指数是通过对其所属的类（或代表品）的价格指数进行加权平均求得的。季度累计价格指数的计算方法与分季指数的计算方法相同。

工业生产者出厂价格指数 是反映一定时期内全部工业产品出厂价格总水平的变动趋势和程度的相对数，包括工业企业售给本企业以外所有单位的各种产品和直接售给居民用于生活消费的产品。该指数可以观察出厂价格变动对工业总产值及增加值的影响。

工业生产者购进价格指数 是反映工业企业作为生产投入，而从物资交易市场和能源、原材料生产企业购买原材料、燃料和动力产品时，所支付的价格水平变动趋势和程度的统计指标，是扣除工业企业物质消耗成本中的价格变动影响的重要依据。

目前，我国编制的工业生产者购进价格指数所调查的产品包括燃料动力、黑色金属、有色金属、化工、建材等九大类。

固定资产投资价格指数 是反映一定时期内固定资产投资品及取费项目的价格变动趋势和程度的相对数。固定资产投资额是由建筑安装工程投资完成额、设备工器具购置投资完成额和其他费用投资完成额三部分组成的。编制固定资产投资价格指数应首先分别编制上述三部分投资的价格指数，然后采用加权算术平均法求出固定资产投资价格总指数。

该指数可以准确地反映固定资产投资中涉及的各类投资品和取费项目价格变动趋势和变动幅度，消除按现价计算的固定资产投资指标中的价格变动因素，真实地反映固定资产投资的规模、速度、结构和效益，为国家科学地制定、检查固定资产投资计划并提高宏观调控水平，为完善国民经济核算体系提供科学的、可靠的依据。

Explanatory Notes on Main Statistical Indicators

Consumer Price Indices reflect the trend and degree of changes in prices of consumer goods and services purchased by urban and rural households during a given period. They are obtained by combining Consumer Price Indices of Urban Household and Consumer Price Indices of Rural Household. The Indices enable the observation and analysis of the degree of impact of the changes in the prices of retailed goods and services on the actual living expenses of urban and rural residents.

Consumer Price Indices of Urban Household reflect the trend and degree of changes in prices of consumer goods and services purchased by urban households during a given period. It can be used to observe and analyze the impact of price changes in consumer goods and services on urban household income and consumption expenditure.

Consumer Price Indices of Rural Household reflect the trend and degree of changes in prices of consumer goods and services purchased by rural households during a given period. It can be used to observe the impact of change in retail prices of consumer goods and service prices on rural household income and consumption expenditure on living.

Retail Price Indices reflect the trend and degree of change in retail prices of commodities during a given period. The change in retail prices of commodities is related to government revenue, the equilibrium of market supply and demand, and the ratio of consumption to accumulation. Therefore, the retail price indices are useful from an oblique perspective for observing and analyzing the changes of the above economic activities.

Price Indices for Means of Agricultural Production reflect the trend and degree of changes in the prices of the means of agricultural production during a given period. Compilation of these indices helps to understand the price changes of material input in agricultural production and facilitate the compilation of national accounts. Before 1994, price indices for means of agricultural production were a sub-category in the retail price indices for commodities, and it has been compiled separately since 1994.

Producer Prices Indices for Farm Products reflect the trend and degree of changes in producers' prices received by farmers when they sell farm products during a given period. These indices depict the change in the level and structure of producer prices for farm products of the country and meet the needs of agricultural statistics and national accounts statistics. The producer price index for a given product is calculated as the geometrical mean of individual indices for all surveyed units which sell such product, and the indices for a product category is obtained as the weighted mean of price indices for all products in the category. Method for calculating accumulative quarterly indices is the same as for calculating the individual quarterly indices.

Producer Price Indices for Industrial Products reflect the trend and degree of changes in general ex-factory prices of all manufactured goods during a given period, including sales of manufactured goods by an industrial enterprise to all units outside the enterprise, as well as sales of consumer goods to residents. It can be used to analyze the impact of ex-factory prices on gross output value and value-added of the industrial sector.

Purchasing Price Indices for Industrial Producers reflect changes in the level and degree of prices paid by industrial enterprises when they purchase production input such as raw materials, fuels and power from the market or from other energy or raw materials producing enterprises. These indices provide an important basis for measuring the material consumption of industrial enterprises after removing the influence of price changes.

At present, products in 9 categories, including fuels and power, ferrous metals, non-ferrous metals, chemicals, building materials, are covered in China for the survey to produce indices for purchasing' prices for industrial producers.

Price Indices for Investment in Fixed Assets reflect the trend and degree of changes in prices of investment goods and projects in fixed assets during a given period. The investment in fixed assets consists of three components, namely the investment in construction and installation, the investment in purchases of equipment and instrument, and the investment in other items. Price indices for investment in fixed assets are calculated as the weighted arithmetic mean of the price indices for the three components of investment in fixed assets.

Removing the factor of price change in the aggregates of investment at current prices, this indicator shows the changes in the prices of commodities and fees involved in the investment of fixed assets, and can be used to observe the actual size, growth, structure, and efficiency of investment in fixed assets and provides reliable and scientific data for government planning, management, decision-making, and further improving the current national accounting system.

6

人民生活

People's life

资料整理人员：劳右隆　　林　嘉　　方志红

凌　媛　　肖宇旻

6-1 城镇居民生活
Urban Households' Life

年份 Year	平均每人每年(元) Per Capita Per Year (yuan)					每一就业者负担人数(人) Supported by Per Employee (person)	人均居住面积(平方米) Living Floor Space of Residents (sq.m)
	全部收入 Total Income	可支配收入 Disposable Income	指数 Indices (1978 年为 100) (1978 = 100)	消费支出 Consumption Expenditure	#食品支出 Food		
1978	323.9	323.9	100.0	289.6	166.1	1.90	3.90
1980	475.9	475.9	125.2	425.5	244.1	1.76	4.30
1981	505.1	505.1	118.7	465.8	260.3	1.72	4.80
1982	519.0	519.0	116.8	449.4	264.5	1.70	5.10
1983	564.0	564.0	123.2	492.7	289.4	1.72	5.40
1984	645.0	645.0	138.0	540.8	310.4	1.71	5.80
1985	760.8	760.8	161.8	685.3	366.5	1.88	6.00
1986	904.4	904.4	182.5	775.3	427.9	1.90	6.40
1987	1017.8	1017.8	184.5	871.6	497.1	1.87	6.50
1988	1255.0	1255.0	181.0	1142.7	580.7	1.84	6.90
1989	1492.6	1492.6	183.5	1234.0	678.3	1.82	7.00
1990	1591.5	1591.5	194.5	1294.0	720.3	1.80	6.91
1991	1783.2	1783.2	207.3	1446.0	772.1	1.80	7.07
1992	2172.0	2166.5	221.9	1732.0	881.6	1.76	7.41
1993	2822.0	2816.5	245.8	2194.0	1049.4	1.73	8.14
1994	3893.0	3887.6	271.9	3138.0	1496.8	1.70	7.93
1995	4705.2	4699.2	278.7	3886.0	1898.1	1.67	7.75
1996	5060.0	5052.1	279.2	4098.0	1986.6	1.64	8.06
1997	5248.9	5209.7	280.1	4317.2	1972.8	1.64	8.66
1998	5474.6	5434.3	290.7	4371.0	1907.6	1.62	9.91
1999	5855.7	5815.4	312.2	4800.0	1942.2	1.66	10.77
2000	6261.2	6218.7	328.9	5218.8	1943.7	1.71	11.75
2001	6832.6	6780.6	362.6	5546.2	1943.6	1.77	11.80
2002	7371.8	6958.6	399.7	5574.7	1985.9	1.97	12.40
2003	8145.1	7674.2	434.7	6082.6	2179.3	1.89	24.43
2004	9190.2	8617.5	468.9	6884.6	2479.6	1.88	25.39
2005	10106.1	9524.0	507.6	7505.0	2689.4	2.05	22.03
2006	11146.1	10504.7	551.2	8169.3	2850.9	2.03	22.54
2007	14148.9	12293.5	613.2	8990.7	3243.9	1.99	34.71
2008	14577.3	13821.2	651.2	9945.5	3970.4	2.10	36.52
2009	16078.1	15084.3	713.1	10828.2	4174.6	2.06	37.25
2010	17657.1	16565.7	759.4	11825.3	4322.1	2.07	37.51
2011	20083.9	18844.1	819.4	13402.9	4943.9	2.15	39.69
2012	22804.6	21318.8	907.1	14609.0	5441.6	2.05	40.22
2013	26107.6	24352.0	970.6	16867.3	5323.0	1.95	39.97
2014	28796.4	26570.2	1037.6	18334.7	5596.0	1.84	39.52
2015	31468.3	28838.1	1109.2	19501.4	6075.5	1.90	41.02
2016	35055.6	31283.9	1181.3	21420.0	6407.7	1.96	44.04
2017	38845.9	33947.9	1261.6	23162.6	6585.0	1.98	46.48

注：1. 1991 年及以前的可支配收入均系全部收入。

2. 2002 年起，可支配收入剔除了出售财物收入和个人交纳的社会保障支出，消费支出中，居住支出剔除了自有房屋折算金。

a. Data on disposable income prior to 1991 refer to those on the total income.

b. Since 2002,Data on disposable income exclude income of selling property and individul expenditure for social security programs. Data on living expenditure exclude converted rents of self-owned housing .

6-2 城镇居民平均每人家庭收入及来源

Per Capita Annual Income of Urban Households by Source

单位：元　　(yuan)

年份 Year	可支配收入 Disposable Income	全部收入 Total Income				
			工资性收入 Income of Wages and Salaries	经营净收入 Net Business Income	财产性收入 Net Income from Property	转移性收入 Net Income from Transfer
1978	323.9	323.9	306.0			
1980	475.9	475.9	466.2			9.7
1981	505.1	505.1	496.6	0.3		8.2
1982	519.0	519.0	507.3	0.1		11.6
1983	564.0	564.0	549.7			14.3
1984	645.0	645.0	627.7	0.4		16.9
1985	760.8	760.8	651.1	9.5		100.2
1986	904.4	904.4	752.4	9.7		142.4
1987	1017.8	1017.8	840.4	11.2		166.2
1988	1255.0	1255.0	1078.7	21.3		155.0
1989	1492.6	1492.6	1213.2	28.2	14.2	237.0
1990	1591.5	1591.5	1327.7	23.6	16.4	223.7
1991	1783.2	1783.2	1567.0	14.4	19.8	182.1
1992	2166.6	2172.0	1768.2	18.2	28.8	356.8
1993	2821.6	2822.0	2298.9	31.2	54.5	437.4
1994	3892.7	3893.0	3154.5	27.8	81.5	629.2
1995	4699.2	4705.2	3971.1	26.0	81.6	626.5
1996	5052.1	5060.0	4309.5	44.3	86.8	619.4
1997	5209.7	5248.9	4433.6	35.2	112.0	668.1
1998	5434.3	5474.6	4517.5	35.4	142.6	779.1
1999	5815.4	5855.7	4723.6	52.4	153.9	925.8
2000	6218.7	6261.2	4954.2	140.1	158.8	1008.1
2001	6780.6	6832.6	5168.4	170.0	239.5	1254.7
2002	6958.6	7371.8	5408.2	235.4	111.0	1617.2
2003	7674.2	8145.1	5984.8	356.2	100.7	1703.4
2004	8617.5	9190.2	6807.3	494.0	92.9	1796.0
2005	9524.0	10106.1	6805.4	872.2	195.6	2232.9
2006	10504.7	11146.1	7401.7	929.8	287.2	2527.3
2007	12293.5	14148.9	8612.5	2343.4	170.9	3022.1
2008	13821.2	14577.3	9071.0	1575.1	316.5	3614.7
2009	15084.3	16078.1	9854.1	1744.4	419.2	4060.5
2010	16565.7	17657.1	10782.0	1880.9	541.1	4453.0
2011	18844.1	20083.9	11550.1	2674.2	770.7	5089.0
2012	21318.8	22804.6	13237.1	3008.3	867.8	5691.4
2013	24352.0	26107.6	13453.0	3254.8	2387.3	5256.8
2014	26570.2	28796.4	14661.7	3566.7	2628.6	5713.1
2015	28838.1	31468.3	15902.8	3993.6	2801.0	6140.8
2016	31283.9	35055.6	17274.9	4339.2	3009.6	6660.2
2017	33947.9	38845.9	18765.9	4605.8	3204.1	7372.2

6-3 城镇居民平均每人消费性分类支出
Consumption Expenditures of Urban Households

单位：元 (yuan)

年份 Year	消费性支出 Consumption Expenditure	食品烟酒 Food,Tobacco and Liquor	衣着 Clothing	居住 Residence	家庭设备用品及服务 Household Facilities, Articles and Services	交通和通讯 Transport and Communications	文教娱乐用品及服务 Education, Cultural and Recreation	医疗保健 Health Care and Medical Services	其他商品和服务 Miscellaneous Goods and Services
1978	289.6	166.1					99.5		24.0
1980	425.5	244.1	54.0	17.0	46.3	6.4	32.8	2.8	22.2
1981	465.8	260.3	57.8	18.5	50.6	5.8	47.0	3.8	21.9
1982	449.4	264.5	54.8	20.0	42.7	6.1	35.6	4.2	21.4
1983	492.7	289.4	61.9	21.4	46.8	7.2	39.1	4.2	22.7
1984	540.8	310.4	70.4	22.2	53.9	7.8	47.5	4.2	24.4
1985	685.3	366.5	86.5	33.0	80.2	7.6	74.8	8.3	28.6
1986	775.3	427.9	102.0	36.4	89.0	8.4	67.2	9.7	34.7
1987	871.6	497.1	101.5	36.0	96.6	9.4	77.3	10.3	43.3
1988	1142.7	580.7	132.0	54.9	168.1	11.9	110.9	18.4	65.8
1989	1234.4	678.3	146.4	51.5	144.9	14.9	108.3	21.6	68.6
1990	1294.1	720.3	170.4	60.0	124.6	26.8	122.8	19.2	50.0
1991	1445.5	772.1	197.6	71.3	142.8	33.2	135.4	25.6	67.6
1992	1731.6	881.6	237.0	95.9	164.7	39.3	176.8	41.1	95.3
1993	2194.0	1049.4	305.0	141.8	230.6	72.4	215.2	57.7	121.9
1994	3138.2	1496.8	420.7	184.5	301.9	184.6	316.6	82.1	151.0
1995	3885.6	1898.1	481.1	244.3	370.7	206.9	408.4	108.7	167.5
1996	4098.3	1986.6	507.1	267.8	334.1	210.6	460.9	149.8	181.4
1997	4317.2	1972.8	497.6	316.7	327.8	276.7	576.4	161.3	188.1
1998	4371.0	1907.6	458.4	411.2	332.2	255.8	642.7	183.9	179.2
1999	4800.0	1942.2	512.3	492.6	401.4	321.3	697.2	206.1	226.5
2000	5218.8	1943.7	495.2	576.7	544.5	395.6	753.8	270.2	239.1
2001	5546.2	1943.6	551.5	662.4	460.1	474.7	826.9	328.6	298.4
2002	5574.7	1985.9	577.7	581.9	420.4	596.0	883.6	343.7	185.6
2003	6082.6	2179.3	621.3	586.9	420.2	680.2	993.9	391.3	209.5
2004	6884.6	2479.6	689.5	640.7	388.2	881.9	1091.3	475.6	237.9
2005	7505.0	2689.4	790.7	771.5	451.0	801.3	1138.7	601.3	261.2
2006	8169.3	2850.9	868.2	871.7	513.6	965.1	1182.2	632.5	285.0
2007	8990.7	3243.9	1017.6	869.6	603.2	986.9	1285.2	668.5	315.8
2008	9945.5	3970.4	1090.7	960.8	674.8	971.1	1110.1	791.0	376.6
2009	10828.2	4174.6	1146.3	1074.7	798.4	1233.8	1207.7	784.7	408.1
2010	11825.3	4322.1	1277.5	1182.3	903.8	1541.4	1418.9	776.9	402.5
2011	13402.9	4943.9	1499.0	1292.6	940.8	1975.5	1526.1	790.8	434.3
2012	14609.0	5441.6	1624.6	1301.6	1034.3	2084.2	1737.6	918.4	466.7
2013	16867.3	5323.0	1387.9	3427.8	1108.3	2141.2	2016.4	1022.8	439.8
2014	18334.7	5596.0	1442.1	3567.6	1098.6	2462.1	2537.5	1209.8	421.0
2015	19501.4	6075.5	1638.1	3519.6	1202.6	2430.2	2934.1	1174.6	526.6
2016	21420.0	6407.7	1666.4	3918.7	1384.1	2837.1	3406.1	1362.6	437.4
2017	23162.6	6585.0	1682.4	4353.2	1492.6	2904.6	3972.9	1693.0	478.9

注：1.1992 年以前的数据，按现行的指标进行重新计算。
2.2013 年起，居住消费中加入自有住房折算租金。
a.Data prior to 1992 are recalculated to current indicators.
b. Since 2013, Data on residence expenditure include converted rents of self-owned housing.

6–4 城镇居民可支配收入指数
Indices of Disposable Incomes of Urban Households

年份 Year	可支配收入（元/人）Disposable Income (Per Capita)	上年=100 (preceding year=100)		1978年=100 (year of 1978=100)	
		货币收入 Money Income	实际收入 Real Income	货币收入 Money Income	实际收入 Real Income
1978	323.9			100.0	100.0
1980	475.9			146.9	125.2
1985	760.8	117.0	104.6	234.9	161.8
1990	1591.5	106.0	105.4	491.4	194.5
1995	4699.2	121.0	102.5	1452.6	278.7
1999	5815.4	107.0	107.4	1795.2	312.2
2000	6218.7	106.9	105.5	1919.9	328.9
2001	6780.6	109.0	110.2	2092.7	362.6
2002	6958.6	109.8	110.2	2298.6	399.7
2003	7674.2	110.3	108.8	2534.9	434.7
2004	8617.5	112.3	107.9	2846.2	468.9
2005	9524.0	110.5	108.2	3145.6	507.6
2006	10504.7	110.3	108.6	3469.6	551.6
2007	12293.5	117.0	111.2	4059.4	613.2
2008	13821.2	112.4	106.2	4562.8	651.2
2009	15084.3	109.1	109.5	4978.0	713.1
2010	16565.7	109.8	106.5	5465.9	759.4
2011	18844.1	113.8	107.9	6220.2	819.4
2012	21318.8	113.1	110.7	7035.0	907.1
2013	24352.0	109.8	107.0	7724.4	970.6
2014	26570.2	109.1	106.9	8427.4	1037.6
2015	28838.1	108.5	106.9	9146.7	1109.2
2016	31283.9	108.5	106.5	9924.1	1181.3
2017	33947.9	108.5	106.8	10769.2	1261.6

注：1. 实际收入指数，指扣除价格上涨因素后的指数。
2.1991 年及以前的可支配收入均系全部收入。
3.2002 年起，可支配收入剔除了出售财物收入和个人交纳的社会保障支出，消费支出中，居住支出剔除了自有房屋折算金。
a.The real income is calculated without the factor of price increase.
b.Data on disposable income prior to 1991 refer to those on the total income.
c.Since 2002,Data on disposable income exclude income of selling property and individul expenditure for social security programs. Data on living expenditure exclude converted net rent from owner–occupied housing.

6-5 按户数五等份分组的城镇居民家庭人均收支 (2017年)

Per Capita Disposable Income and Consumption Expenditure of Urban Households by Income Quintile (2017)

单位：元 (yuan)

项 目	Item	低收入户 Low Income Households	中低收入户 Lower Middle Income Households	中等收入户 Middle Income Households	中高收入户 Upper Middle Income Households	高收入户 High Income Households
可支配收入	**Disposable Income**	**14220.6**	**23893.9**	**31435.0**	**41572.0**	**69753.7**
工资性收入	Income of Wages and Salaries	8032.7	13261.1	17204.1	23712.5	37645.1
经营净收入	Net Business Income	1817.3	3045.2	3831.8	3817.9	12389.6
财产净收入	Net Income from Property	1238.5	2125.6	2460.4	3893.5	7530.0
转移净收入	Net Income from Transfer	3132.2	5462.0	7938.7	10148.1	12189.1
消费支出	**Consumption Expenditure**	**13447.2**	**18005.1**	**21672.1**	**28809.0**	**39286.5**
食品烟酒	Food,Tobacco and Liquor	4302.3	5501.4	6617.8	8104.9	9543.1
衣着	Clothing	897.4	1256.2	1606.6	2303.1	2764.4
居住	Residence	2435.2	3393.7	4159.0	4878.0	7989.3
生活用品及服务	Household Facilities,Articles and Services	650.4	940.7	1371.1	1976.3	3023.5
交通通信	Transport and Communications	1279.0	2298.7	2428.2	4516.3	4804.4
教育文化娱乐	Education,Cultural and Recreation	2585.7	3235.0	3752.3	4477.4	6617.7
医疗保健	Health Care and Medical Services	1122.4	1107.0	1377.5	1965.0	3342.0
其他用品和服务	Miscellaneous Goods and Services	174.8	272.4	359.6	588.0	1202.2

6–6 农村居民生活
Rural Households' Life

年份 Year	平均每人每年(元) Per Capita Per Year (yuan)					每一劳动力负担人数(人) Supported by Per Employee (person)	人均居住面积(平方米) Living Floor Space of Residents (sq.m)
	可支配收入 Disposable Income	指数 Indices (1978年=100) (year of 1978 = 100)	总支出 total expenditure	生活消费支出 Consumption Expenditure	#食品支出 Food		
1978	142.56		167.10	140.07	97.93	2.33	10.50
1980	219.72	147.6	236.13	192.95	127.70	2.09	11.15
1981	241.70	160.5	265.29	207.59	135.98	1.95	11.87
1982	284.40	186.5	323.22	248.69	164.02	2.00	12.89
1983	315.70	205.0	409.19	273.86	175.62	1.77	16.10
1984	348.20	221.9	441.76	293.19	190.96	1.74	16.77
1985	395.26	239.4	519.85	348.45	219.43	1.69	18.20
1986	439.70	255.9	568.00	386.35	228.96	1.68	19.25
1987	471.30	257.4	639.14	434.75	245.68	1.67	20.01
1988	515.35	244.8	730.06	480.75	266.89	1.65	20.48
1989	558.34	236.5	786.48	516.29	290.35	1.63	21.57
1990	664.23	229.4	930.23	608.73	390.73	1.65	22.27
1991	688.91	234.4	1008.06	655.54	412.63	1.69	22.58
1992	739.40	239.7	1116.06	707.79	442.56	1.67	23.12
1993	851.90	244.5	1306.48	816.56	498.95	1.63	24.56
1994	1155.00	257.0	1766.51	1088.73	665.72	1.60	24.23
1995	1425.16	270.4	2203.36	1367.30	823.91	1.60	25.57
1996	1792.30	292.8	2784.64	1736.71	1025.32	1.56	26.88
1997	2037.06	318.9	2853.42	1815.79	1078.00	1.56	27.37
1998	2064.85	326.6	2829.93	1889.18	1107.23	1.54	28.79
1999	2147.18	344.6	2772.35	1920.15	1122.96	1.52	29.88
2000	2197.2	361.1	2964.9	1942.9	1053.4	1.46	30.92
2001	2299.5	379.5	3030.1	1990.3	1053.2	1.45	32.87
2002	2397.9	398.5	3114.7	2068.7	1086.1	1.44	34.05
2003	2532.9	417.2	3184.3	2139.2	1111.3	1.42	35.09
2004	2837.8	450.6	3729.1	2472.3	1338.7	1.40	36.55
2005	3117.7	483.0	4289.5	2756.4	1433.0	1.40	38.38
2006	3389.8	519.7	4502.7	3013.1	1463.3	1.38	39.28
2007	3904.3	562.8	5009.9	3377.4	1675.2	1.37	40.18
2008	4512.5	607.8	5695.0	3805.0	1947.5	1.37	40.72
2009	4910.0	664.3	6024.2	4020.9	1967.5	1.36	41.69
2010	5622.0	737.1	6507.9	4310.4	2087.9	1.36	42.01
2011	6567.1	815.2	8480.5	5179.4	2343.1	1.35	46.62
2012	7440.2	909.0	9356.8	5870.1	2574.8	1.36	46.78
2013	9028.6	998.0	14349.5	7832.6	2708.9	1.51	52.93
2014	10060.2	1096.8	16612.3	9024.8	3095.2	1.50	54.2
2015	10992.5	1185.6	17387.2	9690.6	3188.9	1.50	57.3
2016	11930.4	1262.7	18231.3	10629.9	3370.7	1.68	60.6
2017	12935.8	1353.6	19309.0	11533.6	3521.2	1.71	63.5

注：从2013年开始收入指标改为可支配收入，收支口径有所变化。主要变化是参与平均的人口由家庭户籍人口改为家庭常住人口。居住面积也因人口口径变化而变化，指标名称由农村人均居住面积改为农村居民人均自有现住房面积。收入指数扣除价格因素影响。

Since 2013, the permanent population are used as denominator when calculating per capita disposable income and consumption expenditure of rural household instead of registered population.

6-7 农村居民平均每人家庭收入及来源
Per Capita Annual Income of Rural Households by Source

单位：元 (yuan)

年份 Year	可支配收入 Disposable Income	工资性收入 Income of Wages and Salaries	经营净收入 Net Business Income	财产性收入 Net Income from Property	转移性收入 Net Income from Transfer
1978	142.56				
1979	177.12				
1980	219.72	104.21	88.51	26.99	
1981	243.17	110.52	102.49	30.17	
1982	284.39	132.32	124.55	27.52	
1983	315.67	50.10	236.04	29.53	
1984	348.20	52.99	266.45	28.76	
1985	395.26	53.81	326.23	15.22	
1986	439.66	59.18	364.40	16.08	
1987	471.30	74.85	379.53	16.92	
1988	515.35	86.53	409.52	19.31	
1989	558.34	99.88	436.21	22.25	
1990	664.23	85.11	557.10	22.03	
1991	688.91	94.16	570.76	23.99	
1992	739.42	114.01	601.11	24.30	
1993	851.87	135.85	685.85	30.17	
1994	1155.00	206.77	903.01	45.22	
1995	1425.16	268.00	1095.89	61.27	
1996	1792.25	352.07	1367.11	73.07	
1997	2037.06	459.97	1508.55	68.54	
1998	2064.85	613.10	1383.34	68.41	
1999	2147.18	695.62	1372.68	78.88	
2000	2197.2	789.7	1329.1	20.7	57.6
2001	2299.5	840.1	1371.1	23.2	65.1
2002	2397.9	914.3	1376.7	29.0	77.9
2003	2532.9	988.4	1427.2	32.3	85.0
2004	2837.8	1081.2	1614.6	41.9	100.1
2005	3117.7	1228.8	1713.4	42.1	133.6
2006	3389.8	1449.7	1743.5	42.5	154.2
2007	3904.3	1712.3	1963.9	39.9	188.1
2008	4512.5	1990.5	2196.6	57.1	268.3
2009	4910.0	2234.0	2257.3	81.2	337.5
2010	5622.0	2655.6	2463.9	101.6	400.9
2011	6567.1	3240.8	2725.2	112.2	488.9
2012	7440.2	3847.6	2903.2	112.8	576.6
2013	9028.6	3671.6	3255.5	130.7	1970.7
2014	10060.2	4088.1	3638.9	165.6	2167.5
2015	10992.5	4515.2	3911.7	174.1	2391.5
2016	11930.4	4946.2	4138.6	143.1	2702.5
2017	12935.8	5340.8	4368.9	148.2	3077.9

6-8 农村居民生活消费分类支出
Consumption Expenditures of Rural Households

单位：元 (yuan)

年份 Year	消费性支出 Consumption Expenditure	食品烟酒 Food,Tobacco and Liquor	衣着 Clothing	居住 Residence	家庭设备用品及服务 Household Facilities, Articles and Services	交通和通讯 Transport and Communications	文教娱乐用品及服务 Education, Cultural and Recreation	医疗保健 Health Care and Medical Services	其他商品和服务 Miscellaneous Goods and Services
1978	140.07	97.93	14.29	18.15					
1980	192.85	127.91	20.46	27.29	3.05	0.51	7.54	3.15	2.94
1981	207.59	135.98	23.06	27.85					
1982	248.69	164.02	24.74	35.83					
1983	273.86	175.62	26.71	41.77	16.27	1.29	6.38	4.70	1.12
1984	293.19	191.19	28.81	41.51	16.15	1.62	7.03	5.53	1.33
1985	348.45	219.57	33.77	50.96	15.69	6.63	11.92	7.49	2.42
1986	386.35	229.13	36.47	66.81	23.92	2.65	16.08	8.33	2.96
1987	434.75	248.06	36.93	79.33	29.70	3.08	22.97	10.68	4.00
1988	480.75	269.77	38.69	88.38	33.00	3.86	31.52	11.61	3.92
1989	516.29	293.98	39.64	87.67	33.53	4.64	37.05	16.14	3.64
1990	608.73	390.73	37.29	82.75	28.62	8.83	39.18	18.29	3.04
1991	655.54	412.63	42.87	92.29	34.67	6.79	41.14	20.56	4.59
1992	707.29	442.56	43.51	98.80	35.92	8.23	52.59	22.69	3.49
1993	816.55	498.95	45.40	108.07	40.13	16.14	74.16	24.37	9.33
1994	1088.73	665.72	61.23	148.63	50.39	21.59	98.91	29.28	12.98
1995	1367.30	823.91	73.51	192.42	68.79	26.29	128.84	35.78	17.75
1996	1736.71	1025.32	96.04	229.74	84.74	38.70	176.96	58.66	26.55
1997	1821.13	1081.60	90.53	241.93	84.24	46.30	187.99	58.26	30.29
1998	1889.18	1107.23	91.45	251.73	85.69	45.90	206.60	61.69	38.88
1999	1920.15	1122.96	82.65	267.92	79.73	60.24	207.67	62.13	36.86
2000	1942.9	1053.4	89.8	251.9	78.1	99.4	222.5	82.2	65.7
2001	1990.3	1053.2	93.4	268.7	80.8	102.4	234.4	95.7	61.8
2002	2068.7	1086.1	97.9	271.3	84.8	118.6	248.6	102.8	58.7
2003	2139.2	1111.3	106.2	272.0	79.6	146.9	270.5	105.2	47.5
2004	2472.3	1338.7	112.4	293.2	92.4	174.5	280.0	124.1	57.1
2005	2756.4	1433.0	127.9	307.3	114.3	219.0	329.3	168.2	57.5
2006	3013.1	1463.3	137.7	420.8	129.8	249.6	341.7	196.5	73.6
2007	3377.4	1675.2	161.8	508.3	152.6	278.8	293.9	220.0	86.9
2008	3805.0	1947.5	169.1	629.8	171.1	286.0	278.7	244.2	78.7
2009	4020.9	1967.5	182.5	691.6	203.7	341.3	291.0	258.1	85.3
2010	4310.4	2087.9	209.9	719.2	243.9	343.8	315.9	293.6	96.2
2011	5179.4	2343.1	260.4	969.7	330.7	421.7	346.6	396.5	110.6
2012	5870.1	2574.8	318.0	1088.2	373.5	481.6	400.2	497.2	136.6
2013	7832.6	2708.9	403.1	1764.6	511.6	798.8	733.8	747.1	164.6
2014	9024.8	3095.2	468.0	1982.4	541.9	871.9	1112.1	771.4	181.9
2015	9690.6	3188.9	494.5	2191.0	604.7	920.2	1276.4	844.1	170.7
2016	10629.9	3370.7	508.3	2369.4	639.9	1083.1	1477.3	986.5	194.6
2017	11533.6	3521.2	527.2	2562.5	642.8	1234.5	1710.2	1171.8	163.4

6-9 农民人均可支配收入指数
Indices of Disposable Incomes of Rural Households

年份 Year	可支配收入（元/人）Disposable Income (Per Capita)	上年=100 (preceding year=100)		1978年=100 (year of 1978=100)		1990年=100 (year of 1990=100)	
		货币收入 Money Income	实际收入 Real Income	货币收入 Money Income	实际收入 Real Income	货币收入 Money Income	实际收入 Real Income
1978	142.6			100.0	100.0		
1980	219.7	124.1	119.6	154.1	147.6		
1981	241.7	110.0	108.2	169.5	160.5		
1982	284.4	117.7	116.2	199.5	186.5		
1983	315.7	111.0	109.9	221.4	205.0		
1984	348.2	110.3	108.2	244.2	221.9		
1985	395.3	113.5	107.9	277.3	239.4		
1986	439.7	111.2	106.9	308.4	255.9		
1987	471.3	107.2	100.6	330.6	257.4		
1988	515.4	109.3	95.1	361.5	244.8		
1989	558.3	108.3	96.6	391.6	236.5		
1990	664.2	119.0	97.0	465.9	229.4	100.0	100.0
1991	688.9	103.7	102.2	483.2	234.4	103.7	102.2
1992	739.4	107.3	102.0	518.7	239.7	111.3	104.2
1993	851.9	115.2	102.0	597.6	244.5	128.2	106.1
1994	1155.0	135.6	105.1	810.2	257.0	173.9	111.6
1995	1425.2	123.4	105.2	999.7	270.4	214.6	117.4
1996	1792.3	125.8	108.3	1257.2	292.8	269.8	127.1
1997	2037.1	113.7	108.9	1428.9	318.9	306.7	138.5
1998	2064.9	101.4	102.4	1448.4	326.6	310.9	141.8
1999	2147.2	104.0	105.5	1506.3	344.6	323.3	149.6
2000	2197.2	102.3	104.8	1540.8	361.1	330.8	156.8
2001	2299.5	104.7	105.1	1613.2	379.5	346.2	164.8
2002	2397.9	104.3	105.0	1682.0	398.5	361.1	173.0
2003	2532.9	105.6	104.7	1776.2	417.2	381.3	181.1
2004	2837.8	112.0	108.0	1989.3	450.6	427.1	195.6
2005	3117.7	109.9	107.2	2186.2	483.0	469.4	209.7
2006	3389.7	108.7	107.6	2376.4	519.7	510.2	225.6
2007	3904.3	115.2	108.3	2737.6	562.8	587.8	244.3
2008	4512.5	115.6	108.0	3164.7	607.8	679.5	263.8
2009	4910.0	108.8	109.3	3443.2	664.3	739.3	288.3
2010	5622.0	114.5	111.0	3943.6	737.1	846.4	321.3
2011	6567.1	116.8	110.6	4606.1	815.2	988.6	355.4
2012	7440.2	113.3	111.5	5218.7	908.9	1120.1	396.3
2013	9028.6	112.5	109.8	6331.4	998.0	1359.3	435.1
2014	10060.2	111.4	109.9	7054.8	1096.8	1514.6	478.2
2015	10992.5	109.3	108.1	7708.6	1185.6	1655.0	516.9
2016	11930.4	108.5	106.5	8363.8	1262.7	1795.6	550.5
2017	12935.8	108.4	107.2	9066.4	1353.6	1946.5	590.1

注：2012年及以前为纯收入。Data prior to 2012 refer to net income.

6-10 按户数五等份分组的农村居民人均收支 (2017年)

Per Capita Disposable Income and Consumption Expenditure of Rural Households by Income Quintile (2017)

单位：元 (yuan)

项 目	Item	低收入户 Low Income Households	中低收入户 Lower Middle Income Households	中等收入户 Middle Income Households	中高收入户 Upper Middle Income Households	高收入户 High Income Households
可支配收入	**Disposable Income**	**4276.1**	**8304.4**	**11954.6**	**16589.9**	**27252.3**
工资性收入	Income of Wages and Salaries	1481.0	3141.8	5404.4	8056.1	10014.2
经营净收入	Net Business Income	1003.4	2322.9	3329.7	4927.1	12065.0
财产净收入	Net Income from Property	33.4	50.2	88.2	147.1	501.1
转移净收入	Net Income from Transfer	1758.3	2789.5	3132.4	3459.7	4672.0
消费支出	**Consumption Expenditure**	**7520.9**	**9411.1**	**11421.5**	**13575.4**	**17309.0**
食品烟酒	Food,Tobacco and Liquor	2544.4	2991.4	3478.6	3994.8	4990.1
衣着	Clothing	291.8	370.3	517.9	673.8	879.9
居住	Residence	1626.4	2018.9	2574.4	3069.2	3890.1
生活用品及服务	Household Facilities,Articles and Services	366.8	497.8	615.7	765.7	1083.1
交通通信	Transport and Communications	681.6	943.1	1232.4	1490.4	2042.3
教育文化娱乐	Education,Cultural and Recreation	1174.1	1435.5	1743.4	2038.1	2347.1
医疗保健	Health Care and Medical Services	734.9	1033.9	1108.2	1347.3	1797.7
其他用品和服务	Miscellaneous Goods and Services	100.8	120.3	150.9	196.1	278.8

主要统计指标解释

一、城乡一体化住户收支与生活状况调查指标解释

从2012年四季度起，国家统计局对分别进行的城乡住户调查实施了一体化改革，规范了城乡划分范围，统一了城乡居民收入指标名称、分类和统计标准，建立了城乡统一的一体化住户调查，并据此采集全国居民有关数据。

（一）居民可支配收入

居民可支配收入指居民可用于最终消费支出和储蓄的总和，即居民可用于自由支配的收入。既包括现金收入，也包括实物收入。按照收入的来源，可支配收入包含四项，分别为：工资性收入、经营净收入、财产净收入和转移净收入。

工资性收入 指就业人员通过各种途径得到的全部劳动报酬和各种福利，包括受雇于单位或个人、从事各种自由职业、兼职和零星劳动得到的全部劳动报酬和福利。

经营净收入 指住户或住户成员从事生产经营活动所获得的净收入，是全部经营收入中扣除经营费用、生产性固定资产折旧和生产税之后得到的净收入。计算公式为：

经营净收入＝经营收入－经营费用－生产性固定资产折旧－生产税

财产净收入 指住户或住户成员将其所拥有的金融资产、住房等非金融资产和自然资源交由其他机构单位、住户或个人支配而获得的回报并扣除相关的费用之后得到的净收入。财产净收入包括利息净收入、红利收入、储蓄性保险净收益、转让承包土地经营权租金净收入、出租房屋净收入、出租其他资产净收入和自有住房折算净租金等。财产净收入不包括转让资产所有权的溢价所得。

转移净收入 计算公式为：转移净收入＝转移性收入－转移性支出

转移性收入 指国家、单位、社会团体对住户的各种经常性转移支付和住户之间的经常性收入转移。包括养老金或退休金、社会救济和补助、政策性生产补贴、政策性生活补贴、救灾款、经常性捐赠和赔偿、报销医疗费、住户之间的赡养收入，本住户非常住成员寄回带回的收入等。转移性收入不包括住户之间的实物馈赠。

转移性支出 指调查户对国家、单位、住户或个人的经常性或义务性转移支付。包括缴纳的税款、各项社会保障支出、赡养支出、经常性捐赠和赔偿支出以及其他经常转移支出等。

（二）居民消费支出

居民消费支出是指居民用于满足家庭日常生活消费需要的全部支出，既包括现金消费支出，也包括实物消费支出。消费支出可划分为食品烟酒、衣着、居住、生活用品及服务、交通通信、教育文化娱乐、医疗保健以及其他用品及服务八大类。

食品烟酒 指用于各种食品和烟草、酒类的支出。

衣着 指与居民穿着有关的支出，包括服装、服装材料、鞋类、其他衣类及配件、衣着相关加工服务的支出。

居住 指与居住有关的支出，包括房租、水、电、燃料、物业管理等方面的支出，也包括自有住房折算租金。

生活用品及服务 指家庭及个人的各类生活品及家庭服务。包括家具及室内装饰品、家用器具、家用纺织品、家庭日用杂品、个人用品和家庭服务。

交通通信 指用于交通和通信工具及相关的各种服务费、维修费和车辆保险等支出。

教育文化娱乐 指用于教育、文化和娱乐方面的支出。

医疗保健 指用于医疗和保健的药品、用品和服务的总费用。包括医疗器具及药品，以及医疗服务。

其他用品及服务 指无法直接归入上述各类支出的其他用品与服务支出。

二、2012年及以前的分城镇和农村住户调查指标解释

2012年及以前年份，中国的住户调查一直分城乡分别开展。由于分别调查，农村与城镇居民收入、支出等指标的统计口径有所不同，数据也不完全可比，城镇调查城镇居民可支配收入，农村调查农村居民纯收入。城镇居民收入与支出数据，指现金收入或现金支出，不包括实物收支；其中，计算城镇居民人均可支配收入和消费支出时，不包括自有住房折算租金，也不包括购建房支出。农村居民收入与支出数据，分为总收支和现金收支，即农村居民的总收支部分包括了自产自用的实物收支；其中，计算农村居民人均纯收入和消费支出时，也不包括自有住房折算租金，但农村居民居住消费支出中，包括了购建房支出。

为了保持历史数据的可比，本年鉴中2012年及以前年份的数据和指标解释仍保持了原城镇住户调查和农村住户调查方案的原貌。

（一）城镇住户调查

城镇家庭人口 指居住在一起，经济上合在一起共同

生活的家庭成员。凡计算为家庭人口的成员其全部收支都包括在本家庭中。

城镇居民家庭可支配收入 指家庭成员得到可用于最终消费支出和其他非义务性支出以及储蓄的总和，即居民家庭可以用来自由支配的收入。它是家庭总收入扣除交纳的个人所得税、个人交纳的社会保障支出以及记账补贴后的收入。计算公式为：

城镇居民家庭可支配收入 = 家庭总收入 − 交纳个人所得税 − 个人交纳的社会保障支出 − 记账补贴

（二）农村住户调查

农村住户 指农村常住户。农村常住户指长期（一年以上）居住在乡镇（不包括城关镇）行政管理区域内的住户，以及长期居住在城关镇所辖行政村范围内的农村住户。户口不在本地而在本地居住一年及以上的住户也包括在本地农村常住户范围内；有本地户口，但举家外出谋生一年以上的住户，无论是否保留承包耕地都不包括在本地农村住户范围内。

农村居民家庭纯收入 指农村住户当年从各个来源得到的总收入相应地扣除所发生的费用后的收入总和。计算公式为：

农村居民家庭纯收入 = 总收入 − 家庭经营费用支出 − 税费支出 − 生产性固定资产折旧 − 赠送农村内部亲友

纯收入主要用于再生产投入和当年生活消费支出，也可用于储蓄和各种非义务性支出。“农民人均纯收入”是按人口平均的纯收入水平，反映的是一个地区农村居民的平均收入水平。

Explanatory Notes on Main Statistical Indicators

Ⅰ. Integrated Urban and Rural Households Survey on Income and Expenditures and Living Conditions

Since the fourth quarter of 2012, the NBS has launched its reform on the household survey programme, to form an integrated survey, instead of the two separate urban and rural household surveys. The reform regulates the division of urban and rural areas, integrates the concepts, classifications and standards, conducts the integrated household survey, and collects household data in the whole country thereafter.

1. Disposable Income of Households

Disposable Income of Households refers to the income of households for purpose of final expenditure and savings. It includes income both in cash and in kind. By sources of income, disposable income includes four categories: income from wages and salaries, net business income, net income from properties and net income from transfer.

Income from Wages and Salaries refers to remuneration of labour and salaries from all kinds of sources, including those employed by other units or individuals, freelance work, part-time jobs, and sporadic labour.

Net Business Income refers to net income earned by households and their members engaged in production and business activities. It refers to the net income of operating revenue minus operating costs, depreciation of productive fixed assets, and production tax. The formula is:

Net Business Income=Operating Revenue-Operating Costs-Depreciation of Productive Fixed Assets-Production Tax

Net Income from Properties refers to the net income received as returns by households or members of financial assets, non-financial assets such as housing, to other institutions, households or individuals, and minus relevant costs. Net income from properties includes net income of interest, bonus income, net income of saving insurance, net income of rents of transferring management right of contract land, income of renting housing, income of renting other assets, net converted rents of self-owned housing. Net income from properties do not include premium of transferring ownership of assets.

Net Income from Transfer The formula is:

Net Income from Transfer=Income from Transfers-Expenditure from Transfer

Income from Transfer refers to the regular transfer from country, institutions, social communities to households and between households. It includes old-age and retirement pension, disaster relief funds, regular donation and compensation, applying for medical fees, supporting income between households, income from non-usual-residing members of households, etc. Income from transfer do not include presents in kinds between households.

Expenditure from Transfer refers to regular or deontic transfer from households to country, institutions, households or individuals. It includes taxes paid, expenditure of all kinds of social security, supporting expenditure, regular donation and compensation and other regular transfer expenditure, etc.

2. Consumption Expenditure of Households

Consumption Expenditure of Households refers to all expenditure of households for living expenditure to satisfy family daily living. It includes expenditure in cash and in kind. It includes eight categories: food, tobacco and liquor; clothing; residence; household facilities, articles and services; transport and communications; education, cultural and recreational activities; health care and medical services, and miscellaneous goods and services.

Food, Tobacco and Liquor refers to expenditure for food, tobacco and liquor of all kinds.

Clothing refers to expenditure related to clothing, including clothes, clothing materials, footwear, other clothing and accessories, processing services related to clothing.

Residence refers to expenditure related to residence, including housing rents, water, electricity, fuel, property management, and including converted self-owned housing rents.

Household Facilities, Articles and Services refers to expenditure for family and individual articles for living purpose and family services. It includes furniture and interior decoration, home appliances, home textiles, household miscellaneous daily articles, personal articles, and family services.

Transport and Communications refers to expenditure for transport and communication and related services, maintenance and repairs, and vehicle insurance.

Education, Cultural and Recreational Activities refers to expenditure on education, cultural and recreational activities.

Health Care and Medical Services refers to expenditure on drugs, supplies and services of medical and health care. It includes medical appliances and drugs, and medical services.

Miscellaneous Goods and Services refers to expenditure of all kinds of expenditure of other articles and services that can not divided into the category above.

II. Explanatory on Inidcators before 2012

Prior to 2012, household surveys in China were conducted separately in urban and rural areas. Statistical coverage of indicators of household income and expenditure of urban and rural households were different, data were not comparable completely. Disposable income was surveyed in urban households, and net income was surveyed in rural households. Income and expenditure of urban households refer to that in cash, not including physical payments; Among which, when calculating per capita disposable income and consumption, self-owned housing conversion rental is not included, and expenditure of purchasing housing is not included either. Income and expenditure of rural households are divided into that of total and in cash, that is, total income and expenditure include self occupied physical payments; Among which, when computing per capita net income and expenditure of rural households, self-owned housing conversion rental is not included, but purchasing of housing is included in consumption expenditure of rural households.

For comparable reason, data prior to 2012 in this yearbook were still original urban households and rural households survey.

1. Urban Household Survey

Population of Urban Households refer to members of households living and sharing economically together in the urban areas. All the income and expenditure of all the members of such households are included in the income and expenditure of the household.

Disposable Income of Urban Households refers to the actual income at the disposal of members of the households which can be used for final consumption, other non-compulsory expenditure and savings. This equals to total income minus income tax, personal contribution to social security and subsidy for keeping diaries in being a sample household. The following formula is used:

Disposable Income of Urban Households= total household income - income tax - personal contribution to social security - subsidy for keeping diaries for a sampled household

2. Rural Household Survey

Rural Households refer to usual resident households in rural areas. Usual resident households in rural areas are households residing on a long term basis(for more than one year) in the areas under the administration of township governments (not including county towns), and in the areas under the administration of villages in county towns. Households residing in the current addresses for over one year with their household registration in other places are still considered as resident households of the locality. For households with their household registration in one place but all members of the households having moved away to make a living in another place for over one year, they will not be included in the rural households of the area where they are registered, irrespective of whether they still keep their contracted land.

Net Income of Rural Households refers to the total income of rural households from all sources minus all corresponding expenses. The formula for calculation is as follows:

Net income of rural households = total income - household operation expenses - taxes and fees-depreciation of fixed assets for production - gifts to rural relatives.

Net income is mainly used as input for reinvestment in production and as consumption expenditure of the year, and also used for savings and non-compulsory expenses of various forms. "Per capita net income of farmers" is the level of net income averaged by population, reflecting the average income level of rural population in a given area.

7

固定资产投资

Investment in Fixde Assets

资料整理人员：田杰平

7-1 固定资产投资及构成
Composition of Investments in Fixed Assets over the Years

单位：亿元 (100 million yuan)

年份 Year	固定资产投资 Investment in Fixed Assets	中央 Central Investment	固定资产投资增速(%) Fixed asset investment growth (%)	国有投资 Stateowned Investment	非国有投资 Non-Stateowned Investment
1978	20.15			14.71	5.44
1979	25.29			17.56	7.73
1980	32.20			20.32	11.88
1981	33.45			18.67	14.78
1982	40.18			25.34	14.84
1983	55.66			25.06	30.60
1984	60.54			29.39	31.15
1985	83.52			43.86	39.66
1986	99.26			50.40	48.86
1987	116.39			60.98	55.41
1988	140.04			72.97	67.07
1989	114.41			62.94	51.47
1990	124.17			72.01	52.16
1991	157.07			94.85	62.22
1992	233.39			149.72	83.67
1993	320.24			203.17	117.07
1994	420.89			251.21	169.68
1995	524.01			316.90	207.11
1996	678.33			375.27	303.06
1997	700.73			366.24	334.49
1998	848.59			457.00	391.59
1999	943.34			522.95	420.39
2000	1066.27	248.26		574.12	492.15
2001	1210.63	225.54		618.54	592.09
2002	1355.87	166.88		665.70	690.17
2003	1557.00	114.09		701.33	855.67
2004	1981.29	150.68		879.95	1101.34
2005	2563.96	175.48		1000.96	1563.00
2006	3242.39	255.23		1205.49	2036.90
2007	4294.36	354.63		1546.59	2747.76
2008	5649.69	457.13		1985.68	3664.01
2009	7695.27	288.58		2923.52	4771.75
2010	9821.06	281.61		3322.32	6498.75
2011	11431.48	353.67	27.9	3563.13	7868.35
2012	14576.61	435.37	27.5	4580.72	9995.89
2013	18381.44	334.14	26.1	5574.42	12807.02
2014	21950.77	460.48	19.4	6393.07	15557.70
2015	25954.27	492.75	18.2	7829.93	18124.34
2016	27688.45	443.50	13.8	9253.52	18434.93
2017	31328.08	417.48	13.1	10395.04	20933.04

注：从 2011 年起，固定资产投资起报点由 50 万元提高到 500 万元，全社会固定资产投资指标调整为固定资产投资。

From 2011, the starting point of reporting Investment in Fixed Assets increased from five hundred thousand yuan to five million yuan. The Index of "Total Investment in Fixed Assets" adjusted to the "Investment in Fixed Assets".

7-2 固定资产投资
Investment in Fixed Assets

指 标	Item	2000	2005	2016	2017	2017年比上年 ±% Increase Rate in 2017 over 2016(%)
投资总额 （亿元）	**Total Investment (100 million yuan)**	**1066.27**	**2563.96**	**27688.45**	**31328.08**	**13.1**
按经济类型分	**Grouped by Ownership**					
国有经济	State-Owned Units	574.12	1000.96	9253.52	10395.04	12.3
集体经济	Collective-Owned Units	118.80	94.89	377.70	399.56	5.8
个体经济	Individuals	281.89	499.08	10375.25	12051.59	16.2
联营经济	Joint Owned Economic Units	1.36	13.26	22.59	35.98	59.3
股份制经济	Share Holding Economic Units	49.80	752.22	6191.94	6680.90	7.9
外商投资经济	Foreign Funded Economic Units	24.72	47.48	204.96	166.89	-18.6
港澳台投资经济	Economic Units Funded by Entrepreneurs from Hong Kong,Macao and Taiwan	13.69	66.25	277.67	308.44	11.1
其他经济	Others	1.91	89.82	984.81	1289.68	31.0
按资金来源分	**Grouped by Source of Funds**					
国家预算内投资	State Budgetary Appropriation	76.49	85.30	1419.46	1618.03	14.0
国内贷款	Domestic Loans	213.41	346.44	2553.29	2827.45	10.7
债券	Bonds	2.34	7.74	63.57	72.56	14.1
利用外资	Foreign Investment	22.01	63.25	45.94	119.11	159.3
自筹投资	Fundraising	623.37	1692.73	20133.01	22413.37	11.3
其他资金	Others	128.65	368.50	3473.18	4277.55	23.2
按构成分	**Grouped by Use of Funds**					
建筑安装工程	Construction and Installation	759.94	1678.77	20718.64	24057.85	16.1
设备、工器具购置	Purchase of Equipment and Instruments	198.68	490.60	3676.18	4229.57	15.1
其他费用	Others	107.65	394.59	3293.63	3040.66	-7.7
按隶属关系分	**Grouped by Administrative Relationship**					
中央	Central	248.26	177.52	443.50	417.48	-5.9
地方	Local	818.02	2386.44	27244.95	30910.60	13.5
按用途分：住宅	**Grouped by Industry: Residential Buildings**	297.00	500.56	2125.06	2345.28	10.4
房屋建筑面积（万平方米）	**Floor Space of Buildings (10 000 sq.m)**					
施工面积	Floor Space Under Construction	13170.34	14009.92	37414.44	37433.69	0.1
竣工面积	Floor Space Completed	10892.52	8124.12	7342.74	6155.12	-16.2
#住宅	#Residential Buildings	9117.54	6179.85	3866.04	3540.87	-8.4

7-3 按经济类型分固定资产投资及构成(2017年)
Investments in Fixed Assets and its Composition by Economic Types (2017)

类 别	Item	全省总计 Total	国 有 Stateowned	非国有 Non Stateowned
投资总额 （亿元）	**Total Investment (100 million yuan)**	**31328.08**	**10395.04**	**20933.04**
按资金来源分	**Grouped by Source of Funds**			
#国家预算内投资	#State Budgetary Appropriation	1618.03	1439.20	178.83
国内贷款	Domestic Loans	2827.45	1219.23	1608.23
债 券	Bonds	72.56	40.75	31.81
利用外资	Foreign Investment	119.11	30.20	88.91
自筹投资	Fundraising	22413.37	6950.83	15462.54
其他资金	Others	4277.55	714.83	3562.73
按构成分	**Grouped by Use of Funds**			
#建安工程	#Construction and Installation	24057.85	8722.95	15334.90
设备、工具、器具购置	Purchase of Equipment and Instruments	4229.57	659.55	3570.02
其他费用	Others	3040.66	1012.54	2028.12
按用途分：住宅	**Grouped by Industry:Residential Buildings**	**2345.28**	**206.32**	**2138.96**
房屋建筑面积 （万平方米）	**Floor Space of Buildings (10 000 sq.m)**			
#施工面积	#Floor Space Under Construction	37433.69	3961.94	33471.75
竣工面积	Floor Space Completed	6155.12	1067.07	5088.05
#住宅	#Residential Buildings	3540.87	543.37	2997.51
构成 (%)	**Percentage (%)**			
按资金来源分	**Grouped by Source of Funds**			
#国家预算内投资	#State Budgetary Appropriation	5.2	13.8	0.9
国内贷款	Domestic Loans	9.0	11.7	7.7
债券	Bonds	0.2	0.4	0.2
利用外资	Foreign Investment	0.4	0.3	0.4
自筹投资	Fundraising	71.5	66.9	73.9
其他资金	Others	13.7	6.9	17.0
按构成分	**Grouped by Use of Funds**			
#建安工程	#Construction and Installation	76.8	83.9	73.3
设备、工具、器具购置	Purchase of Equipment and Instruments	13.5	6.3	17.1
其他费用	Others	9.7	9.7	9.7
按用途分：住宅	**Grouped by Industry:Residential Buildings**	**7.5**	**2.0**	**10.2**

注：其他含联营经济、股份制经济、中外合资经营、中外合作经营、外资、与大陆合资经营、与大陆合作经营、港澳台独资等经济。

Other types of ownership refer to the types of ownership of joint-owned economic units, share holding economic units, economic units funded by Chinese and foreign ventures, Chinese-foreign joint ventures, foreign-funded economic units, and the economic units funded by enterpriser from Hong Kong, Macao and Taiwan.

7-4 按行业分固定资产投资
Investment of Fixed Assets by Sector

指　标	Item	2015	2016	2017	2017年比上年±% Increase Rate in 2017 over 2016(%)
总计　（亿元）	**Total　(100 million yuan)**	**25954.27**	**27688.45**	**31328.08**	**13.1**
农、林、牧、渔业	Agriculture,Forestry,Farming of Animals and Fishing	1116.75	1231.74	1496.07	21.5
采矿业	Mining	626.75	499.45	436.96	-12.5
制造业	Manufacturing	9079.12	8824.47	9469.87	7.3
电力、燃气及水的生产和供应业	Production and Distribution of Electricity,Gas and Water	926.00	950.79	1131.12	19.0
建筑业	Construction	435.09	318.66	355.65	11.6
交通运输、仓储和邮政业	Traffic,Transport, Storage and Post	1800.94	1944.41	2104.35	8.2
信息传输、计算机服务和软件业	Information Transfer,Computer Services and Software	275.43	298.27	388.66	30.3
批发和零售业	Wholesale and Retail Trade	1270.61	1104.82	1320.34	19.5
住宿和餐饮业	Accommodation and Restaurants	328.48	293.91	353.30	20.2
金融业	Finance	93.92	78.60	60.91	-22.5
房地产业	Real Estate Trade	3651.92	4369.52	4849.70	11.0
租赁和商务服务业	Tenancy and Business Services	552.93	723.43	897.75	24.1
科学研究、技术服务和地质勘查	Scientific Research,Technical Service and Geologic Perambulation	318.66	358.19	434.43	21.3
水利、环境和公共设施管理业	Management of Water Conservancy,Environment and Public Establishment	3539.62	4526.16	5421.34	19.8
居民服务和其他服务业	Resident Services and Other Services	135.88	131.02	158.32	20.8
教育	Education	500.34	568.10	692.64	21.9
卫生、社会保障和社会福利业	Sanitation,Social Security and Social Welfare	308.06	414.26	483.88	16.8
文化、体育和娱乐业	Culture,Sports and Entertainment	303.73	512.75	650.22	26.8
公共管理和社会组织	Public Management and Social Organization	690.03	539.90	622.58	15.3
构成　(%)	**Composition in Percentage　(%)**				
农、林、牧、渔业	Agriculture,Forestry,Farming of Animals and Fishing	4.3	4.45	4.78	7.3
采矿业	Mining	2.4	1.80	1.39	-22.7
制造业	Manufacturing	35.0	31.87	30.23	-5.2
电力、燃气及水的生产和供应业	Production and Distribution of Electricity,Gas and Water	3.6	3.43	3.61	5.1
建筑业	Construction	1.7	1.15	1.14	-1.4
交通运输、仓储和邮政业	Traffic,Transport, Storage and Post	6.9	7.02	6.72	-4.3
信息传输、计算机服务和软件业	Information Transfer,Computer Services and Software	1.1	1.08	1.24	15.2
批发和零售业	Wholesale and Retail Trade	4.9	3.99	4.21	5.6
住宿和餐饮业	Accommodation and Restaurants	1.3	1.06	1.13	6.2
金融业	Finance	0.4	0.28	0.19	-31.5
房地产业	Real Estate Trade	14.1	15.78	15.48	-1.9
租赁和商务服务业	Tenancy and Business Services	2.1	2.61	2.87	9.7
科学研究、技术服务和地质勘查	Scientific Research,Technical Service and Geologic Perambulation	1.2	1.29	1.39	7.2
水利、环境和公共设施管理业	Management of Water Conservancy,Environment and Public Establishment	13.6	16.35	17.31	5.9
居民服务和其他服务业	Resident Services and Other Services	0.5	0.47	0.51	6.8
教育	Education	1.9	2.05	2.21	7.8
卫生、社会保障和社会福利业	Sanitation,Social Security and Social Welfare	1.2	1.50	1.54	3.2
文化、体育和娱乐业	Culture,Sports and Entertainment	1.2	1.85	2.08	12.1
公共管理和社会组织	Public Management and Social Organization	2.7	1.95	1.99	1.9

7–5 按行业、构成、隶属关系和注册类型分固定资产投资 (2017年)

单位：亿元

指 标	Item	投资额 Investment	中 央 Central Investment
总计	**Total**	**31328.08**	**417.48**
农、林、牧、渔业	**Agriculture, Forestry, Animal Husbandry and Fishing**	**1496.07**	**1.91**
农业	Agriculture	762.58	1.56
林业	Forestry	143.47	0.15
畜牧业	Animal Husbandry	273.31	
渔业	Fishing	72.24	0.18
农、林、牧、渔服务业	Service Activities for Agriculture, Forestry, Animal Husbandry	244.47	0.03
采矿业	**Mining**	**436.96**	**3.57**
煤炭开采和洗选业	Mining and Washing of Coal	119.02	0.42
石油和天然气开采业	Extraction of Petroleum and Natural Gas	0.40	
黑色金属矿采选业	Mining and Processing of Ferrous Metal Ores	22.88	
有色金属矿采选业	Mining and Processing of Non–Ferrous Metal Ores	95.84	3.14
非金属矿采选业	Mining and Processing of Nonmetal Ores	185.26	
开采辅助活动	Support Activities for Mining	8.17	
其他采矿业	Mining of Other Ores	5.38	
制造业	**Manufacturing**	**9469.87**	**158.95**
农副食品加工业	Processing of Food from Agricultural Products	850.09	0.33
食品制造业	Manufacture of Foods	394.38	1.57
酒、饮料和精制茶制造业	Wine, Soft Drinks and Refined Tea Industry	255.12	0.59
烟草制品业	Manufacture of Tobacco	14.87	5.54
纺织业	Manufacture of Textile	152.60	0.23
纺织服装、鞋、帽制造业	Manufacture of Textile Wearing Apparel, Footware, and Caps	159.74	
皮革毛皮羽毛（绒）及其制品业	Manufacture of Leather, Fur, Feather and Related Products	143.24	
木材加工及木竹藤棕草制品业	Processing of Timber, Manufacture of Wood, Bamboo, Rattan, Palm, and Straw Products	251.92	
家具制造业	Manufacture of Furniture	154.45	
造纸及纸制品业	Manufacture of Paper and Paper Products	160.44	3.93
印刷业和记录媒介的复制	Printing,Reproduction of Recording Media	119.65	
文教体育用品制造业	Manufacture of Articles For Culture, Education and Sport Activity	135.22	
石油加工、炼焦及核燃料加工业	Processing of Petroleum, Coking, Processing of Nuclear Fuel	17.52	0.27
化学原料及化学制品制造业	Manufacture of Raw Chemical Materials and Chemical Products	681.78	16.13
医药制造业	Manufacture of Medicines	289.64	
化学纤维制造业	Manufacture of Chemical Fibers	12.52	
橡胶和塑料制品业	Rubber and Plastic Products Industry	214.67	1.37
非金属矿物制品业	Manufacture of Non–metallic Mineral Products	1045.51	8.57
黑色金属冶炼及压延加工业	Smelting and Pressing of Ferrous Metals	108.37	
有色金属冶炼及压延加工业	Smelting and Pressing of Non–ferrous Metals	300.80	11.55
金属制品业	Manufacture of Metal Products	453.78	17.05
通用设备制造业	Manufacture of General Purpose Machinery	661.34	6.45
专用设备制造业	Manufacture of Special Purpose Machinery	658.32	21.27
汽车制造业	Automotive Manufacturing	466.94	2.21
铁路、船舶、航空航天和其他运输设备制造业	Railroad, Marine, Aerospace and Other Transportation Equipment Manufacturing	193.56	55.14
电气机械及器材制造业	Manufacture of Electrical Machinery and Equipment	721.40	3.57
通信设备、计算机及其他电子设备制造业	Manufacture of Communication Equipment, Computers and Other Electronic Equipment	537.26	3.16
仪器仪表制造业	Instrument Manufacturing	85.44	
其他制造业	Other Manufacturing	156.76	
废弃资源综合利用业	Comprehensive Utilization of Waste Resources Industry	57.21	
金属制品、机械和设备修理业	**Metal Products, Machinery and Equipment Repair Industry**	**15.34**	
电力燃气水的生产和供应业	Production and Distribution of Electricity, Gas and Water	1131.12	35.68
电力、热力的生产和供应业	Production and Distribution of Electric Power and Heat Power	607.14	33.38
燃气生产和供应业	Production and Distribution of Gas	83.48	0.84
水的生产和供应业	Production and Distribution of Water	440.51	1.45
建筑业	**Construction**	**355.65**	**5.14**
房屋建筑业	Housing Construction	64.79	
土木工程建筑业	Civil Engineering Construction	237.55	5.14
建筑安装业	Building Installation	23.01	
建筑装饰和其他建筑业	Architectural Decoration and Other Construction	30.30	

Investment of Fixed Assets by Sector, Source of Funds, Jurisdiction of Management and Registration Status (2017)

(100 million yuan)

地 方 Local Investment	内 资 Domestic Fund	港澳台商投资 Fund from Hong Kong, Macao and Taiwan	外商投资 Foreign Funded	个体私营 Individuals and Private
30910.60	**20198.38**	**305.76**	**163.48**	**11910.45**
1494.16	**702.94**	**3.93**	**6.78**	**729.50**
761.02	349.12	3.54		380.35
143.32	81.37			59.81
273.31	102.40	0.39	4.98	149.19
72.07	38.68			31.41
244.44	131.36		1.80	108.75
433.39	**136.24**			**298.16**
118.60	24.56			94.46
0.40	0.40			
22.88	6.40			16.48
92.70	44.31			51.53
185.26	56.54			126.16
8.17	2.47			5.70
5.38	1.55			3.83
9310.92	**2816.70**	**151.71**	**112.15**	**6352.24**
849.76	239.31	2.20	0.53	600.75
392.81	123.76	2.41	10.06	256.75
254.53	74.84	7.29	4.56	165.72
9.33	14.73			0.13
152.37	40.21			112.39
159.74	32.92	3.74		122.17
143.24	25.22	5.07	0.94	111.81
251.92	47.04	1.14		197.52
154.45	34.53			116.35
156.52	36.65			123.09
119.65	29.19	0.69		89.43
135.22	36.38	4.83	2.05	91.50
17.24	6.86			10.66
665.65	184.29	0.82	1.82	492.77
289.64	136.74	2.73	0.40	149.60
12.52	2.61	0.37		9.53
213.30	50.40	1.01	0.10	161.95
1036.94	262.82	62.07	1.84	711.61
108.37	28.26	0.46		78.87
289.25	105.46	1.68	1.19	192.49
436.73	97.61	1.61	0.27	353.03
654.89	189.08	4.22	1.41	466.63
637.05	202.67	9.98	2.57	443.10
464.72	145.25	3.07	69.25	249.37
138.42	120.13	0.00	1.31	72.11
717.82	240.86	12.68	0.36	467.11
534.10	187.18	20.54	13.48	316.06
85.44	27.98	2.41		55.05
156.76	73.76	0.70		82.30
57.21	14.35			42.86
15.34	**5.62**			**9.52**
1095.45	822.31	16.21	6.23	280.67
573.75	409.57	9.46	2.62	181.31
82.64	44.01	1.07	3.52	34.59
439.06	368.73	5.68	0.09	64.77
350.50	**296.24**			**59.40**
64.79	51.87			12.93
232.40	211.56			25.98
23.01	16.22			6.79
30.30	16.59			13.71

7-5 续表

单位：亿元

指 标	Item	投资额 Investment	中 央 Central Investment
交通运输、仓储和邮政业	**Transport, Storage and Post**	**2104.35**	**54.56**
铁路运输业	Railway Transport	111.84	28.01
道路运输业	Road Transport	1466.54	19.37
水上运输业	Water Transport	49.24	
航空运输业	Air Transport	19.35	4.20
管道运输业	Transport Via Pipelines	12.40	
装卸搬运和其他运输服务业	Loading, Unloading and Other Transport Services	105.46	0.49
仓储业	Storage	313.80	2.49
邮政业	Post	25.71	
信息传输、软件和信息技术软件业	**Information Transmission, Software and IT Software Industry**	**388.66**	**32.75**
电信、广播电视和卫星传输服务	Telecommunications, Radio and Television and Satellite Transmission Services	67.67	22.74
互联网和相关服务	Internet and Related Services	106.75	10.02
软件和信息技术服务业	Software and IT Services	214.24	
批发和零售业	**Wholesale and Retail Trade**	**1320.34**	**3.36**
批发业	Wholesale Trade	636.69	2.96
零售业	Retail Trade	683.65	0.40
住宿和餐饮业	**Hotel and Restaurants**	**353.30**	
住宿业	Hotels	226.42	
餐饮业	Restaurants	126.89	
金融业	**Financial Intermediation**	**60.91**	**1.71**
货币金融服务	Monetary and Financial Services	23.46	1.71
资本市场服务	Capital Market Services	17.61	
保险业	Insurance	4.86	
其他金融业	Other Financial Activities	14.97	
房地产业	**Real Estate**	**4849.70**	**61.72**
租赁和商务服务业	**Leasing and Business Services**	**897.75**	**7.12**
租赁业	Leasing	47.31	0.35
商务服务业	Business Services	850.44	6.77
科学研究、技术服务业	**Scientific Research, Technical Service and Geologic Prospecting**	**434.43**	**1.05**
研究与试验发展	Research and Experimental Development	143.78	0.30
专业技术服务业	Professional Technical Services	133.71	0.01
科技交流和推广服务业	Services of Science and Technology Exchanges and Promotion	156.93	0.74
水利、环境和公共设施管理业	**Management of Water Conservancy, Environment and Public Facilities**	**5421.34**	**24.06**
水利管理业	Management of Water Conservancy	491.37	0.73
环境管理业	Environmental Management	311.35	0.89
公共设施管理业	Management of Public Facilities	4618.63	22.44
居民服务和其他服务业	**Services to Households and Other Services**	**158.32**	**0.39**
居民服务业	Services to Households	72.78	0.39
机动车、电子产品和日用产品修理业	Motor Vehicles, Electronics and Household Goods Repair Industry	38.60	
其他服务业	Other Services	46.93	
教育	**Education**	**692.64**	**8.23**
卫生、社会工作	**Health, Social Work**	**483.88**	**8.10**
卫生	Health	328.46	7.34
社会工作	Social Work	155.42	0.76
文化、体育和娱乐业	**Culture, Sports and Entertainment**	**650.22**	**3.81**
新闻出版业	Journalism and Publishing Activities	11.48	
广播、电视、电影和影视录音制作业	Radio, Television, Film and Video Production Industry Recordings	37.76	
文化艺术业	Cultural and Art Activities	331.99	2.24
体育	Sports Activities	104.23	0.59
娱乐业	Entertainment	164.76	0.98
公共管理、社会保障和社会组织	**Public Administration, Social Security and Social Organizations**	**622.58**	**5.38**
中国共产党机关	Organs of Communist Party of China	4.75	
国家机构	Government Agencies	438.68	4.82
人民政协和民主党派	People's Political Consultative Conference and Democratic Parties	0.40	
社会保障	Social Security	86.83	0.31
群众团体、社会团体和宗教组织	Mass Organizations, Social Organizations and Religious Organizations	14.71	
基层群众自治组织	Grass-roots Mass Self-government Organizations	77.22	0.25

continued

(100 million yuan)

地　方 Local Investment	内　资 Domestic Fund	港澳台商投资 Fund from Hong Kong, Macao and Taiwan	外商投资 Foreign Funded	个体私营 Individuals and Private
2049.79	**1749.31**	**15.02**	**4.39**	**334.50**
83.83	101.19			10.65
1447.16	1379.34			86.60
49.24	45.35			3.74
15.15	11.57			7.78
12.40	11.00			1.41
104.97	44.61			60.47
311.31	138.57	15.02	4.27	155.94
25.71	17.68		0.12	7.91
355.91	**229.41**		**3.46**	**155.79**
44.94	59.84		2.80	5.03
96.74	60.51			46.24
214.24	109.06		0.65	104.52
1316.98	**631.97**	**5.53**	**0.38**	**668.20**
633.73	294.81	5.43	0.26	329.98
683.25	337.16	0.10	0.12	338.22
353.30	**162.82**	**1.60**		**179.15**
226.42	122.40	1.60		97.88
126.89	40.42			81.27
59.20	**37.53**			**23.37**
21.75	20.33			3.14
17.61	7.71			9.90
4.86	2.35			2.51
14.97	7.14			7.83
4787.98	**4542.10**	**106.65**	**23.66**	**1565.82**
890.63	**616.61**	**2.78**		**277.61**
46.96	22.26			25.05
843.67	594.35	2.78		252.56
433.38	**230.26**	**0.10**	**0.64**	**203.43**
143.48	83.24			60.54
133.70	78.06		0.64	55.01
156.19	68.96	0.10		87.87
5397.28	**5089.43**	**1.74**	**0.42**	**3969.35**
490.64	478.69			10.63
310.45	283.16			28.19
4596.19	4327.58	1.74	0.42	286.07
157.93	**96.64**			**59.82**
72.39	55.68			16.44
38.60	13.85			23.93
46.93	27.11			19.45
684.41	**613.55**		**0.12**	**75.97**
475.79	**384.23**		**3.09**	**95.82**
321.13	272.31		3.09	52.63
154.66	111.91			43.19
646.41	**445.15**	**0.36**	**2.15**	**199.40**
11.48	9.99			1.15
37.76	26.53			11.23
329.76	247.09	0.36		84.27
103.64	75.58			27.68
163.78	85.96		2.15	75.08
617.20	**594.93**	**0.12**		**26.71**
4.75	4.75			
433.86	429.98			8.70
0.40	0.40			
86.52	74.26			12.56
14.71	13.90	0.12		0.03
76.97	71.65			5.42

7-6 各市州按行业分固定资产投资(2017年)
Investment of Fixed Assets by Sector of Cities and Prefecture(2017)

单位：亿元 (100 million yuan)

行 业	Sector	合计 Total	长沙市 Changsha City	株洲市 Zhuzhou City	湘潭市 Xiangtan City
总计	**Total**	**31328.08**	**7567.77**	**2622.67**	**2204.88**
农、林、牧、渔业	Agriculture,Forestry,Farming of Animals and Fishing	1496.07	70.64	145.77	22.38
采矿业	Mining	436.96	12.98	61.33	17.73
制造业	Manufacturing	9469.87	2139.04	869.62	1025.88
电力、燃气及水的生产和供应业	Production and Distribution of Electricity,Gas and Water	1131.12	59.77	69.62	39.54
建筑业	Construction	355.65	24.05	13.97	14.20
批发和零售业	Wholesale and Retail Trade	1320.34	461.95	89.23	69.85
交通运输、仓储和邮政业	Transportation, Storage and Postal Services	2104.35	496.09	86.08	94.64
住宿和餐饮业	Accommodation and Catering	353.30	68.94	41.99	11.39
信息传输、软件和信息技术服务业	Information Transmission, Software and IT Services	388.66	245.67	6.15	14.77
金融业	Finance	60.91	26.93	0.34	1.10
房地产业	Real Estate Trade	4849.70	1902.71	363.10	221.86
租赁和商务服务业	Tenancy and Business Services	897.75	294.19	24.09	42.19
科学研究、技术服务业	Scientific Research, Technical Services	434.43	242.73	17.97	21.48
水利、环境和公共设施管理业	Management of Water Conservancy, Environment and Public Establishment	5421.34	864.74	674.64	510.06
居民服务、修理和其他服务业	Resident Services, Repairs and Other Services	158.32	28.99	7.31	7.94
教育	Education	692.64	188.19	54.83	23.93
卫生和社会工作业	Health and Social Work Sector	483.88	115.33	33.51	17.11
文化、体育和娱乐业	Culture,Sports and Entertainment	650.22	279.67	43.24	42.06
公共管理、社会保障和社会组织	Public Administration, Social Security and Social Organizations	622.58	45.14	19.89	6.77

7-6 续表 1 continued

单位：亿元 (100 million yuan)

行 业	Sector	衡阳市 Hengyang City	邵阳市 Shaoyang City	岳阳市 Yueyang City	常德市 Changde City
总计	**Total**	**2615.85**	**1839.80**	**2633.55**	**2296.01**
农、林、牧、渔业	Agriculture,Forestry,Farming of Animals and Fishing	241.51	228.21	128.20	84.43
采矿业	Mining	58.50	26.30	8.88	43.28
制造业	Manufacturing	784.74	481.55	743.79	731.34
电力、燃气及水的生产和供应业	Production and Distribution of Electricity,Gas and Water	91.56	83.99	155.19	122.14
建筑业	Construction	62.84	12.39	46.16	38.47
批发和零售业	Wholesale and Retail Trade	83.96	164.81	97.58	108.33
交通运输、仓储和邮政业	Transportation, Storage and Postal Services	193.10	180.52	86.68	100.23
住宿和餐饮业	Accommodation and Catering	23.55	32.42	37.01	40.82
信息传输、软件和信息技术服务业	Information Transmission, Software and IT Services	17.46	6.10	26.60	12.36
金融业	Finance	6.40	2.75	8.17	5.19
房地产业	Real Estate Trade	360.15	284.91	244.70	261.15
租赁和商务服务业	Tenancy and Business Services	93.40	20.42	65.03	94.57
科学研究、技术服务业	Scientific Research, Technical Services	22.00	12.20	16.23	23.33
水利、环境和公共设施管理业	Management of Water Conservancy, Environment and Public Establishment	396.18	144.61	658.11	441.77
居民服务、修理和其他服务业	Resident Services, Repairs and Other Services	20.90	9.83	16.24	13.13
教育	Education	56.54	64.89	62.83	47.32
卫生和社会工作业	Health and Social Work Sector	51.52	35.43	44.68	56.22
文化、体育和娱乐业	Culture,Sports and Entertainment	32.93	28.08	63.06	30.13
公共管理、社会保障和社会组织	Public Administration, Social Security and Social Organizations	18.62	20.38	124.42	41.80

7-6 续表 2 continued

单位：亿元 (100 million yuan)

行 业	Sector	张家界市 Zhangjiajie City	益阳市 Yiyang City	郴州市 Chenzhou City	永州市 Yongzhou City
总计	**Total**	**351.33**	**1499.85**	**2628.10**	**1866.49**
农、林、牧、渔业	Agriculture,Forestry,Farming of Animals and Fishing	5.81	40.01	259.63	95.74
采矿业	Mining	3.83	9.67	115.60	18.56
制造业	Manufacturing	50.32	713.66	633.78	549.34
电力、燃气及水的生产和供应业	Production and Distribution of Electricity,Gas and Water	3.68	52.65	165.14	135.56
建筑业	Construction	2.47	41.62	23.71	17.28
批发和零售业	Wholesale and Retail Trade	7.33	16.10	153.68	32.09
交通运输、仓储和邮政业	Transportation, Storage and Postal Services	71.54	96.48	103.56	156.07
住宿和餐饮业	Accommodation and Catering	5.06	3.10	37.42	15.47
信息传输、软件和信息技术服务业	Information Transmission, Software and IT Services	2.45	6.47	17.95	11.50
金融业	Finance		0.48	6.67	1.16
房地产业	Real Estate Trade	52.54	165.38	299.65	237.06
租赁和商务服务业	Tenancy and Business Services	7.49	38.30	61.61	71.11
科学研究、技术服务业	Scientific Research, Technical Services	0.27	8.94	46.75	10.69
水利、环境和公共设施管理业	Management of Water Conservancy, Environment and Public Establishment	75.45	244.99	479.43	279.34
居民服务、修理和其他服务业	Resident Services, Repairs and Other Services	26.61	3.97	6.84	7.94
教育	Education	7.97	10.09	58.90	61.15
卫生和社会工作业	Health and Social Work Sector	6.91	22.94	28.50	25.69
文化、体育和娱乐业	Culture,Sports and Entertainment	11.96	8.51	32.78	27.04
公共管理、社会保障和社会组织	Public Administration, Social Security and Social Organizations	9.65	16.49	96.49	113.69

7-6 续表 3 continued

单位：亿元 (100 million yuan)

行 业	Sector	怀化市 Huaihua City	娄底市 Loudi City	湘西自治州 West Hunan A.P	不分地区 Not Classified by Region
总计	**Total**	**1235.74**	**1376.32**	**429.51**	**160.22**
农、林、牧、渔业	Agriculture,Forestry,Farming of Animals and Fishing	71.07	96.56	6.10	
采矿业	Mining	8.85	51.38	0.07	
制造业	Manufacturing	248.33	453.54	44.94	
电力、燃气及水的生产和供应业	Production and Distribution of Electricity,Gas and Water	58.95	59.10	34.23	
建筑业	Construction	36.64	15.68	6.17	
批发和零售业	Wholesale and Retail Trade	9.64	24.46	1.32	
交通运输、仓储和邮政业	Transportation, Storage and Postal Services	90.60	102.58	86.55	159.64
住宿和餐饮业	Accommodation and Catering	13.36	7.41	15.37	
信息传输、软件和信息技术服务业	Information Transmission, Software and IT Services	5.18	15.49	0.53	
金融业	Finance	0.00	1.53	0.19	
房地产业	Real Estate Trade	215.93	152.73	87.82	
租赁和商务服务业	Tenancy and Business Services	49.75	17.62	17.97	
科学研究、技术服务业	Scientific Research, Technical Services	6.56	5.16	0.11	
水利、环境和公共设施管理业	Management of Water Conservancy, Environment and Public Establishment	340.32	239.87	71.24	0.58
居民服务、修理和其他服务业	Resident Services, Repairs and Other Services	3.57	4.17	0.89	
教育	Education	19.62	21.05	15.33	
卫生和社会工作业	Health and Social Work Sector	16.11	19.80	10.12	
文化、体育和娱乐业	Culture,Sports and Entertainment	18.44	15.48	16.83	
公共管理、社会保障和社会组织	Public Administration, Social Security and Social Organizations	22.82	72.69	13.73	

7-7 各市州按行业分新增固定资产 (2017年)
Newly Increased Fixed Assets by Sector of Cities and Prefecture (2017)

单位：亿元 (100 million yuan)

行业	Sector	合计 Total	长沙市 Changsha City	株洲市 Zhuzhou City	湘潭市 Xiangtan City
总计	**Total**	**20551.67**	**4286.86**	**1925.52**	**1587.80**
农、林、牧、渔业	Agriculture,Forestry,Farming of Animals and Fishing	1159.40	51.98	131.87	18.89
采矿业	Mining	357.56	12.30	57.95	16.46
制造业	Manufacturing	6867.39	1252.48	777.80	836.29
电力、燃气及水的生产和供应业	Production and Distribution of Electricity,Gas and Water	785.54	35.20	48.19	26.00
建筑业	Construction	256.92	21.42	13.76	12.10
批发和零售业	Wholesale and Retail Trade	958.80	279.97	72.51	52.19
交通运输、仓储和邮政业	Transportation, Storage and Postal Services	1532.38	392.58	57.84	69.79
住宿和餐饮业	Accommodation and Catering	257.64	49.79	44.59	9.13
信息传输、软件和信息技术服务业	Information Transmission, Software and IT Services	306.17	194.76	2.68	13.29
金融业	Finance	49.80	27.80	0.34	1.00
房地产业	Real Estate Trade	2068.00	689.52	125.41	71.35
租赁和商务服务业	Tenancy and Business Services	527.56	202.82	20.06	31.56
科学研究、技术服务业	Scientific Research, Technical Services	320.96	183.72	12.72	14.18
水利、环境和公共设施管理业	Management Of Water Conservancy,Environment and Public Establishment	3320.34	512.04	436.47	358.18
居民服务、修理和其他服务业	Resident Services, Repairs and Other Services	122.26	23.89	6.62	6.41
教育	Education	456.17	109.49	33.39	10.91
卫生和社会工作业	Health and Social Work Sector	350.52	54.64	28.12	13.52
文化、体育和娱乐业	Culture,Sports and Entertainment	430.37	167.57	35.40	24.23
公共管理、社会保障和社会组织	Public Administration, Social Security and Social Organizations	423.87	24.87	19.81	2.31

7-7 续表 1 continued

单位：亿元 (100 million yuan)

行业	Sector	衡阳市 Hengyang City	邵阳市 Shaoyang City	岳阳市 Yueyang City	常德市 Changde City
总计	**Total**	**1886.90**	**1306.51**	**1628.72**	**1531.28**
农、林、牧、渔业	Agriculture,Forestry,Farming of Animals and Fishing	171.72	170.30	91.08	66.01
采矿业	Mining	51.29	20.56	5.44	35.37
制造业	Manufacturing	650.46	379.25	513.57	556.21
电力、燃气及水的生产和供应业	Production and Distribution of Electricity,Gas and Water	94.02	64.52	90.51	89.73
建筑业	Construction	36.60	5.40	25.66	34.68
批发和零售业	Wholesale and Retail Trade	63.43	145.54	71.91	105.93
交通运输、仓储和邮政业	Transportation, Storage and Postal Services	129.13	103.21	54.42	50.27
住宿和餐饮业	Accommodation and Catering	17.38	27.57	19.52	22.34
信息传输、软件和信息技术服务业	Information Transmission, Software and IT Services	16.74	5.20	18.53	6.64
金融业	Finance	3.02	2.29	7.73	2.98
房地产业	Real Estate Trade	185.45	118.40	85.28	141.16
租赁和商务服务业	Tenancy and Business Services	61.50	11.17	37.94	49.21
科学研究、技术服务业	Scientific Research, Technical Services	22.11	5.45	10.05	17.88
水利、环境和公共设施管理业	Management Of Water Conservancy,Environment and Public Establishment	241.40	106.68	386.11	183.28
居民服务、修理和其他服务业	Resident Services, Repairs and Other Services	17.28	8.98	11.19	8.99
教育	Education	51.31	38.89	39.05	49.50
卫生和社会工作业	Health and Social Work Sector	39.93	31.40	33.36	67.72
文化、体育和娱乐业	Culture,Sports and Entertainment	20.30	39.25	40.19	17.42
公共管理、社会保障和社会组织	Public Administration, Social Security and Social Organizations	13.83	22.44	87.19	25.98

7-7 续表 2 continued

单位：亿元 (100 million yuan)

行业	Sector	张家界市 Zhangjiajie City	益阳市 Yiyang City	郴州市 Chenzhou City	永州市 Yongzhou City
总计	**Total**	**205.98**	**961.19**	**1867.33**	**1071.84**
农、林、牧、渔业	Agriculture,Forestry,Farming of Animals and Fishing	5.12	33.39	220.40	54.75
采矿业	Mining	2.62	5.94	77.09	13.51
制造业	Manufacturing	42.40	538.99	435.12	358.40
电力、燃气及水的生产和供应业	Production and Distribution of Electricity,Gas and Water	4.52	39.98	117.99	69.69
建筑业	Construction	2.82	31.32	18.59	10.87
批发和零售业	Wholesale and Retail Trade	3.04	10.32	109.08	22.27
交通运输、仓储和邮政业	Transportation, Storage and Postal Services	38.58	23.24	79.10	82.86
住宿和餐饮业	Accommodation and Catering	3.41	2.34	26.46	7.48
信息传输、软件和信息技术服务业	Information Transmission, Software and IT Services	2.45	7.08	12.63	7.62
金融业	Finance		0.49	1.45	1.45
房地产业	Real Estate Trade	12.64	84.53	145.46	146.36
租赁和商务服务业	Tenancy and Business Services	0.84	16.88	29.23	28.66
科学研究、技术服务业	Scientific Research, Technical Services	0.18	5.95	36.32	5.86
水利、环境和公共设施管理业	Management Of Water Conservancy,Environment and Public Establishment	40.10	134.08	382.99	121.16
居民服务、修理和其他服务业	Resident Services, Repairs and Other Services	23.07	0.92	5.60	3.49
教育	Education	5.26	3.94	37.31	39.20
卫生和社会工作业	Health and Social Work Sector	3.67	8.34	21.74	16.79
文化、体育和娱乐业	Culture,Sports and Entertainment	2.44	1.00	27.36	15.99
公共管理、社会保障和社会组织	Public Administration, Social Security and Social Organizations	12.83	12.47	83.43	65.46

7-7 续表 3 continued

单位：亿元 (100 million yuan)

行业	Sector	怀化市 Huaihua City	娄底市 Loudi City	湘西自治州 West Hunan A.P	不分地区 Not Classified by Region
总计	**Total**	**857.08**	**920.11**	**323.60**	**190.93**
农、林、牧、渔业	Agriculture,Forestry,Farming of Animals and Fishing	62.68	75.83	5.39	
采矿业	Mining	12.80	46.18	0.06	
制造业	Manufacturing	177.41	320.43	28.59	
电力、燃气及水的生产和供应业	Production and Distribution of Electricity,Gas and Water	52.21	44.49	8.48	
建筑业	Construction	30.33	7.21	6.15	
批发和零售业	Wholesale and Retail Trade	3.94	17.29	1.37	
交通运输、仓储和邮政业	Transportation, Storage and Postal Services	53.85	41.81	166.15	189.54
住宿和餐饮业	Accommodation and Catering	12.95	5.18	9.50	
信息传输、软件和信息技术服务业	Information Transmission, Software and IT Services	4.45	13.49	0.61	
金融业	Finance	0.52	0.74		
房地产业	Real Estate Trade	107.93	110.78	43.76	
租赁和商务服务业	Tenancy and Business Services	25.12	9.70	2.88	
科学研究、技术服务业	Scientific Research, Technical Services	2.46	4.08		
水利、环境和公共设施管理业	Management Of Water Conservancy,Environment and Public Establishment	237.42	154.47	24.59	1.39
居民服务、修理和其他服务业	Resident Services, Repairs and Other Services	2.49	2.09	1.23	
教育	Education	22.87	10.90	4.15	
卫生和社会工作业	Health and Social Work Sector	15.38	14.69	1.22	
文化、体育和娱乐业	Culture,Sports and Entertainment	16.44	5.29	17.48	
公共管理、社会保障和社会组织	Public Administration, Social Security and Social Organizations	15.83	35.47	1.97	

7-8 固定资产投资项目个数、项目投产率 (2017年)

Number of Investment of Fixed Assets Projects, Rate of Projects Put into Use (2017)

行 业	Sector	投资额 (亿元) Invest-ment (100 millions yuan)	施工项目 (个) Projects under Construc-tion (unit)	全部建成投产项目 (个) Projects Completed and Put into Uses (unit)	项目建成投产率 (%) Rate of Project Completed and Put into Uses (%)	固定资产交付使用率 (%) Rate of Fixed Assets Turn Over to Uses (%)
总计	**Total**	**31328.08**	**58178**	**42862**	**73.7**	**65.6**
按行业分	**By Sector**					
农、林、牧、渔业	Agriculture,Forestry,Farming of Animals and Fishing	1496.07	4618	3571	77.3	77.5
采矿业	Mining	436.96	1191	960	80.6	81.8
制造业	Manufacturing	9469.87	21268	16470	77.4	72.5
电力、燃气及水的生产和供应业	Production and Distribution of Electricity, Gas and Water	1131.12	2172	1572	72.4	69.4
建筑业	Construction	355.65	930	639	68.7	72.2
批发和零售业	Wholesale and Retail Trade	1320.34	3074	2400	78.1	72.6
交通运输、仓储和邮政业	Transportation, Storage and Postal Services	2104.35	2876	1894	65.9	72.8
住宿和餐饮业	Accommodation and Catering	353.30	904	674	74.6	72.9
信息传输、软件和信息技术服务业	Information Transmission, Software and IT Services	388.66	829	647	78.0	78.8
金融业	Finance	60.91	153	124	81.0	81.8
房地产业	Real Estate Trade	4849.70	1982	1350	68.1	42.6
租赁和商务服务业	Tenancy and Business Services	897.75	1495	1050	70.2	58.8
科学研究、技术服务	Scientific Research, Technical Services	434.43	897	649	72.4	73.9
水利、环境和公共设施管理业	Management of Water Conservancy, Environment and Public Establishment	5421.34	9758	6489	66.5	61.2
居民服务、修理和其他服务业	Resident Services, Repairs and Other Services	158.32	562	433	77.0	77.2
教育	Education	692.64	1581	1133	71.7	65.9
卫生和社会工作业	Health and Social Work Sector	483.88	1008	709	70.3	72.4
文化、体育和娱乐业	Culture,Sports and Entertainment	650.22	1146	793	69.2	66.2
公共管理、社会保障和社会组织	Public Administration, Social Security and Social Organizations	622.58	1734	1305	75.3	68.1

7-9 国有经济固定资产投资及构成

Investment in Fixed Assets and Its Composition of State-owned Units

年份 Year	固定资产投资总额 Total Invest-ment in Fixed Assets	新 建 New Construction	扩 建 Expansion	改建和技术改造 Re-construction	新增固定资产 Newly Increased Fixed Assets	新 建 New Construction	扩 建 Expansion	改建和技术改造 Re-construction
绝对数（亿元）	**Absolute Figure (100 million yuan)**							
1978	14.71	9.53	3.25	1.93	10.56			
1980	20.32	9.26	6.80	4.04	15.24			
1985	43.86	12.78	5.23	19.04	30.66			
1990	72.01	16.76	31.64	18.78	47.27			
1995	316.90	103.85	107.46	58.83	202.81			
1996	375.27	111.67	132.65	81.62	269.99			
1997	366.34	113.10	115.35	80.96	269.20			
1998	457.00	153.36	137.95	98.20	290.91			
1999	522.95	207.96	191.31	97.60	348.43			
2000	574.12	177.16	186.39	132.98	388.40			
2001	618.54	229.62	198.75	128.41	349.76			
2002	665.70	261.48	207.49	129.69	489.89			
2003	701.33	344.15	158.87	138.55	465.20			
2004	879.95	443.39	202.39	163.27	421.20	148.15	128.32	98.27
2005	1000.96	483.07	213.80	227.20	562.40	269.85	124.09	116.92
2006	1205.49	657.92	212.01	263.65	695.17	237.32	206.85	209.43
2007	1546.59	804.90	293.32	331.67	585.50	217.92	189.98	132.96
2008	1985.68	1032.23	320.92	466.39	692.67	259.35	158.31	220.04
2009	2923.52	1647.32	448.59	667.71	1174.41	511.83	246.71	363.07
2010	3322.32	2012.73	514.70	709.45	1335.38	599.05	270.05	429.26
2011	3563.13	2148.15	451.61	805.07	1633.03	838.62	302.89	417.01
2012	4580.72	2722.13	553.30	1134.54	2561.10	1231.53	410.65	800.14
2013	5574.42	3329.97	718.98	1287.07	3377.07	1747.12	550.60	927.00
2014	6393.07	4161.49	798.22	1252.00	4027.68	2471.96	551.44	897.46
2015	7829.93	5052.12	1169.97	1420.23	5508.18	3446.11	852.02	1101.33
2016	9253.52	7021.29	902.47	1058.36	4928.47	3558.18	529.68	697.97
2017	10395.04	7998.08	1058.10	1045.23	6639.39	4989.55	763.40	757.36
构成 (%)	**Composition in Percentage (%)**							
1978	100.0	64.8	22.1	13.1	100.0			
1980	100.0	45.6	33.5	19.9	100.0			
1985	100.0	29.1	11.9	43.4	100.0			
1990	100.0	23.3	43.9	26.1	100.0			
1995	100.0	32.8	33.9	18.6	100.0			
1996	100.0	29.8	35.3	21.7	100.0			
1997	100.0	30.9	31.5	22.1	100.0			
1998	100.0	33.6	30.2	21.5	100.0			
1999	100.0	39.8	36.6	18.7	100.0			
2000	100.0	30.9	32.5	23.2	100.0			
2001	100.0	37.1	32.1	20.8	100.0			
2002	100.0	39.3	31.2	19.5	100.0			
2003	100.0	49.1	22.7	19.8	100.0			
2004	100.0	50.4	23.0	18.6	100.0	35.2	30.5	23.3
2005	100.0	48.3	21.4	22.7	100.0	48.0	22.1	20.8
2006	100.0	54.6	17.6	21.9	100.0	34.1	29.8	30.1
2007	100.0	52.0	19.0	21.4	100.0	37.2	32.4	22.7
2008	100.0	52.0	16.2	23.5	100.0	37.4	22.9	31.8
2009	100.0	56.3	15.3	22.8	100.0	43.6	21.0	30.9
2010	100.0	60.6	15.5	21.4	100.0	44.9	20.2	32.1
2011	100.0	60.3	12.7	22.6	100.0	51.4	18.5	25.5
2012	100.0	59.4	12.1	24.8	100.0	48.1	16.0	31.2
2013	100.0	59.7	12.9	23.1	100.0	51.7	16.3	27.4
2014	100.0	65.1	12.5	19.6	100.0	61.4	13.7	22.3
2015	100.0	64.5	14.9	18.1	100.0	62.6	15.5	20.0
2016	100.0	75.9	9.8	11.4	100.0	72.2	10.7	14.2
2017	100.0	76.9	10.2	10.1	100.0	75.2	11.5	11.4

7-10 国有经济各种分组的固定资产投资
Investment in Fixed Assets of State-owned Units by Various Characteristics

指 标	Item	2000	2005	2016	2017
投资总额 （亿元）	**Total Investment (100 million yuan)**	**574.12**	**1000.96**	**9253.52**	**10395.04**
按资金来源分	**Grouped by Source of Funds**				
国家预算内投资	State Budgetary Appropriation	57.21	82.42	1292.78	1439.20
国内贷款	Domestic Loans	180.12	177.61	1187.46	1219.23
债券	Bonds	2.34	6.81	37.55	40.75
利用外资	Foreign Investment	13.67	15.93	16.58	30.20
自筹投资	Fundraising	240.50	604.33	6049.59	6950.83
其他投资	Others	80.28	87.22	669.55	714.83
按隶属关系分	**Grouped by Administrative Relationship**				
中央项目	Central Government Projects	246.75	160.44	289.09	222.17
地方项目	Local Projects	327.37	840.51	8964.42	10172.87
按构成分	**Grouped by Use of Funds**				
建筑安装工程	Construction and Installation	394.25	684.21	7462.67	8722.95
设备、工具、器具购置	Purchase of Equipment and Instruments	119.42	171.26	555.30	659.55
其他费用	Others	60.45	145.49	1235.55	1012.54
按建设性质分	**Grouped by Type of Construction**				
新建	New Construction	177.16	483.07	7021.29	7998.08
扩建	Expansion	186.39	213.80	902.47	1058.10
改建	Reconstruction	132.98	227.20	1058.36	1045.23
按国民经济主要行业分	**Grouped by Main Sector**				
农、林、牧、渔业	Agriculture, Forestry, Animal Husbandry and Fishery	4.42	22.51	270.10	2.30
工业	Industry	136.29	254.83	1036.44	12.10
新增固定资产 （亿元）	**Newly Increased Fixed Assets (100 million yuan)**	**388.40**	**562.40**	**4928.47**	**6639.39**
房屋建筑面积 （万平方米）	**Floor Space of Buildings (10 000 sq.m)**				
施工面积	Floor Space Under Construction	2429.83	2354.03	4922.33	3961.94
竣工面积	Floor Space Completed	1262.35	1020.47	1470.83	1067.07
#住宅	#Residential Buildings	718.01	321.29	589.94	543.37

7-11 国有经济各行业固定资产投资 (2017年)
Investment in Fixed Assets of State-owned Units by Sector (2017)

行业	Sector	固定资产投资额 Investment in Fixed Assets	新建 New Construction	扩建 Expansion	改建和技术改造 Re-construction
总计 (亿元)	**Total (100 million yuan)**	**10395.04**	**7998.08**	**1058.10**	**1045.23**
农、林、牧、渔业	Agriculture, Forestry, Farming of Animals and Fishing	239.52	184.30	42.06	9.78
采矿业	Mining	29.87	17.34	2.14	10.39
制造业	Manufacturing	685.28	497.38	45.74	119.93
电力、燃气及水的生产和供应业	Production and Distribution of Electricity, Gas and Water	542.22	402.86	41.92	88.55
建筑业	Construction	235.43	188.40	22.11	19.16
批发和零售业	Traffic, Transport, Storage and Post	184.34	165.20	10.82	7.51
交通运输、仓储和邮政业	Information Transfer, Computer Services and Software	1318.59	1056.96	120.08	137.19
住宿和餐饮业	Wholesale and Retail Trade	54.46	47.88	3.82	2.76
信息传输、软件和信息技术服务业	Accommodation and Restaurants	60.91	47.88	8.77	4.26
金融业	Finance	13.20	12.61	0.43	0.16
房地产业	Real Estate Trade	1005.55	726.04	76.09	42.61
租赁和商务服务业	Tenancy and Business Services	312.93	253.14	24.98	33.76
科学研究、技术服务业	Scientific Research, Technical Service and Geologic Perambulation	85.94	75.37	7.37	2.63
水利、环境和公共设施管理业	Management of Water Conservancy, Environment and Public Establishment	3969.35	3106.44	399.37	426.63
居民服务、修理和其他服务业	Resident Services and Other Services	60.34	37.41	9.15	12.06
教育	Education	491.44	347.52	104.43	31.48
卫生和社会工作业	Sanitation,Social Security and Social Welfare	279.18	207.32	44.08	18.35
文化、体育和娱乐业	Culture, Sports and Entertainment	309.90	248.75	33.04	26.24
公共管理、社会保障和社会组织	Public Management and Social Organization	516.57	375.28	61.70	51.77
构成 (%)	**Composition in Percentage (%)**				
农、林、牧、渔业	Agriculture,Forestry, Farming of Animals and Fishing	2.3	2.3	4.0	0.9
采矿业	Mining	0.3	0.2	0.2	1.0
制造业	Manufacturing	6.6	6.2	4.3	11.5
电力、燃气及水的生产和供应业	Production and Distribution of Electricity, Gas and Water	5.2	5.0	4.0	8.5
建筑业	Construction	2.3	2.4	2.1	1.8
批发和零售业	Traffic,Transport, Storage and Post	1.8	2.1	1.0	0.7
交通运输、仓储和邮政业	Information Transfer, Computer Services and Software	12.7	13.2	11.3	13.1
住宿和餐饮业	Wholesale and Retail Trade	0.5	0.6	0.4	0.3
信息传输、软件和信息技术服务业	Accommodation and Restaurants	0.6	0.6	0.8	0.4
金融业	Finance	0.1	0.2	0.0	0.0
房地产业	Real Estate Trade	9.7	9.1	7.2	4.1
租赁和商务服务业	Tenancy and Business Services	3.0	3.2	2.4	3.2
科学研究、技术服务业	Scientific Research, Technical Service and Geologic Perambulation	0.8	0.9	0.7	0.3
水利、环境和公共设施管理业	Management of Water Conservancy, Environment and Public Establishment	38.2	38.8	37.7	40.8
居民服务、修理和其他服务业	Resident Services and Other Services	0.6	0.5	0.9	1.2
教育	Education	4.7	4.3	9.9	3.0
卫生和社会工作业	Sanitation, Social Security and Social Welfare	2.7	2.6	4.2	1.8
文化、体育和娱乐业	Culture,Sports and Entertainment	3.0	3.1	3.1	2.5
公共管理、社会保障和社会组织	Public Management and Social Organization	5.0	4.7	5.8	5.0

7-12 国有经济各行业新增固定资产（2017年）
Newly Increased Fixed Assets of State-owned Units by Sector (2017)

行业	Sector	固定资产投资额 Investment in Fixed Assets	新建 New Construction	扩建 Expansion	改建和技术改造 Re-construction
总计（亿元）	**Total (100 million yuan)**	**6639.39**	**4989.55**	**763.40**	**757.36**
农、林、牧、渔业	Agriculture,Forestry,Farming of Animals and Fishing	188.21	133.36	40.15	11.31
采矿业	Mining	23.60	14.60	2.07	6.93
制造业	Manufacturing	320.97	199.76	38.60	77.96
电力、燃气及水的生产和供应业	Production and Distribution of Electricity, Gas and Water	371.83	260.61	39.80	69.20
建筑业	Construction	164.96	135.24	11.49	13.24
批发和零售业	Wholesale and Retail Trade	113.99	97.32	10.21	5.76
交通运输、仓储和邮政业	Transportation, Storage and Postal Services	1103.30	923.35	84.05	94.52
住宿和餐饮业	Accommodation and Catering	26.92	22.11	2.20	2.61
信息传输、软件和信息技术服务业	Information Transmission, Software and IT Services	51.21	39.35	7.40	4.46
金融业	Finance	7.70	7.03	0.37	0.30
房地产业	Real Estate Trade	601.59	444.81	71.56	31.98
租赁和商务服务业	Tenancy and Business Services	161.33	129.78	11.83	19.12
科学研究、技术服务业	Scientific Research, Technical Services	59.03	50.13	6.90	1.55
水利、环境和公共设施管理业	Management of Water Conservancy, Environment and Public Establishment	2356.72	1773.05	247.78	311.05
居民服务、修理和其他服务业	Resident Services, Repairs and Other Services	47.79	25.06	9.18	11.71
教育	Education	300.77	207.47	61.77	28.59
卫生和社会工作业	Health and Social Work Sector	191.02	125.20	40.42	17.58
文化、体育和娱乐业	Culture,Sports and Entertainment	203.67	160.42	29.03	13.35
公共管理、社会保障和社会组织	Public Management and Social Organization	344.80	240.91	48.60	36.14
构成（%）	**Composition In Percentage (%)**				
农、林、牧、渔业	Agriculture,Forestry,Farming of Animals and Fishing	2.8	2.7	5.3	1.5
采矿业	Mining	0.4	0.3	0.3	0.9
制造业	Manufacturing	4.8	4.0	5.1	10.3
电力、燃气及水的生产和供应业	Production and Distribution of Electricity,Gas and Water	5.6	5.2	5.2	9.1
建筑业	Construction	2.5	2.7	1.5	1.7
批发和零售业	Wholesale and Retail Trade	1.7	2.0	1.3	0.8
交通运输、仓储和邮政业	Transportation, Storage and Postal Services	16.6	18.5	11.0	12.5
住宿和餐饮业	Accommodation and Catering	0.4	0.4	0.3	0.3
信息传输、软件和信息技术服务业	Information Transmission, Software and IT Services	0.8	0.8	1.0	0.6
金融业	Finance	0.1	0.1	0.0	0.0
房地产业	Real Estate Trade	9.1	8.9	9.4	4.2
租赁和商务服务业	Tenancy and Business Services	2.4	2.6	1.5	2.5
科学研究、技术服务业	Scientific Research, Technical Services	0.9	1.0	0.9	0.2
水利、环境和公共设施管理业	Management of Water Conservancy, Environment and Public Establishment	35.5	35.5	32.5	41.1
居民服务、修理和其他服务业	Resident Services, Repairs and Other Services	0.7	0.5	1.2	1.5
教育	Education	4.5	4.2	8.1	3.8
卫生和社会工作业	Health and Social Work Sector	2.9	2.5	5.3	2.3
文化、体育和娱乐业	Culture, Sports and Entertainment	3.1	3.2	3.8	1.8
公共管理、社会保障和社会组织	Public Management and Social Organization	5.2	4.8	6.4	4.8

7-13 国有农林牧渔业投资及新增固定资产

Investment and Newly Increased Fixed Assets of State-owned Units of Farming,Forestry,Animal Husbandry and Fishery

单位：亿元 (100 million yuan)

行业	Sector	固定资产投资总额 Investment of Fixed Assets		新增固定资产 Newly Increased Fixed Assets	
		2016	2017	2016	2017
总计	**Total**	**270.10**	**239.52**	**178.69**	**188.21**
#农业	# Farming	103.85	101.45	64.14	76.05
林业	Forestry	52.80	46.66	40.00	39.94
畜牧业	Animal Husbandry	16.83	17.41	11.15	11.23
渔业	Fishery	10.11	7.34	7.42	9.28
农林牧渔服务业	Services	86.51	66.65	55.98	51.71

7-14 非国有经济投资

Investment of Non-State-owned Units

指标	Item	2000	2005	2016	2017
投资总额 (亿元)	**Total Investment (100 million yuan)**	**492.15**	**1563.00**	**18434.93**	**20933.04**
按资金来源分	**Grouped by Source of Funds**				
国家预算内投资	State Budgetary Appropriation	19.28	0.62	126.68	178.83
国内贷款	Domestic Loans	33.28	163.97	1365.83	1608.23
债券	Bonds		0.74	26.02	31.81
利用外资	Foreign Investment	8.35	46.88	29.36	88.91
自筹投资	Fundraising	382.87	1071.88	14083.42	15462.54
其他投资	Others	48.37	278.90	2803.63	3562.73
按隶属关系分	**Grouped by Administrative Relationship**				
中央项目	Central Government Projects	1.50	17.08	154.40	195.31
地方项目	Local Projects	490.65	1545.92	18280.53	20737.73
按构成分	**Grouped by Use of Funds**				
建筑安装工程	Construction and Installation	365.69	994.57	13255.97	15334.90
设备、工器具购置	Purchase of Equipment and Instruments	79.26	319.34	3120.88	3570.02
其他费用	Others	47.20	249.10	2058.08	2028.12
按建设性质分	**Grouped by Type of Construction**				
新建	New Construction	26.53	459.41	8180.12	10759.06
扩建	Expansion	32.85	111.64	1645.46	1901.22
改建	Reconstruction	9.27	364.47	5667.86	4767.53
按行业主要门类分	**Grouped by Main Sector**				
农、林、牧、渔业	Agriculture, Forestry, Animal Husbandry and Fishery	0.29	42.96	961.64	1256.55
工业	Industry	49.84	639.97	9238.27	9780.58
新增固定资产 (亿元)	**Newly Increased Fixed Assets (100 million yuan)**	**99.99**	**894.88**	**11400.57**	**13912.26**
建设项目个数 (个)	**Number of Projects (unit)**				
施工项目	Number of Projects under Construction	859	8946	34539	39885
全部建成投产项目	Number of Projects Completed and Put into Use	551	5336	23937	30375
房屋建筑面积 (万平方米)	**Floor Space of Buildings (10 000 sq.m)**				
施工面积	Floor Space Under Construction	10740.51	11655.89	32492.11	33471.75
#住宅	# Residential Buildings	9082.99	8490.42	20882.25	21879.20
竣工面积	Floor Space Completed	9630.17	7035.90	5871.91	5088.05
#住宅	# Residential Buildings	8399.53	5761.77	3276.10	2997.51

7–15 新增生产能力(2017年)
Newly Increased Production Capacity (2017)

生产能力(或效益)名称		Production capacity Item(or Efficiency)		合计 Total	国有经济 State-owned Economic	其他经济 Other Types of Ownership
原煤开采	(万吨/年)	Loal Mining	(10000 tons/year)	5596.89		5596.89
焦炭	(万吨/年)	Coke	(10000 tons/year)	387.00		387.00
铁矿石原矿开采	(万吨/年)	Iron Ore Mining	(10000 tons/year)	4726.37		4726.37
铁矿选矿处理量	(万吨/年)	Selection of Iron Ore	(10000 tons/year)			
炼铁	(万吨/年)	Iron–making	(10000 tons/year)			
炼钢	(万吨/年)	Steel–making	(10000 tons/year)	177.41		177.41
连铸	(万吨/年)	Casting	(10000 tons/year)			
铁合金	(折标吨/年)	Iron Alloy	(tons/year)			
铜冶炼	(吨/年)	Copper–making	(ton/year)	151985.00		151985.00
铅锌采矿(原矿)	(万吨/年)	Lead&Zinc Mining	(10000 tons/year)	3708.00		3708.00
铅锌选矿:(1)处理原矿	(万吨/年)	Selection of Lead&Zinc	(10000 tons/year)			
(2)铅含量	(吨/年)	Lead Content	(ton/year)			
(3)锌含量	(吨/年)	Zinc Content	(ton/year)			
铅冶炼	(吨/年)	Lead–making	(ton/year)			
其中:电解铅	(吨/年)	Electronlyted lead	(ton/year)			
锌冶炼	(吨/年)	Zinc–making	(ton/year)	1244.00		1244.00
锡采矿(原矿)	(万吨/年)	Tin Mining	(10000 tons/year)			
锡选矿:(1)处理原矿	(万吨/年)	Selection of Tin	(10000 tons/year)			
(2)锡含量	(吨/年)	Tin Content	(ton/year)			
锡冶炼	(吨/年)	Zinc–making	(ton/year)	23846.00		23846.00
电解铝	(吨/年)	Electronlyted Al	(ton/year)			
粗铝	(吨/年)	Lead	(ton/year)			
铝加工	(吨/年)	Al–making	(ton/year)	61892.00		61892.00
金采矿(原矿)	(万吨/年)	Gold Mining	(10000 tons/year)			
黄金	(公斤/年)	Gold	(kg/year)	101.60		101.60
银选矿:(1)处理原矿	(吨/年)	Selection of Silver	(ton/year)			
(2)银含量	(公斤/年)	Silver Content	(kg/year)			
水力发电	(万千瓦)	Hydropower	(10000kw)	137.50	18.45	119.05
火力发电	(万千瓦)	Thermal	(10000kw)			
输电线路长度(11万伏及以上)	(公里)	Transmission Line (≥110000 v)	(km)	964.70	886.90	77.80
变电设备能力(11万伏及以上)	(万千伏安)	Electric Substation Equipment (≥110000 v)	(10000 kva)			
水泥	(万吨/年)	Cement	(10000ton/year)	1226.06		1226.06
胶合板	(万立方米/年)	Deadlocked Boards	(10000 cu.m/year)			
纤维板	(万立方米/年)	Fibre Boards	(10000 cu.m/year)			
硫酸	(吨/年)	Sulfuric Acid	(ton/year)			
合成氨	(吨/年)	Synthetic Ammonia	(ton/year)			

7-15 续表 1 continued

生产能力(或效益)名称		Production capacity Item(or Efficiency)		合计 Total	国有经济 State-owned Economic	其他经济 Other Types of Ownership
氮肥	(吨/年)	Nitrogen Fertilizer	(ton/year)	105160		105160
磷肥	(吨/年)	Phosphate Fertilizer	(ton/year)	46150	450	45700
钾肥	(吨/年)	Potash Fertilizer	(ton/year)	11222		11222
油漆	(吨/年)	Paint	(ton/year)			
塑料树脂及共聚物	(吨/年)	Plastics	(ton/year)	44436		44436
化学原料药	(吨/年)	Chemical Medicine	(ton/year)			
中成药	(吨/年)	Chinese Herbal Medicine	(ton/year)			
汽车制造	(辆/年)	Motor Vehicle	(unit/year)	41000		41000
轿车制造	(辆/年)	Sedan	(unit/year)	84001		84001
显像管	(万只/年)	Kinescope	(10000unit/year)			
化学纤维	(吨/年)	Chemical Fiber	(ton/year)			
其中:合成纤维	(吨/年)	Synthetic Fiber	(ton/year)			
棉纺锭	(锭)	Cotton Spindles	(unit)	82671		82671
毛纺锭	(锭)	Woolen Spindles	(unit)			
食用植物油	(日处理原料:吨)	Edible Vegetable Oil	(handle in a day:ton)			
	(日精炼油:吨)		(purify in a day:ton)			
乳制品	(吨/年)	Dairy Products	(ton/year)			
奶粉	(吨/年)	Milk Powder	(ton/year)			
其他乳制品	(吨/年)	Other Dairy Products	(ton/year)			
啤酒	(万吨/年)	Beer	(10000 tons/year)	4.00		4.00
白酒	(万吨/年)	Wine	(10000 tons/year)	6.50		6.50
卷烟	(箱/年)	Cigarette	(unit/year)			
机制纸浆	(万吨/年)	Machine -made Paper Pulp	(10000 tons/year)	17.10		17.10
机制纸	(万吨/年)	Machine -made Paper	(10000 tons/year)			
机制纸板	(万吨/年)	Machine-made Paper Boards	(10000 tons/year)			
手表	(万只/年)	Watch	(10000unit/year)			
移动通信基站设备	(信道/年)	Basic Station of Mobile Telephone	(unit/year)			
程控交换机	(万线/年)	Autoexchage of Telephone Capacity	(10000 lines/year)	55963.00		55963.00
新建公路	(公里)	Length of New Highways	(km)	2087.36	1163.96	923.40
#高速公路	(公里)	Expressway	(km)	237.90		237.90
#一级公路	(公里)	First-class Highway	(km)	26.38	25.78	0.60
#二级公路	(公里)	Second-class Highway	(km)	6483.82	399.72	6084.10
改建公路	(公里)	Length of Reconstructed Highways	(km)	5110.88	3168.68	1942.20
#高速公路	(公里)	Expressway	(km)			
#一级公路	(公里)	First-class Highway	(km)	20.00		20.00
#二级公路	(公里)	Second-class Highway	(km)	2963.78	1963.98	999.80

7–15 续表 2 continued

生产能力(或效益)名称		Production capacity Item(or Efficiency)		合计 Total	国有经济 State-owned Economic	其他经济 Other Types of Ownership
新建独立公路桥梁	(延长米)	Newly Build Highway Bridge	(extend metre)	21677	6783	14894
	(座)		(set)	50	20	30
新(扩)建客、货运站	(个)	Newly Build or Expanded	(unit)	19	8	11
	(平方米)	Passenger and Freight Station	(sq.m)	51497	22247	29250
长途电缆	(延长公里)	Long Distance Cables	(km)			
耕地面积	(万亩)	Cultivated Land Area	(10000 mu)			
造林面积	(万亩)	Afforested Area	(10000 mu)			
水库容量(总库容)	(亿立方米)	Reservoir Capacity	(100 million m^3)			
有效灌溉面积	(万亩)	Effective Irrigated Area	(10000 mu)			
除涝面积	(万亩)	Waterlogged Area Under Control	(10000 mu)			
商业石油库	(万立方米)	Commercial Oil Depot	(10000 m^3)			
粮食仓库	(万公斤)	Grain Storehouse	(10000 kg)			
	(平方米)		(sq.m)			
高等院校:学生席位	(个)	Number of Student seat of Universit and College	(unit)			
建筑面积	(平方米)		(sq.m)			
中等学校:学生席位	(个)	Number of Student seat of Secondary School	(unit)			
建筑面积	(平方米)		(sq.m)			
小学校:学生席位	(个)	Number of Student seat of Primary School	(unit)			
建筑面积	(平方米)		(sq.m)			
其他院校:学生席位	(个)	Number of Student seat of Other School	(unit)			
建筑面积	(平方米)		(sq.m)			
医院病床	(张)	Number of Hospital Bed	(unit)			
宾馆、旅馆、招待所客房数	(间)	Number of Hotel Guest-Room	(unit)			
	(平方米)		(sq.m)			
城市自来水供水能力	(万吨/日)	Capacity of City Tap Water Supply	(10000 tons/day)			
城市自来水管道长度	(公里)	Length of City Tap Water Pipe	(km)			
城市煤气生产能力	(万立方米/日)	City Coal Gas Production	(10000 cu.m/day)			
城市天然气储气能力	(万立方米/日)	Capacity of City Gas Storage	(10000 cu.m/day)			
城市液化石油气储气能力	(万立方米/日)	City Liquefied Petro-gas Storage	(10000 cu.m/day)			
城市公共交通车辆购置	(辆)	Purchase of City Bus	(unit)			
城市道路扩建长度	(公里)	Length of City Road Extended	(km)			
城市道路扩建面积	(万平方米)	Area of City Road Extended	(10000 sq.m)			
城市排水管道铺设长度	(公里)	Length of Sewer Pipelines	(km)			
城市污水处理能力	(万吨/日)	Capacity of City Sewage Treatment	(10000 ton/day)	134.9	8.0	126.9
城市永久性桥梁	(座)	Number of City Bridge	(unit)			
城市防洪堤长度	(公里)	Length of City Embarkment	(km)			

7-16 房地产开发统计主要指标(2017年)
Major Statistics Indicators of Real Estate Development (2017)

单位：亿元 (100 million yuan)

指 标	Item	总计 Total	国 有 State-owned	集 体 Colective-owned	其 他 Other Types of Ownership
计划总投资	**Panning Gross Investment**	**20958.28**	**862.91**	**4.26**	**20091.11**
累计完成投资	Accumulative Investment Completed	15084.08	674.56	3.77	14405.75
本年完成投资	Investment Made in This Year	3426.13	144.72	1.13	3280.28
按构成分:	Group by Form:				
建筑工程	Construction	2410.70	106.72	0.95	2303.02
安装工程	Installation	421.57	12.66	0.01	408.90
设备、工具器具购置	Purchase of Equipment,Tools,Apparatus	57.05	5.94		51.11
按工程用途分:	Group by use of Projects				
住宅	Residential Buildings	2194.41	111.36	1.07	2081.98
办公楼	Business Buildings	151.74	7.11		144.63
商业营业用房	Commercial Buildings	638.22	13.06	0.01	625.15
其他	Others	441.77	13.19	0.06	428.52
房地产开发企业本年资金来源	Group by Source of Funds	4763.93	199.35	1.26	4563.32
国内贷款	Domestic Loans	629.58	66.26	0.05	563.27
自筹资金	Fund Raising	1296.89	52.97	1.16	1242.77
本年新增固定资产	Newly Increased Fixed Assets	1198.53	39.67	0.30	1158.56
本年施工房屋面积 （万平方米）	Floor Space of Buildings Under Construction(10000 sq.m)	31691.19	1402.08	6.16	30282.95
#住宅	# Residential Buildings	22770.42	1065.78	5.54	21699.10
本年竣工房屋面积 （万平方米）	Floor Space of Buildings Completed (10000 sq.m)	4084.05	138.07	2.51	3943.47
#住宅	# Residential Buildings	3070.28	103.41	2.10	2964.78
本年竣工房屋价值	Value of Buildings Completed	1070.93	37.64	0.30	1032.98
#住宅	# Residential Buildings	785.60	29.23	0.27	756.10
商品房销售额	Total Sales of Commercial House	4460.66	122.61	0.50	4337.55
商品房销售建筑面积（万平方米）	Floor Space of Selling Commercial House (10000 sq.m)	8532.25	262.94	1.86	8267.45

7-17 国有工业施工、投资项目及项目投产率(2017年)
Projects Under Construction, Put into Use and Rate of Projects Put into Use of State-Owned Industrial Enterprises (2017)

指 标	Item	施工项目个数(个) Number of Projects Under Construc-tion(unit)	全投项目个数(个) Projects Completed and Put into Produc-tion(unit)	项目投产率(%) Rate of Project Put into Produc-tion(%)
总计	**Total**	**1797**	**1217**	**67.7**
采矿业	**Mining**	**44**	**28**	**63.6**
煤炭开采和洗选业	Mining and Washing of Coal	14	11	78.6
石油和天然气开采业	Extraction of Petroleum and Natural Gas	1	1	100.0
黑色金属矿采选业	Mining and Processing of Ferrous Metal Ores	12	5	41.7
有色金属矿采选业	Mining and Processing of Non-Ferrous Metal Ores	11	7	63.6
非金属矿采选业	Mining and Processing of Nonmetal Ores	4	3	75.0
制造业	**Manufacturing**	**734**	**436**	**59.4**
农副食品加工业	Processing of Food from Agricultural Products	75	42	56.0
食品制造业	Manufacture of Foods	22	13	59.1
酒、饮料和精制茶制造业	Manufacture of Beverages	20	7	35.0
烟草制品业	Manufacture of Tobacco	5	1	20.0
纺织业	Manufacture of Textile	16	6	37.5
纺织服装、鞋、帽制造业	Manufacture of Textile Wearing Apparel, Footware, and Caps	19	14	73.7
皮革毛皮羽毛(绒)及其制品业	Manufacture of Leather, Fur, Feather and Related Products	5	4	80.0
木材加工及木竹藤棕草制品业	Processing of Timber, Manufacture of Wood, Bamboo, Rattan, Palm, and Straw Products	10	9	90.0
家具制造业	Manufacture of Furniture	6	3	50.0
造纸及纸制品业	Manufacture of Paper and Paper Products	15	8	53.3
印刷业和记录媒介的复制	Printing,Reproduction of Recording Media			
文教体育用品制造业	Manufacture of Articles For Culture, Education and Sport Activity	8	2	25.0
石油加工、炼焦及核燃料加工业	Processing of Petroleum, Coking, Processing of Nuclear Fuel	2	1	50.0
化学原料及化学制品制造业	Manufacture of Raw Chemical Materials and Chemical Products	72	51	70.8
医药制造业	Manufacture of Medicines	27	6	22.2
化学纤维制造业	Manufacture of Chemical Fibers			
橡胶和塑料制品业	Manufacture of Rubber	11	6	54.5
非金属矿物制品业	Manufacture of Non-metallic Mineral Products	76	31	40.8
黑色金属冶炼及压延加工业	Smelting and Pressing of Ferrous Metals	7	5	71.4
有色金属冶炼及压延加工业	Smelting and Pressing of Non-ferrous Metals	27	18	66.7
金属制品业	Manufacture of Metal Products	12	6	50.0
通用设备制造业	Manufacture of General Purpose Machinery	33	21	63.6
专用设备制造业	Manufacture of Special Purpose Machinery	44	33	75.0
汽车制造业	Automobile Industy	19	13	68.4
铁路、船舶、航空航天和其他运输设制造业	Manufacture of Railway,Marine, Aerospace and Other Transport Equipment	71	57	80.3
电气机械及器材制造业	Manufacture of Electrical Machinery and Equipment	36	27	75.0
通信设备、计算机及其他电子设备制造业	Manufacture of Communication Equipment, Computers and Other Electronic Equipment	51	26	51.0
仪器仪表制造业	Manufacture of Measuring Instrument	4	2	50.0
其他制造业	Manufacture of Artwork and Other Manufacturing	25	10	40.0
废弃资源综合利用业	Recycling and Disposal of Waste	13	11	84.6
金属制品、机械和设备修理业	Mental Products, Machine and Equipment Repair	3	3	100.0
电力燃气水的生产供应业	**Production and Distribution of Electricity, Gas and Water**	**1019**	**753**	**73.9**
电力、热力的生产和供应业	Production and Distribution of Electric Power and Heat Power	451	334	74.1
燃气生产和供应业	Production and Distribution of Gas	50	35	70.0
水的生产和供应业	Production and Distribution of Water	518	384	74.1

主要统计指标解释

固定资产投资（不含农户） 是以货币形式表现的在一定时期内完成的建造和购置固定资产的工作量以及与此有关的费用的总称。

城镇固定资产投资 指城镇各种登记注册类型的企业、事业、行政单位及个体户进行的计划总投资500万元及500万元以上的建设项目投资和房地产开发投资。县城及以上区域内发生的投资，县及县以上各级政府及主管部门直接领导、管理的建设项目和企业事业单位的投资均为城镇固定资产投资。

房地产开发投资 指各种登记注册类型的房地产开发公司、商品房建设公司及其他房地产开发法人单位和附属于其他法人单位实际从事房地产开发或经营活动的单位统一开发的包括统代建、拆迁还建的住宅、厂房、仓库、饭店、宾馆、度假村、写字楼、办公楼等房屋建筑物和配套的服务设施，土地开发工程（如道路、给水、排水、供电、供热、通讯、平整场地等基础设施工程）的投资；不包括单纯的土地交易活动。

农村投资 包括在农村区域范围内进行固定资产投资活动的企业、事业、行政单位。

建设总规模 是指在报告期内所有施工项目的计划总投资。这个指标和施工项目相对应。

在建总规模 是指在报告期末所有在建项目的计划总投资。

在建净规模 是指报告期末所有在建项目建成投产尚需的投资总量。

在建净规模＝在建总规模－未投产项目（期末在建）累计完成投资。

固定资产投资的资金来源 根据固定资产投资的资金来源不同，分为国家预算内资金、国内贷款、利用外资、自筹资金和其他资金。

(1) 国家预算内资金：分为财政拨款和财政安排的贷款两部分。包括中央财政的基本建设基金（分经营性基金和非经营性基金两部分）、专项支出（如煤代油专项等）、收回再贷、贴息资金，财政安排的挖潜改造和新产品试制支出、城建支出、商业部门简易建筑支出、不发达地区发展基金等资金中用于固定资产投资的资金；地方财政中由国家统筹安排的资金等。

(2) 国内贷款：指报告期固定资产投资单位向银行及非银行金融机构借入的用于固定资产投资的各种国内借款，包括银行利用自有资金及吸收的存款发放的贷款、上级主管部门拨入的国内贷款、国家专项贷款、地方财政专项资金安排的贷款、国内储备贷款、周转贷款等。

(3) 利用外资：指报告期收到的用于固定资产建造和购置的国外资金（包括设备、材料、技术在内）。包括对外借款（外国政府、国际金融组织贷款、出口信贷、外国银行商业贷款、对外发行债券和股票）、外商直接投资及外商其他投资。不包括我国自有外汇资金（国家外汇、地方外汇、留成外汇、调剂外汇和中国银行自有资金发行的外汇贷款等）。计算利用外资时，需要折算成人民币，折算中所使用的外汇汇率按现汇计算，即按使用外汇时的汇率计算。

(4) 自筹资金：指固定资产投资单位报告期收到的，由各地区、各部门及企、事业单位筹集用于固定资产投资的预算外资金，包括中央各部门、各级地方和企、事业单位的自筹资金。

(5) 其他资金：指在报告期收到的除以上各种资金之外其他用于固定资产投资的资金，包括企业或金融机构通过发行各种债券筹集到的资金、群众集资、个人资金、无偿捐赠的资金及其他单位拨入的资金等。

固定资产投资按国民经济行业分 根据建设项目建成投产后的主要产品或主要用途及社会经济活动性质来确定国民经济行业。一般情况下，一个建设项目或一个企业、事业单位只能属于一种国民经济行业。

固定资产投资按隶属关系分 是按建设单位或企业、事业、行政单位的主管上级机关确定的。

(1) 中央：是指中共中央、人大常委会和国务院各部、委、局、总公司以及直属机构直接领导的建设项目和企业、事业、行政单位。这些单位的固定资产投资计划由国务院各部门直接编制和下达，建设中所需物资、主要设备以及建设中的问题都由中央有关部门安排和解决。

(2) 地方：是由省（自治区、直辖市）、地区（州、盟、省辖市）、县（旗、县级市）三级政府及业务主管部门直接领导和管理的建设项目、企业、事业、行政单位。地方项目还包括不隶属以上各级政府及主管部门的建设项目和企业、事业单位，如外商投资企业和无主管部门的企业等。

固定资产投资按建设性质分 根据整个建设项目情况来确定。建设项目的性质一般分为新建、扩建、改建和技术改造、迁建、恢复。房地产开发单位、农村投资、城镇工矿区私人建房投资不划分建设性质。

(1) 新建：一般指从无到有开始建设的企业、事业和行政单位或建设项目。有的单位原有基础很小，经过建设后新增的固定资产价值超过该企、事业、行政单位原有固定资产价值(原值)三倍以上的也应作为新建。

(2) 扩建：指在厂内或其他地点，为扩大原有产品的生产能力(或效益)或增加新的产品生产能力，而增建主要的生产车间(或主要工程)、分厂、独立的生产线。行政、事业单位在原单位增建业务用房(如学校增建教学用房、医院增建门诊部、病房等)也作为扩建。

现有企、事业单位为扩大原有主要产品生产能力或增加新的产品生产能力，增建一个或几个主要生产车间(或主要工程)、分厂，同时进行一些更新改造工程的，也应作为扩建。

(3) 改建和技术改造：指现有企业、事业单位，对原有设施进行技术改造或更新(包括相应配套的辅助性生产、生活福利设施)的建设项目。现有企业、事业单位为适应市场变化的需要，而改变企业的主要产品种类(如军工企业转产民用品等)的建设项目，应作为改建。原有产品生产作业线由于各工序(车间)之间能力不平衡，为填平补齐充分发挥原有生产能力而增建不增加本企业主要产品设计能力的车间，也应作为改建。技术改造是指企业、事业单位在现有基础上，用先进的技术代替落后的技术，用先进的工艺和装备代替落后的工艺和装备，以改变企业落后的技术经济面貌，实现以内涵为主的扩大再生产，达到提高产品质量、促进产品更新换代、节约能源、降低消耗、扩大生产规模、全面提高社会经济效益的目的。技术改造具体包括以下内容：机器设备和工具的更新改造；生产工艺改革、节约能源和原材料的改造；厂房建筑和公共设施的改造；劳动条件和生产环境的改造等。

固定资产投资按构成分　固定资产投资活动按其工作内容和实现方式分为建筑安装工程，设备、工具、器具购置，其他费用三个部分。

(1) 建筑安装工程(建筑安装工作量)：指各种房屋、建筑物的建造工程和各种设备、装置的安装工程。包括各种房屋建造工程；各种用途设备基础和各种工业窑炉的砌筑工程及金属结构工程；为施工而进行的各种准备工作和临时工程以及完工后的清理工作等；铁路、道路的铺设，矿井的开凿及石油管道的架设等；水利工程；防空地下建筑等特殊工程；列入房屋工程预算内的暖气、卫生、通风、照明、煤气等设备的价值及装设油饰工程；列入建筑工程预算内的各种管道(蒸汽、压缩空气、石油、给排水等管道)、电力、电讯电缆导线等的敷设工程；以及各种机械设备的安装工程；为测定安装工程质量，对设备进行的试运工作；房地产开发单位进行的商品房屋开发建设工程、土地开发工程。

在安装工程中，不包括被安装设备本身的价值。

(2) 设备、工具、器具购置：指建设单位或企、事业单位购置或自制的，达到固定资产标准的设备、工具、器具的价值。新建单位及扩建单位的新建车间，按照设计或计划要求购置或自制的全部设备、工具、器具，不论是否达到固定资产标准均计入“设备、工具、器具购置”中。

(3) 其他费用：指在固定资产建造和购置过程中发生的，除上述几项内容以外的各种应分摊计入固定资产的费用。

施工项目　指报告期内进行过建筑或安装施工活动的项目。凡是报告期内施过工的建设项目，不论施工时间长短，均作为施工项目统计。施工项目个数可以反映一定时期固定资产投资的实际规模，与同期全部建成投产项目个数相比，可以从建设速度的角度反映固定资产投资的效果。根据建设项目施工活动的不同性质，施工项目又分为：本年正式施工项目、本年收尾项目和以前年度全部停缓建项目。

全部建成投产项目　指设计文件规定形成生产能力的主体工程及其相应配套的辅助设施全部建成，经负荷试运转，证明具备生产设计规定合格产品的条件，并经过验收鉴定合格或达到竣工验收标准，与生产性工程配套的生活福利设施可以满足近期正常生产的需要，正式移交生产的建设项目。非工业项目指设计文件规定的主体工程和相应的配套工程全部建成，能够发挥设计规定的全部效益，经验收鉴定合格或达到竣工验收标准，正式移交使用的建设项目。

新增生产能力(或工程效益)　指通过固定资产投资活动而增加的设计能力(或工程效益)，该指标是以实物形态表现的反映固定资产投资成果的指标，也是考核投资经济效果的重要依据之一。

新增生产能力(或工程效益)一般有以下几种表现形式：

(1) 用产品数量表示，以工程在单位时间内(一般是一年)所能生产的产品数量(即年产量)表示。如原煤开采用万吨／年表示，化学农药用吨／年表示，拖拉机制造用台／年表示等。某些化工产品由于含量差别较大，按其设计含量计算折合量表示，如硫酸、纯碱、烧碱等。

(2) 用单位时间内所能处理的原料数量表示，以工程每天(或小时)所能处理原料的数量表示。如机制糖工程日处理原料吨，食用植物油日处理原料吨，城市污水处理能力用万吨／日表示等。

(3) 用新增加的主要设备的数量或容量表示，如新增棉布织机、丝织机等台数，毛纺锭等锭数，发电厂新增发电机组容量用千瓦表示等。

(4) 用建筑物容积、容量、面积、长度表示，是非工业项目或工程新增效益的一种表现形式。如铁路投产里程、新建公路、水库容量、粮食仓库、学校学生席位、医院病床、有效灌溉面积等。

根据工程的特点，有时需要用两种或两种以上的复合计量单位表示新增生产能力(或工程效益)，如新增内燃机生产能力同时用年产台数、千瓦数表示等。

为了规范新增生产能力(或工程效益)的名称和计算单位，国家统计局制订了《新增生产能力(或工程效益)目录及代码》。各固定资产投资单位在统计新增生产能力(或工程效益)时，必须按目录中规定的名称、计量单位和代码填报。

房屋建筑面积　指房屋建筑物勒脚以上外墙外围的水平截面面积，包括房屋建筑物的有效面积和结构面积。该指标是从实物形态上反映建设规模和建设成果的重要指标之一，也是检查工程形象进度、计算工程造价、分析投资效果、研究施工任务和建筑材料之间平衡情况的重要依据。

住宅建筑面积　指施工和竣工房屋建筑面积中供居住用的房屋建筑面积。

施工面积　指报告期内施工的全部房屋建筑面积。包括本期新开工的面积和上期开工跨入本期继续施工的房屋面积，以及上期已停建在本期恢复施工的房屋面积。本期竣工和本期施工后又停缓建的房屋，其建筑面积仍计入本期房屋施工面积中。

竣工面积　指在报告期内房屋建筑按照设计要求已经全部完工，达到住人和使用条件，经验收鉴定合格(或达到竣工验收标准)，正式移交使用单位的各栋房屋建筑面积的总和。

房屋建筑面积竣工率　指一定时期内房屋竣工面积占同期房屋施工面积的比率。

新增固定资产　指报告期内已经完成建造和购置过程，并已交付生产或使用单位的固定资产价值。该指标是表示固定资产投资成果的价值指标，也是反映建设进度，计算固定资产投资效果的重要指标。

项目建成投产率　指一定时期内全部建成投产项目个数与同期施工项目个数的比率。该指标是从建设单位建设速度的角度反映投资效果的指标。

固定资产交付使用率　指一定时期新增固定资产与同期完成投资额的比率。该指标是反映固定资产动用速度，衡量建设过程中宏观投资效果的综合指标。由于新增固定资产是较长时期内形成的结果，而投资额则是当年完成的，因此，该指标一般适宜于反映较长时期内固定资产的动用情况。

商品房销售面积　指报告期内出售商品房屋的合同总面积(即双方签署的正式买卖合同中所确定的建筑面积)。由现房销售建筑面积和期房销售建筑面积两部分组成。

商品房销售额　指报告期内出售商品房屋的合同总价款(即双方签署的正式买卖合同中所确定的合同总价)。该指标与商品房销售面积同口径，由现房销售额和期房销售额两部分组成。

经济适用房　指根据经济适用房计划安排建设的政策性住宅。经济是指房屋建筑造价和销售价格低于一般商品住宅；适用是指适合中低收入家庭购买使用。经济适用房主要是由国家统一下达投资计划，房地产公司开发，对外销售；用地一般采用行政划拨或招标投标方式，免收土地出让金；对各种经批准的收费减半征收，开发利润不超过3%；销售价格实行政府指导价。该指标可以分析房地产投资结构，反映中低收入家庭商品住宅的供求平衡情况。

Explanatory Notes on Main Statistical Indicators

Investment in Fixed Assets(Excluding Rural Households) refers to the volume of activities in construction and purchases of fixed assets of the whole country and related fees, expressed in monetary terms during the reference period.

Urban Investment in Fixed Assets refers to construction projects involving a total planned investment of 5 million Yuan and over by enterprises of various types of ownership, institutions, administrative units and individuals in urban areas, investment in real estate development. In other words, all investments that take place in county towns and urban areas, investment in construction projects under the direct leadership and management of government agencies at and above county levels and investments by enterprises and institutions at and above county levels are covered in urban investment in fixed assets.

Investment in Real Estate Development refers to investment by real estate development companies, commercialized buildings construction companies and other real estate development units of various types of ownership in the construction of buildings, such as residential buildings, factory buildings, warehouses, hotels, guesthouses, holiday villages, office buildings, and the complementary service facilities and land development projects, such as roads, water supply, water drainage, power supply, heating supply, telecommunications, land leveling and other infrastructural projects. It does not include activities in pure land transactions.

Investment in Rural Areas refers to investment in fixed assets by enterprises, institutions, administrative units and households in rural areas.

Total Size of Construction refers to the planned total investment for all construction projects during the reference period. This item should correspond with projects under work.

Total Size of Investment in Projects under Construction refers to the planned total investment of all projects under construction at the end of the reference period.

Net Size of Investment in Projects under Construction refers to the outstanding requirement of investment of all projects under construction at the end of the reference period.

Net size of investment in projects under construction= Total size of investment – Accumulated completed investment of projects under construction

Sources of Funds for Investment in Fixed Assets are categorized as funds from the State budget, domestic loans, foreign investment, self-raised funds, and others, depending on the sources of investment.

(1) Fund from the State budget consists of budgetary appropriation and loans from the State budget. More specifically, it includes, from the budget of the central government, capital construction fund (operation fund and non-operational fund), special expenses (e.g. expenses on substituting petroleum with coal), loans from repayment, discount fund, expenses on innovation and trial production of new products, expenses on urban construction, expenses on temporary construction from business departments, development fund for less developed areas, as well as local budgetary fund transferred from the central budget.

(2) Domestic loans refer to loans of various forms borrowed by investing units from banks and non-bank financial institutions during the reference period for the purpose of investment in fixed assets, including loans issued by banks from their self-owned funds and deposit, loans appropriated by higher authorities, special loans by government, loans arranged by local government from special funds, domestic reserve loan, and working loan.

(3) Foreign investment refers to foreign funds received during the reference period for the construction and purchase of investment in fixed assets (covering equipment, materials and technology), including foreign borrowings (loans from foreign governments and international financial institutions, export credit, commercial loans from foreign banks, issue of bonds and stocks overseas), foreign direct investment and other foreign investments. Excluded from this category is capital in foreign exchanges owned by China (foreign exchanges owned by the central and local governments, foreign exchanges retained by enterprises, foreign exchanges by enterprises through the regulating mechanism, loans in foreign exchanges issued by the Bank of China with its own fund, etc.). In calculating the utilization of foreign capital, foreign currencies are converted into Chinese Renminbi applying the current exchange rate when the foreign capitals are actually used.

(4) Self-raised funds refer to extra-budgetary funds for investment in fixed assets received during the reference period by investing units from central government ministries, local governments, enterprises and institutions, including their self-raised funds.

(5) Others refer to funds for investment in fixed assets received from sources other than those listed above, including capital raised through issuing bonds by enterprises or financial institutions, funds raised from individuals and through donations, and funds transferred from other units.

Investment in Fixed Assets by Sector The classifi- cation of construction projects by sector is determined by the major products or the purpose of the projects when they are put into production or use, and by the nature of their social economic activities. In general, one project or one enterprise or institution can only be classified into one sector.

Investment in Fixed Assets by Jurisdiction of Management refers to the classification of investment by the competent authorities under which investment is made by construction units, enterprises, institutions or administrative units.

(1) Central investment refers to the investment in projects or by enterprises, institutions or administrative units which are under the direct leadership and management of the State Council and of the national commissions, ministries, agencies and State-owned large corporations. Various ministries and departments of the State Council prepare and implement plans for investment in fixed assets by those departments, and arrange and ensure the supply of materials and key equipment required for the projects.

(2) Local investment refers to the investment in projects or by enterprises, institutions or administrative units which are under the direct leadership and management of departments under the provincial, prefecture and county governments. Also included are projects by foreign-invested enterprises and enterprises without competent managing authorities.

Investment in Fixed Assets by Type of Construction Construction projects in general can be classified, by the type of construction, into new construction, expansion, reconstruction and technical transformation, moving and restoration. However, investment by type of construction is not applied to investment by real-estate development units, investment in rural areas and private investment in housing construction in urban areas and in industrial and mining areas.

(1) New construction in general refers to construction projects, which start from scratch, of enterprises, institutions, administrative agencies. In case the size of the existing unit is quite small, and the value of newly added fixed assets is more than three times of the the original value, the expansion will be considered as new construction.

(2) Expansion refers to construction of new major production workshop, branch factory or independent production line within a factory or in other locations, for the purpose of increasing the production capacity (or improving efficiency) or adding new production capacity. Newly constructed accommodation for the operation of institutions and administrative organizations (such as newly constructed buildings for teaching in schools, buildings for clinics or wards in hospitals, etc.) are also classified as expansion.

Also included in expansion are investments by existing enterprises or institutions in building major production line(s) or branch factory(ies) along with some work on innovation, for the purpose of expanding the production capacity of original products or producing new products.

(3) Reconstruction and technical transformation refers to construction projects by existing enterprises or institutions in innovation or technical transformation of the old facilities (including auxiliary production equipment and welfare facilities). Also considered as reconstruction is the construction of new workshops by the existing enterprises or institutions to change the variety of products to meet the market demand (such as the production of civil products by defence industries), or to bring the designed production capacity into full play through a more balanced production process on production lines. Technical transformation refers to replacement of old technology or equipment by new technology or equipment, in order to expand the reproduction through improvement of technology contents in production, to improve product quality, to promote new products, to save energy, to reduce consumption, to expand the production scale and to improve overall social-economic efficiency. Contents of technical transformation include: updating of machinery, equipment and tools; reforming production process by using energy or materials saving technology; construction of factory workshops and transformation of public facilities; improvement of working conditions and environment, etc.

Investment in Fixed Assets by Structure By their contents and the mode of implementation, investment activities are classified into 3 categories, i.e. construction and installation, purchase of equipment and instrument, and other expenses.

(1) Construction and installation (work volume of construction and installation) refers to the construction of houses and buildings and the installation of various kinds of equipment and instruments. They include construction of houses; equipment foundations, industrial kilns and stoves, and metal structure work; preparation works and temporary works for project construction, and clearing up works post project construction; pavement of railways and roads, drilling of mines and putting up of oil pipes; construction of water conservancy; construction of underground air-raid shelters and construction of other special projects; value of equipment for heating, sanitation, ventilation, lighting, gas, painting, etc. that are covered by the budget of housing projects; laying out of various pipelines (for steam, compressed air, petroleum, tap water and sewage) and wiring and cabling for electric power and for communications; installation of various machinery and equipment; testing operation for pre-testing the quality of installation projects, and land and other development work conducted by real estate developers for commercialized housing. The value of equipment installed is itself not included in the value of installation projects.

(2) Purchase of equipment and instruments refers to the total value of equipment, tools, and instruments purchased or self-produced which come up to the cut-off point for fixed assets by the construction units or investing enterprises or institutions. Equipment, tools and instruments purchased or self-produced for new workshops by newly established or expanded units are categorized as "purchase of equipment and instruments" no matter whether they come up to the cut-off

point for fixed assets.

(3) Other expenses refer to expenses arising during the construction or purchase of fixed assets other than those mentioned above.

Projects under Construction refer to projects with construction and installation activities undertaken in the reference period. All projects that have construction activities undertaken during the reference period are reported as projects under construction irrespective of the length of construction work. The number of projects under construction can reflect the actual size of investment in fixed assets during a given period, and when compared with the number of projects completed and put into use during the same period, it demonstrates the results of investment in fixed assets from the angle of the speed of the construction. Depending on the nature of construction activities, projects under construction can also be classified into projects beginning construction in current year, winding-up projects in current year and stopped or suspended projects in previous years (with resumption of work in current year).

Projects Completed and Put into Use refer to the major projects and auxiliary facilities having been completed in accordance with the design documents, resulting in forming production capacity and having checked and accepted after relevant tests, while the living and welfare facilities having been completed and being capable of ensuring normal production. Non-industrial projects refer to the major projects and auxiliary facilities which have been completed in accordance with the design documents ; have been checked, accepted after relevant examination; and have been formally delivered for use.

Newly Increased Production Capacity (or Project Efficiency) refers to the increase in design capacity (or project efficiency) through investment in fixed assets, which reflects the accomplishment of investment in fixed assets in physical form and serves as an important basis for evaluating the economic efficiency of investment.

The newly increased production capacity (project efficiency) are usually expressed in one of the following forms:

(1) volume of output of products, i.e. the volume of output that the project can produce during a given period (usually a year). For instance, the capacity in coal mining is expressed in 10,000 tons/year, the capacity in producing chemical pesticides expressed in ton/year, the capacity in producing tractors in tractor/year, etc. For some chemical products where the effective contents differ significantly, the production capacity is expressed as the designed effective content equivalent, such as in the case of sulphuric acid, soda ash, caustic soda, etc;

(2) volume of raw materials processed per unit of time, i.e. the volume of raw materials that could be processed by the project per day (or per hour), such as tons of materials processed per day by a sugar refining project or edible vegetable oil project, or tons of urban sewage processed per day;

(3) number or capacity of major equipment increased, such as number of cotton or silk looms increased, wool spindles increased, or capacity (in kilowatts) of power generators increased; and

(4) physical measures (volume, capacity, area, and length) of construction, which is typical for non-industrial projects, for instance, the length of railways put into operation, the length of highways, the capacity of reservoirs, the capacity of ware- houses, the floor space of housing projects, capacity for new students in schools or beds in hospitals, areas under new irrigation project, etc.

The special features of projects may sometimes call for the combined use of two or more measurements to reflect the increase in production capacity (or project efficiency); for instance, the new capacity for the production of internal combustion engines is expressed in sets per year and kilowatts per year simultaneously.

To standardize the nomenclature and unit of measurement for newly increased production capacity (or project efficiency), the National Bureau of Statistics has developed the Nomenclature and Codes for New Production Capacity (Project Efficiency). All reporting units with investment activities are required to follow these two nomenclatures in reporting statistics on new production capacity (project efficiency).

Floor Space of Buildings under Construction refers to the total floor space of the horizontal section of outer walls above the plinth of the building, including the effective area and the area occupied by the structure. This indicator is one of the important indicators in physical terms to reflect the scale and accomplishment of the construction industry and also an important basis for monitoring the progress, calculating the cost, analyzing the efficiency and studying the supply of building materials in relation to the construction projects.

Floor Space of Residential Buildings refers to the floor space of the residential buildings among the total space of buildings under construction or completed.

Floor Space under Construction refers to total floor space of all buildings under construction during the reference period, including floor space of newly started buildings during the reference period, floor space of construction extended from the previous period to the current period, and floor space of construction suspended during the previous period and resumed in the current period. Floor space of construction completed in the current period, and floor space of construction started and then suspended in the current period are also included in the floor space under construction of the current year.

Floor Space Completed refers to the floor space of all buildings completed in the reference period, which have been appraised and accepted (or come up to the designed standards) and have been transferred to owner units.

Completion Rate of Floor Space of Buildings refers to the ratio of the floor space of buildings completed in a certain period of time to the floor space of buildings under construction in the same period.

Newly Increased Fixed Assets refer to the newly increased value of fixed assets, constructed or purchased, that have been transferred to the investors. This is an indicator that demonstrates the results of investment in fixed assets in monetary terms, and an important indicator to reflect the speed of construction and to calculate the efficiency of investment.

Rate of Construction Projects Completed and Put into Use refers to the ratio of the number of construction projects completed and put into use in a certain period of time to the number of projects under construction in the same period. This reflects the investment efficiency from the perspective of the speed of projects construction.

Rate of Projects of Fixed Assets Completed and Put into Operation refers to the ratio of the newly increased fixed assets to the total investment made in the same period. This is a comprehensive indicator reflecting the speed of the employment of fixed assets and the investment efficiency at the macro-level. As the newly increase fixed assets is the result of a long period while the investment is completed in the current year, this indicator is expected to be used to reflect the employment of fixed assets over a long period of time.

Area of Commercialized Housing Sold refers to total contracted area of commercialized housing (i.e. area of floor space as designated in the formal contracts signed by both sides) during the reference time. It constitutes floor space of completed housing and floor space of future housing.

Value of Commercialized Housing Sold refers to the total contracted value (i.e. value of sales/purchase for selling/purchase of commercialized housing as designated in the contract signed by both sides) during the reference time. This indicator has the same coverage as the area of commercialized housing sold, which constitutes floor space of completed housing and floor space of housing yet to be completed.

Economically Affordable Housing refers to housing constructed according to the State Plan for economically affordable housing. The features of houses of this category are low cost of construction and low prices, and therefore are affordable to mid-income and low income households. Economically affordable housing projects are developed by real estate companies under the State Investment Plan, with the land provided through government allocation or tendering procedures. Developers are exempted from land utilization fees and enjoy another 50% exemption of all other legitimate fees, while their profits are limited to less than 3%, and the completed houses are sold under government-guided prices. This indicator helps to analyze the investment structure of the real estate industry and the demand and supply of housing for mid-income and low income households.

8

对外经济和旅游

Foreign Economy and Tourism

资料整理人员：贺淑贞　　陈　慧　　段嘉欣

8-1 对外经济和旅游
Foreign Economy and Tourism

年份 Year	进出口总额（万美元） Total Imports And Exports (USD 10 000)	出口 Exports	进口 Imports	实际利用外商直接投资金额（万美元） Total Amount of Foreign Capital Actually Used (USD 10 000)	接待旅游总人数（万人次） Number of Tourists (10 000 persons)	旅游业总收入（亿元） Income of Tourism (100 million yuan)	星级饭店数（个） Total Number of Tourist Hotels (unit)
1979	23363	22296	1067		0.81	0.01	
1980	32635	31389	1246		0.95	0.01	
1981	43531	35504	8027		1.33	0.02	
1982	42662	38369	4293		1.53	0.05	
1983	45667	40003	5664		1.99	0.03	
1984	46171	41703	4468		2.63	0.04	
1985	52549	39606	12943		3.20	0.04	
1986	62377	50305	12072		4.12	0.09	
1987	74642	61945	12697	235	5.72	0.10	
1988	83403	63860	19543	447	6.76	0.30	
1989	85201	66563	18638	1495	5.57	0.30	
1990	94161	80552	13609	1116	8.52	0.50	
1991	137525	101665	35860	2276	1210	3.68	
1992	207800	141145	66655	12853	1513	6.03	
1993	234800	161200	73600	43267	1615	11.62	
1994	201740	143321	58419	32512	2014	30.80	
1995	201664	145101	56563	48802	2518	43.41	
1996	176299	129074	47225	70344	3223	60.45	
1997	189445	144796	44649	91702	4040	79.59	
1998	178209	128290	49919	81816	4235	99.93	
1999	195604	128210	67394	65384	4339	120.35	
2000	251259	165308	85951	68182	4695	148.76	212
2001	275841	175400	100441	81011	5036	210.50	270
2002	287621	179542	108079	103089	5757	245.98	321
2003	373617	214626	158990	148907	5970	294.11	359
2004	543774	309778	233996	141806	6487	371.56	417
2005	600485	374667	225818	207235	7181	453.62	388
2006	735259	509401	225858	259335	9195	588.41	501
2007	968987	652342	316645	327051	10897	732.71	585
2008	1256584	840950	415634	400515	12830	851.75	569
2009	1015101	549189	465912	459787	16065	1099.47	567
2010	1468886	795487	673399	518441	20398	1425.80	549
2011	1900006	989747	910259	615031	25328	1785.78	568
2012	2194082	1259965	934117	728034	30506	2234.10	581
2013	2516439	1482083	1034356	870482	36058	2681.86	587
2014	3102729	2002348	1100380	1026585	41203	3050.70	555
2015	2936680	1917288	1019392	1156441	47331	3712.91	498
2016	2687970	1817002	870968	1285209	56548	4707.43	461
2017	3603951	2317175	1286776	1447489	66935	7172.62	407

注：进出口数据1994年前为外贸统计数，1994年及以后为海关统计数。

Figures on total imports and exports form foreign trade were obtained from foreign trade statistics before 1994 and the figures were obtained from the Changsha Customs statistics after 1994.

8-2 对外经济贸易和旅游概况
A Survey on Foreign Trade and Tourism

指　标	Item	2000	2005	2015	2016	2017
进出口总额　（亿美元）	**Total Imports And Exports (USD 100 million)**	**25.13**	**60.05**	**293.67**	**268.8**	**360.40**
出口总额	Total Exports	16.53	37.47	191.73	181.7	231.70
进口总额	Total Imports	8.60	22.58	101.94	87.1	128.70
进出口差额	Balance	7.93	14.89	89.79	94.6	103.00
实际利用外资　（亿美元）	**Total Amount of Foreign Capital Actually Used (USD 100 million)**	**11.08**	**16.37**	**115.64**	**128.52**	**144.75**
对外借款	Foreign Loans	3.37	2.19	15.49	4.97	5.07
外商直接投资	Foreign Direct Investments	6.82	14.18	22.76	9.55	9.53
外商其他投资	Other Foreign Investments	0.89		77.40	114	130.15
外商投资企业基本情况	**Registered Foreign-funded Enterprises**					
年底登记户数　（户）	Number of Registered Enterprises (unit)	2316	2598	2415	2270	2377
投资总额　（亿美元）	Total Investment (USD 100 million)	73.06	119.08	521.47	578	1633.92
注册资本　（亿美元）	Registered Capital (USD 100 million)	43.38	70.29	281.05	309	683.72
# 外方	# Capital from Foreign Partners	26.51	52.66	201.16	221	532.77
对外经济合作合同金额　（亿美元）	**Contracted Value of Economic Cooperation With Foreign Countries & Territories (USD 100 million)**	**1.87**	**6.14**	**59.14**	**65.97**	**76.02**
对外承包工程	Contracted Projects	1.49	5.82	38.53	39.8287	40.57
对外劳务合作	Labor Services	0.34	0.26	20.61	26.1443	35.45
设计咨询	Design Consultation	0.04	0.06			
国际旅游人数　（万人次）	**Total Number of International Tourists (10 000 person-times)**	**45.40**	**55.34**	**226.05**	**240.81**	**322.68**
外国人	Foreigners	15.79	41.24	118.19	127.41	155.48
港澳台同胞	Compatriots from HongKong, Macao and Taiwan	29.61	14.10	107.86	113.4	167.20
旅游外汇收入总额　（亿美元）	**Foreign Exchange Earnings from International Tourism (USD 100 million)**	**2.21**	**3.13**	**8.58**	**10.05**	**12.95**
星级宾馆　（个）	Total Number of Tourist Hotels (unit)	212	388	498	461	407

注：外贸进出口资料统一按长沙海关统计数据，以下同。

Figures on total imports and exports form foreign trade are obtained from the Changsha Customs statitics.The same as in the following table.

8-3 进出口商品总值

Total Value of Imports and Exports

单位：万美元 (USD 10 000)

项　目	Item	2013	2014	2015	2016	2017
进出口总值	**Imports & Exports**	**2516439**	**3102729**	**2936680**	**2687970**	**3603951**
#出口	#Exports	1482083	2002348	1917288	1817002	2317175
进口	Imports	1034356	1100380	1019392	870968	1286776
进出口差额	**Balance**	**447727**	**901968**	**897896**	**946034**	**1030399**

8-4 进出口商品主要产销国别(地区)总值

Value of Imports and Exports by Main Producer and Sales ountries (Regions)

单位：万美元 (USD 10 000)

国家(地区)	Country(Region)	2015		2016		2017	
		进　口 Imports	出　口 Exports	进　口 Imports	出　口 Exports	进　口 Imports	出　口 Exports
总　计	**Total**	**1019392**	**1917288**	**870968**	**1817002**	**1286776**	**2317175**
中国香港	Hong Kong, China	26193	535826	25736	462266	23378	543518
美　国	United States	140288	222868	97249	262892	96576	336335
日　本	Japan	69411	40445	89014	42399	129917	48564
韩　国	Republic of Korea	81390	67759	65573	68962	79017	85634
澳大利亚	Australia	104775	17569	77196	21220	117830	26383
南　非	South Africa					78981	41339
德　国	Germany	41300	35904	43065	44774	65810	53617
中国台湾	Taiwan, China	82111	35282	35050	18802	76807	23511
越　南	Vietnam					14372	84604
巴　西	Brazil					58307	25417
俄罗斯	Russia					16118	65267
马来西亚	Malaysia	10822	68541	5336	49508	9796	64487
英　国	United Kingdom	8491	29808	6927	46947	8952	62136
印　度	India					8980	61644
印度尼西亚	Indonesia					19901	44460
荷　兰	Netherlands			12072	32938	19274	39967
泰　国	Thailand					13130	44282
阿联酋	United Arab Emirates	3166	34432			13315	42135
新加坡	Singapore	4597	83277	5461	52533	7985	39940
东盟(10国)	ASEAN(the ten countries)					78042	325139
欧盟(10国)	European Union(the ten countries)					155645	301840

8-5 进出口商品机电电子产品情况
Import and Export Value of Machinery and Electrical Products

单位：万美元 (USD 10 000)

指　标	Item	2015		2016		2017	
		进　口 Imports	出　口 Exports	进　口 Imports	出　口 Exports	进　口 Imports	出　口 Exports
机电产品	**Mechanical & Electrical Products**	**506050**	**1000616**	**404969**	**851285**	**578527**	**1089284**
金属制品	Metal and Related Products	6695	80390	8055	92513	8797	130847
机械设备	Machinery Equipment	83912	147282	106828	134026	148097	204186
电器及电子产品	Electrical Products	356206	533376	192001	449459	290066	543387
运输工具	Facilities of Transportation	27845	163063	63200	86130	76336	79023
仪器仪表	Instruments and Meters	29403	17996	32160	21232	48639	36463
其他	Others	1990	58509	2726	67925	6591	95379

8-6 进出口商品贸易方式
Value of Imports and Exports by Trade Ways

单位：万美元 (USD 10 000)

贸易方式	Trade Ways	2016		2017	
		进　口 Imports	出　口 Exports	进　口 Imports	出　口 Exports
一般贸易	Original Trade	576526	1330113	846404	1666225
国家间、国际组织无偿援助和赠送的物资	Assistant Goods from International Organization		342		1217
加工贸易	Processing Trade			398720	638921
来料加工装配贸易	Processing and Assembly Trade Provided with Raw Material	61830	67465	70897	79384
进料加工贸易	Processing Trade of Imported Material	202619	389494	327823	559537
边境小额贸易	Frontier Small Value Trade				9
加工贸易进口设备	Processing and Assembling Import Equipment Provided with Material	589		5247	
对外承包工程出口货物	Constructed Projects in Foreign Countries		3749		6825
外商投资企业作为投资进口的设备、物品	Imported Equipment and Materials as Investment of Foreign Investment Enterprises	5997		5289	
出料加工贸易	Processing Trade of Exported Material		1	162	149
海关特殊监管方式	Customs special supervision method			28085	2998
保税监管场所进出境货物	Import & Export Commodities in Protective Tariff Zone	18107	23803	21810	755
海关特殊监管区域物流货物	Logistics Goods in Special Customs Surveillance Areas	3200	1254	5697	2243
海关特殊监管区域进口设备	Imported Equipments in Special Customs Surveillance Areas	157		578	
其它贸易	Others Trade	1943	781	2869	831

8-7 主要出口商品总值(2017年)
Major Exports Commodities in Value (2017)

商品名称		Item		数 量 (Volume)	美元值(万美元) Dollar value (USD10 000)
服装及衣着附件		Articles of Apparel & Clothing Accessories			146569
织物制服装		Garments with Textile			90718
裘皮服装	(吨)	Fur Garment	(tons)	458.22	32866
鞋类	(万吨)	Footware	(10 000 tons)	5.47	102389
鞋	(万吨)	Shoes	(10 000 tons)	5.26	100240
扬声器	(万个)	Loudspeakers	(10 000 units)	5111.92	90884
钢材	(万吨)	Rolled Steels	(10 000 tons)	102.42	79358
箱包及类似容器	(万吨)	Travel Goods	(10 000 tons)	5.80	68812
陶瓷产品	(万吨)	Ceramic Products	(10 000 tons)	23.80	59095
家用陶瓷	(万吨)	Domestic Ceramics	(10 000 tons)	17.63	47379
灯具、照明装置及零件		Lamps, Lighting fixtures and Parts			50210
自动数据处理设备及其部件		Automatic data processing equipment and Components			45067
自动数据处理设备	(万台)	Automatic data processing equipment	(10 000 tons)	612	41494
玩具		Toys			41627
贵金属或包贵金属的首饰	(吨)	Precious metal or precious metal jewelry	(tons)	10	41158
电话机	(万台)	Telephones	(10 000 units)	1986.39	40133
手持或车载无线电话机	(万台)	Handheld or Vehicle Wireless Phones	(10 000 units)	1940.61	39737
烟花、爆竹	(万吨)	Fireworks and Firecrackers	(10 000 tons)	18.64	39958
纺织纱线、织物及制品		Textile Yarn,Textile and Related Products			37807
塑料制品	(万吨)	Plastic Products	(10 000 tons)	4.71	37779
汽车	(万辆)	Cars	(10 000 units)	1.93	36432
蓄电池	(万个)	Battery	(10 000 units)	4801.48	30415
手用或机用工具	(万吨)	Hand Tools and Tools For Machines	(10 000 tons)	1.82	23092
肉及杂碎	(万吨)	Meat and Sweetbread	(10 000 tons)	2.66	21034
家具及其零件		Furniture and Parts			19933
圣诞用品	(吨)	Christmas goods	(tons)	7444.23	18988

8-8 主要进口商品总值(2017年)
Major Imports Commodities in Value (2017)

商品名称		Item		数 量 (Volume)	美元值(万美元) Dollar value (USD10 000)
铁矿砂及其精矿	(万吨)	Iron Ores and Concentrate	(10 000 tons)	2546.35	175089
集成电路	(亿个)	Integrated Circuit	(100 million units)	8.28	109206
汽车零配件		Parts of Motor Vehicles			78058
铜矿砂及其精矿	(万吨)	Cooper Ores and Concentrates	(10 000 tons)	20.11	31873
纸浆	(万吨)	Paper Pulp	(10 000 tons)	47.57	29510
计量检测分析自控仪器及器具		Measuring and Checking			28879
煤及褐煤	(万吨)	Coal and Lignite	(10 000 tons)	300.67	28406
炼焦煤	(万吨)	Coking Coal	(10 000 tons)	77.23	12903
乳品	(万吨)	Dairy	(10 000 tons)	3.73	24720
奶粉	(万吨)	Powdered Milk	(10 000 tons)	2.33	21673
肉及杂碎	(万吨)	Meat and chop	(10 000 tons)	7.71	24604
牛肉	(万吨)	Beef	(10 000 tons)	2.47	11257
变压、整流、电感器及零件		Transformer, Rectifier, Inductor and Parts			17926
粮食	(万吨)	Foodstuff	(10 000 tons)	49.17	17847
大豆	(万吨)	Soybean	(10 000 tons)	29.11	11928
铅矿砂及其精矿	(万吨)	Lead Ores and Concentrates	(10 000 tons)	10.36	15512
汽车	(万吨)	Cars	(10 000 tons)	1831.00	14521
自动数据处理设备及其部件		Automatic data processing equipment and Components			14048
数字式中央处理部件	(万台)	Digital central processing unit	(10 000 tons)	383.03	12329
金属加工机床	(台)	Machine Tools for Processing Metals	(unit)	1329	14137
纺织纱线、织物及制品		Textile Yarn,Textile and Related Products			11800
有线、无线通信设备零件		Wired and wireless communication equipment parts			11524
通断保护电路装置及零件		Eletrical Apparatus for Switching or Protecting			10709
初级形状的塑料	(万吨)	Plastic in Primary Form	(10 000 tons)	6.48	9956
锌矿砂及其精矿	(万吨)	Zinc ores and concentrates	(10 000 tons)	9.31	9379

8-9 利用外商直接投资
Foreign Direct Investments

单位：万美元 (USD 10 000)

项　目	Item	2000	2005	2015	2016	2017
总 计	**Total**	**68182**	**207235**	**1156441**	**1285208**	**1447490**
按产业类别分类	**Grouped By Industry**					
第一产业	Primary Industry	3335	6915	62722	62469	52801
第二产业	Secondary Industry	43425	141882	714465	686197	746387
第三产业	Tertiary Industry	21422	58438	379254	536542	648302
按企业主体分类	**Grouped by Form**					
中外合资	Equity Foint Venture	32671	38146	226524	231175	281739
中外合作	Contractural Foint Venture	7328	15351	69742	85921	102685
外商独资	Wholly Foreign-owned Entenprise	27940	119798	730988	868017	959553
外商投资股份制	FDI Share Holding Inc.	243	33940	129187	100096	103512

8-10 外商直接投资签订合同情况 (分国别、地区) (2017年)
Basic Statistics on Signed Contracts of Direct Foreign Investment (by Country or Region) (2017)

国别 (地区)	Countries (Region)	项目 (合同) 个数 (个) Number of Projects (case)	合同外资额 (万美元) Agreement Amount (USD 10 000)	实际利用外资 (万美元) Actually Used Amount (USD 10 000)
总　计	**Total**	**768**	**2453986**	**1447490**
中国香港	Hongkong, China	489	1851477	1014694
中国台湾	Taiwan, China	74	100525	71964
美　国	United States	31	62968	48910
日　本	Japan	26	48123	44547
维尔京群岛	Virgin Islands	9	48242	31940
德　国	Germany	6	32210	25074
新加坡	Singapore	14	21202	20098
荷　兰	Netherlands	3	10459	19391
丹　麦	Denmark	1	1919	15163
澳大利亚	Australia	9	61676	13363
英　国	United Kingdom	8	11390	11273
瑞　士	Switzerland	9	15398	10593
韩　国	Korea	14	15602	10536
开曼群岛	Cayman Islands	2	7788	9956
卢森堡	Luxembourg	1	4352	9287
维尔京群岛	Virgin Islands			

8–11 旅游业基本情况
Basic Statistics of Tourism

项　目	Item	2000	2005	2015	2016	2017
接待旅游总人数（万人）	**Number of Tourists (10 000 persons)**	**4695.40**	**7180.98**	**47330.73**	**56547.79**	**66934.58**
#接待海外游客	#International Tourists	45.40	71.98	118.19	127.41	322.68
#接待国内游客	#Domestic Tourists	4650.00	7109.00	47104.68	56306.98	66611.90
旅游业总收入（人民币亿元）	**Income of Tourism (100 million yuan)**	**148.80**	**453.57**	**3712.91**	**4707.43**	**7172.62**
#旅游创汇（亿美元）	#Earnings from International Tourism (USD 100 million)	2.21	3.90	8.58	10.05	12.95
#国内旅游收入（人民币亿元）	#Earnings from Domestic Tourism (RMB 100 million yuan)	130.46	421.20	3659.96	4640.73	7085.16

8–12 国际旅游人数和人天数
Number of International Tourists and Days of Tourism

项　目	Item	2000	2005	2015	2016	2017
接待入境旅游人数合计（人次）	**Total of International Tourists Arrivals (person–time)**	**454008**	**719829**	**2260521**	**2408055**	**3226844**
#外国人	#Foreigners	157899	608847	1181881	1274100	1554824
港澳台同胞	Compatriots From Hongkong,Macao and Taiwan	296109	110982	1078640	1133955	1672020
#台胞	Compatriots from Taiwan	172731	61007	379043	365874	599574
入境旅游人天数合计（人天）	**Total of International Tourist Arrivals (person–day)**	**1443640**	**2291253**	**4101029**	**4711066**	**6257835**
#外国人	#Foreigners	596216	1943303	2243927	2655163	3131866
港澳台同胞	Compatriots From Hongkong,Macao and Taiwan	847424	347951	1857102	2055903	3125968
#台胞	Compatriots from Taiwan	465221	19122	641313	682913	1134549

注：从 2000 年起，华侨并入外国人统计。
Overseas chinese are bring into foreigners since 2000.

8–13 接待外国人按国别分组
Number of Foreign Tourists by Country

单位：人次　　(person–time)

国　别	Country	2012	2013	2014	2015	2016	2017
外国人总计	**Total**	**906356**	**877108**	**1000746**	**1181881**	**1274100**	**1554824**
#日　本	#Japan	102581	33072	74916	43335	66575	98157
菲律宾	Philippines	6037	4235	7475	10715	9844	17879
新加坡	Singapore	30039	26578	37298	24936	32804	60354
泰　国	Thailand	20480	16530	27648	25698	54058	79140
印度尼西亚	Indonesia	27307	27090	32131	24790	56840	69292
美　国	United States	88743	91864	97254	71296	74906	80316
加拿大	Canada	13106	12772	24458	24389	30801	42574
德　国	Germany	47754	46334	28554	25454	30095	37609
英　国	United Kingdom	49510	48507	57868	39514	43140	48552
法　国	France	28917	29347	33555	30292	33252	39850
意大利	Italy	11793	9304	18788	19932	24346	27855
俄罗斯	Russia	5931	7091	17100	26602	35025	45426
澳大利亚	Australia	6575	6667	18541	22615	25614	39749
新西兰	New Zealand	2978	2868	6705	11376	11137	13584
其　他	Others	464605	514849	518455	780937	745663	854487

主要统计指标解释

货物进出口总额 指指实际进出我国国境的货物总金额。包括对外贸易实际进出口货物，来料加工装配进出口货物，国家间、联合国及国际组织无偿援助物资和赠送品，华侨、港澳台同胞和外籍华人捐赠品，租赁期满归承租人所有的租赁货物，进料加工进出口货物，边境地方贸易及边境地区小额贸易进出口货物，中外合资企业、中外合作经营企业、外商独资经营企业进出口货物和公用物品，到、离岸价格在规定限额以上的进出口货样和广告品（无商业价值、无使用价值和免费提供出口的除外），从保税仓库提取在中国境内销售的进口货物，以及其他进出口货物。该指标可以观察一个国家在对外贸易方面的总规模。我国规定出口货物按离岸价格统计，进口货物按到岸价格统计。

商品经营单位所在地进、出口额 指所在地海关注册登记的有进出口经营权的企业实际进、出口额。

商品目的地进口额和商品货源地出口额 目的地进口额指进口货物的消费、使用或最终抵运地的实际进口额；货源地出口额指出口货物的产地或原始发货地的实际出口额。

利用外资 指我国各级政府、部门、企业和其他经济组织通过对外借款、吸收外商直接投资以及用其他方式筹措的境外现汇、设备、技术等。

对外借款 指通过对外正式签订借款协议，从境外筹措的资金，包括外国政府贷款、国际金融组织贷款、外国银行商业贷款、出口信贷以及对外发行债券等。1996 年及以前还包括对外发行股票。该指标是我国利用外资的重要部分。

外商直接投资 是指外国投资者在我国境内通过设立外商投资企业、合伙企业、与中方投资者共同进行石油资源的合作勘探开发以及设立外国公司分支机构等方式进行投资。外国投资者可以用现金、实物、无形资产、股权等投资，还可以用从外商投资企业获得的利润进行再投资。

外商其他投资 指除对外借款和外商直接投资以外的各种利用外资的形式。包括企业在境内外股票市场公开发行的以外币计价的股票发行价总额，国际租赁进口设备的应付款，补偿贸易中外商提供的进口设备、技术、物料的价款，加工装配贸易中外商提供的进口设备、物料的价款。

对外直接投资 指我国企业、团体等（简称境内投资主体）在国外及港澳台地区以现金、实物、无形资产等方式投资，并以控制国（境）外企业的经营管理权为核心的经济活动。对外直接投资的内涵主要体现在一经济体通过投资于另一经济体而实现其持久利益的目标。

对外承包工程 根据《对外承包工程管理条例》，对外承包工程是指中国的企业或者其他单位承包境外建设工程项目的活动。

对外劳务合作 指组织劳务人员赴其他国家或地区为国外的企业或机构工作的经营性活动。

入境游客 指报告期内来中国（大陆）观光、度假、探亲访友、就医疗养、购物、参加会议或从事经济、文化、体育、宗教活动的外国人、港澳台同胞等游客（即入境旅游人数）。统计时，入境游客按每入境一次统计 1 人次。入境旅游人数包括入境过夜游客和入境一日游游客。

出境人数（出境游客） 指中国（大陆）居民因公或因私出境前往其他国家、中国香港特别行政区、澳门特别行政区和台湾省观光、度假、探亲访友、就医疗养、购物、参加会议或从事经济、文化、体育、宗教活动的人数（即出境游客）。统计时，出境游客按每出境一次统计 1 人次。

国内游客 指报告期内在中国（大陆）观光游览、度假、探亲访友、就医疗养、购物、参加会议或从事经济、文化、体育、宗教活动的中国（大陆）居民人数，其出游的目的不是通过所从事的活动谋取报酬。统计时，国内游客按每出游一次统计 1 人次。

国际旅游（外汇）收入 指入境游客在中国（大陆）境内旅行、游览过程中用于交通、参观游览、住宿、餐饮、购物、娱乐等全部花费。

国内旅游收入（旅游总花费） 指国内游客在国内旅行、游览过程中用于交通、参观游览、住宿、餐饮、购物、娱乐等全部花费。

国际旅行社 指经营对外招徕并接待外国人、华侨、港澳同胞和台湾同胞来中国、归国或回内地旅游业务的旅行社。

国内旅行社 指负责经营招徕、组团、接待国内旅客的旅游业务，以及不对外招徕，负责经营接待国际旅行社或其它涉外部门组织的外国人、华侨、港澳同胞和台湾同胞来中国、归 国或回内地的旅游业务的旅行社。

星级饭店 指设备、设施、服务符合《旅游饭店星级的划分与评定》（GB/T14308–2003），通过相关旅游管理部门评定，并取得星级饭店称号的饭店（含预备星级饭店）。

Explanatory Notes on Main Statistical Indicators

Total Import and Export of Goods refer to the real value of commodities imported and exported across the border of China. They include the actual imports and exports through foreign trade, imported and exported goods under the processing and assembling trades and materials, supplies and gifts as aid given gratis between governments and by the United Nations and other international organizations, and contributions donated by overseas Chinese, compatriots in Hong Kong and Macao and Chinese with foreign citizenship, leasing commodities owned by tenant at the expiration of leasing period, the imported and exported commodities processed with imported materials, commodities trading in border areas, the imported and exported commodities and articles for public use of the Sino-foreign joint ventures, cooperative enterprises and ventures with sole foreign investment. Also included is import or export of samples and advertising goods for which CIF or FOB value are beyond the permitted ceiling (excluding goods of no trading or use value and free commodities for export), imported goods sold in China from bonded warehouses and other imported or exported goods. The indicator of the total imports and exports at customs can be used to observe the total size of external trade in a country. In accordance with the stipulation of the Chinese government, imports are calculated at CIF, while exports are calculated at FOB.

Import or Export Value by Location of China's Foreign Trade Managing Units refers to actual value of imports and exports carried out by corporations which have been registered by the local Customs house and are vested with right to run import export business.

Import Value of Commodities by Place of Destination and Export Value of Commodities by Place of Origin in China The former indicator refers to the value of import commodities of the places of their consumption, utilization or the places of their final destination. The latter indicator refers to the value of export commodities of the places of their origin or the places of the commodities dispatched.

Utilization of Foreign Capitals refers to remittance, equipment and technology financed from abroad, by loans, foreign direct investment and other forms undertaken by the Chinese governments at all levels, by various departments, enterprises and other economic units.

Foreign Borrowings refer to funds borrowed from abroad through formal signing of borrowing agreements with foreign institutions, including loans of foreign governments, loans of international financial institutions, commercial loans of foreign banks, export credit, and funds raised by Chinese bonds (and shares before 1996) issued abroad. It is an important part of China's utilization of foreign capitals.

Foreign Direct Investment refers to foreign investment in China through the establishment of foreign invested enterprises, cooperative exploration and development of pet- roleum resources with domestic investors and the establishment of branch organizations of foreign enterprises. Foreign investment can be made in forms of cash, physical investment, intangible assets and equity, in addition with reinvestment of the foreign enterprises with the profits gained from the investment.

Other Foreign Investment refers to all forms of utilization of foreign capitals other than foreign borrowings and foreign direct investment. It includes the total value of stock shares in foreign currencies issued by enterprises at domestic or foreign stock exchanges, rent payable for the imported equip- ment through international leasing arrangement, cost of imported equipment, technology and materials provided by foreign counterparts in compensation trade and processing and assembly trade.

Overseas Direct Investment refers to investment made by domestic enterprises and organizations (referred to as domestic investors) in foreign countries and Hong Kong SAR, Macao SAR and Taiwan province in forms of cash, physical investment and intangible assets, and the economic activities centring on operation and management of those enterprises are under the control of domestic investors. The content of overseas direct investment mainly reflects one economic entity by investing in another economic entity to achieve its goal of lasting interest.

Overseas Contracted Projects refer to activities of contracting overseas construction projects by Chinese enterprises or any other units, which are stipulated in the Regulations on Administration of Foreign Contracted Project.

Overseas Labour Services refer to operational activities of organizing labour force to go abroad providing services to foreign enterprises or agencies.

Overseas Visitor Arrivals refer to the number of tourists of foreigners, Chinese compatriots from Hong Kong, Macao and Taiwan who come to China (mainland) within the reference period for sight-seeing, vacation, visiting relatives, medical treatment, shopping, attending conference, or to engage in economic, cultural, sports and religious activities (namely the number of overseas visitor arrivals). In compiling statistics, each arrival is counted as one person-time. The number of overseas visitor arrivals includes inbound overnight tourists and one-day tourists.

Number of Chinese Residents Going Abroad (Chinese Outbound Visitors) refers to the number of Chinese (mainland) residents going to other countries, Hong Kong Special Administrative region, Macao Special Administrative region and Taiwan for on official or private purposes, for sight-seeing, vacation, visiting relatives, medical treatment, shopping, attending conference, or to engage in economic, cultural, sports and religious activities (namely the Chinese outbound visitors). In compiling statistics, each time of leaving is counted as one person-time.

Number of Domestic Tourists refers to the number of Chinese (mainland) residents who travel within China (mainland) for sight-seeing, vacation, visiting relatives, medical treatment, shopping, attending conference, or to engage in economic, cultural, sports and religious activities. In compiling statistics, each time of travelling is counted as one person-time.

Foreign Exchange Earnings from International Tourism refer to the total expenditure of foreigners, overseas Chinese, Chinese compatriots from Hong Kong, Macao and Taiwan during their stay in the mainland of China on transportation, sighting, accommodation, food, shopping and entertainment.

Income from Domestic Tourism refer to expenditure of domestic tourists on transportation, sighting, accommodation, food, shopping and entertainment while they travel.

International Travel Agencies refer to travel agencies engaged in the promotion, solicitation, organization and reception of tours to the mainland of China by foreigners, overseas Chinese, Chinese compatriots from Hong Kong, Macao and Taiwan.

Domestic Travel Agencies refer to travel agencies engaged in the promotion, solicitation, organization and reception of domestic tourists, and in the reception of foreigners, overseas Chinese, Chinese compatriots from Hong Kong, Macao and Taiwan organized by international travel agencies or other departments concerned, without their own promotion and solicitation programmes.

Star Hotels refer to hotels rated with stars as assessed by the relevant tourism authorities according to GB/T14308-2003 standard with reference to their infrastructure, facilities and service levels.

9

能　源

Energy

资料整理人员：杨　耒　　杨東燊　　何　达

9-1 能源生产消费及构成
The Structure of Energy Production and Consumption

指 标	Item	2016	2017
一次能源生产总量 （万吨标准煤）	**Gross Production of primary Energy(10 000 tons of SCE)**	**4458.56**	**3561.93**
各种能源所占比重 (%)	Proportions of Energies (%)		
其中：原煤	Raw Coal	53.25	44.56
原油	Crude Oil		
天然气	Natural Gas		
水电、核电、风电等	Hydropower, Nuclear Power, Wind Power Etc	46.75	55.44
能源消费总量 （万吨标准煤）	**Gross Consumption of Energy (10 000 tons of SCE)**	**15804.44**	**16171.30**
各种能源所占比重 (%)	Proportions of Energies (%)		
其中：煤品燃料	Raw Coal	58.76	62.59
油品燃料	Petroleum	16.69	16.26
天然气	Natural Gas	2.38	2.22
水电、核电、风电等	Hydropower, Nuclear Power, Wind Power Etc	13.19	12.21
其他能源	Other sources	5.04	3.96
一次能源生产弹性系数	**Elastic Coefficient of Energy Production**		
一次能源生产比上年增长 (%)	Increasing Rate of Primary Energy Production over the Previous Year (%)	-9.72	-20.11
核电、水电、风电生产比上 年增长 (%)	Increasing Rate of Electric Power Production over the Previous Year (%)	7.55	-5.26
国内生产总值比上年增长 (%)	Increasing Rate of GDP over the Previous Year (%)	8.00	8.00
一次能源生产弹性系数	Elastic Coefficient of Primary Energy Production	-1.21	-2.51
核电、水电、风电生产弹性系数	Elastic Coefficient of Electric Power Production	0.94	-0.66
能源消费弹性系数	**Elastic Coefficient of Energy Consumption**		
能源消费比上年增长 (%)	Increasing Rate of Energy Consumption over the Previous Year (%)	2.17	2.32
电力消费比上年增长 (%)	Increasing Rate of Electric Power Consumption over the Previous Year (%)	3.28	5.74
国内生产总值比上年增长 (%)	Increasing Rate of GDP over the Previous Year (%)	8.00	8.00
能源消费弹性系数	Elastic Coefficient of Energy Consumption	0.27	0.29
电力消费弹性系数	Elastic Coefficient of Electric Power Consumption	0.41	0.72

9–2 综合能源平衡表
Consolidated Balance Sheet of Energy

单位：万吨标准煤 (10 000 tons of SCE)

指　标	Item	2016	2017
可供量	**Supplies**	**15804.45**	**16171.24**
一次能源生产量	Energy Production	4458.56	3561.93
外省(区、市)调入量	The Amount Transferred from Other Provinces(Regions, Cities)	11484.08	12784.32
进口量	Import Volume	242.46	176.64
本省(区、市)调出量(–)	The Amount Transferred to Other Provinces(Regions, Cities)	427.40	384.18
出口量(–)	Export Volume	2.78	4.00
年初年末库存差额	Inventory Balance between the Beginning and End of the Year	49.52	36.47
年初库存量	Beginning of the inventory	450.80	401.27
年末库存量(–)	Year–end inventory(–)	401.27	364.81
消费量	**Consumptions**	**15804.44**	**16171.30**
消费量分组一	**Group 1 of Consumptions**	**15804.45**	**16171.30**
农林牧渔业	Agriculture, Forestry, Animal Husbandry and Fishery	715.94	734.57
工业	Industry	8994.92	9069.57
建筑业	Construction Industry	377.91	380.04
交通运输．仓储和邮政业	Transportation, Storage and Post Industry	1629.85	1733.12
批发、零售业和住宿、餐饮业	Wholesaling, Retailing, Lodging and Catering Trade	750.69	791.74
其他	Others	1022.54	1044.86
生活消费	Living Consumptions	2312.61	2417.41
消费量分组二	**Group 2 of Consumptions**	**15804.44**	**16171.30**
终端消费	**Terminal Consumptions**	**15625.69**	**16032.40**
#工业	#Industry	8816.17	8930.67
加工转换损失	**Processing and Conversion Loss**	**-182.92**	**-240.50**
火力发电损失	Loss of Thermal Power Generation	0.00	0.00
供热损失	Heating Supply Loss	137.38	132.16
洗选煤损失	Coal Preparation Loss	178.19	152.24
炼焦损失	Coking Loss	22.11	12.95
炼油损失	Oil Refining Loss	31.87	38.58
制气损失	Gas Making Loss		
煤制品加工损失	Coal Products Processing Loss		
回收能	Recovered Energy	–552.47	–576.43
损失量	**Loss Amount**	**361.67**	**379.40**
平衡差额	**Equilibrium Balance**		

9-3 煤炭平衡表
Balance Sheet of Coal

单位：万吨 (10 000 tons)

指 标	Item	2016	2017
可供量	**Supplies**	**11443.53**	**12399.97**
消费量	**Consumptions**	**11443.53**	**12399.96**
消费量分组一	**Group 1 of Consumptions**	**11443.51**	**12399.96**
农林牧渔业	Agriculture, Forestry, Animal Husbandry and Fishery	488.98	493.92
工业	Industry	9062.16	9804.12
建筑业	Construction Industry	217.12	230.17
交通运输．仓储和邮政业	Transportation, Storage and Post Industry	190.31	307.40
批发、零售业和住宿、餐饮业	Wholesaling, Retailing，Lodging and Catering Trade	466.37	487.09
其他	Others	538.08	551.31
生活消费	Living Consumptions	480.48	525.95
消费量分组二	**Group 2 of Consumptions**	**11443.53**	**12399.96**
终端消费	**Terminal Consumptions**	**7032.16**	**7907.27**
#工业	#Industry	4650.82	5311.43
用于加工转换	**Used for Processing and Conversion**	**4396.82**	**4470.20**
火力发电	Thermal Power Generation	2704.92	2856.76
供热	Heating Supply	293.02	295.64
洗煤损耗	Coal Preparation Loss	485.32	406.09
炼焦	Coking	913.56	911.71
炼油及煤制油	Petroleum Refineries		
制气	Gas Making		
型煤加工损耗	Briquette Processing Loss		
损失量	**Loss Amount**	**14.54**	**22.50**
平衡差额	**Equilibrium Balance**		

9-4 石油平衡表
Balance Sheet of Petroleum

单位：万吨 (10 000 tons)

指 标	Item	2016	2017
可供量	**Supplies**	**1844.20**	**1822.78**
消费量	**Consumptions**	**1844.20**	**1822.78**
消费量分组一	**Group 1 of Consumptions**	**1844.18**	**1822.76**
农林牧渔业	Agriculture, Forestry, Animal Husbandry and Fishery	21.29	23.01
工业	Industry	386.71	352.19
建筑业	Construction Industry	78.60	71.97
交通运输．仓储和邮政业	Transportation, Storage and Post Industry	840.83	824.56
批发、零售业和住宿、餐饮业	Wholesaling, Retailing, Lodging and Catering Trade	92.83	98.83
其他	Others	110.76	113.86
生活消费	Living Consumptions	313.16	338.34
消费量分组二	**Group 2 of Consumptions**	**1844.20**	**1822.78**
终端消费	**Terminal Consumptions**	**1795.48**	**1775.10**
#工业	#Industry	338.01	304.52
加工转换损失	**Processing and Conversion Loss**	**48.71**	**47.68**
火力发电	Thermal Power Generation	8.60	9.30
供热	Heating Supply	6.33	8.79
炼油损耗	Oil Refining Loss	33.78	29.59
制气	Gas Making		
损失量	**Loss Amount**		
平衡差额	**Equilibrium Balance**		

9-5 电力平衡表
Balance Sheet of Electricity

单位：亿千瓦时 (100 million kwh)

指 标	Item	2016	2017
可供量	**Supplies**	**1582.99**	**1581.51**
消费量	**Consumptions**	**1582.99**	**1581.51**
消费量分组一	**Group 1 of Consumptions**	**1583.00**	**1581.52**
农林牧渔业	Agriculture, Forestry, Animal Husbandry and Fishery	18.16	19.34
工业	Industry	912.26	863.95
建筑业	Construction Industry	22.82	22.84
交通运输．仓储和邮政业	Transportation, Storage and Post Industry	48.43	56.37
批发、零售业和住宿、餐饮业	Wholesaling, Retailing, Lodging and Catering Trade	70.56	76.78
其他	Others	123.60	133.33
生活消费	Living Consumptions	387.18	408.90
消费量分组二	**Group 2 of Consumptions**	**1582.99**	**1581.51**
终端消费	**Terminal Consumptions**	**1472.30**	**1464.37**
#工业	#Industry	801.57	746.81
输配电损失量	**Processing and Conversion Loss**	**110.69**	**117.14**
平衡差额	**Equilibrium Balance**		

9-6 分行业分品种能源消费总量(2017年)

指　标	Item	煤炭消费量(万吨) Consumption of Coal (10 000 tons)	原煤消费量(万吨) Consumption of Raw Coal (10 000 tons)
消费总计	**Total Consumptions**	**12399.97**	**11597.73**
农、林、牧、渔业	**Agriculture, Forestry, Animal Husbandry and Fishery**	**493.92**	**460.96**
工业合计	**Industries in Total**	**9804.12**	**9555.33**
采矿业	**Excavating Industry**	**633.46**	**1259.71**
煤炭开采和洗选业	Mining and Washing of Coal	486.71	1113.01
石油和天然气开采业	Mining of Petroleum and Natural Gas		
黑色金属矿采选业	Mining of Ferrous Metal Ores	2.25	2.25
有色金属矿采选业	Mining of Non-ferrous Metal Ores	46.99	46.99
非金属矿采选业	Mining and Processing of Nonmetal Ores	97.39	97.34
开采辅助活动	Mining of Other Ores N.E.C		
其他采矿业	Mining of Other Ores N.E.C	0.12	0.12
制造业	**Manufacturing Industry**	**6307.82**	**5439.54**
农副食品加工业	Processing of Food From Agricultural Products	101.58	101.12
食品制造业	Manufacture of Foods	63.93	63.92
饮料制造业	Manufacture of Beverage	40.21	40.20
烟草制品业	Manufacture of Tobacco	31.14	31.05
纺织业	Manufacture of Textile	71.04	70.14
纺织服装、鞋、帽制造业	Manufacture of Textile Wearing Apparel, Footware and Caps	1.97	1.97
皮革、毛皮、羽毛(绒)及其制品业	Manufacture of Leather, Fur, Feather and Its Products	7.91	7.91
木材加工及木、竹、藤、棕、草制品业	Processing of Timbers,Manufacture of Wood,	45.60	45.55
家具制造业	Manufacture of Furniture	2.03	2.03
造纸及纸制品业	Manufacture of Paper and Paper Products	264.45	264.44
印刷业和记录媒介的复制	Printing,Reproduction of Recording Media	14.26	14.26
文教体育用品制造业	Manufacture of Articles for Culture, Education and Sport	1.48	1.46
石油加工、炼焦及核燃料加工业	Processing of Petroleum, Coking,Nuclear Oil	675.21	544.20
化学原料及化学制品制造业	Manufacture of Chemical Raw Material	796.96	792.97
医药制造业	Manufacture of Medicines	72.80	72.80
化学纤维制造业	Manufacture of Chemical Fiber	2.87	2.87
橡胶和塑料制品业	Manufacture of Rubber	14.29	14.29
非金属矿物制品业	Manufacture of Non-metallic Mineral Products	2099.13	2097.43
黑色金属冶炼及压延加工业	Manufacture and Processing of Ferrous Metals	1101.68	335.34
有色金属冶炼及压延加工业	Manufacture and Processing of Non-ferrous Metals	415.44	412.53
金属制品业	Manufacture of Metal Products	331.41	370.83
通用设备制造业	Manufacture of General Purpose Machinery	30.23	30.17
专用设备制造业	Manufacture of Special Purpose Machinery	31.26	31.11
汽车制造业	Automotive Industry	14.79	14.78
铁路、船舶、航空航天和其他运输设备制造业	Manufacture of Railway,Marine,Aerospace and Other Transport Equipment	5.78	5.78
电气机械及器材制造业	Manufacture of Electrical Machinery and Equipment	22.44	22.44
通信设备、计算机及其他电子设备制造	Manufacture of Communication Equipment, Computer and Other Electronic Equipment	27.54	27.54
仪器仪表制造业	Manufacture of Measuring Instrument and Machinery for Cultural Activity and Office Work	1.23	1.23
其他制造业	Other Manufacture N.E.C	16.09	16.09
工艺品及其他制造业	Manufacture of Artwork,Other Manufacture N.E.C	3.08	3.08
废弃资源和废旧材料回收加工业	Recycling and Disposal of Waste		
电力、燃气及水的生产和供应业	**Production and Supply of Electric Power, Gas and Water**	**2862.85**	**2856.09**
电力、热力的生产和供应业	Production and Supply of Electric & Heat Power	2862.57	2855.81
燃气生产和供应业	Production and Distribution of Gas	0.26	0.26
水的生产和供应业	Production and Distribution of Water	0.01	0.01
建筑业	**Construction**	**230.17**	**211.24**
交通运输储运业和邮政业	**Transportation, Storage and Post Industry**	**307.40**	**275.39**
批发、零售业和住宿、餐饮业	**Wholesaling, Retailing, Lodging and Catering Trade**	**487.09**	**266.90**
其他行业	**Other Trades**	**551.31**	**346.31**
城乡居民生活	**Urban and Rural Citizens' Lives**	**525.95**	**481.60**

Total Consumption of Various Energy in Different Trades (2017)

焦炭消费量（万吨）Consumption of Coke (10 000 tons)	原 油（万吨）Crude Oil (10 000 tons)	汽 油（万吨）Gasoline (10 000 tons)	煤 油（万吨）Kerosene (10 000 tons)	柴 油（万吨）Diesel Oil (10 000 tons)	燃料油（万吨）Fuel Oil (10 000 tons)	液化石油气（万吨）LPG (10 000 tons)	天然气（亿立方米）Natural Gas (100 million cu.m)	电 力（亿千瓦时）Electric Power (100million kwh)
947.57	**770.12**	**642.03**	**60.76**	**636.15**	**93.59**	**106.34**	**26.24**	**1581.52**
28.48		**12.75**		**10.02**	**0.01**	**0.22**	**0.09**	**19.34**
919.09	**770.12**	**21.82**	**3.03**	**38.21**	**28.92**	**16.07**	**14.98**	**863.95**
0.74		**0.52**	**0.07**	**4.01**				**68.19**
		0.05		0.41				19.46
0.54		0.06		0.24				7.81
0.05		0.23	0.06	0.48				18.14
0.15		0.18	0.01	2.81				15.41
				0.07				7.38
918.35	**770.12**	**20.72**	**2.96**	**32.38**	**28.69**	**16.07**	**14.90**	**570.64**
0.06		0.91	0.05	1.32	0.10		0.42	23.86
		0.61		0.47	0.03		0.46	4.43
0.25		0.21	0.04	0.30		0.03	0.26	3.00
		0.02		0.24			0.28	3.18
0.18		0.37		0.28			0.06	10.18
		0.20		0.08			0.03	3.44
0.02		0.11	0.05	0.21			0.10	3.00
		0.68		0.81				7.10
		0.32		0.18			0.11	1.57
		0.22		0.40	1.76		0.36	27.57
		0.29		0.29		0.01	0.11	2.05
		0.06		0.03		0.01	0.03	0.57
	770.07	0.55		1.68	2.05	0.06		11.16
8.68		1.85	0.17	2.10	1.06	0.26	1.06	52.64
0.05		1.57		0.58			0.55	5.60
		0.01		0.01			0.01	0.94
0.13		0.40	0.14	0.82		0.09	0.28	7.55
0.20	0.05	3.27	0.76	8.66	22.27	12.96	3.45	118.29
857.88		0.43	0.02	1.67			0.90	127.01
40.53		0.84	0.14	2.16	1.11		4.11	58.96
6.94		1.20	0.04	1.19		0.03	0.31	18.72
1.65		1.43	0.28	1.56	0.15	0.02	0.19	9.14
0.40		1.51	0.68	2.33		0.79	0.32	9.00
0.71		1.02	0.01	0.96		0.01	0.92	16.09
0.28		0.22	0.04	0.32	0.02	0.01	0.14	7.02
0.08		1.11	0.43	1.81	0.08	0.09	0.24	19.50
0.01		0.80	0.11	1.00			0.12	13.22
0.06		0.44		0.28			0.01	1.73
		0.05		0.02		1.70	0.03	1.81
0.24		0.01		0.63	0.05		0.04	2.29
		0.01						0.01
		0.58		**1.81**	**0.23**		**0.08**	**225.12**
		0.19		0.90	0.23		0.01	210.47
		0.05		0.32			0.07	1.48
		0.34		0.59				13.17
		21.18	**0.22**	**49.22**	**0.06**	**0.60**	**0.08**	**22.84**
		208.41	**55.21**	**457.20**	**60.13**	**9.30**	**1.73**	**56.37**
		63.96	**1.68**	**14.03**	**1.91**	**15.87**	**2.00**	**76.78**
		82.53	**0.61**	**19.87**	**0.97**	**7.68**	**2.49**	**133.33**
		231.37		**47.60**	**1.58**	**56.60**	**4.86**	**408.90**

9–7 能源加工转换情况 (2017年)
Energy Processing and Conversion (2017)

指 标	Item	投入量(万吨标准煤) Input Amount (10 000 tons of SCE)	产出量(万吨标准煤) Output Amount (10 000 tons of SCE)	转换损失量(万吨标准煤) Conversion Loss (10 000 tons of SCE)	转换效率(%) Conversion Efficiency (%)
合计	**Total**	**5672.67**	**3907.15**	**1765.52**	**68.88**
火电	Thermal Power	2396.23	966.63	1429.59	40.34
供热	Heating Supply	290.63	158.46	132.16	54.52
洗煤	Coal Washing	939.43	787.19	152.24	83.79
炼焦	Coking	820.54	807.59	12.95	98.42
炼油	Oil Refining	1225.85	1187.27	38.58	96.85
天然气液化	Natural Gas Liquefaction				
制气	Gas Making				
型煤加工	Briquette Processing				
热电合计	Heat Power Total	2686.85	1125.10	1561.76	41.87

9–8 主要能源库存量和周转天数 (2017年)
The Stock and Inventory Turnover of the Main Energy(2017)

指 标	Item	年末库存量(万吨) Stock at the End of the Year (10 000 tons)	消费量(万吨) Consumption Amount (10 000 tons)	库存周转天数(天) Inventory Turnover (day)
煤炭	**Coal**	**388.02**	**12399.96**	**11.42**
原煤	Raw Coal	347.67	11597.73	10.94
洗精煤	Cleaned Coal	35.33	911.71	14.15
其它洗煤	Other Washed Coal	4.96	215.07	8.42
焦炭	Coke	19.16	947.57	7.38
石油	**Petroleum**	**36.44**	**1822.78**	**7.30**
原油	Crude Oil	27.03	770.13	12.81
汽油	Gasoline	0.06	642.03	0.03
煤油	Kerosene	0.01	60.76	0.03
柴油	Diesel Oil	1.24	636.15	0.71
燃料油	Fuel Oil	1.20	93.59	4.69

9-9 工业企业能源购进、消费及库存(2017年)

Energy Purchase, Consumption and Stock of Industry (2017)

指 标	Item	年初库存 Stock at the Beginning of the Year	购进量实物量 Total Purchase	消费量合计 Total Consump-tion	工业生产消费 For Industrial Production	原材料 Material Use	年末库存 Stock at the End of the Year
能源合计 (吨标准煤)	**Total Energy (ton of SCE)**			**106967828**	**105945998**		
原煤 (吨)	Raw Coal (Ton)	3905091	64222374	64241785	63811253	1178283	3476742
其中:无烟煤 (吨)	Blind Coal (Ton)	541041	6193323	6371242	6212865	173446	480915
炼焦烟煤 (吨)	Coking Coal (Ton)	9266	164079	166723	166414		6306
一般烟煤 (吨)	Generally Coal (Ton)	3328644	57784625	57623187	57351365	1004568	2963829
褐煤 (吨)	Lignitous Coal (Ton)	26140	80347	80633	80609	270	25692
洗精煤 (吨)	Cleaned Coal (Ton)	211021	9069354	9117117	9117117		353328
其它洗煤 (吨)	Other Washed Coal (Ton)	67774	2027340	2045248	2045248		49598
煤制品 (吨)	Coal Products (Ton)	608	43435	42994	42680	352	544
焦炭 (吨)	Coke (Ton)	261039	5674199	9162619	9162552	119077	191560
其它焦化产品 (吨)	Other Coking Products (Ton)	486	10775	10770	10770		491
焦炉煤气 (万立方米)	Coke Oven Gas (10 000 Cu.M)		8529	180327	169353		
高炉煤气 (万立方米)	High Oven Gas (10 000 Cu.M)		67693	3140156	3120858		
转炉煤气 (万立方米)	Converter Gas (10 000 Cu.M)		270	241190	178481		
发生炉煤气 (万立方米)	Producer Gas (10 000 Cu.M)		78	78	74		
天然气(气态) (万立方米)	Natural Gas (10 000 Cu.M)	160	152545	149752	148318	606	124
液化天然气(液态) (吨)	Liquefied Natural Gas (Ton)	58	22900	22660	22381	9	81
煤层气(煤田) (万立方米)	Coal Seam Gas (10 000 Cu.M)						
原油 (吨)	Crude Oil (Ton)	211945	7759988	7701282	7701277		270325
汽油 (吨)	Gasoline (Ton)	568	218037	218240	185516	1282	593
煤油 (吨)	Kerosene (Ton)	52	30327	30315	30293	723	52
柴油 (吨)	Diesel Oil (Ton)	9663	371078	382078	352931	10076	12364
燃料油 (吨)	Fuel Oil (Ton)	25056	257769	289187	288924	530	12034
液化石油气 (吨)	Liquefied Petroleum Gas (Ton)	441	160164	160698	160335	7369	240
炼厂干气 (吨)	Refinery Gas (Ton)		818	280459	280459		
石脑油 (吨)	Naphtha (Ton)						
润滑油 (吨)	Lubricating Oil (Ton)	80	5644	4639	4639	87	59
石蜡 (吨)	Paraffin Wax (Ton)	92	740	711	711		120
溶剂油 (吨)	Solvnet Naphtha (Ton)	1240	13939	14838	14838	9726	301
石油焦 (吨)	Petroleum Coke (Ton)	9723	115802	151138	151138	3773	5737
石油沥青 (吨)	Petroleum Asphalt (Ton)	1380	12092	13009	13009	7931	220
其它石油制品 (吨)	Other Petroleum Products (Ton)	37483	1893629	2369377	2369374	792085	62351
热力 (百万千焦)	Heat (Million Kilo-Joule)		21618744	55878692	50600011		
电力 (万千瓦时)	Electricity (10 Thousand Kwh)		6926729	9376266	9245723		
煤矸石用于燃料 (吨)	Coal Gangue Solid Fuel (Ton)	8118	1783714	1805512	1805512		60563
城市垃圾用于燃料 (吨)	Municipal Refuse Fuel (Ton)	4455	827282	1045091	1045091		12682
生物质废料用于燃料 (吨)	Biomass Waste Fuel (Ton)	4166	1494475	1558766	1557620		8841
余热余压 (百万千焦)	Waste Heat And Excess Pressure (Million Kilo-Joule)		6076982	30554921	30474993		
其它工业废料用于燃料 (吨)	Other Industrial Waste Fuel (Ton)	146	153483	152035	151939		
其他燃料 (吨标准煤)	Other Fuel (Ton Of Sce)	1800	812746	818348	817812		673

注:本表统计范围为年主营业务收入2000万元及以上的工业企业。

All Industry corporation enterises with an annual sales income of over 20 million yuan.

9-9 续表 1 continued

指标	Item	工业生产消费量 For Production	加工转换投入合计 Input&Outputof Transfor-mation	火力发电 Thermal Power	供热 Heating Supply	原煤入洗 Coal Washing	炼焦 Coking
能源合计（吨标准煤）	**Total Energy (ton of SCE)**	**81784685**	**57809411**	**24630409**	**2937656**	**9415484**	**8291346**
原煤（吨）	Raw Coal (Ton)	51886144	43541266	28567562	1925849	13047855	
其中：无烟煤（吨）	Blind Coal (Ton)	4950294	3960758	3635829		324929	
炼焦烟煤（吨）	Coking Coal (Ton)						
一般烟煤（吨）	Generally Coal (Ton)	46894683	39571042	24922267	1925849	12722926	
褐煤（吨）	Lignitous Coal (Ton)	41167	9466	9466			
洗精煤（吨）	Cleaned Coal (Ton)	9117117	9117117				9117117
其它洗煤（吨）	Other Washed Coal (Ton)	2030419	1030511		1030511		
煤制品（吨）	Coal Products (Ton)						
焦炭（吨）	Coke (Ton)	8467265					
其它焦化产品（吨）	Other Coking Products (Ton)						
焦炉煤气（万立方米）	Coke Oven Gas (10 000 Cu.M)	163956	36212	36212			
高炉煤气（万立方米）	High Oven Gas (10 000 Cu.M)	3053167	1925677	1380980	544696		
转炉煤气（万立方米）	Converter Gas (10 000 Cu.M)	178411	85716	85716			
发生炉煤气（万立方米）	Producer Gas (10 000 Cu.M)						
天然气(气态)（万立方米）	Natural Gas (10 000 Cu.M)	12809	229	123	106		
液化天然气(液态)（吨）	Liquefied Natural Gas (Ton)						
煤层气(煤田)（万立方米）	Coal Seam Gas (10 000 Cu.M)						
原油（吨）	Crude Oil (Ton)	7700668	7692319				
汽油（吨）	Gasoline (Ton)	5609	4020				
煤油（吨）	Kerosene (Ton)	140					
柴油（吨）	Diesel Oil (Ton)	44248	22381	5836	16545		
燃料油（吨）	Fuel Oil (Ton)	208131	56265	45595	8640		
液化石油气（吨）	Liquefied Petroleum Gas (Ton)	567					
炼厂干气（吨）	Refinery Gas (Ton)	279641	44063	12061	19759		
石脑油（吨）	Naphtha (Ton)						
润滑油（吨）	Lubricating Oil (Ton)	92					
石蜡（吨）	Paraffin Wax (Ton)						
溶剂油（吨）	Solvnet Naphtha (Ton)	390					
石油焦（吨）	Petroleum Coke (Ton)	105456	72492	29509	42983		
石油沥青（吨）	Petroleum Asphalt (Ton)						
其它石油制品（吨）	Other Petroleum Products (Ton)	2035451	1083683				
热力（百万千焦）	Heat (Million Kilo-Joule)	29540732	657405	657405			
电力（万千瓦时）	Electricity (10 Thousand Kwh)	2364080					
煤矸石用于燃料（吨）	Coal Gangue Solid Fuel (Ton)	1166709	1166659	1166659			
城市垃圾用于燃料（吨）	Municipal Refuse Fuel (Ton)	1045084	1045084	1045084			
生物质废料用于燃料（吨）	Biomass Waste Fuel (Ton)	869784	867662	856907	10754		
余热余压（百万千焦）	Waste Heat And Excess Pressure (Million Kilo-Joule)	30222239	16934096	16934096			
其它工业废料用于燃料（吨）	Other Industrial Waste Fuel (Ton)	27588	27588	27588			
其他燃料（吨标准煤）	Other Fuel (Ton Of Sce)						

注：本表统计范围为辖区内有能源加工转换活动或回收利用的规模以上工业法人单位。

The statistical scope of this table is for industrial enterprises above designated size that have energy processing conversion activities or recycling in their jurisdiction.

9–9 续表 2 continued

指 标		Item		炼油及煤制油 Petroleum Refineries	制气 Gas Works	天然气液化 Natural Gas Liquefaction	加工煤制品 Coal Processing	能源加工转换产出 Energy Processing Conversion	回收利用 Recycling
能源合计	**（吨标准煤）**	**Total Energy**	**(ton of SCE)**	**12534516**				**39761418**	**5779959**
原煤	（吨）	Raw Coal	(Ton)						
其中：无烟煤	（吨）	Blind Coal	(Ton)						
炼焦烟煤	（吨）	Coking Coal	(Ton)						
一般烟煤	（吨）	Generally Coal	(Ton)						
褐煤	（吨）	Lignitous Coal	(Ton)						
洗精煤	（吨）	Cleaned Coal	(Ton)					7909609	
其它洗煤	（吨）	Other Washed Coal	(Ton)					1077312	
煤制品	（吨）	Coal Products	(Ton)						
焦炭	（吨）	Coke	(Ton)					6535878	
其它焦化产品	（吨）	Other Coking Products	(Ton)					246974	
焦炉煤气	（万立方米）	Coke Oven Gas	(10 000 Cu.M)					233456	
高炉煤气	（万立方米）	High Oven Gas	(10 000 Cu.M)						3129141
转炉煤气	（万立方米）	Converter Gas	(10 000 Cu.M)						241120
发生炉煤气	（万立方米）	Producer Gas	(10 000 Cu.M)						
天然气（气态）	（万立方米）	Natural Gas	(10 000 Cu.M)						
液化天然气（液态）	（吨）	Liquefied Natural Gas	(Ton)						
煤层气（煤田）	（万立方米）	Coal Seam Gas	(10 000 Cu.M)						
原油	（吨）	Crude Oil	(Ton)	7692319					
汽油	（吨）	Gasoline	(Ton)	4020				2208882	
煤油	（吨）	Kerosene	(Ton)					643615	
柴油	（吨）	Diesel Oil	(Ton)					1934023	
燃料油	（吨）	Fuel Oil	(Ton)	2030				45320	
液化石油气	（吨）	Liquefied Petroleum Gas	(Ton)					704131	
炼厂干气	（吨）	Refinery Gas	(Ton)	12244				317577	
石脑油	（吨）	Naphtha	(Ton)					203203	
润滑油	（吨）	Lubricating Oil	(Ton)						
石蜡	（吨）	Paraffin Wax	(Ton)						
溶剂油	（吨）	Solvnet Naphtha	(Ton)					6200	
石油焦	（吨）	Petroleum Coke	(Ton)					311935	
石油沥青	（吨）	Petroleum Asphalt	(Ton)						
其它石油制品	（吨）	Other Petroleum Products	(Ton)	1083683				2123529	
热力	（百万千焦）	Heat	(Million Kilo-Joule)					46470342	
电力	（万千瓦时）	Electricity	(10 Thousand Kwh)					7859967	
煤矸石用于燃料	（吨）	Coal Gangue Solid Fuel	(Ton)						
城市垃圾用于燃料	（吨）	Municipal Refuse Fuel	(Ton)						
生物质废料用于燃料	（吨）	Biomass Waste Fuel	(Ton)						
余热余压	（百万千焦）	Waste Heat And Excess Pressure	(Million Kilo-Joule)						32889110
其它工业废料用于燃料	（吨）	Other Industrial Waste Fuel	(Ton)						
其他燃料	（吨标准煤）	Other Fuel	(Ton Of Sce)						

9-10 主要能源按工业行业分组消费量(2017年)

指标	Item	原煤(吨) Raw Coal (ton)	洗精煤(吨) Cleaned Coal (ton)	其他洗煤(吨) Other Washed Coal (ton)
煤炭开采和洗选业	Mining and Washing of Coal	9412493		
黑色金属矿采选业	Mining of Ferrous Metal Ores	32669		
有色金属矿采选业	Mining of Non-ferrous Metal Ores	88781		
非金属矿采选业	Mining and Processing of Nonmetal Ores	653029		
开采辅助活动	Mining Auxiliary Activities			
农副食品加工业	Processing of Food from Agricultural Products	602735		109
食品制造业	Manufacture of Foods	308308		
酒、饮料和精制茶制造业	Manufacture of Liquor, Beverage and Refined Tea	130482		
烟草制品业	Manufacture of Tobacco	4022		940
纺织业	Manufacture of Textile	358962		
纺织服装、服饰业	Manufacture of Textile Wearing and Clothing Apparel	11301		
皮革、毛皮、羽毛及其制品和制鞋业	Leather, Fur, Feather and Its Products and Footwear	72543		
木材加工和木、竹、藤、棕、草制品业	Processing of Timbers,Manufacture of Wood, Bamboo, Rattan, Palm and Straw Products	326612		450
家具制造业	Manufacture of Furniture	9269		
造纸和纸制品业	Manufacture of Paper and Paper Products	1654868		
印刷和记录媒介复制业	Printing,Reproduction of Recording Media	44918		
文教、工美、体育和娱乐用品制造业	Manufacture of Articles for Culture,Education and Sport Activity	15265		
石油加工、炼焦和核燃料加工业	Processing of Petroleum,Coking,Processing of Nucleus Fuel	4647756	3673274	
化学原料和化学制品制造业	Manufacture of Chemical Raw Material and Chemical Products	2374479		
医药制造业	Manufacture of Medicines	530983		
化学纤维制造业	Manufacture of Chemical Fiber	26228		
橡胶和塑料制品业	Manufacture of Rubber and plastic	80757		
非金属矿物制品业	Manufacture of Non-metallic Mineral Products	12061555		3900
黑色金属冶炼和压延加工业	Manufacture and Processing of Ferrous Metals	688446	5443843	2034400
有色金属冶炼和压延加工业	Manufacture and Processing of Non-ferrous Metals	912949		5449
金属制品业	Manufacture of Metal Products	907300		
通用设备制造业	Manufacture of General Purpose Machinery	123207		
专用设备制造业	Manufacture of Special Purpose Machinery	170435		
汽车制造业	Automobile Industry	45763		
铁路、船舶、航空航天和其他运输设备制造业	Manufacture of Railway,Marine,Aerospace and Other Transport Equipment	40193		
电气机械和器材制造业	Manufacture of Electrical Machinery and Equipment	84247		
计算机、通信和其他电子设备制造业	Manufacture of Communication Equipment, Computer and Other Electronic Equipment	117394		
仪器仪表制造业	Manufacture of Measuring Instrument	9395		
其他制造业	Other Manufacture N.E.C	20018		
废弃资源综合利用业	Recycling and Disposal of Waste	15879		
金属制品、机械和设备修理业	Mental Products,Machine and Equipment Repair			
电力、热力生产和供应业	Production and Supply of Electric Power and Heat Power	27655538		
燃气生产和供应业	Production and Distribution of Gas	2523		
水的生产和供应业	Production and Distribution of Water	484		

注：本表统计范围为年主营业务收入2000万元及以上的工业企业。

All Industry corporation enterises with an annual sales income of over 20 million yuan.

Total Consumption of Various Energy in Different Trades (2017)

煤制品（吨） Coal Products (ton)	焦炭（吨） Coke (ton)	其他焦化产品（吨） Other Coking Products (ton)	焦炉煤气（万立方米） Coke Oven Gas (10 000 cu.m)	高炉煤气（万立方米） High Oven Gas (10 000 cu.m)	天然气（万立方米） Natural Gas (10 000 cu.m)	原油（吨） Crude Oil (ton)	汽油（吨） Gasoline (ton)	煤油（吨） Kerosene (ton)	柴油（吨） Diesel Oil (ton)	燃料油（吨） Fuel Oil (ton)
5	37				79		482		4091	
	5412						590		2411	
	482						2306	592	4833	
	1525				17		1823	91	28086	27
4150	577				4151	5	9141	532	13124	965
25					4581		6118		4731	301
122	2453	105			2619		2103	435	2993	37
					2766		159		2367	
8910	1834				607		3740	45	2841	39
					271		2016		831	
	160				1010		1067	487	2137	
		450			7		6799	8	8117	
					1088		3159		1763	
					3495		2220		3988	17639
					1060		2858		2890	
236					302	8	573		347	
12261					25	7700668	5462		16840	20534
1437	86842				10639	27	18455	1685	21042	10577
	502				5548		15744	7	5768	
					80		75		91	
7	1279				2781		4034	1358	8240	
7667	2000			56278	34522	520	32769	7528	86464	222768
429	8550520	10215	176902	3075447	8990		4331	207	16707	
5811	405259				41277	9	8445	1376	21645	11054
371	69438		113	124	3121		12017	409	11874	13
	16468				1893	15	14296	2803	15578	1507
1483	4017				3154		15083	6842	23271	5
61	7105				9152		10237	58	9616	
	2832				1381		2220	408	3241	155
	781		72	38	2367	26	11064	4321	18084	828
	111				1186		7994	1116	9982	1
	615				144		4357		2798	
					297		525		174	
	2370		108	8269	357		126		6341	484
							51		31	
			3132		69		1853	7	8970	2252
19					691		514		3185	
					26	4	3434		5894	

9-10 续表 continued

指 标	Item	液化石油气（吨） Liquefied Petroleum Gas (ton)	其他石油制品（吨） Other Petroleum Products (ton)	热力（百万千焦） Heat (million kilo-joule)	电力（万度） Electricity (10 000 kwh)	其他燃料（吨标准煤） Other Fuel (ton of SCE)
煤炭开采和洗选业	Mining and Washing of Coal				88988	15950
黑色金属矿采选业	Mining of Ferrous Metal Ores				24045	161
有色金属矿采选业	Mining of Non-ferrous Metal Ores				132638	3026
非金属矿采选业	Mining and Processing of Nonmetal Ores			8382427	111997	
开采辅助活动	Mining Auxiliary Activities					
农副食品加工业	Processing of Food from Agricultural Products	2	6	317100	319666	60501
食品制造业	Manufacture of Foods	4	2655	1498436	99345	3279
酒、饮料和精制茶制造业	Manufacture of Liquor, Beverage and Refined Tea	258		137533	90027	14707
烟草制品业	Manufacture of Tobacco	9		54634	21763	8125
纺织业	Manufacture of Textile		3100	3051	136175	26979
纺织服装、服饰业	Manufacture of Textile Wearing and Clothing Apparel	21			29365	2878
皮革、毛皮、羽毛及其制品和制鞋业	Leather, Fur, Feather and Its Products and Footwear			240569	59997	5465
木材加工和木、竹、藤、棕、草制品业	Processing of Timbers,Manufacture of Wood, Bamboo, Rattan, Palm and Straw Products	13		50	122667	199998
家具制造业	Manufacture of Furniture		5		30984	5797
造纸和纸制品业	Manufacture of Paper and Paper Products			8187992	280010	95660
印刷和记录媒介复制业	Printing,Reproduction of Recording Media	90		148879	56486	27
文教、工美、体育和娱乐用品制造业	Manufacture of Articles for Culture,Education and Sport Activity	124			48184	13319
石油加工、炼焦和核燃料加工业	Processing of Petroleum,Coking,Processing of Nucleus Fuel	567	2047842	8340367	169507	77
化学原料和化学制品制造业	Manufacture of Chemical Raw Material and Chemical Products	2620	264934	17083323	688323	47731
医药制造业	Manufacture of Medicines		7370	265447	106561	19422
化学纤维制造业	Manufacture of Chemical Fiber			61010	15665	6525
橡胶和塑料制品业	Manufacture of Rubber and plastic	874	26757	133468	104440	604
非金属矿物制品业	Manufacture of Non-metallic Mineral Products	129625	2797	711451	1247035	163141
黑色金属冶炼和压延加工业	Manufacture and Processing of Ferrous Metals		9	5652356	1348332	40416
有色金属冶炼和压延加工业	Manufacture and Processing of Non-ferrous Metals			3684683	679985	30990
金属制品业	Manufacture of Metal Products	325	5357	10285	176240	383
通用设备制造业	Manufacture of General Purpose Machinery	238	890	157866	209142	4415
专用设备制造业	Manufacture of Special Purpose Machinery	7869	6198	1546	182673	4853
汽车制造业	Automobile Industry	59	324		160877	
铁路、船舶、航空航天和其他运输设备制造业	Manufacture of Railway,Marine,Aerospace and Other Transport Equipment	93	2	12291	70217	
电气机械和器材制造业	Manufacture of Electrical Machinery and Equipment	881	103	12111	195029	33902
计算机、通信和其他电子设备制造业	Manufacture of Communication Equipment, Computer and Other Electronic Equipment	1		17787	374191	3704
仪器仪表制造业	Manufacture of Measuring Instrument		921		17321	
其他制造业	Other Manufacture N.E.C	17024			18064	3760
废弃资源综合利用业	Recycling and Disposal of Waste				22857	2464
金属制品、机械和设备修理业	Mental Products,Machine and Equipment Repair				61	
电力、热力生产和供应业	Production and Supply of Electric Power and Heat Power		108	699980	1806427	90
燃气生产和供应业	Production and Distribution of Gas			28252	9095	
水的生产和供应业	Production and Distribution of Water			35798	121752	

9-11 主要用能工业企业单位产品能源消耗情况
Unit Product Energy Consumption of Industry

单位：千克标准煤 / 吨 (kg SCE/ton)

指 标	Item	2015	2016	2017
吨原煤生产综合能耗	Total Energy Consumption of Raw Coal/ton	14.55	34.99	
万米印染布综合能耗 （千克标准煤 / 万米）	Total Energy Consumption of Dyed Cloth/10,000m (kg SCE/10 000m)	1536.49	2035.11	2050.00
机制纸及纸板综合能耗	Total Energy Consumption of Machine-Made Paper and Paperboard	407.86	336.40	304.16
炼焦工序单位能耗	Energy Consumption of Coking Process/unit	90.22	87.11	110.83
原油加工单位综合能耗 （千克标准油 / 吨）	Total Energy Consumption of Crude Oil Processing/unit (kg SO/ton)	66.46	67.61	68.07
单位烧碱生产综合能耗 （离子膜法 30%）	Total Energy Consumption of Caustic Soda Production/unit (Diaphragm Process 30%)	406.54	403.82	396.01
单位烧碱生产综合能耗 （隔膜法 30%）	Total Energy Consumption of Caustic Soda Production/unit (Diaphragm Process 30%)	904.89	700.29	
联碱法纯碱双吨产品生产综合能耗	Total Energy Consumption of Soda Production/double tons (Hou's process)	184.12	150.43	170.24
单位合成氨生产综合能耗	Total Energy Consumption of Synthetic Ammonia/unit	1468.18	1663.30	1757.50
吨水泥熟料综合能耗	Total Energy Consumption of Cement/ton	104.81	106.36	105.56
吨水泥综合能耗	Total Energy Consumption of Cement Per Ton	83.28	84.33	82.51
每重量箱平板玻璃综合能耗 （千克标准煤 / 重量箱）	Total Energy Consumption of Plate Glass/weight box (kg SCE/weight case)	11.36	11.40	11.62
吨钢综合能耗	Total Energy Consumption of Steel/ton	579.50	578.25	545.55
炼铁工序单位能耗	Unit Energy Consumption of Iron Refining Process	372.05	375.81	377.66
铁矿烧结工序单位能耗	Unit Energy Consumption of Iron Ore Sintering Process	49.83	49.92	48.86
转炉炼钢综合工序单位能耗	Unit Energy Consumption of Converter Steelmaking Process	3.74	2.55	1.40
电炉炼钢综合工序单位能耗	Unit Energy Consumption of Electric Furnace Steelmaking Process	66.05	69.27	75.74
锰硅合金工序单位能耗 （千克标准煤 / 标准吨）	Unit Energy Consumption of Silicomanganese Alloy Process (kg SCE/standard ton)	330.70	350.85	732.36
轧钢工序单位能耗	Unit Energy Consumption of Steel Rolling Process	59.57	55.06	56.72
吨钢耗新水 （吨 / 吨）	New Water Consumption of Steel/ton (ton/ton)	3.58	2.83	2.70
吨铜加工材消耗能源量	Total Energy Consumption of Copper Refining/unit	359.71	483.03	540.60
单位粗铅综合能耗	Total Energy Consumption of Crude Lead/unit	293.59	304.16	374.20
单位铅冶炼综合能耗	Total Energy Consumption of Lead Refining/unit	445.93	437.34	446.16
单位精锌（电锌）综合能耗	Total Consumption of Refined Zinc (Electrolytic Zinc)/unit	1000.27	1092.87	1147.82
吨铝加工材消耗能源量	Energy Consumption of Aluminium Processing Material/ton	475.15	460.64	457.75
电厂火力发电标准煤耗 （克标准煤 / 千瓦时）	Standard Coal Consumption of Thermal Power Generation in the Power Plant (g SCE/kwh)	309.53	304.18	302.55
电厂火力供电标准煤耗 （克标准煤 / 千瓦时）	Standard Coal Consumption of Thermal Power Supply in the Power Plant (g SCE/kwh)	329.79	324.61	323.62

9-12 规模工业企业水消费
Water Consumption of Scale Industry

单位：万立方米 (10 000 cu.m)

项 目	Item	2012	2013	2014	2015	2016	2017
取水总量	**the Total Amount of Water Intake**	**373906.66**	**388919.79**	**371515.84**	**375964.33**	**367437.23**	**386128.39**
地表水	Surface Water	305670.30	314644.38	310620.87	320462.09	314016.22	329535.37
地下水	Groundwater	27572.62	24357.34	23106.22	20987.25	18828.74	20200.01
自来水	Tap Water	31024.35	32469.07	31527.52	33573.43	33539.16	34951.32
其他水	Other Water	9639.39	17449.00	2629.25	467.40	532.35	677.93
重复用水	Repeated Water	590344.31	602112.98	578978.95	541074.55	517752.92	514372.36
工业企业污水排放量	Discharge of Industrial Sewage	55636.12	64037.15	64978.25	70848.28	74705.48	75866.71

注：根据国家新修订的报表制度，2012 年水、火电企业用于冷却机组的河湖海冷却用水（包括循环冷却用水和直抽直排冷却用水）不计入取水量。而 2007 年至 2011 年取水量中均包括水、火电企业用于冷却机组的河湖海冷却用水。

According to the new revision of the reporting system, in 2012, thermal power enterprises for the rivers and lakes water cooling water cooling unit (including circulating cooling water and cooling water straight pulling straight row) are not included in the water. But from 2007 to 2011 water consumption in thermal power enterprises including water, for rivers and lakes sea cooling water cooling unit.

9-13 能源消耗指标
Indicators of Energy Consumption

项 目	Item	2012	2013	2014	2015	2016	2017
单位 GDP 能耗上升或下降 (±%)	Energy Consumption of Unit GDP Increase or Decrease (±%)	-6.87	-4.71	-6.24	-6.98	-5.34	-5.24
能源消费总量增速 (%)	Total Energy Consumption Growth (%)	3.61	4.88	2.67	0.99	2.17	2.32
单位 GDP 电耗上升或下降 (±%)	Electric Power Consumption of Unit GDP Increase or Decrease (±%)	-6.51	-3.97	-8.20	-6.80	-4.28	-2.07

注：相关指标计算所用的 2011-2015 年单位 GDP 能耗、单位 GDP 电耗根据当年能耗、电耗与按 2010 年可比价计算的 GDP 相比较取得。2016-2017 年单位 GDP 能耗、单位 GDP 电耗根据当年能源、电耗与按 2015 年可比价计算的 GDP 相比较取得。

Related indicators used in the calculation 2011 - 2015 unit GDP energy consumption unit GDP power consumption according to the current energy consumption,power consumption and by 2010 comparable price compared with the calculation of GDP achieved.2016 - 2017 unit GDP energy consumption unit GDP power consumption according to the current energy consumption,power consumption and by 2015 comparable price compared with the calculation of GDP achieved.

9-14 非工业主要耗能单位综合能源消费量
Comprehensive Energy Consumption of Non-Industrial Major Enery Consuming Units

单位：吨标准煤 (ton of SCE)

指 标	Item	2016	2017
消费合计	**Total Energy**	**1706701.45**	**1608145.20**
按国民经济行业分组	**By Sector**		
建筑业	Construction	800613.69	739488.20
批发和零售业	Wholesale and Retail Trade	12276.92	14732.07
交通运输、仓储和邮政业	Traffic,Transport, Storage and Post	704483.13	673494.47
住宿和餐饮业	Accommodation and Restaurants	19251.16	16358.64
信息传输、软件和信息技术服务业	Information Transfer ,Computer Services and Software	153868.94	157862.15
金融业	Finance		
房地产业	Real Estate Trade		0.20
租赁和商务服务业	Tenancy and Business Services	10636.58	4393.15
科学研究和技术服务业	Scientific Research, Technical Service	5553.64	1798.69
水利、环境和公共设施管理业	Management of Water Conservancy Environment and Public Establishment		
居民服务、修理和其他服务业	Resident Services and Other Services	17.21	17.63
教育	Education		
卫生和社会工作	Sanitation,Social Security		
按登记注册类型	**Grouped by Registration**		
内资企业	Internal-invested Enterprises	1675874.25	1579307.70
港澳台商投资	Enterprises With Investment From Hong Kong, Macao and Taiwan	25309.02	23631.21
外商投资	Enterprises With Foreign Investment	5518.18	5206.29
国有控股	**State Controlling Share Hold Enterprises**	**1136148.88**	**1055874.74**

注：本表统计范围为年耗能3000吨标准煤以上的非工业企业。

The range of statistics is more than 3000 tons of standard coal consumption per year of non-industrial enterprises

主要统计指标解释

能源生产总量 指一定时期内，全国一次能源生产量的总和。该指标是观察全国能源生产水平、规模、构成和发展速度的总量指标。一次能源生产量包括原煤、原油、天然气、水电、核能及其他动力能（如风能、地热能等）发电量，不包括低热值燃料生产量、生物质能、太阳能等的利用和由一次能源加工转换而成的二次能源产量。

能源消费总量 指一定时期内，全国各行业和居民生活消费的各种能源的总和。该指标是观察能源消费水平、构成和增长速度的总量指标。能源消费总量包括原煤和原油及其制品、天然气、电力，不包括低热值燃料、生物质能和太阳能等的利用。能源消费总量分为终端能源消费量、能源加工转换损失量和能源损失量三部分。

(1) 终端能源消费量：指一定时期内，全国生产和生活消费的各种能源在扣除了用于加工转换二次能源消费量和损失量以后的数量。

(2) 能源加工转换损失量：指一定时期内，全国投入加工转换的各种能源数量之和与产出各种能源产品之和的差额。该指标是观察能源在加工转换过程中损失量变化的指标。

(3) 能源损失量：指一定时期内，能源在输送、分配、储存过程中发生的损失和由客观原因造成的各种损失量，不包括各种气体能源放空、放散量。

能源生产弹性系数 是研究能源生产增长速度与国民经济增长速度之间关系的指标。计算公式：

$$能源生产弹性系数=\frac{能源生产总量年平均增长速度}{国民经济年平均增长速度}$$

国民经济年平均增长速度，可根据不同的目的或需要，用国民生产总值、国内生产总值等指标来计算，本年鉴是采用国内生产总值指标计算的。

电力生产弹性系数 是研究电力生产增长速度与国民经济增长速度之间关系的指标。一般来说，电力的发展应当快于国民经济的发展，也就是说电力应超前发展。计算公式为：

$$电力生产弹性系数=\frac{电力生产量年平均增长速度}{国民经济年平均增长速度}$$

能源消费弹性系数 反映能源消费增长速度与国民经济增长速度之间比例关系的指标。计算公式为：

$$能源消费弹性系数=\frac{能源消费量年平均增长速度}{国民经济年平均增长速度}$$

电力消费弹性系数 反映电力消费增长速度与国民经济增长速度之间比例关系的指标。计算公式为：

$$电力消费弹性系数=\frac{电力消费量年平均增长速度}{国民经济年平均增长速度}$$

能源加工转换效率 指一定时期内，能源经过加工、转换后，产出的各种能源产品的数量与同期内投入加工转换的各种能源数量的比率。该指标是观察能源加工转换装置和生产工艺先进与落后、管理水平高低等的重要指标。计算公式为：

$$能源加工转换效率=\frac{能源加工转换产出量}{能源加工转换投入量}\times 100\%$$

单位国内生产总值能耗 指一定时期内，一个国家或地区每生产一个单位的国内生产总值所消耗的能源。计算公式为：

$$单位国内生产总值能源=\frac{能源消费总量}{国内生产总值}$$

单位国内生产总值电耗 指一定时期内，一个国家或地区每生产一个单位的国内生产总值所消耗的电力。计算公式为：

$$单位国内生产总值电耗=\frac{全社会用电量}{国内生产总值}$$

单位工业增加值能耗 指一定时期内，一个国家或地区每生产一个单位的工业增加值所消耗的能源。计算公式为：

$$单位工业增加值能耗=\frac{工业能源消费量}{工业增加值}$$

Explanatory Notes on Main Statistical Indicators

Total Energy Production refers to the total production of primary energy by all energy producing enterprises in the country in a given period of time. It is a comprehensive indicator to show the level, scale, composition and pace of development of energy production of the country. The production of primary energy includes that of coal, crude oil, natural gas, hydro-power and electricity generated by nuclear energy and other means such as wind power and geothermal power. However, it does not include the production of fuels of low calorific value, bio-energy, solar energy and secondary energy converted from primary energy.

Total Energy Consumption refers to the total consumption of energy of various kinds by the production sectors and the households in the country in a given period of time. It is a comprehensive indicator to show the scale, composition and pace of increase of energy consumption. Total energy consumption includes that of coal, crude oil and their products, natural gas and electricity. However, it does not include the consumption of fuel of low calorific value, bio-energy and solar energy. Total energy consumption can be divided into three parts: end-use energy consumption; loss during the process of energy conversion; and energy loss.

(1)End-use Energy Consumption: It refers to the total energy consumption by the production sectors and the households in the country (region) in a given period of time. It does not include the consumption during the conversion of primary energy into secondary energy and the loss in the process of energy conversion.

(2)Loss During the Process of Energy Conversion: It refers to the total input of various kinds of energy for conversion, minus the total output of various kinds of energy in the country in a given period of time. It is an indicator to show the loss that occurs during the process of energy conversion.

(3)Energy Loss: It refers to the total of the loss of energy during the course of energy transport, distribution and storage and the loss caused by any objective reason in a given period of time. The loss of various kinds of gas due to gas discharges and stocktaking is not included.

Elasticity Ratio of Energy Production is an indicator to show the relationship between the growth rate of energy production and the growth rate of the national economy. The formula is:

$$\text{Elasticity Ratio of Energy Production} = \frac{\text{Average Annual Growth Rate of Energy Production}}{\text{Average Annual Growth Rate of National Economy}}$$

The average annual growth rate of the national economy can be measured by indicators such as the Gross National Product and the Gross Domestic Product, depending on the purposes or needs. The Gross Domestic Product has been used in the calculation of the ratio in this Yearbook.

Elasticity Ratio of Electricity Production is an indicator to show the relationship between the growth rate of electricity production and the growth rate of the national economy. Generally speaking, the growth rate of electricity production should be higher than that of the national economy.

Its formula is:

$$\text{Elasticity Ratio of Electricity Production} = \frac{\text{Average Annual Growth Rate of Electricity Production}}{\text{Average Annual Growth Rate of National Economy}}$$

Elasticity Ratio of Energy Consumption is an indicator to show the relationship between the growth rate of energy consumption and the growth rate of the national economy. The formula is:

$$\text{Elasticity Ratio of Energy Consumption} = \frac{\text{Average Annual Growth Rate of Energy Consumption}}{\text{Average Annual Growth Rate of National Economy}}$$

Elasticity Ratio of Electricity Consumption is an indicator to show the relationship between the growth rate of electricity consumption and the growth rate of the national economy. The formula is:

$$\text{Elasticity Ratio of Electricity Consumption} = \frac{\text{Average Annual Growth Rate of Electricity Consumption}}{\text{Average Annual Growth Rate of National Economy}}$$

Efficiency of Energy Processing and Conversion refers to the ratio of the total output of energy products of various kinds after processing and conversion to the total input of energy of various kinds for processing and conversion in the same reference period. It is an important indicator to show the current conditions of energy processing and conversion equipment, production technique and management. The formula is:

$$\text{Efficiency of Energy Processing \& Conversion} = \frac{\text{Output of Energy After Processing \& Conversion}}{\text{Input of Energy for Processing \& Conversion}} \times 100\%$$

Energy Consumption per Unit of GDP refers to the energy consumption per unit of Gross Domestic Product in a country or the Gross Regional Product in a region in the same reference period. The formula is:

$$\text{Energy Consumption per Unit of GDP} = \frac{\text{Total Energy Consumption}}{\text{Gross Domestic Product}}$$

Electricity Consumption per Unit of GDP refers to the electricity consumption per unit of Gross Domestic Product in a country or the Gross Regional Product in a region in the same reference period. The formula is:

$$\text{Electricity Consumption per Unit of GDP} = \frac{\text{Total Electricity Consumption}}{\text{Gross Domestic Product}}$$

Energy Consumption per Unit of Industrial Value-added refers to the energy consumption per unit of indu- strial value-added in a country or region in the same reference period. The formula is:

$$\text{Energy Consumption per Unit of Industrial Value-added} = \frac{\text{Total Energy Consumption}}{\text{Industrial Value-added.}}$$

10

财政、金融和保险

Government Finance, Banking and Insurance

资料整理人员：廖闻菲

10-1 财政、金融和保险
Government Finance, Banking And Insurance

单位：亿元 (100 million yuan)

年份 Year	地方财政收入 Public Budgetary Revenue	一般公共预算支出 Public Budgetary Expenditure	金融机构人民币存款余额 Deposits of Financial Institutions	金融机构人民币贷款余额 Loans of Financial Institutions	全年各项保费收入 Premiums Institutions
1950	2.15	0.79	0.44	0.05	
1951	3.15	1.12	1.18	0.21	
1952	4.07	2.06	1.76	0.31	
1953	4.13	2.08	2.12	1.60	
1954	4.91	2.93	3.01	4.02	
1955	4.73	2.24	3.44	7.40	
1956	5.23	3.14	2.52	8.45	
1957	5.53	3.22	3.13	8.90	
1958	10.47	8.40	7.60	16.62	
1959	13.40	11.09	12.82	26.53	
1960	15.17	14.07	13.37	30.98	
1961	8.50	9.21	13.10	27.64	
1962	8.77	4.22	11.00	25.19	
1963	8.09	5.01	10.41	21.92	
1964	9.12	6.88	10.33	19.87	
1965	10.05	7.00	11.53	21.40	
1966	10.96	9.06	12.53	24.07	
1967	8.86	8.31	13.82	26.84	
1968	6.92	6.24	14.32	30.24	
1969	9.81	9.34	14.38	32.19	
1970	14.95	10.84	26.24	35.92	
1971	17.71	12.33	28.24	38.16	
1972	18.43	14.61	28.10	39.51	
1973	21.72	15.07	34.00	44.75	
1974	13.89	15.40	27.53	45.23	
1975	18.27	15.92	34.00	48.33	
1976	16.02	15.85	31.21	50.55	
1977	20.88	16.41	35.84	55.25	

10-1 续表 continued

单位：亿元 (100 million yuan)

年份 Year	地方财政收入 Public Budgetary Revenue	一般公共预算支出 Public Budgetary Expenditure	金融机构人民币存款余额 Deposits of Financial Institutions	金融机构人民币贷款余额 Loans of Financial Institutions	全年各项保费收入 Premiums Institutions
1978	27.98	24.46	38.64	64.46	
1979	28.63	25.17	47.38	72.85	
1980	29.86	23.71	58.08	87.34	
1981	31.40	21.39	67.79	99.70	
1982	30.33	23.26	76.08	112.58	
1983	29.27	25.31	88.47	124.10	
1984	32.85	30.04	115.03	151.59	
1985	39.19	40.09	118.84	159.73	
1986	47.65	54.29	157.51	201.04	
1987	54.38	55.93	192.89	239.39	
1988	56.54	64.89	325.74	366.49	
1989	68.86	74.23	395.60	428.29	
1990	70.07	80.08	369.96	517.90	3.15
1991	80.52	88.58	472.10	631.07	3.69
1992	92.78	99.10	595.10	776.79	5.46
1993	127.56	132.03	738.86	944.40	7.15
1994	85.89	151.49	1107.80	1263.11	12.23
1995	108.16	173.94	1389.05	1494.03	16.17
1996	130.36	217.74	1748.61	1880.94	21.03
1997	137.16	230.82	1769.91	2123.00	30.74
1998	156.77	273.64	2110.71	2274.41	34.47
1999	166.50	313.12	2539.75	2408.36	42.30
2000	177.04	347.83	2874.75	2403.39	59.91
2001	205.41	431.70	3342.91	2787.92	56.09
2002	231.15	533.02	3923.17	3227.46	87.22
2003	268.65	573.75	4669.00	3796.31	103.70
2004	320.63	719.54	5500.47	4258.03	115.81
2005	395.27	873.42	6498.23	4509.09	127.17
2006	477.93	1064.52	7719.43	5173.87	147.82
2007	606.55	1357.03	9083.27	6037.40	201.31
2008	722.71	1765.22	10895..49	6989.42	312.49
2009	847.62	2210.44	13948.00	9369.81	348.45
2010	1081.69	2702.47	16553.78	11303.76	438.53
2011	1517.07	3520.76	19334.70	13186.68	443.53
2012	1782.16	4119.00	23037.07	15336.52	465.11
2013	2030.88	4690.89	26756.64	17774.99	508.57
2014	2262.79	5017.38	30073.36	20356.39	587.73
2015	2515.43	5728.72	36009.09	23738.58	712.18
2016	2697.88	6339.16	41694.54	27215.51	886.46
2017	2757.82	6869.39	46437.72	31532.69	1110.18

10-2 财政收支基本情况
Government Financial Revenue and Expenditure

单位：亿元 (100 million yuan)

年份 Year	一般公共预算收入 Total Financial Revenue	地方财政收入 Public Budgetary Revenue	非税收入 Revenue form Enterprises	各项税收 Taxes Revenue	一般公共预算支出 Public Budgetary Expenditure	一般公共服务 General Public Services	社会保障和就业 Social Security Progams and Employment
1978	27.98	27.98	9.68	17.17	24.46	7.62	3.57
1979	28.63	28.63			25.17		
1980	29.86	29.86	9.58	19.53	23.71	4.86	3.44
1981	31.40	31.40			21.39		
1982	30.33	30.33	5.11	24.48	23.26	3.12	2.95
1983	29.27	29.27	2.25	26.16	25.31	3.48	3.26
1984	32.85	32.85	2.74	29.12	30.04	4.43	3.21
1985	39.19	39.19	1.61	36.83	40.09	4.60	4.01
1986	47.65	47.65	4.08	42.26	54.29	5.80	4.52
1987	54.38	54.38	4.37	48.36	55.93	4.65	3.09
1988	56.54	56.54	−0.47	54.25	64.89	5.21	5.88
1989	68.86	68.86	−1.48	64.88	74.23	5.44	6.91
1990	70.07	70.07	−3.70	67.33	80.08	5.60	8.17
1991	80.52	80.52	−0.91	74.14	88.58	6.16	8.81
1992	92.78	92.78	−0.78	84.90	99.10	6.23	9.86
1993	127.56	127.56	−0.66	116.31	132.03	7.73	12.89
1994	171.84	85.89	2.70	65.04	151.49	7.89	13.74
1995	204.02	108.16	2.74	78.05	173.94	9.65	14.55
1996	237.13	130.36	2.30	88.00	217.74	13.33	17.09
1997	254.98	137.16	2.72	105.75	230.82	13.78	17.66
1998	285.74	156.77	3.63	102.95	273.64	28.75	22.16
1999	302.28	166.50	6.04	105.50	313.12	37.66	21.49
2000	321.85	177.04	8.60	111.57	347.83	38.08	22.15
2001	361.71	205.41	19.35	124.45	431.70	39.40	25.55
2002	424.64	231.15	14.16	148.61	533.02	58.26	40.59
2003	489.75	268.65	14.69	173.15	573.75	51.40	36.21
2004	612.42	320.63	21.99	218.70	719.54	46.48	74.13
2005	747.30	395.27	32.67	267.87	873.42	74.98	71.91
2006	893.79	477.93	155.19	322.74	1064.52	72.67	84.32
2007	1123.27	606.55	195.89	410.66	1357.03	256.59	220.98
2008	1314.27	722.71	236.40	486.31	1765.22	295.56	310.31
2009	1507.24	847.62	279.34	568.27	2210.44	336.07	360.75
2010	1878.71	1081.69	350.85	730.84	2702.48	367.20	396.40
2011	2523.49	1517.07	601.67	915.40	3520.76	466.74	484.44
2012	2937.95	1782.16	671.42	1110.74	4119.00	550.26	525.71
2013	3315.02	2030.88	731.73	1299.15	4690.89	628.45	625.94
2014	3636.07	2262.79	824.27	1438.52	5017.38	627.24	661.97
2015	4011.04	2515.43	987.91	1527.52	5728.72	634.17	779.84
2016	4252.10	2697.88	1146.56	1551.33	6339.16	675.95	874.41
2017	4566.78	2757.82	998.69	1759.13	6869.39	747.05	1017.90

注：2007年起，“基本建设支出”指标更改为“一般公共服务”，“支援农村生产支出及农业事业费”指标更改为“社会保障和就业”。

From 2007,the index of" expenditure for capital construction" has been changed into general public services and "expenditrue for supporting agricultural prodution and agricultural expense" changed into "social security programs and emplogment".

10–3 财政收入及构成
Government Financial Revenue and Composition

项　目	Item	财政收入(万元) Financial Revenue (10 000 yuan)		2017年比上年增长(%) Increase Rate in 2017 over 2016(%)
		2016	2017	
地方财政收入	**Public Budgetary Revenue**	**26978835**	**27578212**	**4.9**
(一)税收收入	**Tax Revenue**	**15513269**	**17591330**	**18.7**
#增值税	# Value Added Tax	4326151	7021538	14.0
企业所得税	Income Tax of Enterprises	1723148	2019440	17.2
企业所得税退税	Return for Enterprises' Income Tax			
个人所得税	Individual Income Tax	746228	902140	20.9
资源税	Resources Tax	88572	95935	8.3
城市维护建设税	Tax on Town Maintenance and Construction	1191804	1573005	32.0
房产税	Tax on Real Estates	460678	580415	26.0
印花税	Stamp Tax	193212	245578	27.1
城镇土地使用税	Tax on the Use of Urban Land	588877	736241	25.0
土地增值税	Land Value Added Tax	964764	1294368	34.2
车船使用税	Tax on the Use of Vehicles and Ships	189778	220109	16.0
耕地占用税	Tax on Occupancy of Cultivated Land	633591	609610	-3.8
契税	Contract Tax	1785763	2204197	23.4
烟叶税	Tobacco Tax	93582	88754	-5.2
(二)非税收入	**Non-tax Revenue**	**11465566**	**9986882**	**-12.9**
专项收入	Expert Project Income	1718418	1754356	2.1
行政事业性收费	Income from Administrative Fees	1502628	1333793	-11.2
罚没收入	Penalty and Confiscation Income	806981	968146	20.0
国有资产经营收入	Income from State-owned Assets	189783	92741	-51.1
其中：国有企业计划亏损补贴	Planning Subsidies to Loss-suffering State-owned Enterprises	-15065	-14476	-3.9
国有资源(资产)有偿使用收入	Income on the Use of State-owed resources (proverty)	4690026	3883958	-17.2
其他收入	Other Income	2232357	1729750	-22.5
上划中央收入	**On the Central Income**	**15542166**	**18089555**	**11.4**
#上划中央"两税"	# Value Added Tax and Consumption Tax of Turn in Central Government	11422255	13663345	12.8
上划中央所得税	Income Tax of Turn in Central Government	3710664	4378355	18.0
一般公共预算收入	**Total Financial Revenue**	**42521001**	**45667767**	**7.4**

10-4 财政支出及构成
Government Financial Expenditure and Composition

项　目	Item	财政收入（万元）Financial Revenue (10 000 yuan) 2016	2017	2017年比上年增长(%) Increase Rate in 2017 over 2016(%)
一般公共预算支出	**Total Public Budgetary Expenditure**	**63391637**	**68693867**	**8.4**
一般公共服务	General Public Services	6759452	7470458	10.5
外交、国防、公共安全	Foreign Affairs、National Defense、Pulic Safety	3444631	3846984	11.7
教育	Education	10323734	11153276	8.0
其中：普通教育	Common	7976854	8421236	5.6
职业教育	Vocational	933350	1048228	12.3
科学技术	Science and Technology	714430	914239	28.0
文化体育与传媒	Culture ,Sports and Media	1406801	1488256	5.8
其中：文化	Culture	592816	651213	9.9
体育	Sport	122168	106619	-12.7
社会保障和就业	Social Security Progams and Employmenr	8744100	10178985	16.4
其中：财政对社会保障基金的补助	Subsidy on Social Insurance Fund	3673699	3796725	3.3
行政事业单位离退休	Subsidy on Retired Persons in Administrative Department	1289187	2298091	78.3
企业改革补助	Subsidy on Reform of State-owned Enterprises	118547	244395	106.2
就业补助	Subsidy on Employment	469976	397652	-15.4
抚恤	Pension	587291	570707	-2.8
最低生活保障	Subsistence Allowances	874277	739494	-15.4
自然灾害生活救助	Life Assistance of Natural Disasters	89185	139897	56.9
医疗卫生	Pulic Health	5462666	5859808	7.3
节能环保	Environmence Protection	1708501	1732822	1.4
城乡社区事务	Urban and Rural Communities	6406636	7165365	11.8
农林水事务	Agriculture,Forest and Irrigation	7297502	7824215	7.2
其中：农业	Agriculture	2456156	2281939	-7.1
林业	Forest	674334	737060	9.3
水利	Irrigation	1654812	1718433	3.8
扶贫	Poverty Reduction	924875	1424725	54.0
农业综合开发	Agricultural Exploitation	301024	289216	-3.9
农业综合改革	Agricultural Reform	771241	745352	-3.4
交通运输	Transportation	3250082	3320800	2.2
资源勘探电力信息等事务	Expenditure for Resource Exploration,Elecricity and Information Technology	1884472	1682908	-10.7
商业服务业等管理事务	Expenditure for Business Services	577522	565572	-2.1
金融监管等事务支出	Expenditure for Financial Affairs	44676	124734	179.2
援助其他地区支出	Expenditure for Other Regional Assistance	41341	49242	19.1
国土资源气象等事务	Expenditure for Land ,Sesources and Weather	645619	960138	48.7
住房保障支出	Expenditure for Housing Security	3052101	2489734	-18.4
粮油物资储备事务	Expenditure for Reserve for Cereals and Oils	418674	289568	-30.8
债务付息支出	Expenditure for Debt Service	756556	1277595	73.2
其他支出	Other Expenditure	452141	287618	-36.4

10−5 金融机构本外币信贷收支
Loans and Deposits of Financial Institutions

单位：万元 (10 000 yuan)

项　目	Item	2016 年末余额 Balance at the Year-end	2016 比年初增减 Increase Over the Year-beginning	2017 年末余额 Balance at the Year-end	2017 比年初增减 Increase Over the Year-beginning
各项存款	**Deposits**	**419967384**	**57761241**	**467292987**	**47325603**
境内存款	Domestic Deposits	419765624	57893488	467043737	47286108
住户存款	Household Deposits	212421207	24414479	233715814	21275462
活期存款	Demand Deposits	83825525	11863834	92352152	8503975
定期及其他存款	Regular and Other Deposits	128595682	12550644	141363663	12771487
非金融企业存款	Corporate Deposits	122809415	24299250	138397584	15687633
活期存款	Demand Deposits	73131427	21658344	86830262	13605755
定期及其他存款	Regular and Other Deposits	49677988	2640906	51567322	2081878
广义政府存款	General Government Deposits	72594925	10989553	79705446	7038198
非银行业金融机构存款	Non-banking Financial Institutions Deposit	11940079	−1809794	15224893	3284815
境外存款	Foreign Deposits	201759	−132247	249250	39496
金融债券	**Financial Bonds**	**5732384**	**3437210**	**1982534**	**-3749850**
卖出回购资产	**Sell Back Assets**	**240546**	**213546**	**357206**	**26660**
借款及非银行业金融机构拆入	**Borrowing and Non-banking Financial Institutions are Dismantled**	**67944**	**-66210**	**78149**	**10205**
联行往来（净）	**Inter-bank Credits**				
应付及暂收款	**Payable & Actually Received Funds**	**8378004**	**262580**	**8398229**	**-154060**
各项准备	**All Plans**	**6825634**	**1003411**	**8195614**	**1369981**
所有者权益	**Creditors' Equity**	**13911793**	**2991835**	**17165792**	**3717184**
实收资本	Total Capital Hold	5377627	1204259	6524281	1146654
其他	**Others**	**-44810883**	**-7689231**	**-28957225**	**7774177**
资金来源总计	**All Sources**	**410312806**	**57914381**	**474513287**	**56319900**

10-5 续表 continued

单位：万元 (10 000 yuan)

项 目	Item	2016 年末余额 Balance at the Year-end	2016 比年初增减 Increase Over the Year-beginning	2017 年末余额 Balance at the Year-end	2017 比年初增减 Increase Over the Year-beginning
各项贷款	**Loans**	**275322999**	**33104232**	**318499770**	**43176771**
境内贷款	Domestic Loans	274669989	33404931	317593919	42923929
住户贷款	Households Loans	91243226	13383553	109042144	17786752
短期贷款	Shortterm Loans	21977287	559039	26513915	4525162
#消费贷款	#Consumption Loans	7497495	1079787	11645979	4148484
中长期贷款	Mediumterm and Longterm Loans	69265939	12824514	82528228	13261590
#消费贷款	#Consumption Loans	48816309	11696133	61956624	13140315
非金融企业及机关团体贷款	Non-financial Enterprises and Institutions Group Loans	183423402	20021378	208518414	25107177
非银行业金融机构贷款	Non-banking Financial Institution Loans	3361		33361	30000
境外贷款	Foreign Loans	653009	-300699	905851	252842
债券投资	**Securities**	**33239658**	**13087654**	**42437818**	**8890828**
股权及其他投资	**Equity and Other Investments**	**21125626**	**5863888**	**25221182**	**4402889**
买入返售资产	**Assets Purchased Under Resale greements**	**751094**	**244026**	**1590352**	**839258**
存放非银行业金融机构款项	**Deposit of Non-banking Financial Institutions**	**138526**	**-80502**	**168675**	**30149**
联行往来（净）	**Inter-bank Credits**	**74085827**	**5449858**	**80139649**	**-1824195**
应收及预付款	**Account Receivable and Advance Payment**	**2243415**	**39244**	**3009485**	**763530**
投资性房地产	**Investment Real Estate**	**1696**	**700**	**4760**	**3064**
固定资产	**Fixed Assets**	**3403966**	**205281**	**3441596**	**37607**
资金运用总计	**All Uses**	**410312806**	**57914381**	**474513287**	**56319900**

10–6 金融机构本外币存款分机构表
Deposits of Financial Institutions by Agency

单位：亿元 (100 million yuan)

项　目	Item	2016 年末余额 Balance at the Year–end	2016 比年初增减 Increase Over the Year–beginning	2017 年末余额 Balance at the Year–end	2017 比年初增减 Increase Over the Year–beginning
金融机构	**Financial Institutions**	**41996.74**	**5776.12**	**46729.30**	**4732.56**
工商银行	Industrial and Commercial Bank of China Limited	3696.11	326.43	3987.86	291.75
建设银行	China Construction Bank	5861.93	511.14	6392.71	530.78
农业银行	Agricultural Bank of China	4019.34	463.62	4476.45	457.12
中国银行	Bank of China	2644.79	183.38	2824.62	179.83
开发银行	China Development Bank	901.39	275.80	939.80	38.41
交通银行	Bnak of Communications	1231.13	159.82	1413.65	182.52
邮政储蓄银行	Postal Savings Bank of China	3774.38	576.15	4269.88	495.50
农发行	Agricultural Development Bank of China	781.71	296.72	702.35	–73.17
进出口银行	Export–Import Bank of China	28.14	20.20	14.91	–13.23
招商银行	China Merchants Bank	593.88	29.26	630.11	36.23
浦发银行	Shanghai Pudong Development Bank	631.92	20.48	809.70	177.79
中信银行	China CITIC Bank	702.67	–11.97	635.77	–66.90
兴业银行	Industrial Bank Co.,Ltd.	1003.21	–35.93	1063.10	59.89
民生银行	China Minsheng Banking Corp., Ltd	515.99	50.25	535.71	19.73
光大银行	China Everbright Bank	815.37	206.89	883.60	68.24
华夏银行	Hua Xia bank	183.91	–24.05	207.38	23.47
广发银行	China Guangfa Bank	322.90	12.80	280.79	–42.11
平安银行	Ping An Bank	202.59	177.40	274.44	71.85
恒丰银行	Hengfeng Bank			96.85	96.85
渤海银行	Bohai Bank	113.14	18.82	133.75	20.61
北京银行	Bank of Beijing	313.95	31.13	344.86	30.91
东莞银行	Bank of Dongguan	22.42	–5.07	43.40	20.97
南粤银行	Nanyue Bank	53.74	1.02	83.90	30.15
上海农商行	Shanghai Rural Commercial Bank	15.62	–0.36	11.87	–3.74
电力财务	Power Finance Limited	36.12	30.36	52.57	16.45
长沙银行	Bank of Changsha	2554.81	557.64	3496.45	941.64
华融湘江银行	Huarong Xiangjiang Bank	1806.53	357.73	2229.25	422.72
农信机构	Rural Credit Institutions	7499.48	1200.94	8631.13	1131.65
三湘银行	Sanxiang Bank			31.97	31.97
信托公司	Trust and Investment Companies				
财务公司	Finance Companies	214.54	13.92	266.76	52.23
村镇银行	Village and Township Bank	383.73	110.48	492.90	109.16
三一金融	Sany Auto Finance Co., Ltd.		–3.50	1.00	1.00
外资银行	Foreign Bank	28.86	–8.06	35.94	7.08

注：外资银行包括汇丰、花旗、东亚、新韩和渣打银行。
Foreign Banks include HSBC, Citigroup, East Asia, New Korea and Standard Chartered Bank.

10-7 金融机构本外币贷款分机构表
Loans of Financial Institutions by Agency

单位：亿元 (100 million yuan)

项　目	Item	2016 年末余额 Balance at the Year-end	2016 比年初增减 Increase Over the Year-beginning	2017 年末余额 Balance at the Year-end	2017 比年初增减 Increase Over the Year-beginning
金融机构	**Financial Institutions**	**27532.30**	**3310.42**	**31849.98**	**4317.68**
工商银行	Industrial and Commercial Bank of China Limited	2599.04	220.75	2925.94	326.90
建设银行	China Construction Bank	3773.10	294.13	4157.98	384.88
农业银行	Agricultural Bank of China	2008.55	267.03	2265.13	256.58
中国银行	Bank of China	1890.18	71.31	2137.30	247.12
开发银行	China Development Bank	2703.24	168.34	3127.40	424.16
交通银行	Bnak of Communications	895.80	150.08	1054.68	158.88
邮政储蓄银行	Postal Savings Bank of China	1138.06	249.57	1349.62	211.56
农发行	Agricultural Development Bank of China	1549.05	223.27	1812.44	263.39
进出口银行	Export-Import Bank of China	607.20	109.89	703.16	95.96
招商银行	China Merchants Bank	382.63	-20.89	390.92	8.29
浦发银行	Shanghai Pudong Development Bank	462.21	53.41	508.09	45.89
中信银行	China CITIC Bank	474.46	46.89	500.05	25.59
兴业银行	Industrial Bank Co.,Ltd.	408.01	1.78	431.38	23.37
民生银行	China Minsheng Banking Corp., Ltd	385.37	40.18	415.47	30.10
光大银行	China Everbright Bank	541.82	122.52	608.75	66.93
华夏银行	Hua Xia Bank	153.38	20.38	181.68	28.30
广发银行	China Guangfa Bank	197.39	24.60	213.69	16.30
平安银行	Ping An Bank	111.62	107.05	196.92	85.30
恒丰银行	Hengfeng Bank			90.63	90.63
渤海银行	Bohai Bank	127.39	36.65	169.30	41.91
北京银行	Bank of Beijing	384.87	72.25	446.28	61.41
东莞银行	Bank of Dongguan	64.47	34.98	72.03	7.56
南粤银行	Nanyue Bank	33.58	6.45	43.91	10.33
上海农商行	Shanghai Rural Commercial Bank	26.45	-3.78	26.61	0.16
电力财务	Power Finance Limited	40.00	-4.00	51.06	11.06
长沙银行	Bank of Changsha	1077.61	204.95	1377.57	299.96
华融湘江银行	Huarong Xiangjiang Bank	1126.51	344.00	1485.33	358.82
农信机构	Rural Credit Institutions	3971.76	439.85	4653.50	681.75
三湘银行	Sanxiang Bank			30.30	30.30
信托公司	Trust and Investment Companies	3.59	-5.13		-3.59
财务公司	Finance Companies	75.79	22.55	69.48	-6.31
村镇银行	Village and Township Bank	198.80	33.70	242.18	43.38
三一金融	Sany Auto Finance Co., Ltd.	74.44	-25.19	66.92	-7.52
外资银行	Foreign Bank	53.12	-2.64	45.84	-7.28

10-8 主要金融机构大中小微型企业贷款分行业情况统计表 (2017年)

单位：亿元

项 目	Item	企业合计	
		年末余额 Balance at the Year-end	比年初增减 Increase Over the Year-beginning
合计	**Total**	**19206.85**	**3170.29**
农、林、牧、渔业	Agriculture,Forestry,Farming of Animals and Fishing	254.60	-4.19
采矿业	Mining	129.96	-15.37
制造业	Manufacturing	2374.24	-0.23
电力、热力、燃气及水生产和供应业	Production and Distribution of Electricity,Gas and Water	1394.79	166.89
建筑业	Construction	1008.35	251.65
批发和零售业	Wholesale and Retail Trade	1042.37	54.08
交通运输、仓储和邮政业	Traffic,Transport, Storage and Post	4010.30	344.87
住宿和餐饮业	Accommodation and Restaurants	179.86	2.17
信息传输、软件和信息技术服务业	Information Transfer, Software and Information	100.85	32.54
金融业	Finance	79.41	-29.68
房地产业	Real Estate	1619.98	280.52
租赁和商务服务业	Tenancy and Business Services	3077.41	996.60
科学研究和技术服务业	Scientific Research,Technical Service	99.27	34.20
水利、环境和公共设施管理业	Management of Water Conservancy, Environment and Public Establishment	3518.64	1040.68
居民服务、修理和其他服务业	Resident Services and Other Services	121.28	34.73
教育业	Education	39.74	6.93
卫生和社会工作	Health and Social Work	50.75	4.27
文化、体育和娱乐业	Culture,Sports and Entertainment	88.56	5.82
公共管理、社会保障和社会组织	Public Management and Social Organization	16.49	-36.18

注：1. 本表仅统计人民币贷款，不含外汇贷款和票据融资。
2. 本表不含村镇银行、财务公司、信托公司。

Loans for Enterprises of All Size by Sector (2017)

(100 million yuan)

大型企业		中型企业		小型企业		微型企业	
年末余额 Balance at the Year-end	比年初增减 Increase Over the Year-beginning	年末余额 Balance at the Year-end	比年初增减 Increase Over the Year-beginning	年末余额 Balance at the Year-end	比年初增减 Increase Over the Year-beginning	年末余额 Balance at the Year-end	比年初增减 Increase Over the Year-beginning
6393.99	**690.52**	**5572.50**	**769.49**	**6654.87**	**1554.66**	**585.50**	**155.63**
59.91	16.13	46.27	-7.91	137.10	-6.08	11.31	-6.33
55.42	-5.11	26.46	-2.57	41.78	-4.58	6.30	-3.10
1175.45	-24.72	460.84	8.90	682.22	24.35	55.73	-8.76
686.37	79.34	275.99	20.86	379.96	63.57	52.47	3.13
309.83	89.89	332.47	27.40	303.50	108.82	62.55	25.54
241.81	16.59	300.67	9.31	436.54	7.50	63.35	20.68
2830.99	279.29	625.72	28.03	510.87	46.56	42.72	-9.01
54.67	3.02	36.78	-4.99	83.32	1.06	5.10	3.09
40.26	24.72	33.56	2.73	23.70	3.44	3.32	1.65
26.15	0.77	24.74	-7.44	24.52	-27.01	4.00	4.00
68.25	-6.67	795.80	96.19	635.75	160.45	120.19	30.54
350.36	128.30	1348.94	276.08	1273.89	507.97	104.23	84.25
26.34	8.70	42.32	8.20	29.95	17.01	0.66	0.28
411.77	81.64	1147.99	302.31	1912.29	646.08	46.60	10.66
16.46	-0.50	23.87	4.74	77.97	28.63	2.98	1.86
2.76	-2.64	11.08	3.08	24.44	5.75	1.46	0.74
15.99	1.41	9.59	0.32	24.91	2.57	0.26	-0.03
21.20	0.38	26.31	1.68	38.76	1.87	2.28	1.90
		3.10	2.58	13.39	-33.31		-5.46

a. The statistical scope in the table include RMB loans,not-include Foreign Currency Loans and Financing Instruments.

b. The statistical scope in the table non-include Village and Township Bank、Finance Companies、Trust and Investment Companies.

10-9 保险机构与人员
Institutions and Personnel of Insurance System

项　目	Item	2005	2015	2016	2017
全年各项保费收入 (亿元)	Premiums (100 million yuan)	127.17	712.18	886.46	1110.18
保险机构数 (个)	Number of Institutions of Insurance System (unit)	445	2965	3106	3164
法人机构	Legal Institutions		1	1	1
省级公司	Provincial Branches	16	51	52	55
地市级公司	Prefecture/City Branches	122	402	407	414
县支公司及营业部	County Branches	307	1226	1149	1175
营销服务部	Marketing Services Division		1285	1497	1519
年底实有职工人数 (人)	Employees at the Year-end (person)	12344	32351	36463	39456
专业保险代理公司法人机构数(个)	Professional Insurance Agents of Corporate Institutions (unit)	29	19	19	19
专业保险经纪公司法人机构数(个)	Professional Insurance Brokers Corporate Institutions (unit)	6	10	11	12
专业保险评估公司法人机构数(个)	Professional Insurance Agencies Assess Corporate Institutions (unit)	3	5	6	6
兼业保险代理机构数 (个)	Insurance Agencies and Industry (unit)	1699	9264	9886	9969

10-10 财产保险公司业务主要指标(2017年)
Major Indicators of Property Insurance Business (2017)

单位：万元 (10 000 yuan)

指　标	Item	保费收入 Premiums	赔款支出 Indemnity Expenditure
合　计	**Total**	**3461563.00**	**1857384.69**
企业财产保险	Enterprises Property Insurance	83872.00	55797.40
家庭财产保险	Household Property Insurance	22205.46	8087.18
其中：投资型家财险	Investment Link Household Property Insurance	107.90	52.97
机动车辆保险	Motor Vehicle Insurance	2387822.57	1265988.44
工程保险	Project Insurance	24557.07	14153.51
责任保险	Liability Insurance	170835.22	62207.84
信用保险	Credit Insurance	21893.80	16731.30
保证保险	Guarantee Insurance	88466.09	17285.89
其中：机动车辆消费贷款保证保险	Motor Vehicle Consumption Loans	130.08	62.10
个人贷款抵押房屋保证保险	Personal Loans Home Mortagage	673.96	75.26
船舶保险	Ships Insurance	3158.63	1899.06
货物运输保险	Freight Transport Insurance	12719.92	3989.88
特殊风险保险	Special Venture Insurance	5702.30	1859.07
农业保险	Agriculture Insurance	314065.96	199915.56
健康险	Health Insurance	223915.47	173887.39
意外伤害保险	Unforeseen Injury Insurance	95765.29	31720.83
其中：投资型意外险	Investment Link Unforeseen Insurance	2.03	2232.23
其他险	Other Property Insurance	6583.22	3596.15

10−11 人寿保险公司主要业务指标(2017年)
Major Indicators of Life Insurance Business (2017)

单位：万元 (10 000 yuan)

指 标	Item	合计 Total
一、原保险保费收入	**The Original Insurance Premium Income**	**7640274.72**
(一)按险种分	According to The Insurance Division	
1. 寿险小计	Life Insurance	3095147.71
(1) 个人业务	Personal Business	3090596.84
新单保费	New Insurance Premium	1245434.21
续期保费	Renewal Premium	1845162.63
(2) 团体业务	Group Insurance	4550.87
新单保费	New Insurance Premium	2893.20
续期保费	Renewal Premium	1657.66
2. 意外伤害险小计	Accidence Injury Insurance	178841.07
(1) 一年期以内业务	Within One Year Period	12036.45
(2) 一年期业务	One Year Period	121248.09
(3) 一年期以上业务	Over One Year Period	45556.53
3. 健康险小计	Health Insurance	1118545.54
(1) 一年期以内及一年期业务	Within One Year Periodand One Year Period	292064.66
个人业务	Personal Business	98649.77
团体业务	Group Insurance	193414.89
(2) 一年期以上业务	Over One Year Period	826480.88
个人业务	Personal Business	782054.70
团体业务	Group Insurance	44426.18
(二)按销售渠道分	According to The Sales Channels	
1. 公司直销小计	Direct Sales Company	476532.22
(1) 人寿保险	Life Insurance	169554.32
(2) 年金保险	Accidence Injury Insurance	109000.52
(3) 意外伤害险	Health Insurance	27699.02
(4) 健康险	Personal Agent	170278.36
2. 个人代理小计	Life Insurance	4407496.88
(1) 人寿保险	Accidence Injury Insurance	1911610.04
(2) 年金保险	Health Insurance	1553801.79
(3) 意外伤害险	Professional Insurance Agents	90152.65
(4) 健康险	Life Insurance	851932.40
3. 银行邮政代理小计	The Insurance Company	2559501.19
(1) 人寿保险	Accidence Injury Insurance	977071.83
(2) 年金保险	The Insurance Company	1557514.26
(3) 意外伤害险	Health Insurance	9330.89
(4) 健康险	The Insurance Company	15584.21

10-11 续表 continued

单位：万元 (10 000 yuan)

指 标	Item	合计 Total
4. 保险专业代理小计	Bank of Postal Agent	60050.47
5. 其他兼业代理小计	Life Insurance	94725.27
6. 保险经纪业务小计	Accidence Injury Insurance	41968.68
二、赔付支出	**Indemnity Expenditure**	**1909397.76**
1. 赔款支出	Indemnity Expenditure	228777.79
(1) 意外伤害险	Accidence Injury Insurance	34719.20
一年期以内业务	Within One Year Period	2216.60
一年期业务	One Year Period	32502.60
(2) 短期健康险	Health Insurance Within One Year Periodand One Year Period	194058.59
个人业务	Personal Business	47468.17
团体业务	Group Insurance	146590.42
2. 死伤医疗给付	Casualty Medical Payment	213462.18
(1) 人寿保险	Life Insurance	78567.71
个人业务	Personal Business	76175.86
团体业务	Group Insurance	2391.85
(2) 长期健康险	Health Insurance Over One Year Period	122587.58
个人业务	Personal Business	84714.81
团体业务	Group Insurance	37872.77
(3) 年金保险	Accidence Injury Insurance	12306.89
个人业务	Personal Business	12130.97
团体业务	Group Insurance	175.92
3. 满期给付	Mature payment	1191149.23
(1) 人寿保险	Life Insurance	1154519.15
个人业务	Personal Business	1125038.50
团体业务	Group Insurance	29480.65
(2) 长期健康险	Health Insurance Over One Year Period	534.04
个人业务	Personal Business	534.04
团体业务	Group Insurance	
(3) 年金保险	Accidence Injury Insurance	36096.04
个人业务	Personal Business	36096.04
团体业务	Group Insurance	
4. 年金给付	Annuity	276008.57
(1) 个人业务	Personal Business	262839.61
(2) 团体业务	Personal Business	13168.95
三、退保金	**Surrender Value**	**1645481.27**
1. 人寿保险	Life Insurance	623815.91
(1) 个人业务	Personal Business	623218.58
(2) 团体业务	Annuity Assurance	597.33
2. 年金保险	Accidence Injury Insurance	989291.02
(1) 个人业务	Personal Business	988714.05
(2) 团体业务	Group Insurance	576.97
3. 长期健康险	Health Insurance Over One Year Period	32374.34

主要统计指标解释

财政收入 指国家财政参与社会产品分配所取得的收入，是实现国家职能的财力保证。主要包括：

（1）各项税收：包括国内增值税、国内消费税、进口货物增值税和消费税、出口货物退增值税和消费税、营业税、企业所得税、个人所得税、资源税、城市维护建设税、房产税、印花税、城镇土地使用税、土地增值税、车船税、船舶吨税、车辆购置税、关税、耕地占用税、契税、烟叶税等。

（2）非税收入：包括专项收入、行政事业性收费、罚没收入和其他收入。

财政支出 指国家财政将筹集起来的资金进行分配使用，以满足经济建设和各项事业的需要。主要包括：

（1）一般公共服务：指政府提供基本公共管理与服务的支出，包括人大事务、政协事务、政府办公厅（室）及相关机构事务、发展与改革事务、统计信息事务、财政事务、税收事务、审计事务、海关事务、人力资源事务、纪检监察事务、人口与计划生育事务、商贸事务、知识产权事务、工商行政管理事务、国土资源事务、海洋管理事务、测绘事务、地震事务、气象事务、民族事务、宗教事务、港澳台侨事务、档案事务、共产党事务、民主党派事务及工商联事务、群众团体事务、彩票事务等。

（2）公共安全：指政府维护社会公共安全方面的支出，包括武装警察、公安、国家安全、检察、法院、司法行政、监狱、劳教、国家保密、缉私警察等。

（3）教育：指政府教育事务支出，包括教育行政管理、学前教育、小学教育、初中教育、普通高中教育、普通高等教育、初等职业教育、中专教育、技校教育、职业高中教育、高等职业教育、广播电视教育、留学生教育、特殊教育、干部继续教育、教育机关服务等。

（4）科学技术：指用于科学技术方面的支出，包括科学技术管理事务、基础研究、应用研究、技术研究与开发、科技条件与服务、社会科学、科学技术普及、科技交流与合作等。

（5）文化教育与传媒：指政府在文化、文物、体育、广播影视、新闻出版等方面的支出。

（6）社会保障和就业：指政府在社会保障与就业方面的支出，包括社会保障和就业管理事务、民政管理事务、财政对社会保险基金的补助、补充全国社会保障基金、行政事业单位离退休、企业改革补助、就业补助、抚恤、退役安置、社会福利、残疾人事业、城市居民最低生活保障、其他城镇社会救济、农村社会救济、自然灾害生活救助、红十字事务等。

（7）医疗卫生：指政府医疗卫生方面的支出，包括医疗卫生管理事务支出、医疗服务支出、医疗保障支出、疾病预防控制支出、卫生监督支出、妇幼保健支出、农村卫生支出等。

（8）环境保护：指政府环境保护支出，包括环境保护管理事务支出、环境监测与监察支出、污染治理支出、自然生态保护支出、天然林保护工程支出、退耕还林支出、风沙荒漠治理支出、退牧还草支出、已垦草原退耕还草、能源节约利用、污染减排、可再生能源和资源综合利用等支出。

（9）城乡社区事务：指政府城乡社区事务支出，包括城乡社区管理事务支出、城乡社区规划与管理支出、城乡社区公共设施支出、城乡社区住宅支出、城乡社区环境卫生支出、建设市场管理与监督支出等。

（10）农林水事务：指政府农林水事务支出，包括农业支出、林业支出、水利支出、扶贫支出、农业综合开发支出等。

存款 指企业、机关、团体或居民根据资金必须收回的原则，把货币资金存入银行或其他信贷机构保管并取得一定利息的一种信用活动形式。根据存款对象或性质的不同可划分为企业存款、财政存款、机关团体存款、城乡储蓄存款、农业存款、信托及委托类存款、其他存款等科目。它是银行信贷资金的主要来源。

贷款 指银行或其他信贷机构根据资金必须归还的原则，按一定利率，为企业、个人等提供资金的一种信用活动形式。我国银行贷款分为短期贷款、委托及信托类贷款、其他类贷款等。

保险公司 在中国境内的、经过保险监督管理部门批准设立，并依法登记注册的各类商业保险公司。

保险金额 指保险人承担赔偿或者给付保险金责任的最高限额。

保费 指投保人为取得保险人在约定范围内所承担赔偿责任而支付给保险人的费用。

赔款 指保险人根据保险合同的规定，向被保险人支付的赔偿保险责任损失的金额。

给付 包括死伤医疗给付和满期给付。死伤医疗给付是指保险人根据人寿保险及长期健康保险合同的规定，因被保险人在保险期内发生保险责任范围内的保险事故支付给被保险人（或受益人）的金额。满期给付是指被保险人生存期满，保险人按人寿保险合同规定支付给被保险人的满期保险金额。

Explanatory Notes on Main Statistical Indicators

Government Revenue refers to the revenue of the government finance by means of participating in the distribution of the social products, which is the financial resources for ensuring the government to function. The contents of government revenue have been changed several times. Now it includes the following main items:

(1) Various tax revenues including value added tax, business tax, enterprise income tax, personal income tax, resources tax, fixed assets investment direction regulating tax, tax on city maintenance and construction, real estate tax, stamp tax, tax on use of urban land, land value added tax, vehicle and vessel tax, tax on occupancy of cultivated land, property tax, tobacco leaf tax, and other tax revenues.

(2) Non-tax Revenues including special revenues, revenues from Administrative and institutional fees, penalty and confiscatory revenues , revenues from state-owned capital operationg,revenues from paid use of state-owned resources, and other revenues .

Government Expenditure refers to the distribution and use of the funds the government finance has raised, so as to meet the needs of economic construction and various causes. It includes the following main items:

(1) Expenditure for general public services: It reflects the expenditure from the government for general public services.

(2) Expenditure on public security: It reflects the expenditure from the government towards safeguarding the public security, including the related affairs of armed police, public security, state security, procuratorial administration,law court, judicial administration, jail , reeducation through labor, state confidentiality, anti-smuggling Patrol,etc.

(3) Expenditure on education: It reflects the expenditure from the government on education, including the related affairs of educational administration management, preschool education, primary education, junior secondary educate, regular senior secondary educate, regular higher education, primary vocational education, specialized secondary educate, technical educate, vocational senior secondary educate, vocational higher education, radio and television education, foreign student educate, special education, cadre continuing education, education institution services,etc.

(4) Expenditure on science and technology: It reflects the expenditure from the government on science and technology.

(5) Expenditure on culture, sport and media: It reflects the expenditure from the government on culture, cultural relics, sport, radio and television, publication, etc.

(6)Expenditure on social security and employment:It reflects the expenditure from the government on social security and employment, including the related affairs of management of social security and employment, civil administration, subsidies to social insurance funds, supplement to national social security funds, retirees of government agencies and institutions, subsidies to enterprises reform, subsidies to employment, pension, settling down demobilized servicemen, social security, disabled person administration, minimum living allowance in urban area, other social relief in urban area, social relief in rural area, subsidies to natural disaster, Red Cross business,etc.

(7) Expenditure on health care: It reflects the expenditure from the government on health care, including expenditure on management of health care, medical services, medical security, disease control and prevention, public health supervision, rural health care,etc.

(8) Expenditure on environment protection: It reflects the expenditure from the government on environment protection, including expenditure on management of environment protection, environment monitoring and supervisory, pollution government, natural ecological protection, project of natural forest protection, returning farmland to forest, sandstorm and wilderness government, returning grazing land to grassland, returning cultivated grassland to grassland, etc.

(9) Expenditure on urban and rural community affairs: It reflects the expenditure from the government on urban and rural community affairs, including expenditure on management of urban and rural community affairs, plan and management of urban and rural community, public utility of urban and rural community, residential buildings of urban and rural community, environmental sanitation of urban and rural community, management and supervision of markets construction, etc.

(10) Expenditure on agriculture, forest and irrigation: It reflects the expenditure from the government on agriculture, forest and irrigation, including expenditure on agriculture, forest, irrigation, poverty alleviation, comprehensive development of agriculture, etc.

Deposit is a form of credit by which enterprises, institutions, organizations or households can put money into banks and other credit institutions for safekeeping and interest earning under the principle of free withdrawal. According to different depositors, deposits are divided into enterprise deposits, treasury deposits, deposits of government agencies and organizations, capital construction deposits, savings deposits, rural saving deposits, entrusted deposits and other deposits. Deposits are major sources of the credit funds of banks.

Loan is a form of credit by which banks and other credit institutions provide funds at certain interest rate to enterprises and individuals in the light of the principle of unconditional repayment. Loans from Chinese banks include circulating capital loans, fixed assets loans, loans to urban and rural individuals engaged in industrial and commercial business and agricultural loans.

Insurance Companies refer to commercial insurance companies of various forms registered by law and established in China with the approval of insurance regulatory agencies.

Amount Insured refers to the maximum that the insurant will get for the claim of the case insured.

Premium is the fee paid by the insurant to the insurer to obtain the obligation of compensation from the insurance within the agreed terms.

Settled Claim is the compensation paid by the insurer to the insurant in accordance with the insurance contract.

Payment includes payment for death, injury or medical treatment and mature payment. Payment for death, injury or medical treatment refers to the money paid to the insurant (or the beneficiary) in accordance with the life or health insurance contract when the insurant encounters accidents within the insured period covered in the contract. Mature payment refers to the mature payment to the insurant in accordance with the life insurance contract at the end of the insured period.

11

城市建设和环境保护

Construction of Cities and Environmental Protection

资料整理人员：宋　超　　殷梓晴

11-1 城市公用事业基本情况
Basic Statistics for urban Public Utilities

指 标	Item	2000	2005	2016	2017
城市个数 （个）	**Number of Cities (unit)**				
省辖市	Cities Under the Jurisdiction of Province	13	13	13	13
县级市	Cities at County Level	16	16	16	16
城市规模	**City Size**				
城区人口 （万人）	Population of Cities (10 000 persons)	1196.68	1039.16	1408.30	1380.56
城区面积 （平方公里）	Total Areas of Cities (sq.km)	12733	9159	4373	4592
#建成区面积	# Developed Areas	799	1033	1626	1709
供水	**Water Supply**				
综合生产能力 （万立方米/日）	Production Capacity of Tap Water (10 000 cu.m/day)	1162	1255	1014	1024
#地下水	# Shallow Ground Water	104	97	80	22
供水管长度 （公里）	Length of Water Supply Pipelines (km)	7650	9862	24377	25083
供水总量 （万立方米）	Total Annual Volume of Water Supply (10 000 cu.m)	282357	267800	215427	194817
#生产用量	# For Production		137001	39800	35824
公共服务用量	For Republic Services		19271	16118	11979
家庭用量	For Family Use		77029	99702	100443
人均日生活用水量 （升）	Per Capita Daily Consumption of Tap Water for Residential Use (liter)	311	279	217	180
用水普及率 (%)	Percentage of Population with Access to Tap Water (%)	97.5	91.1	96.8	96.5
供煤气、液化石油气	**Coal Gas and Liquefied Petroleum Gas Supply**				
供气总量	Total Gas Supply				
煤气 （万立方米）	Coal Gas (10 000 cu.m)	60375	44064	3032	
#居民家庭	# Consumption for Residential Use	28521	8008	2459	
液化石油气 （吨）	Liquefied Petroleum Gas (ton)	202033	294718	243865	203024
#居民家庭	# Consumption for Residential Use	189827	250354	195017	174702
天然气 （万立方米）	Natural Gas (10 000 cu.m)			225562	236293
#居民家庭	# Consumption for Residential Use			64986	80736
煤气管道长度 （公里）	Length of Coal Gas Pipelines (km)	1116	695	486	
天然气管道长度 （公里）	Length of Natural Gas Pipelines (km)			12892	17025
燃气普及率 (%)	Percentage of Population with Access to Natural Gas (%)	78	75	93	94
公共交通	**Public Traffic**				
运营车辆合计 （辆）	Number of Public Transportation Vehicles (unit)	9083	9611	24483	27072
#汽车	# Buses	9083	9611	24483	27072
标准运营车数 （标台）	Convert into Standard Unit (unit)	7212	9207	27912	31409
运营线路长度 （公里）	Length of Public Transportation Lines (km)	3713	11453	27030	29239
出租汽车总计 （辆）	Total of Taxi (unit)	19534	23087	36221	35424
每万人拥有公共交通车辆 （标台）	Number of Public Transportation Vehicles per 10 000 persons (unit)	10	9	12	13
公交客运总量 （万人次）	Number of Passengers Carried (10 000 person-times)	106227	212507	319743	295202

注：城市人口指标 2006 年起为城区人口，城市面积指标 2006 年起为城区面积。数据由湖南省住房和城乡建设厅提供。

Figure on population of cities means population of urban districts since 2006. Figure on city areas means urban district areas since 2006.The data in this table are provided by the Department of housing and urban rural development of Hunan province.

11-1 续表 continued

指 标	Item	2000	2005	2016	2017
市政设施	**Municipal Engineering**				
道路长度 （公里）	Length of Paved Roads (km)	4739	5978	12292	10882
道路面积 （万平方米）	Area of Paved Roads (10 000 sq.m)	4816	9936	22477	24470
人行道面积 （万平方米）	Area of Sidewalk (10 000 sq.m)	1427	2411	6162	5980
桥梁数 （座）	Number of bridges (unit)	637	482	894	923
#立交桥	# Cloverleaf Junction	82	48	76	105
路灯 （盏）	Number of Street Lights (unit)	115147	295972	697245	666205
排水管道长度 （公里）	Length of Sewer Pipelines (km)	3754	5594	13846	16479
污水排放量 （万立方米）	Number Volume of Let Sewage (10 000 cu.m)	165902	169530	175059	189141
污水处理厂 （座数）	Number of Sewage Disposal Farm (unit)	21	19	65	66
污水处理厂处理能力 （万立方米/日）	Daily Disposal Capacity of Sewage (10 000 cu.m/day)	61.2	135.4	521.6	541.1
其他污水处理装置处理能力 （万立方米/日）	Capacity of Engineering (10 000 cu.m/day)	83.9	152.3	91.5	24.9
污水年处理量 （万立方米）	Annual Volume of Sewage Treated (10 000 cu.m)	45316	68740	165155	176564
人均拥有道路 （平方米）	Per Capita of Road Areas (sq.m)	7.0	9.6	14.6	13.7
排水管密度（公里/平方公里）	Density of Drainage Pipelines (km/sq.km)	4.7	5.4	8.5	8.5
污水处理率 (%)	Rate of Sewage Disposal (%)	27.3	40.6	94.3	95.5
园林绿化	**Parks, Gardens and Green Areas**				
绿化覆盖面积 （公顷）	Coverage Space of Green Areas (hectare)	49290	44643	73186	78722
#建成区	# Developed Area	22646	34176	65999	70443
园林绿地面积 （公顷）	Area of Parks,Gardens and Green Areas in Cities(hectare)	44672	40723	61453	67669
#建成区	# Developed Area	19450	30506	58727	62701
公园绿地面积 （公顷）	Park Green Land (hectare)	3525	7143	16292	17817
公园个数 （个）	Number of Parks (unit)	116	150	313	337
公园面积 （公顷）	Area of Parks (hectare)	2646	6589	11975	12607
人均公园绿地面积 （平方米）	Park Green Land Per Capita (sq.m)	5.1	6.9	10.6	9.99
建成区绿地率 (%)	Rate of Green Areas Developed (%)	24.3	29.5	36.1	36.7
建成区绿化覆盖率 (%)	Coverage Rate of Green Areas Developed (%)	28.3	33.1	40.6	41.2
环境卫生	**Environmental Sanitation**				
实际清扫面积 （万平方米）	Area Under Cleaning Program (10 000 sq.m)	3236	7560	25742	27762
#机械清扫	Machine Cleaning	412	1149	10729	16432
生活垃圾清运量 （万吨）	Volume of Garbage Disposal (10 000 tons)	358.46	486.00	680.83	764.88
垃圾无害化处理场 （座数）	Number of Factories to Treat Garbage Harmlessly (unit)	15	7	33	32
#处理能力 （吨/日）	Daily Disposal Capacity (ton/day)	4427	6122	23013	24920
垃圾无害处理量 （万吨）	Volume of Garbage Harmlessly Treatment (10 000 tons)	180.91	192.90	680.83	763
公共厕所数 （座）	Number of Public Lavatories (unit)	3001	2652	3573	3576
#三类以上	# Water Closet	1771	2240	2288	2198
市容环卫专用车辆设备总数（辆）	Environmental Sanitation Equipment (unit)	1213	1396	4812	5018
生活垃圾无害化处理率 (%)	Ratio of Garbage Harmlessly Treatment (%)	50.5	39.7	99.9	99.8

11–2 城市规模和建设用地 (2017年)
Urban Scale and Construction Land (2017)

单位：平方公里 (sq.km)

城 市	Cities	城区面积 Area of City	建成区面积 Developed Areas	建设用地面积 Area of Construction Use Land 居住用地 Living Space	工业用地 Industry	仓储用地 Storage	道路与交通设施用地 Land for Roads and traffic Facilities	本年征用土地面积 Requisition land area this year
长沙市	Changsha	1199.84	358.50	128.70	33.04	7.56	61.41	7.71
浏阳市	Liuyang	27.90	27.90	8.10	2.10	0.70	1.10	
株洲市	Zhuzhou	862.69	145.82	44.24	33.35	3.03	22.06	19.53
醴陵市	Liling	113.80	30.40	11.92	5.71	1.06	1.76	
湘潭市	Xiangtan	169.02	80.04	27.11	12.88	4.30	12.36	4.30
湘乡市	Xiangxiang	26.00	21.50	8.00	4.60	0.60	3.30	0.68
韶山市	Shaoshan	32.00	5.01	1.16	0.75		0.60	0.56
衡阳市	Hengyang	189.00	129.90	40.10	29.70	3.10	19.50	4.55
耒阳市	Leiyang	49.65	44.80	13.20	5.40	1.54	2.47	1.95
常宁市	Changning	38.40	19.99	6.44	2.20	0.90	2.20	3.00
邵阳市	Shaoyang	83.00	73.00	26.33	4.36	2.85	5.95	1.50
武冈市	Wugang	40.00	21.03	7.20	1.10	0.95	2.10	1.80
岳阳市	Yueyang	161.00	105.00	26.00	18.50	4.00	4.10	0.50
汨罗市	Miluo	20.20	19.79	6.23	4.33	0.11	3.42	0.25
临湘市	Linxiang	25.00	15.10	6.09	3.75	0.08	2.12	0.95
常德市	Changde	332.07	99.55	26.61	20.55	4.12	18.09	4.95
津市市	Jinshi	71.19	17.02	5.27	4.82	0.74	1.88	0.54
张家界市	Zhangjiajie	55.20	33.25	10.33	1.53		5.30	0.98
益阳市	Yiyang	109.00	79.00	28.36	5.71		2.02	3.49
沅江市	Yuanjiang	19.68	19.06	8.81	0.50		0.40	
郴州市	Chenzhou	580.00	78.20	25.68	6.63	2.05	12.33	1.16
资兴市	Zixing	24.63	21.46	6.52	7.74	0.56	1.12	1.30
永州市	Yongzhou	100.00	66.02	16.23	7.85	2.11	9.59	2.35
怀化市	Huaihua	64.00	64.00	24.62	2.20	2.02	6.20	
洪江市	Hongjiang	14.71	6.90	1.57	0.91	0.12	0.90	0.31
娄底市	Loudi	62.20	49.80	16.20	11.40	1.26	2.84	
冷水江市	Lengshuijiang	48.81	24.31	7.63	4.65	0.41	4.06	0.35
涟源市	Lianyuan	25.00	15.00	4.90	2.40	0.40	1.40	6.80
吉首市	Jishou	48.00	38.00	20.00	1.00	0.70	1.50	

注：本表数据由湖南省住房和城乡建设厅提供。
The data in this table are provided by the Department of housing and urban rural development of Hunan province.

11-3 城市设施水平(2017年)
Indicators of Municipal Public Utilities Level (2017)

城 市	Cities	人口密度（人/平方公里）Population Density (person/sq.km)	人均日生活用水量（升）Per Capita Water Consumption for Residential Use (liter)	用水普及率(%) Percentage of Population with Access to Tap Water (%)	每万人拥有公共交通车辆（标台）Number of Public Transportation Vehicles Per 10 000 persons (unit)	用气普及率(%) Percentage of Population with Access to Gas (%)
长沙市	Changsha	4434	200.68	100.00	28.1	98.49
浏阳市	Liuyang	9319	143.47	100.00	1.5	64.62
株洲市	Zhuzhou	1327	264.21	100.00	12.1	98.82
醴陵市	Liling	2175	144.69	96.97	2.3	66.06
湘潭市	Xiangtan	4837	250.99	93.32	14.0	96.64
湘乡市	Xiangxiang	9038	119.17	100.00	3.6	93.96
韶山市	Shaoshan	1547	171.39	90.91	6.2	39.39
衡阳市	Hengyang	7688	121.74	98.00	13.2	97.96
耒阳市	Leiyang	11460	155.48	81.28	8.9	73.53
常宁市	Changning	6250	107.63	87.50	3.0	100.00
邵阳市	Shaoyang	8188	209.88	89.76	10.2	98.66
武冈市	Wugang	6975	119.55	70.97	2.2	86.02
岳阳市	Yueyang	5335	143.84	100.00	9.9	83.24
汨罗市	Miluo	7822	89.98	72.85	2.1	74.05
临湘市	Linxiang	5880	147.73	85.03	1.7	97.14
常德市	Changde	2858	133.92	100.00	7.6	98.07
津市市	Jinshi	1544	121.77	99.91	3.8	99.64
张家界市	Zhangjiajie	4089	192.50	95.26	14.0	90.83
益阳市	Yiyang	6116	140.95	97.51	23.3	98.48
沅江市	Yuanjiang	9705	147.42	95.55	4.1	88.74
郴州市	Chenzhou	1101	211.08	98.10	26.5	100.00
资兴市	Zixing	6886	89.49	100.00	4.9	68.40
永州市	Yongzhou	5586	199.48	98.85	8.7	93.45
怀化市	Huaihua	9747	163.60	94.24	5.8	80.35
洪江市	Hongjiang	4704	147.58	70.81	7.0	70.09
娄底市	Loudi	8042	182.75	98.52	5.3	99.76
冷水江市	Lengshuijiang	4063	168.76	95.76	3.3	84.11
涟源市	Lianyuan	7232	108.12	92.92	1.4	95.58
吉首市	Jishou	6063	230.90	88.32	9.0	81.10

注：本表数据由湖南省住房和城乡建设厅提供。

The data in this table are provided by the Department of housing and urban rural development of Hunan province.

11-3 续表 continued

城 市	Cities	人均拥有道路面积（平方米）Per Capita Area of Paved Roads (sq.m)	排水管道密度（公里/平方公里）Density of Sewer Pipelines (km/sq.km)	污水处理率(%) Ratio of Sewage Treatment (%)	园林绿化 Parks, Gardens and Green Areas 人均公园绿地面积（平方米）Park Green Land per Capita (sq.m)	建成区绿地率(%) Ratio of Green Area in Developed Areas (%)	建成区绿化覆盖率(%) Green Area Coverage Rate in Developed Areas (%)	生活垃圾无害化处理率(%) Ratio of Garbage Harmlessly Treatment (%)
长沙市	Changsha	9.12	7.36	98.14	7.58	35.11	41.50	100.00
浏阳市	Liuyang	13.12	7.41	93.89	9.15	33.69	38.75	100.00
株洲市	Zhuzhou	20.96	6.37	97.02	14.10	39.77	42.08	100.00
醴陵市	Liling	14.16	9.87	85.13	9.81	32.75	37.02	100.00
湘潭市	Xiangtan	28.29	7.79	96.20	10.86	41.63	45.81	100.00
湘乡市	Xiangxiang	15.26	14.74	95.32	8.43	33.02	37.00	100.00
韶山市	Shaoshan	18.36	17.05	96.24	18.69	40.19	44.90	100.00
衡阳市	Hengyang	9.04	7.70	93.43	12.88	37.60	40.99	100.00
耒阳市	Leiyang	13.68	4.56	85.86	6.33	32.79	40.51	100.00
常宁市	Changning	9.59	10.01	81.93	9.76	28.14	31.59	100.00
邵阳市	Shaoyang	19.81	6.71	89.33	12.80	33.81	41.78	98.18
武冈市	Wugang	12.28	11.46	92.58	7.46	31.84	40.81	98.19
岳阳市	Yueyang	17.10	12.45	95.41	9.46	39.29	42.04	100.00
汨罗市	Miluo	22.41	10.38	96.49	8.29	34.50	37.45	99.75
临湘市	Linxiang	5.48	10.86	99.09	11.30	36.20	39.77	100.00
常德市	Changde	12.59	12.64	99.82	13.70	39.27	44.38	100.00
津市市	Jinshi	12.95	10.10	94.05	10.13	33.76	37.40	100.00
张家界市	Zhangjiajie	20.12	2.21	95.15	9.47	35.07	40.33	100.00
益阳市	Yiyang	13.59	10.77	95.00	9.54	37.97	39.02	100.00
沅江市	Yuanjiang	8.82	8.21	93.84	7.24	28.60	37.58	86.75
郴州市	Chenzhou	6.22	16.11	95.10	12.55	41.88	46.30	100.00
资兴市	Zixing	12.64	7.32	91.34	9.68	42.16	44.32	100.00
永州市	Yongzhou	20.79	9.04	91.64	11.82	35.50	38.30	100.00
怀化市	Huaihua	8.00	6.96	91.73	8.11	35.50	39.70	100.00
洪江市	Hongjiang	24.40	11.52	89.89	15.17	37.68	40.00	100.00
娄底市	Loudi	23.29	5.84	97.05	9.81	35.38	40.95	100.00
冷水江市	Lengshuijiang	11.49	5.50	86.21	12.92	36.21	36.85	99.32
涟源市	Lianyuan	8.87	7.33	95.07	7.33	32.17	35.39	100.00
吉首市	Jishou	34.17	0.42	92.00	11.77	35.57	40.08	100.00

11-4 城市供水 (2017年)
Tap Water Supply in Cities (2017)

城 市	Cities	综合生产能力(万立方米/日) Production Capacity of Tap Water (10 000 cu.m/day)	地下水 Shallow Ground Water	供水管道长度(公里) Length of Water Supply Pipelines (km)	供水总量(万立方米) Total Annual Volume of Water Supply (10 000 cu.m)	生产用量 For Productive Use	公共服务用量 For Republic Services	家庭用量 For Family Use	用水人口(万人) Number of Residents with Access to Tap Water (10 000 persons)
长沙市	Changsha	235.00		3817	50167	3198	1841	37083	532.03
浏阳市	Liuyang	18.60	1.50	335	2417	560	14	1147	26.00
株洲市	Zhuzhou	103.50		2971	18329	3644	2137	8859	114.51
醴陵市	Liling	6.00		757	2284	287	46	1177	24.00
湘潭市	Xiangtan	57.31	8.14	1340	13927	2166	2225	4709	76.30
湘乡市	Xiangxiang	10.00		702	1691	245	83	911	23.50
韶山市	Shaoshan	3.80		345	436	18	60	220	4.50
衡阳市	Hengyang	65.00		1256	16333	4312	86	6241	142.39
耒阳市	Leiyang	10.87	0.87	221	3531	459	746	1879	46.25
常宁市	Changning	10.00		144	2119	237	36	779	21.00
邵阳市	Shaoyang	51.50		885	9317	1198	676	3963	61.00
武冈市	Wugang	8.00		425	1702	500	242	602	19.80
岳阳市	Yueyang	104.00		1480	9342	2164	33	4445	85.90
汨罗市	Miluo	6.00		224	890	100	95	283	11.51
临湘市	Linxiang	4.00		180	915	30	103	566	12.50
常德市	Changde	39.00		1891	10662	2629	160	4464	94.90
津市市	Jinshi	6.42	0.45	326	1175	363	50	426	10.98
张家界市	Zhangjiajie	20.00		540	3303	595	188	1317	21.50
益阳市	Yiyang	32.60	0.26	570	6098	1444	150	3167	65.00
沅江市	Yuanjiang	4.90	4.00	160	1114	103	99	843	18.25
郴州市	Chenzhou	34.00	4.00	1359	6605	582	1101	3684	62.63
资兴市	Zixing	5.50		468	1093	239	69	459	16.96
永州市	Yongzhou	42.50	0.42	1335	8863	2678	410	3538	55.22
怀化市	Huaihua	30.00		1047	6050	1075	491	2998	58.79
洪江市	Hongjiang	3.00		123	396	103	23	239	4.90
娄底市	Loudi	22.50		635	5058	1050	19	3267	49.28
冷水江市	Lengshuijiang	69.20		530	7188	5670	105	1041	18.99
涟源市	Lianyuan	8.00	2.00	334	1228	175	63	598	16.80
吉首市	Jishou	13.00		684	2587		629	1537	25.70

注：本表数据由湖南省住房和城乡建设厅提供。
The data in this table are provided by the Department of housing and urban rural development of Hunan province.

11-5 城市公共交通 (2017年)
Public Traffic in Cities (2017)

城 市	Cities	公共汽车 Buses				出租汽车数(辆) Number of Taxis (unit)
		运营车数合计(辆) Number of Public Tran-sportation Vehicles (unit)	标准运营车数(标台) Number of Vehicles Convert into Standard unit (unit)	运营线路网长度(公里) Length of Public Transportation Lines (km)	客运总量(万人次) Number of Passengers Carried (10 000 persontimes)	
长沙市	Changsha	8361	10823	5570	69118	7820
浏阳市	Liuyang	135	128	570	1455	400
株洲市	Zhuzhou	1112	1382	1137	20166	2155
醴陵市	Liling	122	136	127	2801	382
湘潭市	Xiangtan	1163	1350	1070	14278	1353
湘乡市	Xiangxiang	129	129	166	571	281
韶山市	Shaoshan	32	35	98	260	20
衡阳市	Hengyang	1215	1468	1188	14258	1323
耒阳市	Leiyang	536	525	192	5916	500
常宁市	Changning	116	121	215	2508	200
邵阳市	Shaoyang	518	620	433	8930	1098
武冈市	Wugang	82	77	127	893	70
岳阳市	Yueyang	935	1083	858	14697	1688
汨罗市	Miluo	83	83	190	900	200
临湘市	Linxiang	66	46	29	890	270
常德市	Changde	790	832	1057	11474	1146
津市市	Jinshi	83	65	111	666	150
张家界市	Zhangjiajie	338	400	284	7006	843
益阳市	Yiyang	1647	1894	722	7967	867
沅江市	Yuanjiang	178	147	208	2640	350
郴州市	Chenzhou	1406	1714	2293	15865	929
资兴市	Zixing	100	108	210	1543	80
永州市	Yongzhou	587	611	520	12745	699
怀化市	Huaihua	311	366	609	6846	800
洪江市	Hongjiang	129	124	265	1311	116
娄底市	Loudi	202	247	225	5400	950
冷水江市	Lengshuijiang	80	88	283	1937	181
涟源市	Lianyuan	61	55	358	800	200
吉首市	Jishou	189	232	140	4408	697

11−6 城市市政设施 (2017年)
Urban Civil Facilities (2017)

城 市	Cities	道路长度（公里） Length of Streets (km)	道路面积（万平方米） Area of Streets (10 000 sq.m)	人行道面积（万平方米） Area of Sidewalk (10 000 sq.m)	桥梁数（座） Number of Bridges (unit)	立交桥 Cloverleaf Junction	路灯盏数（盏） Number of Street Lights (unit)	排水管道长度（公里） Length of Sewer Pipelines (km)	污水年排放量（万立方米） Annual Volume of Sewage Discharged (10 000cu.m)
长沙市	Changsha	1370	4849	967	219	27	89889	2638	62460
浏阳市	Liuyang	114	341	101	34	1	2336	207	1980
株洲市	Zhuzhou	1764	2400	507	107	20	45588	1404	15169
醴陵市	Liling	212	350	62	44	3	16300	300	1600
湘潭市	Xiangtan	614	2313	465	18		26450	1194	11388
湘乡市	Xiangxiang	207	359	103	9		9697	317	1345
韶山市	Shaoshan	52	91	21			2303	142	692
衡阳市	Hengyang	533	1313	288	35	13	85462	1000	13720
耒阳市	Leiyang	305	778	284	3		8330	280	2900
常宁市	Changning	204	230	95	12	6	5230	200	1433
邵阳市	Shaoyang	602	1346	403	22	2	72592	590	7125
武冈市	Wugang	145	343	104	11		7018	241	1443
岳阳市	Yueyang	820	1469	405	26	3	43100	1412	12914
汨罗市	Miluo	90	354	100	8		6930	205	912
临湘市	Linxiang	60	81	19	5		4095	164	1095
常德市	Changde	611	1194	366	68	4	64826	1271	8528
津市市	Jinshi	134	142	44	5		7013	177	823
张家界市	Zhangjiajie	322	454	86	27	2	13111	254	2699
益阳市	Yiyang	486	906	322	4		23003	929	5800
沅江市	Yuanjiang	149	168	39	2		2070	156	1186
郴州市	Chenzhou	114	397	114	54	19	20599	1520	7670
资兴市	Zixing	133	214	52	5		5487	157	1051
永州市	Yongzhou	502	1161	321	20	5	27351	598	8694
怀化市	Huaihua	260	499	135	55		21000	454	6157
洪江市	Hongjiang	62	169	37	5		5700	85	643
娄底市	Loudi	291	1165	240	28		25229	291	4715
冷水江市	Lengshuijiang	144	228	62	8		8726	167	1160
涟源市	Lianyuan	130	160	35	25		4673	110	1339
吉首市	Jishou	453	994	202	64		12097	16	2500

注：本表数据由湖南省住房和城乡建设厅提供。

The data in this table are provided by the Department of housing and urban rural development of Hunan province.

11-6 续表 continued

城 市	Cities	污水处理厂 Sewage Disposal Factory 座数(座) Number of Units (unit)	二、三级处理 Biological and Chemical Disposal	处理能力(万立方米/日) Disposal Capacity (10 000 cu.m/day)	二、三级处理 Biological and Chemical Disposal	其他污水处理装置处理能力(万方/日) Capacity of Engineering (10 000 cu.m/day)	污水年处理量(万方) Annual Volume of Sewage Disposal (10 000 cu.m)
长沙市	Changsha	9	9	172.0	172.0		61297
浏阳市	Liuyang	1	1	5.5	5.5	5.5	1859
株洲市	Zhuzhou	6	6	50.2	50.2	5.0	14717
醴陵市	Liling	1		3.0			1362
湘潭市	Xiangtan	3	3	40.0	40.0		10955
湘乡市	Xiangxiang	1	1	5.0	5.0		1282
韶山市	Shaoshan	1	1	2.0	2.0		666
衡阳市	Hengyang	3		35.5			12819
耒阳市	Leiyang	1	1	10.0	10.0	0.7	2490
常宁市	Changning	1		4.0		4.0	1174
邵阳市	Shaoyang	3		22.0			6365
武冈市	Wugang	1	1	3.0	3.0		1336
岳阳市	Yueyang	6	6	33.0	33.0	5.0	12321
汨罗市	Miluo	1		2.5		2.5	880
临湘市	Linxiang	1	1	3.0	3.0		1085
常德市	Changde	4	4	21.5	21.5	0.1	8513
津市市	Jinshi	1		2.0		0.3	774
张家界市	Zhangjiajie	2	1	9.2	8.0		2568
益阳市	Yiyang	3	3	17.0	17.0		5510
沅江市	Yuanjiang	1	1	2.4	2.4	1.5	1113
郴州市	Chenzhou	3		22.5			7294
资兴市	Zixing	2	2	3.0	3.0		960
永州市	Yongzhou	2	2	25.0	25.0		7967
怀化市	Huaihua	2	2	17.0	17.0	0.3	5648
洪江市	Hongjiang	2	1	1.8	0.5		578
娄底市	Loudi	2	2	15.0	15.0		4576
冷水江市	Lengshuijiang	1	1	3.0	3.0		1000
涟源市	Lianyuan	1		4.0			1273
吉首市	Jishou	1	1	7.0	7.0		2300

11-7 城市园林绿化(2017年)
Urban Parks, Gardens and Green Areas (2017)

城市	Cities	绿化覆盖面积(公顷) Coverage Space of Green Areas (hectare)	建成区 Developed Areas	园林绿地面积(公顷) Area of Parks, Gardens and Green Areas (hectare)	建成区 Developed Areas	公园绿地面积(公顷) Park Green Land (hectare)	公园个数(个) Number of Parks (unit)	公园面积(公顷) Area of Parks (hectare)
长沙市	Changsha	14877	14877	12588	12588	4031	32	2235
浏阳市	Liuyang	1081	1081	940	940	238	6	238
株洲市	Zhuzhou	6136	6136	5799	5799	1615	19	1615
醴陵市	Liling	1140	1125	1083	996	243	6	167
湘潭市	Xiangtan	5406	3667	3363	3332	888	12	173
湘乡市	Xiangxiang	796	796	710	710	198	2	113
韶山市	Shaoshan	321	225	305	201	93	6	89
衡阳市	Hengyang	7748	5325	7160	4884	1871	27	857
耒阳市	Leiyang	1815	1815	1469	1469	360	2	58
常宁市	Changning	632	632	563	563	234	8	609
邵阳市	Shaoyang	3650	3050	2885	2468	870	9	750
武冈市	Wugang	1109	858	802	670	208	6	190
岳阳市	Yueyang	5875	4414	4812	4125	813	12	498
汨罗市	Miluo	741	741	683	683	131	3	314
临湘市	Linxiang	601	601	547	547	166	21	112
常德市	Changde	4418	4418	3909	3909	1300	15	834
津市市	Jinshi	664	637	604	575	111	8	141
张家界市	Zhangjiajie	1576	1341	1422	1166	214	17	161
益阳市	Yiyang	3083	3083	3000	3000	636	35	588
沅江市	Yuanjiang	732	716	592	545	138	6	146
郴州市	Chenzhou	3621	3621	3275	3275	801	28	801
资兴市	Zixing	951	951	905	905	164	4	204
永州市	Yongzhou	2684	2529	2440	2344	660	11	215
怀化市	Huaihua	2563	2541	2319	2272	506	8	510
洪江市	Hongjiang	289	276	261	260	105	5	145
娄底市	Loudi	2831	2039	2123	1762	491	14	357
冷水江市	Lengshuijiang	1105	896	987	880	256	7	256
涟源市	Lianyuan	531	531	483	483	133	3	133
吉首市	Jishou	1748	1523	1642	1352	343	5	98

注：本表数据由湖南省住房和城乡建设厅提供。

The data in this table are provided by the Department of housing and urban rural development of Hunan province.

11-8 城市燃气使用情况(2017年)
Urban Coal Gas and Liquefied Petroleum (2017)

城 市	Cities	液化石油气 Liquefied Petroleum Gas				
		供气总量（吨）Total Gas Supply (ton)	家庭用量 Consumption for Residential Use	用气户数（户）Number of Household with Access to Gas (household)	家庭用量 Consumption for Residential Use	用气人口（万人）Population with Access to Gas (10 000 persons)
长沙市	Changsha	52120	38417	400000	285000	204
浏阳市	Liuyang					
株洲市	Zhuzhou	5240	4535	21077	20997	5
醴陵市	Liling	3420	724	23120	22958	8
湘潭市	Xiangtan	15074	12360	70420	68008	23
湘乡市	Xiangxiang	4700	4590	33250	29890	13
韶山市	Shaoshan					
衡阳市	Hengyang	3434	2375	38748	37833	12
耒阳市	Leiyang	6950	6950	11250	11250	42
常宁市	Changning	2845	2795	20485	18858	10
邵阳市	Shaoyang	4100	3600	72200	67000	21
武冈市	Wugang	1500	1500	40000	40000	16
岳阳市	Yueyang	4055	3530	41600	41000	12
汨罗市	Miluo	1854	1848	21000	21000	6
临湘市	Linxiang	9180	8900	10000	10000	10
常德市	Changde	9400	9350	64744	64744	19
津市市	Jinshi	1900	1900	19650	19650	5
张家界市	Zhangjiajie	7112	6565	10232	9419	11
益阳市	Yiyang	6531	6102	57652	57652	20
沅江市	Yuanjiang	839	718	22050	19480	7
郴州市	Chenzhou	15000	15000	103314	103314	36
资兴市	Zixing	3600	3418	31352	31352	8
永州市	Yongzhou	9875	8626	128798	128798	35
怀化市	Huaihua	16710	14313	130000	128000	40
洪江市	Hongjiang	855	835	12831	12831	5
娄底市	Loudi	8850	8000	63780	63780	25
冷水江市	Lengshuijiang	2450	2450	30050	30050	16
涟源市	Lianyuan	2980	2850	48500	47000	16
吉首市	Jishou	2450	2450	53000	53000	21

注：本表数据由湖南省住房和城乡建设厅提供。
The data in this table are provided by the Department of housing and urban rural development of Hunan province.

11-8 续表 continued

城 市	Cities	天然气 Gas 供气总量(万立方米) Total Gas Supply (10 000 cu.m)	家庭用量 Consumption for Residential Use	用气户数(户) Number of Household with Access to Gas (household)	家庭用量 Consumption for Residential Use	用气人口(万人) Population with Access to Gas (10 000 persons)	管道长度(公里) Length of Pipelines (km)
长沙市	Changsha	80184	26703	1261668	1255987	320.00	1523.0
浏阳市	Liuyang	12	10	56313	55959	16.80	143.4
株洲市	Zhuzhou	23614	10228	365086	361907	108.58	1787.3
醴陵市	Liling	23147	1057	30607	30137	8.35	835.0
湘潭市	Xiangtan	15430	3769	180256	180240	56.45	1697.1
湘乡市	Xiangxiang	586	306	22315	22010	9.50	230.0
韶山市	Shaoshan	280	92	5306	5218	1.95	98.0
衡阳市	Hengyang	18153	5879	384251	284251	130.00	4270.0
耒阳市	Leiyang	10.22	10.03	1080	1080	0.34	18.4
常宁市	Changning	1946	1868	20640	20640	14.00	240.4
邵阳市	Shaoyang	4057	3282	133621	133055	46.55	650.0
武冈市	Wugang	479	333	21901	21428	8.00	380.1
岳阳市	Yueyang	20727	5320	195000	192330	60.00	1064.8
汨罗市	Miluo	2663	2485	13456	13356	5.50	153.3
临湘市	Linxiang	745	528	19594	19373	4.28	65.0
常德市	Changde	22222	4146	245516	243469	73.65	2064.6
津市市	Jinshi	411	283	19645	19500	5.85	156.7
张家界市	Zhangjiajie	1127	754	30250	29794	9.93	229.7
益阳市	Yiyang	6450	2717	136394	134690	45.36	38.0
沅江市	Yuanjiang	1078	543	28060	26950	9.80	81.0
郴州市	Chenzhou	3667	3422	92262	92262	27.68	603.0
资兴市	Zixing	642	149.23	12057	11989	3.60	51.8
永州市	Yongzhou	2113	1793	56564	55951	17.40	164.0
怀化市	Huaihua	1388	490	34500	34108	10.32	97.7
洪江市	Hongjiang						
娄底市	Loudi	4500	4000	59652	57852	24.60	300.0
冷水江市	Lengshuijiang	5	5	500	500	0.23	12.2
涟源市	Lianyuan	20	18.4	4100	3500	1.48	28
吉首市	Jishou	639	547	6200	5800	2.60	42.3

11-9 环境综合统计基本状况 (2017年)
Basic Environment Comprehensive Statistics (2017)

指 标		Item		2017
废水排放总量	(万吨)	Total Volume of Waste Water Discharged	(10 000 tons)	300563.22
其中：工业废水排放量	(万吨)	Total Volume of Industrial Waste Water Discharged	(10 000 tons)	34772.63
城镇生活污水排放量	(万吨)	Household Waste Water Discharged by Urban Use	(10 000 tons)	265354.68
集中式治理设施污水排放量	(万吨)	Volume of Waste Water Discharged by Centralized Facilities	(10 000 tons)	435.91
化学需氧量 (COD) 排放量	(吨)	Volume of COD Discharged	(ton)	575757.65
其中：工业废水中 COD 排放量	(吨)	Amount of COD in Industrial Waste Water	(ton)	28616.43
农业 COD 排放量	(吨)	Amount of COD in Agriculture	(ton)	7843.82
城镇生活污水中 COD 排放量	(吨)	Household of COD Waste Water Discharged by Urban Use	(ton)	537616.30
集中式治理设施 COD 排放量	(吨)	Volume of COD Waste Water Discharged by Centralized Facilities	(ton)	1681.10
氨氮排放量	(吨)	Ammonia Nitrogen Discharge	(ton)	83013.27
其中：工业废水中氨氮排放	(吨)	Ammonia Nitrogen Discharge from Industrial Waste Water	(ton)	2579.27
农业氨氮排放	(吨)	Ammonia Nitrogen Discharge from Agriculture	(ton)	280.72
城镇生活污水中氨氮排放量	(吨)	Household of Ammonia Nitrogen Discharged by Urban Use	(ton)	80011.35
集中式治理设施氨氮排放量	(吨)	Volume of Ammonia Nitrogen Discharged by Centralized Facilities	(ton)	141.93
二氧化硫 (SO_2) 排放量	(吨)	Volume of SO_2 Emission	(ton)	214584.89
其中：工业 SO_2 排放量	(吨)	Volume of SO_2 Emission by Industry	(ton)	150210.90
城镇生活 SO_2 排放量	(吨)	Household of SO_2 Emission by Urban Use	(ton)	64330.05
集中式治理设施 SO_2 排放量	(吨)	Volume of SO_2 Emission by Centralized Facilities	(ton)	43.94
氮氧化物排放量	(吨)	Nitrogen Oxides Discharged	(ton)	364658.84
其中：工业氮氧化物排放量	(吨)	Volume of Nitrogen Oxides Discharged by Industry	(ton)	184228.65
城镇生活氮氧化物排放量	(吨)	Household of Nitrogen Oxides Discharged by Urban Use	(ton)	10410.36
机动车氮氧化物排放量	(吨)	Volume of Nitrogen Oxides Discharged by Motor vohicles	(ton)	169673.00
集中式治理设施氮氧化物排放量	(吨)	Volume of Nitrogen Oxides Discharged by Centralized Facilities	(ton)	346.82
烟(粉)尘排放量	(吨)	Volume of Soot Emission	(ton)	207058.08
其中：工业烟(粉)尘排放量	(吨)	Volume of Industrial Soot Emission	(ton)	157505.72
城镇生活烟尘排放量	(吨)	Household of Volume of Soot Emission by Urban Use	(ton)	35465.86
机动车烟尘排放量	(吨)	Volume of Volume of Soot Emission by Motor vohicles	(ton)	14068.00
集中式治理设施烟尘排放量	(吨)	Volume of Volume of Soot Emission by Centralized Facilities	(ton)	18.50
一般工业固体废物产生量	(万吨)	Volume of Solid Wastes Produced	(10 000 tons)	4354.08
一般工业固体废物综合利用量	(万吨)	Volume of Solid Wastes Utilized	(10 000 tons)	3596.99
其中：综合利用往年贮存量	(万吨)	Comprehensive utilization of the previous storage	(10 000 tons)	34.82
一般工业固体废物综合利用率	(%)	Percentage of Solid Wastes Utilized	(%)	81.96
一般工业固体废物处置量	(万吨)	Volume of Solid Wastes Treated	(10 000 tons)	222.22
其中：处置往年贮存量	(万吨)	Volume of the Previous Storage Treated	(10 000 tons)	16.27
一般工业固体废物处置率	(%)	Percentage of Solid Wastes Treated	(%)	5.10
一般工业固体废物贮存量	(万吨)	Volume of Solid Wastes Treated	(10 000 tons)	585.95
一般工业固体废物倾倒丢弃量	(万吨)	Volume of Solid Wastes dumping of discarded	(10 000 tons)	0.01

注：本表数据由湖南省环境保护厅提供。

The data in this table are provided by the environmental protection department of Hunan province.

11-10 全省环保产业统计情况(2017年)
Statistical Report of Hunan Environmental Protection Industry (2017)

指 标	Item	合计 Total	长沙 Changsha	株洲 Zhuzhou	湘潭 Xiangtan	衡阳 Hengyang	邵阳 Shaoyang	岳阳 Yueyang	常德 Changde
环保产业单位数（个）	**The Number of Environmental Protection Industry Units (unit)**	**1206**	**199**	**67**	**48**	**124**	**97**	**146**	**67**
环保产业从业人数（万人）	**The Number of Employees in Environmental Protection Industry (10 000 person)**	**13.3**	**4.8**	**0.9**	**0.4**	**0.9**	**0.6**	**1**	**0.4**
环保产业年收入（亿元）	**Annual Income of Environmental Protection Industry (100 million yuan)**	**2283.7**	**939.3**	**67.0**	**298.3**	**97.9**	**40.3**	**236.0**	**58.0**
#环境服务业	Environmental Services	263.1	190.5	12.4	**10.5**	**3.2**	**4.8**	4.8	2.9
#环境保护产品生产	Environmental Protection Products Production	152.3	129.2	1.3	**1.3**	**3.1**	**3.1**	5.2	5.3
#环境友好产品生产	Environment Friendly Products Production	1086.0	592.3	43.1	**224.5**	**1.0**	**0.3**	96.3	29.9
#资源综合利用	Comprehensive Utilization of Resources	782.3	27.5	10.2	**62.2**	**90.6**	**32.1**	129.9	19.9

注：本表数据由湖南省环境保护厅提供。
The data in this table are provided by the environmental protection department of Hunan province.

11-10 续表 continued

指 标	Item	张家界 Zhangjiajie	益阳 Yiyang	郴州 Chenzhou	永州 Yongzhou	怀化 Huaihua	娄底 Loudi	湘西州 West Hunan
环保产业单位数（个）	**The Number of Environmental Protection Industry Units (unit)**	**10**	**55**	**175**	**31**	**52**	**77**	**58**
环保产业从业人数（万人）	**The Number of Employees in Environmental Protection Industry (10 000 person)**	**0.2**	**0.3**	**2**	**0.3**	**0.5**	**0.7**	**0.3**
环保产业年收入（亿元）	**Annual Income of Environmental Protection Industry (100 million yuan)**	**9.0**	**50.0**	**321.5**	**78.2**	**30.0**	**25.2**	**32.3**
#环境服务业	Environmental Services	1.2	7.4	4.8	**5.9**	**3.1**	**4.5**	7.1
#环境保护产品生产	Environmental Protection Products Production		1.2		**0.1**	**2.2**	**0.3**	
#环境友好产品生产	Environment Friendly Products Production	1	4.8	35.8	**45.5**	**1.2**	**6.3**	4
#资源综合利用	Comprehensive Utilization of Resources	6.8	36.6	281	**26.7**	**23.5**	**14.1**	21.2

主要统计指标解释

供水综合生产能力　指按供水设施取水、净化、送水、出厂输水干管等环节设计能力计算的综合生产能力。包括在原设计能力的基础上，经挖、革、改增加的生产能力。计算时，以四个环节中最薄弱的环节为主确定能力。

年末供水管道长度　指从送水泵至用户水表之间所有管道的长度。不包括新安装尚未使用、水厂内以及用户建筑物内的管道。

全年供水总量　指报告期供水企业（单位）供出的全部水量。包括有效供水量和漏损水量。

生活用水量　包括公共服务用水和居民家庭用水。公共服务用水指为城市社会公共生活服务的用水。包括行政事业单位、部队营区和公共设施服务、社会服务业、批发零售贸易业、旅馆饮食业以及其他公共服务业等单位的用水。居民家庭用水指城市范围内所有居民家庭的日常生活用水。包括城市居民、农民家庭、公共供水站用水。

用水普及率　指城市用水人口数与城市人口总数的比率。计算公式：

$$用水普及率=\frac{城市用水人口数}{城市人口总数}\times 100\%$$

人工煤气生产能力　指报告期末人工煤气生产厂制气、净化、输送等环节的综合生产能力，不包括备用设备能力。一般按设计能力计算，如果实际生产能力大于设计能力时，应按实际测定的生产能力计算。测定时应以制气、净化、输送三个环节中最薄弱的环节为主。

供气管道长度　指报告期末从气源厂压缩机的出口或门站出口至各类用户引入管之间的全部已经通气投入使用的管道长度。不包括煤气生产厂、输配站、液化气储存站、灌瓶站、储配站、气化站、混气站、供应站等厂（站）内的管道。

全年供气总量　指全年燃气企业（单位）向用户供应的燃气数量。包括销售量和损失量。

燃气普及率　指报告期末使用燃气的城市人口数与城市人口总数的比率。计算公式为：

$$燃气普及率=\frac{城市用气人口数}{城市人口总数}\times 100\%$$

城市供热能力　指供热企业（单位）向城市热用户输送热能的设计能力。

城市供热总量　指在报告期供热企业（单位）向城市热用户输送全部蒸汽和热水的总热量。

城市供热管道长度　指从各类热源到热用户建筑物接入口之间的全部蒸汽和热水的管道长度。不包括各类热源厂内部的管道长度。

年末道路长度　指年末道路长度和与道路相通的桥梁、隧道的长度，按车行道中心线计算。在统计时只统计路面宽度在3.5米（含3.5米）以上的各种铺装道路，包括开放型工业区和住宅区道路在内。

城市桥梁　指为跨越天然或人工障碍物而修建的构筑物。包括跨河桥、立交桥、人行天桥以及人行地下通道等。按使用年限分为永久性桥和半永久性桥。

城市排水管道长度　指所有排水总管、干管、支管、检查井及连接井进出口等长度之和。

城市污水日处理能力　指污水处理厂（或污水处理装置）每昼夜处理污水量的设计能力。

年末运营车数　指年末城市用于公共交通运营业务的全部车辆数。新购、新制和调入的运营车辆，自投入之日起开始计算；调出、报废和调作他用的运营车辆，自上级主管机关批准之日起不再计入。

城市园林绿地面积　指报告期末用作园林和绿化的各种绿地面积。包括公园绿地、生产绿地、防护绿地、附属绿地和其他绿地的面积。

公园绿地　城市中向公众开放的以游憩为主要功能，有一定的游憩设施和服务设施，同时兼有健全生态、美化景观，防灾减灾等综合作用的绿化用地。包括综合公园、社区公园、专类公园、带状公园和街旁绿地。其中综合公园、专类公园和带状公园面积之和为公园面积。

清扫保洁面积　指报告期末对城市道路和公共场所（主要包括城市行车道、人行道、车行隧道、人行过街地下通道、道路附属绿地、地铁站、高架路、人行过街天桥、立交桥、广场、停车场及其他设施等）进行清扫保洁的面积。一天清扫多次的，按清扫保洁面积最大的一次计算。

市容环卫专用车辆　指用于环境卫生作业、监察的专用车辆和设备，包括用于道路清扫、冲洗、洒水、除雪、垃圾粪便清运、市容监察以及与其配套使用的车辆和设备。

每万人拥有公共交通车辆　指报告期末城区内每万人平均拥有的公共交通车辆标台数。计算公式：

$$每万人拥有公共交通车辆=\frac{公共交通运营车标台数}{城市人口总数}$$

工业废水排放量　指经过企业厂区所有排放口排到企业外部的工业废水量。包括生产废水、外排的直接冷却水、超标排放的矿井地下水和与工业废水混排的厂区生活污水，不包括外排的间接冷却水（清污不分流的间接冷却水应计算在内）。

工业废水排放达标量　指报告期内废水中各项污染物指标都达到国家或地方排放标准的外排工业废水量，包括未经处理外排达标的，经废水处理设施处理后达标排放的，以及经污水处理厂处理后达标排放的。

生活污水排放量　指城镇居民每年排放的生活污水。用人均系数法测算。测算公式为：

$$\frac{生活污水}{排放量}=\frac{城镇生活污水}{排放系数}\times\frac{市镇非}{农业人口}\times365$$

生活污水中化学需氧量(COD)排放量　指城镇居民每年排放的生活污水中的COD的量。用人均系数法测算。测算公式为：

$$\frac{城镇生活污水}{中COD排放量}=\frac{城镇生活污水中}{COD产生系数}\times\frac{市镇非}{农业人口}\times365$$

化学需氧量(COD)　指用化学氧化剂氧化水中有机污染物时所需的氧量。COD值越高，表示水中有机污染物污染越重。

工业废气排放量　指报告期内企业厂区内燃料燃烧和生产工艺过程中产生的各种排入大气的含有污染物的气体的总量，以标准状态(273K,101325Pa)计算。测算公式为：

$$\frac{工业废气}{排放量}=\frac{燃料燃烧过程}{中废气排放量}+\frac{生产工艺过程}{中废气排放量}$$

生活及其他SO_2排放量　以生活及其他煤炭消费量和其含硫量为基础，根据以下公式计算：

$$\frac{生活及其他}{SO_2排放量}=\frac{生活及其他}{煤炭消费量}\times含硫量\times0.8\times2$$

工业SO_2排放量　指报告期内企业在燃料燃烧和生产工艺过程中排入大气的SO_2总量，计算公式为：

$$\frac{工业SO_2}{排放量}=\frac{燃料燃烧过程}{中SO_2排放量}+\frac{生产工艺过程}{中SO_2排放量}$$

工业烟尘排放量　指企业厂区内燃料燃烧过程中产生的烟气中夹带的颗粒物排放量。

生活及其他烟尘排放量　指除工业生产活动以外的所有社会、经济活动及公共设施的经营活动中燃烧所排放的烟尘纯重量。以生活及其他煤炭消费量为基础进行测算。

工业粉尘排放量　指企业在生产工艺过程中排放的能在空气中悬浮一定时间的固体颗粒物排放量。如钢铁企业的耐火材料粉尘、焦化企业的筛焦系统粉尘、烧结机的粉尘、石灰窑的粉尘、建材企业的水泥粉尘等。不包括电厂排入大气的烟尘。

工业固体废物产生量　指报告期内企业在生产过程中产生的固体状、半固体状和高浓度液体状废弃物的总量，包括危险废物、冶炼废渣、粉煤灰、炉渣、煤矸石、尾矿、放射性废物和其他废物等；不包括矿山开采的剥离废石和掘进废石（煤矸石和呈酸性或碱性的废石除外）。酸性或碱性废石指采掘的废石其流经水、雨淋水的pH值小于4或pH值大于10.5者。

危险废物　指列入国家危险废物名录或根据国家规定的危险废物鉴别标准和鉴别方法认定的，具有爆炸性、易燃性、易氧化性、毒性、腐蚀性、易传染疾病等危险特性之一的废物。

工业固体废物综合利用量　指报告期内企业通过回收、加工、循环、交换等方式，从固体废物中提取或者使其转化为可以利用的资源、能源和其他原材料的固体废物量（包括当年利用往年的工业固体废物贮存量），如用作农业肥料、生产建筑材料、筑路等。综合利用量由原产生固体废物的单位统计。

工业固体废物综合利用率　指工业固体废物综合利用量占工业固体废物产生量（包括综合利用往年贮存量）的百分率。计算公式为：

$$\frac{工业固体废物}{综合利用率}=\frac{工业固体废物综合利用量}{工业固体废物产生量+综合利用往年贮存量}\times100\%$$

工业固体废物贮存量　指报告期内企业以综合利用或处置为目的，将固体废物暂时贮存或堆存在专设的贮存设施或专设的集中堆存场所内的数量。专设的固体废物贮存场所或贮存设施必须有防扩散、防流失、防渗漏、防止污染大气、水体的措施。

工业固体废物处置量　指报告期内企业将固体废物焚烧或者最终置于符合环境保护规定要求的场所，并不再回取的工业固体废物量（包括当年处置往年的工业固体废物贮存量）。处置方式有填埋（其中危险废物应安全填埋）、焚烧、专业贮存场（库）封场处理、深层灌注、回填矿井及海洋处置（经海洋管理部门同意投海处置）等。

工业固体废物排放量　指报告期内企业将所产生的固体废物排到固体废物污染防治设施、场所以外的数量，不包括矿山开采的剥离废石和掘进废石（煤矸石和呈酸性或碱性的废石除外）。

“三废”综合利用产品产值　指报告期内利用“三废”作为主要原料生产的产品价值（现行价）；已经销售或准备销售的应计算产品价值，留作生产自用的不应计算产品价值。

生活垃圾清运量　指报告期内收集和运送到各生活垃

圾处理厂（场）和生活垃圾最终消纳点的生活垃圾数量。生活垃圾指城市日常生活或为城市日常生活提供服务的活动中产生的固体废物以及法律行政规定的视为城市生活垃圾的固体废物。包括：居民生活垃圾、商业垃圾、集市贸易市场垃圾、街道清扫垃圾、公共场所垃圾和机关、学校、厂矿等单位的生活垃圾。

生活垃圾无害化处理率 指报告期生活垃圾无害化处理量与生活垃圾产生量比率。在统计上，由于生活垃圾产生量不易取得，可用清运量代替。计算公式为：

$$\text{生活垃圾无害化处理率}=\frac{\text{生活垃圾无害化处理量}}{\text{生活垃圾产生量}}\times 100\%$$

Explanatory Notes on Main Statistical Indicators

Production Capacity of Water Supply refers to the designed overall production capacity of water facilities, covering the four segments of water collection, purification, conveyance, and outflow through trunk pipelines. Increased capacity through transformation and innovation projects is included as well. The capacity is determined mainly on the weakest of the above-mentioned four segments.

Length of Water Supply Pipelines at Year-end refers to the total length of all the pipelines between the water pumps and the user water meters, excluding pipelines newly installed but not used yet, pipeline in the water factory,and pipeline in the user's buildings.

Annual Volume of Water Supply refers to the total volume of water supplied by water-works (units) during the reference period, including both the effective water supply and loss during the water supply.

Consumption of Water for Residential Use refers to water consumption of households for daily life and water consumption of public service facilities. The latter refers to water consumption for urban public services, including the consumption of government agencies and public institutions, military barracks, public facilities, wholesale and retail outlets, restaurants, hotels, and other units providing public services. Household water consumption refers to consumption of water for daily life of all households within the boundary of cities, including households of urban residents and farmers, and public water supply stations.

Coverage Rate of Urban Population with Access to Tap Water refers to the ratio of the urban population with access to tap water to the total urban population. The formula is:

$$\text{Coverage of urban population with access to tap water} = \frac{\text{Urban population with access to tap water}}{\text{Urban population}} \times 100\%$$

Production Capacity of Gaswork Gas refers to the overall production capacity of the urban gasworks in gas generation, purification and delivery at the end of the reference period, excluding capacity of the reserved facilities. In general, it is determined by the designed capacity, and when actual production capacity is larger than the designed capacity, the capacity is determined by the actual measurement on the weakest segment in the production, purification and delivery.

Length of Gas Pipelines refers to the total length of pipelines in use between the outlet of the compressor of gas-work or outlet of gas stations and the leading pipe of users, excluding pipelines within gasworks, delivery stations, LPG storage stations, refilling stations, gas-mixing stations and supply stations.

Volume of Gas Supply refers to the total volume of gas provided to users by gas-producing enterprises (units) in a year, including the volume sold and the volume lost.

Coverage Rate of Urban Population with Access to Gas refers to the ratio of the urban population with access to gas to the total urban population at the end of the reference period. The formula is:

$$\text{Coverage rate of urban population with access to gas} = \frac{\text{Urban population with access to gas}}{\text{Urban population}} \times 100\%$$

Heating Capacity in Urban Areas refers to the designed capacity of heating enterprises (units) in supplying heating energy to urban users during the reference period.

Quantity of Heat Supplied in Urban Areas refers to the total quantity of heat from steam and hot water supplied to urban users by heating enterprises (units) during the reference period.

Length of Urban Heating Pipelines refers to the total length of steam or hot water pipelines for sources of heat to the leading pipelines of the buildings of the users, excluding internal pipelines in heat generating enterprises.

Length of Paved Roads at Year-end refers to the length of roads with paved surface including bridges and tunnels connected with roads by the end of the year. Length of the roads is measured by the central lines for vehicles for paved roads with a width of 3.5 meters and over, including roads in open-ended factory compounds and residential quarters.

Urban Bridges refer to bridges built to cross over natural or man-made barriers, including bridges over rivers, overpasses for traffic and for pedestrians, underpasses for pedestrians, etc. Both permanent and semi-permanent bridges are included.

Length of Urban Sewage Pipes refers to the total length of general drainage, trunks, branch and inspection wells, connection wells, inlets and outlets, etc.

Daily Disposal Capacity of Urban Sewage refers to the designed 24-hour capacity of sewage disposal by the sewage treatment works or facilities.

Number of Vehicles under Operation at Year-end refers to the total number of vehicles under operation by public transport enterprises (units) at the end of the year, based on the records of operational vehicles by the enterprises (units).

Area of Parks and Green Land refers to the total area occupied for green projects at the end of the reference period, including park green land, production green land, protection green land, green land attached to institutions, and other green areas.

Park Green Area refers to green areas open to the public for amusement and rest with the facilities of amusement, rest and services. Its function includes perfecting ecology, beautifying landscape, and preventing and reducing disaster. Park green areas include comprehensive park, community park, topic park, belt-shaped park and green area nearby street. Total areas of comprehensive park, topic park and belt-shaped is the area of park.

Area Cleaned refers to the area which are regularly cleaned, as at the end of the reference period, at urban roads and public places (mainly including urban roadways, pedestrian walkways, vehicular tunnels, pedestrian underpasses, underground railway stations, lifted roads, pedestrians walk bridges, overpasses, plazas, carparks and other facilities). If there are several times of cleaning in a day at a location, the area of that time of cleaning with the largest area cleaned will be taken.

Vehicles Dedicated to Urban Cleanliness and Environmental Sanitation refer to vehicles and facilities dedicated for use in the operation, management and monitoring of environmental hygiene work. They include vehicles for road cleaning, washing, showering, ice removal, disposal of garbage and human wastes, cleanliness monitoring and related activities.

Public Transportation Vehicles per 10000 Population refers to the number of public transportation vehicles, at the end of the reference period, per 10000 population in the city district. The formula for calculation is:

$$\text{Public Transportation Vehicles per 10000 Population} = \frac{\text{Number of Public Transportation Vehicles}}{\text{City District Population}}$$

Waste Water Discharged by Industry refers to the volume of waste water discharged by industrial enterprises through all their outlets, including waste water from production process, directly cooled water, groundwater from mining wells which does not meet discharge standards and sewage from households mixed with waste water produced by industrial activities, but excluding indirectly cooled water discharged (It should be included if the discharge is not separated from waste water).

Industrial Waste Water Meeting Discharge Standards refers to volume of industrial waste water discharge which, with or without treatment, reaches national or local standards with regard to all pollutants.

Urban Non-industrial Waste Water Discharge refers to annual discharge of non-industrial waste water by urban households. It is estimated by per capita coefficient using the formula:

$$\text{Urban non-industrial waste water discharge} = \text{urban non-industrial waste water discharge coefficient} \times \text{urban non-agricultural population} \times 365$$

Volume of Chemical Oxygen Demand (COD) Generated by Urban Non-industrial Waster Water refers to chemical oxygen demand generated through the annual discharge of non-industrial waste water by urban households. It is estimated as:

$$\text{Volume of chemical oxygen demand (cod) generated by urban non-industrial waster water} = \text{Coefficient of COD generated through urban non-industrial waste water} \times \text{urban non-agricultural population} \times 365$$

Chemical Oxygen Demand (COD) refers to the amount of oxygen required when chemical oxidants are used to oxidize organic pollutants in water. A higher value of COD corresponds to more serious pollution by organic pollutants.

Industrial Waste Air Emission refers to the discharge into atmosphere of waste air containing pollutants generated from fuel burning and production processes in enterprises within a given period of time. It is calculated at standard status (273K, 101325Pa) as:

$$\text{Industrial waste air emission} = \text{emission through fuel burning} + \text{emission through production process}$$

SO_2 Emission through Non-industrial and Other Activities is calculated on the basis of consumption of coal by households and other activities and the sulphur content of coal with the following formula:

$$SO_2 \text{ emission through non-industrial and other activities} = \text{of coal by households and other activities} \times \text{sulphur content} \times 0.8 \times 2$$

SO_2 Emission through Industrial Activities refers to volume of sulphur dioxide emission from fuel burning and production process by enterprises during a given period of time. It is calculated as:

$$SO_2 \text{ emission through industrial activities} = SO_2 \text{ emission from fuel burning} + SO_2 \text{ emission from production process}$$

Industrial Soot Emission refers to the volume of soot in smoke emitted in the process of fuel burning in the premises of enterprises.

Soot Emission by Consumption and Others refers to the net volume of soot emitted by fuel burning from all social and economic activities and operations of public facilities other than industrial activities. It is calculated on the basis of coal consumption by households and others.

Industrial Dust Emission refers to volume of dust emitted by production process of enterprises and suspended in the air for a given period of time, including dust from refractory material of iron and steel works, dust from coke-screening systems and sintering machines of coke plants, dust from lime kilns and dust from cement production in building material enterprises, but excluding soot and dust emitted from power plants.

Industrial Solid Wastes Produced refers to total volume of solid, semi-solid and high concentration liquid residues produced by industrial enterprises from production process in a given period of time, including hazardous wastes, slag, coal ash, gangue, tailings, radioactive residues and other wastes, but excluding stones stripped or dug out in mining - gangue and acid or alkaline stones not included (a stone is acid or alkaline according to the pH value of the water being below 4 or above 10.5 when the stone is in, or soaked by water).

Hazardous Wastes refers to those included in the national hazardous wastes catalogue or specified as any one of the following properties in the national hazardous wastes identification standards: explosive, ignitable, oxidizable, toxic, corrosive or liable to cause infectious diseases or lead to other dangers.

Industrial Solid Wastes Utilized refers to volume of solid wastes from which useful materials can be extracted or which can be converted into usable resources, energy or other materials by means of reclamation, processing, recycling and exchange (including utilizing in the year the stocks of industrial solid wastes of the previous year). Examples of such utilizations include fertilizers, building materials and road materials. The information shall be collected by the producing units of the wastes.

Rate of Utilization of Industrial Solid Wastes refers to the percentage of industrial solid wastes utilized over industrial solid wastes produced (including stocks of the previous years). It is calculated as:

$$\text{Rate of utilization of industrial solid wastes} = \frac{\text{volume of industrial solid wastes utilized}}{\text{industrial solid wastes produced} + \text{stock of previous years}} \times 100\%$$

Stock of Industrial Solid Wastes refers to the volume of solid wastes placed in special facilities or special sites for purposes of utilization or disposal. The sites or facilities should take measures against dispersion, loss, seepage, and air and water contamination.

Industrial Solid Wastes Disposed refers to the quantity of industrial solid wastes which are burnt or placed ultimately in the sites meeting the requirements for environmental protection and not salvaged or recycled (including disposition in the year of those wastes of previous years). The disposition includes landfill (Safe landfills should be conducted for hazardous wastes), incineration, containment spaces, deep underground disposal, backfill in mining pits and disposal at sea.

Industrial Solid Wastes Discharged refers to the volume of industrial solid wastes discharged by producing enterprises to disposal facilities or to other sites. The wastes exclude stones stripped or dug from mining (gangue and acid or alkaline waste stones not included).

Output Value of Products Made from Waste Gas, Waste Water and Solid Wastes refers to the current value of products with waste gas, waste water and solid wastes as main materials of production. Products sold and ready to sell shall be included while those produced for own use shall not be included.

Consumption Wastes Transported refers to volume of consumption wastes collected and transported to disposal factories or sites. Consumption wastes are solid wastes produced from urban households or from service activities for urban households, and solid wastes regarded by laws and regulations as urban consumption wastes, including those from households, commercial activities, markets, cleaning of streets, public sites, offices, schools, factories, mining units and other sources.

Ratio of Consumption Wastes Treated refers to consumption wastes treated over that produced. In practical statistics, as it is difficult to estimate, the volume of consumption wastes produced is replaced with that transported. It is calculated as:

$$\text{Ratio of consumption wastes treated} = \frac{\text{consumption wastes treated}}{\text{consumption wastes produced}} \times 100\%$$

12

农　业

Agriculture

资料整理人员：彭开吾　刘　杰　陈晗文
易　贝　肖　鹏　陈　婷

12-1 农林牧渔业总产值和指数
Gross Output Value and Indices of Farming,Forestry, Animal Husbandry and Fishery

年份 Year	农林牧渔总产值（亿元） Gross Output Value of Farming, Forestry, Animal Husbandry (100 million yuan)					指数 (1952=100) Indices of Gross Output Value of Farming, Animal Husbandry (1952=100)				
	总产值 Total	#农业 Farming	#林业 Forestry	#牧业 Animal Husbandry	#渔业 Fishery	总指数 Total	#农业 Farming	#林业 Forestry	#牧业 Animal Husbandry	#渔业 Fishery
1949	15.84	12.05	0.24	1.42	0.03	59.6	64.4	51.1	45.7	42.9
1950	19.18	14.09	0.30	1.70	0.04	72.2	75.3	63.8	54.7	57.1
1951	21.91	15.66	0.36	2.37	0.04	82.5	83.7	76.6	76.2	57.1
1952	26.57	18.72	0.47	3.11	0.07	100.0	100.0	100.0	100.0	100.0
1953	26.59	18.70	0.37	2.97	0.10	100.1	99.9	78.7	95.5	142.9
1954	24.39	16.59	0.37	2.76	0.10	91.8	88.6	78.7	88.7	142.9
1955	28.89	19.99	0.57	2.36	0.12	108.7	106.8	121.3	75.9	171.4
1956	28.15	18.78	0.84	2.83	0.11	105.9	100.3	178.7	91.0	157.1
1957	35.04	21.14	1.20	5.39	0.28	127.2	112.9	255.3	173.3	400.0
1958	33.25	23.38	2.58	4.30	0.60	132.4	122.8	411.7	108.6	774.2
1959	30.55	21.96	2.62	3.14	0.70	121.7	115.3	418.1	79.3	903.2
1960	25.89	18.98	2.34	1.85	0.48	103.1	99.7	373.4	46.7	619.4
1961	21.95	16.63	1.00	1.56	0.26	87.4	87.3	159.6	39.4	335.5
1962	26.18	20.10	0.96	2.39	0.28	104.3	105.6	153.2	60.4	361.3
1963	24.65	18.09	1.03	3.25	0.31	98.2	95.0	164.4	82.1	400.0
1964	28.07	20.22	1.23	4.24	0.35	111.8	106.2	196.3	107.1	451.6
1965	29.31	21.07	1.31	4.42	0.40	116.7	110.7	209.0	111.7	516.1
1966	32.74	24.29	1.39	4.55	0.45	130.4	127.6	221.8	115.0	580.6
1967	34.40	25.41	1.55	4.89	0.46	137.0	133.5	247.8	123.5	593.5
1968	36.99	27.05	1.80	5.52	0.45	147.3	142.1	287.2	139.5	580.6
1969	36.21	26.48	1.85	5.36	0.34	144.2	139.1	295.2	135.4	438.7
1970	38.03	27.94	1.63	5.85	0.39	151.4	146.8	260.1	147.8	503.2
1971	58.77	43.42	2.72	9.18	0.53	151.3	150.5	295.2	151.1	541.9
1972	62.67	44.88	2.82	11.54	0.45	161.4	155.5	306.1	189.9	460.1
1973	67.86	50.48	2.77	10.93	0.57	174.7	175.0	300.6	179.9	582.8
1974	69.29	51.64	3.21	11.22	0.62	178.4	179.0	348.4	184.7	634.0
1975	72.45	54.41	2.86	11.64	0.64	186.5	188.6	310.4	191.6	654.4
1976	72.72	55.12	2.45	11.77	0.65	187.2	191.0	265.9	193.7	664.6
1977	73.81	55.40	2.98	11.95	0.68	190.0	192.0	323.4	196.7	695.3

注：本表绝对数按当年价格计算，指数按可比价格计算。
Absolute figures in this table are calculated at current prices while indices are calculated at comparable prices.

12-1 续表 continued

年份 Year	农林牧渔总产值(亿元) Gross Output Value of Farming, Forestry, Animal Husbandry (100 million yuan)					指数(1952=100) Indices of Gross Output Value of Farming, Animal Husbandry (1952=100)				
	总产值 Total	#农业 Farming	#林业 Forestry	#牧业 Animal Husbandry	#渔业 Fishery	总指数 Total	#农业 Farming	#林业 Forestry	#牧业 Animal Husbandry	#渔业 Fishery
1978	81.37	62.72	3.12	12.55	0.70	209.5	217.4	338.6	206.5	715.8
1979	86.51	65.47	3.13	14.27	0.77	222.7	226.9	339.7	234.8	787.3
1980	116.34	81.13	7.31	21.87	1.94	218.4	218.2	391.8	236.3	961.2
1981	123.38	86.05	6.70	23.32	2.18	231.6	231.4	359.1	252.0	1080.1
1982	135.90	95.95	6.45	26.26	2.46	255.1	258.1	345.7	283.8	1218.8
1983	142.70	100.60	6.43	27.87	2.88	267.9	270.6	344.6	301.2	1426.9
1984	150.80	102.32	7.02	32.16	3.37	283.1	275.2	376.3	347.5	1669.7
1985	158.22	101.84	7.25	34.87	3.89	297.0	273.9	388.6	376.8	1927.3
1986	166.83	106.01	6.35	38.42	4.64	313.2	285.1	340.4	415.2	2298.9
1987	172.32	108.48	6.90	38.62	5.42	323.5	291.8	369.8	417.3	2685.3
1988	173.19	103.09	6.74	42.02	5.69	325.2	277.3	361.3	454.1	2819.1
1989	182.09	109.68	7.75	44.18	6.28	341.8	295.0	415.5	477.3	3112.3
1990	430.21	241.32	22.00	120.40	22.13	348.3	296.0	404.7	493.5	3205.7
1991	451.69	249.79	28.22	126.62	22.20	361.8	306.4	434.2	519.2	3215.3
1992	468.73	250.39	31.55	135.67	24.90	375.5	307.0	485.4	556.1	3614.0
1993	493.63	258.70	31.26	147.51	28.59	395.4	317.1	481.0	604.5	4141.6
1994	532.16	266.43	32.92	169.22	32.70	426.2	326.6	506.5	693.4	4738.0
1995	578.73	277.43	33.66	195.25	39.71	463.7	340.3	518.1	800.2	5751.9
1996	627.16	283.37	34.74	224.61	47.91	502.7	347.4	534.7	920.2	6936.8
1997	679.20	306.80	35.26	245.35	52.89	544.4	376.2	542.7	1004.9	7658.2
1998	686.21	297.81	36.12	255.34	56.67	552.6	365.3	555.7	1046.1	8201.9
1999	1200.94	624.70	48.20	458.62	69.42	571.4	383.6	586.3	1048.2	8841.6
2000	1251.89	633.84	51.01	486.13	80.91	596.0	395.8	611.5	1089.1	9858.4
2001	1313.23	665.70	51.88	510.42	85.23	619.6	409.7	630.7	1136.3	10400.7
2002	1349.92	666.65	54.78	538.64	89.85	636.3	410.6	659.5	1194.3	11014.3
2003	1452.96	671.66	81.73	575.08	96.97	659.9	421.6	685.9	1243.3	11818.3
2004	1913.31	874.00	91.31	796.95	119.92	709.4	461.7	734.0	1310.4	12657.4
2005	2056.24	947.70	100.90	834.50	138.40	750.5	482.5	805.9	1393.0	13872.5
2006	1991.81	1040.85	112.45	657.92	130.42	787.3	509.0	855.1	1440.3	14996.2
2007	2584.00	1210.06	144.12	1000.84	152.99	819.1	530.1	924.4	1477.8	15866.0
2008	3204.11	1370.88	155.44	1426.18	165.83	862.8	541.3	964.1	1610.8	16659.3
2009	3035.20	1472.53	174.18	1058.66	182.35	907.3	573.2	1007.5	1681.6	17542.3
2010	3518.10	1848.89	207.43	1062.04	222.58	946.3	597.8	1077.0	1738.8	18501.3
2011	4111.04	2089.89	239.11	1336.67	241.26	986.6	639.1	1151.3	1731.8	18566.1
2012	4390.34	2255.43	259.97	1377.85	261.89	1016.7	647.0	1208.9	1813.2	19587.2
2013	4432.69	2257.55	287.67	1340.83	286.70	1044.5	665.1	1281.4	1825.8	20821.2
2014	4577.08	2324.78	304.81	1356.00	310.03	1093.5	692.8	1356.1	1911.4	21976.6
2015	4682.31	2325.93	317.38	1408.13	328.34	1133.8	723.3	1466.7	1903.6	23537.0
2016	5057.52	2485.49	321.60	1549.59	354.95	1174.5	751.0	1587.8	1913.1	25046.7
2017	5213.48	2597.63	325.01	1505.78	393.06	1221.8	773.6	1731.5	1970.7	26655.9

注：本表绝对数按当年价格计算，指数按可比价格计算。2006–2017年数据按照农业普查结果进行了修正。

Absolute figures in this table are calculated at current prices while indices are calculated at comparable prices.Data for 2006–2017 are revised based on the results of the agricultural census.

12-2 农业基本情况
Basic Indicators of Agriculture

年份 Year	农林牧渔业劳动力（万人） Number of Laborers (10 000 persons)	年末实有耕地面积（万公顷） Cultivated Areas (yearend) (10 000 hectares)	当年减少耕地面积（万公顷） Decrease in Cultivated Area by Cause (10 000 hectares)	农作物播种面积（万公顷） Total Sown Areas (10 000 hectares)	#粮食作物 Grain Corps	造林面积（万公顷） Afforesta-tion Areas (10 000 hectares)
1978				844.58	582.94	
1979				833.44	570.42	
1980				790.95	545.13	
1981				800.94	542.01	
1982				796.95	540.34	
1983				774.62	542.32	
1984				763.92	539.09	
1985	1908.43	334.17		747.71	516.14	34.40
1986				753.65	521.04	37.73
1987				747.47	515.10	32.91
1988				749.62	519.63	32.17
1989				774.88	533.05	33.99
1990	2133.07	331.23	1.16	795.18	536.56	37.59
1991				804.02	536.52	37.17
1992				796.08	524.36	37.75
1993				765.39	505.05	27.83
1994				773.05	507.74	13.44
1995	2114.71	324.97	1.83	784.04	511.56	10.95
1996				792.74	513.39	5.29
1997	2074.12	323.01	1.66	800.90	515.53	4.29
1998	2074.51	321.87	1.64	793.63	507.48	2.86
1999	2074.13	321.32	1.30	802.77	513.52	2.74
2000	2065.92	392.16	1.18	800.21	502.99	5.15
2001	2058.67	391.26	1.73	793.17	480.28	7.56
2002	2019.60	389.10	2.80	777.92	465.26	10.09
2003	1997.67	383.37	6.46	773.12	452.98	40.96
2004	1975.89	381.65	2.60	818.87	475.41	33.38
2005	1951.90	381.60	0.70	833.64	483.86	13.65
2006		378.76	3.88	853.19	454.54	13.45
2007	1890.17	378.90	0.61	739.70	453.97	7.62
2008	1877.91	378.94	0.61	761.35	460.71	8.04
2009	1867.33	413.50	0.75	785.22	482.72	12.50
2010	1861.85	413.75	0.97	805.80	484.78	21.34
2011	1793.64	413.77	0.91	817.81	493.22	40.24
2012	1857.39	414.62	0.72	829.96	497.53	40.42
2013	1832.65	414.97	0.99	835.27	501.00	34.98
2014	1808.33	415.32		839.86	506.56	39.19
2015	1762.31	415.35	0.37	835.52	505.37	37.60
2016	1696.81	414.88	0.85	829.20	501.07	33.66
2017	1686.30	415.10	0.84	827.01	497.89	55.41

注：从2000年起，耕地面积为省国土资源厅统计数据（下表同）。

The data of cultivated Areas from Hunan Province Territory Resource Bureau since 2000.The same as in the following table.

12-3 农村基层组织
Grassroots Units of Rural Areas

指 标		Item		2000	2005	2016	2017
农村基层组织		**Grassroots Units of Rural Areas**					
#乡(镇)个数	(个)	Number of Township (Town Governments)	(unit)	2353	2220	1536	1532
#乡个数		Number of Township		1314	1127	318	315
#民族乡		Number of National Township		104	107	83	83
镇个数		Number of Town Governments		1039	1093	1135	1134
村(居)民委员会个数	(万个)	Number of Villagers(Residential) Committees	(10 000 units)	5.01	4.74	2.81	2.78
#村民委员会	(万个)	Number of Villagers Committees	(10 000 units)	4.75	4.45	2.4	2.4
农村社会基础设施		**Country Society Basic Establishment**					
#自来水受益村数	(万个)	Villages Tap Water Benefited	(10 000 units)	1.17	1.51	1.83	1.93
通汽车村数	(万个)	Villages Car Available	(10 000 units)	4.41	4.21	2.44	2.47
通电话村数	(万个)	Villages Telephone Available	(10 000 units)	4.05	4.28	2.44	2.47

12-4 农林牧渔业增加值 (2017年)
Added-Value of Farming, Forestry, Animal Husbandry and Fishery (2017)

单位：万元 (10 000 yuan)

指 标	Item	总产值 Gross Output Value	中间消耗 Material Consump-tion	中间物质消耗 Middle Material Consump-tion	中间非物质部门劳务支出 Middle Nonmaterial Department Service Payout
总计	**Total**	**52134774**	**20482019**	**17311436**	**3170583**
农业	Farming	25976301	7831100	6923121	907980
林业	Forestry	3250141	837996	696630	141367
牧业	Animal Husbandry	15057839	8185767	7800312	385455
渔业	Fishery	3930644	1376104	1235393	140711
服务业	Services	3919850	2251051	655981	1595070

12-5 耕地面积
Cultivated Areas

单位：千公顷 (1 000 hectares)

指 标	Item	2000	2005	2016	2017
年初实有耕地总资源	Actual Cultivated Land Total Resources at The Year Beginning	3926.52	3816.47	4150.20	4148.77
年内增加耕地总资源	Increased Cultivated Land Total resources This Year	6.85	6.50	7.10	10.69
年内减少耕地总资源	Decrease in Cultivated Land Total resources This Year	11.77	6.99	8.54	8.45
年末实有耕地总资源	Actual Cultivated Land Total Resources at The Year End	3921.60	3815.98	4148.76	4151.01

12-6 农业生产条件
Condition of Agricultural Production

年份 Year	农业机械总动力（万千瓦） Total Power of Agricultural Machinery (10 000 kw)	有效灌溉面积（千公顷） Effective Irrigated Area (1000 hectares)	化肥施用量（万吨） Consumption of Chemical Fertilizers (10 000 tons)	农村用电量（亿千瓦小时） Electricity Consumed in Rural Areas (100 million kwh)	每公顷面积产量（公斤） Yield per hectare (kg)		
					粮 食 Grain Crops	棉 花 Cotton	油 料 Oil-bearing Crops
1949	0.11	1199.21					
1950	0.10	1289.93					
1951	0.20	1360.65					
1952	0.33	1538.27	0.20				
1953	0.38	1586.24	0.10				
1954	0.43	1630.03	0.97				
1955	0.76	1666.75	2.40				
1956	1.95	1716.85	4.95				
1957	2.45	1777.03	5.18				
1958	7.44	1849.99	11.25				
1959	14.58	1716.96	12.84				
1960	22.43	1935.57	15.85				
1961	24.60	1957.07	9.36				
1962	26.57	1984.41	12.35				
1963	29.06	2019.75	23.91	0.50			
1964	33.91	2084.79	32.75	0.46			
1965	42.89	2163.53	53.15	0.91			
1966	54.47	2202.64	90.17	1.41			
1967	55.66	2262.00	86.20	1.58			
1968	63.93	2286.15	75.19	1.78			
1969	72.95	2307.52	101.41	2.00			
1970	89.50	2343.68	121.71	4.81			
1971	106.68	2377.67	130.29	3.27			
1972	132.77	2430.93	167.99	4.68			
1973	153.42	2483.15	198.07	4.14			
1974	186.16	2503.94	177.56	6.46			
1975	233.18	2583.35	193.84	6.82			
1976	283.42	2617.13	194.25	6.96			
1977	349.56	2657.09	202.95	7.36			

注：化肥施用量1989年及以前均为实物量，1990年及以后为折纯量。

Data of consumption of fertilizers refer to the consumption in quantity prior to 1989, and the consumption in purity in and after 1990.

12-6 续表 continued

年份 Year	农业机械总动力（万千瓦） Total Power of Agricultural Machinery (10 000 kw)	有效灌溉面积（千公顷） Effective Irrigated Area (1000 hectares)	化肥施用量（万吨） Consumption of Chemical Fertilizers (10 000 tons)	农村用电量（亿千瓦小时） Electricity Consumed in Rural Areas (100 million kwh)	每公顷面积产量（公斤） Yield per hectare (kg)		
					粮 食 Grain Crops	棉 花 Cotton	油 料 Oil-bearing Crops
1978	428.64	2691.34	271.90	8.78			
1979	507.67	2730.43	325.23	9.26			
1980	588.99	2743.73	361.04	9.67			
1981	659.74	2753.03	371.20	11.20			
1982	704.94	2759.67	396.38	12.64			
1983	785.57	2773.45	421.54	13.81			
1984	805.43	2775.57	354.21	14.45			
1985	892.02	2771.18	369.64	15.06	4875	990	1005
1986	1059.37	2771.75	432.12	18.05			
1987	1053.56	2665.33	457.77	17.98			
1988	1112.91	2670.29	490.07	20.35			
1989	1168.74	2674.20	517.88	21.86			
1990	1209.17	2676.22	126.09	23.37	5025	1020	990
1991	1270.52	2612.70	138.66	25.77			
1992	1284.37	2664.98	146.18	27.71			
1993	1374.35	2676.11	148.15	30.44			
1994	1459.07	2675.09	159.41	33.04			
1995	1532.54	2680.03	167.91	37.64	5380	1206	1258
1996	1616.29	2667.07	167.08	38.91			
1997	1692.84	2672.38	175.30	41.68	5581	1448	1352
1998	1825.57	2675.14	179.93	42.01	5553	969	1323
1999	2006.97	2665.40	180.87	42.97	5632	1121	1391
2000	2209.74	2677.46	182.15	44.53	5716	1173	1490
2001	2358.02	2676.35	184.25	46.73	5622	1271	1505
2002	2498.09	2675.61	184.32	49.83	5376	1291	1334
2003	2664.45	2675.34	188.33	53.84	5393	1173	1449
2004	2923.93	2683.28	203.19	57.53	5530	1437	1591
2005	3189.86	2690.41	209.90	65.24	5477	1395	1569
2006	3416.61	2696.93	212.14	75.99	5478	1528	1628
2007	3684.43	2702.88	219.58	76.38	5944	1538	1598
2008	4021.14	2709.20	223.38	81.46	6126	1354	1267
2009	4352.64	2720.68	231.60	93.55	6067	1401	1555
2010	4651.55	2726.66	236.57	98.63	5944	1389	1432
2011	4935.59	2762.41	242.49	106.03	6049	1381	1635
2012	5189.24	3070.84	249.11	110.23	6154	1421	1510
2013	5435.93	2768.12	248.19	118.58	5967	1219	1582
2014	5680.34	3101.70	247.80	123.83	6078	1222	1628
2015	5894.05	3113.32	246.54	123.91	6123	1208	1701
2016	6097.54	3132.37	246.44	126.70	6092	1185	1702
2017	6254.83	3145.87	245.26	128.56	6173	1145	1724

注：化肥施用量 1989 年及以前均为实物量，1990 年及以后为折纯量。

Data of consumption of fertilizers refer to the consumption in quantity prior to 1989, and the consumption in purity in and after 1990.

12-7 农林牧渔业分项产值
Gross Output Value of Farming, Forestry, Animal Husbandry and Fishery by Branch

单位：万元 (10 000 yuan)

指 标	Item	2016	2017
农林牧渔业合计	**Tatol**	**50575225**	**52134774**
农业产值	**Output Value of Farming**	**24854895**	**25976301**
谷物及其他作物	Cereal and Other Crops	10554689	10868562
谷物	Cereal	8142172	8227941
#小麦	# Wheat	21420	22005
稻谷	Rice	7549453	7621031
玉米	Corn	508397	521923
薯类	Tubers	205175	222496
油料	Oil-bearing Crops	1323878	1499922
#花生	# Peanuts	175573	180441
油菜籽	Rapeseeds	1099214	1240723
豆类	Beans	211558	230062
#大豆	# Soja	160535	172555
棉花	Cotton	71434	71175
生麻	Fiber Crops	3601	3672
糖料	Sugar Crops	37032	39447
烟草	Tobacco	493519	491468
其他农作物	Other Crops	66320	82380
蔬菜、食用菌及花卉盆景园艺产品	Vegetables and Gradening Plantations	9565185	10034041
蔬菜（含菜用瓜）	Vegetables	9143521	9595430
食用菌	Mushroom	160129	171659
花卉	Flowers	28905	27321
盆景园艺	Plants	232631	239630
水果、坚果、饮料和香料作物	Fruits,Nuts and Crops of Beverage&Perfumery	3581680	3775900
水果、坚果（含果用瓜）	Fruits and Nuts	2473671	2594198
茶及其他饮料	Tea and Other Beverage	1033915	1104545
#茶	# Tea	1033915	1104545
中药材	Medicinal Materials	1153341	1297798
林业产值	**Output Value of Forestry**	**3215974**	**3250141**
林木的培育和种植	Forest Planting and Cultivating	1274978	1287636
育种育苗	Grow Seedlings and Seed Cultivation	835730	1009169
造林	Cultivate Forest	74594	75183
抚育和管理	Cultivation and Management	322215	160455
竹木采运	Bamboo Cutting and Transportation	573053	588602
林产品	Forest Products	1367943	1373903
牧业产值	**Output Value of Animal Husbandry**	**15495909**	**15057839**
牲畜饲养	Livestock Rasing	1089570	1138857
牛的饲养	Cattle Raising	579842	623581
羊的饲养	Sleeps and Goats Raising	480246	485232
其他牲畜饲养	Other Livestock Raising	980	980
奶产品	Milk Products	28496	29059
毛绒产品	Wool Products	6	5
猪的饲养	Hogs Rasing	11082980	10672926
家禽饲养	Poultry Rasing	3044253	2963775
肉禽	Poultry for Meat	1367453	1271295
禽蛋	Poultry Egges	1676800	1692480
狩猎和捕捉动物	Hunting and Catching of Wild Animals	80594	80594
其他畜牧业	Other Animal Husbandry	198512	201687
渔业产值	**Output Value of Fishing**	**3549474**	**3930644**
#养殖	# Cultivation	3085413	3168171
鱼类	Fish	3014261	3239161
虾蟹类	Shrimps,Prawns and Crabs	356848	545083
贝类	Shell-fish	31972	30582
其他	Others	146393	115819
农林牧渔服务业产值	**Output Value of Services**	**3458974**	**3919850**

12-8 农业机械年末拥有量
Year-End Possession of Agriculture Machinery

指 标		Item		2000	2005	2016	2017
农业机械总动力合计	**（千瓦）**	**Total Power of Agricultural Machinery**	**(kw)**	**22097435**	**31898640**	**60975419**	**62548327**
柴油发动机	（千瓦）	Diesel Engines	(kw)	15719714	24066482	46270082	47295987
汽油发动机	（千瓦）	Gasoline Engines	(kw)	2310250	2469999	3637258	3821541
电动机	（千瓦）	Electric motor	(kw)	3959172	5231169	10749252	11093036
其他机械	（千瓦）	Other Machinery	(kw)	108299	130990	318826	337762
机械分类		**Machinery by Tybe**					
大中型拖拉机	（混合台）	Large and Medium Tractors	(mixed unit)	15149	54751	135658	141030
	（千瓦）		(kw)	381244	1555796	4342075	4628652
#轮式拖拉机	（混合台）	# Wheeled Tractors	(mixed unit)	5012	16244	98875	100433
	（千瓦）		(kw)	122689	496317	2947504	3079184
小型及手扶拖拉机	（混合台）	Mini and Walking Tractors	(mixed unit)	209271	168738	254894	290248
	（千瓦）		(kw)	1916099	1694959	2699998	2830595
耕整机	（台）	Tillage Machinery	(unit)	536557	738968	1942652	2000665
	（千瓦）		(kw)		2632278	7670514	7909164
机耕船	（艘）	Wet-field Tractors	(unit)	40778	99197	129028	129196
	（千瓦）		(kw)		373023	647865	649200
大中型拖拉机配套农具	（部）	Farm Tools for Large and Medium Tractors	(unit)	6428	6722	63556	70449
小型拖拉机配套农具	（部）	Necessary Farm Tools for Mini Tractors	(unit)	63865	38892	123622	125141
农用排灌动力机械	（台）	Motor Machinery for Drainage&Irrigation	(unit)	1158134	1526405	2540992	2537615
	（千瓦）		(kw)	5664559	6985340	11002238	11064243
#柴油机	（台）	# Diesel Engines	(unit)	742261	968017	1351864	1347961
	（千瓦）		(kw)	3508951	4438499	6653622	6657945
电动机	（台）	Electric Motors	(unit)	404862	540617	1147419	1134724
	（千瓦）		(kw)	2116140	2475671	4051217	4091210
#农用水泵	（台）	# Pumps	(unit)	1208900	1588618	2335132	2276729
联合收获机	（台）	Machinery for Combine Harvesters	(unit)	3049	21412	125518	128408
	（千瓦）		(kw)	43837	599077	4413206	4606124
增氧机	（台）	Machinery for Pond Oxygen Increase	(unit)		21471	99973	111814
农产品初加工动力机械	(千瓦）	Motorized Machinery for Products Processing	(kw)	3525247	4687003	7678692	7630266
#柴油机动力	（千瓦）	# Diesel Engines Power	(kw)	2006630	2564560	3696443	3619295
推土机	（台）	Bulldozers	(unit)	3688	5517	20163	
	（千瓦）		(kw)	216591	365800	1275270	

12-9 农作物生产情况 (2017年)
Basic Indicators of Farm Corp Production (2017)

指 标	Item	播种面积（千公顷）Sown Area (1 000 hectares)	单 产（公斤／公顷）Per Unit Area Yield (kg/hectare)	总产量（吨）Total Output (ton)
农作物总播种面积	**Total Sown Area**	**8270**		
粮食作物	**Grain Crops**	**4979**	**6173**	**30736000**
#谷物	#Cereal	4651	6354	29551500
#稻谷	#Rice	4239	6465	27403500
#早稻	#Early Season Rice	1448	5845	8465000
中稻与一季晚稻	Middle Season Rice and Late Rice of One-season	1291	7222	9325500
晚稻	Late Season Rice	1499	6412	9613000
小麦	Wheat	28	3391	96100
玉米	Corn	366	5445	1991700
高粱	Sorghum	6.3	3889	24500
其他谷物	Other Cereal	11	4798	54700
#大麦	#Barley	1	3929	5500
豆类	Soybeans	141	2268	319800
#大豆	#Beans	100	2328	232100
杂豆	Mixed Beans	41	2123	87700
#绿豆	#Mung Beans	11	2028	21700
薯类（按折粮薯类计算）	Tubers(Converted into Grain)	187	4615	864700
#红薯	#Sweet Potatoes	112	4918	551700
马铃薯	Potatoes	75	4162	313000
油料	**Oil-bearing Crops**	**1312**	**1724**	**2260783**
#花生果	#Peanuts	106	2600	275925
油菜籽	Rapeseeds	1189	1646	1956971
芝麻	Sesame	10	1367	14332
向日葵	Sunflower	1	1025	1300
其他油料	Other Oil-bearing Crops	5	2550	12255
棉花	**Cotton**	**96**	**1145**	**109500**
麻类	**Fiber Crops**	**2**	**2596**	**4162**
#黄、红麻	#Jute and Ambary Hemp		2645	182
苎麻	Ramie	2	2579	3880
甘蔗	**Sugarcane**	**7**	**45995**	**332317**
烟叶	**Tobacco**	**95**	**2195**	**208201**
#烤烟	#Flue-cured Tobacco	93	2198	204582
晒（土）烟	Sun-cured Tobacco	2	2068	3620
药材	**Medicinal Herbs**	**74**	**6937**	**511157**
蔬菜瓜类	**Vegetables and Melons**	**1348**	**29987**	**40415877**
#蔬菜（包括菜用瓜）	#Vegetables(include Snake Melons)	1219	30112	36716224
果用瓜	Fruit Melons	128	28796	3699652
其他作物:	**Other Crops**	**359**		
#青饲料	#Succulence	142		
绿肥	Green Manure			

12—10 粮食、棉花播种面积
Sown Area of Grain Crops and cotton

单位：1000 公顷 (1000 hectares)

年份 Year	粮食 Grain Crops	稻谷 Rice	早稻 Early Rice	中稻 Medium Rice	晚稻 Late Rice	棉花 cotton
1983	5423.2	4418.9	1895.0	509.7	2014.2	131.3
1984	5390.9	4401.1	1885.4	507.0	2008.7	132.6
1985	5161.4	4246.5	1825.1	495.0	1926.4	101.8
1986	5210.4	4327.6	1838.3	499.4	1989.9	86.1
1987	5150.9	4255.1	1779.5	508.4	1967.2	64.4
1988	5196.3	4293.7	1803.9	505.7	1984.1	91.4
1989	5330.5	4354.1	1827.8	497.8	2028.5	94.4
1990	5365.7	4370.5	1844.1	484.3	2042.1	118.5
1991	5365.2	4298.1	1813.3	512.0	1972.8	133.3
1992	5243.6	4188.0	1741.0	477.5	1969.5	167.6
1993	5050.5	4025.9	1618.0	516.9	1891.0	172.1
1994	5077.4	4040.7	1633.8	525.1	1881.8	209.1
1995	5115.6	4084.1	1675.6	510.2	1898.3	185.3
1996	5133.9	4064.1	1669.3	513.7	1881.1	174.1
1997	5155.3	4075.8	1651.2	515.0	1909.6	176.5
1998	5074.8	3976.4	1610.1	538.1	1828.2	198.7
1999	5135.2	3984.5	1571.1	585.4	1828.0	157.8
2000	5029.9	3896.1	1515.8	632.1	1748.2	146.0
2001	4802.8	3691.6	1361.1	707.4	1623.1	149.4
2002	4652.6	3541.5	1224.5	812.5	1504.5	129.1
2003	4529.8	3410.0	1173.3	834.5	1402.1	139.0
2004	4754.1	3716.8	1288.3	1061.8	1366.7	167.7
2005	4838.6	3795.2	1324.4	1068.6	1402.2	150.9
2006	4545.4	3931.7	1355.9	1156.3	1419.5	158.6
2007	4539.7	3915.1	1303.6	1232.1	1379.5	172.2
2008	4607.1	3968.3	1306.6	1258.3	1403.4	162.0
2009	4827.2	4103.4	1399.8	1225.3	1478.3	148.8
2010	4847.8	4105.2	1385.7	1251.2	1468.3	161.1
2011	4932.2	4160.8	1427.7	1245.6	1487.4	169.4
2012	4975.3	4209.6	1464.5	1216.5	1528.5	173.5
2013	5010.0	4218.5	1494.0	1210.1	1514.5	173.3
2014	5065.6	4275.0	1507.7	1217.6	1549.6	153.9
2015	5053.7	4287.8	1505.9	1228.3	1553.6	122.0
2016	5010.7	4277.6	1487.3	1263.0	1527.3	106.5
2017	4978.9	4238.7	1448.2	1291.3	1499.2	95.7

注：2004 年起为抽样调查数，2006、2007 年为农业普查口径修正数。

The number of sampling surveys since 2004, and the number of revised nongpu caliber in 2006 and 2007.

12–11 粮食、棉花产量
Output of Grain Crops and cotton

单位：万吨 (10 000 tons)

年份 Year	粮食 Grain Crops	稻谷 Rice	早稻 Early Rice	中稻 Medium Rice	晚稻 Late Rice	棉花 cotton
1983	2654.0	2458.1	1038.4	280.5	1139.2	9.8
1984	2613.0	2416.5	1069.0	280.8	1066.7	12.8
1985	2514.3	2338.8	991.7	247.3	1099.8	10.1
1986	2631.6	2464.4	1050.6	289.2	1124.6	8.3
1987	2593.7	2414.2	948.7	302.3	1163.2	5.6
1988	2519.8	2343.9	987.8	258.5	1097.6	4.4
1989	2648.2	2445.2	994.2	307.7	1143.3	6.7
1990	2651.4	2468.2	1033.5	302.4	1132.3	12.0
1991	2682.0	2473.3	957.5	314.1	1201.7	14.9
1992	2620.1	2423.1	916.1	305.0	1202.0	20.3
1993	2570.2	2343.5	825.7	324.8	1193.0	21.1
1994	2661.0	2414.9	903.5	350.6	1160.8	23.8
1995	2691.6	2438.5	854.7	336.8	1247.0	22.4
1996	2701.6	2418.6	854.6	344.2	1219.8	19.0
1997	2801.9	2495.8	945.2	359.6	1191.0	25.6
1998	2647.9	2345.1	830.6	357.1	1157.4	19.2
1999	2725.4	2360.6	817.5	404.4	1138.7	17.7
2000	2767.6	2392.5	877.6	436.1	1078.8	15.8
2001	2700.3	2328.9	783.2	478.4	1067.3	19.0
2002	2501.3	2119.2	627.8	590.8	900.6	15.3
2003	2442.7	2070.2	621.2	637.9	811.1	16.3
2004	2640.0	2285.5	716.4	720.0	849.1	20.3
2005	2678.6	2296.2	734.4	723.8	838.0	19.8
2006	2654.2	2414.5	747.6	782.0	884.9	22.7
2007	2698.5	2435.3	743.0	833.5	858.8	26.5
2008	2822.2	2551.3	774.1	890.9	886.3	21.9
2009	2928.8	2614.3	821.0	862.0	931.3	20.8
2010	2881.6	2551.8	779.5	867.1	905.2	22.4
2011	2983.6	2634.2	824.5	883.8	925.9	23.4
2012	3061.9	2704.3	841.6	881.4	981.3	24.7
2013	2989.5	2645.3	888.5	795.6	961.2	21.1
2014	3078.9	2732.7	886.8	847.1	998.8	18.8
2015	3094.2	2756.8	895.2	857.7	1003.9	14.7
2016	3052.3	2724.6	873.5	871.4	979.8	12.6
2017	3073.6	2740.4	846.5	932.6	961.3	11.0

注：粮食产量1988年起为抽样调查数，棉花产量1998年起为抽样调查数。2006、2007年为农业普查口径修正数。

Grain yield has been sampled since 1988, cotton production has been sampled since 1998. and the number of revised nongpu caliber in 2006 and 2007.

12–12 林产品产量(2017年)
Output of Major Forestry Products (2017)

名称	Item	数量 Number	名称	Item	数量 Number
生漆 （吨）	Lacquer (ton)	1009	八角 （吨）	Anise (ton)	59
油桐籽 （吨）	Tung-oil Seeds (ton)	33347	白果 （吨）	Ginkgo (ton)	2160
油茶籽 （吨）	Tea-oil Seeds (ton)	1007523	杏仁 （吨）	Almond (ton)	250
乌桕籽 （吨）	Tallow Tree Seeds (ton)	616	桂皮 （吨）	Cinnamon (ton)	98
五倍子 （吨）	Gall (ton)	867	黄柏 （吨）	Golden Cypress (ton)	4392
棕片 （吨）	Palm Leaf (ton)	4818	杜仲 （吨）	Gutta-percha (ton)	110941
松脂 （吨）	Pine Resin (ton)	46986	小杂竹 （吨）	Small Mixed Bamboo (ton)	239338
竹笋干 （吨）	Bamboo Shoots (ton)	62041	楠竹尾 （吨）	Tails of Phyllostachys Pubescens (ton)	
核桃 （吨）	Walnuts (ton)	8073	竹木采伐量	Bamboo in Village and Lower Level	
板栗 （吨）	Chestnuts (ton)	103210	#木材采伐量(万方)	Woods Cuts (10 000 cu.m)	377.17
紫胶 （吨）	Shellacs (ton)		竹 （万根）	Bamboo (10 000 roots)	16257.52
山茱萸 （吨）	Fructus Litseae (ton)	77	#毛竹 （万根）	Phyllostachys Pubescens (10 000 roots)	15811.80
食用菌 （吨）	Edible Fungus (ton)	36740			
花椒 （吨）	Prickly Ashes (ton)	657			

12–13 茶叶、水果生产情况(2017年)
Output of Tea and Fruit (2017)

单位：吨 (ton)

名称	Item	数量 Number	名称	Item	数量 Number
茶叶产量	**Output of Tea**	**197133**	**水果产量**	**Output of Fruits**	**9563859**
绿茶	Green Tea	88483	柑桔	Citrus	5009023
青茶	Green tea	2449	桃子	Peaches	150456
红茶	Red tea	21198	梨	Pears	166466
黑茶	Black tea	78795	葡萄	Grapes	176231
黄茶	Yellow tea	63	红枣	Red Chinese Dates	31949
白茶	White tea	191	柿子	Fresh Persimmons	22048
其他茶	Other Tea	5954	其他水果	Other Fruits	308033

注：从2013年起，水果产量统计包括瓜果和园林水果。
From 2013, the output of fruit included melon fruits and garden fruits.

12-14 林业情况
Basic Indicators of Forestry

单位：万公顷 (10 000 hectares)

指 标	Item	2000	2005	2016	2017
当年造林面积总计	**Total Afforestation Areas of the Current Year**	**5.15**	**13.65**	**88.13**	**55.41**
#竹林	Bamboo Forest	0.22	0.30	0.13	0.02
按主要林种用途分	**By the Use of Main Forestry**				
用材林	Timber Forest	2.22	3.02	14.76	9.22
经济林	Economic Forest	1.21	1.02	4.46	4.57
防护林	Shelter-forest	1.71	9.51	14.20	4.76
薪炭林	Charcoal Forest			0.34	0.03
特种用途林	Special Use Forest	0.01	0.10	0.09	0.03
封山育林面积	Close Hillsides to Facilitate Afforestation Areas	12.18	94.99	123.28	131.64
零星（四旁）植树 （万株）	Oddly (all around) Tree Planting (10 000 roots)	27187	13009	10590	9016
林木种子采集量 （吨）	Forestry Seed Collection (ton)	678	755	132	105
育苗面积	Grow Seedlings Areas	0.29	1.61	0.64	0.66
#本年新育面积	New Grow Seedlings Areas of the Current Year	0.18	0.49		
未成林抚育作业面积	Operative Areas of Young Growth Fostering	27.43	86.85		
中幼林抚育面积	Areas of Middle and Young Growth Fostering	30.18	22.03	37.54	46.69
低产林改造面积	Low Yield Timber Remaking Areas	21.95	5.20	11.71	10.12

12-15 畜牧业年末存栏情况 (2017年)
Year-end Animals in Stock (2017)

项 目	Item	合计 Total	能繁母畜 Breeding Dams
大牲畜总头数 （头）	Number of Large Animals (head)	3810261	
#从事劳役的 （头）	Draught Animals (head)		
牛 （头）	Cattle and Buffaloes (head)	3793742	
役用牛	Draught Animals	776742	
肉牛	Beef Cattle	2960000	
乳牛	Dairy Cattle	57000	
马 （匹）	Horses (head)	14141	
驴 （匹）	Donkeys (head)	1288	
骡 （匹）	Mules (head)	1090	
生猪 （万头）	Hogs (10 000 heads)	3968.10	396.00
羊 （万只）	Goats and Sheep (10 000 heads)	661.70	
山羊	Goats	661.70	
绵羊	Sheep		

12–16 畜禽出栏量
Amount over the slaughter of livestock and poultry

年份 Year	生猪 (万头) live pig (10 000 heads)	牛 (万头) cattle (10 000 heads)	羊 (万头) sheep (10 000 heads)	禽 (万只) birds (10 000 heads)
1983	1850.1	11.9	27.6	
1984	2128.9	10.1	28.8	
1985	2296.6	9.3	30.1	8458.6
1986	2471.8	9.9	28.5	9453.9
1987	2657.4	11.7	30.3	10255.8
1988	2813.7	15.3	32.6	10548.9
1989	2866.5	15.8	35.2	11384.5
1990	3092.1	16.3	35.3	11832.6
1991	3247.9	20.2	42.9	12607.1
1992	3536.3	26.5	50.1	14187.4
1993	3813.2	33.4	71.0	15872.9
1994	4372.6	43.5	101.5	18441.2
1995	5001.7	58.0	157.9	23198.2
1996	4387.5	87.0	319.1	28315.8
1997	5127.0	96.5	291.1	31458.2
1998	5467.3	109.0	331.3	35703.4
1999	5385.3	118.8	354.2	27967.5
2000	5491.3	128.1	397.1	30448.9
2001	5540.5	125.0	435.2	32672.0
2002	5653.1	146.8	526.0	35286.0
2003	5905.8	148.3	604.9	41497.0
2004	6088.7	154.6	662.1	42816.6
2005	6176.3	167.4	763.4	39209.8
2006	5126.9	121.7	638.9	32867.8
2007	4816.7	127.3	648.5	32802.0
2008	5153.1	130.0	655.0	34770.0
2009	5508.7	139.6	680.0	36880.0
2010	5723.5	144.5	656.2	38355.2
2011	5575.9	141.5	633.1	39264.2
2012	5878.8	146.6	638.2	41650.3
2013	5902.3	155.8	657.6	41283.6
2014	6220.3	161.4	676.3	40043.8
2015	6077.2	168.5	699.9	41474.7
2016	5920.9	143.4	725.5	42671.9
2017	6116.3	147.0	901.8	42263.8

注：生猪 2000 年起为抽样调查数，牛 2001 起为抽样调查数，1997 年起禽为农普衔接数。

The hogs number from 2000 is spot check number; the cattle number from 2002 is spot check number;The sheep number is joined number of agriculture surveys; the poultry number from 2003 is spot check number.

12-17 主要畜禽存栏和水产品产量

Number of Live Stocks, Birds and Output of Aquatic Products

年份 Year	年底牛头数（万头） Cattle and Buffaloes (year-end) (10 000 heads)	年底猪头数（万头） Hogs(year-end) (10 000 heads)	年底羊只数（万只） Sheep and Goats (year-end) (10 000 heads)	猪牛羊肉（万吨） Pork,Beef, and Mutton (10 000 tons)	禽（万只） Birds (10 000 heads)	水产品（万吨） Aquatic Products (10 000 tons)
2006	405.67	3452.45	499.14	389.18	24346.50	160.04
2007	399.59	3776.39	511.91	373.31	26099.40	170.09
2008	399.55	3924.46	523.95	395.74	26882.40	178.59
2009	414.32	4046.99	553.80	421.93	27100.00	188.59
2010	401.68	4063.91	552.66	438.98	27262.60	198.89
2011	385.04	4182.65	567.30	432.17	27563.80	200.02
2012	381.75	4275.51	565.59	454.25	29023.40	220.08
2013	384.96	4130.69	590.64	458.89	29920.50	233.91
2014	389.18	4227.81	622.13	487.43	31024.60	247.96
2015	393.91	4122.72	655.38	478.77	32105.80	261.32
2016	374.13	3983.11	648.06	466.39	33101.10	238.35
2017	379.37	3968.10	661.71	480.79	33012.80	242.31

注：2016 年、2017 年水产品数据为“三农普”修订数据。
2016 and 2017 aquatic product data are revised data for “Three Agricultural Development”

12-18 渔业生产情况
Basic Indicators of Fishery Production

名 称	Item	2000	2005	2016	2017
水产品总产量 (吨)	**Total Aquatic Products (ton)**	**1332133**	**1792163**	**2383453**	**2423128**
淡水产品捕捞产量 (吨)	**Freshwater Aquatic Products Caught (ton)**	**150442**	**185190**	**95299**	**88880**
#鱼类	#Fish	127725	160760	81430	76594
虾蟹类	Shrimps,Prawns and Crabs	9474	10322	9113	7613
贝类	Shellfish	10659	11874	3850	3751
其他	Others	2584	2234	906	922
淡水产品养殖产量 (吨)	**Freshwater Aquatic Products Cultured (ton)**	**1181691**	**1606974**	**2288154**	**2334248**
#鱼类	#Fish	1145678	1564259	2179108	2187682
虾蟹类	Shrimps,Prawns and Crabs	11396	16487	65358	102947
贝类	Shellfish	12902	11951	17943	17823
其他	Others	11715	14277	25745	25795
淡水产品中:珍珠产量 (公斤)	**Freshwater Aquatic Pearl Products (kg)**	**92015**	**856547**	**272210**	**100208**
淡水养殖面积合计 (千公顷)	**Freshwater Cultured Area (1 000 hectares)**	**413.18**	**481.73**	**412.83**	**417.32**
#池塘养殖	#Pond Cultivated	214.96	256.79	231.18	235.42
#渔业专用塘	#Fishery Ponds for Special Use	112.02	156.56	164.47	164.31
湖泊养殖	Lake Cultivated	55.85	61.74	59.79	60.41
#粗养	Extensive Cultivated	32.80	36.17	41	41.31
河沟养殖	Brook Cultivated	20.74	25.82	10.61	11.25
水库养殖	Reservoir Cultivated	102.23	114.69	102.71	101.63
#粗养	Extensive Cultivated	48.01	51.43	47.9	48.64
其他养殖	Other Cultivated	19.40	22.69	8.54	8.61
附:稻田养殖	**Enclose: Paddy Cultivated**	**189.76**	**184.75**	**118.63**	**148.19**
#鱼种池面积	#Areas of (fish) Fry Ponds	14.98	21.42	17.67	17.7
成鱼面积	Growth Fish Areas	116.24	131.04	97.36	100.57

12—19 洞庭湖区主要社会经济指标

Major Economic Indicators and Social Indicators on The DongTing Lake Area

指 标	Item	2000	2005	2016	2017
常住户数 （万户）	Total Number of Households (10 000 households)			436.32	443.86
常住人口 （万人）	Total Number of Population (10 000 persons)			1406.07	1415.50
乡村人口 （万人）	#Number of Rural Population (10 000 persons)	1213.70	1271.30	1126.98	1123.18
乡村从业人员数 （万人）	Employment of Rural Population (10 000 persons)	634.76	684.79	618.91	617.83
#农林牧渔业	#Farming,Forestry,Animal Husbandry,Fishery	457.18	429.51	320.85	319.25
有效灌溉面积 （千公顷）	Effective Irrigated Area (1 000 hectares)	863.13	890.36	950.17	950.40
地区生产总值 （亿元）	Gross Domestic Products (100 million yuan)	981.39	1529.15	7581.68	7987.55
#第一产业增加值	#Added-Value of First Industry	260.21	387.38	913.49	802.72
第二产业增加值	Added-Value of Second Industry	394.52	628.58	3577.20	3540.32
第三产业增加值	Added-Value of Third Industry	326.66	513.19	3091.00	3644.52
农作物总播种面积 （千公顷）	Total Sown Area of Crops (1 000 hectares)	2380.14	2498.25	2679.66	2348.60
粮食作物播种面积 （千公顷）	Sown Area of Grain Crops (1 000 hectares)	1330.21	1500.38	1405.45	1398.45
#稻谷	#Paddy	1165.77	1352.91	1285.27	1284.44
玉米	Corn	40.77	34.92	53.15	47.30
油料播种面积 （千公顷）	Sown Area of Oils-bearing (1 000 hectares)	375.15	348.73	506.75	472.99
棉花播种面积 （千公顷）	Sown Area of Cotton (1 000 hectares)	115.83	108.87	85.87	75.92
粮食总产量 （万吨）	Total Output of Grain (10 000 tons)	778.63	891.16	846.28	857.80
#稻谷	Paddy	720.06	833.69	792.50	806.43
玉米	Corn	19.15	18.02	30.77	27.34
油料产量 （万吨）	Output of Oils-bearing (10 000 tons)	57.18	55.57	92.38	87.84
水产品总产量 （万吨）	Total Output of Aquatic Products (10 000 tons)	66.70	92.10	123.84	125.77
水果产量 （万吨）	Output of Fruits (10 000 tons)	33.95	119.20	189.69	202.76
地方财政收入 （亿元）	Local Government Revenue (100 million yuan)	24.42	71.68	192.03	202.76
普通中学在校学生数 （人）	Student Enrollment in General Secondary Schools (person)	897821	987011	531357	538529
小学在校学生人数 （人）	Student Enrollment in Primary Schools (person)	1417139	862828	751660	769985
医院、卫生院床位数 （张）	Hospital Beds (unit)	26203	27217	84021	87288
医院、卫生院技术人员数（人）	Medical Technical Personnel in Hospitals (person)	42438	39001	73506	78724

注：洞庭湖区包括：长沙市的望城区、岳阳市（除平江县）、常德市（除石门县）、益阳市（除安化县）.

Dongting Lake areas include:Changsha city Wangcheng District,Yueyang city(except Pingjiang county),Changde (except shimen county), Yiyang(except Anhua county)

12–20 农村主要能源及物资消耗
Consumption of Major Energy and Materials of Rural Areas

指 标	Item	2000	2005	2016	2017
农用化肥施用量	**Consumption of Agricultural Chemical Fertilizer**				
按实物量计算 （吨）	Calculated at Actual Quantity in Natural Form (ton)	6954529	7543577	8369673	8275629
#氮肥 （吨）	Nitrogenous Fertilizer (ton)	3906876	4007237	3880664	3780929
磷肥 （吨）	Phosphate Fertilizer (ton)	1777537	1859574	1900095	1860569
钾肥 （吨）	Potash Fertilizer (ton)	600221	702849	870254	848737
复合肥 （吨）	Compound Fertilizer (ton)	669895	973917	1718660	1785394
每亩播种面积施用量 （公斤）	Consumption of Per-mu Sown Areas (kg)	57.90	60.34	67.29	66.71
按折纯量计算 （吨）	Calculated at Quantity of 100% Content (ton)	1821508	2098670	2464427	2452580
#氮肥 （吨）	Nitrogenous Fertilizer (ton)	980845	1059569	1004480	979261
磷肥 （吨）	Phosphate Fertilizer (ton)	242760	256204	266188	260480
钾肥 （吨）	Potash Fertilizer (ton)	298514	348703	430765	420125
复合肥 （吨）	Compound Fertilizer (ton)	299389	434194	762994	792715
农用薄膜使用量 （吨）	**Consumption of Agricultural Films (ton)**	**40446**	**59306**	**84679**	**85209**
#地膜使用量 （吨）	Consumption of Ground Films (ton)	25309	39899	56630	56594
地膜覆盖面积 （公顷）	Ground Film Covered Areas (hectare)	313340	507093	726204	724379
农药使用量 （吨）	**Consumption of Pesticide (ton)**	**85611**	**113250**	**118661**	**116023**
农用柴油使用量 （吨）	**Consumption of Agricultural Diesel Oil (ton)**	**224315**	**326393**	**436851**	**441565**

12-21 自然灾害情况
Statistics on Natural Disaster

名 称		Item		2000	2005	2016	2017
受灾面积合计	**（千公顷）**	**Total Areas Covered**	**(1 000 hectares)**	**3170.11**	**1519.80**	**1184.5**	**1501.2**
旱灾	（千公顷）	Drought	(1 000 hectares)	649.71	586.20	0.147	320.5
水灾	（千公顷）	Flood	(1 000 hectares)	292.76	594.13	1142.1	1175.10
风雹灾	（公顷）	Windstorm	(hectares)		90.77	4533	5.6
病虫	（千公顷）	Plant Diseases and Insect Pests	(1 000 hectares)	1871.07	34.25		
霜冻	（公顷）	Frost	(hectares)		208.50	765	
其他	（公顷）	Others	(hectares)	356.57	5.96		
成灾面积（千公顷）		**Areas Affected**	**(1 000 hectares)**	**759.23**		**665.2**	**836**
旱灾	（千公顷）	Drought	(1 000 hectares)	231.44		0.02	155.5
水灾	（千公顷）	Flood	(1 000 hectares)	128.06		629.5	677.7
风雹灾	（公顷）	Windstorm	(hectare)			2866	2.8
霜冻	（公顷）	Frost	(hectare)			568	
病虫	（千公顷）	Plant Diseases and Insect Pests	(1 000 hectares)	222.43			
其他	（千公顷）	Others	(1 000 hectares)	177.30			
死亡人数	**（人）**	**Number of Dead Population**	**(person)**	**176**	**203**	**51**	**98**
死亡大牲畜	**（头）**	**Dead Large Animals**	**(head)**	**59689**	**1608004**	**3375**	**73402**
倒塌房屋	**（间）**	**Collapsed Houses**	**(unit)**	**149806**	**200153**	**41584**	**57282**
损坏房屋	**（间）**	**Destroyed Houses**	**(unit)**	**436459**	**467980**	**291013**	**397077**
因灾缺粮人口	**（人）**	**Population of Grains Shorted of Disaster**	**(person)**	**9374555**	**8739499**	**4205000**	**3910818**
因灾经济损失合计	**（万元）**	**Total Economic Loss of Disaster**	**(10 000 yuan)**	**1081796**	**1578622**	**2656197**	**5879514**
#水灾损失	（万元）	Flood Loss	(10 000 yuan)	662662	789347	2564385	5662550

主要统计指标解释

农林牧渔业总产值 指以货币表现的农、林、牧、渔业全部产品和对农林牧渔业生产活动进行的各种支持性服务活动的价值总量，它反映一定时期内农林牧渔业生产总规模和总成果。1957 年以前的农林牧渔业总产值中包括了厩肥和农民自给性手工业（如农民自制衣服、鞋、袜，自己从事粮食初步加工等）。1958 年及以后，林业中增加了村及村以下竹木采伐产值；牧业中取消了厩肥产值；副业中取消了农民自给性手工业产值，增加了村及村以下办的工业产值；渔业中增加了海洋捕捞水产品产值。1980 年及以后，在副业中增加了农民家庭兼营工业商品部分的产值。从 1984 年起村及村以下工业产值划归工业。从 1993 年起取消副业，将野生动物的捕猎划入牧业，野生植物采集和农民家庭兼营商品性工业划归农业。从 2003 年起，执行新的国民经济行业分类标准，农林牧渔业总产值中包括了农林牧渔服务业产值。林业中增加了森林采运业产值。农业中取消了家庭兼营商品性工业产值，将野生林产品的采集划归林业。

农林牧渔业总产值的计算方法通常是按农、林、牧、渔业产品及其副产品的产量分别乘以各自单位产品价格求得；少数生产周期较长，当年没有产品或产品产量不易统计的，则采用间接方法匡算其产值；然后将四业产品产值相加即为农林牧渔业总产值。

粮食产量 指全社会的产量。包括国有经济经营的、集体统一经营的和农民家庭经营的粮食产量，还包括工矿企业办的农场和其他生产单位的产量。粮食除包括稻谷、小麦、玉米、高粱、谷子及其他杂粮外，还包括薯类和豆类。其产量计算方法，豆类按去豆荚后的干豆计算；薯类（包括甘薯，不包括芋头和木薯）1963 年以前按每 4 公斤鲜薯折 1 公斤粮食计算，从 1964 年开始改为按 5 公斤鲜薯折 1 公斤粮食计算。作为蔬菜的薯类（如马铃薯等）按鲜品计算，并且不作粮食统计。其他粮食一律按脱粒后的原粮计算。1989 年以前全国粮食产量数据主要靠全面报表取得，1989 年开始使用抽样调查数据。

棉花产量 指全社会的产量。包括春播棉和夏播棉。产量按皮棉计算。不包括木棉。

油料产量 指全部油料作物的生产量。包括花生、油菜籽、芝麻、向日葵籽、胡麻籽（亚麻籽）和其他油料。不包括大豆、木本油料和野生油料。花生以带壳干花生计算。

水产品产量 指人工养殖的水产品和天然生长的水产品的捕捞量。包括海水的鱼类、虾蟹类、贝类和藻类以及内陆水域的鱼类、虾蟹类和贝类，不包括淡水生植物。水产品产量是通过各级水产和统计部门逐级上报取得数据。1995 年及以前，贝类中牡蛎按鲜肉计算；蚶、蛤、蛙按 5 斤鲜品折 1 斤计算。1996 年以后则统一按鲜品计算。

猪、牛、羊肉产量 指当年出栏并已屠宰、除去头蹄下水后带骨肉（即胴体重）的重量。包括全社会范围内的产量。由于畜牧业产品年报数据与普查数据之间存在一定的差距，根据国家统计局有关文件精神，从 2000 年起，对畜牧业年报数据与普查数据进行衔接。

期初（末）畜禽存栏头（只）数 指报告期初（末）农村各种合作经济组织和国营农场、农民个人、机关、团体、学校、工矿企业、部队等单位以及城镇居民饲养的大牲畜、猪、羊、家禽等畜禽的存栏数。数据上报方式及数据调整情况同猪、牛、羊肉产量。

农作物播种面积 指实际播种或移植有农作物的面积。凡是实际种植有农作物的面积，不论种植在耕地上还是种植在非耕地上，均包括在农作物播种面积中。在播种季节基本结束后，因遭灾而重新改种和补种的农作物面积，也包括在内。它是反映我国耕地面积利用情况的一个重要指标。目前，农作物播种面积主要包括粮食、棉花、油料、糖料、麻类、烟叶、蔬菜和瓜类、药材和其他农作物九大类。

有效灌溉面积 指具有一定的水源，地块比较平整，灌溉工程或设备已经配套，在一般年景下，当年能够进行正常灌溉的耕地面积。在一般情况下，有效灌溉面积应等于灌溉工程或设备已经配备，能够进行正常灌溉的水田和水浇地面积之和。它是反映我国耕地抗旱能力的一个重要指标。

农用化肥施用量 指本年内实际用于农业生产的化肥数量，包括氮肥、磷肥、钾肥和复合肥。化肥施用量要求按折纯量计算数量。折纯量是指把氮肥、磷肥、钾肥分别按含氮、含五氧化二磷、含氧化钾的百分之百成份进行折算后的数量。复合肥按其所含主要成分折算。公式为：

折纯量 = 实物量 × 某种化肥有效成份含量的百分比

农业机械总动力 指主要用于农、林、牧、渔业的各种动力机械的动力总和。包括耕作机械、排灌机械、收获机械、农用运输机械、植物保护机械、牧业机械、林业机械、渔业机械和其他农业机械〔内燃机按引擎马力折成瓦（特）计算、电动机按功率折成瓦(特)计算〕。不包括专门用于乡、镇、村、组办工业、基本建设、非农业运输、科学试验和教学等非农业生产方面用的动力机械与作业机械。这个指标的统计数据主要来源于农机部门。

乡村从业人员 指乡村人口中劳动年龄在16周岁以上实际参加生产经营活动并取得实物或货币收入的人员，包括劳动年龄内经常参加劳动的人员，也包括超过劳动年龄但经常参加劳动的人员，但不包括户口在家的在外学生、现役军人和丧失劳动能力的人，也不包括待业人员和家务劳动者。从业人员按从事主业时间最长（时间相同按收入）分为农林牧渔业从业人员、工业从业人员、建筑业从业人员、交通运输业、仓储及邮电通信业从业人员、批零贸易业、餐饮业从业人员、其他非农行业从业人员。

Explanatory Notes on Main Statistical Indicators

Gross Output Value of Farming, Forestry, Animal Husbandry and Fishery refers to the total value of products of farming, forestry, animal husbandry and fishery, and total value of services rendered to support farming, forestry, animal husbandry and fishery activities. It reflects the total scale and results of agricultural production during a given period. Prior to 1957, Chinas gross agricultural output value included barnyard manure and handicraft products for self consumption (clothes, shoes, stockings, and initial grain processing undertaken by peasants). Since 1958, cutting and felling of bamboo and trees by villages and other cooperative organizations under villages have been included in forestry; value of barnyard manure has been excluded from animal husbandry; self consumed handicrafts has been excluded from sideline occupations, while the output value of industries run by villages and cooperative organizations under village had been included in sideline occupations and the output value of fish catches by motor fishing boats has been added to fishery. Since 1980, the value of handicraft products made for sale by individuals in households had been added to sideline occupations. Since 1984, industries run by villages and under villages have been included in the sector of industry. Since 1993, the subdivision of sideline occupations has been canceled, and the hunting of wild animals has been classified into animal husbandry, and the gathering of wild plants and commodity industry run by rural household have been included in farming. A new industrial classification of economic activities was introduced in 2003. Under the new classification, value of services to farming, forestry, animal husbandry and fishery is included in the gross output value of agriculture, value of wood felling and transport is included in forestry, value of industrial output by rural households is not included in agriculture, and the collection of wild forest products is taken from agriculture and included in the forestry. The first agriculture census of China revealed some discrepancy between the production of animal products from the annual reports and that from the census. Efforts were made by the Rural Socioeconomic Survey Organization of NBS to adjust the output value of animal husbandry to make the figures from the annual reports consistent with the census data.

Gross output value of agriculture is obtained by first multiplying the output of each product or by product by its price, resulting in the output value of each single item. For a small number of products, annual output of which is not available or difficult to get due to the long production (growing) process involved, the output value is estimated through an indirect approach. The sum of output value of all products of farming, forestry, animal husbandry and fishery is then equal to the gross output value of agriculture.

Grain Output refers to the total output in the whole country including grains produced by state farms, collective units, rural households, as well as by farms affiliated to industrial and mining enterprises and other production units. Grain includes rice, wheat, corn, sorghum, millet and other miscellaneous grains as well as tubers and bean. Output of beans refers to dry beans without pods. The output of tubers (sweet potatoes, not including taros and cassava) was converted into that of grain at the ratio 4： 1, i.e. 4 kilograms of fresh tubers was equivalent to 1 kilogram of grain up to 1963. Since 1964 the ratio for conversion has been 5:1. Tubers supplied as vegetables (such as potatoes) are calculated as fresh vegetables and their output is not included in the output of grain. Output of all other grains refers to husked grain. Data on grain production before 1989 were obtained through Comprehensive Statistical Reporting System. Since 1989, data from sample surveys are used.

Cotton Output refers to the cotton production in the whole country including cotton sown in spring and in autumn. Output is measured as the weight of ginned cotton. Ceiba is not included.

Output of Oil-bearing Crops refers to the total production of oil bearing crops of various kinds, including peanuts, (dry, in shell) rapeseeds, sesame, sunflower seeds, flax seeds, and other oil bearing crops. Soybeans, oil bearing woody plants, and wild oil bearing crops are not included.

Output of Aquatic Products refers to catches of both artificially cultured and naturally grown aquatic products, including fish, shrimps, crabs and shellfish in sea and inland water as well as seaweed. Freshwater plants are not included. Data on output of aquatic products are reported by aquatic product and statistical agencies level by level. Before 1995, among the shellfish, the oyster was counted as fresh meat; 5 kilograms of ark shell, clams and frogs are equivalent to 1 kilogram of fresh aquatic products; they are all counted as fresh aquatic products since 1996.

Output of Pork, Beef, and Mutton refers to the meat of slaughtered hogs, cattle, sheep and goats with head, feet, and offal taken away. Data refers to the production of the whole country. The first agriculture census of China in 1996 revealed some discrepancy between the production of animal products from the annual reports and that from the census. Efforts were made by the Rural Socio economic Survey Organization of NBS to adjust the output value of animal husbandry to make the figures from the annual reports consistent with the census data. Since 1999, NBS conducted sample survey for the major animal husbandry products, such as hogs, cattle, sheep and goats and fowls, and the data from sample surveys are used as national finalized data. Those products, which are not covered by the sample survey, are still reported by statistical agencies level by level.

Number of Livestock or Poultry in Stock at Beginning (or End) refers to the total number of large animals, pigs, sheep, fowls, etc. raised by rural cooperative organizations, state farms, rural individuals, government agencies, schools, industrial and mining enterprises, army, and urban residents at the beginning (or end) of the reference period. Data reporting system and data adjustment are the same as that in the output of pork, beef and mutton.

Sown Area of Crops refers to area of land sown or transplanted with crops regardless of being in cultivated area or non cultivated area. Area of land re sown due to natural disasters is also included. This is an important indicator that can reflect the utilization condition of the cultivated land in China. At present, the sown area of crops mainly include the following 9 categories of crops: grain, cotton, oil bearing crops, sugar crops, fiber crops, Tobacco, Vegetables and melons, medicinal materials and other farm crops.

Irrigated Area refers to areas that are effectively irrigated, i.e. level land, which has water source and complete sets of irrigation facilities to lift and move adequate water for irrigation purpose under normal conditions. Under normal conditions, irrigated area is the sum of watered fields and irrigated fields where irrigation systems or equipment have been installed for regular irrigation purpose. This important indicator reflects drought resistance capacity of the cultivated land in China.

Consumption of Chemical Fertilizers in Agricultu rerefers to the quantity of chemical fertilizers applied in agriculture in the year, including nitrogenous fertilizer, phosphate fertilizer, potash fertilizer, and compound fertilizer. The consumption of chemical fertilizers is required in calculation to convert the gross weight into weight containing 100% effective component (e.g. 100% nitrogen content in nitrogenous fertilizer, 100% phosphorous pent oxide contents in phosphate fertilizer, 100% potassium oxide contents in potash fertilizer). Compound fertilizer is converted with its major component. The formula is :

Volume of effective component = physical quantity × effective component of certain chemical fertilizer (%)

Total Power of Farm Machinery refers to total mechanical power of machinery used in farming, forestry, animal husbandry, and fishery, including ploughing, irrigation and drainage, harvesting, transport, plant protection, stock breeding, forestry and fishery. The power of internal combustion engines is required to convert horsepower into watts and the power of electric motors is required to be converted into watts. Machinery employed for non agricultural purposes, such as the machines used in township run and village run industry, construction, non agricultural transport, scientific experiments and teaching, is excluded. Data are mainly from agricultural machinery agencies.

Rural Employed Persons refer to rural labor forces aged over 16 years old who are engaged in real production and management activities and receive payment in kind or wages, including those covered within the age frame and regularly participating in production activities, and those who are out of the range of age frame and also participating in production activities regularly. Excluding students studying in other places with their permanent residence registered in local areas, servicemen and persons incapable of working; also excluding those who are waiting for jobs and those engaged in household work. Persons employed are classified as persons engaged in agriculture, forestry, animal husbandry or fishery activities; persons engaged in industrial activities; persons engaged in construction activities; persons engaged in transport, storage and telecommunications activities; persons engaged in whole sales and retail sales trade and catering activities; and persons engaged in other non agriculture activities, depending upon the longest period of employment in major activities (or using income indicator when period of employment is the same).

13

工　业

Industry

资料整理人员：汤炼坤　田　原
凌　骞　宋　超

13-1 规模以上工业企业基本情况
Basic Conditions of Industrial Enterprises above Designated Size

单位：亿元　　　　(100 million yuan)

年份 Year	工业总产值（现价） Gross Industrial Output Value (current price)	工业增加值 Value Added of Industry	工业增加值增速(%) The speed of Value Added of Industry (%)	主营业务收入 Revenue of Main Bussiness	利润总额 Total Profits
1978	129.03	41.94		124.40	14.15
1979	148.61	48.75		137.89	17.29
1980	163.97	53.51		159.74	19.02
1981	171.89	55.13		167.95	17.70
1982	188.29	59.03		183.52	19.92
1983	200.94	64.24		198.22	21.85
1984	227.60	73.37		219.47	23.37
1985	276.64	100.03		271.98	26.23
1986	319.88	109.30		313.30	27.32
1987	387.28	125.93		382.17	30.48
1988	489.05	155.58		481.22	36.01
1989	569.10	174.63		527.17	29.24
1990	586.67	188.56		540.02	9.33
1991	654.82	214.63		632.96	10.27
1992	790.54	231.88		782.16	18.91
1993	1064.40	323.31		1102.25	19.91
1994	1298.22	382.08		1120.34	15.93
1995	1370.84	400.52		1340.79	4.77
1996	1659.04	555.66		1487.09	10.90
1997	1740.59	571.22		1520.14	-1.22
1998	1287.43	436.31		1212.79	3.18
1999	1414.12	461.71		1366.59	16.21
2000	1627.94	528.06		1563.26	34.48
2001	1811.22	606.54	13.8	1699.15	51.42
2002	2099.40	706.54	16.1	1980.04	69.02
2003	2611.45	888.56	20.7	2604.98	111.25
2004	3654.07	1238.29	24.1	3544.38	154.77
2005	4754.86	1629.79	20.6	4585.31	189.25
2006	6131.18	2089.06	20.1	5968.67	272.69
2007	8464.08	2853.84	24.3	8348.97	488.24
2008	11553.31	3748.80	18.4	11285.44	663.56
2009	13507.64	4255.03	20.5	13077.27	758.48
2010	19008.83	5921.04	23.4	18669.79	1451.45
2011	26386.58	7911.51	20.1	25726.21	1832.99
2012	28628.62	8562.88	14.6	27823.31	1790.96
2013			11.6	31854.65	2047.87
2014			9.6	33489.44	1688.30
2015			7.8	35410.45	1808.70
2016			6.9	38314.28	1953.67
2017			7.3	38934.23	2093.98

注：规模工业统计口径：2004年及以前为全部国有及年主营业务收入500万元及以上非国有工业法人企业，2005-2010年为年主营业务收入500万元及以上工业法人企业，2011年以后为年主营业务收入2000万元及以上工业法人企业。

Data of Industrial Enterprises above Designated Size refer to those from all state-owned and the non-state-owned industrial enterprises with annual sales income of 5 million yuan since 2004 and before,all industry corporation enterises with an annual sales income ro over 5 million yuan since 2005-2010, all industry corporation enterises with an annual sales income ro over 20 million yuan since 2011.

13-2 规模以上工业企业各种分组的主要生产指标(2017年)
Major Production Indicators of Industrial Enterprises above Designated Size by Various Characteristics (2017)

单位：亿元 (100 million yuan)

指 标	Item	企 业单位数(个) Number of Enterprises (unit)	#亏损企业 Loss-making Enterprises	工业销售产值 Output Value of Industrial Products Sales	出口交货值 Delivery Value for Export
总计	**Total**	**15201**	**862**	**39048.01**	**1394.83**
按登记注册类型:	**Grouped by Registration**				
内资企业	Internal-invested Enterprises	14676	809	35521.63	949.25
国有企业	State-owned Enterprises	142	37	1850.75	17.55
中央企业	Central Enterprises	20	3	1648.95	16.7
地方企业	Local Enterprises	122	34	201.8	0.86
集体企业	Collective-owned Enterprises	108	5	157.6	3.87
股份合作企业	Enterprises Cooperated by Joint-stock	11	1	14.02	1.8
联营企业	Cooperative Enterprises	8		16.59	
有限责任公司	Limited Liability Company	2339	237	8213.91	238.53
股份有限公司	Company Limited by Shares	469	39	3488.99	100.11
私营企业	Individual-owned Enterprises	11514	490	21647.86	575.19
其他企业	Enterprises of Other Types of Ownership	85		131.9	12.21
港、澳、台商投资企业	Enterprises Funded by Entrepreneurs From Hong Kong,Macao and Taiwan	318	26	2004.53	362.01
外商投资企业	Enterprises Funded by Foreigners	207	27	1521.85	83.56
按经济组织类型:	**Grouped by Ownership**				
独资企业	Enterprises Owned by a Sole Investor	1027	73	3769.27	218.34
合作、合伙企业	Enterprises of Partnership	484	10	720.87	65.39
股份有限公司	Company Limited by Shares	1146	69	6148.47	302.23
有限责任公司	Limited Liability Company	12544	710	28409.4	808.87
国有控股企业	**State Controlling Share Hold Enterprises**	**736**	**151**	**7527.76**	**141.66**
按企业规模分:	**Grouped by Size of Enterprises**				
大型企业	Large Enterprises	242	19	10264.73	619.72
中型企业	Medium-sized Enterprises	2028	110	9868.99	314.6
小型企业	Small Enterprises	12267	658	18569	457.67
微型企业	Miniature Enterprise	664	75	345.28	2.84

13-2 续表 continued

单位：亿元 (100 million yuan)

指 标	Item	企业单位数（个） Number of Enterprises (unit)	#亏损企业 Loss-making Enterprises	工业销售产值 Output Value of Industrial Products Sales	出口交货值 Delivery Value for Export
按行业划分：	**Grouped by Sector**	**15201**	**862**	**39048.01**	**1394.83**
煤炭开采和洗选业	Mining and Washing of Coal	250	13	277.42	2.88
石油和天然气开采业	Petroleum and Natural Gas Extraction				
黑色金属矿采选业	Mining of Ferrous Metal Ores	57	2	68.72	
有色金属矿采选业	Mining of Non-ferrous Metal Ores	157	15	343.96	0.63
非金属矿采选业	Mining and Processing of Nonmetal Ores	289	15	334.92	0.32
开采辅助活动	Mining of Other Ores N.E.C				
其他采矿业	Other Mining and Dressing	2		1.00	
农副食品加工业	Processing of Food from Agricultural Products	1538	62	3508.68	25.42
食品制造业	Manufacture of Foods	456	31	1178.34	9.72
酒、饮料和精制茶制造业	Manufacture of Liquor, Beverage and Refined Tea	502	20	787.39	17.97
烟草制品业	Manufacture of Tobacco	12		858.56	6.77
纺织业	Manufacture of Textile	252	36	665.01	11.13
纺织服装、服饰业	Manufacture of Textile Wearing and Clothing Apparel	256	6	331.83	9.25
皮革、毛皮、羽毛及其制品和制鞋业	Leather, Fur, Feather and Its Products and Footwear	359	13	604.94	72.16
木材加工和木、竹、藤、棕、草制品业	Processing of Timbers, Manufacture of Wood, Bamboo, Rattan, Palm and Straw Products	434	13	726.11	19.09
家具制造业	Manufacture of Furniture	176	3	299.20	2.31
造纸和纸制品业	Manufacture of Paper and Paper Products	316	11	759.27	14.27
印刷和记录媒介复制业	Printing,Reproduction of Recording Media	259	6	458.89	3.66
文教、工美、体育和娱乐用品制造业	Manufacture of Articles for Culture, Education and Sport Activity	227	8	387.28	33.37
石油加工、炼焦和核燃料加工业	Processing of Petroleum,Coking,Processing of Nucleus Fuel	53	4	631.24	
化学原料和化学制品制造业	Manufacture of Chemical Raw Material and Chemical Products	1489	59	2797.50	215.20
医药制造业	Manufacture of Medicines	340	18	1236.05	23.68
化学纤维制造业	Manufacture of Chemical Fiber	13	2	34.38	1.93
橡胶和塑料制品业	Manufacture of Rubber and Plastic	388	14	678.89	10.61
非金属矿物制品业	Manufacture of Non-metallic Mineral Products	1931	80	3114.25	112.13
黑色金属冶炼和压延加工业	Manufacture and Processing of Ferrous Metals	352	23	1565.48	40.42
有色金属冶炼和压延加工业	Manufacture and Processing of Non-ferrous Metals	443	39	2830.00	55.39
金属制品业	Manufacture of Metal Products	621	36	1225.48	15.46
通用设备制造业	Manufacture of General Purpose Machinery	811	57	1755.54	29.19
专用设备制造业	Manufacture of Special Purpose Machinery	735	54	2901.48	134.37
汽车制造业	Automobile Industry	361	34	1801.50	35.59
铁路、船舶、航空航天和其他运输设备制造业	Manufacture of Railway,Marine,Aerospace and Other Transport Equipment	157	14	921.39	38.13
电气机械和器材制造业	Manufacture of Electrical Machinery and Equipment	650	47	1734.83	54.66
计算机、通信和其他电子设备制造业	Manufacture of Communication Equipment, Computer and Other Electronic Equipment	527	38	2054.87	358.23
仪器仪表制造业	Manufacture of Measuring Instrument	130	11	243.70	6.23
其他制造业	Other Manufacture N.E.C	90	2	218.46	32.66
废弃资源综合利用业	Recycling and Disposal of Waste	80	5	103.67	1.89
金属制品、机械和设备修理业	Mental Products,Machine and Equipment Repair	5	1	6.41	
电力、热力生产和供应业	Production and Supply of Electric Power and Heat Power	320	46	1366.29	0.11
燃气生产和供应业	Production and Distribution of Gas	47	3	126.59	
水的生产和供应业	Production and Distribution of Water	116	21	108.51	

13-3 规模以上工业企业各种分组的主要生产指标(2017年)
Major Economic Indicators of Industrial Enterprises above Designated Size (2017)

单位：亿元 (100 million yuan)

指 标	Item	资产总计 Total Assets	流动资产合计 Circulating Funds	应收账款 Net Value of Account Received	存 货 Stock	产成品 Finished Products
总计	**Total**	**27766.56**	**12188.95**	**3504.61**	**3096.57**	**1000.93**
按登记注册类型：	**Grouped by Registration**					
内资企业	Internal-invested Enterprises	25137.61	10888.88	3018.14	2890.57	912.78
国有企业	State-owned Enterprises	2293.29	876.71	110.37	484.79	16.84
中央企业	Central Enterprises	1988.33	753.85	52.02	471.91	15.19
地方企业	Local Enterprises	304.96	122.86	58.35	12.87	1.65
集体企业	Collective-owned Enterprises	70.87	21.82	6.03	4.47	2.69
股份合作企业	Enterprises Cooperated by Joint-stock	3.72	1.4	0.42	0.32	0.14
联营企业	Cooperative Enterprises	5.46	1.53	0.18	0.5	0.45
有限责任公司	Limited Liability Company	7681.63	3360.41	932.14	796.68	249.31
股份有限公司	Company Limited by Shares	4602.48	2321.53	664.29	516.7	181.29
私营企业	Individual-owned Enterprises	10438.91	4290.22	1300.52	1084.6	460.26
其他企业	Enterprises of Other Types of Ownership	41.26	15.25	4.17	2.52	1.8
港、澳、台商投资企业	Enterprises Funded by Entrepreneurs From Hong Kong, Macao and Taiwan	1445.99	635.55	246.54	91.94	37.91
外商投资企业	Enterprises Funded by Foreigners	1182.96	664.51	239.93	114.07	50.23
按经济组织类型：	**Grouped by Ownership**					
独资企业	Enterprises Owned by a Sole Investor	3384.52	1382.08	309.96	570.31	54.78
合作、合伙企业	Enterprises of Partnership	301.09	80.45	19.63	19.55	10.04
股份有限公司	Company Limited by Shares	6208.57	3112.99	909.5	700.99	248.35
有限责任公司	Limited Liability Company	17872.38	7613.44	2265.51	1805.73	687.75
国有控股企业	**State Controlling Share Hold Enterprises**	**10491.7**	**4705.20**	**1200.17**	**1322.24**	**270.64**
按企业规模分：	**Grouped by Size of Enterprises**					
大型企业	Large Enterprises	12278.02	6056.89	1704.72	1667.06	404.79
中型企业	Medium-sized Enterprises	6637.1	2714.05	761.79	639.51	234.46
小型企业	Small Enterprises	8576.76	3315.39	1010.31	771.21	351.48
微型企业	Miniature Enterprise	274.67	102.62	27.79	18.8	10.21

13-3 续表 1 continued

单位：亿元 (100 million yuan)

指 标	Item	固定资产合计 Total Fixed Assets	固定资产原价 Original Price of Fixed Assets	累计折旧 Accumulated Depreciation
总计	**Total**	**10214.36**	**16176.95**	**5973.94**
按登记注册类型：	**Grouped by Registration**			
内资企业	Internal-invested Enterprises	9387.53	14718.08	5343.96
国有企业	State-owned Enterprises	1200.7	2182.38	1070.15
中央企业	Central Enterprises	1084.57	2002.29	998.35
地方企业	Local Enterprises	116.14	180.09	71.8
集体企业	Collective-owned Enterprises	29.36	41.52	14.31
股份合作企业	Enterprises Cooperated by Joint-stock	1.2	1.03	0.46
联营企业	Cooperative Enterprises	3.7	4.45	0.77
有限责任公司	Limited Liability Company	2718.4	4771.43	1716.37
股份有限公司	Company Limited by Shares	1386.74	2141.09	793.3
私营企业	Individual-owned Enterprises	4029.79	5555.51	1743.46
其他企业	Enterprises of Other Types of Ownership	17.63	20.66	5.14
港、澳、台商投资企业	Enterprises Funded by Entrepreneurs From Hong Kong, Macao and Taiwan	491.55	827.23	336.08
外商投资企业	Enterprises Funded by Foreigners	335.28	631.64	293.9
按经济组织类型：	**Grouped by Ownership**			
独资企业	Enterprises Owned by a Sole Investor	1616.44	2795.33	1303.5
合作、合伙企业	Enterprises of Partnership	159.68	204.3	50.55
股份有限公司	Company Limited by Shares	1829.87	2777.45	982.31
有限责任公司	Limited Liability Company	6608.37	10399.86	3637.57
国有控股企业	**State Controlling Share Hold Enterprises**	**4159.35**	**7200.08**	**3156.43**
按企业规模分：	**Grouped by Size of Enterprises**			
大型企业	Large Enterprises	3896.57	7005.66	2875.59
中型企业	Medium-sized Enterprises	2705.96	4161.49	1537.03
小型企业	Small Enterprises	3552.60	4940.42	1546.5
微型企业	Miniature Enterprise	59.22	69.37	14.82

13-3 续表 2 continued

单位：亿元 (100 million yuan)

指 标	Item	负债合计 Total Liability	流动负债合计 Total Circulating Liability	应付账款 Account Payable
总计	**Total**	**13730.04**	**9534.75**	**2840.22**
按登记注册类型：	**Grouped by Registration**			
内资企业	Internal-invested Enterprises	12385.61	8541.19	2463.69
国有企业	State-owned Enterprises	1161	766.61	254.26
中央企业	Central Enterprises	983.64	647.26	212.77
地方企业	Local Enterprises	177.36	119.34	41.49
集体企业	Collective-owned Enterprises	30.93	22.35	3.98
股份合作企业	Enterprises Cooperated by Joint-stock	1.32	0.53	0.05
联营企业	Cooperative Enterprises	2.08	1.29	0.7
有限责任公司	Limited Liability Company	4399.26	3273.34	924.43
股份有限公司	Company Limited by Shares	2500.69	1481.7	391.06
私营企业	Individual-owned Enterprises	4278.03	2991.28	887.98
其他企业	Enterprises of Other Types of Ownership	12.3	4.12	1.23
港、澳、台商投资企业	Enterprises Funded by Entrepreneurs From Hong Kong, Macao and Taiwan	641.76	496.66	197.81
外商投资企业	Enterprises Funded by Foreigners	702.66	496.89	178.71
按经济组织类型：	**Grouped by Ownership**			
独资企业	Enterprises Owned by a Sole Investor	1628.44	1067.56	360.87
合作、合伙企业	Enterprises of Partnership	87.78	45.71	17.88
股份有限公司	Company Limited by Shares	3119.43	1933.47	536.3
有限责任公司	Limited Liability Company	8894.38	6488	1925.17
国有控股企业	**State Controlling Share Hold Enterprises**	**6398.51**	**4349.88**	**1258.45**
按企业规模分：	**Grouped by Size of Enterprises**			
大型企业	Large Enterprises	6777.19	4795.43	1467.63
中型企业	Medium-sized Enterprises	3083.03	2183.02	677.84
小型企业	Small Enterprises	3718.15	2485.26	678.44
微型企业	Miniature Enterprise	151.66	71.04	16.31

13-3 续表 3 continued

单位：亿元 (100 million yuan)

指 标	Item	非流动负债合计 Total Long term Liability	所有者权益合计 Total Rights of Owners	实收资本 Assets Recevied
总计	**Total**	**2993.33**	**13969.79**	**6584.03**
按登记注册类型:	**Grouped by Registration**			
内资企业	Internal-invested Enterprises	2798.62	12693.91	5793.93
国有企业	State-owned Enterprises	381.53	1132.94	348.15
中央企业	Central Enterprises	336.05	1005.34	257.44
地方企业	Local Enterprises	45.48	127.6	90.71
集体企业	Collective-owned Enterprises	2.20	38.85	18.57
股份合作企业	Enterprises Cooperated by Joint-stock	0.08	2.39	1.09
联营企业	Cooperative Enterprises	0.32	3.38	1.14
有限责任公司	Limited Liability Company	887.54	3273.88	1771.77
股份有限公司	Company Limited by Shares	737.78	2098.36	796.13
私营企业	Individual-owned Enterprises	788.42	6115.16	2844.53
其他企业	Enterprises of Other Types of Ownership	0.75	28.95	12.55
港、澳、台商投资企业	Enterprises Funded by Entrepreneurs From Hong Kong, Macao and Taiwan	121.89	802.25	452.49
外商投资企业	Enterprises Funded by Foreigners	72.82	473.63	337.62
按经济组织类型:	**Grouped by Ownership**			
独资企业	Enterprises Owned by a Sole Investor	417.22	1749.6	746.11
合作、合伙企业	Enterprises of Partnership	15.83	210.76	103.09
股份有限公司	Company Limited by Shares	858.99	3081.66	1161.37
有限责任公司	Limited Liability Company	1701.29	8927.76	4573.47
国有控股企业	**State Controlling Share Hold Enterprises**	**1699.67**	**4097.26**	**2124.21**
按企业规模分:	**Grouped by Size of Enterprises**			
大型企业	Large Enterprises	1702.61	5487.7	1896.9
中型企业	Medium-sized Enterprises	610.39	3552.18	1878.52
小型企业	Small Enterprises	668.93	4849.99	2656.41
微型企业	Miniature Enterprise	11.4	79.92	152.2

13–3 续表 4 continued

单位：亿元 (100 million yuan)

指 标	Item	实收资本 Paid-in capital					
		国家资本 National Assets	集体资本 Collective Assets	法人资本 Corperative Assets	个人资本 Individual Assets	港澳台资本 Assets from Hongkong, Maco and Taiwan Funded Enterprises	外商资本 Total Rights of Owners Foreign Assets
总计	**Total**	**1607.38**	**139.22**	**2847.04**	**1689.23**	**99.08**	**195.09**
按登记注册类型：	**Grouped by Registration**						
内资企业	Internal-invested Enterprises	1488.68	136.04	2519.09	1612.46	12.14	18.53
国有企业	State-owned Enterprises	319.11	0.38	16.66	9.95		
中央企业	Central Enterprises	253.24	0.26	1.89	0.01		
地方企业	Local Enterprises	65.87	0.12	14.78	9.94		
集体企业	Collective-owned Enterprises	0.06	5.08	8.64	4.79		
股份合作企业	Enterprises Cooperated by Joint-stock	0.01	0.06	0.30	0.71		
联营企业	Cooperative Enterprises		0.24	0.72	0.18		
有限责任公司	Limited Liability Company	799.45	23.95	740.25	197.11	0.23	10.1
股份有限公司	Company Limited by Shares	362.49	32.84	191.12	190.5	10.14	5.04
私营企业	Individual-owned Enterprises	7.53	71.62	1553.15	1206.83	1.76	3.37
其他企业	Enterprises of Other Types of Ownership	0.02	1.87	8.24	2.39		0.02
港、澳、台商投资企业	Enterprises Funded by Entrepreneurs From Hong Kong, Macao and Taiwan	90.28	1.49	189.96	62.37	85.15	23.24
外商投资企业	Enterprises Funded by Foreigners	28.42	1.69	137.99	14.4	1.79	153.32
按经济组织类型：	**Grouped by Ownership**						
独资企业	Enterprises Owned by a Sole Investor	400.58	6.25	134.68	65.46	51.3	85.79
合作、合伙企业	Enterprises of Partnership	1.56	3.11	66.34	28.39	2.63	0.98
股份有限公司	Company Limited by Shares	364.4	44.19	390.14	320.95	29.49	8.14
有限责任公司	Limited Liability Company	840.84	85.67	2255.88	1274.44	15.66	100.19
国有控股企业	**State Controlling Share Hold Enterprises**	**1461.9**	**11.03**	**468.99**	**108.57**	**10.97**	**60.03**
按企业规模分：	**Grouped by Size of Enterprises**						
大型企业	Large Enterprises	921.5	17.7	577.81	264.48	46.68	68.73
中型企业	Medium-sized Enterprises	302.90	29.33	926.49	498.26	34.57	80.25
小型企业	Small Enterprises	377.22	91.1	1214.82	909.42	17.81	45.77
微型企业	Miniature Enterprise	5.77	1.09	127.92	17.07	0.01	0.35

13-3 续表 5 continued

单位：亿元 (100 million yuan)

指 标	Item	主营业务收入 Revenue of Major Business	主营业务成本 Cost of Major Business	主营业务税金及附加 Tax of Major Business
总计	**Total**	**38934.23**	**31859.74**	**999.84**
按登记注册类型:	**Grouped by Registration**			
内资企业	Internal-invested Enterprises	35467.64	28932.31	957.38
国有企业	State-owned Enterprises	1869.24	1124.64	527.26
中央企业	Central Enterprises	1664.98	960.25	525.16
地方企业	Local Enterprises	204.26	164.39	2.10
集体企业	Collective-owned Enterprises	168.92	145.38	1.72
股份合作企业	Enterprises Cooperated by Joint-stock	13.5	10.94	0.24
联营企业	Cooperative Enterprises	14.59	12.19	0.19
有限责任公司	Limited Liability Company	8168.44	6848.65	86.29
股份有限公司	Company Limited by Shares	3461.78	2780.38	109.7
私营企业	Individual-owned Enterprises	21638.51	17901.4	227.02
其他企业	Enterprises of Other Types of Ownership	132.66	108.71	4.96
港、澳、台商投资企业	Enterprises Funded by Entrepreneurs From Hong Kong, Macao and Taiwan	1955.64	1670.39	11.89
外商投资企业	Enterprises Funded by Foreigners	1510.95	1257.04	30.57
按经济组织类型:	**Grouped by Ownership**			
独资企业	Enterprises Owned by a Sole Investor	3788.3	2729.43	549.8
合作、合伙企业	Enterprises of Partnership	702.71	580.71	14.95
股份有限公司	Company Limited by Shares	6066.59	4970.62	128.82
有限责任公司	Limited Liability Company	28376.64	23578.98	306.27
国有控股企业	**State Controlling Share Hold Enterprises**	**7593.69**	**5849.39**	**693.51**
按企业规模分:	**Grouped by Size of Enterprises**			
大型企业	Large Enterprises	10467.03	8275.56	702.57
中型企业	Medium-sized Enterprises	9664.55	7777.98	105.41
小型企业	Small Enterprises	18465.48	15512.45	189.1
微型企业	Miniature Enterprise	337.18	293.74	2.76

13-3 续表 6 continued

单位：亿元 (100 million yuan)

指 标	Item	其他业务收入 Revenue of Other Business	其他业务利润 profit of Other Business	销售费用 Operation Expenses
总计	**Total**	**496.43**	**67.12**	**1250.69**
按登记注册类型:	**Grouped by Registration**			
内资企业	Internal-invested Enterprises	459.45	61.15	1146.25
国有企业	State-owned Enterprises	93.65	1.46	23.97
中央企业	Central Enterprises	89.52	0.52	15.12
地方企业	Local Enterprises	4.12	0.93	8.85
集体企业	Collective-owned Enterprises	12.68	0.06	3.88
股份合作企业	Enterprises Cooperated by Joint-stock			0.33
联营企业	Cooperative Enterprises	0.08		0.79
有限责任公司	Limited Liability Company	197.41	15.59	228.04
股份有限公司	Company Limited by Shares	103.26	9.58	145.24
私营企业	Individual-owned Enterprises	52.34	34.46	740.91
其他企业	Enterprises of Other Types of Ownership	0.04		3.10
港、澳、台商投资企业	Enterprises Funded by Entrepreneurs From Hong Kong, Macao and Taiwan	27.06	4.52	47.90
外商投资企业	Enterprises Funded by Foreigners	9.92	1.45	56.55
按经济组织类型:	**Grouped by Ownership**			
独资企业	Enterprises Owned by a Sole Investor	118.38	4.37	90.09
合作、合伙企业	Enterprises of Partnership	0.62	0.02	25.80
股份有限公司	Company Limited by Shares	116.36	10.55	226.32
有限责任公司	Limited Liability Company	261.07	52.18	908.49
国有控股企业	**State Controlling Share Hold Enterprises**	**342.04**	**11.48**	**189.89**
按企业规模分:	**Grouped by Size of Enterprises**			
大型企业	Large Enterprises	355.98	44.94	321.74
中型企业	Medium-sized Enterprises	74.18	10.32	366.90
小型企业	Small Enterprises	59.91	11.71	552.05
微型企业	Miniature Enterprise	6.37	0.14	10.00

13-3 续表 7 continued

单位：亿元 (100 million yuan)

指　标	Item	管理费用 Manage-ment Expense	财务费用 Financial Expense	利息收入 Interest Revenue	利息支出 Interest Expense
总计	**Total**	**1876.96**	**436.65**	**23.58**	**357.16**
按登记注册类型:	**Grouped by Registration**				
内资企业	Internal-invested Enterprises	1735.29	415.72	21.28	336.99
国有企业	State-owned Enterprises	66.53	17.79	1.74	18.78
中央企业	Central Enterprises	47.80	14.92	1.64	16.30
地方企业	Local Enterprises	18.73	2.87	0.10	2.48
集体企业	Collective-owned Enterprises	7.09	1.00	0.01	0.71
股份合作企业	Enterprises Cooperated by Joint-stock	0.58	0.15		0.02
联营企业	Cooperative Enterprises	0.76	0.09		0.04
有限责任公司	Limited Liability Company	402.65	109.50	8.22	100.79
股份有限公司	Company Limited by Shares	191.21	69.89	6.46	67.01
私营企业	Individual-owned Enterprises	1062.95	216.71	4.82	149.23
其他企业	Enterprises of Other Types of Ownership	3.53	0.58	0.03	0.40
港、澳、台商投资企业	Enterprises Funded by Entrepreneurs From Hong Kong, Macao and Taiwan	80.90	10.17	0.52	9.47
外商投资企业	Enterprises Funded by Foreigners	60.77	10.75	1.78	10.70
按经济组织类型:	**Grouped by Ownership**				
独资企业	Enterprises Owned by a Sole Investor	150.41	30.71	1.86	25.67
合作、合伙企业	Enterprises of Partnership	27.93	5.43	0.08	2.35
股份有限公司	Company Limited by Shares	309.42	91.62	7.79	81.98
有限责任公司	Limited Liability Company	1389.20	308.89	13.84	247.16
国有控股企业	**State Controlling Share Hold Enterprises**	**381.60**	**147.00**	**14.00**	**148.91**
按企业规模分:	**Grouped by Size of Enterprises**				
大型企业	Large Enterprises	495.91	153.54	18.11	148.34
中型企业	Medium-sized Enterprises	554.32	118.35	2.71	94.27
小型企业	Small Enterprises	812.59	160.95	2.72	111.87
微型企业	Miniature Enterprise	14.14	3.81	0.04	2.69

13-3 续表 8 continued

单位：亿元 (100 million yuan)

指 标	Item	营业利润 Operating Profit	投资收益 Income from Investment	营业外收入 Non-operating Income	利润总额 Total Profit
总计	**Total**	**2198.00**	**51.88**	**157.93**	**2093.98**
按登记注册类型:	**Grouped by Registration**				
内资企业	Internal-invested Enterprises	1998.17	49.49	136.05	1892.57
国有企业	State-owned Enterprises	109.03	1.41	11.60	116.07
中央企业	Central Enterprises	104.05	1.18	9.13	109.72
地方企业	Local Enterprises	4.98	0.23	2.47	6.34
集体企业	Collective-owned Enterprises	9.47	0.01	0.34	7.73
股份合作企业	Enterprises Cooperated by Joint-stock	1.25		0.02	1.26
联营企业	Cooperative Enterprises	0.65	0.01		0.65
有限责任公司	Limited Liability Company	443.23	-0.70	45.54	424.04
股份有限公司	Company Limited by Shares	175.12	32.53	23.98	180.03
私营企业	Individual-owned Enterprises	1247.57	16.22	54.57	1152.43
其他企业	Enterprises of Other Types of Ownership	11.84	0.01	0.01	10.36
港、澳、台商投资企业	Enterprises Funded by Entrepreneurs From Hong Kong, Macao and Taiwan	107.58	2.11	16.40	106.99
外商投资企业	Enterprises Funded by Foreigners	92.24	0.27	5.48	94.41
按经济组织类型:	**Grouped by Ownership**				
独资企业	Enterprises Owned by a Sole Investor	213.95	2.66	23.66	220.13
合作、合伙企业	Enterprises of Partnership	44.20	0.05	0.30	42.69
股份有限公司	Company Limited by Shares	335.06	36.42	34.77	335.50
有限责任公司	Limited Liability Company	1604.78	12.74	99.20	1495.65
国有控股企业	**State Controlling Share Hold Enterprises**	**367.60**	**38.58**	**55.19**	**398.41**
按企业规模分:	**Grouped by Size of Enterprises**				
大型企业	Large Enterprises	548.89	46.62	57.98	559.39
中型企业	Medium-sized Enterprises	654.19	5.54	39.53	625.69
小型企业	Small Enterprises	981.80	-0.36	59.91	896.07
微型企业	Miniature Enterprise	13.11	0.07	0.51	12.83

13-3 续表 9 continued

单位：亿元 (100 million yuan)

指　标	Item	亏损企业亏损总额 Total Loss of Enterprises Running under Deficit	本年应付职工薪酬 Total Sum of Wages Payable this Year
总计	**Total**	**77.35**	**2031.35**
按登记注册类型:	**Grouped by Registration**		
内资企业	Internal-invested Enterprises	69.70	1796.51
国有企业	State-owned Enterprises	3.81	150.23
中央企业	Central Enterprises	1.28	128.60
地方企业	Local Enterprises	2.53	21.63
集体企业	Collective-owned Enterprises	0.08	10.75
股份合作企业	Enterprises Cooperated by Joint-stock	0.06	0.56
联营企业	Cooperative Enterprises		0.80
有限责任公司	Limited Liability Company	33.73	421.46
股份有限公司	Company Limited by Shares	15.34	233.98
私营企业	Individual-owned Enterprises	16.67	972.61
其他企业	Enterprises of Other Types of Ownership		6.13
港、澳、台商投资企业	Enterprises Funded by Entrepreneurs From Hong Kong, Macao and Taiwan	3.93	160.42
外商投资企业	Enterprises Funded by Foreigners	3.72	74.42
按经济组织类型:	**Grouped by Ownership**		
独资企业	Enterprises Owned by a Sole Investor	7.69	282.63
合作、合伙企业	Enterprises of Partnership	0.40	48.07
股份有限公司	Company Limited by Shares	17.20	365.47
有限责任公司	Limited Liability Company	52.06	1335.18
国有控股企业	**State Controlling Share Hold Enterprises**	**44.34**	**522.96**
按企业规模分:	**Grouped by Size of Enterprises**		
大型企业	Large Enterprises	16.31	692.02
中型企业	Medium-sized Enterprises	25.79	589.35
小型企业	Small Enterprises	32.65	744.98
微型企业	Miniature Enterprise	2.60	5.00

13-3 续表 10 continued

指 标	Item	全部从业人员年平均人数（万人）Average Number of Empolyment of the Current Year (10 000persons)	百元固定资产原价实现利润（元）Profits per 100 Yuan of Original Value of Fix Assets (yuan)	每百元主营业务收入实现的利润（元）Profits per 100 Yuan of Sales Recenue (yuan)
总计	**Total**	**335.88**	**12.94**	**5.38**
按登记注册类型:	**Grouped by Registration**			
内资企业	Internal-invested Enterprises	302.90	12.86	5.34
国有企业	State-owned Enterprises	13.21	5.32	6.21
中央企业	Central Enterprises	9.32	5.48	6.59
地方企业	Local Enterprises	3.89	3.52	3.11
集体企业	Collective-owned Enterprises	2.68	18.62	4.58
股份合作企业	Enterprises Cooperated by Joint-stock	0.14	122.33	9.37
联营企业	Cooperative Enterprises	0.21	14.61	4.48
有限责任公司	Limited Liability Company	63.49	8.89	5.19
股份有限公司	Company Limited by Shares	21.68	8.41	5.20
私营企业	Individual-owned Enterprises	200.02	20.74	5.33
其他企业	Enterprises of Other Types of Ownership	1.46	50.15	7.81
港、澳、台商投资企业	Enterprises Funded by Entrepreneurs From Hong Kong, Macao and Taiwan	22.88	12.93	5.47
外商投资企业	Enterprises Funded by Foreigners	10.09	14.95	6.25
按经济组织类型:	**Grouped by Ownership**			
独资企业	Enterprises Owned by a Sole Investor	39.68	7.87	5.81
合作、合伙企业	Enterprises of Partnership	11.1	20.90	6.08
股份有限公司	Company Limited by Shares	44.94	12.08	5.53
有限责任公司	Limited Liability Company	240.16	14.38	5.27
国有控股企业	**State Controlling Share Hold Enterprises**	**50.77**	**5.53**	**5.25**
按企业规模分:	**Grouped by Size of Enterprises**			
大型企业	Large Enterprises	74.34	7.98	5.34
中型企业	Medium-sized Enterprises	112.52	15.04	6.47
小型企业	Small Enterprises	145.05	18.14	4.85
微型企业	Miniature Enterprise	3.96	18.50	3.81

13-3 续表 11 continued

指 标	Item	资产负债率 (%) Assets-Liability Ratio (%)	产品销售率 (%) Ratio of Proportion of Products Sold (%)	总资产贡献率 (%) Ratio of Total Assets to Industrial Output Vale(%)	成本费用利润率 (%) Rate of Cost Profits (%)
总计	**Total**	**49.45**	**97.10**	**15.06**	**5.83**
按登记注册类型:	**Grouped by Registration**				
内资企业	Internal-invested Enterprises	49.27	97.01	15.28	5.79
国有企业	State-owned Enterprises	50.63	98.05	35.47	8.75
中央企业	Central Enterprises	49.47	98.01	40.18	9.74
地方企业	Local Enterprises	58.16	98.36	4.81	3.19
集体企业	Collective-owned Enterprises	43.64	94.76	17.57	4.55
股份合作企业	Enterprises Cooperated by Joint-stock	35.54	98.20	47.52	10.53
联营企业	Cooperative Enterprises	38.10	97.51	16.94	4.73
有限责任公司	Limited Liability Company	57.27	97.97	10.06	5.46
股份有限公司	Company Limited by Shares	54.33	97.79	9.59	5.48
私营企业	Individual-owned Enterprises	40.98	96.44	17.05	5.77
其他企业	Enterprises of Other Types of Ownership	29.82	99.23	45.78	8.94
港、澳、台商投资企业	Enterprises Funded by Entrepreneurs From Hong Kong, Macao and Taiwan	44.38	98.51	11.41	5.85
外商投资企业	Enterprises Funded by Foreigners	59.40	97.33	14.83	6.79
按经济组织类型:	**Grouped by Ownership**				
独资企业	Enterprises Owned by a Sole Investor	48.11	98.06	28.83	7.07
合作、合伙企业	Enterprises of Partnership	29.16	98.51	22.91	6.67
股份有限公司	Company Limited by Shares	50.24	97.92	10.9	5.88
有限责任公司	Limited Liability Company	49.77	96.76	13.77	5.66
国有控股企业	**State Controlling Share Hold Enterprises**	**60.99**	**97.64**	**14.89**	**5.78**
按企业规模分:	**Grouped by Size of Enterprises**				
大型企业	Large Enterprises	55.20	96.22	14.22	5.84
中型企业	Medium-sized Enterprises	46.45	97.16	15.16	7.04
小型企业	Small Enterprises	43.35	97.56	16.42	5.24
微型企业	Miniature Enterprise	55.22	96.87	7.81	3.92

13-4 规模以上工业企业行业大类主要经济指标(2017年)
Main Economic indicators of Industrial Enterprises above Designated Size by Industrial Sector (2017)

单位：亿元 (100 million yuan)

指 标	Item	资产总计 Total Assets	流动资产合计 Cir-culating Funds	应收账款 Value of Account Received
按行业划分：	**Grouped by Sector**	**27766.56**	**12188.95**	**3504.61**
煤炭开采和洗选业	Mining and Washing of Coal	223.25	58.34	10.61
石油和天然气开采业	Petroleum and Natural Gas Extraction			
黑色金属矿采选业	Mining of Ferrous Metal Ores	43.52	14.17	1.98
有色金属矿采选业	Mining of Non-ferrous Metal Ores	265.84	71.12	13.46
非金属矿采选业	Mining and Processing of Nonmetal Ores	176.36	62.76	9.92
开采辅助活动	Mining of Other Ores N.E.C			
其他采矿业	Other Mining and Dressing	0.55	0.31	0.11
农副食品加工业	Processing of Food from Agricultural Products	1400.80	558.63	93.79
食品制造业	Manufacture of Foods	494.36	219.92	31.78
酒、饮料和精制茶制造业	Manufacture of Liquor, Beverage and Refined Tea	384.89	151.82	28.62
烟草制品业	Manufacture of Tobacco	860.61	676.22	29.73
纺织业	Manufacture of Textile	344.55	148.31	34.72
纺织服装、服饰业	Manufacture of Textile Wearing and Clothing Apparel	147.56	48.40	12.51
皮革、毛皮、羽毛及其制品和制鞋业	Leather, Fur, Feather and Its Products and Footwear	176.21	70.65	18.72
木材加工和木、竹、藤、棕、草制品业	Processing of Timbers, Manufacture of Wood, Bamboo, Rattan, Palm and Straw Products	203.41	56.88	13.63
家具制造业	Manufacture of Furniture	86.71	32.31	9.44
造纸和纸制品业	Manufacture of Paper and Paper Products	582.47	250.50	67.28
印刷和记录媒介复制业	Printing,Reproduction of Recording Media	173.16	78.73	21.99
文教、工美、体育和娱乐用品制造业	Manufacture of Articles for Culture,Education and Sport Activity	105.96	49.38	13.49
石油加工、炼焦和核燃料加工业	Processing of Petroleum, Coking, Processing of Nucleus Fuel	301.80	120.31	24.76
化学原料和化学制品制造业	Manufacture of Chemical Raw Material and Chemical Products	1362.51	515.23	128.82
医药制造业	Manufacture of Medicines	622.43	287.00	75.67
化学纤维制造业	Manufacture of Chemical Fiber	22.30	7.10	1.14
橡胶和塑料制品业	Manufacture of Rubber and Plastic	351.24	102.17	30.76
非金属矿物制品业	Manufacture of Non-metallic Mineral Products	2413.90	658.35	221.20
黑色金属冶炼和压延加工业	Manufacture and Processing of Ferrous Metals	1052.64	390.18	47.46
有色金属冶炼和压延加工业	Manufacture and Processing of Non-ferrous Metals	1581.88	683.48	75.94
金属制品业	Manufacture of Metal Products	581.36	258.34	88.14
通用设备制造业	Manufacture of General Purpose Machinery	897.38	501.13	199.93
专用设备制造业	Manufacture of Special Purpose Machinery	3168.87	1978.88	748.30
汽车制造业	Automobile Industry	1572.25	926.90	304.34
铁路、船舶、航空航天和其他运输设备制造业	Manufacture of Railway, Marine, Aerospace and Other Transport Equipment	1185.32	822.73	279.43
电气机械和器材制造业	Manufacture of Electrical Machinery and Equipment	1598.05	981.51	369.09
计算机、通信和其他电子设备制造业	Manufacture of Communication Equipment,Computer and Other Electronic Equipment	1305.24	714.35	311.99
仪器仪表制造业	Manufacture of Measuring Instrument	249.28	154.35	65.23
其他制造业	Other Manufacture N.E.C	93.89	48.00	10.33
废弃资源综合利用业	Recycling and Disposal of Waste	65.47	25.44	8.25
金属制品、机械和设备修理业	Mental Products,Machine and Equipment Repair	7.36	3.84	1.03
电力、热力生产和供应业	Production and Supply of Electric Power and Heat Power	3100.00	320.04	65.90
燃气生产和供应业	Production and Distribution of Gas	146.20	41.65	11.03
水的生产和供应业	Production and Distribution of Water	416.99	99.51	24.06

13-4 续表 1 continued

单位：亿元 (100 million yuan)

指标	Item	存货 Stock	产成品 Finished Products	固定资产合计 Total Fixed Assets
按行业划分：	**Grouped by Sector**	**3096.57**	**1000.93**	**10214.36**
煤炭开采和洗选业	Mining and Washing of Coal	9.51	5.94	96.69
石油和天然气开采业	Petroleum and Natural Gas Extraction			
黑色金属矿采选业	Mining of Ferrous Metal Ores	1.90	0.71	22.07
有色金属矿采选业	Mining of Non-ferrous Metal Ores	15.77	7.08	135.52
非金属矿采选业	Mining and Processing of Nonmetal Ores	7.71	4.88	61.50
开采辅助活动	Mining of Other Ores N.E.C			
其他采矿业	Other Mining and Dressing	0.02	0.02	0.24
农副食品加工业	Processing of Food from Agricultural Products	182.05	82.22	553.65
食品制造业	Manufacture of Foods	58.15	16.66	185.78
酒、饮料和精制茶制造业	Manufacture of Liquor, Beverage and Refined Tea	54.92	19.86	164.91
烟草制品业	Manufacture of Tobacco	453.44	13.95	87.83
纺织业	Manufacture of Textile	48.43	27.89	138.13
纺织服装、服饰业	Manufacture of Textile Wearing and Clothing Apparel	12.15	6.33	70.36
皮革、毛皮、羽毛及其制品和制鞋业	Leather, Fur, Feather and Its Products and Footwear	19.99	9.27	80.19
木材加工和木、竹、藤、棕、草制品业	Processing of Timbers, Manufacture of Wood, Bamboo, Rattan, Palm and Straw Products	15.51	7.17	106.50
家具制造业	Manufacture of Furniture	9.41	5.39	33.84
造纸和纸制品业	Manufacture of Paper and Paper Products	86.86	11.70	239.72
印刷和记录媒介复制业	Printing,Reproduction of Recording Media	19.59	7.12	69.78
文教、工美、体育和娱乐用品制造业	Manufacture of Articles for Culture,Education and Sport Activity	16.59	6.98	43.23
石油加工、炼焦和核燃料加工业	Processing of Petroleum, Coking, Processing of Nucleus Fuel	42.60	14.68	151.00
化学原料和化学制品制造业	Manufacture of Chemical Raw Material and Chemical Products	118.52	63.17	543.10
医药制造业	Manufacture of Medicines	58.99	27.49	218.46
化学纤维制造业	Manufacture of Chemical Fiber	2.61	1.09	9.15
橡胶和塑料制品业	Manufacture of Rubber and Plastic	27.90	14.63	178.98
非金属矿物制品业	Manufacture of Non-metallic Mineral Products	149.78	79.81	1083.69
黑色金属冶炼和压延加工业	Manufacture and Processing of Ferrous Metals	93.90	23.72	469.89
有色金属冶炼和压延加工业	Manufacture and Processing of Non-ferrous Metals	287.26	63.18	410.86
金属制品业	Manufacture of Metal Products	60.47	26.72	203.55
通用设备制造业	Manufacture of General Purpose Machinery	123.07	47.21	252.34
专用设备制造业	Manufacture of Special Purpose Machinery	384.71	154.64	590.72
汽车制造业	Automobile Industry	179.75	85.56	422.23
铁路、船舶、航空航天和其他运输设备制造业	Manufacture of Railway, Marine, Aerospace and Other Transport Equipment	154.81	41.25	171.09
电气机械和器材制造业	Manufacture of Electrical Machinery and Equipment	229.52	74.37	357.92
计算机、通信和其他电子设备制造业	Manufacture of Communication Equipment,Computer and Other Electronic Equipment	86.37	33.01	338.00
仪器仪表制造业	Manufacture of Measuring Instrument	23.70	8.81	50.44
其他制造业	Other Manufacture N.E.C	18.39	3.38	32.11
废弃资源综合利用业	Recycling and Disposal of Waste	6.27	2.44	29.56
金属制品、机械和设备修理业	Mental Products,Machine and Equipment Repair	1.03	0.31	2.59
电力、热力生产和供应业	Production and Supply of Electric Power and Heat Power	27.87	0.90	2324.86
燃气生产和供应业	Production and Distribution of Gas	4.26	0.82	82.83
水的生产和供应业	Production and Distribution of Water	2.79	0.57	201.04

13-4 续表 2 continued

单位：亿元 (100 million yuan)

指 标	Item	固定资产原价 Original Price of Fixed Assets	累计折旧 Accumulated Depreciation
按行业划分：	**Grouped by Sector**	**16176.95**	**5973.94**
煤炭开采和洗选业	Mining and Washing of Coal	134.12	40.87
石油和天然气开采业	Petroleum and Natural Gas Extraction		
黑色金属矿采选业	Mining of Ferrous Metal Ores	24.53	6.67
有色金属矿采选业	Mining of Non-ferrous Metal Ores	155.63	53.34
非金属矿采选业	Mining and Processing of Nonmetal Ores	89.34	26.53
开采辅助活动	Mining of Other Ores N.E.C		
其他采矿业	Other Mining and Dressing	0.27	0.12
农副食品加工业	Processing of Food from Agricultural Products	833.81	297.91
食品制造业	Manufacture of Foods	245.04	67.64
酒、饮料和精制茶制造业	Manufacture of Liquor, Beverage and Refined Tea	227.75	80.18
烟草制品业	Manufacture of Tobacco	217.70	133.14
纺织业	Manufacture of Textile	200.57	66.63
纺织服装、服饰业	Manufacture of Textile Wearing and Clothing Apparel	98.07	33.44
皮革、毛皮、羽毛及其制品和制鞋业	Leather, Fur, Feather and Its Products and Footwear	102.26	25.59
木材加工和木、竹、藤、棕、草制品业	Processing of Timbers, Manufacture of Wood, Bamboo, Rattan, Palm and Straw Products	147.95	42.09
家具制造业	Manufacture of Furniture	47.97	13.29
造纸和纸制品业	Manufacture of Paper and Paper Products	353.27	123.99
印刷和记录媒介复制业	Printing,Reproduction of Recording Media	116.46	48.31
文教、工美、体育和娱乐用品制造业	Manufacture of Articles for Culture,Education and Sport Activity	62.26	23.13
石油加工、炼焦和核燃料加工业	Processing of Petroleum, Coking, Processing of Nucleus Fuel	317.52	156.27
化学原料和化学制品制造业	Manufacture of Chemical Raw Material and Chemical Products	800.06	272.92
医药制造业	Manufacture of Medicines	297.88	94.85
化学纤维制造业	Manufacture of Chemical Fiber	13.49	3.81
橡胶和塑料制品业	Manufacture of Rubber and Plastic	232.37	62.31
非金属矿物制品业	Manufacture of Non-metallic Mineral Products	1650.15	585.21
黑色金属冶炼和压延加工业	Manufacture and Processing of Ferrous Metals	925.18	452.97
有色金属冶炼和压延加工业	Manufacture and Processing of Non-ferrous Metals	984.53	198.31
金属制品业	Manufacture of Metal Products	319.75	119.23
通用设备制造业	Manufacture of General Purpose Machinery	391.21	142.36
专用设备制造业	Manufacture of Special Purpose Machinery	889.57	334.23
汽车制造业	Automobile Industry	595.09	195.39
铁路、船舶、航空航天和其他运输设备制造业	Manufacture of Railway, Marine, Aerospace and Other Transport Equipment	285.87	111.67
电气机械和器材制造业	Manufacture of Electrical Machinery and Equipment	462.36	140.36
计算机、通信和其他电子设备制造业	Manufacture of Communication Equipment,Computer and Other Electronic Equipment	506.58	151.56
仪器仪表制造业	Manufacture of Measuring Instrument	66.42	18.72
其他制造业	Other Manufacture N.E.C	35.18	12.43
废弃资源综合利用业	Recycling and Disposal of Waste	41.76	13.06
金属制品、机械和设备修理业	Mental Products,Machine and Equipment Repair	3.97	1.37
电力、热力生产和供应业	Production and Supply of Electric Power and Heat Power	3944.79	1711.89
燃气生产和供应业	Production and Distribution of Gas	96.69	24.89
水的生产和供应业	Production and Distribution of Water	259.49	87.25

13-4 续表 3 continued

单位：亿元 (100 million yuan)

指 标	Item	负债合计 Total Liability	流动负债合计 Total Circulating Liability	应付账款 Account Payable
按行业划分：	**Grouped by Sector**	**13730.04**	**9534.75**	**2840.22**
煤炭开采和洗选业	Mining and Washing of Coal	100.01	67.91	9.92
石油和天然气开采业	Petroleum and Natural Gas Extraction			
黑色金属矿采选业	Mining of Ferrous Metal Ores	20.45	11.60	2.42
有色金属矿采选业	Mining of Non-ferrous Metal Ores	128.80	77.19	10.34
非金属矿采选业	Mining and Processing of Nonmetal Ores	83.40	65.02	7.10
开采辅助活动	Mining of Other Ores N.E.C			
其他采矿业	Other Mining and Dressing	0.26	0.05	0.04
农副食品加工业	Processing of Food from Agricultural Products	525.26	340.74	66.73
食品制造业	Manufacture of Foods	214.18	175.11	30.19
酒、饮料和精制茶制造业	Manufacture of Liquor, Beverage and Refined Tea	143.45	105.85	27.43
烟草制品业	Manufacture of Tobacco	140.39	138.62	67.99
纺织业	Manufacture of Textile	165.22	126.06	30.80
纺织服装、服饰业	Manufacture of Textile Wearing and Clothing Apparel	37.70	23.03	6.14
皮革、毛皮、羽毛及其制品和制鞋业	Leather, Fur, Feather and Its Products and Footwear	64.29	42.20	16.55
木材加工和木、竹、藤、棕、草制品业	Processing of Timbers, Manufacture of Wood, Bamboo, Rattan, Palm and Straw Products	63.77	41.69	7.36
家具制造业	Manufacture of Furniture	34.76	16.98	4.80
造纸和纸制品业	Manufacture of Paper and Paper Products	309.38	244.98	69.97
印刷和记录媒介复制业	Printing,Reproduction of Recording Media	68.97	52.28	18.62
文教、工美、体育和娱乐用品制造业	Manufacture of Articles for Culture,Education and Sport Activity	34.93	25.75	6.14
石油加工、炼焦和核燃料加工业	Processing of Petroleum, Coking, Processing of Nucleus Fuel	168.76	136.09	30.62
化学原料和化学制品制造业	Manufacture of Chemical Raw Material and Chemical Products	577.06	388.80	118.46
医药制造业	Manufacture of Medicines	230.93	184.65	41.52
化学纤维制造业	Manufacture of Chemical Fiber	10.70	5.98	1.21
橡胶和塑料制品业	Manufacture of Rubber and Plastic	98.27	71.55	20.27
非金属矿物制品业	Manufacture of Non-metallic Mineral Products	793.74	572.52	166.41
黑色金属冶炼和压延加工业	Manufacture and Processing of Ferrous Metals	700.51	541.99	68.11
有色金属冶炼和压延加工业	Manufacture and Processing of Non-ferrous Metals	703.94	506.64	89.22
金属制品业	Manufacture of Metal Products	242.76	164.70	40.74
通用设备制造业	Manufacture of General Purpose Machinery	416.47	317.57	125.55
专用设备制造业	Manufacture of Special Purpose Machinery	1754.94	1156.53	316.89
汽车制造业	Automobile Industry	1062.98	905.60	402.71
铁路、船舶、航空航天和其他运输设备制造业	Manufacture of Railway, Marine, Aerospace and Other Transport Equipment	577.18	507.70	260.08
电气机械和器材制造业	Manufacture of Electrical Machinery and Equipment	863.33	715.42	295.88
计算机、通信和其他电子设备制造业	Manufacture of Communication Equipment,Computer and Other Electronic Equipment	654.13	408.80	198.60
仪器仪表制造业	Manufacture of Measuring Instrument	106.11	91.68	19.68
其他制造业	Other Manufacture N.E.C	47.15	39.20	6.76
废弃资源综合利用业	Recycling and Disposal of Waste	28.82	22.79	3.37
金属制品、机械和设备修理业	Mental Products,Machine and Equipment Repair	4.93	4.70	1.44
电力、热力生产和供应业	Production and Supply of Electric Power and Heat Power	2184.38	974.11	199.05
燃气生产和供应业	Production and Distribution of Gas	93.72	77.34	13.80
水的生产和供应业	Production and Distribution of Water	274.01	185.34	37.29

13-4 续表 4 continued

单位：亿元 (100 million yuan)

指 标	Item	非流动负债合计 Total Long term Liability	所有者权益合计 Total Rights of Owners	实收资本 Assets Recevied
按行业划分：	**Grouped by Sector**	**2993.33**	**13969.79**	**6584.03**
煤炭开采和洗选业	Mining and Washing of Coal	12.70	120.84	67.35
石油和天然气开采业	Petroleum and Natural Gas Extraction			
黑色金属矿采选业	Mining of Ferrous Metal Ores	6.08	22.66	13.04
有色金属矿采选业	Mining of Non-ferrous Metal Ores	33.76	136.88	93.34
非金属矿采选业	Mining and Processing of Nonmetal Ores	8.16	91.96	56.38
开采辅助活动	Mining of Other Ores N.E.C			
其他采矿业	Other Mining and Dressing	0.01	0.28	0.34
农副食品加工业	Processing of Food from Agricultural Products	89.33	870.98	366.23
食品制造业	Manufacture of Foods	19.34	272.42	128.33
酒、饮料和精制茶制造业	Manufacture of Liquor, Beverage and Refined Tea	15.56	238.91	195.31
烟草制品业	Manufacture of Tobacco	1.36	720.22	75.69
纺织业	Manufacture of Textile	17.79	179.21	72.54
纺织服装、服饰业	Manufacture of Textile Wearing and Clothing Apparel	7.13	108.99	51.00
皮革、毛皮、羽毛及其制品和制鞋业	Leather, Fur, Feather and Its Products and Footwear	11.30	110.97	53.48
木材加工和木、竹、藤、棕、草制品业	Processing of Timbers, Manufacture of Wood, Bamboo, Rattan, Palm and Straw Products	5.97	137.27	76.41
家具制造业	Manufacture of Furniture	5.79	51.93	25.67
造纸和纸制品业	Manufacture of Paper and Paper Products	47.61	271.68	149.77
印刷和记录媒介复制业	Printing,Reproduction of Recording Media	6.70	103.22	42.79
文教、工美、体育和娱乐用品制造业	Manufacture of Articles for Culture,Education and Sport Activity	4.07	70.11	37.36
石油加工、炼焦和核燃料加工业	Processing of Petroleum, Coking, Processing of Nucleus Fuel	29.98	132.93	125.18
化学原料和化学制品制造业	Manufacture of Chemical Raw Material and Chemical Products	73.21	795.59	434.84
医药制造业	Manufacture of Medicines	28.72	389.90	159.08
化学纤维制造业	Manufacture of Chemical Fiber	3.17	11.59	7.06
橡胶和塑料制品业	Manufacture of Rubber and Plastic	12.94	252.55	157.78
非金属矿物制品业	Manufacture of Non-metallic Mineral Products	130.82	1613.88	823.42
黑色金属冶炼和压延加工业	Manufacture and Processing of Ferrous Metals	140.73	348.85	184.06
有色金属冶炼和压延加工业	Manufacture and Processing of Non-ferrous Metals	163.18	874.52	290.96
金属制品业	Manufacture of Metal Products	33.47	336.40	144.53
通用设备制造业	Manufacture of General Purpose Machinery	52.11	478.45	189.00
专用设备制造业	Manufacture of Special Purpose Machinery	412.52	1407.27	361.23
汽车制造业	Automobile Industry	124.72	497.92	416.84
铁路、船舶、航空航天和其他运输设备制造业	Manufacture of Railway, Marine, Aerospace and Other Transport Equipment	52.55	607.78	211.47
电气机械和器材制造业	Manufacture of Electrical Machinery and Equipment	121.76	731.19	410.48
计算机、通信和其他电子设备制造业	Manufacture of Communication Equipment,Computer and Other Electronic Equipment	120.94	644.07	264.30
仪器仪表制造业	Manufacture of Measuring Instrument	11.06	141.61	39.58
其他制造业	Other Manufacture N.E.C	6.45	46.61	18.16
废弃资源综合利用业	Recycling and Disposal of Waste	4.52	36.64	17.52
金属制品、机械和设备修理业	Mental Products,Machine and Equipment Repair		2.43	0.93
电力、热力生产和供应业	Production and Supply of Electric Power and Heat Power	1084.88	915.62	727.13
燃气生产和供应业	Production and Distribution of Gas	12.32	52.48	24.25
水的生产和供应业	Production and Distribution of Water	80.61	142.98	71.21

13-4 续表 5 continued

单位：亿元 (100 million yuan)

指标	Item	实收资本 Paid-in capital 国家资本 National Assets	集体资本 Collective Assets	法人资本 Corperative Assets	个人资本 Individual Assets	港澳台资本 Assets from Hongkong, Maco and Taiwan Funded Enterprises	外商资本 Total Rights of Owners Foreign Assets
按行业划分：	**Grouped by Sector**	**1607.38**	**139.22**	**2847.04**	**1689.23**	**99.08**	**195.09**
煤炭开采和洗选业	Mining and Washing of Coal	6.98	2.63	31.82	25.92		
石油和天然气开采业	Petroleum and Natural Gas Extraction						
黑色金属矿采选业	Mining of Ferrous Metal Ores			8.74	4.30		
有色金属矿采选业	Mining of Non-ferrous Metal Ores	27.01	0.82	23.57	41.94		
非金属矿采选业	Mining and Processing of Nonmetal Ores	6.59	0.37	27.82	21.51		
开采辅助活动	Mining of Other Ores N.E.C						
其他采矿业	Other Mining and Dressing			0.13	0.22		
农副食品加工业	Processing of Food from Agricultural Products	8.77	11.18	217.51	119.62	6.60	2.56
食品制造业	Manufacture of Foods	2.39	4.40	64.67	49.47	2.15	5.24
酒、饮料和精制茶制造业	Manufacture of Liquor, Beverage and Refined Tea	88.77	3.81	52.43	41.74	3.33	5.24
烟草制品业	Manufacture of Tobacco	46.42	0.16	28.25	0.87		
纺织业	Manufacture of Textile	0.13	2.86	35.73	33.46	0.35	
纺织服装、服饰业	Manufacture of Textile Wearing and Clothing Apparel	0.39	0.49	28.27	21.21	0.36	0.28
皮革、毛皮、羽毛及其制品和制鞋业	Leather, Fur, Feather and Its Products and Footwear	1.78	0.26	27.39	16.28	6.77	1.00
木材加工和木、竹、藤、棕、草制品业	Processing of Timbers,Manufacture of Wood, Bamboo, Rattan, Palm and Straw Products	0.08	1.42	40.14	34.58	0.20	
家具制造业	Manufacture of Furniture			16.24	9.41	0.02	
造纸和纸制品业	Manufacture of Paper and Paper Products	70.76	0.73	31.65	32.94	0.26	13.42
印刷和记录媒介复制业	Printing,Reproduction of Recording Media	3.96	0.27	22.17	15.11	0.19	1.03
文教、工美、体育和娱乐用品制造业	Manufacture of Articles for Culture,Education and Sport Activity	0.57	0.45	16.73	17.66	1.70	0.24
石油加工、炼焦和核燃料加工业	Processing of Petroleum, Coking, Processing of Nucleus Fuel	110.56	0.03	3.66	7.79		3.15
化学原料和化学制品制造业	Manufacture of Chemical Raw Material and Chemical Products	84.96	9.28	208.96	125.84	2.57	3.23
医药制造业	Manufacture of Medicines	4.56	3.66	78.50	71.44	0.58	0.35
化学纤维制造业	Manufacture of Chemical Fiber		1.65	4.12	0.78	0.51	
橡胶和塑料制品业	Manufacture of Rubber and Plastic	0.86	1.13	96.49	37.87	1.34	20.10
非金属矿物制品业	Manufacture of Non-metallic Mineral Products	43.31	10.70	444.82	320.03	2.85	1.71
黑色金属冶炼和压延加工业	Manufacture and Processing of Ferrous Metals	86.30	1.24	82.12	13.73	0.02	0.65
有色金属冶炼和压延加工业	Manufacture and Processing of Non-ferrous Metals	61.01	2.54	150.79	74.16	0.04	2.42
金属制品业	Manufacture of Metal Products	12.95	8.53	73.37	48.97	0.13	0.59
通用设备制造业	Manufacture of General Purpose Machinery	17.27	2.19	96.88	69.80	1.19	1.68
专用设备制造业	Manufacture of Special Purpose Machinery	36.60	2.71	154.17	158.79	2.55	6.41
汽车制造业	Automobile Industry	73.83	1.94	240.34	22.21	3.60	74.93
铁路、船舶、航空航天和其他运输 设备制造业	Manufacture of Railway, Marine, Aerospace and Other Transport Equipment	126.40	2.37	59.47	10.06	5.47	5.33
电气机械和器材制造业	Manufacture of Electrical Machinery and Equipment	66.10	30.37	155.63	123.45	7.88	23.04
计算机、通信和其他电子设备制造业	Manufacture of Communication Equipment, Computer and Other Electronic Equipment	33.10	17.34	129.91	54.19	24.16	5.47
仪器仪表制造业	Manufacture of Measuring Instrument	2.97	4.15	13.52	14.96	2.57	1.42
其他制造业	Other Manufacture N.E.C	3.72	0.07	8.74	5.63		
废弃资源综合利用业	Recycling and Disposal of Waste	1.54	1.26	7.12	6.81	0.78	
金属制品、机械和设备修理业	Mental Products,Machine and quipment Repair	0.50		0.31	0.12		
电力、热力生产和供应业	Production and Supply of Electric Power and Heat Power	537.16	7.31	130.58	22.53	20.41	9.13
燃气生产和供应业	Production and Distribution of Gas	5.30	0.85	11.41	4.60		2.09
水的生产和供应业	Production and Distribution of Water	33.81	0.05	22.86	9.25	0.50	4.39

13-4 续表 6 continued

单位：亿元 (100 million yuan)

指 标	Item	主营业务收入 Revenue of Major Business	主营业务成本 Cost of Major Business	主营业务税金及附加 Tax of Major Business
按行业划分：	**Grouped by Sector**	**38934.23**	**31859.74**	**999.84**
煤炭开采和洗选业	Mining and Washing of Coal	287.47	237.53	3.52
石油和天然气开采业	Petroleum and Natural Gas Extraction			
黑色金属矿采选业	Mining of Ferrous Metal Ores	67.97	57.16	0.68
有色金属矿采选业	Mining of Non-ferrous Metal Ores	343.49	269.88	7.01
非金属矿采选业	Mining and Processing of Nonmetal Ores	334.33	266.13	4.48
开采辅助活动	Mining of Other Ores N.E.C			
其他采矿业	Other Mining and Dressing	1.07	0.73	0.02
农副食品加工业	Processing of Food from Agricultural Products	3495.29	2961.02	24.69
食品制造业	Manufacture of Foods	1103.20	927.19	8.73
酒、饮料和精制茶制造业	Manufacture of Liquor, Beverage and Refined Tea	770.10	613.22	11.15
烟草制品业	Manufacture of Tobacco	857.75	189.77	519.97
纺织业	Manufacture of Textile	637.98	547.54	6.16
纺织服装、服饰业	Manufacture of Textile Wearing and Clothing Apparel	335.53	276.15	2.65
皮革、毛皮、羽毛及其制品和制鞋业	Leather, Fur, Feather and Its Products and Footwear	601.51	519.27	4.18
木材加工和木、竹、藤、棕、草制品业	Processing of Timbers, Manufacture of Wood, Bamboo, Rattan, Palm and Straw Products	712.67	609.42	6.52
家具制造业	Manufacture of Furniture	307.50	250.76	3.08
造纸和纸制品业	Manufacture of Paper and Paper Products	750.91	620.43	8.47
印刷和记录媒介复制业	Printing,Reproduction of Recording Media	460.68	378.52	4.22
文教、工美、体育和娱乐用品制造业	Manufacture of Articles for Culture,Education and Sport Activity	383.02	317.60	3.98
石油加工、炼焦和核燃料加工业	Processing of Petroleum, Coking, Processing of Nucleus Fuel	636.92	481.31	102.76
化学原料和化学制品制造业	Manufacture of Chemical Raw Material and Chemical Products	2780.34	2258.02	55.09
医药制造业	Manufacture of Medicines	1222.54	925.72	11.36
化学纤维制造业	Manufacture of Chemical Fiber	32.84	29.89	0.54
橡胶和塑料制品业	Manufacture of Rubber and Plastic	679.52	578.16	6.62
非金属矿物制品业	Manufacture of Non-metallic Mineral Products	3099.60	2512.67	35.17
黑色金属冶炼和压延加工业	Manufacture and Processing of Ferrous Metals	1556.47	1349.28	13.51
有色金属冶炼和压延加工业	Manufacture and Processing of Non-ferrous Metals	2835.84	2450.40	17.36
金属制品业	Manufacture of Metal Products	1191.97	1007.32	12.17
通用设备制造业	Manufacture of General Purpose Machinery	1695.29	1444.48	16.39
专用设备制造业	Manufacture of Special Purpose Machinery	2865.28	2347.46	22.39
汽车制造业	Automobile Industry	1946.27	1622.20	36.76
铁路、船舶、航空航天和其他运输设备制造业	Manufacture of Railway, Marine, Aerospace and Other Transport Equipment	886.71	689.28	5.70
电气机械和器材制造业	Manufacture of Electrical Machinery and Equipment	1808.27	1510.59	13.09
计算机、通信和其他电子设备制造业	Manufacture of Communication Equipment,Computer and Other Electronic Equipment	2055.25	1747.08	10.66
仪器仪表制造业	Manufacture of Measuring Instrument	233.82	181.70	1.92
其他制造业	Other Manufacture N.E.C	217.55	186.73	1.14
废弃资源综合利用业	Recycling and Disposal of Waste	108.19	85.48	1.36
金属制品、机械和设备修理业	Mental Products,Machine and Equipment Repair	6.36	5.20	0.02
电力、热力生产和供应业	Production and Supply of Electric Power and Heat Power	1369.90	1210.08	13.83
燃气生产和供应业	Production and Distribution of Gas	138.46	106.89	0.98
水的生产和供应业	Production and Distribution of Water	116.33	87.49	1.50

13-4 续表 7 continued

单位：亿元 (100 million yuan)

指　标	Item	其他业务收　入 Revenue of Other Business	其他业务利　润 profit of Other Business	销售费用 Operation Expenses
按行业划分：	**Grouped by Sector**	**496.43**	**67.12**	**1250.69**
煤炭开采和洗选业	Mining and Washing of Coal	1.14	0.02	6.52
石油和天然气开采业	Petroleum and Natural Gas Extraction			
黑色金属矿采选业	Mining of Ferrous Metal Ores			1.79
有色金属矿采选业	Mining of Non-ferrous Metal Ores	0.66	0.13	8.30
非金属矿采选业	Mining and Processing of Nonmetal Ores	0.63	0.05	19.59
开采辅助活动	Mining of Other Ores N.E.C			
其他采矿业	Other Mining and Dressing			0.11
农副食品加工业	Processing of Food from Agricultural Products	23.72	3.43	113.93
食品制造业	Manufacture of Foods	6.04	0.04	47.36
酒、饮料和精制茶制造业	Manufacture of Liquor, Beverage and Refined Tea	3.23	0.04	42.60
烟草制品业	Manufacture of Tobacco	78.35	-0.55	13.52
纺织业	Manufacture of Textile	4.23	0.05	21.12
纺织服装、服饰业	Manufacture of Textile Wearing and Clothing Apparel	0.93		13.67
皮革、毛皮、羽毛及其制品和制鞋业	Leather, Fur, Feather and Its Products and Footwear	0.60	0.15	14.11
木材加工和木、竹、藤、棕、草制品业	Processing of Timbers, Manufacture of Wood, Bamboo, Rattan, Palm and Straw Products	0.29	6.23	18.98
家具制造业	Manufacture of Furniture	0.14	0.80	11.36
造纸和纸制品业	Manufacture of Paper and Paper Products	16.18	1.33	27.67
印刷和记录媒介复制业	Printing,Reproduction of Recording Media	1.57	0.54	13.24
文教、工美、体育和娱乐用品制造业	Manufacture of Articles for Culture,Education and Sport Activity	0.05		10.46
石油加工、炼焦和核燃料加工业	Processing of Petroleum, Coking, Processing of Nucleus Fuel	6.42	0.51	4.43
化学原料和化学制品制造业	Manufacture of Chemical Raw Material and Chemical Products	68.66	3.53	93.93
医药制造业	Manufacture of Medicines	2.33	0.27	106.92
化学纤维制造业	Manufacture of Chemical Fiber			0.72
橡胶和塑料制品业	Manufacture of Rubber and Plastic	2.66	0.30	20.18
非金属矿物制品业	Manufacture of Non-metallic Mineral Products	5.42	0.29	135.62
黑色金属冶炼和压延加工业	Manufacture and Processing of Ferrous Metals	125.32	0.38	21.46
有色金属冶炼和压延加工业	Manufacture and Processing of Non-ferrous Metals	20.53	1.31	31.68
金属制品业	Manufacture of Metal Products	1.64	0.34	36.37
通用设备制造业	Manufacture of General Purpose Machinery	13.23	0.66	51.84
专用设备制造业	Manufacture of Special Purpose Machinery	13.00	4.54	136.00
汽车制造业	Automobile Industry	21.11	30.30	65.10
铁路、船舶、航空航天和其他运输设备制造业	Manufacture of Railway, Marine, Aerospace and Other Transport Equipment	11.02	2.55	25.93
电气机械和器材制造业	Manufacture of Electrical Machinery and Equipment	16.06	2.19	63.15
计算机、通信和其他电子设备制造业	Manufacture of Communication Equipment,Computer and Other Electronic Equipment	12.49	1.23	37.59
仪器仪表制造业	Manufacture of Measuring Instrument	0.32	0.05	13.88
其他制造业	Other Manufacture N.E.C	0.25	0.02	3.31
废弃资源综合利用业	Recycling and Disposal of Waste	11.47	0.02	3.06
金属制品、机械和设备修理业	Mental Products,Machine and Equipment Repair	0.04	0.03	0.03
电力、热力生产和供应业	Production and Supply of Electric Power and Heat Power	17.83	4.55	4.76
燃气生产和供应业	Production and Distribution of Gas	1.96	0.30	5.09
水的生产和供应业	Production and Distribution of Water	6.90	1.47	5.32

13-4 续表 8 continued

单位：亿元 (100 million yuan)

指 标	Item	管理费用 Management Expense	财务费用 Financial Expense	利息收入 Interest Revenue	利息支出 Interest Expense
按行业划分：	**Grouped by Sector**	**1876.96**	**436.65**	**23.58**	**357.16**
煤炭开采和洗选业	Mining and Washing of Coal	11.89	2.75	0.08	2.37
石油和天然气开采业	Petroleum and Natural Gas Extraction				
黑色金属矿采选业	Mining of Ferrous Metal Ores	3.11	0.35		0.27
有色金属矿采选业	Mining of Non-ferrous Metal Ores	24.03	4.19	0.05	2.85
非金属矿采选业	Mining and Processing of Nonmetal Ores	21.46	3.67		2.95
开采辅助活动	Mining of Other Ores N.E.C				
其他采矿业	Other Mining and Dressing	0.11	0.02		0.02
农副食品加工业	Processing of Food from Agricultural Products	156.06	26.08	1.28	19.91
食品制造业	Manufacture of Foods	50.99	9.26	0.28	6.58
酒、饮料和精制茶制造业	Manufacture of Liquor, Beverage and Refined Tea	45.30	8.36	0.06	4.63
烟草制品业	Manufacture of Tobacco	38.27	-1.50	1.64	0.03
纺织业	Manufacture of Textile	26.99	7.33	0.13	5.23
纺织服装、服饰业	Manufacture of Textile Wearing and Clothing Apparel	16.16	2.39	0.03	1.25
皮革、毛皮、羽毛及其制品和制鞋业	Leather, Fur, Feather and Its Products and Footwear	21.41	3.62	0.05	2.77
木材加工和木、竹、藤、棕、草制品业	Processing of Timbers, Manufacture of Wood, Bamboo, Rattan, Palm and Straw Products	28.51	4.96	0.07	3.71
家具制造业	Manufacture of Furniture	15.18	1.97	0.03	1.67
造纸和纸制品业	Manufacture of Paper and Paper Products	42.99	11.45	0.80	11.70
印刷和记录媒介复制业	Printing,Reproduction of Recording Media	22.38	2.66	0.01	1.95
文教、工美、体育和娱乐用品制造业	Manufacture of Articles for Culture,Education and Sport Activity	17.69	2.89	0.06	1.67
石油加工、炼焦和核燃料加工业	Processing of Petroleum, Coking, Processing of Nucleus Fuel	25.48	3.86	0.25	3.84
化学原料和化学制品制造业	Manufacture of Chemical Raw Material and Chemical Products	152.33	33.42	0.68	23.16
医药制造业	Manufacture of Medicines	78.67	15.60	0.34	13.46
化学纤维制造业	Manufacture of Chemical Fiber	1.03	0.52		0.41
橡胶和塑料制品业	Manufacture of Rubber and Plastic	28.70	5.88	0.09	4.08
非金属矿物制品业	Manufacture of Non-metallic Mineral Products	154.57	37.50	0.49	20.24
黑色金属冶炼和压延加工业	Manufacture and Processing of Ferrous Metals	52.74	23.01	2.88	22.31
有色金属冶炼和压延加工业	Manufacture and Processing of Non-ferrous Metals	91.92	23.28	1.84	20.99
金属制品业	Manufacture of Metal Products	51.92	7.36	0.33	5.41
通用设备制造业	Manufacture of General Purpose Machinery	79.89	10.52	0.55	7.43
专用设备制造业	Manufacture of Special Purpose Machinery	162.88	53.95	5.71	43.94
汽车制造业	Automobile Industry	98.38	17.00	1.38	16.02
铁路、船舶、航空航天和其他运输设备制造业	Manufacture of Railway, Marine, Aerospace and Other Transport Equipment	86.78	3.42	1.24	3.04
电气机械和器材制造业	Manufacture of Electrical Machinery and Equipment	96.94	19.03	0.70	17.33
计算机、通信和其他电子设备制造业	Manufacture of Communication Equipment,Computer and Other Electronic Equipment	91.60	8.05	0.61	6.30
仪器仪表制造业	Manufacture of Measuring Instrument	18.66	2.28	0.22	1.93
其他制造业	Other Manufacture N.E.C	9.57	1.51	0.06	0.81
废弃资源综合利用业	Recycling and Disposal of Waste	6.19	0.77	0.02	0.48
金属制品、机械和设备修理业	Mental Products,Machine and Equipment Repair	0.66	0.07		0.06
电力、热力生产和供应业	Production and Supply of Electric Power and Heat Power	24.74	70.88	0.29	69.25
燃气生产和供应业	Production and Distribution of Gas	8.41	1.69	0.47	1.64
水的生产和供应业	Production and Distribution of Water	12.37	6.58	0.85	5.45

13-4 续表 9 continued

单位：亿元 (100 million yuan)

指标	Item	营业利润 Operating Profit	投资收益 Income from Investment	营业外收入 Non-operating Income	利润总额 Total Profit
按行业划分：	**Grouped by Sector**	**2198.00**	**51.88**	**157.93**	**2093.98**
煤炭开采和洗选业	Mining and Washing of Coal	19.46	-1.93	0.57	19.63
石油和天然气开采业	Petroleum and Natural Gas Extraction				
黑色金属矿采选业	Mining of Ferrous Metal Ores	4.15		0.48	3.70
有色金属矿采选业	Mining of Non-ferrous Metal Ores	19.97	0.42	2.50	16.35
非金属矿采选业	Mining and Processing of Nonmetal Ores	16.90	-0.37	0.30	15.67
开采辅助活动	Mining of Other Ores N.E.C				
其他采矿业	Other Mining and Dressing	0.07			0.07
农副食品加工业	Processing of Food from Agricultural Products	192.11	3.58	13.73	163.51
食品制造业	Manufacture of Foods	53.18	-0.49	2.94	52.61
酒、饮料和精制茶制造业	Manufacture of Liquor, Beverage and Refined Tea	41.41	0.67	3.35	39.84
烟草制品业	Manufacture of Tobacco	97.65	1.05	0.40	96.71
纺织业	Manufacture of Textile	25.70	0.27	0.98	22.35
纺织服装、服饰业	Manufacture of Textile Wearing and Clothing Apparel	21.06	0.08	2.01	16.32
皮革、毛皮、羽毛及其制品和制鞋业	Leather, Fur, Feather and Its Products and Footwear	29.93	-0.57	0.49	28.11
木材加工和木、竹、藤、棕、草制品业	Processing of Timbers,Manufacture of Wood, Bamboo, Rattan, Palm and Straw Products	38.01	-1.72	0.25	36.52
家具制造业	Manufacture of Furniture	22.41	0.12	0.69	19.67
造纸和纸制品业	Manufacture of Paper and Paper Products	37.02	0.94	2.18	35.32
印刷和记录媒介复制业	Printing,Reproduction of Recording Media	36.91	0.34	0.66	32.69
文教、工美、体育和娱乐用品制造业	Manufacture of Articles for Culture,Education and Sport Activity	20.43		2.84	18.38
石油加工、炼焦和核燃料加工业	Processing of Petroleum, Coking, Processing of Nucleus Fuel	18.83	-0.10	0.38	17.80
化学原料和化学制品制造业	Manufacture of Chemical Raw Material and Chemical Products	171.91	2.61	4.15	160.67
医药制造业	Manufacture of Medicines	83.11	1.91	2.29	81.63
化学纤维制造业	Manufacture of Chemical Fiber	0.21	0.07	0.02	0.22
橡胶和塑料制品业	Manufacture of Rubber and Plastic	35.71	0.16	0.97	31.74
非金属矿物制品业	Manufacture of Non-metallic Mineral Products	190.84	-1.09	9.96	181.62
黑色金属冶炼和压延加工业	Manufacture and Processing of Ferrous Metals	94.67	1.62	4.39	95.22
有色金属冶炼和压延加工业	Manufacture and Processing of Non-ferrous Metals	109.78	-8.86	8.29	89.54
金属制品业	Manufacture of Metal Products	79.03	-0.11	1.13	78.95
通用设备制造业	Manufacture of General Purpose Machinery	93.94	2.58	6.49	88.35
专用设备制造业	Manufacture of Special Purpose Machinery	154.96	36.26	17.21	144.98
汽车制造业	Automobile Industry	98.57	-1.30	9.60	101.05
铁路、船舶、航空航天和其他运输 设备制造业	Manufacture of Railway, Marine, Aerospace and Other Transport Equipment	84.93	3.28	3.10	86.24
电气机械和器材制造业	Manufacture of Electrical Machinery and Equipment	88.22	4.33	5.87	87.60
计算机、通信和其他电子设备制造业	Manufacture of Communication Equipment, Computer and Other Electronic Equipment	113.66	5.08	25.80	112.50
仪器仪表制造业	Manufacture of Measuring Instrument	16.01	0.59	1.42	16.39
其他制造业	Other Manufacture N.E.C	15.02	0.61	0.70	15.20
废弃资源综合利用业	Recycling and Disposal of Waste	11.68	-0.01	0.87	11.93
金属制品、机械和设备修理业	Mental Products,Machine and quipment Repair	0.38		0.02	0.34
电力、热力生产和供应业	Production and Supply of Electric Power and Heat Power	38.45	1.47	16.37	49.42
燃气生产和供应业	Production and Distribution of Gas	15.17	0.31	1.08	15.45
水的生产和供应业	Production and Distribution of Water	6.53	0.08	3.47	9.68

13-4 续表 10 continued

单位：亿元 (100 million yuan)

指 标	Item	亏损企业亏损总额 Total Loss of Enterprises Running under Deficit	本年应付职工薪酬 Total Sum of Wages Payable this Year
按行业划分：	**Grouped by Sector**	**77.35**	**2031.35**
煤炭开采和洗选业	Mining and Washing of Coal	2.08	31.50
石油和天然气开采业	Petroleum and Natural Gas Extraction		
黑色金属矿采选业	Mining of Ferrous Metal Ores	0.08	4.26
有色金属矿采选业	Mining of Non-ferrous Metal Ores	2.26	19.91
非金属矿采选业	Mining and Processing of Nonmetal Ores	1.10	19.30
开采辅助活动	Mining of Other Ores N.E.C		
其他采矿业	Other Mining and Dressing		0.22
农副食品加工业	Processing of Food from Agricultural Products	1.36	130.08
食品制造业	Manufacture of Foods	1.59	57.97
酒、饮料和精制茶制造业	Manufacture of Liquor, Beverage and Refined Tea	2.27	32.57
烟草制品业	Manufacture of Tobacco		39.53
纺织业	Manufacture of Textile	2.07	38.29
纺织服装、服饰业	Manufacture of Textile Wearing and Clothing Apparel	0.05	26.35
皮革、毛皮、羽毛及其制品和制鞋业	Leather, Fur, Feather and Its Products and Footwear	0.06	48.03
木材加工和木、竹、藤、棕、草制品业	Processing of Timbers, Manufacture of Wood, Bamboo, Rattan, Palm and Straw Products	0.68	33.83
家具制造业	Manufacture of Furniture	0.01	12.51
造纸和纸制品业	Manufacture of Paper and Paper Products	0.32	30.33
印刷和记录媒介复制业	Printing,Reproduction of Recording Media	0.08	20.39
文教、工美、体育和娱乐用品制造业	Manufacture of Articles for Culture,Education and Sport Activity	0.15	25.48
石油加工、炼焦和核燃料加工业	Processing of Petroleum, Coking, Processing of Nucleus Fuel	1.15	20.40
化学原料和化学制品制造业	Manufacture of Chemical Raw Material and Chemical Products	6.10	157.13
医药制造业	Manufacture of Medicines	0.40	42.15
化学纤维制造业	Manufacture of Chemical Fiber	0.36	2.19
橡胶和塑料制品业	Manufacture of Rubber and Plastic	0.48	27.53
非金属矿物制品业	Manufacture of Non-metallic Mineral Products	4.18	230.66
黑色金属冶炼和压延加工业	Manufacture and Processing of Ferrous Metals	0.81	53.80
有色金属冶炼和压延加工业	Manufacture and Processing of Non-ferrous Metals	5.40	58.89
金属制品业	Manufacture of Metal Products	2.85	54.46
通用设备制造业	Manufacture of General Purpose Machinery	2.21	64.84
专用设备制造业	Manufacture of Special Purpose Machinery	3.65	127.08
汽车制造业	Automobile Industry	3.57	97.88
铁路、船舶、航空航天和其他运输设备制造业	Manufacture of Railway, Marine, Aerospace and Other Transport Equipment	0.79	100.14
电气机械和器材制造业	Manufacture of Electrical Machinery and Equipment	6.53	77.38
计算机、通信和其他电子设备制造业	Manufacture of Communication Equipment,Computer and Other Electronic Equipment	3.35	156.04
仪器仪表制造业	Manufacture of Measuring Instrument	0.37	16.61
其他制造业	Other Manufacture N.E.C	0.12	13.80
废弃资源综合利用业	Recycling and Disposal of Waste	0.07	4.83
金属制品、机械和设备修理业	Mental Products,Machine and Equipment Repair		2.30
电力、热力生产和供应业	Production and Supply of Electric Power and Heat Power	19.84	128.22
燃气生产和供应业	Production and Distribution of Gas	0.10	6.83
水的生产和供应业	Production and Distribution of Water	0.86	17.65

13-4 续表 11 continued

单位：亿元 (100 million yuan)

指 标	Item	全部从业人员年平均人数（万人） Average Number of Empolyment of the Current Year (10000persons)
按行业划分：	**Grouped by Sector**	**335.88**
煤炭开采和洗选业	Mining and Washing of Coal	6.91
石油和天然气开采业	Petroleum and Natural Gas Extraction	
黑色金属矿采选业	Mining of Ferrous Metal Ores	0.87
有色金属矿采选业	Mining of Non-ferrous Metal Ores	4.30
非金属矿采选业	Mining and Processing of Nonmetal Ores	4.17
开采辅助活动	Mining of Other Ores N.E.C	
其他采矿业	Other Mining and Dressing	0.04
农副食品加工业	Processing of Food from Agricultural Products	25.57
食品制造业	Manufacture of Foods	11.76
酒、饮料和精制茶制造业	Manufacture of Liquor, Beverage and Refined Tea	7.45
烟草制品业	Manufacture of Tobacco	1.29
纺织业	Manufacture of Textile	8.23
纺织服装、服饰业	Manufacture of Textile Wearing and Clothing Apparel	5.88
皮革、毛皮、羽毛及其制品和制鞋业	Leather, Fur, Feather and Its Products and Footwear	11.33
木材加工和木、竹、藤、棕、草制品业	Processing of Timbers, Manufacture of Wood, Bamboo, Rattan, Palm and Straw Products	7.90
家具制造业	Manufacture of Furniture	2.70
造纸和纸制品业	Manufacture of Paper and Paper Products	6.27
印刷和记录媒介复制业	Printing,Reproduction of Recording Media	3.95
文教、工美、体育和娱乐用品制造业	Manufacture of Articles for Culture,Education and Sport Activity	4.31
石油加工、炼焦和核燃料加工业	Processing of Petroleum, Coking, Processing of Nucleus Fuel	1.61
化学原料和化学制品制造业	Manufacture of Chemical Raw Material and Chemical Products	32.97
医药制造业	Manufacture of Medicines	7.52
化学纤维制造业	Manufacture of Chemical Fiber	0.43
橡胶和塑料制品业	Manufacture of Rubber and Plastic	5.66
非金属矿物制品业	Manufacture of Non-metallic Mineral Products	38.84
黑色金属冶炼和压延加工业	Manufacture and Processing of Ferrous Metals	7.91
有色金属冶炼和压延加工业	Manufacture and Processing of Non-ferrous Metals	11.23
金属制品业	Manufacture of Metal Products	11.40
通用设备制造业	Manufacture of General Purpose Machinery	12.52
专用设备制造业	Manufacture of Special Purpose Machinery	16.53
汽车制造业	Automobile Industry	11.93
铁路、船舶、航空航天和其他运输设备制造业	Manufacture of Railway, Marine, Aerospace and Other Transport Equipment	6.80
电气机械和器材制造业	Manufacture of Electrical Machinery and Equipment	13.73
计算机、通信和其他电子设备制造业	Manufacture of Communication Equipment,Computer and Other Electronic Equipment	21.49
仪器仪表制造业	Manufacture of Measuring Instrument	2.33
其他制造业	Other Manufacture N.E.C	2.55
废弃资源综合利用业	Recycling and Disposal of Waste	0.95
金属制品、机械和设备修理业	Mental Products,Machine and Equipment Repair	0.23
电力、热力生产和供应业	Production and Supply of Electric Power and Heat Power	13.07
燃气生产和供应业	Production and Distribution of Gas	0.79
水的生产和供应业	Production and Distribution of Water	2.48

13-4 续表 12 continued

指 标	Item	百元固定资产原价实现利润（元） Profits per 100 Yuan of Original Value of Fix Assets (yuan)	每百元销售收入实现的利润（元） Profits per 100 Yuan of Sales Recenue (yuan)
按行业划分：	**Grouped by Sector**	**12.94**	**5.38**
煤炭开采和洗选业	Mining and Washing of Coal	14.64	6.83
石油和天然气开采业	Petroleum and Natural Gas Extraction		
黑色金属矿采选业	Mining of Ferrous Metal Ores	15.08	5.45
有色金属矿采选业	Mining of Non-ferrous Metal Ores	10.51	4.76
非金属矿采选业	Mining and Processing of Nonmetal Ores	17.54	4.69
开采辅助活动	Mining of Other Ores N.E.C		
其他采矿业	Other Mining and Dressing	25.93	6.89
农副食品加工业	Processing of Food from Agricultural Products	19.61	4.68
食品制造业	Manufacture of Foods	21.47	4.77
酒、饮料和精制茶制造业	Manufacture of Liquor, Beverage and Refined Tea	17.49	5.17
烟草制品业	Manufacture of Tobacco	44.42	11.27
纺织业	Manufacture of Textile	11.14	3.50
纺织服装、服饰业	Manufacture of Textile Wearing and Clothing Apparel	16.64	4.86
皮革、毛皮、羽毛及其制品和制鞋业	Leather, Fur, Feather and Its Products and Footwear	27.49	4.67
木材加工和木、竹、藤、棕、草制品业	Processing of Timbers, Manufacture of Wood, Bamboo, Rattan, Palm and Straw Products	24.68	5.12
家具制造业	Manufacture of Furniture	41.00	6.40
造纸和纸制品业	Manufacture of Paper and Paper Products	10.00	4.70
印刷和记录媒介复制业	Printing,Reproduction of Recording Media	28.07	7.10
文教、工美、体育和娱乐用品制造业	Manufacture of Articles for Culture,Education and Sport Activity	29.52	4.80
石油加工、炼焦和核燃料加工业	Processing of Petroleum, Coking, Processing of Nucleus Fuel	5.61	2.79
化学原料和化学制品制造业	Manufacture of Chemical Raw Material and Chemical Products	20.08	5.78
医药制造业	Manufacture of Medicines	27.40	6.68
化学纤维制造业	Manufacture of Chemical Fiber	1.63	0.67
橡胶和塑料制品业	Manufacture of Rubber and Plastic	13.66	4.67
非金属矿物制品业	Manufacture of Non-metallic Mineral Products	11.01	5.86
黑色金属冶炼和压延加工业	Manufacture and Processing of Ferrous Metals	10.29	6.12
有色金属冶炼和压延加工业	Manufacture and Processing of Non-ferrous Metals	9.09	3.16
金属制品业	Manufacture of Metal Products	24.69	6.62
通用设备制造业	Manufacture of General Purpose Machinery	22.58	5.21
专用设备制造业	Manufacture of Special Purpose Machinery	16.30	5.06
汽车制造业	Automobile Industry	16.98	5.19
铁路、船舶、航空航天和其他运输设备制造业	Manufacture of Railway, Marine, Aerospace and Other Transport Equipment	30.17	9.73
电气机械和器材制造业	Manufacture of Electrical Machinery and Equipment	18.95	4.84
计算机、通信和其他电子设备制造业	Manufacture of Communication Equipment,Computer and Other Electronic Equipment	22.21	5.47
仪器仪表制造业	Manufacture of Measuring Instrument	24.68	7.01
其他制造业	Other Manufacture N.E.C	43.21	6.99
废弃资源综合利用业	Recycling and Disposal of Waste	28.57	11.03
金属制品、机械和设备修理业	Mental Products,Machine and Equipment Repair	8.56	5.40
电力、热力生产和供应业	Production and Supply of Electric Power and Heat Power	1.25	3.61
燃气生产和供应业	Production and Distribution of Gas	15.98	11.16
水的生产和供应业	Production and Distribution of Water	3.73	8.32

13-4 续表 13 continued

指 标	Item	资产负债率 (%) Assets-Liability Ratio (%)	产品销售率 (%) Proportion of Products Sold(%)
按行业划分：	**Grouped by Sector**	**49.45**	**97.10**
煤炭开采和洗选业	Mining and Washing of Coal	44.80	98.69
石油和天然气开采业	Petroleum and Natural Gas Extraction		
黑色金属矿采选业	Mining of Ferrous Metal Ores	46.99	99.59
有色金属矿采选业	Mining of Non-ferrous Metal Ores	48.45	99.66
非金属矿采选业	Mining and Processing of Nonmetal Ores	47.29	99.10
开采辅助活动	Mining of Other Ores N.E.C		
其他采矿业	Other Mining and Dressing	48.19	96.29
农副食品加工业	Processing of Food from Agricultural Products	37.50	98.58
食品制造业	Manufacture of Foods	43.33	97.69
酒、饮料和精制茶制造业	Manufacture of Liquor, Beverage and Refined Tea	37.27	94.87
烟草制品业	Manufacture of Tobacco	16.31	102.53
纺织业	Manufacture of Textile	47.95	96.33
纺织服装、服饰业	Manufacture of Textile Wearing and Clothing Apparel	25.55	97.00
皮革、毛皮、羽毛及其制品和制鞋业	Leather, Fur, Feather and Its Products and Footwear	36.48	98.35
木材加工和木、竹、藤、棕、草制品业	Processing of Timbers, Manufacture of Wood, Bamboo, Rattan, Palm and Straw Products	31.35	98.32
家具制造业	Manufacture of Furniture	40.09	98.03
造纸和纸制品业	Manufacture of Paper and Paper Products	53.12	97.62
印刷和记录媒介复制业	Printing,Reproduction of Recording Media	39.83	96.39
文教、工美、体育和娱乐用品制造业	Manufacture of Articles for Culture,Education and Sport Activity	32.96	98.64
石油加工、炼焦和核燃料加工业	Processing of Petroleum, Coking, Processing of Nucleus Fuel	55.92	92.18
化学原料和化学制品制造业	Manufacture of Chemical Raw Material and Chemical Products	42.35	97.23
医药制造业	Manufacture of Medicines	37.10	95.79
化学纤维制造业	Manufacture of Chemical Fiber	48.01	94.74
橡胶和塑料制品业	Manufacture of Rubber and Plastic	27.98	97.40
非金属矿物制品业	Manufacture of Non-metallic Mineral Products	32.88	97.06
黑色金属冶炼和压延加工业	Manufacture and Processing of Ferrous Metals	66.55	98.97
有色金属冶炼和压延加工业	Manufacture and Processing of Non-ferrous Metals	44.50	99.62
金属制品业	Manufacture of Metal Products	41.76	97.70
通用设备制造业	Manufacture of General Purpose Machinery	46.41	97.62
专用设备制造业	Manufacture of Special Purpose Machinery	55.38	96.43
汽车制造业	Automobile Industry	67.61	88.13
铁路、船舶、航空航天和其他运输设备制造业	Manufacture of Railway, Marine, Aerospace and Other Transport Equipment	48.69	95.14
电气机械和器材制造业	Manufacture of Electrical Machinery and Equipment	54.02	95.74
计算机、通信和其他电子设备制造业	Manufacture of Communication Equipment,Computer and Other Electronic Equipment	50.12	98.42
仪器仪表制造业	Manufacture of Measuring Instrument	42.57	95.78
其他制造业	Other Manufacture N.E.C	50.22	100.00
废弃资源综合利用业	Recycling and Disposal of Waste	44.02	95.47
金属制品、机械和设备修理业	Mental Products,Machine and Equipment Repair	66.96	99.76
电力、热力生产和供应业	Production and Supply of Electric Power and Heat Power	70.46	99.36
燃气生产和供应业	Production and Distribution of Gas	64.11	93.44
水的生产和供应业	Production and Distribution of Water	65.71	89.00

13-4 续表 14 continued

指 标	Item	总资产贡献率 (%) Ratio of Per-tax Profits to Total Capital (%)	成本费用利润率 (%) Rate of Cost Profit (%)
按行业划分：	**Grouped by Sector**	**15.06**	**5.83**
煤炭开采和洗选业	Mining and Washing of Coal	14.18	7.56
石油和天然气开采业	Petroleum and Natural Gas Extraction		
黑色金属矿采选业	Mining of Ferrous Metal Ores	13.22	5.93
有色金属矿采选业	Mining of Non-ferrous Metal Ores	12.45	5.32
非金属矿采选业	Mining and Processing of Nonmetal Ores	16.33	5.02
开采辅助活动	Mining of Other Ores N.E.C		
其他采矿业	Other Mining and Dressing	49.53	7.53
农副食品加工业	Processing of Food from Agricultural Products	16.61	4.99
食品制造业	Manufacture of Foods	16.42	5.07
酒、饮料和精制茶制造业	Manufacture of Liquor, Beverage and Refined Tea	17.33	5.59
烟草制品业	Manufacture of Tobacco	85.03	30.32
纺织业	Manufacture of Textile	11.71	3.67
纺织服装、服饰业	Manufacture of Textile Wearing and Clothing Apparel	15.86	5.27
皮革、毛皮、羽毛及其制品和制鞋业	Leather, Fur, Feather and Its Products and Footwear	22.92	5.03
木材加工和木、竹、藤、棕、草制品业	Processing of Timbers, Manufacture of Wood, Bamboo, Rattan, Palm and Straw Products	25.99	5.52
家具制造业	Manufacture of Furniture	32.36	7.03
造纸和纸制品业	Manufacture of Paper and Paper Products	11.84	4.94
印刷和记录媒介复制业	Printing,Reproduction of Recording Media	26.38	7.80
文教、工美、体育和娱乐用品制造业	Manufacture of Articles for Culture,Education and Sport Activity	25.91	5.27
石油加工、炼焦和核燃料加工业	Processing of Petroleum, Coking, Processing of Nucleus Fuel	48.72	3.42
化学原料和化学制品制造业	Manufacture of Chemical Raw Material and Chemical Products	20.82	6.17
医药制造业	Manufacture of Medicines	23.38	7.23
化学纤维制造业	Manufacture of Chemical Fiber	5.79	0.69
橡胶和塑料制品业	Manufacture of Rubber and Plastic	13.95	5.00
非金属矿物制品业	Manufacture of Non-metallic Mineral Products	11.73	6.38
黑色金属冶炼和压延加工业	Manufacture and Processing of Ferrous Metals	16.01	6.06
有色金属冶炼和压延加工业	Manufacture and Processing of Non-ferrous Metals	9.67	3.42
金属制品业	Manufacture of Metal Products	18.93	7.14
通用设备制造业	Manufacture of General Purpose Machinery	15.39	5.54
专用设备制造业	Manufacture of Special Purpose Machinery	8.04	5.35
汽车制造业	Automobile Industry	12.35	5.56
铁路、船舶、航空航天和其他运输设备制造业	Manufacture of Railway, Marine, Aerospace and Other Transport Equipment	10.22	10.60
电气机械和器材制造业	Manufacture of Electrical Machinery and Equipment	8.92	5.13
计算机、通信和其他电子设备制造业	Manufacture of Communication Equipment,Computer and Other Electronic Equipment	12.07	5.92
仪器仪表制造业	Manufacture of Measuring Instrument	10.04	7.55
其他制造业	Other Manufacture N.E.C	20.07	7.54
废弃资源综合利用业	Recycling and Disposal of Waste	24.61	11.17
金属制品、机械和设备修理业	Mental Products,Machine and Equipment Repair	6.80	5.75
电力、热力生产和供应业	Production and Supply of Electric Power and Heat Power	6.19	3.73
燃气生产和供应业	Production and Distribution of Gas	13.68	12.54
水的生产和供应业	Production and Distribution of Water	5.10	8.36

13-5 规模以上国有控股工业企业主要经济指标(2017年)
Major Economic Indications of State-owned Share Holding Industrial Enterprises above Designated Size (2017)

单位：亿元 (100 million yuan)

指 标	Item	企业单位数(个) Number of Enterprises (unit)	#亏损企业 Loss-making Enterprises
总计	**Total**	**736**	**151**
在总计中:	Of the Total		
亏损企业	Enterprises Running under Deficit	151	151
在总计中:	Of the Total		
中央企业	Central Enterprises	167	37
地方企业	Local Enterprises	569	114
在总计中:	Of the Total		
大型企业	Large Scale Enterprises	73	11
中型企业	Medium Scale Enterprises	214	39
小型企业	Small Enterprises	426	99
微型企业	Microenterprise	23	2
按行业分	Grouped by Sector		
煤炭开采和洗选业	Mining and Washing of Coal	17	1
石油和天然气开采业	Petroleum and Natural Gas Extraction		
黑色金属矿采选业	Mining of Ferrous Metal Ores		
有色金属矿采选业	Mining of Non-ferrous Metal Ores	17	3
非金属矿采选业	Mining and Processing of Nonmetal Ores	6	
开采辅助活动	Mining of Other Ores N.E.C		
其他采矿业	Other Mining and Dressing		
农副食品加工业	Processing of Food from Agricultural Products	40	3
食品制造业	Manufacture of Foods	11	2
酒、饮料和精制茶制造业	Manufacture of Liquor, Beverage and Refined Tea	8	2
烟草制品业	Manufacture of Tobacco	8	
纺织业	Manufacture of Textile	5	3
纺织服装、服饰业	Manufacture of Textile Wearing and Clothing Apparel	4	1
皮革、毛皮、羽毛及其制品和制鞋业	Leather, Fur, Feather and Its Products and Footwear	2	
木材加工和木、竹、藤、棕、草制品业	Processing of Timbers, Manufacture of Wood, Bamboo, Rattan, Palm and Straw Products	2	
家具制造业	Manufacture of Furniture		
造纸和纸制品业	Manufacture of Paper and Paper Products	8	
印刷和记录媒介复制业	Printing, Reproduction of Recording Media	8	2
文教、工美、体育和娱乐用品制造业	Manufacture of Articles for Culture,Education and Sport Activity	2	
石油加工、炼焦和核燃料加工业	Processing of Petroleum,Coking,Processing of Nucleus Fuel	7	3
化学原料和化学制品制造业	Manufacture of Chemical Raw Material and Chemical Products	32	9
医药制造业	Manufacture of Medicines	12	1
化学纤维制造业	Manufacture of Chemical Fiber	1	
橡胶和塑料制品业	Manufacture of Rubber and Plastic	1	
非金属矿物制品业	Manufacture of Non-metallic Mineral Products	86	14
黑色金属冶炼和压延加工业	Manufacture and Processing of Ferrous Metals	12	1
有色金属冶炼和压延加工业	Manufacture and Processing of Non-ferrous Metals	29	14
金属制品业	Manufacture of Metal Products	14	2
通用设备制造业	Manufacture of General Purpose Machinery	26	6
专用设备制造业	Manufacture of Special Purpose Machinery	34	7
汽车制造业	Automobile Industry	38	2
铁路、船舶、航空航天和其他运输设备制造业	Manufacture of Railway,Marine,Aerospace and Other Transport Equipment	21	3
电气机械和器材制造业	Manufacture of Electrical Machinery and Equipment	18	7
计算机、通信和其他电子设备制造业	Manufacture of Communication Equipment, Computer and Other Electronic Equipment	18	3
仪器仪表制造业	Manufacture of Measuring Instrument	6	1
其他制造业	Other Manufacture N.E.C	8	1
废弃资源综合利用业	Recycling and Disposal of Waste	5	1
金属制品、机械和设备修理业	Mental Products,Machine and Equipment Repair	3	1
电力、热力生产和供应业	Production and Supply of Electric Power and Heat Power	149	36
燃气生产和供应业	Production and Distribution of Gas	4	2
水的生产和供应业	Production and Distribution of Water	74	20

13-5 续表 1 continued

单位：亿元 (100 million yuan)

指 标	Item	工业销售产值 Output Value of Industrial Products Sales	出口交货值 Delivery Value for Export	资产总计 Total Assets
总计	**Total**	**7527.76**	**141.66**	**10491.70**
在总计中：	Of the Total			
亏损企业	Enterprises Running under Deficit	532.17	7.86	1273.44
在总计中：	Of the Total			
中央企业	Central Enterprises	3570.28	55.86	5055.68
地方企业	Local Enterprises	3957.48	85.80	5436.02
在总计中：	Of the Total			
大型企业	Large Scale Enterprises	5461.69	120.63	7296.34
中型企业	Medium Scale Enterprises	1234.08	16.09	1784.29
小型企业	Small Enterprises	819.82	4.84	1358.58
微型企业	Microenterprise	12.18	0.100	52.50
按行业分	Grouped by Sector			
煤炭开采和洗选业	Mining and Washing of Coal	31.38		47.04
石油和天然气开采业	Petroleum and Natural Gas Extraction			
黑色金属矿采选业	Mining of Ferrous Metal Ores			
有色金属矿采选业	Mining of Non-ferrous Metal Ores	57.33		111.55
非金属矿采选业	Mining and Processing of Nonmetal Ores	36.53	0.05	22.55
开采辅助活动	Mining of Other Ores N.E.C			
其他采矿业	Other Mining and Dressing			
农副食品加工业	Processing of Food from Agricultural Products	204.04		102.62
食品制造业	Manufacture of Foods	31.02	0.70	26.53
酒、饮料和精制茶制造业	Manufacture of Liquor, Beverage and Refined Tea	22.25	0.26	43.03
烟草制品业	Manufacture of Tobacco	857.28	6.77	858.74
纺织业	Manufacture of Textile	4.78	1.45	9.37
纺织服装、服饰业	Manufacture of Textile Wearing and Clothing Apparel	1.31		1.91
皮革、毛皮、羽毛及其制品和制鞋业	Leather, Fur, Feather and Its Products and Footwear	5.11		15.92
木材加工和木、竹、藤、棕、草制品业	Processing of Timbers, Manufacture of Wood, Bamboo, Rattan, Palm and Straw Products	0.94		0.81
家具制造业	Manufacture of Furniture			
造纸和纸制品业	Manufacture of Paper and Paper Products	116.65		284.08
印刷和记录媒介复制业	Printing, Reproduction of Recording Media	31.12	0.07	27.21
文教、工美、体育和娱乐用品制造业	Manufacture of Articles for Culture,Education and Sport Activity	3.41		3.42
石油加工、炼焦和核燃料加工业	Processing of Petroleum,Coking,Processing of Nucleus Fuel	498.65		192.92
化学原料和化学制品制造业	Manufacture of Chemical Raw Material and Chemical Products	127.09	11.71	217.28
医药制造业	Manufacture of Medicines	78.99		61.37
化学纤维制造业	Manufacture of Chemical Fiber	5.74		7.25
橡胶和塑料制品业	Manufacture of Rubber and Plastic	0.96	0.10	1.59
非金属矿物制品业	Manufacture of Non-metallic Mineral Products	255.24	0.02	398.70
黑色金属冶炼和压延加工业	Manufacture and Processing of Ferrous Metals	816.12	31.90	792.06
有色金属冶炼和压延加工业	Manufacture and Processing of Non-ferrous Metals	478.80	8.31	343.82
金属制品业	Manufacture of Metal Products	126.66	3.60	78.82
通用设备制造业	Manufacture of General Purpose Machinery	130.76	1.21	208.93
专用设备制造业	Manufacture of Special Purpose Machinery	649.72	23.51	1050.59
汽车制造业	Automobile Industry	688.88	4.05	741.63
铁路、船舶、航空航天和其他运输设备制造业	Manufacture of Railway,Marine,Aerospace and Other Transport Equipment	667.80	31.66	1017.05
电气机械和器材制造业	Manufacture of Electrical Machinery and Equipment	190.51	2.21	543.74
计算机、通信和其他电子设备制造业	Manufacture of Communication Equipment, Computer and Other Electronic Equipment	96.55	5.53	173.36
仪器仪表制造业	Manufacture of Measuring Instrument	10.72		17.40
其他制造业	Other Manufacture N.E.C	22.84	8.54	43.60
废弃资源综合利用业	Recycling and Disposal of Waste	3.36		3.13
金属制品、机械和设备修理业	Mental Products,Machine and Equipment Repair	5.30		6.52
电力、热力生产和供应业	Production and Supply of Electric Power and Heat Power	1193.80		2708.32
燃气生产和供应业	Production and Distribution of Gas	10.17		9.68
水的生产和供应业	Production and Distribution of Water	66.01		319.16

13-5 续表 2 continued

单位：亿元 (100 million yuan)

指 标	Item	固定资产合 计 Total Fixed Assets	流动资产合 计 Circulating Funds	负债合计 Total Liabilities
总计	**Total**	**4159.35**	**4705.20**	**6398.51**
在总计中：	Of the Total			
亏损企业	Enterprises Running under Deficit	480.31	549.58	1055.45
在总计中：	Of the Total			
中央企业	Central Enterprises	2401.71	2014.28	2895.22
地方企业	Local Enterprises	1757.64	2690.91	3503.30
在总计中：	Of the Total			
大型企业	Large Scale Enterprises	2739.34	3519.01	4386.82
中型企业	Medium Scale Enterprises	634.36	792.84	1103.85
小型企业	Small Enterprises	766.73	378.66	852.99
微型企业	Microenterprise	18.92	14.70	54.85
按行业分	Grouped by Sector			
煤炭开采和洗选业	Mining and Washing of Coal	18.57	16.06	29.04
石油和天然气开采业	Petroleum and Natural Gas Extraction			
黑色金属矿采选业	Mining of Ferrous Metal Ores			
有色金属矿采选业	Mining of Non-ferrous Metal Ores	57.62	23.62	66.85
非金属矿采选业	Mining and Processing of Nonmetal Ores	11.14	5.93	9.00
开采辅助活动	Mining of Other Ores N.E.C			
其他采矿业	Other Mining and Dressing			
农副食品加工业	Processing of Food from Agricultural Products	59.00	31.21	46.53
食品制造业	Manufacture of Foods	11.45	10.95	16.67
酒、饮料和精制茶制造业	Manufacture of Liquor, Beverage and Refined Tea	14.27	23.61	16.47
烟草制品业	Manufacture of Tobacco	87.23	675.58	139.96
纺织业	Manufacture of Textile	2.97	4.12	4.24
纺织服装、服饰业	Manufacture of Textile Wearing and Clothing Apparel	0.42	1.43	0.71
皮革、毛皮、羽毛及其制品和制鞋业	Leather, Fur, Feather and Its Products and Footwear	4.02	11.91	4.45
木材加工和木、竹、藤、棕、草制品业	Processing of Timbers, Manufacture of Wood, Bamboo, Rattan, Palm and Straw Products	0.15	0.27	0.95
家具制造业	Manufacture of Furniture			
造纸和纸制品业	Manufacture of Paper and Paper Products	120.88	133.88	183.73
印刷和记录媒介复制业	Printing, Reproduction of Recording Media	7.76	16.18	11.39
文教、工美、体育和娱乐用品制造业	Manufacture of Articles for Culture,Education and Sport Activity	0.06	2.69	1.68
石油加工、炼焦和核燃料加工业	Processing of Petroleum,Coking,Processing of Nucleus Fuel	116.96	63.33	116.85
化学原料和化学制品制造业	Manufacture of Chemical Raw Material and Chemical Products	74.20	81.55	154.48
医药制造业	Manufacture of Medicines	15.04	38.28	24.65
化学纤维制造业	Manufacture of Chemical Fiber	2.21	3.30	1.92
橡胶和塑料制品业	Manufacture of Rubber and Plastic	0.24	0.74	0.25
非金属矿物制品业	Manufacture of Non-metallic Mineral Products	208.70	128.24	236.13
黑色金属冶炼和压延加工业	Manufacture and Processing of Ferrous Metals	354.64	290.65	595.59
有色金属冶炼和压延加工业	Manufacture and Processing of Non-ferrous Metals	119.24	157.64	242.18
金属制品业	Manufacture of Metal Products	23.94	45.71	35.68
通用设备制造业	Manufacture of General Purpose Machinery	22.25	158.51	121.44
专用设备制造业	Manufacture of Special Purpose Machinery	91.88	767.02	606.03
汽车制造业	Automobile Industry	171.45	462.05	527.98
铁路、船舶、航空航天和其他运输设备制造业	Manufacture of Railway,Marine,Aerospace and Other Transport Equipment	121.86	723.44	496.16
电气机械和器材制造业	Manufacture of Electrical Machinery and Equipment	90.75	362.21	389.20
计算机、通信和其他电子设备制造业	Manufacture of Communication Equipment, Computer and Other Electronic Equipment	28.02	103.84	72.34
仪器仪表制造业	Manufacture of Measuring Instrument	1.69	14.09	10.84
其他制造业	Other Manufacture N.E.C	17.28	24.80	27.61
废弃资源综合利用业	Recycling and Disposal of Waste	1.93	0.82	1.29
金属制品、机械和设备修理业	Mental Products,Machine and Equipment Repair	2.33	3.52	4.45
电力、热力生产和供应业	Production and Supply of Electric Power and Heat Power	2114.39	240.40	1975.34
燃气生产和供应业	Production and Distribution of Gas	6.28	2.63	3.88
水的生产和供应业	Production and Distribution of Water	178.51	74.97	222.54

13-5 续表 3 continued

单位：亿元 (100 million yuan)

指 标	Item	实收资本 Assets Recevied	所有者权益 Paid-in capital	主营业务收入 Revenue of Major Business
总计	**Total**	**2124.21**	**4097.26**	**7593.69**
在总计中：	Of the Total			
亏损企业	Enterprises Running under Deficit	311.29	232.00	585.64
在总计中：	Of the Total			
中央企业	Central Enterprises	1112.04	2164.80	3555.11
地方企业	Local Enterprises	1012.17	1932.46	4038.59
在总计中：	Of the Total			
大型企业	Large Scale Enterprises	1240.75	2899.34	5555.27
中型企业	Medium Scale Enterprises	473.52	680.44	1196.00
小型企业	Small Enterprises	401.41	505.98	830.46
微型企业	Microenterprise	8.54	11.51	11.96
按行业分	Grouped by Sector			
煤炭开采和洗选业	Mining and Washing of Coal	9.84	18.00	34.94
石油和天然气开采业	Petroleum and Natural Gas Extraction			
黑色金属矿采选业	Mining of Ferrous Metal Ores			
有色金属矿采选业	Mining of Non-ferrous Metal Ores	33.82	44.70	56.73
非金属矿采选业	Mining and Processing of Nonmetal Ores	5.78	13.55	37.88
开采辅助活动	Mining of Other Ores N.E.C			
其他采矿业	Other Mining and Dressing			
农副食品加工业	Processing of Food from Agricultural Products	19.97	56.09	203.31
食品制造业	Manufacture of Foods	6.13	9.85	27.77
酒、饮料和精制茶制造业	Manufacture of Liquor, Beverage and Refined Tea	10.87	26.56	22.41
烟草制品业	Manufacture of Tobacco	74.86	718.78	856.47
纺织业	Manufacture of Textile	3.94	5.13	4.70
纺织服装、服饰业	Manufacture of Textile Wearing and Clothing Apparel	0.70	1.20	2.18
皮革、毛皮、羽毛及其制品和制鞋业	Leather, Fur, Feather and Its Products and Footwear	1.78	11.48	4.91
木材加工和木、竹、藤、棕、草制品业	Processing of Timbers, Manufacture of Wood, Bamboo, Rattan, Palm and Straw Products	0.14	-0.15	1.06
家具制造业	Manufacture of Furniture			
造纸和纸制品业	Manufacture of Paper and Paper Products	71.10	100.35	134.75
印刷和记录媒介复制业	Printing, Reproduction of Recording Media	3.84	15.82	32.66
文教、工美、体育和娱乐用品制造业	Manufacture of Articles for Culture,Education and Sport Activity	1.10	1.74	5.87
石油加工、炼焦和核燃料加工业	Processing of Petroleum,Coking,Processing of Nucleus Fuel	115.95	76.07	500.96
化学原料和化学制品制造业	Manufacture of Chemical Raw Material and Chemical Products	95.24	76.81	149.82
医药制造业	Manufacture of Medicines	11.36	36.71	68.67
化学纤维制造业	Manufacture of Chemical Fiber	1.65	5.32	5.31
橡胶和塑料制品业	Manufacture of Rubber and Plastic	0.32	1.35	1.27
非金属矿物制品业	Manufacture of Non-metallic Mineral Products	92.91	162.57	251.14
黑色金属冶炼和压延加工业	Manufacture and Processing of Ferrous Metals	119.93	196.21	822.69
有色金属冶炼和压延加工业	Manufacture and Processing of Non-ferrous Metals	120.63	101.63	478.76
金属制品业	Manufacture of Metal Products	15.21	43.80	119.56
通用设备制造业	Manufacture of General Purpose Machinery	26.36	87.49	131.38
专用设备制造业	Manufacture of Special Purpose Machinery	113.20	444.56	644.72
汽车制造业	Automobile Industry	162.07	203.46	703.07
铁路、船舶、航空航天和其他运输设备制造业	Manufacture of Railway,Marine,Aerospace and Other Transport Equipment	173.54	520.89	630.18
电气机械和器材制造业	Manufacture of Electrical Machinery and Equipment	103.57	154.39	237.68
计算机、通信和其他电子设备制造业	Manufacture of Communication Equipment, Computer and Other Electronic Equipment	48.82	101.01	94.37
仪器仪表制造业	Manufacture of Measuring Instrument	3.04	6.56	10.07
其他制造业	Other Manufacture N.E.C	4.31	16.00	23.70
废弃资源综合利用业	Recycling and Disposal of Waste	1.88	1.84	3.34
金属制品、机械和设备修理业	Mental Products,Machine and Equipment Repair	0.78	2.07	5.32
电力、热力生产和供应业	Production and Supply of Electric Power and Heat Power	625.07	732.98	1201.96
燃气生产和供应业	Production and Distribution of Gas	3.58	5.80	10.16
水的生产和供应业	Production and Distribution of Water	40.92	96.62	73.92

13-5 续表 4 continued

单位：亿元 (100 million yuan)

指 标	Item	主营业务成 本 Cost of Major Businese	利润总额 Total Profit
总计	**Total**	**5849.39**	**398.41**
在总计中：	Of the Total		
亏损企业	Enterprises Running under Deficit	534.66	-44.34
在总计中：	Of the Total		
中央企业	Central Enterprises	2430.54	209.83
地方企业	Local Enterprises	3418.85	188.58
在总计中：	Of the Total		
大型企业	Large Scale Enterprises	4192.24	274.27
中型企业	Medium Scale Enterprises	978.47	76.28
小型企业	Small Enterprises	669.07	47.32
微型企业	Microenterprise	9.62	0.55
按行业分	Grouped by Sector		
煤炭开采和洗选业	Mining and Washing of Coal	25.88	3.48
石油和天然气开采业	Petroleum and Natural Gas Extraction		
黑色金属矿采选业	Mining of Ferrous Metal Ores		
有色金属矿采选业	Mining of Non-ferrous Metal Ores	40.40	0.78
非金属矿采选业	Mining and Processing of Nonmetal Ores	28.39	1.60
开采辅助活动	Mining of Other Ores N.E.C		
其他采矿业	Other Mining and Dressing		
农副食品加工业	Processing of Food from Agricultural Products	181.96	3.96
食品制造业	Manufacture of Foods	24.96	0.42
酒、饮料和精制茶制造业	Manufacture of Liquor, Beverage and Refined Tea	12.15	2.63
烟草制品业	Manufacture of Tobacco	189.16	96.46
纺织业	Manufacture of Textile	4.52	-0.67
纺织服装、服饰业	Manufacture of Textile Wearing and Clothing Apparel	1.77	0.01
皮革、毛皮、羽毛及其制品和制鞋业	Leather, Fur, Feather and Its Products and Footwear	3.97	0.08
木材加工和木、竹、藤、棕、草制品业	Processing of Timbers, Manufacture of Wood, Bamboo, Rattan, Palm and Straw Products	0.83	0.04
家具制造业	Manufacture of Furniture		
造纸和纸制品业	Manufacture of Paper and Paper Products	106.75	1.80
印刷和记录媒介复制业	Printing, Reproduction of Recording Media	26.10	2.63
文教、工美、体育和娱乐用品制造业	Manufacture of Articles for Culture,Education and Sport Activity	4.96	0.24
石油加工、炼焦和核燃料加工业	Processing of Petroleum,Coking,Processing of Nucleus Fuel	360.40	12.06
化学原料和化学制品制造业	Manufacture of Chemical Raw Material and Chemical Products	124.78	3.10
医药制造业	Manufacture of Medicines	44.18	6.26
化学纤维制造业	Manufacture of Chemical Fiber	4.73	0.06
橡胶和塑料制品业	Manufacture of Rubber and Plastic	0.99	0.08
非金属矿物制品业	Manufacture of Non-metallic Mineral Products	190.30	22.30
黑色金属冶炼和压延加工业	Manufacture and Processing of Ferrous Metals	721.26	52.30
有色金属冶炼和压延加工业	Manufacture and Processing of Non-ferrous Metals	437.33	3.04
金属制品业	Manufacture of Metal Products	106.38	6.64
通用设备制造业	Manufacture of General Purpose Machinery	116.30	6.12
专用设备制造业	Manufacture of Special Purpose Machinery	571.64	15.94
汽车制造业	Automobile Industry	585.24	26.07
铁路、船舶、航空航天和其他运输设备制造业	Manufacture of Railway,Marine,Aerospace and Other Transport Equipment	474.51	73.08
电气机械和器材制造业	Manufacture of Electrical Machinery and Equipment	205.41	-0.47
计算机、通信和其他电子设备制造业	Manufacture of Communication Equipment, Computer and Other Electronic Equipment	74.59	16.85
仪器仪表制造业	Manufacture of Measuring Instrument	7.70	0.58
其他制造业	Other Manufacture N.E.C	19.02	1.00
废弃资源综合利用业	Recycling and Disposal of Waste	2.86	0.19
金属制品、机械和设备修理业	Mental Products,Machine and Equipment Repair	4.28	0.31
电力、热力生产和供应业	Production and Supply of Electric Power and Heat Power	1080.26	35.47
燃气生产和供应业	Production and Distribution of Gas	9.16	0.68
水的生产和供应业	Production and Distribution of Water	56.32	3.29

13-5 续表 5 continued

单位：亿元 (100 million yuan)

指 标	Item	本年应付职工薪酬 Total Sum of Wages Payable this Year	全部从业人员年平均人数(万人) Average Number of Empolyment of the Current Year (10 000persons)
总计	**Total**	**522.96**	**50.77**
在总计中：	Of the Total		
亏损企业	Enterprises Running under Deficit	57.23	7.26
在总计中：	Of the Total		
中央企业	Central Enterprises	272.91	21.97
地方企业	Local Enterprises	250.05	28.80
在总计中：	Of the Total		
大型企业	Large Scale Enterprises	382.35	30.40
中型企业	Medium Scale Enterprises	99.29	14.12
小型企业	Small Enterprises	41.07	6.09
微型企业	Microenterprise	0.25	0.15
按行业分	Grouped by Sector		
煤炭开采和洗选业	Mining and Washing of Coal	10.64	2.01
石油和天然气开采业	Petroleum and Natural Gas Extraction		
黑色金属矿采选业	Mining of Ferrous Metal Ores		
有色金属矿采选业	Mining of Non-ferrous Metal Ores	7.53	1.26
非金属矿采选业	Mining and Processing of Nonmetal Ores	2.31	0.29
开采辅助活动	Mining of Other Ores N.E.C		
其他采矿业	Other Mining and Dressing		
农副食品加工业	Processing of Food from Agricultural Products	6.66	1.31
食品制造业	Manufacture of Foods	1.73	0.48
酒、饮料和精制茶制造业	Manufacture of Liquor, Beverage and Refined Tea	2.82	0.46
烟草制品业	Manufacture of Tobacco	39.47	1.27
纺织业	Manufacture of Textile	1.12	0.26
纺织服装、服饰业	Manufacture of Textile Wearing and Clothing Apparel	0.22	0.03
皮革、毛皮、羽毛及其制品和制鞋业	Leather, Fur, Feather and Its Products and Footwear	2.20	0.21
木材加工和木、竹、藤、棕、草制品业	Processing of Timbers, Manufacture of Wood, Bamboo, Rattan, Palm and Straw Products	0.15	0.10
家具制造业	Manufacture of Furniture		
造纸和纸制品业	Manufacture of Paper and Paper Products	6.29	0.82
印刷和记录媒介复制业	Printing, Reproduction of Recording Media	2.14	0.30
文教、工美、体育和娱乐用品制造业	Manufacture of Articles for Culture,Education and Sport Activity	0.50	0.05
石油加工、炼焦和核燃料加工业	Processing of Petroleum,Coking,Processing of Nucleus Fuel	17.77	1.08
化学原料和化学制品制造业	Manufacture of Chemical Raw Material and Chemical Products	15.56	1.88
医药制造业	Manufacture of Medicines	5.21	0.62
化学纤维制造业	Manufacture of Chemical Fiber	0.16	0.06
橡胶和塑料制品业	Manufacture of Rubber and Plastic	0.19	0.03
非金属矿物制品业	Manufacture of Non-metallic Mineral Products	15.24	2.24
黑色金属冶炼和压延加工业	Manufacture and Processing of Ferrous Metals	32.05	2.65
有色金属冶炼和压延加工业	Manufacture and Processing of Non-ferrous Metals	22.28	2.90
金属制品业	Manufacture of Metal Products	5.65	0.90
通用设备制造业	Manufacture of General Purpose Machinery	9.73	1.37
专用设备制造业	Manufacture of Special Purpose Machinery	37.36	3.04
汽车制造业	Automobile Industry	32.45	3.84
铁路、船舶、航空航天和其他运输设备制造业	Manufacture of Railway,Marine,Aerospace and Other Transport Equipment	83.94	4.29
电气机械和器材制造业	Manufacture of Electrical Machinery and Equipment	17.38	2.15
计算机、通信和其他电子设备制造业	Manufacture of Communication Equipment, Computer and Other Electronic Equipment	8.12	0.90
仪器仪表制造业	Manufacture of Measuring Instrument	1.08	0.17
其他制造业	Other Manufacture N.E.C	2.08	0.59
废弃资源综合利用业	Recycling and Disposal of Waste	0.26	0.05
金属制品、机械和设备修理业	Mental Products,Machine and Equipment Repair	2.25	0.21
电力、热力生产和供应业	Production and Supply of Electric Power and Heat Power	116.23	10.97
燃气生产和供应业	Production and Distribution of Gas	0.53	0.05
水的生产和供应业	Production and Distribution of Water	13.64	1.94

13-5 续表 6 continued

单位：亿元 (100 million yuan)

指 标	Item	总资产贡献率(%) Ratio of Total Assets to Industrial Output Value (%)	成本费用利润率(%) Ratio of Profits to Industrial Cost(%)
总计	**Total**	**14.89**	**5.78**
在总计中：	Of the Total		
亏损企业	Enterprises Running under Deficit	-0.10	-6.36
在总计中：	Of the Total		
中央企业	Central Enterprises	22.43	7.23
地方企业	Local Enterprises	7.88	4.73
在总计中：	Of the Total		
大型企业	Large Scale Enterprises	17.92	5.52
中型企业	Medium Scale Enterprises	8.52	6.70
小型企业	Small Enterprises	7.39	6.12
微型企业	Microenterprise	3.87	4.67
按行业分	Grouped by Sector		
煤炭开采和洗选业	Mining and Washing of Coal	18.38	11.14
石油和天然气开采业	Petroleum and Natural Gas Extraction		
黑色金属矿采选业	Mining of Ferrous Metal Ores		
有色金属矿采选业	Mining of Non-ferrous Metal Ores	5.30	1.51
非金属矿采选业	Mining and Processing of Nonmetal Ores	21.28	4.53
开采辅助活动	Mining of Other Ores N.E.C		
其他采矿业	Other Mining and Dressing		
农副食品加工业	Processing of Food from Agricultural Products	6.99	1.99
食品制造业	Manufacture of Foods	3.52	1.53
酒、饮料和精制茶制造业	Manufacture of Liquor, Beverage and Refined Tea	15.64	14.27
烟草制品业	Manufacture of Tobacco	85.17	30.34
纺织业	Manufacture of Textile	-4.86	-12.71
纺织服装、服饰业	Manufacture of Textile Wearing and Clothing Apparel	4.35	0.34
皮革、毛皮、羽毛及其制品和制鞋业	Leather, Fur, Feather and Its Products and Footwear	2.33	1.58
木材加工和木、竹、藤、棕、草制品业	Processing of Timbers, Manufacture of Wood, Bamboo, Rattan, Palm and Straw Products	6.47	3.71
家具制造业	Manufacture of Furniture		
造纸和纸制品业	Manufacture of Paper and Paper Products	6.08	1.33
印刷和记录媒介复制业	Printing, Reproduction of Recording Media	15.99	8.93
文教、工美、体育和娱乐用品制造业	Manufacture of Articles for Culture,Education and Sport Activity	13.62	4.37
石油加工、炼焦和核燃料加工业	Processing of Petroleum,Coking,Processing of Nucleus Fuel	71.02	3.09
化学原料和化学制品制造业	Manufacture of Chemical Raw Material and Chemical Products	4.91	1.51
医药制造业	Manufacture of Medicines	20.31	10.00
化学纤维制造业	Manufacture of Chemical Fiber	3.49	1.23
橡胶和塑料制品业	Manufacture of Rubber and Plastic	10.12	6.64
非金属矿物制品业	Manufacture of Non-metallic Mineral Products	10.23	9.86
黑色金属冶炼和压延加工业	Manufacture and Processing of Ferrous Metals	12.80	5.88
有色金属冶炼和压延加工业	Manufacture and Processing of Non-ferrous Metals	5.11	0.63
金属制品业	Manufacture of Metal Products	11.45	5.85
通用设备制造业	Manufacture of General Purpose Machinery	4.41	4.75
专用设备制造业	Manufacture of Special Purpose Machinery	4.38	2.45
汽车制造业	Automobile Industry	10.52	3.92
铁路、船舶、航空航天和其他运输设备制造业	Manufacture of Railway,Marine,Aerospace and Other Transport Equipment	9.90	12.78
电气机械和器材制造业	Manufacture of Electrical Machinery and Equipment	1.93	-0.20
计算机、通信和其他电子设备制造业	Manufacture of Communication Equipment, Computer and Other Electronic Equipment	11.48	18.11
仪器仪表制造业	Manufacture of Measuring Instrument	5.28	6.02
其他制造业	Other Manufacture N.E.C	2.78	4.28
废弃资源综合利用业	Recycling and Disposal of Waste	9.18	6.04
金属制品、机械和设备修理业	Mental Products,Machine and Equipment Repair	6.78	6.15
电力、热力生产和供应业	Production and Supply of Electric Power and Heat Power	6.09	3.02
燃气生产和供应业	Production and Distribution of Gas	10.31	6.63
水的生产和供应业	Production and Distribution of Water	3.78	4.15

13-5 续表 7 continued

单位：亿元 (100 million yuan)

指 标	Item	产品销售率 (%) Proporting of Products Sold (%)	资产负债率 (%) Assets-Liability Ratio (%)
总计	**Total**	**97.64**	**60.99**
在总计中：	Of the Total		
亏损企业	Enterprises Running under Deficit	99.61	82.88
在总计中：	Of the Total		
中央企业	Central Enterprises	97.38	57.27
地方企业	Local Enterprises	97.87	64.45
在总计中：	Of the Total		
大型企业	Large Scale Enterprises	98.49	60.12
中型企业	Medium Scale Enterprises	93.94	61.86
小型企业	Small Enterprises	97.74	62.79
微型企业	Microenterprise	101.22	104.48
按行业分	Grouped by Sector		
煤炭开采和洗选业	Mining and Washing of Coal	99.50	61.74
石油和天然气开采业	Petroleum and Natural Gas Extraction		
黑色金属矿采选业	Mining of Ferrous Metal Ores		
有色金属矿采选业	Mining of Non-ferrous Metal Ores	99.90	59.93
非金属矿采选业	Mining and Processing of Nonmetal Ores	99.90	39.90
开采辅助活动	Mining of Other Ores N.E.C		
其他采矿业	Other Mining and Dressing		
农副食品加工业	Processing of Food from Agricultural Products	98.39	45.34
食品制造业	Manufacture of Foods	100.93	62.86
酒、饮料和精制茶制造业	Manufacture of Liquor, Beverage and Refined Tea	89.28	38.28
烟草制品业	Manufacture of Tobacco	102.53	16.30
纺织业	Manufacture of Textile	102.38	45.29
纺织服装、服饰业	Manufacture of Textile Wearing and Clothing Apparel	100.00	37.32
皮革、毛皮、羽毛及其制品和制鞋业	Leather, Fur, Feather and Its Products and Footwear	120.03	27.92
木材加工和木、竹、藤、棕、草制品业	Processing of Timbers, Manufacture of Wood, Bamboo, Rattan, Palm and Straw Products	134.02	118.09
家具制造业	Manufacture of Furniture		
造纸和纸制品业	Manufacture of Paper and Paper Products	94.97	64.68
印刷和记录媒介复制业	Printing, Reproduction of Recording Media	94.26	41.85
文教、工美、体育和娱乐用品制造业	Manufacture of Articles for Culture,Education and Sport Activity	56.87	49.16
石油加工、炼焦和核燃料加工业	Processing of Petroleum,Coking,Processing of Nucleus Fuel	90.37	60.57
化学原料和化学制品制造业	Manufacture of Chemical Raw Material and Chemical Products	88.27	71.10
医药制造业	Manufacture of Medicines	95.96	40.17
化学纤维制造业	Manufacture of Chemical Fiber	91.45	26.56
橡胶和塑料制品业	Manufacture of Rubber and Plastic	90.38	15.38
非金属矿物制品业	Manufacture of Non-metallic Mineral Products	98.65	59.23
黑色金属冶炼和压延加工业	Manufacture and Processing of Ferrous Metals	99.03	75.19
有色金属冶炼和压延加工业	Manufacture and Processing of Non-ferrous Metals	97.41	70.44
金属制品业	Manufacture of Metal Products	99.96	45.26
通用设备制造业	Manufacture of General Purpose Machinery	97.48	58.12
专用设备制造业	Manufacture of Special Purpose Machinery	98.67	57.68
汽车制造业	Automobile Industry	98.62	71.19
铁路、船舶、航空航天和其他运输设备制造业	Manufacture of Railway,Marine,Aerospace and Other Transport Equipment	94.65	48.78
电气机械和器材制造业	Manufacture of Electrical Machinery and Equipment	99.16	71.58
计算机、通信和其他电子设备制造业	Manufacture of Communication Equipment, Computer and Other Electronic Equipment	89.45	41.73
仪器仪表制造业	Manufacture of Measuring Instrument	99.81	62.30
其他制造业	Other Manufacture N.E.C	97.50	63.31
废弃资源综合利用业	Recycling and Disposal of Waste	99.41	41.25
金属制品、机械和设备修理业	Mental Products,Machine and Equipment Repair	99.70	68.30
电力、热力生产和供应业	Production and Supply of Electric Power and Heat Power	99.58	72.94
燃气生产和供应业	Production and Distribution of Gas	100.00	40.11
水的生产和供应业	Production and Distribution of Water	85.24	69.73

13–6 集体工业企业主要经济指标(2017年)
Major Economic Indications of Collective-owned Industrial Enterprises (2017)

单位：亿元 (100 million yuan)

指 标	Item	企业单位数（个）Number of Enterprises (unit)	#亏损企业 Loss-making Enterprises
总计	**Total**	**108**	**5**
在总计中：	Of the Total		
亏损企业	Enterprises Running under Deficit	5	5
在总计中：	Of the Total		
大型企业	Large Scale Enterprises	1	
中型企业	Medium Scale Enterprises	22	3
小型企业	Small Enterprises	78	2
微型企业	Microenterprise	7	
按行业分	Grouped by Sector		
煤炭开采和洗选业	Mining and Washing of Coal	35	1
石油和天然气开采业	Petroleum and Natural Gas Extraction		
黑色金属矿采选业	Mining of Ferrous Metal Ores	1	
有色金属矿采选业	Mining of Non–ferrous Metal Ores	1	
非金属矿采选业	Mining and Processing of Nonmetal Ores	4	
开采辅助活动	Mining Auxiliary Activities		
其他采矿业	Other Mining and Dressing		
农副食品加工业	Processing of Food from Agricultural Products	3	
食品制造业	Manufacture of Foods		
酒、饮料和精制茶制造业	Manufacture of Liquor, Beverage and Refined Tea	1	
烟草制品业	Manufacture of Tobacco		
纺织业	Manufacture of Textile		
纺织服装、服饰业	Manufacture of Textile Wearing and Clothing Apparel		
皮革、毛皮、羽毛及其制品和制鞋业	Leather, Fur, Feather and Its Products and Footwear		
木材加工和木、竹、藤、棕、草制品业	Processing of Timbers,Manufacture of Wood, Bamboo, Rattan, Palm and Straw Products	1	
家具制造业	Manufacture of Furniture		
造纸和纸制品业	Manufacture of Paper and Paper Products	3	
印刷和记录媒介复制业	Printing,Reproduction of Recording Media	4	
文教、工美、体育和娱乐用品制造业	Manufacture of Articles for Culture,Education and Sport Activity	2	
石油加工、炼焦和核燃料加工业	Processing of Petroleum,Coking,Processing of Nucleus Fuel		
化学原料和化学制品制造业	Manufacture of Chemical Raw Material and Chemical Products	8	2
医药制造业	Manufacture of Medicines	1	
化学纤维制造业	Manufacture of Chemical Fiber		
橡胶和塑料制品业	Manufacture of Rubber and Plastic	5	
非金属矿物制品业	Manufacture of Non–metallic Mineral Products	11	
黑色金属冶炼和压延加工业	Manufacture and Processing of Ferrous Metals	2	1
有色金属冶炼和压延加工业	Manufacture and Processing of Non–ferrous Metals	4	
金属制品业	Manufacture of Metal Products	2	
通用设备制造业	Manufacture of General Purpose Machinery	3	
专用设备制造业	Manufacture of Special Purpose Machinery	2	1
汽车制造业	Automobile Industry	3	
铁路、船舶、航空航天和其他运输设备制造业	Manufacture of Railway,Marine,Aerospace and Other Transport Equipment	2	
电气机械和器材制造业	Manufacture of Electrical Machinery and Equipment	2	
计算机、通信和其他电子设备制造业	Manufacture of Communication Equipment, Computer and Other Electronic Equipment		
仪器仪表制造业	Manufacture of Measuring Instrument	1	
其他制造业	Other Manufacture N.E.C		
废弃资源综合利用业	Recycling and Disposal of Waste	1	
金属制品、机械和设备修理业	Mental Products,Machine and Equipment Repair		
电力、热力生产和供应业	Production and Supply of Electric Power and Heat Power	4	
燃气生产和供应业	Production and Distribution of Gas		
水的生产和供应业	Production and Distribution of Water	2	

13-6 续表 1 continued

单位：亿元 (100 million yuan)

指 标	Item	工业销售产值 Output Value of Industrial Products Sales	出口交货值 Delivery Value for Export	资产总计 Total Assets
总计	**Total**	**157.60**	**3.87**	**70.87**
在总计中：	Of the Total			
亏损企业	Enterprises Running under Deficit	3.56		5.20
在总计中：	Of the Total			
大型企业	Large Scale Enterprises	9.17		3.48
中型企业	Medium Scale Enterprises	51.69	3.07	28.15
小型企业	Small Enterprises	92.69	0.80	37.70
微型企业	Microenterprise	4.05		1.54
按行业分	Grouped by Sector			
煤炭开采和洗选业	Mining and Washing of Coal	40.51	2.63	15.74
石油和天然气开采业	Petroleum and Natural Gas Extraction			
黑色金属矿采选业	Mining of Ferrous Metal Ores	0.24		0.15
有色金属矿采选业	Mining of Non-ferrous Metal Ores	1.42		0.31
非金属矿采选业	Mining and Processing of Nonmetal Ores	8.03		1.93
开采辅助活动	Mining Auxiliary Activities			
其他采矿业	Other Mining and Dressing			
农副食品加工业	Processing of Food from Agricultural Products	13.82		2.49
食品制造业	Manufacture of Foods			
酒、饮料和精制茶制造业	Manufacture of Liquor, Beverage and Refined Tea			0.23
烟草制品业	Manufacture of Tobacco			
纺织业	Manufacture of Textile			
纺织服装、服饰业	Manufacture of Textile Wearing and Clothing Apparel			
皮革、毛皮、羽毛及其制品和制鞋业	Leather, Fur, Feather and Its Products and Footwear			
木材加工和木、竹、藤、棕、草制品业	Processing of Timbers,Manufacture of Wood, Bamboo, Rattan, Palm and Straw Products	0.76	0.76	0.12
家具制造业	Manufacture of Furniture			
造纸和纸制品业	Manufacture of Paper and Paper Products	2.75		1.02
印刷和记录媒介复制业	Printing,Reproduction of Recording Media	3.84		4.14
文教、工美、体育和娱乐用品制造业	Manufacture of Articles for Culture,Education and Sport Activity	5.24		1.33
石油加工、炼焦和核燃料加工业	Processing of Petroleum,Coking,Processing of Nucleus Fuel			
化学原料和化学制品制造业	Manufacture of Chemical Raw Material and Chemical Products	11.18		1.47
医药制造业	Manufacture of Medicines	4.32		0.83
化学纤维制造业	Manufacture of Chemical Fiber			
橡胶和塑料制品业	Manufacture of Rubber and Plastic	2.34		1.56
非金属矿物制品业	Manufacture of Non-metallic Mineral Products	30.26	0.44	18.44
黑色金属冶炼和压延加工业	Manufacture and Processing of Ferrous Metals	5.76		4.11
有色金属冶炼和压延加工业	Manufacture and Processing of Non-ferrous Metals	6.42		1.25
金属制品业	Manufacture of Metal Products	2.50		0.38
通用设备制造业	Manufacture of General Purpose Machinery	1.68		1.60
专用设备制造业	Manufacture of Special Purpose Machinery	0.54		0.54
汽车制造业	Automobile Industry	2.61		1.86
铁路、船舶、航空航天和其他运输设备制造业	Manufacture of Railway,Marine,Aerospace and Other Transport Equipment	3.39		2.36
电气机械和器材制造业	Manufacture of Electrical Machinery and Equipment	0.29	0.03	1.33
计算机、通信和其他电子设备制造业	Manufacture of Communication Equipment, Computer and Other Electronic Equipment			
仪器仪表制造业	Manufacture of Measuring Instrument	1.04		0.68
其他制造业	Other Manufacture N.E.C			
废弃资源综合利用业	Recycling and Disposal of Waste	2.90		4.25
金属制品、机械和设备修理业	Mental Products,Machine and Equipment Repair			
电力、热力生产和供应业	Production and Supply of Electric Power and Heat Power	4.53		2.52
燃气生产和供应业	Production and Distribution of Gas			
水的生产和供应业	Production and Distribution of Water	1.25		0.25

13-6 续表 2 continued

单位：亿元 (100 million yuan)

指 标	Item	固定资产合计 Total Fixed Assets	流动资产合计 Circulating Funds	负债合计 Total Liabilities
总计	**Total**	**29.36**	**21.82**	**30.93**
在总计中：	Of the Total			
亏损企业	Enterprises Running under Deficit	1.18	2.36	4.83
在总计中：	Of the Total			
大型企业	Large Scale Enterprises	0.95	2.52	3.27
中型企业	Medium Scale Enterprises	11.89	9.34	13.45
小型企业	Small Enterprises	16.44	9.61	13.41
微型企业	Microenterprise	0.08	0.35	0.80
按行业分	Grouped by Sector			
煤炭开采和洗选业	Mining and Washing of Coal	6.69	4.91	7.21
石油和天然气开采业	Petroleum and Natural Gas Extraction			
黑色金属矿采选业	Mining of Ferrous Metal Ores	0.08	0.07	0.05
有色金属矿采选业	Mining of Non-ferrous Metal Ores	0.29	0.02	0.03
非金属矿采选业	Mining and Processing of Nonmetal Ores	1.48	0.19	0.36
开采辅助活动	Mining Auxiliary Activities			
其他采矿业	Other Mining and Dressing			
农副食品加工业	Processing of Food from Agricultural Products	0.76	0.17	0.54
食品制造业	Manufacture of Foods			
酒、饮料和精制茶制造业	Manufacture of Liquor, Beverage and Refined Tea	0.08	0.03	0.07
烟草制品业	Manufacture of Tobacco			
纺织业	Manufacture of Textile			
纺织服装、服饰业	Manufacture of Textile Wearing and Clothing Apparel			
皮革、毛皮、羽毛及其制品和制鞋业	Leather, Fur, Feather and Its Products and Footwear			
木材加工和木、竹、藤、棕、草制品业	Processing of Timbers,Manufacture of Wood, Bamboo, Rattan, Palm and Straw Products	0.04	0.06	0.11
家具制造业	Manufacture of Furniture			
造纸和纸制品业	Manufacture of Paper and Paper Products	0.50	0.31	0.16
印刷和记录媒介复制业	Printing,Reproduction of Recording Media	2.16	1.50	1.03
文教、工美、体育和娱乐用品制造业	Manufacture of Articles for Culture,Education and Sport Activity	1.01	0.32	0.63*
石油加工、炼焦和核燃料加工业	Processing of Petroleum,Coking,Processing of Nucleus Fuel			
化学原料和化学制品制造业	Manufacture of Chemical Raw Material and Chemical Products	0.54	0.47	0.34
医药制造业	Manufacture of Medicines	0.19	0.25	0.43
化学纤维制造业	Manufacture of Chemical Fiber			
橡胶和塑料制品业	Manufacture of Rubber and Plastic	0.30	1.07	0.65
非金属矿物制品业	Manufacture of Non-metallic Mineral Products	9.64	4.75	5.89
黑色金属冶炼和压延加工业	Manufacture and Processing of Ferrous Metals	0.42	2.05	3.84
有色金属冶炼和压延加工业	Manufacture and Processing of Non-ferrous Metals	0.61	0.21	0.48
金属制品业	Manufacture of Metal Products	0.05	0.32	0.21
通用设备制造业	Manufacture of General Purpose Machinery	0.52	0.64	0.54
专用设备制造业	Manufacture of Special Purpose Machinery	0.25	0.28	0.52
汽车制造业	Automobile Industry	0.48	0.76	0.69
铁路、船舶、航空航天和其他运输设备制造业	Manufacture of Railway,Marine,Aerospace and Other Transport Equipment	1.50	0.52	1.48
电气机械和器材制造业	Manufacture of Electrical Machinery and Equipment	0.04	0.30	0.28
计算机、通信和其他电子设备制造业	Manufacture of Communication Equipment, Computer and Other Electronic Equipment			
仪器仪表制造业	Manufacture of Measuring Instrument	0.35	0.33	0.20
其他制造业	Other Manufacture N.E.C			
废弃资源综合利用业	Recycling and Disposal of Waste	0.96	1.22	4.30
金属制品、机械和设备修理业	Mental Products,Machine and Equipment Repair			
电力、热力生产和供应业	Production and Supply of Electric Power and Heat Power	0.34	0.96	0.79
燃气生产和供应业	Production and Distribution of Gas			
水的生产和供应业	Production and Distribution of Water	0.05	0.10	0.09

13-6 续表 3 continued

单位：亿元 (100 million yuan)

指 标	Item	实收资本 Assets Recevied	所有者权益 Paid-in capital	主营业务收入 Revenue of Major Business
总计	**Total**	**18.57**	**38.85**	**168.92**
在总计中：	Of the Total			
亏损企业	Enterprises Running under Deficit	0.51	0.37	4.94
在总计中：	Of the Total			
大型企业	Large Scale Enterprises	0.12	0.21	10.95
中型企业	Medium Scale Enterprises	7.75	14.69	58.87
小型企业	Small Enterprises	10.53	23.78	92.58
微型企业	Microenterprise	0.16	0.16	6.52
按行业分	Grouped by Sector			
煤炭开采和洗选业	Mining and Washing of Coal	5.74	7.96	42.34
石油和天然气开采业	Petroleum and Natural Gas Extraction			
黑色金属矿采选业	Mining of Ferrous Metal Ores	0.05	0.10	0.24
有色金属矿采选业	Mining of Non-ferrous Metal Ores	0.09	0.27	1.42
非金属矿采选业	Mining and Processing of Nonmetal Ores	1.06	1.57	8.23
开采辅助活动	Mining Auxiliary Activities			
其他采矿业	Other Mining and Dressing			
农副食品加工业	Processing of Food from Agricultural Products	0.09	1.49	13.39
食品制造业	Manufacture of Foods			
酒、饮料和精制茶制造业	Manufacture of Liquor, Beverage and Refined Tea	0.16	0.16	1.06
烟草制品业	Manufacture of Tobacco			
纺织业	Manufacture of Textile			
纺织服装、服饰业	Manufacture of Textile Wearing and Clothing Apparel			
皮革、毛皮、羽毛及其制品和制鞋业	Leather, Fur, Feather and Its Products and Footwear			
木材加工和木、竹、藤、棕、草制品业	Processing of Timbers,Manufacture of Wood, Bamboo, Rattan, Palm and Straw Products	0.01	0.01	0.84
家具制造业	Manufacture of Furniture			
造纸和纸制品业	Manufacture of Paper and Paper Products	0.16	0.86	2.65
印刷和记录媒介复制业	Printing,Reproduction of Recording Media	0.89	3.11	4.73
文教、工美、体育和娱乐用品制造业	Manufacture of Articles for Culture,Education and Sport Activity	0.05	0.70	5.24
石油加工、炼焦和核燃料加工业	Processing of Petroleum,Coking,Processing of Nucleus Fuel			
化学原料和化学制品制造业	Manufacture of Chemical Raw Material and Chemical Products	0.63	1.14	13.16
医药制造业	Manufacture of Medicines	0.05	0.40	5.28
化学纤维制造业	Manufacture of Chemical Fiber			
橡胶和塑料制品业	Manufacture of Rubber and Plastic	0.52	0.83	5.32
非金属矿物制品业	Manufacture of Non-metallic Mineral Products	4.81	12.56	28.73
黑色金属冶炼和压延加工业	Manufacture and Processing of Ferrous Metals	0.27	0.27	6.90
有色金属冶炼和压延加工业	Manufacture and Processing of Non-ferrous Metals	0.25	0.76	6.46
金属制品业	Manufacture of Metal Products	0.12	0.17	2.50
通用设备制造业	Manufacture of General Purpose Machinery	0.53	1.06	1.67
专用设备制造业	Manufacture of Special Purpose Machinery	0.03	0.01	0.54
汽车制造业	Automobile Industry	0.25	1.17	6.54
铁路、船舶、航空航天和其他运输设备制造业	Manufacture of Railway,Marine,Aerospace and Other Transport Equipment	0.86	0.88	2.38
电气机械和器材制造业	Manufacture of Electrical Machinery and Equipment	0.56	1.05	0.30
计算机、通信和其他电子设备制造业	Manufacture of Communication Equipment, Computer and Other Electronic Equipment			
仪器仪表制造业	Manufacture of Measuring Instrument	0.16	0.47	1.04
其他制造业	Other Manufacture N.E.C			
废弃资源综合利用业	Recycling and Disposal of Waste	0.21	-0.05	2.41
金属制品、机械和设备修理业	Mental Products,Machine and Equipment Repair			
电力、热力生产和供应业	Production and Supply of Electric Power and Heat Power	0.99	1.73	4.45
燃气生产和供应业	Production and Distribution of Gas			
水的生产和供应业	Production and Distribution of Water	0.04	0.15	1.10

13-6 续表 4 continued

单位：亿元 (100 million yuan)

指　标	Item	主营业务成　本 Cost of Major Businese	利润总额 Total Profit
总计	**Total**	**145.38**	**7.73**
在总计中：	Of the Total		
亏损企业	Enterprises Running under Deficit	4.49	-0.08
在总计中：	Of the Total		
大型企业	Large Scale Enterprises	10.61	0.22
中型企业	Medium Scale Enterprises	50.28	2.51
小型企业	Small Enterprises	78.45	4.83
微型企业	Microenterprise	6.05	0.17
按行业分	Grouped by Sector		
煤炭开采和洗选业	Mining and Washing of Coal	38.68	1.40
石油和天然气开采业	Petroleum and Natural Gas Extraction		
黑色金属矿采选业	Mining of Ferrous Metal Ores	0.19	0.02
有色金属矿采选业	Mining of Non-ferrous Metal Ores	1.16	0.18
非金属矿采选业	Mining and Processing of Nonmetal Ores	7.67	0.27
开采辅助活动	Mining Auxiliary Activities		
其他采矿业	Other Mining and Dressing		
农副食品加工业	Processing of Food from Agricultural Products	11.70	0.12
食品制造业	Manufacture of Foods		
酒、饮料和精制茶制造业	Manufacture of Liquor, Beverage and Refined Tea	0.90	0.08
烟草制品业	Manufacture of Tobacco		
纺织业	Manufacture of Textile		
纺织服装、服饰业	Manufacture of Textile Wearing and Clothing Apparel		
皮革、毛皮、羽毛及其制品和制鞋业	Leather, Fur, Feather and Its Products and Footwear		
木材加工和木、竹、藤、棕、草制品业	Processing of Timbers,Manufacture of Wood, Bamboo, Rattan, Palm and Straw Products	0.79	0.01
家具制造业	Manufacture of Furniture		
造纸和纸制品业	Manufacture of Paper and Paper Products	2.24	0.10
印刷和记录媒介复制业	Printing,Reproduction of Recording Media	4.02	0.33
文教、工美、体育和娱乐用品制造业	Manufacture of Articles for Culture,Education and Sport Activity	4.34	0.45
石油加工、炼焦和核燃料加工业	Processing of Petroleum,Coking,Processing of Nucleus Fuel		
化学原料和化学制品制造业	Manufacture of Chemical Raw Material and Chemical Products	9.92	1.23
医药制造业	Manufacture of Medicines	3.66	0.04
化学纤维制造业	Manufacture of Chemical Fiber		
橡胶和塑料制品业	Manufacture of Rubber and Plastic	4.74	0.11
非金属矿物制品业	Manufacture of Non-metallic Mineral Products	23.42	1.72
黑色金属冶炼和压延加工业	Manufacture and Processing of Ferrous Metals	6.52	0.01
有色金属冶炼和压延加工业	Manufacture and Processing of Non-ferrous Metals	5.36	0.51
金属制品业	Manufacture of Metal Products	2.18	0.11
通用设备制造业	Manufacture of General Purpose Machinery	1.32	0.11
专用设备制造业	Manufacture of Special Purpose Machinery	0.44	0.01
汽车制造业	Automobile Industry	5.84	0.17
铁路、船舶、航空航天和其他运输设备制造业	Manufacture of Railway,Marine,Aerospace and Other Transport Equipment	2.11	0.13
电气机械和器材制造业	Manufacture of Electrical Machinery and Equipment	0.21	0.02
计算机、通信和其他电子设备制造业	Manufacture of Communication Equipment, Computer and Other Electronic Equipment		
仪器仪表制造业	Manufacture of Measuring Instrument	0.85	0.08
其他制造业	Other Manufacture N.E.C		
废弃资源综合利用业	Recycling and Disposal of Waste	2.12	0.25
金属制品、机械和设备修理业	Mental Products,Machine and Equipment Repair		
电力、热力生产和供应业	Production and Supply of Electric Power and Heat Power	4.03	0.21
燃气生产和供应业	Production and Distribution of Gas		
水的生产和供应业	Production and Distribution of Water	0.96	0.09

13-6 续表 5 continued

单位：亿元 (100 million yuan)

指 标	Item	本年应付职工薪酬 Total Sum of Wages Payable this Year	全部从业人员年平均人数（万人） Average Number of Empolyment of the Current Year (10 000persons)
总计	**Total**	**10.75**	**2.68**
在总计中：	Of the Total		
亏损企业	Enterprises Running under Deficit	0.66	0.22
在总计中：	Of the Total		
大型企业	Large Scale Enterprises	0.33	0.11
中型企业	Medium Scale Enterprises	4.66	1.32
小型企业	Small Enterprises	5.75	1.14
微型企业	Microenterprise	0.02	0.11
按行业分	Grouped by Sector		
煤炭开采和洗选业	Mining and Washing of Coal	3.32	0.81
石油和天然气开采业	Petroleum and Natural Gas Extraction		
黑色金属矿采选业	Mining of Ferrous Metal Ores	0.03	0.01
有色金属矿采选业	Mining of Non-ferrous Metal Ores	0.12	0.02
非金属矿采选业	Mining and Processing of Nonmetal Ores	0.33	0.07
开采辅助活动	Mining Auxiliary Activities		
其他采矿业	Other Mining and Dressing		
农副食品加工业	Processing of Food from Agricultural Products	0.39	0.20
食品制造业	Manufacture of Foods		
酒、饮料和精制茶制造业	Manufacture of Liquor, Beverage and Refined Tea	0.02	
烟草制品业	Manufacture of Tobacco		
纺织业	Manufacture of Textile		
纺织服装、服饰业	Manufacture of Textile Wearing and Clothing Apparel		
皮革、毛皮、羽毛及其制品和制鞋业	Leather, Fur, Feather and Its Products and Footwear		
木材加工和木、竹、藤、棕、草制品业	Processing of Timbers,Manufacture of Wood, Bamboo, Rattan, Palm and Straw Products	0.03	0.01
家具制造业	Manufacture of Furniture		
造纸和纸制品业	Manufacture of Paper and Paper Products	0.13	0.04
印刷和记录媒介复制业	Printing,Reproduction of Recording Media	0.51	0.15
文教、工美、体育和娱乐用品制造业	Manufacture of Articles for Culture,Education and Sport Activity	0.37	0.05
石油加工、炼焦和核燃料加工业	Processing of Petroleum,Coking,Processing of Nucleus Fuel		
化学原料和化学制品制造业	Manufacture of Chemical Raw Material and Chemical Products	0.54	0.11
医药制造业	Manufacture of Medicines	0.16	0.06
化学纤维制造业	Manufacture of Chemical Fiber		
橡胶和塑料制品业	Manufacture of Rubber and Plastic	0.66	0.13
非金属矿物制品业	Manufacture of Non-metallic Mineral Products	1.77	0.38
黑色金属冶炼和压延加工业	Manufacture and Processing of Ferrous Metals	0.47	0.14
有色金属冶炼和压延加工业	Manufacture and Processing of Non-ferrous Metals	0.27	0.07
金属制品业	Manufacture of Metal Products	0.08	0.02
通用设备制造业	Manufacture of General Purpose Machinery	0.16	0.03
专用设备制造业	Manufacture of Special Purpose Machinery	0.08	0.02
汽车制造业	Automobile Industry	0.04	0.08
铁路、船舶、航空航天和其他运输设备制造业	Manufacture of Railway,Marine,Aerospace and Other Transport Equipment	0.23	0.03
电气机械和器材制造业	Manufacture of Electrical Machinery and Equipment	0.09	0.02
计算机、通信和其他电子设备制造业	Manufacture of Communication Equipment, Computer and Other Electronic Equipment		
仪器仪表制造业	Manufacture of Measuring Instrument	0.13	0.02
其他制造业	Other Manufacture N.E.C		
废弃资源综合利用业	Recycling and Disposal of Waste	0.03	0.06
金属制品、机械和设备修理业	Mental Products,Machine and Equipment Repair		
电力、热力生产和供应业	Production and Supply of Electric Power and Heat Power	0.69	0.11
燃气生产和供应业	Production and Distribution of Gas		
水的生产和供应业	Production and Distribution of Water	0.11	0.02

13-6 续表 6 continued

单位：亿元 (100 million yuan)

指 标	Item	总资产贡献率 (%) Ratio of Total Assets to Industrial Output Value (%)	成本费用利润率 (%) Ratio of Profits to Industrial Cost (%)
总计	**Total**	**17.57**	**4.55**
在总计中：	Of the Total		
亏损企业	Enterprises Running under Deficit	5.16	-1.62
在总计中：	Of the Total		
大型企业	Large Scale Enterprises	8.96	2.02
中型企业	Medium Scale Enterprises	16.05	3.71
小型企业	Small Enterprises	19.41	5.67
微型企业	Microenterprise	19.64	2.70
按行业分	Grouped by Sector		
煤炭开采和洗选业	Mining and Washing of Coal	14.21	3.44
石油和天然气开采业	Petroleum and Natural Gas Extraction		
黑色金属矿采选业	Mining of Ferrous Metal Ores	22.55	9.89
有色金属矿采选业	Mining of Non-ferrous Metal Ores	71.28	14.87
非金属矿采选业	Mining and Processing of Nonmetal Ores	23.82	3.39
开采辅助活动	Mining Auxiliary Activities		
其他采矿业	Other Mining and Dressing		
农副食品加工业	Processing of Food from Agricultural Products	10.89	0.99
食品制造业	Manufacture of Foods		
酒、饮料和精制茶制造业	Manufacture of Liquor, Beverage and Refined Tea	60.00	8.33
烟草制品业	Manufacture of Tobacco		
纺织业	Manufacture of Textile		
纺织服装、服饰业	Manufacture of Textile Wearing and Clothing Apparel		
皮革、毛皮、羽毛及其制品和制鞋业	Leather, Fur, Feather and Its Products and Footwear		
木材加工和木、竹、藤、棕、草制品业	Processing of Timbers,Manufacture of Wood, Bamboo, Rattan, Palm and Straw Products	26.66	0.70
家具制造业	Manufacture of Furniture		
造纸和纸制品业	Manufacture of Paper and Paper Products	13.79	3.81
印刷和记录媒介复制业	Printing,Reproduction of Recording Media	10.98	7.24
文教、工美、体育和娱乐用品制造业	Manufacture of Articles for Culture,Education and Sport Activity	44.48	9.49
石油加工、炼焦和核燃料加工业	Processing of Petroleum,Coking,Processing of Nucleus Fuel		
化学原料和化学制品制造业	Manufacture of Chemical Raw Material and Chemical Products	105.71	10.42
医药制造业	Manufacture of Medicines	6.95	0.90
化学纤维制造业	Manufacture of Chemical Fiber		
橡胶和塑料制品业	Manufacture of Rubber and Plastic	16.98	1.83
非金属矿物制品业	Manufacture of Non-metallic Mineral Products	14.69	6.56
黑色金属冶炼和压延加工业	Manufacture and Processing of Ferrous Metals	7.69	0.13
有色金属冶炼和压延加工业	Manufacture and Processing of Non-ferrous Metals	63.91	8.65
金属制品业	Manufacture of Metal Products	60.19	4.57
通用设备制造业	Manufacture of General Purpose Machinery	12.05	7.24
专用设备制造业	Manufacture of Special Purpose Machinery	6.65	1.19
汽车制造业	Automobile Industry	22.77	2.70
铁路、船舶、航空航天和其他运输设备制造业	Manufacture of Railway,Marine,Aerospace and Other Transport Equipment	7.54	5.94
电气机械和器材制造业	Manufacture of Electrical Machinery and Equipment	2.45	5.42
计算机、通信和其他电子设备制造业	Manufacture of Communication Equipment, Computer and Other Electronic Equipment		
仪器仪表制造业	Manufacture of Measuring Instrument	21.56	8.59
其他制造业	Other Manufacture N.E.C		
废弃资源综合利用业	Recycling and Disposal of Waste	12.20	1.82
金属制品、机械和设备修理业	Mental Products,Machine and Equipment Repair		
电力、热力生产和供应业	Production and Supply of Electric Power and Heat Power	11.69	4.99
燃气生产和供应业	Production and Distribution of Gas		
水的生产和供应业	Production and Distribution of Water	49.61	8.92

13-6 续表 7 continued

单位：亿元 (100 million yuan)

指 标	Item	产品销售率 (%) Proportion of Products Sold (%)	资产负债率 (%) Assets-Liability Ratio (%)
总计	**Total**	**94.76**	**43.64**
在总计中：	Of the Total		
亏损企业	Enterprises Running under Deficit	93.22	92.89
在总计中：	Of the Total		
大型企业	Large Scale Enterprises	84.06	93.98
中型企业	Medium Scale Enterprises	90.81	47.79
小型企业	Small Enterprises	98.18	35.56
微型企业	Microenterprise	99.53	52.08
按行业分	Grouped by Sector		
煤炭开采和洗选业	Mining and Washing of Coal	95.86	45.83
石油和天然气开采业	Petroleum and Natural Gas Extraction		
黑色金属矿采选业	Mining of Ferrous Metal Ores	96.84	34.25
有色金属矿采选业	Mining of Non-ferrous Metal Ores	99.78	11.16
非金属矿采选业	Mining and Processing of Nonmetal Ores	100.00	18.79
开采辅助活动	Mining Auxiliary Activities		
其他采矿业	Other Mining and Dressing		
农副食品加工业	Processing of Food from Agricultural Products	99.86	21.88
食品制造业	Manufacture of Foods		
酒、饮料和精制茶制造业	Manufacture of Liquor, Beverage and Refined Tea		29.76
烟草制品业	Manufacture of Tobacco		
纺织业	Manufacture of Textile		
纺织服装、服饰业	Manufacture of Textile Wearing and Clothing Apparel		
皮革、毛皮、羽毛及其制品和制鞋业	Leather, Fur, Feather and Its Products and Footwear		
木材加工和木、竹、藤、棕、草制品业	Processing of Timbers,Manufacture of Wood, Bamboo, Rattan, Palm and Straw Products	90.47	91.99
家具制造业	Manufacture of Furniture		
造纸和纸制品业	Manufacture of Paper and Paper Products	99.09	15.50
印刷和记录媒介复制业	Printing,Reproduction of Recording Media	98.75	24.76
文教、工美、体育和娱乐用品制造业	Manufacture of Articles for Culture,Education and Sport Activity	97.51	47.16
石油加工、炼焦和核燃料加工业	Processing of Petroleum,Coking,Processing of Nucleus Fuel		
化学原料和化学制品制造业	Manufacture of Chemical Raw Material and Chemical Products	96.51	22.85
医药制造业	Manufacture of Medicines	100.00	51.55
化学纤维制造业	Manufacture of Chemical Fiber		
橡胶和塑料制品业	Manufacture of Rubber and Plastic	101.64	41.95
非金属矿物制品业	Manufacture of Non-metallic Mineral Products	99.24	31.93
黑色金属冶炼和压延加工业	Manufacture and Processing of Ferrous Metals	95.92	93.38
有色金属冶炼和压延加工业	Manufacture and Processing of Non-ferrous Metals	98.63	38.70
金属制品业	Manufacture of Metal Products	99.31	54.42
通用设备制造业	Manufacture of General Purpose Machinery	83.39	33.67
专用设备制造业	Manufacture of Special Purpose Machinery	100.00	97.50
汽车制造业	Automobile Industry	35.80	37.23
铁路、船舶、航空航天和其他运输设备制造业	Manufacture of Railway,Marine,Aerospace and Other Transport Equipment	87.08	62.62
电气机械和器材制造业	Manufacture of Electrical Machinery and Equipment	93.43	21.19
计算机、通信和其他电子设备制造业	Manufacture of Communication Equipment, Computer and Other Electronic Equipment		
仪器仪表制造业	Manufacture of Measuring Instrument	97.46	29.87
其他制造业	Other Manufacture N.E.C		
废弃资源综合利用业	Recycling and Disposal of Waste	96.99	101.24
金属制品、机械和设备修理业	Mental Products,Machine and Equipment Repair		
电力、热力生产和供应业	Production and Supply of Electric Power and Heat Power	99.17	31.43
燃气生产和供应业	Production and Distribution of Gas		
水的生产和供应业	Production and Distribution of Water	100.00	37.32

13-7 私营工业企业主要经济指标(2017年)
Major Economic Indications of Private Industrial Enterprises (2017)

单位：亿元 (100 million yuan)

指 标	Item	企业单位数(个) Number of Enterprises (unit)	#亏损企业 Loss-making Enterprises
总计	**Total**	**11514**	**490**
在总计中:	Of the Total		
亏损企业	Enterprises Running under Deficit	490	490
在总计中:	Of the Total		
大型企业	Large Scale Enterprises	89	5
中型企业	Medium Scale Enterprises	1289	33
小型企业	Small Enterprises	9619	395
微型企业	Microenterprise	517	57
按行业分	Grouped by Sector		
煤炭开采和洗选业	Mining and Washing of Coal	152	8
石油和天然气开采业	Petroleum and Natural Gas Extraction		
黑色金属矿采选业	Mining of Ferrous Metal Ores	45	2
有色金属矿采选业	Mining of Non-ferrous Metal Ores	107	10
非金属矿采选业	Mining and Processing of Nonmetal Ores	233	12
开采辅助活动	Mining Auxiliary Activities		
其他采矿业	Other Mining and Dressing	2	
农副食品加工业	Processing of Food from Agricultural Products	1209	48
食品制造业	Manufacture of Foods	349	19
酒、饮料和精制茶制造业	Manufacture of Liquor, Beverage and Refined Tea	385	9
烟草制品业	Manufacture of Tobacco	4	
纺织业	Manufacture of Textile	194	24
纺织服装、服饰业	Manufacture of Textile Wearing and Clothing Apparel	222	5
皮革、毛皮、羽毛及其制品和制鞋业	Leather, Fur, Feather and Its Products and Footwear	297	11
木材加工和木、竹、藤、棕、草制品业	Processing of Timbers,Manufacture of Wood, Bamboo, Rattan, Palm and Straw Products	384	8
家具制造业	Manufacture of Furniture	155	3
造纸和纸制品业	Manufacture of Paper and Paper Products	258	8
印刷和记录媒介复制业	Printing,Reproduction of Recording Media	214	4
文教、工美、体育和娱乐用品制造业	Manufacture of Articles for Culture,Education and Sport Activity	184	6
石油加工、炼焦和核燃料加工业	Processing of Petroleum,Coking,Processing of Nucleus Fuel	37	
化学原料和化学制品制造业	Manufacture of Chemical Raw Material and Chemical Products	1156	25
医药制造业	Manufacture of Medicines	238	12
化学纤维制造业	Manufacture of Chemical Fiber	8	
橡胶和塑料制品业	Manufacture of Rubber and Plastic	304	10
非金属矿物制品业	Manufacture of Non-metallic Mineral Products	1510	52
黑色金属冶炼和压延加工业	Manufacture and Processing of Ferrous Metals	296	19
有色金属冶炼和压延加工业	Manufacture and Processing of Non-ferrous Metals	322	17
金属制品业	Manufacture of Metal Products	495	23
通用设备制造业	Manufacture of General Purpose Machinery	622	35
专用设备制造业	Manufacture of Special Purpose Machinery	578	31
汽车制造业	Automobile Industry	211	15
铁路、船舶、航空航天和其他运输设备制造业	Manufacture of Railway,Marine,Aerospace and Other Transport Equipment	92	3
电气机械和器材制造业	Manufacture of Electrical Machinery and Equipment	489	24
计算机、通信和其他电子设备制造业	Manufacture of Communication Equipment, Computer and Other Electronic Equipment	389	26
仪器仪表制造业	Manufacture of Measuring Instrument	97	9
其他制造业	Other Manufacture N.E.C	70	1
废弃资源综合利用业	Recycling and Disposal of Waste	58	4
金属制品、机械和设备修理业	Mental Products,Machine and Equipment Repair	1	
电力、热力生产和供应业	Production and Supply of Electric Power and Heat Power	105	6
燃气生产和供应业	Production and Distribution of Gas	24	1
水的生产和供应业	Production and Distribution of Water	18	

13-7 续表 1 continued

单位：亿元 (100 million yuan)

指 标	Item	工业销售产值 Output Value of Industrial Products Sales	出口交货值 Delivery Value for Export	资产总计 Total Assets
总计	**Total**	**21647.86**	**575.19**	**10438.91**
在总计中：	Of the Total			
亏损企业	Enterprises Running under Deficit	431.50	12.54	465.98
在总计中：	Of the Total			
大型企业	Large Scale Enterprises	2018.87	108.95	2387.11
中型企业	Medium Scale Enterprises	5763.34	159.86	2805.66
小型企业	Small Enterprises	13608.96	305.00	5081.17
微型企业	Microenterprise	256.69	1.37	164.98
按行业分	Grouped by Sector			
煤炭开采和洗选业	Mining and Washing of Coal	163.67	0.25	118.15
石油和天然气开采业	Petroleum and Natural Gas Extraction			
黑色金属矿采选业	Mining of Ferrous Metal Ores	51.61		34.58
有色金属矿采选业	Mining of Non-ferrous Metal Ores	199.04	0.63	119.33
非金属矿采选业	Mining and Processing of Nonmetal Ores	222.65	0.26	89.51
开采辅助活动	Mining Auxiliary Activities			
其他采矿业	Other Mining and Dressing	1.00		0.55
农副食品加工业	Processing of Food from Agricultural Products	2445.33	16.14	802.64
食品制造业	Manufacture of Foods	816.02	3.62	328.76
酒、饮料和精制茶制造业	Manufacture of Liquor, Beverage and Refined Tea	531.38	16.18	203.70
烟草制品业	Manufacture of Tobacco	1.28		1.87
纺织业	Manufacture of Textile	491.69	6.41	223.36
纺织服装、服饰业	Manufacture of Textile Wearing and Clothing Apparel	237.51	2.39	120.04
皮革、毛皮、羽毛及其制品和制鞋业	Leather, Fur, Feather and Its Products and Footwear	428.77	28.03	92.66
木材加工和木、竹、藤、棕、草制品业	Processing of Timbers,Manufacture of Wood, Bamboo, Rattan, Palm and Straw Products	636.51	9.68	159.28
家具制造业	Manufacture of Furniture	261.31	2.31	69.65
造纸和纸制品业	Manufacture of Paper and Paper Products	487.93	14.27	176.71
印刷和记录媒介复制业	Printing,Reproduction of Recording Media	348.67	3.59	110.60
文教、工美、体育和娱乐用品制造业	Manufacture of Articles for Culture,Education and Sport Activity	284.16	16.14	77.08
石油加工、炼焦和核燃料加工业	Processing of Petroleum,Coking,Processing of Nucleus Fuel	117.53		97.55
化学原料和化学制品制造业	Manufacture of Chemical Raw Material and Chemical Products	1906.26	129.10	725.89
医药制造业	Manufacture of Medicines	760.47	14.97	280.26
化学纤维制造业	Manufacture of Chemical Fiber	16.20		7.11
橡胶和塑料制品业	Manufacture of Rubber and Plastic	475.98	2.32	217.07
非金属矿物制品业	Manufacture of Non-metallic Mineral Products	2222.50	80.40	1482.10
黑色金属冶炼和压延加工业	Manufacture and Processing of Ferrous Metals	553.81	5.50	162.27
有色金属冶炼和压延加工业	Manufacture and Processing of Non-ferrous Metals	1113.64	27.18	454.56
金属制品业	Manufacture of Metal Products	856.84	6.30	355.22
通用设备制造业	Manufacture of General Purpose Machinery	1277.22	17.75	468.85
专用设备制造业	Manufacture of Special Purpose Machinery	1925.02	98.93	1684.21
汽车制造业	Automobile Industry	471.73	4.00	425.62
铁路、船舶、航空航天和其他运输设备制造业	Manufacture of Railway,Marine,Aerospace and Other Transport Equipment	139.59	1.47	76.89
电气机械和器材制造业	Manufacture of Electrical Machinery and Equipment	1040.17	23.98	675.65
计算机、通信和其他电子设备制造业	Manufacture of Communication Equipment, Computer and Other Electronic Equipment	658.96	16.79	252.63
仪器仪表制造业	Manufacture of Measuring Instrument	130.82	1.91	74.83
其他制造业	Other Manufacture N.E.C	169.68	22.66	34.48
废弃资源综合利用业	Recycling and Disposal of Waste	64.45	1.89	34.41
金属制品、机械和设备修理业	Mental Products,Machine and Equipment Repair	0.42		0.35
电力、热力生产和供应业	Production and Supply of Electric Power and Heat Power	77.48	0.11	162.51
燃气生产和供应业	Production and Distribution of Gas	42.15		16.57
水的生产和供应业	Production and Distribution of Water	18.45		21.42

13-7 续表 2 continued

单位：亿元 (100 million yuan)

指 标	Item	固定资产合计 Total Fixed Assets	流动资产合计 Circulating Funds	负债合计 Total Liabilities
总计	**Total**	**4029.79**	**4290.22**	**4278.03**
在总计中：	Of the Total			
亏损企业	Enterprises Running under Deficit	157.81	234.50	333.01
在总计中：	Of the Total			
大型企业	Large Scale Enterprises	566.71	1295.95	1314.42
中型企业	Medium Scale Enterprises	1344.96	952.62	973.24
小型企业	Small Enterprises	2087.03	1978.59	1916.52
微型企业	Microenterprise	31.09	63.07	73.84
按行业分	Grouped by Sector			
煤炭开采和洗选业	Mining and Washing of Coal	53.60	26.94	45.65
石油和天然气开采业	Petroleum and Natural Gas Extraction			
黑色金属矿采选业	Mining of Ferrous Metal Ores	15.92	13.39	17.59
有色金属矿采选业	Mining of Non-ferrous Metal Ores	57.13	40.57	45.03
非金属矿采选业	Mining and Processing of Nonmetal Ores	38.40	27.29	33.24
开采辅助活动	Mining Auxiliary Activities			
其他采矿业	Other Mining and Dressing	0.24	0.31	0.26
农副食品加工业	Processing of Food from Agricultural Products	385.08	294.86	271.73
食品制造业	Manufacture of Foods	126.77	140.59	129.32
酒、饮料和精制茶制造业	Manufacture of Liquor, Beverage and Refined Tea	96.79	69.71	64.40
烟草制品业	Manufacture of Tobacco	0.60	0.64	0.42
纺织业	Manufacture of Textile	106.50	76.70	97.20
纺织服装、服饰业	Manufacture of Textile Wearing and Clothing Apparel	52.83	40.48	29.52
皮革、毛皮、羽毛及其制品和制鞋业	Leather, Fur, Feather and Its Products and Footwear	46.74	30.38	31.64
木材加工和木、竹、藤、棕、草制品业	Processing of Timbers,Manufacture of Wood, Bamboo, Rattan, Palm and Straw Products	82.69	47.18	47.17
家具制造业	Manufacture of Furniture	26.13	26.80	25.77
造纸和纸制品业	Manufacture of Paper and Paper Products	84.46	45.83	55.77
印刷和记录媒介复制业	Printing,Reproduction of Recording Media	49.22	44.56	43.32
文教、工美、体育和娱乐用品制造业	Manufacture of Articles for Culture,Education and Sport Activity	32.33	33.07	24.58
石油加工、炼焦和核燃料加工业	Processing of Petroleum,Coking,Processing of Nucleus Fuel	31.26	49.97	45.35
化学原料和化学制品制造业	Manufacture of Chemical Raw Material and Chemical Products	336.80	240.23	248.60
医药制造业	Manufacture of Medicines	119.58	113.65	101.01
化学纤维制造业	Manufacture of Chemical Fiber	1.73	1.58	2.08
橡胶和塑料制品业	Manufacture of Rubber and Plastic	100.47	68.54	70.33
非金属矿物制品业	Manufacture of Non-metallic Mineral Products	655.61	384.08	382.91
黑色金属冶炼和压延加工业	Manufacture and Processing of Ferrous Metals	79.98	51.83	63.45
有色金属冶炼和压延加工业	Manufacture and Processing of Non-ferrous Metals	157.47	232.70	227.44
金属制品业	Manufacture of Metal Products	142.45	130.57	142.16
通用设备制造业	Manufacture of General Purpose Machinery	170.40	226.22	198.55
专用设备制造业	Manufacture of Special Purpose Machinery	390.10	932.68	896.09
汽车制造业	Automobile Industry	123.72	245.35	326.61
铁路、船舶、航空航天和其他运输设备制造业	Manufacture of Railway,Marine,Aerospace and Other Transport Equipment	24.08	44.02	33.93
电气机械和器材制造业	Manufacture of Electrical Machinery and Equipment	201.76	379.03	309.09
计算机、通信和其他电子设备制造业	Manufacture of Communication Equipment, Computer and Other Electronic Equipment	87.15	115.94	98.12
仪器仪表制造业	Manufacture of Measuring Instrument	20.21	43.79	36.18
其他制造业	Other Manufacture N.E.C	12.92	13.03	9.88
废弃资源综合利用业	Recycling and Disposal of Waste	15.01	15.11	13.41
金属制品、机械和设备修理业	Mental Products,Machine and Equipment Repair	0.05	0.29	0.27
电力、热力生产和供应业	Production and Supply of Electric Power and Heat Power	83.36	31.47	90.78
燃气生产和供应业	Production and Distribution of Gas	9.48	4.51	7.11
水的生产和供应业	Production and Distribution of Water	10.78	6.36	12.03

13-7 续表 3 continued

单位：亿元 (100 million yuan)

指 标	Item	实收资本 Assets Recevied	所有者权益 Paid-in capital	主营业务收入 Revenue of Major Business
总计	**Total**	**2844.53**	**6115.16**	**21638.51**
在总计中：	Of the Total			
亏损企业	Enterprises Running under Deficit	120.96	132.61	400.91
在总计中：	Of the Total			
大型企业	Large Scale Enterprises	233.97	1072.68	2101.48
中型企业	Medium Scale Enterprises	893.51	1831.65	5733.51
小型企业	Small Enterprises	1582.36	3157.66	13555.58
微型企业	Microenterprise	134.69	53.16	247.94
按行业分	Grouped by Sector			
煤炭开采和洗选业	Mining and Washing of Coal	43.89	70.66	165.20
石油和天然气开采业	Petroleum and Natural Gas Extraction			
黑色金属矿采选业	Mining of Ferrous Metal Ores	9.68	16.58	51.63
有色金属矿采选业	Mining of Non-ferrous Metal Ores	51.77	74.30	194.77
非金属矿采选业	Mining and Processing of Nonmetal Ores	33.09	55.34	222.84
开采辅助活动	Mining Auxiliary Activities			
其他采矿业	Other Mining and Dressing	0.34	0.28	1.07
农副食品加工业	Processing of Food from Agricultural Products	259.27	528.09	2492.08
食品制造业	Manufacture of Foods	89.96	193.58	799.11
酒、饮料和精制茶制造业	Manufacture of Liquor, Beverage and Refined Tea	69.44	137.90	531.50
烟草制品业	Manufacture of Tobacco	0.83	1.44	1.28
纺织业	Manufacture of Textile	48.72	126.03	479.80
纺织服装、服饰业	Manufacture of Textile Wearing and Clothing Apparel	40.01	89.96	239.75
皮革、毛皮、羽毛及其制品和制鞋业	Leather, Fur, Feather and Its Products and Footwear	29.75	60.63	428.94
木材加工和木、竹、藤、棕、草制品业	Processing of Timbers,Manufacture of Wood, Bamboo, Rattan, Palm and Straw Products	55.21	110.23	620.69
家具制造业	Manufacture of Furniture	19.77	43.86	267.77
造纸和纸制品业	Manufacture of Paper and Paper Products	52.40	119.54	490.54
印刷和记录媒介复制业	Printing,Reproduction of Recording Media	29.27	66.32	347.49
文教、工美、体育和娱乐用品制造业	Manufacture of Articles for Culture,Education and Sport Activity	27.26	51.57	277.75
石油加工、炼焦和核燃料加工业	Processing of Petroleum,Coking,Processing of Nucleus Fuel	7.03	52.09	122.15
化学原料和化学制品制造业	Manufacture of Chemical Raw Material and Chemical Products	239.70	474.85	1879.11
医药制造业	Manufacture of Medicines	93.43	178.92	757.87
化学纤维制造业	Manufacture of Chemical Fiber	4.72	5.03	15.02
橡胶和塑料制品业	Manufacture of Rubber and Plastic	87.62	146.40	478.25
非金属矿物制品业	Manufacture of Non-metallic Mineral Products	547.75	1094.78	2199.24
黑色金属冶炼和压延加工业	Manufacture and Processing of Ferrous Metals	44.88	95.79	544.66
有色金属冶炼和压延加工业	Manufacture and Processing of Non-ferrous Metals	85.20	226.38	1117.06
金属制品业	Manufacture of Metal Products	89.37	211.52	845.69
通用设备制造业	Manufacture of General Purpose Machinery	94.41	268.13	1239.50
专用设备制造业	Manufacture of Special Purpose Machinery	167.13	783.66	1879.72
汽车制造业	Automobile Industry	155.66	97.85	586.08
铁路、船舶、航空航天和其他运输设备制造业	Manufacture of Railway,Marine,Aerospace and Other Transport Equipment	12.44	42.96	141.55
电气机械和器材制造业	Manufacture of Electrical Machinery and Equipment	199.04	364.38	1068.91
计算机、通信和其他电子设备制造业	Manufacture of Communication Equipment, Computer and Other Electronic Equipment	62.76	151.53	658.90
仪器仪表制造业	Manufacture of Measuring Instrument	19.74	38.46	120.98
其他制造业	Other Manufacture N.E.C	10.35	24.47	167.89
废弃资源综合利用业	Recycling and Disposal of Waste	8.28	20.99	66.21
金属制品、机械和设备修理业	Mental Products,Machine and Equipment Repair	0.05	0.08	0.42
电力、热力生产和供应业	Production and Supply of Electric Power and Heat Power	41.27	71.73	76.29
燃气生产和供应业	Production and Distribution of Gas	7.14	9.45	41.64
水的生产和供应业	Production and Distribution of Water	5.89	9.39	19.17

13-7 续表 4 continued

单位：亿元 (100 million yuan)

指标	Item	主营业务成本 Cost of Major Businese	利润总额 Total Profit
总计	**Total**	**17901.40**	**1152.43**
在总计中：	Of the Total		
亏损企业	Enterprises Running under Deficit	353.18	-16.67
在总计中：	Of the Total		
大型企业	Large Scale Enterprises	1683.13	121.87
中型企业	Medium Scale Enterprises	4604.13	364.14
小型企业	Small Enterprises	11399.76	655.74
微型企业	Microenterprise	214.39	10.68
按行业分	Grouped by Sector		
煤炭开采和洗选业	Mining and Washing of Coal	137.45	9.06
石油和天然气开采业	Petroleum and Natural Gas Extraction		
黑色金属矿采选业	Mining of Ferrous Metal Ores	44.62	2.32
有色金属矿采选业	Mining of Non-ferrous Metal Ores	156.54	12.69
非金属矿采选业	Mining and Processing of Nonmetal Ores	178.67	10.50
开采辅助活动	Mining Auxiliary Activities		
其他采矿业	Other Mining and Dressing	0.73	0.07
农副食品加工业	Processing of Food from Agricultural Products	2106.37	113.72
食品制造业	Manufacture of Foods	671.82	38.04
酒、饮料和精制茶制造业	Manufacture of Liquor, Beverage and Refined Tea	430.49	27.14
烟草制品业	Manufacture of Tobacco	0.61	0.24
纺织业	Manufacture of Textile	410.99	20.04
纺织服装、服饰业	Manufacture of Textile Wearing and Clothing Apparel	198.84	12.97
皮革、毛皮、羽毛及其制品和制鞋业	Leather, Fur, Feather and Its Products and Footwear	371.90	20.09
木材加工和木、竹、藤、棕、草制品业	Processing of Timbers,Manufacture of Wood, Bamboo, Rattan, Palm and Straw Products	533.29	32.71
家具制造业	Manufacture of Furniture	216.31	18.26
造纸和纸制品业	Manufacture of Paper and Paper Products	407.02	25.42
印刷和记录媒介复制业	Printing,Reproduction of Recording Media	282.52	26.24
文教、工美、体育和娱乐用品制造业	Manufacture of Articles for Culture,Education and Sport Activity	230.32	13.78
石油加工、炼焦和核燃料加工业	Processing of Petroleum,Coking,Processing of Nucleus Fuel	109.54	5.05
化学原料和化学制品制造业	Manufacture of Chemical Raw Material and Chemical Products	1529.52	107.39
医药制造业	Manufacture of Medicines	590.88	45.19
化学纤维制造业	Manufacture of Chemical Fiber	13.22	0.34
橡胶和塑料制品业	Manufacture of Rubber and Plastic	408.61	23.40
非金属矿物制品业	Manufacture of Non-metallic Mineral Products	1791.94	122.13
黑色金属冶炼和压延加工业	Manufacture and Processing of Ferrous Metals	471.17	28.42
有色金属冶炼和压延加工业	Manufacture and Processing of Non-ferrous Metals	908.08	40.04
金属制品业	Manufacture of Metal Products	705.67	61.04
通用设备制造业	Manufacture of General Purpose Machinery	1057.49	59.96
专用设备制造业	Manufacture of Special Purpose Machinery	1510.51	104.12
汽车制造业	Automobile Industry	478.80	33.88
铁路、船舶、航空航天和其他运输设备制造业	Manufacture of Railway,Marine,Aerospace and Other Transport Equipment	115.05	8.98
电气机械和器材制造业	Manufacture of Electrical Machinery and Equipment	892.39	63.09
计算机、通信和其他电子设备制造业	Manufacture of Communication Equipment, Computer and Other Electronic Equipment	536.89	30.70
仪器仪表制造业	Manufacture of Measuring Instrument	96.63	6.15
其他制造业	Other Manufacture N.E.C	145.36	12.49
废弃资源综合利用业	Recycling and Disposal of Waste	53.21	6.14
金属制品、机械和设备修理业	Mental Products,Machine and Equipment Repair	0.39	
电力、热力生产和供应业	Production and Supply of Electric Power and Heat Power	59.64	6.31
燃气生产和供应业	Production and Distribution of Gas	31.97	2.77
水的生产和供应业	Production and Distribution of Water	15.95	1.53

13-7 续表 5 continued

单位：亿元 (100 million yuan)

指 标	Item	本年应付职工薪酬 Total Sum of Wages Payable this Year	全部从业人员年平均人数（万人） Average Number of Empolyment of the Current Year (10 000persons)
总计	**Total**	**972.61**	**200.02**
在总计中：	Of the Total		
亏损企业	Enterprises Running under Deficit	28.04	6.42
在总计中：	Of the Total		
大型企业	Large Scale Enterprises	123.98	18.75
中型企业	Medium Scale Enterprises	332.52	69.55
小型企业	Small Enterprises	512.18	108.92
微型企业	Microenterprise	3.92	2.80
按行业分	Grouped by Sector		
煤炭开采和洗选业	Mining and Washing of Coal	13.29	3.06
石油和天然气开采业	Petroleum and Natural Gas Extraction		
黑色金属矿采选业	Mining of Ferrous Metal Ores	3.58	0.71
有色金属矿采选业	Mining of Non-ferrous Metal Ores	8.97	2.28
非金属矿采选业	Mining and Processing of Nonmetal Ores	12.21	2.85
开采辅助活动	Mining Auxiliary Activities		
其他采矿业	Other Mining and Dressing	0.22	0.04
农副食品加工业	Processing of Food from Agricultural Products	96.77	19.14
食品制造业	Manufacture of Foods	38.67	8.11
酒、饮料和精制茶制造业	Manufacture of Liquor, Beverage and Refined Tea	20.10	4.84
烟草制品业	Manufacture of Tobacco	0.06	0.02
纺织业	Manufacture of Textile	27.55	6.24
纺织服装、服饰业	Manufacture of Textile Wearing and Clothing Apparel	19.79	4.78
皮革、毛皮、羽毛及其制品和制鞋业	Leather, Fur, Feather and Its Products and Footwear	22.53	5.74
木材加工和木、竹、藤、棕、草制品业	Processing of Timbers,Manufacture of Wood, Bamboo, Rattan, Palm and Straw Products	28.71	6.83
家具制造业	Manufacture of Furniture	11.09	2.37
造纸和纸制品业	Manufacture of Paper and Paper Products	19.65	4.46
印刷和记录媒介复制业	Printing,Reproduction of Recording Media	14.68	2.88
文教、工美、体育和娱乐用品制造业	Manufacture of Articles for Culture,Education and Sport Activity	19.81	3.01
石油加工、炼焦和核燃料加工业	Processing of Petroleum,Coking,Processing of Nucleus Fuel	2.19	0.47
化学原料和化学制品制造业	Manufacture of Chemical Raw Material and Chemical Products	109.42	24.25
医药制造业	Manufacture of Medicines	20.63	4.07
化学纤维制造业	Manufacture of Chemical Fiber	1.28	0.23
橡胶和塑料制品业	Manufacture of Rubber and Plastic	19.33	4.04
非金属矿物制品业	Manufacture of Non-metallic Mineral Products	130.11	28.00
黑色金属冶炼和压延加工业	Manufacture and Processing of Ferrous Metals	15.44	3.89
有色金属冶炼和压延加工业	Manufacture and Processing of Non-ferrous Metals	24.00	5.21
金属制品业	Manufacture of Metal Products	37.34	8.15
通用设备制造业	Manufacture of General Purpose Machinery	40.80	8.30
专用设备制造业	Manufacture of Special Purpose Machinery	75.17	11.01
汽车制造业	Automobile Industry	37.13	4.36
铁路、船舶、航空航天和其他运输设备制造业	Manufacture of Railway,Marine,Aerospace and Other Transport Equipment	6.74	1.33
电气机械和器材制造业	Manufacture of Electrical Machinery and Equipment	37.40	7.59
计算机、通信和其他电子设备制造业	Manufacture of Communication Equipment, Computer and Other Electronic Equipment	28.19	6.60
仪器仪表制造业	Manufacture of Measuring Instrument	8.56	1.27
其他制造业	Other Manufacture N.E.C	10.25	1.73
废弃资源综合利用业	Recycling and Disposal of Waste	2.80	0.59
金属制品、机械和设备修理业	Mental Products,Machine and Equipment Repair	0.02	0.01
电力、热力生产和供应业	Production and Supply of Electric Power and Heat Power	5.62	1.10
燃气生产和供应业	Production and Distribution of Gas	1.36	0.25
水的生产和供应业	Production and Distribution of Water	1.17	0.23

13-7 续表 6 continued

单位：亿元 (100 million yuan)

指 标	Item	总资产贡献率 (%) Ratio of Total Assets to Industrial Output Value (%)	成本费用利润率 (%) Ratio of Profits to Industrial Cost (%)
总计	**Total**	**17.05**	**5.77**
在总计中：	Of the Total		
亏损企业	Enterprises Running under Deficit	-0.70	-4.10
在总计中：	Of the Total		
大型企业	Large Scale Enterprises	8.50	6.17
中型企业	Medium Scale Enterprises	20.02	6.95
小型企业	Small Enterprises	19.67	5.23
微型企业	Microenterprise	9.57	4.46
按行业分	Grouped by Sector		
煤炭开采和洗选业	Mining and Washing of Coal	11.87	6.04
石油和天然气开采业	Petroleum and Natural Gas Extraction		
黑色金属矿采选业	Mining of Ferrous Metal Ores	11.49	4.80
有色金属矿采选业	Mining of Non-ferrous Metal Ores	18.08	7.29
非金属矿采选业	Mining and Processing of Nonmetal Ores	19.79	5.06
开采辅助活动	Mining Auxiliary Activities		
其他采矿业	Other Mining and Dressing	49.53	7.53
农副食品加工业	Processing of Food from Agricultural Products	20.45	4.90
食品制造业	Manufacture of Foods	17.36	5.06
酒、饮料和精制茶制造业	Manufacture of Liquor, Beverage and Refined Tea	19.71	5.51
烟草制品业	Manufacture of Tobacco	18.57	24.57
纺织业	Manufacture of Textile	14.99	4.42
纺织服装、服饰业	Manufacture of Textile Wearing and Clothing Apparel	15.13	5.81
皮革、毛皮、羽毛及其制品和制鞋业	Leather, Fur, Feather and Its Products and Footwear	30.19	5.02
木材加工和木、竹、藤、棕、草制品业	Processing of Timbers,Manufacture of Wood, Bamboo, Rattan, Palm and Straw Products	29.47	5.68
家具制造业	Manufacture of Furniture	36.15	7.52
造纸和纸制品业	Manufacture of Paper and Paper Products	22.49	5.56
印刷和记录媒介复制业	Printing,Reproduction of Recording Media	32.37	8.32
文教、工美、体育和娱乐用品制造业	Manufacture of Articles for Culture,Education and Sport Activity	26.47	5.45
石油加工、炼焦和核燃料加工业	Processing of Petroleum,Coking,Processing of Nucleus Fuel	9.38	4.35
化学原料和化学制品制造业	Manufacture of Chemical Raw Material and Chemical Products	26.02	6.24
医药制造业	Manufacture of Medicines	28.23	6.44
化学纤维制造业	Manufacture of Chemical Fiber	14.10	2.38
橡胶和塑料制品业	Manufacture of Rubber and Plastic	16.42	5.23
非金属矿物制品业	Manufacture of Non-metallic Mineral Products	12.41	6.04
黑色金属冶炼和压延加工业	Manufacture and Processing of Ferrous Metals	27.71	5.59
有色金属冶炼和压延加工业	Manufacture and Processing of Non-ferrous Metals	14.27	4.11
金属制品业	Manufacture of Metal Products	23.48	7.84
通用设备制造业	Manufacture of General Purpose Machinery	20.44	5.15
专用设备制造业	Manufacture of Special Purpose Machinery	10.08	5.95
汽车制造业	Automobile Industry	12.98	6.26
铁路、船舶、航空航天和其他运输设备制造业	Manufacture of Railway,Marine,Aerospace and Other Transport Equipment	15.73	6.95
电气机械和器材制造业	Manufacture of Electrical Machinery and Equipment	13.82	6.28
计算机、通信和其他电子设备制造业	Manufacture of Communication Equipment, Computer and Other Electronic Equipment	17.97	5.18
仪器仪表制造业	Manufacture of Measuring Instrument	13.12	5.43
其他制造业	Other Manufacture N.E.C	43.48	8.14
废弃资源综合利用业	Recycling and Disposal of Waste	24.28	10.37
金属制品、机械和设备修理业	Mental Products,Machine and Equipment Repair	7.25	1.09
电力、热力生产和供应业	Production and Supply of Electric Power and Heat Power	6.76	9.14
燃气生产和供应业	Production and Distribution of Gas	22.14	7.46
水的生产和供应业	Production and Distribution of Water	10.50	8.75

13-7 续表 7 continued

单位：亿元 (100 million yuan)

指 标	Item	产品销售率 (%) Proportion of Products Sold (%)	资产负债率 (%) Assets-Liability Ratio (%)
总计	**Total**	**96.44**	**40.98**
在总计中：	Of the Total		
亏损企业	Enterprises Running under Deficit	93.84	71.47
在总计中：	Of the Total		
大型企业	Large Scale Enterprises	88.18	55.06
中型企业	Medium Scale Enterprises	97.29	34.69
小型企业	Small Enterprises	97.44	37.72
微型企业	Microenterprise	96.09	44.76
按行业分	Grouped by Sector		
煤炭开采和洗选业	Mining and Washing of Coal	98.86	38.64
石油和天然气开采业	Petroleum and Natural Gas Extraction		
黑色金属矿采选业	Mining of Ferrous Metal Ores	99.63	50.87
有色金属矿采选业	Mining of Non-ferrous Metal Ores	99.55	37.74
非金属矿采选业	Mining and Processing of Nonmetal Ores	98.63	37.14
开采辅助活动	Mining Auxiliary Activities		
其他采矿业	Other Mining and Dressing	96.29	48.19
农副食品加工业	Processing of Food from Agricultural Products	97.57	33.86
食品制造业	Manufacture of Foods	97.78	39.33
酒、饮料和精制茶制造业	Manufacture of Liquor, Beverage and Refined Tea	97.17	31.62
烟草制品业	Manufacture of Tobacco	100.00	22.76
纺织业	Manufacture of Textile	96.00	43.52
纺织服装、服饰业	Manufacture of Textile Wearing and Clothing Apparel	95.95	24.60
皮革、毛皮、羽毛及其制品和制鞋业	Leather, Fur, Feather and Its Products and Footwear	98.30	34.14
木材加工和木、竹、藤、棕、草制品业	Processing of Timbers,Manufacture of Wood, Bamboo, Rattan, Palm and Straw Products	98.02	29.62
家具制造业	Manufacture of Furniture	97.82	37.01
造纸和纸制品业	Manufacture of Paper and Paper Products	97.85	31.56
印刷和记录媒介复制业	Printing,Reproduction of Recording Media	97.16	39.17
文教、工美、体育和娱乐用品制造业	Manufacture of Articles for Culture,Education and Sport Activity	99.26	31.89
石油加工、炼焦和核燃料加工业	Processing of Petroleum,Coking,Processing of Nucleus Fuel	99.60	46.49
化学原料和化学制品制造业	Manufacture of Chemical Raw Material and Chemical Products	97.64	34.25
医药制造业	Manufacture of Medicines	95.03	36.04
化学纤维制造业	Manufacture of Chemical Fiber	96.18	29.30
橡胶和塑料制品业	Manufacture of Rubber and Plastic	96.63	32.40
非金属矿物制品业	Manufacture of Non-metallic Mineral Products	97.23	25.84
黑色金属冶炼和压延加工业	Manufacture and Processing of Ferrous Metals	98.78	39.10
有色金属冶炼和压延加工业	Manufacture and Processing of Non-ferrous Metals	98.96	50.04
金属制品业	Manufacture of Metal Products	97.47	40.02
通用设备制造业	Manufacture of General Purpose Machinery	98.02	42.35
专用设备制造业	Manufacture of Special Purpose Machinery	95.94	53.21
汽车制造业	Automobile Industry	67.98	76.74
铁路、船舶、航空航天和其他运输设备制造业	Manufacture of Railway,Marine,Aerospace and Other Transport Equipment	99.04	44.13
电气机械和器材制造业	Manufacture of Electrical Machinery and Equipment	95.36	45.75
计算机、通信和其他电子设备制造业	Manufacture of Communication Equipment, Computer and Other Electronic Equipment	97.39	38.84
仪器仪表制造业	Manufacture of Measuring Instrument	96.82	48.35
其他制造业	Other Manufacture N.E.C	98.89	28.64
废弃资源综合利用业	Recycling and Disposal of Waste	97.73	38.97
金属制品、机械和设备修理业	Mental Products,Machine and Equipment Repair	100.00	76.59
电力、热力生产和供应业	Production and Supply of Electric Power and Heat Power	96.43	55.86
燃气生产和供应业	Production and Distribution of Gas	98.72	42.94
水的生产和供应业	Production and Distribution of Water	93.99	56.17

13-8 外商投资和港澳台投资工业企业主要经济指标(2017年)
Main Indicators of Industrial Enterprises with Hong Kong, Taiwan and Foreign Funds (2017)

单位：亿元 (100 million yuan)

指 标	Item	企业单位数(个) Number of Enterprises (unit)	#亏损企业 Loss-making Enterprises
总计	**Total**	**525**	**53**
在总计中：	Of the Total		
亏损企业	Enterprises Running under Deficit	53	53
在总计中：	Of the Total		
大型企业	Large Scale Enterprises	46	2
中型企业	Medium Scale Enterprises	160	10
小型企业	Small Enterprises	301	38
微型企业	Microenterprise	18	3
按行业分	Grouped by Sector		
煤炭开采和洗选业	Mining and Washing of Coal	1	1
石油和天然气开采业	Petroleum and Natural Gas Extraction		
黑色金属矿采选业	Mining of Ferrous Metal Ores	2	
有色金属矿采选业	Mining of Non-ferrous Metal Ores	2	
非金属矿采选业	Mining and Processing of Nonmetal Ores	1	
开采辅助活动	Mining Auxiliary Activities		
其他采矿业	Other Mining and Dressing		
农副食品加工业	Processing of Food from Agricultural Products	36	3
食品制造业	Manufacture of Foods	23	1
酒、饮料和精制茶制造业	Manufacture of Liquor, Beverage and Refined Tea	21	6
烟草制品业	Manufacture of Tobacco		
纺织业	Manufacture of Textile	12	2
纺织服装、服饰业	Manufacture of Textile Wearing and Clothing Apparel	16	
皮革、毛皮、羽毛及其制品和制鞋业	Leather, Fur, Feather and Its Products and Footwear	45	1
木材加工和木、竹、藤、棕、草制品业	Processing of Timbers,Manufacture of Wood, Bamboo, Rattan, Palm and Straw Products	4	1
家具制造业	Manufacture of Furniture	3	
造纸和纸制品业	Manufacture of Paper and Paper Products	8	1
印刷和记录媒介复制业	Printing,Reproduction of Recording Media	9	
文教、工美、体育和娱乐用品制造业	Manufacture of Articles for Culture,Education and Sport Activity	20	2
石油加工、炼焦和核燃料加工业	Processing of Petroleum,Coking,Processing of Nucleus Fuel	1	1
化学原料和化学制品制造业	Manufacture of Chemical Raw Material and Chemical Products	45	5
医药制造业	Manufacture of Medicines	12	1
化学纤维制造业	Manufacture of Chemical Fiber	3	1
橡胶和塑料制品业	Manufacture of Rubber and Plastic	15	2
非金属矿物制品业	Manufacture of Non-metallic Mineral Products	33	2
黑色金属冶炼和压延加工业	Manufacture and Processing of Ferrous Metals	2	
有色金属冶炼和压延加工业	Manufacture and Processing of Non-ferrous Metals	11	3
金属制品业	Manufacture of Metal Products	10	2
通用设备制造业	Manufacture of General Purpose Machinery	18	2
专用设备制造业	Manufacture of Special Purpose Machinery	14	3
汽车制造业	Automobile Industry	43	5
铁路、船舶、航空航天和其他运输设备制造业	Manufacture of Railway,Marine,Aerospace and Other Transport Equipment	7	1
电气机械和器材制造业	Manufacture of Electrical Machinery and Equipment	19	3
计算机、通信和其他电子设备制造业	Manufacture of Communication Equipment, Computer and Other Electronic Equipment	42	2
仪器仪表制造业	Manufacture of Measuring Instrument	3	
其他制造业	Other Manufacture N.E.C		
废弃资源综合利用业	Recycling and Disposal of Waste	3	
金属制品、机械和设备修理业	Mental Products,Machine and Equipment Repair	1	
电力、热力生产和供应业	Production and Supply of Electric Power and Heat Power	18	2
燃气生产和供应业	Production and Distribution of Gas	10	
水的生产和供应业	Production and Distribution of Water	12	

13-8 续表 1 continued

单位：亿元 (100 million yuan)

指 标	Item	工业销售产值 Output Value of Industrial Products Sales	出口交货值 Delivery Value for Export	资产总计 Total Assets
总计	**Total**	**3526.38**	**445.57**	**2628.95**
在总计中：	Of the Total			
亏损企业	Enterprises Running under Deficit	110.28	47.21	119.76
在总计中：	Of the Total			
大型企业	Large Scale Enterprises	1832.50	349.80	1405.34
中型企业	Medium Scale Enterprises	950.11	74.67	725.53
小型企业	Small Enterprises	734.03	20.93	484.60
微型企业	Microenterprise	9.74	0.17	13.47
按行业分	Grouped by Sector			
煤炭开采和洗选业	Mining and Washing of Coal	0.26		0.26
石油和天然气开采业	Petroleum and Natural Gas Extraction			
黑色金属矿采选业	Mining of Ferrous Metal Ores	2.96		1.23
有色金属矿采选业	Mining of Non-ferrous Metal Ores	13.13		4.66
非金属矿采选业	Mining and Processing of Nonmetal Ores	0.91		0.33
开采辅助活动	Mining Auxiliary Activities			
其他采矿业	Other Mining and Dressing			
农副食品加工业	Processing of Food from Agricultural Products	178.09	0.57	105.76
食品制造业	Manufacture of Foods	132.97	3.80	67.36
酒、饮料和精制茶制造业	Manufacture of Liquor, Beverage and Refined Tea	57.11		55.22
烟草制品业	Manufacture of Tobacco			
纺织业	Manufacture of Textile	27.34	1.29	13.13
纺织服装、服饰业	Manufacture of Textile Wearing and Clothing Apparel	71.71	5.90	16.91
皮革、毛皮、羽毛及其制品和制鞋业	Leather, Fur, Feather and Its Products and Footwear	140.58	40.29	58.57
木材加工和木、竹、藤、棕、草制品业	Processing of Timbers,Manufacture of Wood, Bamboo, Rattan, Palm and Straw Products	7.96		2.70
家具制造业	Manufacture of Furniture	6.26		1.72
造纸和纸制品业	Manufacture of Paper and Paper Products	54.82		78.94
印刷和记录媒介复制业	Printing,Reproduction of Recording Media	23.28		18.66
文教、工美、体育和娱乐用品制造业	Manufacture of Articles for Culture,Education and Sport Activity	57.47	17.18	15.91
石油加工、炼焦和核燃料加工业	Processing of Petroleum,Coking,Processing of Nucleus Fuel	1.90		5.30
化学原料和化学制品制造业	Manufacture of Chemical Raw Material and Chemical Products	111.51	9.71	69.93
医药制造业	Manufacture of Medicines	37.17	1.81	38.54
化学纤维制造业	Manufacture of Chemical Fiber	11.92	1.93	7.79
橡胶和塑料制品业	Manufacture of Rubber and Plastic	33.03	5.53	32.92
非金属矿物制品业	Manufacture of Non-metallic Mineral Products	102.09	17.90	186.35
黑色金属冶炼和压延加工业	Manufacture and Processing of Ferrous Metals	4.86	2.88	4.16
有色金属冶炼和压延加工业	Manufacture and Processing of Non-ferrous Metals	139.80	0.40	21.81
金属制品业	Manufacture of Metal Products	28.77	0.57	19.55
通用设备制造业	Manufacture of General Purpose Machinery	75.62	0.07	33.60
专用设备制造业	Manufacture of Special Purpose Machinery	93.42	0.98	145.77
汽车制造业	Automobile Industry	742.93	18.92	493.62
铁路、船舶、航空航天和其他运输设备制造业	Manufacture of Railway,Marine,Aerospace and Other Transport Equipment	29.91	5.03	16.47
电气机械和器材制造业	Manufacture of Electrical Machinery and Equipment	94.78	10.44	87.44
计算机、通信和其他电子设备制造业	Manufacture of Communication Equipment, Computer and Other Electronic Equipment	1053.85	296.31	663.66
仪器仪表制造业	Manufacture of Measuring Instrument	65.14	4.05	102.43
其他制造业	Other Manufacture N.E.C			
废弃资源综合利用业	Recycling and Disposal of Waste	5.25		10.18
金属制品、机械和设备修理业	Mental Products,Machine and Equipment Repair	0.74		0.60
电力、热力生产和供应业	Production and Supply of Electric Power and Heat Power	59.41		144.10
燃气生产和供应业	Production and Distribution of Gas	46.36		75.37
水的生产和供应业	Production and Distribution of Water	13.05		27.99

13-8 续表 2 continued

单位：亿元 (100 million yuan)

指 标	Item	固定资产合 计 Total Fixed Assets	流动资产合 计 Circulating Funds	负债合计 Total Liabilities
总计	**Total**	**826.83**	**1300.07**	**1344.43**
在总计中：	Of the Total			
亏损企业	Enterprises Running under Deficit	52.93	45.93	88.52
在总计中：	Of the Total			
大型企业	Large Scale Enterprises	373.70	748.95	722.60
中型企业	Medium Scale Enterprises	281.25	346.25	345.72
小型企业	Small Enterprises	170.29	201.09	270.13
微型企业	Microenterprise	1.58	3.79	5.98
按行业分	Grouped by Sector			
煤炭开采和洗选业	Mining and Washing of Coal	0.02	0.16	0.25
石油和天然气开采业	Petroleum and Natural Gas Extraction			
黑色金属矿采选业	Mining of Ferrous Metal Ores	0.39	0.04	0.20
有色金属矿采选业	Mining of Non-ferrous Metal Ores	0.37	0.17	2.43
非金属矿采选业	Mining and Processing of Nonmetal Ores	0.16	0.15	0.13
开采辅助活动	Mining Auxiliary Activities			
其他采矿业	Other Mining and Dressing			
农副食品加工业	Processing of Food from Agricultural Products	18.97	54.05	45.38
食品制造业	Manufacture of Foods	22.01	37.82	30.46
酒、饮料和精制茶制造业	Manufacture of Liquor, Beverage and Refined Tea	23.23	20.31	26.07
烟草制品业	Manufacture of Tobacco			
纺织业	Manufacture of Textile	5.19	4.95	7.40
纺织服装、服饰业	Manufacture of Textile Wearing and Clothing Apparel	12.20	3.78	3.63
皮革、毛皮、羽毛及其制品和制鞋业	Leather, Fur, Feather and Its Products and Footwear	27.90	22.93	24.13
木材加工和木、竹、藤、棕、草制品业	Processing of Timbers,Manufacture of Wood, Bamboo, Rattan, Palm and Straw Products	1.42	0.29	1.02
家具制造业	Manufacture of Furniture	1.09	0.53	0.66
造纸和纸制品业	Manufacture of Paper and Paper Products	14.37	60.32	57.27
印刷和记录媒介复制业	Printing,Reproduction of Recording Media	5.28	11.54	4.97
文教、工美、体育和娱乐用品制造业	Manufacture of Articles for Culture,Education and Sport Activity	6.56	9.06	4.90
石油加工、炼焦和核燃料加工业	Processing of Petroleum,Coking,Processing of Nucleus Fuel	4.29	0.81	2.07
化学原料和化学制品制造业	Manufacture of Chemical Raw Material and Chemical Products	28.34	25.34	22.15
医药制造业	Manufacture of Medicines	10.33	21.32	10.62
化学纤维制造业	Manufacture of Chemical Fiber	5.21	2.06	6.60
橡胶和塑料制品业	Manufacture of Rubber and Plastic	17.05	11.57	7.07
非金属矿物制品业	Manufacture of Non-metallic Mineral Products	76.47	24.34	34.69
黑色金属冶炼和压延加工业	Manufacture and Processing of Ferrous Metals	2.37	1.63	2.58
有色金属冶炼和压延加工业	Manufacture and Processing of Non-ferrous Metals	6.20	11.95	11.38
金属制品业	Manufacture of Metal Products	8.43	8.87	8.98
通用设备制造业	Manufacture of General Purpose Machinery	11.84	12.97	12.09
专用设备制造业	Manufacture of Special Purpose Machinery	19.23	112.86	85.96
汽车制造业	Automobile Industry	145.42	272.31	285.28
铁路、船舶、航空航天和其他运输设备制造业	Manufacture of Railway,Marine,Aerospace and Other Transport Equipment	4.25	11.47	5.51
电气机械和器材制造业	Manufacture of Electrical Machinery and Equipment	16.51	62.97	39.25
计算机、通信和其他电子设备制造业	Manufacture of Communication Equipment, Computer and Other Electronic Equipment	182.43	368.69	384.38
仪器仪表制造业	Manufacture of Measuring Instrument	16.50	72.61	40.96
其他制造业	Other Manufacture N.E.C			
废弃资源综合利用业	Recycling and Disposal of Waste	7.40	1.40	5.07
金属制品、机械和设备修理业	Mental Products,Machine and Equipment Repair	0.06	0.55	0.40
电力、热力生产和供应业	Production and Supply of Electric Power and Heat Power	76.95	23.59	107.57
燃气生产和供应业	Production and Distribution of Gas	41.10	20.66	51.81
水的生产和供应业	Production and Distribution of Water	7.30	5.99	11.09

13-8 续表 3 continued

单位：亿元 (100 million yuan)

指 标	Item	实收资本 Assets Recevied	所有者权益 Paid-in capital	主营业务收 入 Revenue of Major Business
总计	**Total**	**790.10**	**1275.88**	**3466.59**
在总计中：	Of the Total			
亏损企业	Enterprises Running under Deficit	45.85	30.11	107.99
在总计中：	Of the Total			
大型企业	Large Scale Enterprises	309.18	679.79	1875.55
中型企业	Medium Scale Enterprises	237.65	378.69	851.76
小型企业	Small Enterprises	241.25	214.47	729.65
微型企业	Microenterprise	2.03	2.92	9.63
按行业分	Grouped by Sector			
煤炭开采和洗选业	Mining and Washing of Coal	0.20	0.01	0.26
石油和天然气开采业	Petroleum and Natural Gas Extraction			
黑色金属矿采选业	Mining of Ferrous Metal Ores	0.99	1.03	2.89
有色金属矿采选业	Mining of Non-ferrous Metal Ores	0.80	2.23	13.13
非金属矿采选业	Mining and Processing of Nonmetal Ores	0.08	0.20	0.92
开采辅助活动	Mining Auxiliary Activities			
其他采矿业	Other Mining and Dressing			
农副食品加工业	Processing of Food from Agricultural Products	21.17	60.38	163.88
食品制造业	Manufacture of Foods	17.25	36.89	80.28
酒、饮料和精制茶制造业	Manufacture of Liquor, Beverage and Refined Tea	96.74	28.02	57.29
烟草制品业	Manufacture of Tobacco			
纺织业	Manufacture of Textile	1.78	5.72	27.59
纺织服装、服饰业	Manufacture of Textile Wearing and Clothing Apparel	8.80	13.28	71.09
皮革、毛皮、羽毛及其制品和制鞋业	Leather, Fur, Feather and Its Products and Footwear	20.21	34.44	137.56
木材加工和木、竹、藤、棕、草制品业	Processing of Timbers,Manufacture of Wood, Bamboo, Rattan, Palm and Straw Products	1.69	1.68	8.23
家具制造业	Manufacture of Furniture	0.37	1.06	6.26
造纸和纸制品业	Manufacture of Paper and Paper Products	14.85	21.66	35.93
印刷和记录媒介复制业	Printing,Reproduction of Recording Media	3.83	13.70	24.31
文教、工美、体育和娱乐用品制造业	Manufacture of Articles for Culture,Education and Sport Activity	7.11	11.01	57.37
石油加工、炼焦和核燃料加工业	Processing of Petroleum,Coking,Processing of Nucleus Fuel	6.29	3.23	1.85
化学原料和化学制品制造业	Manufacture of Chemical Raw Material and Chemical Products	24.63	47.39	104.93
医药制造业	Manufacture of Medicines	12.12	26.65	35.26
化学纤维制造业	Manufacture of Chemical Fiber	0.62	1.18	11.99
橡胶和塑料制品业	Manufacture of Rubber and Plastic	23.28	25.86	32.13
非金属矿物制品业	Manufacture of Non-metallic Mineral Products	78.65	151.66	107.88
黑色金属冶炼和压延加工业	Manufacture and Processing of Ferrous Metals	0.70	1.58	4.86
有色金属冶炼和压延加工业	Manufacture and Processing of Non-ferrous Metals	5.05	8.84	146.11
金属制品业	Manufacture of Metal Products	8.12	10.58	19.16
通用设备制造业	Manufacture of General Purpose Machinery	17.38	21.51	67.06
专用设备制造业	Manufacture of Special Purpose Machinery	39.06	59.81	98.54
汽车制造业	Automobile Industry	149.23	208.34	777.16
铁路、船舶、航空航天和其他运输设备制造业	Manufacture of Railway,Marine,Aerospace and Other Transport Equipment	8.34	10.97	29.19
电气机械和器材制造业	Manufacture of Electrical Machinery and Equipment	39.37	48.00	90.20
计算机、通信和其他电子设备制造业	Manufacture of Communication Equipment, Computer and Other Electronic Equipment	107.17	275.22	1058.35
仪器仪表制造业	Manufacture of Measuring Instrument	6.08	61.47	65.30
其他制造业	Other Manufacture N.E.C			
废弃资源综合利用业	Recycling and Disposal of Waste	2.48	5.11	5.25
金属制品、机械和设备修理业	Mental Products,Machine and Equipment Repair	0.24	0.20	0.74
电力、热力生产和供应业	Production and Supply of Electric Power and Heat Power	43.51	36.54	55.21
燃气生产和供应业	Production and Distribution of Gas	8.41	23.56	56.34
水的生产和供应业	Production and Distribution of Water	13.49	16.90	12.10

13-8 续表 4 continued

单位：亿元 (100 million yuan)

指 标	Item	主营业务成 本 Cost of Major Businese	利润总额 Total Profit
总计	**Total**	**2927.43**	**201.40**
在总计中：	Of the Total		
亏损企业	Enterprises Running under Deficit	92.80	-7.65
在总计中：	Of the Total		
大型企业	Large Scale Enterprises	1602.89	100.20
中型企业	Medium Scale Enterprises	692.69	55.99
小型企业	Small Enterprises	623.66	44.52
微型企业	Microenterprise	8.18	0.69
按行业分	Grouped by Sector		
煤炭开采和洗选业	Mining and Washing of Coal	0.13	-0.03
石油和天然气开采业	Petroleum and Natural Gas Extraction		
黑色金属矿采选业	Mining of Ferrous Metal Ores	2.62	0.08
有色金属矿采选业	Mining of Non-ferrous Metal Ores	11.35	0.08
非金属矿采选业	Mining and Processing of Nonmetal Ores	0.61	0.10
开采辅助活动	Mining Auxiliary Activities		
其他采矿业	Other Mining and Dressing		
农副食品加工业	Processing of Food from Agricultural Products	146.33	7.51
食品制造业	Manufacture of Foods	65.57	5.41
酒、饮料和精制茶制造业	Manufacture of Liquor, Beverage and Refined Tea	43.81	3.05
烟草制品业	Manufacture of Tobacco		
纺织业	Manufacture of Textile	24.86	0.63
纺织服装、服饰业	Manufacture of Textile Wearing and Clothing Apparel	58.00	2.57
皮革、毛皮、羽毛及其制品和制鞋业	Leather, Fur, Feather and Its Products and Footwear	117.71	6.69
木材加工和木、竹、藤、棕、草制品业	Processing of Timbers,Manufacture of Wood, Bamboo, Rattan, Palm and Straw Products	7.94	0.04
家具制造业	Manufacture of Furniture	5.47	0.17
造纸和纸制品业	Manufacture of Paper and Paper Products	32.64	1.98
印刷和记录媒介复制业	Printing,Reproduction of Recording Media	18.88	3.14
文教、工美、体育和娱乐用品制造业	Manufacture of Articles for Culture,Education and Sport Activity	48.50	1.57
石油加工、炼焦和核燃料加工业	Processing of Petroleum,Coking,Processing of Nucleus Fuel	1.17	-0.28
化学原料和化学制品制造业	Manufacture of Chemical Raw Material and Chemical Products	82.83	11.28
医药制造业	Manufacture of Medicines	25.33	4.10
化学纤维制造业	Manufacture of Chemical Fiber	11.44	-0.18
橡胶和塑料制品业	Manufacture of Rubber and Plastic	27.08	1.68
非金属矿物制品业	Manufacture of Non-metallic Mineral Products	82.81	6.02
黑色金属冶炼和压延加工业	Manufacture and Processing of Ferrous Metals	3.84	0.49
有色金属冶炼和压延加工业	Manufacture and Processing of Non-ferrous Metals	141.86	1.08
金属制品业	Manufacture of Metal Products	15.64	1.19
通用设备制造业	Manufacture of General Purpose Machinery	57.30	9.33
专用设备制造业	Manufacture of Special Purpose Machinery	75.14	10.84
汽车制造业	Automobile Industry	638.42	41.86
铁路、船舶、航空航天和其他运输设备制造业	Manufacture of Railway,Marine,Aerospace and Other Transport Equipment	26.49	0.71
电气机械和器材制造业	Manufacture of Electrical Machinery and Equipment	74.56	5.18
计算机、通信和其他电子设备制造业	Manufacture of Communication Equipment, Computer and Other Electronic Equipment	942.36	42.90
仪器仪表制造业	Manufacture of Measuring Instrument	49.91	6.61
其他制造业	Other Manufacture N.E.C		
废弃资源综合利用业	Recycling and Disposal of Waste	2.89	1.87
金属制品、机械和设备修理业	Mental Products,Machine and Equipment Repair	0.69	
电力、热力生产和供应业	Production and Supply of Electric Power and Heat Power	32.73	13.78
燃气生产和供应业	Production and Distribution of Gas	42.46	8.01
水的生产和供应业	Production and Distribution of Water	8.05	1.97

13-8 续表 5 continued

单位：亿元 (100 million yuan)

指 标	Item	本年应付职工薪酬 Total Sum of Wages Payable this Year	全部从业人员年平均人数（万人） Average Number of Empolyment of the Current Year (10 000persons)
总计	**Total**	**234.84**	**32.98**
在总计中：	Of the Total		
亏损企业	Enterprises Running under Deficit	7.53	1.27
在总计中：	Of the Total		
大型企业	Large Scale Enterprises	153.92	18.34
中型企业	Medium Scale Enterprises	53.72	9.69
小型企业	Small Enterprises	26.98	4.79
微型企业	Microenterprise	0.22	0.15
按行业分	Grouped by Sector		
煤炭开采和洗选业	Mining and Washing of Coal	0.15	0.05
石油和天然气开采业	Petroleum and Natural Gas Extraction		
黑色金属矿采选业	Mining of Ferrous Metal Ores	0.17	0.03
有色金属矿采选业	Mining of Non-ferrous Metal Ores	0.12	0.07
非金属矿采选业	Mining and Processing of Nonmetal Ores	0.05	0.02
开采辅助活动	Mining Auxiliary Activities		
其他采矿业	Other Mining and Dressing		
农副食品加工业	Processing of Food from Agricultural Products	5.43	0.97
食品制造业	Manufacture of Foods	5.47	0.92
酒、饮料和精制茶制造业	Manufacture of Liquor, Beverage and Refined Tea	3.31	0.78
烟草制品业	Manufacture of Tobacco		
纺织业	Manufacture of Textile	1.63	0.35
纺织服装、服饰业	Manufacture of Textile Wearing and Clothing Apparel	5.36	0.82
皮革、毛皮、羽毛及其制品和制鞋业	Leather, Fur, Feather and Its Products and Footwear	20.48	4.76
木材加工和木、竹、藤、棕、草制品业	Processing of Timbers,Manufacture of Wood, Bamboo, Rattan, Palm and Straw Products	0.95	0.08
家具制造业	Manufacture of Furniture	0.20	0.05
造纸和纸制品业	Manufacture of Paper and Paper Products	1.56	0.29
印刷和记录媒介复制业	Printing,Reproduction of Recording Media	1.60	0.27
文教、工美、体育和娱乐用品制造业	Manufacture of Articles for Culture,Education and Sport Activity	2.45	0.73
石油加工、炼焦和核燃料加工业	Processing of Petroleum,Coking,Processing of Nucleus Fuel	0.37	0.02
化学原料和化学制品制造业	Manufacture of Chemical Raw Material and Chemical Products	4.63	0.98
医药制造业	Manufacture of Medicines	1.86	0.28
化学纤维制造业	Manufacture of Chemical Fiber	0.75	0.13
橡胶和塑料制品业	Manufacture of Rubber and Plastic	2.34	0.37
非金属矿物制品业	Manufacture of Non-metallic Mineral Products	13.46	2.85
黑色金属冶炼和压延加工业	Manufacture and Processing of Ferrous Metals	0.34	0.05
有色金属冶炼和压延加工业	Manufacture and Processing of Non-ferrous Metals	0.80	0.19
金属制品业	Manufacture of Metal Products	1.56	0.28
通用设备制造业	Manufacture of General Purpose Machinery	1.31	0.36
专用设备制造业	Manufacture of Special Purpose Machinery	4.29	0.58
汽车制造业	Automobile Industry	27.38	2.80
铁路、船舶、航空航天和其他运输设备制造业	Manufacture of Railway,Marine,Aerospace and Other Transport Equipment	2.66	0.26
电气机械和器材制造业	Manufacture of Electrical Machinery and Equipment	7.51	0.97
计算机、通信和其他电子设备制造业	Manufacture of Communication Equipment, Computer and Other Electronic Equipment	103.36	11.24
仪器仪表制造业	Manufacture of Measuring Instrument	3.72	0.47
其他制造业	Other Manufacture N.E.C		
废弃资源综合利用业	Recycling and Disposal of Waste	0.66	0.05
金属制品、机械和设备修理业	Mental Products,Machine and Equipment Repair	0.58	0.07
电力、热力生产和供应业	Production and Supply of Electric Power and Heat Power	2.96	0.28
燃气生产和供应业	Production and Distribution of Gas	3.84	0.37
水的生产和供应业	Production and Distribution of Water	1.49	0.17

13-8 续表 6 continued

单位：亿元 (100 million yuan)

指 标	Item	总资产贡献率 (%) Ratio of Total Assets to Industrial Output Value (%)	成本费用利润率 (%) Ratio of Profits to Industrial Cost (%)
总计	**Total**	**12.95**	**6.26**
在总计中：	Of the Total		
亏损企业	Enterprises Running under Deficit	-2.94	-6.87
在总计中：	Of the Total		
大型企业	Large Scale Enterprises	12.34	5.74
中型企业	Medium Scale Enterprises	12.59	7.21
小型企业	Small Enterprises	15.42	6.47
微型企业	Microenterprise	7.31	7.44
按行业分	Grouped by Sector		
煤炭开采和洗选业	Mining and Washing of Coal	-3.99	-11.35
石油和天然气开采业	Petroleum and Natural Gas Extraction		
黑色金属矿采选业	Mining of Ferrous Metal Ores	9.79	2.69
有色金属矿采选业	Mining of Non-ferrous Metal Ores	8.49	0.58
非金属矿采选业	Mining and Processing of Nonmetal Ores	36.57	12.38
开采辅助活动	Mining Auxiliary Activities		
其他采矿业	Other Mining and Dressing		
农副食品加工业	Processing of Food from Agricultural Products	11.87	4.78
食品制造业	Manufacture of Foods	14.62	7.18
酒、饮料和精制茶制造业	Manufacture of Liquor, Beverage and Refined Tea	11.42	5.45
烟草制品业	Manufacture of Tobacco		
纺织业	Manufacture of Textile	7.93	2.34
纺织服装、服饰业	Manufacture of Textile Wearing and Clothing Apparel	23.86	3.93
皮革、毛皮、羽毛及其制品和制鞋业	Leather, Fur, Feather and Its Products and Footwear	17.37	5.27
木材加工和木、竹、藤、棕、草制品业	Processing of Timbers,Manufacture of Wood, Bamboo, Rattan, Palm and Straw Products	7.71	0.51
家具制造业	Manufacture of Furniture	16.16	2.79
造纸和纸制品业	Manufacture of Paper and Paper Products	4.18	4.51
印刷和记录媒介复制业	Printing,Reproduction of Recording Media	23.52	14.77
文教、工美、体育和娱乐用品制造业	Manufacture of Articles for Culture,Education and Sport Activity	15.28	3.03
石油加工、炼焦和核燃料加工业	Processing of Petroleum,Coking,Processing of Nucleus Fuel	3.45	-13.42
化学原料和化学制品制造业	Manufacture of Chemical Raw Material and Chemical Products	23.52	12.31
医药制造业	Manufacture of Medicines	17.06	13.18
化学纤维制造业	Manufacture of Chemical Fiber	0.44	-1.50
橡胶和塑料制品业	Manufacture of Rubber and Plastic	9.08	5.71
非金属矿物制品业	Manufacture of Non-metallic Mineral Products	5.73	6.03
黑色金属冶炼和压延加工业	Manufacture and Processing of Ferrous Metals	12.93	11.07
有色金属冶炼和压延加工业	Manufacture and Processing of Non-ferrous Metals	27.14	0.74
金属制品业	Manufacture of Metal Products	11.36	6.57
通用设备制造业	Manufacture of General Purpose Machinery	30.28	15.08
专用设备制造业	Manufacture of Special Purpose Machinery	9.96	12.64
汽车制造业	Automobile Industry	18.87	5.89
铁路、船舶、航空航天和其他运输设备制造业	Manufacture of Railway,Marine,Aerospace and Other Transport Equipment	9.01	2.48
电气机械和器材制造业	Manufacture of Electrical Machinery and Equipment	9.02	6.09
计算机、通信和其他电子设备制造业	Manufacture of Communication Equipment, Computer and Other Electronic Equipment	9.49	4.31
仪器仪表制造业	Manufacture of Measuring Instrument	9.37	11.11
其他制造业	Other Manufacture N.E.C		
废弃资源综合利用业	Recycling and Disposal of Waste	25.60	50.82
金属制品、机械和设备修理业	Mental Products,Machine and Equipment Repair	11.30	0.29
电力、热力生产和供应业	Production and Supply of Electric Power and Heat Power	17.03	35.47
燃气生产和供应业	Production and Distribution of Gas	13.44	16.35
水的生产和供应业	Production and Distribution of Water	8.98	18.65

13-8 续表 7 continued

单位：亿元 (100 million yuan)

指 标	Item	产品销售率 (%) Proportion of Products Sold (%)	资产负债率 (%) Assets-Liability Ratio (%)
总计	**Total**	**98.00**	**51.14**
在总计中：	Of the Total		
亏损企业	Enterprises Running under Deficit	92.81	73.92
在总计中：	Of the Total		
大型企业	Large Scale Enterprises	99.05	51.42
中型企业	Medium Scale Enterprises	97.68	47.65
小型企业	Small Enterprises	95.82	55.74
微型企业	Microenterprise	100.61	44.36
按行业分	Grouped by Sector		
煤炭开采和洗选业	Mining and Washing of Coal	100.00	94.98
石油和天然气开采业	Petroleum and Natural Gas Extraction		
黑色金属矿采选业	Mining of Ferrous Metal Ores	100.00	16.17
有色金属矿采选业	Mining of Non-ferrous Metal Ores	100.00	52.20
非金属矿采选业	Mining and Processing of Nonmetal Ores	99.09	39.25
开采辅助活动	Mining Auxiliary Activities		
其他采矿业	Other Mining and Dressing		
农副食品加工业	Processing of Food from Agricultural Products	98.65	42.91
食品制造业	Manufacture of Foods	95.60	45.23
酒、饮料和精制茶制造业	Manufacture of Liquor, Beverage and Refined Tea	96.16	47.22
烟草制品业	Manufacture of Tobacco		
纺织业	Manufacture of Textile	95.17	56.40
纺织服装、服饰业	Manufacture of Textile Wearing and Clothing Apparel	99.86	21.47
皮革、毛皮、羽毛及其制品和制鞋业	Leather, Fur, Feather and Its Products and Footwear	97.52	41.20
木材加工和木、竹、藤、棕、草制品业	Processing of Timbers,Manufacture of Wood, Bamboo, Rattan, Palm and Straw Products	100.30	37.84
家具制造业	Manufacture of Furniture	100.00	38.27
造纸和纸制品业	Manufacture of Paper and Paper Products	98.98	72.56
印刷和记录媒介复制业	Printing,Reproduction of Recording Media	92.85	26.62
文教、工美、体育和娱乐用品制造业	Manufacture of Articles for Culture,Education and Sport Activity	100.13	30.80
石油加工、炼焦和核燃料加工业	Processing of Petroleum,Coking,Processing of Nucleus Fuel	100.00	39.09
化学原料和化学制品制造业	Manufacture of Chemical Raw Material and Chemical Products	95.34	31.68
医药制造业	Manufacture of Medicines	96.33	27.55
化学纤维制造业	Manufacture of Chemical Fiber	94.24	84.83
橡胶和塑料制品业	Manufacture of Rubber and Plastic	99.65	21.47
非金属矿物制品业	Manufacture of Non-metallic Mineral Products	94.44	18.62
黑色金属冶炼和压延加工业	Manufacture and Processing of Ferrous Metals	97.26	62.00
有色金属冶炼和压延加工业	Manufacture and Processing of Non-ferrous Metals	94.22	52.16
金属制品业	Manufacture of Metal Products	94.97	45.91
通用设备制造业	Manufacture of General Purpose Machinery	98.95	35.99
专用设备制造业	Manufacture of Special Purpose Machinery	96.65	58.97
汽车制造业	Automobile Industry	98.94	57.79
铁路、船舶、航空航天和其他运输设备制造业	Manufacture of Railway,Marine,Aerospace and Other Transport Equipment	91.99	33.43
电气机械和器材制造业	Manufacture of Electrical Machinery and Equipment	97.93	44.89
计算机、通信和其他电子设备制造业	Manufacture of Communication Equipment, Computer and Other Electronic Equipment	100.01	57.92
仪器仪表制造业	Manufacture of Measuring Instrument	94.50	39.99
其他制造业	Other Manufacture N.E.C		
废弃资源综合利用业	Recycling and Disposal of Waste	100.00	49.81
金属制品、机械和设备修理业	Mental Products,Machine and Equipment Repair	100.00	66.95
电力、热力生产和供应业	Production and Supply of Electric Power and Heat Power	98.01	74.65
燃气生产和供应业	Production and Distribution of Gas	84.79	68.74
水的生产和供应业	Production and Distribution of Water	98.89	39.62

13-9 规模以上大中型工业企业主要经济指标及在工业中的地位(2017年)

指　标	Item	企业单位数（个）Number of Enterprises (unit)	在工业中的地位(%) Status in Industry (%)
总计	**Total**	**2270**	**14.93**
按登记注册类型:	**Grouped by Registration**		
内资企业	Internal-invested Enterprises	2064	14.06
国有企业	State-owned Enterprises	52	36.62
集体企业	Collective-owned Enterprises	23	21.30
股份合作企业	Enterprises Cooperated by Joint-stock	1	9.09
联营企业	Cooperative Enterprises	3	37.50
有限责任公司	Limited Liability Company	458	19.58
股份有限公司	Company Limited by Shares	140	29.85
私营企业	Individual-owned Enterprises	1378	11.97
其他企业	Enterprises of Other Types of Ownership	9	10.59
港、澳、台投资企业	Enterprises Funded by Entrepreneurs From Hong Kong, Macao and Taiwan	127	39.94
外商投资企业	Enterprises funded by Foreigners	79	38.16
按经济组织类型:	**Grouped by Ownership**		
独资企业	Enterprises Owned by a Sole Investor	270	26.29
合作、合伙企业	Enterprises of Partnership	102	21.07
股份有限公司	Company Limited by Shares	298	26.00
有限责任公司	Limited Liability Company	1600	12.76
按行业划分:	**Grouped by Sector**		
煤炭开采和洗选业	Mining and Washing of Coal	48	19.20
石油和天然气开采业	Petroleum and Natural Gas Extraction		
黑色金属矿采选业	Mining of Ferrous Metal Ores	5	8.77
有色金属矿采选业	Mining of Non-ferrous Metal Ores	33	21.02
非金属矿采选业	Mining and Processing of Nonmetal Ores	19	6.57
开采辅助活动	Mining Auxiliary Activities		
其他采矿业	Other Mining and Dressing		

Main Indicators of Large and Medium-sized Industrial Enterprises above Designated Size & Percentage of Industry Total (2017)

全部从业人员年平均人数（万人）Average Number of Employees (10 000 persons)	在工业中的地位(%) Status in Industry (%)	固定资产原价（亿元）Original Value of Fixed Assets (100 million yuan)	在工业中的地位(%) Status in Industry (%)	利润总额（亿元）Total Profits (100 million yuan)	在工业中的地位(%) Status in Industry (%)
186.86	**55.63**	**11167.15**	**69.03**	**1185.08**	**56.59**
158.83	52.44	10082.09	68.50	1028.89	54.36
11.64	88.12	2103.36	96.38	110.89	95.54
1.43	53.36	19.36	46.63	2.73	35.32
0.04	28.57	0.28	27.18		
0.14	66.67	2.46	55.28	0.42	64.62
39.87	62.80	3334.01	69.87	285.26	67.27
16.95	78.18	1860.73	86.91	142.46	79.13
88.3	44.15	2757.82	49.64	486.01	42.17
0.45	30.82	4.06	19.65	1.12	10.81
20.2	88.29	702.71	84.95	87.95	82.20
7.83	77.60	382.35	60.53	68.24	72.28
29.5	74.34	2525.85	90.36	173.55	78.84
6.05	54.50	110.38	54.03	15.21	35.63
33.36	74.23	2283.25	82.21	249.24	74.29
117.96	49.12	6247.67	60.07	747.08	49.95
3.49	50.51	54.95	40.97	3.85	19.61
0.15	17.24	3.3	13.45	0.58	15.68
2.69	62.56	102.96	66.16	8.87	54.25
1.12	26.86	32.94	36.87	3.33	21.25

13-9 续表

指 标	Item	企业单位数（个）Number of Enterprises (unit)	在工业中的地位 (%) Status in Industry (%)
农副食品加工业	Processing of Food from Agricultural Products	172	11.18
食品制造业	Manufacture of Foods	86	18.86
酒、饮料和精制茶制造业	Manufacture of Liquor, Beverage and Refined Tea	44	8.76
烟草制品业	Manufacture of Tobacco	6	50.00
纺织业	Manufacture of Textile	93	36.90
纺织服装、服饰业	Manufacture of Textile Wearing and Clothing Apparel	51	19.92
皮革、毛皮、羽毛及其制品和制鞋业	Leather, Fur, Feather and Its Products and Footwear	85	23.68
木材加工和木、竹、藤、棕、草制品业	Processing of Timbers, Manufacture of Wood, Bamboo, Rattan, Palm and Straw Products	70	16.13
家具制造业	Manufacture of Furniture	20	11.36
造纸和纸制品业	Manufacture of Paper and Paper Products	42	13.29
印刷和记录媒介复制业	Printing,Reproduction of Recording Media	29	11.20
文教、工美、体育和娱乐用品制造业	Manufacture of Articles for Culture, Education and Sport Activity	36	15.86
石油加工、炼焦和核燃料加工业	Processing of Petroleum,Coking, Processing of Nucleus Fuel	7	13.21
化学原料和化学制品制造业	Manufacture of Chemical Raw Material and Chemical Products	272	18.27
医药制造业	Manufacture of Medicines	65	19.12
化学纤维制造业	Manufacture of Chemical Fiber	3	23.08
橡胶和塑料制品业	Manufacture of Rubber and Plastic	25	6.44
非金属矿物制品业	Manufacture of Non-metallic Mineral Products	293	15.17
黑色金属冶炼和压延加工业	Manufacture and Processing of Ferrous Metals	28	7.95
有色金属冶炼和压延加工业	Manufacture and Processing of Non-ferrous Metals	71	16.03
金属制品业	Manufacture of Metal Products	70	11.27
通用设备制造业	Manufacture of General Purpose Machinery	77	9.49
专用设备制造业	Manufacture of Special Purpose Machinery	84	11.43
汽车制造业	Automobile Industry	80	22.16
铁路、船舶、航空航天和其他运输设备制造业	Manufacture of Railway, Marine, Aerospace and Other Transport Equipment	30	19.11
电气机械和器材制造业	Manufacture of Electrical Machinery and Equipment	93	14.31
计算机、通信和其他电子设备制造业	Manufacture of Communication Equipment, Computer and Other Electronic Equipment	111	21.06
仪器仪表制造业	Manufacture of Measuring Instrument	14	10.77
其他制造业	Other Manufacture N.E.C	19	21.11
废弃资源综合利用业	Recycling and Disposal of Waste	4	5.00
金属制品、机械和设备修理业	Mental Products,Machine and Equipment Repair	2	40.00
电力、热力生产和供应业	Production and Supply of Electric Power and Heat Power	58	18.13
燃气生产和供应业	Production and Distribution of Gas	5	10.64
水的生产和供应业	Production and Distribution of Water	20	17.24

continued

全部从业人员年平均人数（万人）Average Number of Employees (10 000 persons)	在工业中的地位(%) Status in Industry (%)	固定资产原价（亿元）Original Value of Fixed Assets (100 million yuan)	在工业中的地位(%) Status in Industry (%)	利润总额（亿元）Total Profits (100 million yuan)	在工业中的地位(%) Status in Industry (%)
11.18	43.72	410.22	49.20	64.44	39.41
7.02	59.69	126.87	51.78	28.32	53.83
2.72	36.51	86.79	38.11	13.52	33.94
1.25	96.90	212.4	97.57	96.31	99.59
5.96	72.42	155.86	77.71	13.5	60.40
3.33	56.63	56.13	57.23	8.83	54.11
7.98	70.43	62.25	60.87	10.91	38.81
3.01	38.10	65.17	44.05	16.36	44.80
0.95	35.19	14.95	31.17	9.86	50.13
2.97	47.37	252.99	71.61	12.18	34.48
1.53	38.73	55.73	47.85	18.2	55.67
1.96	45.48	21.87	35.13	7.58	41.24
1.23	76.40	290.67	91.54	15.62	87.75
16.29	49.41	424.94	53.11	57.02	35.49
4.10	54.52	154.83	51.98	49.13	60.19
0.19	44.19	10.71	79.39	–0.21	–95.45
1.49	26.33	133.28	57.36	8.04	25.33
22.37	57.60	1060.22	64.25	87.5	48.18
4.13	52.21	821.46	88.79	67.39	70.77
7.09	63.13	818.83	83.17	60.29	67.33
4.70	41.23	144.39	45.16	36.78	46.59
4.84	38.66	154.43	39.47	39.68	44.91
10.06	60.86	716.92	80.59	100.17	69.09
8.70	72.93	506.18	85.06	85.75	84.86
5.22	76.76	251.22	87.88	79.87	92.61
7.48	54.48	262.69	56.82	52.29	59.69
16.38	76.22	411.77	81.28	81.8	72.71
1.05	45.06	38.95	58.64	9.51	58.02
1.73	67.84	21.2	60.26	11.37	74.80
0.16	16.84	9.53	22.82	2.24	18.78
0.21	91.30	3.63	91.44	0.31	91.18
10.59	81.03	3005.95	76.20	12.53	25.35
0.33	41.77	57.05	59.00	8.59	55.60
1.19	47.98	152.91	58.93	2.77	28.62

13-10 规模以上中小型工业企业主要经济指标及在工业中的地位(2017年)

指 标	Item	企业单位数(个) Number of Enterprises (unit)	在工业中的地位(%) Status in Industry (%)
总计	**Total**	**14959**	**98.41**
按登记注册类型:	Grouped by Registration		
内资企业	Internal-invested Enterprises	14480	98.66
国有企业	State-owned Enterprises	135	95.07
集体企业	Collective-owned Enterprises	107	99.07
股份合作企业	Enterprises Cooperated by Joint-stock	11	100.00
联营企业	Cooperative Enterprises	8	100.00
有限责任公司	Limited Liability Company	2279	97.43
股份有限公司	Company Limited by Shares	430	91.68
私营企业	Individual-owned Enterprises	11425	99.23
其他企业	Enterprises of Other Types of Ownership	85	100.00
港、澳、台投资企业	Enterprises Funded by Entrepreneurs From Hong Kong, Macao and Taiwan	291	91.51
外商投资企业	Enterprises funded by Foreigners	188	90.82
按经济组织类型:	**Grouped by Ownership**		
独资企业	Enterprises Owned by a Sole Investor	993	96.69
合作、合伙企业	Enterprises of Partnership	484	100.00
股份有限公司	Company Limited by Shares	1082	94.42
有限责任公司	Limited Liability Company	12400	98.85
按行业划分:	**Grouped by Sector**		
煤炭开采和洗选业	Mining and Washing of Coal	249	99.60
石油和天然气开采业	Petroleum and Natural Gas Extraction		
黑色金属矿采选业	Mining of Ferrous Metal Ores	57	100.00
有色金属矿采选业	Mining of Non-ferrous Metal Ores	153	97.45
非金属矿采选业	Mining and Processing of Nonmetal Ores	288	99.65
开采辅助活动	Mining Auxiliary Activities		
其他采矿业	Other Mining and Dressing	2	100.00

Main Indicators of Small and Medium-sized Industrial Enterprises above Designated Size & Percentage of Industry Total (2017)

全部从业人员年平均人数（万人）Average Number of Employees (10 000 persons)	在工业中的地位(%) Status in Industry (%)	固定资产原价（亿元）Original Value of Fixed Assets (100 million yuan)	在工业中的地位(%) Status in Industry (%)	利润总额（亿元）Total Profits (100 million yuan)	在工业中的地位(%) Status in Industry (%)
261.53	**77.86**	**9171.29**	**56.69**	**1534.59**	**73.29**
246.90	81.51	8302.02	56.41	1433.38	75.74
4.45	33.69	269.5	12.35	15.45	13.31
2.57	95.90	40.45	97.42	7.51	97.15
0.14	100.00	1.03	100.00	1.26	100.00
0.21	100.00	4.45	100.00	0.65	100.00
45.93	72.34	2676.16	56.09	296.54	69.93
10.86	50.09	588.98	27.51	71.05	39.47
181.28	90.63	4700.79	84.61	1030.56	89.42
1.46	100.00	20.66	100.00	10.36	100.00
8.91	38.94	427.64	51.70	56.64	52.94
5.72	56.69	441.64	69.92	44.56	47.20
24.86	62.65	771.49	27.60	94.68	43.01
11.10	100.00	204.3	100.00	42.69	100.00
25.07	55.79	998.61	35.95	164.04	48.89
200.51	83.49	7196.9	69.20	1233.17	82.45
6.79	98.26	133.04	99.19	19.42	98.93
0.87	100.00	24.53	100.00	3.7	100.00
3.56	82.79	115.29	74.08	14.42	88.20
4.04	96.88	83.73	93.72	15.57	99.36
0.04	100.00	0.27	100.00	0.07	100.00

13-10 续表

指 标	Item	企业单位数（个）Number of Enterprises (unit)	在工业中的地位(%) Status in Industry (%)
农副食品加工业	Processing of Food from Agricultural Products	1521	98.89
食品制造业	Manufacture of Foods	442	96.93
酒、饮料和精制茶制造业	Manufacture of Liquor, Beverage and Refined Tea	498	99.20
烟草制品业	Manufacture of Tobacco	11	91.67
纺织业	Manufacture of Textile	240	95.24
纺织服装、服饰业	Manufacture of Textile Wearing and Clothing Apparel	252	98.44
皮革、毛皮、羽毛及其制品和制鞋业	Leather, Fur, Feather and Its Products and Footwear	347	96.66
木材加工和木、竹、藤、棕、草制品业	Processing of Timbers, Manufacture of Wood, Bamboo, Rattan, Palm and Straw Products	433	99.77
家具制造业	Manufacture of Furniture	176	100.00
造纸和纸制品业	Manufacture of Paper and Paper Products	313	99.05
印刷和记录媒介复制业	Printing,Reproduction of Recording Media	258	99.61
文教、工美、体育和娱乐用品制造业	Manufacture of Articles for Culture, Education and Sport Activity	226	99.56
石油加工、炼焦和核燃料加工业	Processing of Petroleum,Coking, Processing of Nucleus Fuel	49	92.45
化学原料和化学制品制造业	Manufacture of Chemical Raw Material and Chemical Products	1480	99.40
医药制造业	Manufacture of Medicines	335	98.53
化学纤维制造业	Manufacture of Chemical Fiber	13	100.00
橡胶和塑料制品业	Manufacture of Rubber and Plastic	387	99.74
非金属矿物制品业	Manufacture of Non-metallic Mineral Products	1894	98.08
黑色金属冶炼和压延加工业	Manufacture and Processing of Ferrous Metals	348	98.86
有色金属冶炼和压延加工业	Manufacture and Processing of Non-ferrous Metals	433	97.74
金属制品业	Manufacture of Metal Products	618	99.52
通用设备制造业	Manufacture of General Purpose Machinery	807	99.51
专用设备制造业	Manufacture of Special Purpose Machinery	725	98.64
汽车制造业	Automobile Industry	337	93.35
铁路、船舶、航空航天和其他运输设备制造业	Manufacture of Railway, Marine, Aerospace and Other Transport Equipment	149	94.90
电气机械和器材制造业	Manufacture of Electrical Machinery and Equipment	634	97.54
计算机、通信和其他电子设备制造业	Manufacture of Communication Equipment, Computer and Other Electronic Equipment	512	97.15
仪器仪表制造业	Manufacture of Measuring Instrument	127	97.69
其他制造业	Other Manufacture N.E.C	87	96.67
废弃资源综合利用业	Recycling and Disposal of Waste	80	100.00
金属制品、机械和设备修理业	Mental Products,Machine and Equipment Repair	4	80.00
电力、热力生产和供应业	Production and Supply of Electric Power and Heat Power	313	97.81
燃气生产和供应业	Production and Distribution of Gas	46	97.87
水的生产和供应业	Production and Distribution of Water	115	99.14

continued

全部从业人员年平均人数（万人） Average Number of Employees (10 000 persons)	在工业中的地位 (%) Status in Industry (%)	固定资产原价（亿元） Original Value of Fixed Assets (100 million yuan)	在工业中的地位 (%) Status in Industry (%)	利润总额（亿元） Total Profits (100 million yuan)	在工业中的地位 (%) Status in Industry (%)
22.45	87.80	727.11	87.20	144.76	88.53
8.28	70.41	189.75	77.44	42.9	81.54
6.85	91.95	209.84	92.14	38.22	95.93
0.38	29.46	25.63	11.77	1.72	1.78
6.61	80.32	148.01	73.79	17.52	78.39
5.30	90.14	91.31	93.11	14.66	89.83
7.87	69.46	77.48	75.77	24.15	85.91
7.81	98.86	147.10	99.43	36.37	99.59
2.70	100.00	47.97	100.00	19.67	100.00
5.42	86.44	219.53	62.14	32.59	92.27
3.85	97.47	114.35	98.19	32.62	99.79
4.20	97.45	61.92	99.45	18.32	99.67
0.59	36.65	54.18	17.06	3.68	20.67
31.45	95.39	671.67	83.95	153.61	95.61
6.46	85.90	269.27	90.40	68.23	83.58
0.43	100.00	13.49	100.00	0.22	100.00
5.56	98.23	179.06	77.06	31.46	99.12
33.42	86.05	1358.79	82.34	159.2	87.66
5.02	63.46	204.36	22.09	46.45	48.78
7.68	68.39	375.91	38.18	73.99	82.63
10.65	93.42	286.41	89.57	74.82	94.77
11.51	91.93	346.2	88.49	83.56	94.58
10.28	62.19	373.45	41.98	80.2	55.32
5.90	49.46	225.65	37.92	36.53	36.15
2.72	40.00	90.53	31.67	15.83	18.36
9.98	72.69	347.16	75.08	75.7	86.42
10.05	46.77	208.01	41.06	62.62	55.66
1.75	75.11	43.41	65.36	10.05	61.32
1.95	76.47	22.22	63.16	9.98	65.66
0.95	100.00	41.76	100.00	11.93	100.00
0.09	39.13	0.53	13.35	0.04	11.76
5.11	39.10	1394.26	35.34	39.54	80.01
0.65	82.28	70.94	73.37	11.06	71.59
2.30	92.74	177.14	68.26	9.2	95.04

13-11 规模以上非公有制工业主要经济指标及在工业中的地位 (2017年)

指 标	Item	企业单位数（个）Number of Enterprises (unit)	在工业中的地位 (%) Status in Industry (%)
总计	**Total**	**14209**	**93.47**
按登记注册类型:	**Grouped by Registration**		
内资企业	Internal-invested Enterprises	13723	93.51
股份合作企业	Enterprises Cooperated by Joint-stock	6	54.55
联营企业	Cooperative Enterprises	2	25.00
有限责任公司	Limited Liability Company	1769	75.63
股份有限公司	Company Limited by Shares	349	74.41
私营企业	Individual-owned Enterprises	11514	100.00
其他企业	Enterprises of Other Types of Ownership	82	96.47
港、澳、台投资企业	Enterprises Funded by Entrepreneurs from Hong Kong, Macao and Taiwan	296	93.08
外商投资企业	Enterprises funded by Foreigners	190	91.79
按经济组织类型:	**Grouped by Ownership**		
独资企业	Enterprises Owned by a Sole Investor	778	75.75
合作、合伙企业	Enterprises of Partnership	466	96.28
股份有限公司	Company Limited by Shares	1026	89.53
有限责任公司	Limited Liability Company	11939	95.18
按行业划分:	**Grouped by Sector**		
煤炭开采和洗选业	Mining and Washing of Coal	193	77.20
石油和天然气开采业	Petroleum and Natural Gas Extraction		
黑色金属矿采选业	Mining of Ferrous Metal Ores	55	96.49
有色金属矿采选业	Mining of Non-ferrous Metal Ores	136	86.62
非金属矿采选业	Mining and Processing of Nonmetal Ores	278	96.19
开采辅助活动	Mining Auxiliary Activities		
其他采矿业	Other Mining and Dressing	2	100.00

Main Indicators of Non-public Industrial Enterprises above Designated Size & Percentage of Industry Total (2017)

全部从业人员年平均人数（万人）Average Number of Employees (10 000 persons)	在工业中的地位 (%) Status in Industry (%)	固定资产原价（亿元）Original Value of Fixed Assets (100 million yuan)	在工业中的地位 (%) Status in Industry (%)	利润总额（亿元）Total Profits (100 million yuan)	在工业中的地位 (%) Status in Industry (%)
278.39	**82.88**	**8682.33**	**53.67**	**1639.67**	**78.30**
247.09	81.57	7541.00	51.24	1473.43	77.85
0.06	42.86	0.65	63.11	0.12	9.52
0.08	38.10	0.83	18.65	0.17	26.15
34.63	54.54	1530.40	32.07	231.87	54.68
10.84	50.00	432.71	20.21	81.87	45.48
200.02	100.00	5555.51	100.00	1152.43	100.00
1.43	97.95	20.45	98.98	6.54	63.13
22.21	97.07	752.88	91.01	91.39	85.42
9.09	90.09	388.45	61.50	74.84	79.27
23.82	60.03	571.89	20.46	96.77	43.96
10.82	97.48	196.11	95.99	36.97	86.60
34.1	75.88	1069.07	38.49	237.34	70.74
209.66	87.30	6845.26	65.82	1268.59	84.82
4.04	58.47	97.6	72.77	10.88	55.43
0.85	97.70	24.38	99.39	3.67	99.19
2.94	68.37	78.64	50.53	14.86	90.89
3.78	90.65	66.53	74.47	13.19	84.17
0.04	100.00	0.27	100.00	0.07	100.00

13—11 续表

指　标	Item	企业单位数（个） Number of Enterprises (unit)	在工业中的地位(%) Status in Industry (%)
农副食品加工业	Processing of Food from Agricultural Products	1483	96.42
食品制造业	Manufacture of Foods	442	96.93
酒、饮料和精制茶制造业	Manufacture of Liquor, Beverage and Refined Tea	489	97.41
烟草制品业	Manufacture of Tobacco	4	33.33
纺织业	Manufacture of Textile	246	97.62
纺织服装、服饰业	Manufacture of Textile Wearing and Clothing Apparel	252	98.44
皮革、毛皮、羽毛及其制品和制鞋业	Leather, Fur, Feather and Its Products and Footwear	356	99.16
木材加工和木、竹、藤、棕、草制品业	Processing of Timbers, Manufacture of Wood, Bamboo, Rattan, Palm and Straw Products	431	99.31
家具制造业	Manufacture of Furniture	176	100.00
造纸和纸制品业	Manufacture of Paper and Paper Products	300	94.94
印刷和记录媒介复制业	Printing,Reproduction of Recording Media	246	94.98
文教、工美、体育和娱乐用品制造业	Manufacture of Articles for Culture, Education and Sport Activity	223	98.24
石油加工、炼焦和核燃料加工业	Processing of Petroleum,Coking, Processing of Nucleus Fuel	44	83.02
化学原料和化学制品制造业	Manufacture of Chemical Raw Material and Chemical Products	1438	96.57
医药制造业	Manufacture of Medicines	323	95.00
化学纤维制造业	Manufacture of Chemical Fiber	12	92.31
橡胶和塑料制品业	Manufacture of Rubber and Plastic	377	97.16
非金属矿物制品业	Manufacture of Non−metallic Mineral Products	1820	94.25
黑色金属冶炼和压延加工业	Manufacture and Processing of Ferrous Metals	335	95.17
有色金属冶炼和压延加工业	Manufacture and Processing of Non−ferrous Metals	404	91.20
金属制品业	Manufacture of Metal Products	598	96.30
通用设备制造业	Manufacture of General Purpose Machinery	774	95.44
专用设备制造业	Manufacture of Special Purpose Machinery	694	94.42
汽车制造业	Automobile Industry	318	88.09
铁路、船舶、航空航天和其他运输设备制造业	Manufacture of Railway, Marine, Aerospace and Other Transport Equipment	125	79.62
电气机械和器材制造业	Manufacture of Electrical Machinery and Equipment	621	95.54
计算机、通信和其他电子设备制造业	Manufacture of Communication Equipment, Computer and Other Electronic Equipment	508	96.39
仪器仪表制造业	Manufacture of Measuring Instrument	120	92.31
其他制造业	Other Manufacture N.E.C	82	91.11
废弃资源综合利用业	Recycling and Disposal of Waste	73	91.25
金属制品、机械和设备修理业	Mental Products,Machine and Equipment Repair	2	40.00
电力、热力生产和供应业	Production and Supply of Electric Power and Heat Power	148	46.25
燃气生产和供应业	Production and Distribution of Gas	42	89.36
水的生产和供应业	Production and Distribution of Water	39	33.62

continued

全部从业人员年平均人数(万人) Average Number of Employees (10 000 persons)	在工业中的地位(%) Status in Industry (%)	固定资产原价(亿元) Original Value of Fixed Assets (100 million yuan)	在工业中的地位(%) Status in Industry (%)	利润总额(亿元) Total Profits (100 million yuan)	在工业中的地位(%) Status in Industry (%)
23.56	92.14	721.33	86.51	148.94	91.09
11.19	95.15	228.35	93.19	50.45	95.89
6.92	92.89	200.21	87.91	36.73	92.19
0.02	1.55			0.24	0.25
7.95	96.60	195.32	97.38	22.76	101.83
5.85	99.49	97.39	99.31	16.32	100.00
11.12	98.15	100.78	98.55	28.03	99.72
7.79	98.61	147.45	99.66	36.47	99.86
2.70	100.00	47.97	100.00	19.67	100.00
5.21	83.09	157.45	44.57	30.84	87.32
3.48	88.10	91.4	78.48	29.73	90.95
4.21	97.68	60.62	97.37	17.69	96.25
0.51	31.68	50.2	15.81	5.14	28.88
30.63	92.90	626.36	78.29	153.86	95.76
6.77	90.03	267.72	89.88	74.73	91.55
0.37	86.05	9.47	70.20	0.16	72.73
5.34	94.35	176.62	76.01	31.06	97.86
35.72	91.97	1327.52	80.45	156.63	86.24
5.07	64.10	173.66	18.77	42.82	44.97
8.08	71.95	771.71	78.38	81.76	91.31
10.33	90.61	241.57	75.55	72.21	91.46
10.84	86.58	324.47	82.94	74.13	83.90
13.36	80.82	695.17	78.15	125.33	86.45
7.96	66.72	333.96	56.12	74.74	73.96
1.88	27.65	65.05	22.76	10.21	11.84
11.45	83.39	364.88	78.92	87.43	99.81
20.58	95.77	460.19	90.84	95.64	85.01
2.10	90.13	60.51	91.10	15.65	95.49
1.96	76.86	17.18	48.83	14.2	93.42
0.83	87.37	37.07	88.77	10.94	91.70
0.01	4.35	0.33	8.31	0.04	11.76
1.74	13.31	249.84	6.33	11.92	24.12
0.73	92.41	88.03	91.04	14.61	94.56
0.51	20.56	25.12	9.68	5.93	61.26

13-12 规模以上工业主要产品产量
Output of Industrial Products above Designated Size

产　品		Item		2000	2005	2016	2017
化学纤维	（万吨）	Chemical Fiber	(10 000 tons)	7.79	8.29	7.17	8.20
纱（混合数）	（万吨）	Yarn	(10 000 tons)	16.63	26.06	105.14	100.97
布（混合数）	（亿米）	Cloth	(100 million m)	3.41	3.61	4.01	3.31
棉布	（亿米）	Cotton Cloth	(100 million m)	0.70	2.21	3.13	2.67
毛巾	（万条）	Towel	(10 000 cartons)	5394.00	15164.83	70852.40	64245.16
服装	（万件）	Clothes	(10 000 pieces)	1151.00	12736.80	30823.22	24648.93
麻袋	（万条）	Gunny-bag	(10 000 cartons)	339.75	280.86	4176.38	4961.70
纸浆	（万吨）	Paper Pulp	(10 000 tons)	31.90	68.37	81.12	85.59
机制纸及纸板	（万吨）	Machine_made Paper and Paper boards	(10 000 tons)	70.07	170.59	422.13	402.28
日用玻璃制品	（万吨）	Household Glass Product	(10 000 tons)	5.40	9.07	38.95	83.53
玻璃保温容器	（万个）	Baowenrongqi Glass	(10 000 units)	1300.69	715.00	10862.00	1997.00
电光源	（万只）	Electric Light	(10 000 units)	12961.00	19201.00	113.00	
合成洗涤剂	（万吨）	Synthetic Detergents	(10 000 tons)	8.12	32.06	42.31	43.76
铅酸蓄电池	（万千伏安时）	Lead-acid Dry Cell	(100 million units)	0.57	8.11	188.86	190.90
大米	（万吨）	Rice	(10 000 tons)	102.40	134.22	1451.47	1487.45
原盐	（万吨）	Salt	(10 000 tons)	72.93	118.65	282.58	308.05
成品糖	（万吨）	Refined Sugar	(10 000 tons)	4.44	2.10	5.79	
卷烟	（万箱）	Cigarettes	(10 000 cases)	230.43	289.28	338.92	335.61
罐头	（万吨）	Canned Food	(10 000 tons)	4.21	26.76	129.61	117.55
软饮料	（万吨）	Soft Drinks	(10 000 tons)	12.4	61.91	428.70	524.80

13-12 续表 1 continued

产 品		Item		2000	2005	2016	2017
饮料酒	（万千升）	Liquor	(10 000 tons)	30.21	52.57	108.18	115.84
白酒(商品量)	（万千升）	Spirit	(10 000 tons)	3.76	2.69	30.58	28.67
啤酒	（万千升）	Beer	(10 000 tons)	26.42	49.77	71.56	73.13
乳制品	（吨）	Dairy Products	(tons)	5577.00	153547.00	281263.20	282066.47
食用植物油	（万吨）	Edible Vegetable Oil	(10 000 tons)	20.14	53.69	388.19	311.12
化学药品原药	（吨）	Chemical Medicine	(ton)	1964.76	2448.12	78776.19	22095.07
中成药	（吨）	Traditional Chinese Medicine	(10 000 tons)	11745.00	26657.00	154881.20	167565.93
饲料	（万吨）	Fixed-Forage	(10 000 tons)	163.62	356.49	1819.69	1717.12
塑料制品	（万吨）	Plastics Products	(10 000 tons)	7.29	18.63	148.53	152.76
皮革鞋靴	（万双）	Leather Shoe	(10 000 units)	429.49	1335.80	15474.73	15833.86
原煤	（万吨）	Coal	(10 000 tons)	1490.81	3646.51	2595.54	1860.51
原油加工量	（万吨）	Crude Process	(10 000 tons)	526.42	590.92	840.57	769.23
汽油	（万吨）	Gasoline	(10 000 tons)	120.19	122.82	240.18	220.89
柴油	（万吨）	Diesel oil	(10 000 tons)	215.53	229.19	258.99	193.40
发电量	（亿千瓦小时）	Electricity	(100 million kwh)	354.42	630.29	1284.71	1349.20
水电	（亿千瓦小时）	Hydro-power	(100 million kwh)	191.15	228.01	530.38	516.78
火电	（亿千瓦小时）	Thermal Power	(100 million kwh)	163.27	402.27	722.63	786.00
生铁	（万吨）	Pig Iron	(10 000 tons)	332.72	961.38	1791.36	1789.93
粗钢	（万吨）	Steel	(10 000 tons)	304.13	975.17	1827.82	2041.41
钢材	（万吨）	Steel Products	(10 000 tons)	299.05	961.26	1998.69	2210.15
铁道用钢材	（万吨）	Railway Steel	(10 000 tons)	1.41	1.96	4.82	1.48
线材	（万吨）	Wire Rod	(10 000 tons)	97.24	314.59	284.81	246.99
无缝钢管 x	（万吨）	Seamless Steel Pipe	(10 000 tons)	31.63	63.44	103.20	124.38
焊接钢管	（万吨）	Welding Steel Pipe	(10 000 tons)	2.17	1.48	18.52	14.27
焦炭	（万吨）	Coke	(10 000 tons)	207.00	397.91	666.50	
煤气	（亿立方米）	Coal Gas	(100 millions cm)	3.20	10.73	349.19	
铁矿石（原矿）	（万吨）	Iron Mineral	(10 000 tons)	4.27	417.34	811.32	520.54
水泥	（万吨）	Cement	(10 000 tons)	2395.72	3571.07	12177.65	11920.40

13-12 续表 2 continued

产 品		Item		2000	2005	2016	2017
平板玻璃	（万重量箱）	Plate Glass	(10 000 weight cases)	735.34	1009.28	2739.14	2560.75
硫酸（折 100%）	（万吨）	Sulfuric Acid	(10 000 tons)	128.17	183.86	240.70	195.88
纯碱	（万吨）	Sode Ash	(10 000 tons)	13.03	27.53	43.46	30.55
烧碱（折 100%）	（万吨）	Caustic Soda	(10 000 tons)	20.96	33.79	42.97	42.79
合成氨	（万吨）	Synthetic Ammonia	(10 000 tons)	167.30	193.69	74.35	49.82
农用化肥（折纯量）	（万吨）	Chemical Fertilizer	(10 000 tons)	141.74	257.55	102.76	85.02
氮肥		Nitrogen Fertilizers	(10 000 tons)	112.90	228.88	61.55	73.06
磷肥		Phosphate Fertilizers	(10 000 tons)	27.57	25.66	12.90	11.97
化学农药原药	（万吨）	Chemical Pesticide	(10 000 tons)	4.58	9.03	4.97	5.70
电石	（万吨）	Calcium Carbide	(10 000 ton)	10.44	18.06	7.74	9.04
初级形态的塑料	（万吨）	Primary Plastics	(10 000 tons)	23.10	37.04	51.33	46.82
合成橡胶	（万吨）	Synthetic Rubber	(10 000 tons)	9.83		29.81	29.48
矿山专用设备	（吨）	Mining Special Equipment	(ton)	9912	31140	516349	438683.23
起重机	（吨）	Crane	(ton)	14810	23976	569478	761509.90
金属冶炼设备	（吨）	Metal Smelting Equipment	(ton)	4540	2453	50422	40061.00
发电设备	（万千瓦）	Power Generating Equipment	(10 000 kw)	9.92	38.09	156.60	132.78
交流电动机	（万千瓦）	AC Electric Motor	(10 000 kw)	137.59	783.66	1412.24	1445.65
变压器	（万千伏安）	Transformer	(10 000 kva)	494.96	3271.01	10958.22	7713.01
泵	（万台）	Pump	(10 000 units)	14.24	18.43	93.53	87.07
金属切削机床	（台）	Metal-cutting Machine Tools	(unit)	907	1570	3966	5716.00
金属成形机床	（台）	Metal Forming Machine Tools	(unit)	1577	1799	10783	13076.00
汽车	（辆）	Motor Vehicles	(unit)	17614	92589	741232	671283.00
摩托车	（辆）	Motorcycles	(unit)	142452	295415	123784	152633.00
滚动轴承	（万套）	Rolling Bearings	(10 000 sets)	1940.13	1108.82	6862.51	5834.45
小型拖拉机	（万台）	Small Tractor	(10 000 units)	0.45	0.66	6.84	7.01
发动机	（万千瓦）	Engines	(10 000 kw)	175.94	97.11	91.63	1600.60
铁路机车	（辆）	Railway Locomotive	(unit)	69	167	262	269.00
铁路货车	（辆）	Railway Freight wagons	(unit)	3486	3727	4727	
民用钢质船舶	（载重吨）	Civil Plate ship	(ton)	13541	17716	522660	490864.00
工业锅炉	（蒸发量吨）	Industrial Boiler	(ton)	2976	10708	15514	12395.00

13-13 规模以上工业企业主要产品、生产能力及能力利用率综合表(2017年)

Main Products, Production Capacity and Utilization Rate of Industrial Enterprises above Designated Size (2017)

产品名称		Item		企业单位数(个) Number of Enterprises (unit)
原煤	(万吨)	Raw coal	(10 000 tons)	223
卷烟	(亿支)	Cigarette	(10 000 units)	1
棉纺锭/纺纱量	(万锭/万吨)	Cotton spindle/spinning capacity	(10 000/10 000 tons)	96
气流纺锭/纺纱量	(万头/万吨)	Air spindle/spinning capacity	(10 000/10 000 tons)	10
棉布织机/布	(万台/亿米)	Cotton weaving/cloth	(million/10 000 tons)	23
原油加工能力/原油加工量	(万吨/万吨)	Crude oil ptocessing capacity/crude oil processing capacity	(10 000 tons)	2
焦炭	(万吨)	Coke		5
烧碱(折100%)	(万吨)	Caustic soda	(10 000 tons)	3
碳化钙(电石,折300升/千克)	(万吨)	Calcium carbide(calcium carbide,off 300liters/kg)	(10 000 tons)	1
农用氮、磷、钾化学肥料总计(折纯)	(万吨)	Agricultural nitrogen,phosphorus and potassium fertilizer Total(off net)	(10 000 tons)	17
初级形态塑料	(万吨)	Primary form of plastic	(10 000 tons)	16
焰火制品	(亿元)	Pyrotechnic products	(100 million yuan)	504
其中:烟花	(亿元)	Of which:Fireworks	(100 million yuan)	379
化学纤维	(万吨)	Chemical fiber	(10 000 tons)	6
硅酸盐水泥熟料	(万吨)	Cement clinker	(10 000 tons)	61
水泥	(万吨)	Cemnet	(10 000 tons)	139
平板玻璃	(万重量箱)	Plate glass	(Million boxes)	4
生铁	(万吨)	Pig iron	(10 000 tons)	8
粗钢	(万吨)	Crude steel	(10 000 tons)	4
钢材	(万吨)	Steel	(10 000 tons)	22
铁合金	(万吨)	Ferroalloy	(10 000 tons)	82
原铝(电解铝)	(万吨)	Primary aluminum	(10 000 tons)	
金属切削机床	(万台)	Metal cutting machine tools	(10 000 tons)	10
挖掘机	(万台)	Excavator	(10 000 sets)	5
汽车	(万辆)	Car	(10 000 sets)	12
其中:基本型乘用车(轿车)	(万辆)	Of which:basic passenger vehicles(cars)	(10 000 sets)	7
载货汽车	(万辆)	trucks	(10 000 sets)	
民用钢质船舶	(万载重吨)	Civil steel ship	(10 000 tons)	16
太阳能电池	(万千瓦)	solar battery	(10 000 KW)	2
家用电冰箱	(万台)	Household Refrigerators	(10 000 sets)	
房间空气调节器	(万台)	Room air conditiones	(10 000 sets)	
家用洗衣机	(万台)	Household Washing Machines	(10 000 sets)	
微型计算机设备	(万台)	Micro Computers	(10 000 sets)	2
移动通信手持机(手机)	(万台)	Mobile handset(cell phone)	(10 000 sets)	4
彩色电视机	(万台)	Color TV	(10 000 sets)	2
发电设备容量总计/发电量	(万千瓦/万千瓦小时)	Total capacity of power equipment/power generation	(10 000 KW/10 000 KW·h)	332
其中:火电设备容量/发电量	(万千瓦/万千瓦小时)	Of which:thermal power equipment capacity/power generation	(10 000 KW/10 000 KW·h)	99
水电设备容量/发电量	(万千瓦/万千瓦小时)	Hydropower Equipment capacity/power generation	(10 000 KW/10 000 KW·h)	197
风电设备容量/发电量	(万千瓦/万千瓦小时)	Capacity of wind power equipment/power generation	(10 000 KW/10 000 KW·h)	32

13-13 续表 continued

产品名称	Item	年初生产能力 Early production	年末生产能力 At the end of production capacity	能力利用率(%) Capacity Utilization (%)
原煤 (万吨)	Raw coal (10 000 tons)	3574.95	3150.66	66.15%
卷烟 (亿支)	Cigarette (10 000 units)	2658.60	2577.23	64.10%
棉纺锭 / 纺纱量 (万锭 / 万吨)	Cotton spindle/spinning capacity (10 000/10 000 tons)	239.22	234.14	52.84%
气流纺锭 / 纺纱量 (万头 / 万吨)	Air spindle/spinning capacity (10 000/10 000 tons)	1.99	3.19	122.26%
棉布织机 / 布 (万台 / 亿米)	Cotton weaving/cloth (million/10 000 tons)	5.38	5.05	61.79%
原油加工能力 / 原油加工量 (万吨 / 万吨)	Crude oil ptocessing capacity/crude oil processing capacity (10 000 tons)	1350.00	1350.00	56.98%
焦炭 (万吨)	Coke	697.00	697.00	93.29%
烧碱(折 100%) (万吨)	Caustic soda (10 000 tons)	46.02	40.09	99.40%
碳化钙(电石,折 300 升 / 千克) (万吨)	Calcium carbide(calcium carbide,off 300liters/kg) (10 000 tons)	8.20	3.28	85.70%
农用氮、磷、钾化学肥料总计(折纯) (万吨)	Agricultural nitrogen,phosphorus and potassium fertilizer Total(off net) (10 000 tons)	154.23	163.23	46.24%
初级形态塑料 (万吨)	Primary form of plastic (10 000 tons)	64.81	66.37	71.10%
焰火制品 (亿元)	Pyrotechnic products (100 million yuan)	822.45	992.08	86.98%
其中：烟花 (亿元)	Of which:Fireworks (100 million yuan)	392.46	440.73	87.90%
化学纤维 (万吨)	Chemical fiber (10 000 tons)	9.38	10.58	79.60%
硅酸盐水泥熟料 (万吨)	Cement clinker (10 000 tons)	8423.42	8297.58	80.71%
水泥 (万吨)	Cemnet (10 000 tons)	15906.25	15752.60	74.11%
平板玻璃 (万重量箱)	Plate glass (Million boxes)	2732.53	2793.54	92.65%
生铁 (万吨)	Pig iron (10 000 tons)	1882.02	1882.70	95.09%
粗钢 (万吨)	Crude steel (10 000 tons)	2055.00	2055.00	99.26%
钢材 (万吨)	Steel (10 000 tons)	2567.70	2523.03	86.58%
铁合金 (万吨)	Ferroalloy (10 000 tons)	227.77	225.15	60.02%
原铝(电解铝) (万吨)	Primary aluminum (10 000 tons)			
金属切削机床 (万台)	Metal cutting machine tools (10 000 tons)	0.59	0.70	89.87%
挖掘机 (万台)	Excavator (10 000 sets)	4.12	4.62	90.98%
汽车 (万辆)	Car (10 000 sets)	99.82	119.02	66.12%
其中：基本型乘用车(轿车) (万辆)	Of which:basic passenger vehicles(cars) (10 000 sets)	92.43	112.43	66.77%
载货汽车 (万辆)	rucks (10 000 sets)			
民用钢质船舶 (万载重吨)	Civil steel ship (10 000 tons)	76.03	75.80	65.02%
太阳能电池 (万千瓦)	solar battery (10 000 KW)	2.20	0.40	23.05%
家用电冰箱 (万台)	Household Refrigerators (10 000 sets)			
房间空气调节器 (万台)	Room air conditiones (10 000 sets)			
家用洗衣机 (万台)	Household Washing Machines (10 000 sets)			
微型计算机设备 (万台)	Micro Computers (10 000 sets)	85.00	65.00	43.31%
移动通信手持机(手机) (万台)	Mobile handset(cell phone) (10 000 sets)	591.60	1016.00	71.13%
彩色电视机 (万台)	Color TV (10 000 sets)	5.08	6.60	100.65%
发电设备容量总计 / 发电量 (万千瓦 / 万千瓦小时)	Total capacity of power equipment/power generation (10 000 KW/10 000 KW·h)	4240.64	4295.07	41.92%
其中：火电设备容量 / 发电量 (万千瓦 / 万千瓦小时)	Of which:thermal power equipment capacity/power generation (10 000 KW/10 000 KW·h)	2258.13	2273.43	41.20%
水电设备容量 / 发电量 (万千瓦 / 万千瓦小时)	Hydropower Equipment capacity/power generation (10 000 KW/10 000 KW·h)	1780.11	1800.8	43.78%
风电设备容量 / 发电量 (万千瓦 / 万千瓦小时)	Capacity of wind power equipment/power generation (10 000 KW/10 000 KW·h)	177.47	195.92	32.80%

13-14 按全省人口平均的主要产品产量
Per Capita Output of Major Industrial Products

产 品		Item		2000	2005	2016	2017
化学纤维	（公斤 / 人）	Chemical Fiber	(kg / person)	1.19	1.23	1.55	1.66
纱（混合数）	（公斤 / 人）	Yarn	(kg / person)	2.53	3.88	15.41	14.72
布（混合数）	（米 / 人）	Cloth	(m / person)	5.19	5.38	5.87	4.82
机制纸及纸板	（公斤 / 人）	Machine-made Paper and Paperboards	(kg/person)	10.68	25.40	61.88	58.64
合成洗涤剂	（公斤 / 人）	Synthetic Detergents	(kg / person)	1.24	4.77	6.20	6.38
原盐	（公斤 / 人）	Salt	(kg / person)	11.11	17.67	41.42	44.90
成品糖	（公斤 / 人）	Refined Sugar	(kg / person)	0.68	0.31	0.85	
卷烟	（箱 / 百人）	Cigarette	(case /100 persons)	3.51	4.31	4.97	4.89
原煤	（吨 / 人）	Coal	(ton / person)	0.23	0.54	0.38	0.27
原油加工量	（公斤 / 人）	Processing Output of Crude Oil	(kg / person)	80.22	88.00	123.57	112.13
发电量	（千瓦小时 / 人）	Electricity	(kwh / person)	540.11	938.64	1888.58	1966.72
生铁	（公斤 / 人）	Pig Iron	(kg / person)	50.70	143.17	262.58	260.92
粗钢	（公斤 / 人）	Crude Steel	(kg / person)	46.35	145.23	267.93	297.58
钢材	（公斤 / 人）	Steel	(kg / person)	45.57	143.15	292.98	322.17
水泥	（吨 / 人）	Cement	(ton / person)	0.37	0.53	1.79	1.74
平板玻璃	（重量箱 / 人）	Plate Glass	(weight case / person)	0.11	0.15	0.40	0.37
硫酸（折 100)	（公斤 / 人）	Sulfuric Acid	(kg / person)	19.53	27.38	35.28	28.55
纯碱	（公斤 / 人）	Soda Ash	(kg / person)	1.99	4.10	6.37	4.45
烧碱（折 100)	（公斤 / 人）	Caustic Soda	(kg / person)	3.19	5.03	6.30	6.24
合成氨	（公斤 / 人）	Synthetic Ammonia	(kg / person)	25.49	28.84	10.90	7.26
农用化肥（折纯量）	（公斤 / 人）	Chemical Fertilizer	(kg / person)	21.60	38.35	15.06	12.39
氮肥	（公斤 / 人）	Nitrogen Fertilizer	(kg / person)	17.21	34.09	9.02	10.65
磷肥	（公斤 / 人）	Phosphate Fertilizer	(kg / person)	4.20	3.82	1.89	1.74
化学农药原药	（公斤 / 人）	Chemical Pesticide	(kg / person)	0.70	1.34	0.73	0.83
初级形态塑料	（公斤 / 人）	Primary Plastics	(kg / person)	3.52	5.52	7.52	6.83
合成橡胶	（公斤 / 人）	Synthetic Rubber	(kg/person)	1.50	2.39	4.37	4.30
汽车	（辆 / 万人）	Motor Vehicles	(unit/10 000 persons)	2.68	13.79	108.65	97.85
摩托车	（辆 / 万人）	Motorcycles	(unit/10 000 persons)	21.72	43.99	18.14	22.25

注：人均的主要产品产量按常住人口计算。
The data are based on the permanent population.

13-15 各市、州规模以上工业主要经济指标(2017年)

Main Indicators of Industrial Enterprises above Designated Size by Region (2017)

单位：亿元 (100 million yuan)

类 别	Item	全省总计 Total	长沙市 Changsha City	株洲市 Zhuzhou City	湘潭市 Xiangtan City	衡阳市 Hengyang City	邵阳市 Shaoyang City	岳阳市 Yueyang City	常德市 Changde City
企业单位数（个）	Number of Enterprises (unit)	15201	2889	1658	970	1098	1256	1188	1166
#大型企业	#Largest Enterprise	242	63	52	22	13	12	18	13
#中型企业	#Medium-sized Enterprises	2028	322	410	59	242	131	224	135
#小型企业	#Small Enterprises	12267	2371	1092	836	808	1083	917	973
#微型企业	#Micro Enterprises	664	133	104	53	35	30	29	45
#亏损企业	#Loss-making Enterprises	862	221	74	54	67	19	53	103
工业销售产值	Industrial Sales Value	39048.01	10476.14	3163.82	3502.83	2055.36	2279.69	4403.07	2909.24
实收资本	Total Capital Hold	6584.03	1316.33	1104.59	397.13	470.03	287.16	851.86	355.23
#外商资本	#Foreign Capital	195.09	126.93	7.40	5.71	3.27	0.49	12.80	16.23

13-15 续表 1 continued

单位：亿元 (100 million yuan)

类 别	Item	张家界市 Zhangjiajie City	益阳市 Yiyang City	郴州市 Chenzhou City	永州市 Yongzhou City	怀化市 Huaihua City	娄底市 Loudi City	湘西州 West Hunan A.P
企业单位数（个）	Number of Enterprises (unit)	213	1079	1076	957	630	794	242
#大型企业	#Largest Enterprise		13	11	9	2	10	1
#中型企业	#Medium-sized Enterprises	5	116	92	123	47	96	26
#小型企业	#Small Enterprises	190	902	940	780	539	637	199
#微型企业	#Micro Enterprises	18	48	33	45	42	51	16
#亏损企业	#Loss-making Enterprises	21	45	52	30	52	27	44
工业销售产值	Industrial Sales Value	149.11	2271.11	2936.84	1463.33	1020.68	2042.58	266.95
实收资本	Total Capital Hold	39.17	302.46	399.58	216.33	255.20	437.37	65.94
#外商资本	#Foreign Capital		0.64	1.40	4.79	0.28	15.15	

13-15 续表 2 continued

单位：亿元 (100 million yuan)

指 标	Item	全省总计 Total	长沙市 Changsha City	株洲市 Zhuzhou City	湘潭市 Xiangtan City	衡阳市 Hengyang City
全部从业人员年平均人数 （万人）	Annual Average Number of Obtain Employees (10 000 persons)	335.88	70.91	51.32	18.79	27.86
流动资产	Liquid Assets	12188.95	4905.91	1425.52	961.93	686.47
#存货	# Inventory	3096.57	1132.02	276.23	192.86	149.53
产成品	Products	1000.93	431.42	101.89	68.40	49.20
固定资产合计	Total Fixed Assets	10214.36	2177.18	1270.64	644.55	778.35
固定资产原价	Original Value of Fixed Assets	16176.95	3607.00	2017.29	1019.40	1115.01
累计折旧	Add up Depreciation of Fixed Assets	5973.94	1107.24	754.52	440.22	376.95
资产总计	Total Assets	27766.56	9006.16	3673.33	1981.31	1711.10
流动负债合计	Total Liquid Liabilities	9534.75	3452.36	1010.97	919.50	584.69
长期负债合计	Total Long-term Liabilities	2993.33	939.42	206.49	218.37	191.84
负债合计	Total Liabilities	13730.04	4647.55	1346.87	1191.65	1001.06
所有者权益	Creditors Equity	13969.79	4296.38	2325.00	775.81	706.09
主营业务收入	Revenue of Main Bussiness	38934.23	10501.95	3123.28	3481.20	2183.67
主营业务成本	Cost of Main Bussiness	31859.74	8589.45	2531.21	3089.12	1655.21
主营业务税金及附加	Tax and Extra Charges of Main Bussiness	999.84	266.24	37.43	18.56	20.04
管理费用	Administrative Expense	1876.96	519.15	199.19	125.40	213.79
利息收入	Interest Revenue	23.58	12.38	1.80	2.66	0.99
利息支出	Interest Expense	357.16	87.31	16.44	38.20	30.92
营业利润	Operating Profit	2198.00	646.21	182.09	101.21	147.39
利润总额	Total Profit	2093.98	677.06	188.44	99.15	134.05
本年应付职工薪酬	Total Wages Payable of the Year	2031.35	538.66	305.35	122.39	131.45
总资产贡献率 (%)	Ratio of Total Assets to Output Value (%)	15.06	14.50	8.11	9.95	12.56
每百元销售收入实现利润 （元）	Profit per 100 yuan of Sales Revenue (yuan)	5.38	6.45	6.03	2.85	6.14
资产负债率 (%)	Assets-Liability Ratio (%)	49.45	51.60	36.67	60.14	58.50
成本费用利润率 (%)	Ratio of Profits to Cost (%)	5.83	6.97	6.42	2.89	6.56

13-15 续表 3 continued

单位：亿元 (100 million yuan)

指 标	Item	邵阳市 Shaoyang City	岳阳市 Yueyang City	常德市 Changde City	张家界市 Zhangjiajie City	益阳市 Yiyang City
全部从业人员年平均人数 (万人)	Annual Average Number of Obtain Employees (10 000 persons)	25.85	32.18	20.81	1.78	18.79
流动资产	Liquid Assets	238.99	636.40	1045.09	41.92	414.03
#存货	# Inventory	74.07	209.99	433.93	9.23	103.27
产成品	Products	28.43	61.33	80.15	5.18	36.80
固定资产合计	Total Fixed Assets	451.51	988.62	646.29	73.32	491.69
固定资产原价	Original Value of Fixed Assets	653.50	1786.31	1059.72	103.15	734.55
累计折旧	Add up Depreciation of Fixed Assets	228.00	825.90	401.17	33.49	244.57
资产总计	Total Assets	899.55	1927.26	1892.66	135.14	1080.81
流动负债合计	Total Liquid Liabilities	185.49	503.09	676.83	31.87	392.10
长期负债合计	Total Long-term Liabilities	123.09	94.80	194.71	32.07	90.02
负债合计	Total Liabilities	345.66	806.99	897.03	68.30	525.65
所有者权益	Creditors Equity	550.88	1119.79	1098.19	66.84	545.69
主营业务收入	Revenue of Main Bussiness	2171.98	4490.77	2805.72	141.85	2256.37
主营业务成本	Cost of Main Bussiness	1857.07	3730.33	2077.49	120.84	1921.09
主营业务税金及附加	Tax and Extra Charges of Main Bussiness	17.11	162.61	336.75	1.30	17.59
管理费用	Administrative Expense	83.27	229.04	123.75	5.86	73.74
利息收入	Interest Revenue	0.18	1.71	0.83	0.03	0.34
利息支出	Interest Expense	15.37	48.95	23.70	1.54	12.28
营业利润	Operating Profit	136.67	183.23	168.03	6.96	170.87
利润总额	Total Profit	137.69	151.66	180.70	7.69	82.18
本年应付职工薪酬	Total Wages Payable of the Year	128.45	203.63	126.12	7.35	78.79
总资产贡献率 (%)	Ratio of Total Assets to Output Value (%)	21.00	21.65	33.99	9.99	12.54
每百元销售收入实现利润 (元)	Profit per 100 yuan of Sales Revenue (yuan)	6.34	3.38	6.44	5.42	3.64
资产负债率 (%)	Assets-Liability Ratio (%)	38.43	41.87	47.40	50.54	48.63
成本费用利润率 (%)	Ratio of Profits to Cost (%)	6.81	3.59	7.61	5.75	3.96

13-15 续表 4 continued

单位：亿元 (100 million yuan)

指 标	Item	郴州市 Chenzhou City	永州市 Yongzhou City	怀化市 Huaihua City	娄底市 Loudi City	湘西州 West Hunan A.P
全部从业人员年平均人数 （万人）	Annual Average Number of Obtain Employees (10 000 persons)	19.67	17.76	9.48	16.18	3.93
流动资产	Liquid Assets	748.30	243.04	194.18	452.66	140.35
#存货	# Inventory	253.45	77.95	38.31	109.03	34.08
产成品	Products	45.89	21.08	14.63	43.74	12.80
固定资产合计	Total Fixed Assets	771.71	384.78	449.49	565.27	152.32
固定资产原价	Original Value of Fixed Assets	954.85	606.29	683.45	1041.93	201.39
累计折旧	Add up Depreciation of Fixed Assets	350.25	226.19	238.29	449.01	70.40
资产总计	Total Assets	1794.78	792.94	760.15	1246.84	327.00
流动负债合计	Total Liquid Liabilities	607.28	211.73	249.22	500.45	106.74
长期负债合计	Total Long-term Liabilities	226.86	81.51	113.21	157.47	72.77
负债合计	Total Liabilities	875.57	341.63	434.52	687.07	188.55
所有者权益	Creditors Equity	918.06	445.97	335.63	548.28	138.10
主营业务收入	Revenue of Main Bussiness	2935.23	1445.84	984.53	2048.89	266.07
主营业务成本	Cost of Main Bussiness	2181.80	1229.34	827.27	1765.84	216.69
主营业务税金及附加	Tax and Extra Charges of Main Bussiness	59.46	32.82	7.17	15.71	3.66
管理费用	Administrative Expense	93.40	72.60	66.41	56.83	12.92
利息收入	Interest Revenue	0.80	0.19	0.54	1.02	0.09
利息支出	Interest Expense	15.03	7.17	18.24	19.62	2.89
营业利润	Operating Profit	175.54	51.23	44.01	155.23	23.50
利润总额	Total Profit	164.34	53.33	46.44	155.06	17.86
本年应付职工薪酬	Total Wages Payable of the Year	145.41	88.53	41.60	91.38	16.72
总资产贡献率 (%)	Ratio of Total Assets to Output Value (%)	15.21	14.48	12.68	17.97	10.25
每百元销售收入实现利润 （元）	Profit per 100 yuan of Sales Revenue (yuan)	5.60	3.69	4.72	7.57	6.71
资产负债率 (%)	Assets-Liability Ratio (%)	48.78	43.08	57.16	55.10	57.66
成本费用利润率 (%)	Ratio of Profits to Cost (%)	6.95	3.90	4.96	8.04	7.41

13-16 省级及以上产业园区规模工业主营业务收入(2017年)
Revenue from Principal Business of above the provincial level Industrial Park (2017)

单位：万元 (10 000 yuan)

园区名称	Park	主营业务收入 Revenue of Major Business	#国有经济 State-owned Economic	#集体经济 Collective Economic
长沙天心经济开发区	Changsha Tianxin Industrial Park	1043696		
长沙高新技术产业开发区(国家级)	Changsha High-tech Industrial Development Zone (National)	15996745		
长沙金霞经济开发区	Changsha Jinxia Economic Development Zone	1206393		
长沙雨花经济开发区	Changsha Yuhua Economic Development Zone	5071599	2386969	12692
望城经济技术开发区(国家级)	Wangcheng Economic and Technological Development Zone (National)	7611028		
长沙经济技术开发区(国家级)	Changsha Economic and Technological Development Zone (National)	18463217	9302	
湖南长沙暮云经济开发区	Muyun Industrial Park in Changsha, Hunan	516250		4185
湖南宁乡经济开发区(国家级)	Ningxiang Economic and Technological Development Zone (National)	9499292		
宁乡高新技术产业园区	Ningxiang High-tech Industrial Development Zone	7401774		
浏阳经济技术开发区(国家级)	Hunan Liuyang Biomedical Park (National)	11723769		
浏阳高新技术产业开发区	Liuyang High-tech Industrial Development Zone	3875656		
株洲经济开发区	Zhuzhou Economic Development Zone	292543		
株洲高新技术产业开发区(国家级)	Zhuzhou Hi-tech Industrial Development Zone (National)	10243919	65485	
湖南株洲渌口经济开发区	Port Economic Development Zone, Zhuzhou, Hunan Lukou	905057		
湖南茶陵经济开发区	Economic Development Zone, Hunan Chaling	755108	7919	
湖南醴陵经济开发区	Hunan Liling Ceramics Industrial Park	7375016	48175	23240
湖南湘潭经济技术开发区(国家级)	Xiangtan Economic and Technological Development Zone, Hunan (National)	6380794		
湖南湘潭高新技术产业园区(国家级)	Xiangtan High-tech Industrial Development Zone, Hunan (National)	7085820		43937
湖南湘潭天易经济开发区	Xiangtan Tianyi Economic Development Zone, Hunan	4033602		
湖南湘潭岳塘经济开发区	Xiangtan Yuetang Economic Development Zone, Hunan	76802		
湖南湘乡经济开发区	Hunan Xiangxiang Industrial Park	6345760		
韶山高新技术产业开发区	Shaoshan High-tech Industrial Development Zone	2170495		
湖南衡阳松木经济开发区	Hunan Hengyang Pine Industrial Park	781620		
湖南衡阳高新技术产业园区(国家级)	High-tech Industrial Park in Hunan Hengyang (National)	4582550		
湖南衡阳西渡高新技术产业园区	Hunan Hengyang Xidu Economic Development Zone	1987922		
湖南衡山经济开发区	Economic Development Zone, Hunan Hengshan	862615	3590	
湖南衡东经济开发区	Hunan Hengdong Industrial Park	1418941		
湖南祁东经济开发区	Hunan Qidong Economic Development Zone	1905597		
湖南耒阳经济开发区	Hunan Leiyang Economic Development Zone	703081		
湖南常宁水口山经济开发区	Hunan Changning Shuikoushan Economic Development Zone	2285394		
湖南邵阳经济开发区	Hunan Shaoyang Economic Development Zone	684271		
湖南邵东经济开发区	Hunan Shaodong Economic Development Zone	5667844	4555	
湖南新邵经济开发区	Hunan Xinshao Economic Development Zone	1401179	7771	
湖南洞口经济开发区	Hunan Dongkou Economic Development Zone	1374560		
湖南武冈经济开发区	Hunan Wugang Economic Development Zone	625531	2022	
岳阳经济技术开发区(国家级)	Yueyang Economic and Technological Development Zone (National)	3970052		
湖南岳阳绿色化工产业园	Hunan Yueyang Green Chemical Industrial Park	8314094		23607
湖南湘阴工业园区	Hunan Xiangyin Industrial Park	1542771		
湖南平江工业园区	Hunan Pingjiang Industrial Park	3279728		
湖南汨罗循环经济产业园区	Hunan Miluo Circular Economy Industrial Park	5038022		

13-16 续表 continued

单位：万元 (10 000 yuan)

园区名称	Park	主营业务收入 Revenue of Major Business	#国有经济 State-owned Economic	#集体经济 Collective Economic
湖南临湘工业园区	Hunan Linxiang Industrial Park	3439005		
岳阳临港高新技术产业 开发区	The Port of Yueyang Hi-tech Industrial Development Zone	817273		
岳阳高新技术产业园区	Yueyang High-tech Industrial Development Zone	4026945	289984	40749
湖南常德经济开发区(国家级)	Changde Economic and Technological Development Zone (National)	8760491	5206267	6103
湖南常德鼎城高新技术产业园区	Hunan Changde Dingcheng Economic Development Zone	1893155		
湖南汉寿经济开发区	Hunan Hanshou Economic Development Zone	1536650		
湖南澧县经济开发区	Hunan Li county Economic Development Zone	1861358		
湖南临澧经济开发区	Hunan Linli Economic Development Zone	978222		
湖南石门经济开发区	Hunan shimen Economic Development Zone	2151741		
津市高新技术产业开发区	Jinshi High-tech Industrial Development Zone	1776893		5787
湖南张家界经济开发区	Hunan Zhangjiajie Economic Development Zone	240213		
湖南益阳长春经济开发区	Hunan Yiyang Changchun Industrial Park	2392645		
湖南益阳高新技术产业园区(国家级)	Yiyang High-tech Industrial Development Zone (National)	5006148		
湖南南县经济开发区	Hunan Nan County Economic Development Zone	1061444		
湖南桃江经济开发区	Hunan Taojiang Economic Development Zone	1753891		
湖南安化经济开发区	Hunan Anhua Economic Development Zone	590324	7089	
湖南沅江高新技术产业园区	Hunan Yuanjiang Economic Development Zone	2296588		
湖南郴州经济开发区	Hunan Chengzhou Economic Development Zone	1572869	489191	
湖南郴州高新技术产业园区	Hunan Chenzhou Nonferrous Metals Industrial Park	4736491	101609	
湖南桂阳工业园区	Hunan Guiyang Industrial Park	5335040		
湖南宜章经济开发区	Hunan Yizhang Economic Development Zone	1400005		
湖南永兴经济开发区	Hunan Yongxing Economic Development Zone	3836872		
湖南嘉禾经济开发区	Hunan Jiahe Economic Development Zone	1590476		
湖南临武工业园区	Hunan Linwu Industrial Park	660660		
湖南汝城经济开发区	Hunan Rucheng Economic Development Zone	185888		
湖南资兴经济开发区	Hunan Zixing Economic Development Zone	3550183		
湖南零陵工业园区	Hunan Lingling Industrial Park	956077	386475	
永州高新技术产业开发区	Yongzhou High-tech Industrial Development Zone	2882836		
湖南祁阳经济开发区	Hunan Qiyang Industrial Park	1869583	33327	
湖南东安经济开发区	Hunan Dongan Economic Development Zone	1123443	56048	8573
湖南宁远工业园区	Hunan Ningyuan Industrial Park	1142659	3349	
湖南蓝山经济开发区	Hunan Lanshan Economic Development Zone	1142372		
湖南江华经济开发区	Hunan Jianghua Industrial Park	1264804	2945	
湖南怀化经济开发区	Hunan Huaihua Economic Development Zone	99660		
怀化高新技术产业开发区(国家级)	Huaihua High-tech Industrial Development Zone (National)	555560		
湖南娄底经济开发区(国家级)	Hunan Loudi Economic Development Zone (National)	5924252		155619
湖南双峰经济开发区	Hunan Shuangfeng Economic Development Zone	1809351		
湖南新化经济开发区	Hunan Xinhua Economic Development Zone	1104245	5239	
湖南冷水江经济开发区	Hunan Lenshuijiang Economic Development Zone	3426993		
湖南涟源经济开发区	Hunan Lianyuan Economic Development Zone	2023344	2463	
湖南吉首经济开发区	Hunan Jishou Economic Development Zone	68216		
湖南湘西经济开发区	Hunan Xiangxi Economic Development Zone	357232		
湖南永顺经济开发区	Hunan Yongshun Economic Development Zone	102746	18805	
泸溪高新技术产业开发区	Luxi High-tech Industrial Development Zone	264202		

主要统计指标解释

工业 指从事自然资源的开采，对采掘品和农产品进行加工和再加工的物质生产部门。具体包括：(1) 对自然资源的开采，如采矿、晒盐等（但不包括禽兽捕猎和水产捕捞）；(2) 对农副产品的加工、再加工，如粮油加工、食品加工、缫丝、纺织、制革等；(3) 对采掘品的加工、再加工，如炼铁、炼钢、化工生产、石油加工、机器制造、木材加工等，以及电力、自来水、煤气的生产和供应等；(4) 对工业品的修理、翻新，如机器设备的修理、交通运输工具（如汽车）的修理等。

工业统计调查单位为独立核算法人工业企业。

独立核算法人工业企业指从事工业生产经营活动的单位。独立核算法人工业企业应同时具备以下条件：①依法成立，有自己的名称、组织机构和场所，能够承担民事责任；②独立拥有和使用资产，承担负债，有权与其他单位签订合同；③独立核算盈亏，并能够编制资产负债表。

本年鉴中涉及的企业登记注册类型：

国有及国有控股企业 指国有企业加上国有控股企业。国有企业（即原全民所有制工业或国营工业）指企业全部资产归国家所有，并按《中华人民共和国企业法人登记管理条例》规定登记注册的非公司制的经济组织。包括国有企业、国有独资公司和国有联营企业。1957 年以前的公私合营和私营工业，后均改造为国营工业，1992 年改为国有工业，这部分工业的资料不单独分列时，均包括在国有企业内。国有控股企业是对混合所有制经济的企业进行的“国有控股”分类。它是指这些企业的全部资产中国有资产（股份）相对其他所有者中的任何一个所有者占资（股）最多的企业。该分组反映了国有经济控股情况。

集体企业 指企业资产归集体所有，并按《中华人民共和国企业法人登记管理条例》规定登记注册的经济组织。是社会主义公有制经济的组成部分。包括城乡所有使用集体投资举办的企业，以及部分个人通过集资自愿放弃所有权并依法经工商行政管理机关认定为集体所有制的企业。

股份合作企业 指以合作制为基础，由企业职工共同出资入股，吸收一定比例的社会资产投资组建，实行自主经营，自负盈亏，共同劳动，民主管理，按劳分配与按股分红相结合的一种集体经济组织。

联营企业 指两个及两个以上相同或不同所有制性质的企业法人或事业单位法人，按自愿、平等、互利的原则，共同投资组成的经济组织。联营企业包括：

国有联营企业指国有企业与国有企业间的联营；

集体联营企业指集体企业与集体企业间的联营；

国有与集体联营企业指国有企业与集体企业间的联营。

有限责任公司 指根据《中华人民共和国公司登记管理条例》规定登记注册，由两个以上，五十个以下的股东共同出资，每个股东以其所认缴的出资额对公司承担有限责任，公司以其全部资产对其债务承担责任的经济组织。

有限责任公司包括国有独资公司以及其他有限责任公司。

股份有限公司 指根据《中华人民共和国企业法人登记管理条例》规定登记注册，其全部注册资本由等额股份构成并通过发行股票筹集资本，股东以其认购的股份对公司承担有限责任，公司以其全部资产对其债务承担责任的经济组织。

私营企业 指由自然人投资设立或由自然人控股，以雇佣劳动为基础的营利性经济组织。包括按照《公司法》、《合伙企业法》、《私营企业暂行条例》规定登记注册的私营有限责任公司、私营股份有限公司、私营合伙企业和私营独资企业。

港、澳、台商投资企业 指企业注册登记类型中的港、澳、台资合资、合作、独资经营企业和股份有限公司之和。

外商投资企业 指企业注册登记类型中的中外合资、合作经营企业、外资企业和外商投资股份有限公司之和。

工业增加值 指工业企业在报告期内以货币表现的工业生产活动的最终成果。

工业增加值有两种计算方法：一是生产法，即工业总产出减去工业中间投入加上应交增值税；二是收入法，即从收入的角度出发，根据生产要素在生产过程中应得到的收入份额计算，具体构成项目有固定资产折旧、劳动者报酬、生产税净额、营业盈余，这种方法也称要素分配法。本年鉴中的工业增加值是以生产法计算的。

生产法工业增加值的计算方法为：

工业增加值 = 工业总产出 − 工业中间投入 + 应交增值税

(1) 工业总产出：指工业企业在一定时期内工业生产活动的总成果。工业总产出包括：成品生产价值，对外加工费收入，自制半成品、在产品期末期初差额价值。1995 年后用新规定计算的工业总产值代替。

(2) 工业中间投入：指工业企业在工业生产活动中消耗的外购物质产品和对外支付的服务费用。服务费用包括支付给物质生产部门（工业、农业、批发零售贸易业、建筑业、运输邮电业）的服务费用和支付给非物质生产部门（如保险、金融、文化教育、科学研究、医疗卫生、行政管理等）的服务费用。工业中间投入的确定须遵循以下原则：必须从外部购入的，并已计入工业总产出的产品和服务价值；必须是本期投入生产，并一次性消耗掉（包括本期摊销的低值易耗品等）的产品和服务价值。

工业中间投入包括直接材料费用、制造费用中的工业中间投入、管理费用中的工业中间投入、销售费用中的工业中间投入和利息支出五部分。

资产总计 指企业拥有或控制的能以货币计量的经济资源，包括各种财产、债权和其他权利。资产按流动性分为流动资产、长期投资、固定资产、无形资产、递延资产和其他资产。该指标根据企业会计“资产负债表”中“资产总计”项目的期末数增列。

流动资产 指企业可以在一年内或者超过一年的一个生产周期内变现或者耗用的资产，包括现金及各种存款、短期投资，应收及预付款项、存货等。

流动资产平均余额 指企业在报告期内全部流动资产的平均余额。

固定资产原价 指企业在建造、购置、安装、改建、扩建、技术改造某项固定资产时所支出的全部货币总额。它一般包括买价、包装费、运杂费和安装费等。

固定资产净值年平均余额 指固定资产净值在报告期内余额的平均数。计算公式为：

$$\begin{matrix}\text{固定资产净值}\\\text{年平均余额}\end{matrix}=\frac{\begin{matrix}\text{1至12月各月月初、月末}\\\text{固定资产净值之和}\end{matrix}}{24}$$

该指标根据“资产负债表”中“固定资产原价”、“累计折旧”指标的期初、期末数计算填列。

固定资产净值指固定资产原价减去历年已提折旧额后的净额。计算公式为：

固定资产净值 = 固定资产原价 − 累计折旧

负债合计 指企业所承担的能以货币计量，将以资产或劳务偿付的债务，偿还形式包括货币、资产或提供劳务。负债一般按偿还期长短分为流动负债和长期负债。根据会计“资产负债表”中“负债合计”的年末数填列。

所有者权益 指企业投资人对企业净资产的所有权。企业净资产等于企业全部资产减去全部负债后的余额，包括企业投资人对企业的最初投入的实际到位的资产及资本公积金、盈余公积金和未分配利润。所有者权益合计数小于零，表示企业资不抵债。

主营业务收入 指会计“利润表”中对应指标的本年累计数。未执行2001年《企业会计制度》的企业，用“产品销售收入”的本期累计数代替。

主营业务成本 指会计“利润表”中对应指标的本年累计数。未执行2001年《企业会计制度》的企业，用“产品销售成本”的本期累计数代替。

主营业务税金及附加 指会计“利润表”中对应指标的本年累计数。未执行2001年《企业会计制度》的企业，用“产品销售税金及附加” 的本期累计数代替。

利润总额 指企业生产经营活动的最终成果，是企业在一定时期内实现的盈亏相抵后的利润总额（亏损以“−”号表示），它等于营业利润加上补贴收入加上投资收益加上营业外净收入再加上以前年度损益调整。

本年应交增值税 指企业在报告期内应交纳的增值税额。它等于本年销项税额加上出口退税加上进项税额转出数减去本年进项税额。小规模纳税企业直接按全年计税销售额乘以征收率计算取得。

从业人员平均人数 是指报告期内每天拥有的从业人员人数。其计算公式为：

$$\text{月平均人数}=\frac{\text{报告月内每天实有人数之和}}{\text{报告月日历日数}}$$

$$\text{季平均人数}=\frac{\text{季内各月平均人数之和}}{3}$$

$$\text{年平均人数}=\frac{\text{年内各月平均人数之和}}{12}$$

总资产贡献率 反映企业全部资产的获利能力，是企业经营业绩和管理水平的集中体现，是评价和考核企业盈利能力的核心指标。计算公式为：

$$\begin{matrix}\text{总资产贡献}\\\text{率(\%)}\end{matrix}=\frac{\text{利润总额}+\text{税金总额}+\text{利息支出}}{\text{平均资金总额}}\times100\%$$

公式中：税金总额为产品销售税金及附加与应交增值税之和；平均资产总额为期初期末资产之和的算术平均值。

资产负债率 该指标既反映企业经营风险的大小，也反映企业利用债权人提供的资金从事经营活动的能力。计算公式为：

$$\text{资产负债率(\%)}=\frac{\text{负债总额}}{\text{资产总额}}\times100\%$$

资产与负债均为报告期期末数。

流动资产周转次数 指一定时期内流动资产完成的周转次数，反映投入工业企业流动资金的周转速度。计算公式为：

$$流动资产周转次数=\frac{产品销售收入}{全部流动资产平均余额}$$

公式中：全部流动资产平均余额为期初和期末的流动资产之和的算术平均值。

成本费用利润率　反映企业投入的生产成本及费用的经济效益，同时也反映企业降低成本所取得的经济效益。计算公式为：

$$成本费用利润率(\%)=\frac{利润总额}{成本费用总额}\times 100\%$$

公式中：成本费用总额为产品销售成本、销售费用、管理费用、财务费用之和。

产品销售率　该指标反映工业产品已实现销售的程度，是分析工业产销衔接情况，研究工业产品满足社会需求的指标。计算公式为：

$$产品销售率(\%)=\frac{工业销售产值}{工业总产值(现价)}\times 100\%$$

Explanatory Notes on Main Statistical Indicators

Industry refers to the material production sector which is engaged in the extraction of natural resources and processing and reprocessing of minerals and agricultural products, including (1) extraction of natural resources, such as mining, salt production (but not including hunting and fishing); (2) processing and reprocessing of farm and sideline produces, such as rice husking, flour milling, wine making, oil pressing, silk reeling, spinning and weaving, and leather making; (3) manufacture of industrial products, such as steel making, iron smelting, chemicals manufacturing, petroleum processing, machine building, timber processing; water and gas production and electricity generation and supply; (4)repairing of industrial products such as the repairing of machinery and means of transport (including cars).

In industrial statistics surveys, the units of enquiry are corporate industrial enterprises with independent accounting systems.

Corporate industrial enterprises with independent accounting systems refer to enterprises engaging in industrial production activities, which meet the following requirements: (1) They are established legally, having their own names, organizations, location and able to take civil liability; (2) They possess and use their assets independently, assume liabilities and are entitled to sign contracts with other units; (3) They are financially independent and compile their own balance sheets.

Enterprises covered in the industrial statistics in the Yearbook include the following categories by their registration:

State-owned and State-holding Enterprises refer to state-owned enterprises plus State-holding enterprises. State-owned enterprises (originally known as State-run enterprises with ownership by the whole society) are non-corporate economic entities registered in accordance with the Regulation of the People's Republic of China on the Management of Registration of Legal Enterprises, where all assets are owned by the State. Included in this category are State-owned enterprises, State-funded corporations and State-owned joint- operation enterprises. Joint State-private industries and private industries, which existed before 1957, were transformed into state-run industries since 1957, and into State-owned industries after 1992. Statistics on those enterprises are included in the State-owned industries instead of being grouped them separately. State-holding enterprises are a sub-classification of enterprises with mixed ownership, referring to enterprises where the percentage of State assets (or shares by the State) is larger than any other single share holder of the same enterprise. This sub-classification illustrates the control of the State over a particular industry.

Collective-owned Enterprises refer to economic entities registered in accordance with the Regulation of the People's Republic of China on the Management of Registration of Legal Enterprises, where assets are owned collectively. Collective enterprises constitute an integral part of the socialist economy with public ownership. They include urban and rural enterprises invested collectively, and some enterprises registered in industrial and commercial administration agency as collective units where funds are pooled together by individuals who voluntarily give up their right of ownership.

Cooperative Enterprises refer to economic units set up on a cooperative basis, with funding partly from employees of the enterprise and partly from outside investment, where the operation and management is decided by all the members who also participate in the production, and the distribution of income is based both on work (labour input) and on shares (capital input).

Joint Ownership Enterprises refer to economic units that are established by joint investment by two or more corporate enterprises or institutions of the same or different types of ownership on voluntary, equal and mutual-beneficial basis. They include:

a) State-owned joint-operation enterprises (joint operation between State-owned enterprises);

b) Collective joint-operation enterprises (joint operation between collective enterprises; and

c) State-collective joint-operation enterprises (joint operation between state and collective enterprises).

Limited Liability Corporations refer to economic units registered in accordance with the Regulation of the People's Republic of China on the Management of Registration of Corporations, with capital from 2 to 49 investors, each investor bears limited liability to the corporation depending on his/her holding of shares, and the corporation bears liability to its debt to the maximum of its total assets.

Limited liability corporations include state sole funded corporations and other limited liability corporations.

Share-holding Corporations Ltd. refer to economic units registered in accordance with the Regulation of the People's Republic of China on the Management of Registration of Corporate Enterprises, with total registered capital divided into equal shares and raised through issuing stocks. Each investor bears limited liability to the corporation depending on the holding of shares, and the corporation bears liability to its debt to the maximum of its total assets.

Private Enterprises refer to economic units invested or controlled (by holding the majority of the shares) by natural persons who hire labours for profit-making activities. Included in this category are private limited liability corporations, private share-holding corporations Ltd., private partnership enterprises and private sole investment enterprises registered in accordance with the Corporation Law, Partnership Enterprise Law and Tentative Regulation on Private Enterprises.

Enterprises with Funds from Hong Kong, Macao and Taiwan refers to all industrial enterprises registered as the joint-venture, cooperative, sole (exclusive) investment industrial enterprises and limited liability corporations with funds from Hong Kong, Macao and Taiwan.

Foreign Funded Enterprises refer to all industrial enter- prises registered as the joint-venture, cooperative, sole (exclusive) investment industrial enterprises and limited liability corpora- tions with foreign funds.

Value-added of Industry refers to the final results of industrial production of industrial enterprises in money terms during the reference period.

Industrial value-added can be calculated by two approa- ches: the production approach, i.e. gross industrial output value minus intermediate input plus value-added tax, and the income approach, i.e. income for various factors used in the course of production, including depreciation of fixed assets, remuneration of labourers, net of production tax, and operating surplus. Value-added of industry in the Yearbook is calculated by the production approach as follows:

Value-added of industry = gross industrial output - industrial intermediate input + value-added tax

(1) Gross industrial output: refers to the total achievements of industrial production activities during a given period. Gross industrial output includes value of finished products, income from external processing, and value of change in semi-finished products between the end and the beginning of the reference period. Since 1995, the gross industrial output value obtained by the new method is used in the calculation.

(2) Industrial intermediate input: refers to purchased goods and paid services consumed during the industrial production of enterprises. Fees paid for services include fees paid for the services provided by material production sectors (industry, agriculture, wholesale and retail trade, construction, transport, post and telecommunications) and by non-material production sectors (insurance, banking, culture, education, scientific research, health and medical care, public administration, etc.). The determination of industrial intermediate input follows the principle that the goods and services must be purchased from outside and included in the gross industrial output, and that the goods and services are inputted into production and consumed (include low-value consumables) during the reference period.

Industrial intermediate input includes 5 components, namely direct consumption of materials, industrial intermediate input in manufacturing cost, industrial intermediate input in management cost, industrial intermediate input in marketing cost and expenditure on interest.

Total Assets refer to all economic resources, in mone- tary term, these are owned or controlled by enterprises, including properties, creditor's equity and other economic rights of all forms. Classified by the degree of liquidity, total assets include working capitals, long-term investment, fixed assets, intangible assets, deferred assets and other assets. Data on this indicator can be obtained by the year-end figures of total assets in the Assets and Liability Table of accounting records of enterprises.

Working Capital refers to capital that an enterprise can cash or use during one year or one production cycle that may exceed one year, including cash and savings deposits of various forms, short-term investment, money receivable and prepaid money, inventories, etc.

Annual Average Value of Working Capital refers to the average value of all working capital of the enterprise during the reference period.

Original Value of Fixed Assets refers to the total value, in monetary terms, that an enterprise spent on fixed assets, through construction, purchase, installation, transformation, expansion or technical upgrading. Generally, it covers cost of purchase, packing, transportation and installation, etc.

Annual Average of Net Value of Fixed Assets refers to the average of the net value of fixed assets during the reference period, calculated with the following formula:

$$\text{Annual Average of Net Value of Fixed Assets} = \frac{\text{sum of net value of fixed assets at the beginning and at the end of each month from January to December}}{24}$$

Information on this indicator can be obtained from the beginning and ending figures of the original value of fixed assets and cumulative depreciation from the Assets and Liability Table of enterprises.

Net value of fixed assets refers to the original value of fixed assets minus depreciation over the years, i.e.:

Net value of fixed assets = original value of fixed assets - cumulative depreciation

Total Liabilities refer to payable liabilities of enterprises that have to be repaid in terms of money, assets or labour services. In terms of payment, it can be divided into liquid liabilities and long-term liabilities. Data on this item is obtained from the ending figures on total liabilities from the Assets and Liability Table from the enterprises.

Owner's Equity refers to the ownership of net assets of enterprise by its investors. Net assets equal total assets minus total liabilities of the enterprise, including the actual assets invested into the enterprise by investors, accumulation of capital and operating surplus and non-distributed profits. The enterprise's assets are less than its liabilities if the sum of owner's equity is smaller than zero.

Revenue from Principal Business refers to the annual accumulation of the corresponding item in the "profit table" of the accountant. For enterprises that do not follow the 2001 Enterprise Accounting Standards, the year-end accumulation of revenue from the sales of products is used as a substitute.

Cost of Principal Business refers to the annual accumulation of the corresponding item in the "profit table" of the accountant. For enterprises that do not follow the 2001 Enterprise Accounting Standards, the year-end accumulation of cost for the sales of products is used as a substitute.

Tax and Extra Charges from Principal Business refer to the annual accumulation of the corresponding item in the "profit table" of the accountant. For enterprises that do not follow the 2001 Enterprise Accounting Standards, the year-end accumulation of tax and extra charges from the sales of products is used as a substitute.

Total Profits refer to the final achievement of production and operation activities of the enterprises, represented by total profits after deducting losses (loss is expressed by the negative figure). It is the sum of profits from operation, income from subsidies, investment earnings, net income from activities other than operation, and adjustment of profits and losses of previous years.

Value-added Tax Payable in the Current Year refers to the amount of the value-added tax which should be paid by the enterprises during the reference period. It is the sum of tax on sales, export rebate, and transferred tax on purchases of the current year, minus the tax on purchases of the current year. Value-added tax payable of small-size enterprises is determined by the taxable sales of the year multiplied by the tax rate.

Average Annual Number of Employed Persons Employed persons refer to all those who are employed in enterprises and receive remunerations there from, including currently working employees, retirees who are re-employed, teachers of local-run schools, as well as foreigners, staff from Hong Kong, Macao and Taiwan, part-time employees and persons with second job who are employed by the enterprise, and employees of other units temporarily working in the enterprises, but excluding former employees who left the enterprise with their employment records still being kept by the enterprises.

Average number of employed persons refers to the number of employee everyday during the reference period, calculated with the following formula:

$$\text{Monthly average number} = \frac{\text{sum of actual employees everyday in reference month}}{\text{number of calendar dates in reference month}}$$

$$\text{Quarterly average number} = \frac{\text{sum of monthly average number in reference quarter}}{3}$$

$$\text{Annual average number} = \frac{\text{sum of monthly average number in reference year}}{12}$$

Ratio of Profits, Taxes and Interests to Average Assets reflects the profit-making capability of all assets of the enterprise and is a key indicator manifesting the performance and management and evaluating the profit-making potential of the enterprise. It is calculated as follows:

$$\text{Ratio of Profits, Taxes and Interests to Average Assets (\%)} = \frac{\text{total profits} + \text{total taxes} + \text{interest payment}}{\text{average assets}} \times 100\%$$

In the above formula, total taxes is the sum of tax and extra charges on the sales of products and value-added tax payable; and average assets is the arithmetic mean of the sum of beginning assets and ending assets.

Ratio of Debts to Assets reflects both the operation risk and the capability of the enterprise in making use of the capital from the creditors. It is calculated as follows:

$$\text{Ratio of Debts to Assets (\%)} = \frac{\text{total debts}}{\text{total assets}} \times 100\%$$

Both assets and debts are figures at the end of the reference period.

Turnover of Working Capital refers to the number of times of turnover of working capital in a given period of time, which reflects the speed of the turnover of working capital of industrial enterprises, and is calculated as follows:

$$\text{Turnover of Working Capital} = \frac{\text{sales revenue of products}}{\text{average balance of total working capital}}$$

In the above formula, average balance of total working capital refers to the arithmetic mean of the sum of working capital at the beginning and at the end of the reference period.

Ratio of Profits to Total Industrial Costs refers to the ratio of profits realized in a given period to the total costs in the same period, which reflects the economic efficiency of input cost and is calculated as follows:

$$\text{Ratio of Profits to Total Industrial Cost (\%)} = \frac{\text{total profits}}{\text{total costs}} \times 100\%$$

Total costs in the above formula are the sum of cost of products sold, marketing cost, management cost and financial cost.

Sales Ratio of Products is an indicator reflecting the actual sale of industrial products, analyzing the production-selling and supply-demand relations. It is calculated as:

$$\text{Sales Ratio of Products (\%)} = \frac{\text{value of industrial sales}}{\text{gross industrial output value (current prices)}} \times 100\%$$

14

建筑业

Construction

资料整理人员：李培楚

14-1 建筑企业概况

General Survey of Construction Enterprises

单位：亿元 (100 millions yuan)

年份 Year	建筑业企业单位数(个) Number of Construction Enterprises (unit)	总产值 Gross Output Value of Construction	企业总收入 Total Income of Enterprises	利税总额合计 Total pre-tax Profits	利润总额合计 Total Profits
1980	3427	7.97			
1981	2771				
1982	2610				
1983	2822				
1984	3677				
1985	4248	16.48			0.95
1986	4013	20.33			0.92
1987	4083	23.23			0.73
1988	4015	29.95			0.86
1989	3887	32.39			0.48
1990	3713	33.47		1.31	0.26
1991	3718	40.55		1.89	0.53
1992	3967	55.04		2.47	0.92
1993	4759	81.77		3.40	1.04
1994	5262	115.35		4.35	0.94
1995	5169	148.80		5.73	1.05
1996	1656	278.38	248.05	11.96	3.54
1997	1748	296.50	261.67	12.23	2.97
1998	1840	327.32	288.72	11.58	1.95
1999	1812	333.90	303.46	12.10	1.72
2000	1812	354.29	316.13	15.29	4.39
2001	1628	489.79	464.73	25.52	8.64
2002	1442	595.77	552.65	31.89	11.10
2003	1593	818.84	769.26	45.25	15.61
2004	1940	1027.89	966.60	60.95	25.47
2005	1842	1219.35	1136.14	73.14	28.75
2006	1861	1462.88	1370.91	91.51	37.66
2007	1893	1828.81	1720.40	122.05	54.56
2008	1992	2115.44	1994.97	202.77	112.11
2009	1948	2507.40	2333.97	180.28	84.59
2010	2005	3161.73	3010.77	228.87	105.02
2011	2021	3915.01	3600.93	267.00	124.67
2012	2021	4407.92	4102.19	307.30	149.59
2013	2094	5283.84	4947.39	392.54	190.34
2014	2108	6020.97	5699.61	429.37	208.31
2015	2083	6630.82	6131.31	454.45	216.19
2016	2124	7304.22	7010.13	433.03	230.57
2017	2339	8423.00	7688.40	547.83	246.62

14-1 续表 1 continued

指 标	Item	2000	2005	2016	2017
总产值 （万元）	**Gross Output Value of Construction (10 000 yuan)**	**3542866**	**7038249**	**73042164**	**84230021**
#国有企业	#State owned Enterprises	1581149	3921291	4963092	3963061
集体企业	Collective owned Enterprises	1509253	1205659	2501252	2499401
股份合作企业	Cooperative Enterprises	49773	181192	44015	47067
联营企业	Joint Ownership Enterprises	20538	41079	77494	68090
有限责任公司	Limited Liability Corporations	152616	4153066	42772587	50274062
股份有限公司	Share-holding Corporations Ltd.	174020	1482199	5095401	6261063
私营企业	Private Enterprises	41503	1126488	17125703	20703019
其他企业	Others Enterprises	566	26731	116393	44765
港澳台商投资企业	Funded by Entrepreneurs from Hong kong,Macao and Taiwan	13448	50268	223884	266675
外商投资企业	Enterprises with Foreign Investment		5521	122342	102820
增加值 （万元）	**Value Aded of Construction (10 000 yuan)**				
#本年内提取的固定资产折旧	#Depreciation of Fixed Assets of the Year	77163	152898	361127	375704
应付工资	Wages Payable	490810	1397471	7598728	7688834
应付福利费	Welfare Expenses Payable	42946	156508		
劳动、失业保险费	Labor and Unemployment Insurance	28358	42335		
主营业务税金及附加	Taxes and Extra Charges on Main Business	101064	418054	1921411	1472024
主营业务利润	Profits of Main Business	250524	768291		2462033
管理费用中的税金	Taxes in Management Enpenses	8007	25851	103263	1540100
实收资本 （万元）	**Capital Stock (10 000 yuan)**	**1004829**	**2632824**	**9104734**	**11217558**
#国有企业	#State owned Enterprises	337826	606232	647532	421133
集体企业	Collective owned Enterprises	488259	333322	268070	254366
股份合作企业	Cooperative Enterprises	17883	50362	3822	3756
联营企业	Joint Ownership Enterprises	5754	9328	3863	9896
有限责任公司	Limited Liability Corporations	48338	981955	5068247	6807852
股份有限公司	Share-holding Corporations Ltd.	69068	295457	657778	650208
私营企业	Private Enterprises	30891	314627	2441783	3044967

注：1995 年至 2001 年，建筑施工企业为资质等级四级及以上的建筑施工企业。从 2002 年起，建筑施工企业的统计范围为具有新资质等级的施工总承包和专业承包企业。下表同。

Construction enterprises refer to the fourth and higher grade construction enterprises between 1995 and 2001. The Statistical Coverage of Construction Enterprises Just Included the New Grade Construction Enterprises of Overall Contract and Special Contract Since 2002. The Same as in the following table.

14-1 续表 2 continued

指 标	Item	2000	2005	2016	2017
其他企业	Others Enterprises	100	9888		7975
港澳台商投资企业	Funded by Entrepreneurs from Hong kong,Macao and Taiwan	6710	25455	7948	11715
外商投资企业	Enterprises with Foreign Investment		6199	5691	5691
资产合计 （万元）	**Total Assets (10 000 yuan)**	**3552544**	**8248407**	**46440792**	**53570421**
#流动资产	# Circulating Funds	2311307	5436223	35738067	40367106
#固定资产	# Fixed Assets	1032597	2240289	4378556	4963453
#国有企业	# State owned Enterprises	1807419	2820769	2695755	1775880
集体企业	Collective owned Enterprises	1301816	849100	917851	854814
股份合作企业	Cooperative Enterprises	43725	102864	9805	11567
联营企业	Joint Ownership Enterprises	11063	20091	38533	30531
有限责任公司	Limited Liability Corporations	138182	2903212	30628733	37324714
股份有限公司	Share-holding Corporations Ltd.	182134	732830	2713047	2900435
私营企业	Private Enterprises	58761	733761	9227308	10398744
其他企业	Others Enterprises	155	26624	2056	27110
港澳台商投资企业	Funded by Entrepreneurs from HongKong,Macao and Taiwan	9287	49724	99488	108104
外商投资企业	Enterprises with Foreign Investment		9432	108217	138522
负债合计 （万元）	**Total Liabilities (10 000 yuan)**	**2287791**	**4746545**	**28574032**	**33040486**
#流动负债	# Liquid Liabilities	2064425	4306361	23927324	28110614
长期负债	Long-term Liabilities	223366	440184		
#国有企业	# State owned Enterprises	1355446	2056273	1556204	1059535
集体企业	Collective owned Enterprises	697271	420938	434454	430318
股份合作企业	Cooperative Enterprises	21781	42609	2815	3114
联营企业	Joint Ownership Enterprises	4977	8378	8965	9261
有限责任公司	Limited Liability Corporations	82412	1561285	20982212	25250605
股份有限公司	Share-holding Corporations Ltd.	103449	310212	1319058	1448487
私营企业	Private Enterprises	19869	307809	4116346	4634019
其他企业	Others Enterprises	50	14898	1070	20722
港澳台商投资企业	Funded by Entrepreneurs from HongKong,Macao and Taiwan	2535	22035	84450	85183
外商投资企业	Enterprises with Foreign Investment		2109	68459	99242
所有者权益 （万元）	**Creditors' Equity (10 000 yuan)**	**1264753**	**3501862**	**17866260**	**20522771**
#国有企业	# State owned Enterprises	451973	764496	1139551	716346
集体企业	Collective owned Enterprises	604545	428162	483397	424496
股份合作企业	Cooperative Enterprises	21945	60255	6990	8453
联营企业	Joint Ownership Enterprises	6086	11714	29568	21270
有限责任公司	Limited Liability Corporations	55770	1341927	9646021	12069339
股份有限公司	Share-holding Corporations Ltd.	78685	422619	1393989	1449528
私营企业	Private Enterprises	38893	425952	5110962	5764752
其他企业	Others Enterprises	105	11726	986	6388
港澳台商投资企业	Funded by Entrepreneurs from HongKong,Macao and Taiwan	6752	27688	15038	22921
外商投资企业	Enterprises with Foreign Investment		7324	39758	39280
企业总收入 （万元）	**Total Income of Enterprises (10 000 yuan)**	**3161339**	**10030720**	**70101317**	**76884047**
#主营业务收入	# Revenue of Main Business	3049291	11256051	68093991	76252333
主营业务成本	Costs of Main Business	2697703	10007778	60843493	69083502

14-1 续表 3 continued

指 标	Item	2000	2005	2016	2017
#国有企业	#State owned Enterprises	1476206	3625633	4238299	2189067
集体企业	Collective owned Enterprises	1281118	1111298	1878271	1926799
股份合作企业	Cooperative Enterprises	47570	158917	42044	50037
联营企业	Joint Ownership Enterprises	17549	41058	57455	62448
有限责任公司	Limited Liability Corporations	133184	3852669	42623845	48310255
股份有限公司	Share-holding Corporations Ltd.	152984	1408839	5126430	5268186
私营企业	Private Enterprises	38906	1084552	15838576	18689247
其他企业	Others Enterprises	374	26830	12053	26628
港澳台商投资企业	Funded by Entrepreneurs from Hong Kong, Macao and Taiwan	13448	42076	193711	258561
外商投资企业	Enterprises with Foreign Investment		9519	90633	102820
利税总额合计 （万元）	**Total Pre-tax Profits (10 000 yuan)**	**152949**	**731434**	**4330348**	**5478297**
#利润总额	#Total Profits	43878	287529	2305674	2466173
主营业务税金及附加	Taxes and Extra Charges on Main Business	101064	418054	1921411	1472024
管理费用中的税金	Taxes in Management Enpenses	8007	25851	103263	1540100
产值利税率 (%)	Ratio of Pretax Profits to Output Value(%)	4.3	6.0	5.9	6.5
资产利税率 (%)	Ratio of tax Profits to Assets(%)	4.7	8.9	9.3	10.2
#国有企业	#State owned Enterprises	42940	177012	195533	171475
集体企业	Collective owned Enterprises	82842	78805	167398	205289
股份合作企业	Cooperative Enterprises	3077	11651	3073	5083
联营企业	Joint Ownership Enterprises	1146	4510	6205	7808
有限责任公司	Limited Liability Corporations	7781	255796	2165253	2992873
股份有限公司	Share-holding Corporations Ltd.	11236	105167	389853	440372
私营企业	Private Enterprises	2585	93409	1368857	1614554
其他企业	Others Enterprises	14	1672	464	-336
港澳台商投资企业	Funded by Entrepreneurs from Hong kong,Macao and Taiwan	1344	1677	5444	15849
外商投资企业	Enterprises with Foreign Investment		1735	28270	25331
利润总额合计 （万元）	**Total Profits (10 000 yuan)**	**43878**	**287529**	**2305674**	**2466173**
#国有企业	#State owned Enterprises	2640	45301	80387	68935
集体企业	Collective owned Enterprises	29367	28092	74680	66486
股份合作企业	Cooperative Enterprises	1437	5233	729	1086
联营企业	Joint Ownership Enterprises	444	2803	4168	4897
有限责任公司	Limited Liability Corporations	2627	104793	1203744	1368185
股份有限公司	Share-holding Corporations Ltd.	5540	52152	193147	211209
私营企业	Private Enterprises	1024	46780	719752	717572
其他企业	Others Enterprises		803	61	-2713
港澳台商投资企业	Funded by Entrepreneurs from Hong kong,Macao and Taiwan	799	175	1375	5979
外商投资企业	Enterprises with Foreign Investment		1398	27633	24538

14–2 建筑施工企业个数和平均人数
Number of Construction Enterprises and Its Average Annual Staff and Workers

年份 Year	总计 Total	国有经济 State-owned	集体经济 Collective-owned	其他经济 Others owned
施工企业个数（个）	**Number of Enterprises (unit)**			
2000	1812	313	1241	258
2001	1628	305	829	494
2002	1442	262	532	648
2003	1593	257	470	866
2004	1940	274	414	1252
2005	1842	229	364	1249
2006	1861	233	350	1278
2007	1893	239	329	1325
2008	1992	253	272	1467
2009	1948	233	221	1495
2010	2005	254	264	1487
2011	2021	247	248	1526
2012	2021	228	233	1560
2013	2094	322	191	1581
2014	2108	316	184	1608
2015	2083	312	176	1595
2016	2124	294	169	1661
2017	2339	296	158	1885
建筑业从业人员（万人）	**Staff and Workers (10 000 persons)**			
1995	61.33	22.29	38.52	0.16
2000	76.30	22.66	41.98	11.66
2001	96.73	25.01	38.86	32.86
2002	92.72	21.56	28.70	42.46
2003	111.95	28.67	27.53	55.75
2004	115.53	25.59	20.90	69.04
2005	118.61	35.15	18.41	65.05
2006	125.97	28.90	17.14	79.93
2007	131.62	29.12	15.90	86.60
2008	137.90	27.85	12.78	97.27
2009	144.97	31.07	9.99	103.91
2010	150.41	32.48	12.41	105.51
2011	155.44	35.53	11.97	107.94
2012	118.82	16.79	10.30	91.73
2013	197.46	65.70	79.55	122.21
2014	211.55	70.26	9.48	131.81
2015	221.27	68.94	9.64	142.69
2016	229.15	71.95	10.55	146.65
2017	267.57	78.16	11.78	177.63

14-3 建筑施工企业主要效益指标(2017年)
Major Benefit Indicators of Construction Enterprises (2017)

指 标	Item	总计 Total	国有经济 State-owned	集体经济 Collective-owned	其他经济 Other owned
年末固定资产原值 (万元)	Original Value Fixed Assets at the Yearend (10 000 yuan)	6350041	2675022	197801	3477219
年末固定资产净值 (万元)	Net Value of Fixed Assets at the Yearend (10 000 yuan)	2628810	1235753	65966	1327091
流动资产年末合计 (万元)	Circulating Funds at the Yearend (10 000 yuan)	40367106	21502715	558119	18306272
利润总额 (万元)	Total Profits (10 000 yuan)	2466173	787769	66486	1611919
利税总额 (万元)	Total Pre-tax Profits (10 000 yuan)	5478297	1536540	205289	3736469
资金利润率 (元/百元)	Ratio of Fund to Profits (yuan/100 yuan)	5.7	3.5	10.7	8.2
产值利润率 (%)	Ratio of Profit to Gross Output Value (%)	2.9	2.3	2.7	3.4
产值利税率 (%)	Ratio of Pre-tax Profit to Output Value (%)	6.5	4.5	8.2	7.9
按施工产值计算的劳动生产率 (元/人年)	Overall Labor Productivity in Terms of Total Output Value (yuan /person-year)	314791	439419	212098	266771
人均竣工面积 (平方米/人)	Floor Space of Buildings Completed per Laborer (sq.m/person)	74.1	60.9	110.7	77.6

注：本表不包括建筑业活动单位。2013 年开始，国有经济企业指国有及国有控股企业(下同)。

This table does not indude the constuction sector. Beginning in 2013,state-owned economic enterprises reper to state-owned and state holding enterprises (the same below)

14-4 国有建筑企业主要经济指标
Major Economic Indicators on State-owned Construction Enterprises

指 标	Item	2000	2005	2016	2017
国有建筑施工企业	State-owned				
施工产值 (亿元)	Output Value of Projects (100 million yuan)	158.11	392.13	2983.33	3434.41
全员劳动生产率 (元/人)	Overall Labor Productivity (yuan/person)	69792	155116	414629	439419
计算劳动生产率的平均人数 (万人)	Average Number of Staff and Workers by Calculating Labor Productivity (10 000 person)	22.66	25.28	71.95	78.16
房屋建筑施工面积 (万平方米)	Floor Space of Buildings Under Construction (10 000 sq.m)	1287.31	3155.37	20693.91	23629.92
房屋建筑竣工面积 (万平方米)	Floor Space of Buildings Completed (10 000 sq.m)	580.12	1187.33	4247.81	4756.15
#住宅	#Residential Buildings		501.48	2954.33	3583.86
地方国有建筑施工企业	Local State-owned				
施工产值 (亿元)	Output Value of Projects (100 million yuan)	92.10	219.64	1459.95	1664.22
全员劳动生产率 (元/人)	Overall Labor Productivity (yuan/person)	59094	127726	366440	345061
计算劳动生产率的平均人数 (万人)	Average Number of Staff and Workers by Calculating Labor Productivity (10 000 person)	15.59	17.19	39.84	48.23
房屋建筑施工面积 (万平方米)	Floor Space of Buildings Under Construction (10 000 sq.m)	1036.99	2141.96	10006.19	10071.52
房屋建筑竣工面积 (万平方米)	Floor Space of Buildings Completed (10 000 sq.m)	481.60	905.03	2566.30	2663.02
#住宅	#Residential Buildings		419.06	1814.96	2103.37

注：本表国有建筑企业为国有及国有控股企业。

State owned construction enterprises in this table is the state owned and state holding enterprises.

14-5 房屋建筑面积
Floor Space of Building Construction

单位：万平方米 (10 000 sq.m)

年份 Year	房屋建筑面积 Floor Space of Building Construction 施工面积 Floor Space Under Construction	竣工面积 Floor Space Completed	国有经济 State-owned 施工面积 Floor Space Under Construction	竣工面积 Floor Space Completed	集体经济 Collective-owned 施工面积 Floor Space Under Construction	竣工面积 Floor Space Completed
1990	1159.10	558.70	572.40	233.50	586.70	325.20
1991	1282.70	653.20	577.20	269.50	705.50	383.70
1992	1554.00	711.30	699.40	279.80	854.60	431.50
1993	1869.50	802.20	867.90	334.60	1001.60	467.60
1994	2081.50	868.30	1011.10	378.40	1068.40	489.30
1995	4507.41	2313.70	1094.50	361.20	3223.05	1835.33
1996	4662.00	2393.05	1285.16	467.04	3333.59	1898.28
1997	4719.57	2279.89	1236.68	465.95	3444.90	1783.44
1998	5067.56	2382.33	1397.64	530.70	3373.22	1701.44
1999	5180.91	2681.81	1333.55	561.10	3417.60	1900.54
2000	5087.93	2603.08	1287.31	580.12	3017.81	1634.32
2001	6259.27	3204.60	1459.86	575.96	2734.12	1548.82
2002	7167.52	3665.71	1492.90	557.76	2342.29	1375.27
2003	10051.97	4969.67	2403.74	872.54	2667.99	1487.17
2004	12522.96	6250.66	2688.46	1105.49	2283.17	1342.06
2005	13774.87	6846.04	3155.37	1187.33	2310.26	1221.36
2006	15893.25	7451.71	4029.50	1203.42	2184.87	1280.53
2007	18796.15	8202.43	5031.99	1298.72	1885.13	1133.24
2008	21463.02	9077.52	4271.08	1240.98	1883.08	1038.20
2009	22442.34	9809.63	4014.66	1417.89	1617.52	889.23
2010	27680.25	10573.45	6158.88	1433.76	1920.30	1041.96
2011	32795.65	11777.74	10211.94	1870.29	2117.59	1100.78
2012	36412.18	13398.75	4175.97	1199.63	2292.37	1195.18
2013	43528.16	15890.95	15943.34	3831.35	2239.85	1142.34
2014	47433.19	16583.00	18252.67	3567.12	2356.22	1162.44
2015	47504.41	17389.97	18585.29	3873.21	2357.57	1366.82
2016	50329.04	18629.18	20693.91	4247.81	3887.89	2216.64
2017	54593.66	19840.34	23629.92	4756.15	2311.71	1304.30

14-6 国有、集体建筑企业生产指标 (2017年)
Production Indicators of State-owned and Collective-owned Construction Enterprises (2017)

指标	Item	总计 Total	国有经济 State-owned Economic	中央 Central	地方 Local	集体经济 Collective Owned Economic
企业个数 （个）	**Number of Enterprises (unit)**	**2339**	**296**	**31**	**265**	**158**
建筑业总产值 （万元）	**Gross Output Value of Construction (10 000 yuan)**	**84230021**	**34344142**	**17701941**	**16642201**	**2499401**
#建筑工程	#Construction projects	72357349	30322384	16120859	14201525	2125897
安装工程	Installation projects	6103266	2347445	1071311	1276134	266171
其他	Others	5769407	1674313	509771	1164542	107332
竣工产值 （万元）	**Output Value Completed (10 000 yuan)**	**49835284**	**17815639**	**8187745**	**9627894**	**1916868**
房屋建筑施工面积 （万平方米）	**Floor Space of Buildings Under Construction (10 000 sq.m)**	**54593.66**	**23629.92**	**13558.41**	**10071.52**	**2311.71**
#本年新开工面积	#Floor Space of Buildings Started in Current Year	22283.23	7024.08	3991.11	3032.97	1332.02
房屋建筑竣工面积 （万平方米）	**Floor Space of Buildings Completed (10 000 sq.m)**	**19840.34**	**4756.15**	**2093.13**	**2663.02**	**1304.30**
计算建筑业劳动生产率的平均人数 （万人）	**Average of Staff and Workers by Calculating Construction Labor Productivity (10 000 persons)**	**267.57**	**78.16**	**29.93**	**48.23**	**11.78**
按施工产值计算的劳动生产率 （元/人年）	**Overall Labor Productivity in Terms of Total Output Value (yuan /person-year)**	**314790.80**	**439418.85**	**591476.36**	**345061.26**	**212097.62**

14-7 建筑业企业分行业生产指标(2017年)

指 标		Item		房屋建筑业 Building Construction	房屋工程建筑业 Building Engineering Construction
企业个数	**(个)**	**Number of Enterprises**	**(unit)**	**1418**	**1418**
建筑业总产值	**(万元)**	**Gross Output Value of Construction**	**(10 000 yuan)**	**60062667**	**60062667**
#建筑工程		#Construction Projects		54270587	54270587
安装工程		Installation Projects		1826191	1826191
其他		Others		3965889	3965889
竣工产值	**(万元)**	**Output Value Completed**	**(10 000 yuan)**	**36281002**	**36281002**
房屋建筑施工面积	**(万平方米)**	**Floor Space of Buildings Under Construction**	**(10 000 sq.m)**	**52315**	**52315**
#本年新开工面积		#Floor Space of Buildings Started in Current Year		21322	21322
#投标承包的面积		#Floor Space of Bidding Buildings			
#本年新开工		#Started in Current Year			
房屋建筑竣工面积	**(万平方米)**	**Floor Space of Buildings Completed**	**(10 000 sq.m)**	**18951**	**18951**

Production Indicators of Construction Enterprises by Sector (2017)

土木工程建筑业 Construction of Civil Engineering	铁路公路隧道桥梁建筑业 Construction of Railways, Roads, Tunnels and Bridgeworks	水利和港口建筑业 Construction of Water Conservancy and Harbor Engineering	海洋工程建筑业 Construction of Ocean Engineering	工矿工程建筑业 Construction of Industry and Mining Projects	架线和管道工程建筑业 Construction of Wire Laying and Pipework	其他土木工程建筑业 Construction of Other Civil Engineering
523	**262**	**86**		**38**	**87**	**50**
19480396	**12200006**	**2814492**		**1816834**	**2103101**	**545963**
16052542	10997274	2671430		812609	1166242	404988
2123553	446918	53034		824769	779506	19326
1304301	755814	90029		179455	157354	121650
10292496	**5744209**	**1925675**		**966803**	**1217470**	**438338.7**
1678	**685**	**252**		**232**	**392**	**117**
703	291	159		65	117	71
723	**379**	**68**		**101**	**93**	**82**

14-7 续表

指　标		Item		建筑安装业 Architectural Installation	电气安装 Electrical Installation
企业个数	**（个）**	**Number of Enterprises**	**(unit)**	**210**	**58**
建筑业总产值	**（万元）**	**Gross Output Value of Construction**	**(10 000 yuan)**	**3186750**	**841335**
#建筑工程		#Construction Projects		1070176	110185
安装工程		Installation Projects		1868082	584612
其他		Others		248493	146537
竣工产值	**（万元）**	**Output Value Completed**	**(10 000 yuan)**	**2128893**	**576014**
房屋建筑施工面积	**（万平方米）**	**Floor Space of Buildings Under Construction**	**(10 000 sq.m)**	**421**	**3**
#本年新开工面积		#Floor Space of Buildings Started in Current Year		203	3
#投标承包的面积		#Floor Space of Bidding Buildings			
#本年新开工		#Started in Current Year			
房屋建筑竣工面积	**（万平方米）**	**Floor Space of Buildings Completed**	**(10 000 sq.m)**	**125**	**1**

continued

		建筑装饰和其他建筑业				
管道和设备安装 Piping and Equipment Installation	其他建筑安装业 Other Architectural Installation	Archi-tectural Decoration	建筑装饰业 Architectural Decoration Industry	工程准备 Engineering Preparation	提供施工设备服务 Service of Supplying Construction Equipment	其他未列明的建筑活动 Other Construction Activities N.E.C
44	**108**	**188**	**119**	**27**	**2**	**40**
1258123	**1087293**	**1500207**	**1037172**	**210778**	**10945**	**241313**
246219	713773	964043	**709875**	112633	5465	136071
946525	336945	285439	**207520**	4127	5480	68313
65380	36575	250725	119777	94018		36930
861830	**691049**	**1132892**	**798597**	**175525**	**1429**	**157342**
225	**193**	**180**	**58**	**38**	**5**	**78**
101	100	56	7	20		29
45	**79**	**41**	**15**	**19**		**7**

主要统计指标解释

建筑业统计单位 指从事房屋、构筑物建造和设备安装活动的法人企业。建筑业法人企业应具有建筑业资质并能够独立核算，同时其应具备以下条件：①依法成立，有自己的名称、组织机构和场所，能够承担民事责任；②独立拥有和使用资产，承担负债，有权与其他单位签订合同；③独立核算盈亏，能够编制资产负债表。

建筑业总产值 是以货币形式表现的建筑业企业在一定时期内生产的建筑业产品和提供的服务的总和。建筑业总产值包括：

⑴建筑工程产值：指列入建筑工程预算内的各种工程价值。

⑵安装工程产值：指设备安装工程价值，不包括被安装设备本身的价值。

⑶其他产值：建筑业总产值中除建筑工程、安装工程以外的产值。包括房屋构筑物修理产值、非标准设备制造产值、总包企业向分包企业收取的管理费以及不能明确划分的施工活动所完成的产值。

a. 房屋构筑物修理产值：指房屋和构筑物修理所完成的产值，但不包括被修理房屋、构筑物本身价值和生产设备的修理价值。

b. 非标准设备制造产值：指加工制造没有定型的非标准生产设备的加工费和原材料价值（如化工厂、炼油厂用的各种罐、槽，矿井生产统一使用的各种漏斗、三角槽、阀门等）以及附属加工厂为本企业承建工程制作的非标准设备的价值。

建筑业增加值 指建筑业企业在报告期内以货币形式表现的建筑业生产经营活动的最终成果。

从 2004 年第一次全国经济普查开始，建筑业现价增加值按生产法和分配法（收入法）两种方法计算，以收入法的计算结果为准，即从收入的角度出发，根据生产要素在生产过程中应得的收入份额计算。具体计算方法：经济普查年度建筑业增加值按照《经济普查年度 GDP 核算方案》计算，非经济普查年度建筑业增加值按照《非经济普查年度 GDP 核算方案》计算。

房屋建筑施工面积 指在报告期内施过工的全部房屋建筑面积，包括本期新开工的房屋面积、上期施工跨入本期继续施工的房屋面积、上期停缓建在本期恢复施工的房屋面积、本期竣工的房屋面积及本期施工后又停缓建的房屋面积。

房屋建筑竣工面积 指在报告期内房屋建筑按照设计要求全部完工，达到了使用条件，经验收鉴定合格，正式移交使用单位的房屋建筑面积。

Explanatory Notes on Main Statistical Indicators

Statistical Unit in the Construction Industry refers to a corporate enterprise engaged in the construction of buildings and structures and in the installation of equipment. A corporate construction enterprise should have qualification certificates with independent accounting system, and should meet the following 3 requirements: a) being set up in line with relevant legal basis, having its full name, organization and location, and capable of taking civil liabilities; b) independently possessing and using its assets and assuming its liabilities, and entitled to sign contracts with other institutions; and c) making independent accounts of its profits and losses, and capable of compiling its own balance sheet.

Gross Output Value of Construction refers to total of construction products and services, expressed in money terms, produced or rendered by construction and installation enterprises during a given period of time. It includes:

(1) Output value of construction projects: the value of projects covered by the project budgets;

(2) Output value of installation projects: the value of the installation of equipment, (excluding the value of the equipment to be installed);

(3) Other output values: the output value of construction industry apart from that of construction projects and installation projects. It includes: output value of repair of buildings and structures; output value of non-standard equipment manufacturing; overhead expenses received by contracted enterprises from the sub-contracted enterprises and the completed output value of construction activities for which there is no clear definition.

a. Output value of repair of buildings and structures: the value created through the repairs of buildings or structures. It does not include the value of buildings or structures being repaired and the value of the repair of production equipment;

b. Output value of manufactured non-standard equipment: the value of non-standard production equipment, including raw materials and manufacturing cost, made for the construction project (i.e., chemical plant; kettles or tanks used by refineries; various fillers, triangle tanks, valves used by mines). It also includes the output value of equipment manufactured by subsidiary workshops.

Value-added of Construction refers to the final result of the activities of production and operation of enterprises of the construction industry in monetary terms during the reference period.

Starting from the 2004 economic census, value-added of construction is calculated by both production approach and income approach, with the figures from the income approach as the final figures., Under the income approach,, calculation starts from the perspective of income and is based on the share of income derived from the production process by the relevant factors of production.. Specifically, value-added of construction for the Census years is calculated in accordance with the Programme of Compilation of GDP and National Accounts for the Year of Economic Census, and value-added of construction for other years is calculated in accordance with the Programme of Compilation of GDP and National Accounts for the Non Economic Census Years.

Floor Space of Buildings Under Construction refers to floor space of buildings under construction during the reference period, including the floor space of buildings for which construction has newly started; buildings for which construc- tion has started earlier and is continuing during the reference period; and buildings for which construction has been suspended earlier but has restarted during the reference period; buildings completed during the reference period; and buildings under construction but construction has subsequently been during the reference period.

Floor Space of Buildings Completed refers to the floor space of buildings that are completed in the reference period in accordance with the requirements of the design, up to the standard for being put into use, and having been checked and accepted by departments concerned as qualified ones.

15

交通运输、邮电和其他服务业

Transportation, Postal, Telecommunication and Other Services

资料整理人员：殷梓晴　　韩建芳

15-1 运输线路长度和民用汽车拥有量
Length of Transportation Routes and Number of Civil Vehicles Owned

年份 Year	铁路营业里程（公里） Length of Railways in Operation (km)	#复线里程 Double-Tracking	#高速铁路 High Speed Railway	公路里程（公里） Length of Highways (km)	#高速公路 Expressway	内河航道（公里） Length of Navigable Inland Waterways (km)	民用汽车拥有量（万辆） Number of Civil Vehicles Owned (10 000 units)	#私人汽车 Private-Owned
1949	950			3142		10913		
1950	950			3420		10913	0.11	
1951	950			3631		10913	0.16	
1952	950			3790		10913	0.16	
1953	928			4231		10913	0.17	
1954	933			4352		10913	0.17	
1955	933			4469		10952	0.19	
1956	933			5430		11295	0.22	
1957	919			6437		11299	0.24	
1958	919			11282		14202	0.41	
1959	1007			15326		16607	0.57	
1960	1127			17223		17098	0.64	
1961	1193			17340		17098	0.62	
1962	1193			17340		17098	0.60	
1963	1193			18466		15768	0.66	
1964	1193			19487		16586	0.70	
1965	1416			20979		16586	0.78	
1966	1443			22726		16586	0.84	
1967	1464			23875		16586	0.93	
1968	1464			25148		16586	1.04	
1969	1464			27028		16586	1.16	
1970	1464			29437		16586	1.64	
1971	1538			32066		12099	1.77	
1972	1937			32824		10643	2.10	
1973	2053			35978		10828	2.60	
1974	2065			38331		11179	2.86	
1975	2065			46803		11147	3.34	
1976	2065			49943		11499	3.85	
1977	2065			55420		11558	4.39	
1978	2065			59541		10798	4.89	

15-1 续表 continued

年份 Year	铁路营业里程（公里）Length of Railways in Operation (km)	#复线里程 Double-Tracking	#高速铁路 High Speed Railway	公路里程（公里）Length of Highways (km)	#高速公路 Expressway	内河航道（公里）Length of Navigable Inland Waterways (km)	民用汽车拥有量（万辆）Number of Civil Vehicles Owned (10 000 units)	#私人汽车 Private-Owned
1979	1681			54678		10137	5.69	
1980	1653			54897		10137	6.52	
1981	1653			55155		10149	7.09	
1982	2236			55289		10154	7.85	
1983	2236			55483		10164	8.70	
1984	2299			55756		10164	9.24	
1985	2299			56002		9941	10.84	
1986	2299			56636		10005	12.89	
1987	2302			56930		10051	14.88	2.64
1988	2302			57090		10037	16.91	3.35
1989	2302			57209		10092	18.10	3.68
1990	2302			57460		10110	18.75	3.71
1991	2302			57693		10110	20.35	4.20
1992	2302			58110		10010	22.91	5.55
1993	2273			58421		10010	26.55	7.34
1994	2273			58803	44	10010	32.11	10.01
1995	2273			59125	44	10050	35.24	12.66
1996	2273			59554	100	10050	37.49	13.78
1997	2273	642		59761	101	10050	38.12	16.55
1998	2275	642		60077	172	10050	41.58	21.12
1999	2891	1033		60416	280	10065	42.73	22.94
2000	2924	1836		60848	449	10041	46.10	25.98
2001	2894	1282		66593	585	10041	50.43	27.95
2002	2829	1282		84808	1012	10041	57.67	30.72
2003	2771	1273		85233	1218	11968	65.08	36.01
2004	2774	1282		87875	1218	11968	71.78	41.60
2005	2802	1247		88200	1403	11968	82.76	52.13
2006	2806	1246		171848	1403	11968	94.64	61.35
2007	2799	1250		175415	1764	11398	121.72	85.36
2008	2795	1246		184568	2001	11398	142.67	101.89
2009	3693	1852	606	191405	2226	11968	200.07	138.28
2010	3695	1847	606	227998	2386	11968	243.72	179.57
2011	3693	1852	604	232190	2649	11968	290.58	222.93
2012	3825	1987	604	234051	3968	11968	340.18	271.33
2013	4028	2033	786	235396	5084	11968	397.75	327.24
2014	4532	2540	1293	236250	5493	11968	443.42	393.26
2015	4521	2541	1293	236886	5653	11968	516.60	466.14
2016	4716	2982	1374	238273	6080	11968	603.02	551.11
2017	4698	3007	1396	239724	6419	11968	688.89	635.97

注：2006 年起，公路里程含村道。

From 2006, Length of Highways included Village Roads.

15-2 运输线路、铁路机车基本情况
Basic Statistics on Transportation Routes and Railway Locomotives

单位：公里 (km)

指 标	Item	2000	2005	2016	2017
铁路营业里程	**Lengh of Railways in Operation**	**2924**	**2802**	**4716**	**4698**
复线里程	Double-Track	1836	1247	2982	3007
电气化线路里程	Lengh of Electrified Railway	672	1245	3612	3637
高速铁路里程	Lengh of High Speed Railway			1374	1396
公路线路里程	**Lengh of Highways**	**60848**	**88200**	**238273**	**239724**
有铺装路面 （高级）	Paved Highways		19228	175983	214926
未铺装路面 （中低无）	Non-Paved Highway		56975	59336	23373
等级公路	Expressway and Class Ⅰ to Ⅳ Highway	33380	45801	215904	217251
高速	Expressway	440	1403	6080	6419
一级	First Class	239	530	1568	1669
二级	Second Class	3761	5563	13567	13865
等外路	Highway Below Class Ⅳ	27468	42399	22369	22473
内河航道	**Lengh of Navigable Inland Waterway**	**10041**	**11968**	**11968**	**11968**
管道线路里程	**Lengh Of Petroleum And Gas Pipeline**	**164**	**168**	**1171**	**1175**
中央铁路	**Central Railway**				
内燃机车 （台）	Diesel Locomotives (unit)	529	363	521	338
电力机车 （辆）	Electric Locomotives (unit)	120	393	745	699
地方铁路 （窄轨）	**Local Railway Locomotives (narrow gauge)**				
客车 （辆）	Passenger Coaches (unit)	27		35	35

注：公路线路里程2006年起包含村道。管道线路里程2015年起只包含燃气次高压管道。

The figure on the lengh of highways includes country road since 2006.The figure on the length of pipeline only includes sub high pressure gas pipeline since 2015.

15-3 民用车辆拥有量 (2017年)
Number of Civil Motor Vehicles (2017)

指 标		Item		总计 Total	营业性 Business	非营业性 Non-Business	#个体 Individual	#新注册 New Registration
合计		**Total**		**12496682**	**643081**	**11414619**	**11515911**	**1504655**
民用汽车	(辆)	Civil Motor Vehicles	(unit)	6888940	556880	6313542	6359698	1088983
载客汽车	(辆)	Passenger Vehicles	(unit)	6133678	151968	5963192	5729446	994286
#大型		#Large		54654	45627	5090	890	9522
中型		Medium		44248	20095	9645	7345	2963
轿车		Cars		3780762	82289	3698473	3571730	541177
载客量	(客位)	Passenger Vehicles Seats	(seat)	35325040				
载货汽车	(辆)	Trucks Vehicles	(unit)	669221	369621	299600	558998	89517
#重型		#Heavy		138766	133622	5144	87961	21103
中型		Medium		51606	48471	3135	42859	2145
#普通载货		#Ordinary Trucks		273208	47737	225471	243734	37056
载重量	(吨位)	General Trucks	(ton)	2019104				
摩托车	(辆)	Motors	(unit)	5150046	49449	5100597	5140499	388625
拖拉机	(辆)	Tractors	(unit)	311507				8532
挂车	(辆)	Truck Trailer	(unit)	37232	36752	480	15714	10468
其他类型车	(辆)	Other Motors Vehicles	(unit)	108957				8047

15-4 水路运输工具拥有量 (2017年)
Number of Civil Transport Vessels (2017)

指 标		Item		总计 Total	#个体 Individual	内河运输 Reiver Shipping	#个体 Individual
机动船	**(艘)**	**Motor Vessels**	**(unit)**	**5235**	**1681**	**5209**	**1681**
净载重量	(吨位)	Net Haulage Capacity	(ton)	4186165	347159	3934824	347159
载客量	(客位)	Passenger Capacity	(seat)	67794	21272	67794	21272
功率	(千瓦)	Power	(kw)	1430738	168652	**1395924**	168652
客船	(艘)	Passenger Ship	(unit)	2097	622	**2097**	622
载客量	(客位)	Passenger Capacity	(seat)	67794	21272	67794	21272
功率	(千瓦)	Power	(kw)	96263	17969	96263	17969
货船	(艘)	Cargoboat	(unit)	3113	1044	3087	1044
净载重量	(吨位)	Net Haulage Capacity	(ton)	4186165	347159	3934824	347159
功率	(千瓦)	Power	(kw)	1329610	148528	1294796	148528
货船中：油船	(艘)	Oil Tanker	(unit)	20		19	
净载重量	(吨位)	Net Haulage Capacity	(ton)	24229		18165	
功率	(千瓦)	Power	(kw)	8691		6631	
拖船	(艘)	Drawing	(unit)	25	15	25	15
功率	(千瓦)	Power	(kw)	4865	2155	4865	2155
驳船	**(艘)**	**Barges**	**(unit)**	**260**	**12**	**260**	**12**
净载重量	(吨位)	Net Haulage Capacity	(ton)	40051		40051	

15−5 公路客货运输量(2017年)
Passenger and Freight Traffic of Highway Transportation (2017)

指 标		Item		合 计 Total
客运量	(万人)	Passenger Traffic	(10 000 persons)	100390.19
旅客周转量	(亿人公里)	Passenger Kilometers	(100 million persons−km)	526.60
货运量	(万吨)	Freight Traffic	(10 000 tons)	198805.83
货物周转量	(亿吨公里)	Total Freight Ton−kilometers	(100 million ton−km)	2990.55

注：2013 年开始，公路水路客货运输数据，源自交通运输业经济统计专项调查，统计口径有所调整(下同)。

Beginning in 2013,highway and waterway freignt volume data,from traffic transportation economic statistics,special inrestigation,statistical adjustments(the same below).

15−6 水路客货运输量(2017年)
Passenger and Freight Traffic of Waterway Transportation (2017)

指 标		Item		总计 Total	内河运输 Reiver Shipping	远洋运输 Ocean Shipping
客运量	(万人)	Passenger Traffic	(10 000 persons)	1673.98	1673.98	
旅客周转量	(亿人公里)	Passenger Kilometersc	(100 million persons−km)	3.47	3.47	
货运量	(万吨)	Freight Traffic	(10 000 tons)	22559.92	22404.94	154.98
货物周转量	(亿吨公里)	Total Freight Ton−kilometers	(100 million ton−km)	497.07	382.69	114.38

15−7 旅客运量和旅客周转量
Passenger Traffic and Turnover Volume of Passenger Traffic

年份 Year	合计 Total	铁路 Railway	公路 Highway	水运 Waterway	民用航空 Civil Aviation
客运量（万人）	Total Passenger Traffic (10 000 persons)				
1990	54161	3474	49112	1568	7
1991	54710	3514	49566	1621	9
1992	52641	3638	47366	1615	22
1993	55896	4022	50252	1562	60
1994	64757	4176	59028	1481	72
1995	71566	4135	65971	1375	85
1996	76377	3892	71087	1298	100
1997	79250	4488	73233	1357	172
1998	79540	4497	73681	1260	102
1999	87806	5022	81675	1002	107
2000	87462	5233	81005	1094	130
2001	92381	5202	85971	1063	145
2002	98244	5173	91653	1249	169
2003	96182	4850	90353	793	186
2004	106333	5326	99975	772	260
2005	116457	5423	109728	702	304
2006	118621	5550	112135	573	363
2007	123626	5891	116780	525	430
2008	131442	6239	124274	509	419
2009	141061	6407	133359	747	548
2010	156871	7111	148235	919	606
2011	171886	7915	161980	1327	664
2012	184872	8429	174386	1349	708
2013	197541	9067	149016	1480	757
2014	162540	9639	150583	1449	870
2015	151059	10368	138221	1534	935
2016	122702	11369	108627	1615	1091
2017	116178	12872	100390	1674	1241
周转量（亿人公里）	Total Passenger-kilometers (100 million passenger-km)				
1990	339.86	162.32	172.73	4.25	0.56
1991	378.20	189.29	184.27	3.94	0.70
1992	435.19	228.39	200.09	4.87	1.84
1993	490.26	270.82	209.34	4.58	5.52
1994	539.02	291.44	237.00	3.90	6.68
1995	555.13	301.60	242.46	3.66	7.41
1996	538.29	262.99	263.48	3.45	8.37
1997	592.16	305.06	274.68	3.69	8.73
1998	610.53	319.67	279.69	3.49	7.68
1999	676.04	353.87	310.69	3.76	7.72
2000	724.06	394.00	318.37	3.55	8.14
2001	761.62	410.65	337.90	3.23	9.84
2002	827.55	428.84	384.91	3.20	10.60
2003	831.24	431.00	384.67	2.43	13.14
2004	972.57	500.38	449.73	2.35	25.87
2005	1046.27	531.71	480.57	1.94	32.05
2006	1114.86	562.48	512.24	1.42	38.72
2007	1224.57	626.14	548.12	1.19	49.12
2008	1260.17	645.98	565.64	0.82	47.73
2009	1289.93	625.44	601.11	1.01	62.37
2010	1464.96	707.18	683.58	1.69	72.51
2011	1636.15	775.01	778.04	2.74	80.36
2012	1713.94	769.62	853.96	2.63	87.73
2013	1856.51	830.75	721.93	2.85	97.96
2014	1762.41	873.49	776.48	2.84	109.60
2015	1782.07	879.46	767.26	3.07	132.28
2016	1639.18	894.28	577.03	3.22	164.66
2017	1679.47	970.47	526.60	3.47	178.93

15-8 货物运量和货物周转量
Freight Traffic and Turnover Volume of Freight Traffic

年份 Year	合计 Total	铁路 Railway	公路 Highway	水运 Waterway	民用航空 Civil Aviation
货运量（万吨）	**Total Freight Traffic (10 000 tons)**				
1990	37708	4771	29679	3217	
1991	41219	4777	33224	3177	
1992	42548	4906	33788	3821	
1993	46074	4982	37582	3441	1.00
1994	48448	4929	39912	3536	1.00
1995	49885	5017	41272	3531	1.00
1996	50454	4893	42191	3301	1.00
1997	48980	4535	41340	3034	2.00
1998	49147	4408	41610	2990	1.00
1999	51183	4456	43296	3178	1.00
2000	51228	4676	42868	3406	2.00
2001	53035	4965	44340	3572	2.00
2002	52156	4942	42982	3760	2.00
2003	59952	5214	51136	3600	2.00
2004	69680	5400	60291	3986	3.00
2005	76876	5218	67040	4615	3.00
2006	84998	5643	72457	6894	3.74
2007	99501	5831	85432	8234	3.77
2008	115810	5552	98759	11495	3.80
2009	128582	5392	111351	11834	4.62
2010	149168	5716	127635	15811	6.09
2011	168152	5951	144241	17954	6.11
2012	190712	5331	166670	18705	5.80
2013	210659	4890	156268	23097	6.07
2014	202800	4495	172613	25687	6.25
2015	214130	4184	184831	25109	6.08
2016	207364	3925	178968	23445	6.41
2017	226522	4185	198806	22560	6.96
周转量（亿吨公里）	**Total Freight Ton-kilometers (100 million ton-km)**				
1990	774.81	590.33	137.02	47.37	
1991	830.64	621.98	164.42	44.15	
1992	901.85	656.29	191.53	53.95	
1993	951.86	683.10	209.85	58.66	0.07
1994	1003.47	720.46	221.78	60.98	0.07
1995	1043.67	751.84	235.52	56.06	0.09
1996	1029.32	728.91	240.13	60.10	0.11
1997	998.72	690.80	244.86	62.78	0.12
1998	978.89	652.98	256.56	68.92	0.09
1999	967.68	624.14	272.71	70.08	0.11
2000	1074.50	632.12	297.79	143.76	0.11
2001	1132.18	674.39	316.03	141.22	0.14
2002	1223.09	730.86	355.96	135.48	0.16
2003	1361.12	782.60	455.45	121.74	0.24
2004	1574.21	896.49	513.45	162.21	0.32
2005	1661.97	930.29	538.57	190.32	0.38
2006	1781.11	951.66	592.37	236.66	0.42
2007	1981.63	1038.39	682.69	260.10	0.45
2008	2340.11	971.47	1085.06	283.10	0.48
2009	2505.27	990.00	1259.65	255.03	0.59
2010	2904.98	1022.71	1539.36	342.14	0.77
2011	3345.76	1046.16	1878.57	420.26	0.77
2012	3953.62	998.13	2392.49	562.26	0.74
2013	4227.44	923.76	2329.54	552.45	0.81
2014	4122.58	832.92	2578.90	709.94	0.82
2015	4149.45	749.95	2731.80	666.83	0.87
2016	4043.25	721.37	2686.57	619.47	0.94
2017	4316.43	813.13	2990.55	497.07	1.05

15-9 邮政业务基本情况
Basic Statistics of Postal Business

指 标		Item		2016	2017
邮政局、所	**（处）**	**Number of Post Offices**	**(unit)**	**2758**	**2773**
#设在农村的局、所	（处）	#Rural Post Offices	(unit)	2162	2196
邮政局	（处）	Post Bureaus	(unit)	105	109
邮政支局	（处）	Branch of Post Bureaus	(unit)	1156	1128
自办邮政所	（处）	Post Places	(unit)	548	546
代办邮政所	（处）	Agency of Post Places	(unit)	949	990
邮路总长度	**（公里）**	**Length of Postal Routes**	**(km)**	**91265**	**106292**
农村投递路线总长度	**（公里）**	**Length of Rural Delivery Routes**	**(km)**	**212358**	**214278**
邮政业务总量	**（亿元）**	**Revenue of Postal Business**	**(100 million yuan)**	**143.37**	**192.64**
包裹业务合计	**（万件）**	**Total of Parcels**	**(10 000 pieces)**	**40.48**	**45.43**
报刊业务		**Business of Newspaper and Magazine**			
报纸累计份数	（万份）	Total of Newspapers	(10 000 copies)	66138	67171
杂志累计份数	（万份）	Total of Magazines	(10 000 copies)	4527	4107
报纸期发份数	（万份）	Number of Newspapers in one period	(10 000 copies)	302	304
杂志期发份数	（万份）	Number of Magazines in one period	(10 000 copies)	257	213
邮政储蓄业务		**Postal Deposits Business**			
邮政储蓄网点数	（个）	Number of Places	(unit)	1659	1659
邮政储蓄年末余额	（万元）	Balance at the year-end	(10 000 yuan)	25736037	29649348
邮政其他业务量	**（万元）**	**Revenue of Other Postal Business**	**(10 000 yuan)**	**43207**	**56478**

注：邮政业务总量2010年起，由2000年不变价调整为2010年不变价。
From 2010, the index of Revenue From Postal is adjusted from 2000's constant price to 2010's constant price.

15-10 电信业务基本情况
Basic Statistics of Telecommunication

指　标		Item		2016	2017
销售营业网点数	**(处)**	**Number of Selling Places**	**(unit)**	**67686**	**76097**
自办营业网点数	(处)	Main Selling Places	(unit)	286	345
电信业务代办网点数	(处)	Agency of Telecommunication Places	(unit)	67378	75752
长途电信设备		**Equipment of Long Distance Telecommunication**			
长途自动电话交换机容量	(路端)	Autoexchange of Long Distance Telephone Capacity	(line)	409670	409670
长途光缆线路长度	(公里)	Length of Long Distance Optical Cables	(km)	41461.23	45955
长途业务电路	(路)	Long Distance lines	(line)	437690	753768
移动通信主要设备		**Main Equipment of Mobile Communication**			
移动电话基站	(个)	Basic Station of Mobile Telephone	(unit)	177465	223010
# GSM	(个)	# GSM	(unit)	83806	91743
移动电话信道	(万个)	Mobile Telephone Channel	(10 000unit)	182.83	204.52
移动电话交换机容量	(万门)	Switch Boards Capacity of Mobile Telephone	(10 000line)	7257.48	9803
互联网宽带接入端口	(万个)	Broad Band Subscribers Port of Internet	(10 000 ports)	2407.49	2262.9
电信业务总量	**(亿元)**	**Revenue of Telecommunication Business**	**(100 million yuan)**	**1215.96**	**928.50**
本地电话用户	(万户)	Local Telephone User	(10 000 households)	720.02	674.36
移动电话年末用户	(万户)	Mobile Telephone User at the year-end	(10 000 households)	4993.63	5683.42
3G 移动电话用户	(万户)	3G Mobile Phone Subscribers	(10 000 subscribers)	384.56	391.28
4G 移动电话用户	(万户)	4G Mobile Phone Subscribers	(10 000 subscribers)	3360.40	4085.95
固定互联网上网用户	(万户)	Internet User	(10 000 households)	1066.88	1315.48
移动互联网上网用户	(万户)	Internet User	(10 000 households)	4351.00	4922.45

注：电信业务总量 2017 年起执行 2015 年不变价。
From 2017,the Revenue of Telecommunication Business application 2015's constant price.

15-11 邮电通信水平(2017年)
Development of Postal and Telecommunications Services(2017)

指　标		Item		2017
平均每一邮电局所服务面积	(平方公里)	Average Area Served by Every Post Office	(sq.km)	76.4
平均每一邮电局所服务人口	(万人)	Average People Served by Every Post Office	(10 000 persons)	2.5
平均每人每年发函件数	(件)	Annual Average Number of Letters Mailes Per Capita	(piece)	0.4
平均每百人每年订购报刊数	(份)	Annual Average Number of Newspaper and Magazine Subscribers Per 100 ersons	(copy)	10.2
设有邮电局、所的乡镇比重	(%)	Percentage of Townships with Post and Telecommunication Offic (%)		100.0
电话普及率(含移动)	(部/百人)	Popularization Rate of Telephone	(sets/100 persons)	92.7
进入长途电话自动网的县(市)比重	(%)	Percentage of Townships with Connected Autoexchange Net of Long Distance Call	(%)	100.0
已通电话的乡(镇)比重	(%)	Percentage of Townships with Telephone Communication	(%)	100.0

15-12 规模以上服务业企业分类别经济指标（2017年）
Classification Economic Indicators of Service Enterprises above Designated Size (2017)

单位：亿元 (100 million yuan)

指 标	Item	单位数（个）Number of Enterprises (unit)	年初存货 Inventory Year-early	流动资产 Circulating Funds	应收账款 Net Value of Account Received	存 货 Stock
总计	**Total**	**5721**	**3507.92**	**10652.61**	**929.53**	**4441.61**
按登记注册类型分:	**Grouped by Registration**					
内资企业	Internal-invested Enterprises	5662	3507.48	10599.03	916.47	4439.16
国有企业	State-owned Enterprises	206	329.52	812.53	47.47	357.44
集体企业	Collective-owned Enterprises	46	0.15	6.45	0.89	0.62
股份合作企业	Enterprises Cooperated by Joint-stock	3	0.03	0.50	0.21	0.03
联营企业	Cooperative Enterprises	1	0.07	0.23		0.06
有限责任公司	Limited Liability Company	1721	3082.41	8853.92	691.31	3963.84
股份有限公司	Company Limited by Shares	190	36.81	397.47	44.02	47.50
私营企业	Individual-owned Enterprises	2862	53.96	482.40	117.69	64.79
其他企业	Enterprises of Other Types of Ownership	633	4.52	45.52	14.89	4.87
港、澳、台商投资企业	Enterprises Funded by Entrepreneurs From Hong Kong,Macao and Taiwan	40	0.16	41.16	9.23	2.14
外商投资企业	Enterprises funded by Foreigners	19	0.28	12.42	3.83	0.31

15-12 续表 1 continued

单位：亿元 (100 million yuan)

指 标	Item	固定资产原价 Original Price of Fixed Assets	累计折旧 Accumulated depreciation	本年折旧 Depreciation this Year	资产总计 Total Assets	应付账款 Accounts payable	负债合计 Total Liability	所有者权益合计 Total Rights of Owners
总计	**Total**	**3578.60**	**1160.17**	**205.72**	**18700.15**	**982.93**	**10305.43**	**8394.81**
按登记注册类型分:	**Grouped by Registration**							
内资企业	Internal-invested Enterprises	3376.07	1077.14	187.63	18513.14	968.10	10206.77	8306.46
国有企业	State-owned Enterprises	205.11	90.63	9.44	1166.32	69.75	647.63	518.69
集体企业	Collective-owned Enterprises	14.84	7.46	0.63	27.80	3.81	14.36	13.44
股份合作企业	Enterprises Cooperated by Joint-stock	0.98	0.39	0.06	1.23	0.29	0.84	0.39
联营企业	Cooperative Enterprises	5.66	2.19	0.27	3.79	0.07	4.92	-1.13
有限责任公司	Limited Liability Company	1767.18	495.26	83.23	14663.07	676.97	8217.86	6445.21
股份有限公司	Company Limited by Shares	818.33	376.61	60.77	1291.32	79.27	553.94	737.39
私营企业	Individual-owned Enterprises	481.06	86.62	29.22	1226.17	119.75	708.15	518.12
其他企业	Enterprises of Other Types of Ownership	82.90	17.97	4.02	133.44	18.20	59.08	74.37
港、澳、台商投资企业	Enterprises Funded by Entrepreneurs From Hong Kong,Macao and Taiwan	174.79	70.80	17.17	155.05	11.16	80.01	75.03
外商投资企业	Enterprises funded by Foreigners	27.74	12.23	0.91	31.96	3.68	18.64	13.32

15-12 续表 2 continued

单位：亿元 (100 million yuan)

指 标	Item	营业收入 Operating Income	主营业务收入 Revenue of Major Business	营业成本 Operating Cost	主营业务成本 Cost of Major Business	税金及附加 Tax and Extra Charges
总计	**Total**	**3270.79**	**3193.92**	**2445.29**	**2393.31**	**29.03**
按登记注册类型分:	**Grouped by Registration**					
内资企业	Internal-invested Enterprises	3198.64	3126.75	2399.48	2352.18	28.58
国有企业	State-owned Enterprises	310.54	303.00	249.83	247.14	1.93
集体企业	Collective-owned Enterprises	10.10	9.96	6.98	6.86	0.26
股份合作企业	Enterprises Cooperated by Joint-stock	1.06	1.05	0.77	0.75	
联营企业	Cooperative Enterprises	0.58	0.58	0.64	0.64	
有限责任公司	Limited Liability Company	1561.57	1518.24	1165.08	1137.39	13.91
股份有限公司	Company Limited by Shares	437.57	433.40	305.52	301.19	3.30
私营企业	Individual-owned Enterprises	739.14	724.96	566.15	555.59	8.11
其他企业	Enterprises of Other Types of Ownership	138.08	135.55	104.51	102.63	1.06
港、澳、台商投资企业	Enterprises Funded by Entrepreneurs From Hong Kong,Macao and Taiwan	53.71	48.82	33.14	28.47	0.32
外商投资企业	Enterprises funded by Foreigners	18.44	18.35	12.67	12.66	0.13

15-12 续表 3 continued

单位：亿元 (100 million yuan)

指 标	Item	主营业务税金及附加 Tax and Extra Charges from Principal Business	销售费用 Operation Expenses	管理费用 Management Expense	财务费用 Financial Expense
总计	**Total**	**27.24**	**180.10**	**323.75**	**77.21**
按登记注册类型分:	**Grouped by Registration**				
内资企业	Internal-invested Enterprises	26.81	172.91	317.44	74.31
国有企业	State-owned Enterprises	1.83	7.91	51.61	1.07
集体企业	Collective-owned Enterprises	0.23	0.58	1.47	0.08
股份合作企业	Enterprises Cooperated by Joint-stock		0.08	0.20	0.01
联营企业	Cooperative Enterprises			0.04	0.08
有限责任公司	Limited Liability Company	13.03	82.69	138.64	46.80
股份有限公司	Company Limited by Shares	2.89	39.50	30.99	10.48
私营企业	Individual-owned Enterprises	7.80	37.87	81.16	13.69
其他企业	Enterprises of Other Types of Ownership	1.03	4.29	13.32	2.10
港、澳、台商投资企业	Enterprises Funded by Entrepreneurs From Hong Kong,Macao and Taiwan	0.30	5.65	4.23	2.72
外商投资企业	Enterprises funded by Foreigners	0.12	1.53	2.08	0.17

15-12 续表 4 continued

单位：亿元 (100 million yuan)

指 标	Item	利息收入 Interest Revenue	利息支出 Interest Expense	投资收益 Income from Investment	营业利润 Operating Profit
总计	**Total**	**18.71**	**83.33**	**51.77**	**273.17**
按登记注册类型分:	**Grouped by Registration**				
内资企业	Internal-invested Enterprises	18.63	80.47	51.73	264.02
国有企业	State-owned Enterprises	2.38	6.23	0.94	6.46
集体企业	Collective-owned Enterprises	0.01	0.04		0.76
股份合作企业	Enterprises Cooperated by Joint-stock		0.01		
联营企业	Cooperative Enterprises		0.08		-0.18
有限责任公司	Limited Liability Company	12.93	50.80	32.71	147.51
股份有限公司	Company Limited by Shares	1.84	10.86	12.13	58.70
私营企业	Individual-owned Enterprises	1.40	11.40	5.50	37.47
其他企业	Enterprises of Other Types of Ownership	0.06	1.07	0.44	13.30
港、澳、台商投资企业	Enterprises Funded by Entrepreneurs From Hong Kong,Macao and Taiwan	0.05	2.66	0.03	7.24
外商投资企业	Enterprises funded by Foreigners	0.03	0.19	0.01	1.91

15-12 续表 5 continued

单位：亿元 (100 million yuan)

指 标	Item	营业外收入 Non-operating Income	营业外支出 Operating Expense	利润总额 Total Profit
总计	**Total**	**92.12**	**26.89**	**338.40**
按登记注册类型分:	**Grouped by Registration**			
内资企业	Internal-invested Enterprises	90.75	26.42	328.36
国有企业	State-owned Enterprises	23.37	11.34	18.49
集体企业	Collective-owned Enterprises	0.07	0.44	0.40
股份合作企业	Enterprises Cooperated by Joint-stock		0.02	-0.02
联营企业	Cooperative Enterprises			-0.18
有限责任公司	Limited Liability Company	54.95	9.23	193.20
股份有限公司	Company Limited by Shares	4.51	2.84	60.36
私营企业	Individual-owned Enterprises	7.15	2.10	42.56
其他企业	Enterprises of Other Types of Ownership	0.70	0.45	13.55
港、澳、台商投资企业	Enterprises Funded by Entrepreneurs From Hong Kong,Macao and Taiwan	1.23	0.39	8.08
外商投资企业	Enterprises funded by Foreigners	0.14	0.08	1.97

15-12 续表 6 continued

单位：亿元 (100 million yuan)

指 标	Item	所得税费用 Income Tax and fee	应付职工薪酬 Total Sum of Wages Payable (100 million Yuan)	平均用工人数(万人) Average Number of Empolyment of the Current Year (10 000 persons)
总计	**Total**	**53.05**	**482.73**	**73.32**
按登记注册类型分:	**Grouped by Registration**			
内资企业	Internal-invested Enterprises	51.09	472.52	72.26
国有企业	State-owned Enterprises	3.77	69.69	6.73
集体企业	Collective-owned Enterprises	0.02	2.83	0.81
股份合作企业	Enterprises Cooperated by Joint-stock	0.00	0.27	0.06
联营企业	Cooperative Enterprises	0.00	0.20	0.03
有限责任公司	Limited Liability Company	31.18	209.93	27.51
股份有限公司	Company Limited by Shares	9.18	56.71	6.56
私营企业	Individual-owned Enterprises	5.99	110.62	24.90
其他企业	Enterprises of Other Types of Ownership	0.94	22.28	5.66
港、澳、台商投资企业	Enterprises Funded by Entrepreneurs From Hong Kong,Macao and Taiwan	1.39	5.02	0.60
外商投资企业	Enterprises funded by Foreigners	0.57	5.18	0.46

15-13 规模以上服务业企业分行业大类经济指标(2017年)
Main Economic Indicators of Service Enterprises above Designated Size by Service Sector (2017)

单位：亿元 (100 million yuan)

指标	Item	单位数(个) Number of Institutions (unit)	年初存货 Inventory Year-early	流动资产合计 Circulating Funds
总计	**Total**	**5721**	**3507.92**	**10652.61**
铁路运输业	Railway Transport	5	1.87	12.12
道路运输业	Road Transport	628	5.04	473.86
水上运输业	Water Transport	42	0.11	7.83
航空运输业	Air Transport	8	0.09	18.82
管道运输业	Transport Via Pipelines	5	0.20	13.57
装卸搬运和运输代理业	Loading,Unloading and Other Transport Services	96	0.23	21.95
仓储业	Storage	94	141.43	185.77
邮政业	Post	50	1.81	79.86
电信、广播电视和卫星传输服务	Telecommunications, radio and television and satellite transmission services	187	5.08	223.90
互联网和相关服务	Internet and related services	73	1.68	27.10
软件和信息技术服务业	Software and IT services	250	5.14	228.86
物业管理	Property Management	446	1.21	69.12
房地产中介服务	Real estate intermediary services	25	0.05	4.32
自有房地产经营活动	Own real estate business activities	12	0.31	13.91
租赁业	Leasing	52	0.25	4.74
商务服务业	Business Services	1115	3219.26	8183.72
研究和试验发展	Research and Experimental Development	34	32.63	107.82
专业技术服务业	Professional Technical Services	378	33.94	304.51
科技推广和应用服务业	Services of Science and Technology Promotion and Application	408	5.28	28.63
水利管理业	Management of Water Conservancy	10	0.01	0.40
生态保护和环境治理业	Ecological protection and Environmental management	26	4.78	33.63
公共设施管理业	Management of Public Facilities	171	11.46	94.76
居民服务业	Services to Households	122	1.86	15.18
机动车、电子产品和日用产品修理业	Motor vehicles, electronics and household goods repair industry	64	0.50	2.47
其他服务业	Other Services	70	0.08	4.13
教育	Education	349	5.59	39.71
卫生	Health	320	4.83	67.38
社会工作	Social Work	22	0.12	1.41
新闻和出版业	Journalism and Publishing Activities	45	9.93	108.69
广播、电视、电影和影视录音制作业	Radio, television,film and video production industry recordings	180	8.16	227.58
文化艺术业	Cultural and Art Activities	195	2.68	23.84
体育	Sports Activities	53	0.37	4.30
娱乐业	Entertainment	186	1.97	18.75

15-13 续表 1 continued

单位：亿元 (100 million yuan)

指标	Item	应收账款 Net Value of Account Received	存货 Inventory	固定资产原价 Original Price of Fixed Assets	累计折旧 Accumulated depreciation	本年折旧 Depreciation this Year
总计	**Total**	**929.53**	**4441.61**	**3578.60**	**1160.17**	**205.72**
铁路运输业	Railway Transport	1.43	1.52	182.68	19.40	4.02
道路运输业	Road Transport	46.80	5.11	497.65	157.49	29.54
水上运输业	Water Transport	3.43	0.17	15.70	5.08	0.68
航空运输业	Air Transport	3.67	0.09	112.44	25.98	5.21
管道运输业	Transport Via Pipelines	0.25	0.30	7.39	2.72	0.58
装卸搬运和运输代理业	Loading,Unloading and Other Transport Services	6.89	0.39	17.75	7.49	0.88
仓储业	Storage	6.89	141.37	54.80	15.18	2.08
邮政业	Post	12.15	1.94	41.18	32.53	2.08
电信、广播电视和卫星传输服务	Telecommunications, radio and television and satellite transmission services	31.99	4.65	1177.98	624.42	103.17
互联网和相关服务	Internet and related services	7.76	2.13	18.54	7.04	0.74
软件和信息技术服务业	Software and IT services	55.29	6.84	14.81	5.63	1.35
物业管理	Property Management	13.12	0.90	16.58	6.81	0.86
房地产中介服务	Real estate intermediary services	1.09	0.04	0.51	0.26	0.05
自有房地产经营活动	Own real estate business activities	0.40	0.38	22.51	2.51	0.79
租赁业	Leasing	1.18	0.37	11.39	3.46	1.33
商务服务业	Business Services	554.12	4140.43	877.44	91.14	19.52
研究和试验发展	Research and Experimental Development	12.48	32.60	17.21	6.24	0.85
专业技术服务业	Professional Technical Services	91.38	30.61	80.80	23.68	4.83
科技推广和应用服务业	Services of Science and Technology Promotion and Application	9.25	7.96	28.52	3.10	0.99
水利管理业	Management of Water Conservancy	0.12	0.01	2.18	0.69	0.04
生态保护和环境治理业	Ecological protection and Environmental management	3.59	6.13	8.11	2.40	0.51
公共设施管理业	Management of Public Facilities	7.90	15.00	47.56	8.86	1.73
居民服务业	Services to Households	2.52	1.40	9.46	3.52	0.49
机动车、电子产品和日用产品修理业	Motor vehicles, electronics and household goods repair industry	0.46	0.55	2.55	0.54	0.17
其他服务业	Other Services	0.90	0.18	2.39	0.65	0.17
教育	Education	14.79	5.38	74.03	15.88	3.39
卫生	Health	14.61	5.69	66.77	32.25	9.99
社会工作	Social Work	0.30	0.07	2.66	0.32	0.07
新闻和出版业	Journalism and Publishing Activities	4.29	8.04	23.00	11.30	1.37
广播、电视、电影和影视录音制作业	Radio, television,film and video production industry recordings	15.47	15.48	57.94	24.95	3.75
文化艺术业	Cultural and Art Activities	1.51	3.09	28.17	5.45	1.57
体育	Sports Activities	1.26	0.45	9.28	2.95	0.46
娱乐业	Entertainment	2.22	2.36	48.60	10.27	2.44

15-13 续表 2 continued

单位：亿元 (100 million yuan)

指 标	Item	资产总计 Total Assets	应付账款 Accounts payable	负债合计 Total liability	所有者权益合计 Tatol Rights of Owners	营业收入 Operating Income
总计	**Total**	**18700.15**	**982.93**	**10305.43**	**8394.81**	**3270.79**
铁路运输业	Railway Transport	235.74	12.64	125.45	110.28	18.07
道路运输业	Road Transport	1456.22	81.24	1043.50	412.72	289.92
水上运输业	Water Transport	27.55	4.21	12.99	14.56	28.43
航空运输业	Air Transport	136.25	11.68	47.06	89.19	18.24
管道运输业	Transport Via Pipelines	49.55	0.67	30.08	19.46	4.02
装卸搬运和运输代理业	Loading,Unloading and Other Transport Services	46.57	4.90	25.25	21.32	35.56
仓储业	Storage	239.46	12.70	203.21	36.25	68.43
邮政业	Post	105.01	12.18	91.35	13.66	105.43
电信、广播电视和卫星传输服务	Telecommunications, radio and television and satellite transmission services	880.86	177.60	374.44	506.42	509.88
互联网和相关服务	Internet and related services	69.15	3.20	23.29	45.86	42.23
软件和信息技术服务业	Software and IT services	287.11	184.65	217.12	69.98	109.11
物业管理	Property Management	98.53	5.11	74.49	24.04	64.23
房地产中介服务	Real estate intermediary services	4.88	0.07	2.27	2.61	6.63
自有房地产经营活动	Own real estate business activities	37.26	0.70	32.43	4.83	2.99
租赁业	Leasing	14.01	1.25	9.28	4.73	10.35
商务服务业	Business Services	12929.01	275.36	7017.38	5911.72	906.06
研究和试验发展	Research and Experimental Development	249.81	8.90	86.94	162.88	46.57
专业技术服务业	Professional Technical Services	463.46	75.59	267.44	196.02	336.09
科技推广和应用服务业	Services of Science and Technology Promotion and Application	68.38	3.24	20.57	47.82	102.20
水利管理业	Management of Water Conservancy	2.09	0.17	1.43	0.66	0.83
生态保护和环境治理业	Ecological protection and Environmental management	56.92	6.78	31.51	25.42	22.80
公共设施管理业	Management of Public Facilities	221.60	6.69	137.71	83.88	55.68
居民服务业	Services to Households	25.78	2.62	17.30	8.48	20.75
机动车、电子产品和日用产品修理业	Motor vehicles, electronics and household goods repair industry	5.25	0.61	2.39	2.87	7.54
其他服务业	Other Services	9.05	1.83	4.85	4.19	9.30
教育	Education	109.45	13.30	54.84	54.60	43.02
卫生	Health	137.38	20.83	94.61	42.77	113.97
社会工作	Social Work	4.95	0.23	3.66	1.30	2.42
新闻和出版业	Journalism and Publishing Activities	238.34	9.20	43.37	194.97	49.88
广播、电视、电影和影视录音制作业	Radio, television,film and video production industry recordings	339.48	35.65	127.44	212.04	179.45
文化艺术业	Cultural and Art Activities	59.12	1.68	29.68	29.44	23.76
体育	Sports Activities	15.72	0.64	11.72	4.00	6.67
娱乐业	Entertainment	76.22	6.82	40.38	35.83	30.28

15-13 续表 3 continued

单位：亿元 (100 million yuan)

指 标	Item	主营业务收入 Revenue of Major Business	营业成本 Operating Cost	主营业务成本 Cost of Major Business	税金及附加 Tax and Extra Charges
总计	**Total**	**3193.92**	**2445.29**	**2393.31**	**29.03**
铁路运输业	Railway Transport	17.64	15.62	15.37	0.03
道路运输业	Road Transport	274.59	247.74	237.96	2.89
水上运输业	Water Transport	28.07	28.38	28.27	0.12
航空运输业	Air Transport	18.20	14.89	14.87	0.49
管道运输业	Transport Via Pipelines	3.89	2.55	2.44	0.02
装卸搬运和运输代理业	Loading,Unloading and Other Transport Services	35.12	31.10	30.86	0.25
仓储业	Storage	67.04	67.36	66.84	0.32
邮政业	Post	104.38	90.47	90.04	0.49
电信、广播电视和卫星传输服务	Telecommunications, radio and television and satellite transmission services	501.80	312.87	305.23	1.68
互联网和相关服务	Internet and related services	42.03	24.55	24.43	0.28
软件和信息技术服务业	Software and IT services	107.48	65.24	64.57	0.86
物业管理	Property Management	59.53	46.10	44.33	0.91
房地产中介服务	Real estate intermediary services	6.30	3.24	3.00	0.06
自有房地产经营活动	Own real estate business activities	2.59	1.58	1.52	0.17
租赁业	Leasing	9.38	7.90	7.30	0.16
商务服务业	Business Services	883.78	726.12	709.25	10.55
研究和试验发展	Research and Experimental Development	43.42	40.89	39.04	0.51
专业技术服务业	Professional Technical Services	333.98	259.11	257.61	2.39
科技推广和应用服务业	Services of Science and Technology Promotion and Application	100.09	79.93	78.09	0.97
水利管理业	Management of Water Conservancy	0.82	0.71	0.71	0.05
生态保护和环境治理业	Ecological protection and Environmental management	22.47	18.45	18.32	0.25
公共设施管理业	Management of Public Facilities	53.23	34.41	32.74	0.74
居民服务业	Services to Households	20.49	14.41	14.26	0.31
机动车、电子产品和日用产品修理业	Motor vehicles, electronics and household goods repair industry	6.96	5.79	5.45	0.12
其他服务业	Other Services	9.15	7.30	7.10	0.13
教育	Education	41.77	29.83	29.06	0.34
卫生	Health	113.44	74.85	74.45	0.32
社会工作	Social Work	2.30	1.83	1.79	0.01
新闻和出版业	Journalism and Publishing Activities	49.02	34.90	33.33	0.49
广播、电视、电影和影视录音制作业	Radio, television,film and video production industry recordings	175.70	121.91	121.02	1.89
文化艺术业	Cultural and Art Activities	22.91	13.80	13.12	0.39
体育	Sports Activities	6.46	3.95	3.76	0.16
娱乐业	Entertainment	29.86	17.50	17.18	0.66

15-13 续表 4 continued

单位：亿元 (100 million yuan)

指 标	Item	主营业务税金及附加 Tax of Major Business	销售费用 Operation Expense	管理费用 Management Expense
总计	**Total**	**27.24**	**180.10**	**323.75**
铁路运输业	Railway Transport	0.03	0.06	0.40
道路运输业	Road Transport	2.58	5.54	34.27
水上运输业	Water Transport	0.11	0.12	1.12
航空运输业	Air Transport	0.13	0.04	1.91
管道运输业	Transport Via Pipelines	0.02	0.26	0.46
装卸搬运和运输代理业	Loading,Unloading and Other Transport Services	0.24	0.53	3.08
仓储业	Storage	0.28	3.29	4.86
邮政业	Post	0.43	0.52	10.97
电信、广播电视和卫星传输服务	Telecommunications, radio and television and satellite transmission services	1.56	70.70	39.87
互联网和相关服务	Internet and related services	0.28	5.14	7.34
软件和信息技术服务业	Software and IT services	0.84	11.12	16.30
物业管理	Property Management	0.88	2.24	10.85
房地产中介服务	Real estate intermediary services	0.06	1.49	0.79
自有房地产经营活动	Own real estate business activities	0.12	0.31	0.60
租赁业	Leasing	0.16	0.34	1.00
商务服务业	Business Services	10.10	23.13	57.23
研究和试验发展	Research and Experimental Development	0.44	1.49	6.52
专业技术服务业	Professional Technical Services	2.33	8.44	40.82
科技推广和应用服务业	Services of Science and Technology Promotion and Application	0.95	3.01	5.30
水利管理业	Management of Water Conservancy	0.05		0.23
生态保护和环境治理业	Ecological protection and Environmental management	0.25	0.44	1.83
公共设施管理业	Management of Public Facilities	0.71	3.81	4.54
居民服务业	Services to Households	0.31	2.29	2.51
机动车、电子产品和日用产品修理业	Motor vehicles, electronics and household goods repair industry	0.10	0.45	0.55
其他服务业	Other Services	0.13	0.25	0.63
教育	Education	0.33	1.50	6.55
卫生	Health	0.31	10.20	18.95
社会工作	Social Work	0.01	0.08	0.55
新闻和出版业	Journalism and Publishing Activities	0.49	5.18	7.82
广播、电视、电影和影视录音制作业	Radio, television,film and video production industry recordings	1.85	10.80	26.67
文化艺术业	Cultural and Art Activities	0.37	2.30	3.56
体育	Sports Activities	0.16	1.05	1.65
娱乐业	Entertainment	0.65	3.98	4.01

15-13 续表 5 continued

单位：亿元 (100 million yuan)

指 标	Item	财务费用 Financial Expense	利息收入 Interest Revenue	利息支出 Interest Expense	投资收益 Income from Investment
总计	**Total**	**77.21**	**18.71**	**83.33**	**51.77**
铁路运输业	Railway Transport	4.34	0.02	4.36	
道路运输业	Road Transport	17.95	0.23	16.91	−0.15
水上运输业	Water Transport	0.14	−0.02	0.13	0.06
航空运输业	Air Transport	0.27	0.14	0.34	−0.01
管道运输业	Transport Via Pipelines	0.24	0.01	0.06	
装卸搬运和运输代理业	Loading,Unloading and Other Transport Services	0.52	0.01	0.31	0.02
仓储业	Storage	2.73	0.98	5.81	0.35
邮政业	Post	0.28	0.07	0.47	0.02
电信、广播电视和卫星传输服务	Telecommunications, radio and television and satellite transmission services	−3.27	4.79	1.15	1.69
互联网和相关服务	Internet and related services	−0.05	0.07	0.05	0.07
软件和信息技术服务业	Software and IT services	−2.56	3.14	0.35	0.62
物业管理	Property Management	0.59	0.64	1.10	0.22
房地产中介服务	Real estate intermediary services			0.01	
自有房地产经营活动	Own real estate business activities	0.34		0.33	
租赁业	Leasing	0.23		0.17	
商务服务业	Business Services	44.12	3.44	39.90	29.99
研究和试验发展	Research and Experimental Development	0.58	0.21	0.52	10.43
专业技术服务业	Professional Technical Services	2.22	1.47	3.24	1.40
科技推广和应用服务业	Services of Science and Technology Promotion and Application	1.72	0.02	0.95	0.38
水利管理业	Management of Water Conservancy				
生态保护和环境治理业	Ecological protection and Environmental management	−0.02	0.09	0.08	0.16
公共设施管理业	Management of Public Facilities	2.59	0.31	2.33	0.30
居民服务业	Services to Households	0.32		0.20	0.17
机动车、电子产品和日用产品修理业	Motor vehicles, electronics and household goods repair industry	0.07	0.01	0.03	
其他服务业	Other Services	0.09		0.07	
教育	Education	1.62	0.04	1.23	0.08
卫生	Health	1.74	0.13	1.08	0.11
社会工作	Social Work	0.03	0.01	0.01	
新闻和出版业	Journalism and Publishing Activities	−1.01	1.38	0.38	5.38
广播、电视、电影和影视录音制作业	Radio, television,film and video production industry recordings	−0.69	1.44	0.32	0.56
文化艺术业	Cultural and Art Activities	1.07	0.02	0.65	0.08
体育	Sports Activities	0.25	0.03	0.19	−0.04
娱乐业	Entertainment	0.75	0.03	0.61	−0.14

15-13 续表 6 continued

单位：亿元 (100 million yuan)

指 标	Item	营业利润 Operating Profit	营业外收入 Non-operating Income
总计	**Total**	**273.17**	**92.12**
铁路运输业	Railway Transport	-2.38	1.40
道路运输业	Road Transport	-13.54	22.30
水上运输业	Water Transport	-1.42	0.07
航空运输业	Air Transport	1.52	0.14
管道运输业	Transport Via Pipelines	0.49	0.01
装卸搬运和运输代理业	Loading,Unloading and Other Transport Services	0.48	0.79
仓储业	Storage	-2.96	4.71
邮政业	Post	2.81	2.37
电信、广播电视和卫星传输服务	Telecommunications, radio and television and satellite transmission services	84.74	2.47
互联网和相关服务	Internet and related services	3.51	0.71
软件和信息技术服务业	Software and IT services	18.95	3.10
物业管理	Property Management	3.72	0.23
房地产中介服务	Real estate intermediary services	0.98	0.03
自有房地产经营活动	Own real estate business activities	-0.01	0.06
租赁业	Leasing	0.70	0.02
商务服务业	Business Services	75.07	32.84
研究和试验发展	Research and Experimental Development	6.79	2.69
专业技术服务业	Professional Technical Services	22.72	2.86
科技推广和应用服务业	Services of Science and Technology Promotion and Application	11.64	1.30
水利管理业	Management of Water Conservancy	-0.16	0.12
生态保护和环境治理业	Ecological protection and Environmental management	1.99	0.56
公共设施管理业	Management of Public Facilities	10.09	1.10
居民服务业	Services to Households	1.01	0.07
机动车、电子产品和日用产品修理业	Motor vehicles, electronics and household goods repair industry	0.51	0.08
其他服务业	Other Services	0.90	0.06
教育	Education	3.27	0.66
卫生	Health	7.96	0.67
社会工作	Social Work	-0.09	0.05
新闻和出版业	Journalism and Publishing Activities	8.25	1.48
广播、电视、电影和影视录音制作业	Radio, television,film and video production industry recordings	19.47	7.73
文化艺术业	Cultural and Art Activities	2.96	0.85
体育	Sports Activities	-0.42	0.18
娱乐业	Entertainment	3.62	0.42

15-13 续表 7 continued

单位：亿元 (100 million yuan)

指 标	Item	营业外支 出 Non-operating Expense	利润总额 Total Profit	所得税费 用 Income Tax and fee
总计	**Total**	**26.89**	**338.40**	**53.05**
铁路运输业	Railway Transport	0.01	-0.99	0.02
道路运输业	Road Transport	2.21	6.55	4.43
水上运输业	Water Transport	0.01	-1.35	0.08
航空运输业	Air Transport	0.09	1.58	0.58
管道运输业	Transport Via Pipelines	0.01	0.50	0.13
装卸搬运和运输代理业	Loading,Unloading and Other Transport Services	0.31	0.96	0.16
仓储业	Storage	0.65	1.10	0.32
邮政业	Post	0.20	4.98	0.23
电信、广播电视和卫星传输服务	Telecommunications, radio and television and satellite transmission services	2.54	84.67	18.05
互联网和相关服务	Internet and related services	0.17	4.05	0.95
软件和信息技术服务业	Software and IT services	0.16	21.86	3.08
物业管理	Property Management	0.12	3.83	0.67
房地产中介服务	Real estate intermediary services	0.01	0.99	0.23
自有房地产经营活动	Own real estate business activities		0.05	0.06
租赁业	Leasing	0.02	0.70	0.12
商务服务业	Business Services	7.41	100.50	10.24
研究和试验发展	Research and Experimental Development	0.16	9.31	0.14
专业技术服务业	Professional Technical Services	0.88	24.70	3.88
科技推广和应用服务业	Services of Science and Technology Promotion and Application	0.38	12.56	0.57
水利管理业	Management of Water Conservancy	0.03	-0.07	
生态保护和环境治理业	Ecological protection and Environmental management	0.01	2.53	0.28
公共设施管理业	Management of Public Facilities	0.12	11.08	1.92
居民服务业	Services to Households	0.06	1.03	0.08
机动车、电子产品和日用产品修理业	Motor vehicles, electronics and household goods repair industry	0.02	0.57	0.06
其他服务业	Other Services	0.01	0.95	0.11
教育	Education	0.35	3.58	0.46
卫生	Health	0.74	7.88	2.05
社会工作	Social Work	0.02	-0.06	
新闻和出版业	Journalism and Publishing Activities	0.50	9.24	0.16
广播、电视、电影和影视录音制作业	Radio, television,film and video production industry recordings	9.49	17.69	2.70
文化艺术业	Cultural and Art Activities	0.16	3.69	0.61
体育	Sports Activities		-0.24	0.01
娱乐业	Entertainment	0.04	4.00	0.66

15-13 续表 8 continued

单位：亿元 (100 million yuan)

指 标	Item	应付职工薪酬 Total Sum of Wages Payable	应交增值税 Value Added Payable	平均用工人数（万人） Average Number of Empolyment of the Current Year (10 000persons)
总计	**Total**	**482.73**	**69.80**	**73.32**
铁路运输业	Railway Transport	2.81		0.21
道路运输业	Road Transport	61.52	6.36	11.98
水上运输业	Water Transport	1.51	0.28	0.29
航空运输业	Air Transport	7.08	0.38	0.61
管道运输业	Transport Via Pipelines	0.31	0.11	0.04
装卸搬运和运输代理业	Loading,Unloading and Other Transport Services	5.30	0.46	1.02
仓储业	Storage	3.58	0.63	0.56
邮政业	Post	35.16	1.16	3.75
电信、广播电视和卫星传输服务	Telecommunications, radio and television and satellite transmission services	61.68	19.42	5.24
互联网和相关服务	Internet and related services	6.67	1.17	0.94
软件和信息技术服务业	Software and IT services	19.20	4.73	2.06
物业管理	Property Management	25.68	2.18	6.82
房地产中介服务	Real estate intermediary services	3.10	0.30	0.37
自有房地产经营活动	Own real estate business activities	0.44	0.12	0.04
租赁业	Leasing	1.53	0.19	0.39
商务服务业	Business Services	67.76	10.93	13.40
研究和试验发展	Research and Experimental Development	7.13	0.52	0.52
专业技术服务业	Professional Technical Services	57.15	10.39	5.39
科技推广和应用服务业	Services of Science and Technology Promotion and Application	8.98	0.57	2.84
水利管理业	Management of Water Conservancy	0.55	0.02	0.09
生态保护和环境治理业	Ecological protection and Environmental management	1.55	0.76	0.25
公共设施管理业	Management of Public Facilities	5.26	0.97	1.42
居民服务业	Services to Households	7.70	0.51	1.40
机动车、电子产品和日用产品修理业	Motor vehicles, electronics and household goods repair industry	0.99	0.25	0.25
其他服务业	Other Services	3.12	0.29	0.92
教育	Education	13.68	0.45	3.28
卫生	Health	28.99	0.21	4.14
社会工作	Social Work	0.92	0.01	0.15
新闻和出版业	Journalism and Publishing Activities	8.05	1.70	0.72
广播、电视、电影和影视录音制作业	Radio, television,film and video production industry recordings	24.89	3.53	1.60
文化艺术业	Cultural and Art Activities	4.25	0.43	1.07
体育	Sports Activities	1.29	0.11	0.33
娱乐业	Entertainment	4.89	0.65	1.22

15-14 重点领域规模以上服务业企业主要经济指标(2017年)

Key Areas of Main Economic Indicators of Service Enterprises above Designated Size (2017)

单位：亿元 (100 million yuan)

指标	Item	高技术服务业企业 Hightech Services Enterprises	科技服务务业企业 Science and Technology Services Enterprises	生产性服务业企业 Producer Services Enterprises
年初存货	Inventory Year-early	91.33	3307.73	3453.43
流动资产合计	Circulating Funds	1137.16	9081.30	9918.52
应收账款	Net Value of Account Received	219.12	746.12	828.61
存货	Inventory	97.49	4227.75	4372.19
固定资产原价	Original Price of Fixed Assets	1390.74	2123.03	2978.95
累计折旧	Accumulateddepreciation	690.99	747.55	974.79
本年折旧	Depreciation this Year	115.08	127.46	169.09
资产总计	Total Assets	2344.08	14873.41	17178.58
应付账款	Accounts payable	486.61	722.92	857.67
负债合计	Total Liability	1110.01	7849.66	9501.02
所有者权益	Tatol Rights of Owners	1234.07	7023.74	7677.65
营业收入	Operating Income	1303.44	1893.69	2408.75
主营业务收入	Revenue of Major Business	1285.72	1857.64	2353.07
营业成本	Operating Cost	892.77	1375.69	1831.98
主营业务成本	Cost of Major Business	879.28	1347.28	1791.81
税金及附加	Tax and Extra Charges	8.24	15.40	20.53
主营业务税金及附加	Tax and Surcharge for Major Business	7.93	14.71	19.03
销售费用	Operation Expense	106.75	118.51	127.25
管理费用	Management Expense	138.55	163.66	217.19
财务费用	Financial Expense	-2.46	38.69	65.31
利息收入	Interest Revenue	11.01	14.27	15.81
利息支出	Interest Expense	6.43	44.41	73.30
投资收益	Income from Investment	14.94	47.62	47.91
营业利润	Operating Profit	167.11	221.75	200.38
营业外收入	Non-operating Income	20.36	45.98	76.53
营业外支出	Non-operating Expense	13.42	11.18	15.06
利润总额	Total Profit	174.02	256.53	261.82
所得税费用	Income Tax and fee	29.56	35.12	41.93
应付职工薪酬	Total Sum of Wages Payable	178.91	202.40	319.88
应交增值税	Value Added Payable	39.67	45.88	56.12
平均用工人数 （万人）	Average Number of Empolyment of the Current Year (10000 persons)	17.91	22.26	41.17

主要统计指标解释

铁路营业里程 又称营业长度(包括正式营业和临时营业里程),指办理客货运输业务的铁路正线总长度。凡是全线或部分建成双线及以上的线路,以第一线的实际长度计算;复线、站线、段管线、岔线和特殊用途线以及不计算运费的联络线都不计算营业里程。该指标可以反映铁路运输业基础设施的发展水平,也是计算客货周转量、运输密度和机车车辆运用效率等指标的基础资料。

铁路电气化里程 指在全部铁路营业里程中已安装了供电线路及设备,可以供电力机车牵引列车运行的区段的总里程。

公路里程 指在一定时期内实际达到《公路工程[WTBZ]技术标准 JTJ01−88》规定的等级公路,并经公路主管部门正式验收交付使用的公路里程数。包括大中城市的郊区公路以及通过小城镇街道部分的公路里程和桥梁、渡口的长度,不包括大中城市的街道、厂矿、林区生产用道和农业生产用道的里程。两条或多条公路共同经由同一路段,只计算一次,不得重复计算里程长度。该指标可以反映公路建设的发展规模,也是计算运输网密度等指标的基础资料。

内河航道里程 也称内河通航里程,指在一定时期内,能通航运输船舶及排筏的天然河流、湖泊水库、运河及通航渠道的长度。包括全年季节性通航累计三个月以上的航道,不包括仅供零散流放竹、木排的河道。该指标可以反映内河水运网的规模、水平和发展情况。

输油(气)管道长度 也称输油(气)里程,指油品(或天然气)的实际输送距离,一般按输油(气)管道的单线长度计算。若包括复线和备用线长度则称为输油(气)管道延展长度,是指管道铺设的实际长度。我们通常使用的是不包括复线的“输油(气)管道里程”,该指标可以反映管道运输的发展规模和水平。

货(客)运量 指在一定时期内,各种运输工具实际运送的货物(旅客)数量。该指标是反映运输业为国民经济和人民生活服务的数量指标,也是制定和检查运输生产计划、研究运输发展规模和速度的重要指标。货运按吨计算,客运按人计算。货物不论运输距离长短、货物类别,均按实际重量统计。旅客不论行程远近或票价多少,均按一人一次客运量统计;半价票、小孩票也按一人统计。

货物(旅客)周转量 指在一定时期内,由各种运输工具运送的货物(旅客)数量与其相应运输距离的乘积之总和。该指标可以反映运输业生产的总成果,也是编制和检查运输生产计划,计算运输效率、劳动生产率以及核算运输单位成本的主要基础资料。计算货物周转量通常按发出站与到达站之间的最短距离,也就是计费距离计算。计算公式为:

$$货物(旅客)周转量 = \Sigma(货物(旅客)运输量 \times 运输距离)$$

民用汽车拥有量 指报告期末,在公安交通管理部门按照《机动车注册登记工作规范》,已注册登记领有民用车辆牌照的全部汽车数量。汽车拥有量统计的主要分类:根据汽车结构分为载客汽车、载货汽车及其他汽车;根据汽车所有者不同分为个人(私人)汽车、单位汽车;根据汽车的使用性质分为营运汽车、非营运汽车;根据汽车大小规格不同载客汽车分为大型、中型、小型和微型,载货汽车分为重型、中型、轻型和微型。

邮电业务总量 指以货币形式表示的邮电企业为社会提供各类邮电服务的总数量,是用于观察邮电业务发展变化总趋势的综合性总量指标。分别按邮政业务总量和电信业务总量统计。

移动电话用户 指在电信运营企业营业网点办理开户登记手续,通过移动电话交换机进入移动电话网,占用移动电话号码的各类电话用户。包括GSM数字移动电话用户、CDMA数字移动电话用户和电信运营企业发行的报告期末已激活充值的能异地漫游的各种智能卡用户。

互联网上网人数 指平均每周使用互联网至少1小时的6周岁以上中国公民人数。

固定电话用户 指在电信运营企业营业网点办理开户登记手续并已接入固定电话网上的全部电话用户。包括普通电话用户、公用电话用户、窄带综合业务数字网(N—ISDN)用户、智能网专用接入终端用户等。按行政区划分为城市电话用户和农村电话用户。

城市电话用户 指直辖市、省辖市、地级市、县级市的市区、市郊区及县城范围内接入局用交换机的电话用户。包括分布在农村地区县团级以上建制的独立工矿区、林区、驻军等电话用户。

农村电话用户 指县城关区以下的集镇和农村接入局用交换机的电话用户。

住宅电话用户 指安装在居民住宅或农民家里并按照住宅电话用户登记注册和收费的各类电话用户。包括私人付费、单位付费和按规定免费安装的住宅电话用户。

长途电话交换机容量 指用于接入长途电话网的电话交换机的设备额定容量，包括国际电话交换机容量。

移动电话交换机容量 指移动电话交换机根据一定话务模型和交换机处理能力计算出来的最大同时服务用户的数量。

互联网宽带接入端口 指用于接入互联网用户的各类实际安装运行的接入端口的数量，包括 xDSL 用户接入端口、LAN 接入端口以及其他类型接入端口等，不包括窄带拨号接入端口。

规模以上服务业的统计范围及标准 规模以上服务业是指年营业收入或者年末从业人员达到一定规模标准的执行企业会计制度的服务业法人单位。其中，交通运输、仓储和邮政业，信息传输、软件和信息技术服务业，租赁和商务服务业，科学研究和技术服务业，水利、环境和公共设施管理业，教育，卫生和社会工作，物业管理、房地产中介及自有房地产经营活动等行业规模标准为年营业收入1000 万元及以上或者年末从业人员 50 人及以上的执行企业会计制度的法人单位；居民服务、修理和其他服务业，文化体育和娱乐业等行业规模标准为年营业收入 500 万元及以上或者年末从业人员 50 人及以上的执行企业会计制度的法人单位。

Explanatory Notes on Main Statistical Indicators

Length of Railways in Operation refers to the total length of the trunk line for passenger and freight transportation (including both full operation and temporary operation). The calculation is based on the actual length of the first line if this line has a full or partial double (or more). Not included are double tracks, station sidings, tracks under the charge of stations, branch lines, special-purpose lines and non-payable connecting lines. The length of railways in operation is an important indicator to show the development of the infrastructure of railway transport. It is also essential data to calculate volume of passenger freight transport, traffic density and utilization efficiency of locomotives and carriages.

Length of Electrified Railways refers to the length of the section of railways in operation in which the power supply lines and other equipment are installed for the running of electrified locomotives. The proportion of the length of electrified railways to the total length of railways in operation is an important indicator to show the modernization of railways.

Length of Highways refers to the length of highways which are built in conformity with the grades specified by the highway engineering standard [Highways WTBZ-Technical Standard JTJ01-88] formulated by the Ministry of Transport, and have been formally checked and accepted by the departments of highways and put into use. The length of highways includes that of the suburb highways at large and medium-sized cities, highways passing through streets at small cities and towns, and also the length of bridges and ferry piers. It does not include the length of streets in big and medium-sized cities and highways built for the production purpose at factories, mines, forest areas and agricultural areas. If two or more highways go the same section of the way, the length of the section is only calculated for once and no duplication is allowed. The length of highways is an indicator to show the development of the scale of highway construction and to provide essential information to calculate the transport network density.

Length of Navigable Inland Waterways is an indicator reflecting the size and development of inland water network. It refers to the length of the natural rivers, lakes, reservoirs, canals, and ditches open to navigation during a given period, which enables transportation by ships and rafts. It includes the channels open to navigation for over an accumulated period of 3 months in a year, yet this does not include the river courses which are only used to float odd logs and bamboo rafts. This indicator can reflect the scale, level and development situation of the inland waterway network.

Length of Oil (Gas) Pipelines is used as an indicator to show the development, scale and level of the pipeline transportation. It refers to the actual transport distance of oil (or gas) products, and is in general calculated according to the length of single pipeline. If the length of the double pipelines and alternate pipeline are included, it is called the extension length of the oil (gas) pipelines, which indicates the actual length of the pipelines built. The commonly used indicator, the “length of “oil (gas)” pipelines, does not include the double pipelines. It can reflect the extent and level of development of pipeline transport.

Freight (Passenger) Traffic refers to the volume of freight (passenger) transported with various means within a specific period of time. This indicator reflects the service of the transport industry towards the national economy and people’s living conditions, as well as an important indicator used in formulating and monitoring transport production plans and research into the scale and pace of transport development. Freight transport is calculated in tons and passenger traffic is calculated in terms of number of persons. Freight transport is calculated in terms of the actual weight of the goods and takes no account of the type of freight and distance of travel. Passenger traffic is calculated by the principle that one person can be counted only once in one trip and takes no account of the travelling distance and ticket price. The passengers who travel with a half price ticket or a child’s ticket is also calculated as one person.

Freight Ton-kilometres (Passenger-kilometres) refers to the sum of the product of the volume of transported cargo (passengers) multiplied by the transport distance. It is an important indicator to reflect the achievement of the transport-tation industry. This is an important indicator to show the total results of the transport industry; to prepare and examine the transport plan; and to serve as the main basic data for calculating the efficiency, labour productivity and unit cost of transport. Normally, the shortest distance between the departure station and the destination station (i.e., the payable distance) is the basis in calculating the freight ton-kilometres. The formula is as follows:

$$\begin{matrix}\text{Freight ton-kilometres}\\ \text{(passenger-kilometres)}\end{matrix} = \sum \begin{matrix}\text{freight}\\ \text{(passenger)traffic}\end{matrix} \times \begin{matrix}\text{distance of}\\ \text{transportation}\end{matrix}$$

Possession of Civil Motor Vehicles refer to the total numbers of vehicles that are registered and received vehicles license tags according to the Work Standard for Motor Vehicles Registration formulated by the Transport Management Office under the department of public security at the end of the reference period. They are divided into categories. According to the structure of motor vehicles, they are divided into passenger vehicles, trucks and others; according to ownership into private vehicles and vehicles for the unit's use; according to kind of usage into working vehicles and non-working vehicles; and according to size of vehicles into large passenger vehicles, medium-sized passenger vehicles, small passenger vehicles and mini passenger vehicles, heavy trucks, light-heavy trucks, light trucks and mini-trucks.

Business Volume of Post and Telecommunications refers to the total amount of postal and telecommunication services, expressed in value terms, provided by the post and telecommunications departments for society. This indicator reflects the overall results of development of postal and telecommunication services. It can be classificated as postal services and telecommunication services.

Mobile Telephone Subscribers refer to persons who have gone through registration procedures in the operation points of enterprises engaged in telecommunications and are hence connected with the mobile telephone communication network through the mobile telephone switchboards and occupy mobile phone numbers. Included are GSM digital mobile phone subscribers, CDMA digital mobile phone subscribers and subscribers to intelligent phone cards with roaming facility issued by telecommunications enterprises and which have been subscribed to and activated at the end of the reference period.

Internet Users refer to the number of Chinese citizens aged 6 and over who use the Internet at least for one hour each week.

Local Telephone Subscribers refer to all subscribers who have gone through registration procedures in the operation points of enterprises engaged in telecommunications and are hence connected to the local telecommunications service provider through fixed line network. Included are general subscribers, public telephones subscribers, N-ISDN subscribers and intelligent network terminal subscribers. They are also classified in terms of administrative districts as urban telephone subscribers and rural telephone subscribers according to location.

Urban Telephone Subscribers refer to the number of telephone subscribers, located at the different administrative districts of municipalities directly under the Central Government, cities under the jurisdiction of province, cities at prefecture level, downtown and suburb of city at county level town and county towns, that are connected to the public line telephone network, including rural mineral area, forest area, military area.

Rural Telephone Subscribers refer to telephone subscribers, located at the towns below the level of county town and villages, that are connected to the public line telephone network.

Household Telephone Subscribers refer to telephone sets installed in the dwelling units of urban or rural residents, and registered as residence subscribers for payment, including three types of payment for the service: private payment, public payment and free service in accordance with relevant regulations.

Capacity of Long Distance Telephone Exchanges refers to the rated capacity of telephone exchanges to connect long distance telephone network, including capacity of international telephone exchanges.

Capacity of Mobile Telephone Exchanges refers to the capacity of the maximum services provided to subscribers at any one time as computed based on a certain model of calls distribution and transacting capacity of the mobile telephone exchanges.

Broadband Connection Terminals refer to the connection terminals to internet users actually installed and put into operation, including connection terminals for xDSL, connection terminals for LAN, and other connection terminals for xDSL. N-ISDN connection terminals are not included.

The statistical scope and standard of service industry above Designated Size the service industry above designated size is a legal person unit of service industry which refers to the annual operating income or the implementation of enterprise accounting system with a certain scale standard at the end of the year. Among them, transportation, storage and postal industry, information transmission, software and information technology services, leasing and business services, scientific research and technical services, water conservancy, environ- ment and public facilities management industry, education, health and social work, corporate units, property management, real estate intermediary and private real estate business activities the scale of industry standards for annual revenues of 10 million yuan and above or at the end of the year, more than 50 employees and the implementation of enterprise accounting system; resident services, repairs and other services, culture, sports and entertainment industries corporation scale standard for the annual revenues of 5 million yuan and above or at the end of the year, more than 50 employees and the imple- mentation of enterprise accounting system.

16

批发和零售业、住宿和餐饮业

Wholesale and Retail Trades, Hotels and Catering Services

资料整理人员：郑石明　孟　强

16-1 社会消费品零售总额
Retail Sale of Consumer Goods

单位：亿元 (100 million yuan)

年份 Year	社会消费品零售总额 Total Retail Sales of Consumer Goods	#商品销售额 Commodity sales	餐饮消费额 Catering consumption	城 镇 Urban	乡 村 Rural
1950	6.58	6.47	0.11	2.68	3.85
1951	8.72	8.53	0.19	3.91	4.72
1952	10.05	9.78	0.27	4.49	5.47
1953	11.61	11.34	0.27	5.04	7.16
1954	12.95	11.31	0.30	5.37	8.24
1955	13.22	12.77	0.45	5.49	8.49
1956	14.79	14.28	0.51	6.21	9.86
1957	15.73	15.15	0.58	6.73	10.22
1958	18.06	17.39	0.67	7.60	13.30
1959	21.29	20.43	0.86	9.03	16.17
1960	22.86	21.87	0.99	9.99	17.71
1961	21.47	19.91	1.56	10.18	13.59
1962	22.43	20.80	1.63	9.95	14.46
1963	22.46	21.11	1.35	8.99	15.61
1964	23.28	22.14	1.14	9.27	16.35
1965	23.10	22.10	1.00	9.43	16.91
1966	25.38	24.38	1.00	11.31	18.37
1967	28.21	27.11	1.10	11.52	20.50
1968	27.11	26.08	1.03	10.80	19.81
1969	30.01	29.10	0.91	12.26	21.86
1970	32.05	31.07	0.98	13.58	24.10
1971	34.42	33.33	1.09	15.18	26.03
1972	37.37	36.17	1.20	16.48	28.46
1973	41.21	39.93	1.28	18.17	31.65
1974	43.25	41.88	1.37	19.07	32.77
1975	47.01	45.53	1.48	19.97	36.83
1976	48.24	46.66	1.58	20.89	37.66
1977	50.98	49.30	1.68	21.93	40.31
1978	54.84	53.05	1.79	24.53	44.31
1979	65.20	63.03	2.17	30.59	51.21
1980	76.77	74.24	2.53	35.47	60.04
1981	87.24	84.45	2.79	37.31	66.87
1982	95.39	92.19	3.20	41.06	71.34
1983	107.36	91.70	3.69	43.30	81.61
1984	124.36	119.90	4.46	49.29	92.79
1985	157.47	151.84	5.63	68.80	108.50

16-1 续表 continued

单位：亿元 (100 million yuan)

年份 Year	社会消费品零售总额 Total Retail Sales of Consumer Goods	#商品销售额 Commodity sales	餐饮消费额 Catering consumption	城 镇 Urban	乡 村 Rural
1986	180.61	174.03	6.58	77.24	127.44
1987	213.81	205.55	8.26	91.10	151.78
1988	277.71	267.14	10.57	123.92	192.32
1989	299.74	288.49	11.25	142.13	199.86
1990	300.95	289.59	11.36	300.95	103.11
1991	341.80	327.56	14.24	341.80	113.55
1992	401.17	383.20	17.97	401.17	127.44
1993	496.55	475.10	21.45	496.55	149.72
1994	673.14	633.97	39.17	673.14	201.69
1995	854.48	799.85	54.63	854.48	242.81
1996	966.74	895.60	71.14	966.74	292.44
1997	1062.93	980.74	82.19	1062.93	312.99
1998	1148.36	1050.41	97.95	1148.36	350.55
1999	1254.31	1137.13	117.18	1254.31	368.35
2000	1392.26	1195.02	197.24	1392.26	383.38
2001	1541.27	1380.19	161.08	1541.27	433.00
2002	1712.33	1524.80	187.53	1712.33	468.79
2003	1897.26	1637.81	259.45	1897.26	490.13
2004	2162.90	1852.41	310.49	2162.90	546.01
2005	2474.33	2105.12	369.21	2474.33	618.60
2006	2869.40	2465.06	404.34	2869.40	723.54
2007	3419.17	2939.41	479.76	3419.17	836.92
2008	4222.17	3628.21	593.96	4222.17	1006.15
2009	4943.86	4343.03	600.83	4943.86	489.40
2010	5952.56	5214.96	737.60	5952.56	570.85
2011	7208.99	6334.19	874.79	7208.99	685.36
2012	8318.66	7317.14	1001.52	8318.66	774.53
2013	9509.52	8344.77	1164.75	9509.52	905.88
2014	10723.45	9436.60	1286.85	9707.51	1015.95
2015	12023.97	10580.97	1443.01	10883.83	1140.14
2016	13436.53	11790.45	1646.08	12146.60	1289.93
2017	14854.87	13013.25	1841.62	13411.44	1443.43

注：1. 2009-2014 社会消费品零售总额统计数据根据经济普查数据进行了调整，分行业的部分数据不可比。

2. 从 2010 年起，社会消费品零售总额统计采用新的分组，即将经营单位所在地分组由“市”“县”，“县以下”改为“城镇”“乡 村”。

3. 2008 年及以前，城镇数据为“市”、“县”数据、“乡村”为“县以下”数据。

a. Figures on total retail sales of goods 2009-2014 were adjusted on the baiss of economic census.Some industry figures can not be compared with before.

b. From 2010, new grouping method is adopted for the statistics on the total retail sales of consumer goods: grouping according to operation location changes from city, county and below county level to urban and rural areas.

c. In 2008 and before, the urban data contained city and county data, the country data was below county data.

16–2 国内贸易基本情况
Basic Statistics on Domestic Trade

项 目	Item	2000	2005	2016	2017
社会消费品零售总额	**Total Retail Sales of Consumer Goods**	**1383.72**	**2459.12**	**13436.53**	**14854.87**
（亿元）	**(100 million yuan)**				
按经营地分	**By Location of Outlets**				
城镇	Urban			12146.60	13411.44
其中：城区	City Proper			7804.72	8522.75
乡村	Rural			1289.93	1443.43
按消费形态分	**By Consuming Pattern**				
餐饮收入	Food and Beverage Revenue			1646.08	1841.62
商品零售	Commodity Retail			11790.45	13013.25
亿元以上商品交易市场个数	**Number of Commodity Transaction Markets**		**134**	**327**	**326**
（个）	**above 100 Million Yuan (unit)**				
亿元以上商品交易市场成交额	**Turnover of Commodity Transaction Markets**		**864.88**	**3346.50**	**3939.96**
（亿元）	**above 100 Million Yuan (100 million yuan)**				
法人单位 （个）	**Number of Corporation Unit (unit)**			**8219**	**9088**
批发零售贸易业	Wholesales and Retail Trades	756	1026	6657	7354
住宿餐饮业	Hotels and Catering Trades		690	1562	1734
从业人员 （万人）	**Employed Persons (10 000 persons)**				
批发零售贸易业	Wholesales and Retail Trades	15.49	14.74	38.06	37.75
住宿餐饮业	Hotels and Catering Trades		10.46	13.74	13.90
批发零售贸易业	**Wholesales and Retail Trades**				
商品购进总额 （亿元）	Total Purchases (100 million yuan)	614.09	1184.91	8311.42	9232.82
商品销售总额 （亿元）	Total Salees (100 million yuan)	665.65	1370.79	9271.09	10457.01
商品库存总额 （亿元）	Total Inventory (100 million yuan)	91.86	129.50	1113.24	857.30

注：法人单位、从业人员和批发零售贸易业商品购进、销售、库存总额为限额以上法人企业数据。

Figures on number of corporation unit,persons employed , and total purchae,total in inventory of wholesale and retail trade refer to units above designated size.

16-3 限额以上批发零售、住宿餐饮业基本情况 (2017年)
Basic Conditions on Gross Value of Purchases, Sales and Inventory of Wholesale and Retail Trade above Designated Size (2017)

指 标	Item	法人单位（个）Number of Corporation (unit)	从业人数（人）Persons Engaged (person)
总 计	**Total**	**9088**	**516565**
批发业	**Wholesale Trades**	**2131**	**113077**
内资企业	Domestic Funded Enterprises	2115	110590
国有企业	State-owned Enterprises	58	18391
集体企业	Collective-owned Enterprises	5	215
股份合作企业	Cooperative Enterprises	53	5926
联营企业	Joint Ownership Enterprises		
有限责任公司	Limited Liability Corporations		
股份有限公司	Share-holding Corporations Ltd.		
私营企业	Private Enterprises	1512	55918
其他企业	Other Enterprises	14	572
港澳台商投资企业	Enterprises with Funds From HongKong,Macao and Taiwan	7	1375
外商投资企业	Enterprises with Foreign Investment	9	1112
零售业	**Retail Sale Trades**	**5223**	**264439**
内资企业	Domestic Funded Enterprises	5178	250274
国有企业	State-owned Enterprises	50	5518
集体企业	Collective-owned Enterprises	41	3219
股份合作企业	Cooperative Enterprises	4	191
联营企业	Joint Ownership Enterprises	2	283
有限责任公司	Limited Liability Corporations	838	65672
股份有限公司	Share-holding Corporations Ltd.	108	30986
私营企业	Private Enterprises	4106	143173
其他企业	Other Enterprises	29	1232
港澳台商投资企业	Enterprises with Funds From HongKong,Macao and Taiwan	27	8328
外商投资企业	Enterprises with Foreign Investment	18	5837
住宿业	**Hotels Trades**	**799**	**78188**
内资企业	Domestic Funded Enterprises	778	73568
国有企业	State-owned Enterprises	45	5871
集体企业	Collective-owned Enterprises	7	572
股份合作企业	Cooperative Enterprises	1	145
联营企业	Joint Ownership Enterprises		
有限责任公司	Limited Liability Corporations	227	28606
股份有限公司	Share-holding Corporations Ltd.	19	2999
私营企业	Private Enterprises	475	35105
其他企业	Other Enterprises	4	270
港澳台商投资企业	Enterprises with Funds From HongKong,Macao and Taiwan	17	3834
外商投资企业	Enterprises with Foreign Investment	4	786
餐饮业	**Catering Trades**	**935**	**60861**
内资企业	Domestic Funded Enterprises	929	55542
国有企业	State-owned Enterprises	7	756
集体企业	Collective-owned Enterprises	1	15
股份合作企业	Cooperative Enterprises	2	132
联营企业	Joint Ownership Enterprises		
有限责任公司	Limited Liability Corporations	186	13165
股份有限公司	Share-holding Corporations Ltd.	9	798
私营企业	Private Enterprises	719	40539
其他企业	Other Enterprises	5	137
港澳台商投资企业	Enterprises with Funds From HongKong,Macao and Taiwan	3	150
外商投资企业	Enterprises with Foreign Investment	3	5169

16–4 商品交易市场基本情况 (2017年)

项　目	Item	市场数（个）Number of Markets (unit)	亿元及以上市场 Commodity Markets over 100 Million Yuan
总计	**Total**	**2510**	**326**
按市场类别分组	By Market Category		
综合市场	Integrated Markets	1573	127
生产资料综合市场	Production Comprehensive Markets	31	1
工业消费品综合市场	Industrial Consumable Comprehensive Markets	84	30
农产品综合市场	Farm Produce Comprehensive Markets	661	41
其他综合市场	Other Comprehensive Markets	797	55
专业市场	Special Markets	937	199
生产资料市场	Production Markets	89	42
农用生产资料市场	Agricultural Production Markets	5	2
木材市场	Wood Markets	13	1
建材市场	Building Material Markets	42	23
化工材料及制品市场	Chemical Materials and Products Markets	3	3
金属材料市场	Metal Materials Markets	7	4
机械设备市场	Mechanical Equipments Markets	7	5
其他生产资料市场	Others	8	2
农产品市场	Farm Produce Markets	460	43
粮油市场	Grain and Oil Markets	36	3
肉禽蛋市场	Meat, Poultry and Eggs Markets	74	6
水产品市场	Aquatic Products Markets	8	5
蔬菜市场	Vegetables Markets	132	9
干鲜果品市场	Dried and Fresh Melons and Fruits Markets	25	8
其他农产品市场	Others	63	12
食品、饮料及烟酒市场	Food, Beverages, Tobacco and Liquor Markets	38	8
食品饮料市场	Food and Beverages Markets	2	3
烟酒市场	Tobacco and Liquor Markets	3	2
其他食品饮料及烟酒市场	Others	20	3
纺织、服装、鞋帽市场	Textiles, Clothing, Shoes and Hats Markets	158	43
布料及纺织品市场	Cloth and Textiles Markets	18	2
服装市场	Clothing Markets	106	34
鞋帽市场	Shoes and Hats Markets	6	3
其他纺织服装鞋帽市场	Others	28	4
日用品及文化用品市场	Daily Use Articles and Cultural Goods Markets	16	4
文具市场	Stationary Markets	2	1
图书、报刊杂志市场	Books, Newspapers and Magazines Markets	2	1
音像制品及电子出版物市场	Video Products and E–journal Markets	2	1
其他日用品及文化用品市场	Others	3	1
电器、通讯器材、电子设备市场	Electrical Appliances, Communication Appl– iances and	4	1
	Electronical Appliances Markets	40	14
家电市场	Household Appliances Markets	12	7
通讯器材市场	Communication Appliances Markets	16	2
计算机及辅助设备市场	Computer and Auxillary Equipments Markets	11	4
其他电器、通讯器材、电子设备	Others	1	1
医疗、医疗用品及器材市场	Medicine, Medical Materials and Medical Instruments Markets	4	2
中药材市场	Chinese Medicine Market	2	2
家具、五金及装饰材料市场	Furniture, Hardware and Decoration Materials Markets	70	32
家具市场	Furniture Markets	18	7
装饰材料市场	Decoration Materials Markets	32	16
五金材料市场	Hardware Materials Markets	12	6
其他装修市场	Others	8	3
汽车、摩托车及零配件市场	Cars, Motorcycles and Spare Parts Markets	17	8
汽车市场	Cars Markets	9	3
摩托车市场	Motocycles Markets	4	2
机动车零配件市场	Vehicle Spare Parts Markts	4	3
花、鸟、鱼、虫市场	Flower, Bird, Fish and Insects Markets	5	1
花卉市场	Flower Markets	4	1
按营业状态分组	By Operating Status		
常年营业	Perennial Operation	2325	324
季节性营业	Seasonal Operation	80	1
其他	Others	105	1
按经营方式分组	By Operating Mode		
以批发为主	Whole Sale	342	170
以零售为主	Retail	2168	156
按经营环境分组	By Operating Circumstance		
露天式	Outdoor	759	25
封闭式	Indoor	1107	252
其他	Others	644	49

Basic Statistics on Commodity Exchange Markets (2017)

摊位总数 (个) Number of Stalls (unit)	亿元及以上市场 Commodity Markets over 100 Million Yuan	出租摊位个数 (个) Number of rented stall (unit)	亿元及以上市场 Commodity Markets over 100 Million Yuan	营业面积 (万平方米) Operation Area (10000sq.m)	亿元及以上市场 Commodity Markets over 100 Million Yuan	成交额 (亿元) Turnover (100 million yuan)	亿元及以上市场 Commodity Markets over 100 Million Yuan
551050	**198160**	**479824**	**180645**	**1906.07**	**1130.27**	**4610.30**	**3939.96**
348486	94301	307170	90317	798.17	366.15	2095.52	1671.97
2273	162	2077	162	7.71	0.62	8.32	2.03
48881	34039	43085	32967	162.27	132.17	946.30	926.45
122044	26386	105654	25155	288.42	130.83	692.66	521.30
175288	33714	156354	32033	339.77	102.53	448.24	222.19
202564	103859	172654	90328	1107.90	764.12	2514.78	2267.99
30567	22333	25092	18827	331.63	250.72	757.30	735.08
680	570	250	142	11.04	10.80	14.60	13.94
1280	550	1211	515	18.68	6.50	5.16	1.95
18055	11942	14663	10221	190.51	127.39	113.82	100.83
1429	1429	969	969	7.26	7.26	21.83	21.83
2995	2615	2656	2431	76.48	74.26	551.29	549.05
4593	4495	3892	3833	18.72	17.40	36.31	35.73
1120	670	1092	665	4.42	3.41	4.76	3.52
67787	18154	58120	15866	193.65	95.15	754.67	638.80
4828	676	3906	533	12.66	4.63	57.98	48.99
9061	2042	6616	1162	23.85	6.64	30.40	14.93
1292	1025	1222	1010	10.44	9.26	138.53	137.44
21804	6797	20120	6739	69.89	45.07	405.48	374.02
4165	2373	3159	1558	25.56	18.70	37.65	28.62
13821	5241	11927	4864	27.34	10.86	61.90	34.79
8069	3966	6700	2955	14.11	9.35	22.89	43.01
339	2226	265	1415	2.90	4.24	0.79	12.14
852	692	784	624	2.26	1.98	6.15	5.15
4561	1048	4178	916	8.07	3.14	32.08	25.72
54226	36343	46435	32141	142.89	99.13	226.21	183.70
3335	632	1877	594	8.95	1.74	11.48	6.83
36133	25661	33661	24851	98.60	70.95	154.50	126.01
1618	1280	1473	1235	7.94	6.20	6.76	5.92
13140	8770	9424	5461	27.41	20.24	53.46	44.93
2456	733	2274	653	7.98	3.45	28.48	22.70
165	65	162	62	1.70	1.30	2.96	2.04
500	420	500	420	1.50	1.32	17.15	16.20
371	163	266	91	0.80	0.65	3.91	3.06
264	85	257	80	0.47	0.19	1.87	1.40
471	50	446	46	2.42	2.00	37.24	36.08
6974	4095	6004	3690	31.58	19.53	89.39	78.41
2010	1327	1746	1321	13.19	9.62	42.75	40.45
1723	282	1441	242	4.94	0.30	10.61	4.49
2561	1806	2214	1524	12.26	8.40	31.11	28.55
680	680	603	603	1.20	1.20	4.93	4.93
1916	1786	1832	1702	48.39	47.77	71.83	71.54
1786	1786	1702	1702	47.77	47.77	71.54	71.54
18285	12767	15431	11245	201.79	139.30	244.88	224.09
2625	1158	2000	1121	31.27	16.20	18.81	12.60
9408	7185	8026	6185	78.57	53.59	136.58	128.09
4737	3863	4178	3383	59.60	55.02	79.88	76.72
1515	561	1227	556	32.34	14.49	9.60	6.68
3940	2934	3291	2505	91.87	85.83	233.19	229.15
1795	1242	1323	875	78.35	74.68	222.12	220.05
499	314	352	282	1.86	1.48	5.04	4.02
1646	1378	1616	1348	11.67	9.67	6.02	5.08
684	353	579	353	22.73	11.00	2.90	2.35
584	353	494	353	22.29	11.00	2.70	2.35
524117	196777	456880	179591	1865.28	1127.67	4575.57	3929.68
11708	309	9632	230	18.40	0.70	14.91	5.00
15225	1074	13312	824	22.39	1.90	19.82	5.27
135286	106645	121743	99440	960.92	798.08	3175.64	3094.55
415764	91515	358081	81205	945.15	332.19	1434.66	845.40
131225	15872	116562	14623	311.53	120.31	812.44	630.40
289353	150335	249329	138423	1147.17	770.51	3065.27	2763.95
130472	31953	113933	27599	447.38	239.45	732.59	545.61

16-5 商品交易市场经营情况
Business Statistics of Commodity Exchange Markets

项目	Item	出租摊位个数(个) Number of Booths (unit)		成交额(亿元) Turnover(100 million yuan)	
		2016	2017	2016	2017
总计	**Total**	**482620**	**479824**	**3995.05**	**4610.30**
粮油、食品类	Food	214360	213266	1453.52	1665.27
#粮油类	#Grain and Oil	37163	34459	299.61	333.65
#肉禽蛋类	#Meat,Poultry and Eggs	43866	41920	255.56	216.94
#水产品类	#Aquatic Products	22421	22120	249.44	285.19
#蔬菜类	#Vegetables	70883	68568	267.35	336.50
#干鲜果品类	#Dried and Fresh Melons and Fruits	26720	25950	277.62	327.18
饮料类	Beverages	11527	11816	65.60	67.18
烟酒类	Tobacco and Liquor	15623	15670	161.09	167.06
服装、鞋帽、针纺织品类	Garments, Shoes Hats Knit and Textile Goods	106703	104461	435.66	446.85
#服装类	#Garments	72907	71039	292.20	300.72
#鞋帽类	#Shoes and Hats	19760	19579	81.43	82.53
#针纺织品类	#Knit and Textile Goods	14036	13843	62.03	63.60
化妆品类	Cosmetics	3961	4105	20.93	24.08
金银珠宝类	Gold,Silver and Jewelry	950	1090	34.93	43.93
日用品类	Articles for Daily Use	21074	21170	146.39	153.23
#儿童玩具类	#Children Toys	4257	3633	30.43	27.90
五金、电料类	Hardware & Electrical Materials	11833	12207	192.42	197.97
体育、娱乐用品类	Sports & Recreational	2452	2526	13.96	15.51
书报杂志类	Newspapers and Magazines	1341	1347	11.97	14.27
电子出版物及音像制品类	Electronic Publication and Audiovisual Products	2668	2588	20.94	21.78
家用电器和音像器材类	Household Appliances and Audiovisual Equipment	5883	5869	103.20	105.89
中西药品类	Traditional Chinese and Western Medicine	4206	4180	99.15	100.27
#西药类	#Western Medicine	889	870	6.18	6.27
#中草药及中成药类	#Chinese Herbal Medicine and Other Traditional Chinese Medicine	2664	2610	90.89	91.85
文化办公用品类	Cultural and Official Goods	5653	5766	94.88	97.87
家具类	Furniture	5828	5769	82.32	75.88
通讯器材类	Communication Appliances	2696	2718	16.44	17.86
木材及制品类	Wood and Wooden Products	2934	2996	14.71	16.75
石油及制品类	Oil and Related Products	376	360	2.92	2.77
化工材料及制品类	Chemical Materials and Related Products	2883	2908	29.98	32.62
#化肥类	#Fertilizer	1164	1060	8.42	4.62
金属材料类	Metal Materials	3276	4108	197.07	559.79
建筑及装潢材料类	Building and Decoration Materials	25799	24795	338.09	321.31
机电产品及设备类	Mechanical & Electrical Products and Appliances	4925	4724	93.57	83.07
#农机类	#Agricultural Machinery	530	483	14.52	15.52
汽车类	Automobile	3686	3741	259.20	272.22
种子饲料类	Seed and Feedstuff	2851	2745	14.92	15.09
其他类	Others	17850	17745	87.66	88.36

16-6 亿元以上商品交易市场基本情况
Basic Statistics on Commodity Transaction Markets of Turnover above 100 Million Yuan

项　目	Item	出租摊位个数（个） Number of Booths (unit)		成交额（亿元） Turnover(100 million yuan)	
		2016	2017	2016	2017
总计	**Total**	**179896**	**180645**	**3346.50**	**3939.96**
粮油、食品类	Food	49210	50340	1118.74	1314.62
#粮油类	# Grain and Oil	7580	6288	229.73	264.53
#肉禽蛋类	# Meat,Poultry and Eggs	9353	7215	159.94	116.91
饮料类	Beverage	3978	3932	50.92	51.68
烟酒类	Tobacco and Liquor	4931	5169	134.98	141.06
服装、鞋帽、针纺织品类	Garments,Shoes,Hats,knit and Textile Goods	54071	52921	334.03	344.31
#服装类	# Garments	38708	37451	224.20	231.91
#鞋帽类	# Shoes and Hats	8787	8757	62.82	64.02
#针、纺织品类	# knit and Textile Goods	6576	6713	47.02	48.39
化妆品类	Cosmetics	1452	1454	16.89	19.72
金银珠宝类	Gold,Silver and Jewelry	375	434	33.47	42.20
日用品类	Articles for Daily Use	8145	8126	126.43	132.65
五金、电料类	Handware & Electric Materials	6910	7205	181.12	186.35
体育、娱乐用品类	Sports and Recreaction	1032	1015	11.52	12.78
书报杂志类	Newspapers & Magazines	535	541	10.51	12.78
电子出版物及音像制品类	Electronic Publication and Audiovisual Products	1050	1037	18.02	19.01
家用电器和音像器材类	Household Appliances and Audiovisual Equipment	3439	3473	94.26	96.64
中西药品类	Traditional Chinese and Western Medicines	2186	2157	94.61	95.56
#西药类	# Western Medicines	111	114	4.19	4.33
#中草药及中成药类	# Chinese Herbal Medicine and Other Traditional Chinese Medicine	1981	1957	89.74	90.65
文化办公用品类	Culture and Official Goods	3363	3427	88.70	91.47
家具类	Furniture	3175	3153	68.88	62.70
通讯器材类	Communication Appliances	994	857	10.07	10.47
煤炭及制品类	Coal and Related Products	58	56	0.30	0.27
木材及制品类	Wood and Wooden Products	1222	1255	9.12	10.96
石油及制品类	Oil and Related Products	29	20	0.87	0.83
化工材料及制品类	Chemical Materials and Related Products	1203	1256	24.19	26.87
#化肥类	# Chemical Fertilizer	84	53	4.27	0.73
金属材料类	Metal Materials	2080	2902	191.17	553.89
建筑及装潢材料类	Building and Decoration Materials	17924	17613	310.83	294.27
机电产品及设备类	Mechanical & Electrical Products and Appliances	3907	3686	88.35	77.96
#农机类	# Agricutural Mechanical Products	218	173	13.43	14.29
汽车类	Automobile	2639	2712	254.35	267.23
种子饲料类	Seed and Feedstuff	337	327	9.52	9.49
棉麻类	Cotton & Ambery	98	92	1.00	0.99
其他类	Others	5553	5485	63.63	63.21

16–7 限额以上批发、零售业商品购进、销售、库存总额(2017年) Total Value of Purchases Sales and Inventory of above Designated Size in Wholesale and Retail Sales Trade (2017)

单位：亿元 (100 million yuan)

指标	Item	商品购进总额 Total Purchases	商品销售总额 Total Sales	批发 Wholesale Trade	零售 Retail Trade	年末库存总额 Inventory Year–end
总计	**Total**	**9232.82**	**10457.01**	**5517.00**	**4940.01**	**857.30**
批发业	**Wholesale Trade**	**5092.99**	**5491.68**	**5037.42**	**454.27**	**445.18**
按登记注册类型分组	**By Status of Registration**					
内资企业	Domestic Funded Enterprises	4914.30	5257.43	4814.87	442.57	441.22
国有企业	State–owned Enterprises	560.96	859.74	847.44	12.30	122.77
集体企业	Collective–owned Enterprises	10.54	13.43	**10.07**	**3.36**	1.18
股份合作企业	Cooperative Enterprises					
联营企业	Joint Ownership Enterprises					
有限责任公司	Limited Liability Corporations	2168.48	1911.49	1795.97	115.52	174.41
股份有限公司	Share–holding Corporations Ltd.	160.03	223.79	193.57	30.22	23.88
私营企业	Private Enterprises	2008.05	2241.83	1962.19	279.64	118.57
其他企业	Other Enterprises	6.24	7.15	**5.62**	**1.53**	0.40
港澳台商投资企业	Enterprises with Funds From HongKong, Macao and Taiwan	21.55	29.19	23.22	5.97	1.57
外商投资企业	Enterprises with Foreign Investment	157.14	205.06	199.33	5.73	2.39
按国民经济行业分组	**By Sector**					
农畜产品批发	Farming Products and Animal Products	129.71	165.43	140.85	24.59	19.30
食品、饮料及烟草制品批发	Foods、Beverages and Tobaccos	907.72	1327.27	1230.92	96.36	185.02
纺织、服装及日用品批发	Textiles,Garments and Daily Consumer Goods	218.47	254.28	190.46	63.82	31.04
文化、体育用品及器材批发	Goods and Appliancea of Cultural and Sports	139.67	157.25	147.38	9.87	17.30
医药及医疗器材批发	Medicines and Medical Appliances	512.51	583.73	541.84	41.88	53.57
矿产品、建材及化工产品批发	Mineral Products,Building and Chemical Materials	2214.62	1898.24	1765.67	132.57	102.79
机械、五金交电及电子产品批发	Machinery,Hardware,Transport,Electric Products	879.37	999.81	936.14	63.66	31.11
贸易经纪与代理	Trade brokers and agents	3.76	4.82	3.37	1.46	0.03
其他批发	Others	87.16	100.85	80.79	20.06	5.00

16-7 续表 continued

单位：亿元 (100 million yuan)

指标	Item	商品购进总额 Total Purchases	商品销售总额 Total Sales	批发 Wholesale Trade	零售 Retail Trade	年末库存总额 Inventory Year-end
零售业	**Retail Trade**	**4139.83**	**4965.33**	**479.58**	**4485.75**	**412.12**
按登记注册类型分组	**By Status of Registration**					
内资企业	Domestic Funded Enterprises	3994.84	4799.09	475.12	4323.97	400.53
国有企业	State-owned Enterprises	90.70	106.06	8.47	97.59	3.70
集体企业	Collective-owned Enterprises	30.60	34.95	1.29	33.67	1.03
股份合作企业	Cooperative Enterprises	1.73	1.75		1.75	0.07
联营企业	Joint Ownership Enterprises	6.03	6.56	0.03	6.53	0.22
有限责任公司	Limited Liability Corporations	1182.58	1334.41	209.21	1125.19	89.40
股份有限公司	Share-holding Corporations Ltd.	607.22	968.74	122.07	846.66	40.75
私营企业	Private Enterprises	2066.45	2335.96	131.47	2204.49	264.76
其他企业	Other Enterprises	9.53	10.68	2.58	8.10	0.60
港澳台商投资企业	Enterprises with Funds From HongKong, Macao and Taiwan	79.34	99.58	4.40	95.18	6.25
外商投资企业	Enterprises with Foreign Investment	65.65	66.66	0.07	66.59	5.33
按国民经济行业分组	**By Sector**					
综合零售	General Retail Trade	959.54	1084.86	94.41	990.45	161.74
百货零售	Retail of Consumer Goods	337.75	380.91	4.51	376.40	111.71
超级市场零售	Retail of Super Markets	578.73	656.06	85.72	570.35	47.08
食品、饮料及烟草制品零售	Foods、Beverages and Tobaccos	166.19	198.91	31.77	167.14	11.88
纺织、服装及日用品零售	Textiles,Garments and Daily Consumer Goods	96.51	123.41	13.12	110.29	29.00
文化、体育用品及器材专业零售	Goods and Appliancea of Cultural and Sports	103.51	119.62	11.26	108.36	13.07
医药及医疗器材专门零售	Medicines and Medical Appliances	227.58	265.68	64.88	200.80	22.91
#药品零售	#Medicines	220.79	257.63	58.75	198.88	21.93
汽车、摩托车、燃料及零配件专业零售	Motor Vehicles,Motorcycles and Parts,Fuels	2086.94	2578.97	205.05	2373.92	141.63
#汽车零售	#Motor Vehicles	1470.41	1600.12	15.45	1584.67	126.25
机动车燃料零售	Retail of Motor Vehicles Fules	588.74	946.92	189.34	757.58	13.42
家用电器及电子产品专业零售	Electronic Household Appliances and Products	283.37	323.16	23.66	299.50	17.97
五金、家具及室内装修材料专业零售	Hardware,Furniture and Fittering Material	102.49	121.87	8.00	113.87	6.33
无店铺及其他零售	Others	113.70	148.84	27.44	121.40	7.59

16-8 限额以上批发和零售业企业财务状况(2017年)

单位：万元

项　目	Item	合　计 Total	内资企业 Domestic Funded Enterprises	国有企业 State-owned Enterprises	集体企业 Collective Owned Enterprises	股份合作企　业 Cooperative Enterprises	联营企业 Joint Ownership Enterprises
企业数　(个)	number of enterprises　(unit)	7354	7293	108	46	4	2
流动资产合计	Total Circulating Funds	28833581	27690374	2613097	28505	1645	17559
#存货	# Inventories	7165719	7053663	1217635	4023	504	2204.7
固定资产原价	Original Value of Fixed Assets	8547388	8267432	1026662	39794	1111	37.5
累计折旧	Total Depreciation	2507168	2397184	450643	9803	197	36.8
#本年折旧	# Depreciation This Year	431446	412884	50201	472	15	6
资产总计	Total Assets	57736883	41704519	3861675	69073	2783	75355.2
负债合计	Total Liabilities	25088177	24178153	1247312	37405	1572	1884.8
所有者权益合计	Total Creditors Equity	29708088	14722633	2577298	30838	1183	73470.4
实收资本	Capitals Hold	29495262	14922694	198522	16966	1154	5011
国家资本	State Capital	1722765	1719765	157121	2	730	
集体资本	Collective Capital	199743	165541	172	12441	9	
法人资本	Legal Person Capital	7242175	7181200	37269	4069	365	5000
个人资本	Individual Capital	5862563	5847946	3960	455	50	11
港澳台资本	Hongkong, Macao and Taiwan	14373806	8172				
外商资本	Foreign Capital	94210	70				
主营业务收入	Net Sales Revenue	93507786	89980368	8615534	468358	39713	63314.2
主营业务成本	Cost of Sales	82136665	79176817	6192455	434780	12393	52893
主营业务税金及附加	Taxes and other charges on principal Business	1476538	1449900	924037	4774	298	312.2
其他业务利润	Other Business Profits	277721	249673	20815	770		
营业费用	Operating Expenses	4327386	3969974	282841	10940	587	3467.8
管理费用	Overhead Expenses	2286404	2186424	364215	10336	1144	465.2
财务费用	Financial Expenses	492002	483027	-16114	2310	89	-82.7
利息支出	Expenses for Interest	294371	287123	19506	108	3	-85.2
营业利润	Operating Profits	3197937	3034679	893346	5355	217	6672.5
利润总额	Total Profits	3102279	2956547	921687	4673	274	6669.4
应交所得税	Income Tax	467612	442284	233056	633		1267.6
本年应付工资总额	Total Wages Payable this Year	3897533	3795166	321397	12655	23393	1265.9
本年应交增值税额	Value-added Tax Payable	1579190	1492167	432569	2275	53	1669.2
资产减值损失	Asset impairment loss	34043	33908	295	227		
公允价值变动收益	Changes in fair value gains	1420	1393	130	110		

Financial Affairs of above Designated Size in Wholesale and Retail Trade Enterprises (2017)

(10 000 yuan)

						批发业				
有限公司 Limitied Liability Corporation	股份公司 Share-holding Corporation Ltd.	私营企业 Private Enterprises	其他企业 Other Enterprises	港、澳、台商投资企业 Enterprises with Funds From HongKong, Macao and Taiwan	外商投资 Foreign Investment	Wholesale Trade	农畜产品 Farming Products and Animal Products	食品饮料烟草 Foods, Beverages, and Tobaccos	纺织服装日用品 Textiles, Garments, and Daily Consumer Goods	文体用品器材批发 Cultural and Sports Goods
1311	161	5618	43	34	27	2131	145	317	162	102
11293359.5	3659407	10050868	25932	490313	652894	15872954	568575	4431080	936329	982000
2260284.3	1067318	2495936	5758	61168	50888	3942014	208988	1806437	263616	136131
1889745.4	2445414	2854495	10174	134465	145492	2840588	217461	1536027	75092	77519
551909.5	772126	609833	2635	34169	75816	883736	53606	565728	12201	25872
92336.5	106391	162712	751	9540	9023	144401	7363	72841	3430	5445
15124913	7939628	14584847	46245	15235248	797116	21772720	921000	6881983	1066974	1629992
10194567.5	4020024	8663978	11410	326071	583953	13555674	420682	2909602	857782	1138006
3584830.3	3369175	5054231	31607	14782833	202622	7147228	456658	3381346	199817	486182
3331507.8	1315147	10030215	24173	14449342	123226	4201726	1263964	542965	116170	241523
907507	616912	36692	800		3000	715400	103236	162337	12936	168894
57869.9	63179	31271	600	33384	818	28129	2873	4478	158	3
1881063.7	421276	4820432	11727	28807	32168	1334909	76559	246023	40435	36661
477172.7	213781	5141472	11046	13917	700	2081383	1078889	129128	52640	35965
7894.5		278		14363234	2400	19801		1000		
		70		10000	84140	22104	2408		10000	
28387027.4	10819492	41417261	169668	1170282	2357136	48549823	1495064	12124856	2226002	1425934
25807105.6	9639192	36894448	143551	911103	2048745	42555438	1340101	9193509	1988950	1253548
110682.4	54173	353647	1976	14932	11706	1161943	11875	941176	8809	9259
74948.7	70874	82023	243	18563	9485	69814	14022	15598	6002	204
1370388.3	759195	1536327	6229	146251	211161	1863865	59458	520276	133313	53868
562914.9	265713	975133	6503	40514	59465	1066396	49491	449889	46939	37892
147398.1	44180	303493	1752	7139	1837	196065	14509	36354	6384	-11704
115490.3	29572	122425	104	6643	605	166027	5369	72106	3326	2153
484484.9	263581	1371636	9387	123416	39842	1779289	34661	1023629	43714	92384
475910.2	265645	1272820	8869	105426	40306	1793986	45675	1043237	45849	91750
71072.3	40519	94923	815	16479	8849	336903	4429	250031	5912	4514
553286.4	2003230	876270	3668	60926	41441	863921	32851	415859	52525	38844
392533.2	110050	552048	969	39600	47424	962855	4696	495038	40534	17433
18240.3	3297	11722	127	27	108	24265	-260	3269	1559	2357
480.8	689	-121	105	27		-1377	94	45	-2014	54

16-8 续表

单位：万元

项目	Item						零售业
		医药医疗器材批发 Medicines and medical Appliances	矿产品建材及化工产品 Mineral Products, Building and Chemical Materials	机械五金交电及电子批发 Hardware, Transport and Electric	贸易经纪与代理 Trade brokers and agents	其他批发 Other wholesale Trade	Retail Trade
企业数（个）	number of enterprises (unit)	239	751	333	5	77	5223
流动资产合计	Total Circulating Funds	2538540	4310895	1867689	5016	232830	12960627
#存货	# Inventories	496002	730659	271966	28	28187	3223705
固定资产原价	Original Value of Fixed Assets	226375	537708	130674	816	38917	5706800
累计折旧	Total Depreciation	53932	134668	29659	265	7807	1623433
#本年折旧	# Depreciation This Year	13111	32816	7818	34	1543	287045
资产总计	Total Assets	2922670	5839270	2206139	5569	299124	35964163
负债合计	Total Liabilities	2142560	3960844	1940678	4398	181122	11532503
所有者权益合计	Total Creditors Equity	690378	1634239	194740	1066	102804	22560860
实收资本	Capitals Hold	464028	1261938	240681	1181	69277	25293536
国家资本	State Capital	23437	223852	11126	50	9533	1007364
集体资本	Collective Capital	5983	13726	317		590	171614
法人资本	Legal Person Capital	229189	551309	117584	702	36447	5907266
个人资本	Individual Capital	205409	462912	93654	429	22358	3781180
港澳台资本	Hongkong, Macao and Taiwan	11	443	18000		347	14354005
外商资本	Foreign Capital		9697				72106
主营业务收入	Net Sales Revenue	5077536	16641302	8594809	47051	917270	44957964
主营业务成本	Cost of Sales	4554888	15599694	7795152	35361	794235	39581227
主营业务税金及附加	Taxes and other charges on principal Business	22877	112992	34442	2102	18412	314595
其他业务利润	Other Business Profits	11978	17800	3871		339	207907
营业费用	Operating Expenses	202385	309247	554967	1772	28578	2463521
管理费用	Overhead Expenses	124211	199269	127528	2124	29055	1220007
财务费用	Financial Expenses	36425	90129	8846	1673	13448	295937
利息支出	Expenses for Interest	23854	51927	4345	29	2919	128344
营业利润	Operating Profits	141006	331390	76025	4017	32464	1418648
利润总额	Total Profits	144052	317360	67446	4139	34480	1308293
应交所得税	Income Tax	24001	26964	19061	3	1988	130709
本年应付工资总额	Total Wages Payable this Year	93653	111417	104287	238	14247	3033611
本年应交增值税额	Value-added Tax Payable	86523	193516	112805	465	11845	616335
资产减值损失	Asset impairment loss	5945	6087	3320	2	1985	9778
公允价值变动收益	Changes in fair value gains	48	119	77	1	199	2797

continued

(10 000 yuan)

综合零售 General Retail Trade	百货商店 Consumer Goods Shoping	超级市场 Super Markets	食品饮料烟草 Foods, Beverages, and Tobaccos	纺织服装日用品 Textiles, Garments, and Daily Consumer Goods	文体用品器材 Cultural and Sports Goods	医药医疗器材 Medicines and medical Appliances	汽车摩托及燃料 Motor Vehicles, Motorcycles and Fuels	家用电器及电子产品 Electronic Household Appliance, Electronic Products	五金家具室内装修 Hardware Furniture and Fittering Material	无店铺及其他零售 And other nonstore retail
678	223	349	439	224	223	210	2156	587	306	400
3680483	1405480.4	2198840.8	325896	305842	559614	1390512	5638044	546666	199425	314146
1007308	542583.1	440520	101033	104963	130394	218708	1432479	134219	38583	56019
2521855	1271588.3	1190523.5	210566	84892	168817	134563	2196611	152749	79614	157134
708556	332858	367113.6	34690	23580	53490	38575	675277	40441	17540	31282
121130	61222.4	58120.1	9489	4803	8682	7979	112686	11338	5268	5671
21457626	17367813.3	3914181.7	671060	410096	787383	1885192	8927166	819752	305620	700268
3425448	1286725.3	2055337.7	308009	265133	301203	897043	5598936	397292	122946	216494
16832100	15502183	1246054.2	320829	126360	417911	884363	3048804	380665	168282	381547
15216722	14810378.6	349911.1	244668	105932	360187	371596	8266895	307686	124294	295556
25612	13247.1	6389.1	32029	2510	197873	58206	684657	4786	1007	684
67658	5301.3	56619.9	9395	5293	502	13233	23487	49026	902	2118
434238	262067.8	144391.9	101741	51825	84233	206573	4635427	132577	63222	197431
294654	172111.5	105600.9	101503	43914	75554	86257	2908435	120212	59150	91502
14324549	14310766	13783.4		2390		7328	14890	1015	14	3820
70011	46884.9	23125.9			2025			70		
9933902	3558286.1	5932301.3	1889282	1126095	1092519	2380106	23001138	2997597	1147586	1389739
8343693	2936050.2	5038406.2	1554081	920885	882569	1919386	21236492	2599161	992763	1132196
96784	50816.5	39678.2	19837	12316	10075	17530	84993	30834	13244	28985
100625	79877.3	18385.1	9858	7165	3623	13080	63728	5287	2789	1753
939469	259017.5	648717.4	119266	97194	75231	259162	733038	132176	42906	65081
367490	203565	145225.3	83450	43594	68302	85844	395354	82281	36219	57475
73672	33875	35129	20107	7417	12127	22057	119160	23196	8575	9627
40524	30062.7	9010.9	5936	1227	4168	15547	53549	3029	1847	2517
309715	154026.4	138538.4	97172	52894	46497	152419	469670	137125	55311	97845
301928	159156.3	125427.4	84038	50421	45592	150999	416288	109505	53118	96403
41043	27788.9	12749.9	6038	4943	2188	16987	46963	3631	2737	6181
2080039	1917517.2	145980.5	78074	52997	61134	148649	480401	63256	26638	42425
133804	60031.4	68720.6	20479	18888	18572	68817	282310	41149	13313	19004
3498	2129.5	997.9	605	279	928	892	2238	666	514	160
560	345.8	165.6	388	88	183	101	440	590	251	196

16-9 限额以上批发零售企业商品分类零售额(2017年)
Business Statistics of Commodity Exchange Markets (2017)

单位：万元 (10 000 yuan)

指 标	Item	2017	比 2016 增长 Increase over 2016(%)
合 计	**Total**	**52513909**	**11.4**
按商品耐用性分	According to product durability points		
耐用品类	Durable goods	24837891	11.1
非耐用品类	Non Durable goods	27676018	11.7
按商品用途分	According to the use of goods branch		
吃类商品	Commodities goods	7413726	14.8
穿类商品	Dress goods	3582969	8.2
用类商品	Class goods	32388183	11.0
烧类商品	Burning goods	9129031	11.6
按商品类别分	According to the category of commodities		
基本生活类	Basic life	12576073	12.3
#粮油食品类	Grain and oil food	5235225	15.8
烟酒类	Tobacco and liquor	1250872	10.3
居住类	Type of residence	1993681	22.4
其中：建筑材料类	Building materials	954782	29.0
燃料类	Fuel type	9129031	11.6
#石油类	Petroleum oil	8696461	12.3

16-9 续表 continued

单位：万元 (10 000 yuan)

指 标	Item	2017	比 2016 增长 Increase over 2016(%)
交通电器设备类	Traffic electrical equipment	21643127	9.9
#汽车类	Class car	16825298	9.3
家用电器类	Household electric appliances	3654221	12.4
文化娱乐体育健康类	Cultural and recreational sports and health class	4609802	12.6
#中西药类	Drug category	3228999	12.3
其他类	Other categories	2562194	10.2
#金银珠宝类	Gold and silver jewelry	807174	8.1
化妆品类	Cosmetics	492107	6.0
按商品需要性分	According to the need of goods		
必需品类	Staples	10830142	11.6
非必需品类	Non Staples	41683767	11.4
按生活生产资料性分	According to the life of the means of production branch		
生活资料类	Life class	51132096	11.3
生产资料类	Production class	1381813	17.5
按消费速度分	According to the consumption rate		
快速消费品类	Fast moving consumer goods	12714210	13.2
非快速消费品类	Non Fast moving consumer goods	39799698	10.9

16−10 限额以上住宿和餐饮企业财务状况 (2017年)

单位：万元

项 目	Item	合 计 Total	内资企业 Domestic Funded Enterprises	国有企业 State-owned Enterprises
企业数 (个)	Number of Enterprises (unit)	1734	1707	52
流动资产合计	Total Circulating Funds	2164027	2048688	79692
#存货	#Inventories	79999	75911	2611
固定资产原价	Original Value of Fixed Assets	3442126	3220340	184558
累计折旧	Total Depreciation	1233073	1168661	89521
#本年折旧	#Depreciation This Year	155511	145381	13369
资产总计	Total Assets	5902604	5451186	230397
负债合计	Total Liabilities	3644778	3313398	128719
所有者权益合计	Total Creditors Equity	2257826	2137788	101678
实收资本	Capitals Hold	1673820	1559176	84376
国家资本	State Capital	332892	331180	78703
集体资本	Collective Capital	25183	24183	411
法人资本	Legal Person Capital	804660	734791	4129
个人资本	Individual Capital	484988	467694	1133
港澳台资本	Hongkong, Macao and Taiwan	17143	1288	
外商资本	Foreign Capital	8955	40	
主营业务收入	Net Sales Revenue	2883634	2658955	134269
主营业务成本	Cost of Sales	1556277	1456240	70626
主营业务税金及附加	Taxes and other charges on principal Business	72064	69507	3136
其他业务利润	Other Business Profits	25237	25219	487
营业费用	Operating Expenses	563177	495611	28903
管理费用	Overhead Expenses	502023	468849	32302
财务费用	Financial Expenses	94805	88215	1998
利息支出	Expenses for Interest	54312	48418	1025
营业利润	Operating Profits	152603	138521	−3173
利润总额	Total Profits	98243	83949	−962
应交所得税	Income Tax	22003	21912	1156
本年应付工资总额	Total Wages Payable this Year	547052	506766	30485
资产减值损失	Asset impairment loss	6860	6245	166
公允价值变动收益	Changes in fair value gains	423	417	−145

Financial Conditions of Hotels and Catering Services Enterprises above Designated Size (2017)

(10 000 yuan)

集体企业 Collective Owned Enterprises	股份合作企业 Cooperative Enterprises	联营企业 Joint Ownership Enterprises	有限公司 Limitied Liability Corporation	股份公司 Share holding Corporation Ltd.	私营企业 Private Enterprises	其他企业 Other Enterprises
8	3		413	28	1194	9
9731	515		726328	510536	718895	2991
347	14		22328	1404	49089	117
12597			1434871	131830	1448263	8222
9399			577299	75366	411625	5451
736			61215	3877	65866	318
14412	799		2207448	756704	2235177	6249
3850	160		1301555	471567	1404352	3196
10562	639		905893	285137	830825	3053
6150	603		585432	123955	758041	620
			145249	106131	1044	54
6120	369		12421	2633	2229	
30	227		302081	9360	418690	274
	8		124681	5831	335750	291
			1000		288	
					40	
19013	4596		793101	78513	1619736	9729
6970	2955		394261	42283	933984	5161
179	352		22604	2521	40451	263
1			5387	2903	16363	79
4784	485		157691	14954	286658	2135
4924	165		198001	17630	213290	2538
197	97		34627	3628	47600	70
11			22737	2018	22626	1
2066	542		-4030	42786	100644	-314
1740	62		-3344	5441	81283	-270
345			6217	3025	11152	18
2200	1149		190601	16220	264720	1391
1			433	5020	625	
4.9			242	5	310	

16-10 续表

单位：万元

项 目	Item	港澳台 Enterprises With Invest-ment from HongKong Macao and Taiwan	外商投资 Foreign Investment	住宿业 Hotels
企业数 （个）	Number of Enterprises (unit)	20	7	799
流动资产合计	Total Circulating Funds	81797	33541	1765606
#存货	# Inventories	2455	1633	47051
固定资产原价	Original Value of Fixed Assets	102169	119617	2756065
累计折旧	Total Depreciation	34288	30125	1046338
#本年折旧	# Depreciation This Year	5117	5014	119084
资产总计	Total Assets	301784	149634	4672642
负债合计	Total Liabilities	186550	144830	2961774
所有者权益合计	Total Creditors Equity	115234	4804	1710869
实收资本	Capitals Hold	81848	32796	1216963
国家资本	State Capital	469	1243	312737
集体资本	Collective Capital	1000		22409
法人资本	Legal Person Capital	58789	11080	566649
个人资本	Individual Capital	5736	11558	293313
港澳台资本	Hongkong, Macao and Taiwan	15855		16855
外商资本	Foreign Capital		8915	5000
主营业务收入	Net Sales Revenue	62250	162429	1565155
主营业务成本	Cost of Sales	24247	75789	791147
主营业务税金及附加	Taxes and other charges on principal Business	1623	935	42613
其他业务利润	Other Business Profits	18		16514
营业费用	Operating Expenses	21069	46497	301928
管理费用	Overhead Expenses	13134	20039	368062
财务费用	Financial Expenses	3887	2703	70660
利息支出	Expenses for Interest	3232	2662	44772
营业利润	Operating Profits	-1639	15721	48618
利润总额	Total Profits	-1434	15729	9484
应交所得税	Income Tax	70	21	11633
本年应付工资总额	Total Wages Payable this Year	12474	27812	312970
资产减值损失	Asset impairment loss	6	609	5797
公允价值变动收益	Changes in fair value gains	6		138

continued

(10 000 yuan)

旅游饭店 Tourist Hotel	一般旅馆 General Hotel	其他住宿服务 Other Other services	餐饮业 Catering Services	正餐 Dinner	快餐 Snack	饮料冷饮 Beverage and Cold Drinks	其他餐饮 Others
483	283	33	935	904	16	7	8
897525	369712	498368	398421	377742	17724	494	2462
37933	7574	1544	32948	30296	2481	71	101
2347589	323229	85248	686061	631671	52537	852	1001
912158	88894	45286	186735	170995	15194	253	294
102163	14565	2357	36427	33876	2493	16	42
3072447	878803	721392	1229961	1131623	93371	1112	3855
2285725	262724	413325	683005	625661	55129	568	1648
786723	616079	308067	546957	505962	38243	544	2208
959997	137071	119895	456857	430091	24159	466	2141
206668	3839	102231	20155	19955	200		
17641	4277	491	2774	2684	90		
489928	64487	12234	238011	221109	15420	50	1432
224153	64221	4939	191675	185354	5196	416	709
16607	247		288	288			
5000			3955	702	3253		
1169340	343460	52356	1318479	1080658	226028	2074	9719
558755	201174	31218	765130	655187	103218	1179	5546
30563	10338	1712	29451	25554	3715	72	110
10377	6137		8723	8723			
244659	51247	6022	261249	182631	75992	289	2338
299025	53704	15333	133960	115243	17523	348	846
61780	7668	1212	24144	22162	1888	20	75
40797	2959	1016	9541	8003	1490	6	42
-15248	21632	42235	103985	79909	23142	179	755
-13801	17340	5946	88759	64258	23563	144	794
7318	1738	2577	10370	9757	552	13	49
248722	52332	11915	234082	194107	37726	627	1622
809	4	4984	1063	451	612		0
93	30	15	284	223	62		

16-11 限额以上住宿和餐饮企业经营情况
Business Statistics of Hotels and Catering Services Enterprises above Designated Size

单位：万元 (10 000 yuan)

指 标	Item	营业额 Total Operating Revenue 2016	2017	商品零售额 Retail Trade 2016	2017
总 计	**Total**	**2855738**	**3037152**	**1864839**	**1986540**
住宿业	**Hotels Trade**	**1551994**	**1651052**	**724613**	**744586**
按登记注册类型分组	**By Status of Registration**				
内资企业	Domestic Funded Enterprises	1483333	1577154	696273	715253
国有企业	State-owned Enterprises	132870	127623	75665	70576
集体企业	Collective-owned Enterprises	19468	18370	12078	9839
股份合作企业	Cooperative Enterprises	3001	3663	723	940
联营企业	Joint Ownership Enterprises	1538		816	
有限责任公司	Limited Liability Corporations	551748	581238	252995	260104
股份有限公司	Share-holding Corporations Ltd.	76706	61949	34749	28690
私营企业	Private Enterprises	693037	780836	316572	342994
其他企业	Other Enterprises	4967	3475	2675	2110
港澳台商投资企业	Enterprises with Funds From Hong Kong,Macao and Taiwan	55751	58609	24639	24602
外商投资企业	Enterprises with Foreign Investment	12910	15288	3701	4731
按国民经济行业分组	**By Sector**				
旅游饭店	Restaurant for Tourism	1192578	1230999	571653	584062
一般宾馆	Ordinary Hotels	311984	386837	130994	143759
其他住宿服务	Others	47432	54616	21967	20817
餐饮业	**Catering Trade**	**1303744**	**1386100**	**1140226**	**1241954**
按登记注册类型分组	**By Status of Registration**				
内资企业	Domestic Funded Enterprises	1144506	1228287	981412	1084892
国有企业	State-owned Enterprises	13926	14602	8378	9094
集体企业	Collective-owned Enterprises	1231	1430	505	679
股份合作企业	Cooperative Enterprises	701	2588	701	2588
联营企业	Joint Ownership Enterprises				
有限责任公司	Limited Liability Corporations	264905	253893	215226	218215
股份有限公司	Share-holding Corporations Ltd.	29621	17664	28973	16922
私营企业	Private Enterprises	823535	931644	718561	833335
其他企业	Other Enterprises	10586	6465	9067	4060
港澳台商投资企业	Enterprises with Funds From Hong Kong,Macao and Taiwan	13861	5257	13436	4776
外商投资企业	Enterprises with Foreign Investment	145378	152556	145378	152286
按国民经济行业分组	**By Sector**				
正餐	Dinner	1073851	1140155	914856	997073
快餐	Snack	210008	234463	205807	233541
饮料及冷饮	Beverage and Cold Drinks	3643	2235	3602	2180
其他餐饮	Others	16243	9247	15961	9161

16-12 批发和零售业、住宿和餐饮业连锁经营情况 (2017年)
Business of Chain Stores above Designated Size of Whloesale and Retail Trade and Catering Services (2017)

指 标		Item		合计 Total	直营店 Under Direct Management	加盟店 Through License Arrangement
门店总数	(个)	Number of Stores	(unit)	10960	6806	4154
从业人数	(人)	Employed Persons	(person)	134466	106235	28231
商品购进总额	(万元)	Total Purchases	(10 000 yuan)	8662658	8436958	225699
#统一配送商品购进额	(万元)	# by Centyalized Purchased and Delivery	(10 000 yuan)	7418043	7243291	174752
零售营业面积	(万平方米)	Operational Area of Retail	(10 000 sq.m)	8644248	8403963	240285
商品销售额	(万元)	Sales of Goods	(10 000 yuan)	12103881	11882723	221158
餐饮营业面积	(万平方米)	Operational Area of Catering	(10 000 sq.m)	647327	236010	411317
客房数	(间)	Number of rooms	(unit)	6856	5256	1600
床位数	(张)	The number of beds	(unit)	9904	7604	2300
餐位数	(个)	Number of Seats	(unit)	261729	106071	155658
营业收入	(万元)	Total Sales	(10 000 yuan)	613838	343195	270642
餐费收入和商品销售额	(万元)	Revenue of Catering and total Sales	(10 000 yuan)	601605	331282	270323

主要统计指标解释

社会消费品零售总额 指企业（单位、个体户）通过交易直接售给个人、社会集团非生产、非经营用的实物商品金额，以及提供餐饮服务所取得的收入金额。个人包括城乡居民和入境人员，社会集团包括机关、社会团体、部队、学校、企事业单位、居委会或村委会等。

批发和零售业商品购进、销售、库存额 指各种登记注册类型的批发和零售业企业（单位）以本企业（单位）为总体的，从国内、国外市场购进的商品总量，销售和出口的商品总量，库存的商品总量等情况。该指标可以反映商品流转过程中商品的购进、销售、库存之间的比例关系和存在的问题。

商品购进额 指从本企业以外的单位和个人购进（包括从国外直接进口）作为转卖或加工后转卖的商品金额（含增值税）。商品购进包括：（1）从工农业生产者、批发和零售业企业、住宿和餐饮业企业、出版社或报社的出版发行部门和其他服务业企业购进的商品；（2）从机关团体、事业单位购进的商品；（3）从海关、市场管理部门购进的缉私和没收的商品；（4）从居民收购的废旧商品等。不包括：（1）企业为本单位自身经营用，不是作为转卖而购进的商品，如材料物资、包装物、低值易耗品、办公用品等；（2）未通过买卖行为而收入的商品，如接受其他部门移交的商品、借入的商品、收入代其他单位保管的商品、其他单位赠送的样品、加工回收的成品等；（3）经本单位介绍，由买卖双方直接结算，本单位只收取手续费的业务；（4）销售退回和买方拒付货款的商品；（5）商品溢余。

商品销售额 指对本单位以外的单位和个人出售的商品金额（包括售给本单位消费用的商品，含增值税）。商品销售包括：（1）售给城乡居民和社会集团消费用的商品；（2）售给农业、工业、建筑业、服务业等国民经济各行业用于生产、经营用的商品，包括售予批发和零售业作为转卖或加工后转卖的商品；（3）对国（境）外直接出口的商品。不包括：（1）未通过买卖行为付出的商品，如随机构变动移交给其他企业单位的商品、借出的商品、归还受其他单位委托代保管的商品、付出的加工原料和赠送给其他单位的样品等；（2）经本单位介绍，由买卖双方直接结算，本单位只收取手续费的业务；（3）购货退回的商品；（4）商品损耗和损失；（5）出售本单位自用的废旧物资。

商品库存额 对于批发和零售业法人单位和个体经营户，是指报告期末取得所有权的全部商品金额（含增值税）；对于批发和零售业产业活动单位，是指报告期末实际在库且归属法人具有所有权的全部商品金额（含增值税）。库存商品包括：(1)存放在本单位（如门市部、批发站、采购站、经营处）的仓库、货场、货柜和货架中的商品；(2)挑选、整理、包装中的商品；(3)已记入购进而尚未运到本单位的商品，即发货单或银行承兑凭证已到而货未到的商品；(4)寄放他处的商品，如因购货方拒绝付款而暂时存在购货方的商品；(5)委托其他单位代销（未作销售或调出）尚未售出的商品；(6)代其他单位购进尚未交付的商品。不包括：所有权不属于本单位的商品；委托外单位加工的商品；外贸企业代理其他单位从国外进口，尚未付给订货单位的商品；代国家储备部门保管的商品。

住宿餐饮业营业额 指住宿和餐饮业法人企业、产业活动单位在经营活动中因提供服务或销售商品等取得的收入，包括客房收入、餐费收入、商品销售收入和其他收入。客房收入指住宿和餐饮业法人企业、产业活动单位在经营活动中因提供住宿服务取得的客房收入。餐费收入指住宿和餐饮业法人企业、产业活动单位因为顾客提供就餐服务取得的收入，包括经烹饪、调制加工后出售的各种食品，如主食、炒菜、凉拌菜等的收入。商品销售收入指住宿和餐饮业法人企业、产业活动单位伴随服务而出售商品所取得的收入。其他收入指营业收入中除客房收入、餐费收入、商品销售收入以外的其他收入，包括娱乐、健身和商务服务等。

亿元商品交易市场成交额 指年成交额达到亿元以上，经工商部门批准、专门从事商品批发、零售业务活动的市场。其市场所有摊位成交总额称为商品交易市场成交额。

连锁总店（总部） 指负责连锁企业资源（商号、商誉、经营模式、服务标准、管理模式等等）的开发、配置、控制或使用等功能的企业核心管理机构。连锁经营是指经营同类商品或服务，使用统一商号的若干店铺，在同一总店（总部）的管理下，采取统一采购或特许经营等方式，实现规模效益的组织形式，包括直营连锁、特许连锁和自愿连锁三种形式。其中，直营连锁是指连锁店铺由连锁公司全资或控股开设，在总部的直接控制下，开展统一经营的连锁经营形式；特许连锁是指拥有注册商标、企业标志、专利、专有技术等经营资源的企业（特许人），以合同形式将其拥有的经营资源许可其他经营者（被特许人）使用，被特许人按合同约定在统一的经营模式下开展经营，并向特许人支付特许经营费用的连锁经营形式；自愿连锁是指若干个店铺或企业自愿组合起来，在不改变各自资产所有权关系的情况下，以同一个品牌形象面对消费者，以共同进货为纽带开展的连锁经营形式。

Explanatory Notes on Main Statistical Indicators

Total Retail Sales of Consumer Goods refer to the amount obtained by enterprises (units, self-employed individuals) through direct sales of non-production and non-business physical commodity to individuals, social institutions, and revenue from providing catering services. Individuals include rural and urban households, population from abroad, social institutions include government agencies, social organizations, military units, schools, institutions, neighbourhood (village) committees.

Purchase, Sales and Stock of Commodities by Wholesale and Retail Trades refer to the total volume of commodities purchased, total volume of sales and exports, and the stock of commodities by wholesale and retail enterprises (establishments) of different status of registration from domestic and overseas markets. This indicator reflects the relationship among purchase, sales and stock of commodities in the circulation of goods and reveals the existing problems.

Total Purchases of Commodities refer to the total value of purchases of commodities by enterprises (establishments) from other establishments or individuals (including direct import from abroad) for the purpose of re-selling, either with or without further processing of the commodities purchased. The commodities include: (1) commodities purchased from agricultural and industrial producer, wholesaler, retailer, publishing house and other service business; (2) commodities purchased from institutions and government departments; (3) confiscated goods purchased from the customs authorities or market management agencies; (4) second-hand goods and wastes purchased from residents; The commodities exclude (1) commodities purchased by enterprises (establishments) for use in their own business operation, commodities obtained without buying or selling procedures such as materials, consumable goods of low value, office appliance, etc. (2) received goods without trading, such as goods handed over from others, borrowed goods, preserved goods for others, donated goods from others, processed and retrieved goods, etc. (3) goods of direct settlement between buyer and seller with handling fees introduced by others, (4) goods returned or refused to pay by the buyer, (5) excessive goods.

Total Sales of Commodities refer to value of commodities sold by the establishments to other establishments and individuals (including goods sold for self consumption, including the value-added tax). The commodities include: (1) commodities sold to urban and rural residents and social groups for their consumption; (2) commodities sold to establishments in all industries for their production and operation, including agriculture, industry, construction, and catering services including commodities sold to wholesale and retail establishments for re-selling, with or without further processing; and (3) commodities for direct export to abroad. Excluded are (1) extended commodities without trading, such as goods handed over to other enterprises and institutions because of the change of organizations, lent goods, returned goods preserved for others, extended processing materials and samples donated to others, (2) goods of direct settlement between buyer and seller with handling fees introduced by others, (3) goods returned after purchase, (4) damaged and spoiled goods, (5) waste and used goods of self use,

Total Stock of Commodities For the legal entities and self-employed individuals engaged in wholesale and retail trade, it refers to total value (including VAT) of commodities possessed at the end of the reference period; and for wholesale and retail establishments, it refers to the value (including VAT) of all commodities actually in stock and owned by their legal persons at the end of reference period. The commodities in stock includes: (1) commodities located in storage, garages, counters, and shelves of operating places of wholesale and retail trades (such as sale stores, wholesale centres, procurement stations and operating offices); (2) commodities in the process of being selected, sorted, and packed; (3) commodities not arrived but recorded as purchase in the account, i.e. commodities not arrived but payment receipts for the commodities from the sellers or the banks arrived; (4) commodities deposited in other places rather than places mentioned above, for instance: commodities in the hold of purchasers temporarily due to the refusal of payment; (5) commodities entrusted to other units to sell but not sold yet; (6) commodities purchased for other units but not delivered yet. Commodities not included as stock are those not owned by the enterprises (units), commodities on commission for processing, imported commodities of agency of foreign trade enterprise but not yet delivered to ordering units and finally those put in stock on behalf of the state reserves units.

Business Revenue of Hotels and Catering Services refer to revenue received from providing services or selling commodities by corporate enterprises and establishments engaged in hotel and catering services, including income from hotel rooms, from catering services, from selling of commodities and from other services. Income from hotel rooms refers to income of corporate enterprises and establishments by providing lodging services. Income from catering services refers to income of corporate enterprises and establishments by providing catering services, including selling of cooked or prepared foods such as stable food, cooked dishes or cold dishes. Income from selling of commodities refers to income of corporate enterprises and establishments by selling commodities that accompany the services they provide. Income from other activities refers to income received other than income from hotel rooms, catering services or selling of commodities, such as income from providing recreation, fitness or business services.

Volume of Transaction at Large Commodity Markets (with transaction value over 100 million yuan) refers to markets approved by the industrial and commercial administration departments, which specialize in wholesale and retail of commodities with an annual transaction of over 100 million yuan. The sum of sales of all sellers in the markets makes up the transaction value of the markets.

Chain Head Stores (headquarter) refer to the core leading stores responsible for development, allocation, administration and utilization of resources (name of stores, brand of stores, operation model, service standard, management way, etc.) of chain stores. Chain stores refers to the stores engaged in providing homogeneous commodities or services, with the central leadership of head store (headquarters) and guided by common policies, conduct centralized purchase and distributed selling of commodities, in order to gain better efficiency through standardized operation. The chain stores include regular chain stores, franchise chain stores and voluntary chain stores.

Regular Chain store refers to chain stores that are invested or controlled by the headquarters. They operate under direct and unified management from the headquarters.

Franchise chain store refers to the chain stores (franchisees) which are franchised with operation resources such as trade marks, names, patent and operation know-how by the franchisors in form of contract and pay the operation fees to the franchisors.

Voluntary chain store refers to the stores operate jointly on the voluntary bases while maintaining their status of independent legal entities with full ownership of their assets. They sell goods of same brand from same channel of resource to the consumers.

17

教育和科技

Education, Science and Technology

资料整理人员：蔡冬娥　　肖首雄　　贺　震
赵莉淇　　郭开金

17-1 教育基本情况
Basic Statistics for Education

年份 Year	专任教师数（人） Number of Full-time Teachers (person)				在校学生数（万人） Student Enrollment (10 000 persons)				每万人口在校大学生数（人） University & College Student Enrollment per 10 000 Population (person)
	普通高等学校 Institutions of Higher Education	普通中等学校 Secondary Schools	普通中学 Regular Secondary Schools	小学 Primary Schools	普通本专科 Institutions of Higher Education	普通中等学校 Secondary Schools	普通中学 Regular Secondary Schools	小学 Primary Schools	
1949	500	1700	4400	92900	0.26	3.00	11.43	192.26	1.0
1950	600	600	3300	70300	0.26	0.90	5.00	116.88	1.0
1951	700	900	3500	90700	0.37	2.00	5.07	218.75	1.0
1952	800	1000	4700	96500	0.63	2.30	12.34	274.86	2.0
1953	900	1300	5800	102700	0.65	2.40	13.75	295.92	2.0
1954	1000	1400	6800	99200	0.79	2.20	15.48	276.40	2.0
1955	1200	1300	6900	100600	0.84	1.90	15.58	314.74	2.3
1956	1500	1500	7800	105600	1.18	2.20	20.28	383.65	3.4
1957	1800	1700	9100	110100	1.36	2.60	23.16	385.20	4.0
1958	2100	2900	16200	136700	2.24	7.90	47.22	525.71	6.0
1959	2600	3200	15400	142400	2.76	6.20	41.47	528.84	6.0
1960	4100	6200	20000	154000	3.94	12.70	54.73	573.35	11.0
1961	4600	4200	18800	142000	3.41	4.30	36.04	448.27	9.6
1962	4600	2200	18000	135300	2.91	2.20	30.30	376.09	8.0
1963	4400	2400	17900	135900	2.60	2.00	30.84	385.87	7.0
1964	3900	2600	18800	140400	2.09	1.90	36.83	494.80	5.5
1965	4000	2500	19800	142700	2.18	2.30	40.84	497.74	6.0
1966	3700	2800	22900	159300	1.92	3.10	49.99	550.61	5.0
1967	3700	2800	21500	161900	1.57	2.40	49.45	518.02	4.0
1968	3800	2600	28300	161900	1.10	1.40	54.54	476.93	3.0
1969	3700	1400	41700	176600	0.70	0.20	86.19	480.11	2.0
1970	4000	1200	56800	171100	0.43	0.80	123.58	516.91	1.0
1971	3600	1600	78500	186100	0.32	1.30	149.74	563.25	0.7
1972	4700	2000	81400	213600	1.03	1.60	171.72	650.79	2.0
1973	5200	2100	80100	236300	1.67	2.70	162.45	711.35	4.0
1974	5600	3000	79000	263600	2.18	3.50	165.86	809.73	4.5
1975	6000	3100	103600	274700	2.44	3.70	231.60	837.54	5.0
1976	6800	3400	151800	281600	2.55	3.20	320.47	842.69	5.0
1977	7300	3900	173500	280500	2.81	3.10	368.93	825.73	5.0
1978	8200	4200	166600	284800	3.57	3.50	346.44	829.32	7.0
1979	9200	5000	152800	293200	4.32	5.40	305.23	830.33	8.0

17-1 续表 continued

年份 Year	专任教师数（人）Number of Full-time Teachers (person)				在校学生数（万人）Student Enrollment (10 000 persons)				每万人口在校大学生数（人）University & College Student Enrollment per 10 000 Population (person)
	普通高等学校 Institutions of Higher Education	普通中等学校 Secondary Schools	普通中学 Regular Secondary Schools	小学 Primary Schools	普通本专科 Institutions of Higher Education	普通中等学校 Secondary Schools	普通中学 Regular Secondary Schools	小学 Primary Schools	
1980	9800	5700	149100	303200	5.45	5.40	281.77	832.24	10.0
1981	8900	6000	139900	311500	5.47	4.50	251.95	830.48	10.0
1982	10000	6500	134600	308500	4.82	4.40	243.59	810.64	8.8
1983	10600	6900	130000	311800	5.15	5.00	233.14	798.48	9.0
1984	11200	6700	129700	311400	5.82	5.70	242.36	791.56	10.0
1985	12700	6700	136400	313400	7.13	6.70	248.15	773.44	13.0
1986	13500	7400	142600	308300	7.82	7.30	262.53	759.23	14.0
1987	14300	8300	150400	306700	8.34	7.70	267.17	738.43	14.0
1988	14500	8700	153600	308600	8.73	9.20	251.88	721.65	14.7
1989	14500	9100	159000	321700	8.90	10.20	249.62	705.82	15.0
1990	14400	9100	158100	306600	8.82	9.90	253.78	693.96	14.0
1991	14200	9100	163100	305700	8.86	9.90	257.03	687.63	14.0
1992	14300	9200	166200	300400	9.54	10.70	252.87	685.04	15.0
1993	14500	9500	168600	300300	11.10	12.90	250.45	697.32	17.7
1994	15000	9700	172000	298800	12.31	15.40	265.35	715.35	19.5
1995	15300	10600	179100	298000	13.04	18.60	285.41	736.65	20.0
1996	15700	11600	187100	298500	13.57	21.30	305.22	765.91	21.2
1997	15900	12300	194800	299500	14.37	23.70	323.24	787.13	22.0
1998	16500	12400	201800	304100	15.67	25.90	336.23	769.35	24.0
1999	17990	11934	212435	307404	19.40	27.30	356.00	721.40	30.0
2000	20317	10775	223693	306387	25.31	25.83	391.73	663.93	38.7
2001	23878	9036	236161	291574	33.13	24.09	425.59	601.26	50.2
2002	30557	8598	248245	276535	41.94	22.37	466.91	529.49	63.3
2003	33229	6377	259281	260704	53.72	22.65	488.78	468.69	80.6
2004	38345	5362	260897	248345	62.60	24.60	471.90	432.60	93.5
2005	45272	25962	261449	246112	74.24	70.56	429.11	419.83	110.3
2006	49470	28099	256047	247567	81.95	75.78	384.62	429.31	121.0
2007	54751	30628	251451	249994	89.05	83.10	354.31	444.84	130.9
2008	57651	30040	246257	250229	94.86	76.35	333.92	458.44	138.6
2009	58846	29514	243831	250365	101.38	80.87	320.78	469.15	146.9
2010	59557	28004	240494	250039	104.43	76.48	316.82	479.16	147.3
2011	61156	27977	268602	222630	106.79	77.88	317.72	490.32	161.9
2012	62541	27293	238277	246859	108.05	73.42	313.77	473.79	162.7
2013	63869	24827	236461	246273	110.08	65.07	318.39	467.81	210.6
2014	64919	25106	238543	248118	113.50	64.48	326.34	473.84	214.5
2015	66615	26047	238254	226087	117.98	64.80	329.85	488.86	221.4
2016	68726	25620	241508	253718	122.47	66.09	335.96	501.81	225.1
2017	70249	27001	247395	265887	127.32	68.65	344.26	511.66	238.8

注：2005年之后普通中等专业学校数为中等职业教育学校数据。2013年每万人口在校大学生数包含了研究生65276人，成人本专科232228人，普通本专科1100770人。

Prior to 2005 number of secondary vocation in shcools as number of regular specialized secondary schools. In 2013, number of university & college student enrollment included graduate students, adult colleges and eneral of the specialty.

17-2 各级学校单位数及教职工数
Number of Schools and School Staff

年份 Year	普通高等学校 Regular Institution of Higher Education	中等职业教育学校 Secondary Vocationl Schools	职业中学 Vocational Secondary Schools	技工学校 Technical Schools	普通中学 Regular Secondary Schools	普通小学 Primary Schools	特殊教育学校 Special Education Schools	学前教育 Pre-school education
单位数（所） Number of Schools (unit)								
1980	46	117	179	115	7411	53400		15295
2000	52	144	539	167	4505	34521	57	5473
2005	93	665	477	147	4560	17108	53	4359
2006	96	677	496	138	4394	15859	52	4528
2007	99	708	534	140	4257	14677	51	4751
2008	100	687	539	144	4129	13929	50	5516
2009	115	682	533	128	4032	13263	51	6453
2010	117	626	486	129	3933	12692	54	7829
2011	120	567		129	3904	10824	58	9488
2012	106	525		129	3885	10165	61	11030
2013	107	496		129	3878	9270	69	12236
2014	109	501		129	3894	8560	76	12935
2015	109	471		129	3906	8412	78	13944
2016	109	460		130	3901	8272	79	14365
2017	109	467		131	3912	7757	79	14670
教职工数（人） Number of Teachers and Staff (person)								
1980	24462	13262	1242	6391	192400	321900		39900
2000	46642	21078	22375	10050	259989	324199	1203	39790
2005	80766	39753	26081	8955	305413	261560	1213	37864
2006	86031	43243	30020	8890	300958	263305	1245	42932
2007	90417	46733	33309	8669	294108	264623	1314	49181
2008	93303	45475	32686	9217	288168	265680	1338	58230
2009	94428	44459	32023	9394	285576	266878	1397	69731
2010	94871	41822	29926	10074	281722	266854	1531	88538
2011	95652	40070		11097	312162	235773	1656	107361
2012	96322	38410		11552	309794	231358	1673	126187
2013	96915	33342		11820	301044	226699	1733	143739
2014	97652	33272		11229	301432	226307	1826	157461
2015	98746	34134		10946	302504	226087	1936	175737
2016	100543	33290		11056	304863	227973	2016	195150
2017	102318	34447		11128	313347	235374	2258	212635

注：本表高等学校含3所部属院校，不含军事院校、分院校和大专班。

Regular institutions of higher education includes three institutions managed by the national ministry,excluding military institutions, branches and Specialized Subject class.

17-3 各级学校招生及毕业生数
New Student Enrollment and Graduates

单位：人 (person)

年份 Year	普通高等学校 Regular Institution of Higher Education	中等职业教育学校 Secondary Vocationl Schools	职业中学 Vocational Secondary Schools	技工学校 Technical Schools	普通中学 Regular Secondary Schools	高中 Senior Secondary Schools	初中 Junior Secondary Schools	普通小学 Primary Schools	特殊教育学校 Special Education	学前教育 Pre-school education
招生数 New Student Enrollment										
1980	13004	20515	9267	16071	934300			1657300		
2000	101020	63625	93447	26683	1518734	260515	1258219	717496	2090	583324
2005	246520	317819	192156	60779	1325504	512714	812790	710905	1181	687422
2006	263799	314465	203364	59657	1216865	489621	727244	785684	1347	723322
2007	288712	336757	220657	56460	1171706	438131	733575	862812	2317	749784
2008	307575	280488	200876	61200	1111499	392351	719148	847528	2443	825608
2009	323592	348884	195299	60378	1076485	356521	719964	833027	2246	878680
2010	309776	302889	173050	59516	1104881	370508	734373	863796	2174	1001644
2011	310172	279918		51484	1104813	369889	734924	869704	1117	1035175
2012	324526	253092		46643	1112562	370069	742493	880773	1132	1082809
2013	325880	228682		40878	1140231	373754	766477	847605	2240	974589
2014	344724	227065		37444	1110833	365462	745371	813950	2924	1061997
2015	360030	237759		40291	1118969	380349	738620	886705	4625	989791
2016	376279	251324		47606	1174079	393932	780147	899873	5446	937912
2017	391611	250215		39563	1189640	398100	791540	884161	6295	862373
毕业生数 Graduates										
1980	1306	21260	2469	6114	522900			1297800		
2000	42428	73076	68800	20479	1000980	145587	855393	1302004	1138	
2005	147642	187911	98870	37958	1591964	340207	1251757	815684	760	
2006	187456	215907	119210	39551	1540757	378477	1162280	716297	937	
2007	207604	256378	152676	42407	1357555	408711	948844	712920	1538	
2008	240027	269438	181021	43441	1204202	429998	774204	702820	1551	
2009	253795	273181	184098	47353	1108959	415666	693293	718528	1606	
2010	275285	282883	172902	44142	1059256	361786	697470	723227	1378	
2011	284178	225490		45149	1018307	325598	692709	730155	613	516842
2012	305674	251480		41949	998786	310055	688731	770212	634	735088
2013	325880	237119		40248	983228	316720	666508	770482	1286	799267
2014	295442	205099		28593	972811	320363	652448	741023	1202	827392
2015	300161	204137		29936	1034745	334954	699791	730191	1768	903774
2016	316123	199567		29207	1081856	341973	739883	769729	3328	923857
2017	332792	194901		28339	1076681	344076	732605	781279	3070	949433

注：2005年之前中等职业教育学校数据为普通中等专业学校数。
Prior to 2005 number of secondary vocational education in schools as number of regular specialized secondary schools.

17-4 研究生在校学生、招生及毕业生数
Student Enrollment, New Student Enrollment and Graduates of Postgraduates

单位：人 (person)

年份 Year	招生数 New Student Enrollment	毕业生数 Graduates	在校学生数 Student Enrollment
1980	77		347
1985	1104	296	2016
1988	769	1067	2538
1989	600	862	2311
1990	705	812	2165
1991	687	783	2035
1992	734	543	2168
1993	911	668	2357
1994	1209	630	2864
1995	1209	710	3307
1996	1400	876	3775
1997	1383	1087	4027
1998	1723	1131	4552
1999	2380	1394	5585
2000	3475	1311	7729
2001	4575	1639	10589
2002	5832	1942	14147
2003	8597	3099	19421
2004	10656	4148	26083
2005	11702	5243	32676
2006	13260	7329	38711
2007	14088	9492	43343
2008	14876	10982	46815
2009	17326	12434	51809
2010	18270	13145	56221
2011	18942	14338	60097
2012	19801	16216	62745
2013	18473	15745	54454
2014	18795	17414	55121
2015	19476	17007	57155
2016	20012	17243	58953
2017	24985	17255	65908

17-5 普通高等学校本科在校学生、招生及毕业生数
Student Enrollment, New Student Enrollment and Graduates of Colleges and Universities

单位：人 (person)

项目	Item	在校学生数 Student Enrollment 2016	2017	招收学生数 New Student nrollment 2016	2017	毕业生数 Graduates 2016	2017
总计	**Total**	**688126**	**703480**	**177023**	**183230**	**162337**	**162286**
哲学	Philosophy	372	357	112	70	70	80
经济学	Economics	37562	37119	9554	9587	10183	9831
法学	Law	22308	22946	5506	5832	5213	5297
教育学	Education	25291	26193	6833	6795	5398	5827
文学	Literature	67466	70817	18285	18846	16642	16071
历史学	History	2010	2041	536	531	401	460
理学	Science	43357	45589	11789	12634	9636	9605
工学	Engineering	224283	230871	58193	61790	53216	52039
农学	Agriculture	9207	9749	2524	2700	2269	2104
医学	Medicine	66047	67189	15432	15924	13315	14277
管理学	Administration	122871	121935	31051	30657	30303	30999
艺术学	Artscience	67352	68674	17208	17864	15691	15696

17-6 普通高等学校、中等职业教育学校教职工情况
Staff and Workers in General Institutions of Higher Education and Specialized Secondary Schools

单位：人 (person)

类 别	Item	高等学校 General Institutions of Higher Education			中等职业教育学校 Specialized Secondary Schools		
		2015	2016	2017	2015	2016	2017
教职工	**Staff and Teachers**	**98746**	**100543**	**102318**	**34134**	**33290**	**34447**
# 校部教职工	# Staff and Workers	94411	96847	99032	33991	33203	34397
# 专任教师	# Full-time Teachers	66615	68726	70249	26047	25620	27001
教辅人员	Auxiliary Teaching Staff	9381	9351	9654	2185	2219	2108
行政人员	Administrative Personnel	13099	13268	13766	3505	3227	3182
工勤人员	Logistics Personnel	5316	5502	5363	2254	2137	2106

17-7 普通高等学校分科专任教师情况 (2017年)
Full-Time Teachers in General Institutions of Higher Education by Field of Study (2017)

单位：人 (person)

类 别	Item	合 计 Total	正高级 Professors	副高级 Asso. Professors	中 级 Lecturers	初 级 Assistants	无职称 Instructors
总 计	**Total**	**70249**	**7736**	**20578**	**28015**	**7188**	**6732**
哲 学	Philosophy	1959	232	635	753	145	194
经济学	Economics	3830	371	1144	1553	388	374
法 学	Law	2513	306	726	1048	208	225
教育学	Education	6237	434	1653	2566	822	762
文 学	Literature	9236	625	2492	4448	914	757
历史学	History	604	105	189	223	42	45
理 学	Science	7072	1061	2324	2473	584	630
工 学	Engineering	19108	2308	5802	7595	1636	1767
农 学	Agriculture	1489	262	469	504	118	136
医 学	Medicine	7183	1119	2381	2354	845	484
管理学	Adminstration	6226	631	1789	2402	715	689
艺术学	Artscience	4792	282	974	2096	771	669

17-8 中等职业教育分科专任教师和学生数(2017年)
Students and Full-Time Teachers in General Specialized Secondary Schools (2017)

单位：人 (person)

类 别	Item	招生数 New Student Enrollment	毕业生数 Graduates	在校学生数 Student Enrollment	专任教师 Full-time Teachers
总 计	**Total**	**250215**	**194901**	**686467**	**27001**
农林牧渔类	Denomination of Agriculture and Forestry	10811	8366	25736	579
资源环境类	Denomination of Natural Resources and Environment	215	258	910	37
能源与新能源类	Denomination of Energy Sources	196	140	477	18
土木水利类	Denomination of Civil and Water Conservancy Engineering	5562	5607	15118	225
加工制造类	Denomination of Processing and Manufacture	41458	36929	118649	2129
石油化工类	Denomination of Petrochemical	392	695	1558	26
轻纺食品类	Denomination of Textile Food	1254	921	4690	130
交通运输类	Denomination of Transportation	20858	13625	56432	731
信息技术类	Denomination of Information Technique	55904	37195	151958	3148
医药卫生类	Denomination of Sanitation and Medicines	11998	14522	42985	285
休闲保健类	Denomination of Leisure Care	1060	591	3066	87
财经商贸类	Denomination of Financial Business	32743	22025	84497	1555
旅游服务类	Denomination of Travel Services	16960	11162	43992	981
文化艺术类	Denomination of Culture and Arts	18279	11682	47561	1392
体育与健身	Denomination of Sports and Fitness	2601	1345	6623	483
教育类	Denomination of Education	20382	24596	59462	1178
司法服务类	Denomination of Justice	104		104	35
公共管理与服务类	Denomination of Public Management and Services	7553	4171	17831	470
其他	Other Denomination	1885	1071	4818	772

注：专任教师中含文化基础课教师和实习指导课教师。

Full-time teachers included teachers of basic culture and intern guide.

17-9 普通中学、小学按城乡和主办部门分组的情况 (2017年)
Basic Statistics on General Secondary Schools, Primary Schools by Urban and Rural Area and by Department (2017)

单位：人 (person)

类别	Item	合计 Total	按城乡分 By Urban and Rural Areas 城市 Urban Areas	县镇 Counties and Towns	农村 Rural Areas	按主办部门分 By Departments 教育部门和集体办 Schools Run by Educational Departments	其他部门和民办 Schools Run by Other Departments
普通中学	**Regular Secondary Schools**						
学校数 (所)	Number of Schools (unit)	3912	631	1956	1325	3537	375
教职工数	Number of Staff and Teachers	313347	88032	169383	55932	274344	39003
#专任教师数	#Full-time Teachers	247395	69955	137195	40245	223944	23451
招生数	New Student Enrollment	1189640	348551	680394	160695	1012758	176882
毕业生数	Number of Graduates	1076681	308732	613662	154287	944000	132681
在校学生数	Student Enrollment	3442561	1003733	1970335	468493	2966043	476518
普通中学中：高中	**Senior Secondary Schools**						
学校数 (所)	Number of Schools (unit)	608	230	345	33	469	139
专任教师数	Full-time Teachers	75802	28458	44652	2692	68718	7084
招生数	New Student Enrollment	398100	138379	243033	16688	341112	56988
毕业生数	Number of Graduates	344076	123657	207935	12484	307778	36298
在校学生数	Student Enrollment	1146267	404170	696723	45374	996697	149570
普通中学中：初中	**Junior Secondary Schools**						
学校数 (所)	Number of Schools (unit)	3304	401	1611	1292	3068	236
专任教师数	Full-time Teachers	171593	41497	92543	37553	155226	16367
招生数	New Student Enrollment	791540	210172	437361	144007	671646	119894
毕业生数	Number of Graduates	732605	185075	405727	141803	636222	96383
在校学生数	Student Enrollment	2296294	599563	1273612	423119	1969346	326948
小学	**Primary Schools**						
学校数 (所)	Number of Schools (unit)	7757	1103	2577	4077	7587	170
教职工数	Number of Staff and Teachers	235374	59911	105560	69903	227713	7661
#专任教师数	#Full-time Teachers	265887	66451	119328	80108	252432	13455
招生数	New Student Enrollment	884161	240190	404911	239060	837418	46743
毕业生数	Number of Graduates	781279	191536	390635	199108	733300	47979
在校学生数	Student Enrollment	5116575	1329693	2466916	1319966	4835922	280653

注：1. 普通初中学校数包括初级中学、九年一贯制学校和职业初中；普通高中包括完全中学、高级中学和十二年一贯制学校。

2. 所有教职工数据均按学校类型统计，专任教师按教育层次统计。以九年一贯制学校为例，教职工全部统计为普通中学教职工，专任教师则分别统计为小学、初中专任教师。

a. Junior Secondary Schools include regular junior secondary schools、nine-year coherent shools and vocational junior secondary school; Senior secondary schools include regular senior secondart schools、full secondary schools and twlve-year coherent schools.

b. All data of staff statistics are according to the school type,full-time teachers in education level statistics. Take nine-year coherent schools as example, all school staff count as secondary school staff, and full-time teachers are respectively primary and junor secondary teachers.

17-10 各级学校在校女学生和女教职工数
Number of Female Students and Faculties by Level of School

类别	Item	2000	2005	2016	2017
女学生 （万人）	**Number of Female Students (10 000 persons)**	**531.25**	**468.13**	**498.16**	**514.58**
普通高等学校	Regular Institutions of Higher Education	9.58	34.16	64.57	67.71
中等职业学校	Secondary vocational schools	15.06	14.51	31.99	32.43
普通中学	Regular Secondary Schools	179.12	201.92	156.47	161.14
普通小学	Primary Schools	317.81	197.10	232.20	237.10
女学生占全部学生 (%)	**Percentage of Female Students to Total Students (%)**	**47.09**	**47.39**	**47.15**	**47.66**
普通高等学校	Regular Institutions of Higher Education	37.85	46.02	52.71	53.18
中等职业学校	Secondary vocational schools	58.29	56.07	48.40	47.24
普通中学	Regular Secondary Schools	45.73	47.05	46.57	46.81
普通小学	Primary Schools	47.87	46.95	46.27	46.34
女教职工 （万人）	**Number of Female faculties (10 000 persons)**	**24.79**	**29.45**	**35.58**	**38.18**
普通高等学校	Regular Institutions of Higher Education	0.69	3.40	4.85	5.01
中等职业学校	Secondary vocational schools	0.43	0.33	1.53	1.64
普通中学	Regular Secondary Schools	8.13	11.53	14.78	15.90
普通小学	Primary Schools	14.95	13.12	14.36	15.58
女教职工占全部教职工 (%)	**Percentage of Female faculties to Total faculties (%)**	**42.97**	**43.19**	**53.37**	**55.60**
普通高等学校	Regular Institutions of Higher Education	33.96	42.09	48.29	48.99
中等职业学校	Secondary vocational schools	39.90	41.65	46.09	47.51
普通中学	Regular Secondary Schools	36.34	37.76	48.47	50.73
普通小学	Primary Schools	48.79	50.15	62.98	66.19

17–11 平均每万人口中在校学生
Student Enrollment Per 10,000 Population

项 目	Item	2000	2005	2016	2017
各类普通学校在校学生占全省人口 (%)	**Students as Percentage of Total Population (%)**	**17.24**	**14.67**	**18.90**	**19.32**
平均每万人口中在校学生 (人)	**Student Enrollment Per 10 000 Population (person)**				
普通高等学校	Regular Institutions of Higher Education	38.70	110.27	225.09	238.80
中等职业教育学校	Secondary Vocationl Schools	665.50	637.41	97.40	100.6
普通小学	Primary Schools	1011.77	623.63	739.80	750.0

注：1. 本表未包括技工学校在校学生。
2. 2006 年起中等学校改为中等职业教育。
a. Secondary schools excludes schools for skilled workers.
b. From 2006,Secondary Schools change Secondary Vocationl Schools.

17–12 民办（私立）学校情况
Statistics on Private Schools

单位：人 (person)

项 目	Item	2000	2005	2016	2017
普通中学	**Regular Secondary Schools**				
学校数 (所)	Number of Schools (unit)	166	375	320	360
教职工数	Staff and Teachers	4845	21440	31512	37558
专任教师数	Full-time Teachers	3367	16101	18951	22323
毕业生数	Graduates	9035	97653	119893	127750
招生数	New Student Enrollment	43333	141602	153834	171578
在校学生数	Student Enrollment	90112	390572	412434	460434
普通小学	**Primary Schools**				
学校数 (所)	Number of Schools (unit)	213	180	156	157
教职工数	Staff and Teachers	2451	5093	6459	7193
专任教师数	Full-time Teachers	1713	3677	11324	13007
毕业生数	Graduates	6183	15520	41916	46473
招生数	New Student Enrollment	5572	14077	38257	45588
在校学生数	Student Enrollment	45911	87627	242725	273054

17-13 特殊教育学校基本情况
Basic Statistics on Schools for Special Education

单位：人 (person)

项 目	Item	2000	2005	2016	2017
各类特殊学校数 （所）	Number of Schools for Special Education (unit)	57	53	79	79
教职工数	Staff and Teachers	1203	1213	2016	2258
专任教师数	Full-time Teachers	918	928	1731	1996
毕业生数	Graduates	1138	760	3328	3070
招生数	New Student Enrollment	2090	1181	5446	6295
在校学生数	Student Enrollment	12179	9270	25737	31192

17-14 各类学校代课教师及临时工人数
Provisional Teachers and Temporary Workers by Type of School

单位：人 (person)

项 目	Item	2000	2005	2016	2017
普通中学	**Regular Secondary Schools**				
代课教师	Provisional Teachers	2593	3263	2760	3134
兼任教师	Part-time Teachers	440	1010	614	572
技工学校	**Various Technical Schools**				
兼职教师	Part-time Teachers	1233		2346	2435
普通小学	**Primary Schools**				
代课教师	Provisional Teachers	15718	3455	9930	10430
兼任教师	Part-time Teachers	71	559	686	441

17-15 平均每一教职工负担学生
Student / Staff and Worker Ratio

单位：人 (person)

项　目	Item	2000	2005	2016	2017
平均每－教职工负担的学生	**Student-Teacher Ratio**				
普通高等学校	Regular Institutions of Higher Education	5.50	9.19	13.81	14.32
中等职业学校	Secondary vocational schools	12.00	32.54	19.85	19.93
普通中学	Regular Secondary Schools	15.10	14.05	11.02	10.99
普通小学	Primary Schools	20.50	16.05	22.01	21.74
平均每－专任教师负担的学生	**Student-Full-time Teacher Ratio**				
普通高等学校	Regular Institutions of Higher Education	12.50	16.40	20.20	20.86
中等职业学校	Secondary vocational schools	23.97	53.89	25.8	25.42
普通中学	Regular Secondary Schools	17.50	16.41	13.91	13.92
普通小学	Primary Schools	21.70	17.06	19.78	19.24

17-16 初中和小学毕业生升学率及学龄儿童入学率
Percentage of Graduates of Junior Middle Schools and Primary Schools Entering Higher Level Schools, Percentage of School-Age Children Enrolled

项　目	Item	2000	2005	2016	2017
初　中	**Junior Middle Schools**				
毕业生数 （万人）	Number of Graduates (10 000 persons)	85.77	125.18	73.99	73.26
高级中等学校招生数 （万人）	New Student Enrollment of Senior Secondary Schools (10 000 persons)	43.87	76.13	68.14	67.78
升学率 (%)	Percentage of Graduates (%)	51.15	60.82	92.09	92.51
小　学	**Primary Schools**				
毕业生数 （万人）	Number of Graduates (10 000 persons)	130.20	81.57	76.97	78.13
初级中等学校招生数 （万人）	New Student Enrollment of Junior Secondary Schools (10 000 persons)	126.34	81.29	78.01	79.15
升学率 (%)	Percentage of Graduates (%)	97.04	99.66	101.35	101.31
学龄儿童 （万人）	**School-age Children (10 000 persons)**	**645.08**	**396.59**	**487.50**	**500.13**
已入学学龄儿童 （万人）	School-age Children Enrolled in Schools(10 000 persons)	634.90	392.76	487.47	500.03
入学率 (%)	Enrollment Rate (%)	98.40	99.03	99.99	99.98

注：2006年起初中升学率包括：普通高中招生数。职业高中招生数。技工学校招生数。普通中专招收初中应届毕业生数。成人中专招收初中应届毕业生数。

From 2006, the percentage of graduates in junior middle schools includes: the number of new student enrollment in senior schools, vocational high schools, technical training schools, vocational secondary schools and adult vocational schools.

17-17 学前教育基本情况
Basic Statistics on Pre-school Education

项　目		Item		2000	2005	2016	2017
幼儿园个数	（所）	Number of Kindergartens	(unit)	5473	4359	14365	14670
班数	（个）	Number of Classes	(unit)	29896	30987	75774	78509
在园幼儿数	（万人）	Student Enrollment	(10 000 persons)	62.87	82.17	224.93	228.99
教职工数	（万人）	Number of Staff and Teachers	(10 000 persons)	3.98	3.79	19.52	21.26
#专任教师		#Full-time Teachers		3.39	1.97	9.49	10.33

17-18 各类专业技术人员
Various Specialized Technical Personnel

单位：人　　(person)

项　目	Item	2016			2017		
		合计 Total	企业 Enterprise	事业 Institutions	合计 Total	企业 Enterprise	事业 Institutions
总　计	**Total**	**984125**	**96677**	**887448**	**975633**	**99005**	**876628**
#高级职称	#Senior	117472	4936	112536	129187	5322	123865
中级职称	Secondary	441580	26854	414726	432027	27426	404601
#女性	#Female	477252	33449	443803	482770	34279	448491
#自然科学	#Natural Sciences	869356	40898	828458	877156	42843	834313
#社会及人文科学	#Social Sciences and Humanities	114769	55779	58990	98477	56162	42315

注：此表未包括国家机关与人民团体中的专业技术人员。2008年起，本表数据不含中央在湘单位，国有单位改为公有经济企业，集体单位改为事业单位（下表同）。事业单位自然科学和社会及人文科学只统计正式在册人员。

Technicians from government offices and mass organizations were excluded. Form 2008, Technicians from center units in Hunan province were excluded. State-Owned units changed into State-Owned Enterprises , Collective-Owned units changed into Institutions(The same as the following).

Natural Sciences and Social Sciences and Humanities of Institutions only count Officially registered workers.

17-19 自然科学研究获奖成果
Number of Achievements in Natural Scientific Research

单位：项　　(item)

项　目	Item	2000	2005	2016	2017
省自然科学奖	Provincial Natural Sciences Prize			45	41
省技术发明奖	Provincial Invention Prize			21	14
省科技进步奖	Provincial Scientific Technological Progress Prize	360	148	138	154
国家科学技术进步奖	National Scientific Technological Progress Prize	13	19	10	16
国家批准授予的发明奖	National Invention Prize		2	1	0
国家自然科学奖	National Natural Sciences Prize	1		1	1

17–20 科技成果情况 (2017年)
Statistics on Achievements of Science and Technology (2017)

单位：项 (item)

项 目	Item	总 计 Total	科研院所 Research Institu-tions	大专院校 Universi-ties and Colleges	工矿企业 Industrial and Mining Enterprises	其 他 Others
项目基本情况	**Basic Statistics on Items**					
登记项目数	Number of Registered Items	704	82	73	504	45
#基础理论成果	#Results of Foundation Theories	18	3	11	2	2
软科学成果	Results of Soft Science	11	2	3	1	5
应用技术成果	Results of Applied Technique	675	77	59	501	38
#鉴定项目数	#Number of Appraised Items	42	3	3	35	1
奖励项目数	Number of Prized Items					
项目计划管理情况	**Statistics of Items Planned Management**					
国家计划项目	National Plan Items	51	17	16	17	1
省部计划项目	Provincial Plan Items	220	46	40	106	28
计划外项目	Non-plan Items	433	19	17	381	16
应用成果水平	**Level of Achievements**					
国际首创或领先	Originate and Keep Ahead at International	13	1	6	6	
国际先进	International Advanced Level	45	11	6	24	4
国内首创或领先	Originate and Keep Ahead at National	86	9	5	60	12
国内先进	Domestically Advanced Level	35	3	4	22	6
其他	Others	496	53	38	389	16

17-21 三种专利申请与批准项数

Three Types of Patent Applications Examined and Certified

单位：项 (item)

项 目	Item	申请数 Applications xamined		批准数 Applications Granted	
		2016	2017	2016	2017
总 计	**Total**	**67779**	**77934**	**34050**	**37916**
按种类分	**By Types:**				
发 明	Creation and Inventions	25524	31365	6967	7909
实用新型	Utility Models	29635	33073	18452	20337
外观设计	Designs	12620	13496	8631	9670
按申请人类别分	**By Proposer:**				
个 人	Personal	22064	22745	10832	11913
大专院校	Universities and Colleges	11973	12428	5881	7308
科研单位	Research Institutions	783	708	369	369
工矿企业	Industrial and Mining Enterprises	32343	41272	16723	18049
机关团体	Agencies and Organizations	616	781	245	277

17-22 各类技术合同签订及执行情况 (2017年)

Statistics on Contracts Signed and Performed (2017)

项 目	Item	合同数（项） Number of Contracts (item)	合同金额（万元） Contracted Value (10 000 yuan)	#技术交易额 Value of Technical Trade
总 计	**Total**	**5723**	**2031127.87**	**1256049.65**
技术开发合同	Contracts of Technical Development	2191	301719.46	261003.65
技术转让合同	Contracts of Technical Alienation	221	244471.43	236137.55
技术服务合同	Contracts of Technical Services	611	66447.19	36272.48
技术咨询合同	Contracts of Technical Consultative	2700	1418489.79	722635.97

17-23 各级科技计划项目进入技术市场情况 (2017年)

Statistics on Different Levels of Scientific Plan Items Put into Technical Markets (2017)

项 目	Item	总计 Total	国家部门计划 Country Level	省级计划 Province Level	计划外 other
项目个数合计 （项）	**Total (item)**	**5,723**	**98**	**337**	**5288**
#机关法人	#Official Organ as a Legal Person	47			47
事业法人	Corporation of public utility	1682	27	84	1,571
社团法人	Juridical Association	103			102
企业法人	Legal body of Enterprise	3790	71	252	3,467
自然人	Natural Personal	41			41
其他组织	Other Organizations	60			60
金额合计 （万元）	**Total (10 000 yuan)**	**2031127.87**	**76587.53**	**151526.86**	**1803013.49**
#机关法人	#Official Organ as a Legal Person	66696.20			66696.20
事业法人	Corporation of public utility	169549.80	1308.30	9327.65	158913.85
社团法人	Juridical Association	12216.10			12206.10
企业法人	Legal body of Enterprise	1763549.42	75279.23	142189.21	1546081.00
自然人	Natural Personal	11866.00			11866.00
其他组织	Other Organizations	7250.34			7250.34

17–24 高新技术产业情况 (2017年)
Basic Statistics on High-tech Industries (2017)

项　目	Item	企业单位数 (个) Number of Enterprises (unit)	高新技术产业总产值 (万元) Gross Output Value of High-tech Industries (10 000 uan)	高新技术产业增加值 (万元) Added Value of High-tech Industries (10 000 uan)
总　计	**Total**	**6778**	**284962275**	**81199547**
#高新技术企业	# High and New Technology Enterprises	2828	168862458	47936643
按登记注册类型分:	**By Registration Status**			
内资企业	Domestic-Funded Enterprises	6489	256360393	72417793
国有	State-owned Enterprises	93	5010075	1969419
集体	Collective-owned Enterprises	18	474457	178755
股份合作	Cooperative Enterprises	3	2634	852
集体联营	Collective Joint Ownership Enterprises			
国有与集体联营	State-owned and collective-associate Enterprises	1	743	186
国有独资公司	State-funded Corporations	104	18739185	6064857
其他有限责任公司	Other Limited Liability Corporations	1387	71439302	21763365
股份有限公司	Share-holding Corporations Ltd.	355	31708781	8328446
私营独资	Private-funded Enterprises	78	1503914	452953
私营合伙	Private Partnership Enterprises	59	835110	255585
私营有限责任公司	Private Limited Liability Corporations	3956	112183691	29518603
私营股份有限公司	Private Share-holding Corporations Ltd.	408	14135591	3764192
其他内资	Other Enterprises	27	326910	120581
港澳台商投资企业	Enterprises With Investment from H.K,Macao and Taiwan	163	16399540	5526025
外商投资企业	Enterprises With Foreign Investment	126	12202341	3255728
按企业规模分:	**By Size:**			
大型企业	Large	305	108862684	33269499
中型企业	Medium	1441	78042518	21966057
按高新技术领域分:	**By High-tech Fields:**			
电子信息技术	Electron and Information	825	28437316	10700979
生物与新医药技术	Biological Medicine and Medical Instrument	1343	46095320	11698248
航空航天技术	Avigation and Spaceflight	73	1739421	545827
新材料技术	New Materials	1529	70334756	17871056
高技术服务业	High-tech Services	429	11575484	4571357
新能源及节能技术	New Energy Resources，Energy Saving	257	11686708	3174374
资源与环境技术	Resources and Environmental Technology	371	9526563	2443302
高新技术改造传统产业	High-technology to Transform Traditional Industries	1592	70081861	17702531
其他领域	Other Fields	359	35484846	12491873

注：高新技术企业指统计部门纳入年度统计的省科技厅认定的高新技术企业。

High-tech enterprises refer to high-tech enterprises recognized by the Provincial Science and Technology Department of the statistical department.

17-24 续表 continued

项目	Item	高新技术产业销售收入（万元） Sales Revenue of High-tech Industries (10 000yuan)	#出口收入 Exports Revenue	高新技术产业利税总额（万元） Peofits and Tax of High-tech Industries (10 000yuan)	#利润总额 Total of Profit and Tax
总 计	**Total**	**273697387**	**10607893**	**21214251**	**13576586**
#高新技术企业	# High and New Technology Enterprises	159833381	6808157	13178095	8480662
按登记注册类型分：	**By Registration Status**				
内资企业	Domestic-Funded Enterprises	245987777	5874142	18759475	12156946
国有	State-owned Enterprises	3978486	21448	485650	253798.9
集体	Collective-owned Enterprises	255603		17008	9795
股份合作	Cooperative Enterprises	2584		-397	-533
集体联营	Collective Joint Ownership Enterprises				
国有与集体联营	State-owned and collective-associate Enterprises	743		161	122
国有独资公司	State-funded Corporations	19922667	226003	1523578	832286
其他有限责任公司	Other Limited Liability Corporations	68740242	1452424	5865983	3981470
股份有限公司	Share-holding Corporations Ltd.	32643322	735757	2976668	1567760
私营独资	Private-funded Enterprises	1273753	79635	82488	61344
私营合伙	Private Partnership Enterprises	782869	52604	51658	36959
私营有限责任公司	Private Limited Liability Corporations	104950165	2563312	6636161	4626242
私营股份有限公司	Private Share-holding Corporations Ltd.	13123256	738526	1089697	763625
其他内资	Other Enterprises	314087	4434	30820	24078
港澳台商投资企业	Enterprises With Investment from H.K,Macao and Taiwan	15906986	3056855	1113010	831891
外商投资企业	Enterprises With Foreign Investment	11802624	1676895	1341766	587750
按企业规模分：	**By Size:**				
大型企业	Large	107853813	5956987	9377978	5250342
中型企业	Medium	718364877	29243507	5940795	4157498
按高新技术领域分：	**By High-tech Fields:**				
电子信息技术	Electron and Information	27956284	4067721	2595660	1971852
生物与新医药技术	Biological Medicine and Medical Instrument	43756233	627292	3421283	2298994
航空航天技术	Avigation and Spaceflight	1530846	174960	91376	70401
新材料技术	New Materials	68846049	1877006	4672926	2724477
高技术服务业	High-tech Services	12317329	208145	843745	555843
新能源及节能技术	New Energy Resources，Energy Saving	9571574	414260	690832	476574
资源与环境技术	Resources and Environmental Technology	9582880	374267	685274	470198
高新技术改造传统产业	High-technology to Transform Traditional Industries	65345779	2394479	6071500	3683632
其他领域	Other Fields	34790413	469763	2141657	1324615

17-25 全省 R&D 活动基本情况 (2017年)
Basic Statistics on Scientific Research and Development (2017)

项 目	Item	总计 Total	科研机构 Scientific Research Institution	高等学校 Higher Education	工业企业 Industrial Enterprises	非工业企业 Non-Industrial Enterprises	事业单位 Institutions
有 R&D 活动的单位数 （个）	**Number of Units Having R&D Activities (unit)**	**4593**	**97**	**182**	**4057**	**145**	**112**
R&D 人员 （人）	**R&D Personnel (person)**	**205083**	**7835**	**40196**	**136069**	**16268**	**4715**
#女性	#Female	53593	2433	16387	30078	2435	2260
#全时人员	#Full-time Personnel	129141	6373	14687	95297	11455	1329
R&D 人员全时当量 （人年）	**Full-time Equivalent of R&D Personnel (man-year)**	**130829**	**6970**	**16900**	**94228**	**9586**	**3145**
基础研究人员	Basic Research	9561	761	8192	438	80	90
应用研究人员	Applied Research	20121	2648	7821	6485	1690	1477
试验发展人员	Experimental Development	101149	3561	887	87307	7816	1578
R&D 经费内部支出 （万元）	**Intramural Expenditure on R&D (10 000 yuan)**	**5685310**	**318066**	**301101**	**4617716**	**413216**	**35211**
#政府资金	#Government Funds	704866	231377	198279	230565	25016	19628
按支出用途分	by Use						
经常费支出	Operating Expenses	5064162	264061	256409	4121099	398107	24486
#人员劳务费	#Service Fees	1414135	105871	70566	1069785	152005	15908
资产性支出	Capital Expenditures	621148	54006	44693	496617	15109	10724
#仪器和设备	#Instruments & Equipments	571532	23981	34984	487816	14902	9848
按活动类型分	by Activity						
基础研究支出	Basic Research	162137	18412	120979	18464	2800	1483
应用研究支出	Applied Research	587051	99919	145754	295674	32832	12872
试验发展支出	Experimental Development	4936122	199735	34368	4303578	377584	20856
R&D 经费外部支出 （万元）	**External Expenditure on R&D (10 000 yuan)**	**298940**	**62660**	**19437**	**200002.2**	**16703**	**138.3**
研究机构基本情况	**Basic Information of the Research Institutes**						
研究机构数 （个）	Number of Research Institutions (unit)	3113	119	768	1983	171	72
研究机构 R&D 人员 （人）	R&D Personnel in Research Institutions (person)	71472	7835	9190	46937	5608	1902
研究机构 R&D 经费支出 （万元）	Expenditure on R&D in Research Institutions (10 000 yuan)	2093536	318066	58643	1566473	143774	6580
R&D 项目（课题）情况	**Statistics on R&D Topics**						
R&D 项目（课题）数 （项）	Number of R&D Projects (item)	50795	1542	37056	10411	1384	402
R&D 项目（课题）人员全时当量 （人年）	Full-time Equivalent of R&D Projects Personnel (man-year)	120426	6314	16870	86859	8724	1660
R&D 项目（课题）经费内部支出 （万元）	Intramural Expenditure on R&D Projects (10 000 yuan)	5469112	236926	195322	4608915	410410	17539

17-26 R&D 人员情况 (2017年)
R&D Personnel (2017)

项 目	Item	有R&D活动的单位数(个) Number of Enterprises Having R&D Activities (unit)	R&D人员(人) R&D Personnel (person)	#女性 Femal	全时人员 Full-time Personnel	非全时人员 Parttime Personnel
总　计	**Total**	**4593**	**205083**	**53593**	**129141**	**75942**
按执行部门分组	**By Performer**					
科研机构	Scientific Research Institution	97	7835	2433	6373	1462
高等学校	Higher Education	182	40196	16387	14687	25509
企业	Enterprises	4202	152337	32513	106752	45585
工业企业	Industrial Enterprises	4057	136069	30078	95297	40772
非工业企业	Non Industrial Enterprises	145	16268	2435	11455	4813
事业单位	Institution	112	4715	2260	1329	3386
按国民经济行业分组	**By Sector**					
农、林、牧、渔业	Agriculture, Forestry, Farming of Animals and Fishing	19	119	9	67	52
采矿业	Mining	76	2082	301	1306	776
制造业	Manufacturing	3910	132477	29426	92839	39638
电力、燃气及水的生产和供应业	Production and Distribution of Electricity, Gas and Water	71	1510	351	1152	358
建筑业	Construction	41	7051	561	3775	3276
交通运输、仓储和邮政业	Traffic,Transport,Storage and Post	5	222	31	133	89
信息传输、计算机服务和软件业	Information Transfer,Computer Services and Software	25	1852	520	1582	270
金融业	Finance	3	244	37	191	53
租赁和商务服务业	Tenancy and Business Services	2	25	7	17	8
科学研究、技术服务和地质勘查业	Scientific Research,Technical Service and Geologic Perambulation	199	15755	4001	12826	2929
水利、环境和公共设施管理业	Management of Water Conservancy,Environment and Public Establishment	9	283	132	206	77
教育	Education	182	40196	16387	14687	25509
卫生、社会保障和社会福利业	Sanitation,Social Security&Social Welfare	47	3191	1814	345	2846
文化、体育和娱乐业	Culture,Sports and Entertainment	4	76	16	15	61
按地区分组	**By Region**					
长沙市	Changsha	1166	99979	27339	64339	35640
株洲市	Zhuzhou	319	17802	3948	13859	3943
湘潭市	Xiangtan	240	14718	4260	8293	6425
衡阳市	Hengyang	354	12973	2869	7597	5376
邵阳市	Shaoyang	299	6668	1788	3858	2810
岳阳市	Yueyang	417	13657	2929	7186	6471
常德市	Changde	371	9770	2333	6344	3426
张家界市	Zhangjiajie	84	821	211	553	268
益阳市	Yiyang	335	7092	2187	4709	2383
郴州市	Chenzhou	324	7994	1899	4949	3045
永州市	Yongzhou	384	5904	1866	3282	2622
怀化市	Huaihua	190	3628	928	2048	1580
娄底市	Loudi	58	2604	517	1332	1272
湘西州	West Hunan	52	1473	519	792	681

17−27 R&D人员全时当量情况(2017年)
Full-time Equivalent of R&D Personnel (2017)

单位：人年 (man−year)

项 目	Item	R&D人员全时当量 Full−time Equivalent of R&D Personnel	基础研究人员 Basic Research Personnel	应用研究人员 Applied Research Personnel	试验发展人员 Experimental Development Personnel
总 计	**Total**	**130829**	**9561**	**20121**	**101149**
按执行部门分组	**By Performer**				
科研机构	Scientific Research Institution	6970.0	761.0	2648.0	3561.0
高等学校	Higher Education	16900.1	8192.1	7821.1	886.9
企业	Enterprises	103813.6	518.1	8174.5	95123.1
工业企业	Industrial Enterprises	94228.0	438.4	6484.6	87307.1
非工业企业	Non Industrial Enterprises	9586	79.7	1689.9	7816
事业单位	Institution	3145.0	90.0	1477.0	1578.0
按国民经济行业分组	**By Sector**				
农、林、牧、渔业	Agriculture, Forestry, Farming of Animals and Fishing	79			79
采矿业	Mining	1159		36	1123.4
制造业	Manufacturing	92147	438	6311	85400.5
电力、燃气及水的生产和供应业	Production and Distribution of Electricity, Gas and Water	922	1	138	783.2
建筑业	Construction	4736	33	624	4079.3
交通运输、仓储和邮政业	Traffic,Transport,Storage and Post	99		33	65.4
信息传输、计算机服务和软件业	Information Transfer,Computer Services and Software	1317		88	1228.3
金融业	Finance	99			99.4
租赁和商务服务业	Tenancy and Business Services	19			19.3
科学研究、技术服务和地质勘查业	Scientific Research,Technical Service and Geologic Perambulation	11172	885	3869	6417.8
水利、环境和公共设施管理业	Management of Water Conservancy,Environment and Public Establishment	129		32	97.1
教育	Education	16900	8192	7821	886.9
卫生、社会保障和社会福利业	Sanitation,Social Security&Social Welfare	1991	13	1169	809.4
文化、体育和娱乐业	Culture,Sports and Entertainment	60			59.9
按地区分组	**By Region**				
长沙市	Changsha	66292	5561	11158	49573
株洲市	Zhuzhou	10073	271	1024	8778
湘潭市	Xiangtan	8714	1476	1328	5909
衡阳市	Hengyang	7230	728	954	5549
邵阳市	Shaoyang	3999	303	417	3280
岳阳市	Yueyang	9081	164	2268	6652
常德市	Changde	6410	241	539	5631
张家界市	Zhangjiajie	557	17	21	519
益阳市	Yiyang	4692	61	987	3645
郴州市	Chenzhou	5040	72	513	4455
永州市	Yongzhou	3948	111	303	3534
怀化市	Huaihua	2303	218	359	1726
娄底市	Loudi	1764	65	151	1548
湘西州	West Hunan	726	274	101	352

17-28 按经费来源分 R&D 经费内部支出情况 (2017年)
Intramural Expenditure on R&D by Sources (2017)

单位：万元 (10 000 yuan)

项 目	Item	R&D 经费内部支出 Intramural Expenditure on R&D	政府资金 Government Funds	企业资金 Self-raised Funds by Enterprises	境外资金 Foreign Funds	其他 Other Funds
总 计	**Total**	**5685310**	**704866**	**4882061**	**2942**	**95442**
按执行部门分组	**By Performer**					
科研机构	Scientific Research Institution	318066	231377	48308	173	38208
高等学校	Higher Education	301101	198279	70774	139	31908
企业	Enterprises	5030932	255581	4752131	2629	20592
工业企业	Industrial Enterprises	4617716	230565	4366186	2448	18518
非工业企业	Non Industrial Enterprises	413216	25016	385945	181	2074
事业单位	Institution	35211	19628	10849		4734
按国民经济行业分组	**By Sector**					
农、林、牧、渔业	Agriculture, Forestry, Farming of Animals and Fishing	1835	298	1527		10
采矿业	Mining	37319	1629	35689		
制造业	Manufacturing	4743291	369490	4333644	2448	37709
电力、燃气及水的生产和供应业	Production and Distribution of Electricity, Gas and Water	41434	298	41135		
建筑业	Construction	206162	5023	199519		1620
交通运输、仓储和邮政业	Traffic,Transport,Storage and Post	1739	50	1663		26
信息传输、计算机服务和软件业	Information Transfer,Computer Services and Software	26648	1179	25469		
金融业	Finance	2506		2506		
租赁和商务服务业	Tenancy and Business Services	153	82	71		
科学研究、技术服务和地质勘查业	Scientific Research,Technical Service and Geologic Perambulation	301535	120758	156415	264	24099
水利、环境和公共设施管理业	Management of Water Conservancy,Environment and Public Establishment	4870	1049	3731	90	
教育	Education	301101	198279	70774	139	31908
卫生、社会保障和社会福利业	Sanitation,Social Security&Social Welfare	15579	6725	8801		53
文化、体育和娱乐业	Culture,Sports and Entertainment	1139	5	1116		17
按地区分组	**By Region**					
长沙市	Changsha	2479808	417731	2011527	661	49889
株洲市	Zhuzhou	524085	111253	406146	55	6632
湘潭市	Xiangtan	381386	42777	330348		8261
衡阳市	Hengyang	301167	18997	275525	9	6637
邵阳市	Shaoyang	187926	7430	175426	166	4903
岳阳市	Yueyang	572310	35811	531570	1194	3735
常德市	Changde	354794	11488	339175		4131
张家界市	Zhangjiajie	15938	2902	12980		56
益阳市	Yiyang	189201	12139	173821	856	2385
郴州市	Chenzhou	251214	16420	230785		4010
永州市	Yongzhou	131020	6226	122148		2646
怀化市	Huaihua	123174	12877	109875		422
娄底市	Loudi	159144	2871	155373		899
湘西州	West Hunan	14142	5944	7363		835

17-29 按支出用途分 R&D 经费内部支出情况 (2017年)
Intramural Expenditure on R&D by Use (2017)

单位：万元 (10 000 yuan)

项 目	Item	R&D经费内部支出 Intramural Expenditure on R&D	经常费支出 Operating Expenses	#人员劳务费 Service Fees	资产性支出 Capital Expenditures	#仪器和设备 Instruments & Equipments
总 计	**Total**	**5685310**	**5064162**	**1414135**	**621148**	**571532**
按执行部门分组	**By Performer**					
科研机构	Scientific Research Institution	318066	264061	105871	54006	23981
高等学校	Higher Education	301101	256409	70566	44693	34984
企业	Enterprises	5030932	4519206	1221790	511726	502718
工业企业	Industrial Enterprises	4617716	4121099	1069785	496617	487816
非工业企业	Non Industrial Enterprises	413216	398107	152005	15109	14902
事业单位	Institution	35211	24486	15908	10724	9848
按国民经济行业分组	**By Sector**					
农、林、牧、渔业	Agriculture, Forestry, Farming of Animals and Fishing	1835	1443	343	392	371
采矿业	Mining	37319	31131	9148	6188	6087
制造业	Manufacturing	4743291	4220664	1099949	522627	487580
电力、燃气及水的生产和供应业	Production and Distribution of Electricity, Gas and Water	41434	37086	8138	4348	4297
建筑业	Construction	206162	203599	38740	2563	2547
交通运输、仓储和邮政业	Traffic,Transport,Storage and Post	1739	1723	997	16	16
信息传输、计算机服务和软件业	Information Transfer,Computer Services and Software	26648	24503	14277	2145	2048
金融业	Finance	2506	1232	1107	1275	1275
租赁和商务服务业	Tenancy and Business Services	153	153	134		
科学研究、技术服务和地质勘查业	Scientific Research,Technical Service and Geologic Perambulation	301535	270684	161379	30852	26384
水利、环境和公共设施管理业	Management of Water Conservancy,Environment and Public Establishment	4870	4843	2744	28	28
教育	Education	301101	256409	70566	44693	34984
卫生、社会保障和社会福利业	Sanitation,Social Security&Social Welfare	15579	9903	5935	5675	5568
文化、体育和娱乐业	Culture,Sports and Entertainment	1139	790	680	349	349
按地区分组	**By Region**					
长沙市	Changsha	2479808	2241269	711142	238539	204537
株洲市	Zhuzhou	524085	474524	160808	49561	43849
湘潭市	Xiangtan	381386	334902	98170	46484	44733
衡阳市	Hengyang	301167	265326	66241	35841	33993
邵阳市	Shaoyang	187926	156032	42569	31893	31294
岳阳市	Yueyang	572310	503641	118025	68669	65974
常德市	Changde	354794	317790	54624	37004	36578
张家界市	Zhangjiajie	15938	12482	4976	3456	3410
益阳市	Yiyang	189201	160128	41708	29074	28273
郴州市	Chenzhou	251214	212403	40383	38812	38287
永州市	Yongzhou	131020	122215	31196	8805	8463
怀化市	Huaihua	123174	96055	22284	27119	26889
娄底市	Loudi	159144	154831	16748	4313	3772
湘西州	West Hunan	14142	12564	5262	1579	1480

17-30 按活动类型分 R&D 经费内部支出情况 (2017年)

Intramural Expenditure on R&D by Activities (2017)

单位：万元 (10 000 yuan)

项　目	Item	R&D 经费内部支出 Intramural Expenditure on R&D	基础研究支出 Basic Research	应用研究支出 Applied Research	试验发展支出 Experimental Development
总　计	**Total**	**5685310**	**162137**	**587051**	**4936122**
按执行部门分组	**By Performer**				
科研机构	Scientific Research Institution	318066	18412	99919	199735
高等学校	Higher Education	301101	120979	145754	34368
企业	Enterprises	5030932	21264	328506	4681163
工业企业	Industrial Enterprises	4617716	18464	295674	4303578
非工业企业	Non Industrial Enterprises	413216	2800	32832	377584
事业单位	Institution	35211	1483	12872	20856
按国民经济行业分组	**By Sector**				
农、林、牧、渔业	Agriculture, Forestry, Farming of Animals and Fishing	1835			1835
采矿业	Mining	37319		959	36360
制造业	Manufacturing	4743291	18502	349052	4375737
电力、燃气及水的生产和供应业	Production and Distribution of Electricity, Gas and Water	41434	92	3897	37445
建筑业	Construction	206162	110	13509	192543
交通运输、仓储和邮政业	Traffic,Transport,Storage and Post	1739		346	1392
信息传输、计算机服务和软件业	Information Transfer,Computer Services and Software	26648		1205	25443
金融业	Finance	2506			2506
租赁和商务服务业	Tenancy and Business Services	153			153
科学研究、技术服务和地质勘查业	Scientific Research,Technical Service and Geologic Perambulation	301535	20863	57365	223307
水利、环境和公共设施管理业	Management of Water Conservancy,Environment and Public Establishment	4870		784	4086
教育	Education	301101	120979	145754	34368
卫生、社会保障和社会福利业	Sanitation,Social Security&Social Welfare	15579	44	6751	8784
文化、体育和娱乐业	Culture,Sports and Entertainment	1139			1139
按地区分组	**By Region**				
长沙市	Changsha	2479808	106447	252852	2120510
株洲市	Zhuzhou	524085	2884	69605	451597
湘潭市	Xiangtan	381386	20718	29346	331322
衡阳市	Hengyang	301167	7954	26546	266667
邵阳市	Shaoyang	187926	8026	13637	166262
岳阳市	Yueyang	572310	7051	99222	466037
常德市	Changde	354794	1249	14690	338855
张家界市	Zhangjiajie	15938	76	518	15344
益阳市	Yiyang	189201	1569	25761	161871
郴州市	Chenzhou	251214	535	18394	232285
永州市	Yongzhou	131020	1151	8524	121345
怀化市	Huaihua	123174	1659	18601	102915
娄底市	Loudi	159144	717	8043	150384
湘西州	West Hunan	14142	2101	1314	10728

17−31　R&D经费外部支出情况(2017年)
External Expenditure on R&D (2017)

单位：万元　(10 000 yuan)

项　目	Item	R&D经费外部支出 External Expenditure on R&D	对境内研究机构支出 To Domestic Research Institutions	对境内高等学校支出 To Domestic Higher Education	对境内企业支出 To Domestic Enterprises	对境外机构支出 To Foreign Institutions
总　计	**Total**	**298940**	**86265**	**58685**	**142143**	**11267**
按执行部门分组	**By Performer**					
科研机构	Scientific Research Institution	62660	5717	2757	53631	
高等学校	Higher Education	19437	8171	4878	3691	2672
企业	Enterprises	216705	72261	51040	84810	8594
工业企业	Industrial Enterprises	200002	69640	49023	72790	8548
非工业企业	Non Industrial Enterprises	16703	2620	2017	12019	46
事业单位	Institution	138	117	10	11	
按国民经济行业分组	**By Sector**					
农、林、牧、渔业	Agriculture, Forestry, Farming of Animals and Fishing	66	41	25		
采矿业	Mining	2254	990	931	333	
制造业	Manufacturing	254704	72642	48276	125262	8524
电力、燃气及水的生产和供应业	Production and Distribution of Electricity, Gas and Water	1084	603	135	322	25
建筑业	Construction	678	34	113	485	46
交通运输、仓储和邮政业	Traffic,Transport,Storage and Post	639	516	123		
信息传输、计算机服务和软件业	Information Transfer,Computer Services and Software	5524	412	59	5054	
金融业	Finance	342	342			
租赁和商务服务业	Tenancy and Business Services					
科学研究、技术服务和地质勘查业	Scientific Research,Technical Service and Geologic Perambulation	14212	2514	4145	6997	
水利、环境和公共设施管理业	Management of Water Conservancy,Environment and Public Establishment					
教育	Education	19437	8171	4878	3691	2672
卫生、社会保障和社会福利业	Sanitation,Social Security&Social Welfare					
文化、体育和娱乐业	Culture,Sports and Entertainment					
按地区分组	**By Region**					
长沙市	Changsha	150062	35700	16284	92144	5378
株洲市	Zhuzhou	25725	5437	1337	18037	915
湘潭市	Xiangtan	31196	3723	16034	9790	1649
衡阳市	Hengyang	5629	3254	455	1920	
邵阳市	Shaoyang	7230	1041	4872	390	927
岳阳市	Yueyang	44934	26973	11575	5746	641
常德市	Changde	9145	3161	2596	3361	1
张家界市	Zhangjiajie	635	487	120	8	21
益阳市	Yiyang	6169	2252	2816	1002	99
郴州市	Chenzhou	3166	1452	1166	540	8
永州市	Yongzhou	6228	1419	738	2554	1517
怀化市	Huaihua	4497	469	73	3954	
娄底市	Loudi	4291	897	586	2698	111
湘西州	West Hunan	33		33		

17-32 研究机构情况 (2017年)

Statistics on Scientific Research Institutions (2017)

单位：万元 (10 000 yuan)

项 目	Item	机构数（个）Number of Institutions (unit)	R&D 人员（人）R&D Personnel (person)	R&D 经费支出 Expenditure on R&D	科研用仪器和设备原价 Original Price on equipmenet for Scientific Research	#进口 import
总 计	Total	**3113**	**71472**	**2093536**	**3767579**	**512407**
按执行部门分组	**By Performer**					
科研机构	Scientific Research Institution	119	7835	318066	223731	45541
高等学校	Higher Education	768	9190	58643	560815	257588
企业	Enterprises	2154	52545	1710247	2962379	204349
工业企业	Industrial Enterprises	1983	46937	1566473	2748764	195027
非工业企业	Non Industrial Enterprises	171	5608	143774	213615	9322
事业单位	Institution	72	1902	6580	20654	4929
按国民经济行业分组	**By Sector**					
农、林、牧、渔业	Agriculture, Forestry, Farming of Animals and Fishing	14	36	231	210.2	
采矿业	Mining	35	658	11267	12278.7	73.5
制造业	Manufacturing	1916	45904	1549891	2678115.5	173969.6
电力、燃气及水的生产和供应业	Production and Distribution of Electricity,Gas and Water	32	375	5316	58369.3	20983.7
建筑业	Construction	63	2359	82051	32235.4	7310.4
交通运输、仓储和邮政业	Traffic,Transport,Storage and Post				2365.7	122.9
信息传输、计算机服务和软件业	Information Transfer,Computer Services and Software	17	586	6181	40751	
金融业	Finance	17	131	1046	274446.8	22580.1
租赁和商务服务业	Tenancy and Business Services				1008.6	60.8
科学研究、技术服务和地质勘查业	Scientific Research,Technical Service and Geologic Perambulation	60	5573	254939	560815.3	257588
水利、环境和公共设施管理业	Management of Water Conservancy, Environment and Public Establishment	8	172	4535	18173	4221.1
教育	Education	768	9190	58643	295.6	
卫生、社会保障和社会福利业	Sanitation,Social Security&Social Welfare	53	1692	3730		
文化、体育和娱乐业	Culture,Sports and Entertainment	2				
按研究机构组成类型分组	**By types of R&D Institutions**					
政府部门办	By government	109	4547	206407	139552.8	21073.7
与国内高校合办	Cooperation with Higher Education	23	365	2172	15470.2	6798.3
与国内独立研究机构合办	Cooperation with Independent Research Institutes	5	144	102	5.5	
与境内注册的其他企业合办	Cooperation with Other Enterprise	58	528	3740	58515.5	18969.8
单位自办	By self	2767	60792	1765230	3465421.9	440024.9
其他	Others	22	292	175	39.2	3.4
按学科分组	**By Subject**					
自然科学	Natural sciences	89	1103	8895	127810.8	63410.8
农业科学	Agricultural Sciences	64	382	4966	68947.6	37473.4
医药科学	Medical Science	128	2542	10689	72346.1	39882
工程与技术科学	Engineering and Technological Sciences	2348	58365	1946179	3401652.6	343368.2
人文与社会科学	Humanities and Social Sciences	356	4284	7100	8308	2775.7
按地区分组	**By Region**					
长沙市	Changsha	1331	41056	1247874	2366487.4	369575.5
株洲市	Zhuzhou	161	6563	155666	378178.5	13999.9
湘潭市	Xiangtan	154	3508	93104	138284.2	43702
衡阳市	Hengyang	230	3379	89064	146052.2	23509.2
邵阳市	Shaoyang	114	1600	41191	23730.2	1091.1
岳阳市	Yueyang	204	3805	140060	183058.7	30596.2
常德市	Changde	149	2181	98777	129946.7	9818.7
张家界市	Zhangjiajie	40	266	4071	3357.6	
益阳市	Yiyang	151	1876	50380	216822.6	1110.1
郴州市	Chenzhou	202	2801	78461	57793.3	5284.4
永州市	Yongzhou	183	2387	50129	55897.4	8181.8
怀化市	Huaihua	92	875	21479	47396.5	3040.7
娄底市	Loudi	67	626	18565	16356.7	2255.9
湘西州	West Hunan	35	549	4717	4216.8	241.6

17–33 全部R&D项目(课题)情况(2017年)
Statistics on Total R&D Projects (2017)

项 目	Item	项目(课题)数(项) Number of Projects (item)	项目(课题)人员全时当量(人年) Full-time Equivalent of Projects (man-year)	项目(课题)经费内部支出(万元) Intramural Expenditure (10 000 yuan)
总 计	**Total**	**50795**	**120426**	**5469112**
按执行部门分组	**By Performer**			
科研机构	Scientific Research Institution	1542	6314	236926
高等学校	Higher Education	37056	16870	195322
企业	Enterprises	11795	95582	5019325
工业企业	Industrial Enterprises	10411	86859	4608915
非工业企业	Non Industrial Enterprises	1384	8724	410410
事业单位	Institution	402	1660	17539
按国民经济行业分组	**By Sector**			
农、林、牧、渔业	Agriculture, Forestry, Farming of Animals and Fishing	42	60	1148
采矿业	Mining	190	1053	37217
制造业	Manufacturing	10020	84907	4530315
电力、燃气及水的生产和供应业	Production and Distribution of Electricity,Gas and Water	201	899	41383
建筑业	Construction	580	4500	206146
交通运输、仓储和邮政业	Traffic,Transport,Storage and Post	15	95	1739
信息传输、计算机服务和软件业	Information Transfer,Computer Services and Software	90	1168	26551
金融业	Finance	26	57	573
租赁和商务服务业	Tenancy and Business Services	3	19	153
科学研究、技术服务和地质勘查业	Scientific Research,Technical Service and Geologic Perambulation	2320	9909	418566
水利、环境和公共设施管理业	Management of Water Conservancy, Environment and Public Establishment	49	119	4725
教育	Education	37056	16870	195322
卫生、社会保障和社会福利业	Sanitation, Social Security&Social Welfare	193	717	4158
文化、体育和娱乐业	Culture, Sports and Entertainment	10	53	1115
按项目来源分组	**By Sources of Topics**			
国家科技项目	National S&T Projects	10598	13054	446976
地方科技项目	Local S&T Projects	18069	13236	368842
企业委托科技项目	S&T Projects Entrusted by Enterprise	5595	4300	175587
自选科技项目	S&T Projects Chosen by Enterprise	15720	88078	4405078
来自国外的科技项目	Oversease S&T Projects	42	104	5257
其它科技项目	Others	771	1654	67372
按项目合作形式分组	**By Cooperation Modality**			
与境外机构合作	Cooperation with Oversease Institutes	128	680	149881
与国内高校合作	Cooperation with Higher Education	2517	7006	417868
与国内独立研究机构合作	Cooperation with Independent Research Institutes	1138	4543	289856
与境内注册外商独资企业合作	Cooperation with Sole Foreign Enterprise	58	360	12397
与境内注册其他企业合作	Cooperation with Other Enterprise	2487	5591	251369
独立完成	Independent Implementation	43207	98304	4162900
其他	Others	1261	3944	184843

17—33 续表 continued

项 目	Item	项目(课题)数(项) Number of Projects (item)	项目(课题)人员全时当量(人年) Full-time Equivalent of Projects (man-year)	项目(课题)经费内部支出(万元) Intramural Expenditure (10 000 yuan)
按项目活动类型分组	**By R&D Activities types**	**50795**	**120426**	**5469112**
基础研究	Basic Research	20279	9347	105149
应用研究	Applied Research	17382	18457	543572
试验发展	Experimental Development	13134	92622	4820391
按项目社会经济目标分组	**By Socio-economic Objective**			
环境保护及污染防治	Environmental conservation and Prevention of Pollution	1613	3229	158603.2
能源的生产、分配和合理利用	Production,Distribution and Rational Utilisation of Energy	1905	6241	321361.5
卫生事业的发展	Development of Human Health	3073	3232	22038.6
教育事业的发展	Development of Education	10015	2785	12805
基础设施以及城市和农村规划	Infrastructure, Urban and Rural Planning	1897	953	16525.2
社会发展和社会服务	Social Development and Community Services	6773	2063	15964.9
地球和大气层的探索与利用	Exploration and Utilization of the Earth and Atmosphere	160	143	3067
民用空间的探测及开发	Civil Exploration and Exploitation of Space	68	48	1447.7
农林牧渔业发展	Development of Agriculture,Forestry,Animal Husbandry and Fishery	2068	3431	64433.2
工商业发展	Development of Industry and Commerce	15776	90270	4568662.6
非定向研究	Non-oriented Research	7131	4753	113814.6
其他民用目标	Other Civil Research	136	119	2570.9
按学科分组	**By Subject**			
自然科学	Natural sciences	3450	2520	32824.5
农业科学	Agricultural Sciences	1865	3301	64066.4
医药科学	Medical Science	3229	3676	27255.6
工程与技术科学	Engineering and Technological Sciences	20575	105545	5319038.1
人文与社会科学	Humanities and Social Sciences	21676	5385	25927.1
按地区分组	**By Region**			
长沙市	Changsha	28121	60955	2304449
株洲市	Zhuzhou	2446	8356	513185
湘潭市	Xiangtan	5618	8285	363384
衡阳市	Hengyang	3595	6625	290742
邵阳市	Shaoyang	1072	3703	183571
岳阳市	Yueyang	1568	8285	564872
常德市	Changde	1249	6004	380322
张家界市	Zhangjiajie	132	542	15112
益阳市	Yiyang	1504	4450	186473
郴州市	Chenzhou	1409	4859	249564
永州市	Yongzhou	1196	3775	129267
怀化市	Huaihua	1252	2175	120695
娄底市	Loudi	469	1709	156687
湘西州	West Hunan	1164	703	10789

17–34 R&D 活动产出情况 (2017年)
Statistics on R&D Outputs (2017)

项 目	Item	专利申请数（件） Patent Applications (item)	#发明专利 Inventions	有效发明专利数（件） Inventions In Force (item)	发表科技论文（篇） Scientific Papers Issued (piece)
总 计	**Total**	**36592**	**16566**	**40831**	**63847**
按执行部门分组	**By Performer**				
科研机构	Scientific Research Institution	675	450	1483	2474
高等学校	Higher Education	11668	5424	8979	55572
企业	Enterprises	24108	10626	30262	3439
工业企业	Industrial Enterprises	21319	9144	26697	3426
非工业企业	Non Industrial Enterprises	2789	1482	3565	13
事业单位	Institution	141	66	107	2362
按国民经济行业分组	**By Sector**				
农、林、牧、渔业	Agriculture, Forestry, Farming of Animals and Fishing	5	2	3	12
采矿业	Mining	107	38	97	60
制造业	Manufacturing	20773	8868	26225	2889
电力、燃气及水的生产和供应业	Production and Distribution of Electricity, Gas and Water	439	238	375	477
建筑业	Construction	657	142	428	
交通运输、仓储和邮政业	Traffic,Transport,Storage and Post	10	2	8	
信息传输、计算机服务和软件业	Information Transfer,Computer Services and Software	96	78	74	
金融业	Finance				
租赁和商务服务业	Tenancy and Business Services	1	1	13	
科学研究、技术服务和地质勘查业	Scientific Research,Technical Service and Geologic Perambulation	2752	1723	4599	2904
水利、环境和公共设施管理业	Management of Water Conservancy,Environment and Public Establishment	28	12	19	2
教育	Education	11668	5424	8979	55572
卫生、社会保障和社会福利业	Sanitation,Social Security&Social Welfare	54	36		1930
文化、体育和娱乐业	Culture,Sports and Entertainment	2	2	11	
按地区分组	**By Region**				
长沙市	Changsha	18086	8581	23199	39381
株洲市	Zhuzhou	5786	3043	6680	3305
湘潭市	Xiangtan	2491	1217	2504	4788
衡阳市	Hengyang	1822	757	1829	4894
邵阳市	Shaoyang	662	115	334	1216
岳阳市	Yueyang	1421	579	1223	1135
常德市	Changde	1451	667	1774	1366
张家界市	Zhangjiajie	239	74	273	64
益阳市	Yiyang	1215	414	599	2960
郴州市	Chenzhou	871	377	844	890
永州市	Yongzhou	979	323	617	1069
怀化市	Huaihua	653	179	209	963
娄底市	Loudi	709	165	371	1043
湘西州	West Hunan	207	75	375	774

17—35 规模以上工业企业科技活动情况(2017年)
Basic Statistics on Scientific and Technological Activities in Industrial Enterprises above Designated Size (2017)

指 标	Item	合 计 Total	大型 Large	中型 Medium	小型 Small	微型 Miniature
企业基本情况	**Statistics on Industrial Enterprises**					
工业企业个数 (个)	Number of Industrial Enterprises above esignated Size (unit)	15197	241	2029	12263	664
#有 R&D 活动的企业个数	# Number of Units Having R&D Activities	4057	169	883	2964	41
R&D 人员 (人)	R&D Personnel (person)	136069	56025	32818	46871	355
#女性	# Female	30078	12031	7632	10354	61
#全时人员	# Full-time Personnel	95297	39243	23074	32786	194
R&D 活动情况	**Statistics on R&D Activities**					
R&D 人员全时当量 (人年)	Full-time Equivalent of R&D Personnel (man-year)	94228	40842	22222	30902	262
R&D 经费内部支出 (万元)	Intramural Expenditure on R&D (10 000 yuan)	4617716	1938514	1135416	1534192	9594
按经费来源分	by Sources					
政府资金	Government Funds	230565	137143	40024	53016	382
企业资金	Self-raised Funds by Enterprises	4366186	1800745	1087424	1468818	9199
境外资金	Foreign Funds	2448	268	2044	136	
其他	Other funds	18518	359	5925	12222	13
按支出用途分	by Use					
经常费支出	Operating Expenses	4121099	1770024	1016951	1328054	6071
#人员劳务费	# Service Fees	1069785	460065	265741	342495	1485
资产性支出	Capital Expenditures	496617	168490	118465	206139	3523
#仪器和设备	# Instruments & Equipments	487816	166258	116026	202017	3515
R&D 经费外部支出 (万元)	External Expenditure on R&D (10 000 yuan)	200002	80839	34728	84331	105
企业办科技机构情况	**Statistics on S&T Institutions**					
机构数 (个)	Number of S&T Institutions (unit)	1983	239	490	1239	15
机构人员 (人)	S&T Personnel (person)	76687	37646	18155	20799	87
#博士毕业	# Doctor	2063	578	582	896	7
#硕士毕业	# Master	13818	8336	2537	2938	7
机构经费支出 (万元)	Expenditure on S&T (10 000 yuan)	2293937	1228400	527448	537470	619
R&D 项目(课题)情况	**Statistics on R&D Topics**					
R&D 项目(课题)数 (项)	Number of R&D Projects (item)	10411	2023	2535	5794	59
R&D 项目(课题)人员 (人)	Personnel of Projects for R&D (person)	125839	50162	30716	44610	351
R&D 项目(课题)经费内部支出 (万元)	Intramural Expenditure on R&D Projects (10 000 yuan)	4608915	1936282	1132977	1530070	9586
新产品开发及生产情况	**Statistics on New Products Development and Production**					
新产品开发项目数 (项)	Number of New Products (item)	10204	1856	2409	5870	69
新产品开发经费支出 (万元)	Expenditure on New Products Development (10 000 yuan)	4857534	2284097	1072676	1494614	6147
新产品销售收入 (万元)	Sales Revenue of New Products (10 000 yuan)	85857213	43839888	22528043	19410201	79082
#出口	# Exported	3788448	2471065	659311	658072	
专利情况	**Statistics on Patents**					
专利申请数 (件)	Patent Applications (item)	21319	7542	4972	8643	162
有效发明专利数 (件)	Inventions In Force (item)	26697	11889	5932	8751	125
发表科技论文 (篇)	Number of Published Scientific Papers (piece)	3426	2085	444	530	367
拥有注册商标数 (件)	Number of registered trademark (item)	14326	9433	2425	2457	11

17–36 规模以上工业企业 R&D 人员情况 (2017年)
R&D Personnel in Industrial Enterprises above Designated Size (2017)

类别	Item	有 R&D 活动的单位数（个） Number of Enterprises Having R&D Activities (unit)	R&D 人员（人） R&D Personnel (person)	#全时人员 Full-time Personnel	R&D 人员全时当量（人年） Full-time Equivalent of R&D Personnel (man-year)
总计	**Total**	**4057**	**136069**	**95297**	**94228**
按企业规模分组	**By Size**				
大型	Large	169	56025	39243	40842
中型	Medium	883	32818	23074	22222
小型	Small	2964	46871	32786	30902
微型	Miniature	41	355	194	262
按登记注册类型分组	**By Registration Status**				
内资企业	Domestic-Funded Enterprises	3861	113989	79412	76073
国有	State-owned Enterprises	28	3000	1825	1520
集体	Collective-owned Enterprises	14	235	160	163
股份合作	Cooperative Enterprises	4	43	23	29
国有联营	State Joint Ownership Enterprises				
集体联营	Collective Joint Ownership Enterprises				
国有与集体联营	Joint State-collective Enterprises				
其他联营	Other Joint Ownership Enterprises				
国有独资公司	State-funded Corporations	55	6638	4301	4231
其他有限责任公司	Other Limited Liability Corporations	694	26970	18772	17696
股份有限公司	Share-holding Corporations Ltd.	219	18753	14715	12241
私营独资	Private-funded Enterprises	56	759	422	540
私营合伙	Private Partnership Enterprises	19	247	145	107
私营有限责任公司	Private Limited Liability Corporations	2527	48687	33274	33326
私营股份有限公司	Private Share-holding Corporations Ltd.	239	8455	5659	6102
其他内资	Other Enterprises	6	202	116	117
港澳台商投资	Enterprises With Investment from Hong Kong, Macao and Taiwan	118	18715	13383	15677
外商投资	Enterprises With Foreign Investment	78	3365	2502	2478

17-36 续表 continued

类 别	Item	有R&D活动的单位数（个）Number of Enterprises Having R&D Activities (unit)	R&D人员（人）R&D Personnel (person)	#全时人员 Full-time Personnel	R&D人员全时当量（人年）Full-time Equivalent of R&D Personnel (man-year)
按工业行业大类分组	**By Industrial Branch**				
煤炭开采和洗选业	Mining and Washing of Coal	9	52	40	33
黑色金属矿采选业	Mining of Ferrous Metal Ores	4	87	67	81
有色金属矿采选业	Mining of Non-ferrous Metal Ores	30	1456	823	708
非金属矿采选业	Mining and Processing of Nonmetal Ores	33	487	376	338
其他采矿业	Mining of Other Ores N.E.C				
农副食品加工业	Processing of Food from Agricultural Products	375	6320	3931	4191
食品制造业	Manufacture of Foods	126	2569	1585	1586
酒、饮料和精制茶制造业	Manufacture of Liquor, Beverage and Refined Tea	131	2156	1313	1333
烟草制品业	Manufacture of Tobacco	4	849	222	484
纺织业	Manufacture of Textile	67	1924	1011	1271
纺织服装、服饰业	Manufacture of Textile Wearing and Clothing Apparel	33	669	436	467
皮革、毛皮、羽毛及其制品和制鞋业	Leather, Fur, Feather and Its Products and Footwear	66	935	579	613
木材加工和木、竹、藤、棕、草制品业	Processing of Timbers, Manufacture of Wood, Bamboo, Rattan, Palm and Straw Products	96	1538	909	1011
家具制造业	Manufacture of Furniture	33	630	451	424
造纸和纸制品业	Manufacture of Paper and Paper Products	72	2023	1477	1451
印刷和记录媒介复制业	Printing, Reproduction of Recording Media	49	1153	823	772
文教、工美、体育和娱乐用品制造业	Manufacture of Articles for Culture, Education, Artwork, Sport and Entertainment Activity	59	1013	621	577
石油加工、炼焦和核燃料加工业	Processing of Petroleum,Coking,Processing of Nucleus Fuel	13	613	353	522
化学原料和化学制品制造业	Manufacture of Chemical Raw Material and Chemical Products	326	7002	5037	4598
医药制造业	Manufacture of Medicines	194	5896	3935	4042
化学纤维制造业	Manufacture of Chemical Fiber	4	67	45	27
橡胶和塑料制品业	Manufacture of Rubber and Plastic Products	86	1334	1030	846
非金属矿物制品业	Manufacture of Non-metallic Mineral Products	419	8388	5547	5386
黑色金属冶炼和压延加工业	Manufacture and Processing of Ferrous Metals	97	4516	2814	2864
有色金属冶炼和压延加工业	Manufacture and Processing of Non-ferrous Metals	181	7163	4639	4815
金属制品业	Manufacture of Metal Products	182	4017	2882	2893
通用设备制造业	Manufacture of General Purpose Machinery	252	7021	5001	4670
专用设备制造业	Manufacture of Special Purpose Machinery	267	14249	10929	10210
汽车制造业	Manufacture of Automobile	112	6018	4515	3629
铁路、船舶、航空航天和其他运输设备制造业	Manufacture of Railways, Ships, Aerospace and Other Transport Equipment	68	8378	6836	5848
电气机械和器材制造业	Manufacture of Electrical Machinery and Equipment	240	9197	5838	6417
计算机、通信和其他电子设备制造业	Manufacture of Computer, Communication and Other Electronic Equipment	235	23224	17137	18597
仪器仪表制造业	Manufacture of Measuring Instrument	67	2549	2178	1920
其他制造业	Manufacture of Other Manufacture N.E.C	27	433	328	262
废弃资源综合利用业	Comprehensive Utilization of Waste	27	444	299	306
金属制品、机械和设备修理业	Maintenance of Metal Products, Machinery and Equipment	2	189	138	114
电力、热力生产和供应业	Production and Supply of Electric Power and Heat Power	50	1238	949	736
燃气生产和供应业	Production and Distribution of Gas	9	146	111	100
水的生产和供应业	Production and Distribution of Water	12	126	92	86

17-37 规模以上工业企业按经费来源分 R&D 经费内部支出情况 (2017年)
Intramural R&D Expenditures in Industrial Enterprises above Designated Size by Sources (2017)

单位：万元 (10 000 yuan)

类 别	Item	R&D 经费内部支出 Intramural Expenditure on R&D	政府资金 Government Funds	企业资金 Self-raised Funds by Enterprises	境外资金 Foreign Funds	其 他 Other Funds
总计	**Total**	**4617716**	**230565**	**4366186**	**2448**	**18518**
按企业规模分组	**By Size**					
大型	Large	1938514	137143	1800745	268	359
中型	Medium	1135416	40024	1087424	2044	5925
小型	Small	1534192	53016	1468818	136	12222
微型	Miniature	9594	382	9199		13
按登记注册类型分组	**By Registration Status**					
内资企业	Domestic-Funded Enterprises	4053794	224713	3810528	1468	17085
国有	State-owned Enterprises	36463	12063	24115	36	250
集体	Collective-owned Enterprises	7085	60	7025		
股份合作	Cooperative Enterprises	1215	1	1214		
国有联营	State Joint Ownership Enterprises					
集体联营	Collective Joint Ownership Enterprises					
国有与集体联营	Joint State-collective Enterprises					
其他联营	Other Joint Ownership Enterprises					
国有独资公司	State-funded Corporations	289352	8370	280895	53	35
其他有限责任公司	Other Limited Liability Corporations	1023625	81868	939335	186	2237
股份有限公司	Share-holding Corporations Ltd.	666970	52669	613529		772
私营独资	Private-funded Enterprises	23652	897	22560		195
私营合伙	Private Partnership Enterprises	7397	20	7377		
私营有限责任公司	Private Limited Liability Corporations	1708427	60111	1637126	136	11053
私营股份有限公司	Private Share-holding Corporations Ltd.	283911	8542	272728	1058	1583
其他内资	Other Enterprises	5698	114	4625		959
港澳台商投资	Enterprises With Investment from Hong Kong, Macao and Taiwan	313108	5001	307090		1017
外商投资	Enterprises With Foreign Investment	250814	851	248568	980	416

17-37 续表 continued

单位：万元 (10 000 yuan)

类 别	Item	R&D经费内部支出 Intramural Expenditure on R&D	政府资金 Government Funds	企业资金 Self-raised Funds by Enterprises	境外资金 Foreign Funds	其 他 Other Funds
按工业行业大类分组	**By Industrial Branch**					
煤炭开采和洗选业	Mining and Washing of Coal	1573		1573		
黑色金属矿采选业	Mining of Ferrous Metal Ores	1355	10	1345		
有色金属矿采选业	Mining of Non-ferrous Metal Ores	19580	1176	18405		
非金属矿采选业	Mining and Processing of Nonmetal Ores	14810	444	14367		
其他采矿业	Mining of Other Ores N.E.C					
农副食品加工业	Processing of Food from Agricultural Products	237201	9562	226250		1389
食品制造业	Manufacture of Foods	79916	3253	76613		51
酒、饮料和精制茶制造业	Manufacture of Liquor, Beverage and Refined Tea	71388	3789	66635	13	951
烟草制品业	Manufacture of Tobacco	5434		5434		
纺织业	Manufacture of Textile	61484	1193	60214		77
纺织服装、服饰业	Manufacture of Textile Wearing and Clothing Apparel	17816	244	17572		
皮革、毛皮、羽毛及其制品和制鞋业	Leather, Fur, Feather and Its Products and Footwear	28462	658	27091		712
木材加工和木、竹、藤、棕、草制品业	Processing of Timbers, Manufacture of Wood, Bamboo, Rattan, Palm and Straw Products	50141	1936	47177		1028
家具制造业	Manufacture of Furniture	17154	759	16354		41
造纸和纸制品业	Manufacture of Paper and Paper Products	100190	5102	95057		31
印刷和记录媒介复制业	Printing, Reproduction of Recording Media	28905	660	28127		118
文教、工美、体育和娱乐用品制造业	Manufacture of Articles for Culture, Education, Artwork, Sport and Entertainment Activity	31973	651	30411		910
石油加工、炼焦和核燃料加工业	Processing of Petroleum,Coking,Processing of Nucleus Fuel	45789	4216	41573		
化学原料和化学制品制造业	Manufacture of Chemical Raw Material and Chemical Products	249381	4449	243502	131	1300
医药制造业	Manufacture of Medicines	192843	8676	183199		969
化学纤维制造业	Manufacture of Chemical Fiber	1077		1077		
橡胶和塑料制品业	Manufacture of Rubber and Plastic Products	47561	1543	46005		13
非金属矿物制品业	Manufacture of Non-metallic Mineral Products	228043	5055	222851		138
黑色金属冶炼和压延加工业	Manufacture and Processing of Ferrous Metals	229538	2212	227325		
有色金属冶炼和压延加工业	Manufacture and Processing of Non-ferrous Metals	393402	8175	384399	53	776
金属制品业	Manufacture of Metal Products	135354	17100	115959		2295
通用设备制造业	Manufacture of General Purpose Machinery	212510	12383	199434		693
专用设备制造业	Manufacture of Special Purpose Machinery	669982	25810	641507	1093	1572
汽车制造业	Manufacture of Automobile	328832	10140	317555	232	905
铁路、船舶、航空航天和其他运输设备制造业	Manufacture of Railways, Ships, Aerospace and Other Transport Equipment	281703	71272	210431		
电气机械和器材制造业	Manufacture of Electrical Machinery and Equipment	298279	9152	287964	123	1041
计算机、通信和其他电子设备制造业	Manufacture of Computer, Communication and Other Electronic Equipment	393360	10843	379037	803	2677
仪器仪表制造业	Manufacture of Measuring Instrument	60207	9069	51138		
其他制造业	Manufacture of Other Manufacture N.E.C	13484	680	12647		157
废弃资源综合利用业	Comprehensive Utilization of Waste	17169	56	16437		675
金属制品、机械和设备修理业	Maintenance of Metal Products, Machinery and Equipment	10388		10388		
电力、热力生产和供应业	Production and Supply of Electric Power and Heat Power	28945	208	28737		
燃气生产和供应业	Production and Distribution of Gas	7827		7827		
水的生产和供应业	Production and Distribution of Water	4662	90	4572		

17-38 规模以上工业企业按支出用途分 R&D 经费内部支出情况 (2017年)
Intramural R&D Expenditures in Industrial Enterprises above Designated Size by Use (2017)

单位：万元 (10 000 yuan)

类别	Item	R&D 经费内部支出 Intramural Expenditure on R&D	经常费支出 Operating Expenses	#人员劳务费 Service Fees	资产性支出 Capital Expenditures	#仪器和设备 Instruments & Equipments
总计	**Total**	**4617716**	**4121099**	**1069785**	**496617**	**487816**
按企业规模分组	**By Size**					
大型	Large	1938514	1770024	460065	168490	166258
中型	Medium	1135416	1016951	265741	118465	116026
小型	Small	1534192	1328054	342495	206139	202017
微型	Miniature	9594	6071	1485	3523	3515
按登记注册类型分组	**By Registration Status**					
内资企业	Domestic-Funded Enterprises	4053794	3645700	957321	408094	399555
国有	State-owned Enterprises	36463	34527	9133	1936	1802
集体	Collective-owned Enterprises	7085	4966	1567	2119	2099
股份合作	Cooperative Enterprises	1215	993	188	222	222
国有联营	State Joint Ownership Enterprises					
集体联营	Collective Joint Ownership Enterprises					
国有与集体联营	Joint State-collective Enterprises					
其他联营	Other Joint Ownership Enterprises					
国有独资公司	State-funded Corporations	289352	274770	61546	14582	14240
其他有限责任公司	Other Limited Liability Corporations	1023625	907580	221924	116045	113287
股份有限公司	Share-holding Corporations Ltd.	666970	616853	172777	50117	49144
私营独资	Private-funded Enterprises	23652	18816	4546	4836	4785
私营合伙	Private Partnership Enterprises	7397	5746	1371	1652	1647
私营有限责任公司	Private Limited Liability Corporations	1708427	1518465	404955	189962	186153
私营股份有限公司	Private Share-holding Corporations Ltd.	283911	257554	78033	26357	25909
其他内资	Other Enterprises	5698	5430	1282	268	268
港澳台商投资	Enterprises With Investment from Hong Kong, Macao and Taiwan	313108	246368	72272	66740	66670
外商投资	Enterprises With Foreign Investment	250814	229032	40192	21783	21591

17-38 续表 continued

单位：万元 (10 000 yuan)

类别	Item	R&D经费内部支出 Intramural Expenditure on R&D	经常费支出 Operating Expenses	#人员劳务费 Service Fees	资产性支出 Capital Expenditures	#仪器和设备 Instruments & Equipments
按工业行业大类分组	**By Industrial Branch**					
煤炭开采和洗选业	Mining and Washing of Coal	1573	979	161	594	593
黑色金属矿采选业	Mining of Ferrous Metal Ores	1355	1238	706	117	117
有色金属矿采选业	Mining of Non-ferrous Metal Ores	19580	15610	4233	3971	3956
非金属矿采选业	Mining and Processing of Nonmetal Ores	14810	13304	4047	1506	1420
其他采矿业	Mining of Other Ores N.E.C					
农副食品加工业	Processing of Food from Agricultural Products	237201	205578	45668	31623	31041
食品制造业	Manufacture of Foods	79916	64793	15310	15123	14906
酒、饮料和精制茶制造业	Manufacture of Liquor, Beverage and Refined Tea	71388	59401	15871	11987	11813
烟草制品业	Manufacture of Tobacco	5434	4588	625	846	846
纺织业	Manufacture of Textile	61484	53590	10522	7894	7811
纺织服装、服饰业	Manufacture of Textile Wearing and Clothing Apparel	17816	16202	4098	**1614**	1589
皮革、毛皮、羽毛及其制品和制鞋业	Leather, Fur, Feather and Its Products and Footwear	28462	25753	6238	2709	2684
木材加工和木、竹、藤、棕、草制品业	Processing of Timbers, Manufacture of Wood, Bamboo, Rattan, Palm and Straw Products	50141	42008	11657	8132	7983
家具制造业	Manufacture of Furniture	17154	15289	5040	1865	1851
造纸和纸制品业	Manufacture of Paper and Paper Products	100190	92854	20977	7336	7124
印刷和记录媒介复制业	Printing, Reproduction of Recording Media	28905	26063	8649	2842	2819
文教、工美、体育和娱乐用品制造业	Manufacture of Articles for Culture, Education, Artwork, Sport and Entertainment Activity	31973	27544	7455	4429	4318
石油加工、炼焦和核燃料加工业	Processing of Petroleum,Coking,Processing of Nucleus Fuel	45789	40377	9735	5412	5159
化学原料和化学制品制造业	Manufacture of Chemical Raw Material and Chemical Products	249381	198978	50707	50404	49338
医药制造业	Manufacture of Medicines	192843	168030	39662	24813	24237
化学纤维制造业	Manufacture of Chemical Fiber	1077	912	335	165	164
橡胶和塑料制品业	Manufacture of Rubber and Plastic Products	47561	39931	9437	7630	7396
非金属矿物制品业	Manufacture of Non-metallic Mineral Products	228043	205178	61726	22865	22236
黑色金属冶炼和压延加工业	Manufacture and Processing of Ferrous Metals	229538	213496	33393	16042	15775
有色金属冶炼和压延加工业	Manufacture and Processing of Non-ferrous Metals	393402	341896	56287	51506	50921
金属制品业	Manufacture of Metal Products	135354	121201	40254	14153	13912
通用设备制造业	Manufacture of General Purpose Machinery	212510	196947	53644	15563	14981
专用设备制造业	Manufacture of Special Purpose Machinery	669982	642846	196005	27135	26552
汽车制造业	Manufacture of Automobile	328832	300144	62559	28688	28574
铁路、船舶、航空航天和其他运输设备制造业	Manufacture of Railways, Ships, Aerospace and Other Transport Equipment	281703	261640	79001	20064	19155
电气机械和器材制造业	Manufacture of Electrical Machinery and Equipment	298279	280565	66467	17714	17297
计算机、通信和其他电子设备制造业	Manufacture of Computer, Communication and Other Electronic Equipment	393360	321765	111280	71595	71220
仪器仪表制造业	Manufacture of Measuring Instrument	60207	53517	22990	6690	6564
其他制造业	Manufacture of Other Manufacture N.E.C	13484	10200	2884	3284	3240
废弃资源综合利用业	Comprehensive Utilization of Waste	17169	14148	2704	3021	2986
金属制品、机械和设备修理业	Maintenance of Metal Products, Machinery and Equipment	10388	7446	1321	2941	2941
电力、热力生产和供应业	Production and Supply of Electric Power and Heat Power	28945	26394	5518	2551	2512
燃气生产和供应业	Production and Distribution of Gas	7827	7386	1523	441	441
水的生产和供应业	Production and Distribution of Water	4662	3307	1097	1355	1343

17-39 规模以上工业企业办科技机构情况(2017年)

Basic Statistics on Institutions for Scientific and Technological in Industrial Enterprises above Designated Size (2017)

类别	Item	企业办科技机构数(个) Number of Institutions for S&T in Enterprises (unit)	企业办科技机构人员(人) Number of Personnel in Institutions for S&T in Enterprises (person)	#博士 Doctor	#硕士 Master	科技机构内部经费支出(万元) Intramural Expenditure for S&T Institutions (10 000 yuan)
总计	**Total**	**1983**	**76687**	**2063**	**13818**	**2293937**
按企业规模分组	**By Size**					
大型	Large	239	37646	578	8336	1228400
中型	Medium	490	18155	582	2537	527448
小型	Small	1239	20799	896	2938	537470
微型	Miniature	15	87	7	7	619
按登记注册类型分组	**By Registration Status**					
内资企业	Domestic-Funded Enterprises	1894	65328	1983	12566	1996329
国有	State-owned Enterprises	25	1842	161	382	56107
集体	Collective-owned Enterprises	4	60	5	6	2894
股份合作	Cooperative Enterprises					
国有联营	State Joint Ownership Enterprises					
集体联营	Collective Joint Ownership Enterprises					
国有与集体联营	Joint State-collective Enterprises					
其他联营	Other Joint Ownership Enterprises					
国有独资公司	State-funded Corporations	59	4794	72	1013	149968
其他有限责任公司	Other Limited Liability Corporations	343	14773	333	2875	468876
股份有限公司	Share-holding Corporations Ltd.	215	14052	356	2860	358024
私营独资	Private-funded Enterprises	24	334	7	22	16238
私营合伙	Private Partnership Enterprises	13	88	3	8	1481
私营有限责任公司	Private Limited Liability Corporations	1085	24604	880	4614	819045
私营股份有限公司	Private Share-holding Corporations Ltd.	124	4756	166	786	123069
其他内资	Other Enterprises	2	25			627
港澳台商投资	Enterprises With Investment from Hong Kong, Macao and Taiwan	52	8710	43	541	106517
外商投资	Enterprises With Foreign Investment	37	2649	37	711	191091

17-39 续表 continued

类 别	Item	企业办科技机构数(个) Number of Institutions for S&T in Enterprises (unit)	企业办科技机构人员(人) Number of Personnel in Institutions for S&T in Enterprises (person)	#博士 Doctor	#硕士 Master	科技机构内部经费支出(万元) Intramural Expenditure for S&T Institutions (10 000 yuan)
按工业行业大类分组	**By Industrial Branch**					
煤炭开采和洗选业	Mining and Washing of Coal	6	51			962
黑色金属矿采选业	Mining of Ferrous Metal Ores	2	76	1		944
有色金属矿采选业	Mining of Non-ferrous Metal Ores	15	546	40	46	9221
非金属矿采选业	Mining and Processing of Nonmetal Ores	12	236	10	25	5655
其他采矿业	Mining of Other Ores N.E.C					
农副食品加工业	Processing of Food from Agricultural Products	159	2913	147	459	90652
食品制造业	Manufacture of Foods	67	1295	80	201	41322
酒、饮料和精制茶制造业	Manufacture of Liquor, Beverage and Refined Tea	60	1044	44	109	28219
烟草制品业	Manufacture of Tobacco	2	218	22	65	24498
纺织业	Manufacture of Textile	22	890	6	55	25495
纺织服装、服饰业	Manufacture of Textile Wearing and Clothing Apparel	27	768	20	87	11550
皮革、毛皮、羽毛及其制品和制鞋业	Leather, Fur, Feather and Its Products and Footwear	29	432	10	51	7790
木材加工和木、竹、藤、棕、草制品业	Processing of Timbers, Manufacture of Wood, Bamboo, Rattan, Palm and Straw Products	40	739	18	131	24177
家具制造业	Manufacture of Furniture	14	174	7	23	4421
造纸和纸制品业	Manufacture of Paper and Paper Products	28	748	20	70	32255
印刷和记录媒介复制业	Printing, Reproduction of Recording Media	20	523	12	39	13104
文教、工美、体育和娱乐用品制造业	Manufacture of Articles for Culture, Education, Artwork, Sport and Entertainment Activity	39	536	36	73	14109
石油加工、炼焦和核燃料加工业	Processing of Petroleum,Coking,Processing of Nucleus Fuel	7	220	14	44	21130
化学原料和化学制品制造业	Manufacture of Chemical Raw Material and Chemical Products	145	3177	119	555	97693
医药制造业	Manufacture of Medicines	107	3216	127	491	98835
化学纤维制造业	Manufacture of Chemical Fiber					
橡胶和塑料制品业	Manufacture of Rubber and Plastic Products	32	510	36	44	9236
非金属矿物制品业	Manufacture of Non-metallic Mineral Products	139	3366	73	305	70461
黑色金属冶炼和压延加工业	Manufacture and Processing of Ferrous Metals	68	1844	32	165	79546
有色金属冶炼和压延加工业	Manufacture and Processing of Non-ferrous Metals	84	4842	130	821	200710
金属制品业	Manufacture of Metal Products	61	1600	47	319	41799
通用设备制造业	Manufacture of General Purpose Machinery	149	4124	99	566	110607
专用设备制造业	Manufacture of Special Purpose Machinery	190	10292	219	3287	389663
汽车制造业	Manufacture of Automobile	70	5348	62	1196	281937
铁路、船舶、航空航天和其他运输设备制造业	Manufacture of Railways, Ships, Aerospace and Other Transport Equipment	45	6242	150	1927	181099
电气机械和器材制造业	Manufacture of Electrical Machinery and Equipment	137	5426	191	982	156564
计算机、通信和其他电子设备制造业	Manufacture of Computer, Communication and Other Electronic Equipment	116	11357	122	939	153379
仪器仪表制造业	Manufacture of Measuring Instrument	41	2552	44	457	50317
其他制造业	Manufacture of Other Manufacture N.E.C	11	185	7	34	4054
废弃资源综合利用业	Comprehensive Utilization of Waste	6	127	12	14	2096
金属制品、机械和设备修理业	Maintenance of Metal Products, Machinery and Equipment	1	206		15	755
电力、热力生产和供应业	Production and Supply of Electric Power and Heat Power	20	755	102	202	6897
燃气生产和供应业	Production and Distribution of Gas	2	12			1365
水的生产和供应业	Production and Distribution of Water	10	97	4	21	1419

17-40 规模以上工业企业 R&D 项目和新产品开发项目情况(2017年) Basic Statistics on Projects for R&D and New Products Development in Industrial Enterprises above Designated Size (2017)

类 别	Item	R&D项目数(项) Number of R&D Projects (item)	R&D项目人员(人) Personnel of Projects for R&D (person)	R&D项目经费(万元) Intramural Expenditure on R&D Projects (10 000 yuan)	新产品开发项目数(项) Number of Projects for New Products Development (item)	新产品开发经费(万元) Expenditure on New Products Development (10 000 yuan)
总计	**Total**	**10411**	**125839**	**4608915**	**10204**	**4857534**
按企业规模分组	**By Size**					
大型	Large	2023	50162	1936282	1856	2284097
中型	Medium	2535	30716	1132977	2409	1072676
小型	Small	5794	44610	1530070	5870	1494614
微型	Miniature	59	351	9586	69	6147
按登记注册类型分组	**By Registration Status**					
内资企业	Domestic-Funded Enterprises	9688	104169	4045254	9462	4250202
国有	State-owned Enterprises	328	2538	36329	132	47170
集体	Collective-owned Enterprises	17	228	7065	19	7423
股份合作	Cooperative Enterprises	4	43	1215	2	862
国有联营	State Joint Ownership Enterprises					
集体联营	Collective Joint Ownership Enterprises					
国有与集体联营	Joint State-collective Enterprises					
其他联营	Other Joint Ownership Enterprises				1	294
国有独资公司	State-funded Corporations	522	6094	289011	481	324856
其他有限责任公司	Other Limited Liability Corporations	2256	25064	1020866	2118	989578
股份有限公司	Share-holding Corporations Ltd.	1250	16663	665996	1252	773510
私营独资	Private-funded Enterprises	58	732	23600	70	27358
私营合伙	Private Partnership Enterprises	19	247	7392	29	7507
私营有限责任公司	Private Limited Liability Corporations	4386	44436	1704618	4445	1812731
私营股份有限公司	Private Share-holding Corporations Ltd.	841	7924	283463	904	256693
其他内资	Other Enterprises	7	200	5698	9	2220
港澳台商投资	Enterprises With Investment from Hong Kong, Macao and Taiwan	437	18532	313038	456	305166
外商投资	Enterprises With Foreign Investment	286	3138	250623	286	302166

17-40 续表 continued

类 别	Item	R&D项目数（项）Number of R&D Projects (item)	R&D项目人员（人）Personnel of Projects for R&D (person)	R&D项目经费（万元）Intramural Expenditure on R&D Projects (10 000 yuan)	新产品开发项目数（项）Number of Projects for New Products Development (item)	新产品开发经费（万元）Expenditure on New Products Development (10 000 yuan)
按工业行业大类分组	**By Industrial Branch**					
煤炭开采和洗选业	Mining and Washing of Coal	9	52	1572	6	1523
黑色金属矿采选业	Mining of Ferrous Metal Ores	4	87	1355	2	1258
有色金属矿采选业	Mining of Non-ferrous Metal Ores	128	1267	19565	35	10438
非金属矿采选业	Mining and Processing of Nonmetal Ores	49	458	14725	42	12449
其他采矿业	Mining of Other Ores N.E.C					
农副食品加工业	Processing of Food from Agricultural Products	633	5815	236619	603	235245
食品制造业	Manufacture of Foods	244	2399	79700	250	77070
酒、饮料和精制茶制造业	Manufacture of Liquor, Beverage and Refined Tea	250	2030	71214	278	76512
烟草制品业	Manufacture of Tobacco	114	581	5434	21	17780
纺织业	Manufacture of Textile	99	1859	61401	82	38057
纺织服装、服饰业	Manufacture of Textile Wearing and Clothing Apparel	38	644	17791	72	21008
皮革、毛皮、羽毛及其制品和制鞋业	Leather, Fur, Feather and Its Products and Footwear	80	914	28438	60	24569
木材加工和木、竹、藤、棕、草制品业	Processing of Timbers, Manufacture of Wood, Bamboo, Rattan, Palm and Straw Products	101	1458	49992	78	37897
家具制造业	Manufacture of Furniture	42	610	17140	43	12567
造纸和纸制品业	Manufacture of Paper and Paper Products	119	1766	99978	86	86241
印刷和记录媒介复制业	Printing, Reproduction of Recording Media	106	1059	28881	102	28268
文教、工美、体育和娱乐用品制造业	Manufacture of Articles for Culture, Education, Artwork, Sport and Entertainment Activity	84	961	31862	89	35939
石油加工、炼焦和核燃料加工业	Processing of Petroleum,Coking,Processing of Nucleus Fuel	55	493	45536	46	42540
化学原料和化学制品制造业	Manufacture of Chemical Raw Material and Chemical Products	756	6720	248316	753	225562
医药制造业	Manufacture of Medicines	713	5439	192267	670	192470
化学纤维制造业	Manufacture of Chemical Fiber	5	67	1076	6	2385
橡胶和塑料制品业	Manufacture of Rubber and Plastic Products	139	1278	47328	146	47805
非金属矿物制品业	Manufacture of Non-metallic Mineral Products	689	7703	227415	651	216174
黑色金属冶炼和压延加工业	Manufacture and Processing of Ferrous Metals	238	4412	229271	199	250120
有色金属冶炼和压延加工业	Manufacture and Processing of Non-ferrous Metals	553	6524	392816	447	315011
金属制品业	Manufacture of Metal Products	397	3762	135113	340	110576
通用设备制造业	Manufacture of General Purpose Machinery	638	6561	211928	646	204772
专用设备制造业	Manufacture of Special Purpose Machinery	875	12075	669398	1013	785533
汽车制造业	Manufacture of Automobile	432	5548	328718	501	474616
铁路、船舶、航空航天和其他运输设备制造业	Manufacture of Railways, Ships, Aerospace and Other Transport Equipment	404	6894	280795	489	408322
电气机械和器材制造业	Manufacture of Electrical Machinery and Equipment	922	8597	297862	1016	323200
计算机、通信和其他电子设备制造业	Manufacture of Computer, Communication and Other Electronic Equipment	909	22857	392985	984	437222
仪器仪表制造业	Manufacture of Measuring Instrument	258	2449	60080	287	69354
其他制造业	Manufacture of Other Manufacture N.E.C	45	425	13440	52	10835
废弃资源综合利用业	Comprehensive Utilization of Waste	76	425	17134	31	8352
金属制品、机械和设备修理业	Maintenance of Metal Products, Machinery and Equipment	6	174	10388	1	891
电力、热力生产和供应业	Production and Supply of Electric Power and Heat Power	163	1204	28906	51	8881
燃气生产和供应业	Production and Distribution of Gas	24	146	7827	20	5157
水的生产和供应业	Production and Distribution of Water	14	126	4650	6	938

17-41 规模以上工业企业科技活动产出情况 (2017年)
Basic Statistics on Scientific and Technological Outputs in Industrial Enterprises above Designated Size (2017)

类 别	Item	新产品产 值 (万元) Gross Output Value of New Products (10 000 yuan)	新产品销 售收 入 (万元) Sales Revenue of New Products (10 000 yuan)	#出口 Exported	专 利 申请数 (件) Patent Applic-ations (item)	有 效 发 明 专利数 (件) Inventions In Force (item)
总计	**Total**	**88201015**	**85857213**	**3788448**	**21319**	**26697**
按企业规模分组	**By Size**					
大型	Large	44671662	43839888	2471065	7542	11889
中型	Medium	23261926	22528043	659311	4972	5932
小型	Small	20177617	19410201	658072	8643	8751
微型	Miniature	89810	79082		162	125
按登记注册类型分组	**By Registration Status**					
内资企业	Domestic-Funded Enterprises	73827894	71727022	2043425	19460	25236
国有	State-owned Enterprises	6617178	6758996	15579	673	906
集体	Collective-owned Enterprises	35793	32247		29	12
股份合作	Cooperative Enterprises				1	
国有联营	State Joint Ownership Enterprises					
集体联营	Collective Joint Ownership Enterprises					
国有与集体联营	Joint State-collective Enterprises					
其他联营	Other Joint Ownership Enterprises					
国有独资公司	State-funded Corporations	5650540	5524420	246254	1134	1584
其他有限责任公司	Other Limited Liability Corporations	15871862	15523385	722780	4115	4241
股份有限公司	Share-holding Corporations Ltd.	11677273	11297050	422551	3315	8119
私营独资	Private-funded Enterprises	291373	289535	33832	33	10
私营合伙	Private Partnership Enterprises	40667	40237	7443	25	14
私营有限责任公司	Private Limited Liability Corporations	30020645	28800896	429064	8184	8479
私营股份有限公司	Private Share-holding Corporations Ltd.	3609126	3448272	165922	1951	1870
其他内资	Other Enterprises	13437	11983			1
港澳台商投资	Enterprises With Investment from Hong Kong, Macao and Taiwan	8494449	8397914	1602796	1486	834
外商投资	Enterprises With Foreign Investment	5878672	5732278	142227	373	627

17—41 续表 continued

类 别	Item	新产品产值（万元） Gross Output Value of New Products (10 000 yuan)	新产品销售收入（万元） Sales Revenue of New Products (10 000 yuan)	#出口 Exported	专利申请数（件） Patent Applic-ations (item)	有效发明专利数（件） Inventions In Force (item)
按工业行业大类分组	**By Industrial Branch**					
煤炭开采和洗选业	Mining and Washing of Coal	54	54			
黑色金属矿采选业	Mining of Ferrous Metal Ores	18934	16074		3	
有色金属矿采选业	Mining of Non-ferrous Metal Ores	251581	256778		34	49
非金属矿采选业	Mining and Processing of Nonmetal Ores	192654	196002		70	48
其他采矿业	Mining of Other Ores N.E.C					
农副食品加工业	Processing of Food from Agricultural Products	4656161	4476561	14732	617	575
食品制造业	Manufacture of Foods	1227420	1190534	29732	271	266
酒、饮料和精制茶制造业	Manufacture of Liquor, Beverage and Refined Tea	757596	701926	13541	283	199
烟草制品业	Manufacture of Tobacco	6042164	6180281	2173	271	300
纺织业	Manufacture of Textile	1493010	1418120	43073	233	67
纺织服装、服饰业	Manufacture of Textile Wearing and Clothing Apparel	324198	307840	15378	203	22
皮革、毛皮、羽毛及其制品和制鞋业	Leather, Fur, Feather and Its Products and Footwear	323218	315076	31161	116	33
木材加工和木、竹、藤、棕、草制品业	Processing of Timbers, Manufacture of Wood, Bamboo, Rattan, Palm and Straw Products	395280	380264	3078	122	68
家具制造业	Manufacture of Furniture	427707	416590		61	74
造纸和纸制品业	Manufacture of Paper and Paper Products	1391884	1344440	71951	216	211
印刷和记录媒介复制业	Printing, Reproduction of Recording Media	793114	779374	2944	133	139
文教、工美、体育和娱乐用品制造业	Manufacture of Articles for Culture, Education, Artwork, Sport and Entertainment Activity	512983	513341	23031	206	145
石油加工、炼焦和核燃料加工业	Processing of Petroleum,Coking,Processing of Nucleus Fuel	2148573	2148447	4850	56	200
化学原料和化学制品制造业	Manufacture of Chemical Raw Material and Chemical Products	3618447	3462957	447987	981	1386
医药制造业	Manufacture of Medicines	2661205	2523114	31568	794	1203
化学纤维制造业	Manufacture of Chemical Fiber	4275	4057		2	
橡胶和塑料制品业	Manufacture of Rubber and Plastic Products	914205	885574	4712	164	170
非金属矿物制品业	Manufacture of Non-metallic Mineral Products	3007059	2962261	125054	1614	1313
黑色金属冶炼和压延加工业	Manufacture and Processing of Ferrous Metals	4286834	4284774	204437	146	321
有色金属冶炼和压延加工业	Manufacture and Processing of Non-ferrous Metals	7068583	6972460	239092	997	1756
金属制品业	Manufacture of Metal Products	2023008	1888098	50645	659	817
通用设备制造业	Manufacture of General Purpose Machinery	3754296	3578569	58593	1180	1748
专用设备制造业	Manufacture of Special Purpose Machinery	10987545	10558534	119569	3144	6911
汽车制造业	Manufacture of Automobile	8382430	8102253	79469	1296	1272
铁路、船舶、航空航天和其他运输设备制造业	Manufacture of Railways, Ships, Aerospace and Other Transport Equipment	4107896	4052349	178755	2166	3012
电气机械和器材制造业	Manufacture of Electrical Machinery and Equipment	6429954	6087411	188478	1706	1803
计算机、通信和其他电子设备制造业	Manufacture of Computer, Communication and Other Electronic Equipment	8556892	8429336	1801834	2003	1357
仪器仪表制造业	Manufacture of Measuring Instrument	1033727	1016695	2156	1027	774
其他制造业	Manufacture of Other Manufacture N.E.C	123703	122158	456	51	64
废弃资源综合利用业	Comprehensive Utilization of Waste	91231	89516		49	19
金属制品、机械和设备修理业	Maintenance of Metal Products, Machinery and Equipment	9521	9521		6	
电力、热力生产和供应业	Production and Supply of Electric Power and Heat Power	44069	48753		396	346
燃气生产和供应业	Production and Distribution of Gas	88254	87927		30	13
水的生产和供应业	Production and Distribution of Water	51350	49195		13	16

17-42 大中型工业企业科技活动情况(2017年)
Basic Statistics on Scientific and Technological Activities in Large and Medium-Sized Industrial Enterprises (2017)

指标		Item		合计 Total	#大型 Large	#中型 Medium
企业基本情况		**Statistics on Industrial Enterprises**				
大中型工业企业个数	(个)	Number of Large and Medium-Sized Industrial Enterprises	(unit)	2270	241	2029
#有 R&D 活动的企业个数		#Number of Units Having R&D Activities		1052	169	883
R&D 人员	(人)	R&D Personnel	(person)	88843	56025	32818
#女性		#Female		19663	12031	7632
#全时人员		#Full-time Personnel		62317	39243	23074
R&D 活动情况		**Statistics on R&D Activities**				
R&D 人员全时当量	(人年)	Full-time Equivalent of R&D Personnel	(man-year)	63064	40842	22222
R&D 经费内部支出	(万元)	Intramural Expenditure on R&D	(10 000 yuan)	3073930	1938514	1135416
按经费来源分		by Sources				
政府资金		Government Funds		177167	137143	40024
企业资金		Self-raised Funds by Enterprises		2888169	1800745	1087424
境外资金		Foreign Funds		2312	268	2044
其他		Other funds		6283	359	5925
按支出用途分		by Use				
经常费支出		Operating Expenses		2786975	1770024	1016951
#人员劳务费		#Service Fees		725806	460065	265741
资产性支出		Capital Expenditures		286956	168490	118465
#仪器和设备		#Instruments & Equipments		282284	166258	116026
R&D 经费外部支出	(万元)	External Expenditure on R&D	(10 000 yuan)	115566	80839	34728
企业办科技机构情况		**Statistics on S&T Institutions**				
机构数	(个)	Number of S&T Institutions	(unit)	729	239	490
机构人员	(人)	S&T Personnel	(person)	55801	37646	18155
#博士毕业		#Doctor		1160	578	582
#硕士毕业		#Master		10873	8336	2537
机构经费支出	(万元)	Expenditure on S&T	(10 000 yuan)	1755849	1228400	527448
R&D 项目(课题)情况		**Statistics on R&D Topics**				
R&D 项目(课题)数	(项)	Number of R&D Projects	(item)	4558	2023	2535
R&D 项目(课题)人员	(人)	Personnel of Projects for R&D	(person)	80331	49972	30359
R&D 项目(课题)经费内部支出	(万元)	Intramural Expenditure on R&D Projects	(10 000 yuan)	3069259	1936282	1132977
新产品开发及生产情况		**Statistics on New Products Development and Production**				
新产品开发项目数	(项)	Number of New Products	(item)	4265	1856	2409
新产品开发经费支出	(万元)	Expenditure on New Products Development	(10 000 yuan)	3356773	2284097	1072676
新产品产值	(万元)	Gross Output Value of New Products	(10 000 yuan)	67933588	44671662	23261926
新产品销售收入	(万元)	Sales Revenue of New Products	(10 000 yuan)	66367931	43839888	22528043
#出口		#Exported		3130376	2471065	659311
专利情况		**Statistics on Patents**				
专利申请数	(件)	Patent Applications	(item)	12514	7542	4972
有效发明专利数	(件)	Inventions In Force	(item)	17821	11889	5932
发表科技论文	(篇)	Number of Published Scientific Papers	(piece)	2529	2085	444
拥有注册商标数	(件)	Number of registered trademark	(item)	11858	9433	2425

17-43 大中型工业企业R&D人员情况(2017年)
R&D Personnel in Large and Medium-Sized Industrial Enterprises (2017)

类 别	Item	有R&D活动的单位数(个) Number of Enterprises Having R&D Activities (unit)	R&D人员(人) R&D Personnel (person)	#全时人员 Full-time Personnel	R&D人员全时当量(人年) Full-time Equivalent of R&D Personnel (man-year)
总计	**Total**	**1052**	**88843**	**62317**	**63064**
按企业规模分组	**By Size**				
大型企业	Large	169	56025	39243	40842
中型企业	Medium	883	32818	23074	22222
按登记注册类型分组	**By Registration Status**				
内资企业	Domestic-Funded Enterprises	945	68561	47749	46115
国有	State-owned Enterprises	19	2827	1721	1428
集体	Collective-owned Enterprises	4	114	84	94
股份合作	Cooperative Enterprises	1	13	7	8
国有联营	State Joint Ownership Enterprises				
集体联营	Collective Joint Ownership Enterprises				
国有与集体联营	Joint State-collective Enterprises				
其他联营	Other Joint Ownership Enterprises				
国有独资公司	State-funded Corporations	41	6419	4163	4093
其他有限责任公司	Other Limited Liability Corporations	209	17987	12008	11551
股份有限公司	Share-holding Corporations Ltd.	98	16020	12872	10486
私营独资	Private-funded Enterprises	14	228	108	192
私营合伙	Private Partnership Enterprises	8	145	84	49
私营有限责任公司	Private Limited Liability Corporations	470	19092	13047	14008
私营股份有限公司	Private Share-holding Corporations Ltd.	80	5674	3641	4166
其他内资	Other Enterprises	1	42	14	42
港澳台商投资	Enterprises With Investment from Hong Kong, Macao and Taiwan	63	17718	12653	15031
外商投资	Enterprises With Foreign Investment	44	2564	1915	1917

17-43 续表 continued

类 别	Item	有R&D活动的单位数（个）Number of Enterprises Having R&D Activities (unit)	R&D人员（人）R&D Personnel (person)	#全时人员 Full-time Personnel	R&D人员全时当量（人年）Full-time Equivalent of R&D Personnel (man-year)
按工业行业大类分组	**By Industrial Branch**				
煤炭开采和洗选业	Mining and Washing of Coal	1	12	11	6
黑色金属矿采选业	Mining of Ferrous Metal Ores	1	67	49	67
有色金属矿采选业	Mining of Non-ferrous Metal Ores	14	1218	641	559
非金属矿采选业	Mining and Processing of Nonmetal Ores	5	116	99	85
其他采矿业	Mining of Other Ores N.E.C				
农副食品加工业	Processing of Food from Agricultural Products	70	2656	1532	1804
食品制造业	Manufacture of Foods	40	1413	818	862
酒、饮料和精制茶制造业	Manufacture of Liquor, Beverage and Refined Tea	21	733	401	433
烟草制品业	Manufacture of Tobacco	4	849	222	484
纺织业	Manufacture of Textile	42	1619	805	1065
纺织服装、服饰业	Manufacture of Textile Wearing and Clothing Apparel	17	460	302	352
皮革、毛皮、羽毛及其制品和制鞋业	Leather, Fur, Feather and Its Products and Footwear	29	612	414	414
木材加工和木、竹、藤、棕、草制品业	Processing of Timbers, Manufacture of Wood, Bamboo, Rattan, Palm and Straw Products	26	681	388	456
家具制造业	Manufacture of Furniture	6	247	171	198
造纸和纸制品业	Manufacture of Paper and Paper Products	20	1083	808	737
印刷和记录媒介复制业	Printing, Reproduction of Recording Media	14	571	464	460
文教、工美、体育和娱乐用品制造业	Manufacture of Articles for Culture, Education, Artwork, Sport and Entertainment Activity	14	433	251	211
石油加工、炼焦和核燃料加工业	Processing of Petroleum,Coking,Processing of Nucleus Fuel	3	453	259	389
化学原料和化学制品制造业	Manufacture of Chemical Raw Material and Chemical Products	73	3053	2299	1969
医药制造业	Manufacture of Medicines	55	3041	2027	2139
化学纤维制造业	Manufacture of Chemical Fiber	2	52	37	17
橡胶和塑料制品业	Manufacture of Rubber and Plastic Products	9	198	169	141
非金属矿物制品业	Manufacture of Non-metallic Mineral Products	140	4685	2977	2848
黑色金属冶炼和压延加工业	Manufacture and Processing of Ferrous Metals	15	3213	1851	2041
有色金属冶炼和压延加工业	Manufacture and Processing of Non-ferrous Metals	44	4447	2868	2954
金属制品业	Manufacture of Metal Products	42	2029	1520	1570
通用设备制造业	Manufacture of General Purpose Machinery	49	3350	2410	2159
专用设备制造业	Manufacture of Special Purpose Machinery	61	10459	8091	7833
汽车制造业	Manufacture of Automobile	49	5016	3760	3026
铁路、船舶、航空航天和其他运输设备制造业	Manufacture of Railways, Ships, Aerospace and Other Transport Equipment	23	7324	5941	5111
电气机械和器材制造业	Manufacture of Electrical Machinery and Equipment	61	6005	3713	4309
计算机、通信和其他电子设备制造业	Manufacture of Computer, Communication and Other Electronic Equipment	67	19859	14629	16287
仪器仪表制造业	Manufacture of Measuring Instrument	11	1592	1386	1281
其他制造业	Manufacture of Other Manufacture N.E.C	5	132	98	89
废弃资源综合利用业	Comprehensive Utilization of Waste	3	45	35	44
金属制品、机械和设备修理业	Maintenance of Metal Products, Machinery and Equipment	2	189	138	114
电力、热力生产和供应业	Production and Supply of Electric Power and Heat Power	11	856	678	490
燃气生产和供应业	Production and Distribution of Gas	2	72	52	57
水的生产和供应业	Production and Distribution of Water	1	3	3	1

17−44 大中型工业企业按经费来源分 R&D 经费内部支出情况 (2017年)

Intramural R&D Expenditures in Large and Medium-Sized Industrial Enterprises by Sources (2017)

单位：万元 (10 000 yuan)

类 别	Item	R&D 经费内部支出 Intramural Expenditure on R&D	政府资金 Government Funds	企业资金 Self-raised Funds by Enterprises	境外资金 Foreign Funds	其 他 Other Funds
总计	**Total**	**3073930**	**177167**	**2888169**	**2312**	**6283**
按企业规模分组	**By Size**					
大型企业	Large	1938514	137143	1800745	268	359
中型企业	Medium	1135416	40024	1087424	2044	5925
按登记注册类型分组	**By Registration Status**					
内资企业	Domestic-Funded Enterprises	2574051	172268	2395185	1332	5266
国有	State-owned Enterprises	33336	11511	21539	36	250
集体	Collective-owned Enterprises	3571		3571		
股份合作	Cooperative Enterprises	455		455		
国有联营	State Joint Ownership Enterprises					
集体联营	Collective Joint Ownership Enterprises					
国有与集体联营	Joint State-collective Enterprises					
其他联营	Other Joint Ownership Enterprises					
国有独资公司	State-funded Corporations	284577	8248	276242	53	35
其他有限责任公司	Other Limited Liability Corporations	729144	72626	655516	186	816
股份有限公司	Share-holding Corporations Ltd.	582682	46633	535593		456
私营独资	Private-funded Enterprises	10284	589	9695		
私营合伙	Private Partnership Enterprises	2691		2691		
私营有限责任公司	Private Limited Liability Corporations	740217	26872	710731		2614
私营股份有限公司	Private Share-holding Corporations Ltd.	185176	5790	178193	1058	135
其他内资	Other Enterprises	1919		959		959
港澳台商投资	Enterprises With Investment from Hong Kong, Macao and Taiwan	272879	4582	267280		1017
外商投资	Enterprises With Foreign Investment	227001	316	225705	980	

17-44 续表 continued

单位：万元 (10 000 yuan)

类 别	Item	R&D经费内部支出 Intramural Expenditure on R&D	政府资金 Government Funds	企业资金 Self-raised Funds by Enterprises	境外资金 Foreign Funds	其 他 Other Funds
按工业行业大类分组	**By Industrial Branch**					
煤炭开采和洗选业	Mining and Washing of Coal	180		180		
黑色金属矿采选业	Mining of Ferrous Metal Ores	908	10	898		
有色金属矿采选业	Mining of Non-ferrous Metal Ores	12367	953	11414		
非金属矿采选业	Mining and Processing of Nonmetal Ores	5223	181	5042		
其他采矿业	Mining of Other Ores N.E.C					
农副食品加工业	Processing of Food from Agricultural Products	86921	5379	81204		338
食品制造业	Manufacture of Foods	39233	1727	37506		
酒、饮料和精制茶制造业	Manufacture of Liquor, Beverage and Refined Tea	22398	1461	20937		
烟草制品业	Manufacture of Tobacco	5434		5434		
纺织业	Manufacture of Textile	50132	708	49348		77
纺织服装、服饰业	Manufacture of Textile Wearing and Clothing Apparel	11069	218	10851		
皮革、毛皮、羽毛及其制品和制鞋业	Leather, Fur, Feather and Its Products and Footwear	22448	375	21369		704
木材加工和木、竹、藤、棕、草制品业	Processing of Timbers, Manufacture of Wood, Bamboo, Rattan, Palm and Straw Products	26125	1260	24865		
家具制造业	Manufacture of Furniture	6591	665	5926		
造纸和纸制品业	Manufacture of Paper and Paper Products	56020	3607	52413		
印刷和记录媒介复制业	Printing, Reproduction of Recording Media	16441	354	16088		
文教、工美、体育和娱乐用品制造业	Manufacture of Articles for Culture, Education, Artwork, Sport and Entertainment Activity	11351	95	11256		
石油加工、炼焦和核燃料加工业	Processing of Petroleum,Coking,Processing of Nucleus Fuel	38116	3170	34946		
化学原料和化学制品制造业	Manufacture of Chemical Raw Material and Chemical Products	98132	1430	95830	131	741
医药制造业	Manufacture of Medicines	97852	4575	92458		819
化学纤维制造业	Manufacture of Chemical Fiber	565		565		
橡胶和塑料制品业	Manufacture of Rubber and Plastic Products	8377	222	8155		
非金属矿物制品业	Manufacture of Non-metallic Mineral Products	109214	2363	106735		117
黑色金属冶炼和压延加工业	Manufacture and Processing of Ferrous Metals	191209	1163	190046		
有色金属冶炼和压延加工业	Manufacture and Processing of Non-ferrous Metals	290526	3628	286845	53	
金属制品业	Manufacture of Metal Products	73928	15170	57738		1021
通用设备制造业	Manufacture of General Purpose Machinery	108432	7454	100943		35
专用设备制造业	Manufacture of Special Purpose Machinery	557071	18707	535843	1093	1428
汽车制造业	Manufacture of Automobile	297268	9448	287068	232	520
铁路、船舶、航空航天和其他运输设备制造业	Manufacture of Railways, Ships, Aerospace and Other Transport Equipment	259681	71017	188665		
电气机械和器材制造业	Manufacture of Electrical Machinery and Equipment	197266	5429	191352		485
计算机、通信和其他电子设备制造业	Manufacture of Computer, Communication and Other Electronic Equipment	297373	7357	289213	803	
仪器仪表制造业	Manufacture of Measuring Instrument	39280	8637	30643		
其他制造业	Manufacture of Other Manufacture N.E.C	3374	295	3079		
废弃资源综合利用业	Comprehensive Utilization of Waste	1560		1560		
金属制品、机械和设备修理业	Maintenance of Metal Products, Machinery and Equipment	10388		10388		
电力、热力生产和供应业	Production and Supply of Electric Power and Heat Power	17565	110	17455		
燃气生产和供应业	Production and Distribution of Gas	3817		3817		
水的生产和供应业	Production and Distribution of Water	95		95		

17-45 大中型工业企业按支出用途分 R&D 经费内部支出情况 (2017年)

Intramural R&D Expenditures in Large and Medium-Sized Industrial Enterprises by Use (2017)

单位：万元 (10 000 yuan)

类别	Item	R&D经费内部支出 Intramural Expenditure on R&D	经常费支出 Operating Expenses	#人员劳务费 Service Fees	资产性支出 Capital Expenditures	#仪器和设备 Instruments & Equipments
总计	**Total**	**3073930**	**2786975**	**725806**	**286956**	**282284**
按企业规模分组	**By Size**					
大型企业	Large	1938514	1770024	460065	168490	166258
中型企业	Medium	1135416	1016951	265741	118465	116026
按登记注册类型分组	**By Registration Status**					
内资企业	Domestic-Funded Enterprises	2574051	2369804	625431	204247	199740
国有	State-owned Enterprises	33336	31757	8283	1579	1449
集体	Collective-owned Enterprises	3571	2281	929	1290	1270
股份合作	Cooperative Enterprises	455	455	87		
国有联营	State Joint Ownership Enterprises					
集体联营	Collective Joint Ownership Enterprises					
国有与集体联营	Joint State-collective Enterprises					
其他联营	Other Joint Ownership Enterprises					
国有独资公司	State-funded Corporations	284577	271762	60240	12815	12474
其他有限责任公司	Other Limited Liability Corporations	729144	645326	149709	83818	81890
股份有限公司	Share-holding Corporations Ltd.	582682	542767	153658	39915	39203
私营独资	Private-funded Enterprises	10284	8496	1742	1788	1774
私营合伙	Private Partnership Enterprises	2691	2678	713	12	12
私营有限责任公司	Private Limited Liability Corporations	740217	688342	195489	51875	50705
私营股份有限公司	Private Share-holding Corporations Ltd.	185176	174020	54228	11156	10964
其他内资	Other Enterprises	1919	1919	354		
港澳台商投资	Enterprises With Investment from Hong Kong, Macao and Taiwan	272879	210546	66492	62333	62291
外商投资	Enterprises With Foreign Investment	227001	206625	33882	20375	20253

17-45 续表 continued

单位：万元 (10 000 yuan)

类别	Item	R&D经费内部支出 Intramural Expenditure on R&D	经常费支出 Operating Expenses	#人员劳务费 Service Fees	资产性支出 Capital Expenditures	#仪器和设备 Instruments & Equipments
按工业行业大类分组	**By Industrial Branch**					
煤炭开采和洗选业	Mining and Washing of Coal	180	41	28	139	139
黑色金属矿采选业	Mining of Ferrous Metal Ores	908	794	603	115	115
有色金属矿采选业	Mining of Non-ferrous Metal Ores	12367	9998	3106	2369	2362
非金属矿采选业	Mining and Processing of Nonmetal Ores	5223	5183	1216	40	33
其他采矿业	Mining of Other Ores N.E.C					
农副食品加工业	Processing of Food from Agricultural Products	86921	76388	20416	10533	10267
食品制造业	Manufacture of Foods	39233	31982	7767	7252	7173
酒、饮料和精制茶制造业	Manufacture of Liquor, Beverage and Refined Tea	22398	19727	5417	2671	2621
烟草制品业	Manufacture of Tobacco	5434	4588	625	846	846
纺织业	Manufacture of Textile	50132	44176	8891	5957	5885
纺织服装、服饰业	Manufacture of Textile Wearing and Clothing Apparel	11069	10434	2743	636	618
皮革、毛皮、羽毛及其制品和制鞋业	Leather, Fur, Feather and Its Products and Footwear	22448	20450	4908	1998	1975
木材加工和木、竹、藤、棕、草制品业	Processing of Timbers, Manufacture of Wood, Bamboo, Rattan, Palm and Straw Products	26125	22321	6754	3804	3756
家具制造业	Manufacture of Furniture	6591	6006	2468	585	583
造纸和纸制品业	Manufacture of Paper and Paper Products	56020	54026	10955	1995	1896
印刷和记录媒介复制业	Printing, Reproduction of Recording Media	16441	15678	6022	763	760
文教、工美、体育和娱乐用品制造业	Manufacture of Articles for Culture, Education, Artwork, Sport and Entertainment Activity	11351	10843	3261	508	490
石油加工、炼焦和核燃料加工业	Processing of Petroleum,Coking,Processing of Nucleus Fuel	38116	33046	8476	5070	4824
化学原料和化学制品制造业	Manufacture of Chemical Raw Material and Chemical Products	98132	73675	20962	24457	24037
医药制造业	Manufacture of Medicines	97852	86959	21638	10893	10553
化学纤维制造业	Manufacture of Chemical Fiber	565	565	302		
橡胶和塑料制品业	Manufacture of Rubber and Plastic Products	8377	7755	2016	622	543
非金属矿物制品业	Manufacture of Non-metallic Mineral Products	109214	102390	33985	6824	6675
黑色金属冶炼和压延加工业	Manufacture and Processing of Ferrous Metals	191209	180502	26029	10707	10573
有色金属冶炼和压延加工业	Manufacture and Processing of Non-ferrous Metals	290526	254990	37918	35536	35188
金属制品业	Manufacture of Metal Products	73928	68119	25507	5808	5778
通用设备制造业	Manufacture of General Purpose Machinery	108432	102139	27280	6293	5894
专用设备制造业	Manufacture of Special Purpose Machinery	557071	542093	165008	14978	14670
汽车制造业	Manufacture of Automobile	297268	271843	54768	25425	25330
铁路、船舶、航空航天和其他运输设备制造业	Manufacture of Railways, Ships, Aerospace and Other Transport Equipment	259681	241600	70787	18081	17204
电气机械和器材制造业	Manufacture of Electrical Machinery and Equipment	197266	188564	41555	8702	8487
计算机、通信和其他电子设备制造业	Manufacture of Computer, Communication and Other Electronic Equipment	297373	235054	82925	62319	62130
仪器仪表制造业	Manufacture of Measuring Instrument	39280	33833	15138	5447	5327
其他制造业	Manufacture of Other Manufacture N.E.C	3374	2184	1123	1190	1185
废弃资源综合利用业	Comprehensive Utilization of Waste	1560	773	190	787	780
金属制品、机械和设备修理业	Maintenance of Metal Products, Machinery and Equipment	10388	7446	1321	2941	2941
电力、热力生产和供应业	Production and Supply of Electric Power and Heat Power	17565	16899	2448	666	650
燃气生产和供应业	Production and Distribution of Gas	3817	3817	1242		
水的生产和供应业	Production and Distribution of Water	95	95	11		

17–46 大中型工业企业办科技机构情况 (2017年)

Basic Statistics on Institutions for Scientific and Technological in Large and Medium-Sized Industrial Enterprises (2017)

类 别	Item	企业办科技机构数(个) Number of Institutions for S&T in Enterprises (unit)	企业办科技机构人员(人) Number of Personnel in Institutions for S&T in Enterprises (person)	#博士 Doctor	#硕士 Master	科技机构内部经费支出(万元) Intramural Expenditure for S&T Institutions (10 000 yuan)
总计	**Total**	**729**	**55801**	**1160**	**10873**	**1755849**
按企业规模分组	**By Size**					
大型企业	Large	239	37646	578	8336	1228400
中型企业	Medium	490	18155	582	2537	527448
按登记注册类型分组	**By Registration Status**					
内资企业	Domestic–Funded Enterprises	674	45446	1107	9741	1479785
国有	State–owned Enterprises	18	1692	128	362	53997
集体	Collective–owned Enterprises	2	22	5	3	1822
股份合作	Cooperative Enterprises					
国有联营	State Joint Ownership Enterprises					
集体联营	Collective Joint Ownership Enterprises					
国有与集体联营	Joint State–collective Enterprises					
其他联营	Other Joint Ownership Enterprises					
国有独资公司	State–funded Corporations	48	4608	62	981	146549
其他有限责任公司	Other Limited Liability Corporations	131	10541	191	2223	346749
股份有限公司	Share–holding Corporations Ltd.	151	12800	294	2676	322715
私营独资	Private–funded Enterprises	7	181	5	8	8994
私营合伙	Private Partnership Enterprises	1	28		2	640
私营有限责任公司	Private Limited Liability Corporations	267	12493	350	3001	511613
私营股份有限公司	Private Share–holding Corporations Ltd.	49	3081	72	485	86706
其他内资	Other Enterprises					
港澳台商投资	Enterprises With Investment from Hong Kong, Macao and Taiwan	34	8212	37	496	92828
外商投资	Enterprises With Foreign Investment	21	2143	16	636	183236

17-46 续表 continued

类 别	Item	企业办科技机构数(个) Number of Institutions for S&T in Enterprises (unit)	企业办科技机构人员(人) Number of Personnel in Institutions for S&T in Enterprises (person)	#博士 Doctor	#硕士 Master	科技机构内部经费支出(万元) Intramural Expenditure for S&T Institutions (10 000 yuan)
按工业行业大类分组	**By Industrial Branch**					
煤炭开采和洗选业	Mining and Washing of Coal	1	31			589
黑色金属矿采选业	Mining of Ferrous Metal Ores	1	67	1		908
有色金属矿采选业	Mining of Non-ferrous Metal Ores	9	464	36	36	7357
非金属矿采选业	Mining and Processing of Nonmetal Ores					
其他采矿业	Mining of Other Ores N.E.C					
农副食品加工业	Processing of Food from Agricultural Products	50	1630	72	288	48803
食品制造业	Manufacture of Foods	30	842	52	137	30433
酒、饮料和精制茶制造业	Manufacture of Liquor, Beverage and Refined Tea	11	311	12	37	13363
烟草制品业	Manufacture of Tobacco	2	218	22	65	24498
纺织业	Manufacture of Textile	16	826	6	50	24034
纺织服装、服饰业	Manufacture of Textile Wearing and Clothing Apparel	18	644	16	62	8646
皮革、毛皮、羽毛及其制品和制鞋业	Leather, Fur, Feather and Its Products and Footwear	19	286	8	34	6067
木材加工和木、竹、藤、棕、草制品业	Processing of Timbers, Manufacture of Wood, Bamboo, Rattan, Palm and Straw Products	18	343	12	88	16578
家具制造业	Manufacture of Furniture	6	46	1	6	2346
造纸和纸制品业	Manufacture of Paper and Paper Products	11	390	4	49	17939
印刷和记录媒介复制业	Printing, Reproduction of Recording Media	4	225	1	9	9032
文教、工美、体育和娱乐用品制造业	Manufacture of Articles for Culture, Education, Artwork, Sport and Entertainment Activity	12	238	12	18	7150
石油加工、炼焦和核燃料加工业	Processing of Petroleum,Coking,Processing of Nucleus Fuel	3	180	14	41	19725
化学原料和化学制品制造业	Manufacture of Chemical Raw Material and Chemical Products	39	1487	41	319	50168
医药制造业	Manufacture of Medicines	35	1948	49	261	64329
化学纤维制造业	Manufacture of Chemical Fiber					
橡胶和塑料制品业	Manufacture of Rubber and Plastic Products					
非金属矿物制品业	Manufacture of Non-metallic Mineral Products	40	1910	27	147	36369
黑色金属冶炼和压延加工业	Manufacture and Processing of Ferrous Metals	17	1220	25	108	58608
有色金属冶炼和压延加工业	Manufacture and Processing of Non-ferrous Metals	28	3931	71	699	169614
金属制品业	Manufacture of Metal Products	18	1014	20	225	24975
通用设备制造业	Manufacture of General Purpose Machinery	48	2511	44	372	73418
专用设备制造业	Manufacture of Special Purpose Machinery	86	8216	148	2923	341060
汽车制造业	Manufacture of Automobile	41	4652	39	1106	262168
铁路、船舶、航空航天和其他运输设备制造业	Manufacture of Railways, Ships, Aerospace and Other Transport Equipment	25	5630	139	1877	168910
电气机械和器材制造业	Manufacture of Electrical Machinery and Equipment	65	4054	98	760	117857
计算机、通信和其他电子设备制造业	Manufacture of Computer, Communication and Other Electronic Equipment	46	9506	57	556	101859
仪器仪表制造业	Manufacture of Measuring Instrument	12	2011	28	375	41554
其他制造业	Manufacture of Other Manufacture N.E.C	3	80	3	18	1773
废弃资源综合利用业	Comprehensive Utilization of Waste					
金属制品、机械和设备修理业	Maintenance of Metal Products, Machinery and Equipment	1	206		15	755
电力、热力生产和供应业	Production and Supply of Electric Power and Heat Power	12	664	102	192	4838
燃气生产和供应业	Production and Distribution of Gas					
水的生产和供应业	Production and Distribution of Water	2	20			128

17-47 大中型工业企业R&D项目和新产品开发项目情况(2017年)
Basic Statistics on Projects for R&D and New Products Development in Large and Medium-Sized Industrial Enterprises (2017)

类别	Item	R&D项目数(项) Number of R&D Projects (item)	R&D项目人员(人) Personnel of Projects for R&D (person)	R&D项目经费(万元) Intramural Expenditure on R&D Projects (10 000 yuan)	新产品开发项目数(项) Number of Projects for New Products Development (item)	新产品开发经费(万元) Expenditure on New Products Development (10 000 yuan)
总计	**Total**	**4558**	**80878**	**3069259**	**4265**	**3356773**
按企业规模分组	**By Size**					
大型企业	Large	2023	50162	1936282	1856	2284097
中型企业	Medium	2535	30716	1132977	2409	1072676
按登记注册类型分组	**By Registration Status**					
内资企业	Domestic-Funded Enterprises	4096	60955	2569544	3788	2799882
国有	State-owned Enterprises	299	2384	33206	103	43646
集体	Collective-owned Enterprises	6	112	3551	6	3655
股份合作	Cooperative Enterprises	1	13	455		
国有联营	State Joint Ownership Enterprises				1	294
集体联营	Collective Joint Ownership Enterprises					
国有与集体联营	Joint State-collective Enterprises					
其他联营	Other Joint Ownership Enterprises				1	294
国有独资公司	State-funded Corporations	507	5904	284236	455	318925
其他有限责任公司	Other Limited Liability Corporations	1079	16460	727216	983	717982
股份有限公司	Share-holding Corporations Ltd.	855	14034	581970	823	692667
私营独资	Private-funded Enterprises	16	219	10270	15	11932
私营合伙	Private Partnership Enterprises	8	145	2690	7	2209
私营有限责任公司	Private Limited Liability Corporations	952	16359	739048	1024	840345
私营股份有限公司	Private Share-holding Corporations Ltd.	372	5283	184984	369	166297
其他内资	Other Enterprises	1	42	1919	2	1929
港澳台商投资	Enterprises With Investment from Hong Kong, Macao and Taiwan	297	17559	272837	311	274147
外商投资	Enterprises With Foreign Investment	165	2364	226878	166	282744

17-47 续表 continued

类 别	Item	R&D项目数(项) Number of R&D Projects (item)	R&D项目人员(人) Personnel of Projects for R&D (person)	R&D项目经费(万元) Intramural Expenditure on R&D Projects (10 000yuan)	新产品开发项目数(项) Number of Projects for New Products Development (item)	新产品开发经费(万元) Expenditure on New Products Development (10 000 yuan)
按工业行业大类分组	**By Industrial Branch**					
煤炭开采和洗选业	Mining and Washing of Coal	1	12	180		
黑色金属矿采选业	Mining of Ferrous Metal Ores	1	67	908	1	908
有色金属矿采选业	Mining of Non-ferrous Metal Ores	99	1032	12360	10	5201
非金属矿采选业	Mining and Processing of Nonmetal Ores	7	104	5216	6	3798
其他采矿业	Mining of Other Ores N.E.C					
农副食品加工业	Processing of Food from Agricultural Products	165	2353	86654	153	89121
食品制造业	Manufacture of Foods	117	1324	39155	106	36869
酒、饮料和精制茶制造业	Manufacture of Liquor, Beverage and Refined Tea	56	667	22348	70	25200
烟草制品业	Manufacture of Tobacco	114	581	5434	21	17780
纺织业	Manufacture of Textile	63	1570	50061	47	32464
纺织服装、服饰业	Manufacture of Textile Wearing and Clothing Apparel	20	442	11052	41	11422
皮革、毛皮、羽毛及其制品和制鞋业	Leather, Fur, Feather and Its Products and Footwear	43	594	22425	28	17062
木材加工和木、竹、藤、棕、草制品业	Processing of Timbers, Manufacture of Wood, Bamboo, Rattan, Palm and Straw Products	29	642	26077	14	11080
家具制造业	Manufacture of Furniture	11	247	6589	12	3386
造纸和纸制品业	Manufacture of Paper and Paper Products	51	866	55921	40	56101
印刷和记录媒介复制业	Printing, Reproduction of Recording Media	49	560	16438	32	10906
文教、工美、体育和娱乐用品制造业	Manufacture of Articles for Culture, Education, Artwork, Sport and Entertainment Activity	21	407	11333	21	12298
石油加工、炼焦和核燃料加工业	Processing of Petroleum,Coking,Processing of Nucleus Fuel	30	335	37870	21	34375
化学原料和化学制品制造业	Manufacture of Chemical Raw Material and Chemical Products	243	2927	97711	240	97069
医药制造业	Manufacture of Medicines	365	2713	97512	326	95954
化学纤维制造业	Manufacture of Chemical Fiber	2	52	565	3	910
橡胶和塑料制品业	Manufacture of Rubber and Plastic Products	12	198	8298	17	8772
非金属矿物制品业	Manufacture of Non-metallic Mineral Products	251	4138	109065	247	111158
黑色金属冶炼和压延加工业	Manufacture and Processing of Ferrous Metals	117	3129	191075	113	208467
有色金属冶炼和压延加工业	Manufacture and Processing of Non-ferrous Metals	298	3915	290178	249	236127
金属制品业	Manufacture of Metal Products	155	1839	73898	87	52575
通用设备制造业	Manufacture of General Purpose Machinery	201	3018	108033	175	94649
专用设备制造业	Manufacture of Special Purpose Machinery	406	8542	556763	470	651125
汽车制造业	Manufacture of Automobile	262	4581	297173	310	434182
铁路、船舶、航空航天和其他运输设备制造业	Manufacture of Railways, Ships, Aerospace and Other Transport Equipment	266	5917	258804	325	379768
电气机械和器材制造业	Manufacture of Electrical Machinery and Equipment	503	5683	197051	553	230132
计算机、通信和其他电子设备制造业	Manufacture of Computer, Communication and Other Electronic Equipment	401	19616	297184	408	328424
仪器仪表制造业	Manufacture of Measuring Instrument	67	1562	39159	75	46461
其他制造业	Manufacture of Other Manufacture N.E.C	9	129	3369	7	3286
废弃资源综合利用业	Comprehensive Utilization of Waste	3	45	1553	1	904
金属制品、机械和设备修理业	Maintenance of Metal Products, Machinery and Equipment	6	174	10388	1	891
电力、热力生产和供应业	Production and Supply of Electric Power and Heat Power	101	822	17550	20	3104
燃气生产和供应业	Production and Distribution of Gas	12	72	3817	15	4848
水的生产和供应业	Production and Distribution of Water	1	3	95		

17-48 大中型工业企业科技活动产出情况 (2017年)
Basic Statistics on Scientific and Technological Outputs in Large and Medium-Sized Industrial Enterprises (2017)

类 别	Item	新产品产值 (万元) Gross Output Value of New Products (10 000 yuan)	新产品销售收入 (万元) Sales Revenue of New Products (10 000 yuan)	#出口 Exported	专利申请数 (件) Patent Applications (item)	有效发明专利数 (件) Inventions In Force (item)
总计	**Total**	**67933588**	**66367871**	**3130376**	**12263**	**5321**
按企业规模分组	**By Size**					
大型企业	Large	44671662	43850425	2472875	7406	3204
中型企业	Medium	23261926	22517446	657501	4857	2117
按登记注册类型分组	**By Registration Status**					
内资企业	Domestic-Funded Enterprises	55500074	54134214	1461779	10612	4897
国有	State-owned Enterprises	6602643	6745038	15579	400	134
集体	Collective-owned Enterprises	218	169		18	3
股份合作	Cooperative Enterprises					
国有联营	State Joint Ownership Enterprises					
集体联营	Collective Joint Ownership Enterprises					
国有与集体联营	Joint State-collective Enterprises					
其他联营	Other Joint Ownership Enterprises					
国有独资公司	State-funded Corporations	5604525	5489436	237754	1038	477
其他有限责任公司	Other Limited Liability Corporations	12245542	12003976	428809	2346	1158
股份有限公司	Share-holding Corporations Ltd.	10217131	9919782	386846	2832	1536
私营独资	Private-funded Enterprises	197386	197168	6247	20	2
私营合伙	Private Partnership Enterprises	974	974		6	
私营有限责任公司	Private Limited Liability Corporations	18036325	17297934	284666	2697	1149
私营股份有限公司	Private Share-holding Corporations Ltd.	2595329	2479738	101876	1255	438
其他内资	Other Enterprises					
港澳台商投资	Enterprises With Investment from Hong Kong, Macao and Taiwan	6930702	6862409	1599931	1368	332
外商投资	Enterprises With Foreign Investment	5502812	5371248	68667	283	92

17–48 续表 continued

类 别	Item	新产品产值（万元）Gross Output Value of New Products (10 000 yuan)	新产品销售收入（万元）Sales Revenue of New Products (10 000 yuan)	#出口 Exported	专利申请数（件）Patent Applic-ations (item)	有效发明专利数（件）Inventions In Force (item)
按工业行业大类分组	**By Industrial Branch**					
煤炭开采和洗选业	Mining and Washing of Coal					
黑色金属矿采选业	Mining of Ferrous Metal Ores	18864	16044			
有色金属矿采选业	Mining of Non-ferrous Metal Ores	132939	136871		25	8
非金属矿采选业	Mining and Processing of Nonmetal Ores	122377	129674		9	6
其他采矿业	Mining of Other Ores N.E.C					
农副食品加工业	Processing of Food from Agricultural Products	2765922	2629795	13424	121	53
食品制造业	Manufacture of Foods	863425	844002	23439	69	32
酒、饮料和精制茶制造业	Manufacture of Liquor, Beverage and Refined Tea	409086	393348	4465	51	11
烟草制品业	Manufacture of Tobacco	6042164	6180281	2173	271	74
纺织业	Manufacture of Textile	1386870	1314214	43073	132	14
纺织服装、服饰业	Manufacture of Textile Wearing and Clothing Apparel	248836	233638	15378	160	16
皮革、毛皮、羽毛及其制品和制鞋业	Leather, Fur, Feather and Its Products and Footwear	309285	301402	23687	88	15
木材加工和木、竹、藤、棕、草制品业	Processing of Timbers, Manufacture of Wood, Bamboo, Rattan, Palm and Straw Products	208695	200058	3078	72	35
家具制造业	Manufacture of Furniture	380718	369996		14	6
造纸和纸制品业	Manufacture of Paper and Paper Products	905996	893054	65162	63	17
印刷和记录媒介复制业	Printing, Reproduction of Recording Media	645645	635812	2031	54	18
文教、工美、体育和娱乐用品制造业	Manufacture of Articles for Culture, Education, Artwork, Sport and Entertainment Activity	164297	161990	22007	64	24
石油加工、炼焦和核燃料加工业	Processing of Petroleum,Coking,Processing of Nucleus Fuel	2117141	2120675	4850	45	42
化学原料和化学制品制造业	Manufacture of Chemical Raw Material and Chemical Products	1285507	1261879	102557	376	217
医药制造业	Manufacture of Medicines	1596309	1488299	15957	378	250
化学纤维制造业	Manufacture of Chemical Fiber	107	97			
橡胶和塑料制品业	Manufacture of Rubber and Plastic Products	361032	352269	661	12	3
非金属矿物制品业	Manufacture of Non-metallic Mineral Products	2077671	2075192	114380	958	267
黑色金属冶炼和压延加工业	Manufacture and Processing of Ferrous Metals	4133465	4137761	195195	79	30
有色金属冶炼和压延加工业	Manufacture and Processing of Non-ferrous Metals	4227972	4197765	130549	575	313
金属制品业	Manufacture of Metal Products	1474288	1366645	46079	305	143
通用设备制造业	Manufacture of General Purpose Machinery	2047058	1923773	53030	440	212
专用设备制造业	Manufacture of Special Purpose Machinery	9478580	9144568	79511	1790	811
汽车制造业	Manufacture of Automobile	7889814	7665255	43773	1020	341
铁路、船舶、航空航天和其他运输设备制造业	Manufacture of Railways, Ships, Aerospace and Other Transport Equipment	3772885	3719129	175824	1922	1115
电气机械和器材制造业	Manufacture of Electrical Machinery and Equipment	4314294	4039520	165467	1010	414
计算机、通信和其他电子设备制造业	Manufacture of Computer, Communication and Other Electronic Equipment	7853457	7740307	1782470	1318	598
仪器仪表制造业	Manufacture of Measuring Instrument	628138	619270	2156	682	178
其他制造业	Manufacture of Other Manufacture N.E.C	25416	24954		24	12
废弃资源综合利用业	Comprehensive Utilization of Waste				2	
金属制品、机械和设备修理业	Maintenance of Metal Products, Machinery and Equipment	9521	9521		6	
电力、热力生产和供应业	Production and Supply of Electric Power and Heat Power	35814	40815		100	21
燃气生产和供应业	Production and Distribution of Gas				28	25
水的生产和供应业	Production and Distribution of Water					

17-49 企业创新基本情况(2017年)
Basic Situation of Enterprise Innovation(2017)

指 标	Item	合 计 Total	# 工业 Industry	# 建筑业 Construction	# 服务业 Services
企业创新基本情况	**The Basic Situation of Enterprise Innovation**				
企业数 (个)	Companies (unit)	27150	15213	999	10938
开展创新活动企业数 (个)	Carry Out Innovation Activities (unit)				
实现创新企业	Realize Innovative Enterprises	9370	6249	311	2810
同时实现四种创新企业	Four Innovative Enterprises are Implemented Simultaneously	2240	1765	33	442
开展创新活动企业占比 (%)	The Proportion of Enterprises Engaged in Innovation Activities (%)				
实现创新企业占比	Realize the Proportion of Innovative Enterprises	34.5	41.1	31.1	25.7
同时实现四种创新企业占比	At the same time, there are four innovative enterprises	8.3	11.6	3.3	4.0
产品和工艺创新情况	**Product and Process Innovation**				
(一)产品和工艺创新分布情况	**The Distribution of Product and Process Innovation**				
1. 开展产品或工艺创新活动企业数 (个)	Number of Enterprises in Product or Process Innovation Activities (unit)				
实现产品创新企业	Implement Product Innovation Enterprise	3853	3035	68	750
实现工艺创新企业	Implement Innovation Enterprise	5076	4067	123	886
2. 开展产品或工艺创新活动企业占比 (%)	Responsible for Product or Process Innovation Activities (%)				
实现产品创新企业占比	The Proportion of Product Innovation Enterprises is Realized	14.2	20.0	6.8	6.9
实现工艺创新企业占比	Realize the Proportion of Technological Innovation Enterprises	18.7	26.7	12.3	8.1
同时实现产品和工艺创新企业占比	The Proportion of Product and Process Innovation Enterprises is also Realized	19.3	30.3	6.0	5.1
仅实现产品创新企业占比(无工艺创新)	Only Realize the Proportion of Product Innovation Enterprises (No process innovation)	2.7	3.6	0.8	1.8
仅实现工艺创新企业占比(无产品创新)	Only Realize the Proportion of Technological Innovation Enterprises (No product innovation)	7.2	10.4	6.3	3.0
仅有正在进行或中止的创新活动企业占比	There is only an ongoing or discontinued innovation enterprise share	10.6	18.0	2.1	1.1
(二)产品创新开发情况	**Product Innovation and Development**				
在实现产品创新企业中,以下列形式进行开发的企业占比 (%)	In the Implementation of Product Innovation Enterprises, the Proportion of Enterprises Developed in the Following Form (%)				
本企业独立开发	Independent Development of the Enterprises	84.3	84.3	60.3	86.9
与集团内企业合作开发	Cooperation and Development of Enterprises Within the Group	8.5	6.1	25.0	18.7
与境内其他企业合作开发	Develop Cooperation with Other Enterprises in China	9.8	7.4	17.6	21.6
与境内研究机构合作开发	Working with Domestic Research Institutes	3.1	2.7	1.5	5.4
与境内高等学校合作开发	In Cooperation with Domestic Institutions of Higher Learning	14.5	14.7	14.7	13.4
与境外企业或机构合作开发	Working with Overseas Enterprises or Institutions	1.6	1.2	1.5	3.6
在其他单位基础上调整或改进	Adjust or Improve on Other Units	6.1	4.5	14.7	13.1
其他企业或机构开发	The Development of Other Enterprises or Institutions	4.7	2.5	10.3	15.3
其他	Other	9.0	6.6	16.2	20.5
(三)工艺创新开发情况	**Development of Technological Innovation**				
在实现工艺创新企业中,以下列形式进行开发的企业占比 (%)	In the Implementation of Technological Innovation Enterprises, the Proportion Enterprises Developed in the Following Form (%)				
本企业独立开发	The Company Develops Independently	73.5	78.7	61.0	52.6

17-49 续表 1 continued

指 标	Item	合 计 Total	#工业 Industry	#建筑业 Construc-tion	#服务业 Services
本企业与集团内企业合作开发	The Enterprise Cooperation and Development with The Enterprise in The Group	8.1	7.0	16.3	11.8
本企业与境内其他企业合作开发	The Company is Cooperating with Other Enterprises in China	9.6	8.4	17.1	13.6
本企业与境内研究机构合作开发	The Company is Cooperating with Domestic Research Institutes	2.3	2.1	1.6	3.4
本企业与境内高等学校合作开发	The Company is Cooperating with The Higher Schools in China	11.8	12.5	13.0	8.5
本企业与境外企业或机构合作开发	The Company is Cooperating with Overseas Enterprises or Institutions	1.1	0.8	2.4	2.3
在其他单位开发的基础上调整或改进	To Adjust or Improve on The Basis of Other Unit Development	7.4	7.0	14.6	8.3
其他企业或机构开发	The Development of Other Enterprises or Institutions	6.1	5.1	13.0	9.7
其他	Other	10.4	9.5	20.3	13.0
产品或工艺创新活动类型及创新费用情况	**Product or Process Innovation Activity Type and Innovation Cost Situation**				
(一)产品或工艺创新活动类型	**Type of Product or Process Innovation**				
有下列活动形式的企业占比 (%)	The Proportion of Enterprises with The Following Activities (%)				
内部研发	Internal Research and Development	18.6	28.1	9.3	6.3
外部研发	The External Research and Development	3.2	4.3	2.0	1.7
获得机器设备和软件	Get Machine Equipment and Software	9.1	13.5	5.7	3.2
从外部获取相关技术	Get the Technology from The Outside	2.0	2.7	1.2	1.2
相关培训	Related Training	8.5	11.3	7.9	4.6
相关设计	Related Design	4.4	6.7	0.6	1.6
市场推介	Market Introduction	4.4	5.7	2.8	2.9
其他创新活动	Other Innovative Activities	4.9	6.7	3.5	3
(二)工业企业创新费用支出情况	**Expenditure on Innovation Expenses of Industrial Enterprises**				
创新费用支出合计 (万元)	Total Expenditure on Innovation Expenses (10 000 yuan)	8388384	8388384		
1. 内部研发经费支出所占比重 (%)	Proportion of Internal r&d Expenditure (%)	55.0	55.0		
2. 外部研发经费支出所占比重 (%)	Proportion of External r&d Expenditure (%)	2.4	2.4		
3. 获得机器设备和软件经费支出所占比重 (%)	Account for the Proportion of Equipment and Software Expenditure (%)	41.5	41.5		
4. 从外部获取相关技术经费支出所占比重 (%)	The Proportion of Relevant Technical Expenses from External Access (%)	1.1	1.1		
产品或工艺创新信息来源情况	**Product or Process Innovation Information Source Situation**				
在开展产品或工艺创新活动企业中，下列信息对创新影响较大的企业占比 (%)	Among the Enterprises that Carry Out Product or Process Innovation Activities,the Following Information will Make up the Proportion of Enterprises with Greater Impact on Innovation (%)				
企业内部信息	Enterprise Internal Information	27.3	25.5	36.2	37.3
企业集团内部信息	Internal Information of Enterprise Group	4.2	3.4	13.8	8.1
来自高等学校的信息	Information from Institutions of Higher Learning	4.3	4.6	2.6	3.3
来自研究机构的信息	Information from the Research Institute	4.0	4.3	2.0	2.5
来自政府部门的信息	Information from Government Departments	5.0	3.8	11.8	11.3

注：创新费用支出情况仅包含规模工业企业。
The Cost of Innovation Expense Only Includes Scale Industrial Enterprises.

17-49 续表 2 continued

指 标	Item	合 计 Total	#工业 Industry	#建筑业 Construction	#服务业 Services
来自行业协会的信息	Information from industry associations	6.4	6.2	7.9	7.3
来自供应商的信息	Information from The Supplier	6.9	7.1	6.6	5.6
来自客户的信息	Information from the Customer	12.4	12.1	6.6	15.0
来自竞争对手或同行业企业的信息	Information from Competitors or Companies in the Same Industry	2.6	2.3	3.3	3.8
来自市场咨询机构的信息	Information from the Marketing Consultancy	0.6	0.5	0.7	1.5
来自展会的信息	Information from the Exhibition	1.3	1.3	0.7	0.9
来自文献、期刊的信息	Information from Literature and Periodicals	0.2	0.1	0.0	0.3
来自互联网的信息	Information from the Internet	1.3	1.0	3.3	3.3
其他	Other	1.5	1.3	1.3	3.0
产品或工艺创新合作情况	**Product or Process Innovation Cooperation**				
(一)产品或工艺创新合作开展情况	**Product or Process Innovation Cooperation**	**27150**	**15213**	**999**	**10938**
开展创新合作的企业数 (个)	Number of Enterprises Engaged in Innovative Cooperation (unit)	5127	4056	118	953
创新合作企业占全部企业的比重 (%)	Innovative Cooperative Enterprises Account for the Proportion of All Enterprises. (%)	18.9	26.7	11.8	8.7
在创新合作企业中,与下列伙伴开展合作的企业占比 (%)	The Proportion of Enterprises Engaged in Cooperation with the Following Partners in Innovative Cooperative Enterprises (%)				
集团内其他企业	Other Enterprises Within the Group	26.4	23	49.2	36.1
高等学校	Institutions of Higher Learning	32.0	33	36.4	26.4
研究机构	Research Institution	21.8	23	12.7	17.1
政府部门	Government Departments	14.2	12	17.8	24.9
行业协会	Industry Association	24.9	24	30.5	29.7
供应商	Suppliers	32.9	34	36.4	29.3
客户	Clients	36.6	35	18.6	45.5
竞争对手或同行业企业	Competitors or Companies in the Same Industry	14.2	13	15.3	19.1
市场咨询机构	Marketing Consultancy	8.3	7	12.7	11.2
风险投资机构	Venture Capital Institution	1.2	1	0.8	2.4
其他合作对象	Other Cooperative Objects	18.1	16.4	20.3	25.3
(二)产品或工艺创新合作伙伴	**Product or Process Innovation Cooperation Partner**				
在创新合作企业中,下列合作伙伴对企业创新有较大价值的企业占比 (%)	Among the Innovative Cooperative Enterprises, the Following Partners Make up the Proportion of Enterprises with Greater Value for Enterprise Innovation (%)				
集团内其他企业	Other Enterprises Within the Group	17.3	15.8	33.1	21.7
高等学校	Institutions of Higher Learning	17.7	19.4	16.9	10.6
研究机构	Research Institution	7.9	8.9	5.1	4.2
政府部门	Government Departments	4.5	2.9	8.5	10.7
行业协会	Industry Association	9.9	10.4	6.8	8.4
供应商	Suppliers	15.0	15.7	12.7	12.2
客户	Clients	17.2	17.0	5.9	19.4
竞争对手或同行业企业	Competitors or Companies in the Same Industry	3.3	3.2	0.8	4.0
市场咨询机构	Marketing Consultancy	1.3	1.2	1.7	1.6
风险投资机构	Venture Capital Institution	0.1	0.1	0.0	0.1
其他合作对象	Other Cooperative Objects	5.8	5.5	8.5	7.0
(三)产学研合作形式	**Cooperation in Production and Study**				
开展产学研合作的企业数 (个)	The Number of Enterprises Engaged in the Cooperation of Production and Academic Research (unit)	2101	1751	47	303
产学研合作企业占比 (%)	Proportion of Industry-university-research Partners (%)	7.7	11.5	4.7	2.8

17-49 续表 3 continued

指 标	Item	合 计 Total	#工业 Industry	#建筑业 Construction	#服务业 Services
在产学研合作企业中，以下列为主要合作形式的企业占比 (%)	**In the Cooperative Enterprise of Production and Research, the Following are Listed as the Proportion of Enterprises in the Form of Major Cooperation (%)**				
共同完成科研项目	To Jointly Complete the Research Project	65.0	65.2	70.2	63.0
在企业建立研发机构	Establish r&d Facilities in Enterprises	24.1	23.4	21.3	28.1
在高校或研究机构中设立研发机构	A Research and Development Institution is Established in a University or Research Institution	13.2	12.8	6.4	16.5
聘用高校或研究机构人员到企业兼职	Hire University or Research Staff to Work Part-time	40.0	40.4	27.7	39.9
其他形式	Other Forms	29.0	27.5	27.7	38.0
产品或工艺创新阻碍因素情况	**Product or Process Innovation Hinders the Situation**				
在全部企业中，下列各项是创新主要阻碍因素的企业占比 (%)	Among All Enterprises, the Following are the Proportion of Enterprises that are the Main Obstacles to Innovation (%)				
缺乏内部资金	Lack of Internal Funding	16.8	17.7	18.4	15.2
缺乏风险投资	Lack of Venture Capital	8.0	8.2	6.4	7.7
缺乏银行贷款	Lack of Bank Loans	11.0	12.6	5.0	9.0
创新成本过高	The Cost of Innovation is too High	15.1	16.3	16.3	13.1
缺乏人才或人才流失	Lack of Talent or Brain Drain	17.3	17.3	21.1	17.0
缺乏技术信息	Lack of Technical Information	5.7	6.5	5.9	4.4
缺乏市场信息	Lack of Market Information	3.4	2.9	2.5	4.2
难以找到创新合作伙伴	Find an Innovative Partner is Hard	2.2	2.0	2.2	2.5
市场已被占领	The Market has been Occupied	1.3	1.0	0.7	1.9
不能确定市场需求	Cannot Determine Market Demand	3.8	3.9	4.0	3.7
创新成果易被低成本模仿	Innovation is Easily Copied by Low Cost	1.2	1.4	0.3	1.0
没有创新的必要	There is no Need for Innovation	14.2	10.2	17.3	20.2
知识产权及相关情况	**Intellectual Roperty and Related Conditions**				
采取了知识产权保护或相关措施的企业数 (个)	The Number of Enterprises(s) Taking Intellectual Property Protection or Related Measures (unit)	15313	9458	493	5362
采取了知识产权保护或相关措施的企业占全部企业的比重 (%)	Enterprises Taking Intellectual Property Protection or Related Measures Account for The Proportion of all Enterprises (%)	56.4	62.2	49.3	49.0
在全部企业中，采取下列知识产权保护或相关措施的企业占比 (%)	In all Enterprises, the Proportion of Enterprises Taking the Following Intellectual Property Protection or Related Measures (%)				
申请了专利	Applied for the Invention Patent	16.4	24.9	9.8	5.3
申请了注册商标	Apply for a Registered Trademark	14.1	17.9	4.5	9.7
进行了版权登记	Copyright Registration	2.9	3.0	0.9	3.0
形成了国家或行业技术标准	A National or Industry Technical Standard is Formed	6.2	7.2	7.8	4.8
对技术秘密进行内部保护	Internal Protection of Technical Secrets	12.5	15.9	9.6	7.9
应用了难以复制的复杂技术	Applies Complex Technologies that are Difficult to Replicate	3.7	4.9	3.4	2.2
发挥了时间上的先发优势	Play the First Mover Advantage of Time	23.3	19.6	23.4	28.5
组织和营销创新情况	**Organizing and Marketing Innovation**				
实现组织或营销创新企业数 (个)	To Achieve Organizational or Marketing Innovation Enterprises (unit)	8112	5160	277	2675
在全部企业中，实现组织或营销创新企业占比 (%)	In all Enterprises, the Proportion of Organizational or Marketing Innovation Enterprises is Realized. (%)	29.9	33.9	27.7	24.5
实现组织创新企业占比	Realize the Proportion of Innovation Enterprises	24.5	27.7	26.4	19.9
实现营销创新企业占比	Realize the Proportion of Marketing Innovation Enterprises	24.2	27.9	12.4	20.3
同时实现组织和营销创新企业占比	The Company also Realizes the Proportion of Organization and Marketing Innovation Enterprises	19.0	22.2	11.1	15.2

17-50 企业家对创新的认识及相关情况(2017年)
Entrepreneurs' understanding of Innovation and Related Situation (2017)

单位：%　　(%)

指 标	Item	合 计 Total	#工业 Industry	#建筑业 Construction	#服务业 Services
企业家基本情况	**The Basic Situation of Entrepreneurs**				
(一)企业家教育程度构成	**Entrepreneur Education Degree Composition**				
在企业家中，下列各类人员占比	In the Enterprise Home, the Following Categories of Personnel				
博士	Dr.	0.4	0.5		0.3
硕士	A Master's Degree	2.7	2.9	3.4	2.4
本科	Undergraduate Course	38.6	38.5	51.3	37.7
大专	College	43.7	43.1	38.7	45.1
其他	Other	14.5	15.0	6.6	14.4
(二)企业家对创新的总体认识	**The Overall Understanding of Innovation by Entrepreneurs**				
在企业家中，认为创新对企业的生存和发展	In the Enterprise Home, Think Innovation to Enterprise'sSurvival and Development				
起了重要作用的人员占比	The Number of People Who Play an Important Role	22.3	22.3	22.3	22.3
起了一定作用的人员占比	The Proportion of People Who Play a Certain Role	59.7	59.7	59.7	59.7
不起作用的人员占比	Percentage of People Who are not Working	18.0	18.0	18.0	18.0
创新对企业的影响情况	**The Impact of Innovation on Enterprises**				
(一)影响最大的创新类型	**The Most Influential Types of Innovation**				
在实现创新企业中，认为下列各类创新对企业影响最大的企业家占比	Among the Innovative Enterprises, the Proportion of Entrepreneurs Who Believe that The Following Types of Innovations are The Biggest Influences on Enterprises				
产品创新	Product Innovation	29.2	34.1	5.2	19.2
工艺创新	Process Innovation	21.7	30.1	24.6	5.5
组织创新	Organizational Innovation	23.3	17.4	61.3	32.0
营销创新	Marketing Innovation	25.8	18.4	8.9	43.3
(二)产品创新对企业的影响	**The Impact of Product Innovation on Enterprises**				
在实现产品创新企业中，认为下列各项对企业影响程度为"高"的企业家占比	In the Realization of Product Innovation Enterprises, the Following are the Proportion of Entrepreneurs Who Have a "High" Impact on the Enterprise				
增加了产品品种	Product Variety has been Added	81.3	83.0		82.0
提高了产品性能	Product Performance is Improved	87.5	86.7	91.2	90.5
开拓了新市场	New Markets have been Opened up	80.2	79.2	72.1	84.7
扩大了市场份额	Expand Market Share	75.3	75.1	64.7	77.1
取代了过时产品	Replace Obsolete Products	73.4	73.0	67.6	75.2
(三)工艺创新对企业的影响	**Influence of Technological Innovation on Enterprises**				
在实现工艺创新企业中，认为下列各项对企业影响程度为"高"的企业家占比	In the Realization of Technological Innovation Enterprises, the Following Items are Considered as "High" Entrepreneurs				
提高了生产的灵活性	Improve the Flexibility of Production	77.0	76.8	74.0	78.1
提高了生产效率	Production Efficiency is Improved	84.2	84.4	87.8	82.6
降低了人力成本	It Lowers the Human Cost	72.8	73.3	71.5	70.7
节约了原材料	Save Raw Materials	70.0	72.1	71.5	60.5
降低了能源消耗	It Reduces Energy Consumption	69.9	71.8	63.4	62.0
减少了环境污染	Environmental Pollution is Reduced	72.4	74.1	69.9	64.9
改善了工作条件	Working Conditions are Improved	67.8	66.9	67.5	72.0
(四)组织创新对企业的影响	**The Impact of Organizational Innovation on Enterprises**				
在实现组织创新企业中，认为下列各项对企业影响程度为"高"的企业家占比	In the Realization of Organizational Innovation Enterprises, the Proportion of Entrepreneurs who Believe that the FollowingFactors are "High" for Enterprises				
加快了响应速度	Speed up the Response	76.4	77.9	63.3	75.0
提高了开发能力	Improves Development Ability	68.1	73.5	49.6	59.5

17-50 续表 continued

单位：% (%)

指 标	Item	合 计 Total	#工业 Industry	#建筑业 Construction	#服务业 Services
提高了产品质量	The Product Quality is Improved	77.2	79.0	64.8	75.4
降低了单位成本	It Lowers the Unit Cost	66.7	70.4	59.8	60.1
提高了信息交换与共享的水平	Improves the Level of Information Exchange and Sharing	69.3	68.8	68.2	70.5
改善了员工工作条件	Improved Working Conditions for Employees	65.5	66.5	63.3	63.9
提升了管理效率	Improved Management Efficiency	80.2	80.1	80.7	80.3
（五）营销创新对企业的影响	**Impact of Marketing Innovation on Enterprises**				
在实现营销创新企业中，认为下列各项对企业影响程度为“高”的企业家占比	In the Realization of Marketing Innovation Enterprises, the Proportion of Entrepreneurs who Believe that the Following Factors are "High" in Enterprises				
保持或扩大了市场份额	Maintain or Expand Market Share	75.3	76.7	64.5	73.3
开拓了新客户群体	Create New Customer Groups	73.7	73.0	66.1	75.6
开拓了新区域市场	New Regional Markets have been Opened up	71.7	73.0	56.5	69.9
创新成功影响因素情况	**Innovative Success Factors**				
在开展创新活动企业中，认为下列各项是创新成功最重要因素的企业家占比	Among the Enterprises that Carry out Innovative Activities, the Proportion of Entrepreneurs who Consider the Following are the Most Important Factors of Innovation Success				
有创新精神的企业家	Innovative Entrepreneurs	59.1	57.3	60.7	64.3
充足的经费支持	Adequate Funding Support	55.5	53.8	59.2	60.0
高素质的人才	High Quality Talent	62.0	59.3	70.4	69.0
员工对企业的认同感	Employees' Sense of Identity	63.0	58.1	74.5	75.9
企业内部的激励措施	Internal Incentives	61.9	57.3	70.1	74.5
有效的技术战略或计划	Effective Technical Strategy or Plan	57.3	53.6	65.7	66.9
畅通的信息渠道	Unblocked Information Channels	58.1	53.8	62.3	70.3
可信赖的创新合作伙伴	Trustworthy Innovative Partner	51.9	48.5	54.2	61.6
优惠政策的扶持	Support for Preferential Policies	53.7	51.2	53.9	61.0
创新激励措施及效果情况	**Innovative Incentive Measures and Effects**				
在开展创新活动企业中，认为下列措施“有效果”的企业家占比	Among the Innovative Enterprises, the Proportion of Entrepreneurs who Think the Following Measures are "Very Good"				
股权或期权	Stock or Option	18.4	17.4	14.3	21.7
增加工资或奖金	Increase Salary or Bonus	59.7	57.2	57.0	67.2
汽车住房等物质奖励	Car Housing and Other Material Rewards	19.4	19.0	18.4	20.7
岗位调整或升职机会	Post Adjustment or Promotion Opportunities	50.2	46.6	53.9	60.1
培训或深造机会	Training or Further Study	42.6	39.0	51.4	52.1
政策对创新的影响情况	**The Impact of Policy on Innovation**				
在开展创新活动企业中，认为下列政策效果较明显的企业家占比	Among the Enterprises that Carry out Innovation Activities, the Proportion of Entrepreneurs who Think the Following Policy Effect is Obvious				
企业研发费用加计扣除税收优惠政策	The Research and Development Expenses of the Enterprise Shall be Deducted from the Preferential Tax Policy	36.4	38.4	27.4	31.4
高新技术企业所得税减免政策	The Policy of Tax Reduction for High-tech Enterprises	35.7	37.3	28.7	31.8
企业研发活动专用仪器设备加速折旧政策	The Special Instrument Equipment for Enterprise Development Activities Accelerated Depreciation Policy	34.4	36.8	27.7	28.1
技术转让、技术开发收入免征增值税和技术转让减免所得税优惠政策	Technology Transfer and Technology Development Income are Exempted from Value-added Tax and Technology Transfer Tax Breaks	32.0	33.5	25.2	28.3
科技开发用品免征进口税收政策	Technology Development Supplies are Exempted from Import Tax Policy	27.3	28.4	21.2	25.0
鼓励企业吸引和培养人才的相关政策	Encourage Enterprises to Attract and Cultivate Talents Related Policies	40.8	41.4	39.9	39.0
金融支持相关政策	Financial Support Related Policies	38.3	39.5	33.0	35.7
创造和保护知识产权的相关政策	The Creation and Protection of Intellectual Property Rights Policies	42.0	44.4	34.0	35.8
优先发展产业的支持政策	Prioritize Industry Support Policies	41.9	43.3	30.5	38.9

17−51 规模以上工业企业创新活动总体情况 (2017年)
The Overall Situation of Large-Scale Industrial Enterprises Innovation Activities (2017)

类 别	Item	开展创新活动企业数(个) Carry Out Innovation Activities (Unit)	#实现创新企业 Realize Innovative Enterprises	#同时实现四种创新企业 Four Innovative Enterprises are Implemented Simultaneously	在全部企业中占比(%) 开展创新活动企业 Carry Out Innovation Activities	实现创新企业 Realize Innovative Enterprises	同时实现四种创新企业 Four Innovative Enterprises are Implemented Simultaneously
总计	**Total**	**8310**	**6249**	**1765**	**54.6**	**41.1**	**11.6**
按企业规模分组	**By Size**						
大型	Large	212	184	83	88.3	76.7	34.6
中型	Medium	1406	1043	384	69.3	51.4	18.9
小型	Small	6546	4911	1279	53.4	40.1	10.4
微型	Miniature	146	111	19	21.3	16.2	2.8
按登记注册类型分组	**By Registration Status**						
内资企业	Domestic-Funded Enterprises	7963	5990	1699	54.2	40.8	11.6
国有	State-owned Enterprises	61	44	11	39.4	28.4	7.1
集体	Collective-owned Enterprises	37	21		34.3	19.4	
股份合作	Cooperative Enterprises	8	5		72.7	45.5	
国有联营	State Joint Ownership Enterprises						
集体联营	Collective Joint Ownership Enterprises	1	1		20.0	20.0	
国有与集体联营	Joint State-collective Enterprises						
其他联营	Other Joint Ownership Enterprises	1			100.0		
国有独资公司	State-funded Corporations	96	74	19	58.5	45.1	11.6
其他有限责任公司	Other Limited Liability Corporations	1254	972	281	57.7	44.7	12.9
股份有限公司	Share-holding Corporations Ltd.	328	285	91	70.1	60.9	19.4
私营独资	Private-funded Enterprises	207	145	38	36.8	25.8	6.7
私营合伙	Private Partnership Enterprises	121	92	11	34.0	25.8	3.1
私营有限责任公司	Private Limited Liability Corporations	5414	4003	1142	54.5	40.3	11.5
私营股份有限公司	Private Share-holding Corporations Ltd.	394	314	104	60.1	47.9	15.9
其他内资	Other Enterprises	41	34	2	48.2	40.0	2.4
港澳台商投资	Enterprises With Investment from Hong Kong, Macao and Taiwan	217	154	43	68.2	48.4	13.5
外商投资	Enterprises With Foreign Investment	130	105	23	62.8	50.7	11.1

17-51 续表

指 标	Item	开展创新活动企业数(个) Carry Out Innovation Activities(Unit)
按工业行业大类分组	**By Industrial Branch**	
煤炭开采和洗选业	Mining and Washing of Coal	63
黑色金属矿采选业	Mining of Ferrous Metal Ores	20
有色金属矿采选业	Mining of Non-ferrous Metal Ores	47
非金属矿采选业	Mining and Processing of Nonmetal Ores	89
其他采矿业	Mining of Other Ores N.E.C	1
农副食品加工业	Processing of Food from Agricultural Products	865
食品制造业	Manufacture of Foods	267
酒、饮料和精制茶制造业	Manufacture of Liquor, Beverage and Refined Tea	301
烟草制品业	Manufacture of Tobacco	7
纺织业	Manufacture of Textile	131
纺织服装、服饰业	Manufacture of Textile Wearing and Clothing Apparel	93
皮革、毛皮、羽毛及其制品和制鞋业	Leather, Fur, Feather and Its Products and Footwear	208
木材加工和木、竹、藤、棕、草制品业	Processing of Timbers, Manufacture of Wood, Bamboo, Rattan, Palm and Straw Products	211
家具制造业	Manufacture of Furniture	94
造纸和纸制品业	Manufacture of Paper and Paper Products	145
印刷和记录媒介复制业	Printing,Reproduction of Recording Media	123
文教、工美、体育和娱乐用品制造业	Manufacture of Articles for Culture, Education, Artwork, Sport and Entertainment Activity	139
石油加工、炼焦和核燃料加工业	Processing of Petroleum,Coking,Processing of Nucleus Fuel	30
化学原料和化学制品制造业	Manufacture of Chemical Raw Material and Chemical Products	775
医药制造业	Manufacture of Medicines	261
化学纤维制造业	Manufacture of Chemical Fiber	9
橡胶和塑料制品业	Manufacture of Rubber and Plastic Products	202
非金属矿物制品业	Manufacture of Non-metallic Mineral Products	912
黑色金属冶炼和压延加工业	Manufacture and Processing of Ferrous Metals	177
有色金属冶炼和压延加工业	Manufacture and Processing of Non-ferrous Metals	303
金属制品业	Manufacture of Metal Products	347
通用设备制造业	Manufacture of General Purpose Machinery	500
专用设备制造业	Manufacture of Special Purpose Machinery	475
汽车制造业	Manufacture of Automobile	225
铁路、船舶、航空航天和其他运输设备制造业	Manufacture of Railways, Ships, Aerospace and Other Transport Equipment	104
电气机械和器材制造业	Manufacture of Electrical Machinery and Equipment	423
计算机、通信和其他电子设备制造业	Manufacture of Computer, Communication and Other Electronic Equipment	376
仪器仪表制造业	Manufacture of Measuring Instrument	102
其他制造业	Manufacture of Other Manufacture N.E.C	54
废弃资源综合利用业	Comprehensive Utilization of Waste	46
金属制品、机械和设备修理业	Maintenance of Metal Products, Machinery and Equipment	3
电力、热力生产和供应业	Production and Supply of Electric Power and Heat Power	114
燃气生产和供应业	Production and Distribution of Gas	26
水的生产和供应业	Production and Distribution of Water	42

continued

		在全部企业中占比 (%)		
#实现创新企业 Realize Innovative Enterprises	#同时实现四种创新企业 Four Innovative Enterprises are Implemented Simultaneously	开展创新活动企业 carry out innovative activities	实现创新企业 Realize Innovative Enterprises	同时实现四种创新企业 Four Innovative Enterprises are Implemented Simultaneously
54	1	25.2	21.6	0.4
12		35.1	21.1	
30	3	29.9	19.1	1.9
59	7	30.8	20.4	2.4
1		50.0	50.0	
658	168	56.2	42.8	10.9
206	57	58.6	45.2	12.5
234	64	60.0	46.6	12.7
5	2	50.0	35.7	14.3
96	35	52.0	38.1	13.9
65	13	36.3	25.4	5.1
156	71	57.9	43.5	19.8
117	24	48.6	27.0	5.5
74	17	53.4	42.0	9.7
115	26	45.9	36.4	8.2
90	26	47.5	34.7	10.0
109	41	61.2	48.0	18.1
23	8	56.6	43.4	15.1
605	167	52.0	40.6	11.2
202	59	76.8	59.4	17.4
6	1	69.2	46.2	7.7
155	36	52.1	39.9	9.3
616	110	47.2	31.9	5.7
109	29	50.3	31.0	8.2
237	61	68.4	53.5	13.8
250	65	55.5	40.0	10.4
398	135	61.6	49.0	16.6
396	158	64.6	53.9	21.5
185	56	62.3	51.2	15.5
90	33	66.7	57.7	21.2
352	145	65.2	54.2	22.3
259	81	71.2	49.1	15.3
87	35	79.1	67.4	27.1
45	18	62.1	51.7	20.7
30	6	57.5	37.5	7.5
3	1	60.0	60.0	20.0
73	3	34.3	22.0	0.9
22	1	55.3	46.8	2.1
25	2	36.8	21.9	1.8

主要统计指标解释

普通高等学校 指按国家规定的设置标准和审批程序批准举办的，通过全国普通高等学校统一招生考试，招收高中毕业生为主要培养对象，实施高等学历教育的全日制大学、独立设置的学院和高等专科学校、高等职业学校及其他机构（独立学院和分校、大专班）。

大学、独立设置的学院主要实施本科层次以上教育。高等专科学校、高等职业学校实施专科层次教育。其他机构是承担国家普通招生计划任务不计校数的机构，包括独立学院、普通高等学校分校、大专班和批准筹建的普通高等学校等。独立学院指由普通本科高校按新机制、新模式举办的本科层次的二级学院，一些普通本科高校按公办机制和模式建立的二级学院，“分校”或其他类似的二级办学机构不属此范畴。

成人高等学校 指按照国家规定的设置标准和审批程序批准举办的，通过全国成人高等教育统一招生考试，招收具有高中毕业或同等学历的人员为主要培养对象，利用函授、业余、脱产等多种形式对其实施高等学历教育的学校。包括职工高等学校、农民高等学校、管理干部学院、教育学院、独立函授学院、广播电视大学、其他机构等。其他机构是承担国家成人招生计划任务不计校数的机构。

小学学龄儿童净入学率 指调查范围内已入小学学习的学龄儿童占校内外学龄儿童总数（包括弱智儿童，不包括盲聋哑儿童）的比重。计算公式为：

$$\text{小学学龄儿童净入学率}=\frac{\text{已入学的小学学龄儿童数}}{\text{校内外小学学龄儿童总数}}\times 100\%$$

国家财政性教育经费 包括国家财政预算内教育经费，各级政府征收用于教育的税费，企业办学校教育经费，校办产业、勤工俭学和社会服务收入用于教育的经费。

财政预算内教育经费 指中央、地方各级财政或上级主管部门在年度内安排，并计划拨到教育部门和其他部门主办的各级各类学校、教育事业单位，列入国家预算支出科目的教育经费，包括教育事业拨款、科研经费拨款、基建拨款和其他经费拨款。

科技活动 指在自然科学、农业科学、医药科学、工程与技术科学、人文与社会科学领域（简称科学技术领域）中，与科技知识的产生、发展、传播和应用密切相关的有组织的活动。可分为研究与试验发展（R&D）、研究与试验发展成果应用及相关的科技服务三类活动。该定义是联合国教科文组织考虑成员国特别是发展中国家开展科技统计工作的需要，而对科技活动所作的统计界定。

科技活动人员 指直接从事科技活动、以及专门从事科技活动管理和为科技活动提供直接服务，累计的实际工作时间占全年制度工作时间 10% 及以上的人员。(1) 直接从事科技活动的人员包括：在独立核算的科学研究与技术开发机构、高等学校、各类企业及其他事业单位内设的研究室、实验室、技术开发中心及中试车间（基地）等机构中从事科技活动的研究人员、工程技术人员、技术工人及其它人员；虽不在上述机构工作，但编入科技活动项目（课题）组的人员；科技信息与文献机构中的专业技术人员；从事论文设计的研究生等。(2) 专门从事科技活动管理和为科技活动提供直接服务的人员，包括：独立核算的科学研究与技术开发机构、科技信息与文献机构、高等学校、各类企业及其他事业单位主管科技工作的负责人，专门从事科技活动的计划、行政、人事、财务、物资供应、设备维护、图书资料管理等工作的各类人员，但不包括保卫、医疗保健人员、司机、食堂人员、茶炉工、水暖工、清洁工等为科技活动提供间接服务的人员。该指标用来反映投入科技活动人力的规模。

科技活动经费内部支出 指报告年内用于科技活动的实际支出，包括劳务费、科研业务费、科研管理费，非基建投资购建的固定资产、科研基建支出以及其他用于科技活动的支出。不包括生产性活动支出、归还贷款支出及转拨外单位支出。反映科技投入实际完成情况。

研究与试验发展 (R&D) 指在科学技术领域，为增加知识总量，以及运用这些知识去创造新的应用进行的系统的创造性的活动，包括基础研究、应用研究、试验发展三类活动。国际上通常采用 R&D 活动的规模和强度指标反映一国的科技实力和核心竞争力。

基础研究 指为了获得关于现象和可观察事实的基本原理的新知识（揭示客观事物的本质、运动规律，获得新发现、新学说）而进行的实验性或理论性研究，它不以任何专门或特定的应用或使用为目的。其成果以科学论文和科学著作为主要形式。用来反映知识的原始创新能力。

应用研究 指为获得新知识而进行的创造性研究，主要针对某一特定的目的或目标。应用研究是为了确定基础研究成果可能的用途，或是为达到预定的目标探索应采取的新方法（原理性）或新途径。其成果形式以科学论文、专著、原理性模型或发明专利为主。用来反映对基础研究成果应用途径的探索。

试验发展 指利用从基础研究、应用研究和实际经验所获得的现有知识，为产生新的产品、材料和装置，建立新的工艺、系统和服务，以及对已产生和建立的上述各项作实质性的改进而进行的系统性工作。其成果形式主要是专利、专有技术、具有新产品基本特征的产品原型或具有新装置基本特征的原始样机等。在社会科学领域，试验发展是指把通过基础研究、应用研究获得的知识转变成可以实施的计划（包括为进行检验和评估实施示范项目）的过程。人文科学领域没有对应的试验发展活动。主要反映将科研成果转化为技术和产品的能力，是科技推动经济社会发展的物化成果。

R&D 人员 指参与研究与试验发展项目研究、管理和辅助工作的人员，包括项目（课题）组人员，企业科技行政管理人员和直接为项目（课题）活动提供服务的辅助人员。反映投入从事拥有自主知识产权的研究开发活动的人力规模。

R&D 人员全时当量 指全时人员数加非全时人员按工作量折算为全时人员数的总和。例如：有两个全时人员和三个非全时人员（工作时间分别为 20%、30% 和 70%），则全时当量为 2+0.2+0.3+0.7=3.2 人年。为国际上比较科技人力投入而制定的可比指标。

R&D 经费内部支出合计 指调查单位用于内部开展 R&D 活动（基础研究、应用研究和试验发展）的实际支出。包括用于 R&D 项目（课题）活动的直接支出，以及间接用于 R&D 活动的管理费、服务费、与 R&D 有关的基本建设支出以及外协加工费等。不包括生产性活动支出、归还贷款支出以及与外单位合作或委托外单位进行 R&D 活动而转拨给对方的经费支出。

R&D 经费内部支出中政府资金 指 R&D 经费内部支出中来自各级政府部门的各类资金，包括财政科学技术拨款、科学基金、教育等部门事业费以及政府部门预算外资金的实际支出。

R&D 经费内部支出中企业资金 指 R&D 经费内部支出中来自本企业的自有资金和接受其他企业委托而获得的经费，以及科研院所、高校等事业单位从企业获得的资金的实际支出。

R&D 项目（课题）数 指在当年立项并开展研究工作、以前年份立项仍继续进行研究的研发项目（课题）数，包括当年完成和年内研究工作已告失败的研发项目（课题），但不包括委托外单位进行的研发项目（课题）数。

R&D 项目（课题）人员全时当量 指实际参加研发项目（课题）活动人员折合的全时当量。

R&D 项目（课题）经费内部支出 指调查单位内部在报告年度进行研发项目（课题）研究和试制等的实际支出。包括劳务费、其他日常支出、固定资产购建费、外协加工费等，不包括委托或与外单位合作进行项目（课题）研究而拨付给对方使用的经费。

专利 是专利权的简称，是对发明人的发明创造经审查合格后，由专利局依据专利法授予发明人和设计人对该项发明创造享有的专有权。包括发明、实用新型和外观设计。反映拥有自主知识产权的科技和设计成果情况。

发明（专利） 指对产品、方法或者其改进所提出的新的技术方案。是国际通行的反映拥有自主知识产权技术的核心指标。

实用新型（专利） 指对产品的形状、构造或者其结合所提出的适于实用的新的技术方案。反映具有一定技术含量的技术成果情况。

外观设计（专利） 指对产品的形状、图案、色彩或者其结合所作出的富有美感并适于工业上应用的新设计。反映拥有自主知识产权的外观设计成果情况。

Explanatory Notes on Main Statistical Indicators

Regular Institutions of Higher Education refer to educational establishments set up according to the government evaluation and approval procedures, recruiting graduates from senior secondary schools as the main target by National Matriculation TEST. They include full-time universities, colleges, institutions of higher professional education, institutions of higher vocational education, institutions of higher vocational education and others (non-university tertiary, branch schools and undergraduate classes).

Universities and colleges primarily provide undergraduate courses; institutions of higher professional education and institutions of higher vocational education primarily provide professional trainings; and others refer to educational establishments, which are responsible for enrolling higher education students under the State Plan but not enumerated in the total number of schools, including: branch schools of universities and colleges, and universities and colleges that have been approved and under plan for construction. Non-university tertiary refers to the regular undergraduate branch college which is running in new mechanism and mode, excluding the branch schools and other similar branches of educational institutions.

Institutions of Higher Education for Adults refer to educational establishments, set up in line with relevant rules approved by the government, enrolling staff and workers with senior secondary school or equivalent education, and providing higher education courses in many forms of correspondence, spare time, or full time for adults. Professionals thus trained receive a qualification equivalent to graduates studying regular courses at regular universities, colleges and professional colleges. Institutions of higher learning for adults include schools of higher education for staff and workers, schools of higher education for peasants, colleges for management cadres, pedagogical colleges, independent correspondence colleges, Radio and TV universities and other educational establishments. Other educational establishments have undertakings to enrol adult students but not enumerated in the schools under the State Plan.

Net Enrolment Ratio of Primary Schools refers to the proportion of school age children enrolled at schools to the total number of school age children both in and outside schools (including retarded children, but excluding blind, deaf and mute children). The formula is:

$$\text{Net Enrolment Ratio of Primary Schools} = \frac{\text{Total Primary School - age Children at Schools}}{\text{Total Primary School - age Children Whether or Not Attending School}} \times 100\%$$

Government Appropriation for Education refers to State budgetary fund for education, taxes and fees collected by governments at all levels that are used for education purpose, education fund for enterprise-run schools, income from school-run enterprises, work-study programme and social services that are used for education purpose.

Budgetary Fund for Education refers to education funding that is planned to be allocated to various schools and education institutions by central and local financial departments at various levels within the reference year, which is within the State budgetary expenditure, including: appropriated funds for education, for science and research, for capital construction and others.

Scientific and Technological Activities (S&T Activities) refer to organized activities which are closely related with the creation, development, dissemination and application of the scientific and technical knowledge in the fields of natural sciences, agricultural science, medical science, engineering and technological science, humanities and social sciences (referred to as scientific and technological fields). S&T activities can be classified in to 3 categories: research and development (R&D) activities, application of R&D results, and related S&T services. This statistical definition is made by UNICHIEF for scientific and technological activities to meet the need of carrying out statistical work in this field for its member countries in particular those developing countries.

Personnel Engaged in S&T Activities refer to personnel directly engaged in S&T activities, in the management of S&T activities, and in providing direct service to S&T activities, who spend over 10% of the total working hours in a year in S&T activities. (1) Personnel directly engaged in S&T activities include researchers, engineers, technicians and other related personnel engaged in S&T activities in indepen- dent accounting R&D institutions, institutions of higher learning, and in research institutes, laboratories, technology development centers and central experiment workshops under enterprises and institutions. Also included are people working in S&T research project teams, professional and technical personnel working in S&T information archiving institutes, and graduate students working on the design of their thesis. (2) Personnel engaged in the management of S&T activities and in providing direct service to S&T activities include senior management people responsible for S&T activities in independent accounting R&D institutions, S&T information archiving institutes, institutions of higher learning, and in enterprises and institutions where S&T activities are undertaken. Also included are people responsible for the plan- ing, administration, personnel management,financial manage- ment,logistics supply, equipment maintenance, information and library management that are related with S&T activities. People providing indirect services are excluded, such as security, medical service, drivers, plumbers, cleaners and those providing catering and related service. This indicator reflects the size of personnel engaged in S&T activities.

Internal Expenditures for Scientific and Technological Activities refers to the actual expenditure for scientific and technological activities during the year of the report, including labor, scientific research, business expenses, the scientific research management fees, the infrastructure investment and construction of fixed assets for science and technology activities, scientific research infrastructure spending and other spending. Excluding productive activity expenditures, repayment of loan expenditures and transfer of out-of-unit expenditures. To reflect the actual completion of technology input.

Research and Development (R&D) refers to systematic and creative activities in the field of science and technology aiming at increasing the knowledge and using the knowledge for new application. R&D includes 3 categories of activities: basic research, applied research and experimentation for development. The scale and intensity of R&D are widely used internationally to reflect the strength of S&T and the core competitiveness of a country in the world.

Basic Research refers to empirical or theoretical research aiming at obtaining new knowledge on the fundamental principles regarding phenomena or observable facts to reveal the intrinsic nature and underlying laws and to acquire new discoveries or new theories. Basic research takes no specific or designated application as the aim of the research. Results of basic research are mainly released or disseminated in the form of scientific papers or monographs. This indicator reflects the innovation capacity for original knowledge.

Applied Research refers to creative research aiming at obtaining new knowledge on a specific objective or target. Purpose of the applied research is to identify the possible uses of results from basic research, or to explore new (fundamental) methods or new approaches. Results of applied research are expressed in the form of scientific papers, monographs, fundamental models or invention patents. This indicator reflects the exploration of ways to apply the results of basic research.

Experiments and Development refer to systematic activities aiming at using the knowledge from basic and applied researches or from practical experience to develop new products, materials and equipment, to establish new production process, systems and services, or to make substantial improvement on the existing products, process or services. Results of experiment and development activities are embodied in patents, exclusive technology, and monotype of new products or equipment. In social sciences, experiment and development activities refer to the process of converting the knowledge from basic or applied researches into feasible programmes (including conduct of demonstration projects for assessment and evaluation). There are no experiment and development activeties in the science of humanities. This indicator reflects the capability of transferring the results of S&T into technique and products, and measures the realization of S&T in spearheading the economic and social development.

R&D Personnel refer to persons engaged in research, management and supporting activities of R&D, including persons in the project teams, persons engaged in the management of S&T activities of enterprises and supporting staff providing direct service to the research projects. This indicator reflects the size of personnel engaged in R&D activities with independent intellectual property.

Full-time Equivalent of R&D Personnel refers to the sum of the full-time persons and the full-time equivalent of part-time persons converted by workload. For instance, if there are 2 full-time persons and 3 part-time workers (20%, 30% and 70% of working hours respectively on R&D activities), the full-time equivalent are 2+0.2+0.3+0.7=3.2 person-years. This is an internationally comparable indicator of S&T manpower input.

Total Internal Expenditure of Funds on R&D refers to the real expenditure of surveyed units on their own R&D activities (basic research, application study, test and development) including direct expenditure on R&D activities, indirect expenditure of management and services on R&D activities, expenditure on capital construction and material processing by others. Excluding the expenditure on production activities, return of loan, and fees transferred to cooperated and entrusted agencies on R&D activities.

Internal Expenditure of Government Funds refers to the expenditure of funds on R&D activities from government agencies at different levels, including appropriate funds on science and technology from financial departments, scientific funds, operating expenses from education departments and the real expenditure of extra budgetary funds from government agencies.

Internal Expenditure of Funds of Enterprises refers to the expenditure of funds on R&D activities from self-raised funds of enterprises and funds from other enterprises through entrustment, and the expenditure of funds of institutions, such as institution of scientific research and universities, from enterprises.

Number of R&D Projects (Subjects) refers to the number of R&D projects (subjects) set up and implemented at the reference year, and the number of R&D projects (subjects) set up in former years and under implementation, including the projects (subjects) finished and failed at the reference year, excluding the projects (subjects) implemented by others through entrustment.

Full-time Equivalent of R&D Personnel refers to the full-time equivalent of persons actually engaged in R&D projects.(subjects)

Internal Expenditure of Funds on R&D Projects (subjects) refers to the real expenditure of internal funds of the surveyed units on research and test of R&D projects (subjects) at the reference year, including service fee, other daily expenditure, cost for capital goods, cost of external process; excluding expenditure of funds transferred to other cooperated and entrusted units of the projects.

Patent is an abbreviation for the patent right and refers to the exclusive right of ownership by the inventors or designers for the creation or inventions, given from the patent offices after due process of assessment and approval in accordance with the Patent Law. Patents are granted for inventions, utility models and designs. This indicator reflects the achievements of S&T and design with independent intellectual property.

Patented Inventions refer to new technical proposals to the products or methods or their modifications. This is universal core indicator reflecting the technologies with independent intellectual property.

Patented Utility Models refer to the practical and new technical proposals on the shape and structure of the product or the combination of both. This indicator reflects the condition of technological results with certain technical content.

Designs refer to the aesthetics and industrially applicable new designs for the shape, pattern and colour of the product, or their combinations. This indicator reflects the appearance design achievements with independent intellectual property.

18

文化、体育和卫生

Culture, Sports and Public Health

资料整理人员：蔡冬娥　　肖首雄　　贺　震

赵莉淇　　郭开金

18-1 文化事业基本情况
Basic Statistics on Culture

年份 Year	艺术表演团体（个） Art Performance Troupes (unit)	公共图书馆（个） Public Libraries (unit)	博物馆（个） Museums (unit)	图书出版总印数（万册） Number of Books Published (10 000 copies)	杂志出版总印数（万册） Number of Magazines Published (10 000 copies)	报纸出版总印数（万份） Number of Newspapers Published (10 000 copies)	广播人口覆盖率(%) Listener Rating (%)	电视人口覆盖率(%) Viewer Rating (%)
1949	53	1						
1950	53	1						
1951	75	1	1	484	43			
1952	90	1	1	1647	245	5785		
1953	108	2	1	1489	40	4719		
1954	113	2	1	1976	6	4503		
1955	111	3	1	2671	52	5402		
1956	114	13	2	3237	116	6851		
1957	116	15	3	3610	169	6530		
1958	118	35	4	9591	371	19317		
1959	137	36	7	8326	678	25253		
1960	134	53	9	6347	402	33318		
1961	135	46	9	4190	165	9024		
1962	136	34	9	3298	150	6983		
1963	144	30	10	3950	172	6771		
1964	143	29	12	5889	228	15911		
1965	134	43	11	7563	211	17000		
1966	131	42	12	12797	271	20571		
1967	137	35	15	12074		12054		
1968	124	35	17	8811		15185		
1969	104	26	18	6551		10694		
1970	106	25	19	15149		10028		
1971	119	28	20	7886	293	10799		
1972	137	42	15	10072	515	20134		
1973	134	40	20	11340	1056	31744		
1974	136	49	18	12170	1226	33662		
1975	137	40	17	15181	1656	33861		
1976	137	72	19	9457	10239	38363		
1977	137	74	20	14588	822	36931		
1978	141	72	19	16479	1296	31921		

18-1 续表 continued

年份 Year	艺术表演团体(个) Art Performance Troupes (unit)	公共图书馆(个) Public Libraries (unit)	博物馆(个) Museums (unit)	图书出版总印数(万册) Number of Books Published (10 000 copies)	杂志出版总印数(万册) Number of Magazines Published (10 000 copies)	报纸出版总印数(万份) Number of Newspapers Published (10 000 copies)	广播人口覆盖率(%) Listener Rating (%)	电视人口覆盖率(%) Viewer Rating (%)
1979	137	76	20	16685	1372	33685		
1980	138	77	22	21745	1169	34801		
1981	140	85	19	28012	1437	33070		
1982	139	91	13	30514	1656	36050		
1983	137	98	15	30013	1925	52655		
1984	126	101	19	30240	3019	63653		
1985	115	110	31	35629	5944	67727	50.3	75.1
1986	108	113	31	30202	5437	62209	50.3	78.0
1987	107	113	38	33376	6632	72898	54.0	85.0
1988	96	114	42	37715	6556	71960	54.8	86.5
1989	91	116	43	35055	5235	47146	54.8	86.5
1990	91	116	42	32134	5226	51749	54.8	86.5
1991	89	116	50	35085	6430	60658	54.8	86.9
1992	90	116	51	36436	7002	67890	54.8	86.9
1993	89	116	54	33503	8022	73754	54.8	86.9
1994	89	116	55	29597	7400	57718	54.8	86.9
1995	89	116	57	33677	7768	62425	54.8	86.9
1996	88	115	60	39393	7844	63585	68.5	88.1
1997	86	115	67	37494	7686	68726	78.6	87.7
1998	88	115	68	36582	8920	75879	79.1	88.2
1999	88	115	68	30765	12437	84995	81.1	90.4
2000	91	115	71	24844	10504	83467	81.5	91.4
2001	87	115	72	23808	10051	92273	81.6	91.7
2002	87	115	74	32600	11207	95198	81.7	91.8
2003	86	115	73	29556	12577	113514	81.8	91.9
2004	91	115	71	30525	19133	104165	82.1	92.1
2005	91	120	73	33238	11708	106428	82.5	92.4
2006	93	120	73	27946	9957	103489	88.4	94.0
2007	96	120	73	31310	8849	110207	89.0	94.7
2008	98	120	74	29103	9063	104235	91.1	95.7
2009	110	120	75	26192	11373	126346	91.7	96.1
2010	201	124	81	31153	12762	129101	92.0	96.4
2011	114	130	85	34528	12584	122640	92.6	96.8
2012	141	136	95	36290	12680	131889	93.0	97.2
2013	227	136	103	35803	12991	134113	93.3	97.4
2014	271	136	109	42194	13442	136738	93.5	97.5
2015	273	137	113	48545	14099	133554	94.1	98.0
2016	439	137	115	51704	13966	98425	94.7	98.3
2017	534	139	120	45901	11684	92912	98.5	99.3

注：2010年起，艺术表演团体含民间职业剧团，此前为文化部门专业剧团数据。

From 2010, arts performance troupes included folk troupes. And before that, arts performance troupes included professional troupes of cultural department only.

18−2 文化机构和人员 (2017年)
Cultural Institutions and Personnel (2017)

类 别	Item	合 计 Total		文化部门 Culture Department		其他部门 Other Department	
		机构(个) Institutions (unit)	人员(人) Personnel (person)	机构(个) Institutions (unit)	人员(人) Personnel (person)	机构(个) Institutions (unit)	人员(人) Personnel (person)
总计	**Total**	**18965**	**112054**	**3535**	**29883**	**15430**	**82171**
艺术表演团体	Art Performance Troupes	534	12526	99	3999	435	8527
艺术表演场馆	Art Performance Places	92	2623	62	1151	30	1472
公共图书馆	Public Libraries	139	2149	139	2149		
文化馆	Cultural Centers	143	2137	143	2137		
文化站	Cultural Stations	2430	6434	2430	6434		
其中：乡镇综合文化站	Cultural Stations in Townships	2108	5494	2108	5494		
艺术展览创作机构	Art Exhibition & Authoring Institutions	32	142	32	142		
艺术教育业	Art Education	4	706	4	706		
文化科研机构	Cultural Scientific Research Institutions	8	98	8	98		
文化市场经营机构	Cultural Marketing Institutions	14952	71199			14952	71199
文化行政主管部门	Cultural Administration Departments	141	4126	141	4126		
其他文化机构	Others	214	4877	212	4623	2	254

18−3 艺术业机构和人员
Art Institutions and Personnel

类 别	Item	2016		2017	
		机构(个) Institutions (unit)	人员(人) Personnel (person)	机构(个) Institutions (unit)	人员(人) Personnel (person)
艺术表演团体	**Art Performance Troupes**	**439**	**11631**	**534**	**12526**
话剧、儿童剧、滑稽剧类	Drama,Children's Play and Comedy Troupes	48	1142	70	1257
歌舞团、音乐类	Song and Dance Troupe, Music	131	3279	130	3394
京剧、昆曲类	Beijing Opera,Kunqu Opera	2	165	4	259
地方戏曲类	Local Opera	92	2949	139	3522
杂技、魔术、马戏类	Acrobatics, Magic and Circus	4	160	4	124
曲艺类	Folk Arts	10	265	13	302
综合性艺术表演团体	Comprehensive performing arts groups	152	3671	174	3668
艺术表演场馆	**Art Performance Places(Theaters and Music Halls)**	**86**	**2510**	**92**	**2623**
艺术教育业	**Art Education**	**4**	**734**	**4**	**706**
文化科研	**Literature and Art research**	**8**	**96**	**8**	**98**

18-4 出版发行、文物、图书馆、群众文化业机构人员 (2017年)
Number of Institutions and Personnel in Publishing and Distribution, Cultural Relics, Libraries and Mass Culture (2017)

类别	Item	合计 Total		文化部门 Culture Department		其他部门 Other Department	
		机构(个) Institutions (unit)	人员(人) Personnel (person)	机构(个) Institutions (unit)	人员(人) Personnel (person)	机构(个) Institutions (unit)	人员(人) Personnel (person)
出版发行事业	**Publishing and Distribution**						
图　书	Books Published	13	1363			13	1363
报　纸	Newspaper Published	85	6748			85	6748
杂　志	Magazines Published	253	1649			253	1649
音像出版	Image to Publish	8	97			8	97
音像电复制	Image to copy	4	108			4	108
出版物印刷	Publicationto Print	412	19195			412	19195
发　行	Distribution	5126	19947			5126	19947
印刷物质供销	Print Materiat Supply and Marketing	1	157			1	157
文物事业	**Cultural Relics**	**276**	**5037**	**265**	**4318**	**11**	**719**
博物馆	Museums	120	3204	110	2512	10	692
文物保护管理机构	Protection and Management Agencies	84	953	83	926	1	27
文物科研机构	Relics Scientific Research Institutions	3	142	3	142		
文物商店	Relics Stores	2	41	2	41		
其他文物机构	Others	67	697	67	697		
图书馆事业	**Libraries**	**139**	**2149**	**139**	**2149**		
群众文化服务	**Mass Culture**	**2573**	**8571**	**2573**	**8571**		
文化馆	Cultural Centers	143	2137	143	2137		
文化站	Cultural Stations	2430	6434	2430	6434		

注：文物保护管理机构的人员包含文物行政主管机关中文物事业编制的人员。
Protection and management agencies include administrative departments and other agencies.

18-5 图书、杂志、报纸出版情况
Statistics on Books, Magazines and Newspapers Published

年份 Year	图书 Books Published			杂志 Magazines Published			报纸 Newspaper Published		
	种数(种) Number of Publica-tions(kind)	总印数(万册) Printed Copies (10 000 copies)	总印张(亿印张) Printed Sheets (100million sheets)	种数(种) Number of Publica-tions(kind)	总印数(万册) Printed Copies (10 000 copies)	总印张(亿印张) Printed Sheets(100 million sheets)	种数(种) Number of Publica-tions(kind)	总印数(万份) Printed Copies (10 000 copies)	总印张(亿印张) Printed Sheets (100million sheets)
1995	2357	33677	14.90	208	7768	1.75	63	62425	6.90
2000	3156	24844	12.37	244	10504	2.11	95	83467	12.75
2001	3346	23808	12.70	251	10051	2.27	109	92273	18.65
2002	3504	32600	18.10	263	11207	2.66	109	95198	21.59
2003	3702	29556	16.80	269	12577	3.20	106	113514	31.50
2004	3896	30525	16.11	247	19133	3.96	86	104165	34.60
2005	4068	33238	17.99	233	11708	4.20	88	106428	34.87
2006	4163	27946	15.96	244	9957	3.35	61	103489	38.06
2007	4354	31310	17.39	237	8849	3.72	85	110207	38.77
2008	5095	28094	18.72	235	9063	3.52	84	104235	40.14
2009	5938	26192	17.22	240	11508	5.45	86	126807	45.02
2010	7396	31153	18.71	247	12762	5.82	88	129101	54.52
2011	9949	34528	22.40	248	12584	5.63	87	122640	46.11
2012	10823	36290	24.10	248	12680	5.59	87	131889	52.57
2013	11418	35803	24.67	247	12991	2.66	86	134113	52.70
2014	10931	42194	29.89	247	13442	6.28	48	136738	51.45
2015	11364	48545	37.66	248	14099	6.86	48	133554	47.86
2016	12618	51704	39.32	250	13966	6.41	48	98425	28.30
2017	12219	45901	38.48	253	11684	5.44	48	92913	23.38

注：图书种数不包括租型图书。The total collection books excludes the books for rental.

18-6 广播、电视事业情况
Statistics on Broadcasting and Television Stations

项　目	Item	2000	2005	2016	2017
广播电视从业人员　（万人）	**Number of Employees of Broadcasting and Television (10 000 persons)**	**2.32**	**2.60**	**4.52**	**5.12**
广播	**Broadcasting**				
广播电台数　（座）	Number of Broadcasting Stations　(set)	11	13	13	14
广播电台节目套数　（套）	Number of Broadcasting Program　(set)	53	89	106	111
平均每日公共广播节目播出时间（小时）	Public Serrice Broadcasting Hours per Day　(hour)	483	762	1165	1228
中、短波转播发射台数　（座）	Fransmission and Relaying Stations of Medium and short ware Broad cast　(set)	25	28	25	23
中、短波发射机　（部）	Medium Wave and Short Wave Broadcast Transmitters　(set)	36	56	45	52
中、短波发射机功率　（千瓦）	Power of Medium and Short Wave Broadcast Transmitters　(kw)	579	604	553	542
覆盖率　(%)	Listener-Coverage Rate　(%)	81.46	82.47	94.68	98.49
电视	**Television**				
电视台数　（座）	Number of Television Stations　(set)	16	15	15	15
电视节目套数　（套）	Number of Television Program　(set)	33	136	137	137
平均公共电视节目每周播出时间（小时）	Public Serrice Television Hours per Week　(hour)	2338	13210	14629	14558
电视转播发射台　（座）	Television Transmission Stations and Relang Station　(set)	542	358	250	219
电视发射机　（部）	Television Transmitters　(set)	720	500	373	413
电视发射机功率　（千瓦）	Power of Television Transmitters　(kw)	291.00	289.11	467.15	545.79
覆盖率　(%)	Viewer-Coverage Rate　(%)	91.38	92.42	98.26	99.30

18–7 文化和创意产业总产出
Gross Output of Cultural and Creative Industries

单位：万元 (10 000 yuan)

类 别	Item	2016	2017
总 计	**Total**	**58482495**	**66579884**
文化产品的生产	**The Production of Cultural Products**	**21598268**	**27878424**
新闻出版发行服务	**News Publishing and Distribution Services**	**1075244**	**1209119**
新闻服务	News Services	51803	61000
出版服务	Publishing Services	655602	735562
发行服务	Distribution Services	367839	412557
广播电视电影服务	**Broadcasting, TV & Film Services**	**2310263**	**2784093**
广播电视服务	Broadcasting and TV Services	1654861	1838631
电影和影视录音服务	Film and Video Recording Services	655402	945462
文化艺术服务	**Cultural and Artistic Services**	**1588819**	**2249230**
文艺创作与表演服务	Creation and Performance Service	336078	518758
图书馆与档案馆服务	Library and Archives Service	71497	97195
文化遗产保护服务	Cultural Heritage Protection Services	195152	253305
群众文化服务	Mass Cultural Services	148075	203389
文化研究和社团服务	Research and Society Services	228168	299014
文化艺术培训服务	Culture and Arts Training Services	320836	455197
其他文化艺术服务	Others	289013	422374
文化信息传输服务	**Cultural Information Transmission Services**	**1251212**	**1765003**
互联网信息服务	Internet Information Services	561464	945463
增值电信服务（文化部分）	Value–Added Telecom Services (Culture)	37613	50905
广播电视传输服务	Radio and Television Transmission Services	652135	768636
文化创意和设计服务	**Cultural Creativity and Design Services**	**6267673**	**7647041**
广告服务	Advertising Service	3014195	4479606
文化软件服务	Cultural Software Services	387667	283379
建筑设计服务	Architectural Design Services	2290602	2082596
专业设计服务	Professional Design Services	575209	801460
文化休闲娱乐服务	**Cultural, Leisure and Pleasure Services**	**4780437**	**7232113**
景区游览服务	The Scenic Spot Tour Service	812256	1191735
娱乐休闲服务	Entertainment and Leisure Services	3711979	5657223
摄影扩印服务	Photography Expansion Services	256202	383156
工艺美术品的生产	**The Production of Arts and Crafts**	**4324621**	**4991825**
工艺美术品的制造	Arts and Crafts Products Manufacturing	2865336	3118967
园林、陈设艺术及其他陶瓷制品的制造	Garden Furniture Art and Other Ceramic Products Manufacturing	1175619	1448474
工艺美术品的销售	Arts and Crafts Sales	283667	424384
文化相关产品的生产	**The Production of Cultural and Related Products**	**36884227**	**38701460**
文化产品生产的辅助生产	**Cultural Products Production of Auxiliary Production**	**7272954**	**8093156**
版权服务	Copyright Services	4444	5063
印刷复制服务	Printing and Duplicating Services	6140316	6499444
文化经纪代理服务	Culture Brokerage Agent Service	146221	211931
文化贸易代理与拍卖服务	Cultural Trade Agent and Sale Service	21896	45487
文化出租服务	Cultural Rental Service	17540	26324
会展服务	Exhibition Services	124439	186476
其他文化辅助生产	Other Cultural Auxiliary Production	818098	1118432
文化用品的生产	**The Production of Cultural Goods**	**28290479**	**29330396**
办公用品的制造	Office Supplies Manufacturing	98059	82851
乐器的制造	Instrument Manufacturing	24282	26115
玩具的制造	Toys Manufacturing	516989	686749
游艺器材及娱乐用品的制造	Recreational Equipment and Entertainment Products Manufacturing	85860	89580
视听设备的制造	Video Equipment Manufacturing	473922	446617
焰火、鞭炮产品的制造	Fireworks Firecracker Manufacturing	14848467	14100026
文化用纸的制造	Culture Paper Manufacturing	3675837	3657960
文化用油墨颜料的制造	Culture Ink Pigment Manufacturing	829245	859195
文化用化学品的制造	Culture With Chemicals Manufacturing		
其他文化用品的制造	Other Cultural Products Manufacturing	6764899	8267109
文具乐器照相器材的销售	Stationery Instrument Photographic Equipment Sales	245854	343639
文化用家电的销售	Culture in Home Appliance Sales	305675	309982
其他文化用品的销售	Other Stationery Sales	421391	460573
文化专用设备的生产	**The Production of Cultural Special Equipment**	**1320794**	**1277908**
印刷专用设备的制造	Printing Special Equipment Manufacturing	79240	97881
广播电视电影专用设备的制造	Radio and Television Movie Special Equipment Manufacturing	901741	959438
其他文化专用设备的制造	Other Cultural Special Equipment Manufacturing	304735	172421
广播电视电影专用设备的批发	Radio and Television Movie Special Equipment Wholesale	27799	39956
舞台照明设备的批发	Stage Lighting Equipment Wholesale	7280	8211

18-8 文化和创意产业增加值
Value-added of Cultural and Creative Industries

单位：万元 (10 000 yuan)

类 别	Item	2016	2017
总 计	**Total**	**19112635**	**21120805**
文化产品的生产	**The Production of Cultural Products**	**7746404**	**10192026**
新闻出版发行服务	**News Publishing and Distribution Services**	**519908**	**608246**
新闻服务	News Services	19407	26450
出版服务	Publishing Services	226678	277051
发行服务	Distribution Services	273823	304745
广播电视电影服务	**Broadcasting, TV & Film Services**	**759538**	**928652**
广播电视服务	Broadcasting and TV Services	563594	606056
电影和影视录音服务	Film and Video Recording Services	195944	322595
文化艺术服务	**Cultural and Artistic Services**	**748211**	**1057971**
文艺创作与表演服务	Creation and Performance Service	175357	270878
图书馆与档案馆服务	Library and Archives Service	44624	60990
文化遗产保护服务	Cultural Heritage Protection Services	108966	142931
群众文化服务	Mass Cultural Services	69645	91128
文化研究和社团服务	Research and Society Services	123077	164117
文化艺术培训服务	Culture and Arts Training Services	159874	229462
其他文化艺术服务	Others	66667	98465
文化信息传输服务	**Cultural Information Transmission Services**	**639531**	**865541**
互联网信息服务	Internet Information Services	228303	379869
增值电信服务（文化部分）	Value-Added Telecom Services (Culture)	8901	10045
广播电视传输服务	Radio and Television Transmission Services	402328	475627
文化创意和设计服务	**Cultural Creativity and Design Services**	**1643470**	**2128069**
广告服务	Advertising Service	763679	1149186
文化软件服务	Cultural Software Services	113673	79693
建筑设计服务	Architectural Design Services	574780	632224
专业设计服务	Professional Design Services	191338	266966
文化休闲娱乐服务	**Cultural, Leisure and Pleasure Services**	**2132471**	**3214190**
景区游览服务	The Scenic Spot Tour Service	380633	538885
娱乐休闲服务	Entertainment and Leisure Services	1637794	2505102
摄影扩印服务	Photography Expansion Services	114043	170202
工艺美术品的生产	**The Production of Arts and Crafts**	**1303275**	**1389359**
工艺美术品的制造	Arts and Crafts Products Manufacturing	821093	742601
园林、陈设艺术及其他陶瓷制品的制造	Garden Furniture Art and Other Ceramic Products Manufacturing	288155	354127
工艺美术品的销售	Arts and Crafts Sales	194027	292630
文化相关产品的生产	**The Production of Cultural and Related Products**	**11366231**	**10928779**
文化产品生产的辅助生产	**Cultural Products Production of Auxiliary Production**	**1930883**	**1880265**
版权服务	Copyright Services	2400	3239
印刷复制服务	Printing and Duplicating Services	1592993	1408177
文化经纪代理服务	Culture Brokerage Agent Service	79301	114738
文化贸易代理与拍卖服务	Cultural Trade Agent and Sale Service	15830	32060
文化出租服务	Cultural Rental Service	7210	10687
会展服务	Exhibition Services	35137	50562
其他文化辅助生产	Other Cultural Auxiliary Production	198012	260802
文化用品的生产	**The Production of Cultural Goods**	**9145308**	**8801515**
办公用品的制造	Office Supplies Manufacturing	27676	19449
乐器的制造	Instrument Manufacturing	4944	6428
玩具的制造	Toys Manufacturing	169912	202578
游艺器材及娱乐用品的制造	Recreational Equipment and Entertainment Products Manufacturing	21046	15027
视听设备的制造	Video Equipment Manufacturing	97452	72353
焰火、鞭炮产品的制造	Fireworks Firecracker Manufacturing	4813193	4008431
文化用纸的制造	Culture Paper Manufacturing	716437	687011
文化用油墨颜料的制造	Culture Ink Pigment Manufacturing	186424	124868
文化用化学品的制造	Culture With Chemicals Manufacturing		
其他文化用品的制造	Other Cultural Products Manufacturing	2404975	2839588
文具乐器照相器材的销售	Stationery Instrument Photographic Equipment Sales	188718	264104
文化用家电的销售	Culture in Home Appliance Sales	195751	194484
其他文化用品的销售	Other Stationery Sales	318781	367195
文化专用设备的生产	**The Production of Cultural Special Equipment**	**290040**	**246998**
印刷专用设备的制造	Printing Special Equipment Manufacturing	18897	22948
广播电视电影专用设备的制造	Radio and Television Movie Special Equipment Manufacturing	186485	175210
其他文化专用设备的制造	Other Cultural Special Equipment Manufacturing	60777	17451
广播电视电影专用设备的批发	Radio and Television Movie Special Equipment Wholesale	17610	25004
舞台照明设备的批发	Stage Lighting Equipment Wholesale	6271	6386

18-9 卫生事业基本情况
Basic Statistics on Health Institutions

年份 Year	卫生机构数（个）Number of Health Institutions (unit)	#医院、卫生院 Hospitals	卫生机构床位数（万床）Number of Beds in Health Institution (10 000 beds)	#医院、卫生院 Hospitals	卫生技术人员数（万人）Medical Technical Personnel (10 000 persons)	#医生 Doctors	每万人口拥有 Per 10 000 Persons 床位数（张）Number of Beds (bed)	医生数（人）Number of Doctors (person)
1949	239	113	0.39	0.27	1.69	1.48	1.3	5.0
1950	264	123	0.39	0.28	1.67	1.48	1.3	4.8
1951	443	130	0.52	0.39	1.81	1.52	1.6	4.8
1952	2531	149	0.64	0.48	2.39	1.67	2.0	5.1
1953	3209	153	0.64	0.48	2.79	1.82	1.9	5.4
1954	3966	164	0.65	0.48	3.70	2.19	1.9	6.4
1955	4587	176	0.69	0.51	4.37	2.69	2.0	7.8
1956	7741	235	0.87	0.61	5.22	2.73	2.5	7.8
1957	8079	330	1.04	0.67	5.53	2.83	2.9	7.9
1958	12705	5307	5.00	1.75	6.44	3.04	13.6	8.3
1959	22495	5370	4.95	1.66	6.76	3.24	13.4	8.8
1960	21987	4289	5.01	2.35	6.97	3.29	14.0	9.2
1961	18517	3390	4.12	2.44	7.08	3.43	11.7	9.8
1962	12118	416	2.67	2.25	6.29	3.33	7.4	9.3
1963	11613	388	2.63	2.29	6.39	3.34	7.1	9.0
1964	11240	395	2.88	2.28	6.24	3.31	7.6	8.7
1965	11124	484	3.11	2.44	6.28	3.34	8.0	8.6
1966	10424	1014	3.68	2.69	6.29	3.24	9.2	8.1
1967	6285	3983	4.06	2.55	6.11	3.11	9.9	7.5
1968	6161	3945	4.27	2.45	6.25	3.31	10.1	7.8
1969	6144	4026	4.62	2.52	6.29	3.36	10.6	7.7
1970	7056	4447	5.83	3.31	6.54	3.54	13.0	7.9
1971	7042	4280	6.63	3.73	7.10	3.62	14.4	7.9
1972	7372	4264	7.28	4.96	7.95	3.72	15.5	7.9
1973	7898	4309	7.93	3.75	8.53	4.14	16.5	8.6
1974	8239	4340	8.67	4.02	9.26	4.43	17.7	9.0
1975	8707	4365	9.36	4.34	10.04	4.85	18.8	9.7
1976	8987	4383	9.88	4.45	10.73	5.23	19.5	10.3
1977	9259	4397	10.49	5.25	11.20	5.23	20.5	10.2
1978	9477	4374	11.14	5.52	11.54	5.38	21.6	10.4

18-9 续表 continued

年份 Year	卫生机构数（个）Number of Health Institutions (unit)	#医院、卫生院 Hospitals	卫生机构床位数（万床）Number of Beds in Health Institution (10 000 beds)	#医院、卫生院 Hospitals	卫生技术人员数（万人）Medical Technical Personnel (10 000 persons)	#医生 Doctors	每万人口拥有 Per 10 000 Persons 床位数（张）Number of Beds (bed)	医生数（人）Number of Doctors (person)
1979	9753	4387	11.56	5.93	12.54	5.80	22.1	11.1
1980	9871	4402	11.58	6.05	13.16	5.88	21.9	11.1
1981	10222	4375	11.26	6.11	13.96	6.20	21.0	11.6
1982	10262	4334	11.41	6.28	14.29	6.40	20.9	11.7
1983	10324	4335	11.54	6.45	14.84	6.59	21.0	12.0
1984	10507	4357	11.80	6.75	15.26	6.76	21.2	12.2
1985	10552	4226	11.93	6.97	15.54	6.90	21.2	12.3
1986	10352	4112	12.22	7.35	15.81	6.91	21.5	12.1
1987	10392	4132	12.69	7.76	16.28	7.06	22.0	12.2
1988	10376	4114	12.93	8.12	16.89	7.83	21.9	13.2
1989	10492	4197	13.16	8.32	17.27	8.15	21.9	13.6
1990	10552	4191	13.36	8.48	17.63	8.26	21.9	13.5
1991	10557	4219	13.52	8.67	17.81	8.17	21.9	13.3
1992	10579	4229	13.65	8.85	18.29	8.23	22.0	14.3
1993	9604	4187	13.64	9.03	18.38	8.13	21.8	13.0
1994	9931	4314	13.42	8.92	18.98	8.39	21.3	13.3
1995	9137	3879	13.52	9.04	19.25	8.46	21.3	13.3
1996	9031	3423	13.36	9.08	20.22	9.57	20.8	14.1
1997	9177	3349	13.47	9.24	20.56	10.61	20.8	16.4
1998	9711	3318	13.43	9.28	21.25	9.32	20.7	14.3
1999	4259	3359	14.00	13.46	19.50	8.00	22.3	12.9
2000	4286	3339	14.34	13.21	19.88	8.80	21.9	13.5
2001	4205	3335	14.62	13.43	19.89	8.90	22.0	13.5
2002	4272	3332	14.00	13.00	19.00	8.00	21.6	11.9
2003	4016	3348	14.49	13.00	18.95	7.90	21.8	12.0
2004	4039	3340	14.79	13.70	18.89	7.90	22.1	11.9
2005	4097	3324	15.22	14.16	18.94	7.99	22.6	11.9
2006	4082	3242	16.02	14.97	19.00	8.05	23.7	11.9
2007	14521	3165	17.24	16.17	22.06	9.25	25.3	13.5
2008	14455	3111	18.79	17.47	23.21	9.63	27.5	14.1
2009	14374	3103	21.20	19.73	24.81	10.07	30.7	14.6
2010	14175	3066	23.33	21.59	26.26	10.42	32.9	14.7
2011	14266	3096	26.14	24.20	27.55	10.59	39.6	16.1
2012	14225	3092	29.44	26.78	29.71	11.67	44.3	17.6
2013	17364	3226	31.70	29.25	32.34	12.74	47.4	19.1
2014	16872	3318	35.55	33.05	34.14	13.34	52.8	19.8
2015	17824	3470	39.65	36.85	37.08	15.08	58.4	22.2
2016	16717	3534	42.81	39.56	39.27	16.07	62.8	23.6
2017	16500	3542	45.22	41.99	41.56	17.31	65.9	25.2

注：1. 2002 年及以后卫生机构数为登记注册数，医生系执业（助理）医师数。机构数不含村卫生室。

2. 2007 年起卫生部网络直报数据包含了诊所、医务室、卫生所、社区服务站；而 2007 年以前是没有包括的。

a. Number of health institutions since 2002 are the number of registeration, doctors refer to the certified (assistant) doctors.

b. The Direct Network Report from the Ministry of Health data includes outpatient departments, medical stations clinics, health service centers since 2007. But before 2007, has not included.

18−10 各类卫生机构、床位和人员(2017年)

项 目	Item	机 构(个)Number of Institutions (unit)	床位数(张)Number of Reality Beds (bed)
总 计	**Total**	**58648**	**452242**
医院	Hospitals	1308	319364
综合医院	General Hospitals	770	208389
中医医院	Hospitals of Chinese Medicine	144	53385
中西医结合医院	Hospitals Which Integrate Traditional Chinese Therapeutics with Western Therapeutics	28	2499
民族医院	National Hospitals	4	126
专科医院	Specialized Hospitals	359	54687
口腔医院	Hospitals for Oral Cavity Diseases	25	797
眼科医院	Ophthalmology Hospitals	30	1824
耳鼻喉科医院	Otorhinolaryngology Hospitals	4	242
肿瘤医院	Tumor Hospitals	6	2993
心血管病医院	Cardiovascular Hospitals	3	535
妇产(科)医院	Hospitals for Maternity and Child Care	36	2376
儿童医院	Children's Hospitals	3	2266
精神病医院	Mental Hospitals	64	25786
传染病医院	Hospitals for Infectious Diseases	1	460
皮肤病医院	Hospitals for Occupational Diseases	8	305
结核病医院	Tuberculosis Hospitals	1	666
麻风病医院	Leprology Hospitals		
骨科医院	Orthopaedics Hospitals	27	2168
康复医院	Rehabilitation Hospitals	32	5986
整形外科医院	Plastic Hospitals	2	30
美容医院	Cosmetic Hospitals	16	389
其他专科医院	Other Specialized Hospitals	101	7864
社区卫生服务中心(站)	Health Service Center and Station for Community	745	13238
卫生院	Health Centers	2234	100522
村卫生室	The Village Health Room	42148	
门诊部	Clinics	426	196
诊所、卫生所、医务室	Outpatient Departments, Clinics and Medical Stations	10776	
疾病预防控制中心	Disease Prevention & Control Centers	147	
专科疾病防治院(所、站)	Specialized Disease Prevention and Treatment Institute	84	4510
健康教育所(站、中心)	Health Education Centers	2	
妇幼保健院(所、站)	Maternity and Child Care Centers	138	14252
急救中心(站)	First-aid Stations	3	
采供血机构	Institutions for Collection and Supply of Blood	15	
卫生监督所(中心)	Medical Supervision Institutes	135	
计划生育技术服务机构	Family Planning Technical Service Institutions	439	
其他卫生机构	Other Health Care Institutions	48	160

Health Care Institutions, Beds and Personnel by Type (2017)

卫生工作人员（人）Health Personnel (person)	#卫生技术人员 Medical Technical Personnel	执业（助理）医师 Assistant Doctors	执业医师 Doctors	注册护士 Senior Nurse & Nurse	药师（士）Pharmacist	技师（士）Laboratory Technician	其他 Others
536674	**415557**	**173053**	**132555**	**172605**	**20519**	**21322**	**28058**
305237	255810	89528	80410	128431	12209	13313	12329
208810	177050	61462	56114	91092	7482	9066	7948
55684	47707	17020	15191	22572	3296	2554	2265
2284	1811	776	570	706	113	107	109
80	55	27	21	13	8	5	2
38236	29102	10200	8480	14021	1308	1578	1995
1889	1577	706	560	714	29	41	87
2507	1567	575	456	770	59	67	96
153	118	40	32	57	7	7	7
2884	2368	788	754	1137	112	182	149
528	444	164	156	225	23	20	12
2961	2201	855	639	956	83	156	151
2472	2245	663	658	1333	100	99	50
9707	7258	2366	1941	3797	355	307	433
567	449	111	110	242	32	48	16
344	241	68	57	114	19	12	28
520	412	136	136	214	16	39	7
1762	1284	452	332	527	64	93	148
3641	2518	818	705	1068	105	116	411
140	118	35	34	68	6	7	2
1179	659	243	180	369	22	20	5
6982	5643	2180	1730	2430	276	364	393
17274	14970	6589	4811	5550	1054	648	1129
85733	73088	36582	18564	19367	5499	3806	7834
53895	9431	8810	2892	621			
3336	2715	1490	1257	996	81	71	77
22857	22248	15184	12533	5535	484	43	1002
9568	6751	3482	2840	793	205	1309	962
3528	2679	1391	957	723	126	205	234
10	3	2		1			
26483	22217	9078	7823	9653	818	1604	1064
76	40	18	17	20			2
1490	1086	112	78	699	5	239	31
3493	2986						2986
3042	1136	625	282	128	21	29	333
652	397	162	91	88	17	55	75

18−11 医疗机构运营情况 (2017年)
Basic Statistics of Operation on Health Care Institutions (2017)

类 别	Item	诊疗人次（人次） Number of Patients Treated (person-time)	#门诊、急诊人次 Out-Patients and Emergency Patients	病床周转次数（次） Turn Over of Beds (time)	病床工作日（天） Days Per Bed in Use (day)	病床使用率(%) Utilization Rate of Beds (%)
总　计	**Total**	**270679004**	**251229524**	**34.7**	**293.6**	**80.44**
医院	**Hospitals**	**102588673**	**98919785**	**32.7**	**310.9**	**85.17**
综合医院	General Hospitals	74778654	72536386	36.5	313.2	85.80
中医医院	Hospitals of Chinese Medicine	17585529	16766231	33.4	317.5	86.98
中西医结合医院	Hospitals Which Integrate Traditional Chinese Therapeutics with Western Therapeutics	554456	516848	31.4	225.4	61.75
民族医院	National Hospitals	11931	11923	25.1	163.7	44.85
专科医院	Specialized Hospitals	9644343	9075637	17.0	299.3	82.00
口腔医院	Hospitals for Oral Cavity Diseases	999812	978108	29.4	208.0	56.99
眼科医院	Ophthalmology Hospitals	994894	926009	52.9	226.7	62.11
耳鼻喉科医院	Otorhinolaryngology Hospitals	18051	17283	22.3	137.0	37.53
肿瘤医院	Tumor Hospitals	519026	461895	37.6	388.1	106.32
心血管病医院	Cardiovascular Hospitals	211612	207541	31.5	289.7	79.36
妇产（科）医院	Hospitals for Maternity and Child Care	520369	489903	24.0	186.8	51.19
儿童医院	Children's Hospitals	2182332	2182332	41.4	350.1	95.91
精神病医院	Mental Hospitals	1316103	1246930	6.1	330.3	90.49
传染病医院	Hospitals for Infectious Diseases	87591	87591	20.3	308.5	84.53
皮肤病医院	Hospitals for Occupational Diseases	54723	54723	13.9	116.0	31.77
结核病医院	Tuberculosis Hospitals	73513	73513	33.2	556.4	152.44
麻风病医院	Leprology Hospitals					
骨科医院	Orthopaedics Hospitals	246692	219937	26.4	251.0	68.78
康复医院	Rehabilitation Hospitals	465830	365538	12.6	278.9	76.41
整形外科医院	Plastic Hospitals	37998	37998	3.4	10.5	2.88
美容医院	Cosmetic Hospitals	298171	273906	53.9	129.6	35.51
其他专科医院	Other Specialized Hospitals	1617626	1452430	25.4	216.5	59.32
护理院	Nursing Home	13760	12760	40.9	338.5	92.74
疗养院	**Sanatoriums**	**4924**	**4924**	**6.1**	**95.8**	**26.24**
社区卫生服务中心（站）	**Health Service Center for Community**	**12427798**	**11522321**	**29.6**	**237.2**	**64.97**
卫生院	**Health Centers**	**42634551**	**40291949**	**39.9**	**250.8**	**68.72**
村卫生室	**The Village Health Room**	**72279086**	**63407913**			
门诊部	**Clinics**	**1441604**	**1281525**			
妇幼保健院（所、站）	**Maternity and Child Care Centers**	**12508275**	**12231669**	**49.6**	**266.7**	**73.07**
专科疾病防治院（所、站）	**Specialized Disease Prevention and Treatment Institute**	**889185**	**777368**	**24.2**	**258.2**	**70.74**

18−12 诊所、卫生所、医务室基本情况 (2017年)
Statistics on Clinics,Health Service Stations and Health Center (2017)

项 目	Item	诊 所 Clinics	医务室、卫生所 Health Center and Health-room、Health Service Stations for Community
机构总数	**Number of Institutions**	**9072**	**1704**
总人员数 （人）	Number of Personnel (person)	19412	3445
卫生技术人员	Medical Technical Personnel	18867	3381
执业医师	Doctors	10830	1703
执业助理医师	Assistant Doctors	12913	2271
注册护士	Registered Nurse	4822	713
药剂师（士）	Pharmacist	379	105
技师（士）	Skilled Technician	40	3
#检验人员	# Laboratory Technician	19	2
其他	Others	713	289
工勤技能人员	Logistic Personnel	404	43
总收入 （万元）	Annual Income (10 000 yuan)	138504.5	21676.4
总支出 （万元）	Annual Expenditure (10 000 yuan)	121828.4	19842.6
诊疗人次数 （人次）	Number of Visits (person-times)	21766311	3891079

18−13 村卫生室基本情况 (2017年)
Statistics on Village Health Center (2017)

项 目	Item	合计 Total	按主办单位分 Grouped by Organizers				
			村办 Village	乡医院设点 Township	联合办 Combine	私人办 Private	其他 Other
机构数 （个）	Number of Institutions (unit)	42148	28139	1480	930	8087	3512
执业（助理）医师 （人）	Number of Doctors and Assistant Doctors (person)	8810	6495		120	1515	680
注册护士 （人）	Registered Nurses (Person)	621	379		8	178	56
乡村医生和卫生员 （人）	Number of Village Doctors & Assistants (person)	44464	29856	1319	1269	8420	3600
#乡村医生	# Number of Village Doctors	40841	27657	1249	916	7776	3243
卫生员	Health Professional	3623	2199	70	353	644	357
总收入 （万元）	Annual Income (10 000 yuan)	211198.9	140323.3	7545.3	3565.5	41206.7	18558.0
总支出 （万元）	Annual Expenditure (10 000yuan)	171211.8	115158.2	6598.1	2522.6	32477.8	14455.1
诊疗人次数 （万人次）	Number of Children Vaccinate (10 000person-time)	7227.91	4793.96	199.35	121.63	1392.84	720.13

18-14 体育事业情况
Statistics on Sports

项 目	Item	2000	2005	2016	2017
体育系统从业人数 （人）	**Staff and Workers in Sports Commissions (person)**	**5303**	**4918**	**5360**	**5532**
体育场地数 （个）	**Stadiums (unit)**	**37**	**21294**	**97032**	**104876**
体育馆 （个）	**Gymnasiums (unit)**	**55**	**140**	**219**	**251**
游泳跳水场（馆） （个）	**Swimming and Diving (Pavilion) (unit)**	**111**	**40**	**527**	**574**
举办县级以上运动会 （次）	**Number of Sports Meets Above County Level (time)**	**1705**	**129**	**654**	**605**
等级运动员发展人数 （人）	**Number of Athletes in Grades (person)**	**5175**	**1939**	**1398**	**1591**
#国际级运动健将	#International Master of Sports	2	2	7	
国家级运动健将	National Master of Sports	31	28	43	33
一 级	First Grade Sportsmen	13	149	335	363
二 级	Second Grade Sportsmen	890	1760	1013	1074
三 级	Third Grade Sportsmen	2191			
少年级	Juvenile Grade Sportsmen	2048			
等级裁判员发展人数 （人）	**Number of Referees in Grades (person)**	**4173**	**1620**	**2884**	**3059**
#国家级裁判员	#National Referees	21	8	6	
打破纪录情况 （人/次/项）	**Basic Situation of Records Chalked Up (person/time/event)**				
#世界纪录	#World Records	3/1/5		1/1/1	
亚洲纪录	Asia Records				
全国纪录	National Records	1/1/1		1/1/1	
获奖情况 （枚）	**Basic Situation of Medallion Won (piece)**				
参加全国比赛获奖	National Competitions				
#金 牌	#Gold-plate	32	40	57	57
银 牌	Silver-plate	36	17	42	46
铜 牌	Copper-plate	36	19	27	54
参加国际比赛获奖	International Competitions				
#金 牌	#Gold-plate	12	13	11	8
银 牌	Silver-plate	7	10	6	3
铜 牌	Copper-plate	6	2	5	3

注：1. 参加全国比赛指参加全国性的成人竞技比赛。参加国际比赛指参加世界锦标赛、世界杯赛、奥运会、亚洲锦标赛和亚运会。
2. 奖牌数包括我省运动员参加国家队集体项目所得的奖牌。
3. 从2002年起，等级运动员不含三级和少年级运动员。

a. National games refer to nation-wide adult athletics. International games include the world championship, the world cup, the Olympics,the Asia championship and the Asian Games.

b. The number of medals includes that of medals won by athletes of our province in national collective events.

c. The number of athletes in grades excludes third grade sportsmen and juvenile grade sportsmen since 2002.

主要统计指标解释

文化及相关产业 指为社会公众提供文化产品和文化相关产品的生产活动的集合。

文化及相关产业是在我国《国民经济行业分类》基础上的派生分类，有文化产品的生产和文化相关产品的生产两大类。

文化产品的生产 主要指新闻出版发行服务，广播电视电影服务，文化艺术服务，文化信息传输服务，文化创意和设计服务，文化休闲娱乐服务，工艺美术品的生产。

文化相关产品的生产 主要指文化产品生产的辅助生产，文化用品的生产，文化专用设备的生产。

艺术表演团体 指由文化部门主办或实行行业管理(经文化市场行政部门审批或已申报登记并领取相关许可证)，专门从事表演艺术等活动的各类专业艺术表演团体，含民间职业剧团。如话剧团、方言话剧团、滑稽剧团、儿童剧团、歌剧团、木偶团、皮影团等以及由若干剧种组成的综合性专业艺术表演团体。不包括群众业余文艺表演团体。

艺术表演场馆 指由文化部门主办或实行行业管理(经文化市场行政部门审批或已申报登记并领取相关许可证)，有观众席、舞台、灯光设备，公开售票、专供文艺团体演出的文化活动场所。附属于文化部门机构内非独立核算的剧场、排演场，公开营业的也应单独统计。

文化市场经营机构 指经文化市场行政部门审批或已申报登记并领取相关许可证的、从事文化经营和文化服务活动的机构。

广播节目综合人口覆盖率 指根据国家广电总局制定的《广播电视人口覆盖率统计技术标准和方法》进行统计调查的，在对象区内采用无线、有线、卫星等技术手段能够收听到包括中央、省、地市、县广播节目其中任意一套的人口数占全国总人口数的百分比。

电视节目综合人口覆盖率 指根据国家广电总局制定的《广播电视人口覆盖率统计技术标准和方法》进行统计调查的，在对象区内采用无线、有线、卫星等技术手段能够收看到包括中央、省、地市、县级电视节目中任意一套的人口数占全国总人口数的百分比。

国家综合档案馆 指由中央或地方各级档案行政管理部门直接管理的，按行政区划或历史时期设置的，收集和管理所辖范围内多种门类档案的档案馆。

卫生机构 指从卫生行政部门取得《医疗机构执业许可证》，或从民政、工商行政、机构编制管理部门取得法人单位登记证书，为社会提供医疗保健、疾病控制、卫生监督服务或从事医学科研和教育等工作的单位。卫生机构包括医院、疗养院、社区卫生服务中心（站)、卫生院、门诊部、诊所（卫生所、医务室)、急救中心（站)、采供血机构、妇幼保健院（所、站)、专科疾病防治院（所、站)、疾病预防控制中心（防疫站)、卫生监督所、卫生监督检验（监测、检测）机构、医学科研机构、医学在职培训机构、健康教育所（站）等其他卫生机构。

医疗机构 指从卫生行政部门取得《医疗机构执业许可证》的机构，包括医院、疗养院、社区卫生服务中心（站)、卫生院、门诊部、诊所（卫生所、医务室)、妇幼保健院（所、站)、专科疾病防治院（所、站）、急救中心（站）和临床检验中心。

社区卫生服务中心（站） 指为本社区居民提供预防、医疗、保健、康复、健康教育、计划生育技术服务等的基层卫生机构。包括社区卫生服务中心和社区卫生服务站。

卫生人员 指在医疗、预防保健、医学科研和在职教育等卫生机构工作的职工，包括卫生技术人员、其他技术人员、管理人员和工勤人员。

卫生技术人员 包括执业（助理）医师、注册护士、药剂人员、检验和影像人员等卫生专业人员。不包括从事管理工作的卫生技术人员（一律计入管理人员）。

执业医师 指具有《医师执业证》及其“级别”为“执业医师”且实际从事医疗、预防保健工作的人员，不包括实际从事管理工作的执业医师。执业医师类别分为临床、中医、口腔和公共卫生。

执业助理医师 指具有《医师执业证》及其“级别”为“执业助理医师”且实际从事医疗、预防保健工作的人员，不包括实际从事管理工作的执业助理医师。执业助理医师类别同样分为临床、中医、口腔和公共卫生四类。

每万人口执业（助理）医师 每万人口执业（助理）医师 =（执业医师数 + 执业助理医师数）/ 人口数 ×10000. 人口数系公安部户籍人口。

每万人口医院、卫生院床位数 每万人口医院卫生院床位数 =(医院床位数 + 卫生院床位数）/ 人口数 ×10000. 人口数系常住人口。

每万人口卫生技术人员 每万人口卫生技术人员 = 卫生技术人员数 / 人口数 ×10000. 人口数系常住人口。

Explanatory Notes on Main Statistical Indicators

Culture and Related Industries refers to provide public cultural products and related products of a collection of production activities.

Culture and related industries in our country is derived on the basis of the national economy industrial classification categories, and there are two categories of production of cultural products and production of cultural related products.

The Production of Cultural Products mainly refers to the news publication services, radio and television movie service, culture and art services, cultural information transmission services, cultural creativity and design services, cultural entertainment services, arts and crafts production.

Cultural Production of Related Products mainly refers to the auxiliary production of cultural products, the production of cultural goods, and the production of cultural special equipment.

Arts Performance Troupes refer to the various professional performing arts groups, which sponsored by the cultural sectors or guided by the cultural society (approved by the cultural market administration, or registered and permitted with the relative certificate), including non-governmental troupes, such as drama troupes, dialect troupes, comedy troupes, children troupes, Opera troupes, puppetry troupes, Shadow- graph troupes, etc., comprehensive professional arts perfor- mance troupes. The mass sparetime arts performance troups are not included.

Arts Performance Places refer to the various sites for cultural activities, which sponsored by the cultural sectors or guided by the cultural society (approved by the cultural market administration, or registered and permitted with the relative certificate), with the facility of auditorium, stage, and lighting, and selling tickets in public, including the opera halls and rehearse sites, etc. which are affiliated to the culture sectors without independent financial accounts and open to the public.

Cultural Market Operating Units refer to the units dealing in culture and cultural services, which registered and permitted with the relative certificate by cultural market administration.

Radio Coverage of Population refers to the percentage of population, which can listen to one of central, provincial, city, prefecture, and county radio programs by wireless, cable, satellite and other technical means, in the surveying area, to national total population, according to Statistical Standard and Method on Television and Radio Coverage of Population established by the State Administration of Broadcasting, Film and Television.

Television Coverage of Population refers to the percentage of population, which can watch one of central, provincial, city, prefecture, and county television programs by wireless, cable, satellite and other technical means, in the surveying area, to national total population, according to Statistical Standard and Method on Television and Radio Coverage of Population established by the State Administration of Broadcasting, Film and Television.

National Comprehensive Archives refer to all archives institution, which are directly conducted by the central and local levels archives administration, collecting and keeping various documents and materials by administrative regions or historical periods.

Health Care Institutions refer to the units which have been qualified the Certification of Health Care Institution by the administration of public health, or qualified the Certification of Corporate Unit by the civil affairs, administration for industry and commerce, commission office for public sector reform, and engaging in medical care, disease prevention and control, health supervision and inspection, medicine research and health education, etc., including: hospitals, sanatoriums, community health service centers (stations), health centers, clinics (health stations and infirmaries), first-aid centres (stations), blood gathering and supplying institutions, women and children care agencies (centres and stations), special disease prevention and curing agencies (centres and stations), disease prevention and control centres (epidemic prevention stations), health supervision and inspection agencies, sanitary inspection institutions, medicinal scientific research and on-job training institutions, health education centres and so on.

Medical Organizations refer to the institutions which have been qualified the Certification of Health Care Institution by the administration of public health, including: hospitals, sanatoriums, community health service centers (stations), health centers, clinics (health stations and infirmaries), women and children care agencies (centres and stations), special disease prevention and curing agencies (centres and stations), first-aid centres (stations) and clinic inspection centers.

Community Health Service Centres (stations) refer to the primary units that provide the health care for community residents, such as disease prevention and control, medical treatment, health care, rehabilitation, health education, family planning technical services, including community health service centres and community health service stations.

Health Care Employee refer to all employee engaged in the health care institutions, such as medical organizations, disease prevention and control centres, health care agencies, medicinal scientific research and on-job training institutions, including medical technical personnel, other technical personnel, manager and labour.

Medical Technical Personnel refer to the professional staff engaged in health care, including licensed (assistant) doctors, registered nurse, pharmacists, laboratory technician, and imaging staff, excluding the medical technical personnel engaged in management job (included as the management staff).

Licensed Doctors refer to the medical workers who have obtained the licenses of qualified doctors and are employed in medical treatment, disease prevention or healthcare institutions, excluding the licensed doctors engaged in management job. The classification of licensed doctors is clinician, Chinese medicine, dentist and public health.

Licensed Assistant Doctors refer to the medical workers who have obtained the licenses of qualified assistant doctors and are employed in medical treatment, disease prevention or healthcare institutions, excluding the licensed assistant doctors engaged in management job. The classification of licensed assistant doctors is clinician, Chinese medicine, dentist and public health.

Number of Licensed (Assistant) Doctors per 10000 Population the formula is:

Number of Licensed Doctors per 10000 Population = (Number of Licensed Doctors + Number of Licensed Assistant Doctors) / Population *10000

The population is the figure of household registration from the Ministry of Public Security.

Number of Beds of Hospitals and Health Care per 10000 Population the formula is:

Number of Beds of Hospitals and Health Care per 10000 Population = Number of Beds of Hospitals + Number of Beds of Health Care) / Population *10000

The population is the figure of household registration from the Ministry of Public Security.

Number of Medical Technical Personnel per 10000 Population the formula is:

Number of Medical Technical Personnel per 10000 Population = Number of Medical Technical Personnel / Population *10000

The population is the figure of household registration from the Ministry of Public Security.

19

党群、政法和社会服务

Party and Mass, Politics and Law, Social Service

资料整理人员：蔡冬娥　肖首雄　赵莉淇

19-1 历届省人民代表大会的代表人数
Number of Deputies to All the Previous Provincial People' s Congress

单位：人 (person)

项　目	Item	代表总数 Total Number of All Deputies	#女性代表 Female Deputies	占代表总数(%) As Percentage to Total (%)	#少数民族代　表 Deputies From National Minorities	占代表总数(%) As Percentage to Total (%)	#中青年代　表 Midlife and Youth Deputies	占代表总数(%) As Percentage to Total (%)
第一届 (1954)	First Congress (1954)	552	36	6.5	9	1.6	399	72.3
第二届 (1958)	Second Congress (1958)	552	36	6.5	9	1.6	399	72.3
第三届 (1964)	Third Congress (1964)	662	148	22.4	57	8.6	409	61.8
省革命委员会 (1968)	The Provincial Revolutionary Committee (1968)	160						
第五届 (1977)	Fifth Congress (1977)	1252	274	21.9	72	5.8	966	77.2
第六届 (1983)	Sixth Congress (1983)	988	225	22.8	84	8.5	570	57.7
第七届 (1988)	Seventh Congress (1988)	874	210	24.0	78	8.9	529	60.5
第八届 (1993)	Eighth Congress (1993)	870	191	22.0	87	10.0	587	62.0
第九届 (1997)	Ninth Congress (1997)	763	175	22.9	85	11.1	488	64.0
第十届 (2003)	Tenth Congress (2003)	772	149	19.3	82	10.8	72	9.5
第十一届 (2007)	Eleventh Congress (2007)	774	149	19.3	82	10.8	72	9.5
第十二届 (2012)	Twelfth Congress (2012)	768	130	16.9	83	10.8		
第十三届 (2018)	Thirteen Congress (2018)	764	207	27.1	97	12.7		

注：1968 年省革命委员会召开了全体委员会议，代表人数为委员人数。

The plenary meeting was held by the provincial revolutionary committee in 1968, and the number of delegates was that of committee members.

19-2 历届省政治协商会议的委员人数
Number of Deputies to All the Previous Provincial People' s Political consultative Conferences

单位：人 (person)

项　目	Item	委员总数 Total Number of All Deputies	#中国共产党代　表 Deputies from the Communist Party of China	占代表总数(%) As Percentage to Total(%)	#少数民族代　表 Deputies From National Minorities	占代表总数(%) As Percentage to Total(%)
第一届 (1955)	First Congress (1955)	175	39	22.3	6	3.4
第二届 (1959)	Second Congress (1959)	396	131	33.1	15	3.8
第三届 (1964)	Third Congress (1964)	398	134	33.7	20	5.0
第四届 (1977)	Fourth Congress (1977)	500	222	44.4	26	5.2
第五届 (1983)	Fifth Congress (1983)	732	270	36.9	38	5.2
第六届 (1988)	Sixth Congress (1988)	703	280	39.8	58	8.3
第七届 (1993)	Seventh Congress (1993)	724	288	39.8	61	8.4
第八届 (1997)	Eighth Congress (1997)	716	280	39.1	70	9.8
第九届 (2003)	Ninth Congress (2003)	728	281	38.6	72	10.6
第十届 (2007)	Tenth Congress (2007)	750	289	38.5	65	8.7
第十一届 (2012)	Eleventh Congress (2012)	749	278	37.1	69	9.2
第十二届 (2018)	Twelfth Congress (2018)	751	281	37.4	73	9.7

19-3 工会工作情况 Labor Union Work

项 目	Item	2000	2005	2016	2017
工会基层组织个数 （万个）	Number of Grassroots Unions (10 000 unit)	4.10	5.75	14.66	15.5
工会会员人数 （万人）	Union membership (10 000 persons)			1208.15	1272.67
其中：女性	# Female			419.80	434.81
已建工会组织的基层单位在岗职工人数 （万人）	Number of Staff and Workers in Grassroots Unions (10 000 persons)	487.00	732.27	1337.03	1403.45
# 在岗女职工	# Female	186.00	251.11	436.60	452.06
工会专职干部数 （万人）	Full-time Cadres (10 000 persons)	2.14	3.01	8.14	9.01
已建立职代会制度的单位个数 （万个）	Number of Units Established With Workers Delegating Congress System (10 000 units)	1.34	0.85	17.02	17.74
本年度提出合理化建议 （万件）	Advanced Rationalization Proposals This Year (10 000 piece)	66.60	16.91	38.97	31.43
实行厂务公开的企业单位（万个）	Implementation of Factory Affairs of the Business Units (ten thousand)			13.02	17.86
签订集体合同的企业单位（万个）	Sign a Collective Contract of the Business Units (ten thousand)				5.85
建立劳动争议调解组织 （万个）	Establish a Labor Dispute Mediation Organizations (ten thousand)			1.62	1.87
建立工会劳动法律监督组织（个）	Number of Units Established With Labor Law Supervisional Organization (unit)	6295	6566	25987	31697

19-4 其他社会福利事业单位机构和人员 Institution and Personnel in Social Welfare and Special Care

项 目	Item	机构数（个） Number of Institutions (unit)		职工人数（人） Staff and Workers (person)	
		2016	2017	2016	2017
福利企业单位	**Social Welfare Institutions and Enterprises**				
假肢厂	Artificial Limb Factories	1	1	95	94
安置农场	Placement Farm	3	3	50	43
救助类社会服务机构	**Relief Type of Social Service Agencies**	**147**	**137**	**1339**	**1237**
救助管理站	Salvation Management Station	113	107	1014	964
流浪儿童救助保护中心	The Centers of Salvation and Safeguard Children on the Tramp	34	30	325	273
殡仪事业单位	**Funeral and Interment Institutions**	**158**	**149**	**2683**	**2430**

19-5 提供住宿的社会服务机构基本情况 (2017年)

Basic Statistics of Social Service Agencies with Accommodate (2017)

项 目	Item	机构（个）Institution (unit)	职工（人）Staff and Workers (person)	床位（张）Beds (unit)	年末在院人数（人）Number of Persons Housed (person)
总计	**Total**	**1789**	**17500**	**150264**	**94732**
工商部门登记的提供住宿单位	The Ministry of Commerce and Industry Registration Provide Accommodation Units	6	247	1648	648
编制部门提供住宿单位	Compiling Department Provide Accommodation Units	1503	13559	117767	82091
民政部门登记提供住宿单位	Civil Affairs Department Registration Provide Accommodation Units	191	2590	25690	10789
未登记的提供住宿单位	Unregistered Provide Accommodation Units	89	1104	5159	2352
在总计中	**Among Total**				
智障与精神疾病服务机构	Service Organization on Mental Retardation and Mental Illness	16	1891	5246	4207
#复退军人精神病院	# Mental Hospitals for Veteran and Demobilized Soldiers	8	963	3175	2399
#福利类精神病院和医院	# Psychiatric Hspitals, and Hospitals of the Welfare Class	8	928	2071	1808
儿童福利机构	Child Welfare Agencies	22	395	3439	2226
老年人与残疾人服务机构	Elderly and Disabled Service Agencies	1586	13616	133110	89345
#城市养老服务机构	# City Pension Service Agencies	165	3097	26468	12658
#农村养老服务机构	# Pension Services in Rural Areas	1132	5137	75023	53236
#荣誉军人康复医院	# Rehabilitation Hospitals for Glory Soldiers	3	672	1618	1334
#复员军人疗养院	# Convalescent Homes for Demobilized Soldiers	1	117	100	88
#光荣院	# Homes for Disabled Veterans	104	902	6858	3772
#社会福利医院	# Psychopathic Welfare Homes	81	2872	17725	11109
军休所	Army Hugh	100	819	5318	4975
其他收养性机构	Other Adoption Agencies	135	1325	7202	2173

19-6 社会救济和福利主要费用

Value of Major Social Relief and Welfare Funds

单位：万元 (10 000 yuan)

项 目	Item	2016	2017
总计	**Total**	**2716414.4**	**2758084.5**
民政事业费支出	**Civil Administration Department Funds**	**2716414.4**	**2758084.5**
抚恤事业费	Commiserate	527889.7	532773.5
退役安置事业费	Settle Down	142988.7	158695.0
社会救助	Social Assistance	1397503.5	1360784.8
城市居民最低生活保障事业费	Funds for Urban Residents Receiving Mininum Income Relief	423869.3	371527.5
农村居民最低生活保障事业费	Funds for Rural Residents Receiving Mininum Income Relief	498255.6	398161.2
其他社会救助	Other Social Assistance	236920.2	62630.0
医疗救助	Medical Assistance	166303.6	176619.5
社会福利事业费	Social Welfware Funds	312310.0	364109.3
民政管理事务事业费	Civil Administation Affairs Furds	148386.3	162500.6
自然灾害救助费	Relief Funds for Natural Disasters	106185.3	117129.9
行政事业单位离退休人员经费	Administration Institution Retired Personnels Funds	7833.6	7229.4
其他款项用于民政支出	Other Funds use in the Civil Administation	73314.3	54862.0

19-7 婚姻登记情况
Basic Statistics on Marriage Registration

项 目		Item		2000	2005	2016	2017
准予登记结婚	**(万对)**	**Registered Marriages**	**(10 000 couples)**	**38.31**	**45.97**	**49.94**	**45.78**
初 婚	(万人)	First Marriages	(10 000 persons)	71.77	83.80	78.67	69.9
再 婚	(万人)	Remarriages	(10 000 persons)	4.85	8.14	21.2	21.65
离婚人数	**(万对)**	**Number of Divorces**	**(10 000 couples)**	**6.45**	**8.30**	**21.29**	**17.66**
离婚率	(‰)	Divorce Rate	(‰)	1.97	2.50	3.13	2.58

19-8 律师、公证、调解工作基本情况
Basic Statistics on Lawyers, Notarization and Mediation

项 目		Item		2000	2005	2016	2017
律师工作		**Lawyers**					
律师事务所	(个)	Number of Law Offices	(unit)	352	426	713	778
律师	(人)	Number of Lawyers	(person)	4888	5663	12888	14067
担任法律顾问工作	(家)	Number of Units with Permanent Legal Advisors	(unit)	7899	8623	15094	16731
刑事案件代理及辩护	(件)	Agent & Defender of Criminal Cases	(case)	13664	15270	25733	22835
民事案件诉讼代理	(件)	Agent of Civil Cases	(case)	25820	30342	71471	78739
非诉讼法律事务	(件)	Agent of Non-Litigious Legal Affairs	(case)	25883	4617	37137	34597
行政案件诉讼代理	(件)	Agent of Administrative Action	(case)	2156	2425	4891	6134
解答法律询问	(人次)	Agent of Legal Advisory Services	(person-time)	236553	194157	134544	
代写法律事务文书	(件)	Agent of Legal Documents Written on Behalf of Clients	(case)	35934	39060	17269	
公证工作		**Notarization**					
公证处	(个)	Number of Notary Offices	(unit)	138	129	117	110
公证人员	(人)	Notarization Personnel	(person)	604	652	726	378
受理公证文书	(件)	Number of Accept Notarized Documents	(case)	319416	164616	203249	
出证公证文书	(件)	Number of Show Notarized Documents	(case)	317705	163857	202179	255133
#国内经济合同公证	(件)	#Number of Domestic Notarized Business Contracts	(case)	81815	63026		
人民调解工作		**Number of People's Mediation**					
专职司法助理员	(人)	Number of Full-time Judicial Assistants	(person)	4114	4238	4102	4140
人民调解委员会	(个)	Number of People's Mediation Committees	(person)	57231	55188	39704	34467
调解人员	(人)	Number of Mediators	(person)	723389	260000	166233	145994
调解民间纠纷	(件)	Number of Civil Disputes Mediated	(case)	340612	300957	375454	361708

19-9 交通事故发生情况

Statistics on Traffic Accidents

指标	Item	合计 Total	按事故发生程度分 By Serious Degree of Traffic Accidents 特大 Extraordinarily Serious	重大 Serious	较大 More	一般 Ordinary
发生次数 （起）	Number of Traffic Accidents (case)					
	2005	15013	84	3216		11713
	2006	12202	76	3013		9113
	2007	9903	63	2539		7301
	2008	7637	50	2132		5455
	2009	7444	43	1791		5610
	2010	8651	54	1850		6747
	2011	8121	34	1699		6388
	2012	8756	34	1668		7054
	2013	8709	25	1674		7010
	2014	8786	1		25	8760
	2015	9036		1	22	9013
	2016	7505	1		24	7480
	2017	5631			22	5609
死亡人数 （人）	Number of Deaths (person)					
	2005	3832	339	3493		
	2006	3563	297	3266		
	2007	3057	279	2778		
	2008	2555	222	2333		
	2009	2154	183	1971		
	2010	2250	240	2010		
	2011	2039	137	1902		
	2012	1955	137	1818		
	2013	1894	93	1801		
	2014	1921	54		85	1782
	2015	1792		21	90	1681
	2016	1628	35		91	1502
	2017	1257			79	1178
受伤人数 （人）	Number of Injuries (person)					
	2005	18271	365	2294		15612
	2006	16486	353	2178		13955
	2007	12993	250	1948		10795
	2008	9918	220	1707		7991
	2009	10083	254	1541		8288
	2010	11621	303	1370		9948
	2011	11058	220	1536		9302
	2012	11770	216	1303		10251
	2013	11306	79	1262		10037
	2014	11382	6		52	11324
	2015	11619		11	94	11514
	2016	9232	15		37	9180
	2017	6849			60	6789
损失折款 （万元）	Losses Coverted into Cash (10 000 yuan)					
	2005	7131.44	368.09	2037.29		4726.06
	2006	5716.44	309.11	1750.68		3656.66
	2007	4995.27	186.20	1618.66		3190.41
	2008	3765.35	129.60	1475.40		2160.35
	2009	3822.29	348.67	1454.33		2019.29
	2010	4104.41	243.18	1590.70		2270.53
	2011	5145.58	265.20	2212.64		2667.74
	2012	6758.36	242.37	2562.01		3953.98
	2013	6486.64	189.45	2230.69		4066.50
	2014	7093.13	200.00		219.30	6673.83
	2015	7230.93		800	257.85	6173.08
	2016	6440.38	10.00		212.00	6218.38
	2017	5329.46			314.56	5014.90
平均每起损失 （元）	Average Loss per Traffic Accident (yuan)					
	2005	4750.18	43820.24	6334.86		4034.88
	2006	4684.84	40672.12	5810.41		4012.57
	2007	5044.20	29555.50	6375.20		4369.83
	2008	4930.40	25920.00	6920.26		3960.37
	2009	5134.73	81086.05	8120.21		3599.45
	2010	4744.43	45033.33	8598.38		3365.24
	2011	6336.14	78000.00	13023.19		4176.17
	2012	7718.54	71285.29	15359.75		5605.30
	2013	7448.20	75780.00	13325.51		5801.00
	2014	8073.22	2000000.00		87720.00	7618.53
	2015	8002.36		8000000	117204.55	6849.08
	2016	8580.31	100000.00		88333.33	8313.34
	2017	9464.50			142981.82	8940.81

注：从 2014 年开始，公安部门交通事故统计增加“较大”类分组。

Sine 2014,The public security department increased "categories grouped" in traffic accident statistics.

19-10 火灾发生情况
Statistics on Fires

指 标	Item	合计 Total	按事故发生程度分 By Serious Degree of Traffic Accidents			
			特大 Extraordinarily Serious	重大 Serious	较大 More	一般 Ordinary
发生次数 （起）	Number of Traffic Accidents (case)					
	2005	5223	2	11		5210
	2006	5180		11		5169
	2007	5524	1	5		5518
	2008	3393		6		3387
	2009	2563			4	2559
	2010	2928			3	2925
	2011	3789		1	3	3785
	2012	4898			1	4897
	2013	16030			7	4897
	2014	18237			4	18233
	2015	15471			2	15469
	2016	15091			3	15088
	2017	8861			6	8855
死亡人数 （人）	Number of Deaths (person)					
	2005	118	5	23		90
	2006	60		16		44
	2007	55		12		43
	2008	83		20		63
	2009	52			16	36
	2010	33			11	22
	2011	45		10	13	22
	2012	33			5	28
	2013	80			26	54
	2014	72			9	63
	2015	79			7	72
	2016	62			10	52
	2017	66			19	47
受伤人数 （人）	Number of Injuries (person)					
	2005	123	19			104
	2006	54		1		53
	2007	11				11
	2008	16		4		12
	2009	16			3	13
	2010	4				4
	2011	14		4		10
	2012	13				13
	2013	59				59
	2014	54				54
	2015	52			3	49
	2016	44			3	41
	2017	60			3	57
损失折款 （万元）	Losses Coverted into Cash (10 000 yuan)					
	2005	4862.03	640.51	436.95		3784.57
	2006	3736.39		514.11		3222.27
	2007	6774.00	299.50	217.30		6257.20
	2008	6876.09		172.76		6703.33
	2009	9963.00			11.60	9951.40
	2010	8753.60			4.50	8749.10
	2011	7537.70		60.40	122.70	7354.60
	2012	15841.10			14.00	15827.10
	2013	28302.00			6399.80	21902.20
	2014	25089.60			2519.90	22569.70
	2015	22892.00			94.00	22798.00
	2016	18212.00			88.00	18124.00
	2017	14987.00			104.70	14833.00
平均每起损失 （元）	Average Loss per Traffic Accident (yuan)					
	2005	0.93	320.26	39.72		0.73
	2006	0.72		46.74		0.62
	2007	1.23	299.50	43.46		1.13
	2008	2.03		28.79		1.98
	2009	3.89			2.90	3.89
	2010	2.99			1.50	2.99
	2011	1.99		60.40	40.90	1.94
	2012	3.23			14.00	3.23
	2013	1.77			914.26	4.47
	2014	1.38			629.98	1.24
	2015	1.48			47.00	1.47
	2016	1.21			29.33	1.20
	2017	1.69			17.45	1.70

主要统计指标解释

律 师 指依法取得律师执业证书，担任法律顾问，民事（刑事、行政）案件代理人、刑事案件辩护人、办理非诉讼业务，解答法律询问，代写法律事务文书等，为社会提供法律服务的人员。

公证人员 指在公证处工作的人员总称，包括公证处主任、副主任、公证员、公证员助理（助理公证员）和其他从事辅助性工作的人员。

公证文书 指公证处根据当事人申请，依照事实和法律，按照法定程序制作的，具有法律效力的司法证明文书。

调解员 指在人民调解委员会担负调解民间纠纷工作的人员，包括调解委员会的委员和调解小组的调解员。该指标主要反映从事人民调解工作的人员数量。

调解民间纠纷 指调解委员会按照法律规定，根据自愿原则，用说服教育的方法调解民间发生的有关民事权利和义务争执的件数，包括调解成功数和调解未成功数。该指标主要反映人民调解委员会的工作量。

特大火灾 指造成 30 人以上死亡，或者 100 人以上重伤，或者 1 亿元以上直接财产损失的火灾。

重大火灾 指造成 10 人以上 30 人以下死亡，或者 50 人以上 100 人以下重伤，或者 5000 万元以上 1 亿元以下直接财产损失的火灾。

较大火灾 指造成 3 人以上 10 人以下死亡，或者 10 人以上 50 人以下重伤，或者 1000 万元以上 5000 万元以下直接财产损失的火灾。

一般火灾 指造成 3 人以下死亡，或者 10 人以下重伤，或者 1000 万元以下直接财产损失的火灾。

Explanatory Notes on Main Statistical Indicators

Lawyers are certified legal workers according to law, and who are employed by legal counseling firms to act as legal advisers, agents in criminal or civil lawsuits, or defenders in criminal lawsuits, or to handle non litigious legal affairs, to advise on matters of law or to write legal papers for others, and provide service to the public.

Notary Personnel refers to people working for notary offices including: directors, deputy directors, notaries, assistant notaries and other people providing assistance.

Notary Documents refer to the judicial notary documents drawn up at the request of the interested party and are in accordance with facts and the law and following certain legal proceedings.

Mediators refers to the personnel who are responsible for the mediation of civil disputes in the people's mediation committee, including members of the mediation committee and mediators of mediation teams. The index mainly reflects the number of people engaged in mediation work of the people.

Mediating Civil Disputes refers to the mediation committee shall, in accordance with the law and on a voluntary basis, use persuade education method on civil rights and obligations dispute mediation folk, the number of successful and unsuccessful mediation including mediation. The index mainly reflects the workload of the people's mediation committee.

Extraordinarily Serious Fire Case refers to a case which has caused over 30 deaths; or over 100 serious injuries; or a direct property loss over 100 million yuan.

Serious Fire Case refers to a case which has caused over 10 to 30 deaths; or over 50 to 100 serious injuries; or a direct property loss over 50 million to 100 million yuan.

Comparatively Serious Fire Case refers to a case which has caused over three to ten deaths; or over 10 to 50 serious injuries; or a direct property loss over 10 million to 50 million yuan.

Ordinary Fire Case refers to a case which has caused less than three deaths; or less than 10 serious injuries; or a direct property loss less than 10 million yuan.

20

区域经济

Regional Economy

资料整理人员：			
	刘　洋	唐双全	周　玲
	赵　宏	张　驰	田杰平
	孟　强	陈　慧	段嘉欣
	廖闻菲	田　原	肖宇旻

20-1 “长株潭城市群”主要经济指标情况(2017年)
Main Economic Indicators of "Changsha, Zhuzhou & Xiangtan" City Clusters (2017)

指 标		Item		绝对值 Value	比上年增长 Increase over 2016(%)	全省比重 Percentage (%)
土地面积	(平方公里)	Area of Land	(sq.km)	28069		13.3
常住人口	(万人)	Resident Population	(10 000 persons)	1479.20	2.0	21.6
生产总值	(亿元)	Gross Domestic Products	(100 million yuan)	14745.39	8.7	42.3
第一产业增加值	(亿元)	Primary Industry	(100 million yuan)	616.14	3.3	20.1
第二产业增加值	(亿元)	Secondary Industry	(100 million yuan)	6948.54	7.3	46.9
第三产业增加值	(亿元)	Tertiary Industry	(100 million yuan)	7180.71	11.0	42.3
人均地区生产总值	(元)	Per Capita Gross Regional Product	(yuan)	100681	6.8	
固定资产投资	(亿元)	Fixed Assets Investment	(100 million yuan)	12395.32	13.2	39.6
地方财政收入	(亿元)	Public Budgetary Revenue	(100 million yuan)	1151.04	9.0	41.7
公共财政支出	(亿元)	Public Budgetary Expenditure	(100 million yuan)	1910.82	12.1	27.8
全体居民可支配收入	(元)	Disposable Income	(yuan)	36162	8.8	
城镇居民人均可支配收入	(元)	Disposable Income of Urban Households	(yuan)	43185	8.4	
农村居民人均可支配收入	(元)	Disposable Income of Rural Households	(yuan)	22708	7.7	
农林牧渔业总产值	(亿元)	Gross Output Value of Farming, Forestry, Animal, Husbandry and Fishery	(100 million yuan)	995.77	3.6	19.1
规模以上工业企业单位数	(个)	Number of industrial enterprises above Designated Size	(unit)	5517	4.8	36.3
规模以上工业企业利润总额	(亿元)	Total Profits of industrial Enterprises above Designated Size	(100 million yuan)	964.65	5.9	46.1
社会消费品零售总额	(亿元)	Total Retail Sales of Consumer Goods	(100 million yuan)	6231.11	10.5	41.9
进出口总额	(万美元)	Total Exports and Imports	(USD 10 000)	1881269	24.2	52.2
出口额	(万美元)	Exports	(USD 10 000)	1193398	17.6	51.5
实际利用外资	(万美元)	Foreign Direct Investment Actually Used	(USD 100 00)	766896	10.8	53.0
金融机构人民币存款余额	(亿元)	Deposits in Financial Organizations	(100 million yuan)	22249.05	10.5	47.9
金融机构人民币贷款余额	(亿元)	Loans in Financial Organizations	(100 million yuan)	18972.48	16.1	60.2

注:地区生产总值占全省比重为占全省市州汇总数据比重。

The proportion of regional GDP in the province is the proportion of the total data of the provinces and cities.

20-2 “环长株潭城市群”主要经济指标情况 (2017年)

Main Economic Indicators of the Rim Chang-Zhu-Tan City Clusters (2017)

指 标		Item		绝对值 Value	比上年增长 Increase over 2016 (%)	全省比重 Percentage (%)
土地面积	（平方公里）	Area of Land	(sq.km)	96834		45.7
常住人口	（万人）	Resident Population	(10 000 persons)	4188.50	0.6	61.1
生产总值	（亿元）	Gross Domestic Products	(100 million yuan)	26908.53	8.4	77.1
第一产业增加值	（亿元）	Primary Industry	(100 million yuan)	1976.57	3.5	64.4
第二产业增加值	（亿元）	Secondary Industry	(100 million yuan)	11908.97	6.6	80.4
第三产业增加值	（亿元）	Tertiary Industry	(100 million yuan)	13022.99	11.3	76.6
人均地区生产总值	（元）	Per Capita Gross Regional Product	(yuan)	64434	7.7	
固定资产投资	（亿元）	Fixed Assets Investment	(100 million yuan)	22817.20	13.7	72.8
地方财政收入	（亿元）	Public Budgetary Revenue	(100 million yuan)	1768.99	4.5	64.1
公共财政支出	（亿元）	Public Budgetary Expenditure	(100 million yuan)	4033.22	8.5	58.7
全体居民可支配收入	（元）	Disposable Income	(yuan)	27083	9.0	
城镇居民人均可支配收入	（元）	Disposable Income of Urban Households	(yuan)	35772	8.5	
农村居民人均可支配收入	（元）	Disposable Income of Rural Households	(yuan)	16817	8.1	
农林牧渔业总产值	（亿元）	Gross Output Value of Farming, Forestry, Animal，Husbandry and Fishery	(100 million yuan)	3333.37	3.8	63.9
规模以上工业企业单位数	（个）	Number of industrial enterprises above Designated Size	(unit)	10842	5.1	71.3
规模以上工业企业利润总额	（亿元）	Total Profits of industrial Enterprises above Designated Size	(100 million yuan)	1668.30	8.4	79.7
社会消费品零售总额	（亿元）	Total Retail Sales of Consumer Goods	(100 million yuan)	11155.96	10.5	75.1
进出口总额	（万美元）	Total Exports and Imports	(USD 10 000)	2870597	33.1	79.7
出口额	（万美元）	Exports	(USD 10 000)	1784478	25.9	77.0
实际利用外资	（万美元）	Foreign Direct Investment Actually Used	(USD 10 000)	1124186	12.3	77.7
金融机构人民币存款余额	（亿元）	Deposits in Financial Organizations	(100 million yuan)	34957.65	11.3	75.3
金融机构人民币贷款余额	（亿元）	Loans in Financial Organizations	(100 million yuan)	25284.96	17.1	80.2

20-3 “湘南地区”主要经济指标情况(2017年)
Main Economic Indicators of "Southern Hunan" (2017)

指 标		Item		绝对值 Value	比上年增长 Increase over 2016 (%)	全省比重 Percentage (%)
土地面积	(平方公里)	Area of Land	(sq.km)	56900		26.9
常住人口	(万人)	Resident Population	(10 000 persons)	1741.66	-0.3	25.4
生产总值	(亿元)	Gross Domestic Products	(100 million yuan)	6752.36	8.2	19.4
第一产业增加值	(亿元)	Primary Industry	(100 million yuan)	814.53	3.6	26.5
第二产业增加值	(亿元)	Secondary Industry	(100 million yuan)	2693.83	6.0	18.2
第三产业增加值	(亿元)	Tertiary Industry	(100 million yuan)	3244.00	11.7	19.1
人均地区生产总值	(元)	Per Capita Gross Regional Product	(yuan)	38719	8.4	
固定资产投资	(亿元)	Fixed Assets Investment	(100 million yuan)	7110.44	13.5	22.7
地方财政收入	(亿元)	Public Budgetary Revenue	(100 million yuan)	402.31	-15.0	14.6
公共财政支出	(亿元)	Public Budgetary Expenditure	(100 million yuan)	1359.95	1.3	19.8
全体居民可支配收入	(元)	Disposable Income	(yuan)	21457	8.9	
城镇居民人均可支配收入	(元)	Disposable Income of Urban Households	(yuan)	29525	8.5	
农村居民人均可支配收入	(元)	Disposable Income of Rural Households	(yuan)	14494	8.4	
农林牧渔业总产值	(亿元)	Gross Output Value of Farming, Forestry, Animal, Husbandry and Fishery	(100 million yuan)	1443.28	3.9	27.7
规模以上工业企业单位数	(个)	Number of industrial enterprises above Designated Size	(unit)	3131	8.5	20.6
规模以上工业企业利润总额	(亿元)	Total Profits of industrial Enterprises above Designated Size	(100 million yuan)	351.72	5.0	16.8
社会消费品零售总额	(亿元)	Total Retail Sales of Consumer Goods	(100 million yuan)	2901.09	10.6	19.5
进出口总额	(万美元)	Total Exports and Imports	(USD 10 000)	973091	51.9	27.0
出口额	(万美元)	Exports	(USD 10 000)	588032	41.7	25.4
实际利用外资	(万美元)	Foreign Direct Investment Actually Used	(USD 10 000)	407856	12.7	28.2
金融机构人民币存款余额	(亿元)	Deposits in Financial Organizations	(100 million yuan)	8276.58	9.6	17.8
金融机构人民币贷款余额	(亿元)	Loans in Financial Organizations	(100 million yuan)	4044.03	18.2	12.8

20−4 “大湘西地区”主要经济指标情况 (2017年)
Main Economic Indicators of "West Hunan" (2017)

指 标		Item		绝对值 Value	比上年增长 Increase over 2016 (%)	全省比重 Percentage (%)
土地面积	(平方公里)	Area of Land	(sq.km)	81511		38.5
常住人口	(万人)	Resident Population	(10 000 persons)	2042.28	0.6	29.8
生产总值	(亿元)	Gross Domestic Products	(100 million yuan)	5554.41	8.1	15.9
第一产业增加值	(亿元)	Primary Industry	(100 million yuan)	762.44	4.0	24.8
第二产业增加值	(亿元)	Secondary Industry	(100 million yuan)	1981.90	6.0	13.4
第三产业增加值	(亿元)	Tertiary Industry	(100 million yuan)	2810.07	11.2	16.5
人均地区生产总值	(元)	Per Capita Gross Regional Product	(yuan)	27278	7.5	
固定资产投资	(亿元)	Fixed Assets Investment	(100 million yuan)	5232.69	13.8	16.7
地方财政收入	(亿元)	Public Budgetary Revenue	(100 million yuan)	338.05	5.9	12.3
公共财政支出	(亿元)	Public Budgetary Expenditure	(100 million yuan)	1646.34	7.6	24.0
全体居民可支配收入	(元)	Disposable Income	(yuan)	15674	10.4	
城镇居民人均可支配收入	(元)	Disposable Income of Urban Households	(yuan)	24487	8.8	
农村居民人均可支配收入	(元)	Disposable Income of Rural Households	(yuan)	9697	10.8	
农林牧渔业总产值	(亿元)	Gross Output Value of Farming, Forestry, Animal, Husbandry and Fishery	(100 million yuan)	1250.41	4.1	24.0
规模以上工业企业单位数	(个)	Number of industrial enterprises above Designated Size	(unit)	3135	6.9	20.6
规模以上工业企业利润总额	(亿元)	Total Profits of industrial Enterprises above Designated Size	(100 million yuan)	364.74	23.7	17.4
社会消费品零售总额	(亿元)	Total Retail Sales of Consumer Goods	(100 million yuan)	2583.65	10.7	17.4
进出口总额	(万美元)	Total Exports and Imports	(USD 10 000)	329881	33.9	9.2
出口额	(万美元)	Exports	(USD 10 000)	223884	32.5	9.7
实际利用外资	(万美元)	Foreign Direct Investment Actually Used	(USD 10 000)	89961	16.9	6.2
金融机构人民币存款余额	(亿元)	Deposits in Financial Organizations	(100 million yuan)	8396.82	13.2	18.1
金融机构人民币贷款余额	(亿元)	Loans in Financial Organizations	(100 million yuan)	4363.17	16.7	13.8

20-5 "洞庭湖生态经济区"主要经济指标情况(2017年) Main Economic Indicators of "Dongting Lake" (2017)

指 标		Item		绝对值 Value	比上年增长 Increase over 2016 (%)	全省比重 Percentage (%)
土地面积	(平方公里)	Area of Land	(sq.km)	45355		21.4
常住人口	(万人)	Resident Population	(10 000 persons)	1597.01	0.1	23.3
生产总值	(亿元)	Gross Domestic Products	(100 million yuan)	7829.81	7.8	22.4
第一产业增加值	(亿元)	Primary Industry	(100 million yuan)	877.21	3.7	28.6
第二产业增加值	(亿元)	Secondary Industry	(100 million yuan)	3189.58	5.6	21.5
第三产业增加值	(亿元)	Tertiary Industry	(100 million yuan)	3763.02	11.2	22.1
人均地区生产总值	(元)	Per Capita Gross Regional Product	(yuan)	49046	7.5	
固定资产投资	(亿元)	Fixed Assets Investment	(100 million yuan)	6429.41	14.0	20.5
地方财政收入	(亿元)	Public Budgetary Revenue	(100 million yuan)	385.25	4.3	14.0
公共财政支出	(亿元)	Public Budgetary Expenditure	(100 million yuan)	1314.13	9.1	19.1
全体居民可支配收入	(元)	Disposable Income	(yuan)	21005	9.3	
城镇居民人均可支配收入	(元)	Disposable Income of Urban Households	(yuan)	28666	8.6	
农村居民人均可支配收入	(元)	Disposable Income of Rural Households	(yuan)	14150	8.6	
农林牧渔业总产值	(亿元)	Gross Output Value of Farming, Forestry, Animal, Husbandry and Fishery	(100 million yuan)	1523.57	3.9	29.2
规模以上工业企业单位数	(个)	Number of industrial enterprises above Designated Size	(unit)	3433	3.5	22.6
规模以上工业企业利润总额	(亿元)	Total Profits of industrial Enterprises above Designated Size	(100 million yuan)	414.54	0.9	19.8
社会消费品零售总额	(亿元)	Total Retail Sales of Consumer Goods	(100 million yuan)	3139.03	10.4	21.1
进出口总额	(万美元)	Total Exports and Imports	(USD 10 000)	419710	46.8	11.6
出口额	(万美元)	Exports	(USD 10 000)	311862	42.5	13.5
实际利用外资	(万美元)	Foreign Direct Investment Actually Used	(USD 10 000)	182776	18.4	12.6
金融机构人民币存款余额	(亿元)	Deposits in Financial Organizations	(100 million yuan)	7440.27	14.0	16.0
金融机构人民币贷款余额	(亿元)	Loans in Financial Organizations	(100 million yuan)	3806.43	25.9	12.1

20-6 各市州中心城区人口情况(2017年)
City Center Population (2017)

市 州	Cities and Prefecture	年平均人口（万人） Average Population (10 000 persons)	常住人口（万人） Resident Population (10 000 persons)	年末总户数（万户） Households (10 000 households)
长沙市	Changsha	334.05	426.75	120.48
株洲市	Zhuzhou	97.06	129.72	32.77
湘潭市	Xiangtan	87.10	107.75	30.63
衡阳市	Hengyang	101.33	121.24	37.22
邵阳市	Shaoyang	70.24	76.95	24.22
岳阳市	Yueyang	109.94	133.91	45.72
常德市	Changde	140.86	156.51	47.05
张家界市	Zhangjiajie	52.93	52.75	20.85
益阳市	Yiyang	136.64	129.89	45.54
郴州市	Chenzhou	78.38	86.80	29.60
永州市	Yongzhou	117.54	111.48	40.29
怀化市	Huaihua	39.13	61.46	15.91
娄底市	Loudi	55.28	61.68	24.99
湘西州	Xiangxizhou	30.87	34.77	10.93

注：中心城区是指市辖区，涵盖所有城区，不包括市辖县(市)。湘西州指的是吉首市。下表同。

City Center is a municipal district, covers all areas of the city, not including the city administer county (city). The same as in the following table.

20-7 各市州中心城区从业人员情况(2017年) City Center Staff (2017)

单位：万人 (10 000 persons)

市 州	Cities and Prefecture	年末单位从业人员数(城镇) Employees at the year-end (town)	第一产业 Primary Industry	第二产业 Secondary Industry	第三产业 Tertiary Industry	城镇私营和个体从业人员 Urban Private and Individual Employees
长沙市	Changsha	84.77	0.12	31.58	53.07	111.47
株洲市	Zhuzhou	25.55	0.02	13.44	12.09	41.86
湘潭市	Xiangtan	19.96	0.00	11.48	8.48	10.67
衡阳市	Hengyang	20.51	0.03	8.86	11.61	44.40
邵阳市	Shaoyang	12.67	0.02	6.24	6.40	20.98
岳阳市	Yueyang	18.64	0.13	9.05	9.47	31.90
常德市	Changde	18.70	0.04	7.63	11.03	45.67
张家界市	Zhangjiajie	4.83	0.03	0.97	3.83	6.32
益阳市	Yiyang	14.30	0.03	6.62	7.65	12.53
郴州市	Chenzhou	15.79	0.01	5.83	9.94	28.64
永州市	Yongzhou	10.70	0.03	2.92	7.74	11.10
怀化市	Huaihua	6.75		1.13	5.61	11.06
娄底市	Loudi	12.06	0.01	6.47	5.59	9.82
湘西州	Xiangxizhou	4.94	0.01	0.91	4.02	1.70

20-8 各市州中心城区土地面积情况 (2017年)
City Center Land Area (2017)

单位：平方公里 (sq.km)

市　州	Cities and Prefecture	行政区域土地面积 Administrative Region Land Area	建成区面积 Developed Areas	城市建设用地面积 City Construction Use Land	居住用地面积 Living Space	公共设施用地面积 Public Engineering	工业用地面积 Industry
长沙市	Changsha	2151	427	490	171	14	58
株洲市	Zhuzhou	863	146	140	44	3	33
湘潭市	Xiangtan	652	80	80	27	4	13
衡阳市	Hengyang	698	137	146	42	4	30
邵阳市	Shaoyang	435	73	71	26	5	4
岳阳市	Yueyang	1413	105	94	26	12	19
常德市	Changde	2752	100	100	27	4	21
张家界市	Zhangjiajie	2567	33	32	10	5	2
益阳市	Yiyang	1850	79	71	28	16	6
郴州市	Chenzhou	2158	78	74	26	2	7
永州市	Yongzhou	3181	66	66	16	8	8
怀化市	Huaihua	673	64	54	25	1	2
娄底市	Loudi	429	50	50	16	4	11
湘西州	Xiangxizhou	1078	38	31	20	1	1

20-9 各市州中心城区生产总值情况 (2017年)
City Center GDP (2017)

市州	Cities and Prefecture	地区生产总值（当年价格）（万元） Gross Domestic Product (10 000 yuan)	第一产业增加值 Value added of the first Primary Industry	第二产业增加值 Added value of the Secondary Industry	第三产业增加值 Added value of the tertiary Industry
长沙市	Changsha	63903360	584525	22617044	40701791
株洲市	Zhuzhou	11740538	237227	5284833	6218478
湘潭市	Xiangtan	12342154	184230	6715022	5442902
衡阳市	Hengyang	9082292	179805	4187545	4714942
邵阳市	Shaoyang	3417031	119145	1583493	1714393
岳阳市	Yueyang	13125986	423836	5109514	7592636
常德市	Changde	16105239	610875	7661998	7832366
张家界市	Zhangjiajie	2796735	195692	439442	2161601
益阳市	Yiyang	6868076	581764	3255301	3031011
郴州市	Chenzhou	6904667	241930	2906294	3756443
永州市	Yongzhou	4708548	627486	1863538	2217524
怀化市	Huaihua	3456184	90747	687101	2678336
娄底市	Loudi	4601745	177623	2407247	2016875
湘西州	Xiangxizhou	1534070	69116	460380	1004574

20−10 各市州中心城区财政收支情况 (2017年)
City Center Financial Revenue and Expenditure (2017)

单位：万元 (10 000 yuan)

市 州	Cities and Prefecture	地方财政收入 Public Budgetary Revenue	各项税收 Taxes Revenue	企业所得税 Income Tax of Enterprises	个人所得税 Individual Income Tax	公共财政支出 Public Budgetary Expenditure
长沙市	Changsha	6054082	4188959	545814	280407	8179478
株洲市	Zhuzhou	941775	349280	24384	14236	1319162
湘潭市	Xiangtan	1563952	495188	38743	20489	1689674
衡阳市	Hengyang	963777	527153	52183	23084	2033185
邵阳市	Shaoyang	237669	122799	9999	5416	767716
岳阳市	Yueyang	2482995	408562	23857	7357	2341098
常德市	Changde	1147131	679868	39002	21896	2138078
张家界市	Zhangjiajie	381585	124614	13962	5606	763982
益阳市	Yiyang	444305	252966	20354	9842	1520843
郴州市	Chenzhou	190297	80409	5283	2025	445708
永州市	Yongzhou	240510	169887	11376	3832	722798
怀化市	Huaihua	116797	40110	4203	3571	241503
娄底市	Loudi	372135	211992	8962	7228	789567
湘西州	Xiangxizhou	82711	50588	5101	7253	334155

20-11 各市州中心城区规模以上工业情况(2017年)
City Center above Industrial Enterprises Designated Size (2017)

市 州	Cities and Prefecture	规模以上工业企业数(个) Number of Enterprises (unit)	主营业务收入(万元) Revenue of Main Business (10 000 yuan)	主营业务成本(万元) Cost of Major Business (10 000 yuan)	利润总额(万元) Total Profits (10 000 yuan)	从业人员年平均人数(万人) Average Number of Employment of the Current Year (10 000 persons)
长沙市	Changsha	1003	46330104	33912008	3032432	24.11
株洲市	Zhuzhou	432	12975050	10635336	878073	11.61
湘潭市	Xiangtan	441	19090140	16580858	718445	10.17
衡阳市	Hengyang	273	6593901	5639648	250774	6.64
邵阳市	Shaoyang	201	4935664	4448671	154887	4.29
岳阳市	Yueyang	303	15672962	12713447	542558	12.00
常德市	Changde	384	13168008	8038837	1012067	6.70
张家界市	Zhangjiajie	90	601120	499071	31234	0.84
益阳市	Yiyang	506	12138510	10236237	289483	7.34
郴州市	Chenzhou	221	7497295	5350592	295392	5.14
永州市	Yongzhou	260	6255056	3615902	169495	3.58
怀化市	Huaihua	66	1184174	1098273	27787	0.94
娄底市	Loudi	227	9461263	8289650	761420	4.55
湘西州	Xiangxizhou	71	826087	625969	110030	0.99

20-12 各市州中心城区贸易主要情况 (2017年)
City Center Trade (2017)

市 州	Cities and Prefecture	社会消费品零售总额（万元）Total Retail Sales of Consumer Goods (10 000 yuan)	限额以上批发零售企业 法人数（个）Number of Corporate Enterprises (unit)	限额以上批发零售企业 商品销售总额（万元）Total sales of goods (10 000 yuan)
长沙市	Changsha	34299332	270	33892453
株洲市	Zhuzhou	5537812	86	13619581
湘潭市	Xiangtan	4175820	41	2562226
衡阳市	Hengyang	5453877	74	4277185
邵阳市	Shaoyang	2107125	44	2294694
岳阳市	Yueyang	6554559	32	3298881
常德市	Changde	4663096	56	3420761
张家界市	Zhangjiajie	1216436	36	718963
益阳市	Yiyang	3004679	41	2017633
郴州市	Chenzhou	4809250	63	5043981
永州市	Yongzhou	2270597	35	1164411
怀化市	Huaihua	2147275	6	1934772
娄底市	Loudi	1225298	22	1594090
湘西州	Xiangxizhou	971908	40	645487

20—13 各市州中心城区固定资产投资情况 (2017年)

City Center Investment in Fixed Assets (2017)

单位：万元 (10 000 yuan)

市 州	Cities and Prefecture	固定资产投资总额（不含农户） Total Investment in Fixed Assets	房地产开发投资额 Real Estate Development	全年新增固定资产 The Newly Increased Fixed Assets
长沙市	Changsha	42171906	11824234	20012839
株洲市	Zhuzhou	14510891	2321900	9825410
湘潭市	Xiangtan	16198621	1233711	11621734
衡阳市	Hengyang	9558655	1204200	5892842
邵阳市	Shaoyang	2850870	762064	1319654
岳阳市	Yueyang	7316611	1044553	5617313
常德市	Changde	9209074	1238760	6461359
张家界市	Zhangjiajie	2030107	284109	962491
益阳市	Yiyang	7431311	719719	4292973
郴州市	Chenzhou	6107981	1337554	4620859
永州市	Yongzhou	5258185	337730	2525704
怀化市	Huaihua	1823461	643462	466219
娄底市	Loudi	5268884	270989	2867338
湘西州	Xiangxizhou	1547497	181819	1710978

20－14　各市州中心城区教育情况 (2017年)
City Center Education (2017)

市　州	Cities and Prefecture	普通中学专任教师数（人）Regular Secondary Schools Teachers (persons)	小学专任教师数（人）Primary Schools Teachers (persons)	普通中学在校学生数（万人）Regular Secondary Schools Students (10 000 persons)	小学在校学生数（万人）Primary Schools Students (10 000 persons)
长沙市	Changsha	15495	17245	20.73	31.77
株洲市	Zhuzhou	4418	4522	5.53	8.93
湘潭市	Xiangtan	2458	2732	2.83	5.19
衡阳市	Hengyang	4198	5209	6.37	9.61
邵阳市	Shaoyang	2698	2914	4.59	6.18
岳阳市	Yueyang	4952	4640	6.13	8.78
常德市	Changde	4952	4179	5.11	7.16
张家界市	Zhangjiajie	1947	2190	2.82	4.24
益阳市	Yiyang	4514	4384	5.82	7.88
郴州市	Chenzhou	4145	5205	6.36	9.99
永州市	Yongzhou	4489	5705	6.81	10.25
怀化市	Huaihua	2934	2539	4.17	5.96
娄底市	Loudi	3062	2666	4.54	6.21
湘西州	Xiangxizhou	1729	1754	2.27	3.15

20-15 各市州中心城区文化、体育、卫生情况(2017年)
City Center Culture, Sports and Public, Health (2017)

市 州	Cities and Prefecture	剧场、影剧院数(个) Number of Theater, Theater (unit)	公共图书馆图书总藏量(千册) Books of Total Reserves of Public Libraries (1000 copies)	体育场馆数(个) The number of Stadiums (unit)	卫生机构数(个) Number of Health Institutions (unit)	卫生机构床位数(张) Number of beds in Health Institutions (bed)	医生数(执业医师+执业助理医师)(人) The number of Doctors (Doctors and Assistant Doctors) (persons)
长沙市	Changsha	31	8991	62	2226	53227	20540
株洲市	Zhuzhou	11	1211	17	874	16524	5003
湘潭市	Xiangtan	5	990	11	725	10134	3819
衡阳市	Hengyang	9	863	34	730	15557	5131
邵阳市	Shaoyang	12	1123	3	497	9427	3039
岳阳市	Yueyang	14	460	38	610	10633	4321
常德市	Changde	12	690	21	1436	12753	4758
张家界市	Zhangjiajie	9	572	5	366	3684	1414
益阳市	Yiyang	13	581	27	1118	10469	4228
郴州市	Chenzhou	4	600	13	819	10580	4061
永州市	Yongzhou	2	891	3	1213	10578	3564
怀化市	Huaihua	7	210	2	318	6971	3057
娄底市	Loudi	1	141	3	366	7422	2549
湘西州	Xiangxizhou	4	51	33	434	5909	1845

20−16 各市州中心城区社会保障情况 (2017年)

City Center Social Security (2017)

单位：人 (person)

市 州	Cities and Prefecture	城镇职工基本养老保险参保人数 Number of People Participating in Basic Endowment Insurance for Urban Employees	城镇居民基本医疗保险参保人数 Number of People Participating in Basic Medical Insurance for Urban Residents	失业保险参保人数 Persons Covered of Unemployment Insurance Contributors	工伤保险参保人数 Work Injury Insurance Contributors	生育保险参保人数 Maternity Insurance Contributors	城市居民最低生活保障人数 City Residents Minimum Living Security Number
长沙市	Changsha	1731082	2116711	1139470	1124876	1144830	26275
株洲市	Zhuzhou	446082	791981	289737	339151	238903	15236
湘潭市	Xiangtan	423805	623491	267008	335726	219206	21944
衡阳市	Hengyang	476658	760075	312005	202032	187740	33161
邵阳市	Shaoyang	241641	520600	114914	157000	96580	32157
岳阳市	Yueyang	451882	293908	218216	427904	211826	31452
常德市	Changde	526092	1287970	158212	218773	159074	15190
张家界市	Zhangjiajie	59900	420390	28142	44021	37211	7277
益阳市	Yiyang	259357	1236709	89453	156727	96110	24764
郴州市	Chenzhou	162173	603830	186075	163004	168472	9946
永州市	Yongzhou	210094	965242	129254	100117	99172	9842
怀化市	Huaihua	95360	426371	99839	36832	22166	11315
娄底市	Loudi	213139	569500	194000	188200	87032	14089
湘西州	Xiangxizhou	17819	253633	16900	28585	12731	4075

21

各市、州主要经济和社会统计指标

Main Economic and Social Statistics Indicators of Cities and Prefecture

资料整理人员：			
	周　玲	欧阳普	赵　宏
	张　驰	李培楚	田杰平
	谢　凡	贺淑贞	郑石明
	孟　强	陈　慧	段嘉欣
	宋　超	杨柬燊	廖闻菲
	彭开吾	刘　杰	陈晗文
	易　贝	肖　鹏	陈　婷
	汤炼坤	田　原	凌　骞
	殷梓晴	韩建芳	蔡冬娥
	肖首雄	贺　震	赵莉淇
	郭开金	付硕果	周哲煊

21-1 全社会总产出及指数（2017年）
Gross Output of Society and Its Indices (2017)

市 州	Cities and Prefecture	总产出（亿元）Gross Output (100 million yuan)	第一产业 Primary Industry	第二产业 Secondary Industry	第三产业 Tertiary Industry	总产出指数（以上年为100）Gross Output Indices (preceding year=100)
长沙市	Changsha	27596.33	483.75	18902.38	8210.20	109.8
株洲市	Zhuzhou	6563.71	261.35	4441.49	1860.87	109.1
湘潭市	Xiangtan	5200.50	198.91	3765.99	1235.60	107.5
衡阳市	Hengyang	7438.50	532.94	4558.42	2347.14	108.0
邵阳市	Shaoyang	3741.39	431.09	2108.38	1201.92	108.1
岳阳市	Yueyang	7009.44	480.35	4327.43	2201.66	106.4
常德市	Changde	6915.60	547.17	3753.04	2615.39	109.0
张家界市	Zhangjiajie	1041.05	88.55	356.39	596.11	108.7
益阳市	Yiyang	3758.91	401.35	2166.11	1191.45	107.5
郴州市	Chenzhou	5113.47	326.50	3321.73	1465.24	107.3
永州市	Yongzhou	3723.66	510.50	1967.11	1246.05	107.9
怀化市	Huaihua	3112.16	317.67	1485.30	1309.19	106.9
娄底市	Loudi	3656.62	237.68	2457.50	961.44	107.9
湘西州	Xiangxizhou	1271.89	128.27	554.59	589.03	107.8

21-2 按产业分的地区生产总值（2017年）
Gross Domestic Product by Three Strata of Industry (2017)

市 州	Cities and Prefecture	地区生产总值（亿元）Gross Domestic Product (100 millionyuan)	第一产业 Primary Industry	第二产业 Secondary Industry	第三产业 Tertiary Industry	人均地区生产总值（元）Per Capita Gross Domestic Product(yuan)
长沙市	Changsha	10210.13	312.01	4740.32	5157.80	131207
株洲市	Zhuzhou	2530.01	181.18	1212.46	1136.37	62953
湘潭市	Xiangtan	2005.25	122.95	995.76	886.54	70481
衡阳市	Hengyang	2921.52	330.42	1111.13	1479.97	40321
邵阳市	Shaoyang	1627.53	289.49	575.14	762.90	22148
岳阳市	Yueyang	3119.74	304.06	1344.93	1470.75	54663
常德市	Changde	3099.85	337.22	1212.54	1550.09	53038
张家界市	Zhangjiajie	538.24	57.65	109.06	371.53	35170
益阳市	Yiyang	1610.22	235.93	632.11	742.18	36494
郴州市	Chenzhou	2178.19	196.12	1010.24	971.83	46134
永州市	Yongzhou	1652.65	287.99	572.46	792.20	30199
怀化市	Huaihua	1401.28	185.80	458.56	756.92	28366
娄底市	Loudi	1411.81	152.80	659.72	599.29	36145
湘西州	Xiangxizhou	575.55	76.70	179.42	319.43	21824

21—3 按产业分的地区生产总值指数 (2017年)

Indices of Gross Domestic Product by Three Strata of Industry (2017)

以上年为 100 (preceding year=100)

市 州	Cities and Prefecture	地区生产总值 (%) Gross Domestic Products(%)	第一产业 Primary Industry	第二产业 Secondary Industry	第三产业 Tertiary Industry	人均地区生产总值 (%) Per Capita Gross Domestic Product (%)
长沙市	Changsha	109.0	103.0	107.7	110.9	105.6
株洲市	Zhuzhou	108.0	103.9	106.7	110.7	107.7
湘潭市	Xiangtan	108.3	103.1	106.1	112.3	107.7
衡阳市	Hengyang	108.4	103.5	105.4	112.5	109.4
邵阳市	Shaoyang	108.1	104.0	106.5	111.3	107.3
岳阳市	Yueyang	107.0	103.6	105.3	109.8	106.1
常德市	Changde	108.3	103.7	105.3	112.6	108.3
张家界市	Zhangjiajie	108.7	103.9	101.2	112.0	108.4
益阳市	Yiyang	108.4	103.9	106.8	111.3	108.6
郴州市	Chenzhou	107.8	103.8	106.6	110.4	107.7
永州市	Yongzhou	108.3	103.8	105.9	112.1	107.8
怀化市	Huaihua	107.6	104.0	105.4	110.6	107.0
娄底市	Loudi	108.4	104.1	106.7	112.0	107.8
湘西州	Xiangxizhou	107.6	103.8	105.8	109.7	107.5

21—4 地区生产总值项目构成 (2017年)

Item Composition of Gross Domestic Product (2017)

单位：亿元 (100 million yuan)

市 州	Cities and Prefecture	地区生产总值 Gross Domestic Products	劳动者报酬 Compensation of Laborers	固定资产折旧 Depreciation of Fixed Assets	生产税净额 Net Taxes on Production	营业盈余 Operating surplus
长沙市	Changsha	10210.13	4441.75	936.68	1648.49	3183.21
株洲市	Zhuzhou	2530.01	1420.55	319.09	339.18	451.19
湘潭市	Xiangtan	2005.25	977.07	277.33	250.03	500.82
衡阳市	Hengyang	2921.52	1357.78	367.30	325.41	871.03
邵阳市	Shaoyang	1627.53	1063.18	156.91	155.58	251.86
岳阳市	Yueyang	3119.74	1418.14	405.11	484.64	811.85
常德市	Changde	3099.85	1498.64	341.32	438.27	821.62
张家界市	Zhangjiajie	538.24	277.95	72.85	47.56	139.88
益阳市	Yiyang	1610.22	1141.33	182.40	88.35	198.14
郴州市	Chenzhou	2178.19	1053.15	283.06	382.66	459.32
永州市	Yongzhou	1652.65	892.26	188.93	168.71	402.75
怀化市	Huaihua	1401.28	800.88	145.60	131.20	323.60
娄底市	Loudi	1411.81	768.48	175.92	208.84	258.57
湘西州	Xiangxizhou	575.55	340.25	59.28	55.48	120.54

21−5 按行业分的地区生产总值 (2017年)

单位：亿元

市 州	Cities and Prefecture	地区生产总值 Gross Domestic Product (100 million yuan)	农、林、牧、渔业 Agriculture, Forestry, Animal Husbandry and Fishery	工业 Industry	建筑业 Construction	批发和零售业 Wholesale and Retail Trade	交通运输、仓储和邮政业 Traffic, Transport, Storage and Post	住宿和餐饮业 Accommodation and Restaurants	金融业 Finance
长沙市	Changsha	10210.13	328.76	3843.54	902.15	753.62	296.08	258.92	686.06
株洲市	Zhuzhou	2530.01	186.92	1025.62	188.30	131.25	97.45	43.78	89.19
湘潭市	Xiangtan	2005.25	128.88	897.92	104.46	102.32	70.29	54.35	69.23
衡阳市	Hengyang	2921.52	349.72	924.59	186.54	168.36	120.47	76.29	97.76
邵阳市	Shaoyang	1627.53	302.08	477.21	98.92	86.23	41.58	34.49	69.90
岳阳市	Yueyang	3119.74	321.56	1178.52	168.70	214.74	119.67	67.89	76.63
常德市	Changde	3099.85	360.67	1067.30	146.20	165.78	149.61	57.25	97.31
张家界市	Zhangjiajie	538.24	59.87	87.65	21.55	26.46	38.05	23.96	27.10
益阳市	Yiyang	1610.22	249.04	563.85	69.76	72.72	67.49	43.67	58.17
郴州市	Chenzhou	2178.19	202.15	908.03	103.27	147.00	78.70	53.16	72.84
永州市	Yongzhou	1652.65	299.97	474.76	98.36	67.35	75.06	20.87	71.83
怀化市	Huaihua	1401.28	190.01	386.47	72.46	100.41	71.10	38.45	64.26
娄底市	Loudi	1411.81	157.33	573.69	86.47	86.29	80.78	29.17	39.68
湘西州	Xiangxizhou	575.55	77.75	141.65	38.20	39.62	33.28	27.45	35.02

21−6 按行业分的地区生产总值指数 (2017年)

以上年为 100

市 州	Cities and Prefecture	地区生产总值 Gross Domestic Product (100 million yuan)	农、林、牧、渔业 Agriculture, Forestry, Animal Husbandry and Fishery	工业 Industry	建筑业 Construction	批发和零售业 Wholesale and Retail Trade	交通运输、仓储和邮政业 Traffic, Transport, Storage and Post	住宿和餐饮业 Accommodation and Restaurants	金融业 Finance
长沙市	Changsha	109.0	103.2	108.1	105.9	106.3	109.5	107.7	108.5
株洲市	Zhuzhou	108.0	104.0	107.0	104.4	104.2	107.9	107.0	108.9
湘潭市	Xiangtan	108.3	103.4	106.3	104.4	107.6	119.6	109.7	107.8
衡阳市	Hengyang	108.4	103.7	105.5	104.8	108.1	106.5	106.1	107.7
邵阳市	Shaoyang	108.1	104.0	106.8	105.2	106.2	103.5	108.5	113.0
岳阳市	Yueyang	107.0	103.7	105.4	104.7	105.5	107.1	105.8	116.8
常德市	Changde	108.3	103.8	105.4	104.5	105.9	107.7	106.9	112.6
张家界市	Zhangjiajie	108.7	104.0	100.4	104.9	104.8	107.7	115.0	119.1
益阳市	Yiyang	108.4	104.0	107.0	105.1	105.7	107.7	107.8	110.9
郴州市	Chenzhou	107.8	103.9	106.7	105.0	105.6	104.4	107.6	107.9
永州市	Yongzhou	108.3	103.9	106.3	104.3	106.0	105.6	107.5	114.4
怀化市	Huaihua	107.6	104.0	105.8	102.4	104.7	108.8	104.2	107.9
娄底市	Loudi	108.4	104.1	106.8	105.9	119.7	115.6	120.0	107.9
湘西州	Xiangxizhou	107.6	103.8	105.8	105.9	103.8	105.0	106.5	110.0

Gross Domestic Product by Sector (2017)

(100 million yuan)

信息传输、软件和信息技术服务业 Information Transfer, Software and Information Technology Service	水利、环境和公共设施管理业 Management of Water Conservancy, Environment and Public Establishment	租赁和商务服务业 Tenancy and Business Services	科学研究和技术服务业 Scientific Research, Technical Service	房地产业 Real Estate	居民服务、修理和其他服务业 Resident Services and Other Services	教育 Education	卫生和社会工作 Health and Social Work	文化、体育和娱乐业 Culture, Sports and Enter-tainment	公共管理、社会保障和社会组织 Public Management and Social Organization
303.83	50.17	377.38	286.14	354.43	302.87	330.75	129.59	528.68	477.16
74.07	9.18	77.04	19.61	113.64	111.39	80.96	71.65	78.33	131.63
39.92	17.57	49.08	20.55	46.15	102.79	78.38	40.98	76.33	106.05
187.22	22.77	63.28	33.93	70.70	164.09	120.20	101.75	50.96	182.89
25.60	8.36	13.66	8.41	71.70	115.78	80.78	63.77	21.12	107.94
92.06	22.51	155.15	39.53	100.09	142.79	106.20	104.02	54.11	155.57
92.06	28.73	154.60	23.81	84.73	192.17	97.02	91.23	118.23	173.15
14.75	8.31	17.86	2.50	16.07	64.55	18.85	18.42	17.70	74.59
54.32	8.55	36.71	15.12	44.69	92.52	50.08	30.57	48.31	104.65
97.77	6.77	80.61	17.52	57.99	106.18	39.71	53.50	39.17	113.82
44.89	6.61	24.82	8.04	55.50	60.30	78.58	48.27	16.26	201.18
34.83	5.35	45.90	9.14	119.02	71.40	60.52	32.42	29.43	70.11
33.20	8.13	26.21	6.34	40.36	40.11	64.07	28.39	18.41	93.18
11.88	5.61	12.00	4.33	16.05	22.73	30.16	16.08	10.44	53.30

Indices of Gross Domestic Product by Sector (2017)

(preceding year=100)

信息传输、软件和信息技术服务业 Information Transfer, Software and Information Technology Service	水利、环境和公共设施管理业 Management of Water Conservancy, Environment and Public Establishment	租赁和商务服务业 Tenancy and Business Services	科学研究和技术服务业 Scientific Research, Technical Service	房地产业 Real Estate	居民服务、修理和其他服务业 Resident Services and Other Services	教育 Education	卫生和社会工作 Health and Social Work	文化、体育和娱乐业 Culture, Sports and Enter-tainment	公共管理、社会保障和社会组织 Public Management and Social Organization
130.6	113.7	112.3	112.7	94.2	112.9	113.5	114.9	115.5	112.8
125.3	114.7	116.0	113.5	103.2	118.6	115.1	113.4	118.4	105.3
122.2	110.9	115.8	110.9	108.5	115.8	110.9	110.9	115.8	110.9
131.5	103.1	108.5	125.6	106.5	116.3	101.9	107.8	154.0	109.0
135.1	112.1	117.1	112.5	103.1	117.0	111.8	110.6	118.5	112.3
113.3	105.2	118.6	108.0	101.8	117.9	110.3	109.7	116.0	104.7
117.8	112.7	117.8	112.7	109.0	117.8	112.7	112.7	117.8	112.7
118.8	112.0	111.5	113.2	121.8	110.9	113.3	115.0	112.0	110.8
128.8	115.0	114.6	125.5	106.1	113.7	108.1	109.5	118.6	108.8
123.3	97.6	121.6	103.3	105.6	115.3	105.4	107.7	115.4	108.1
123.2	110.0	118.9	111.1	104.9	118.5	114.2	115.6	123.4	112.0
133.2	106.1	115.2	106.1	117.2	116.4	106.1	106.1	117.1	105.8
126.9	106.6	129.3	105.0	110.9	105.7	106.4	106.4	140.8	101.4
115.7	110.0	121.3	111.3	105.1	122.1	109.9	110.8	121.0	109.7

21－7 支出法地区生产总值(2017年)
Gross Domestic Product by Expenditure Approach (2017)

市 州	Cities and Prefecture	支出法地区生产总值(亿元) Gross Domestic Product by Expenditure Approach (100 million yuan)	最终消费支出 Final Comsumption Expenditures	资本形成总额 Gross Capital Formation	货物和服务净流出 Net Export of Goods and Services	投资率(%) Capital Formation Rate (%)	消费率(%) Comsumption Rate (%)
长沙市	Changsha	10210.13	4465.99	5486.47	257.67	53.7	43.7
株洲市	Zhuzhou	2530.01	1308.68	2451.94	-1230.61	96.9	51.7
湘潭市	Xiangtan	2005.25	886.56	1091.68	27.01	54.4	44.2
衡阳市	Hengyang	2921.52	1793.45	1444.36	-316.29	49.4	61.4
邵阳市	Shaoyang	1627.53	1242.55	1612.74	-1227.76	99.1	76.3
岳阳市	Yueyang	3119.74	1604.54	1441.49	73.71	46.2	51.4
常德市	Changde	3099.85	1743.51	1332.94	23.40	43.0	56.2
张家界市	Zhangjiajie	538.24	270.09	256.66	11.49	47.7	50.2
益阳市	Yiyang	1610.22	935.38	723.59	-48.75	44.9	58.1
郴州市	Chenzhou	2178.19	1003.49	1175.57	-0.87	54.0	46.1
永州市	Yongzhou	1652.65	874.08	798.82	-20.25	48.3	52.9
怀化市	Huaihua	1401.28	782.78	623.17	-4.67	44.5	55.9
娄底市	Loudi	1411.81	727.10	814.92	-130.21	57.7	51.5
湘西州	Xiangxizhou	575.55	456.78	314.07	-195.30	54.6	79.4

21－8 支出法地区生产总值结构(2017年)
Structure of Gross Domestic Product by Expenditure Approach (2017)

单位：亿元 (100 million yuan)

市 州	Cities and Prefecture	资本形成总额 Gross Capital Formation: 绝对数 Absolute Figure: 固定资本 Fixed Capital	存货增加 Changes in Inventories	比重 Proportion (%): 固定资本 Fixed Capital	存货增加 Changes in Inventories	最终消费 Final Consumption Expenditures: 绝对数 Absolute Figure: 居民消费 Household Consumption	农村居民 Rural Household	城镇居民 Urban Household	政府消费 Government Consumption	比重 Proportion (%): 居民消费 Household Consumption	政府消费 Government Consumption
长沙市	Changsha	5403.11	83.36	98.5	1.5	3407.34	640.16	2767.18	1058.65	76.3	23.7
株洲市	Zhuzhou	2457.71	-5.77	100.2	-0.2	1094.36	248.80	845.56	214.32	83.6	16.4
湘潭市	Xiangtan	852.99	238.69	78.1	21.9	745.98	240.02	505.96	140.58	84.1	15.9
衡阳市	Hengyang	1409.68	34.68	97.6	2.4	1571.41	604.04	967.37	222.05	87.6	12.4
邵阳市	Shaoyang	1583.75	28.99	98.2	1.8	898.05	327.30	570.75	344.50	72.3	27.7
岳阳市	Yueyang	1297.36	144.13	90.0	10.0	1193.83	365.85	827.98	410.71	74.4	25.6
常德市	Changde	1226.30	106.63	92.0	8.0	1449.63	487.14	962.49	293.88	83.1	16.9
张家界市	Zhangjiajie	232.39	24.27	90.5	9.5	214.82	97.60	117.22	55.27	79.5	20.5
益阳市	Yiyang	702.73	20.86	97.1	2.9	734.68	288.27	446.41	200.70	78.5	21.5
郴州市	Chenzhou	1167.48	8.09	99.3	0.7	761.94	249.90	512.04	241.55	75.9	24.1
永州市	Yongzhou	760.95	37.87	95.3	4.7	757.49	315.81	441.68	116.59	86.7	13.3
怀化市	Huaihua	588.28	34.89	94.4	5.6	495.80	189.90	305.90	286.98	63.3	36.7
娄底市	Loudi	767.39	47.53	94.2	5.8	547.54	218.69	328.85	179.56	75.3	24.7
湘西州	Xiangxizhou	285.67	28.41	91.0	9.0	272.45	109.53	162.92	184.33	59.6	40.4

21−9 年末常住人口(2017年)
Population at the Year-end (2017)

市 州	Cities and Prefecture	总户数(万户) Households (10 000 households)	年末常住人口(万人) Population at the Year-end (10 000 persons)	男 Male	女 Female	城镇人口 Urban	乡村人口 Rural	城市化水平(%) City Level (%)
全 省	**Total**	**2118.60**	**6860.15**	**3534.75**	**3325.40**	**3747.02**	**3113.13**	**54.62**
长沙市	Changsha	256.22	791.81	398.21	393.60	614.38	177.43	77.59
株洲市	Zhuzhou	117.23	402.15	205.82	196.33	264.08	138.07	65.67
湘潭市	Xiangtan	83.71	285.24	145.69	139.55	176.85	108.39	62.00
衡阳市	Hengyang	205.32	720.53	375.67	344.86	377.99	342.54	52.46
邵阳市	Shaoyang	225.46	737.54	383.77	353.77	338.46	399.08	45.89
岳阳市	Yueyang	174.38	573.33	297.03	276.30	327.98	245.35	57.21
常德市	Changde	192.53	584.48	296.09	288.39	301.77	282.71	51.63
张家界市	Zhangjiajie	53.46	153.16	77.72	75.44	73.55	79.61	48.02
益阳市	Yiyang	130.52	439.20	224.58	214.62	220.13	219.07	50.12
郴州市	Chenzhou	150.67	473.16	246.26	226.90	254.56	218.60	53.80
永州市	Yongzhou	161.17	547.97	285.46	262.51	264.40	283.57	48.25
怀化市	Huaihua	167.62	496.00	257.65	238.35	228.90	267.10	46.15
娄底市	Loudi	123.27	391.76	204.06	187.70	185.34	206.42	47.31
湘西州	West Hunan	77.04	263.82	136.74	127.08	118.63	145.19	44.97

21−10 计划生育指标(2017年)
Indicators of Family Plan (2017)

市 州	Cities and Prefecture	出生率(‰) Birth Rate (‰)	死亡率(‰) Death Rate (‰)	自然增长率(‰) Natural Growth Rate (‰)	政策内生育率(%) Birth Within Plan Rate (%)	已婚育龄妇女人数(万人) Married Women at Child-Bearing Age (10 000 persons)	节育率(%) Contra-ceptive Rate (%)
全 省	**Total**	**14.45**	**7.37**	**7.08**	**93.55**	**1396.07**	**84.59**
长沙市	Changsha	16.67	7.78	8.89	97.68	132.20	73.41
株洲市	Zhuzhou	14.66	7.66	7.00	96.57	79.36	86.36
湘潭市	Xiangtan	13.13	6.96	6.17	96.92	55.32	86.08
衡阳市	Hengyang	14.65	7.16	7.49	91.83	156.43	84.62
邵阳市	Shaoyang	14.64	7.50	7.14	90.32	154.63	86.32
岳阳市	Yueyang	15.12	7.28	7.84	95.93	115.76	85.39
常德市	Changde	11.64	7.50	4.14	98.02	119.42	85.88
张家界市	Zhangjiajie	12.46	7.07	5.39	95.72	30.98	82.24
益阳市	Yiyang	13.65	8.04	5.61	96.09	94.25	89.10
郴州市	Chenzhou	14.33	7.16	7.17	88.97	98.14	85.89
永州市	Yongzhou	14.42	7.23	7.19	91.08	120.27	86.53
怀化市	Huaihua	14.21	7.42	6.79	93.94	98.68	83.92
娄底市	Loudi	16.52	6.95	9.57	90.22	86.15	89.33
湘西州	West Hunan	13.92	6.97	6.95	90.08	54.48	78.80

21-11 国有经济各行业在岗职工年末人数 (2017年)

单位：人

市 州	Cities and Prefecture	农林牧渔业 Agriculture Forestry, Forestry, Farming of Animals and Fishing	采掘业 Mining	制造业 Manu-facturing	电力、热力、燃气及水生产和供应业及水的生产和供应 Production and Supply of Electricity, Heat,Gas and Water	建筑业 Construc-tion	批发和零售业 Wholesale and Retail Trade	交通运输、仓储和邮政业 Transport, Storage and Post	住宿和餐饮业 Acco-mmodation and Restaurants
全 省	**Total**	**12649**	**4089**	**23572**	**99665**	**45292**	**24344**	**130030**	**8294**
长沙市	Changsha	203	21	2434	529	6768	1930	6018	3116
株洲市	Zhuzhou	977	1065	5333	1820	732	897	3182	527
湘潭市	Xiangtan	3			721	250	382	4026	366
衡阳市	Hengyang	857		51	3120	2528	1608	3202	53
邵阳市	Shaoyang	2884	64	611	3150	3753	1912	7777	107
岳阳市	Yueyang	1700	269	1606	2447	8369	3813	5487	852
常德市	Changde	197		527	1936	4287	845	4023	438
张家界市	Zhangjiajie	226		5	380	502	210	1069	194
益阳市	Yiyang	225	5	519	1217	6104	1171	1886	38
郴州市	Chenzhou	1086		1066	3010	4063	6039	4717	382
永州市	Yongzhou	2613		1110	4653	3202	2855	5976	
怀化市	Huaihua	864	12	985	3077	1002	954	3361	643
娄底市	Loudi	333	2625	22	1152	2278	416	2239	358
湘西州	West Hunan	481	18	32	5089	193	846	3101	95
其 他	Others		10	9271	67364	1261	466	73966	1125

21-12 城镇集体经济各行业在岗职工年末人数 (2017年)

单位：人

市 州	Cities and Prefecture	农林牧渔业 Agriculture Forestry, Forestry, Farming of Animals and Fishing	采掘业 Mining	制造业 Manu-facturing	电力、热力、燃气及水生产和供应业及水的生产和供应 Production and Supply of Electricity, Heat,Gas and Water	建筑业 Construc-tion	批发和零售业 Wholesale and Retail Trade	交通运输、仓储和邮政业 Transport, Storage and Post	住宿和餐饮业 Acco-mmodation and Restaurants
全 省	**Total**	**749**	**9274**	**16843**	**1736**	**78502**	**4931**	**4272**	**696**
长沙市	Changsha	6	212	4479	52	2116	202	120	356
株洲市	Zhuzhou	106	1455	1565	390	117	77	230	78
湘潭市	Xiangtan	10		2591		1508	9	272	
衡阳市	Hengyang	114		1612		7863	716	552	154
邵阳市	Shaoyang	19		343	7	7625	1455	80	3
岳阳市	Yueyang	401	166	2741	414	2927	1082	348	16
常德市	Changde	4		189		2	48	43	
张家界市	Zhangjiajie					1149	5		27
益阳市	Yiyang	52		416	170	2088	103	177	
郴州市	Chenzhou	12	1350	162	76	2854	474	145	
永州市	Yongzhou	25		222	161	14298	243	160	
怀化市	Huaihua		95	533	441	3997	61	597	
娄底市	Loudi		5848	1948		27614	452	1387	
湘西州	West Hunan		148	42	25	4344	4	161	62

Employed Staff and Workers in State-Owned Units by Sector at the Year-end (2017)

(person)

信息传输、软件和信息技术服务业 Information Transfer, Computer Services and Software	金融业 Finance	房地产业 Real Estate Trade	租赁和商务服务业 Tenancy and Business Services	科学研究和技术服务业 Scientific Research and Technical Services	水利、环境和公共设施管理业 Management of Water Conservancy, Public Facilities	居民服务、修理和其他服务业 Services to Households, Repair and Other Services	教育 Education	卫生和社会工作 Health and Social Service	文化体育和娱乐业 Culture, Sports and Enter-tainment	公共管理、社会保障和社会组织 Management, Social Security and Social Organiza-tion
2287	**12280**	**6046**	**12675**	**46670**	**53371**	**1715**	**567764**	**341587**	**30262**	**774923**
384	4213	1176	1741	19942	7058	396	82065	55564	11660	79082
64	147	424	575	2621	3260	22	25441	19695	1355	51276
57	124	195	383	2063	3712	126	25841	16961	1331	31550
48	316	607	974	2508	6384	87	56381	34372	2209	79930
148	2292	107	1044	1984	2659	61	51928	29754	1059	66936
164	1113	328	2280	2413	4391	63	37907	19940	1290	67812
275	538	680	596	2623	4326	568	46519	26748	1640	59846
114	568	28	113	282	806		13123	7032	228	20725
137	430	142	391	1301	2967	97	33211	20193	1154	39425
123	1033	869	960	2063	3740	37	40622	25020	1949	57843
315	1008	215	1918	2995	4176	69	50510	25220	2101	70852
178	206	546	636	1955	3032	77	44926	27602	1772	62915
55	112	239	523	1549	4106	55	31502	18672	1063	46014
113	158	248	418	1482	2754	57	27559	14687	1332	40717
112	22	242	123	889			229	127	119	

Employed Staff and Workers in Urban Collective-Owned Units by Sector at the Year-end (2017)

(person)

信息传输、软件和信息技术服务业 Information Transfer, Computer Services and Software	金融业 Finance	房地产业 Real Estate Trade	租赁和商务服务业 Tenancy and Business Services	科学研究和技术服务业 Scientific Research and Technical Services	水利、环境和公共设施管理业 Management of Water Conservancy, Public Facilities	居民服务、修理和其他服务业 Services to Households, Repair and Other Services	教育 Education	卫生和社会工作 Health and Social Service	文化体育和娱乐业 Culture, Sports and Enter-tainment	公共管理、社会保障和社会组织 Management, Social Security and Social Organiza-tion
34	**3002**	**344**	**4256**	**419**	**1089**	**132**	**5816**	**15847**	**238**	**98**
		96	1271	11	82	26	2266	3836	49	3
12	10	22	169	50	170		327	2086		1
			41				15	763		
		95	1460	9		23	180	1330		
	760		90		121	3	374	1448	13	
	414	43	51	242	74	27	731	1505	42	36
	714		20		158		468	1611	118	
			39		4					
		3	105		385		655	1771	16	
	392		7	2		1	477	832		
22	17	13	307	89				250		
		8	157	16	50		323	393		
	695		505		45	52		22		58
		64	34							

21-13 在岗职工工资总额和年平均工资(2017年)
Total Wage Bill and Average Annual Wage of Employed Staff and Workers (2017)

市 州	Cities and Prefecture	在岗职工工资总额(亿元) Total Wages of Staff and Workers on the Job (100 million yuan)	#国有经济 Stateowned Units	#城镇集体经济 Urban Collective Owned Units	在岗职工年平均工资(元) Average Annual Wages of Staff and Workers on the Job (yuan)	#国有经济 Stateowned Units	#城镇集体经济 Urban Collective Owned Units	#其他 Others	在岗职工年平均工资为上年% Average Annual Wages as Percentage of Preceding Year (%)
全 省	**Total**	**3375.91**	**1648.07**	**65.67**	**65994**	**75394**	**45651**	**59668**	**109.7**
长沙市	Changsha	966.45	318.88	8.40	85187	113005	56585	76321	109.5
株洲市	Zhuzhou	248.95	81.96	3.15	61418	69264	46235	58473	103.4
湘潭市	Xiangtan	172.51	71.33	2.52	62933	81513	51035	54306	111.2
衡阳市	Hengyang	267.14	127.15	5.23	55761	65556	39360	49574	109.8
邵阳市	Shaoyang	194.57	120.29	6.29	58665	67818	52336	47788	112.1
岳阳市	Yueyang	205.77	91.68	5.51	54893	56937	50026	53534	112.0
常德市	Changde	233.21	112.60	2.06	59399	72694	62503	50571	108.5
张家界市	Zhangjiajie	50.30	33.81	0.78	63884	74274	64184	49096	109.7
益阳市	Yiyang	135.46	77.78	2.87	60754	71480	52892	50411	108.7
郴州市	Chenzhou	198.24	113.41	3.24	60820	73623	48477	49381	109.5
永州市	Yongzhou	172.79	109.16	5.52	56212	60940	39424	50858	107.1
怀化市	Huaihua	141.16	102.32	2.84	62046	66581	40933	53818	113.2
娄底市	Loudi	145.29	64.49	15.44	53301	57063	40024	54020	109.8
湘西州	West Hunan	86.69	70.06	1.82	67041	69750	37975	61530	113.9
其 他	Others	157.38	153.15		99076	98155		149956	108.8

21-14 年末在岗职工人数 (2017年)

Number of Staff and Workers on the Job of Cities and Prefecture at the Year-end (2017)

单位：万人 (10 000 persons)

市 州	Cities and Prefecture	在岗职工 Staff and Workers on the Job	国有经济 State-owned Economic	城镇集体经济 Urban Collective-owned Economic	其他经济 Others
全 省	**Total**	**520.37**	**219.75**	**14.83**	**285.79**
长沙市	Changsha	116.15	28.43	1.52	86.20
株洲市	Zhuzhou	41.06	11.94	0.69	28.43
湘潭市	Xiangtan	28.43	8.81	0.52	19.10
衡阳市	Hengyang	48.75	19.52	1.41	27.81
邵阳市	Shaoyang	33.73	17.82	1.23	14.67
岳阳市	Yueyang	37.84	16.22	1.13	20.49
常德市	Changde	40.09	15.66	0.34	24.09
张家界市	Zhangjiajie	7.99	4.56	0.12	3.30
益阳市	Yiyang	22.83	11.06	0.59	11.17
郴州市	Chenzhou	32.85	15.46	0.68	16.71
永州市	Yongzhou	31.33	17.98	1.58	11.77
怀化市	Huaihua	22.97	15.47	0.67	6.83
娄底市	Loudi	27.65	11.33	3.86	12.45
湘西州	West Hunan	12.89	9.94	0.49	2.46

21-15 年末城镇单位从业人员 (2017年)

Number of Employed Persons in Urban Unit at the Year-end (2017)

单位：万人 (10 000 persons)

市 州	Cities and Prefecture	城镇单位从业人员合计 Number of Employed Persons in Urban Unit	国有经济 Stateo-wned Economic	城镇集体经济 Urban Collective-owned Economic	其他经济 Economic Units of Other Types	内资经济 Domestic Funded Economic	港澳台投资经济 Economioc With Funded From H.K, Macao and Taiwan	外商投资经济 Economic With Funded
全 省	**Total**	**565.75**	**232.85**	**17.19**	**315.70**	**275.93**	**26.17**	**13.60**
长沙市	Changsha	123.32	30.15	1.57	91.60	72.37	13.11	6.13
株洲市	Zhuzhou	44.37	12.35	0.74	31.28	27.63	1.82	1.83
湘潭市	Xiangtan	33.31	9.61	0.55	23.15	21.99	0.38	0.78
衡阳市	Hengyang	52.11	20.29	1.68	30.14	27.39	1.52	1.24
邵阳市	Shaoyang	37.48	19.00	1.56	16.91	15.34	1.35	0.22
岳阳市	Yueyang	43.00	17.73	1.30	23.97	22.36	0.54	1.08
常德市	Changde	42.35	16.75	0.36	25.24	24.01	0.95	0.28
张家界市	Zhangjiajie	8.78	4.98	0.23	3.57	3.38	0.15	0.04
益阳市	Yiyang	26.77	12.13	0.77	13.88	12.51	0.92	0.45
郴州市	Chenzhou	36.31	16.42	0.75	19.15	16.94	2.06	0.15
永州市	Yongzhou	33.53	19.14	1.91	12.48	9.36	2.27	0.85
怀化市	Huaihua	25.14	16.67	0.97	7.50	7.11	0.19	0.20
娄底市	Loudi	29.31	11.72	4.19	13.39	12.15	0.91	0.34
湘西州	West Hunan	13.95	10.18	0.63	3.14	3.12	0.01	0.01
其 他	Others	16.01	15.72		0.29	0.29		

21−16 固定资产投资、新增固定资产及房屋竣工面积(2017年) Investment in Fixed Assets, Newly Increased Fixed Assets and Completed Building Floor Space (2017)

市 州	Cities and Prefecture	固定资产投资(亿元) Total Investment in Fixed Assets (100 million yuan)	国有经济 Stateowned	非国有经济 Non—State-owned	房地产开发 Real Estate Development	固定资产投资增速(%) Fixed Asset Investment Growth (%)	新增固定资产(亿元) Newly Increased Fixed Assets (100 million yuan)	房屋建筑竣工面积(万平方米) Floor Space of Buildings Completed (10000 sq.m)	#住宅 Residential Buildings
全 省	**Total**	**31328.08**	**10395.04**	**20933.04**	**3426.13**	**13.1**	**20551.65**	**6155.12**	**3540.87**
长沙市	Changsha	7567.77	1816.37	5751.40	1489.69	13.1	4286.86	1309.89	804.29
株洲市	Zhuzhou	2622.67	833.55	1789.11	312.57	13.3	1925.52	534.60	199.62
湘潭市	Xiangtan	2204.88	623.74	1581.14	172.85	13.8	1587.80	154.35	103.49
衡阳市	Hengyang	2615.85	926.52	1689.33	173.94	14.6	1886.90	771.44	246.27
邵阳市	Shaoyang	1840.10	533.47	1306.63	169.25	13.1	1306.51	330.42	165.52
岳阳市	Yueyang	2633.55	1245.28	1388.27	154.01	13.6	1628.72	167.65	131.76
常德市	Changde	2296.01	772.68	1523.34	195.48	14.4	1531.28	353.94	239.96
张家界市	Zhangjiajie	351.33	174.53	176.80	43.39	14.9	205.98	51.37	31.90
益阳市	Yiyang	1499.85	451.42	1048.42	119.03	14.0	961.19	241.15	122.34
郴州市	Chenzhou	2628.10	617.63	2010.47	226.42	12.9	1867.33	512.74	323.28
永州市	Yongzhou	1866.49	773.87	1092.62	112.55	12.9	1071.84	916.91	609.63
怀化市	Huaihua	1235.74	678.38	557.36	139.92	14.2	857.08	342.61	257.71
娄底市	Loudi	1376.32	550.95	825.37	73.05	14.7	920.11	378.33	267.99
湘西州	West Hunan	429.51	285.90	143.61	43.98	12.0	323.60	89.72	37.13

21−17 按经济类型分固定资产投资 (2017年)
Total Investment in Fixed Assets by Economic Types (2017)

单位：亿元 (100 million yuan)

市 州	Cities and Prefecture	总计 Total	国有经济 Stata-owned Units	集体经济 Collective-owned Units	个体经济 Individuals Economy	联营经济 Joint Ownership Economic Units
全 省	**Total**	**31328.08**	**10395.04**	**399.56**	**12051.59**	**35.98**
长沙市	Changsha	7567.77	1816.37	51.10	2836.67	7.06
株洲市	Zhuzhou	2622.67	833.55	34.06	978.73	2.71
湘潭市	Xiangtan	2204.88	623.74	3.81	1223.26	
衡阳市	Hengyang	2615.85	926.52	9.26	1144.07	
邵阳市	Shaoyang	1839.80	533.47	19.87	932.27	3.12
岳阳市	Yueyang	2633.55	1247.53	32.13	639.36	22.33
常德市	Changde	2296.01	772.68	57.08	808.52	
张家界市	Zhangjiajie	351.33	176.06		35.68	
益阳市	Yiyang	1499.85	456.42	13.80	782.39	
郴州市	Chenzhou	2628.10	629.38	100.25	995.58	0.22
永州市	Yongzhou	1866.49	773.87	12.43	705.21	0.54
怀化市	Huaihua	1235.74	678.38	42.11	288.22	
娄底市	Loudi	1376.32	550.95	23.65	607.59	
湘西州	West Hunan	429.51	285.90	0.01	74.03	

21−17 续表 continued

市 州	Cities and Prefecture	股份制经济 Share Holding Economic Units	外商投资经济 Foreign Funded Economic Units	港澳台商投资经济 Economic Units with Funds From Hong Kong, Macao and Taiwan	其他经济 Others Ownership
全 省	**Total**	**6680.90**	**166.89**	**308.44**	**1289.68**
长沙市	Changsha	2491.85	67.42	185.27	112.03
株洲市	Zhuzhou	614.71	28.34	10.90	119.67
湘潭市	Xiangtan	306.88	17.93	8.48	20.79
衡阳市	Hengyang	421.51	12.98	18.39	83.13
邵阳市	Shaoyang	208.04	2.05	5.26	135.71
岳阳市	Yueyang	501.03	2.88	10.26	178.03
常德市	Changde	563.01	0.49	13.93	80.31
张家界市	Zhangjiajie	121.14	3.55	0.24	14.66
益阳市	Yiyang	157.35	2.82	3.46	83.60
郴州市	Chenzhou	542.71	9.48	27.18	323.30
永州市	Yongzhou	276.00	5.10	12.67	80.68
怀化市	Huaihua	213.45	0.96	1.29	11.32
娄底市	Loudi	125.21	12.90	11.12	44.91
湘西州	West Hunan	68.01			1.55

注：各市州数据不含跨区投资。
Figures of cities and prefecture did not include the part of investment classified by region.

21－18 按构成和建设性质分固定资产投资(2017年)
Total Investment in Fixed Assets by Structure and Construction (2017)

单位：亿元 (100 million yuan)

市 州	Cities and Prefecture	投资额 Total Investment	按构成分 Grouped by Use of Funds 建安工程 Construction and Installation	设备工器具购置 Purchase of Equipment& Instruments	其他费用 Others	按建设性质分 Grouped by Type of Construction 新建 New Construction	扩建 Expansion	改建 Re-construction
全 省	**Total**	**31328.08**	**24057.85**	**4229.57**	**3040.66**	**18757.14**	**2959.31**	**5812.76**
长沙市	Changsha	7567.77	6314.63	596.14	657.00	4572.85	590.19	806.79
株洲市	Zhuzhou	2622.67	1848.96	494.99	278.71	1441.91	245.58	610.85
湘潭市	Xiangtan	2204.88	1591.89	382.55	230.44	1141.91	227.14	647.28
衡阳市	Hengyang	2615.85	2059.03	419.40	137.42	1431.40	449.75	483.05
邵阳市	Shaoyang	1839.80	1426.76	242.62	170.41	1208.83	263.02	180.27
岳阳市	Yueyang	2633.55	1823.26	491.20	319.09	1489.49	307.19	652.48
常德市	Changde	2296.01	1815.48	306.52	174.02	1419.55	256.45	407.99
张家界市	Zhangjiajie	351.33	263.54	23.84	63.95	215.72	20.50	70.54
益阳市	Yiyang	1499.85	985.15	393.59	121.10	763.35	60.79	550.75
郴州市	Chenzhou	2628.10	1876.87	361.04	390.19	1804.45	208.77	374.38
永州市	Yongzhou	1866.49	1471.53	195.36	199.60	1218.67	92.01	402.15
怀化市	Huaihua	1235.74	1061.59	97.89	76.25	768.57	70.89	242.32
娄底市	Loudi	1376.32	1035.83	200.75	139.74	806.41	130.04	359.65
湘西州	West Hunan	429.51	362.39	22.54	44.58	320.75	30.07	24.24

注：按建设性质分不含房地产开发投资。
Figures grouped by type of construction did not include the investment in real estate development.

21－19 按资金来源和隶属关系分固定资产投资(2017年)
Total Investment in Fixed Assets by Source of Funds and Jurisdiction of Management (2017)

单位：亿元 (100 million yuan)

市 州	Cities and Prefecture	按资金来源分 Grouped by Source of Funds 国家预算内 State Budgetary Appropriation	国内贷款 Domestic Loans	利用外资 Foreign Investment	自筹资金 Fundraising	其他投资 Others	按隶属关系分 Grouped by Administrative Relationship 中央项目 Central Projects	地方项目 Local Projects
全 省	**Total**	**1618.03**	**2827.45**	**119.11**	**22413.37**	**4277.55**	**417.48**	**30910.60**
长沙市	Changsha	304.95	716.78	17.11	5579.65	1458.60	164.08	7403.69
株洲市	Zhuzhou	122.88	212.85	4.14	1923.56	309.31	59.43	2563.23
湘潭市	Xiangtan	69.76	538.75	1.12	1417.55	179.84	10.17	2194.71
衡阳市	Hengyang	122.10	111.45	1.95	1988.28	370.50	14.27	2601.58
邵阳市	Shaoyang	59.53	174.20	4.60	1464.56	127.31	16.04	1823.76
岳阳市	Yueyang	78.92	41.56	3.87	2193.71	475.32	34.69	2598.86
常德市	Changde	165.73	239.97	12.05	1553.32	308.14	21.28	2274.73
张家界市	Zhangjiajie	54.90	66.67	0.05	197.59	47.35		351.33
益阳市	Yiyang	84.27	130.17	1.41	1088.99	188.78	7.93	1491.91
郴州市	Chenzhou	129.14	165.09	24.45	1720.14	305.85	25.74	2602.36
永州市	Yongzhou	230.60	139.69	43.71	1215.60	181.35	12.09	1854.41
怀化市	Huaihua	101.78	65.99	2.70	773.60	161.92	5.66	1230.07
娄底市	Loudi	57.33	55.23	1.16	1101.14	102.14	16.17	1360.15
湘西州	West Hunan	29.10	80.66	0.80	190.50	55.13	14.64	414.87

21-20 国有经济分地市项目个数、项目投产率及固定资产交付使用率 (2017年)

Number of Projects, Rate of Projects Put into Use and Rate of Fixed Assets Put into Use of State-owned Units (2017)

市 州	Cities and Prefecture	施工项目个数(个) Number of Projects under Construction (unit)	全投项目个数(个) Number of Projects Completed and Put into Use (unit)	项目投产率(%) Rate of Projects Completed and Put into Use (%)	固定资产交付使用率(%) Rate of Fixed Assets Put into Use (%)
全 省	**Total**	**18293**	**12487**	**68.3**	**63.9**
长沙市	Changsha	2503	1456	58.2	56.7
株洲市	Zhuzhou	1433	1178	82.2	72.6
湘潭市	Xiangtan	779	527	67.7	65.7
衡阳市	Hengyang	1733	1320	76.2	67.8
邵阳市	Shaoyang	1061	680	64.1	63.3
岳阳市	Yueyang	2580	1912	74.1	54.3
常德市	Changde	1219	734	60.2	56.7
张家界市	Zhangjiajie	585	503	86.0	77.2
益阳市	Yiyang	754	508	67.4	51.2
郴州市	Chenzhou	1078	721	66.9	71.1
永州市	Yongzhou	1415	915	64.7	55.8
怀化市	Huaihua	1503	1039	69.1	71.1
娄底市	Loudi	1192	721	60.5	62.4
湘西州	West Hunan	441	268	60.8	86.2

注：施工、全投项目及项目投产率未包括房地产开发统计资料。

The data of projects under construction, projects completed put into use and rate of projects completed put into use excluded information of real estate development.

21-21 房地产开发情况(2017年)
Real Estate Development (2017)

市 州	Cities and Prefecture	开发公司个数(个) Number of Develop-ment Enterprises (unit)	国有经济 State-owned Enterprises	集体经济 Collective-owned Enterprises	外商投资经济 Foreign Funded Enterprises	港澳台投资经济 Funded by Enterpreneurs from Hong Kong, Macao and Taiwan	房地产开发投资(万元) Investment (10 000yuan)
全 省	**Total**	**3893**	**140**	**5**	**22**	**65**	**34261289**
长沙市	Changsha	808	41		7	25	14896906
株洲市	Zhuzhou	354	16	2	3	7	3125703
湘潭市	Xiangtan	146	11			3	1728505
衡阳市	Hengyang	386	12	2	5	6	1739429
邵阳市	Shaoyang	231	7			2	1692529
岳阳市	Yueyang	382	8		2	7	1540070
常德市	Changde	250	9			4	1954758
张家界市	Zhangjiajie	65	2		1		433919
益阳市	Yiyang	220	5	1	1		1190290
郴州市	Chenzhou	342	12		1	7	2264196
永州市	Yongzhou	199	4		1	2	1125470
怀化市	Huaihua	249	7			1	1399193
娄底市	Loudi	139	2		1	1	730503
湘西州	West Hunan	122	4				439818

21-21 续表 continued

市 州	Cities and Prefecture	主营业务收入(万元) Main business revenue (10 000 yuan)	土地转让收入 Land Transferred	商品房屋销售收入 Commercial Houses Sold	房屋出租收入 Houses Leased	其他收入 Others	主营业务税金及附加(万元) Main business taxes and additional (10 000 yuan)	利润总额(万元) Total Profits (10 000 yuan)
全 省	**Total**	**27083569**	**145381**	**25945869**	**147736**	**622724**	**1412990**	**1411946**
长沙市	Changsha	11686154	40602	10985161	71420	407064	681337	551658
株洲市	Zhuzhou	2226747	33543	2141511	22196	25643	90821	62022
湘潭市	Xiangtan	1323281	3964	1299911	2700	8724	43406	42250
衡阳市	Hengyang	1464947	2765	1448187	6759	7133	88065	37653
邵阳市	Shaoyang	980238	14057	914348	3891	25099	44402	61415
岳阳市	Yueyang	1158691	5682	1122299	7132	22261	48586	102346
常德市	Changde	1783649	2468	1765807	9034	6240	96596	182108
张家界市	Zhangjiajie	264303	20	262951	91	453	8144	-1654
益阳市	Yiyang	799399	9355	695898	2857	91278	45868	44576
郴州市	Chenzhou	1641001	8618	1600707	13747	17926	102175	54947
永州市	Yongzhou	1537081	7066	1528966	262	708	61202	176637
怀化市	Huaihua	1111080	7025	1088827	5392	8394	55057	93637
娄底市	Loudi	635344	10127	620172	2108	1511	29515	-4596
湘西州	West Hunan	471656	90	471125	148	290	17817	8947

21—22 商品房屋销售情况(2017年)
Sales of Commercial House (2017)

市 州	Cities and Prefecture	商品房屋销售面积(平方米) Floor Space of Selling Commercial House (sq.m)	#住宅 Residential Buildings	商品房屋销售额(万元) Total Sales of Commercial House (10 000 yuan)	#住宅 Residential Buildings	商品房平均销售价格(元/平方米) Floor Space of Selling Commercial House(yuan/sq.m)	#住宅 Residential Buildings
全 省	**Total**	**85322520**	**73682662**	**44606596**	**35707612**	**5228.00**	**4846.13**
长沙市	Changsha	22591502	18238064	17367424	13278100	7687.59	7280.43
株洲市	Zhuzhou	7551721	6547283	3711261	3075178	4914.46	4696.88
湘潭市	Xiangtan	3633684	3319392	1742175	1538170	4794.51	4633.89
衡阳市	Hengyang	5818921	5631067	2372363	2237912	4076.98	3974.22
邵阳市	Shaoyang	4488262	3773886	1793599	1309748	3996.20	3470.56
岳阳市	Yueyang	4855315	4495505	2416545	2165793	4977.11	4817.69
常德市	Changde	5293393	4831124	2650408	2312042	5007.01	4785.72
张家界市	Zhangjiajie	891996	705157	394111	284823	4418.30	4039.14
益阳市	Yiyang	3763479	3260055	1502604	1200968	3992.59	3683.89
郴州市	Chenzhou	7907763	6959251	3388082	2600903	4284.50	3737.33
永州市	Yongzhou	6457061	5460423	2446605	1906619	3789.04	3491.71
怀化市	Huaihua	7705140	6673334	3084656	2431476	4003.37	3643.57
娄底市	Loudi	2923722	2574677	1175307	962784	4019.90	3739.44
湘西州	West Hunan	1440561	1213444	561456	403096	3897.48	3321.92

21—23 房地产开发建设房屋建筑面积和价值(2017年)
Floor Space of Building and Value of Real Estate Development (2017)

市 州	Cities and Prefecture	施工房屋面积(平方米) Floor Space of Buildings under Construction (sq.m)	竣工房屋面积(平方米) Floor Space of Buildings Completed (sq.m)	房屋建筑面积竣工率(%) Rate of Floor Space of Buildings Completed(%)	竣工房屋价值(万元) Value of Buildings Completed (10 000 yuan)
全 省	**Total**	**316911934**	**40840499**	**12.9**	**10709318**
长沙市	Changsha	97150255	11438580	11.8	4102977
株洲市	Zhuzhou	32540511	2700670	8.3	773713
湘潭市	Xiangtan	15510907	1384432	8.9	402186
衡阳市	Hengyang	25032825	3007929	12.0	572329
邵阳市	Shaoyang	17581516	2073419	11.8	370541
岳阳市	Yueyang	17230429	1604932	9.3	502347
常德市	Changde	15669296	3173687	20.3	768731
张家界市	Zhangjiajie	3757267	275614	7.3	59350
益阳市	Yiyang	13377969	1871042	14.0	487852
郴州市	Chenzhou	26874679	3046127	11.3	698848
永州市	Yongzhou	14355822	4609597	32.1	750275
怀化市	Huaihua	17451255	2811832	16.1	482714
娄底市	Loudi	12410088	2355642	19.0	637722
湘西州	West Hunan	7969115	486996	6.1	99733

21-24 地方财政收入情况 (2017年)
Public Budgetary Revenue (2017)

单位：万元 (10 000yuan)

市 州	Cities and Prefecture	地方财政收入 Public Budgetary Revenue	各项税收收入 Taxes Revenue	增值税 Value Added Tax	企业所得税 Income Tax of Enterprises	个人所得税 Individual Income Tax	非税收入 No-tax Revenue
全 省	**Total**	**27578212**	**17591330**	**7021538**	**2019440**	**902140**	**9986882**
长沙市	Changsha	8003456	5682980	1796607	634299	318731	2320476
株洲市	Zhuzhou	2240927	1163716	407908	91047	45325	1077211
湘潭市	Xiangtan	1266019	700118	263366	54870	26557	565901
衡阳市	Hengyang	1624102	907396	285764	80732	38047	716706
邵阳市	Shaoyang	975525	489386	182858	39243	25164	486139
岳阳市	Yueyang	1521375	789409	340952	57493	21989	731966
常德市	Changde	1634691	1009937	267338	72531	36585	624754
张家界市	Zhangjiajie	341697	192208	70998	22389	8636	149489
益阳市	Yiyang	696449	428388	161536	33800	17282	268061
郴州市	Chenzhou	1305588	790315	265568	50662	27668	515273
永州市	Yongzhou	1093361	711686	188273	56167	19724	381675
怀化市	Huaihua	811112	519244	192143	46961	21501	291868
娄底市	Loudi	702890	417569	185281	19240	13329	285321
湘西州	West Hunan	549304	330313	131671	28474	10959	218991

21-25 公共财政支出情况 (2017年)
Public Budgetary Expenditure (2017)

单位：万元 (10 000yuan)

市 州	Cities and Prefecture	一般公共预算支出 Public Budgetary Expenditure	教育 Education	社会保障和就业 Social Security Progams and Employmenr	医疗和卫生 Pulic Health	农林水利事务 Agriculture, Forest and Irrigation	一般公共服务 General Public Services
全 省	**Total**	**68693867**	**11153276**	**10178985**	**5859808**	**7824215**	**7470458**
长沙市	Changsha	11826043	1772617	969703	616146	814133	1482502
株洲市	Zhuzhou	4470811	544617	563223	327282	374254	676180
湘潭市	Xiangtan	2811352	365851	469173	223068	259760	308781
衡阳市	Hengyang	5304298	910032	985632	581254	550292	481966
邵阳市	Shaoyang	5107924	838539	880545	576248	656072	543473
岳阳市	Yueyang	4890629	650021	824849	427132	551300	464129
常德市	Changde	4904950	685855	833203	493780	663378	466996
张家界市	Zhangjiajie	1523548	207888	198379	136002	233518	172423
益阳市	Yiyang	3345714	552898	577651	359538	441925	346699
郴州市	Chenzhou	3976419	716862	590457	401656	502557	383956
永州市	Yongzhou	4318785	764935	701077	462049	760061	437610
怀化市	Huaihua	4100397	699040	697015	397364	665705	432598
娄底市	Loudi	2778358	493858	449580	298360	346168	383816
湘西州	West Hunan	2953129	520517	384078	291218	504668	327963

21−26 金融机构人民币存款情况 (2017年)
RMB Deposits of Financial Institutions (2017)

单位：亿元 (100 million yuan)

市 州	Cities and Prefecture	各项存款 Deposits	住户存款 Personal Deposits	非金融企业存款 Corporate Deposits	广义政府存款 General Government Deposits	非银行业金融机构存款 Non−banking Financial Institutions Deposit
全 省	**Total**	**46437.72**	**23261.60**	**13675.43**	**7968.44**	**1513.40**
长沙市	Changsha	16972.21	5138.10	7110.19	3241.81	1471.84
株洲市	Zhuzhou	3039.18	1654.05	933.41	447.22	3.31
湘潭市	Xiangtan	2237.67	1266.16	695.51	273.85	1.60
衡阳市	Hengyang	3554.78	2314.96	743.08	488.50	6.51
邵阳市	Shaoyang	2791.50	1865.68	501.98	418.54	4.43
岳阳市	Yueyang	2593.11	1435.51	659.66	493.43	3.78
常德市	Changde	3015.96	1817.08	722.26	473.57	2.46
张家界市	Zhangjiajie	794.17	448.91	183.03	159.96	1.95
益阳市	Yiyang	1831.21	1233.20	290.96	303.92	2.61
郴州市	Chenzhou	2475.93	1491.57	588.80	392.25	2.60
永州市	Yongzhou	2245.87	1424.81	415.05	402.32	3.06
怀化市	Huaihua	1944.62	1298.33	322.72	317.92	5.35
娄底市	Loudi	1713.54	1176.55	242.29	293.31	1.06
湘西州	West Hunan	1152.98	693.16	220.80	236.95	1.99

21−27 金融机构人民币贷款情况 (2017年)
RMB Loans of Financial Institutions (2017)

单位：亿元 (100 million yuan)

市 州	Cities and Prefecture	各项贷款 Loans	短期贷款 Shortterm Loans	短期贷款：消费贷款 Consumption Loans	中长期贷款 Mediumterm and Longterm Loans	中长期贷款：消费贷款 Consumption Loans
全 省	**Total**	**31532.69**	**6975.31**	**1164.28**	**23778.68**	**6195.64**
长沙市	Changsha	15792.34	2954.89	396.88	12519.90	3181.41
株洲市	Zhuzhou	1574.70	304.98	49.54	1252.31	404.47
湘潭市	Xiangtan	1605.44	607.27	58.07	964.28	207.70
衡阳市	Hengyang	1625.50	429.31	77.71	1083.04	371.53
邵阳市	Shaoyang	1264.28	330.40	69.21	910.20	191.66
岳阳市	Yueyang	1307.27	350.18	46.82	944.76	224.40
常德市	Changde	1584.41	385.19	63.62	1192.29	326.44
张家界市	Zhangjiajie	557.21	100.45	42.54	456.65	101.78
益阳市	Yiyang	914.75	309.86	46.50	594.09	130.18
郴州市	Chenzhou	1231.55	297.08	60.52	913.16	278.82
永州市	Yongzhou	1186.98	206.16	80.00	972.23	270.65
怀化市	Huaihua	1029.30	184.88	54.35	830.27	252.68
娄底市	Loudi	880.55	256.67	37.16	519.19	131.63
湘西州	West Hunan	631.82	187.69	45.70	443.03	93.87

21-28 农作物播种面积(2017年)
Sown Area of Crops (2017)

单位：千公顷 (1000 hectares)

市 州	Cities and Prefecture	农作物播种面积 TotalSown Area	粮食作物 Area of Grain Crops	稻谷面积 Area of Rice	油料面积 Area of Oil	蔬菜面积 Area of Vegetables
全 省	**Total**	**8270.15**	**4978.95**	**4238.71**	**1311.61**	**1219.31**
长沙市	Changsha	594.26	344.29	316.84	55.78	142.52
株洲市	Zhuzhou	389.09	246.98	235.85	36.14	70.77
湘潭市	Xiangtan	296.13	201.30	197.44	20.26	50.33
衡阳市	Hengyang	828.35	521.93	486.02	181.88	59.77
邵阳市	Shaoyang	840.58	507.88	422.78	97.70	136.58
岳阳市	Yueyang	751.87	506.31	453.41	115.42	75.58
常德市	Changde	1093.04	613.24	553.59	293.70	109.96
张家界市	Zhangjiajie	218.63	121.94	57.05	45.21	36.36
益阳市	Yiyang	689.92	385.89	348.98	123.44	116.01
郴州市	Chenzhou	579.29	323.45	254.13	65.30	96.39
永州市	Yongzhou	834.54	502.45	419.71	86.44	173.45
怀化市	Huaihua	492.56	297.29	204.44	107.03	62.85
娄底市	Loudi	345.61	245.76	192.32	34.39	35.81
湘西州	West Hunan	316.27	160.23	96.14	48.92	52.93

注：全省的粮食、稻谷、油料以抽样调查推算，分市州采用全面统计。全省总计与分市州之和存在一定调查误差。

The Data of Provincial Grain Crops ,Rice and Oilseeds Used sample survey projections,the Data of Cities and Prefecture Used Comprehensive statistics. The Sum of Cities and Prefecture do not add up to the Provincial total.

21-29 机耕面积及水库、堤防(2017年)
Tractor-Ploughed Area, Reservoirs and Dikes (2017)

市 州	Cities and Prefecture	机耕面积（千公顷） Tractor Ploughed Area (1000 hectares)	水 库（座） Number of Reservoirs (set)	堤防长度（公里） Total Length of Dikes (km)
全 省	**Total**	**6400.61**	**14098**	**20001.66**
长沙市	Changsha	561.83	658	1515.49
株洲市	Zhuzhou	718.70	966	900.86
湘潭市	Xiangtan	263.58	387	986.19
衡阳市	Hengyang	296.32	1796	2630.67
邵阳市	Shaoyang	543.65	1252	324.89
岳阳市	Yueyang	730.26	1502	2578.34
常德市	Changde	1171.90	1424	3379.78
张家界市	Zhangjiajie	70.65	264	324.67
益阳市	Yiyang	525.67	623	3307.37
郴州市	Chenzhou	325.83	1086	1105.74
永州市	Yongzhou	484.89	1394	947.55
怀化市	Huaihua	317.85	1310	910.61
娄底市	Loudi	181.33	754	382.87
湘西州	West Hunan	208.14	682	706.63

注：机耕面积由农机部门提供，水库、堤防长度数据由水利部门提供。

The Date of Tractor-Ploughed Area are provided by Department of agriculture machinery, The Data of Reservoirs and Dikes are provided by Department of the water conservancy.

21-30 主要农业机械年末拥有量 (2017年)
Year-End Possession of Major Agriculture Machinery (2017)

市 州	Cities and Prefecture	大中型拖拉机 Large and Medium Tractors		小型及手扶拖拉机 Mini and Walking Tractors		排灌机械 Machinery for Agricultural Drainage and Irrigation	
		台 (unit)	千瓦 (kw)	台 (unit)	千瓦 (kw)	台 (unit)	千瓦 (kw)
全 省	**Total**	**140839**	**4622186**	**287544**	**2800887**	**2537795**	**11064243**
长沙市	Changsha	9831	362039	24609	290973	189179	796675
株洲市	Zhuzhou	9156	368629	21896	216692	219734	747916
湘潭市	Xiangtan	6496	199710	28390	282020	74947	391519
衡阳市	Hengyang	4260	117251	6755	67048	214764	541569
邵阳市	Shaoyang	9736	289693	14770	144543	241349	898173
岳阳市	Yueyang	17613	591467	28794	304812	199641	1378635
常德市	Changde	19894	695621	24906	286784	249849	1334629
张家界市	Zhangjiajie	4091	101365	3627	38861	41101	256557
益阳市	Yiyang	11155	485428	24023	255528	249973	1211170
郴州市	Chenzhou	14179	379436	23175	241431	114029	473861
永州市	Yongzhou	19005	550856	22619	224485	348501	1592286
怀化市	Huaihua	4677	175229	48058	277612	170716	563293
娄底市	Loudi	3194	94942	8292	85047	181745	684294
湘西州	West Hunan	7552	210520	7630	85050	42267	193667

21-31 农林牧渔业总产值 (2017年)
Gross Output Value of Farming, Forestry, Animal Husbandry and Fishery (2017)

单位：万元 (10 000 yuan)

市 州	Cities and Prefecture	农林牧渔业总产值 Gross Output Value of Farming, Forestry, Animal Husbandry and Fishery	指 数 (上年=100) Indices (preceding year=100)	农业产值 Output Value of Farming	林业产值 Output Value of Forestry	牧业产值 Output Value of Animal Husbandry	渔业产值 Output Value of Fishery	服务业产值 Output Value of Services
长沙市	Changsha	5141997	103.3	3239403	318304	1110648	169161	304481
株洲市	Zhuzhou	2718042	104.1	1428046	236569	821741	127205	104483
湘潭市	Xiangtan	2097660	103.5	965149	124576	784503	114886	108546
衡阳市	Hengyang	5674676	103.8	2326289	503552	2010804	488785	345247
邵阳市	Shaoyang	4554580	104.1	2686765	181218	1296038	146903	243656
岳阳市	Yueyang	5104216	103.8	2346220	165594	1338101	953625	300675
常德市	Changde	5865355	103.9	2780822	167078	2034365	489421	393669
张家界市	Zhangjiajie	922847	104.1	555648	80621	210667	38536	37375
益阳市	Yiyang	4266138	104.1	2200818	147932	1116864	547882	252642
郴州市	Chenzhou	3391963	104.0	1927500	278828	913961	144678	126996
永州市	Yongzhou	5366111	104.0	2589982	655369	1502744	356859	261158
怀化市	Huaihua	3247971	104.1	1686969	297026	1069780	122936	71260
娄底市	Loudi	2465623	104.2	1198992	69253	966147	142394	88837
湘西州	West Hunan	1313099	103.9	912718	49091	312826	20667	17798

21−32 主要农产品产量 (2017年)
Output of Major Farm Crops (2017)

单位：吨 (ton)

市　州	Cities and Prefecture	粮食合计 Total Grain	稻　谷 Rice	小　麦 Wheat	玉　米 Corn	大　豆 Beans	薯　类 Tubers
长沙市	Changsha	2264435	2126581	568	63456	15485	47341
株洲市	Zhuzhou	1716651	1659350		22657	7233	23062
湘潭市	Xiangtan	1390920	1369155	18	12318	662	7957
衡阳市	Hengyang	3385827	3184229	5286	76693	25102	76099
邵阳市	Shaoyang	3203751	2740607	12138	298042	32138	97507
岳阳市	Yueyang	3077099	2852777	24879	130588	13105	49244
常德市	Changde	3727699	3443290	35171	169153	16508	46465
张家界市	Zhangjiajie	591179	359053	574	146605	9095	74348
益阳市	Yiyang	2360081	2200246	7712	95439	5894	41557
郴州市	Chenzhou	1850372	1560888	253	171704	19759	91767
永州市	Yongzhou	3028742	2621037	411	229107	50014	101350
怀化市	Huaihua	1790818	1434082	708	252745	10626	81514
娄底市	Loudi	1519378	1275015	7481	194357	13410	19902
湘西州	West Hunan	829033	577170	900	128835	13070	106588

21−32 续表 continued

市　州	Cities and Prefecture	油菜籽 Rapeseeds	黄红麻 Jute and Ambary Hemp	苎　麻 Ramie	烤　烟 Fluecured Tobacco	茶　叶 Tea	柑　桔 Citrus
长沙市	Changsha	82052		10	12930	33357	108877
株洲市	Zhuzhou	48032		1566	5843	2184	69747
湘潭市	Xiangtan	20254		50	96	1723	11682
衡阳市	Hengyang	270198	61	57	11637	2421	58914
邵阳市	Shaoyang	132337		184	9566	5324	446349
岳阳市	Yueyang	172888			250	15122	118070
常德市	Changde	541623		1301	9580	24066	865424
张家界市	Zhangjiajie	70070			14608	3082	256024
益阳市	Yiyang	202228		162	98	82221	204374
郴州市	Chenzhou	73682			67919	7753	407077
永州市	Yongzhou	106017	26	259	44039	2403	596650
怀化市	Loudi	139380	11	2	1511	7795	1158947
娄底市	Huaihua	38596	83	90	189	5690	45101
湘西州	West Hunan	59613		198	26317	3993	661787

21－33　主要林产品产量（2017年）
Output of Major Forest Products (2017)

市　州	Cities and Prefecture	油茶籽（吨）Tea-oil Seeds (ton)	油桐籽（吨）Tung-oil Seeds (ton)	松脂（吨）Pine Resin (ton)	板栗（吨）Chestnuts (ton)	棕片（吨）Palm Leaf (ton)	竹笋干（吨）Bamboo Shoots (ton)	木材采伐量（万方）Woods Cuts (10 000 cu.m)	竹材采伐量（万根）Bamboo Cuts (10 000 roots)
全　省	**Total**	**1007523**	**33347**	**46986**	**103210**	**4818**	**62041**	**377.17**	**16257.52**
长沙市	Changsha	61973	2	300	16725	2	293	17.06	800.50
株洲市	Zhuzhou	148804	1132	55	1876	601	8580	14.83	1427.41
湘潭市	Xiangtan	10583	10		604		28	2.62	15.13
衡阳市	Hengyang	214313	2760	2585	14186	19	3414	7.29	1781.81
邵阳市	Shaoyang	94687	390	245	5242	404	3448	43.78	880.31
岳阳市	Yueyang	29595	9535	1179	5473	256	1764	105.74	7319.34
常德市	Changde	53051	465	240	7161	84	458	37.53	1036.93
张家界市	Zhangjiajie	7900			1981		270	5.44	10.47
益阳市	Yiyang	21903	800	350	3245	1010	16548	36.31	1350.42
郴州市	Chenzhou	102031	5188	3149	7997	735	11301	17.74	463.84
永州市	Yongzhou	157971	1597	34381	12737	889	6715	34.46	377.90
怀化市	Huaihua	61938	10791	4343	12324	641	7490	47.31	641.84
娄底市	Loudi	24880	50	39	8430	110	1605	2.03	146.60
湘西州	West Hunan	17894	627	120	5229	67	127	5.03	5.00

21－34　牲畜头数、畜产品产量（2017年）
Number of Live stocks, Output of Livestock Products (2017)

市　州	Cities and Prefecture	大牲畜年末存栏数（头）Large Animals (head)	#牛 Cattle and Buffaloes	生猪存栏（万头）Hogs (10 000heads)	肉猪出栏（万头）Slaughtered Fattened Hogs (10 000heads)	猪肉产量（吨）Output of Pork (ton)	牛肉产量（吨）Output of Beef (ton)	羊肉产量（吨）Output of Mutton (ton)	禽蛋产量（吨）Poultry eggs (ton)
长沙市	Changsha	102762	102675	309.37	436.96	320906	7381	11926	42843
株洲市	Zhuzhou	93475	93475	222.33	344.02	254624	4625	9960	40772
湘潭市	Xiangtan	55441	55441	233.20	371.44	276259	2564	2185	32139
衡阳市	Hengyang	248693	248344	444.02	675.40	504151	12632	12115	204191
邵阳市	Shaoyang	476678	469603	453.55	705.78	516635	21775	10166	16614
岳阳市	Yueyang	251827	251568	348.83	545.37	397417	12153	7783	66250
常德市	Changde	367776	367776	309.27	491.58	360474	16459	29343	346905
张家界市	Zhangjiajie	119874	119034	58.39	90.22	67448	4690	5049	12538
益阳市	Yiyang	205305	203405	258.05	406.34	295608	8954	8560	135653
郴州市	Chenzhou	262444	262228	313.34	472.36	341986	11106	9728	28410
永州市	Yongzhou	682816	679108	467.03	725.49	533163	30117	14407	55442
怀化市	Loudi	464815	464478	226.44	372.91	284483	17109	12236	15330
娄底市	Huaihua	265172	264178	239.37	353.54	258463	13638	7193	25917
湘西州	West Hunan	213142	212388	84.92	124.89	84356	6963	8434	8996

21-35 农业生产条件 (2017年)
Condition of Agricultural Production (2017)

市 州	Cities and Prefecture	农业机械总动力（万千瓦）Total Power of Agricultural Machinery (10 000 kw)	有效灌溉面积（千公顷）Effective Irrigated Area (1000 hectares)	化肥施用量（万吨）Consumption of Chemical Fertilizers (10 000 tons)	农村用电量（万度）Electricity Consumed in Rural Areas (10 000 kwh)	每公顷面积产量（公斤）Yield per hectare (kg)		
						粮食 Grain Crops	棉花 Cotton	油料 Oil-bearing Crops
全 省	**Total**	**6258.12**	**3145.87**	**245.26**	**1285574**	**6173**	**1144**	**1724**
长沙市	Changsha	602.04	231.62	18.56	200471	6577	1330	1725
株洲市	Zhuzhou	361.58	165.01	10.94	84966	6951	1209	1612
湘潭市	Xiangtan	286.67	141.38	10.84	67871	6910	738	1167
衡阳市	Hengyang	573.28	287.66	24.12	194440	6487	1090	1621
邵阳市	Shaoyang	478.16	286.56	22.49	98423	6308	690	1833
岳阳市	Yueyang	639.47	317.08	24.18	86829	6077	1193	1709
常德市	Changde	633.88	469.15	37.52	133340	6079	1119	1924
张家界市	Zhangjiajie	114.76	55.50	5.72	19790	4848	947	1777
益阳市	Yiyang	538.09	237.78	23.62	97290	6116	1303	1768
郴州市	Chenzhou	431.19	193.99	17.12	72123	5721	590	1666
永州市	Yongzhou	617.88	289.78	23.41	78332	6028	1163	1828
怀化市	Huaihua	432.81	199.13	11.24	60125	6024	476	1411
娄底市	Loudi	360.90	100.33	8.51	72357	6182	1311	1591
湘西州	West Hunan	187.41	170.90	6.99	19219	5174	592	1536

注：化肥施用量1989年及以前均为实物量，1990年及以后为折纯量。
Data of consumption of fertilizers refer to the consumption in quantity prior to 1989, and the consumption in purity in and after 1990.

21-36 农畜产品产量 (2017年)
Output of Major Farm and Livestocks Products (2017)

市 州	Cities and Prefecture	粮食产量（万吨）Grain (10 000 tons)	棉花产量（吨）Cotton (ton)	油料产量（万吨）Oilbearing (10 000 tons)	水果产量（万吨）Fruit (10 000 tons)	水产品产量（吨）Aquatic Products (ton)
长沙市	Changsha	226.44	227	226.08	586.42	93435
株洲市	Zhuzhou	171.67	1717	9.62	17.20	92173
湘潭市	Xiangtan	139.09	240	5.82	9.72	88148
衡阳市	Hengyang	338.58	12378	2.36	4.06	265174
邵阳市	Shaoyang	320.38	26	29.48	10.88	98556
岳阳市	Yueyang	307.71	31510	17.90	53.00	483588
常德市	Changde	372.77	47348	19.72	15.03	425269
张家界市	Zhangjiajie	59.12	690	56.52	92.00	13617
益阳市	Yiyang	236.01	11841	8.03	28.01	365559
郴州市	Chenzhou	185.04	78	21.83	23.82	113543
永州市	Yongzhou	302.87	2406	10.88	52.08	195139
怀化市	Huaihua	179.08	554	15.80	73.79	78124
娄底市	Loudi	151.94	386	15.10	125.30	88218
湘西州	West Hunan	82.90	96	5.47	5.35	24045

21−37 农业基本情况(2017年)
Basic Indicators of Agriculture (2017)

市 州	Cities and Prefecture	乡 村劳动力(万人) Number of Laborers (10 000 persons)	年末实有耕地面积(万公顷) Cultivated Areas (at the year end) (10 000 hectares)	当年减少耕地面积(万公顷) Decrease in Cultivated Area by Cause (10 000 hectares)	造林面积(万公顷) Afforesta-tion Areas (10 000 hectares)
全 省	**Total**	**3464.3**	**415.10**	**0.84**	**55.41**
长沙市	Changsha	275.2	27.42	0.13	0.98
株洲市	Zhuzhou	194.3	20.85	0.04	2.93
湘潭市	Xiangtan	129.0	15.11	0.02	0.98
衡阳市	Hengyang	348.5	39.38	0.06	7.35
邵阳市	Shaoyang	428.8	44.78	0.08	7.65
岳阳市	Yueyang	251.9	35.37	0.06	3.19
常德市	Changde	303.5	50.59	0.09	3.95
张家界市	Zhangjiajie	88.4	11.91	0.04	2.40
益阳市	Yiyang	227.0	29.92	0.06	2.92
郴州市	Chenzhou	276.3	29.91	0.03	6.29
永州市	Yongzhou	302.6	36.42	0.04	6.75
怀化市	Huaihua	263.7	34.24	0.11	5.20
娄底市	Loudi	230.0	19.24	0.03	2.48
湘西州	West Hunan	145.0	19.97	0.04	2.35

注：从2000年起，耕地面积为省国土资源厅统计数据(下表同)。
The data of cultivated land from Hunan Province Territory Resource Bureau since 2000.The same as in the following table.

21−37 续表 continued

市 州	Cities and Prefecture	乡村户数(万户) Number of Rural Households (10 000 households)	乡村从业人员(万人) Number of Rural Laborers (10 000 persons)	农林牧渔业 Farming, Forestry, Animal Husbandry and Fishery Laborers	农林牧渔业总产值(万元) Gross Output Value of Farming,Forestry, Animal,Husbandry, and Fishery (10 000 yuan)	农林牧渔业总产值指数(上年=100) Indices (preceding year=100)
全 省	**Total**	**1565.0**	**3142.1**	**1686.3**	**52134774**	**104.0**
长沙市	Changsha	124.5	244.2	92.8	5141997	103.3
株洲市	Zhuzhou	77.3	165.7	76.3	2718042	104.1
湘潭市	Xiangtan	58.3	127.0	64.9	2097660	103.5
衡阳市	Hengyang	166.9	322.6	205.0	5674676	103.8
邵阳市	Shaoyang	185.3	391.3	223.9	4554580	104.1
岳阳市	Yueyang	123.1	230.8	118.5	5104216	103.8
常德市	Changde	147.7	276.2	151.6	5865355	103.9
张家界市	Zhangjiajie	43.8	80.7	50.6	922847	104.1
益阳市	Yiyang	108.1	209.3	116.5	4266138	104.1
郴州市	Chenzhou	118.2	247.3	105.6	3391963	104.0
永州市	Yongzhou	133.6	279.5	147.5	5366111	104.0
怀化市	Huaihua	118.7	242.7	132.1	3247971	104.1
娄底市	Loudi	100.3	198.0	118.9	2465623	104.2
湘西州	West Hunan	59.2	126.7	82.2	1313099	103.9

21-38 规模以上工业企业个数(2017年)
The Number of Units of Industrial Enterprises above Designated Size (2017)

单位：个 (unit)

市 州	Cities and Prefecture	工业企业单位个数 The number of units of industrial enterprises	按轻重工业分		按登记注册类型分			
			轻工业 Light Industry	重工业 Heary Industry	国有控股 Stste-owned Enterprises	内资企业 Domestic Funde	港澳台商投资企业 Enterprises with Funds from Hongkong, Macao and Taiwan	外商投资企业 Foreign Funded
全 省	**Total**	**15201**	**6496**	**8705**	**736**	**14676**	**318**	**207**
长沙市	Changsha	2889	1328	1561	131	2748	69	72
株洲市	Zhuzhou	1658	684	974	102	1613	22	23
湘潭市	Xiangtan	970	299	671	46	935	16	19
衡阳市	Hengyang	1098	437	661	65	1065	20	13
邵阳市	Shaoyang	1256	635	621	44	1230	15	11
岳阳市	Yueyang	1188	544	644	46	1149	15	24
常德市	Changde	1166	565	601	60	1127	30	9
张家界市	Zhangjiajie	213	123	90	9	208	4	1
益阳市	Yiyang	1079	516	563	36	1047	23	9
郴州市	Chenzhou	1076	363	713	72	1029	43	4
永州市	Yongzhou	957	405	552	46	900	46	11
怀化市	Huaihua	630	237	393	45	616	8	6
娄底市	Loudi	794	266	528	27	784	6	4
湘西州	West Hunan	242	97	145	22	240	1	1

21-39 规模以上工业企业基本情况 (2017年)

Basic Indicators of Industrial Enterprises above Designated Size (2017)

单位:亿元 (100 million yuan)

市 州	Cities and Prefecture	工业增加值指数 (%) Index of Value Added of Industry(%)	主营业务收入 Revenue of Main Bussiness	利润总额 Total Profits	资产总计 Total assets of industrial enterprises	负债合计 Total liabilities of industrial enterprises
全 省	**Total**	**107.3**	**38934.23**	**2093.98**	**27766.56**	**13730.04**
长沙市	Changsha	108.5	10501.95	677.06	9006.16	4647.55
株洲市	Zhuzhou	107.3	3123.28	188.44	3673.33	1346.87
湘潭市	Xiangtan	107.4	3481.20	99.15	1981.31	1191.65
衡阳市	Hengyang	106.8	2183.67	134.05	1711.10	1001.06
邵阳市	Shaoyang	107.3	2171.98	137.69	899.55	345.66
岳阳市	Yueyang	105.6	4490.77	151.66	1927.26	806.99
常德市	Changde	106.8	2805.72	180.70	1892.66	897.03
张家界市	Zhangjiajie	106.4	141.85	7.69	135.14	68.30
益阳市	Yiyang	107.8	2256.37	82.18	1080.81	525.65
郴州市	Chenzhou	107.1	2935.23	164.34	1794.78	875.57
永州市	Yongzhou	107.9	1445.84	53.33	792.94	341.63
怀化市	Huaihua	107.0	984.53	46.44	760.15	434.52
娄底市	Loudi	108.7	2048.89	155.06	1246.84	687.07
湘西州	West Hunan	106.5	266.07	17.86	327.00	188.55

21-40 主要工业产品产量(2017年)

市 州	Cities and Prefecture	纱(万吨) Yarn (10 000 tons)	布(亿米) Cloth (100 million meters)	针棉织品(折用纱线)(万吨) Cotton Knitwear (10 000tons)	机制纸及纸板(万吨) Machine-made Paper and Paperboard (10 000tons)	电光源(万只) Lighting Service (10 000units)
全 省	**Total**	**100.97**	**3.31**		**402.28**	
长沙市	Changsha	9.97	0.04		14.62	
株洲市	Zhuzhou	4.33			5.31	
湘潭市	Xiangtan	4.06			1.50	
衡阳市	Hengyang	1.44			20.54	
邵阳市	Shaoyang	4.64	0.06		67.19	
岳阳市	Yueyang	19.08	1.22		107.08	
常德市	Changde	34.02	1.24		94.29	
张家界市	Zhangjiajie					
益阳市	Yiyang	18.01	0.45		27.82	
郴州市	Chenzhou	1.01			54.14	
永州市	Yongzhou	0.05	0.22			
怀化市	Huaihua	2.12	0.08		9.80	
娄底市	Loudi	0.75				
湘西州	West Hunan	1.48				

21-40 续表

市 州	Cities and Prefecture	原煤(万吨) Coal (10 000 tons)	发电量(亿千瓦时) Electricity (100 million kw.h)	水电 Hydro-power	钢材(万吨) Steel (10 000 tons)	水泥(万吨) Cement (10 000 tons)	平板玻璃(万重量箱) Plate Class (10 000 weight cases)	硫酸(万吨) Sulfuric Acid (10 000 tons)
全 省	**Total**	**1860.51**	**1349.20**	**516.78**	**2210.15**	**11920.40**	**2560.75**	**195.88**
长沙市	Changsha		67.73	17.94	0.49	1121.42	103.65	4.10
株洲市	Zhuzhou	288.94	102.29	35.25		615.54	2286.42	61.75
湘潭市	Xiangtan		98.32	0.65	823.43	693.95		
衡阳市	Hengyang	264.43	67.16	22.16	125.29	900.05		75.79
邵阳市	Shaoyang	18.26	113.45	59.49	2.45	1118.18		
岳阳市	Yueyang		111.26	0.90	1.54	389.04		4.22
常德市	Changde	15.97	136.58	46.33		1344.01	147.67	
张家界市	Zhangjiajie		17.36	14.89		195.82		
益阳市	Yiyang	2.93	102.72	34.59	2.58	855.32		
郴州市	Chenzhou	583.47	140.05	34.17	0.77	1071.10		12.92
永州市	Yongzhou	1.03	59.44	48.80	5.40	1100.05	22.29	4.37
怀化市	Huaihua		193.18	183.29	2.70	778.18		8.60
娄底市	Loudi	680.38	122.43	2.79	1245.49	1419.72	0.72	
湘西州	West Hunan	5.10	17.23	15.53		318.02		24.15

Output of Major Industrial Products (2017)

成品糖（万吨） Sugar (10 000 tons)	卷 烟（万箱） Cigarettes (10 000 cases)	化学药品原药（吨） Original Chemical Drug (ton)	食用植物油（万吨） Edible Vegetable Oil (10 000 tons)	饲 料（万吨） Mixed Fodder (10 000 tons)	粗 钢（万吨） Crude Steel (10 000 tons)	生 铁（万吨） Pig Iron (10 000 tons)
	335.61	**22095.07**	**311.12**	**1717.12**	**2041.41**	**1789.93**
	119.85	9322.72	14.38	323.15		
		321.35	1.67	109.49		
		3.11	3.78	11.51	856.10	755.30
			24.62	92.66	130.01	72.00
		233.60	1.20	105.21		
		6630.71	152.79	504.00	0.20	
	154.57	707.17	76.24	234.80		
		58.33	1.13	1.59		
		2034.00	6.15	150.48		
	34.59		0.08	39.05		
	26.60	57.60	6.05	67.13		12.46
		2391.56	20.99	58.88	1.50	
			2.00	18.99	1053.61	950.18
		334.92	0.05	0.17		

continued

烧 碱（万吨） Caustic Sode (10 000 tons)	化学农药（原药）（万吨） Chemical Pesticide (10 000 tons)	化学肥料（折纯量）（万吨） Chemical Fertilizers (10 000 tons)	氮 肥 Nitrogen Fertilizers	磷 肥 Phosphate Fertilizers	电 石（万吨） Calcium Carbide (10 000 tons)	初级形态的塑料（万吨） Pimary Plastics (ton)	矿山专用设 备（万吨） Mining Special Equipment (10 000ton)	金属切削机床（台） Metal-Cutting Machine Tools(unit)
42.79	**5.70**	**85.02**	**73.06**	**11.97**	**9.04**	**46.82**	**43.87**	**5716.00**
	1.74	1.29		1.29		0.52	3.19	1890.00
	0.98							
		3.82	3.82				5.42	
31.75		21.42	20.80	0.62		16.29	1.66	
							6.63	
7.45	1.32	40.65	40.65			25.29		302.00
	1.54	9.83	1.69	8.14		0.56	1.17	
						0.26		
	0.11					3.90	0.02	3524.00
							0.37	
							0.10	
3.59		3.75	1.83	1.92	9.04		0.47	
		4.26	4.26				24.86	

21－41 建筑企业概况 (2017年)
General Survey of Construction Enterprises (2017)

单位：亿元 (100 million yuan)

市 州	Cities and Prefecture	企业总收入 Total Income of Enterprises	利税总额合计 Total pre-tax Profits	利润总额合计 Total Profits
全 省	**Total**	**7688.40**	**547.83**	**246.62**
长沙市	Changsha	4174.78	252.78	127.22
株洲市	Zhuzhou	559.89	40.15	18.86
湘潭市	Xiangtan	384.29	24.54	10.87
衡阳市	Hengyang	439.56	32.86	11.10
邵阳市	Shaoyang	366.45	27.65	10.53
岳阳市	Yueyang	345.43	38.85	18.42
常德市	Changde	307.33	24.65	8.69
张家界市	Zhangjiajie	39.42	5.28	1.42
益阳市	Yiyang	222.20	22.03	7.39
郴州市	Chenzhou	233.07	25.37	10.81
永州市	Yongzhou	167.85	16.27	8.16
怀化市	Huaihua	109.68	9.49	3.05
娄底市	Loudi	284.27	22.10	8.20
湘西州	West Hunan	54.20	5.80	1.90

21－42 建筑业指标 (2017年)
Statistics Indicators on Construction Enterprises (2017)

市 州	Cities and Prefecture	建筑业总产值（亿元） gross output value of construction (100 million yuan)	企业单位数（个） number of enterprises (unit)	从业人员数（万人） number of employees (10 000 persons)
全 省	**Total**	**8423.00**	**2339**	**267.57**
长沙市	Changsha	4374.60	585	112.51
株洲市	Zhuzhou	690.15	220	33.41
湘潭市	Xiangtan	378.65	142	15.43
衡阳市	Hengyang	539.51	180	16.93
邵阳市	Shaoyang	382.64	136	11.75
岳阳市	Yueyang	372.87	255	13.27
常德市	Changde	340.14	130	11.90
张家界市	Zhangjiajie	42.97	39	1.66
益阳市	Yiyang	260.50	101	9.09
郴州市	Chenzhou	313.93	152	8.99
永州市	Yongzhou	239.73	113	13.64
怀化市	Huaihua	136.88	97	4.89
娄底市	Loudi	296.24	133	11.99
湘西州	West Hunan	54.20	56	2.10

21-43 房屋建筑面积(2017年)
Floor Space of Building Construction (2017)

单位：万平方米 (10 000 sq.m)

市 州	Cities and Prefecture	房屋建筑面积 Floor Space of Building Construction	
		施工面积 Floor Space Under Construction	竣工面积 Floor Space Completed
全 省	**Total**	**54593.66**	**19840.34**
长沙市	Changsha	30116.50	7443.67
株洲市	Zhuzhou	4078.31	1831.48
湘潭市	Xiangtan	2062.23	708.20
衡阳市	Hengyang	2903.62	1528.48
邵阳市	Shaoyang	3550.49	1635.18
岳阳市	Yueyang	1636.77	1008.55
常德市	Changde	2029.78	878.93
张家界市	Zhangjiajie	393.43	144.59
益阳市	Yiyang	1352.28	889.02
郴州市	Chenzhou	1692.79	971.20
永州市	Yongzhou	2127.69	1550.37
怀化市	Huaihua	950.83	442.97
娄底市	Loudi	1286.11	678.48
湘西州	West Hunan	412.83	129.23

注：2014年开始国有经济适用国有及国有控股企业。
Beginning in 2013,state-owned economic enterprises reper to state-owned and state holding enterprises.

21−44 公路长度 (2017年)
Length of Highways (2017)

单位：公里 (km)

市 州	Cities and Prefecture	里程总计 Total Length of Highways	等级公路 Expressway and Class Ⅰ to Ⅳ Highway	高速公路 Express-way	一级公路 First Class	二级公路 Second Class	三级公路 Third Class	四级公路 Fourth Class	等外路 Highway Below Class Ⅳ
全 省	**Total**	**239724**	**217251**	**6419**	**1669**	**13865**	**5709**	**189590**	**22473**
长沙市	Changsha	16240	14154	687	266	1093	687	11421	2085
株洲市	Zhuzhou	13997	13719	461	80	1083	130	11967	277
湘潭市	Xiangtan	7947	5395	283	71	468	234	4341	2551
衡阳市	Hengyang	21122	17514	665	59	1203	205	15383	3608
邵阳市	Shaoyang	22523	19020	581	75	1418	637	16309	3503
岳阳市	Yueyang	20434	19610	393	210	935	419	17653	824
常德市	Changde	22589	22540	423	288	1163	541	20125	49
张家界市	Zhangjiajie	9018	7281	163	17	309	468	6325	1737
益阳市	Yiyang	16137	15506	222	128	1013	114	14030	631
郴州市	Chenzhou	17923	16713	572	139	1397	395	14210	1210
永州市	Yongzhou	22992	21261	492	135	1149	547	18938	1731
怀化市	Huaihua	20748	19953	684	96	1167	624	17381	795
娄底市	Loudi	15061	12705	311	91	682	317	11305	2356
湘西州	West Hunan	12993	11879	481	15	784	393	10205	1114

注：资料来源于省交通厅。2006年起等外路包含村道。

Figures in this table form Transpotation Bureau of Hunan Province. Highway below class Ⅳ includes country road since 2006.

21−45 民用车辆拥有量 (2017年)
Number of Civil Motor Vehicles (2017)

市 州	Cities and Prefecture	合 计（辆） Total (unit)	私人汽车 Private car	汽 车 Civil Motor Vehicles 载 客 Passenger Vehicles	载 货 Trucks Vehicles	摩托车 Motors	拖拉机 Tractors	其 他 类型车 Other Motor Vehicles	机动车驾驶员（人） Number of Motor Drivers (person)	#汽车驾驶员 Automobile Drivers
全 省	**Total**	**12496682**	**6359698**	**6133678**	**669221**	**5150046**	**311507**	**108957**	**14808611**	**10991350**
长沙市	Changsha	2549541	1978243	2027994	122114	336550	29824	9120	2536175	1835661
株洲市	Zhuzhou	750478	405981	397105	39231	276872	23530	9504	1001741	740407
湘潭市	Xiangtan	632749	294618	293430	22563	291590	12717	9185	698853	499064
衡阳市	Hengyang	921409	446725	426676	51877	399015	26049	9377	1195988	934683
邵阳市	Shaoyang	910300	443286	396033	66952	415914	17745	4802	1262671	998966
岳阳市	Yueyang	913906	460971	441485	42406	372970	31875	15842	1135217	845353
常德市	Changde	1090384	453636	432897	51490	534015	40893	18732	1221061	915346
张家界市	Zhangjiajie	341204	117962	111149	16422	202426	7814	834	339674	253554
益阳市	Yiyang	768446	341908	315219	39694	353955	33181	16037	1010308	772036
郴州市	Chenzhou	701759	361234	331681	54021	275855	28294	4011	810115	606776
永州市	Yongzhou	804055	336728	297086	51434	405707	30886	5678	960499	757821
怀化市	Huaihua	943386	294451	266811	43920	611490	8399	2460	970849	779176
娄底市	Loudi	824456	295049	266379	43218	496711	9320	2680	920375	706791
湘西州	West Hunan	328955	128906	118103	23181	173756	10980	695	439188	345716

21-46 邮电业务量(2017年)

Volume of Postal and Telecommunications Services (2017)

市 州	Cities and Prefecture	邮政业务总量(亿元) Revenue From Postal (100 million yuan)	电信业务总量(亿元) Revenue From Telecommunication (100 million yuan)	邮政业务收入(亿元) Income From Postal (100 million yuan)	电信业务收入(亿元) Income From Telecommunication (100 million yuan)	函件(万件) Letters (10 000 pieces)	报刊期发数(万份) Parcels (10 000 copies)	本地电话用户(万户) Local Telephone Subscribers (10 000 subscribers)	移动电话用户(万户) Mobile Telephone Subscribers (10 000 subscribers)	固定互联网用户数(万户) Number of Local Internet Users (10 000 households)	移动互联网用户数(万户) Number of Mobile Internet Users (10 000 households)
全 省	**Total**	**192.64**	**928.50**	**136.10**	**467.22**	**2542.50**	**516.40**	**674.36**	**5683.42**	**1315.48**	**4922.45**
长沙市	Changsha	82.86	247.63	48.16	113.79	1208.79	76.91	161.05	1106.14	274.21	1060.49
株洲市	Zhuzhou	16.43	55.15	9.34	29.96	130.60	27.77	52.31	372.65	92.43	318.19
湘潭市	Xiangtan	6.08	42.54	4.49	21.20	27.36	23.09	26.19	262.13	63.52	225.88
衡阳市	Hengyang	12.40	75.11	11.02	35.77	63.84	43.51	78.37	501.33	114.51	413.54
邵阳市	Shaoyang	11.43	64.94	9.42	31.47	449.17	65.63	47.78	464.88	100.42	384.19
岳阳市	Yueyang	10.75	59.04	7.92	32.95	51.29	34.52	74.73	426.91	101.27	367.81
常德市	Changde	8.62	62.14	7.47	33.74	158.52	45.95	47.02	465.43	113.70	395.88
张家界市	Zhangjiajie	2.16	23.06	2.12	11.31	27.31	14.28	11.08	137.83	35.93	116.54
益阳市	Yiyang	10.00	42.42	7.26	23.40	77.46	30.27	29.81	339.36	65.99	278.81
郴州市	Chenzhou	10.37	52.64	8.21	27.54	58.38	35.16	48.00	381.45	88.51	322.21
永州市	Yongzhou	5.98	50.59	6.05	24.56	27.22	39.78	24.03	349.51	77.05	291.71
怀化市	Huaihua	6.24	54.45	6.16	28.28	188.63	32.23	32.96	365.54	75.51	311.28
娄底市	Loudi	6.36	46.40	5.24	22.93	45.11	24.66	27.45	309.71	68.74	265.97
湘西州	West Hunan	2.97	34.69	3.26	16.44	28.80	22.66	13.59	200.55	43.69	169.96

注：电信业务总量从2017年起，由2010年不变价调整为2015年不变价。邮政业务总量从2010年起，由2000年不变价调整为2010年不变价。

From 2017, the total of Telecommunications service is adjusted from 2010's constant price to 2015's constant price. From 2010, the total of Postal service is adjusted from 2000's constant price to 2010's constant price.

21-47 规模以上服务业企业主要经济指标(2017年)
Major Economic Indicators of Service Enterprises above Designated Size (2017)

单位：亿元 (100 million yuan)

市　州	Cities and Prefecture	单位数(个) Number of Enterprises (unit)	年初存货 Inventory Year-early	流动资产合计 Circulating Funds	应收账款 Net Value of Account Received	年末存货 Inventory Year-end
全　省	**Total**	**5721**	**3507.92**	**10652.61**	**929.53**	**4441.61**
长沙市	Changsha	1617	1535.64	4819.15	382.30	1926.51
株洲市	Zhuzhou	441	250.64	893.89	82.71	352.07
湘潭市	Xiangtan	200	16.19	99.50	25.57	18.07
衡阳市	Hengyang	552	441.11	1334.03	97.93	766.54
邵阳市	Shaoyang	364	220.45	529.56	40.72	228.06
岳阳市	Yueyang	435	32.99	183.45	23.60	59.79
常德市	Changde	639	315.94	1177.36	74.14	329.23
张家界市	Zhangjiajie	79	2.81	62.51	1.96	2.43
益阳市	Yiyang	135	93.71	172.86	5.27	98.75
郴州市	Chenzhou	544	346.65	681.50	66.25	341.30
永州市	Yongzhou	207	12.17	37.26	5.74	16.85
怀化市	Huaihua	168	17.05	164.24	15.74	65.91
娄底市	Loudi	254	218.08	465.81	100.63	231.68
湘西州	West Hunan	86	4.49	31.49	6.97	4.41

21-47 续表 1 continued

市　州	Cities and Prefecture	固定资产原价 Original Price of Fixed Assets	累计折旧 Accumulated depreciation	本年折旧 Depreciation this Year	资产总计 Total Assets	应付账款 Accounts payable	负债合计 Total Liability	所有者权益合计 Tatol Rights of Owners
全　省	**Total**	**3578.60**	**1160.17**	**205.72**	**18700.15**	**982.93**	**10305.43**	**8394.81**
长沙市	Changsha	1641.93	512.54	80.09	8060.00	633.34	4300.87	3759.13
株洲市	Zhuzhou	244.88	72.48	11.85	2200.50	46.29	1280.67	919.92
湘潭市	Xiangtan	102.98	42.13	7.95	225.38	26.25	155.55	69.83
衡阳市	Hengyang	369.52	75.55	12.20	2122.93	70.62	1203.91	919.02
邵阳市	Shaoyang	140.03	35.94	8.32	731.49	16.97	412.15	319.34
岳阳市	Yueyang	151.03	63.98	15.94	380.05	23.05	222.13	157.92
常德市	Changde	236.49	72.15	11.28	2047.43	33.20	1166.86	880.57
张家界市	Zhangjiajie	78.74	29.67	5.12	168.66	5.04	110.21	58.44
益阳市	Yiyang	99.84	42.11	6.60	419.14	17.45	285.62	133.51
郴州市	Chenzhou	169.11	56.10	10.85	1091.25	41.09	447.94	643.32
永州市	Yongzhou	94.18	34.90	5.91	291.93	15.69	163.55	128.38
怀化市	Huaihua	101.72	56.48	19.52	267.46	22.25	140.67	126.78
娄底市	Loudi	89.31	38.85	5.49	609.43	22.68	361.63	247.79
湘西州	West Hunan	58.85	27.28	4.60	84.51	9.02	53.66	30.85

21-47 续表 2 continued

单位：亿元 (100 million yuan)

市 州	Cities and Prefecture	营业收入 Operating Income	主营业务收入 Revenue of Major Business	营业成本 Operating Cost	主营业务成本 Cost of Major Business	税金及附加 Tax and Extra Charges
全 省	**Total**	**3270.79**	**3193.92**	**2445.29**	**2393.31**	**29.03**
长沙市	Changsha	1602.06	1577.46	1209.51	1196.76	12.65
株洲市	Zhuzhou	224.19	217.37	160.02	155.34	3.25
湘潭市	Xiangtan	110.58	105.90	82.41	78.30	1.07
衡阳市	Hengyang	210.29	207.60	153.67	154.00	2.62
邵阳市	Shaoyang	93.96	88.75	64.99	61.10	0.69
岳阳市	Yueyang	183.44	174.72	133.89	126.21	1.72
常德市	Changde	215.66	211.00	168.56	165.90	1.62
张家界市	Zhangjiajie	61.01	60.26	38.99	38.78	0.43
益阳市	Yiyang	86.84	86.13	59.85	59.41	0.79
郴州市	Chenzhou	219.47	209.64	181.13	172.90	2.31
永州市	Yongzhou	62.89	62.34	47.76	47.31	0.37
怀化市	Huaihua	66.11	64.33	44.47	42.45	0.54
娄底市	Loudi	99.83	94.86	75.94	71.54	0.75
湘西州	West Hunan	34.47	33.56	24.12	23.31	0.20

21-47 续表 3 continued

市 州	Cities and Prefecture	主营业务税金及附加 Tax of Major Business	销售费用 Operation Expense	管理费用 Management Expense	财务费用 Financial Expense
全 省	**Total**	**27.24**	**180.10**	**323.75**	**77.21**
长沙市	Changsha	11.79	82.55	176.14	31.14
株洲市	Zhuzhou	3.06	11.55	19.54	5.09
湘潭市	Xiangtan	1.04	7.06	10.98	1.98
衡阳市	Hengyang	2.56	10.95	16.78	9.86
邵阳市	Shaoyang	0.59	8.19	10.67	2.70
岳阳市	Yueyang	1.56	8.51	13.58	2.91
常德市	Changde	1.47	11.29	20.59	4.35
张家界市	Zhangjiajie	0.43	5.62	5.06	3.02
益阳市	Yiyang	0.75	4.88	8.03	4.41
郴州市	Chenzhou	2.25	8.73	14.61	4.66
永州市	Yongzhou	0.35	4.75	6.23	3.22
怀化市	Huaihua	0.51	6.64	7.54	1.96
娄底市	Loudi	0.69	5.31	8.76	1.40
湘西州	West Hunan	0.19	4.07	5.24	0.50

21-47 续表 4 continued

单位：亿元 (100 million yuan)

市　州	Cities and Prefecture	利息收入 Interest Revenue	利息支出 Interest Expense	投资收益 Income from Investment	营业利润 Operating Profit	营业外收入 Non-operating Income
全　省	**Total**	**18.71**	**83.33**	**51.77**	**273.17**	**92.12**
长沙市	Changsha	15.54	50.67	34.32	123.71	41.43
株洲市	Zhuzhou	0.65	4.37	11.03	37.24	10.00
湘潭市	Xiangtan	0.13	1.77	0.08	8.65	2.96
衡阳市	Hengyang	0.13	5.58	0.85	17.95	7.24
邵阳市	Shaoyang	0.07	1.41	0.22	6.57	6.73
岳阳市	Yueyang	0.13	1.41	0.75	22.65	4.28
常德市	Changde	1.14	4.83	1.00	13.24	6.67
张家界市	Zhangjiajie	0.38	2.77	1.72	9.63	0.47
益阳市	Yiyang	-0.61	3.13	0.14	9.78	1.79
郴州市	Chenzhou	0.29	2.47	0.30	8.26	5.28
永州市	Yongzhou	0.33	2.75	0.01	1.40	1.13
怀化市	Huaihua	0.18	1.05	0.05	5.42	1.44
娄底市	Loudi	0.27	0.75	1.21	8.15	1.54
湘西州	West Hunan	0.09	0.36	0.09	0.52	1.15

21-47 续表 5 continued

市　州	Cities and Prefecture	营业外支出 Non-operating Income	利润总额 Total Profit	所得税费用 Income Tax and fee	应付职工薪酬 Total Sum of Wages Payable	应交增值税 Value Added Payable	平均用工人数（万人） Average Number of Empolyment of the Current Year (10 000 persons)
全　省	**Total**	**26.89**	**338.40**	**53.05**	**482.73**	**69.80**	**73.32**
长沙市	Changsha	14.57	150.54	28.58	247.72	38.15	27.39
株洲市	Zhuzhou	0.69	46.55	4.05	32.77	5.72	5.46
湘潭市	Xiangtan	0.37	11.25	1.52	14.20	2.36	2.91
衡阳市	Hengyang	1.31	23.88	2.60	27.29	2.82	5.36
邵阳市	Shaoyang	4.22	9.08	1.63	20.86	2.65	4.25
岳阳市	Yueyang	0.46	26.47	2.31	22.19	3.40	4.33
常德市	Changde	1.31	18.60	2.91	33.28	3.54	6.46
张家界市	Zhangjiajie	0.33	9.76	2.55	5.36	1.66	0.79
益阳市	Yiyang	0.87	10.70	1.64	10.65	1.67	1.64
郴州市	Chenzhou	0.56	12.98	1.68	22.02	2.92	4.84
永州市	Yongzhou	1.11	1.42	0.69	12.58	1.15	3.11
怀化市	Huaihua	0.23	6.65	1.45	12.87	1.44	2.28
娄底市	Loudi	0.68	9.00	1.28	13.61	1.39	3.17
湘西州	West Hunan	0.16	1.51	0.17	7.31	0.93	1.32

21—48 国内外贸易、对外经济和旅游(2017年)
Domestic Trade, Foreign Trade, Foreign Economy And Tourism (2017)

市 州	Cities and Prefecture	社会消费品零售总额(亿元) Total Retail Sales of Consumer Goods (100 million yuan)	社会消费品零售总额增速(%) Total Retail Sales of Consumer Goods growth rate (%)	实际利用外商直接投资金额(万美元) Total Amount of Foreign Capital Actually Used (USD 100million)	旅游业总收入(亿元) Income of Tourism (100 million yuan)
长沙市	Changsha	4547.68	10.5	525044	1659.92
株洲市	Zhuzhou	1038.46	10.7	120632	538.56
湘潭市	Xiangtan	644.97	10.8	121220	561.93
衡阳市	Hengyang	1248.38	10.7	128314	568.05
邵阳市	Shaoyang	926.24	11.0	26619	332.17
岳阳市	Yueyang	1256.61	10.0	48118	427.77
常德市	Changde	1172.62	10.9	107180	362.19
张家界市	Zhangjiajie	219.21	10.7	11800	526.53
益阳市	Yiyang	709.80	10.7	27478	259.73
郴州市	Chenzhou	999.70	10.5	171352	533.70
永州市	Yongzhou	653.00	10.7	108190	406.70
怀化市	Huaihua	620.65	10.5	5042	393.94
娄底市	Loudi	537.44	10.8	46200	251.38
湘西州	West Hunan	280.11	10.7	300	350.04

21—49 限额以上批发零售贸易业商品购销存总额(2017年)
Total Purchases, Sales and Inventory of Enterprise above Designated Size in Wholesale and Retail Trade (2017)

单位:万元 (10 000 yuan)

市 州	Cities and Prefecture	购进总额 Total Goods Purchase	销售总额 Total Sales			年末库存总额 Inventory at the Yearend
				批发额 Wholesale	零售额 Retail Trade	
全 省	**Total**	**92328206**	**104570093**	**55169954**	**49400138**	**8572995**
长沙市	Changsha	47223902	47368111	29701038	17667073	3563698
株洲市	Zhuzhou	6016487	6990800	3599282	3391518	383941
湘潭市	Xiangtan	4612596	5670396	1854195	3816200	363567
衡阳市	Hengyang	5538817	6155172	2604633	3550539	912582
邵阳市	Shaoyang	3548341	4859879	1490711	3369168	289035
岳阳市	Yueyang	4063331	5558522	2343174	3215348	1405320
常德市	Changde	3686784	4792467	1810165	2982302	268932
张家界市	Zhangjiajie	452328	816436	339478	476958	116042
益阳市	Yiyang	2499585	3046470	1453417	1593053	165442
郴州市	Chenzhou	7103876	9146604	5988222	3158382	536859
永州市	Yongzhou	2516358	2966534	996998	1969536	170222
怀化市	Huaihua	1498777	2381060	846265	1534795	155282
娄底市	Loudi	3207136	3611578	1424668	2186910	138137
湘西州	West Hunan	359889	1206064	717709	488355	103936

21-50 限额以上批发零售、住宿餐饮业法人企业数

Number of Corporation Units above Designated Size in Wholesale and Retail Trade, Hotels and Catering Services

单位：个 (unit)

市 州	Cities and Prefecture	合计 Total		批发业 Wholesale Trade		零售业 Retail Trade		住宿业 Hotels		餐饮业 Catering Services	
		2016	2017	2016	2017	2016	2017	2016	2017	2016	2017
全 省	**Total**	**8219**	**9088**	**1987**	**2131**	**4670**	**5223**	**762**	**799**	**800**	**935**
长沙市	Changsha	1978	2191	687	800	951	1020	136	143	204	228
株洲市	Zhuzhou	657	778	213	235	299	379	60	68	85	96
湘潭市	Xiangtan	370	375	44	46	264	269	24	22	38	38
衡阳市	Hengyang	765	792	202	195	426	447	71	79	66	71
邵阳市	Shaoyang	847	986	101	110	577	666	61	66	108	144
岳阳市	Yueyang	576	541	183	170	297	283	50	44	46	44
常德市	Changde	668	730	76	91	468	505	59	64	65	70
张家界市	Zhangjiajie	115	124	6	8	61	67	43	44	5	5
益阳市	Yiyang	412	408	81	79	253	259	48	45	30	25
郴州市	Chenzhou	728	836	209	205	354	437	89	91	76	103
永州市	Yongzhou	378	495	35	37	269	353	35	40	39	65
怀化市	Huaihua	202	282	35	43	127	187	24	30	16	22
娄底市	Loudi	421	445	99	98	268	292	38	37	16	18
湘西州	West Hunan	102	105	16	14	56	59	24	26	6	6

21-51 限额以上批发零售、住宿餐饮业从业人员

Number of Persons Employed in Enterprises Units above Designated Size in Wholesale and Retail Trade, Hotels and Catering Services

单位：个 (unit)

市 州	Cities and Prefecture	合计 Total		批发业 Wholesale Trade		零售业 Retail Trade		住宿业 Hotels		餐饮业 Catering Services	
		2016	2017	2016	2017	2016	2017	2016	2017	2016	2017
全 省	**Total**	**517935**	**516565**	**116240**	**113077**	**264319**	**264439**	**80424**	**78188**	**56952**	**60861**
长沙市	Changsha	173100	173259	44223	45468	82773	81256	22543	20964	23561	25571
株洲市	Zhuzhou	32854	34767	9312	9347	13924	15420	5390	5901	4228	4099
湘潭市	Xiangtan	23558	22916	3474	3093	13694	13777	3172	3031	3218	3015
衡阳市	Hengyang	38564	36803	9110	8401	18860	18025	6932	6801	3662	3576
邵阳市	Shaoyang	37307	38298	5397	5007	21856	22660	4944	4947	5110	5684
岳阳市	Yueyang	33992	30937	9337	8108	16265	15042	5487	5108	2903	2679
常德市	Changde	36966	38598	5209	5224	21740	23274	6194	5947	3823	4153
张家界市	Zhangjiajie	11656	11401	656	616	5283	5048	5549	5590	168	147
益阳市	Yiyang	19610	18373	3666	3675	11499	10743	3089	2573	1356	1382
郴州市	Chenzhou	37772	38710	12161	11300	15021	16300	7091	7140	3499	3970
永州市	Yongzhou	23033	25842	4832	4579	12289	14395	2832	2842	3080	4026
怀化市	Huaihua	21563	18982	2983	3066	15618	12440	1844	2155	1118	1321
娄底市	Loudi	19494	19922	3460	3438	11658	12178	3370	3236	1006	1070
湘西州	West Hunan	8466	7757	2420	1755	3839	3881	1987	1953	220	168

21–52 商品交易市场基本情况 (2017年)
Basic Statistics on Commodity Exchange Markets (2017)

市 州	Cities and Prefecture	市场数（个）Number of Markets (unit)	亿元及以上市场 Commodity Markets over 100 Million Yuan	摊位总数（个）Number of Stalls (unit)	亿元及以上市场 Commodity Markets over 100 Million Yuan	出租摊位个数（个）Number of rented stall (unit)	亿元及以上市场 Commodity Markets over 100 Million Yuan	营业面积（万平方米）Operation Area (10 000 sq.m)	亿元及以上市场 Commodity Markets over 100 Million Yuan	成交额（亿元）Turnover (100 million yuan)	亿元及以上市场 Commodity Markets over 100 Million Yuan
全 省	**Total**	**2510**	**326**	**551050**	**198160**	**479824**	**180645**	**1906.07**	**1130.27**	**4610.30**	**3939.96**
长沙市	Changsha	270	61	75081	47465	63438	44544	717.03	573.38	2458.85	2402.02
株洲市	Zhuzhou	347	56	74980	29987	67997	28215	219.45	125.72	343.01	263.64
湘潭市	Xiangtan	59	11	16281	7165	12247	5080	71.13	42.09	72.66	55.84
衡阳市	Hengyang	277	35	51225	12866	45536	11893	95.71	35.40	253.17	165.48
邵阳市	Shaoyang	124	21	33416	15935	29509	14975	105.61	76.89	252.10	222.27
岳阳市	Yueyang	89	17	21161	10780	19759	10575	34.33	15.76	153.33	109.56
常德市	Changde	186	27	29534	12818	25677	12090	102.61	64.80	192.29	161.73
张家界市	Zhangjiajie	42	1	6850	368	5583	368	16.07	1.00	18.17	6.87
益阳市	Yiyang	110	10	15707	4369	13866	3875	39.89	22.81	85.74	54.06
郴州市	Chenzhou	245	23	60020	15335	52564	14680	119.26	38.17	192.73	107.07
永州市	Yongzhou	335	13	62363	7392	55435	7180	113.01	17.78	172.24	68.34
怀化市	Huaihua	222	26	51216	14414	38962	8546	148.43	69.92	209.21	165.30
娄底市	Loudi	62	14	17453	11094	16633	11005	48.20	25.62	113.51	102.92
湘西州	West Hunan	142	11	35763	8172	32618	7619	75.32	20.94	93.29	54.84

21–53 星级宾馆数 (2017年)

The Number of Star-Rated Hotels (2017)

单位：个 (unit)

市 州	Cities and Prefecture	星级宾馆合计 Total Number of Tourist Hotels	五星级 Five Star	四星级 Four Star	三星级 Three Star	二星级 Two Star
全 省	**Total**	**407**	**19**	**69**	**220**	**99**
长沙市	Changsha	55	9	21	21	4
株洲市	Zhuzhou	28	1	4	12	11
湘潭市	Xiangtan	14	2	4	7	1
衡阳市	Hengyang	27		7	10	10
邵阳市	Shaoyang	32		4	11	17
岳阳市	Yueyang	38	1	5	28	4
常德市	Changde	33	2	3	19	9
张家界市	Zhangjiajie	36	3	6	27	
益阳市	Yiyang	15		3	5	7
郴州市	Chenzhou	24	1	3	20	
永州市	Yongzhou	22		4	9	9
怀化市	Huaihua	35		2	28	5
娄底市	Loudi	21		1	16	4
湘西州	West Hunan	27		2	7	18

21–54 进出口商品总值 (2017年)

Major Expors Commodities in Value (2017)

市 州	Cities and Prefecture	进出口总值（万美元）Total Exports and Imports (USD 10 000)	出 口 Exports	进 口 Imports	比上年增减 (%) Increase Rate in 2017 Over 2016(%)
全 省	**Total**	**3603951**	**2317175**	**1286776**	**37.3**
长沙市	Changsha	1388604	870462	518142	26.9
株洲市	Zhuzhou	218891	165844	53047	29.9
湘潭市	Xiangtan	273774	157091	116682	26.2
衡阳市	Hengyang	448666	248922	199744	66.8
邵阳市	Shaoyang	169485	158743	10742	29.8
岳阳市	Yueyang	227339	168365	58974	65.4
常德市	Changde	113373	88601	24771	58.0
张家界市	Zhangjiajie	10454	9659	795	30.6
益阳市	Yiyang	78999	54896	24103	23.7
郴州市	Chenzhou	388698	211430	177268	47.2
永州市	Yongzhou	135727	127680	8047	48.1
怀化市	Huaihua	9240	8100	1140	44.7
娄底市	Loudi	120952	30297	90655	34.2
湘西州	West Hunan	19750	17085	2666	61.6

21-55　外商直接投资 (2017年)
Foreign Direct Investment (2017)

市　州	Cities and Prefecture	项目个数(个) Number of Projects (case)	实际利用外资(万美元) Actually Used Amount (USD 10 000)
全　省	**Total**	**768**	**1447489**
长沙市	Changsha	197	525044
株洲市	Zhuzhou	119	120632
湘潭市	Xiangtan	28	121220
衡阳市	Hengyang	159	128314
邵阳市	Shaoyang	28	26619
岳阳市	Yueyang	39	48118
常德市	Changde	50	107180
张家界市	Zhangjiajie	6	11800
益阳市	Yiyang	7	27478
郴州市	Chenzhou	48	171352
永州市	Yongzhou	55	108190
怀化市	Huaihua	10	5042
娄底市	Loudi	20	46200
湘西州	West Hunan	2	300

21-56　内联引资项目个数情况
Number of Projects of Domestic Direct Investment

市　州	Cities and Prefecture	项目个数(个) Number of Projects (case)				
		2013	2014	2015	2016	2017
全　省	**Total**	**5136**	**5106**	**4915**	**5377**	**6431**
长沙市	Changsha	641	638	693	767	813
株洲市	Zhuzhou	290	334	305	330	504
湘潭市	Xiangtan	288	283	207	258	311
衡阳市	Hengyang	541	532	488	517	575
邵阳市	Shaoyang	385	415	466	452	572
岳阳市	Yueyang	580	564	540	493	597
常德市	Changde	219	165	155	149	223
张家界市	Zhangjiajie	58	55	37	35	45
益阳市	Yiyang	299	343	301	441	592
郴州市	Chenzhou	780	754	780	898	1039
永州市	Yongzhou	534	476	416	477	544
怀化市	Huaihua	214	228	206	216	222
娄底市	Loudi	211	191	226	268	287
湘西州	West Hunan	96	128	95	76	107

注：内联引资是指吸收的省外境内资金。

"Domestic Direct Investment" is refers to the capital absorbed from other provinces in China.

21－57 内联引资实际到位资金情况
Capital Actually Used of Domestic Direct Investment

市 州	Cities and Prefecture	实际到位资金（亿元） Amount of Domestic Capital Actually Used (100 million yuan)				
		2013	2014	2015	2016	2017
全 省	**Total**	**2883.90**	**3300.79**	**3791.94**	**4361.80**	**5097.86**
长沙市	Changsha	534.09	609.76	684.28	784.60	909.41
株洲市	Zhuzhou	230.00	265.64	305.03	350.30	409.30
湘潭市	Xiangtan	180.09	209.51	244.08	284.16	340.98
衡阳市	Hengyang	226.82	255.17	293.51	336.25	391.32
邵阳市	Shaoyang	180.62	209.50	241.98	281.68	330.82
岳阳市	Yueyang	315.47	358.03	403.15	461.95	534.32
常德市	Changde	198.10	225.33	294.86	342.10	410.53
张家界市	Zhangjiajie	37.03	41.08	45.17	50.05	58.17
益阳市	Yiyang	186.67	214.80	246.58	283.78	330.06
郴州市	Chenzhou	313.43	360.48	408.17	468.48	547.17
永州市	Yongzhou	158.41	178.12	199.26	230.49	267.86
怀化市	Huaihua	131.81	153.32	174.62	201.23	233.60
娄底市	Loudi	147.05	170.57	197.07	226.68	264.77
湘西州	West Hunan	44.31	49.50	54.18	60.05	69.55

注：内联引资是指吸收的省外境内资金。
"Domestic Direct Investment" is refers to the capital absorbed from other provinces in China.

21-58 对外经济合作情况(2017年)
Foreign Economic Cooperation (2017)

市 州	Cities and Prefecture	新签合同额(万美元) The new contract amount (10 000 U.S. dollars)	完成营业额(万美元) Complete turnover (10 000 U.S. dollars)	外派劳务人数(人) The number of field labor (person)	月末在外人数(人) At the end of the number of outside (people)
全 省	**Total**	**760222**	**705285**	**108750**	**164706**
长沙市	Changsha	89173	133603	19396	30461
株洲市	Zhuzhou	48150	41380	9437	10445
湘潭市	Xiangtan	24644	19457	6056	7242
衡阳市	Hengyang	21455	35272	6004	7492
邵阳市	Shaoyang	26185	25670	8880	9113
岳阳市	Yueyang	41296	31515	9652	10131
常德市	Changde	39837	34608	9480	13450
张家界市	Zhangjiajie	1235	1369	944	2226
益阳市	Yiyang	3988	2592	836	1440
郴州市	Chenzhou	15698	12831	8298	9715
永州市	Yongzhou	10308	22073	11248	11248
怀化市	Huaihua	2210	2839	1731	3868
娄底市	Loudi	11578	12332	3996	4226
湘西州	West Hunan	1394	2443	1173	1448

注：全省总计中包括省直企业数。

The number of provincial enterprises are including in the total of province.

21-59 旅游业基本情况(2017年)
Basic Statistics of Tourism (2017)

市 州	Cities and Prefecture	接待旅游总人数(万人次) Number of Tourists (10 000 persons)	接待国内游客(万人次) Domestic Tourists (10 000 person-times)	国内旅游总收入(亿元) Earning from Domestic Tourists (100 million yuan)	接待境外游客(人次) International Tourists (persontimes)	#外国人 Foreign Tourists	旅游创汇收入(万美元) Earning from International Tourists (USD 10 000)
全 省	**Total**	**66935**	**66612**	**7173**	**3226844**	**1554824**	**129536.63**
长沙市	Changsha	14219	14090	1660	1292000	713834	51660.87
株洲市	Zhuzhou	5418	5411	539	72434	13594	2251.72
湘潭市	Xiangtan	6106	6094	562	119809	61782	3595.23
衡阳市	Hengyang	6202	6197	568	44765	2485	1641.87
邵阳市	Shaoyang	3805	3795	332	103741	12941	2579.50
岳阳市	Yueyang	4893	4862	428	303171	190198	13948.78
常德市	Changde	4397	4380	362	164380	62422	7192.98
张家界市	Zhangjiajie	3367	3325	527	424318	322844	21241.41
益阳市	Yiyang	3006	3003	260	29959	9904	903.55
郴州市	Chenzhou	6164	6127	534	369926	70743	16701.93
永州市	Yongzhou	4984	4979	407	42678	11389	1081.13
怀化市	Huaihua	5000	4990	394	102650	18179	2474.59
娄底市	Loudi	3266	3264	251	24536	11230	767.38
湘西州	West Hunan	4108	4095	350	132477	53279	3495.69

21-60 高新技术产业情况 (2017年)
Basic Statistics on High-tech Industries (2017)

市 州	Cities and Prefecture	企业单位数 (个) Number of Enterprises (unit)	高新技术产业总产值 (万元) Gross Output Value of Hightech Industries (10 000 yuan)	高新技术产业增加值 (万元) Added Value of Hightech Industries (10 000 yuan)
全 省	**Total**	**6778**	**284962275**	**81199547**
长沙市	Changsha	1830	114404514	35102382
株洲市	Zhuzhou	583	20596674	6668958
湘潭市	Xiangtan	366	24980290	6562196
衡阳市	Hengyang	399	15433872	4371214
邵阳市	Shaoyang	539	13637396	3185181
岳阳市	Yueyang	521	27524683	6172346
常德市	Changde	635	14645679	3534485
张家界市	Zhangjiajie	70	434850	140418
益阳市	Yiyang	470	12747284	3171558
郴州市	Chenzhou	434	15611169	5629261
永州市	Yongzhou	477	9284895	2568569
怀化市	Huaihua	277	5272968	1705658
娄底市	Loudi	133	9632644	2187546
湘西州	West Hunan	44	755356	199775
长沙高新技术开发区	Changsha High-tech Development District	463	58299314	14963743
株洲高新技术开发区	Zhuzhou High-tech Development District	124	9064940	2441692
湘潭高新技术开发区	Xiangtan High-tech Development District	121	5915231	1576996
衡阳高新技术开发区	Hengyang High-tech Development District	105	4965762	1272145
岳阳高新技术开发区	Yueyang High-tech Development District	62	3054296	672399
益阳高新技术开发区	Yiyang High-tech Development District	83	3443451	965020
郴州高新技术开发区	Chenzhou High-tech Development District	89	4374132	1666641

21-60 续表 continued

市 州	Cities and Prefecture	高新技术产业销售收入 (万元) Sales Revenue of Hightech Industries (10 000 yuan)	# 出口收入 Exports Revenue	高新技术产业利税总额 (万元) Peofits and Tax of Hightech Industries (10 000 yuan)	# 利润总额 Total of Profit and Tax
全 省	**Total**	**273697387**	**10607893**	**21214251**	**13576586**
长沙市	Changsha	110004647	4913992	10222704	6595732
株洲市	Zhuzhou	19522331	1278993	1993625	1339232
湘潭市	Xiangtan	24646196	469401	1050753	672080
衡阳市	Hengyang	14831948	1446659	973925	689325
邵阳市	Shaoyang	12262185	656111	522143	358317
岳阳市	Yueyang	26115562	177802	2085128	962332
常德市	Changde	14319893	186855	921817	673283
张家界市	Zhangjiajie	396880	25326	18105	10146
益阳市	Yiyang	13007226	343753	702971	495154
郴州市	Chenzhou	15193398	670368	1261153	761872
永州市	Yongzhou	8107519	275402	291458	208299
怀化市	Huaihua	4672033	21438	222058	152969
娄底市	Loudi	9904205	103262	919665	644814
湘西州	West Hunan	713364	38531	28747	13031
长沙高新技术开发区	Changsha High-tech Development District	55352163	4333326	5495254	3474413
株洲高新技术开发区	Zhuzhou High-tech Development District	9116443	439649	1040907	657574
湘潭高新技术开发区	Xiangtan High-tech Development District	6351922	26009	115921	31420
衡阳高新技术开发区	Hengyang High-tech Development District	5299671	1292015	402485	249373
岳阳高新技术开发区	Yueyang High-tech Development District	2977233	79353	301142	206118
益阳高新技术开发区	Yiyang High-tech Development District	3462872	190347	136390	82998
郴州高新技术开发区	Chenzhou High-tech Development District	4358477	498044	385385	139300

21-61 规模以上工业企业 R&D 人员情况 (2017年)
R&D Personnel in Industrial Enterprises above Designated Size (2017)

市 州	Cities and Prefecture	有 R&D 活动的单位数（个）Number of Enterprises Having R&D Activities (unit)	R&D 人员（人）R&D Personnel (person)	#全时人员 Fulltime Personnel	R&D 人员全时当量（人年）Fulltime Equivalent of R&D Personnel (man-year)
全 省	**Total**	**4057**	**136069**	**95297**	**94228**
长沙市	Changsha	900	54658	41388	40329
株洲市	Zhuzhou	295	12977	10553	8569
湘潭市	Xiangtan	207	8146	5788	5825
衡阳市	Hengyang	324	9461	5923	5479
邵阳市	Shaoyang	283	5876	3551	3580
岳阳市	Yueyang	382	12523	6606	8317
常德市	Changde	350	8446	5812	5695
张家界市	Zhangjiajie	73	707	494	473
益阳市	Yiyang	309	5773	4187	4105
郴州市	Chenzhou	306	7231	4693	4650
永州市	Yongzhou	372	5092	3070	3638
怀化市	Huaihua	170	2613	1716	1795
娄底市	Loudi	46	2117	1209	1554
湘西州	West Hunan	40	449	307	219

21-62 规模以上工业企业按经费来源分 R&D 经费内部支出情况 (2017年)
Intramural R&D Expenditures in Industrial Enterprises above Designated Size by Sources (2017)

单位：万元 (10 000 yuan)

市 州	Cities and Prefecture	R&D 经费内部支出 Intramural Expenditure on R&D	政府资金 Government Funds	企业资金 Self-raised Funds by Enterprises	境外资金 Foreign Funds	其 他 Other Funds
全 省	**Total**	**4617716**	**230565**	**4366186**	**2448**	**18518**
长沙市	Changsha	1712328	53640	1658511	177	
株洲市	Zhuzhou	374163	74642	299206	55	260
湘潭市	Xiangtan	332670	12782	319493		396
衡阳市	Hengyang	271264	6745	261832		2687
邵阳市	Shaoyang	182387	5009	174593	166	2620
岳阳市	Yueyang	556480	31384	521002	1194	2900
常德市	Changde	348190	7384	337448		3358
张家界市	Zhangjiajie	13807	1280	12527		
益阳市	Yiyang	176938	7190	168494	855	398
郴州市	Chenzhou	247121	13497	229982		3642
永州市	Yongzhou	126830	3747	121108		1975
怀化市	Huaihua	111624	11019	100605		
娄底市	Loudi	156027	1143	154839		46
湘西州	West Hunan	7886	1103	6547		236

21－63　规模以上工业企业按支出用途分 R&D 经费内部支出情况 (2017年)

Intramural R&D Expenditures in Industrial Enterprises above Designated Size by Use (2017)

单位：万元　　(10 000 yuan)

市　州	Cities and Prefecture	R&D 经费内部支出 Intramural Expenditure on R&D	经常费支出 Operating Expenses	#人员劳务费 Service Fees	资产性支出 Capital Expenditures	#仪器和设备 Instruments & Equipments
全　省	**Total**	**4617716**	**4121099**	**1069785**	**496617**	**487816**
长沙市	Changsha	1712328	1559591	478706	152737	151246
株洲市	Zhuzhou	374163	338834	100592	35329	34126
湘潭市	Xiangtan	332670	293817	86707	38853	38277
衡阳市	Hengyang	271264	239771	55096	31493	30537
邵阳市	Shaoyang	182387	152494	40901	29893	29370
岳阳市	Yueyang	556480	490835	111419	65645	63301
常德市	Changde	348190	311738	51844	36452	36046
张家界市	Zhangjiajie	13807	10726	3935	3081	3036
益阳市	Yiyang	176938	149936	37971	27002	26640
郴州市	Chenzhou	247121	209169	38169	37952	37593
永州市	Yongzhou	126830	118450	28381	8381	8173
怀化市	Huaihua	111624	86598	18459	25026	24869
娄底市	Loudi	156027	152436	15609	3591	3516
湘西州	West Hunan	7886	6704	1996	1182	1085

21－64　规模以上工业企业办科技机构情况 (2017年)

Basic Statistics on Institutions for Scientific and Technological in Industrial Enterprises above Designated Size (2017)

市　州	Cities and Prefecture	企业办科技机构数（个） Number of Institutions for S&T in Enterprises (unit)	企业办科技机构人员（人） Number of Personnel in Institutions for S&T in Enterprises (person)	#博士 Doctor	#硕士 Master	科技机构内部经费支出（万元） Intramural Expenditure for S&T Institutions (10 000yuan)
全　省	**Total**	**1983**	**76687**	**2063**	**13818**	**2293937**
长沙市	Changsha	690	38250	864	7689	1117768
株洲市	Zhuzhou	111	8531	215	2093	201089
湘潭市	Xiangtan	49	4417	91	1014	146841
衡阳市	Hengyang	145	3897	68	321	114082
邵阳市	Shaoyang	87	1900	61	177	54626
岳阳市	Yueyang	167	4319	246	693	179312
常德市	Changde	108	2874	78	279	127776
张家界市	Zhangjiajie	34	299	16	19	4591
益阳市	Yiyang	118	2653	74	241	90378
郴州市	Chenzhou	184	3801	133	304	126778
永州市	Yongzhou	167	3273	129	643	71789
怀化市	Huaihua	54	916	17	168	24241
娄底市	Loudi	48	1276	53	142	30699
湘西州	West Hunan	21	281	18	35	3969

21-65 规模以上工业企业 R&D 项目和新产品开发项目情况 (2017年)
Basic Statistics on Projects for R&D and New Products Development in Industrial Enterprises above Designated Size (2017)

市 州	Cities and Prefecture	R&D项目数（项）Number of R&D Projects (item)	R&D项目人员（人）Personnel of Projects for R&D (person)	R&D项目经费（万元）Intramural Expenditure on R&D Projects (10 000 yuan)	新产品开发项目数（项）Number of Projects for New Products Development (item)	新产品开发经费（万元）Expenditure on New Products Development (10 000 yuan)
全 省	**Total**	**10411**	**125839**	**4608915**	**10204**	**4857534**
长沙市	Changsha	4049	50984	1710837	4640	2003064
株洲市	Zhuzhou	913	10728	372960	1027	518471
湘潭市	Xiangtan	673	7587	332094	653	402516
衡阳市	Hengyang	714	8711	270308	664	253163
邵阳市	Shaoyang	413	5401	181865	337	162496
岳阳市	Yueyang	739	11475	554137	493	403513
常德市	Changde	740	7864	347784	565	294196
张家界市	Zhangjiajie	83	689	13761	69	12787
益阳市	Yiyang	581	5513	176576	564	234549
郴州市	Chenzhou	629	7003	246762	400	160799
永州市	Yongzhou	418	4914	126623	412	153244
怀化市	Huaihua	303	2496	111467	183	73573
娄底市	Loudi	105	2055	155952	153	175662
湘西州	West Hunan	51	419	7789	44	9502

21-66 规模以上工业企业科技活动产出情况 (2017年)
Basic Statistics on Scientific and Technological Outputs in Industrial Enterprises above Designated Size (2017)

市 州	Cities and Prefecture	新产品产 值（万元）Gross Output Value of New Products (10 000yuan)	新产品销售收入（万元）Sales Revenue of New Products (10 000yuan)	#出口 Exported	专 利申请数（件）Patent Applications (item)	有 效发 明专利数（件）Inventions In Force (item)
全 省	**Total**	**88201015**	**85857213**	**3788448**	**21319**	**26697**
长沙市	Changsha	38632027	37301627	2211504	9521	13624
株洲市	Zhuzhou	5274915	5113992	299021	3855	4646
湘潭市	Xiangtan	6879255	6678553	153389	915	1362
衡阳市	Hengyang	4444878	4301145	148324	1079	1466
邵阳市	Shaoyang	1838914	1805505	56090	400	198
岳阳市	Yueyang	11751326	11427394	74515	1248	994
常德市	Changde	6454795	6482030	54811	1125	1727
张家界市	Zhangjiajie	106609	101973	7260	166	210
益阳市	Yiyang	1991968	1955754	88133	766	498
郴州市	Chenzhou	4945585	4887859	567639	783	799
永州市	Yongzhou	1150814	1129745	37677	808	592
怀化市	Huaihua	561923	533630	8209	292	183
娄底市	Loudi	4094518	4066937	72635	278	298
湘西州	West Hunan	73489	71069	9242	84	100

21-67 大中型工业企业 R&D 人员情况 (2017年)
R&D Personnel in Large and Medium-Sized Industrial Enterprises (2017)

市 州	Cities and Prefecture	有R&D活动的单位数（个）Number of Enterprises Having R&D Activities (unit)	R&D人员（人）R&D Personnel (person)	#全时人员 Fulltime Personnel	R&D人员全时当量（人年）Fulltime Equivalent of R&D Personnel (man-year)
全 省	**Total**	**1052**	**88843**	**62317**	**63064**
长沙市	Changsha	228	42981	32041	32585
株洲市	Zhuzhou	165	10666	8686	7143
湘潭市	Xiangtan	42	5263	3747	3778
衡阳市	Hengyang	115	5819	3353	3361
邵阳市	Shaoyang	69	2858	1810	1812
岳阳市	Yueyang	131	6378	3322	4201
常德市	Changde	81	4514	2941	3179
张家界市	Zhangjiajie				
益阳市	Yiyang	64	2342	1630	1764
郴州市	Chenzhou	45	3605	2280	2088
永州市	Yongzhou	78	1660	1021	1275
怀化市	Huaihua	17	1083	672	628
娄底市	Loudi	13	1587	798	1236
湘西州	West Hunan	4	87	16	14

21-68 大中型工业企业按经费来源分 R&D 经费内部支出情况 (2017年)
Intramural R&D Expenditures in Large and Medium-Sized Industrial Enterprises by Sources (2017)

单位：万元 (10 000 yuan)

市 州	Cities and Prefecture	R&D经费内部支出 Intramural Expenditure on R&D	政府资金 Government Funds	企业资金 Self-raised Funds by Enterprises	境外资金 Foreign Funds	其 他 Other Funds
全 省	**Total**	**3073930**	**177167**	**2888169**	**2312**	**6283**
长沙市	Changsha	1438433	43478	1394777	177	
株洲市	Zhuzhou	327590	73670	253796	55	70
湘潭市	Xiangtan	216831	11409	205326		96
衡阳市	Hengyang	166501	1623	162907		1971
邵阳市	Shaoyang	81202	2555	77897	166	584
岳阳市	Yueyang	264318	18620	242923	1058	1717
常德市	Changde	190626	4766	184614		1245
张家界市	Zhangjiajie					
益阳市	Yiyang	58225	2822	54534	855	14
郴州市	Chenzhou	95231	7461	87402		368
永州市	Yongzhou	45659	1345	44218		96
怀化市	Huaihua	42223	8843	33380		0
娄底市	Loudi	146374	376	145953		45
湘西州	West Hunan	720	200	443		77

21-69 大中型工业企业按支出用途分 R&D 经费内部支出情况 (2017年)
Intramural R&D Expenditures in Large and Medium-Sized Industrial Enterprises by Use (2017)

单位：万元 (10 000 yuan)

市 州	Cities and Prefecture	R&D经费内部支出 Intramural Expenditure on R&D	经常费支出 Operating Expenses	#人员劳务费 Service Fees	资产性支出 Capital Expenditures	#仪器和设备 Instruments & Equipments
全 省	**Total**	**3073930**	**2786975**	**725806**	**286956**	**282284**
长沙市	Changsha	1436721	1312189	382228	124532	123714
株洲市	Zhuzhou	327590	295823	86108	31768	30710
湘潭市	Xiangtan	216831	186335	56941	30495	30056
衡阳市	Hengyang	166501	151387	32282	15114	14484
邵阳市	Shaoyang	81202	69457	18581	11745	11542
岳阳市	Yueyang	264318	232860	56068	31458	30588
常德市	Changde	192337	173802	28407	18535	18287
张家界市	Zhangjiajie					
益阳市	Yiyang	58225	52477	15792	5748	5671
郴州市	Chenzhou	95231	86960	17026	8271	8233
永州市	Yongzhou	45659	42420	9905	3239	3147
怀化市	Huaihua	42223	38861	9178	3362	3232
娄底市	Loudi	146374	143882	13075	2492	2478
湘西州	West Hunan	720	523	216	197	144

21-70 大中型工业企业办科技机构情况 (2017年)
Basic Statistics on Institutions for Scientific and Technological in Large and Medium-Sized Industrial Enterprises (2017)

市 州	Cities and Prefecture	企业办科技机构数（个）Number of Institutions for S&T in Enterprises (unit)	企业办科技机构人员（人）Number of Personnel in Institutions for S&T in Enterprises (person)	#博士 Doctor	#硕士 Master	科技机构内部经费支出（万元）Intramural Expenditure for S&T Institutions (10 000yuan)
全 省	**Total**	**729**	**55801**	**1160**	**10873**	**1755849**
长沙市	Changsha	286	30472	527	6315	974406
株洲市	Zhuzhou	64	7349	167	1957	174030
湘潭市	Xiangtan	25	4048	73	986	143539
衡阳市	Hengyang	70	2627	47	212	83613
邵阳市	Shaoyang	28	1091	24	95	32953
岳阳市	Yueyang	65	2358	113	387	97234
常德市	Changde	39	1793	35	193	90340
张家界市	Zhangjiajie	1	20		2	458
益阳市	Yiyang	34	1373	33	123	37678
郴州市	Chenzhou	41	2114	57	128	51389
永州市	Yongzhou	47	1179	54	257	32731
怀化市	Huaihua	15	553	9	133	15313
娄底市	Loudi	13	809	21	85	22031
湘西州	West Hunan	1	15			135

21-71 大中型工业企业R&D项目和新产品开发项目情况(2017年)

Basic Statistics on Projects for R&D and New Products Development in Large and Medium-Sized Industrial Enterprises (2017)

市 州	Cities and Prefecture	R&D项目数(项) Number of R&D Projects (item)	R&D项目人员(人) Personnel of Projects for R&D (person)	R&D项目经费(万元) Intramural Expenditure on R&D Projects (10 000 yuan)	新产品开发项目数(项) Number of Projects for New Products Development (item)	新产品开发经费(万元) Expenditure on New Products Development (10 000 yuan)
全 省	**Total**	**4558**	**80878**	**3069259**	**4265**	**3356773**
长沙市	Changsha	1770	39887	1437614	1918	1671638
株洲市	Zhuzhou	588	8588	326533	644	463708
湘潭市	Xiangtan	392	4879	216391	402	283680
衡阳市	Hengyang	342	5333	165872	287	148489
邵阳市	Shaoyang	144	2607	80999	118	71827
岳阳市	Yueyang	319	5634	263448	197	199047
常德市	Changde	330	4083	190377	222	174505
张家界市	Zhangjiajie				1	458
益阳市	Yiyang	159	2199	58148	164	70402
郴州市	Chenzhou	278	3444	95192	140	48459
永州市	Yongzhou	96	1585	45567	93	53043
怀化市	Huaihua	86	1020	42094	26	18794
娄底市	Loudi	49	1532	146360	51	152086
湘西州	West Hunan	5	87	667	2	639

21-72 大中型工业企业科技活动产出情况(2017年)

Basic Statistics on Scientific and Technological Outputs in Large and Medium-Sized Industrial Enterprises (2017)

市 州	Cities and Prefecture	新产品产值(万元) Gross Output Value of New Products (10 000yuan)	新产品销售收入(万元) Sales Revenue of New Products (10 000yuan)	#出口 Exported	专利申请数(件) Patent Applications (item)	有效发明专利数(件) Inventions In Force (item)
全 省	**Total**	**67933588**	**66367931**	**3130376**	**12514**	**17821**
长沙市	Changsha	31815650	30876677	1935656	6143	9297
株洲市	Zhuzhou	4868056	4710682	290712	3109	3873
湘潭市	Xiangtan	5564615	5382636	153184	664	1096
衡阳市	Hengyang	3057550	2986195	100989	454	807
邵阳市	Shaoyang	1073209	1047036	51421	129	60
岳阳市	Yueyang	7869138	7717815	60372	439	426
常德市	Changde	5370844	5449922	46589	429	1108
张家界市	Zhangjiajie	3425	3200		5	3
益阳市	Yiyang	963402	943381	79514	362	220
郴州市	Chenzhou	2645204	2590383	313222	263	494
永州市	Yongzhou	708435	704771	22291	295	155
怀化市	Huaihua	218983	201646	7633	90	112
娄底市	Loudi	3771536	3750045	68794	116	160
湘西州	West Hunan	3542	3542		17	10

21-73 幼儿园与小学基本情况(2017年)
Statistics on Kingdergartens and Primary Schools (2017)

市 州	Cities and Prefecture	幼儿园数（个）kingder-gartens (unit)	在园儿童数（人）Student Enrollment (unit)	普通小学学校数（个）Primary Schools (person)	普通小学专任教师数（人）Primary Schools Fulltime Teachers (person)	普通小学招生数（人）Primary Schools New Student Enrollment (person)	普通小学在校学生数（人）Primary Schools Student Enrollment (person)	普通小学毕业生数（人）Primary Schools Graduates (person)
全 省	**Total**	**14670**	**2289930**	**7757**	**265887**	**884161**	**5116575**	**781279**
长沙市	Changsha	1736	293925	888	29321	110635	574220	79852
株洲市	Zhuzhou	1112	148101	355	13757	50509	276987	37972
湘潭市	Xiangtan	676	90477	376	8526	27974	149428	23969
衡阳市	Hengyang	1443	246666	1301	28967	96261	571257	90238
邵阳市	Shaoyang	1550	213232	1112	27454	99409	619655	103208
岳阳市	Yueyang	1213	175821	707	18795	61495	347230	53283
常德市	Changde	935	148067	449	17312	50099	297693	43925
张家界市	Zhangjiajie	309	51694	116	5638	17920	112752	17885
益阳市	Yiyang	774	125747	394	14182	44984	252020	38289
郴州市	Chenzhou	1136	174357	381	24479	78221	477930	76383
永州市	Yongzhou	1667	223641	457	26725	83416	511584	80475
怀化市	Huaihua	713	161544	250	20995	64363	366293	53732
娄底市	Loudi	782	133213	759	16473	60449	340755	50380
湘西州	West Hunan	624	103445	212	13263	38426	218771	31688

21-74 普通中学基本情况 (2017年)

Statistics on Regular Secondary Schools (2017)

市 州	Cities and Prefecture	普通中学学校数（个）Number of Sckools (unit)	普通中学专任教师数（人）Number of Fulltime Teachers(person)	普通中学招生数（人）New Student Enrollment (person)	普通中学在校学生数（人）Student Enrollment (person)	普通中学毕业生数（人）Graduates (person)
全 省	**Total**	**3912**	**247395**	**1189640**	**3442561**	**1076681**
长沙市	Changsha	313	28184	131366	383593	119528
株洲市	Zhuzhou	195	13469	59038	168286	52351
湘潭市	Xiangtan	165	9033	39387	115943	39087
衡阳市	Hengyang	441	27681	140960	416511	136301
邵阳市	Shaoyang	466	24651	147543	430309	134180
岳阳市	Yueyang	295	19450	83229	245713	80126
常德市	Changde	281	19093	69883	207611	67384
张家界市	Zhangjiajie	98	5590	26675	78269	24692
益阳市	Yiyang	221	14339	59042	173524	55879
郴州市	Chenzhou	289	19183	110345	305471	87990
永州市	Yongzhou	325	21087	115178	320130	93381
怀化市	Huaihua	363	18028	80371	226487	68006
娄底市	Loudi	281	16307	77129	224857	70535
湘西州	West Hunan	179	11300	49494	145857	47241

21-75 普通高等学校基本情况 (2017年)

Statistics on Regular Institutions of Higher Education (2017)

市 州	Cities and Prefecture	普通高等学校数（个）Number of Sckools (unit)	普通高等学校专任教师数（人）Number of Full-time Teachers (person)	普通高等学校招生数（人）New Student Enrollment (person)	普通高等学校在校学生数（人）Student Enrollment (person)	普通高等学校毕业生数（人）Graduates (person)
全 省	**Total**	**109**	**70249**	**391611**	**1273178**	**332476**
长沙市	Changsha	51	34320	184950	610379	159359
株洲市	Zhuzhou	9	4199	28391	88916	24210
湘潭市	Xiangtan	10	7108	39352	133231	34681
衡阳市	Hengyang	8	6463	35453	117418	30717
邵阳市	Shaoyang	3	1962	9903	31048	7600
岳阳市	Yueyang	4	2354	15956	48536	14341
常德市	Changde	5	2619	16221	50097	12748
张家界市	Zhangjiajie	1	808	4574	13816	3693
益阳市	Yiyang	4	2114	12425	37237	9004
郴州市	Chenzhou	3	1609	8868	28023	6720
永州市	Yongzhou	3	1606	9100	28496	7296
怀化市	Huaihua	3	1741	9090	30465	7594
娄底市	Loudi	3	1731	8956	29162	6678
湘西州	West Hunan	2	1615	8372	26354	7835

21−76 各级学校 (2017年)
Number of Schools by Level (2017)

单位：个 (unit)

市 州	Cities and Prefecture	普通高等学校 Regular Institutions of Higher Education	中等学校 Secondary Schools	中等职业教育 Vocational Secondary Education	普通中学 Regular Secondary Schools	普通小学 Primary Schools
全 省	**Total**	**109**	**4379**	**467**	**3912**	**7757**
长沙市	Changsha	51	369	56	313	888
株洲市	Zhuzhou	9	218	23	195	355
湘潭市	Xiangtan	10	186	21	165	376
衡阳市	Hengyang	8	483	42	441	1301
邵阳市	Shaoyang	3	528	62	466	1112
岳阳市	Yueyang	4	328	33	295	707
常德市	Changde	5	324	43	281	449
张家界市	Zhangjiajie	1	110	12	98	116
益阳市	Yiyang	4	243	22	221	394
郴州市	Chenzhou	3	314	25	289	381
永州市	Yongzhou	3	361	36	325	457
怀化市	Huaihua	3	406	43	363	250
娄底市	Loudi	3	303	22	281	759
湘西州	West Hunan	2	206	27	179	212

21−77 各级学校教职工 (2017年)
Number of School Staff and Workers by Level (2017)

单位：人 (person)

市 州	Cities and Prefecture	普通高等学校 Regular Institutions of Higher Education	中等学校 Secondary Schools	中等职业教育 Vocational Secondary Education	普通中学 Regular Secondary Schools	普通小学 Primary Schools
全 省	**Total**	**102318**	**347794**	**34447**	**313347**	**235374**
长沙市	Changsha	52666	37770	4784	32986	27814
株洲市	Zhuzhou	5962	19624	2035	17589	12286
湘潭市	Xiangtan	9949	12136	1558	10578	7945
衡阳市	Hengyang	8576	38140	4181	33959	28276
邵阳市	Shaoyang	2667	33422	2951	30471	24456
岳阳市	Yueyang	3297	25752	2606	23146	17181
常德市	Changde	3827	28337	2887	25450	14331
张家界市	Zhangjiajie	982	7941	745	7196	5081
益阳市	Yiyang	2647	20520	1986	18534	13113
郴州市	Chenzhou	2129	27676	1865	25811	20727
永州市	Yongzhou	2400	30570	3360	27210	23621
怀化市	Huaihua	2335	27507	2477	25030	16102
娄底市	Loudi	2496	22264	1676	20588	13686
湘西州	West Hunan	2385	16135	1336	14799	10755

21－78　各级学校专任教师(2017年)

Number of Full-time Teachers by Level (2017)

单位：人　(person)

市　州	Cities and Prefecture	普通高等学校 Regular Institutions of Higher Education	中等学校 Secondary Schools	中等职业教育 Vocational Secondary Education	普通中学 Regular Secondary Schools	普通小学 Primary Schools
全　省	**Total**	**70249**	**274396**	**27001**	**247395**	**265887**
长沙市	Changsha	34320	31570	3386	28184	29321
株洲市	Zhuzhou	4199	15002	1533	13469	13757
湘潭市	Xiangtan	7108	10290	1257	9033	8526
衡阳市	Hengyang	6463	30589	2908	27681	28967
邵阳市	Shaoyang	1962	26972	2321	24651	27454
岳阳市	Yueyang	2354	21556	2106	19450	18795
常德市	Changde	2619	21319	2226	19093	17312
张家界市	Zhangjiajie	808	6243	653	5590	5638
益阳市	Yiyang	2114	15953	1614	14339	14182
郴州市	Chenzhou	1609	20740	1557	19183	24479
永州市	Yongzhou	1606	23967	2880	21087	26725
怀化市	Huaihua	1741	20037	2009	18028	20995
娄底市	Loudi	1731	17736	1429	16307	16473
湘西州	West Hunan	1615	12422	1122	11300	13263

21－79　各级学校在校学生(2017年)

Number of Students Enrollment by Level (2017)

单位：人　(person)

市　州	Cities and Prefecture	普通高等学校 Regular Institutions of Higher Education	中等学校 Secondary Schools	中等职业教育 Vocational Secondary Education	普通中学 Regular Secondary Schools	普通小学 Primary Schools
全　省	**Total**	**1273178**	**4129028**	**686467**	**3442561**	**5116575**
长沙市	Changsha	610379	488278	104685	383593	574220
株洲市	Zhuzhou	88916	197889	29603	168286	276987
湘潭市	Xiangtan	133231	137947	22004	115943	149428
衡阳市	Hengyang	117418	497176	80665	416511	571257
邵阳市	Shaoyang	31048	502685	72376	430309	619655
岳阳市	Yueyang	48536	306618	60905	245713	347230
常德市	Changde	50097	262748	55137	207611	297693
张家界市	Zhangjiajie	13816	91714	13445	78269	112752
益阳市	Yiyang	37237	207201	33677	173524	252020
郴州市	Chenzhou	28023	346479	41008	305471	477930
永州市	Yongzhou	28496	384070	63940	320130	511584
怀化市	Huaihua	30465	275133	48646	226487	366293
娄底市	Loudi	29162	259932	35075	224857	340755
湘西州	West Hunan	26354	171158	25301	145857	218771

21−80 公共图书馆、广播和电视综合人口覆盖情况(2017年)
Statistics on Public Libraries、Coverage of Radio and TV Program Broadcasting (2017)

市 州	Cities and Prefecture	公共图书馆(个) Public Libraries (unit)	公共图书馆藏书量(千册) Collections (1000 copies)	艺术馆、文化馆个数(个) Art Galleries, Cultural Centers Number of Projects(Unit)	广播综合人口覆盖率(%) Listener Rating (%)	电视综合人口覆盖率(%) Viewer Rating (%)	有线电视入户率(%) Popularization Rate of Cable TV Programs (%)
全 省	**Total**	**139**	**30502**	**143**	**98.49**	**99.30**	**56.91**
长沙市	Changsha	12	9655	11	99.48	99.13	64.84
株洲市	Zhuzhou	8	3083	10	100.00	100.00	62.78
湘潭市	Xiangtan	6	1490	6	100.00	100.00	61.70
衡阳市	Hengyang	14	2133	13	99.83	99.84	58.00
邵阳市	Shaoyang	14	2339	13	92.74	97.88	66.11
岳阳市	Yueyang	11	1347	11	99.86	99.91	68.70
常德市	Changde	9	1703	10	99.96	99.57	42.45
张家界市	Zhangjiajie	4	388	5	87.46	99.03	60.18
益阳市	Yiyang	7	1222	9	99.50	99.91	60.21
郴州市	Chenzhou	11	1445	12	99.22	99.13	54.63
永州市	Yongzhou	12	1800	12	97.92	98.36	41.07
怀化市	Huaihua	15	1816	15	99.45	99.70	43.65
娄底市	Loudi	6	1053	6	99.79	99.67	61.71
湘西州	West Hunan	10	1031	10	98.48	98.52	44.12

21-81 卫生机构基本情况(2017年)
Basic Statistics on Health Institutions (2017)

市 州	Cities and Prefecture	卫生机构数(个) Number of Health Institutions (unit)	医院、卫生院 Hospitals、Health Centers	卫生机构床位数(张) Number of Reality Beds(unit)	医院卫生院数 Hospitals、Health Centers	卫生机构人员数(人) Number of Employed Persons in Health Institutions (person)	卫生技术人员 Medical &Technical Personnel	执业(助理)医生 Certified (Assistant) Doctors	注册护士 Senier Nurse
全 省	**Total**	**16500**	**3542**	**452242**	**419886**	**482779**	**406126**	**164243**	**171984**
长沙市	Changsha	3194	287	73711	66458	92059	76946	28830	36408
株洲市	Zhuzhou	1203	190	26284	24574	30153	25551	10152	11512
湘潭市	Xiangtan	936	113	18768	17729	21523	18367	7000	8269
衡阳市	Hengyang	1061	326	44012	40982	47959	40419	17209	16366
邵阳市	Shaoyang	1139	293	37328	35732	38308	30522	11522	12966
岳阳市	Yueyang	1236	242	33425	29485	34678	29585	14389	10478
常德市	Changde	1552	289	36734	33253	36917	31679	14516	12124
张家界市	Zhangjiajie	359	119	9629	8905	9954	8428	3094	3596
益阳市	Yiyang	1042	180	26488	23945	27493	23271	10161	9233
郴州市	Chenzhou	1227	339	31463	30200	31433	27123	10375	12087
永州市	Yongzhou	1100	310	37285	34917	34463	28763	11552	12013
怀化市	Huaihua	1130	398	32946	31687	34250	29373	11106	12350
娄底市	Loudi	474	163	25017	23518	24122	19786	8806	7596
湘西州	West Hunan	847	293	19152	18501	19467	16313	5531	6986

21−82 居民消费价格分类指数(2017年)
Consumer Price Indices by Category (2017)

以上年为 100 (Preceding year=100)

市　州	Cities and Prefecture	居民消费价格指数 Consumer Price Index	食品烟酒 Food tabacoo and Liquor	衣着 Clothing	居住 Residence	生活用品及服务 Articles for Daily Use and Services	交通和通信 Transport and Communications	教育文化和娱乐 Education, Culture and Recreation	医疗保健 Health Care	其他用品和服务 Other Articles and Services
全　省	**Total**	**101.4**	**99.3**	**101.0**	**103.5**	**100.7**	**101.9**	**101.5**	**105.0**	**101.1**
长沙市	Changsha	101.3	99.5	101.4	105.0	100.3	100.2	101.7	101.3	101.0
株洲市	Zhuzhou	101.8	99.3	100.6	101.3	101.6	104.1	105.7	103.8	100.4
湘潭市	Xiangtan	101.6	98.4	101.3	102.7	101.7	101.4	103.7	109.5	101.0
衡阳市	Hengyang	101.4	98.7	102.3	101.2	100.4	101.8	100.5	114.5	100.4
邵阳市	Caoyang	101.1	98.6	100.5	102.1	100.5	102.1	99.8	110.0	100.9
岳阳市	Yueyang	101.3	98.7	100.7	101.3	100.7	102.6	100.8	111.6	99.9
常德市	Changde	101.7	99.0	100.9	102.4	100.8	103.5	100.0	112.7	102.5
张家界市	Zhangjiang	101.3	98.8	101.4	101.8	101.7	101.6	101.8	109.6	99.6
益阳市	Yiyang	101.5	98.6	100.9	103.0	100.8	101.5	100.8	112.8	101.2
郴州市	Chcenzhou	102.2	99.5	102.4	103.1	101.8	102.1	102.2	112.1	100.6
永州市	Yongzhou	101.8	98.6	102.7	105.8	101.4	101.9	100.9	106.6	100.5
怀化市	Huaihua	101.6	99.7	101.3	102.6	101.7	100.4	102.2	108.3	101.8
娄底市	Loudi	101.5	97.4	101.3	104.0	102.0	102.0	100.6	114.0	101.9
湘西州	West Hunan	100.9	99.1	102.9	102.7	101.1	100.2	101.7	100.9	103.7

21－83　商品零售价格指数 (2017年)
Retail Price Index (2017)

以上年为 100　　(Preceding year=100)

市　州	Cities and Prefecture	商品零售价格指数 Retail Price Index	食品 Food	饮料、烟酒 Brages, Tobacco and Liquor	服装、鞋帽 Garments, Shoes and Hats	纺织品 Textiles	家用电器及音像器材 Household Appliances Music and Video Equipment	文化办公用品 Cultural and Office Appliances	日用品 Articles for Daily Use	体育娱乐用品 Sports and Recreation Articles
全　省	**Total**	**101.3**	**98.9**	**101.2**	**101.1**	**100.6**	**100.4**	**100.7**	**101.0**	**100.4**
长沙市	Changsha	101.4	99.4	101.1	101.3	100.7	100.1	101.0	101.2	100.4
株洲市	Zhuzhou	101.7	98.8	101.2	100.6	100.0	101.0	100.0	100.2	100.4
湘潭市	Xiangtan	100.9	97.9	101.3	101.2	102.7	101.5	100.9	100.2	100.0
衡阳市	Hengyang	100.6	97.1	100.1	102.4	100.0	100.5	99.2	100.2	100.0
邵阳市	Caoyang	100.8	98.3	100.1	100.6	100.7	100.1	100.2	99.8	100.0
岳阳市	Yueyang	100.7	98.0	101.1	100.8	100.6	100.8	100.5	101.3	102.9
常德市	Changde	101.3	98.4	103.1	100.9	100.0	100.7	100.0	101.3	100.0
张家界市	Zhangjiang	101.2	98.4	100.1	101.5	100.0	101.4	101.0	100.3	100.0
益阳市	Yiyang	100.9	98.1	100.0	100.9	100.4	100.6	101.9	100.8	98.9
郴州市	Chcenzhou	101.1	99.2	101.2	102.7	97.7	100.1	97.5	101.1	96.7
永州市	Yongzhou	100.2	98.1	100.8	102.6	100.0	100.2	99.9	99.8	100.2
怀化市	Huaihua	101.7	99.1	101.4	101.3	102.5	100.0	99.4	102.1	100.5
娄底市	Loudi	100.9	97.0	99.0	101.3	100.7	101.6	102.3	101.2	101.0
湘西州	West Hunan	102.4	98.6	100.5	103.0	100.2	99.0	101.5	100.8	101.7

21-83 续表 continued

以上年为 100 (Preceding year=100)

市 州	Cities and Prefecture	交通、通信用品 Transportation and Communication Appliances	家具 Furniture	化妆品 Cosmetics	金银饰品 Gold and Silver Ornaments	中西药品及医疗保健用品 Traditional chinese and Western Medicines and Health Care Articles	书报杂志及电子出版物 Book, Newspapers, Magazines and Electronic Pubblication	燃料 Fuels	建筑材料及五金电料 Building Materials and Hardware
全 省	**Total**	**99.7**	**101.1**	**100.6**	**102.1**	**103.2**	**100.1**	**108.7**	**102.5**
长沙市	Changsha	100.2	100.4	100.4	102.8	102.8	99.9	108.4	102.5
株洲市	Zhuzhou	99.8	106.3	100.8	100.5	105.9	100.4	110.8	101.7
湘潭市	Xiangtan	98.2	105.2	100.7	102.0	100.0	99.7	110.0	107.2
衡阳市	Hengyang	99.7	100.0	100.6	101.6	103.8	99.0	108.5	99.3
邵阳市	Caoyang	99.8	102.1	101.5	104.0	103.9	99.9	106.5	100.3
岳阳市	Yueyang	99.1	99.0	99.8	99.3	101.3	101.0	108.0	101.2
常德市	Changde	99.8	100.0	100.8	101.2	103.6	100.0	109.3	101.9
张家界市	Zhangjiang	99.2	104.9	100.7	103.8	104.5	100.3	106.3	100.7
益阳市	Yiyang	99.9	100.9	101.7	104.1	99.1	100.0	110.9	101.2
郴州市	Chcenzhou	99.4	110.8	100.2	97.0	103.9	100.0	105.6	101.6
永州市	Yongzhou	99.8	103.1	100.3	101.9	93.3	99.9	107.8	101.3
怀化市	Huaihua	99.9	100.7	100.6	103.6	105.4	99.9	110.0	103.3
娄底市	Loudi	99.9	102.5	100.3	106.1	101.6	100.5	108.6	102.1
湘西州	West Hunan	98.3	102.5	100.9	106.1	103.2	103.5	112.5	102.6

21－84　住户调查主要指标(2017年)
Major Households Survey Indicators (2017)

市　州	Cities and Prefecture	全体居民人均可支配收入(元) Per Capital Disposable Income Provincewide (yuan)	城镇居民人均可支配收入 Per Capital Disposable Income of Urban Households		农村居民人均可支配收入 Per Capital Disposable Income of Rural Households	
			绝对值(元) Value (yuan)	增速(%) Growth Rate (%)	绝对值(元) Value (yuan)	增速(%) Growth Rate (%)
长沙市	Changsha	41131.3	46948.3	8.4	27359.9	7.5
株洲市	Zhuzhou	31234.0	39786.6	8.0	18339.8	8.4
湘潭市	Xiangtan	27471.0	34167.3	8.1	17885.0	7.9
衡阳市	Hengyang	23852.0	31300.1	8.5	16851.0	8.0
邵阳市	Shaoyang	16353.0	25029.2	8.8	10756.3	10.6
岳阳市	Yueyang	22761.2	30009.3	8.9	14265.0	8.7
常德市	Changde	20548.0	28735.3	8.3	13846.7	8.5
张家界市	Zhangjiajie	15033.1	22944.1	9.1	8692.4	11.4
益阳市	Yiyang	20035.2	26933.6	8.8	14556.0	8.5
郴州市	Chenzhou	21527.2	30005.3	8.2	13828.7	8.4
永州市	Yongzhou	18370.8	26190.3	9.0	12737.8	9.0
怀化市	Huaihua	15183.1	24498.0	8.6	8830.5	10.9
娄底市	Loudi	16813.0	25634.3	8.3	10530.0	10.5
湘西州	West Hunan	13949.2	22728.0	9.2	8273.3	11.6

21－84　续表　continued

市　州	Cities and Prefecture	居民自有现住房面积(平方米) Living Floor Space of Residents (sq.m)	居民文教娱乐服务消费支出(元) Education,Cultural and Recreation (yuan)	家庭消费总支出(元) Consumption Expenditure (yuan)	基尼系数 Gini coefficient	恩格尔系数(%) Engel's Coefficient (%)
长沙市	Changsha	49.5	5517.8	30054.9	0.3126	24.6
株洲市	Zhuzhou	64.3	3961.5	21193.4	0.3560	27.2
湘潭市	Xiangtan	50.3	3328.7	20327.0	0.3120	30.6
衡阳市	Hengyang	56.8	2908.0	16597.0	0.3129	31.1
邵阳市	Shaoyang	58.7	1939.4	11640.2	0.3776	33.6
岳阳市	Yueyang	50.4	2919.8	17228.8	0.3486	29.6
常德市	Changde	62.7	3160.4	18067.4	0.3580	29.9
张家界市	Zhangjiajie	60.4	1921.9	11980.1	0.4168	26.9
益阳市	Yiyang	55.4	2566.9	15671.1	0.3481	29.8
郴州市	Chenzhou	50.3	2479.2	14955.1	0.3571	31.1
永州市	Yongzhou	64.0	2845.4	14063.6	0.3690	32.3
怀化市	Huaihua	45.7	1836.9	12098.4	0.4000	33.2
娄底市	Loudi	60.9	2003.8	13345.2	0.3928	32.5
湘西州	West Hunan	41.6	1542.0	9677.4	0.4159	32.3

21-85 能源消耗指标(2017年)
Index of Energy Consumption (2017)

市州	Cities and Prefecture	万元地区生产总值能耗上升或下降(±%) Energy Consumption Per 10 000 yuan GDP Increase/Decrease (±%)	能源消费总量增速(%) Total Energy Consumption Growth (%)	万元地区生产总值电耗上升或下降(±%) Electric Power Consumption per 10 000 yuan GDP Increase/Decrease (±%)
全省	**Total**	**-5.24**	**2.32**	**-2.07**
长沙市	Changsha	-5.60	3.47	0.23
株洲市	Zhuzhou	-4.96	2.59	-6.91
湘潭市	Xiangtan	-5.53	2.30	-2.42
衡阳市	Hengyang	-5.69	2.32	-5.82
邵阳市	Shaoyang	-5.59	2.01	-2.96
岳阳市	Yueyang	-5.16	1.51	-3.11
常德市	Changde	-4.83	3.18	-2.38
张家界市	Zhangjiajie	-5.73	2.48	-1.46
益阳市	Yiyang	-5.04	2.93	0.86
郴州市	Chenzhou	-4.91	2.57	-0.77
永州市	Yongzhou	-5.59	2.30	-2.49
怀化市	Huaihua	-4.09	3.29	-1.02
娄底市	Loudi	-5.87	2.12	-3.64
湘西州	West Hunan	-5.12	2.10	-1.41

21-86 规模以上工业企业综合能源消费量
Total Energy Consumption of Scale Industry

单位：万吨标准煤 (10 000 ton of SCE)

市州	Cities and Prefecture	2012	2013	2014	2015	2016	2017
全省	**Total**	**6708.61**	**6733.87**	**6525.80**	**6060.07**	**5946.23**	**6040.46**
长沙市	Changsha	518.46	531.55	519.19	499.91	475.83	487.71
株洲市	Zhuzhou	439.96	450.64	420.09	350.22	369.88	413.69
湘潭市	Xiangtan	681.70	654.85	637.29	622.22	623.75	647.32
衡阳市	Hengyang	637.07	600.67	505.61	413.87	391.90	390.16
邵阳市	Shaoyang	306.95	322.46	309.09	295.92	271.50	279.25
岳阳市	Yueyang	1001.65	1029.35	1000.57	961.42	963.82	932.66
常德市	Changde	499.10	520.38	517.95	477.85	398.70	428.18
张家界市	Zhangjiajie	36.80	39.35	40.99	40.88	38.90	30.40
益阳市	Yiyang	346.63	354.47	362.14	342.21	335.29	360.27
郴州市	Chenzhou	581.85	585.37	581.26	522.54	497.73	482.28
永州市	Yongzhou	225.09	212.23	194.16	180.94	159.43	168.42
怀化市	Huaihua	270.17	240.84	214.04	198.83	183.50	177.45
娄底市	Loudi	1052.41	1097.02	1124.56	1072.44	1044.19	1043.77
湘西州	West Hunan	89.61	74.48	76.68	65.00	60.80	60.45

21—87 规模以上工业企业主要能源品种消费量(2017年)
Main Energy Consumption of Industrial Enterprises above Designated Size (2017)

市　州	Cities and Prefecture	能源合计（吨标准煤）Total Energy (ton of SCE)	原　煤（吨）Raw Coal (ton)	洗精煤（吨）Cleaned Coal (ton)	焦　炭（吨）Coke (ton)	天然气（万立方米）Natrual Gas (10 000 cu.m)	原　油（吨）Crude Oil (ton)
全　省	**Total**	**106967828**	**64241785**	**9117117**	**9162619**	**149752**	**7701282**
长沙市	Changsha	5670999	3542116		17779	57076	54
株洲市	Zhuzhou	5163473	4260456		171253	29938	
湘潭市	Xiangtan	13614663	3498752	3397634	3329764	2704	
衡阳市	Hengyang	5148873	4052056		423964	11558	14
邵阳市	Shaoyang	3478710	3276252		10422	599	6
岳阳市	Yueyang	24105441	8758024		2474	26291	7700668
常德市	Changde	5576485	5172270		53403	8603	
张家界市	Zhangjiajie	354175	343197			273	
益阳市	Yiyang	4575870	4723218		17834	1701	
郴州市	Chenzhou	7146198	7519763	198663	223808	7745	
永州市	Yongzhou	1835630	1444129		144079	326	
怀化市	Huaihua	1838555	847368		119072	732	
娄底市	Loudi	26453674	16412050	5520820	4648767	2170	15
湘西州	West Hunan	616446	392133			37	524

21-87 续表 continued

市 州	Cities and Prefecture	汽油（吨）Gasoline (ton)	煤油（吨）Kerosene (ton)	柴油（吨）Diesel Oil (ton)	燃料油（吨）Fuel Oil (ton)	液化石油气（吨）LPG (ton)	电力（万千瓦时）Electric Power (10 000 kwh)
全 省	**Total**	**218240**	**30315**	**382078**	**289187**	**160698**	**9376266**
长沙市	Changsha	79754	275	90499	877	684	2465093
株洲市	Zhuzhou	7562	222	15967	226441	129523	599280
湘潭市	Xiangtan	2937	58	10208	804	191	736116
衡阳市	Hengyang	15164	87	41292	2846	3	739560
邵阳市	Shaoyang	15396	626	16498	740	24321	406427
岳阳市	Yueyang	76200	26929	117427	29498	3187	718433
常德市	Changde	2053	217	11679	2098	28	629811
张家界市	Zhangjiajie	1355		2019	37		44469
益阳市	Yiyang	3344		21188	155		479344
郴州市	Chenzhou	5386	1842	18288	191	39	595371
永州市	Yongzhou	1055	30	10620		142	320186
怀化市	Huaihua	5705	2	2741	25292	2176	496190
娄底市	Loudi	1895	29	14983	208	265	899709
湘西州	West Hunan	433		8668		128	246280

21−88 规模以上工业企业取水总量
Water Intake Amount of Scale Industry

单位：万立方米 (10 000 cu.m)

市 州	Cities and Prefecture	2012	2013	2014	2015	2016	2017
全 省	**Total**	**373906.66**	**388919.79**	**371515.84**	**375964.33**	**367437.23**	**386128.39**
长沙市	Changsha	94020.01	102903.89	96216.91	102674.19	107488.17	111628.24
株洲市	Zhuzhou	30868.51	30190.55	28814.69	28383.70	29003.25	29648.88
湘潭市	Xiangtan	27933.34	28374.16	25122.97	24803.10	20390.27	22509.74
衡阳市	Hengyang	24506.75	30075.80	26456.68	28459.35	28710.00	27028.93
邵阳市	Shaoyang	24977.31	24660.13	24729.59	26059.34	26954.17	26896.29
岳阳市	Yueyang	46675.85	47679.18	44266.12	43998.59	35271.82	36511.75
常德市	Changde	20803.11	20577.60	20755.57	23370.52	26360.79	27890.28
张家界市	Zhangjiajie	4463.71	4563.32	4329.23	4234.19	3940.00	4292.12
益阳市	Yiyang	14567.87	15160.41	14085.23	13945.31	13160.23	14401.83
郴州市	Chenzhou	29110.59	28329.23	247456.50	23302.04	22904.47	22346.02
永州市	Yongzhou	14417.62	14251.54	17058.62	18103.10	18016.10	21351.25
怀化市	Huaihua	11252.73	13183.54	13626.39	13470.59	12526.96	14357.03
娄底市	Loudi	24650.87	22793.43	22013.70	21140.34	18624.44	18238.23
湘西州	West Hunan	5658.39	6177.00	6583.52	4019.97	4086.53	7814.48

注：根据国家新修订的报表制度，2012 年水、火电企业用于冷却机组的河湖海冷却用水（包括循环冷却用水和直抽直排冷却用水）不计入取水量。而 2007 年至 2011 年取水量中均包括水、火电企业用于冷却机组的河湖海冷却用水。

According to the new revision of the reporting system, in 2012, thermal power enterprises for the rivers and lakes water cooling water cooling unit (including circulating cooling water and cooling water straight pulling straight row) are not included in the water. But from 2007 to 2011 water consumption in thermal power enterprises including water, for rivers and lakes sea cooling water cooling unit.

21-89 分产业法人单位数 (2017年)
Corporate Units by Industry (2017)

单位：个 (unit)

市 州	Cities and Prefecture	合计 Total	第一产业 Primary Industry	第二产业 Secondary Industry	第三产业 Tertiary Industry
全 省	**Total**	**685024**	**76768**	**117515**	**490741**
长沙市	Changsha	173129	10875	25341	136913
株洲市	Zhuzhou	39222	3498	9094	26630
湘潭市	Xiangtan	22892	2148	5226	15518
衡阳市	Hengyang	63632	10135	10077	43420
邵阳市	Shaoyang	42788	6751	8591	27446
岳阳市	Yueyang	44867	4870	7946	32051
常德市	Changde	55677	4552	9318	41807
张家界市	Zhangjiajie	16872	2991	2664	11217
益阳市	Yiyang	47223	6854	9555	30814
郴州市	Chenzhou	45323	5391	7731	32201
永州市	Yongzhou	35553	4518	6127	24908
怀化市	Huaihua	34454	4983	5082	24389
娄底市	Loudi	38756	6143	6938	25675
湘西州	West Hunan	24636	3059	3825	17752

21−90 分机构类型法人单位数 (2017年)
Corporate Units by Organization Type (2017)

单位：个 (unit)

市 州	Cities and Prefecture	合计 Total	企业 Enterprises	事业单位 Public Institution	机关 Government Department	社会团体 Social Organization	民办非企业单位 Private Non-enterprise Units	基金会 Foundation	居委会 Neighborhood Committee	村委会 Village Committee	农民专业合作社 Farmer Specialized Cooperative	其他组织机构 Other Organization
全 省	**Total**	**685024**	**502983**	**42006**	**12686**	**9830**	**12759**	**110**	**4435**	**37464**	**47251**	**15500**
长沙市	Changsha	173129	156342	3694	824	1355	1839	52	645	1231	5316	1831
株洲市	Zhuzhou	39222	30027	1581	752	460	1274	2	355	1125	2816	830
湘潭市	Xiangtan	22892	16659	1216	510	507	431	1	192	1334	1563	479
衡阳市	Hengyang	63632	42626	4584	1257	805	2230	4	450	3314	5648	2714
邵阳市	Shaoyang	42788	23670	3361	1188	811	935	3	379	5394	4605	2442
岳阳市	Yueyang	44867	32701	2911	909	543	557	9	346	2958	3397	536
常德市	Changde	55677	41515	4189	1222	1090	844	4	449	3201	2407	756
张家界市	Zhangjiajie	16872	11355	1316	346	271	255	2	130	1378	1448	371
益阳市	Yiyang	47223	36401	2214	582	513	459	4	213	1666	4266	905
郴州市	Chenzhou	45323	31732	2686	1054	970	708	11	304	2735	3774	1349
永州市	Yongzhou	35553	19314	4129	1366	764	1022	5	277	4546	2804	1326
怀化市	Huaihua	34454	19283	4747	1207	717	538	4	262	3746	3096	854
娄底市	Loudi	38756	28389	1314	580	356	697	5	245	2905	3850	415
湘西州	West Hunan	24636	12969	4064	889	668	970	4	188	1931	2261	692

21−91 分行业法人单位数 (2017年)
Corporate Units by Sector (2017)

单位：个 (unit)

市 州	Cities and Prefecture	合计 Total	农、林、牧、渔业 Agriculture, Forestry, Animal Husbandry and Fishing	采矿业 Mining	制造业 Manufac−turing	电力、燃气及水的生产和供应业 Production and Supply of Electricity, Gas and Water	建筑业 Construc−tion	批发和零售业 Whole−sale and Retail Trade	交通运输、仓储和邮政业 Transport, Storage and Post	住宿和餐饮业 Lodging and Catering Services	信息传输、计算机服务和软件业 Information Transmission, Computer Services and Software
全 省	**Total**	**685024**	**76768**	**7413**	**75769**	**7490**	**28508**	**161068**	**13482**	**12954**	**22548**
长沙市	Changsha	173129	10875	348	16084	432	8661	49773	3436	2995	12654
株洲市	Zhuzhou	39222	3498	509	6543	458	1829	10462	738	807	985
湘潭市	Xiangtan	22892	2148	195	3982	93	1009	4863	425	374	557
衡阳市	Hengyang	63632	10135	754	6211	421	2821	12570	1199	1077	1336
邵阳市	Shaoyang	42788	6751	812	5700	848	1374	6361	616	744	505
岳阳市	Yueyang	44867	4870	291	5316	362	2020	10064	1255	570	961
常德市	Changde	55677	4552	452	6925	471	1587	16883	1153	1615	910
张家界市	Zhangjiajie	16872	2991	344	1271	303	783	2577	303	678	350
益阳市	Yiyang	47223	6854	212	7361	382	1669	13811	887	1033	793
郴州市	Chenzhou	45323	5391	1013	4297	1232	1431	10534	913	1120	1095
永州市	Yongzhou	35553	4518	450	3746	893	1065	4670	685	406	547
怀化市	Huaihua	34454	4983	500	2771	720	1139	5305	651	631	635
娄底市	Loudi	38756	6143	744	4093	551	1861	9833	822	604	868
湘西州	West Hunan	24636	3059	789	1469	324	1259	3362	399	300	352

21-91 续表 Continued

单位：个 (unit)

市 州	Cities and Prefecture	金融业 Banking	房地产业 Real Estate	租赁和商务服务业 Leasing and Business Services	科学研究、技术服务和地质勘查业 Scientific Research, Technical Service and Geologic Perambulation	水利、环境和公共设施管理业 Water Conservancy, Environment and Public Facilities Management	居民服务和其他服务业 Services to Households and Other Services	教育 Education	卫生、社会保障和社会福利业 Sanitation, Social Security and Social Welfare	文化、体育和娱乐业 Culture, Sports and Entertainment	公共管理和社会组织 Public Management and Social Organization	国际组织 International Organization
全 省	**Total**	**3570**	**19686**	**62762**	**28849**	**6036**	**14930**	**23726**	**16501**	**19582**	**83382**	
长沙市	Changsha	1056	5312	28727	13088	1290	3713	3769	1389	4099	5428	
株洲市	Zhuzhou	309	1312	2786	1082	260	637	1613	1050	832	3512	
湘潭市	Xiangtan	130	642	2027	957	239	304	828	382	692	3045	
衡阳市	Hengyang	348	2126	4379	1862	487	1073	2701	4329	2326	7477	
邵阳市	Shaoyang	181	991	1978	813	329	582	2265	1700	1057	9181	
岳阳市	Yueyang	251	1485	3368	1682	481	2412	1636	724	1116	6003	
常德市	Changde	220	1083	3437	1403	528	2226	1496	1011	1527	8198	
张家界市	Zhangjiajie	72	475	1908	422	197	303	559	318	359	2659	
益阳市	Yiyang	163	932	2873	1378	393	980	1253	665	1467	4117	
郴州市	Chenzhou	254	1399	3036	2245	472	769	1541	1013	1221	6347	
永州市	Yongzhou	162	1150	2068	1236	335	466	2185	1484	787	8700	
怀化市	Huaihua	138	1129	2114	944	363	518	1499	882	1122	8410	
娄底市	Loudi	175	1023	2680	863	235	610	1325	444	1188	4694	
湘西州	West Hunan	111	627	1381	874	427	337	1056	1110	1789	5611	

21–92 “一套表”联网直报调查单位数 (2017年)
“A set of table” Networking Straight Survey respondent Numbers (2017)

单位：个 (unit)

市　州	Cities and Prefecture	合计 Total	工业 Industry	建筑业 Construction	贸易业 Trade	房地产业 Real Estate	服务业 Service	投资 investment
全　省	**Total**	**40455**	**15175**	**2738**	**9092**	**3898**	**6163**	**3389**
长沙市	Changsha	8879	2886	647	2191	808	1759	588
株洲市	Zhuzhou	3681	1653	268	778	354	464	164
湘潭市	Xiangtan	1985	964	177	375	146	202	121
衡阳市	Hengyang	3329	1092	237	792	386	621	201
邵阳市	Shaoyang	3306	1255	172	986	231	373	289
岳阳市	Yueyang	3075	1185	276	541	383	475	215
常德市	Changde	3335	1163	167	730	250	681	344
张家界市	Zhangjiajie	627	212	50	124	66	83	92
益阳市	Yiyang	2168	1077	113	408	220	158	192
郴州市	Chenzhou	3434	1074	161	836	342	584	437
永州市	Yongzhou	2278	953	114	495	199	216	301
怀化市	Huaihua	1614	628	115	282	250	178	161
娄底市	Loudi	1997	792	184	449	140	279	153
湘西州	West Hunan	747	241	57	105	123	90	131

注：“一套表”联网直报单位是指规模以上工业企业、限额以上批发零售住宿餐饮企业、资质以内的建筑业企业和房地产开发企业、规模以上服务业企业、有5000万元以上在建项目法人单位。

“A set of table” Networking straight survey respondent refers to within the industrial enterprises above Designated Size, enterprises above Designated Size of whole sale and retai trade and hotels and catering services.

21-93 新增“一套表”联网直报调查单位数(2017年)

Newly Increased “A set of table” Networking Straight Survey respondent Numbers (2017)

单位:个 (unit)

市 州	Cities and Prefecture	合计 Total	工业 Industry	建筑业 Construction	批发零售业 Wholesale and retail trade	住宿餐饮业 Lodging and catering Services	房地产业 Real Estate	服务业 Service	投资 investment
全 省	**Total**	**7830**	**2057**	**287**	**1680**	**411**	**439**	**1570**	**1386**
长沙市	Changsha	1904	341	79	502	100	85	494	303
株洲市	Zhuzhou	651	203	27	140	44	44	127	66
湘潭市	Xiangtan	313	115	17	47	7	19	45	63
衡阳市	Hengyang	563	172	11	126	28	33	123	70
邵阳市	Shaoyang	732	196	26	174	53	32	148	103
岳阳市	Yueyang	501	135	40	86	19	32	120	69
常德市	Changde	691	195	16	92	24	31	162	171
张家界市	Zhangjiajie	122	34	10	12	6	18	16	26
益阳市	Yiyang	375	149	8	62	16	24	22	94
郴州市	Chenzhou	691	129	22	145	48	27	136	184
永州市	Yongzhou	492	157	16	124	40	31	43	81
怀化市	Huaihua	326	85	4	93	16	28	49	51
娄底市	Loudi	348	122	8	68	6	15	70	59
湘西州	West Hunan	121	24	3	9	4	20	15	46

21–94 退出“一套表”联网直报调查单位数(2017年)

Exited“A set of table”Networking Straight Survey respondent Numbers (2017)

单位：个 (unit)

市 州	Cities and Prefecture	合计 Total	工业 Industry	建筑业 Construction	批发零售业 Wholesale and retail trade	住宿餐饮业 Lodging and catering Services	房地产业 Real Estate	服务业 Service	投资 investment
全 省	**Total**	**3281**	**1242**	**79**	**979**	**239**	**310**	**179**	**253**
长沙市	Changsha	827	245	40	320	69	65	41	47
株洲市	Zhuzhou	218	106	7	38	25	19	20	3
湘潭市	Xiangtan	157	52	5	40	9	21	1	29
衡阳市	Hengyang	302	75	9	112	15	53	32	6
邵阳市	Shaoyang	208	71		76	12	12	2	35
岳阳市	Yueyang	406	234		113	27	13	8	11
常德市	Changde	143	39	2	40	14	12	30	6
张家界市	Zhangjiajie	42	17	2	4	5	12	1	1
益阳市	Yiyang	209	91	8	58	24	20	6	2
郴州市	Chenzhou	295	100	2	66	19	36	21	51
永州市	Yongzhou	122	38	2	38	9	14	4	17
怀化市	Huaihua	134	55	1	25	4	17	4	28
娄底市	Loudi	144	65	1	41	5	11	6	15
湘西州	West Hunan	74	54		8	2	5	3	2

22

各县（市、区）主要经济和社会统计指标

Main Economic and Social Statistics Indicators of Counties and Cities (Districts)

资料整理人员：周　玲　欧阳普　赵　宏
张　驰　李培楚　田杰平
谢　凡　贺淑贞　郑石明
孟　强　陈　慧　段嘉欣
廖闻菲　彭开吾　刘　杰
陈晗文　易　贝　林　嘉
肖　鹏　曾　郁　王　璐
汤炼坤　田　原　凌　骞
殷梓晴　韩建芳　蔡冬娥
肖首雄　贺　震　赵莉淇
郭开金　周哲煊

22-1 年末常住人口 (2017年)
Population at the Year-end (2017)

市县名称	Cities and Counties	总户数（万户）Households (10 000 households)	总人口（万人）Total Population (10 000 persons)	男 Male	女 Female	城镇人口 Urban	乡村人口 Rural	城市化水平(%) City Level (%)
芙蓉区	Furong District	20.96	59.54	29.64	29.90	59.54		100.00
天心区	Tianxin District	23.65	66.43	32.70	33.73	64.20	2.23	96.64
岳麓区	Yuelu District	26.21	84.96	41.35	43.61	72.72	12.24	85.59
开福区	Kaifu District	22.00	63.69	32.07	31.62	62.32	1.37	97.85
雨花区	Yuhua District	31.97	88.80	44.41	44.39	86.79	2.01	97.74
望城区	Wangcheng District	19.06	63.33	31.78	31.55	39.53	23.80	62.42
长沙县	Changsha County	31.80	104.10	53.66	50.44	67.86	36.24	65.19
宁乡县	Ningxiang County	41.91	128.22	64.64	63.58	76.32	51.90	59.52
浏阳市	Liuyang City	38.66	132.74	67.96	64.78	85.10	47.64	64.11
荷塘区	Hetang District	7.37	29.92	15.05	14.87	28.48	1.44	95.19
芦淞区	Lousong District	8.70	29.23	14.56	14.67	24.58	4.65	84.09
石峰区	Shifeng District	12.08	37.73	19.39	18.34	35.39	2.34	93.80
天元区	Tianyuan District	10.16	32.84	18.17	14.67	26.06	6.78	79.35
株洲县	Zhuzhou County	9.61	29.83	15.00	14.83	13.77	16.06	46.16
攸 县	You County	22.10	66.26	33.59	32.67	38.73	27.53	58.45
茶陵县	Chaling County	16.65	59.07	30.11	28.96	28.42	30.65	48.11
炎陵县	Yanling County	5.27	20.42	10.47	9.95	9.34	11.08	45.74
醴陵市	Liling City	25.29	96.85	49.48	47.37	59.31	37.54	61.24
雨湖区	Yuhu District	17.67	60.23	30.77	29.46	51.02	9.21	84.71
岳塘区	Yuetang District	13.83	47.52	24.27	23.25	45.46	2.06	95.66
湘潭县	Xiangtan County	25.47	86.53	44.19	42.34	38.55	47.98	44.55
湘乡市	Xiangxiang City	23.81	80.94	41.35	39.59	36.13	44.81	44.64
韶山市	Shaoshan City	2.93	10.02	5.11	4.91	5.69	4.33	56.79
珠晖区	Zhuhui District	10.79	35.19	18.18	17.01	32.17	3.02	91.42
雁峰区	Yanfeng District	7.54	22.85	11.84	11.01	22.00	0.85	96.28
石鼓区	Shigu District	7.91	24.82	12.83	11.99	23.22	1.60	93.55
蒸湘区	Zhengxiang District	10.29	32.00	16.44	15.56	29.30	2.70	91.56
南岳区	Nanyue District	1.77	6.38	3.32	3.06	4.42	1.96	69.28
衡阳县	Hengyang County	29.58	107.18	56.01	51.17	46.64	60.54	43.52
衡南县	Hengnan County	25.38	94.62	49.07	45.55	38.52	56.10	40.71
衡山县	Hengshan County	10.52	38.10	19.91	18.19	15.48	22.62	40.63
衡东县	Hengdong County	16.56	62.92	33.04	29.88	25.60	37.32	40.69
祁东县	Qidong County	29.24	98.87	51.77	47.10	41.58	57.29	42.06
耒阳市	Leiyang City	34.23	115.24	60.24	55.00	58.82	56.42	51.04
常宁市	Changning City	21.51	82.36	43.02	39.34	40.24	42.12	48.86
双清区	Shuangqing District	9.94	31.85	16.39	15.46	26.47	5.38	83.11
大祥区	Daxiang District	9.90	34.38	17.46	16.92	26.74	7.64	77.78
北塔区	Beita District	3.86	10.72	5.39	5.33	7.88	2.84	73.51

22-1 续表 1 continued

市县名称	Cities and Counties	总户数（万户）Households (10 000 households)	总人口（万人）Total Population (10 000 persons)	男 Male	女 Female	城镇人口 Urban	乡村人口 Rural	城市化水平(%) City Level (%)
邵东县	Shaodong County	33.07	93.44	48.43	45.01	50.28	43.16	53.81
新邵县	Xinshao County	23.91	78.23	41.79	36.44	29.99	48.24	38.34
邵阳县	Shaoyang County	26.07	93.69	48.43	45.26	38.16	55.53	40.73
隆回县	Longhui County	34.86	114.46	60.54	53.92	40.85	73.61	35.69
洞口县	Dongkou County	24.90	80.66	40.98	39.68	35.77	44.89	44.35
绥宁县	Suining County	11.31	36.46	19.24	17.22	13.21	23.25	36.23
新宁县	Xinning County	16.91	58.73	30.38	28.35	24.58	34.15	41.85
城步县	Chengbu County	8.08	27.29	14.37	12.92	10.20	17.09	37.38
武冈市	Wugang City	22.65	77.63	40.37	37.26	34.33	43.30	44.22
岳阳楼区	Yueyanglou District	29.95	89.32	46.96	42.36	82.25	7.07	92.08
云溪区	Yunxi District	6.45	19.01	9.84	9.17	12.42	6.59	65.33
君山区	Junshan District	8.69	25.58	13.12	12.46	14.84	10.74	58.01
岳阳县	Yueyang County	21.02	73.96	38.00	35.96	36.80	37.16	49.76
华容县	Huarong County	22.27	73.11	37.14	35.97	35.47	37.64	48.52
湘阴县	Xiangyin County	21.64	70.58	35.95	34.63	35.47	35.11	50.26
平江县	Pingjiang County	27.91	98.48	51.41	47.07	43.73	54.75	44.40
汨罗市	Miluo City	21.94	71.63	37.61	34.02	40.30	31.33	56.26
临湘市	Linxiang City	14.51	51.66	27.00	24.66	26.70	24.96	51.68
武陵区	Wuling District	27.11	74.36	36.52	37.84	66.35	8.01	89.23
鼎城区	Dingcheng District	25.87	82.15	41.73	40.42	42.84	39.31	52.15
安乡县	Anxiang County	14.78	53.03	26.70	26.33	22.91	30.12	43.20
汉寿县	Hanshou County	26.43	80.98	41.10	39.88	33.32	47.66	41.15
澧　县	Li County	25.88	78.34	39.56	38.78	36.34	42.00	46.39
临澧县	Linli County	13.56	43.59	22.11	21.48	20.59	23.00	47.24
桃源县	Taoyuan County	29.12	85.79	44.08	41.71	35.08	50.71	40.89
石门县	Shimen County	19.09	60.10	31.04	29.06	27.04	33.06	44.99
津市市	Jinshi City	10.69	26.14	13.25	12.89	17.30	8.84	66.18
永定区	Yongding District	17.37	46.57	23.75	22.82	24.93	21.64	53.53
武陵源区	Wulingyuan District	1.97	6.18	3.15	3.03	3.68	2.50	59.55
慈利县	Cili County	21.29	61.45	31.33	30.12	28.23	33.22	45.94
桑植县	Sangzhi County	12.83	38.96	19.49	19.47	16.71	22.25	42.89
资阳区	Ziyang District	12.54	42.21	21.82	20.39	24.10	18.11	57.09
赫山区	Heshan District	26.06	87.68	44.85	42.83	57.26	30.42	65.30
南　县	Nan County	22.08	74.31	38.00	36.31	35.15	39.16	47.30
大通湖区	Datonghu District	3.26	10.97	5.50	5.47	5.60	5.37	51.08
桃江县	Taojiang County	23.60	79.40	40.66	38.74	37.33	42.07	47.02
安化县	Anhua County	25.63	86.26	44.19	42.07	30.23	56.03	35.05
沅江市	Yuanjiang City	20.61	69.34	35.06	34.28	36.06	33.28	52.00
北湖区	Beihu District	14.48	43.45	22.36	21.09	35.04	8.41	80.64
苏仙区	Suxian District	14.71	43.35	22.62	20.73	29.62	13.73	68.33
桂阳县	Guiyang County	24.87	71.86	37.62	34.24	36.85	35.01	51.28
宜章县	Yizhang County	16.37	59.48	30.96	28.52	27.80	31.68	46.74
永兴县	Yongxing County	17.72	54.25	28.09	26.16	28.19	26.06	51.96

22−1 续表 2 continued

市县名称	Cities and Counties	总户数（万户）Households (10 000 households)	总人口（万人）Total Population (10 000 persons)	男 Male	女 Female	城镇人口 Urban	乡村人口 Rural	城市化水平(%) City Level (%)
嘉禾县	Jiahe County	11.05	32.94	17.69	15.25	16.24	16.70	49.30
临武县	Linwu County	10.83	34.65	18.09	16.56	16.34	18.31	47.16
汝城县	Rucheng County	11.66	35.08	18.27	16.81	14.25	20.83	40.62
桂东县	Guidong County	6.53	23.40	12.11	11.29	10.07	13.33	43.03
安仁县	Anren County	10.66	39.73	20.69	19.04	17.95	21.78	45.18
资兴市	Zixing City	11.79	34.97	17.76	17.21	22.21	12.76	63.51
零陵区	Lingling District	17.63	56.14	29.02	27.12	32.14	24.00	57.25
冷水滩区	Lengshuitan District	19.59	55.34	28.23	27.11	38.19	17.15	69.01
祁阳县	Qiyang County	24.90	86.95	44.09	42.86	40.84	46.11	46.97
东安县	Dongan County	17.80	57.35	29.71	27.64	23.19	34.16	40.44
双牌县	Shuangpai County	6.58	20.08	10.57	9.51	9.02	11.06	44.92
道　县	Dao County	16.69	62.60	34.02	28.58	29.18	33.42	46.61
江永县	Jiangyong County	7.58	23.94	12.63	11.31	9.22	14.72	38.51
宁远县	Ningyuan County	19.10	72.73	38.21	34.52	32.02	40.71	44.03
蓝山县	Lanshan County	9.52	34.50	18.08	16.42	16.66	17.84	48.29
新田县	Xintian County	9.99	34.46	17.98	16.48	14.29	20.17	41.47
江华县	Jianghua County	11.79	43.88	22.92	20.96	19.65	24.23	44.78
鹤城区	Hecheng District	24.83	61.46	31.96	29.50	56.72	4.74	92.29
中方县	Zhongfang County	8.18	25.20	13.10	12.10	9.60	15.60	38.10
沅陵县	Yuanling County	20.64	61.14	31.79	29.35	23.45	37.69	38.35
辰溪县	Chenxi County	15.31	47.00	24.44	22.56	17.70	29.30	37.66
溆浦县	Xupu County	23.37	76.20	39.62	36.58	29.07	47.13	38.15
会同县	Huitong County	11.20	33.55	17.45	16.10	12.80	20.75	38.15
麻阳县	Mayang County	11.24	35.53	18.48	17.05	13.30	22.23	37.43
新晃县	Xinhuang County	8.42	25.53	13.28	12.25	9.50	16.03	37.21
芷江县	Zhijiang County	12.52	35.21	18.31	16.90	13.00	22.21	36.92
靖州县	Jingzhou County	8.35	25.96	13.50	12.46	12.20	13.76	47.00
通道县	Tongdao County	5.91	21.08	10.96	10.12	7.91	13.17	37.52
洪江市	Hongjiang City	14.75	41.47	21.56	19.91	17.70	23.77	42.68
洪江区	Hongjiang District	2.90	6.67	3.20	3.47	5.95	0.72	89.21
娄星区	Louxing District	20.54	61.68	32.15	29.53	46.77	14.91	75.83
双峰县	Shuangfeng County	25.33	82.53	42.99	39.54	30.21	52.32	36.60
新化县	Xinhua County	34.39	114.41	59.58	54.83	41.40	73.01	36.19
冷水江市	Lengshuijiang City	11.77	34.83	18.14	16.69	26.84	7.99	77.06
涟源市	Lianyuan City	31.24	98.31	51.20	47.11	40.12	58.19	40.81
吉首市	Jishou City	11.20	34.77	17.73	17.04	25.70	9.07	73.91
泸溪县	Luxi County	8.52	29.32	15.07	14.25	12.65	16.67	43.14
凤凰县	Fenghuang County	9.43	32.99	17.14	15.85	12.62	20.37	38.25
花垣县	Huayuan County	7.31	29.76	15.38	14.38	12.95	16.81	43.51
保靖县	Baojing County	8.06	29.66	15.46	14.20	12.02	17.64	40.53
古丈县	Guzhang County	3.64	13.40	6.98	6.42	5.16	8.24	38.51
永顺县	Yongshun County	13.39	44.64	23.27	21.37	17.80	26.84	39.87
龙山县	Longshan County	15.49	49.28	25.71	23.57	19.73	29.55	40.04

22-2 计划生育指标(2017年)
Indicators of Family Plan (2017)

市县名称	Cities and Counties	出生率(‰) Birth Rate (‰)	死亡率(‰) Death Rate (‰)	自然增长率(‰) Natural Growth Rate (‰)	符合政策生育率(%) Birth Within Plan Rate (%)	已婚育龄妇女人数(万人) Married Women at Child-Bearing Age (10 000persons)	节育率(%) Contra-ceptive Rate (%)
芙蓉区	Furong District	15.22	7.22	8.00	99.37	7.02	71.87
天心区	Tianxin District	13.65	6.75	6.90	99.52	7.19	75.55
岳麓区	Yuelu District	18.92	8.24	10.68	98.89	12.37	64.20
开福区	Kaifu District	14.91	7.71	7.20	99.35	8.62	55.04
雨花区	Yuhua District	16.28	7.92	8.36	99.53	11.71	76.62
望城区	Wangcheng District	17.10	10.66	6.44	98.11	11.82	76.09
长沙县	Changsha County	17.36	7.05	10.31	98.36	15.24	73.09
宁乡县	Ningxiang County	15.14	7.84	7.30	96.79	28.38	76.60
浏阳市	Liuyang City	18.64	7.19	11.45	95.61	29.83	77.20
荷塘区	Hetang District	11.07	7.67	3.40	98.89	3.67	84.92
芦淞区	Lousong District	14.76	9.16	5.60	98.73	4.65	86.93
石峰区	Shifeng District	13.58	8.04	5.54	99.18	5.00	81.01
天元区	Tianyuan District	15.27	7.31	7.96	98.40	4.88	88.54
株洲县	Zhuzhou County	14.52	7.31	7.21	96.99	7.05	85.17
攸　县	You County	14.54	7.43	7.11	95.96	16.47	84.36
茶陵县	Chaling County	16.42	6.96	9.46	94.71	12.80	90.57
炎陵县	Yanling County	13.61	7.54	6.07	96.93	4.13	86.62
醴陵市	Liling City	14.78	8.06	6.72	96.18	20.72	86.61
雨湖区	Yuhu District	11.35	7.74	3.61	98.17	9.46	87.22
岳塘区	Yuetang District	10.94	7.31	3.63	99.46	6.63	84.93
湘潭县	Xiangtan County	13.42	6.72	6.70	97.32	18.64	83.87
湘乡市	Xiangxiang City	14.48	6.59	7.89	95.04	18.34	87.78
韶山市	Shaoshan City	15.15	7.35	7.80	98.27	2.25	89.16
珠晖区	Zhuhui District	12.69	7.88	4.81	97.52	5.56	76.52
雁峰区	Yanfeng District	12.80	7.00	5.80	98.24	3.93	82.20
石鼓区	Shigu District	13.04	7.06	5.98	97.34	4.12	83.87
蒸湘区	Zhengxiang District	17.25	7.04	10.21	97.51	5.36	82.08
南岳区	Nanyue District	16.08	6.99	9.09	95.32	1.22	84.73
衡阳县	Hengyang County	14.40	7.82	6.58	91.79	24.37	83.71
衡南县	Hengnan County	15.04	6.72	8.32	90.50	21.41	86.98
衡山县	Hengshan County	14.74	7.30	7.44	91.17	8.71	84.14
衡东县	Hengdong County	14.69	7.21	7.48	88.92	14.43	86.88
祁东县	Qidong County	15.00	7.26	7.74	91.72	20.60	86.09
耒阳市	Leiyang City	14.58	6.63	7.95	91.08	28.69	83.06
常宁市	Changning City	14.74	7.26	7.48	91.45	18.03	86.20
双清区	Shuangqing District	13.23	7.71	5.52	96.95	5.42	85.38
大祥区	Daxiang District	14.38	8.08	6.30	94.95	6.49	83.51
北塔区	Beita District	15.72	7.04	8.68	93.10	1.96	90.22

22-2 续表 1 continued

市县名称	Cities and Counties	出生率 (‰) Birth Rate (‰)	死亡率 (‰) Death Rate (‰)	自然增长率 (‰) Natural Growth Rate (‰)	符合政策生育率 (%) Birth Within Plan Rate (%)	已婚育龄妇女人数（万人） Married Women at Child-Bearing Age (10 000persons)	节育率 (%) Contra-ceptive Rate (%)
邵东县	Shaodong County	14.72	7.91	6.81	88.51	24.71	85.05
新邵县	Xinshao County	15.16	7.43	7.73	88.62	15.21	86.37
邵阳县	Shaoyang County	14.23	6.77	7.46	90.20	19.78	89.22
隆回县	Longhui County	15.55	7.62	7.93	88.85	23.81	87.04
洞口县	Dongkou County	14.84	6.83	8.01	89.57	16.44	79.50
绥宁县	Suining County	13.76	7.19	6.57	92.57	7.15	89.11
新宁县	Xinning County	14.78	7.68	7.10	91.73	12.56	86.96
城步县	Chengbu County	14.28	7.63	6.65	94.16	5.49	89.33
武冈市	Wugang City	13.79	8.06	5.73	90.56	15.63	88.79
岳阳楼区	Yueyanglou District	14.81	7.93	6.88	97.39	14.06	80.28
云溪区	Yunxi District	14.99	6.94	8.05	97.32	3.53	83.05
君山区	Junshan District	13.47	7.56	5.91	97.38	4.94	83.75
岳阳县	Yueyang County	16.21	7.91	8.30	92.52	14.64	80.59
华容县	Huarong County	13.70	7.23	6.47	97.96	15.14	89.75
湘阴县	Xiangyin County	14.43	7.89	6.54	97.43	14.83	87.44
平江县	Pingjiang County	15.67	6.36	9.31	94.96	22.36	88.37
汨罗市	Miluo City	15.44	7.14	8.30	97.19	13.95	84.90
临湘市	Linxiang City	16.61	6.78	9.83	93.82	10.66	84.96
武陵区	Wuling District	11.62	8.19	3.43	98.86	11.92	89.82
鼎城区	Dingcheng District	11.10	6.82	4.28	98.72	14.34	86.76
安乡县	Anxiang County	9.76	7.66	2.10	98.52	11.00	90.88
汉寿县	Hanshou County	12.34	6.63	5.71	96.15	16.84	85.39
澧　县	Li County	12.12	7.83	4.29	98.68	18.40	88.56
临澧县	Linli County	12.05	7.86	4.19	98.43	9.01	83.37
桃源县	Taoyuan County	11.85	7.25	4.60	97.60	18.64	79.14
石门县	Shimen County	12.30	8.13	4.17	97.88	12.99	82.66
津市市	Jinshi City	9.93	7.51	2.42	99.07	4.61	93.24
永定区	Yongding District	12.85	7.11	5.74	95.63	8.41	84.68
武陵源区	Wulingyuan District	14.56	8.10	6.46	97.53	1.08	83.26
慈利县	Cili County	11.60	6.73	4.87	97.39	12.86	82.59
桑植县	Sangzhi County	13.11	7.42	5.69	93.37	8.62	79.20
资阳区	Ziyang District	13.80	7.68	6.12	96.05	8.23	91.78
赫山区	Heshan District	13.22	7.62	5.60	96.50	17.77	88.77
南　县	Nan County	12.90	8.37	4.53	96.93	13.53	85.68
大通湖区	Datonghu District	11.54	8.14	3.40	97.66	1.96	91.33
桃江县	Taojiang County	13.86	8.45	5.41	96.51	17.61	90.07
安化县	Anhua County	14.45	8.42	6.03	94.13	20.13	88.37
沅江市	Yuanjiang City	13.74	7.42	6.32	97.00	15.01	90.66
北湖区	Beihu District	15.30	6.84	8.46	93.73	7.14	88.48
苏仙区	Suxian District	14.01	7.11	6.90	94.08	6.89	89.39
桂阳县	Guiyang County	13.90	6.40	7.50	86.61	16.92	83.67
宜章县	Yizhang County	15.64	7.82	7.82	85.31	12.01	83.87
永兴县	Yongxing County	15.19	6.93	8.26	87.23	12.99	87.47

22-2 续表 2 continued

市县名称	Cities and Counties	出生率 (‰) Birth Rate (‰)	死亡率 (‰) Death Rate (‰)	自然增长率 (‰) Natural Growth Rate (‰)	符合政策生育率 (%) Birth Within Plan Rate (%)	已婚育龄妇女人数 (万人) Married Women at Child-Bearing Age (10 000persons)	节育率 (%) Contra-ceptive Rate (%)
嘉禾县	Jiahe County	13.61	7.86	5.75	87.93	8.02	81.49
临武县	Linwu County	12.97	5.70	7.27	82.95	6.79	92.24
汝城县	Rucheng County	14.95	7.40	7.55	88.60	7.83	84.46
桂东县	Guidong County	13.13	7.28	5.85	93.56	3.71	84.41
安仁县	Anren County	14.64	8.04	6.60	92.04	8.72	90.03
资兴市	Zixing City	12.79	7.84	4.95	96.39	7.13	81.92
零陵区	Lingling District	13.93	7.58	6.35	94.79	11.83	87.26
冷水滩区	Lengshuitan District	15.43	7.51	7.92	96.42	10.91	87.42
祁阳县	Qiyang County	12.77	6.57	6.20	91.46	19.30	88.63
东安县	Dongan County	14.33	7.14	7.19	92.91	12.07	84.29
双牌县	Shuangpai County	13.54	7.56	5.98	93.60	3.53	84.66
道　县	Dao County	14.96	7.23	7.73	88.77	14.56	85.67
江永县	Jiangyong County	13.17	7.23	5.94	92.28	5.28	88.59
宁远县	Ningyuan County	14.19	7.16	7.03	88.89	15.83	87.37
蓝山县	Lanshan County	14.62	7.85	6.77	88.50	7.68	84.74
新田县	Xintian County	16.95	7.43	9.52	84.74	8.13	85.44
江华县	Jianghua County	15.82	7.30	8.52	91.84	10.13	85.08
鹤城区	Hecheng District	16.68	5.79	10.89	95.93	7.76	85.63
中方县	Zhongfang County	16.12	7.94	8.18	94.17	5.82	89.66
沅陵县	Yuanling County	12.54	8.22	4.32	96.09	12.11	82.97
辰溪县	Chenxi County	15.49	7.17	8.32	92.92	10.14	79.81
溆浦县	Xupu County	15.25	7.44	7.81	90.09	17.77	87.27
会同县	Huitong County	14.62	7.56	7.06	94.09	7.01	81.45
麻阳县	Mayang County	13.70	7.78	5.92	93.94	7.31	77.71
新晃县	Xinhuang County	14.09	7.58	6.51	93.84	4.89	78.56
芷江县	Zhijiang County	12.40	6.51	5.89	94.82	7.12	88.30
靖州县	Jingzhou County	14.40	7.19	7.21	96.34	5.16	87.43
通道县	Tongdao County	13.20	6.96	6.24	96.29	4.41	84.00
洪江市	Hongjiang City	12.46	8.13	4.33	95.29	8.03	84.19
洪江区	Hongjiang District	9.25	7.62	1.63	98.17	1.13	69.79
娄星区	Louxing District	17.42	6.52	10.90	96.55	11.83	82.22
双峰县	Shuangfeng County	14.93	7.49	7.44	93.11	17.18	91.43
新化县	Xinhua County	18.10	6.88	11.22	85.63	28.29	91.50
冷水江市	Lengshuijiang City	16.43	7.10	9.33	92.24	7.67	92.80
涟源市	Lianyuan City	15.42	6.73	8.69	90.66	21.18	87.42
吉首市	Jishou City	14.01	6.52	7.49	94.92	5.54	79.94
泸溪县	Luxi County	13.95	6.50	7.45	91.36	5.75	82.26
凤凰县	Fenghuang County	14.78	7.85	6.93	88.45	7.56	75.51
花垣县	Huayuan County	13.74	6.65	7.09	86.31	5.70	88.79
保靖县	Baojing County	12.88	6.92	5.96	90.95	5.92	77.57
古丈县	Guzhang County	12.09	6.95	5.14	90.61	2.49	78.74
永顺县	Yongshun County	13.55	7.29	6.26	88.51	10.02	70.98
龙山县	Longshan County	14.70	6.74	7.96	90.96	11.49	81.21

22-3 城镇单位从业人员年末人数(2017年)

Number of Employed Persons in Urban Areas at the Year-end (2017)

单位：万人 (10 000 persons)

市县名称	Cities and Counties	城镇单位从业人员人数 Number of employees in Urban Units	在岗职工 Staff and Workers on the Job	#国有经济 State-owned Units	#城镇集体经济 Urban Collec-tive Owned Units	#其他经济 Other economic	其他从业人员 Other Em-polyed Persons
芙蓉区	Furong District	13.27	12.69	4.79	0.31	7.59	0.58
天心区	Tianxin District	14.01	13.12	2.72	0.06	10.34	0.89
岳麓区	Yuelu District	19.76	18.63	5.09	0.09	13.45	1.13
开福区	Kaifu District	10.08	9.80	3.40	0.04	6.35	0.28
雨花区	Yuhua District	17.89	15.45	3.97	0.06	11.42	2.45
望城区	Wangcheng District	9.76	9.29	1.00	0.10	8.19	0.47
长沙县	Changsha County	18.34	18.06	2.70	0.19	15.17	0.27
宁乡县	Ningxiang County	5.68	5.45	2.03	0.19	3.23	0.23
浏阳市	Liuyang City	14.53	13.67	2.74	0.47	10.45	0.86
荷塘区	Hetang District	4.12	3.52	0.95	0.04	2.52	0.60
芦淞区	Lusong District	5.64	4.89	1.34	0.01	3.54	0.75
石峰区	Shifeng District	6.86	6.29	0.70	0.01	5.58	0.57
天元区	Tianyuan District	8.92	8.78	2.75	0.04	6.00	0.14
株洲县	Zhuzhou County	3.18	2.40	0.71	0.07	1.62	0.78
攸　县	You County	2.85	2.82	1.36	0.17	1.29	0.03
茶陵县	Chaling County	2.74	2.50	1.25	0.15	1.10	0.25
炎陵县	Yanling County	1.20	1.17	0.68	0.03	0.46	0.03
醴陵市	Liling City	8.84	8.69	2.21	0.18	6.30	0.15
雨湖区	Yuhu District	10.62	10.07	2.89	0.07	7.10	0.55
岳塘区	Yuetang District	12.26	8.55	2.02	0.31	6.21	3.71
湘潭县	Xiangtan County	4.19	4.06	1.62	0.05	2.39	0.13
湘乡市	Xiangxiang City	5.38	4.92	1.81	0.05	3.06	0.46
韶山市	Shaoshan City	0.86	0.84	0.47	0.03	0.34	0.02
珠晖区	Zhuhui District	2.90	2.83	1.14	0.05	1.64	0.06
雁峰区	Yanfeng District	5.53	4.94	0.71	0.07	4.16	0.59
石鼓区	Shigu District	4.94	4.48	1.34	0.25	2.89	0.46
蒸湘区	Zhengxiang District	6.35	6.00	1.94	0.11	3.95	0.35
南岳区	Nanyue District	0.79	0.65	0.35		0.29	0.15
衡阳县	Hengyang County	6.60	6.55	2.71	0.41	3.43	0.06
衡南县	Hengnan County	6.04	5.48	2.06	0.08	3.34	0.56
衡山县	Hengshan County	1.97	1.92	0.97	0.01	0.94	0.05
衡东县	Hengdong County	2.70	2.62	1.57	0.12	0.94	0.08
祁东县	Qidong County	3.92	3.38	1.34	0.09	1.95	0.53
耒阳市	Leiyang City	5.79	5.43	2.88	0.13	2.42	0.36
常宁市	Changning City	4.58	4.46	2.51	0.09	1.86	0.12
双清区	Shuangqing District	6.99	6.37	1.60	0.17	4.59	0.61
大祥区	Daxiang District	4.34	3.05	1.81	0.17	1.06	1.30
北塔区	Beita District	1.34	1.26	0.48	0.02	0.75	0.08

22-3 续表 1 continued

单位：万人 (10 000 persons)

市县名称	Cities and Counties	城镇单位从业人员人数 Number of employees in Urban Units	在岗职工 Staff and Workers on the Job	#国有经济 State-owned Units	#城镇集体经济 Urban Collective Owned Units	#其他经济 Other economic	其他从业人员 Other Employed Persons
邵东县	Shaodong County	3.95	3.89	2.15	0.03	1.71	0.06
新邵县	Xinshao County	2.55	2.40	1.39	0.04	0.97	0.14
邵阳县	Shaoyang County	3.26	3.13	1.89	0.38	0.87	0.13
隆回县	Longhui County	3.30	3.16	2.17	0.02	0.97	0.14
洞口县	Dongkou County	2.98	2.64	1.59	0.01	1.04	0.34
绥宁县	Suining County	1.93	1.62	0.96	0.02	0.64	0.31
新宁县	Xinning County	2.64	2.45	1.27	0.06	1.12	0.18
城步县	Chengbu County	1.23	1.15	0.87	0.01	0.27	0.07
武冈市	Wugang City	2.97	2.60	1.63	0.29	0.68	0.37
岳阳楼区	Yueyanglou District	14.03	11.40	3.95	0.07	7.37	2.63
云溪区	Yunxi District	3.04	2.85	0.40	0.17	2.28	0.20
君山区	Junshan District	1.57	1.44	0.96	0.08	0.41	0.13
岳阳县	Yueyang County	3.52	3.26	1.54	0.11	1.61	0.26
华容县	Huarong County	2.95	2.77	1.44	0.16	1.17	0.17
湘阴县	Xiangyin County	4.94	4.49	2.25	0.10	2.15	0.44
平江县	Pingjiang County	5.08	4.66	2.37	0.20	2.09	0.42
汨罗市	Miluo City	5.13	4.62	2.08	0.10	2.44	0.50
临湘市	Linxiang City	2.75	2.35	1.23	0.14	0.97	0.40
武陵区	Wuling District	14.31	13.54	4.22	0.01	9.31	0.77
鼎城区	Dingchen District	4.40	4.06	1.71		2.35	0.33
安乡县	Anxiang County	4.03	3.90	1.18	0.03	2.69	0.13
汉寿县	Hanshou County	3.01	2.89	1.46	0.09	1.34	0.12
澧　县	Li County	4.77	4.57	1.91	0.13	2.54	0.20
临澧县	Linli County	1.91	1.82	1.06	0.02	0.74	0.09
桃源县	Taoyuan County	4.35	4.05	1.94		2.11	0.29
石门县	Shimen County	3.09	2.85	1.51	0.04	1.30	0.25
津市市	Jinshi City	2.49	2.41	0.67	0.02	1.71	0.08
永定区	Yongding District	4.06	3.76	1.68		2.08	0.30
武陵源区	Wulingyuan District	0.77	0.65	0.35		0.30	0.12
慈利县	Cili County	2.56	2.28	1.53	0.12	0.63	0.28
桑植县	Sangzhi County	1.39	1.30	1.00		0.29	0.09
资阳区	Ziyang District	2.68	2.57	1.52	0.05	1.00	0.11
赫山区	Heshan District	11.62	9.21	2.79	0.21	6.21	2.41
南　县	Nan County	2.66	2.47	1.56	0.04	0.87	0.19
大通湖区	Datonghu District	0.38	0.31	0.18	0.02	0.11	0.07
桃江县	Taojiang County	3.72	3.09	1.58	0.05	1.46	0.63
安化县	Anhua County	2.72	2.42	1.66	0.14	0.62	0.31
沅江市	Yuanjiang City	3.37	3.07	1.96	0.10	1.01	0.30
北湖区	Beihu District	9.39	8.74	3.59	0.05	5.09	0.65
苏仙区	Suxian District	6.40	5.25	2.04	0.06	3.15	1.15
桂阳县	Guiyang County	3.89	3.66	1.83	0.15	1.68	0.23
宜章县	Yizhang County	2.35	2.27	1.50	0.03	0.74	0.08
永兴县	Yongxing County	2.53	2.49	1.50	0.09	0.90	0.04

22-3 续表 2 continued

单位：万人 (10 000 persons)

市县名称	Cities and Counties	城镇单位从业人员人数 Number of employees in Urban Units	在岗职工 Staff and Workers on the Job	#国有经济 State-owned Units	#城镇集体经济 Urban Collective Owned Units	#其他经济 Other economic	其他从业人员 Other Employed Persons
嘉禾县	Jiahe County	1.54	1.42	0.86	0.13	0.43	0.12
临武县	Linwu County	1.60	1.44	0.82	0.14	0.48	0.17
汝城县	Rucheng County	1.33	1.27	0.75		0.52	0.07
桂东县	Guidong County	0.95	0.81	0.48		0.33	0.14
安仁县	Anren County	1.76	1.66	1.06	0.02	0.58	0.10
资兴市	Zixing City	4.56	3.85	1.04		2.81	0.71
零陵区	Lingling District	3.81	3.68	2.50	0.20	0.99	0.13
冷水滩区	Lengshuitan District	6.88	6.30	2.75	0.13	3.41	0.58
祁阳县	Qiyang County	4.78	4.34	2.21	0.35	1.77	0.45
东安县	Dongan County	2.83	2.55	1.71	0.05	0.80	0.28
双牌县	Shuangpai County	1.20	1.13	0.75	0.08	0.30	0.07
道　县	Dao County	2.70	2.52	1.70	0.44	0.38	0.19
江永县	Jiangyong County	1.30	1.24	0.87	0.15	0.22	0.06
宁远县	Ningyuan Couny	3.50	3.37	1.86		1.51	0.13
蓝山县	Lanshan County	2.62	2.47	0.99	0.13	1.35	0.15
新田县	Xintian County	1.97	1.88	1.33	0.01	0.55	0.09
江华县	Jianghua County	1.93	1.85	1.30	0.05	0.49	0.08
鹤城区	Hecheng District	6.75	6.08	3.19	0.03	2.86	0.67
中方县	Zhongfang County	1.27	1.24	0.74		0.49	0.03
沅陵县	Yuanling County	2.53	2.35	1.47	0.02	0.85	0.18
辰溪县	Chenxi County	2.12	1.85	1.18	0.19	0.47	0.27
溆浦县	Xupu County	2.55	2.35	2.03	0.07	0.25	0.19
会同县	Huitong County	1.38	1.21	1.00	0.01	0.20	0.17
麻阳县	Mayang County	1.57	1.55	1.11	0.13	0.32	0.02
新晃县	Xinhuang County	1.06	1.00	0.80	0.06	0.14	0.06
芷江县	Zhijiang County	1.43	1.37	1.02	0.04	0.31	0.06
靖州县	Jingzhou County	1.14	0.98	0.71	0.06	0.21	0.16
通道县	Tongdao County	1.01	0.85	0.73	0.01	0.11	0.16
洪江市	Hongjiang City	1.76	1.63	1.19	0.05	0.39	0.13
洪江区	Hongjiang District	0.60	0.52	0.30		0.22	0.07
娄星区	Louxing District	12.06	11.27	3.31	2.46	5.50	0.79
双峰县	Shuangfeng County	3.88	3.77	1.89	0.20	1.68	0.11
新化县	Xinhua County	3.69	3.59	2.09	0.27	1.23	0.10
冷水江市	Lengshuijiang City	5.45	5.09	1.76	0.68	2.65	0.37
涟源市	Lianyuan City	4.22	3.94	2.28	0.26	1.39	0.29
吉首市	Jishou City	4.94	4.13	2.67	0.07	1.39	0.81
泸溪县	Luxi County	1.14	1.13	0.98	0.05	0.10	0.01
凤凰县	Fenghuang County	1.44	1.41	1.18	0.05	0.17	0.03
花垣县	Huayuan County	1.29	1.26	1.10	0.02	0.14	0.03
保靖县	Baojing County	1.10	1.08	0.91	0.06	0.11	0.02
古丈县	Guzhang County	0.67	0.59	0.52	0.01	0.07	0.08
永顺县	Yongshun County	2.08	2.08	1.58	0.18	0.32	0.01
龙山县	Longshan County	1.29	1.22	1.00	0.05	0.17	0.07

22-4 国有经济各行业在岗职工年末人数(2017年)

单位:人

市县名称	Cities and Counties	农林牧渔业 Agri-culture, Forestry, Farming of Animals and Fishing	采矿业 Minging Industry	制造业 Manu-facturing	电力、热力、燃气及水的生产和供应业 Production and Distribution of Electricity, Heat,Gas and Water	建筑业 Construc-tion	批发和零售业 Whole-sale and Retail Trade	交通运输仓储和邮政业 Traffic, Transport, Storage and Post	住宿和餐饮业 Acco-mmodation and Restaurants
芙蓉区	Furong District			38			368	3049	1314
天心区	Tianxin District		4	137		5576	77		67
岳麓区	Yuelu District	24		54		38	3	707	476
开福区	Kaifu District	16		3		352	164	107	241
雨花区	Yuhua District			157		299	1224	578	732
望城区	Wangcheng District			1217		288	26		65
长沙县	Changsha County	32		605			12	549	
宁乡县	Ningxiang County	131		223	37	215		349	135
浏阳市	Liuyang City		17		492		56	679	86
荷塘区	Hetang District			264			6	171	
芦淞区	Lusong District			1959	688		657		197
石峰区	Shifeng District			839			3	166	19
天元区	Tianyuan District	3			87	277		2546	236
株洲县	Zhuzhou County		525		191		14	32	50
攸　县	You County	133		47	364		129		
茶陵县	Chaling County	400	540	123	230	305	88	138	
炎陵县	Yanling County	430			67			106	25
醴陵市	Liling City	11		2101	193	150		23	
雨湖区	Yuhu District						77	3714	
岳塘区	Yuetang District					214	296	194	
湘潭县	Xiangtan County				10				
湘乡市	Xiangxiang City	3			614	36		118	
韶山市	Shaoshan City				97		9		366
珠晖区	Zhuhui District	11		23		711	32	25	
雁峰区	Yanfeng District						70	9	
石鼓区	Shigu District	31				110	34		
蒸湘区	Zhengxiang District			18			1309	1930	
南岳区	Nanyue District	139			58			12	53
衡阳县	Hengyang County	495			84				
衡南县	Hengnan County					863	37	103	
衡山县	Hengshan County	40		10	165			158	
衡东县	Hengdong County				1248		45	163	
祁东县	Qidong County	11			156	294	18	339	
耒阳市	Leiyang City				640	550		207	
常宁市	Changning City	130			769		63	256	
双清区	Shuangqing District	26	64	59	779	552	199	2463	
大祥区	Daxiang District			295	112	1592			
北塔区	Beita District	188					8	2453	

Employed Staff and Workers in State-Owned Units by Sector at the Year-end (2017)

(person)

信息传输软件和信息技术服务业 Information Transfer, Software and Information technology Services	金融业 Finance	房地产业 Real Estate Trade	租赁和商务服务业 Tenancy and Business Services	科学研究和技术服务业 Scientific Research, Technical Service	水利环境和公共设施管理业 Management of Water Conservancy, Environment and Public Establishment	居民服务修理和其他服务业 Resident Services, Repair and Other Services	教育 Education	卫生和社会工作 Sanitation and Social Work	文化体育和娱乐业 Culture, Sports and Enter-tainment	公共管理社会保障和社会组织 Public Management, Social Security and Social Organization
164	3857	263	723	3903	989		8051	10120	1348	13690
	183	120	68	3428	1631	121	6917	1562	548	6721
48		62	73	3819	1375	67	24842	8175	22	11107
31	79	572	609	1434	1224	10	3881	10955	7202	7131
9	94	102	128	6811	371	155	11068	11994	1587	4401
62		3	38		161		2480	1066	32	4526
70				19	13		10890	4067	92	10653
		54	102	399	1081	43	5372	2249	486	9410
				129	213		8564	5376	343	11443
		19		670	189		2235	1274		4715
			7	59	222		2493	3715	255	3113
			58	6	190		2263	1208		2280
10	147	150	101	1501	625		5415	4765	370	11221
			37	2	57		2066	868	4	3243
			139	105	112		3688	2513	248	6144
47			49	8	505		4020	1775	155	4103
7		46	40	65	433		1427	748	187	3179
		209	144	205	927	22	1834	2829	136	13278
12	124	6	186	1330	2189	80	9208	5817	84	6116
45		121	116	520	287	46	5517	3779	592	8494
		7	21	136	86		5557	3027	163	7144
		55	41	47	720		4689	3773	161	7864
		6	19	30	430		870	565	331	1932
		8			9		5218	3018	81	2269
		398	20	260	412		1084	3101	60	1699
	21		21	22	705	33	2739	5342	261	4092
	66	15	51	792	168		3759	1223	361	9756
39			47	62	383		501	616	101	1478
			85	92	1284	27	11107	3725	222	9952
	209	8	48	211	163		7746	2347	219	8605
	20	49	110	66	130		3230	1800	157	3767
			77	281	364	27	2893	2024	146	8396
		51	89	71	1067		1882	2807	151	6513
		26	255	379	205		8003	4173	248	14141
9		52	171	272	1494		8219	4196	202	9262
20	19			36	18	18	2506	3479	97	5709
	1450	52	114	517	413	34	3184	4883	229	5215
	45		3	106	112		110	194	4	1589

22-4 续表 1

单位：人

市县名称	Cities and Counties	农林牧渔业 Agriculture, Forestry, Farming of Animals and Fishing	采矿业 Minging Industry	制造业 Manufacturing	电力、热力、燃气及水的生产和供应业 Production and Distribution of Electricity, Heat,Gas and Water	建筑业 Construction	批发和零售业 Wholesale and Retail Trade	交通运输仓储和邮政业 Traffic, Transport, Storage and Post	住宿和餐饮业 Accommodation and Restaurants
邵东县	Shaodong County	47			248	516	40	227	
新邵县	Xinshao County	302			202	134	60	471	
邵阳县	Shaoyang County	128			287		879	184	
隆回县	Longhui County	328			245	943		346	
洞口县	Dongkou County	495			179		58	379	
绥宁县	Suining County	119		257	419		350	368	
新宁县	Xinning County	310			389		75	316	
城步县	Chengbu County	741			109		134	121	57
武冈市	Wugang City	200			181	16	109	449	50
岳阳楼区	Yueyanglou District	46			832	2462	992	3975	275
云溪区	Yunxi District						10	26	
君山区	Junshan District	873		379	275	3068	610	187	
岳阳县	Yueyang County			497	25	594	82	238	
华容县	Huarong County	499			281	133	89		
湘阴县	Xiangyin County	149			455	152	126	248	96
平江县	Pingjiang County	39	269	702	172		654	6	8
汨罗市	Miluo City	21			281	1960	290	746	462
临湘市	Linxiang City	73		28	126		960	61	11
武陵区	Wuling District	23			940	3815	665	2694	298
鼎城区	Dingchen District				221		20	248	
安乡县	Anxiang County	20						181	
汉寿县	Hanshou County				214			193	
澧县	Li County	69			151	472	45	156	
临澧县	Linli County	41			131		19	250	
桃源县	Taoyuan County	31		129	9		96	228	
石门县	Shimen County				218			28	92
津市市	Jinshi City	13		398	52			45	48
永定区	Yongding District	219		5	284	342	175	945	96
武陵源区	Wulingyuan District							29	89
慈利县	Cili County	7				160	35		9
桑植县	Sangzhi County				96			95	
资阳区	Ziyang District					5700		87	
赫山区	Heshan District	66		96	32	120	663	1600	38
南县	Nan County	54		60	170			38	
大通湖区	Datonghu District			2					
桃江县	Taojiang County	51			136	223	18	145	
安化县	Anhua County	19	5	363	726	61	204		
沅江市	Yuanjiang City	35			153		286	16	
北湖区	Beihu District			971		1363	4921	3479	130
苏仙区	Suxian District	91		68		1459	73	32	46
桂阳县	Guiyang County	35					297	367	
宜章县	Yizhang County	154			533	122	30		
永兴县	Yongxing County	16			374	487	231	208	57

continued

(person)

信息传输软件和信息技术服务业 Information Transfer, Software and Information technology Services	金融业 Finance	房地产业 Real Estate Trade	租赁和商务服务业 Tenancy and Business Services	科学研究和技术服务业 Scientific Research, Technical Service	水利环境和公共设施管理业 Management of Water Conservancy, Environment and Public Establishment	居民服务修理和其他服务业 Resident Services, Repair and Other Services	教育 Education	卫生和社会工作 Sanitation and Social Work	文化体育和娱乐业 Culture, Sports and Enter-tainment	公共管理社会保障和社会组织 Public Management, Social Security and Social Organization
	143			98	206		7854	3677	149	8301
	18		71	52	385		4803	2443	71	4930
	156		338	150			5925	2993	35	7836
	17	14	98	147	620		8077	3053		7791
	41		11	391	344	9	5634	2381	92	5920
87	151	15	27	52	118		2440	1371	47	3805
41	36	9	138	159	75		3862	1595	130	5553
	174	2	68	67	90		2507	907	117	3626
	42	15	176	209	278		5026	2778	88	6661
103	715	240	1191	320	383		10052	4320	149	13490
			3	3	277		1290	296	53	1992
		6	4	22	126		850	844	11	2306
3	366		149	1042	194		3771	1705	196	6570
		22		127	566	11	4557	2494	43	5542
			112	415	1528	12	7237	3173	119	8689
			669	150	333	30	1684	3994	318	14678
58		50	25	105	679	10	5553	1389	167	9046
	32	10	127	229	305		2913	1725	234	5499
90	538	573	49	1548	810	197	7997	6831	617	14515
90			156	507	523		4676	2783	169	7694
		27	114	138	200	25	3273	2143	35	5693
		11	154	22	476		5869	1871	235	5537
		12		301	1288	30	7699	2912	192	5780
		5	47	27	352	12	3128	2050	85	4477
95		9	68	57	521		7115	3522	55	7449
				17	50	252	5153	3457	151	5632
		43	8	6	106	52	1609	1179	101	3069
87	568	28	66	186	350		2597	2340	70	8421
27			4	12	80		613	50	32	2565
			37	73	366		6156	2641	126	5673
			6	11	10		3757	2001		4066
		50		132	527		2959	2388	38	3330
57	430	92	86	866	394		7623	5338	480	9874
			177	61	574	79	5025	2114	199	7031
							627	103	22	1050
			34	99	447		4977	3783	146	5726
80			22	40	307		4620	3131	266	6724
			72	103	718	18	8007	3439	25	6740
39	832	322	187	1216	440		3395	7456	874	10261
	161	56	50	520	1387		6683	2547	202	6988
84		29	65	49	115	17	6794	3185	103	7112
	12	63	57	28	336		5239	2476	153	5830
			131	117	84		4688	2386	162	6021

22-4 续表 2

单位：人

市县名称	Cities and Counties	农林牧渔业 Agriculture, Forestry, Farming of Animals and Fishing	采矿业 Minging Industry	制造业 Manufacturing	电力、热力、燃气及水的生产和供应业 Production and Distribution of Electricity, Heat,Gas and Water	建筑业 Construction	批发和零售业 Wholesale and Retail Trade	交通运输仓储和邮政业 Traffic, Transport, Storage and Post	住宿和餐饮业 Accommodation and Restaurants
嘉禾县	Jiahe County	146			303		217	122	
临武县	Linwu County	63			116		36	98	45
汝城县	Rucheng County	350				219	17		
桂东县	Guidong County						14	141	50
安仁县	Anren County	57			581	413	113	238	20
资兴市	Zixing City	174		27	1103		90	32	34
零陵区	Lingling District	164			720	104	14	1106	
冷水滩区	Lengshuitan District	33				1747	1585	2649	
祁阳县	Qiyang County				797	87	34	384	
东安县	Dongan County			446	1091	263	1032	120	
双牌县	Shuangpai County	352		642	271		52	68	
道　县	Dao County	252			150	117		200	
江永县	Jiangyong County	932			77	52	60	240	
宁远县	Ningyuan Couny	135			1043	662		536	
蓝山县	Lanshan County	80		22	96		54	38	
新田县	Xintian County	68			145	58		313	
江华县	Jianghua County	597			263	112	24	322	
鹤城区	Hecheng District				220	941	740	2005	146
中方县	Zhongfang County	72						15	
沅陵县	Yuanling County	22			1044		53	183	
辰溪县	Chenxi County					61		151	
溆浦县	Xupu County	181	12	16	648		14	17	94
会同县	Huitong County						58	212	2
麻阳县	Mayang County	74		48	143		7	184	99
新晃县	Xinhuang County	64			207		20	70	25
芷江县	Zhijiang County				35		14	25	140
靖州县	Jingzhou County	303			90		6	210	
通道县	Tongdao County			25	263			135	137
洪江市	Hongjiang City	144		650	337		42	12	
洪江区	Hongjiang District	4		246	90			142	
娄星区	Louxing District	60			369	1068	283	1704	
双峰县	Shuangfeng County	130			101		36	101	
新化县	Xinhua County				141		42	85	90
冷水江市	Lengshuijiang City		2625	22	276		31	296	102
涟源市	Lianyuan City	143			265	1210	24	53	166
吉首市	Jishou City	118			498	146	733	2826	
泸溪县	Luxi County	74		32	572		15		
凤凰县	Fenghuang County	45			168	30	28	12	17
花垣县	Huayuan County				1758		22		
保靖县	Baojing County	103			775		12		
古丈县	Guzhang County	26			123		16	50	
永顺县	Yongshun County	115	18		510	17		197	
龙山县	Longshan County				685		20	16	78

continued

(person)

信息传输软件和信息技术服务业 Information Transfer, Software and Information technology Services	金融业 Finance	房地产业 Real Estate Trade	租赁和商务服务业 Tenancy and Business Services	科学研究和技术服务业 Scientific Research, Technical Service	水利环境和公共设施管理业 Management of Water Conservancy, Environment and Public Establishment	居民服务修理和其他服务业 Resident Services, Repair and Other Services	教育 Education	卫生和社会工作 Sanitation and Social Work	文化体育和娱乐业 Culture, Sports and Enter-tainment	公共管理社会保障和社会组织 Public Management, Social Security and Social Organization
			165	12	324	11	2507	1531	50	3261
			59	12	225		2958	1057	100	3398
			86	27	274		1148	1091		4294
	28	399		19	101		521	418	62	3030
			92	15	243		3351	1444	122	3917
			68	48	211	9	3338	1429	121	3731
167	225		122	137	1095		7156	6163	132	7670
13	118	153	855	1120	291	31	4176	3153	498	11121
			321	118			5868	3671	726	10081
			36	1009	733	38	3779	1818	91	6630
	236	5	40	79	67		1894	599	52	3190
		8	160	135	333		6481	2401	99	6702
	13		169	31	42		2289	915	58	3772
16	52	32	79	30	904		5817	1246	135	7916
	229	17		94	374		2807	1091	48	4973
119	98		94	148	261		5985	1786	161	4065
	37		42	94	76		4258	2377	101	4732
71	206	214	207	1131	769	62	5637	7501	759	11284
			19	23	34		2335	462	9	4451
		56	39	150	149		4829	2888	88	5248
			37	50	351		3906	1997	170	5121
			5	96	345		7513	3169	213	7983
				85	216		3334	1493	94	4466
87		113	40	34	370		3202	2178	90	4394
20		142	81	52	117		2403	1517	96	3219
			36	29	254		3159	1695	12	4809
			67	82	125		2247	1224	89	2627
			47	47	94	11	2225	1178	68	3115
		10	48	145	153		3682	1903	53	4723
		11	10	31	55	4	454	397	31	1475
28	86	118	161	1016	1658	26	6682	7028	556	12280
	26	10		82	84		6641	2571	166	8967
		111	71	84	791		6857	3084	110	9391
27			156	173	990	11	4120	2513	165	6095
			135	194	583	18	7202	3476	66	9281
	158	137	108	867	238	18	5632	4869	493	9852
			31	44	590		3177	1413	85	3797
		59	39	45	275		3870	1540	161	5546
93			10	29	309	39	2840	1702	101	4062
			4	254	323		2595	1530	131	3361
10		20	18	49	117		1442	452	59	2768
10		32	157	42	640		6365	1873	152	5663
			51	152	262		1638	1308	150	5668

22-5 城镇集体经济各行业在岗职工年末人数 (2017年)

单位：人

市县名称	Cities and Counties	农林牧渔业 Agri-culture, Forestry, Farming of Animals and Fishing	采矿业 Minging Industry	制造业 Manu-facturing	电力、热力、燃气及水的生产和供应业 Production and Distribution of Electricity, Heat,Gas and Water	建筑业 Construc-tion	批发和零售业 Whole-sale and Retail Trade	交通运输仓储和邮政业 Traffic, Transport, Storage and Post	住宿和餐饮业 Acco-mmodation and Restaurants
芙蓉区	Furong District			329		912	30	66	324
天心区	Tianxin District			223			8		17
岳麓区	Yuelu District		18	347	10	127	41		
开福区	Kaifu District			54		252	25	48	
雨花区	Yuhua District			278			87		
望城区	Wangcheng District	6		740	42			6	
长沙县	Changsha County			852			11		
宁乡县	Ningxiang County		59	976					15
浏阳市	Liuyang City		135	680		825			
荷塘区	Hetang District	88		38			6		
芦淞区	Lusong District						45		10
石峰区	Shifeng District			28					
天元区	Tianyuan District			4					68
株洲县	Zhuzhou County					6		230	
攸　县	You County	18	497	133	14				
茶陵县	Chaling County		958	158			21		
炎陵县	Yanling County					111	5		
醴陵市	Liling City			1204	376				
雨湖区	Yuhu District			298		132		1	
岳塘区	Yuetang District	10		2043		739		271	
湘潭县	Xiangtan County			75			9		
湘乡市	Xiangxiang City			175		350			
韶山市	Shaoshan City					287			
珠晖区	Zhuhui District			128		290			
雁峰区	Yanfeng District			20		190		123	
石鼓区	Shigu District			303		560	75		
蒸湘区	Zhengxiang District					714	161		106
南岳区	Nanyue District								48
衡阳县	Hengyang County					3574	462	42	
衡南县	Hengnan County	36		171		255			
衡山县	Hengshan County						18		
衡东县	Hengdong County	78		636					
祁东县	Qidong County					484		387	
耒阳市	Leiyang City			170		1091			
常宁市	Changning City			184		705			
双清区	Shuangqing District					1428	29	57	
大祥区	Daxiang District			136		1470			
北塔区	Beita District					222			

Employed Staff and Workers in Urban Collective-Owned Units by Sector at the Year-end (2017)

(person)

信息传输软件和信息技术服务业 Information Transfer, Software and Information technology Services	金融业 Finance	房地产业 Real Estate Trade	租赁和商务服务业 Tenancy and Business Services	科学研究和技术服务业 Scientific Research, Technical Service	水利环境和公共设施管理业 Management of Water Conservancy, Environment and Public Establishment	居民服务修理和其他服务业 Resident Services, Repair and Other Services	教育 Education	卫生和社会工作 Sanitation and Social Work	文化体育和娱乐业 Culture, Sports and Enter-tainment	公共管理社会保障和社会组织 Public Management, Social Security and Social Organization
		56	1181		54			181		
			15					360		
			3	11	8			345		3
		8						18	6	
		7	65				22	80	18	
					20			202		
							497	560		
		25						797		
			7			26	1747	1293	25	
				35	48		19	166		
			26					32		
								47		
	10		34	11			77	188		1
								452		
		6	26	4	99		231	660		
		16			23			303		
12								126		
			83					112		
							15	258		
			41					19		
								444		
								42		
						23	35	57		
							109	219		
		45	1428				36	94		
			32					79		
								365		
		36								
		14		9				474		
								42		
								232		
							132			

22-5 续表 1

单位：人

市县名称	Cities and Counties	农林牧渔业 Agri-culture, Forestry, Farming of Animals and Fishing	采矿业 Minging Industry	制造业 Manu-facturing	电力、热力、燃气及水的生产和供应业 Production and Distribution of Electricity, Heat,Gas and Water	建筑业 Construc-tion	批发和零售业 Whole-sale and Retail Trade	交通运输仓储和邮政业 Traffic, Transport, Storage and Post	住宿和餐饮业 Acco-mmodation and Restaurants
邵东县	Shaodong County	14				105			
新邵县	Xinshao County					10			
邵阳县	Shaoyang County					1558	1321		
隆回县	Longhui County			207					
洞口县	Dongkou County				7			23	
绥宁县	Suining County								
新宁县	Xinning County								
城步县	Chengbu County					24	105		
武冈市	Wugang City	5				2808			3
岳阳楼区	Yueyanglou District			68		143	67	76	
云溪区	Yunxi District			1067		268		20	
君山区	Junshan District			359	173		117	133	
岳阳县	Yueyang County		76			752	93	86	
华容县	Huarong County			426		1118			
湘阴县	Xiangyin County			463					
平江县	Pingjiang County	281		358	241	102	233		
汨罗市	Miluo City		90			544	266	33	16
临湘市	Linxiang City	120					306		
武陵区	Wuling District			77		2	5		
鼎城区	Dingchen District	4							
安乡县	Anxiang County								
汉寿县	Hanshou County						8		
澧　县	Li County			4					
临澧县	Linli County							43	
桃源县	Taoyuan County						7		
石门县	Shimen County						28		
津市市	Jinshi City			108					
永定区	Yongding District								
武陵源区	Wulingyuan District								
慈利县	Cili County					1149	5		27
桑植县	Sangzhi County								
资阳区	Ziyang District			181				18	
赫山区	Heshan District	52		235	7	1661	61	78	
南　县	Nan County				40				
大通湖区	Datonghu District								
桃江县	Taojiang County						16	13	
安化县	Anhua County				123	30	26	68	
沅江市	Yuanjiang City					397			
北湖区	Beihu District					221			
苏仙区	Suxian District	7			55	301	16	130	
桂阳县	Guiyang County		28	142		956	16		
宜章县	Yizhang County		138	19			132		
永兴县	Yongxing County	5	363	1	21	320	139	15	

continued

(person)

信息传输软件和信息技术服务业 Information Transfer, Software and Information technology Services	金融业 Finance	房地产业 Real Estate Trade	租赁和商务服务业 Tenancy and Business Services	科学研究和技术服务业 Scientific Research, Technical Service	水利环境和公共设施管理业 Management of Water Conservancy, Environment and Public Establishment	居民服务修理和其他服务业 Resident Services, Repair and Other Services	教育 Education	卫生和社会工作 Sanitation and Social Work	文化体育和娱乐业 Culture, Sports and Enter-tainment	公共管理社会保障和社会组织 Public Management, Social Security and Social Organization
					121			45		
	372									
	388						132	356		
			90							
							110	70	13	
								642		
						3		103		
			35	143			79	60		
				15				362		
				45						
								86		
					55		265	180		
	414		16	39	19	27	168	21	42	36
							50	3		
		43					169	793		
								43		
	300									
								849		
	414						183	586	77	
					48		41		41	
			20		110		244	38		
								95		
			39		4					
							182	160		
			36						16	
		3					143	184		
								184		
			69		95		222	80		
					65		108	959		
					225			388		
				2			231	73		
								138		
	392		7							
						1		60		

22-5 续表 2

单位：人

市县名称	Cities and Counties	农林牧渔业 Agri-culture, Forestry, Farming of Animals and Fishing	采矿业 Minging Industry	制造业 Manu-facturing	电力、热力、燃气及水的生产和供应业 Production and Distribution of Electricity, Heat,Gas and Water	建筑业 Construc-tion	批发和零售业 Whole-sale and Retail Trade	交通运输仓储和邮政业 Traffic, Transport, Storage and Post	住宿和餐饮业 Acco-mmodation and Restaurants
嘉禾县	Jiahe County		594			396			
临武县	Linwu County		227			660			
汝城县	Rucheng County								
桂东县	Guidong County								
安仁县	Anren County						171		
资兴市	Zixing City								
零陵区	Lingling District					1648			
冷水滩区	Lengshuitan District					1200	34		
祁阳县	Qiyang County	15				3522			
东安县	Dongan County			219	159		20		
双牌县	Shuangpai County					688			
道　县	Dao County					4212		160	
江永县	Jiangyong County					1470			
宁远县	Ningyuan Couny								
蓝山县	Lanshan County	10		3		1119	182		
新田县	Xintian County					37			
江华县	Jianghua County				2	402	7		
鹤城区	Hecheng District					193		39	
中方县	Zhongfang County								
沅陵县	Yuanling County		95	68					
辰溪县	Chenxi County			297	148	1121		35	
溆浦县	Xupu County			156	175	58		254	
会同县	Huitong County					89			
麻阳县	Mayang County					1268			
新晃县	Xinhuang County					407			
芷江县	Zhijiang County				114			45	
靖州县	Jingzhou County					428		171	
通道县	Tongdao County				4	52			
洪江市	Hongjiang City			12		381	61	53	
洪江区	Hongjiang District								
娄星区	Louxing District		1631	1942		20501			
双峰县	Shuangfeng County		317			1520		140	
新化县	Xinhua County		1414			1140			
冷水江市	Lengshuijiang City		2190	6		2912	452	889	
涟源市	Lianyuan City		296			1541		358	
吉首市	Jishou City					627		101	
泸溪县	Luxi County					450			
凤凰县	Fenghuang County					408	4		
花垣县	Huayuan County			17	25	155			
保靖县	Baojing County					562		60	
古丈县	Guzhang County			25					
永顺县	Yongshun County					1745			62
龙山县	Longshan County		148			397			

continued

(person)

信息传输软件和信息技术服务业 Information Transfer, Software and Information technology Services	金融业 Finance	房地产业 Real Estate Trade	租赁和商务服务业 Tenancy and Business Services	科学研究和技术服务业 Scientific Research, Technical Service	水利环境和公共设施管理业 Management of Water Conservancy, Environment and Public Establishment	居民服务修理和其他服务业 Resident Services, Repair and Other Services	教育 Education	卫生和社会工作 Sanitation and Social Work	文化体育和娱乐业 Culture, Sports and Enter-tainment	公共管理社会保障和社会组织 Public Management, Social Security and Social Organization
							246	56		
								491		
								14		
			307							
		13		20				47		
				69				17		
								77		
5										
17	17									
								109		
		8			17		78			
								48		
							85	232		
					33					
				16						
			143					9		
							116	104		
			14							
							44			
			505							
								22		
					45					58
	310									
	385					52				
		64								
			34							

22-6 在岗职工工资总额和年平均工资 (2017年)
Total Wage Bill and Average Annual Wage of Employed Staff and Workers (2017)

市县名称	Cities and Counties	在岗职工工资总额 (万元) Total Wages of Staff and Workers on the Job (10 000 yuan)	#国有经济 State-owned Units	#城镇集体经济 Urban Collective Owned Units	在岗职工年平均工资 (元) Average Annual Wages of Staff and Workers on the Job (yuan)	#国有经济 State-owned Units	#城镇集体经济 Urban Collective Owned Units	在岗职工年平均工资为上年% Average Annual Wages as Percentage of Preceding Year (%)
芙蓉区	Furong District	1186661	571048	13389	93617	119940	44044	107.9
天心区	Tianxin District	1192716	229591	2646	92604	85445	40966	97.5
岳麓区	Yuelu District	1761845	727089	3909	95585	144035	43290	117.8
开福区	Kaifu District	1151021	477448	1439	121278	141743	34589	116.0
雨花区	Yuhua District	1329835	440608	2801	86727	111708	50280	115.9
望城区	Wangcheng District	496561	86883	4822	55366	87443	47048	103.9
长沙县	Changsha County	1352538	254690	12992	77180	95318	69927	109.6
宁乡县	Ningxiang County	376448	162768	11114	70516	80439	60501	113.4
浏阳市	Liuyang City	816910	238632	30875	63783	87732	67694	109.9
荷塘区	Hetang District	188971	65978	1947	54988	69109	48799	105.5
芦淞区	Lousong District	298242	90537	500	61397	68709	44257	109.7
石峰区	Shifeng District	541074	68800	618	85576	98033	82387	114.2
天元区	Tianyuan District	604385	233738	2225	70121	87313	57062	106.1
株洲县	Zhuzhou County	126854	55902	2527	52669	78207	36619	100.3
攸　县	You County	157067	88167	8886	55597	64033	52393	98.7
茶陵县	Chaling County	110999	64358	5633	45630	52593	38502	100.1
炎陵县	Yanling County	63013	42191	1341	54313	62543	51364	107.2
醴陵市	Liling City	398871	109946	7796	47087	50158	45323	87.6
雨湖区	Yuhu District	579108	247756	3130	60762	85940	44151	112.3
岳塘区	Yuetang District	594729	181933	16283	72206	91103	55555	111.7
湘潭县	Xiangtan County	222589	117842	2690	55688	73513	51240	111.2
湘乡市	Xiangxiang City	275223	132838	1892	56983	73391	39834	105.7
韶山市	Shaoshan City	53457	32952	1210	65390	71931	40475	124.8
珠晖区	Zhuhui District	170501	85944	2081	59697	75119	39559	112.7
雁峰区	Yanfeng District	330941	66850	2297	68159	93798	35172	109.5
石鼓区	Shigu District	282020	128187	8872	64125	97629	36389	114.2
蒸湘区	Zhengxiang District	370832	145002	4270	62457	74851	39034	103.5
南岳区	Nanyue District	35251	22215	214	55557	63489	44500	109.3
衡阳县	Hengyang County	293691	150271	14733	46047	56226	41665	111.1
衡南县	Hengnan County	260433	121330	4551	50666	59525	57603	114.1
衡山县	Hengshan County	100218	64551	231	54466	66226	39119	107.6
衡东县	Hengdong County	130516	87020	4149	49905	55700	35398	106.4
祁东县	Qidong County	167227	77919	2850	50574	58388	33177	105.1
耒阳市	Leiyang City	283853	173228	4261	52843	60346	35156	114.9
常宁市	Changning City	245924	149032	3775	53757	59936	42136	110.4
双清区	Shuangqing District	337086	118693	9181	54666	74155	51869	114.4
大祥区	Daxiang District	217388	137360	7633	72121	75885	45270	110.0
北塔区	Beita District	58604	26086	514	46518	52129	21132	110.4

22-6 续表 1 continued

市县名称	Cities and Counties	在岗职工工资总额（万元）Total Wages of Staff and Workers on the Job (10 000 yuan)	#国有经济 State-owned Units	#城镇集体经济 Urban Collective Owned Units	在岗职工年平均工资（元）Average Annual Wages of Staff and Workers on the Job (yuan)	#国有经济 State-owned Units	#城镇集体经济 Urban Collective Owned Units	在岗职工年平均工资为上年% Average Annual Wages as Percentage of Preceding Year (%)
邵东县	Shaodong County	216419	146077	1778	57333	68267	61512	113.4
新邵县	Xinshao County	152621	94529	3453	63759	68484	90617	110.0
邵阳县	Shaoyang County	187507	118975	22329	60145	63406	59088	113.5
隆回县	Longhui County	191217	144134	1614	61244	67126	77230	111.9
洞口县	Dongkou County	145584	105048	517	55511	66457	35190	112.2
绥宁县	Suining County	78275	52418	934	48365	54353	47887	105.1
新宁县	Xinning County	132145	84187	4455	54739	66873	68855	110.1
城步县	Chengbu County	72144	60144	306	63041	69314	23752	116.9
武冈市	Wugang City	156688	115235	10232	62229	71552	40092	115.2
岳阳楼区	Yueyanglou District	683253	231571	3857	60265	58690	57052	114.7
云溪区	Yunxi District	209884	24296	11757	73981	61524	67764	108.5
君山区	Junshan District	63009	47121	2145	45320	51861	27707	145.6
岳阳县	Yueyang County	144799	70708	3725	44864	45959	33893	105.4
华容县	Huarong County	139180	95290	7198	51324	66664	49333	119.0
湘阴县	Xiangyin County	233726	130705	4829	53171	58457	53534	108.5
平江县	Pingjiang County	228624	139399	8331	49402	59263	42206	122.3
汨罗市	Miluo City	230423	107831	5324	49698	52226	54656	103.6
临湘市	Linxiang City	124752	69868	7909	53749	56715	55855	101.8
武陵区	Wuling District	882570	364034	566	66688	88728	44889	110.3
鼎城区	Dingchen District	240308	128715	22	59841	75648	54250	113.3
安乡县	Anxiang County	182820	71266	1872	49148	60513	71431	104.8
汉寿县	Hanshou County	153655	86259	4727	54358	59110	55742	99.3
澧　县	Li County	242058	115227	8572	54278	60655	68301	110.8
临澧县	Linli County	112162	73399	999	61995	69520	57763	112.7
桃源县	Taoyuan County	225402	132338	18	56042	68704	25000	105.5
石门县	Shimen County	179255	113501	2842	64185	75748	67667	108.8
津市市	Jinshi City	113913	41242	941	47822	61748	48505	105.4
永定区	Yongding District	232973	133631		63652	80014		107.5
武陵源区	Wulingyuan District	43033	25060		65629	71355		118.1
慈利县	Cili County	143685	109943	7766	63239	72009	64184	114.9
桑植县	Sangzhi County	83342	69497		64797	69192		104.4
资阳区	Ziyang District	139420	89407	2459	57906	62649	46491	109.1
赫山区	Heshan District	554007	232379	6130	61213	83943	37767	108.9
南　县	Nan County	141567	100306	3335	59532	65697	90633	105.5
大通湖区	Datonghu District	18346	11565	1964	58614	64106	107890	108.7
桃江县	Taojiang County	187123	112987	3056	61863	72044	60385	113.6
安化县	Anhua County	161360	119570	7536	67944	73190	54650	108.5
沅江市	Yuanjiang City	171113	123142	6225	55912	62924	60498	108.3
北湖区	Beihu District	580731	297196	3283	67006	82520	62414	107.2
苏仙区	Suxian District	349077	179057	3450	66992	88088	33297	110.9
桂阳县	Guiyang County	233512	131695	6424	64620	72885	56598	113.2
宜章县	Yizhang County	139931	103656	852	62064	69326	29495	107.1
永兴县	Yongxing County	132759	93297	4590	53908	62602	51394	106.8

22-6 续表 2 continued

市县名称	Cities and Counties	在岗职工工资总额（万元）Total Wages of Staff and Workers on the Job (10 000 yuan)	#国有经济 State-owned Units	#城镇集体经济 Urban Collective Owned Units	在岗职工年平均工资（元）Average Annual Wages of Staff and Workers on the Job (yuan)	#国有经济 State-owned Units	#城镇集体经济 Urban Collective Owned Units	在岗职工年平均工资为上年% Average Annual Wages as Percentage of Preceding Year (%)
嘉禾县	Jiahe County	78500	54010	7251	55765	62876	56294	113.7
临武县	Linwu County	83193	57979	5900	57902	71061	43349	118.2
汝城县	Rucheng County	73066	51268		59019	70143		107.8
桂东县	Guidong County	45515	33550		56149	70188		103.8
安仁县	Anren County	69606	45750	544	42360	43344	39449	105.0
资兴市	Zixing City	196516	86687	89	51042	83449	63857	109.3
零陵区	Lingling District	240938	194256	4481	67262	78643	34679	111.2
冷水滩区	Lengshuitan District	344784	152138	4101	56445	55622	34257	112.2
祁阳县	Qiyang County	229249	140731	16578	54099	63916	51183	107.8
东安县	Dongan County	127673	91844	1691	50931	53742	35831	103.9
双牌县	Shuangpai County	54807	38837	2421	48588	50833	32982	101.9
道　县	Dao County	135217	105369	12554	54808	62208	31456	111.1
江永县	Jiangyong County	66073	50007	6562	53388	56801	47273	117.3
宁远县	Ningyuan Couny	182318	109530		54584	59295		102.5
蓝山县	Lanshan County	145222	57993	4260	59425	58267	38072	94.5
新田县	Xintian County	83490	59368	375	44469	44477	53629	102.2
江华县	Jianghua County	118158	91535	2179	65263	71439	43584	108.5
鹤城区	Hecheng District	406361	233334	1316	68221	73861	39410	115.0
中方县	Zhongfang County	76096	53414	253	61821	71764	52771	121.7
沅陵县	Yuanling County	151549	108708	526	64870	73866	35302	110.7
辰溪县	Chenxi County	105357	72316	10559	55410	61073	42543	111.2
溆浦县	Xupu County	124839	110147	2270	53954	55367	30924	111.9
会同县	Huitong County	69126	57274	459	57389	57899	43733	111.2
麻阳县	Mayang County	98409	80044	4542	63869	72721	36103	111.2
新晃县	Xinhuang County	64058	56532	2006	64361	69844	35944	108.2
芷江县	Zhijiang County	90487	73668	2550	66102	72125	67468	105.8
靖州县	Jingzhou County	63242	50836	1815	67466	72179	60282	121.9
通道县	Tongdao County	50389	45275	225	59944	62140	40107	114.7
洪江市	Hongjiang City	82813	61922	1508	51790	53248	30648	111.1
洪江区	Hongjiang District	28857	19688	375	54934	65191	85227	116.5
娄星区	Louxing District	666322	241420	95400	59256	73324	38446	114.8
双峰县	Shuangfeng County	195379	96871	7512	52473	51421	38172	107.8
新化县	Xinhua County	149494	75187	10325	42269	36208	40379	100.7
冷水江市	Lengshuijiang City	240062	99439	28910	49006	56199	42628	105.2
涟源市	Lianyuan City	201689	131992	12297	52305	57909	49845	109.8
吉首市	Jishou City	305197	208582	4299	74688	77908	55262	105.5
泸溪县	Luxi County	71730	65117	715	64442	66958	17354	126.0
凤凰县	Fenghuang County	95164	83571	1895	67848	70429	43974	124.8
花垣县	Huayuan County	80726	73592	1005	64602	67596	52318	121.7
保靖县	Baojing County	65987	59751	1440	59240	63571	23108	113.1
古丈县	Guzhang County	38373	34330	131	65640	67248	22119	120.7
永顺县	Yongshun County	133679	113168	5821	61966	67997	32683	123.5
龙山县	Longshan County	75997	62518	2934	62150	62207	55677	104.7

22-7 地区生产总值 (2017年)
Gross Domestic Product (2017)

市县名称	Cities and Counties	地区生产总值（万元）GDP (10 000 yuan)	第一产业 Primary Industry	第二产业 Secondary Industry	第三产业 Tertiary Industry	GDP为上年% Index (preceding year=100)	人均GDP（元）Per Capita GDP (yuan)
芙蓉区	Furong District	12402524	672	1144721	11257131	109.0	211792
天心区	Tianxin District	8982588	15410	2672503	6294675	109.4	137369
岳麓区	Yuelu District	10101790	105540	4283061	5713189	109.2	119718
开福区	Kaifu District	9268131	13098	1514981	7740052	108.8	147277
雨花区	Yuhua District	17001657	55289	8727590	8218778	105.4	197189
望城区	Wangcheng District	6146670	394516	4274188	1477966	111.2	99573
长沙县	Changsha County	14327354	629478	9328982	4368894	111.3	144225
宁乡县	Ningxiang County	10938539	991812	7022199	2924528	110.3	85867
浏阳市	Liuyang City	13049854	914237	8953818	3181799	110.8	98683
荷塘区	Hetang District	2136089	36925	922730	1176434	108.1	71729
芦淞区	Lousong District	3636973	53065	1183788	2400120	108.1	124044
石峰区	Shifeng District	2860625	48012	2021049	791564	107.4	77967
天元区	Tianyuan District	3106851	99225	1157266	1850360	108.4	99292
株洲县	Zhuzhou County	1360154	204070	693225	462859	108.0	45673
攸　县	You County	3785217	487740	1757997	1539480	107.5	55186
茶陵县	Chaling County	1707559	284324	575154	848081	108.2	28907
炎陵县	Yanling County	692665	98762	287694	306209	108.3	33921
醴陵市	Liling City	6013943	499711	3525655	1988577	108.1	62025
雨湖区	Yuhu District	6557674	128414	3414354	3014906	108.8	109076
岳塘区	Yuetang District	5784480	55816	3300668	2427996	108.2	122087
湘潭县	Xiangtan County	3919895	503393	2024242	1392260	108.9	45406
湘乡市	Xiangxiang City	3942552	490847	2035239	1416466	108.9	48812
韶山市	Shaoshan City	848853	51070	422071	375712	108.7	85484
珠晖区	Zhuhui District	2444820	88019	1195514	1161287	108.2	69952
雁峰区	Yanfeng District	2368877	18693	1447224	902960	108.0	104818
石鼓区	Shigu District	1732882	21730	442796	1268356	108.9	70528
蒸湘区	Zhengxiang District	2147719	30691	1068613	1048415	108.1	67666
南岳区	Nanyue District	387994	20672	33398	333924	108.8	61198
衡阳县	Hengyang County	3328917	557278	1198717	1572922	108.5	30744
衡南县	Hengnan County	3230289	562658	1395498	1272133	108.3	33691
衡山县	Hengshan County	1614465	263298	463386	887781	108.7	41912
衡东县	Hengdong County	2787964	381491	928547	1477926	108.9	43995
祁东县	Qidong County	2719626	439978	990760	1288888	109.0	27371
耒阳市	Leiyang City	4220587	465524	1365663	2389400	108.7	36312
常宁市	Changning City	3110683	454183	1105237	1551263	108.7	37591
双清区	Shuangqing District	1514469	36422	806607	671440	107.3	47625
大祥区	Daxiang District	1535754	54779	583472	897503	108.1	44670
北塔区	Beita District	366808	27944	193414	145450	107.8	34378

注：总量指标按当年价格计算，指数按可比价格计算。

Aggregate data are calculated at current prices, while indices are calculated at comparable prices.

22-7 续表 1 continued

市县名称	Cities and Counties	地区生产总值（万元）GDP (10 000 yuan)	第一产业 Primary Industry	第二产业 Secondary Industry	第三产业 Tertiary Industry	GDP为上年% Index (preceding year=100)	人均GDP（元）Per Capita GDP (yuan)
邵东县	Shaodong County	3815505	460185	1787466	1567854	110.1	40829
新邵县	Xinshao County	1321038	264632	486848	569558	106.9	16893
邵阳县	Shaoyang County	1420867	319222	496529	605116	107.5	15068
隆回县	Longhui County	1685228	352676	444585	887967	108.5	14860
洞口县	Dongkou County	1583286	448875	546633	587778	107.4	19764
绥宁县	Suining County	877354	191755	381871	303728	107.4	24243
新宁县	Xinning County	1002469	241949	245602	514918	108.7	17228
城步县	Chengbu County	382389	89937	135015	157437	107.9	14163
武冈市	Wugang City	1371055	406553	272914	691588	108.4	17767
岳阳楼区	Yueyanglou District	8825405	98012	2393020	6334373	107.0	100931
云溪区	Yunxi District	2996084	80141	2197882	718061	105.5	158355
君山区	Junshan District	1304497	245683	518612	540202	106.6	51137
岳阳县	Yueyang County	2973222	445018	1374949	1153255	107.7	40238
华容县	Huarong County	3125071	598544	1362389	1164138	107.0	42786
湘阴县	Xiangyin County	3049185	468237	1447497	1133451	105.2	43257
平江县	Pingjiang County	2578479	396573	1097751	1084155	108.5	26209
汨罗市	Miluo City	4224500	442633	2228429	1553438	106.5	59092
临湘市	Linxiang City	2316029	265766	1168606	881657	107.4	44893
武陵区	Wuling District	13017098	72458	6804137	6140503	107.4	175055
鼎城区	Dingchen District	3088141	538417	857861	1691863	109.4	37569
安乡县	Anxiang County	1750396	306373	554380	889643	109.1	33070
汉寿县	Hanshou County	2740519	469413	855500	1415606	107.8	33863
澧　县	Li County	3232011	440543	1063935	1727533	109.6	41246
临澧县	Linli County	1626429	291739	528957	805733	108.3	37346
桃源县	Taoyuan County	3318452	700134	1088148	1530170	108.3	38614
石门县	Shimen County	2517601	374765	936504	1206332	109.7	41855
津市市	Jinshi City	1434268	178411	661613	594244	109.0	55037
永定区	Yongding District	2236632	178700	432145	1625787	108.8	48110
武陵源区	Wulingyuan District	560103	16992	7297	535814	108.7	90632
慈利县	Cili County	1821354	269404	541725	1010225	108.5	29654
桑植县	Sangzhi County	909230	111364	175259	622607	108.5	23338
资阳区	Ziyang District	1623759	201486	628299	793974	109.0	38496
赫山区	Heshan District	5244317	380278	2627002	2237037	107.6	60210
南　县	Nan County	2476705	561265	682608	1232832	108.4	33249
大通湖区	Datonghu District	422440	108088	197394	116958	106.1	38474
桃江县	Taojiang County	2507741	352190	1031336	1124215	108.4	31596
安化县	Anhua County	2144232	368204	769116	1006912	108.4	24141
沅江市	Yuanjiang City	2855000	495912	1053810	1305278	108.7	41210
北湖区	Beihu District	3890591	106137	1121588	2662866	108.0	89666
苏仙区	Suxian District	3014076	135793	1784706	1093577	107.5	69738
桂阳县	Guiyang County	3557696	403573	1621025	1533098	108.2	49612
宜章县	Yizhang County	2192350	198235	860403	1133712	108.2	36914
永兴县	Yongxing County	3258459	251139	1447121	1560199	108.2	59964

22–7 续表 2 continued

市县名称	Cities and Counties	地区生产总值（万元）GDP (10 000 yuan)	第一产业 Primary Industry	第二产业 Secondary Industry	第三产业 Tertiary Industry	GDP为上年% Index (preceding year=100)	人均GDP（元）Per Capita GDP (yuan)
嘉禾县	Jiahe County	1421201	167678	633915	619608	107.8	43409
临武县	Linwu County	1440839	119792	703336	617711	108.1	41595
汝城县	Rucheng County	614380	120055	205877	288448	107.8	17609
桂东县	Guidong County	344382	47113	81347	215922	108.6	14717
安仁县	Anren County	896618	176129	329609	390880	107.6	22670
资兴市	Zixing City	3310297	235521	1981958	1092818	108.3	94905
零陵区	Lingling District	2112542	337027	879185	896330	108.4	37812
冷水滩区	Lengshuitan District	2596006	290459	984353	1321194	109.3	47346
祁阳县	Qiyang County	2777777	431745	962326	1383706	108.2	31801
东安县	Dongan County	1688323	312396	598989	776938	108.5	29552
双牌县	Shuangpai County	586644	144247	248787	193610	108.2	29085
道　县	Dao County	1820569	358638	479926	982005	108.8	29059
江永县	Jiangyong County	634804	192156	182577	260071	107.7	26617
宁远县	Ningyuan Couny	1496684	271263	466017	759404	108.7	20528
蓝山县	Lanshan County	1081200	147687	398702	534811	108.1	31412
新田县	Xintian County	778951	166179	217540	395232	108.3	22611
江华县	Jianghua County	1126840	228086	325714	573040	108.8	25827
鹤城区	Hecheng District	3456184	90747	687101	2678336	108.0	56464
中方县	Zhongfang County	1072351	130509	595571	346271	107.4	43240
沅陵县	Yuanling County	1556827	221660	826021	509146	108.0	25623
辰溪县	Chenxi County	1058903	165726	329876	563301	107.2	22699
溆浦县	Xupu County	1431460	320437	378528	732495	107.2	18872
会同县	Huitong County	720140	120090	149884	450166	107.6	21574
麻阳县	Mayang County	761057	153839	236973	370245	107.8	21572
新晃县	Xinhuang County	519384	77492	205463	236429	107.3	20545
芷江县	Zhijiang County	906923	166300	328502	412121	106.0	25905
靖州县	Jingzhou County	799431	119252	284038	396141	108.6	31094
通道县	Tongdao County	401270	64826	126892	209552	108.8	18919
洪江市	Hongjiang City	1160229	209453	355889	594887	108.3	27487
洪江区	Hongjiang District	305164	17719	191891	95554	107.3	45752
娄星区	Louxing District	4601745	177623	2407247	2016875	110.4	74886
双峰县	Shuangfeng City	2122106	459259	879633	783214	108.6	25791
新化县	Xinhua County	2270321	434849	763564	1071908	108.5	19891
冷水江市	Lengshuijiang City	2583981	89014	1479322	1015645	106.5	74509
涟源市	Lianyuan City	2642749	367258	1157279	1118212	108.6	26939
吉首市	Jishou City	1534070	69116	460380	1004574	110.1	44817
泸溪县	Luxi County	562760	79927	271795	211038	103.7	19253
凤凰县	Fenghuang County	777398	85510	119365	572523	104.7	23651
花垣县	Huayuan County	673729	65270	363023	245436	110.4	22265
保靖县	Baojing County	520926	81904	183770	255252	108.1	17599
古丈县	Guzhang County	250190	48698	70419	131073	104.0	18797
永顺县	Yongshun County	649822	157186	160857	331779	106.1	14511
龙山县	Longshan County	786620	179380	164625	442615	108.5	15911

22-8 农作物播种面积(2017年) Sown Area of Crops (2017)

单位：千公顷 (1 000 hectares)

市县名称	Cities and Counties	农作物播种面积 Total Sown Area	#粮食作物 Area of Grain Crops	#稻谷面积 Area of Rice	油料面积 Area of Oil	蔬菜面积 Area of Vegetables
芙蓉区	Furong District	0.16				0.14
天心区	Tianxin District	2.93	1.31	1.27	0.01	1.41
岳麓区	Yuelu District	19.00	11.23	10.76	1.01	5.56
开福区	Kaifu District	3.62	2.19	2.14		1.39
雨花区	Yuhua District	0.76	0.23	0.23	0.03	0.49
望城区	Wangcheng District	92.89	52.55	48.58	5.27	27.56
长沙县	Changsha County	125.35	80.69	71.33	9.17	26.12
宁乡县	Ningxiang County	180.05	117.59	110.54	8.21	41.25
浏阳市	Liuyang City	169.32	78.50	71.98	32.08	38.59
荷塘区	Hetang District	9.86	5.03	4.62	0.41	2.97
芦淞区	Lousong District	8.66	4.40	4.19	0.33	2.98
石峰区	Shifeng District	8.03	3.71	3.36	0.43	3.03
天元区	Tianyuan District	17.14	11.70	11.36	0.64	4.63
株洲县	Zhuzhou County	47.90	31.62	31.04	2.94	10.00
攸　县	You County	103.79	63.53	61.78	12.03	20.71
茶陵县	Chaling County	66.97	43.38	42.17	10.33	6.87
炎陵县	Yanling County	20.68	13.10	10.05	1.91	2.90
醴陵市	Liling City	106.02	70.51	67.29	7.13	16.69
雨湖区	Yuhu District	25.29	19.53	18.99	0.26	5.35
岳塘区	Yuetang District	5.83	2.65	2.49	0.19	2.74
湘潭县	Xiangtan County	130.72	98.14	96.67	7.67	17.91
湘乡市	Xiangxiang City	120.70	71.29	69.79	11.20	21.63
韶山市	Shaoshan City	13.60	9.69	9.49	0.92	2.70
珠晖区	Zhuhui District	11.25	5.23	4.68	1.68	4.02
雁峰区	Yanfeng District	2.60	1.49	1.31	0.16	0.82
石鼓区	Shigu District	4.79	3.45	3.40	0.65	0.65
蒸湘区	Zhengxiang District	4.91	3.15	3.03	0.36	1.26
南岳区	Nanyue District	3.57	2.52	2.09	0.09	0.68
衡阳县	Hengyang County	151.99	96.49	90.08	41.98	6.19
衡南县	Hengnan County	156.44	99.75	93.15	35.04	6.08
衡山县	Hengshan County	48.59	31.64	30.38	8.89	5.03
衡东县	Hengdong County	94.25	63.11	59.04	18.15	6.67
祁东县	Qidong County	113.69	71.38	65.86	25.33	10.25
耒阳市	Leiyang City	128.23	80.64	72.65	29.68	10.57
常宁市	Changning City	99.99	63.06	60.35	19.90	7.54
双清区	Shuangqing District	9.79	6.15	5.41	0.52	1.97
大祥区	Daxiang District	17.51	10.55	9.03	1.47	2.43
北塔区	Beita District	5.00	2.85	2.18	0.39	1.42

22-8 续表 1 continued

单位：千公顷 (1 000 hectares)

市县名称	Cities and Counties	农作物播种面积 Total Sown Area	#粮食作物 Area of Grain Crops	#稻谷面积 Area of Rice	油料面积 Area of Oil	蔬菜面积 Area of Vegetables
邵东县	Shaodong County	116.13	71.77	58.37	17.21	16.44
新邵县	Xinshao County	77.03	50.80	40.92	6.95	11.11
邵阳县	Shaoyang County	110.18	71.28	59.91	16.42	15.03
隆回县	Longhui County	129.18	70.80	60.88	6.92	34.21
洞口县	Dongkou County	136.61	75.72	65.56	23.97	19.61
绥宁县	Suining County	41.01	20.38	17.22	4.28	9.17
新宁县	Xinning County	71.11	45.77	36.29	6.17	8.26
城步县	Chengbu County	28.05	14.00	10.98	2.85	5.30
武冈市	Wugang City	98.98	67.81	56.03	10.55	11.64
岳阳楼区	Yueyanglou District	20.05	12.63	10.83	2.42	4.07
云溪区	Yunxi District	12.56	6.73	5.42	1.87	2.26
君山区	Junshan District	53.96	28.41	21.43	10.59	7.09
岳阳县	Yueyang County	120.26	84.79	76.17	17.06	10.13
华容县	Huarong County	155.89	85.55	80.66	39.26	14.92
湘阴县	Xiangyin County	109.10	84.56	75.45	9.51	12.16
平江县	Pingjiang County	98.45	68.17	60.78	14.02	9.13
汨罗市	Miluo City	100.21	79.17	71.77	8.28	8.45
临湘市	Linxiang City	81.38	56.30	50.90	12.41	7.38
武陵区	Wuling District	31.45	21.88	21.21	3.95	3.63
鼎城区	Dingcheng District	191.65	110.93	103.83	42.80	22.88
安乡县	Anxiang County	118.95	54.34	50.27	37.91	12.63
汉寿县	Hanshou County	166.23	99.02	96.44	42.24	17.60
澧　县	Li County	145.45	78.42	67.36	43.03	13.90
临澧县	Linli County	100.01	55.74	52.79	29.27	8.55
桃源县	Taoyuan County	202.28	119.99	108.74	52.38	19.49
石门县	Shimen County	88.73	47.51	28.92	26.65	8.97
津市市	Jinshi City	46.67	25.41	24.02	15.47	2.30
永定区	Yongding District	56.02	28.18	16.49	9.60	13.54
武陵源区	Wulingyuan District	5.25	2.71	1.25	0.67	1.16
慈利县	Cili County	93.29	53.60	25.09	23.03	10.73
桑植县	Sangzhi County	64.07	37.46	14.22	11.91	10.93
资阳区	Ziyang District	72.50	45.60	43.19	4.53	15.87
赫山区	Heshan District	101.55	77.46	73.62	4.63	16.24
南　县	Nan County	168.83	80.77	73.29	41.41	28.70
大通湖区	Datonghu District	44.02	19.28	16.57	8.16	8.31
桃江县	Taojiang County	103.69	60.63	54.31	18.70	17.09
安化县	Anhua County	92.56	43.85	30.43	24.16	15.59
沅江市	Yuanjiang City	150.79	77.57	74.14	30.00	22.52
北湖区	Beihu District	26.83	9.82	8.33	0.99	10.60
苏仙区	Suxian District	34.91	21.86	18.22	3.12	5.99
桂阳县	Guiyang County	96.64	49.88	35.96	8.30	13.22
宜章县	Yizhang County	78.76	46.67	32.19	4.97	11.54
永兴县	Yongxing County	89.79	45.65	39.01	12.70	14.10

22-8 续表 2 continued

单位：千公顷 (1 000 hectares)

市县名称	Cities and Counties	农作物播种面积 Total Sown Area	#粮食作物 Area of Grain Crops	#稻谷面积 Area of Rice	油料面积 Area of Oil	蔬菜面积 Area of Vegetables
嘉禾县	Jiahe County	36.58	22.17	16.53	3.64	5.58
临武县	Linwu County	37.41	21.96	15.83	2.87	7.05
汝城县	Rucheng County	37.37	22.55	18.25	4.17	8.71
桂东县	Guidong County	18.44	11.27	8.41	3.23	2.17
安仁县	Anren County	75.93	45.36	42.38	15.91	6.73
资兴市	Zixing City	46.59	26.26	19.02	5.40	10.69
零陵区	Lingling District	104.98	59.20	54.24	13.72	23.62
冷水滩区	Lengshuitan District	85.21	53.09	46.54	6.14	15.57
祁阳县	Qiyang County	143.98	90.49	77.97	22.41	24.23
东安县	Dongan County	96.49	62.21	53.25	4.59	23.02
双牌县	Shuangpai County	24.31	14.29	10.63	1.26	5.54
道　县	Dao County	109.43	61.21	50.71	8.62	29.43
江永县	Jiangyong County	50.14	23.39	18.11	8.99	14.86
宁远县	Ningyuan County	69.47	48.95	41.78	5.63	8.14
蓝山县	Lanshan County	41.82	22.54	19.25	7.09	7.69
新田县	Xintian County	47.10	28.20	19.77	2.04	11.29
江华县	Jianghua County	63.08	38.89	27.47	5.93	10.05
鹤城区	Hecheng District	16.59	7.41	6.46	1.77	6.41
中方县	Zhongfang County	35.09	19.36	13.01	6.48	5.42
沅陵县	Yuanling County	71.29	41.95	27.57	16.15	12.31
辰溪县	Chenxi County	50.71	30.59	21.10	15.71	3.06
溆浦县	Xupu County	78.31	51.98	30.52	17.24	6.93
会同县	Huitong County	27.62	19.08	14.59	5.46	2.64
麻阳县	Mayang County	31.61	19.93	14.03	7.08	2.87
新晃县	Xinhuang County	23.43	15.55	10.04	4.10	3.44
芷江县	Zhijiang County	49.33	32.24	20.85	10.40	3.87
靖州县	Jingzhou County	32.10	19.98	16.27	6.00	4.02
通道县	Tongdao County	28.23	13.70	12.13	6.67	2.75
洪江市	Hongjiang City	47.63	25.52	17.89	9.97	9.13
洪江区	Hongjiang District	2.08	0.99	0.67	0.36	0.58
娄星区	Louxing District	36.79	23.67	19.00	3.95	6.44
双峰县	Shuangfeng County	105.13	74.26	64.34	11.92	11.27
新化县	Xinhua County	111.53	77.41	57.38	9.50	8.07
冷水江市	Lengshuijiang City	11.93	7.44	5.75	1.22	2.01
涟源市	Lianyuan City	80.35	62.98	45.84	7.81	8.15
吉首市	Jishou City	24.95	8.78	5.72	4.57	6.12
泸溪县	Luxi County	35.53	13.78	10.58	7.65	6.85
凤凰县	Fenghuang County	50.82	26.22	17.54	6.63	9.42
花垣县	Huayuan County	30.24	17.58	10.27	3.75	4.62
保靖县	Baojing County	32.88	16.20	8.63	5.35	5.10
古丈县	Guzhang County	15.56	8.08	4.53	2.35	2.77
永顺县	Yongshun County	63.27	36.06	21.86	9.87	8.72
龙山县	Longshan County	62.86	33.54	17.00	8.74	9.31

22-9 灌溉面积及水库、堤防 (2017年)
Irrigated Area and Reservoirs, Dikes (2017)

市县名称	Cities and Counties	有效灌溉面积（千公顷） Irrigated Area (1 000 hectares)	水 库（座） Number of Reservoirs (set)	堤防长度（公里） Total Length of Dikes (km)
芙蓉区	Furong District	0.01		15
天心区	Tianxin District	0.74		23
岳麓区	Yuelu District	10.88	42	87
开福区	Kaifu District	2.93	20	58
雨花区	Yuhua District	0.02	4	55
望城区	Wangcheng District	28.44	167	142
长沙县	Changsha County	53.23	58	243
宁乡县	Ningxiang County	71.82	166	753
浏阳市	Liuyang City	63.55	201	140
荷塘区	Hetang District	2.92	18	19
芦淞区	Lousong District	3.80	15	29
石峰区	Shifeng District	2.98	13	23
天元区	Tianyuan District	6.67	26	47
株洲县	Zhuzhou County	19.72	102	88
攸 县	You County	41.98	301	48
茶陵县	Chaling County	26.08	244	84
炎陵县	Yanling County	13.25	40	22
醴陵市	Liling City	47.61	207	541
雨湖区	Yuhu District	12.58	10	71
岳塘区	Yuetang District	2.92	6	59
湘潭县	Xiangtan County	67.19	133	128
湘乡市	Xiangxiang City	52.62	189	671
韶山市	Shaoshan City	6.07	49	57
珠晖区	Zhuhui District	3.66	25	76
雁峰区	Yanfeng District	0.95	9	33
石鼓区	Shigu District	1.11	20	36
蒸湘区	Zhengxiang District	1.16	25	42
南岳区	Nanyue District	2.03	10	116
衡阳县	Hengyang County	52.43	223	366
衡南县	Hengnan County	55.94	401	160
衡山县	Hengshan County	18.54	134	608
衡东县	Hengdong County	28.42	164	99
祁东县	Qidong County	41.08	189	955
耒阳市	Leiyang City	41.06	327	43
常宁市	Changning City	41.28	269	97
双清区	Shuangqing District	3.28	15	2
大祥区	Daxiang District	5.05	27	6
北塔区	Beita District	2.30	13	10

22-9 续表 1 continued

市县名称	Cities and Counties	有效灌溉面积（千公顷） Irrigated Area (1 000 hectares)	水 库（座） Number of Reservoirs (set)	堤防长度（公里） Total Length of Dikes (km)
邵东县	Shaodong County	31.22	129	61
新邵县	Xinshao County	21.07	94	38
邵阳县	Shaoyang County	45.01	240	5
隆回县	Longhui County	42.97	250	28
洞口县	Dongkou County	39.68	168	9
绥宁县	Suining County	18.77	41	97
新宁县	Xinning County	28.19	117	17
城步县	Chengbu County	13.11	32	30
武冈市	Wugang City	35.91	126	23
岳阳楼区	Yueyanglou District	8.81	69	24
云溪区	Yunxi District	6.49	38	144
君山区	Junshan District	25.77	37	267
岳阳县	Yueyang County	43.52	250	153
华容县	Huarong County	66.11	74	728
湘阴县	Xiangyin County	45.97	144	571
平江县	Pingjiang County	39.20	289	116
汨罗市	Miluo City	43.52	308	224
临湘市	Linxiang City	37.69	293	351
武陵区	Wuling District	6.27	1	165
鼎城区	Dingcheng District	82.95	200	829
安乡县	Anxiang County	47.70	11	403
汉寿县	Hanshou County	85.98	347	867
澧　县	Li County	72.35	152	401
临澧县	Linli County	39.99	151	62
桃源县	Taoyuan County	86.32	323	304
石门县	Shimen County	36.15	211	242
津市市	Jinshi City	11.44	28	106
永定区	Yongding District	15.02	91	74
武陵源区	Wulingyuan District	1.05	10	54
慈利县	Cili County	26.17	109	29
桑植县	Sangzhi County	13.26	54	167
资阳区	Ziyang District	22.44	36	262
赫山区	Heshan District	42.36	175	407
南　县	Nan County	67.06	1	852
大通湖区	Datonghu District	15.18		190
桃江县	Taojiang County	38.82	224	38
安化县	Anhua County	26.70	170	919
沅江市	Yuanjiang City	40.40	17	829
北湖区	Beihu District	8.80	14	90
苏仙区	Suxian District	13.87	61	52
桂阳县	Guiyang County	33.24	254	116
宜章县	Yizhang County	23.67	134	99
永兴县	Yongxing County	21.94	147	18

22-9 续表 2 continued

市县名称	Cities and Counties	有效灌溉面积（千公顷）Irrigated Area (1 000 hectares)	水 库（座）Number of Reservoirs (set)	堤防长度（公里）Total Length of Dikes (km)
嘉禾县	Jiahe County	13.69	95	2
临武县	Linwu County	11.68	83	76
汝城县	Rucheng County	17.91	79	407
桂东县	Guidong County	12.33	23	172
安仁县	Anren County	20.58	110	62
资兴市	Zixing City	16.28	86	12
零陵区	Lingling District	32.01	144	71
冷水滩区	Lengshuitan District	22.15	142	23
祁阳县	Qiyang County	50.27	258	31
东安县	Dongan County	37.27	203	368
双牌县	Shuangpai County	7.56	59	195
道　县	Dao County	44.13	100	18
江永县	Jiangyong County	13.35	84	46
宁远县	Ningyuan County	35.36	168	31
蓝山县	Lanshan County	15.14	55	97
新田县	Xintian County	11.94	69	35
江华县	Jianghua County	20.60	112	32
鹤城区	Hecheng District	7.09	45	51
中方县	Zhongfang County	11.46	111	129
沅陵县	Yuanling County	20.67	113	75
辰溪县	Chenxi County	17.29	167	97
溆浦县	Xupu County	32.42	141	121
会同县	Huitong County	15.77	106	221
麻阳县	Mayang County	13.91	170	15
新晃县	Xinhuang County	10.53	53	71
芷江县	Zhijiang County	16.52	152	38
靖州县	Jingzhou County	19.93	67	21
通道县	Tongdao County	13.23	42	32
洪江市	Hongjiang City	19.70	136	35
洪江区	Hongjiang District	0.61	7	5
娄星区	Louxing District	9.93	50	57
双峰县	Shuangfeng County	29.72	219	95
新化县	Xinhua County	26.22	280	158
冷水江市	Lengshuijiang City	4.80	31	31
涟源市	Lianyuan City	29.66	174	41
吉首市	Jishou City	10.99	43	25
泸溪县	Luxi County	20.46	141	19
凤凰县	Fenghuang County	29.08	96	335
花垣县	Huayuan County	19.50	53	22
保靖县	Baojing County	20.50	90	33
古丈县	Guzhang County	11.11	47	63
永顺县	Yongshun County	33.40	117	166
龙山县	Longshan County	25.86	95	44

22-10 农林牧渔业总产值 (2017年)
Gross Output Value of Farming, Forestry, Animal Husbandry and Fishery (2017)

单位：万元 (10 000 yuan)

市县名称	Cities and Counties	农林牧渔业总产值 Gross Output Value of Farming, Forestry, Animal Husbandry and Fishery	指数(上年=100) Indices (preceding year=100)	农业产值 Output Value of Farming	林业产值 Output Value of Forestry	牧业产值 Output Value of Animal Husbandry	渔业产值 Output Value of Fishery	服务业产值 Output Value of Services
芙蓉区	Furong District	1268	56.6	1135			73	60
天心区	Tianxin District	26035	85.3	20882		1672	1901	1580
岳麓区	Yuelu District	160971	94.0	125563	6422	11609	8997	8380
开福区	Kaifu District	25726	69.8	15451		8304	1151	820
雨花区	Yuhua District	86281	85.5	79259		1495	1377	4150
望城区	Wangcheng District	686196	105.6	449853	12536	129984	44823	49000
长沙县	Changsha County	1027130	103.2	702866	37869	206702	24453	55240
宁乡县	Ningxiang County	1612534	104.0	967772	61382	442558	47971	92851
浏阳市	Liuyang City	1515856	105.4	876622	200095	308324	38415	92400
荷塘区	Hetang District	66579	104.0	47719	2683	11610	3558	1009
芦淞区	Lousong District	80604	103.5	43942	709	31448	3408	1097
石峰区	Shifeng District	60381	103.6	36219	2378	16306	4149	1329
天元区	Tianyuan District	131974	104.1	86521	1175	35637	7216	1425
株洲县	Zhuzhou County	294150	103.8	137977	28174	97880	17469	12650
攸　县	You County	786948	104.3	432424	64884	220352	28505	40782
茶陵县	Chaling County	416477	104.1	222853	38601	120633	24268	10123
炎陵县	Yanling County	149293	104.1	59643	56612	23095	1418	8524
醴陵市	Liling City	731636	104.2	360747	41354	264779	37213	27543
雨湖区	Yuhu District	232168	103.6	98313	7476	104604	7757	14018
岳塘区	Yuetang District	106277	98.5	49536	7648	29660	3820	15612
湘潭县	Xiangtan County	853588	103.8	398843	51041	309067	51075	43563
湘乡市	Xiangxiang City	813659	103.8	377088	54177	301983	47960	32452
韶山市	Shaoshan City	91968	103.6	41369	4234	39189	4273	2902
珠晖区	Zhuhui District	142830	104.0	98117	649	30458	7879	5727
雁峰区	Yanfeng District	31056	103.8	17818	873	6315	3846	2203
石鼓区	Shigu District	34416	103.9	18029	2669	7237	5089	1392
蒸湘区	Zhengxiang District	49114	103.7	31357	1376	7603	6071	2707
南岳区	Nanyue District	34327	103.6	15522	4582	11481	949	1792
衡阳县	Hengyang County	970405	103.7	373664	69991	360211	107135	59404
衡南县	Hengnan County	976117	103.8	382284	75094	354543	103199	60997
衡山县	Hengshan County	435317	103.5	160052	73151	161192	21043	19879
衡东县	Hengdong County	631563	103.7	260858	93797	207262	33832	35814
祁东县	Qidong County	766554	103.4	342841	28680	258038	87641	49354
耒阳市	Leiyang City	840073	103.9	336201	53373	329722	53736	67040
常宁市	Changning City	762904	103.6	289544	99317	276742	58363	38938
双清区	Shuangqing District	88129	103.9	33191	41	22273	2588	30035
大祥区	Daxiang District	119414	104.0	50286	822	23126	3392	41790
北塔区	Beita District	52094	103.9	20735	387	15143	2384	13445

22-10 续表 1 continued

单位：万元 (10 000 yuan)

市县名称	Cities and Counties	农林牧渔业总产值 Gross Output Value of Farming, Forestry, Animal Husbandry and Fishery	指数（上年=100）Indices (preceding year=100)	农业产值 Output Value of Farming	林业产值 Output Value of Forestry	牧业产值 Output Value of Animal Husbandry	渔业产值 Output Value of Fishery	服务业产值 Output Value of Services
邵东县	Shaodong County	698348	102.3	482681	3737	147146	42436	22348
新邵县	Xinshao County	419552	104.4	223484	16249	142921	9772	27126
邵阳县	Shaoyang County	492286	104.1	280044	21318	158261	15719	16945
隆回县	Longhui County	607233	104.6	402460	22675	153443	13075	15579
洞口县	Dongkou County	724346	104.3	435241	30118	186951	28568	43468
绥宁县	Suining County	292890	104.5	138134	42886	101783	3162	6924
新宁县	Xinning County	327977	104.5	220160	11658	76627	8242	11291
城步县	Chengbu County	165260	104.7	74456	16633	67297	1084	5791
武冈市	Wugang City	567051	104.8	325894	14695	201067	16480	8915
岳阳楼区	Yueyanglou District	165279	105.9	76296	4879	34454	39323	10326
云溪区	Yunxi District	136052	104.8	50047	4732	36503	36758	8011
君山区	Junshan District	410244	102.1	216433	9904	69720	89767	24419
岳阳县	Yueyang County	748714	102.6	338186	13454	252456	100924	43693
华容县	Huarong County	1006535	102.6	486914	10371	173964	276472	58815
湘阴县	Xiangyin County	790903	104.8	328593	24673	159920	231502	46215
平江县	Pingjiang County	655503	104.8	319087	61791	220072	15659	38893
汨罗市	Miluo City	746076	104.5	328541	14302	270998	87976	44258
临湘市	Linxiang City	444912	104.1	202122	21487	120013	75244	26045
武陵区	Wuling District	143185	103.6	76404	822	7979	20381	37599
鼎城区	Dingcheng District	928314	103.3	417578	51452	300777	91582	66925
安乡县	Anxiang County	517853	106.4	237198	3396	128173	116039	33047
汉寿县	Hanshou County	800223	102.2	395063	20302	236845	95152	52861
澧　县	Li County	803284	104.6	374075	13156	275319	56726	84008
临澧县	Linli County	518481	103.8	222790	13319	228251	27415	26706
桃源县	Taoyuan County	1192528	96.3	621579	14824	477358	40671	38096
石门县	Shimen County	637130	104.3	342519	13855	239112	14526	27118
津市市	Jinshi City	324357	103.9	93616	35952	140551	26929	27309
永定区	Yongding District	291758	104.1	183810	22038	48589	14014	23306
武陵源区	Wulingyuan District	28168	104.0	14264	4015	7699	498	1692
慈利县	Cili County	427248	104.2	246268	36991	119564	16006	8418
桑植县	Sangzhi County	175672	104.0	111305	17577	34814	8018	3958
资阳区	Ziyang District	354534	104.1	221636	2407	78272	38593	13626
赫山区	Heshan District	695789	104.3	353146	24867	239699	34782	43295
南　县	Nan County	1002464	104.2	548580	6280	196724	198972	51908
大通湖区	Datonghu District	189416	104.2	120452	2933	17952	39005	9074
桃江县	Taojiang County	653160	103.9	313199	60866	216125	9729	53241
安化县	Anhua County	674596	103.9	340110	41770	217498	29026	46192
沅江市	Yuanjiang City	885595	104.1	424147	11742	168546	236780	44380
北湖区	Beihu District	203459	104.3	132089	14582	46294	5503	4991
苏仙区	Suxian District	247603	104.3	114195	12815	96582	14862	9149
桂阳县	Guiyang County	683753	103.7	406603	52676	169622	20055	34797
宜章县	Yizhang County	320904	104.3	210124	8409	85672	7189	9510
永兴县	Yongxing County	363920	103.4	195247	29528	99534	24592	15019

22-10 续表 2 continued

单位：万元 (10 000 yuan)

市县名称	Cities and Counties	农林牧渔业总产值 Gross Output Value of Farming, Forestry, Animal Husbandry and Fishery	指数(上年=100) Indices (preceding year=100)	农业产值 Output Value of Farming	林业产值 Output Value of Forestry	牧业产值 Output Value of Animal Husbandry	渔业产值 Output Value of Fishery	服务业产值 Output Value of Services
嘉禾县	Jiahe County	304620	104.3	143758	16590	129294	3831	11146
临武县	Linwu County	203049	103.6	131102	9796	50187	4374	7591
汝城县	Rucheng County	278682	103.8	163646	53293	56092	1393	4258
桂东县	Guidong County	85987	104.1	51206	10284	20476	456	3565
安仁县	Anren County	305343	104.4	192105	29243	57063	12100	14832
资兴市	Zixing City	394642	104.4	187423	41612	103145	50324	12138
零陵区	Lingling District	621962	104.4	313649	36646	210775	33533	27358
冷水滩区	Lengshuitan District	534360	104.3	266289	28291	166062	46994	26725
祁阳县	Qiyang County	770192	103.0	399504	76641	148732	107681	37634
东安县	Dongan County	563494	104.3	300685	43326	160540	36564	22378
双牌县	Shuangpai County	282483	103.9	49541	131156	78041	7869	15876
道　县	Dao County	722485	104.1	399033	64144	167153	52136	40019
江永县	Jiangyong County	357487	104.4	187689	30516	113188	8577	17517
宁远县	Ningyuan County	496134	104.2	215181	39669	176620	41457	23207
蓝山县	Lanshan County	277701	104.0	133353	54629	67400	3195	19125
新田县	Xintian County	308643	104.0	160079	21048	102348	13775	11393
江华县	Jianghua County	431169	103.9	164978	129303	111885	5077	19926
鹤城区	Hecheng District	155475	104.0	95732	7439	39191	7313	5801
中方县	Zhongfang County	219669	104.5	110381	33397	64584	8654	2653
沅陵县	Yuanling County	368284	104.4	190698	45481	93796	32643	5665
辰溪县	Chenxi County	292125	104.2	156301	15158	106635	7911	6121
溆浦县	Xupu County	560212	101.7	282163	53469	197401	14961	12219
会同县	Huitong County	203520	104.2	90601	40419	61072	6268	5160
麻阳县	Mayang County	264563	104.8	173284	5097	73318	6970	5895
新晃县	Xinhuang County	151082	103.3	49882	7711	85736	2452	5301
芷江县	Zhijiang County	297488	104.5	149897	17148	111134	11766	7543
靖州县	Jingzhou County	214688	108.4	101882	9455	91851	7579	3920
通道县	Tongdao County	136275	103.9	52806	32995	46023	3471	980
洪江市	Hongjiang City	354863	104.5	220866	27730	84625	12250	9392
洪江区	Hongjiang District	29726	103.4	12475	1528	14413	701	609
娄星区	Louxing District	278409	103.9	160237	11740	81643	14826	9962
双峰县	Shuangfeng County	731833	104.3	388072	18273	258781	38715	27992
新化县	Xinhua County	696347	104.2	316091	19502	284520	52794	23441
冷水江市	Lengshuijiang City	151081	104.3	52261	4819	81179	7712	5110
涟源市	Lianyuan City	607952	104.2	282332	14918	260024	28347	22332
吉首市	Jishou City	118680	104.1	85770	2965	24729	3070	2146
泸溪县	Luxi County	137855	103.6	91253	5609	36824	2309	1860
凤凰县	Fenghuang County	147572	103.7	103119	4946	35824	1436	2247
花垣县	Huayuan County	116420	103.6	62562	4258	44875	2887	1838
保靖县	Baojing County	140975	104.1	99704	2662	34842	1922	1845
古丈县	Guzhang County	82689	104.2	57267	5858	15965	1790	1809
永顺县	Yongshun County	267305	103.8	185846	11891	62781	3890	2897
龙山县	Longshan County	301603	103.9	227197	10902	56986	3363	3156

22-11 主要农产品产量(2017年)
Output of Major Farm Crops (2017)

单位：吨 (ton)

市县名称	Cities and Counties	粮食合计 Total Grain	稻谷 Rice	小麦 Wheat	玉米 Corn	大豆 Beans	薯类 Tubers
芙蓉区	Furong District						
天心区	Tianxin District	8771	8631		17	42	82
岳麓区	Yuelu District	81035	78420		888	69	812
开福区	Kaifu District	14267	13898			13	223
雨花区	Yuhua District	1741	1741				
望城区	Wangcheng District	342836	326067		2843	1249	11352
长沙县	Changsha County	510495	465137		17326	5332	18294
宁乡县	Ningxiang County	761163	718949	474	30422	3694	6550
浏阳市	Liuyang City	544127	513738	94	11961	5086	10028
荷塘区	Hetang District	35473	33403		261	214	1367
芦淞区	Lousong District	32176	31170		542	104	232
石峰区	Shifeng District	21948	20576		125	234	878
天元区	Tianyuan District	83773	82254		188	99	1174
株洲县	Zhuzhou County	216514	213135		1196	475	1452
攸　县	You County	450532	440858		1591	2049	5273
茶陵县	Chaling County	293915	287268		1599	1639	2322
炎陵县	Yanling County	83812	72291		2645	1513	6802
醴陵市	Liling City	498509	478396		14509	906	3562
雨湖区	Yuhu District	131573	128881		546	18	2075
岳塘区	Yuetang District	19156	18530		144	18	407
湘潭县	Xiangtan County	681976	673313		4804	216	3320
湘乡市	Xiangxiang City	491488	482411	18	6665	338	1712
韶山市	Shaoshan City	66727	66020		159	72	444
珠晖区	Zhuhui District	32499	30567			242	1482
雁峰区	Yanfeng District	8531	7721		575	28	126
石鼓区	Shigu District	18556	18362			22	154
蒸湘区	Zhengxiang District	18371	18003		37	47	208
南岳区	Nanyue District	14756	13015		356	195	909
衡阳县	Hengyang County	638378	601149	199	18819	4958	10994
衡南县	Hengnan County	645910	608767	1126	15577	2976	11128
衡山县	Hengshan County	218027	210975		744	337	5662
衡东县	Hengdong County	414147	391836		5690	5519	7817
祁东县	Qidong County	460030	427482	1014	19069	2861	7974
耒阳市	Leiyang City	508180	463937	132	6232	6336	28203
常宁市	Changning City	408443	392414	2814	9592	1583	1444
双清区	Shuangqing District	35018	31563	29	1473	333	1505
大祥区	Daxiang District	57947	51613	71	3317	769	2103
北塔区	Beita District	17642	13666	125	2278	321	1188

22-11 续表 1 continued

单位：吨 (ton)

市县名称	Cities and Counties	粮食合计 Total Grain	稻谷 Rice	小麦 Wheat	玉米 Corn	大豆 Beans	薯类 Tubers
邵东县	Shaodong County	436469	365559	3495	35585	9211	19272
新邵县	Xinshao County	303447	252561	4662	34043	6445	4357
邵阳县	Shaoyang County	445601	382442	784	46521	2984	6861
隆回县	Longhui County	479876	426015	936	25672	1808	21792
洞口县	Dongkou County	472850	420233	1554	33311	4101	9156
绥宁县	Suining County	142714	128389		4599	1277	6213
新宁县	Xinning County	289239	230535	215	47452	1480	9065
城步县	Chengbu County	76873	64978	72	8266	581	2352
武冈市	Wugang City	446073	373054	196	55524	2827	13644
岳阳楼区	Yueyanglou District	67035	61673	341	1430	1186	1817
云溪区	Yunxi District	41666	35802	478	1936	301	2998
君山区	Junshan District	159357	128615	12910	15258	657	1590
岳阳县	Yueyang County	515826	477331	1038	20856	1576	14243
华容县	Huarong County	525566	505908	3035	13462	1054	1584
湘阴县	Xiangyin County	527709	484331	657	28506	2307	10762
平江县	Pingjiang County	413607	385971	1476	16880	2043	6224
汨罗市	Miluo City	493769	458988	921	25468	2098	5252
临湘市	Linxiang City	332564	314158	4023	6791	1884	4773
武陵区	Wuling District	114475	112297		1052	604	393
鼎城区	Dingcheng District	664133	633336	8958	12101	2835	4958
安乡县	Anxiang County	339978	321774	9176	6850	1097	254
汉寿县	Hanshou County	598862	588430	486	1905	2099	4641
澧　县	Li County	504191	450436	8590	35493	1491	6108
临澧县	Linli County	333537	319231	1169	8770	358	3871
桃源县	Taoyuan County	740838	687256	669	31662	5735	10200
石门县	Shimen County	286899	189890	4122	71077	1935	14785
津市市	Jinshi City	144787	140640	2001	243	355	1255
永定区	Yongding District	144179	96129		26501	2395	18828
武陵源区	Wulingyuan District	14034	8809		3351	123	1746
慈利县	Cili County	294165	175254	242	87119	3569	27172
桑植县	Sangzhi County	138800	78861	333	29635	3007	26602
资阳区	Ziyang District	277703	265429		5105	222	6629
赫山区	Heshan District	498754	479620	823	8738	317	7413
南　县	Nan County	528094	491629	3581	21588	2269	6501
大通湖区	Datonghu District	129700	110600	1900	16200	200	800
桃江县	Taojiang County	355825	327429	761	14112	721	10756
安化县	Anhua County	229205	182250	52	36624	1971	6599
沅江市	Yuanjiang City	470500	453889	2495	9271	394	3659
北湖区	Beihu District	55473	49397		2443	412	3110
苏仙区	Suxian District	124666	107055		9509	92	7724
桂阳县	Guiyang County	292649	236803		28356	6751	20604
宜章县	Yizhang County	255920	189765		42601	2812	19698
永兴县	Yongxing County	256162	229919		10229	809	13840

22-11 续表 2 continued

单位：吨 (ton)

市县名称	Cities and Counties	粮食合计 Total Grain	稻谷 Rice	小麦 Wheat	玉米 Corn	大豆 Beans	薯类 Tubers
嘉禾县	Jiahe County	127170	100119	253	17619	2595	5922
临武县	Linwu County	120961	91853		22919	1187	4182
汝城县	Rucheng County	143645	123177		11418	2048	6878
桂东县	Guidong County	63748	55138		6748	369	1493
安仁县	Anren County	285906	277812		3179	2163	2136
资兴市	Zixing City	124072	99850		16684	521	6179
零陵区	Lingling District	366508	339812		13414	4611	6709
冷水滩区	Lengshuitan District	333678	296485		25766	5540	3945
祁阳县	Qiyang County	574473	504028	48	21141	11270	32624
东安县	Dongan County	379716	332458		24274	6082	12142
双牌县	Shuangpai County	70218	55031	117	9145	852	4259
道　县	Dao County	374821	324215		30958	5695	10105
江永县	Jiangyong County	122768	100843		15294	816	5167
宁远县	Ningyuan County	300149	267304		9424	7413	12085
蓝山县	Lanshan County	127138	112450	177	6974	1134	5042
新田县	Xintian County	152860	124993	69	15048	6086	5417
江华县	Jianghua County	226413	163417		57668	515	3855
鹤城区	Hecheng District	51398	48133		1904	322	872
中方县	Zhongfang County	112819	93816		11934	1084	4565
沅陵县	Yuanling County	224063	179102		28144	3769	12322
辰溪县	Chenxi County	185100	150752	13	19492	1591	10884
溆浦县	Xupu County	330716	232170	695	82232	1211	10705
会同县	Huitong County	122124	106119		13200	135	1772
麻阳县	Mayang County	111495	94844		11921	104	4359
新晃县	Xinhuang County	77464	52459		18285	88	6552
芷江县	Zhijiang County	209962	157893		38526	773	11999
靖州县	Jingzhou County	122553	110462		4648	603	6553
通道县	Tongdao County	82874	76565		3793	243	2166
洪江市	Hongjiang City	154250	126417		18228	608	8233
洪江区	Hongjiang District	6001	5350		438	94	532
娄星区	Louxing District	148406	128465	500	11752	3269	3960
双峰县	Shuangfeng County	483687	433338	836	42822	2543	3616
新化县	Xinhua County	456277	368885	3920	70793	2691	5547
冷水江市	Lengshuijiang City	44357	37213	852	4818	239	914
涟源市	Lianyuan City	386651	307114	1373	64171	4668	5865
吉首市	Jishou City	47415	35672		6116	922	4597
泸溪县	Luxi County	73768	63668	136	5439	793	3004
凤凰县	Fenghuang County	120059	90240		17704	2132	9922
花垣县	Huayuan County	87411	60801		17101	2224	7156
保靖县	Baojing County	84132	52927	18	19076	1542	10045
古丈县	Guzhang County	31016	22802		5128	652	1960
永顺县	Yongshun County	208326	141497	721	30212	2599	33043
龙山县	Longshan County	176905	109563	25	28060	2206	36860

22-11 续表 3 continued

单位：吨 (ton)

市县名称	Cities and Counties	棉花 Cotton	油料 Oil-bearing	#油菜籽 Rapeseeds	黄红麻 Jute and Ambary Hemp	苎麻 Ramie	烤烟 Fluecured Tobacco	茶叶 Tea	柑桔 Citrus
芙蓉区	Furong District								
天心区	Tianxin District		22	22					58
岳麓区	Yuelu District		2620	2401				36	6933
开福区	Kaifu District								4
雨花区	Yuhua District		32	32					
望城区	Wangcheng District		11355	8540				561	7014
长沙县	Changsha County		15752	13961			117	26692	17700
宁乡县	Ningxiang County	116	14090	8916			7128	4450	21782
浏阳市	Liuyang City	111	52351	48180		10	5685	1618	55387
荷塘区	Hetang District		756	716				41	1253
芦淞区	Lousong District	34	392	347				83	1374
石峰区	Shifeng District		644	519					1394
天元区	Tianyuan District		384	343				174	2599
株洲县	Zhuzhou County	363	5916	4117		7		470	8103
攸　县	You County	463	18428	14659		113		384	11547
茶陵县	Chaling County	777	17893	15365		1446	5843	325	27448
炎陵县	Yanling County	41	2860	1898				272	2420
醴陵市	Liling City	39	10970	10067				435	13609
雨湖区	Yuhu District		394					74	
岳塘区	Yuetang District		338	225				24	
湘潭县	Xiangtan County	197	8013	6773		24		967	3967
湘乡市	Xiangxiang City	39	13598	12010		26		575	
韶山市	Shaoshan City	5	1287	1053				83	
珠晖区	Zhuhui District		2501	2003					3301
雁峰区	Yanfeng District		235	193					2836
石鼓区	Shigu District		867	867					910
蒸湘区	Zhengxiang District		567	483					1442
南岳区	Nanyue District		151	89				35	447
衡阳县	Hengyang County	4547	68190	66579	21	14	1790	24	3284
衡南县	Hengnan County	3578	57010	51832			3298	620	9757
衡山县	Hengshan County	526	14910	14235				394	2411
衡东县	Hengdong County	645	30632	27591		6		366	4885
祁东县	Qidong County	960	36460	32069			2122	93	8393
耒阳市	Leiyang City	812	48654	43900	40	37	1433	242	11561
常宁市	Changning City	1310	34611	30356			2994	646	9687
双清区	Shuangqing District		1264	680					2713
大祥区	Daxiang District		2308	1323				15	21145
北塔区	Beita District		623	392				1	1906

22-11 续表 4 continued

单位：吨 (ton)

市县名称	Cities and Counties	棉花 Cotton	油料 Oil-bearing	#油菜籽 Rapeseeds	黄红麻 Jute and Ambary Hemp	苎麻 Ramie	烤烟 Fluecured Tobacco	茶叶 Tea	柑桔 Citrus
邵东县	Shaodong County	2	39259	25350		97		420	21580
新邵县	Xinshao County		12953	9884				71	22592
邵阳县	Shaoyang County		32558	23981		19	3292	30	15257
隆回县	Longhui County		12742	8633			4189	238	22300
洞口县	Dongkou County	24	37518	33120		54	95	3636	78099
绥宁县	Suining County		5100	4230		8		90	39085
新宁县	Xinning County		11222	7166		6	1968	23	129441
城步县	Chengbu County		4022	3120				161	2869
武冈市	Wugang City		19479	14458			23	640	89362
岳阳楼区	Yueyanglou District	39	4680	3124				323	7158
云溪区	Yunxi District	296	3013	2533				186	2283
君山区	Junshan District	6154	16515	16046			10	18	14533
岳阳县	Yueyang County	4633	29121	23184			31	1209	12266
华容县	Huarong County	16600	67278	66897			98	747	28985
湘阴县	Xiangyin County	310	16732	14162				2324	28004
平江县	Pingjiang County	777	25805	18767			62	3152	14446
汨罗市	Miluo City	710	13621	11466			50	2707	8161
临湘市	Linxiang City	1991	20482	16709				4455	2233
武陵区	Wuling District	1392	6707	6157					26212
鼎城区	Dingcheng District	9146	78660	76239			15	163	41590
安乡县	Anxiang County	8540	68239	67848		381		52	38041
汉寿县	Hanshou County	3347	81684	79240		484		1286	47529
澧　县	Li County	8984	87386	83583				402	141997
临澧县	Linli County	3347	53650	51322			2640	133	53986
桃源县	Taoyuan County	7239	109436	102553		417	3559	10202	153425
石门县	Shimen County	1744	49518	47159		19	3366	11702	341161
津市市	Jinshi City	3610	30517	28222				126	20743
永定区	Yongding District	38	18212	13762			2830	317	59420
武陵源区	Wulingyuan District		1541	1179				183	1363
慈利县	Cili County	650	40574	37725			4739	1822	174336
桑植县	Sangzhi County	3	20019	17404			7039	760	20905
资阳区	Ziyang District	1370	7209	7090		9		1606	8902
赫山区	Heshan District		7715	5816		27		3324	19628
南　县	Nan County	7167	76789	76417		37			52538
大通湖区	Datonghu District	1522	11943	11859		25			14901
桃江县	Taojiang County	94	30571	25841			98	13827	14178
安化县	Anhua County		38400	29773		12		63286	27640
沅江市	Yuanjiang City	3210	57600	57291		77		178	81488
北湖区	Beihu District		1404	716			2239	123	7952
苏仙区	Suxian District		6071	4706			5607	130	6730
桂阳县	Guiyang County		14677	5553			30870	311	19316
宜章县	Yizhang County	12	8791	3635			5315	873	123957
永兴县	Yongxing County	48	18729	15461			4988	414	99177

22-11 续表 5 continued

单位：吨 (ton)

市县名称	Cities and Counties	棉花 Cotton	油料 Oil-bearing	#油菜籽 Rapeseeds	黄红麻 Jute and Ambary Hemp	苎麻 Ramie	烤烟 Fluecured Tobacco	茶叶 Tea	柑桔 Citrus
嘉禾县	Jiahe County		8419	3839			7519	48	26507
临武县	Linwu County		6514	4027			1782	43	10176
汝城县	Rucheng County		6364	4162			204	266	7878
桂东县	Guidong County		1783	1681				2927	1053
安仁县	Anren County	7	29693	24560			9396	1051	22970
资兴市	Zixing City	10	6370	5341				1567	81360
零陵区	Lingling District	10	20837	16089	26		546	779	72808
冷水滩区	Lengshuitan District	420	11569	7200			615		31920
祁阳县	Qiyang County	579	42148	30467			160	260	88654
东安县	Dongan County	345	10688	3909		249	1056	6	28873
双牌县	Shuangpai County	65	2006	1404				62	6340
道　县	Dao County	149	15135	9620			4125	21	129377
江永县	Jiangyong County	15	14932	11335			3038	111	142836
宁远县	Ningyuan County	83	10325	7392			12751	260	65640
蓝山县	Lanshan County	345	14673	11456			6918	133	17960
新田县	Xintian County	247	4218	1794		10	6866	157	809
江华县	Jianghua County	148	11480	5197			7964	614	11323
鹤城区	Hecheng District		2043	2026					10661
中方县	Zhongfang County	83	9269	8595			24	38	22526
沅陵县	Yuanling County	13	20270	18127			14	6066	17505
辰溪县	Chenxi County	88	23934	22927				17	141852
溆浦县	Xupu County	171	26734	25348				978	97251
会同县	Huitong County	6	8411	8248	11	2		581	58571
麻阳县	Mayang County	31	11875	9074				15	407382
新晃县	Xinhuang County		4706	4406			20		5222
芷江县	Zhijiang County	31	13378	11578			931	16	140716
靖州县	Jingzhou County		8917	8552			447	5	26280
通道县	Tongdao County	117	8867	8723				16	8559
洪江市	Hongjiang City	13	12211	11773			74	63	222421
洪江区	Hongjiang District		408	400					2150
娄星区	Louxing District		6979	4131			32	417	8864
双峰县	Shuangfeng County	229	18208	15090		23	17	1582	7653
新化县	Xinhua County	141	14927	9725	83	47	95	2397	5863
冷水江市	Lengshuijiang City		1877	1629				199	10847
涟源市	Lianyuan City	17	12728	8021		21	44	1095	11874
吉首市	Jishou City		6616	5469		27	485	125	99544
泸溪县	Luxi County	92	11371	10256		142	847	2	181505
凤凰县	Fenghuang County		9741	7978		29	3294	16	71030
花垣县	Huayuan County		5675	4285			2616	5	13279
保靖县	Baojing County		7626	4646			1533	502	119650
古丈县	Guzhang County	4	3976	3663			1158	3163	18610
永顺县	Yongshun County		17185	12946			7816	162	96931
龙山县	Longshan County		12963	10378			8604	18	61238

22-12　主要林产品产量 (2017年)
Output of Major Forest Products (2017)

市县名称	Cities and Counties	油茶籽（吨）Tea-oil Seeds (ton)	油桐籽（吨）Tung-oil Seeds (ton)	松脂（吨）Pine Resin (ton)	板栗（吨）Chestnuts (ton)	棕片（吨）Palm Leaf (ton)	竹笋干（吨）Bamboo Shoots (ton)	木材采伐量（万方）Woods Cuts (10 000 cu.m)	竹材采伐量（万根）Bamboo Cuts(10 000 roots)
芙蓉区	Furong District								
天心区	Tianxin District								
岳麓区	Yuelu District	2000			25		21	1.38	23.00
开福区	Kaifu District							0.25	
雨花区	Yuhua District	48							
望城区	Wangcheng District	525	2		4000	2	250	1.06	60.00
长沙县	Changsha County	2620			7250		4		
宁乡县	Ningxiang County	3520						6.67	528.50
浏阳市	Liuyang City	53260		300	5450		18	7.70	189.00
荷塘区	Hetang District	2600			101	93	35	1.68	10.26
芦淞区	Lousong District	86						1.08	
石峰区	Shifeng District	1800						0.05	1.00
天元区	Tianyuan District	3800						0.00	
株洲县	Zhuzhou County	33200	2		200		50	0.68	70.00
攸　县	You County	50000			500		15	6.57	900.00
茶陵县	Chaling County	18400	890		390	320	840	1.02	45.00
炎陵县	Yanling County	2486	40	55	535	78	7150	3.46	400.00
醴陵市	Liling City	36432	200		150	110	490	0.28	1.15
雨湖区	Yuhu District	520	10				5	0.19	2.79
岳塘区	Yuetang District	273			20				
湘潭县	Xiangtan County	6520			24		5	1.84	5.80
湘乡市	Xiangxiang City	3200			460		18	0.60	6.55
韶山市	Shaoshan City	70			100				
珠晖区	Zhuhui District	1000			80		60	0.05	17.00
雁峰区	Yanfeng District							0.03	
石鼓区	Shigu District				55			0.05	2.40
蒸湘区	Zhengxiang District							0.33	3.01
南岳区	Nanyue District	32			75		150		2.12
衡阳县	Hengyang County	18917	45		940	4	210	0.42	35.00
衡南县	Hengnan County	21508			556		182	1.58	4.75
衡山县	Hengshan County	6500		245	600		20	0.24	26.00
衡东县	Hengdong County	60156	45	40	90		10	1.70	360.00
祁东县	Qidong County	13000	1650		9780	5	102	0.22	2.88
耒阳市	Leiyang City	48000	1000	2200	1010		1280	1.35	1250.00
常宁市	Changning City	45200	20	100	1000	10	1400	1.32	78.65
双清区	Shuangqing District	85						0.34	0.22
大祥区	Daxiang District	1061			1310		10		
北塔区	Beita District	50			1			0.00	0.26

22-12 续表 1 continued

市县名称	Cities and Counties	油茶籽(吨) Tea-oil Seeds (ton)	油桐籽(吨) Tung-oil Seeds (ton)	松脂(吨) Pine Resin (ton)	板栗(吨) Chestnuts (ton)	棕片(吨) Palm Leaf (ton)	竹笋干(吨) Bamboo Shoots (ton)	木材采伐量(万方) Woods Cuts (10 000 cu.m)	竹材采伐量(万根) Bamboo Cuts(10 000 roots)
邵东县	Shaodong County	11200						0.10	
新邵县	Xinshao County	1610	8	96	290		600	0.21	9.80
邵阳县	Shaoyang County	63000			1080		51	0.00	
隆回县	Longhui County	3348	24	9	945		579	1.67	5.00
洞口县	Dongkou County	2434	10	7	625	6	80	9.26	25.79
绥宁县	Suining County	5500	140	51	130		780	12.14	310.00
新宁县	Xinning County	2400	59		180		97	2.28	13.13
城步县	Chengbu County	2247	130		601	130	1170	5.37	450.00
武冈市	Wugang City	1752	19	82	80	268	81	12.41	66.12
岳阳楼区	Yueyanglou District	10						76.44	91.27
云溪区	Yunxi District	405			990		5	2.41	39.70
君山区	Junshan District	20							
岳阳县	Yueyang County	3100	52		2442		1366	1.39	30.00
华容县	Huarong County	30			98			4.68	18.00
湘阴县	Xiangyin County	160		160	10		20	8.80	4.50
平江县	Pingjiang County	21000	9465	43	1126	256	373	5.99	31.93
汨罗市	Miluo City	3970	18	800	307			4.45	198.95
临湘市	Linxiang City	900		176	500			1.58	6905.00
武陵区	Wuling District	1419					98	2.31	
鼎城区	Dingcheng District	14183	120	240	250	24	300	9.50	320.00
安乡县	Anxiang County							2.51	
汉寿县	Hanshou County	8984						12.13	300.00
澧　县	Li County	1064			66			3.78	8.00
临澧县	Linli County	8104	100		65			1.45	0.73
桃源县	Taoyuan County	17121			500			3.15	400.00
石门县	Shimen County	1611	245		5200	60	55	1.60	5.50
津市市	Jinshi City	565			1080		5	1.10	2.70
永定区	Yongding District	2500			400			1.94	
武陵源区	Wulingyuan District				116			0.16	2.15
慈利县	Cili County	1400			1465		270	2.83	8.22
桑植县	Sangzhi County	4000						0.51	0.10
资阳区	Ziyang District	1593			70		39	2.95	45.40
赫山区	Heshan District	4950			1280		33	8.57	59.02
南　县	Nan County					10	1	2.09	51.00
大通湖区	Datonghu District						1	0.29	2.50
桃江县	Taojiang County	4260			85		15625	3.73	895
安化县	Anhua County	11100	800	350	1810	1000	850	11.49	300.00
沅江市	Yuanjiang City							7.49	
北湖区	Beihu District	4788	118		1786		2486	0.90	9.00
苏仙区	Suxian District	10032	4020		565		375	0.38	55.00
桂阳县	Guiyang County	14538			81			1.18	28.00
宜章县	Yizhang County	2322	160	3080	605		50	1.45	15.30
永兴县	Yongxing County	28444			185	244	1316	2.58	23.70

22-12 续表 2 continued

市县名称	Cities and Counties	油茶籽（吨）Tea-oil Seeds (ton)	油桐籽（吨）Tung-oil Seeds (ton)	松脂（吨）Pine Resin (ton)	板栗（吨）Chestnuts (ton)	棕片（吨）Palm Leaf (ton)	竹笋干（吨）Bamboo Shoots (ton)	木材采伐量（万方）Woods Cuts (10 000 cu.m)	竹材采伐量（万根）Bamboo Cuts(10 000 roots)
嘉禾县	Jiahe County	3548			100		2	1.07	
临武县	Linwu County	3200	200		330	110	355	0.85	5.64
汝城县	Rucheng County	6900	561	69	1890	79	2670	1.40	149.20
桂东县	Guidong County	9579	125		85		217	3.39	120.00
安仁县	Anren County	12300			1210		2320	0.94	9.00
资兴市	Zixing City	6380	4		1160	302	1510	3.61	49.00
零陵区	Lingling District	6000		750	1700		3600	0.82	90.00
冷水滩区	Lengshuitan District	13710			43			3.58	0.50
祁阳县	Qiyang County	30780			2145		885	4.84	14.00
东安县	Dongan County	18860		325	121	482	156	0.70	24.35
双牌县	Shuangpai County	417	155	600	1993		440	6.12	24.00
道　县	Dao County	28300	390	17860	480	68	176	1.81	7.00
江永县	Jiangyong County	2604	16	1676	79		34	1.60	
宁远县	Ningyuan County	18030	58	35	400	96	406	1.98	12.00
蓝山县	Lanshan County	13560	26		1591	42	134	2.56	192.30
新田县	Xintian County	4480	50	143	2088	38	59	1.71	12.45
江华县	Jianghua County	21230	902	12992	2097	163	825	8.74	1.30
鹤城区	Hecheng District	3889			2039		135	1.09	
中方县	Zhongfang County	15710	50		750	500	130	1.75	12.00
沅陵县	Yuanling County	132	1380	4050	2422			2.80	3.00
辰溪县	Chenxi County	9990	224	12	187	37	50	2.04	0.24
溆浦县	Xupu County	14820	51		115	8	680	7.19	8.00
会同县	Huitong County	7500	8000		3000	16	4000	6.37	500.00
麻阳县	Mayang County	432			765		510	0.73	
新晃县	Xinhuang County				172		71	5.73	0.80
芷江县	Zhijiang County	3680	850	102	1820	74	185	3.65	
靖州县	Jingzhou County	1121			211		45	6.23	3.80
通道县	Tongdao County	2092	224	179	203		55	5.10	11.00
洪江市	Hongjiang City	2308			620		1573	4.61	33.00
洪江区	Hongjiang District	263	12		20	6	56	0.01	61.00
娄星区	Louxing District	2114			2850		150		
双峰县	Shuangfeng County	3488			200		50	0.16	35.00
新化县	Xinhua County	10298	50	39	4855	75	1200	1.50	88.10
冷水江市	Lengshuijiang City	1980			525	35	205	0.05	8.50
涟源市	Lianyuan City	7000						0.32	15.00
吉首市	Jishou City	360	5		450		23	0.06	1.60
泸溪县	Luxi County	2559			1470			0.10	
凤凰县	Fenghuang County	360			249		20	0.68	
花垣县	Huayuan County	1550			9		1	0.99	
保靖县	Baojing County	450	120		1400	10	5	0.16	0.90
古丈县	Guzhang County	4234			195		3	0.28	
永顺县	Yongshun County	6241	2	20	1241	17	10	2.41	1.50
龙山县	Longshan County	2140	500	100	215	40	65	0.36	1.00

22-13 水产品产量(2017年)
Number of Aquatic Products (2017)

市县名称	Cities and Counties	水产品（吨）Aquatic Products (ton)	#鱼 Fish
芙蓉区	Furong District	60	60
天心区	Tianxin District	1440	1440
岳麓区	Yuelu District	5680	5672
开福区	Kaifu District	885	885
雨花区	Yuhua District	850	850
望城区	Wangcheng District	22180	20287
长沙县	Changsha County	14460	14132
宁乡县	Ningxiang County	27110	27067
浏阳市	Liuyang City	20770	20378
荷塘区	Hetang District	3442	3442
芦淞区	Lousong District	1738	1675
石峰区	Shifeng District	2897	2862
天元区	Tianyuan District	5427	5254
株洲县	Zhuzhou County	11764	11090
攸　县	You County	23266	22927
茶陵县	Chaling County	17165	17165
炎陵县	Yanling County	1245	1215
醴陵市	Liling City	25229	24917
雨湖区	Yuhu District	6860	6780
岳塘区	Yuetang District	3048	3048
湘潭县	Xiangtan County	39696	38664
湘乡市	Xiangxiang City	35036	32765
韶山市	Shaoshan City	3508	3494
珠晖区	Zhuhui District	4000	3836
雁峰区	Yanfeng District	2072	2072
石鼓区	Shigu District	2696	2694
蒸湘区	Zhengxiang District	3140	3001
南岳区	Nanyue District	524	524
衡阳县	Hengyang County	59195	57652
衡南县	Hengnan County	55093	49583
衡山县	Hengshan County	11414	10861
衡东县	Hengdong County	17520	15233
祁东县	Qidong County	48387	47057
耒阳市	Leiyang City	29696	28770
常宁市	Changning City	31437	30749
双清区	Shuangqing District	1641	1444
大祥区	Daxiang District	2637	2561
北塔区	Beita District	1636	1614

22—13 续表 1 continued

市县名称	Cities and Counties	水产品（吨） Aquatic Products (ton)	#鱼 Fish
邵东县	Shaodong County	26180	25561
新邵县	Xinshao County	12115	12077
邵阳县	Shaoyang County	11340	11117
隆回县	Longhui County	10146	10030
洞口县	Dongkou County	15989	15540
绥宁县	Suining County	1848	1715
新宁县	Xinning County	5634	5574
城步县	Chengbu County	878	878
武冈市	Wugang City	8512	8351
岳阳楼区	Yueyanglou District	20446	18958
云溪区	Yunxi District	18006	16591
君山区	Junshan District	33392	31040
岳阳县	Yueyang County	49555	45617
华容县	Huarong County	131673	123544
湘阴县	Xiangyin County	140876	138407
平江县	Pingjiang County	8807	8227
汨罗市	Miluo City	44383	38235
临湘市	Linxiang City	36450	33164
武陵区	Wuling District	18771	18650
鼎城区	Dingcheng District	69774	65973
安乡县	Anxiang County	109463	104052
汉寿县	Hanshou County	79154	76415
澧　县	Li County	52217	51342
临澧县	Linli County	22142	20953
桃源县	Taoyuan County	36097	34842
石门县	Shimen County	13939	13897
津市市	Jinshi City	23712	23355
永定区	Yongding District	4998	4860
武陵源区	Wulingyuan District	100	71
慈利县	Cili County	6670	6511
桑植县	Sangzhi County	1849	1685
资阳区	Ziyang District	27561	24625
赫山区	Heshan District	27882	27184
南　县	Nan County	105098	44864
大通湖区	Datonghu District	31435	25935
桃江县	Taojiang County	10980	10688
安化县	Anhua County	16120	15752
沅江市	Yuanjiang City	146483	142498
北湖区	Beihu District	3595	3595
苏仙区	Suxian District	15199	14819
桂阳县	Guiyang County	15570	15083
宜章县	Yizhang County	6511	6509
永兴县	Yongxing County	25405	23536

22-13 续表 2 continued

市县名称	Cities and Counties	水产品（吨） Aquatic Products (ton)	#鱼 Fish
嘉禾县	Jiahe County	2518	2433
临武县	Linwu County	3967	3840
汝城县	Rucheng County	710	710
桂东县	Guidong County	325	323
安仁县	Anren County	7320	6914
资兴市	Zixing City	32424	32153
零陵区	Lingling District	18369	15163
冷水滩区	Lengshuitan District	24478	24066
祁阳县	Qiyang County	62448	60753
东安县	Dongan County	19576	19272
双牌县	Shuangpai County	4296	4224
道　县	Dao County	29040	28433
江永县	Jiangyong County	5007	4800
宁远县	Ningyuan County	19416	19022
蓝山县	Lanshan County	1459	1381
新田县	Xintian County	6887	6284
江华县	Jianghua County	2702	2669
鹤城区	Hecheng District	4712	4559
中方县	Zhongfang County	5999	5958
沅陵县	Yuanling County	18792	18723
辰溪县	Chenxi County	5769	5720
溆浦县	Xupu County	10210	10196
会同县	Huitong County	4554	4448
麻阳县	Mayang County	3132	3063
新晃县	Xinhuang County	1406	1389
芷江县	Zhijiang County	8719	8146
靖州县	Jingzhou County	3809	3325
通道县	Tongdao County	2374	2283
洪江市	Hongjiang City	8175	8037
洪江区	Hongjiang District	473	473
娄星区	Louxing District	9065	8501
双峰县	Shuangfeng County	24390	23508
新化县	Xinhua County	32286	31900
冷水江市	Lengshuijiang City	4714	4624
涟源市	Lianyuan City	17762	16864
吉首市	Jishou City	3271	3271
泸溪县	Luxi County	3120	3120
凤凰县	Fenghuang County	1568	1568
花垣县	Huayuan County	3507	3507
保靖县	Baojing County	2833	2833
古丈县	Guzhang County	814	814
永顺县	Yongshun County	6120	6120
龙山县	Longshan County	2812	2812

22-14 规模以上工业主营业务收入(2017年)
Revenue of Major Business of Industrial Enterprises above Designated Size (2017)

单位：万元 (10 000 yuan)

市县名称	Cities and Counties	主营业务收入 Revenue of Major Business	#国有经济 State-owned Economic	#集体经济 Collective Owned Economic
芙蓉区	Furong District	4230685		71301
天心区	Tianxin District	3261620	1652193	6193
岳麓区	Yuelu District	12023991		
开福区	Kaifu District	1715686		
雨花区	Yuhua District	5713553	3106	14811
望城区	Wangcheng District	12931835	36184	73169
长沙县	Changsha County	21352786	9302	38860
宁乡县	Ningxiang County	19074115	19611	50581
浏阳市	Liuyang City	24715198	4244	87945
荷塘区	Hetang District	1696916	631022	
芦淞区	Lousong District	1454378	29914	
石峰区	Shifeng District	6553302	135615	
天元区	Tianyuan District	3270454	24643	
株洲县	Zhuzhou County	1204301	24390	
攸　县	You County	4982654	28191	7612
茶陵县	Chaling County	1302163	31753	58842
炎陵县	Yanling County	652881		
醴陵市	Liling City	10115744	63507	44720
雨湖区	Yuhu District	8030337	163767	30047
岳塘区	Yuetang District	11059803	702279	52913
湘潭县	Xiangtan County	5331118		
湘乡市	Xiangxiang City	7904949	8106	29811
韶山市	Shaoshan City	2485786		
珠晖区	Zhuhui District	427982	34752	
雁峰区	Yanfeng District	2945930		
石鼓区	Shigu District	1016275	56093	8593
蒸湘区	Zhengxiang District	2193636	640443	
南岳区	Nanyue District	10095		
衡阳县	Hengyang County	2531376		
衡南县	Hengnan County	2360783		11613
衡山县	Hengshan County	1098357	3590	
衡东县	Hengdong County	2015467	28365	52840
祁东县	Qidong County	3330695	738	
耒阳市	Leiyang City	1403389	11645	2549
常宁市	Changning City	2502673	33509	60146
双清区	Shuangqing District	2515804	120912	
大祥区	Daxiang District	1674963	402215	2877
北塔区	Beita District	744898		

22-14 续表 1 continued

单位：万元 (10 000 yuan)

市县名称	Cities and Counties	主营业务收入 Revenue of Major Business	#国有经济 State-owned Economic	#集体经济 Collective Owned Economic
邵东县	Shaodong County	6457819	4555	
新邵县	Xinshao County	1910498	7771	
邵阳县	Shaoyang County	1228969		
隆回县	Longhui County	1950456	7645	
洞口县	Dongkou County	1886990		
绥宁县	Suining County	1493395	10258	
新宁县	Xinning County	783042	4161	
城步县	Chengbu County	290276		
武冈市	Wugang City	782691	2022	
岳阳楼区	Yueyanglou District	5751584	562057	
云溪区	Yunxi District	8510412		23607
君山区	Junshan District	1410966	86653	76923
岳阳县	Yueyang County	5196315	289984	40749
华容县	Huarong County	4713796	47691	30676
湘阴县	Xiangyin County	2520068	9951	30494
平江县	Pingjiang City	4452653	216698	32664
汨罗市	Miluo City	8014600		5346
临湘市	Linxiang County	4337342	2996	
武陵区	Wuling District	9876247	5705368	6103
鼎城区	Dingcheng District	3354189	16823	
安乡县	Anxiang County	991275		
汉寿县	Hanshou County	2136666	3835	
澧　县	Li County	3280089	2831	
临澧县	Linli County	1284320	3839	
桃源县	Taoyuan County	2082201	27339	
石门县	Shimen County	2913985	17595	
津市市	Jinshi City	2138255	55441	5787
永定区	Yongdi District	595823	135659	
武陵源区	Wulingyuan District	5297		
慈利县	Cili County	631363		
桑植县	Sangzhi County	186065		
资阳区	Ziyang District	2783997		9676
赫山区	Heshan District	9354513	444483	82790
南　县	Nan County	1472582	6755	
大通湖区	Datonghu District	354552		
桃江县	Taojiang County	3727033		
安化县	Anhua County	1241519	107970	
沅江市	Yuanjiang City	3984065		
北湖区	Beihu District	1725432	513709	
苏仙区	Suxian District	5771862	405951	3874
桂阳县	Guiyang County	6544169		25664
宜章县	Yizhang County	1899735	4892	12945
永兴县	Yongxing County	4844648		12977

22-14 续表 2 continued

单位：万元 (10 000 yuan)

市县名称	Cities and Counties	主营业务收入 Revenue of Major Business	#国有经济 State-owned Economic	#集体经济 Collective Owned Economic
嘉禾县	Jiahe County	2044423	32978	17737
临武县	Linwu County	910115		14241
汝城县	Rucheng County	233387		
桂东县	Guidong County	143946		
安仁县	Anren County	718908	20835	
资兴市	Zixing City	4515681	68277	
零陵区	Lingling District	1132003	13920	
冷水滩区	Lengshuitan District	3362483	386773	
祁阳县	Qiyang County	1974551	33327	
东安县	DonganCounty	1233161	56048	18105
双牌县	Shuangpai County	634717	33809	
道　县	Dao County	1070748	3815	
江永县	Jiangyong County	448625	4246	
宁远县	Ningyuan County	1253689	34938	
蓝山县	Lanshan County	1336489		
新田县	Xintian County	734925		
江华县	Jianghua County	1276986	2945	
鹤城区	Hecheng District	1184174	338645	
中方县	Zhongfang County	1363467		
沅陵县	Yuanling County	1773029	49459	
辰溪县	Chenxi County	555669	92413	10994
溆浦县	Xupu County	660666	2425	
会同县	Huitong County	164902		
麻阳县	Mayang County	631939	1217	
新晃县	Xinhuang County	472768		
芷江县	Zhijiang County	637151		
靖州县	Jingzhou County	761338		
通道县	Tongdao County	385486	3340	
洪江市	Hongjiang City	773241	30056	
洪江区	Hongjiang District	481484	36464	
娄星区	Louxing District	9461263	441279	355600
双峰县	Shuangfeng County	3033428		18202
新化县	Xinhua County	2116853	5239	54953
冷水江市	Lengshuijiang City	2894632	42621	83593
涟源市	Lianyuan County	2982752	2463	7250
吉首市	Jishou County	826087	205376	
泸溪县	Luxi County	459993	3062	
凤凰县	Fenghuang County	66644	2281	
花垣县	Huayuan County	583546		
保靖县	Baojing County	281497	22669	
古丈县	Guzhang County	92095		
永顺县	Yongshun County	172139	23612	
龙山县	Longshan County	178689	31891	2804

22-15 规模以上工业企业基本情况(2017年)
Basic Indicators of Industrial Enterprises above Designated Size (2017)

单位：万元 (10 000 yuan)

市县名称	Cities and Counties	利润总额 Total Profits	资产总计 Total Aassets	负债合计 Total Liabilities	全部从业人员年平均人数（万人） Average Number of Empolyment of the Current Year (10000persons)
芙蓉区	Furong District	387018	3139522	1355073	1.74
天心区	Tianxin District	112012	5132733	3526528	3.11
岳麓区	Yuelu District	874261	19652135	9795077	9.02
开福区	Kaifu District	127367	1631109	872628	1.43
雨花区	Yuhua District	405225	5849393	2466279	2.83
望城区	Wangcheng District	381432	10131405	4028981	5.79
长沙县	Changsha County	1207200	27596697	17025742	16.45
宁乡县	Ningxiang County	2019345	8754438	3787166	11.29
浏阳市	Liuyang City	1256725	8174206	3618043	19.24
荷塘区	Hetang District	83411	2188477	1159950	2.06
芦淞区	Lousong District	77628	2474741	1238772	2.46
石峰区	Shifeng District	581539	8017969	4309880	4.44
天元区	Tianyuan District	135494	5217860	3145204	2.65
株洲县	Zhuzhou County	31075	518395	296705	0.89
攸 县	You County	164363	3401320	1341579	4.95
茶陵县	Chaling County	32485	408301	169276	1.67
炎陵县	Yanling County	24427	417472	210632	1.22
醴陵市	Liling City	754016	14088774	1596709	30.98
雨湖区	Yuhu District	359099	5890078	3329968	4.37
岳塘区	Yuetang District	359346	11848546	7859962	5.80
湘潭县	Xiangtan County	176812	1293703	440787	3.41
湘乡市	Xiangxiang City	60500	528916	260246	4.18
韶山市	Shaoshan City	35761	251834	25566	1.03
珠晖区	Zhuhui District	22560	710062	503956	0.94
雁峰区	Yanfeng District	122617	3344176	2159854	2.60
石鼓区	Shigu District	63124	1188988	691815	1.25
蒸湘区	Zhengxiang District	42362	2962683	2242681	1.83
南岳区	Nanyue District	152	8779	2471	0.02
衡阳县	Hengyang County	249709	887054	421129	3.57
衡南县	Hengnan County	205022	2058748	775681	2.64
衡山县	Hengshan County	62489	408047	205908	1.57
衡东县	Hengdong County	85440	906058	430213	2.33
祁东县	Qidong County	351412	1743056	739584	5.64
耒阳市	Leiyang City	62805	1785906	1028952	3.12
常宁市	Changning City	72779	1107491	808328	2.35
双清区	Shuangqing District	93771	1104522	537968	2.57
大祥区	Daxiang District	46791	1350892	780657	1.23
北塔区	Beita District	14324	257636	137265	0.49

22-15 续表 1 continued

单位：万元 (10 000 yuan)

市县名称	Cities and Counties	利润总额 Total Profits	资产总计 Total Aassets	负债合计 Total Liabilities	全部从业人员年平均人数（万人） Average Number of Empolyment of the Current Year (10000persons)
邵东县	Shaodong County	631044	1523945	238248	7.32
新邵县	Xinshao County	132155	997199	348478	2.31
邵阳县	Shaoyang County	76212	723263	153856	2.48
隆回县	Longhui County	38864	486104	233734	2.57
洞口县	Dongkou County	65872	570496	189252	2.13
绥宁县	Suining County	181352	739865	218389	2.00
新宁县	Xinning County	47456	497088	245350	1.51
城步县	Chengbu County	19155	284118	186559	0.29
武冈市	Wugang City	29911	460340	186812	0.94
岳阳楼区	Yueyanglou District	268686	6219656	3383052	4.74
云溪区	Yunxi District	221110	4032633	2091683	4.84
君山区	Junshan District	52762	611395	117747	2.27
岳阳县	Yueyang County	267373	1832081	505512	2.72
华容县	Huarong County	169319	706997	174018	3.14
湘阴县	Xiangyin County	81884	1716036	459084	3.05
平江县	Pingjiang City	148882	1027279	393554	4.72
汨罗市	Miluo City	172830	1584454	535438	4.66
临湘市	Linxiang County	133753	1542111	409779	2.05
武陵区	Wuling District	863298	9235500	3870643	4.57
鼎城区	Dingcheng District	146683	2206840	1126219	2.24
安乡县	Anxiang County	20682	463493	243627	1.34
汉寿县	Hanshou County	154122	1099045	546037	2.73
澧　县	Li County	165867	1379258	704980	2.57
临澧县	Linli County	49384	815900	414742	1.56
桃源县	Taoyuan County	203264	1510441	729272	2.08
石门县	Shimen County	100176	1304325	816576	1.64
津市市	Jinshi City	103566	911818	518196	2.08
永定区	Yongdi District	30721	696381	383873	0.82
武陵源区	Wulingyuan District	513	4186	1556	0.02
慈利县	Cili County	33935	444753	214130	0.71
桑植县	Sangzhi County	11757	206077	83429	0.22
资阳区	Ziyang District	122894	1347489	618026	2.12
赫山区	Heshan District	166590	3595677	2078330	5.22
南　县	Nan County	62531	1281691	416231	1.80
大通湖区	Datonghu District	3264	223504	82757	0.41
桃江县	Taojiang County	154325	1311975	543347	3.84
安化县	Anhua County	115399	1106461	587528	1.38
沅江市	Yuanjiang City	200086	2164836	1013046	4.43
北湖区	Beihu District	102853	3559572	2021042	1.45
苏仙区	Suxian District	192539	5365578	3307339	3.69
桂阳县	Guiyang County	302861	2170528	216311	3.08
宜章县	Yizhang County	157745	1130290	566479	2.11
永兴县	Yongxing County	186837	1878504	877678	2.15

22-15 续表 2 continued

单位：万元 (10 000 yuan)

市县名称	Cities and Counties	利润总额 Total Profits	资产总计 Total Aassets	负债合计 Total Liabilities	全部从业人员年平均人数（万人） Average Number of Empolyment of the Current Year (10000persons)
嘉禾县	Jiahe County	203970	562753	89676	1.40
临武县	Linwu County	72961	532160	242199	1.16
汝城县	Rucheng County	18289	477255	319121	0.35
桂东县	Guidong County	16384	146303	84480	0.21
安仁县	Anren County	48540	347482	132529	0.59
资兴市	Zixing City	340404	1777354	898893	3.49
零陵区	Lingling District	63839	795121	219451	0.88
冷水滩区	Lengshuitan District	107066	2382802	1249232	2.98
祁阳县	Qiyang County	95010	1301709	746860	1.94
东安县	DonganCounty	12323	410932	213763	1.67
双牌县	Shuangpai County	60202	301597	45668	1.06
道　县	Dao County	7331	391606	172452	1.90
江永县	Jiangyong County	29899	257005	71843	0.72
宁远县	Ningyuan County	54811	664269	257185	2.62
蓝山县	Lanshan County	22049	387763	91265	1.97
新田县	Xintian County	34201	286662	87852	0.88
江华县	Jianghua County	46519	749898	260703	1.14
鹤城区	Hecheng District	27787	884459	600393	0.94
中方县	Zhongfang County	128100	1378206	762253	1.18
沅陵县	Yuanling County	139986	1120786	1012094	0.95
辰溪县	Chenxi County	23901	901873	571052	0.77
溆浦县	Xupu County	-722	514279	521274	1.16
会同县	Huitong County	5938	159662	104021	0.24
麻阳县	Mayang County	15288	98315	49742	0.37
新晃县	Xinhuang County	6592	184926	73768	0.68
芷江县	Zhijiang County	20753	242887	115137	0.38
靖州县	Jingzhou County	4223	128842	54195	0.58
通道县	Tongdao County	20240	85809	12472	0.38
洪江市	Hongjiang City	38041	1483071	314039	1.41
洪江区	Hongjiang District	34281	418372	154752	0.45
娄星区	Louxing District	761420	6658657	4156923	4.55
双峰县	Shuangfeng County	341623	876375	192054	2.66
新化县	Xinhua County	98955	701905	317945	3.11
冷水江市	Lengshuijiang City	126856	2137866	1419494	3.21
涟源市	Lianyuan County	221771	2093638	784314	2.65
吉首市	Jishou County	110030	1119654	554231	1.00
泸溪县	Luxi County	6151	267967	181874	0.72
凤凰县	Fenghuang County	3940	73676	36329	0.18
花垣县	Huayuan County	35433	958869	540578	0.83
保靖县	Baojing County	5252	202259	144431	0.36
古丈县	Guzhang County	6791	142802	100449	0.13
永顺县	Yongshun County	6249	305123	193889	0.37
龙山县	Longshan County	4791	199626	133707	0.36

22–16 固定资产投资、新增固定资产及房屋竣工面积(2017年)
Investment in Fixed Assets,Newly Increased Fixed Assets and Completed Building Floor Space (2017)

市县名称	Cities and Counties	固定资产投资（万元） Investment in Fixed Assets (10000 yuan)	国有经济 State-owned	非国有经济 non-State-owned	房地产开发 Real Estate Develop-ment	新增固定资产（万元） Newly Increased Fixed Assets (10 000 yuan)	房屋建筑竣工面积（平方米） Floor Space of Buildings Completed (sq.m)	#住宅 Residential Buildings
芙蓉区	Furong District	5867885	730122	5137763	1760346	4199590	1788568	1137381
天心区	Tianxin District	5420016	1540471	3879545	1361931	2190499	1118026	760670
岳麓区	Yuelu District	8625148	2276425	6348723	3463746	2369764	1462551	1078151
开福区	Kaifu District	8541934	1288207	7253727	1695094	5671382	1820532	978714
雨花区	Yuhua District	6193392	978254	5215138	2205988	3007814	1185004	941331
望城区	Wangcheng District	7523531	2285510	5238021	1304496	2450616	1499097	1337288
长沙县	Changsha County	9559273	2017883	7541390	1703054	5326262	1553053	941163
宁乡县	Ningxiang County	10590914	3428853	7162061	1110807	7864126	561414	375030
浏阳市	Liuyang City	10731264	2333875	8397389	291444	7686559	450335	340835
荷塘区	Hetang District	2119329	1013890	1105439	597299	1526159	189514	134484
芦淞区	Lusong District	3611394	371510	3239884	231370	3014211	409093	268889
石峰区	Shifeng District	4134627	1721760	2412867	203048	2350541	61582	40104
天元区	Tianyuan District	4645541	2010270	2635271	1075038	2934499	1449288	912921
株洲县	Zhuzhou County	1203341	560210	643131	112984	698975	121366	93352
攸　县	You County	3379068	921810	2457258	285557	2687375	31799	28005
茶陵县	Chaling County	1572564	490980	1081584	142603	911517	232580	168051
炎陵县	Yanling County	1142097	318510	823587	24424	1209688	54054	49643
醴陵市	Liling County	4418700	926580	3492120	238235	3922277	147376	105817
雨湖区	Yuhu District	3246492	1151955	2094537	329590	1936718	341201	258886
岳塘区	Yuetang District	2944744	1383112	1561632	430123	1854616	211727	170950
湘潭县	Xiangtan County	2451745	595569	1856176	262747	1946269	196133	149216
湘乡市	Xiangxiang City	2331766	691746	1640020	172779	1693417	486718	307172
韶山市	Shaoshan City	1066683	484308	582375	39756	616557	62640	62640
珠晖区	Zhuhui District	2045758	1078335	967423	115521	1477112	71212	51017
雁峰区	Yanfeng District	1963724	600530	1363194	214704	1065067	94794	86092
石鼓区	Shigu District	2119899	856223	1263676	160405	1274876	580196	466411
蒸湘区	Zhengxiang District	3063865	790229	2273636	342809	2014067	98682	90406
南岳区	Nanyue District	365409	212378	153031	34831	61720	72283	72158
衡阳县	Hengyang County	2985845	975090	2010755	70175	1660929	199299	158836
衡南县	Hengnan County	2600028	774318	1825710	89551	2674289	391500	375150
衡山县	Hengshan County	1105476	324865	780611	39596	694043	46587	43250
衡东县	Hengdong County	1795720	450094	1345626	116296	964544	81160	58588
祁东县	Qidong County	1845095	754270	1090825	45049	1457112	107878	98320
耒阳市	Leiyang City	4119288	1745085	2374203	99787	3905566	145036	110002
常宁市	Changning City	2148429	703782	1444647	74775	1619627	179804	153379
双清区	Shuangqing District	1315882	342328	973554	347597	679996	463057	372432
大祥区	Daxiang District	1084829	374332	710497	262133	547197	77891	75292
北塔区	Beita District	450159	246293	203866	152334	92461	331334	276047

22-16 续表 1 continued

市县名称	Cities and Counties	固定资产投资（万元）Investment in Fixed Assets (10000 yuan)	国有经济 State-owned	非国有经济 non—State-owned	房地产开发 Real Estate Development	新增固定资产（万元）Newly Increased Fixed Assets (10 000 yuan)	房屋建筑竣工面积（平方米）Floor Space of Buildings Completed (sq.m)	#住宅 Residential Buildings
邵东县	Shaodong County	3078615	1133287	1945328	431523	2136657	452273	166148
新邵县	Xinshao County	1679688	237381	1442307	100677	1359075	152726	142514
邵阳县	Shaoyang County	2291711	555632	1736079	35000	1688887	107001	86567
隆回县	Longhui County	1761145	443587	1317558	84817	1530810	115163	95791
洞口县	Dongkou County	2184323	821938	1362385	36656	1910287	117139	114134
绥宁县	Suining County	847012	246381	600631	48964	437896		
新宁县	Xinning County	951894	147198	804696	72672	723487	175320	158355
城步县	Chengbu County	522293	161741	360552	940	361677		
武冈市	Wugang City	2233451	624629	1608822	119216	1596714	81515	75610
岳阳楼区	Yueyanglou District	5073002	1749936	3323066	971234	3664416	855219	699944
云溪区	Yunxi District	2145643	533087	1612556	5108	1512729	13044	10976
君山区	Junshan District	1412130	654877	757253	68211	1382447	77480	65112
岳阳县	Yueyang County	3035641	621370	2414271	89087	2502164	13764	10705
华容县	Huarong County	3454630	2513723	940907	100691	1887306	99015	92166
湘阴县	Xiangyin County	2466281	1634675	831606	78426	1544077	215009	210528
平江县	Pingjiang County	2913419	2211802	701617	71908	257803	159700	88778
汨罗市	Miluo City	3599084	1840065	1759019	60863	2611526	90166	58984
临湘市	Linxiang City	2235659	693289	1542370	92136	924762	81535	77666
武陵区	Wuling District	3195144	569811	2625333	863739	2225356	671292	458982
鼎城区	Dingcheng District	3038589	1593012	1445577	353434	1590730	854433	584183
安乡县	Anxiang County	738651	577994	160657	18505	444236	84945	76267
汉寿县	Hanshou County	2353491	776865	1576626	149507	1271126	239069	186918
澧　县	Li County	2914581	691913	2222668	167239	1462219	103128	59546
临澧县	Linli County	1138309	352798	785511	63699	651381	62874	62874
桃源县	Taoyuan County	2669782	800698	1869084	102255	2106766	604049	479735
石门县	Shimen County	2330231	579948	1750283	101246	1657812	399807	299783
津市市	Jinshi City	1357096	765109	591987	101052	1182736	154090	152157
永定区	Yongding District	1664806	693865	970941	273462	797897	79436	55561
武陵源区	Wulingyuan District	365301	258237	107064	10647	164594		
慈利县	Cili County	935201	439475	495726	97492	559713	108245	95542
桑植县	Sangzhi County	486740	292690	194050	52318	453963	87933	77472
资阳区	Ziyang District	1342145	310681	1031464	125562	884436		
赫山区	Heshan District	6089166	1449298	4639868	348628	3408537	609729	248659
南　县	Nan County	1335684	405514	930170	66167	1030173		
大通湖区	Datonghu District	478832	188427	290405	22051	394962		
桃江县	Taojiang County	2191237	905113	1286124	123064	1655307	513242	300249
安化县	Anhua County	1692107	577668	1114439	132912	622037	25870	13000
沅江市	Yuanjiang City	2348111	865969	1482142	126377	2011404	488510	431338
北湖区	Beihu District	3807354	505647	3301707	1025925	1994917	964490	827581
苏仙区	Suxian District	3638181	703184	2934997	296730	2625942	402486	332992
桂阳县	Guiyang County	3766199	1432471	2333728	179681	2870323	298190	242020
宜章县	Yizhang County	2447673	219835	2227838	174439	1923577	372498	284253
永兴县	Yongxing County	3240458	183235	3057223	107458	1589724	133673	130961

22-16 续表 2 continued

市县名称	Cities and Counties	固定资产投资（万元） Investment in Fixed Assets (10000 yuan)	国有经济 State-owned	非国有经济 non—State-owned	房地产开发 Real Estate Develop-ment	新增固定资产（万元） Newly Increased Fixed Assets (10 000 yuan)	房屋建筑竣工面积（平方米） Floor Space of Buildings Completed (sq.m)	#住宅 Residential Buildings
嘉禾县	Jiahe County	1231991	566436	665555	87537	792301	269423	212822
临武县	Linwu County	1394488	406410	988078	85840	939389	191389	126761
汝城县	Rucheng County	916363	316633	599730	105347	545615	171592	96166
桂东县	Guidong County	650927	405865	245062	26172	451612	24500	18000
安仁县	Anren County	1575960	618383	957577	139783	1399931	26800	26800
资兴市	Zixing City	3611386	818208	2793178	35284	2748413	191086	132081
零陵区	Lingling District	2256917	892879	1364038	132771	1357952	518444	403251
冷水滩区	Lengshuitan District	3001268	639412	2361856	185211	1167752	569904	416815
祁阳县	Qiyang County	3362479	1529438	1833041	104639	1538064	341945	303962
东安县	Dongan County	1758636	282077	1476559	168060	997734	1208687	976539
双牌县	Shuangpai County	817442	367711	449731	24410	655811	107614	101409
道　县	Dao County	1900563	933143	967420	158668	1920509	621537	528700
江永县	Jiangyong County	785990	515881	270109	90324	87772		
宁远县	Ningyuan County	1889790	1171225	718565	80039	1391885	568073	474146
蓝山县	Lanshan County	915624	451836	463788	36706	229423	269446	269036
新田县	Xintian County	793762	551093	242669	44216	750184	118273	88623
江华县	Jianghua County	1182441	403969	778472	80678	621362	251616	242699
鹤城区	Hecheng District	1823461	537512	674332	643462	466219	611086	401161
中方县	Zhongfang County	1552667	420266	612321	24050	949058	103201	103201
沅陵县	Yuanling County	1359271	935855	423416	126856	1447075	243555	205680
辰溪县	Chenxi County	1180097	742311	437786	34386	1073644	104295	70747
溆浦县	Xupu County	1263774	578561	685213	150761	786865	328826	240544
会同县	Huitong County	615146	464824	150322	61452	406722	121527	121527
麻阳县	Mayang County	673208	467953	205255	85731	375009	237314	199373
新晃县	Xinhuang County	621360	438387	182973	45655	482765	711359	711359
芷江县	Zhijiang County	709755	662483	47272	35972	349526	77018	71588
靖州县	Jingzhou County	553713	104864	448849	62197	636355	8850	6310
通道县	Tongdao County	458655	295765	162890	59472	548630	204085	111647
洪江市	Hongjiang City	1168505	976569	191936	53624	795315	60716	51416
洪江区	Hongjiang District	377745	122243	255502	15575	253608		
娄星区	Louxing District	5268884	2053764	3215120	270989	2867338	1080592	884015
双峰县	Shuangfeng County	2061214	930422	1130792	104446	1299637	163081	119066
新化县	Xinhua County	1737375	939885	797490	158689	840370	339838	279814
冷水江市	Lengshuijian City	2363143	1009018	1354125	122928	2297993	710010	620605
涟源市	Lianyuan City	2332613	576460	1756153	73451	1895737	62121	54335
吉首市	Jishou City	1539623	1130945	408678	133462	1336451	80033	61048
泸溪县	Luxi County	312379	199611	112768	17470	190108		
凤凰县	Fenghuang County	706370	389180	317190	32623	351365	85728	75210
花垣县	Huayuan County	305879	173339	132540	41300	15462	64776	43607
保靖县	Baojing County	164385	75505	88880	50103	180671	105748	93095
古丈县	Guzhang County	288344	193349	94995	844	158599		
永顺县	Yongshun County	406223	245577	160646	73587	202631	25454	20000
龙山县	Longshan County	571859	451485	120374	42072	275397	33289	28289

22-17 社会消费品零售总额(2017年)
Total Value of Retail Sales of Consumer Goods (2017)

市县名称	Cities and Counties	消费品零售总额（万元）Total Retail Sales of Consumer Goods(10000 yuan)	增速(%) Growth Rate (%)
芙蓉区	Furong District	8558594	9.2
天心区	Tianxin District	5487442	11.2
岳麓区	Yuelu District	3611379	12.9
开福区	Kaifu District	7988053	10.0
雨花区	Yuhua District	7126055	4.8
望城区	Wangcheng District	1527808	19.6
长沙县	Changsha County	4794592	11.8
宁乡县	Ningxiang County	3181217	15.5
浏阳市	Liuyang City	3201611	13.8
荷塘区	Hetang District	713575	10.9
芦淞区	Lusong District	2711941	10.7
石峰区	Shifeng District	649093	10.3
天元区	Tianyuan District	1463203	10.4
株洲县	Zhuzhou County	461027	11.3
攸　县	You County	1385889	11.1
茶陵县	Chaling County	728695	11.2
炎陵县	Yanling County	225276	11.1
醴陵市	Liling City	2045923	11.4
雨湖区	Yuhu District	3067652	10.6
岳塘区	Yuetang District	1108168	11.0
湘潭县	Xiangtan County	925177	10.7
湘乡市	Xiangxiang City	1120822	10.9
韶山市	Shaoshan City	227867	10.9
珠晖区	Zhuhui District	1385071	10.6
雁峰区	Yanfeng District	1222962	10.7
石鼓区	Shigu District	1211098	10.8
蒸湘区	Zhengxiang District	1365287	10.9
南岳区	Nanyue District	269458	10.9
衡阳县	Hengyang County	1035298	10.5
衡南县	Hengnan County	1110976	10.7
衡山县	Hengshan County	328332	10.8
衡东县	Hengdong County	990817	10.7
祁东县	Qidong County	1166897	10.4
耒阳市	Leiyang City	1408488	10.6
常宁市	Changning City	989140	10.9
双清区	Shuangqing District	1291263	10.3
大祥区	Daxiang District	688062	10.8
北塔区	Beita District	127800	10.2

22–17　续表 1　continued

市县名称	Cities and Counties	消费品零售总额（万元）Total Retail Sales of Consumer Goods(10000 yuan)	增速 (%) Growth Rate (%)
邵东县	Shaodong County	1718883	12.5
新邵县	Xinshao County	704785	10.9
邵阳县	Shaoyang County	944851	11.1
隆回县	Longhui County	971650	10.6
洞口县	Dongkou County	815173	11.0
绥宁县	Suining County	385686	10.5
新宁县	Xinning County	505531	10.3
城步县	Chengbu County	272923	10.7
武冈市	Wugang City	835760	10.1
岳阳楼区	Yueyanglou District	6017130	10.0
云溪区	Yunxi District	252052	10.2
君山区	Junshan District	285378	9.8
岳阳县	Yueyang County	1045780	10.0
华容县	Huarong County	1054053	10.0
湘阴县	Xiangyin County	1056398	9.5
平江县	Pingjiang City	1064164	10.4
汨罗市	Miluo City	1044207	9.6
临湘市	Linxiang County	746968	10.0
武陵区	Wuling District	2750623	9.8
鼎城区	Dingcheng District	1912472	11.8
安乡县	Anxiang County	713620	10.7
汉寿县	Hanshou County	839658	10.9
澧　县	Li County	1310792	11.3
临澧县	Linli County	656810	10.6
桃源县	Taoyuan County	1642737	10.9
石门县	Shimen County	1208919	11.6
津市市	Jinshi City	679586	11.4
永定区	Yongdi District	1064015	10.7
武陵源区	Wulingyuan District	152421	10.8
慈利县	Cili County	618715	10.6
桑植县	Sangzhi County	356983	10.7
资阳区	Ziyang District	647868	10.9
赫山区	Heshan District	2356811	10.7
南　县	Nan County	951698	10.7
大通湖区	Datonghu District	140673	10.4
桃江县	Taojiang County	1042670	10.6
安化县	Anhua County	1109158	10.4
沅江市	Yuanjiang City	989757	10.6
北湖区	Beihu District	3624314	10.5
苏仙区	Suxian District	1184936	10.3
桂阳县	Guiyang County	1166271	10.5
宜章县	Yizhang County	924524	10.9
永兴县	Yongxing County	883639	11.0

22-17 续表 2 continued

市县名称	Cities and Counties	消费品零售总额（万元）Total Retail Sales of Consumer Goods(10000 yuan)	增速 (%) Growth Rate (%)
嘉禾县	Jiahe County	256891	11.1
临武县	Linwu County	373940	10.6
汝城县	Rucheng County	146737	10.2
桂东县	Guidong County	96637	10.7
安仁县	Anren County	445486	10.8
资兴市	Zixing City	893613	10.9
零陵区	Lingling District	974240	10.8
冷水滩区	Lengshuitan District	1296357	11.0
祁阳县	Qiyang County	807676	10.5
东安县	DonganCounty	622706	10.8
双牌县	Shuangpai County	127083	10.3
道　县	Dao County	603065	10.5
江永县	Jiangyong County	241877	10.3
宁远县	Ningyuan County	702472	10.9
蓝山县	Lanshan County	414094	10.1
新田县	Xintian County	276737	10.5
江华县	Jianghua County	463742	10.8
鹤城区	Hecheng District	2147275	10.5
中方县	Zhongfang County	206518	9.8
沅陵县	Yuanling County	595120	10.0
辰溪县	Chenxi County	502071	9.9
溆浦县	Xupu County	678318	11.1
会同县	Huitong County	207417	10.8
麻阳县	Mayang County	309836	10.6
新晃县	Xinhuang County	173277	11.2
芷江县	Zhijiang County	420537	11.0
靖州县	Jingzhou County	315915	10.1
通道县	Tongdao County	147650	10.9
洪江市	Hongjiang City	342394	10.3
洪江区	Hongjiang District	160134	10.7
娄星区	Louxing District	1225298	10.8
双峰县	Shuangfeng County	831728	10.9
新化县	Xinhua County	1040556	10.8
冷水江市	Lengshuijiang City	1033797	10.7
涟源市	Lianyuan County	1243053	10.7
吉首市	Jishou County	971908	11.0
泸溪县	Luxi County	155477	10.9
凤凰县	Fenghuang County	494896	10.6
花垣县	Huayuan County	163712	11.0
保靖县	Baojing County	133871	10.3
古丈县	Guzhang County	62968	10.2
永顺县	Yongshun County	391614	10.1
龙山县	Longshan County	426656	10.8

22-18 地方财政收入与支出(2017年)
Public Budgetary Revenue and Expenditure (2017)

单位：万元 (10 000 yuan)

市县名称	Cities and Counties	地方财政收入 Public Budgetary Revenue	一般公共预算支出 Public Budgetary Expenditure	市县名称	Cities and Counties	地方财政收入 Public Budgetary Revenue	一般公共预算支出 Public Budgetary Expenditure
芙蓉区	Furong District	333048	539258	衡山县	Hengshan County	64143	250054
天心区	Tianxin District	398543	565104	衡东县	Hengdong County	86914	353293
岳麓区	Yuelu District	297506	568021	祁东县	Qidong County	76752	501071
开福区	Kaifu District	479231	680914	耒阳市	Leiyang City	146294	592719
雨花区	Yuhua District	536262	888316	常宁市	Changning City	95374	545134
望城区	Wangcheng District	460654	806230	双清区	Shuangqing District	37981	137386
长沙县	Changsha County	885005	1611920	大祥区	Daxiang District	38901	141406
宁乡县	Ningxiang County	440789	873865	北塔区	Beita District	15494	77137
浏阳市	Liuyang City	623580	1160780	邵东县	Shaodong County	144398	605660
荷塘区	Hetang District	78474	167352	新邵县	Xinshao County	84067	462212
芦淞区	Lusong District	84178	193993	邵阳县	Shaoyang County	67999	532640
石峰区	Shifeng District	118661	191978	隆回县	Longhui County	77475	556579
天元区	Tianyuan District	509019	504805	洞口县	Dongkou County	64808	476804
株洲县	Zhuzhou County	98532	262380	绥宁县	Suining County	35994	272350
攸　县	You County	198578	470269	新宁县	Xinning County	58405	422848
茶陵县	Chaling County	95781	412987	城步县	Chengbu County	30491	249045
炎陵县	Yanling County	77868	194727	武冈市	Wugang City	72739	471945
醴陵市	Liling City	396939	753158	岳阳楼区	Yueyanglou District	116399	251820
雨湖区	Yuhu District	81715	167355	云溪区	Yunxi District	36138	102258
岳塘区	Yuetang District	100221	143515	君山区	Junshan District	30021	205566
湘潭县	Xiangtan County	200350	496216	岳阳县	Yueyang County	56327	364503
湘乡市	Xiangxiang City	150206	472000	华容县	Huarong County	56415	413959
韶山市	Shaoshan City	46499	120815	湘阴县	Xiangyin County	98063	428067
珠晖区	Zhuhui District	26788	144326	平江县	Pingjiang County	73219	630516
雁峰区	Yanfeng District	29342	85165	汨罗市	Miluo City	100166	374653
石鼓区	Shigu District	30870	88600	临湘市	Linxiang City	51875	337833
蒸湘区	Zhengxiang District	37726	107483	武陵区	Wuling District	122378	256428
南岳区	Nanyue District	55696	115160	鼎城区	Dingcheng District	135606	479934
衡阳县	Hengyang County	92863	490570	安乡县	Anxiang County	31951	312457
衡南县	Hengnan County	97985	538272	汉寿县	Hanshou County	70693	444613

22-18 续表 continued

单位：万元 (10 000 yuan)

市县名称	Cities and Counties	地方财政收入 Public Budgetary Revenue	一般公共预算支出 Public Budgetary Expenditure	市县名称	Cities and Counties	地方财政收入 Public Budgetary Revenue	一般公共预算支出 Public Budgetary Expenditure
澧　县	Li County	101273	455258	道　县	Dao County	96680	369619
临澧县	Linli County	44630	288617	江永县	Jiangyong County	34671	206218
桃源县	Taoyuan County	114381	553496	宁远县	Ningyuan County	112796	470683
石门县	Shimen County	77585	455060	蓝山县	Lanshan County	58237	270471
津市市	Jinshi City	43817	210300	新田县	Xintian County	41290	246100
永定区	Yongding District	58978	322755	江华县	Jianghua County	71275	354780
武陵源区	Wulingyuan District	41909	117765	鹤城区	Hecheng District	62383	241503
慈利县	Cili County	73719	426350	中方县	Zhongfang County	38787	204300
桑植县	Sangzhi County	34331	333216	沅陵县	Yuanling County	74584	402314
资阳区	Ziyang District	56832	288912	辰溪县	Chenxi County	50851	317269
赫山区	Heshan District	116685	499964	溆浦县	Xupu County	43222	470113
南　县	Nan County	50475	400115	会同县	Huitong County	32156	242915
大通湖区	Datonghu District	19188	130091	麻阳县	Mayang County	29011	282600
桃江县	Taojiang County	68544	430898	新晃县	Xinhuang County	29383	232217
安化县	Anhua County	68867	566006	芷江县	Zhijiang County	42471	252523
沅江市	Yuanjiang City	64258	427852	靖州县	Jingzhou County	26738	228871
北湖区	Beihu District	69442	225222	通道县	Tongdao County	22607	212650
苏仙区	Suxian District	60159	220486	洪江市	Hongjiang City	45646	282886
桂阳县	Guiyang County	162989	485500	洪江区	Hongjiang District	18083	111930
宜章县	Yizhang County	80429	357927	娄星区	Louxing District	60307	211000
永兴县	Yongxing County	138395	364567	双峰县	Shuangfeng County	63350	458343
嘉禾县	Jiahe County	68012	231955	新化县	Xinhua County	78544	660704
临武县	Linwu County	70879	248932	冷水江市	Lengshuijiang City	111422	289686
汝城县	Rucheng County	41263	289800	涟源市	Lianyuan City	77439	580058
桂东县	Guidong County	21589	205169	吉首市	Jishou City	82711	334155
安仁县	Anren County	34269	255048	泸溪县	Luxi County	32102	267518
资兴市	Zixing City	155955	387195	凤凰县	Fenghuang County	80696	361811
零陵区	Lingling District	112825	373964	花垣县	Huayuan County	71938	284897
冷水滩区	Lengshuitan District	109390	320223	保靖县	Baojing County	26512	240060
祁阳县	Qiyang County	104821	500446	古丈县	Guzhang County	21340	164714
东安县	Dongan County	74935	310818	永顺县	Yongshun County	38853	395815
双牌县	Shuangpai County	36452	176720	龙山县	Longshan County	51961	375066

22-19　各级学校 (2017年)
Number of Schools by Level (2017)

单位：所　(unit)

市县名称	Cities and Counties	中等学校 Secondary Schools	中等职业教育 Vocational Secondary Education	普通中学 Regular Secondary Schools	普通小学 Primary Schools
芙蓉区	Furong District	12	5	7	35
天心区	Tianxin District	17	3	14	50
岳麓区	Yuelu District	48	12	36	84
开福区	Kaifu District	18	1	17	50
雨花区	Yuhua District	37	12	25	68
望城区	Wangcheng District	32	4	28	82
长沙县	Changsha County	48	7	41	131
宁乡县	Ningxiang County	90	9	81	183
浏阳市	Liuyang City	67	3	64	205
荷塘区	Hetang District	22	11	11	20
芦淞区	Lusong District	13		13	21
石峰区	Shifeng District	11	1	10	15
天元区	Tianyuan District	11		11	31
株洲县	Zhuzhou County	25	2	23	23
攸　县	You County	36	3	33	59
茶陵县	Chaling County	27	1	26	32
炎陵县	Yanling County	20	1	19	10
醴陵市	Liling City	53	4	49	144
雨湖区	Yuhu District	25	6	19	45
岳塘区	Yuetang District	16	4	12	26
湘潭县	Xiangtan County	77	7	70	145
湘乡市	Xiangxiang City	58	3	55	150
韶山市	Shaoshan City	10	1	9	10
珠晖区	Zhuhui District	16	4	12	38
雁峰区	Yanfeng District	23	10	13	28
石鼓区	Shigu District	9	1	8	31
蒸湘区	Zhengxiang District	16	4	12	36
南岳区	Nanyue District	7	1	6	10
衡阳县	Hengyang County	84	4	80	272
衡南县	Hengnan County	62	4	58	160
衡山县	Hengshan County	35	4	31	42
衡东县	Hengdong County	46	1	45	78
祁东县	Qidong County	61	3	58	133
耒阳市	Leiyang City	68	3	65	338
常宁市	Changning City	56	3	53	135
双清区	Shuangqing District	22	7	15	36
大祥区	Daxiang District	34	16	18	44
北塔区	Beita District	9	3	6	14

22-19 续表 1 continued

单位：所 (unit)

市县名称	Cities and Counties	中等学校 Secondary Schools	中等职业教育 Vocational Secondary Education	普通中学 Regular Secondary Schools	普通小学 Primary Schools
邵东县	Shaodong County	71	3	68	186
新邵县	Xinshao County	53	3	50	171
邵阳县	Shaoyang County	56	3	53	131
隆回县	Longhui County	78	5	73	162
洞口县	Dongkou County	63	6	57	189
绥宁县	Suining County	23	2	21	26
新宁县	Xinning County	38	4	34	59
城步县	Chengbu County	27	2	25	24
武冈市	Wugang City	54	8	46	70
岳阳楼区	Yueyanglou District	48	13	35	76
云溪区	Yunxi District	11	1	10	25
君山区	Junshan District	10	2	8	29
岳阳县	Yueyang County	34	3	31	63
华容县	Huarong County	33	1	32	88
湘阴县	Xiangyin County	51	4	47	67
平江县	Pingjiang City	60	3	57	206
汨罗市	Miluo City	50	4	46	94
临湘市	Linxiang County	31	2	29	59
武陵区	Wuling District	39	13	26	38
鼎城区	Dingcheng District	46	4	42	42
安乡县	Anxiang County	27	3	24	21
汉寿县	Hanshou County	39	4	35	62
澧　县	Li County	41	4	37	73
临澧县	Linli County	23	3	20	48
桃源县	Taoyuan County	55	5	50	66
石门县	Shimen County	40	4	36	83
津市市	Jinshi City	14	3	11	16
永定区	Yongdi District	31	6	25	40
武陵源区	Wulingyuan District	3		3	7
慈利县	Cili County	41	3	38	37
桑植县	Sangzhi County	35	3	32	32
资阳区	Ziyang District	20	5	15	45
赫山区	Heshan District	49	8	41	74
南　县	Nan County	34	2	32	71
大通湖区	Datonghu District	5		5	15
桃江县	Taojiang County	51	2	49	91
安化县	Anhua County	50	2	48	69
沅江市	Yuanjiang City	39	3	36	44
北湖区	Beihu District	30	3	27	34
苏仙区	Suxian District	28	6	22	25
桂阳县	Guiyang County	39	1	38	47
宜章县	Yizhang County	43	3	40	42
永兴县	Yongxing County	33	2	31	85

22-19 续表 2 continued

单位：所 (unit)

市县名称	Cities and Counties	中等学校 Secondary Schools	中等职业教育 Vocational Secondary Education	普通中学 Regular Secondary Schools	普通小学 Primary Schools
嘉禾县	Jiahe County	29	2	27	22
临武县	Linwu County	19	1	18	37
汝城县	Rucheng County	26	2	24	13
桂东县	Guidong County	14	1	13	28
安仁县	Anren County	28	2	26	23
资兴市	Zixing City	25	2	23	25
零陵区	Lingling District	31	4	27	62
冷水滩区	Lengshuitan District	40	4	36	32
祁阳县	Qiyang County	45	4	41	99
东安县	DonganCounty	40	6	34	35
双牌县	Shuangpai County	15	1	14	14
道　县	Dao County	40	3	37	43
江永县	Jiangyong County	21	2	19	19
宁远县	Ningyuan County	42	5	37	64
蓝山县	Lanshan County	30	2	28	20
新田县	Xintian County	29	2	27	21
江华县	Jianghua County	28	3	25	48
鹤城区	Hecheng District	53	14	39	30
中方县	Zhongfang County	24	1	23	14
沅陵县	Yuanling County	52	4	48	13
辰溪县	Chenxi County	38	4	34	21
溆浦县	Xupu County	60	2	58	30
会同县	Huitong County	29	2	27	15
麻阳县	Mayang County	27	3	24	21
新晃县	Xinhuang County	23	1	22	18
芷江县	Zhijiang County	31	3	28	21
靖州县	Jingzhou County	17	1	16	15
通道县	Tongdao County	13	2	11	28
洪江市	Hongjiang City	35	4	31	17
洪江区	Hongjiang District	4	2	2	7
娄星区	Louxing District	32	5	27	47
双峰县	Shuangfeng County	64	2	62	198
新化县	Xinhua County	109	6	103	250
冷水江市	Lengshuijiang City	35	6	29	48
涟源市	Lianyuan County	63	3	60	216
吉首市	Jishou County	30	10	20	26
泸溪县	Luxi County	20	2	18	20
凤凰县	Fenghuang County	26	2	24	32
花垣县	Huayuan County	25	3	22	22
保靖县	Baojing County	18	2	16	29
古丈县	Guzhang County	13	2	11	10
永顺县	Yongshun County	40	2	38	33
龙山县	Longshan County	34	4	30	40

22-20 各级学校教职工 (2017年)
Number of School Staff and workers by Level (2017)

单位：人 (person)

市县名称	Cities and Counties	中等学校 Secondary Schools	中等职业教育 Vocational Secondary Education	普通中学 Regular Secondary Schools	普通小学 Primary Schools
芙蓉区	Furong District	1872	532	1340	2103
天心区	Tianxin District	2341	188	2153	2210
岳麓区	Yuelu District	5409	694	4715	3961
开福区	Kaifu District	2713	32	2681	2134
雨花区	Yuhua District	6803	1453	5350	3774
望城区	Wangcheng District	3140	474	2666	1937
长沙县	Changsha County	4224	467	3757	3885
宁乡县	Ningxiang County	5927	606	5321	3907
浏阳市	Liuyang City	5341	338	5003	3903
荷塘区	Hetang District	2536	856	1680	1006
芦淞区	Lusong District	1331		1331	1049
石峰区	Shifeng District	1058	89	969	714
天元区	Tianyuan District	1668		1668	1329
株洲县	Zhuzhou County	1670	174	1496	752
攸　县	You County	3998	215	3783	1822
茶陵县	Chaling County	2624	123	2501	1746
炎陵县	Yanling County	971	49	922	481
醴陵市	Liling City	3768	529	3239	3387
雨湖区	Yuhu District	2346	650	1696	1559
岳塘区	Yuetang District	1332	169	1163	1055
湘潭县	Xiangtan County	4527	536	3991	2423
湘乡市	Xiangxiang City	3405	156	3249	2679
韶山市	Shaoshan City	526	47	479	229
珠晖区	Zhuhui District	989	147	842	1190
雁峰区	Yanfeng District	2924	1629	1295	916
石鼓区	Shigu District	735	17	718	1130
蒸湘区	Zhengxiang District	2202	196	2006	1786
南岳区	Nanyue District	390	21	369	410
衡阳县	Hengyang County	4997	429	4568	3507
衡南县	Hengnan County	5036	244	4792	3593
衡山县	Hengshan County	2327	304	2023	1479
衡东县	Hengdong County	2916	90	2826	2332
祁东县	Qidong County	4946	359	4587	3550
耒阳市	Leiyang City	6464	380	6084	4879
常宁市	Changning City	4214	365	3849	3504
双清区	Shuangqing District	1383	169	1214	1143
大祥区	Daxiang District	2116	521	1595	1364
北塔区	Beita District	697	103	594	321

22-20 续表 1 continued

单位：人 (person)

市县名称	Cities and Counties	中等学校 Secondary Schools	中等职业教育 Vocational Secondary Education	普通中学 Regular Secondary Schools	普通小学 Primary Schools
邵东县	Shaodong County	4704	256	4448	3451
新邵县	Xinshao County	3206	184	3022	2508
邵阳县	Shaoyang County	3351	179	3172	2743
隆回县	Longhui County	5007	382	4625	3591
洞口县	Dongkou County	3760	334	3426	2342
绥宁县	Suining County	1595	95	1500	1160
新宁县	Xinning County	2161	151	2010	2068
城步县	Chengbu County	1361	65	1296	1069
武冈市	Wugang City	4081	512	3569	2696
岳阳楼区	Yueyanglou District	5218	900	4318	3277
云溪区	Yunxi District	918	26	892	557
君山区	Junshan District	682	65	617	620
岳阳县	Yueyang County	2645	279	2366	1887
华容县	Huarong County	2955	174	2781	2031
湘阴县	Xiangyin County	3275	281	2994	1525
平江县	Pingjiang City	4244	291	3953	3853
汨罗市	Miluo City	3501	405	3096	1786
临湘市	Linxiang County	2314	185	2129	1645
武陵区	Wuling District	4444	923	3521	1862
鼎城区	Dingcheng District	3257	43	3214	1619
安乡县	Anxiang County	2394	287	2107	1032
汉寿县	Hanshou County	3818	218	3600	1956
澧　县	Li County	4006	371	3635	2016
临澧县	Linli County	1890	142	1748	1266
桃源县	Taoyuan County	4664	486	4178	2046
石门县	Shimen County	2872	293	2579	1943
津市市	Jinshi City	992	124	868	591
永定区	Yongdi District	2359	264	2095	1906
武陵源区	Wulingyuan District	329	27	302	225
慈利县	Cili County	2856	254	2602	1629
桑植县	Sangzhi County	2397	200	2197	1321
资阳区	Ziyang District	1500	150	1350	1386
赫山区	Heshan District	5277	633	4644	2411
南　县	Nan County	3249	262	2987	2359
大通湖区	Datonghu District	290		290	312
桃江县	Taojiang County	3402	321	3081	2271
安化县	Anhua County	3710	296	3414	2685
沅江市	Yuanjiang City	3382	324	3058	2001
北湖区	Beihu District	4213	435	3778	2309
苏仙区	Suxian District	2564	250	2314	1755
桂阳县	Guiyang County	3308	102	3206	3705
宜章县	Yizhang County	3067	142	2925	2538
永兴县	Yongxing County	3238	243	2995	2013

22-20 续表 2 continued

单位：人 (person)

市县名称	Cities and Counties	中等学校 Secondary Schools	中等职业教育 Vocational Secondary Education	普通中学 Regular Secondary Schools	普通小学 Primary Schools
嘉禾县	Jiahe County	2113	105	2008	1451
临武县	Linwu County	1833	74	1759	1867
汝城县	Rucheng County	2082	140	1942	1323
桂东县	Guidong County	976	52	924	587
安仁县	Anren County	2294	168	2126	1757
资兴市	Zixing City	1988	154	1834	1422
零陵区	Lingling District	2874	350	2524	2455
冷水滩区	Lengshuitan District	3850	272	3578	2287
祁阳县	Qiyang County	5470	544	4926	4253
东安县	DonganCounty	2512	181	2331	2204
双牌县	Shuangpai County	1021	116	905	658
道　县	Dao County	3461	663	2798	2424
江永县	Jiangyong County	1321	117	1204	1059
宁远县	Ningyuan County	3315	402	2913	3488
蓝山县	Lanshan County	2126	223	1903	1146
新田县	Xintian County	2486	252	2234	1485
江华县	Jianghua County	2134	240	1894	2162
鹤城区	Hecheng District	4762	806	3956	2010
中方县	Zhongfang County	1707	123	1584	897
沅陵县	Yuanling County	3863	173	3690	1053
辰溪县	Chenxi County	2374	104	2270	1709
溆浦县	Xupu County	3678	217	3461	2868
会同县	Huitong County	1591	105	1486	1006
麻阳县	Mayang County	1653	139	1514	1212
新晃县	Xinhuang County	1337	83	1254	840
芷江县	Zhijiang County	1721	206	1515	1111
靖州县	Jingzhou County	1206	132	1074	975
通道县	Tongdao County	1019	119	900	1066
洪江市	Hongjiang City	2331	237	2094	1068
洪江区	Hongjiang District	265	33	232	287
娄星区	Louxing District	4323	268	4055	2021
双峰县	Shuangfeng County	4527	285	4242	3167
新化县	Xinhua County	5825	276	5549	3945
冷水江市	Lengshuijiang City	3275	607	2668	1120
涟源市	Lianyuan County	4314	240	4074	3433
吉首市	Jishou County	2494	495	1999	1661
泸溪县	Luxi County	1742	157	1585	1184
凤凰县	Fenghuang County	1897	152	1745	1625
花垣县	Huayuan County	1611	125	1486	1136
保靖县	Baojing County	1351	127	1224	1180
古丈县	Guzhang County	852	27	825	450
永顺县	Yongshun County	2921	112	2809	1668
龙山县	Longshan County	3267	141	3126	1851

22-21 各级学校专任教师(2017年)
Number of Full-time Teachers by Level (2017)

单位：人 (person)

市县名称	Cities and Counties	中等学校 Secondary Schools	中等职业教育 Vocational Secondary Education	普通中学 Regular Secondary Schools	普通小学 Primary Schools
芙蓉区	Furong District	1540	297	1243	2097
天心区	Tianxin District	1948	101	1847	2265
岳麓区	Yuelu District	4405	526	3879	4244
开福区	Kaifu District	2202	27	2175	2258
雨花区	Yuhua District	5341	1033	4308	4051
望城区	Wangcheng District	2387	344	2043	2330
长沙县	Changsha County	3556	343	3213	3983
宁乡县	Ningxiang County	5216	425	4791	3955
浏阳市	Liuyang City	4975	290	4685	4138
荷塘区	Hetang District	1950	599	1351	1066
芦淞区	Lusong District	1102		1102	1139
石峰区	Shifeng District	870	69	801	808
天元区	Tianyuan District	1164		1164	1509
株洲县	Zhuzhou County	1291	147	1144	949
攸　县	You County	2805	146	2659	1895
茶陵县	Chaling County	1936	97	1839	1993
炎陵县	Yanling County	639	42	597	707
醴陵市	Liling City	3245	433	2812	3691
雨湖区	Yuhu District	1975	528	1447	1646
岳塘区	Yuetang District	1142	131	1011	1086
湘潭县	Xiangtan County	3998	437	3561	2454
湘乡市	Xiangxiang City	2819	116	2703	2967
韶山市	Shaoshan City	356	45	311	373
珠晖区	Zhuhui District	841	89	752	1168
雁峰区	Yanfeng District	2085	947	1138	834
石鼓区	Shigu District	659	8	651	1020
蒸湘区	Zhengxiang District	1543	160	1383	1803
南岳区	Nanyue District	290	16	274	384
衡阳县	Hengyang County	4202	333	3869	3667
衡南县	Hengnan County	4169	161	4008	3657
衡山县	Hengshan County	1734	226	1508	1609
衡东县	Hengdong County	2446	82	2364	2401
祁东县	Qidong County	4129	303	3826	3720
耒阳市	Leiyang City	5015	325	4690	5017
常宁市	Changning City	3476	258	3218	3687
双清区	Shuangqing District	1127	95	1032	1151
大祥区	Daxiang District	1691	337	1354	1326
北塔区	Beita District	377	65	312	437

22-21 续表 1 continued

单位：人 (person)

市县名称	Cities and Counties	中等学校 Secondary Schools	中等职业教育 Vocational Secondary Education	普通中学 Regular Secondary Schools	普通小学 Primary Schools
邵东县	Shaodong County	3770	217	3553	3843
新邵县	Xinshao County	2766	172	2594	2757
邵阳县	Shaoyang County	2989	159	2830	2930
隆回县	Longhui County	3958	303	3655	4165
洞口县	Dongkou County	3234	281	2953	2624
绥宁县	Suining County	1161	85	1076	1438
新宁县	Xinning County	1792	126	1666	2200
城步县	Chengbu County	1024	63	961	1301
武冈市	Wugang City	3083	418	2665	3282
岳阳楼区	Yueyanglou District	4241	677	3564	3440
云溪区	Yunxi District	799	17	782	584
君山区	Junshan District	641	35	606	616
岳阳县	Yueyang County	2264	223	2041	2008
华容县	Huarong County	2512	141	2371	2143
湘阴县	Xiangyin County	2660	224	2436	1999
平江县	Pingjiang City	3700	277	3423	4068
汨罗市	Miluo City	2851	381	2470	2070
临湘市	Linxiang County	1888	131	1757	1867
武陵区	Wuling District	2978	556	2422	2242
鼎城区	Dingcheng District	2561	31	2530	1937
安乡县	Anxiang County	1838	221	1617	1085
汉寿县	Hanshou County	2579	206	2373	2790
澧　县	Li County	3247	345	2902	2503
临澧县	Linli County	1580	115	1465	1253
桃源县	Taoyuan County	3276	375	2901	2711
石门县	Shimen County	2416	262	2154	2127
津市市	Jinshi City	844	115	729	664
永定区	Yongdi District	1959	228	1731	1941
武陵源区	Wulingyuan District	242	26	216	249
慈利县	Cili County	2280	241	2039	1838
桑植县	Sangzhi County	1762	158	1604	1610
资阳区	Ziyang District	1164	114	1050	1405
赫山区	Heshan District	3956	492	3464	2979
南　县	Nan County	2573	228	2345	2127
大通湖区	Datonghu District	241		241	295
桃江县	Taojiang County	2753	259	2494	2329
安化县	Anhua County	2863	246	2617	2950
沅江市	Yuanjiang City	2644	275	2369	2392
北湖区	Beihu District	2840	349	2491	3062
苏仙区	Suxian District	1849	195	1654	2143
桂阳县	Guiyang County	3101	89	3012	3713
宜章县	Yizhang County	2281	126	2155	2961
永兴县	Yongxing County	2206	204	2002	2826

22-21 续表 2 continued

单位：人 (person)

市县名称	Cities and Counties	中等学校 Secondary Schools	中等职业教育 Vocational Secondary Education	普通中学 Regular Secondary Schools	普通小学 Primary Schools
嘉禾县	Jiahe County	1566	95	1471	1717
临武县	Linwu County	1457	64	1393	2014
汝城县	Rucheng County	1528	127	1401	1731
桂东县	Guidong County	715	40	675	749
安仁县	Anren County	1840	136	1704	1926
资兴市	Zixing City	1357	132	1225	1637
零陵区	Lingling District	2378	296	2082	2663
冷水滩区	Lengshuitan District	2660	253	2407	3042
祁阳县	Qiyang County	4383	403	3980	4221
东安县	DonganCounty	2000	142	1858	2470
双牌县	Shuangpai County	757	91	666	801
道　县	Dao County	2801	580	2221	2892
江永县	Jiangyong County	1013	94	919	1203
宁远县	Ningyuan County	2836	358	2478	3522
蓝山县	Lanshan County	1339	203	1136	1679
新田县	Xintian County	1926	247	1679	1953
江华县	Jianghua County	1874	213	1661	2279
鹤城区	Hecheng District	3479	545	2934	2539
中方县	Zhongfang County	1168	114	1054	1342
沅陵县	Yuanling County	2370	148	2222	2369
辰溪县	Chenxi County	1704	93	1611	2154
溆浦县	Xupu County	2788	207	2581	3651
会同县	Huitong County	1196	102	1094	1283
麻阳县	Mayang County	1381	136	1245	1382
新晃县	Xinhuang County	951	62	889	1051
芷江县	Zhijiang County	1335	170	1165	1350
靖州县	Jingzhou County	1028	125	903	1031
通道县	Tongdao County	793	100	693	1034
洪江市	Hongjiang City	1620	170	1450	1530
洪江区	Hongjiang District	224	37	187	279
娄星区	Louxing District	3284	222	3062	2666
双峰县	Shuangfeng County	3902	269	3633	3534
新化县	Xinhua County	4568	220	4348	4669
冷水江市	Lengshuijiang City	2209	510	1699	1932
涟源市	Lianyuan County	3773	208	3565	3672
吉首市	Jishou County	2129	400	1729	1754
泸溪县	Luxi County	1456	137	1319	1399
凤凰县	Fenghuang County	1541	137	1404	1811
花垣县	Huayuan County	1241	116	1125	1409
保靖县	Baojing County	1079	116	963	1372
古丈县	Guzhang County	576	19	557	665
永顺县	Yongshun County	2133	85	2048	2216
龙山县	Longshan County	2267	112	2155	2637

22-22 各级学校在校学生 (2017年)
Number of Students Enrollment by Level (2017)

单位：人 (person)

市县名称	Cities and Counties	中等学校 Secondary Schools	中等职业教育 Vocational Secondary Education	普通中学 Regular Secondary Schools	普通小学 Primary Schools
芙蓉区	Furong District	20130	3451	16679	39474
天心区	Tianxin District	25468	2615	22853	39200
岳麓区	Yuelu District	71852	18582	53270	79442
开福区	Kaifu District	29699	451	29248	40471
雨花区	Yuhua District	90964	31702	59262	75979
望城区	Wangcheng District	40316	14347	25969	43123
长沙县	Changsha County	59977	17602	42375	74759
宁乡县	Ningxiang County	74620	9522	65098	78596
浏阳市	Liuyang City	75252	6413	68839	103176
荷塘区	Hetang District	29107	9940	19167	24182
芦淞区	Lusong District	14844	1645	13199	23055
石峰区	Shifeng District	11730	2882	8848	15243
天元区	Tianyuan District	14092		14092	26826
株洲县	Zhuzhou County	12493	1778	10715	13749
攸　县	You County	35614	2169	33445	48878
茶陵县	Chaling County	26954	1756	25198	46947
炎陵县	Yanling County	7753	451	7302	12959
醴陵市	Liling City	45302	8982	36320	65148
雨湖区	Yuhu District	23741	8196	15545	30650
岳塘区	Yuetang District	16558	3790	12768	21216
湘潭县	Xiangtan County	55900	6899	49001	46392
湘乡市	Xiangxiang City	38483	2540	35943	45662
韶山市	Shaoshan City	3265	579	2686	5508
珠晖区	Zhuhui District	15796	6075	9721	21219
雁峰区	Yanfeng District	44612	26255	18357	17468
石鼓区	Shigu District	17150	8737	8413	16979
蒸湘区	Zhengxiang District	26180	3233	22947	32977
南岳区	Nanyue District	4774	491	4283	7443
衡阳县	Hengyang County	64532	6387	58145	68724
衡南县	Hengnan County	62130	4114	58016	63627
衡山县	Hengshan County	23554	3854	19700	28679
衡东县	Hengdong County	35065	2453	32612	51953
祁东县	Qidong County	61508	5907	55601	68098
耒阳市	Leiyang City	86318	6997	79321	121587
常宁市	Changning City	55557	6162	49395	72503
双清区	Shuangqing District	20341	2576	17765	22426
大祥区	Daxiang District	43553	20401	23152	30497
北塔区	Beita District	6738	1805	4933	8870

22-22 续表 1 continued

单位：人 (person)

市县名称	Cities and Counties	中等学校 Secondary Schools	中等职业教育 Vocational Secondary Education	普通中学 Regular Secondary Schools	普通小学 Primary Schools
邵东县	Shaodong County	79895	9232	70663	94640
新邵县	Xinshao County	47618	3310	44308	58018
邵阳县	Shaoyang County	45499	3383	42116	59207
隆回县	Longhui County	76719	6954	69765	112030
洞口县	Dongkou County	60743	9354	51389	71593
绥宁县	Suining County	17457	1382	16075	26117
新宁县	Xinning County	31221	2902	28319	51550
城步县	Chengbu County	12436	739	11697	22673
武冈市	Wugang City	60465	10338	50127	62034
岳阳楼区	Yueyanglou District	63283	17360	45923	66883
云溪区	Yunxi District	9768	1346	8422	9658
君山区	Junshan District	7572	612	6960	11226
岳阳县	Yueyang County	32387	6179	26208	39283
华容县	Huarong County	27475	4580	22895	30622
湘阴县	Xiangyin County	34297	4008	30289	33860
平江县	Pingjiang City	65149	13047	52102	76320
汨罗市	Miluo City	38863	10042	28821	44727
临湘市	Linxiang County	27824	3731	24093	34651
武陵区	Wuling District	47208	18259	28949	38416
鼎城区	Dingcheng District	23034	907	22127	33160
安乡县	Anxiang County	19490	4975	14515	19738
汉寿县	Hanshou County	40987	10722	30265	47835
澧　县	Li County	36655	6109	30546	44427
临澧县	Linli County	18519	2090	16429	22816
桃源县	Taoyuan County	42042	7814	34228	49546
石门县	Shimen County	27987	3462	24525	32678
津市市	Jinshi City	6826	799	6027	9077
永定区	Yongdi District	31061	6227	24834	37693
武陵源区	Wulingyuan District	3986	592	3394	4697
慈利县	Cili County	31401	4502	26899	36775
桑植县	Sangzhi County	25266	2124	23142	33587
资阳区	Ziyang District	19561	4987	14574	21969
赫山区	Heshan District	55750	12136	43614	56861
南　县	Nan County	24835	2962	21873	33277
大通湖区	Datonghu District	3264		3264	4836
桃江县	Taojiang County	40513	5277	35236	47294
安化县	Anhua County	42877	5216	37661	61083
沅江市	Yuanjiang City	23665	3099	20566	31536
北湖区	Beihu District	51262	11103	40159	61581
苏仙区	Suxian District	30234	6757	23477	38299
桂阳县	Guiyang County	50177	4109	46068	71393
宜章县	Yizhang County	40380	2125	38255	64132
永兴县	Yongxing County	36723	2980	33743	57380

22–22 续表 2 continued

单位：人 (person)

市县名称	Cities and Counties	中等学校 Secondary Schools	中等职业教育 Vocational Secondary Education	普通中学 Regular Secondary Schools	普通小学 Primary Schools
嘉禾县	Jiahe County	24960	1837	23123	33892
临武县	Linwu County	31164	2938	28226	41030
汝城县	Rucheng County	25810	2170	23640	37381
桂东县	Guidong County	11283	1930	9353	13843
安仁县	Anren County	26380	2632	23748	33888
资兴市	Zixing City	18106	2427	15679	25111
零陵区	Lingling District	41421	11051	30370	46798
冷水滩区	Lengshuitan District	42380	4656	37724	55725
祁阳县	Qiyang County	60473	11556	48917	73577
东安县	DonganCounty	27979	2115	25864	42380
双牌县	Shuangpai County	7833	836	6997	11872
道　县	Dao County	52787	10529	42258	67361
江永县	Jiangyong County	16314	1570	14744	26329
宁远县	Ningyuan County	49589	4804	44785	70636
蓝山县	Lanshan County	24762	4827	19935	34961
新田县	Xintian County	31468	7590	23878	35559
江华县	Jianghua County	29064	4406	24658	46386
鹤城区	Hecheng District	62730	21066	41664	59580
中方县	Zhongfang County	10317	1453	8864	15428
沅陵县	Yuanling County	27259	3144	24115	38360
辰溪县	Chenxi County	18578	779	17799	31414
溆浦县	Xupu County	41215	4158	37057	68906
会同县	Huitong County	17645	2167	15478	24163
麻阳县	Mayang County	19146	1941	17205	26667
新晃县	Xinhuang County	12130	1025	11105	18237
芷江县	Zhijiang County	20040	4552	15488	22829
靖州县	Jingzhou County	14183	2897	11286	18591
通道县	Tongdao County	11315	1689	9626	17139
洪江市	Hongjiang City	18208	3378	14812	22071
洪江区	Hongjiang District	2367	397	1988	2908
娄星区	Louxing District	59995	14570	45425	62068
双峰县	Shuangfeng County	50081	4286	45795	59561
新化县	Xinhua County	70401	3686	66715	120003
冷水江市	Lengshuijiang City	28672	7390	21282	34942
涟源市	Lianyuan County	50783	5143	45640	64181
吉首市	Jishou County	35490	12806	22684	31490
泸溪县	Luxi County	16989	1809	15180	20994
凤凰县	Fenghuang County	21891	1887	20004	30608
花垣县	Huayuan County	16904	1865	15039	26559
保靖县	Baojing County	14727	1679	13048	18550
古丈县	Guzhang County	6075	264	5811	7973
永顺县	Yongshun County	28533	2037	26496	37162
龙山县	Longshan County	30549	2954	27595	45435

22-23 卫生机构、人员与床位(2017年)

Health Care Institutions, Personnel and Beds (2017)

市县名称	Cities and Counties	机构(个) Number of Instituti-ons(unit)	床位(张) Number of Beds (unit)	卫生技术人员(人) Medical Technical Personnel (person)					
				合计 Total	执业(助理)医师 Assistant Doctors	注册护士 Senior Nurse	药师(士) Pharmaeist	技师(士) Laboratory Technician	其他 Others
芙蓉区	Furong District	292	8724	11862	3989	6500	373	438	562
天心区	Tianxin District	333	4800	4772	1867	2319	190	206	190
岳麓区	Yuelu District	358	10741	10290	3769	5010	474	579	458
开福区	Kaifu District	273	8836	11762	4014	5893	465	681	709
雨花区	Yuhua District	476	16580	15288	5558	7551	698	714	767
望城区	Wangcheng District	494	3546	3416	1343	1301	221	155	396
长沙县	Changsha County	448	5401	5930	2384	2659	293	287	307
宁乡县	Ningxiang County	780	7130	6360	3100	2110	406	262	482
浏阳市	Liuyang City	1039	7953	7767	3241	3131	445	392	558
荷塘区	Hetang District	249	3359	2761	1092	1359	109	109	92
芦淞区	Lusong District	259	3196	4357	1661	2152	202	195	147
石峰区	Shifeng District	151	1819	1824	668	870	82	96	108
天元区	Tianyuan District	215	3360	4364	1582	2180	175	287	140
株洲县	Zhuzhou County	214	1418	1281	537	487	73	46	138
攸　县	You County	469	3665	3249	1566	1192	139	161	191
茶陵县	Chaling County	605	2924	2578	1153	939	145	165	176
炎陵县	Yanling County	188	838	1061	480	408	78	51	44
醴陵市	Liling City	572	5705	4566	1881	1947	251	225	262
雨湖区	Yuhu District	443	6574	6696	2372	3355	338	344	287
岳塘区	Yuetang District	282	3560	4013	1447	1913	178	199	276
湘潭县	Xiangtan County	779	3518	3882	1749	1469	289	168	207
湘乡市	Xiangxiang City	788	4581	3738	1734	1401	232	157	214
韶山市	Shaoshan City	97	535	582	224	149	52	26	131
珠晖区	Zhuhui District	244	4087	3262	1202	1586	171	136	167
雁峰区	Yanfeng District	49	2232	2576	922	1285	126	193	50
石鼓区	Shigu District	180	4092	4096	1373	2182	170	224	147
蒸湘区	Zhengxiang District	205	4515	4210	1389	2131	237	167	286
南岳区	Nanyue District	52	631	671	245	298	58	41	29
衡阳县	Hengyang County	775	5232	3864	2238	1200	188	139	99
衡南县	Hengnan County	857	4474	3601	1811	1040	203	161	386
衡山县	Hengshan County	403	1646	1801	762	628	185	70	156
衡东县	Hengdong County	619	2981	3056	1627	893	317	102	117
祁东县	Qidong County	412	4764	4538	2386	1389	243	263	257
耒阳市	Leiyang City	760	5311	5280	2203	2356	218	154	349
常宁市	Changning City	717	4047	4074	1602	1437	334	204	497
双清区	Shuangqing District	188	3211	3377	1148	1699	159	192	179
大祥区	Daxiang District	224	5970	4939	1804	2489	203	258	185
北塔区	Beita District	85	246	231	87	103	7	26	8

注：本表资料包含医务室、卫生保健所、诊所和村卫生室。

The Infirmary, health care, Clinicc and Village health were included.

22-23 续表 1 continued

市县名称	Cities and Counties	机构（个）Number of Institutions(unit)	床位（张）Number of Beds (unit)	卫生技术人员（人）Medical Technical Personnel (person) 合计 Total	执业（助理）医师 Assistant Doctors	注册护士 Senior Nurse	药师（士）Pharmaeist	技师（士）Laboratory Technician	其他 Others
邵东县	Shaodong County	1253	4243	4128	1713	1735	188	194	298
新邵县	Xinshao County	724	3103	2240	886	813	129	155	257
邵阳县	Shaoyang County	962	3957	2599	1014	1051	135	147	252
隆回县	Longhui County	1249	4488	2902	1308	877	169	226	322
洞口县	Dongkou County	688	2564	2749	1388	887	165	160	149
绥宁县	Suining County	421	1824	1463	612	526	74	128	123
新宁县	Xinning County	755	2894	2721	998	1192	132	152	247
城步县	Chengbu County	242	1313	970	376	304	59	77	154
武冈市	Wugang City	407	3515	3574	1465	1384	153	193	379
岳阳楼区	Yueyanglou District	320	8097	8795	3139	4299	394	506	457
云溪区	Yunxi District	126	1338	1070	529	389	50	46	56
君山区	Junshan District	164	1198	1104	653	289	46	50	66
岳阳县	Yueyang County	679	3540	2739	1853	570	78	113	125
华容县	Huarong County	565	4464	3180	1904	966	87	113	110
湘阴县	Xiangyin County	607	3734	3097	1728	916	137	133	183
平江县	Pingjiang City	989	4585	4590	2327	1358	374	196	335
汨罗市	Miluo City	677	3618	3310	1838	1029	190	148	105
临湘市	Linxiang County	335	2851	2630	1335	675	78	104	438
武陵区	Wuling District	613	8139	8110	3002	4010	263	428	407
鼎城区	Dingcheng District	823	4614	3198	1756	1018	151	163	110
安乡县	Anxiang County	380	3398	2369	1047	884	124	140	174
汉寿县	Hanshou County	763	4437	4091	2085	1347	191	232	236
澧 县	Li County	663	4600	4361	2596	1237	151	206	171
临澧县	Linli County	397	1844	1749	821	631	104	80	113
桃源县	Taoyuan County	838	4908	3805	2083	1072	190	178	282
石门县	Shimen County	477	3567	3530	1400	1435	209	198	288
津市市	Jinshi City	225	1227	1420	577	593	69	59	122
永定区	Yongdi District	301	3398	3594	1285	1641	206	202	260
武陵源区	Wulingyuan District	65	286	255	129	82	16	16	12
慈利县	Cili County	457	3574	2731	1041	1122	223	161	184
桑植县	Sangzhi County	404	2371	1977	752	767	106	144	208
资阳区	Ziyang District	340	2254	2257	1084	869	100	102	102
赫山区	Heshan District	778	8215	7655	3144	3433	301	368	409
南 县	Nan County	621	3096	3154	1707	942	166	157	182
大通湖区	Datonghu District	83	577	547	243	210	21	29	44
桃江县	Taojiang County	326	4132	3726	1713	1418	192	191	212
安化县	Anhua County	927	4753	3906	1943	1300	266	191	206
沅江市	Yuanjiang City	657	4038	3488	1405	1351	218	210	304
北湖区	Beihu District	432	7256	6983	2705	3271	267	306	434
苏仙区	Suxian District	387	3324	3365	1356	1614	111	153	131
桂阳县	Guiyang County	678	3758	3340	1452	1372	158	121	237
宜章县	Yizhang County	549	3316	2868	1052	1237	165	143	271
永兴县	Yongxing County	421	2940	2152	907	865	74	97	209

22–23 续表 2 continued

市县名称	Cities and Counties	机构（个）Number of Instituti-ons(unit)	床位（张）Number of Beds (unit)	卫生技术人员（人） Medical Technical Personnel (person)					
				合计 Total	执业（助理）医师 Assistant Doctors	注册护士 Senior Nurse	药师（士） Pharmaeist	技师（士） Laboratory Technician	其他 Others
嘉禾县	Jiahe County	356	2266	1750	625	753	117	122	133
临武县	Linwu County	387	1807	1437	528	619	69	81	140
汝城县	Rucheng County	333	1682	1499	645	588	56	78	132
桂东县	Guidong County	190	937	786	368	281	37	53	47
安仁县	Anren County	370	1991	1765	700	683	110	95	177
资兴市	Zixing City	288	2186	1868	690	841	85	85	167
零陵区	Lingling District	626	4412	3921	1497	1745	173	242	264
冷水滩区	Lengshuitan District	587	6166	5390	2067	2562	200	269	292
祁阳县	Qiyang County	930	6484	3869	1843	1399	189	202	236
东安县	DonganCounty	603	2614	2382	1150	875	110	132	115
双牌县	Shuangpai County	225	1198	892	391	301	49	52	99
道　县	Dao County	607	3268	3102	1461	1239	101	143	158
江永县	Jiangyong County	246	1569	974	432	372	55	74	41
宁远县	Ningyuan County	710	4425	3239	1437	1219	148	192	243
蓝山县	Lanshan County	429	1815	1868	643	823	94	94	214
新田县	Xintian County	464	2294	1697	616	640	91	119	231
江华县	Jianghua County	378	3040	2374	940	858	113	149	314
鹤城区	Hecheng District	318	6971	7638	3057	3413	310	368	490
中方县	Zhongfang County	268	1009	864	479	199	51	59	76
沅陵县	Yuanling County	488	3262	2688	918	1130	138	157	345
辰溪县	Chenxi County	515	2255	2454	965	992	130	145	222
溆浦县	Xupu County	807	5187	3705	1427	1472	173	183	450
会同县	Huitong County	355	1864	1573	599	682	73	93	126
麻阳县	Mayang County	329	2212	1943	678	823	120	114	208
新晃县	Xinhuang County	160	1881	1344	501	517	53	74	199
芷江县	Zhijiang County	351	1652	1492	669	483	112	93	135
靖州县	Jingzhou County	282	1188	1327	523	503	57	72	172
通道县	Tongdao County	249	961	1233	439	511	49	62	172
洪江市	Hongjiang City	383	4001	3151	1179	1476	124	191	181
洪江区	Hongjiang District	46	503	524	173	211	45	48	47
娄星区	Louxing District	366	7422	6782	2549	3329	283	345	276
双峰县	Shuangfeng County	960	3978	3358	1870	1046	155	176	111
新化县	Xinhua County	1281	6040	4167	2300	1092	243	247	285
冷水江市	Lengshuijiang City	261	2875	2713	1098	1193	190	160	72
涟源市	Lianyuan County	1015	4702	3533	1731	961	280	185	376
吉首市	Jishou County	434	5909	5342	1845	2640	192	319	346
泸溪县	Luxi County	255	1257	1191	394	492	57	55	193
凤凰县	Fenghuang County	417	1731	1350	501	469	79	93	208
花垣县	Huayuan County	394	1767	1783	597	652	91	124	319
保靖县	Baojing County	470	1569	1568	569	578	82	86	253
古丈县	Guzhang County	165	693	646	194	256	43	41	112
永顺县	Yongshun County	493	3124	2067	647	882	97	121	320
龙山县	Longshan County	598	3102	2388	800	1023	109	169	287

22–24 住户调查主要指标(2017年)
Major Households Survey Indicators (2017)

市县名称	Cities and Counties	全体居民人均可支配收入(元) Per Capital Disposable Income Provincewide (yuan)	城镇居民人均可支配收入(元) Per Capital Disposable Income of Urban Households(yuan) 绝对值 Value	增速(%) Growth Rate(%)	农村居民人均可支配收入(元) Per Capital Disposable Income of Rural Households(yuan) 绝对值 Value	增速(%) Growth Rate(%)	居民自有现住房面积(平方米) Living Floor Space of Residents (sq.m)	居民文教娱乐服务消费支出(元) ation, Cultural and Recreation (yuan)	家庭消费总支出(元) Consumption Expenditure (yuan)	恩格尔系数(%) Engel's Coefficient (%)
芙蓉区	Furong District	50185	50185	8.2			32.0	6850	37913	26.9
天心区	Tianxin District	50333	50333	8.1			39.7	7686	41509	22.5
岳麓区	Yuelu District	49862	49862	8.6			37.2	6902	33569	25.9
开福区	Kaifu District	49609	49609	8.5			38.4	5653	31229	32.2
雨花区	Yuhua District	50327	50327	8.4			40.1	7916	42502	22.7
望城区	Wangcheng District	37049	43548	8.4	29737	7.6	61.1	4487	24631	26.8
长沙县	Changsha County	36977	43144	8.5	29209	7.5	46.5	4681	25257	23.7
宁乡县	Ningxiang County	32008	39906	8.7	24852	7.4	57.7	4359	23576	23.8
浏阳市	Liuyang City	36437	42925	8.3	29244	7.6	61.0	4008	21869	23.2
荷塘区	Hetang District	41377	42013	8.0	27663	8.3	37.7	4974	26682	28.7
芦淞区	Lusong District	41147	43882	8.2	25244	8.2	44.5	5728	29210	27.8
石峰区	Shifeng District	41227	42359	8.1	20764	8.1	29.1	4660	25487	31.6
天元区	Tianyuan District	43087	48538	8.1	24927	8.2	58.3	6152	32544	23.5
株洲县	Zhuzhou County	21190	31545	8.4	17362	8.6	70.6	2563	14093	32.9
攸　县	You County	30047	35755	8.2	24050	8.4	97.5	2958	17170	29.1
茶陵县	Chaling County	19427	30824	7.9	8740	10.4	72.0	1861	12076	32.0
炎陵县	Yanling County	15971	26535	7.8	8116	10.2	61.2	2055	12491	26.5
醴陵市	Liling City	30664	36558	8.3	24335	8.5	64.0	3591	19596	25.3
雨湖区	Yuhu District	34658	35176	8.1	28208	7.4	39.3	4792	25890	29.5
岳塘区	Yuetang District	33973	34334	8.2	28440	7.4	46.2	5000	26916	33.0
湘潭县	Xiangtan County	22260	32321	8.0	16975	8.0	53.9	2443	15026	30.9
湘乡市	Xiangxiang City	22210	32510	8.1	16697	7.9	58.5	2879	17649	27.5
韶山市	Shaoshan City	31757	37314	7.9	23910	8.5	52.2	4207	23054	29.5
珠晖区	Zhuhui District	32673	33104	9.1	19092	9.2	45.7	4478	24359	30.2
雁峰区	Yanfeng District	32066	32066	9.3	19060	9.2	45.0	3933	20969	37.7
石鼓区	Shigu District	33751	33751	9.2	19143	9.6	55.7	4503	24599	35.7
蒸湘区	Zhengxiang District	32794	32917	9.3	19076	9.4	41.6	4719	26387	31.6
南岳区	Nanyue District	36502	36828	8.9	19053	9.3	57.8	6422	26751	33.5
衡阳县	Hengyang County	21273	30674	8.3	16190	9.5	61.5	2785	14864	32.8
衡南县	Hengnan County	23014	30207	8.5	19023	8.2	60.0	2445	14923	30.3

22-24 续表 1 continued

市县名称	Cities and Counties	全体居民人均可支配收入（元）Per Capital Disposable Income Provincewide (yuan)	城镇居民人均可支配收入（元）Per Capital Disposable Income of Urban Households(yuan)		农村居民人均可支配收入（元）Per Capital Disposable Income of Rural Households(yuan)		居民自有现住房面积（平方米）Living Floor Space of Residents (sq.m)	居民文教娱乐服务消费支出（元）ation, Cultural and Recreation (yuan)	家庭消费总支出（元）Consumption Expenditure (yuan)	恩格尔系数(%) Engel's Coefficient (%)
			绝对值 Value	增速(%) Growth Rate(%)	绝对值 Value	增速(%) Growth Rate(%)				
衡南县	Hengnan County	23014	30207	8.5	19023	8.2	60.0	2445	14923	30.3
衡山县	Hengshan County	23057	30537	8.4	19078	7.9	56.5	2766	16556	29.8
衡东县	Hengdong County	22479	30596	8.4	18314	7.8	57.8	2735	15226	30.7
祁东县	Qidong County	17378	24556	8.2	13005	8.5	67.4	1850	11985	33.6
耒阳市	Leiyang City	25020	31946	8.5	18841	7.9	44.8	2482	15536	29.1
常宁市	Changning City	22079	29773	8.3	15418	9.5	64.5	2480	14663	31.5
双清区	Shuangqing District	25300	26946	11.4	17789	10.3	63.1	3841	18743	33.0
大祥区	Daxiang District	24096	26255	11.3	17461	10.4	56.9	3384	19715	30.6
北塔区	Beita District	21625	24087	11.5	15939	10.2	56.9	2243	13734	34.4
邵东县	Shaodong County	23807	30100	12.5	18945	11.8	62.7	2510	14486	33.5
新邵县	Xinshao County	14575	24449	8.7	10020	10.5	61.8	1629	11595	34.7
邵阳县	Shaoyang County	14568	24398	8.8	9714	10.6	67.0	2473	11542	34.0
隆回县	Longhui County	13055	23217	8.5	9174	13.3	53.7	1535	8658	35.3
洞口县	Dongkou County	15419	24803	8.6	9709	11.8	81.8	2034	11727	32.3
绥宁县	Suining County	12689	22871	10.9	9211	12.0	54.5	1643	8493	34.8
新宁县	Xinning County	13973	23599	10.7	9109	12.4	52.4	1724	10226	31.8
城步县	Chengbu County	11261	21988	10.4	7160	15.9	56.1	1849	9539	25.2
武冈市	Wugang City	16030	24395	8.9	10779	12.3	43.1	1855	10961	27.1
岳阳楼区	Yueyanglou District	31010	32918	8.3	17860	8.6	43.0	4481	24664	30.1
云溪区	Yunxi District	28203	35019	9.7	17860	8.6	49.9	3488	20263	33.7
君山区	Junshan District	23575	29455	9.4	16670	9.2	39.2	2889	16731	32.7
岳阳县	Yueyang County	20042	26608	9.6	15101	9.3	54.5	2055	12074	33.7
华容县	Huarong County	21792	27202	9.4	17890	8.8	52.0	2457	13681	33.3
湘阴县	Xiangyin County	22257	28903	8.6	16984	8.2	64.3	3018	17401	28.3
平江县	Pingjiang City	13726	21898	8.7	8690	8.7	47.6	1974	12728	32.4
汨罗市	Miluo City	23140	29392	8.8	16552	8.3	52.9	2910	17821	27.4
临湘市	Linxiang County	19963	26477	10.0	14589	9.2	55.4	2302	14071	33.5
武陵区	Wuling District	33201	34166	9.2	23478	10.1	59.1	5876	31498	26.3
鼎城区	Dingcheng District	21642	30915	9.0	14385	9.6	68.3	4408	23076	35.3
安乡县	Anxiang County	18042	24901	7.9	14187	8.3	67.4	2500	13802	33.3

22–24 续表 2 continued

市县名称	Cities and Counties	全体居民人均可支配收入（元）Per Capital Disposable Income Provincewide (yuan)	城镇居民人均可支配收入（元）Per Capital Disposable Income of Urban Households(yuan)		农村居民人均可支配收入（元）Per Capital Disposable Income of Rural Households(yuan)		居民自有现住房面积（平方米）Living Floor Space of Residents (sq.m)	居民文教娱乐服务消费支出（元）ation, Cultural and Recreation (yuan)	家庭消费总支出（元）Consumption Expenditure (yuan)	恩格尔系数(%) Engel's Coefficient (%)
			绝对值 Value	增速(%) Growth Rate(%)	绝对值 Value	增速(%) Growth Rate(%)				
汉寿县	Hanshou County	19300	28028	8.3	14780	9.0	62.0	2353	14499	30.5
澧　县	Li County	18859	26862	8.0	15223	8.3	63.4	2548	15450	29.3
临澧县	Linli County	21128	29364	8.2	15331	8.2	66.9	2595	15998	26.7
桃源县	Taoyuan County	18091	27695	9.2	13450	9.7	60.5	2896	14279	30.8
石门县	Shimen County	15091	22923	8.1	10561	10.1	65.1	2231	12839	27.4
津市市	Jinshi City	24574	30664	8.6	14259	8.5	56.2	3679	19238	33.1
永定区	Yongdi District	17604	25845	9.3	9099	11.3	50.7	2192	13548	27.1
武陵源区	Wulingyuan District	21726	27571	8.7	12029	9.5	53.4	2429	14836	25.3
慈利县	Cili County	14469	22042	9.0	9734	11.5	63.4	1955	11229	26.8
桑植县	Sangzhi County	10164	15653	10.9	7210	15.1	71.3	1412	9084	30.7
资阳区	Ziyang District	22663	27783	9.1	17296	8.1	52.4	2846	17508	35.2
赫山区	Heshan District	27387	33758	9.2	17243	9.0	51.1	3867	21636	29.1
南　县	Nan County	19497	26292	8.8	14881	8.1	49.8	2393	14074	32.3
桃江县	Taojiang County	19338	27232	8.6	14295	8.8	62.8	2949	16398	25.1
安化县	Anhua County	10652	17030	8.5	8138	9.6	54.7	1523	9188	34.3
沅江市	Yuanjiang City	23612	31185	9.0	16979	8.8	59.0	3188	17548	27.7
北湖区	Beihu District	30841	33466	8.6	20240	7.8	47.6	4039	21197	29.3
苏仙区	Suxian District	27298	32160	8.4	18772	8.1	54.2	3346	20125	29.0
桂阳县	Guiyang County	24006	31931	8.1	17992	7.8	46.6	2912	16887	32.1
宜章县	Yizhang County	16587	27930	7.4	8772	10.1	58.5	1957	12909	32.3
永兴县	Yongxing County	22259	29765	7.9	16438	7.5	38.2	2386	12094	34.7
嘉禾县	Jiahe County	19681	26184	8.0	14941	8.0	51.4	2300	14143	32.8
临武县	Linwu County	16800	25429	8.7	11820	12.1	48.4	2082	12874	31.6
汝城县	Rucheng County	12544	19958	8.4	9107	9.4	40.5	1895	11392	32.8
桂东县	Guidong County	12397	18693	8.3	8761	12.1	51.6	1569	10395	32.0
安仁县	Anren County	14959	22592	7.8	9994	10.1	76.7	1842	12226	29.0
资兴市	Zixing City	26430	31658	7.9	18408	7.6	48.6	2768	16782	30.5
零陵区	Lingling District	22502	27033	10.0	17497	8.9	62.6	3761	17306	30.0
冷水滩区	Lengshuitan District	25929	29806	9.7	18867	8.8	65.4	3010	14691	33.9
祁阳县	Qiyang County	19207	28504	9.0	12812	8.7	68.9	4973	18081	28.5
东安县	DonganCounty	18265	27194	8.9	13370	8.8	53.6	2812	13409	33.4

22-24 续表 3 continued

市县名称	Cities and Counties	全体居民人均可支配收入（元）Per Capital Disposable Income Provincewide (yuan)	城镇居民人均可支配收入（元）Per Capital Disposable Income of Urban Households(yuan)		农村居民人均可支配收入（元）Per Capital Disposable Income of Rural Households(yuan)		居民自有现住房面积（平方米）Living Floor Space of Residents (sq.m)	居民文教娱乐服务消费支出（元）ation, Cultural and Recreation (yuan)	家庭消费总支出（元）Consumption Expenditure (yuan)	恩格尔系数(%) Engel's Coefficient (%)
			绝对值 Value	增速(%) Growth Rate(%)	绝对值 Value	增速(%) Growth Rate(%)				
双牌县	Shuangpai County	13890	23380	8.9	8194	11.9	72.7	2117	10122	40.2
道　县	Dao County	18498	25291	9.9	14333	8.9	53.3	3620	16357	27.4
江永县	Jiangyong County	13421	22252	8.9	9357	12.0	52.8	1713	11096	34.9
宁远县	Ningyuan County	17260	24427	10.3	13120	11.6	69.8	2986	13624	32.4
蓝山县	Lanshan County	18465	26199	10.1	13145	9.4	79.2	2738	12595	31.8
新田县	Xintian County	13384	22689	8.7	8504	11.0	73.1	2225	10955	40.9
江华县	Jianghua County	14236	22793	9.5	9589	12.0	60.1	2098	9835	32.5
鹤城区	Hecheng District	28542	29964	8.1	13035	10.3	34.4	4075	22596	28.2
中方县	Zhongfang County	14645	25536	9.0	10165	9.6	42.2	1735	11289	34.6
沅陵县	Yuanling County	12677	20916	8.5	8583	10.1	47.0	1627	11480	34.4
辰溪县	Chenxi County	12935	21235	8.6	9030	10.3	44.7	1674	11138	33.4
溆浦县	Xupu County	14012	21631	8.6	10202	9.7	59.4	1587	11234	35.5
会同县	Huitong County	12450	20185	8.2	9015	10.2	45.7	1360	10898	33.0
麻阳县	Mayang County	11671	21342	9.4	7650	13.1	45.7	1549	10086	36.2
新晃县	Xinhuang County	11003	18882	9.1	7663	13.8	40.1	1500	9076	35.2
芷江县	Zhijiang County	12224	22131	9.5	8086	11.0	43.2	1559	9678	35.6
靖州县	Jingzhou County	13685	20151	8.8	8769	10.8	43.4	1787	9865	35.0
通道县	Tongdao County	10207	19276	9.3	6887	16.6	36.4	1206	8410	35.7
洪江市	Hongjiang City	14566	21978	8.3	10100	10.4	50.2	1878	11196	31.2
娄星区	Louxing District	27831	29459	8.2	16603	10.8	40.3	3105	19570	26.1
双峰县	Shuangfeng County	13199	19472	8.4	10808	11.4	62.6	1389	9606	37.1
新化县	Xinhua County	11179	19266	8.0	7920	10.4	58.8	1837	12194	32.0
冷水江市	Lengshuijiang City	29292	31729	7.7	21184	8.0	50.0	2898	17074	32.1
涟源市	Lianyuan County	12746	20322	8.7	9096	11.2	76.8	1957	13317	30.7
吉首市	Jishou County	23016	27881	9.2	9720	11.1	38.0	2157	14508	27.1
泸溪县	Luxi County	13087	21461	9.6	7518	11.8	35.0	1452	9802	32.9
凤凰县	Fenghuang County	13198	22698	9.5	9142	11.3	34.0	1245	8143	34.9
花垣县	Huayuan County	13316	22586	9.7	7859	11.4	50.9	2022	9411	30.6
保靖县	Baojing County	12887	20256	9.5	8658	11.4	38.8	1262	8504	33.5
古丈县	Guzhang County	11266	19555	9.0	6932	15.9	48.9	1227	7216	35.9
永顺县	Yongshun County	11531	19852	9.1	7168	14.0	50.4	1312	8795	35.3
龙山县	Longshan County	12322	20054	9.6	8494	11.3	40.2	1713	9728	31.1

22-25 全体居民人均可支配收入及消费支出(2017年)

市县名称	Cities and Counties	人均可支配收入(元) Disposable Income (yuan)	工资性收入 ncome of Wages and Salaries	经营净收入 Net Business Income	财产净收入 Net Income from Property	转移净收入 Net Income from Transfer
芙蓉区	Furong District	50185	26473	6486	11371	5856
天心区	Tianxin District	50333	24296	8194	6372	11471
岳麓区	Yuelu District	42332	26460	6413	3382	6077
开福区	Kaifu District	49609	19794	1185	7279	21351
雨花区	Yuhua District	50181	25596	8327	4250	12008
望城区	Wangcheng District	37049	21972	10350	2421	2306
长沙县	Changsha County	36977	25261	4870	5054	1792
宁乡县	Ningxiang County	32008	19028	5610	2951	4420
浏阳市	Liuyang City	36437	19772	10553	3308	2803
荷塘区	Hetang District	41377	27302	2610	2616	8849
芦淞区	Lusong District	41147	29992	1529	3680	5946
石峰区	Shifeng District	41227	30726	4359	3192	2949
天元区	Tianyuan District	43087	32644	1918	2706	5819
株洲县	Zhuzhou County	21190	12655	2762	702	5072
攸　县	You County	30047	9572	10147	2549	7780
茶陵县	Chaling County	19427	6590	4121	1159	7556
炎陵县	Yanling County	15971	10245	2711	716	2299
醴陵市	Liling City	30664	11949	9745	2291	6680
雨湖区	Yuhu District	34658	18725	4312	2268	9353
岳塘区	Yuetang District	33973	19908	2043	2498	9525
湘潭县	Xiangtan County	22260	12284	5581	810	3585
湘乡市	Xiangxiang City	22210	12284	3907	2220	3800
韶山市	Shaoshan City	31757	19252	7122	1046	4338
珠晖区	Zhuhui District	32673	23463	2744	3024	3442
雁峰区	Yanfeng District	32066	23519	2220	1352	4976
石鼓区	Shigu District	33751	17549	4769	1881	9551
蒸湘区	Zhengxiang District	32794	20532	4209	3092	4961
南岳区	Nanyue District	36502	15142	10583	3260	7517
衡阳县	Hengyang County	21273	12271	4811	984	3207
衡南县	Hengnan County	23014	11655	5800	1151	4408
衡山县	Hengshan County	23057	12041	6935	834	3247
衡东县	Hengdong County	22479	13374	5419	690	2996
祁东县	Qidong County	17378	6094	3065	1289	6930
耒阳市	Leiyang City	25020	14813	3725	2077	4404
常宁市	Changning City	22079	13651	4142	1877	2409
双清区	Shuangqing District	25300	16375	900	1704	6320
大祥区	Daxiang District	24096	14309	542	4348	4896
北塔区	Beita District	21625	16186	883	2939	1617

Per Capita Disposable Income and Consumption Expenditure (2017)

人均消费支出（元）Consumption Expenditure (yuan)	食品烟酒 Food,Tobacco and Liquor	衣着 Clothing	居住 Residence	生活用品及服务 Household Facilities, Articles and Services	医疗保健 Health Care and Medical Services	交通通信 Transport and Communications	教育文化娱乐服务 Education, Cultural and Recreation	其他用品和服务 Miscellaneous Goods and Services
37913	10185	2568	9707	2730	3393	6850	1411	1067
41509	9343	2165	6682	2705	8832	7686	3004	1091
33569	8679	1833	6045	2114	5405	6306	2912	275
31229	10070	2028	5405	2401	2099	5653	3332	241
42502	9645	2503	8142	5936	4290	7940	3177	868
24631	6609	1581	4391	1578	4294	4487	1202	489
25257	5989	1922	5126	1823	3976	4681	1462	277
23576	5616	1340	5402	1547	3751	4359	1071	490
21869	5080	1359	4469	909	4620	4008	1017	408
26682	7669	2029	4944	1364	3220	4974	1752	729
29210	8114	1846	5221	1718	4104	5728	1894	586
25487	8046	2330	4213	1520	3140	4660	940	638
32544	7635	2438	5584	2233	6206	6152	1432	864
14093	4638	710	3010	745	1401	2563	908	118
17170	5004	799	5137	805	1188	2958	1139	140
12076	3865	767	2894	646	909	1861	915	220
12491	3306	1093	2630	1173	1344	2055	643	247
19596	4956	1177	3747	1480	2409	3591	1622	614
25890	7626	1907	4220	2091	3170	4792	1590	496
26916	8873	2119	3940	1615	3419	5000	1421	529
15026	4639	983	2959	869	1545	2443	1334	255
17649	4861	1395	3966	1114	1591	2879	1383	461
23054	6803	2042	4173	1828	2839	4207	918	243
24359	7363	2063	3698	1379	3086	4478	1340	951
20969	7896	1758	2886	1416	2054	3933	564	461
24599	8772	2162	3301	1640	1667	4503	2036	517
26387	8349	2978	4162	774	4196	4719	829	380
26751	8956	1516	4360	1341	2560	6422	923	673
14864	4882	1090	2474	800	1409	2785	1122	302
14923	4524	960	2491	884	2324	2445	1079	216
16556	4934	1156	3347	1438	1710	2766	952	253
15226	4668	1004	3315	1005	1440	2735	960	100
11985	4030	454	3033	459	1022	1850	1007	129
15536	4515	1022	2682	892	2580	2482	1199	164
14663	4617	846	3426	600	1494	2480	1007	194
18743	6185	1309	3291	996	1546	3841	1409	167
19715	6027	1119	5278	1131	1591	3384	678	507
13734	4727	708	3763	812	903	2243	372	206

22–25 续表 1

市县名称	Cities and Counties	人均可支配收入（元）Disposable Income (yuan)	工资性收入 ncome of Wages and Salaries	经营净收入 Net Business Income	财产净收入 Net Income from Property	转移净收入 Net Income from Transfer
邵东县	Shaodong County	23807	10360	6317	2899	4231
新邵县	Xinshao County	14575	7168	1822	328	5257
邵阳县	Shaoyang County	14568	5424	4016	512	4615
隆回县	Longhui County	13055	6010	3449	523	3073
洞口县	Dongkou County	15419	9252	1439	620	4108
绥宁县	Suining County	12689	7819	2549	209	2112
新宁县	Xinning County	13973	6115	3618	750	3490
城步县	Chengbu County	11261	5737	1385	613	3526
武冈市	Wugang City	16030	10396	2085	486	3063
岳阳楼区	Yueyanglou District	31010	22244	1804	1857	5105
云溪区	Yunxi District	28203	17806	2845	734	6818
君山区	Junshan District	23575	10795	5466	569	6745
岳阳县	Yueyang County	20042	11275	5482	528	2757
华容县	Huarong County	21792	9062	7134	2142	3455
湘阴县	Xiangyin County	22257	10844	4751	515	6148
平江县	Pingjiang City	13726	7410	1025	280	5011
汨罗市	Miluo City	23140	13096	2728	1184	6132
临湘市	Linxiang County	19963	10545	3369	1172	4878
武陵区	Wuling District	33201	19551	5009	3697	4944
鼎城区	Dingcheng District	21642	6319	9288	1039	4996
安乡县	Anxiang County	18042	6327	5792	751	5172
汉寿县	Hanshou County	19300	7706	6028	379	5188
澧　县	Li County	18859	6717	6375	570	5197
临澧县	Linli County	21128	12772	3729	1038	3589
桃源县	Taoyuan County	18091	7545	6689	858	2999
石门县	Shimen County	15091	6281	4074	467	4269
津市市	Jinshi City	24574	11024	5798	713	7039
永定区	Yongdi District	17604	7770	2700	2320	4814
武陵源区	Wulingyuan District	21726	12764	3817	4004	1142
慈利县	Cili County	14469	8092	2627	358	3393
桑植县	Sangzhi County	10164	4560	3110	339	2156
资阳区	Ziyang District	22663	9442	5000	879	7342
赫山区	Heshan District	27387	15064	5251	1101	5970
南　县	Nan County	19497	7630	6664	755	4447
桃江县	Taojiang County	19338	9261	5740	938	3400
安化县	Anhua County	10652	5195	1826	324	3307
沅江市	Yuanjiang City	23612	9341	9713	1930	2627
北湖区	Beihu District	30841	16953	4940	5050	3898
苏仙区	Suxian District	27298	18434	3910	2788	2165
桂阳县	Guiyang County	24006	11770	8457	638	3141
宜章县	Yizhang County	16587	8487	6482	553	1065
永兴县	Yongxing County	22259	14067	998	1572	5622

continued

人均消费支出（元） Consumption Expenditure (yuan)	食品烟酒 Food,Tobacco and Liquor	衣着 Clothing	居住 Residence	生活用品及服务 Household Facilities, Articles and Services	医疗保健 Health Care and Medical Services	交通通信 Transport and Communications	教育文化娱乐服务 Education, Cultural and Recreation	其他用品和服务 Miscellaneous Goods and Services
14486	4847	915	2897	858	1745	2510	663	52
11595	4025	575	2295	511	1421	1629	983	156
11542	3926	572	2104	656	755	2473	913	145
8658	3055	498	1586	532	557	1535	813	82
11727	3791	666	2195	672	1475	2034	653	241
8493	2956	567	1598	489	771	1643	349	120
10226	3250	445	2188	507	818	1724	1105	189
9539	2404	563	2395	551	954	1849	620	203
10961	2969	488	2065	809	1181	1855	1441	153
24664	7414	1806	4524	1248	2942	4481	1498	751
20263	6820	1865	2912	1412	2246	3488	1185	336
16731	5471	1225	2935	1171	1878	2889	934	227
12074	4069	854	2700	724	1046	2055	575	52
13681	4554	929	2234	893	1458	2457	883	274
17401	4929	1201	3469	1186	1887	3018	1452	259
12728	4123	816	2143	800	1214	1974	1376	282
17821	4888	1410	3393	1207	2410	2910	1295	308
14071	4709	1155	2547	855	1471	2302	920	113
31498	8290	2195	6177	1645	4562	5876	2173	579
23076	8145	1327	3250	1361	2614	4408	1634	337
13802	4595	794	2639	922	1019	2500	1181	153
14499	4424	931	2715	883	1832	2353	1173	187
15450	4530	979	3154	1070	1631	2548	1250	288
15998	4267	1230	3824	1120	1664	2595	1026	272
14279	4393	913	2605	764	1507	2896	969	230
12839	3521	582	2948	642	1336	2231	1269	312
19238	6372	1323	3197	1044	1975	3679	1422	226
13548	3675	1024	3101	664	1400	2192	1280	212
14836	3760	1355	3467	887	1662	2429	1032	244
11229	3004	794	2308	835	1113	1955	1018	203
9084	2791	511	2298	648	682	1412	498	244
17508	6166	1040	3102	1185	1550	2846	1253	365
21636	6297	1592	3346	1220	3461	3867	1493	360
14074	4548	959	2684	788	1307	2393	1163	233
16398	4117	1092	3157	996	2346	2949	1521	220
9188	3149	576	1974	456	579	1523	858	73
17548	4854	1148	3165	1176	2993	3188	727	297
21197	6210	1708	4030	1450	2330	4039	1073	357
20125	5834	2012	3298	1304	2770	3346	854	708
16887	5424	1033	3057	851	1647	2912	1802	161
12909	4174	1104	2536	1050	1132	1957	644	311
12094	4198	1071	1399	1163	1137	2386	417	323

22-25 续表 2

市县名称	Cities and Counties	人均可支配收入（元）Disposable Income (yuan)	工资性收入 ncome of Wages and Salaries	经营净收入 Net Business Income	财产净收入 Net Income from Property	转移净收入 Net Income from Transfer
嘉禾县	Jiahe County	19681	11793	4012	1093	2783
临武县	Linwu County	16800	10966	2674	794	2365
汝城县	Rucheng County	12544	7690	1643	831	2380
桂东县	Guidong County	12397	5864	3288	642	2603
安仁县	Anren County	14959	7963	2348	1095	3553
资兴市	Zixing City	26430	8735	9071	3469	5154
零陵区	Lingling District	22502	9621	6579	2185	4116
冷水滩	Lengshuitan District	25929	11813	5761	1847	6509
祁阳县	Qiyang County	19207	8656	2682	1314	6555
东安县	DonganCounty	18265	7076	4574	1265	5349
双牌县	Shuangpai County	13890	9943	2659	400	888
道　县	Dao County	18498	8974	3449	1508	4567
江永县	Jiangyong County	13421	5633	5524	629	1636
宁远县	Ningyuan County	17260	6667	4700	627	5266
蓝山县	Lanshan County	18465	7349	7149	1030	2936
新田县	Xintian County	13384	4869	2812	1607	4096
江华县	Jianghua County	14236	7677	2294	546	3719
鹤城区	Hecheng District	28542	18994	2158	2433	4956
中方县	Zhongfang County	14645	8342	4130	454	1719
沅陵县	Yuanling County	12677	6923	1625	294	3835
辰溪县	Chenxi County	12935	7496	1217	243	3979
溆浦县	Xupu County	14012	7473	2990	336	3212
会同县	Huitong County	12450	6116	2024	156	4154
麻阳县	Mayang County	11671	6026	1939	379	3327
新晃县	Xinhuang County	11003	6031	1942	331	2698
芷江县	Zhijiang County	12224	5280	3609	620	2715
靖州县	Jingzhou County	13685	6754	3537	379	3016
通道县	Tongdao County	10207	5429	1703	432	2644
洪江市	Hongjiang City	14566	6903	4352	557	2754
娄星区	Louxing District	27831	14994	4244	1723	6870
双峰县	Shuangfeng County	13199	6650	2086	322	4141
新化县	Xinhua County	11179	5453	1675	478	3572
冷水江市	Lengshuijiang City	29292	16650	2677	1282	8682
涟源市	Lianyuan County	12746	6361	1775	297	4312
吉首市	Jishou County	23016	15861	1289	839	5028
泸溪县	Luxi County	13087	5176	3540	1151	3221
凤凰县	Fenghuang County	13198	5647	2898	391	4262
花垣县	Huayuan County	13316	7126	2044	471	3675
保靖县	Baojing County	12887	6199	2463	612	3612
古丈县	Guzhang County	11266	7259	1817	331	1859
永顺县	Yongshun County	11531	7735	1754	286	1757
龙山县	Longshan County	12322	5696	3096	810	2720

continued

人均消费支出（元）Consumption Expenditure (yuan)	食品烟酒 Food,Tobacco and Liquor	衣着 Clothing	居住 Residence	生活用品及服务 Household Facilities, Articles and Services	医疗保健 Health Care and Medical Services	交通通信 Transport and Communications	教育文化娱乐服务 Education, Cultural and Recreation	其他用品和服务 Miscellaneous Goods and Services
14143	4643	762	2811	805	2060	2300	557	205
12874	4074	904	2493	719	1418	2082	870	315
11392	3733	690	2189	490	1366	1895	898	130
10395	3330	559	2442	448	934	1569	1018	95
12226	3545	798	3200	703	1010	1842	962	166
16782	5113	1050	3099	587	2307	2768	1640	218
17306	5200	975	3179	899	2175	3761	989	128
14691	4976	830	2269	826	1029	3010	1576	175
18081	5152	1010	3827	841	955	4973	1082	242
13409	4482	804	2521	871	974	2812	713	232
10122	4067	465	1945	326	658	2117	472	71
16357	4482	719	3836	540	1910	3620	1129	119
11096	3878	688	2110	691	1233	1713	630	152
13624	4419	339	3319	727	993	2986	714	127
12595	4004	569	2923	913	810	2738	496	141
10955	4479	373	1941	620	624	2225	638	55
9835	3201	399	2232	485	679	2098	689	52
22596	6372	1565	3345	1679	3143	4075	1839	578
11289	3903	626	1763	606	1687	1735	861	109
11480	3945	543	2254	676	1370	1627	971	93
11138	3715	725	2170	880	822	1674	1023	130
11234	3985	710	2655	678	733	1587	679	207
10898	3591	563	2116	688	1030	1360	1374	175
10086	3654	532	2134	568	923	1549	582	145
9076	3195	538	1641	396	812	1500	823	171
9678	3448	576	1862	432	889	1559	748	163
9865	3455	629	2055	534	828	1787	531	46
8410	3006	493	1313	498	785	1206	1001	107
11196	3492	659	2395	761	1047	1878	809	154
19570	5110	1460	3485	1816	2371	3105	1786	436
9606	3564	562	2104	537	664	1389	716	71
12194	3897	691	2208	749	1278	1837	1208	327
17074	5488	1309	2655	1366	1335	2898	1584	438
13317	4092	744	2787	702	1640	1957	1226	169
14508	3933	1128	2715	981	2489	2157	961	144
9802	3224	520	2695	505	967	1452	314	126
8143	2846	391	1659	377	678	1245	760	186
9411	2880	653	1872	543	612	2022	704	124
8504	2847	497	1357	530	904	1262	986	121
7216	2589	400	852	446	550	1227	919	232
8795	3104	702	1710	500	913	1312	422	131
9728	3026	720	1848	602	999	1713	592	227

22–26 分行业法人单位数 (2017年)
Corporate Units by Sector (2017)

单位：个 (unit)

市县名称	Cities and Counties	合计 Total	农、林、牧、渔业 Agriculture, Forestry, Animal Husbandry and Fishing	采矿业 Mining	制造业 Manufacturing	电力、燃气及水的生产和供应业 Production and Supply of Electricity, Gas and Water	建筑业 Construction	批发和零售业 Wholesale and Retail Trade	交通运输、仓储和邮政业 Transport, Storage and Post	住宿和餐饮业 Lodging and Catering Services	信息传输、计算机服务和软件业 Information Transmission, Computer Services and Software
芙蓉区	Furong District	21914	43	3	586	12	891	8456	306	405	1965
天心区	Tianxin District	19850	79	12	803	37	1056	6563	248	385	1564
岳麓区	Yuelu District	25899	375	22	1944	40	1245	5379	274	529	4054
开福区	Kaifu District	18313	140	7	1169	16	874	5408	444	346	1462
雨花区	Yuhua District	26071	175	12	1178	25	1601	9494	549	474	1778
望城区	Wangcheng District	10692	2271	16	1425	47	934	2120	243	216	267
长沙县	Changsha County	22248	2064	28	2843	46	1183	6496	958	361	974
宁乡县	Ningxiang County	17889	4556	116	4088	157	440	3340	261	154	359
浏阳市	Liuyang City	10253	1172	132	2048	52	437	2517	153	125	231
荷塘区	Hetang District	3636	84	4	659	4	204	1285	98	71	110
芦淞区	Lousong District	5047	96	2	543	12	236	1940	83	126	274
石峰区	Shifeng District	3589	137	5	891	7	174	1147	112	130	61
天元区	Tianyuan District	7001	259	9	856	23	496	1945	110	208	318
株洲县	Zhuzhou County	2324	506	22	388	24	108	403	57	26	22
攸　县	You County	4809	915	294	587	81	219	962	81	88	80
茶陵县	Chaling County	3063	385	104	348	96	107	785	65	57	40
炎陵县	Yanling County	1787	339	12	214	175	31	232	25	32	13
醴陵市	Liling City	7966	777	57	2057	36	254	1763	107	69	67
雨湖区	Yuhu District	6330	231	51	1111	15	232	1865	104	129	191
岳塘区	Yuetang District	5983	77	11	1089	23	334	1507	163	110	264
湘潭县	Xiangtan County	5045	941	85	945	27	202	746	68	30	48
湘乡市	Xiangxiang City	4091	644	43	655	21	167	577	68	82	36
韶山市	Shaoshan City	1443	255	5	182	7	74	168	22	23	18
珠晖区	Zhuhui District	2892	148	7	439	4	161	749	82	63	59
雁峰区	Yanfeng District	3557	83	2	545	6	179	904	99	84	219
石鼓区	Shigu District	4278	134	1	378	9	228	1516	150	75	164
蒸湘区	Zhengxiang District	8455	187	3	380	18	728	2612	160	206	464
南岳区	Nanyue District	966	51		28	3	34	134	10	48	22
衡阳县	Hengyang County	7180	1044	199	826	68	206	769	72	123	21
衡南县	Hengnan County	6872	2080	59	807	74	130	773	118	50	60
衡山县	Hengshan County	2494	501	79	318	18	105	507	49	28	15
衡东县	Hengdong County	5661	1169	66	723	46	357	699	104	130	30
祁东县	Qidong County	6564	1595	58	542	27	174	1128	86	72	51
耒阳市	Leiyang City	8227	1508	145	435	64	313	1840	163	110	145
常宁市	Changning City	6486	1635	135	790	84	206	939	106	88	86
双清区	Shuangqing District	3835	93	11	583	11	207	1372	109	62	76
大祥区	Daxiang District	3273	80	22	249	7	192	499	40	79	75
北塔区	Beita District	939	71	15	163	5	57	167	10	28	25

22-26 续表 1 Continued

单位：个 (unit)

市县名称	Cities and Counties	合计 Total	农、林、牧、渔业 Agriculture, Forestry, Animal Husbandry and Fishing	采矿业 Mining	制造业 Manufacturing	电力、燃气及水的生产和供应业 Production and Supply of Electricity, Gas and Water	建筑业 Construction	批发和零售业 Wholesale and Retail Trade	交通运输、仓储和邮政业 Transport, Storage and Post	住宿和餐饮业 Lodging and Catering Services	信息传输、计算机服务和软件业 Information Transmission, Computer Services and Software
邵东县	Shaodong County	6633	672	91	1569	42	182	1323	119	122	78
新邵县	Xinshao County	4297	1048	105	503	62	300	425	50	41	52
邵阳县	Shaoyang County	5305	884	153	501	49	83	584	50	86	23
隆回县	Longhui County	4941	648	116	625	132	103	530	58	122	49
洞口县	Dongkou County	3454	324	101	618	160	59	571	59	89	30
绥宁县	Suining County	3133	1688	19	201	70	59	203	32	18	28
新宁县	Xinning County	2728	521	61	209	114	60	259	30	39	29
城步县	Chengbu County	1736	416	38	126	134	22	133	19	18	17
武冈市	Wugang City	2514	306	80	353	62	50	295	40	40	23
岳阳楼区	Yueyanglou Distract	16733	486	15	1164	53	1026	5144	503	276	570
云溪区	Yunxi Distract	2325	131	10	373	16	60	626	165	22	38
君山区	Junshan Distract	1432	279	3	228	23	65	225	43	12	15
岳阳县	Yueyang County	3479	511	37	352	30	78	585	77	41	44
华容县	Huarong County	2891	214	9	363	26	78	417	69	36	21
湘阴县	Xiangyin County	3983	835	7	570	19	178	689	75	39	85
平江县	Pingjiang County	5813	1331	74	722	114	230	824	114	59	95
汨罗市	Miluo City	5164	712	32	1029	44	226	980	120	51	60
临湘市	Linxiang City	3047	371	104	515	37	79	574	89	34	33
武陵区	Wuling Distract	16595	323	4	1617	46	680	6313	310	584	484
鼎城区	Dingcheng Distract	7520	605	23	756	64	122	2801	164	147	110
安乡县	Anxiang County	4324	497	1	535	60	77	1261	101	195	36
汉寿县	Hanshou County	5570	758	15	730	55	132	1389	130	187	88
澧　县	Li County	6778	640	133	802	53	197	2410	101	115	46
临澧县	Linli County	3498	383	100	776	48	56	507	87	137	27
桃源县	Taoyuan County	4973	838	63	644	88	172	904	111	90	54
石门县	Shimen County	3792	323	98	544	40	97	703	69	43	41
津市市	Jinshi City	2627	185	15	521	17	54	595	80	117	24
永定区	Yongding Distract	7910	698	93	556	94	516	1698	160	298	237
武陵源区	Wulingyuan Distract	1188	137		31	19	41	167	32	186	16
慈利县	Cili County	3750	807	134	483	84	52	275	52	115	36
桑植县	Sangzhi County	4024	1349	117	201	106	174	437	59	79	61
资阳区	Ziyang Distract	3769	622	2	612	17	117	1146	58	60	67
赫山区	Heshan Distract	14932	1769	49	2406	62	666	4543	300	304	384
南　县	Nan County	5528	591	4	660	50	149	1994	116	182	63
大通湖区	Datonghu District	848	156	1	116	6	26	198	6	7	5
桃江县	Taojiang County	7824	995	84	1440	91	242	2447	110	167	87
安化县	Anhua County	6284	1439	70	800	105	179	1223	93	120	77
沅江市	Yuanjiang City	8038	1282	2	1327	51	290	2260	204	193	110
北湖区	Beihu Distract	12559	514	46	503	98	688	4867	284	324	692
苏仙区	Suxian Distract	4836	246	144	472	82	193	949	94	146	125
桂阳县	Guiyang County	4919	783	177	481	218	101	910	55	178	58
宜章县	Yizhang County	4687	810	162	852	144	110	751	107	77	46
永兴县	Yongxing County	4114	505	84	541	87	34	822	63	113	33

22-26 续表 2 Continued

单位：个 (unit)

市县名称	Cities and Counties	合计 Total	农、林、牧、渔业 Agriculture, Forestry, Animal Husbandry and Fishing	采矿业 Mining	制造业 Manufa- cturing	电力、燃气及水的生产和供应业 Production and Supply of Electri- city, Gas and Water	建筑业 Constr- uction	批发和零售业 Whole- sale and Retail Trade	交通运输、仓储和邮政业 Transport, Storage and Post	住宿和餐饮业 Lodging and Catering Services	信息传输、计算机服务和软件业 Information Transmission, Computer Services and Software
嘉禾县	Jiahe County	1672	173	44	341	30	15	199	20	39	9
临武县	Linwu County	2231	605	113	158	78	30	366	47	37	23
汝城县	Rucheng County	2743	624	117	248	156	91	403	49	43	29
桂东县	Guidong County	1514	160	26	88	163	19	212	30	14	18
安仁县	Anren County	3070	615	34	304	48	64	569	69	88	27
资兴市	Zixing City	2978	356	66	309	128	86	486	95	61	35
零陵区	Lingling Distract	4359	503	85	499	73	165	682	87	65	81
冷水滩区	Lengshuitan Distract	6389	397	54	663	27	342	1457	171	103	246
祁阳县	Qiyang County	4622	618	52	560	114	157	370	76	56	45
东安县	Dongan County	3272	496	65	430	74	68	353	62	42	37
双牌县	Shuangpai County	1653	388	6	157	55	46	98	28	7	11
道　县	Dao County	2785	405	43	246	99	46	268	56	27	18
江永县	Jiangyong County	1429	76	17	97	44	15	220	29	15	8
宁远县	Ningyuan County	3270	649	47	294	45	89	415	53	27	33
蓝山县	Lanshan County	2231	332	34	327	144	39	174	28	17	18
新田县	Xintian County	2580	381	16	206	17	58	260	42	16	31
江华县	Jianghua County	2963	273	31	267	201	40	373	53	31	19
鹤城区	Hecheng Distract	10815	483	28	678	68	721	3028	242	329	378
中方县	Zhongfang County	1969	263	41	288	51	44	144	44	18	20
沅陵县	Yuanling County	2274	261	26	162	36	37	194	38	40	19
辰溪县	Chenxi County	3015	738	81	225	43	51	299	45	28	40
溆浦县	Xupu County	3440	580	145	358	131	45	348	50	84	26
会同县	Huitong County	1659	225	10	117	33	27	163	27	12	21
麻阳县	Mayang County	1659	319	22	85	34	32	162	23	3	11
新晃县	Xinhuang County	1863	363	20	120	34	29	217	39	17	30
芷江县	Zhijiang County	2168	381	27	187	79	42	210	31	25	27
靖州县	Jingzhou County	1729	440	30	181	36	19	184	41	19	14
通道县	Tongdao County	1537	474	24	148	56	27	118	20	17	29
洪江市	Hongjiang City	431	40	1	90	5	13	28	11	6	6
洪江区	Hongjiang District	1895	416	45	132	114	52	210	40	33	14
娄星区	Louxing Distract	15934	997	113	1388	86	1188	5727	324	241	634
双峰县	Shuangfeng County	5955	1739	69	739	119	297	1057	105	112	39
新化县	Xinhua County	8081	2213	194	870	226	168	1136	124	103	106
冷水江市	Lengshuijiang City	3312	421	135	400	27	55	958	114	46	46
涟源市	Lianyuan City	5474	773	233	696	93	153	955	155	102	43
吉首市	Jishou City	6771	440	34	404	46	363	1683	132	118	204
泸溪县	Luxi County	2029	208	112	246	25	140	155	38	15	21
凤凰县	Fenghuang County	2860	358	70	117	27	127	208	32	52	20
花垣县	Huayuan County	3628	880	353	164	81	145	433	42	31	52
保靖县	Baojing County	2247	297	67	151	26	66	238	25	17	14
古丈县	Guzhang County	1770	387	41	141	24	122	108	25	10	16
永顺县	Yongshun County	2484	195	70	113	60	164	231	47	28	8
龙山县	Longshan County	2847	294	42	133	35	132	306	58	29	17

22-26 续表 3 Continued

单位：个 (unit)

市县名称	Cities and Counties	金融业 Finance	房地产业 Real Estate Trade	租赁和商务服务业 Tenancy and Business Services	科学研究和技术服务业 Scientific Research, Technical Services	水利、环境和公共设施管理业 Management of Water Conservancy, Environment and Public Establishment	居民服务、修理和其他服务业 Resident services, repairs and other services	教育 Education	卫生和社会工作 Health and social work sector	文化、体育和娱乐业 Culture, Sports and Entertainment	公共管理、社会保障和社会组织 Public administration, social security and social organizations	国际组织 International Organization
芙蓉区	Furong District	207	683	4564	1796	87	397	367	143	420	583	
天心区	Tianxin District	132	708	4666	1581	96	432	301	137	628	422	
岳麓区	Yuelu District	132	903	4960	3265	180	526	549	258	615	649	
开福区	Kaifu District	180	625	3854	1396	120	550	374	146	707	495	
雨花区	Yuhua District	180	871	5061	2271	169	598	474	204	541	416	
望城区	Wangcheng District	25	317	1005	369	133	293	346	97	211	357	
长沙县	Changsha County	106	614	2807	1331	195	461	513	101	461	706	
宁乡县	Ningxiang County	61	273	1039	616	175	239	504	171	293	1047	
浏阳市	Liuyang City	33	318	771	463	135	217	341	132	223	753	
荷塘区	Hetang District	35	168	263	88	18	89	155	38	66	197	
芦淞区	Lousong District	55	258	584	129	24	112	154	47	132	240	
石峰区	Shifeng District	14	147	184	66	21	74	142	34	84	159	
天元区	Tianyuan District	107	318	918	288	53	183	207	38	147	518	
株洲县	Zhuzhou County	13	61	131	50	14	32	98	42	48	279	
攸　县	You County	37	106	273	122	39	45	204	57	100	519	
茶陵县	Chaling County	11	73	132	70	37	27	176	59	74	417	
炎陵县	Yanling County	5	42	52	30	15	10	77	125	23	335	
醴陵市	Liling City	32	139	249	239	39	65	400	610	158	848	
雨湖区	Yuhu District	29	223	667	246	62	74	257	88	257	498	
岳塘区	Yuetang District	64	223	760	231	51	109	185	68	175	539	
湘潭县	Xiangtan County	11	87	257	315	59	51	216	80	124	753	
湘乡市	Xiangxiang City	17	73	201	135	41	53	106	60	75	1037	
韶山市	Shaoshan City	9	36	142	30	26	17	64	86	61	218	
珠晖区	Zhuhui District	15	145	209	80	19	58	160	118	119	257	
雁峰区	Yanfeng District	34	181	385	143	23	70	135	59	129	277	
石鼓区	Shigu District	29	190	573	152	33	94	106	70	138	238	
蒸湘区	Zhengxiang District	117	540	1453	424	42	212	207	122	256	324	
南岳区	Nanyue District	3	42	104	59	20	14	54	47	51	242	
衡阳县	Hengyang County	25	121	206	196	56	73	380	920	267	1608	
衡南县	Hengnan County	14	158	166	259	74	78	249	525	270	928	
衡山县	Hengshan County	14	59	82	42	11	18	110	49	94	395	
衡东县	Hengdong County	15	123	260	139	62	52	247	579	240	620	
祁东县	Qidong County	21	86	246	187	63	67	289	729	169	974	
耒阳市	Leiyang City	45	314	453	97	38	193	393	704	303	964	
常宁市	Changning City	16	167	242	84	46	144	371	407	290	650	
双清区	Shuangqing District	17	193	328	84	10	106	146	71	77	279	
大祥区	Daxiang District	59	160	315	158	35	69	223	136	98	777	
北塔区	Beita District	6	45	46	23	3	28	45	21	30	151	

22-26 续表 4 Continued

单位：个 (unit)

市县名称	Cities and Counties	金融业 Finance	房地产业 Real Estate Trade	租赁和商务服务业 Tenancy and Business Services	科学研究和技术服务业 Scientific Research, Technical Services	水利、环境和公共设施管理业 Management of Water Conser-vancy, Environ-ment and Public Establish-ment	居民服务、修理和其他服务业 Resident services, repairs and other services	教育 Educ-ation	卫生和社会工作 Health and social work sector	文化、体育和娱乐业 Culture, Sports and Entertain-ment	公共管理、社会保障和社会组织 Public administra-tion, social security and social organiza-tions	国际组织 Inter-natio-nal Orga-niza-tion
邵东县	Shaodong County	17	166	294	79	40	104	140	123	193	1279	
新邵县	Xinshao County	16	73	172	23	38	46	318	49	92	884	
邵阳县	Shaoyang County	8	59	138	112	36	57	386	965	112	1019	
隆回县	Longhui County	13	102	195	45	42	70	411	67	212	1401	
洞口县	Dongkou County	12	70	117	39	26	44	236	55	64	780	
绥宁县	Suining County	13	36	86	77	18	16	84	52	36	397	
新宁县	Xinning County	7	31	146	58	24	17	84	61	68	910	
城步县	Chengbu County	2	18	49	31	16	4	79	32	25	557	
武冈市	Wugang City	11	38	92	84	41	21	113	68	50	747	
岳阳楼区	Yueyanglou Distract	129	811	1918	467	110	1998	597	193	422	851	
云溪区	Yunxi Distract	3	38	187	95	29	64	60	33	59	316	
君山区	Junshan Distract	16	47	41	67	19	12	35	21	41	240	
岳阳县	Yueyang County	8	59	186	105	46	53	204	88	78	897	
华容县	Huarong County	10	108	135	425	49	37	126	51	62	655	
湘阴县	Xiangyin County	12	143	171	154	47	58	90	62	73	676	
平江县	Pingjiang County	22	92	330	158	60	70	275	112	84	1047	
汨罗市	Miluo City	39	107	234	133	58	85	154	99	170	831	
临湘市	Linxiang City	12	80	166	78	63	35	95	65	127	490	
武陵区	Wuling Distract	128	487	1845	509	125	895	413	221	445	1166	
鼎城区	Dingcheng Distract	18	106	327	168	66	353	145	130	173	1242	
安乡县	Anxiang County	16	57	172	62	54	174	83	73	212	658	
汉寿县	Hanshou County	12	99	187	120	64	168	160	113	139	1024	
澧　县	Li County	13	106	301	215	71	322	179	129	131	814	
临澧县	Linli County	9	53	119	80	23	82	72	52	89	798	
桃源县	Taoyuan County	10	61	240	90	50	62	164	122	182	1028	
石门县	Shimen County	7	59	140	90	38	73	187	102	66	1072	
津市市	Jinshi City	7	55	106	69	37	97	93	69	90	396	
永定区	Yongding Distract	36	333	1501	203	70	205	297	84	156	675	
武陵源区	Wulingyuan Distract	5	28	138	24	34	18	17	25	42	228	
慈利县	Cili County	15	54	136	100	53	37	114	123	78	1002	
桑植县	Sangzhi County	16	60	133	95	40	43	131	86	83	754	
资阳区	Ziyang Distract	7	68	180	101	24	90	113	55	113	317	
赫山区	Heshan Distract	90	414	1286	437	94	357	395	197	421	758	
南　县	Nan County	14	54	291	84	45	94	189	88	211	649	
大通湖区	Datonghu District	2	14	25	72	3	6	21	11	15	158	
桃江县	Taojiang County	22	99	439	168	66	182	148	85	184	768	
安化县	Anhua County	18	115	298	155	85	80	179	94	203	951	
沅江市	Yuanjiang City	10	168	354	361	76	171	208	135	320	516	
北湖区	Beihu Distract	111	627	1535	550	97	316	231	132	342	602	
苏仙区	Suxian Distract	46	195	419	275	73	58	185	116	174	844	
桂阳县	Guiyang County	8	122	214	272	48	75	204	138	118	759	
宜章县	Yizhang County	10	65	179	364	40	97	149	47	89	588	
永兴县	Yongxing County	30	76	145	192	33	49	188	93	135	891	

22-26 续表 5 Continued

单位：个 (unit)

市县名称	Cities and Counties	金融业 Finance	房地产业 Real Estate Trade	租赁和商务服务业 Tenancy and Business Services	科学研究和技术服务业 Scientific Research, Technical Services	水利、环境和公共设施管理业 Management of Water Conser-vancy, Environ-ment and Public Establish-ment	居民服务、修理和其他服务业 Resident services, repairs and other services	教育 Educ-ation	卫生和社会工作 Health and social work sector	文化、体育和娱乐业 Culture, Sports and Entertain-ment	公共管理、社会保障和社会组织 Public administra-tion, social security and social organiza-tions	国际组织 Inter-natio-nal Orga-niza-tion
嘉禾县	Jiahe County	8	25	36	41	15	27	122	26	76	426	
临武县	Linwu County	6	53	66	32	22	26	91	37	60	381	
汝城县	Rucheng County	10	84	147	36	30	30	76	33	67	470	
桂东县	Guidong County	8	22	53	183	15	17	46	39	34	367	
安仁县	Anren County	7	61	88	139	37	54	108	271	85	402	
资兴市	Zixing City	10	69	154	161	62	20	141	81	41	617	
零陵区	Lingling Distract	5	177	317	438	38	53	277	77	97	640	
冷水滩区	Lengshuitan Distract	79	387	726	215	53	114	306	118	160	771	
祁阳县	Qiyang County	17	56	169	63	38	106	465	146	62	1452	
东安县	Dongan County	11	91	96	76	51	51	205	100	68	896	
双牌县	Shuangpai County	8	35	66	87	26	14	70	135	50	366	
道　县	Dao County	4	96	133	80	29	23	272	50	112	778	
江永县	Jiangyong County	6	29	158	35	27	14	99	28	37	475	
宁远县	Ningyuan County	13	92	151	81	23	24	150	80	55	949	
蓝山县	Lanshan County	8	40	66	57	16	13	120	66	45	687	
新田县	Xintian County	4	79	79	58	20	27	96	449	43	698	
江华县	Jianghua County	7	68	107	46	14	27	125	235	58	988	
鹤城区	Hecheng Distract	66	676	1443	401	93	276	420	168	348	969	
中方县	Zhongfang County	9	37	42	62	17	17	62	37	59	714	
沅陵县	Yuanling County	10	54	58	71	19	22	163	105	114	845	
辰溪县	Chenxi County	3	60	63	63	21	29	110	73	119	924	
溆浦县	Xupu County	19	50	88	59	31	44	187	90	41	1064	
会同县	Huitong County	2	18	50	28	21	19	82	51	87	666	
麻阳县	Mayang County	11	42	47	29	19	17	92	63	55	593	
新晃县	Xinhuang County	3	27	70	51	23	23	73	75	66	583	
芷江县	Zhijiang County	3	42	67	73	45	23	83	82	60	681	
靖州县	Jingzhou County	2	25	58	41	22	15	73	40	70	419	
通道县	Tongdao County	4	29	58	21	15	13	53	30	30	371	
洪江市	Hongjiang City	2	23	28	12	14	6	15	14	9	108	
洪江区	Hongjiang District	4	46	42	33	23	14	86	54	64	473	
娄星区	Louxing Distract	116	676	1684	478	69	371	414	153	455	820	
双峰县	Shuangfeng County	13	82	279	44	28	71	208	48	162	744	
新化县	Xinhua County	30	101	385	139	88	61	308	93	242	1494	
冷水江市	Lengshuijiang City	12	99	148	57	27	39	174	53	95	406	
涟源市	Lianyuan City	4	65	184	145	23	68	221	97	234	1230	
吉首市	Jishou City	65	325	747	340	67	140	246	115	428	874	
泸溪县	Luxi County	2	23	75	55	32	17	91	49	180	545	
凤凰县	Fenghuang County	18	88	159	74	80	27	87	405	153	758	
花垣县	Huayuan County	10	45	110	81	48	42	113	67	220	711	
保靖县	Baojing County	6	24	55	91	38	23	101	99	312	597	
古丈县	Guzhang County	4	18	72	68	34	28	55	67	58	492	
永顺县	Yongshun County	4	40	62	88	74	21	190	164	233	692	
龙山县	Longshan County	2	64	101	77	54	39	173	144	205	942	